CB025724

ACÓRDÃOS
DO
TRIBUNAL CONSTITUCIONAL

75.° volume
2009
(Maio a Agosto)

ACÓRDÃOS DO TRIBUNAL CONSTITUCIONAL
75.° Volume — 2009 — (Maio a Agosto)

EDITOR
EDIÇÕES ALMEDINA, SA
Av. Fernão Magalhães, n.° 584, 5.° Andar
3000-174 Coimbra
Tel.: 239 851 904
Fax: 239 851 901
www.almedina.net
editora@almedina.net

PRÉ-IMPRESSÃO | IMPRESSÃO | ACABAMENTO
G.C. – GRÁFICA DE COIMBRA, LDA.
Palheira – Assafarge
3001-453 Coimbra
producao@graficadecoimbra.pt

Julho, 2010

DEPÓSITO LEGAL
312140/10

FISCALIZAÇÃO PREVENTIVA
DA
CONSTITUCIONALIDADE

ACÓRDÃO N.º 421/09

DE 13 DE AGOSTO DE 2009

Não se pronuncia pela inconstitucionalidade da norma constante do n.º *i)* da alínea *j)* do n.º 1 do artigo 2.º do Decreto n.º 343/X da Assembleia da República, nem pela inconstitucionalidade da norma constante da alínea *c)* do n.º 2 do artigo 2.º do Decreto n.º 343/X da Assembleia da República (autorização legislativa relativa ao regime jurídico da reabilitação urbana).

Processo: n.º 667/09.
Requerente: Presidente da República.
Relatora: Conselheira Maria Lúcia Amaral.

SUMÁRIO:

I — Ao Tribunal Constitucional cabe sindicar os eventuais vícios de inconstitucionalidade que, por razões de índole substancial ou material, possam vir a afectar as autorizações legislativas, tudo justificando que o controlo da constitucionalidade se faça antes da promulgação do decreto da Assembleia como lei de autorização.

II — Tendo em conta que a autorização ainda não foi cumprida, pois ainda não existe o decreto-lei autorizado — não podendo por isso o Tribunal formular um juízo em que se confrontem, tanto as orientações materiais que foram fixadas pelo habilitante parlamentar à actuação do Governo, quanto o modo do seu desenvolvimento ou concretização por parte do decreto-lei autorizado —, terá que concluir-se que só será possível a obtenção de um juízo de inconstitucionalidade, autónoma e exclusivamente reportado às normas materiais de *indirizzo* contidas na autorização, em qualquer uma das seguintes situações: primeira, em caso de insuficiência ou *deficit* do sentido autorizativo que foi, ou não, fixado; segunda, em caso de determinação indevida do sentido autorizativo que foi fixado.

III — Ora, do modelo do regime que vem consagrado no artigo 2.° do Decreto em causa, não se pode depreender que, em abstracto, a venda forçada seja um *quid* inadequado à prossecução dos valores próprios das políticas urbanísticas. Ao Tribunal não cabe apreciar a "adequação" ou o mérito das políticas públicas adoptadas pelo legislador: cabe-lhe apenas emitir juízos sobre aquelas que, nos termos da Constituição, sejam censuráveis. E nada, quanto a este ponto, permite que se estabeleça um juízo de censura constitucional, pois que nada prova que a "venda forçada" seja inepta, ou inadequada, à realização dos fins especiais da reabilitação urbana.

IV — Sendo certo que não ocorre, no caso, nenhuma "expropriação do direito ao arrendamento" em que seja indevidamente excepcionada a compensação devida pelo senhorio, não se vê por que razão violaria a norma sob juízo "o núcleo essencial" do direito consagrado no n.° 2 do artigo 62.° da Constituição, lesando-se, por isso, e do mesmo passo, o limite às restrições dos direitos, liberdades e garantias inscrito na parte final do n.° 3 do artigo 18.°

V — Enquanto norma habilitante de autorização legislativa, que fixa o sentido a seguir no futuro pelo legislador habilitado, a norma contida na alínea *c)* do n.° 2 do artigo 2.° do Decreto não lesa por si só — e ao prever a inexistência de indemnização ou realojamento do inquilino nas circunstâncias nela identificadas — quaisquer normas ou princípios constitucionais. Atenta a razão de ser que justifica tal inexistência, nenhum parâmetro constitucional a pode, desde já, condenar.

Acordam, em Plenário, no Tribunal Constitucional:

I — Relatório

1. O Presidente da República requereu, nos termos do n.° 1 do artigo 278.° da Constituição da República Portuguesa e dos artigos 51.°, n.° 1, e 57.°, n.° 1, da Lei de Organização, Funcionamento e Processo do Tribunal Constitucional, que o Tribunal Constitucional aprecie a conformidade com a Constituição das normas constantes do n.° *i)* da alínea *j)* do n.° 1 do artigo 2.° e da alínea *c)* do n.° 2 do mesmo artigo 2.° do Decreto n.° 343/X da Assembleia da República, recebido na Presidência da República no dia 28 de Julho de 2009 para ser promulgado como lei.

O pedido de fiscalização de constitucionalidade apresenta, em síntese, a seguinte fundamentação:

A) *Quanto à norma constante do n.°* i) *da alínea* j) *do n.° 1 do artigo 2.°*

— Ao prever, como instrumento de política urbanística, um regime de venda forçada, a norma prevista no n.° *i)* da alínea *j)* do n.° 1 do artigo

2.° cria uma nova forma de privação de propriedade privada, na medida em que afecta com efeitos ablativos a liberdade de gozo e de transmissão da mesma;

— Revestindo o direito de propriedade privada natureza análoga a direitos, liberdades e garantias, o mesmo só pode ser restringido nos casos expressamente previstos na Constituição, nos termos do n.° 2 do artigo 18.° da Constituição da República Portuguesa (CRP) [por lapso ter-se-á referido o n.° 1 do artigo 18.°];

— Este último preceito é violado pela referida norma, na medida em que a Constituição não prevê que o direito de propriedade privada possa ser sujeito a essa forma de restrição;

— Porquanto, ao dispor, no n.° 4 do artigo 65.°, sobre a política de ocupação, uso e transformação de solos urbanos, a Constituição prevê unicamente a figura da expropriação por utilidade pública como instrumento de privação da propriedade privada apto à satisfação de fins de utilidade pública urbanística;

— Ou seja, por se estar perante uma norma constitucional típica, que contém um *numerus clausus*, é vedado ao legislador vir restringir o direito de propriedade privada, com fundamento em utilidade pública urbanística, através de qualquer outro instrumento que não a expropriação por utilidade pública;

— Assim sendo, apenas se poderia sustentar a não inconstitucionalidade da norma sindicada, com fundamento em violação da norma do n.° 2 do artigo 18.° da Constituição, na hipótese de se considerar que, por possuir elementos de identidade com o instituto da expropriação, na qualidade de instrumento de política urbanística, o instituto da venda forçada cabe, por analogia, na previsão do n.° 4 do artigo 65.° da CRP;

— Simplesmente, para tanto seria necessário verificar-se uma relação de homologia entre os dois instrumentos de política urbanística, nomeadamente quanto: *a)* à consecução do fim de utilidade pública que devem prosseguir; *b)* às garantias inerentes ao processo indemnizatório que lhes subjaz;

— No que respeita ao primeiro requisito, seria necessário que, tal como sucede com a expropriação, *i)* a venda forçada implicasse uma prévia declaração de utilidade pública do bem sujeito a essa venda coactiva e *ii)* acautelasse, no respectivo procedimento, o preenchimento efectivo do fim de interesse público urbanístico que subjaz à reabilitação;

— Sucede, porém, que, em virtude de a norma habilitante ora sindicada omitir a exigência de prévia declaração de utilidade pública individualizada, não podendo a mesma retirar-se sequer implicitamente das duas remissões feitas para o Código das Expropriações, a mesma cria um meio de privação forçada da propriedade por razões urbanísticas sem garantir que a legislação delegada consagre tal regime;

— Porque tal omissão tem como efeito que o Governo possa optar por não exigir a prévia declaração de utilidade pública do bem sujeito a venda forçada, nos mesmos termos que regem o instituto das expropriações (artigos 1.° e 13.° do Código das Expropriações), deixa de poder sustentar-se a tese segundo a qual o instituto da venda forçada possuiria elementos de identidade com o instituto da expropriação, na qualidade de instrumento de política urbanística, cabendo, por analogia, na previsão do n.° 4 do artigo 65.° da Constituição;

— Assim, a norma habilitante viola o disposto no n.° 4 do artigo 65.° conjugado com o artigo 13.° da Constituição ao mesmo tempo que viola o n.° 2 do artigo 165.° da Constituição conjugado com essas mesmas disposições;

— Além de que, ainda no que respeita ao primeiro requisito (utilidade pública), deve considerar-se duvidoso que o instituto da venda forçada garanta a prossecução dos fins de utilidade pública urbanística, num nível idêntico ao da expropriação, nos termos do n.° 4 do artigo 65.° da CRP;

— A dúvida resulta, em primeiro lugar, da circunstância de, ao passo que, no processo de expropriação, o bem é afectado a fins de utilidade pública, sendo reconhecido o direito de reversão quando essa afectação não ocorra, já na venda forçada, o bem não deflui para o património público; com efeito, esta venda forçada processa-se entre entidades privadas, não se logrando assegurar a reversão da propriedade para o anterior titular se os novos adquirentes não cumprirem a obrigação de reabilitação, prevendo a lei, para tal caso, nova venda forçada, o que cria um quadro desigualitário e diverso em relação ao regime da expropriação, seja quanto à garantia do interesse público seja quanto à salvaguarda dos direitos dos proprietários;

— A desigualdade existente entre a expropriação e a venda forçada decorre, em segundo lugar, do facto de, ao passo que bens objecto de expropriação que sejam incluídos no domínio privado da Administração apenas podem ser cedidos em propriedade plena a privados, por força de acordo directo ou concurso, mediante um exigente procedimento de escolha do co-contratante que salvaguarde o interesse público, o mesmo não se verificar relativamente a bens objecto de venda forçada em hasta pública onde a garantia do interesse público se encontra, comparativamente, diminuída;

— No que respeita ao segundo requisito, de cuja verificação depende a sustentabilidade da tese segundo a qual o instituto da venda forçada possuiria elementos de identidade com o instituto da expropriação, na qualidade de instrumento de política urbanística, cabendo, por analogia, na previsão do n.° 4 do artigo 65.° da Constituição, requisito esse relacionado com as garantias inerentes ao processo indemnizatório, argumenta-se que a norma impugnada não logra garantir, na definição do sentido da autorização legislativa, o imperativo da plenitude e da contemporaneidade da indemnização ou compensação do proprietário, por identidade de razão com o critério de justiça material que, de acordo com o Tribunal Constitucional (Acórdão do Tribunal Constitucional n.° 174/95), deve pautar a indemnização atribuída em sede de expropriação por utilidade pública;

— Assim, a norma habilitante viola o disposto no n.° 2 do artigo 62.° conjugado com o artigo 13.° da Constituição ao mesmo tempo que viola o n.° 2 do artigo 165.° da Constituição conjugado com essas mesmas disposições.

B) *Quanto à norma constante da alínea* c) *do n.° 2 do artigo 2.°*

— A norma sindicada intenta definir o sentido e a extensão da autorização legislativa concedida ao Governo no que respeita ao regime jurídico aplicável à denúncia ou suspensão do arrendamento para demolição ou realização de obras de remodelação ou restauro profundos e, ainda, à actualização das rendas na sequência de obras com vista à reabilitação.

— Ao determinar o sentido e extensão da autorização legislativa em termos tais que nela se prevê a possibilidade de exclusão do dever de o senhorio indemnizar ou realojar o arrendatário sempre que a demolição for necessária por força da degradação do prédio, incompatível com a sua reabilitação e geradora de risco para os respectivos ocupantes ou decorra de plano municipal do ordenamento do território, a norma sindicada exibe uma elevada densidade paramétrica, na medida em que condiciona significativamente a discricionariedade do diploma autorizado;

— Com efeito, é a própria norma delegante a determinar: *a*) que os seus destinatários serão os arrendatários, não só porque se reporta ao efeito indemnizatório gerado por efeito da denúncia do contrato de arrendamento, mas também pelo facto de a expressão "indemnização ou realojamento" ser formulada em alternativa quanto à configuração das formas de compensação que pretende excluir, só podendo as mesmas respeitar a arrendatários; *b*) que a exclusão peremptória da indemnização assume carácter excepcional em relação à regra geral da compensação do arrendatário cujo contrato seja denunciado, radicando essa excepção em quatro pressupostos bem precisos: degradação da mesma fracção ou edifício, incompatibilidade com a sua reabilitação, risco para os ocupantes e plano municipal de ordenamento do território que imponha a demolição; *c*) que no sentido e âmbito da autorização se encontram ausentes cláusulas relativas ao âmbito temporal de eficácia do diploma autorizado;

— São, ao todo, quatro os fundamentos de inconstitucionalidade invocados, a saber: *a*) violação do n.° 3 do artigo 18.° por a norma suprimir, sem justificação material plausível e sempre que se verifiquem os pressupostos nela previstos, o núcleo ou conteúdo essencial do próprio direito à indemnização, alargado aos arrendatários expropriados por força da conjugação do n.° 2 do artigo 62.° com o artigo 13.° da CRP, na medida em que esse direito indemnizatório consiste num direito de natureza análoga aos direitos, liberdades e garantias; *b*) violação de uma dimensão autónoma do princípio da igualdade (artigo 13.° da CRP) ao discriminar negativamente os arrendatários em relação aos proprietários, no que respeita ao direito de ambos serem indemnizados nos termos do n.° 2 do artigo 62.° da CRP; *c*) violação do n.° 2 do artigo 18.° da CRP na parte em que impõe como requisito de uma lei restritiva a observância do princípio da proporcionalidade tanto na sua dimensão de necessidade quanto na de proporcionalidade em sentido estrito; *d*) violação do princípio da protecção da confiança, enunciado no artigo 2.° da CRP, ao permitir que as situações e posições jurídicas dos actuais arrendamentos possam ser afectadas por uma medida imprevisível com efeitos retrospectivos de conteúdo altamente desfavorável, frustrando as legítimas expectativas desses titulares em serem compensados pelos efeitos da expropriação;

— No que respeita ao primeiro fundamento invocado, começa por afirmar-se que o direito à indemnização do arrendatário em caso de expropriação do bem arrendado por utilidade pública está previsto em lei ordinária, nomeadamente nas normas dos n.os 1 e 2 do artigo 9.° e do artigo 30.° do Código das Expropriações (as quais dão continuidade a regimes legais análogos sobre esta matéria);

— Decisivo é, contudo, saber se esse direito do arrendatário consagrado em lei ordinária tem, igualmente, arrimo constitucional como direito fundamental, pois só nesse caso faria sentido impugnar a constitucionalidade da norma que autoriza o Governo a derrogar o disposto no Código das Expropriações, tendo em vista a exclusão do direito do arrendatário expropriado a justa indemnização;

— Sobre essa matéria importa assinalar que o Tribunal Constitucional reconheceu, inequivocamente, a dimensão constitucional do direito do arrendatário a justa indemnização, considerando que o n.° 2 do artigo 62.° da CRP, conjugado com o princípio da igualdade enunciado no artigo 13.° da CRP, atribuiria a titularidade desse direito, não apenas aos proprietários expropriados, mas também a outros titulares de ónus ou direitos reais que recaiam sobre o bem expropriado, como será o caso *a*) dos titulares do direito ao arrendamento não habitacional, considerando o Tribunal Constitucional que o princípio da justa indemnização "sendo aplicável, desde logo, à expropriação do direito de propriedade, vale, também, seguramente, para a expropriação do direito ao arrendamento comercial e industrial ou destinado ao exercício de profissões liberais", tendo fundamentado esta extensão numa "igualdade" entre os diversos titulares de posições jurídicas activas sobre o bem expropriado em face dos danos e perdas resultantes da ablação expropriativa (Acórdão do Tribunal Constitucional n.° 37/91); *b*) dos titulares do direito ao arrendamento rural (Acórdão do Tribunal Constitucional n.° 306/94); *c*) dos titulares do direito ao arrendamento urbano, tendo o Tribunal Constitucional julgado, com fundamento numa argumentação homóloga, a inconstitucionalidade de norma que configurara um limite indemnizatório inadequado e não conferira ao arrendatário do bem expropriado a faculdade de optar entre a percepção de indemnização e o direito a ser realojado (Acórdão do Tribunal Constitucional n.° 381/99);
— Torna-se, assim, possível configurar o direito fundamental dos arrendatários de prédios ou fracções a uma justa indemnização sempre que o respectivo contrato de arrendamento seja denunciado em consequência de um acto de expropriação por utilidade pública;
— A configuração desse direito faz-se com base na conjugação do princípio do Estado de direito democrático (artigo 2.° da CRP) com a regra construída a partir do princípio da igualdade (artigo 13.° da CRP) que alarga, aos arrendatários, o âmbito subjectivo de previsão do direito previsto no n.° 2 do artigo 62.° da CRP;
— Ora, o direito de propriedade privada, consagrado no artigo 62.° da CRP reveste uma natureza análoga aos direitos, liberdades e garantias, devendo aplicar-se às restrições que lhe sejam determinadas os limites previstos no artigo 18.° da Constituição para as leis restritivas desses mesmos direitos;
— Um elemento do direito de propriedade consagrado no n.° 2 do artigo 62.° é a garantia de o seu titular não ser dela arbitrariamente privado e de ser indemnizado em caso de desapropriação, pelo que,

tendo o Tribunal Constitucional alargado a aplicação desse princípio da justa indemnização à expropriação do direito ao arrendamento (Acórdão do Tribunal Constitucional n.° 37/91), este último direito tem também, por identidade de razão, natureza análoga aos direitos, liberdades e garantias, sendo-lhe aplicável o disposto no artigo 18.° da CRP;

— Além de que, nos Acórdãos referidos, o Tribunal Constitucional julgou a desconformidade de disposições legislativas que antecederam o Código das Expropriações em vigor, com o n.° 2 do artigo 62.° da Constituição, não pelo facto de essas disposições excluírem o direito à indemnização dos arrendatários, mas pela circunstância de o *quantum* indemnizatório ou o *quid* compensatório que as mesmas normas previam ser insuficiente ou fixado arbitrariamente;

— Por ser ainda mais restritiva na afectação negativa do direito à indemnização do que as disposições que foram julgadas inconstitucionais nos referidos Acórdãos, na medida em que fere, em termos ablativos, o próprio núcleo ou conteúdo essencial desse direito, ao excluir a atribuição de qualquer tipo de indemnização ou compensação, sempre que se verifiquem, em abstracto, os quatro pressupostos específicos nela previstos, sem que seja possível descortinar, relativamente a cada um dos quatro pressupostos, um fundamento material razoável que justifique o critério de não indemnizar ou compensar, a norma sindicada viola o n.° 3 do artigo 18.° por força da conjugação do n.° 2 do artigo 62.° com o artigo 13.° da CRP;

— Não são razoáveis os pressupostos, porquanto a demolição fundada em degradação da fracção ou edifício, incompatibilidade com a sua reabilitação, risco para os ocupantes e plano municipal de ordenamento do território, decorre de factores que, por regra, não são imputáveis à conduta do arrendatário;

— Mesmo admitindo que em situações de degradação e de risco do imóvel poderia ser justificável a exclusão do direito a indemnização, no caso de esses factores serem imputáveis ao arrendatário, verifica-se que a norma sindicada, por a estes se não cingir como único fundamento de expropriação não compensada, é sobreinclusiva, não deixando margem de discricionariedade ao diploma autorizado para proceder a distinções e, assim, acautelar situações atendíveis;

— O requerente entende que a norma viola ainda uma dimensão autónoma do princípio da igualdade (artigo 13.° da CRP) ao discriminar negativamente os arrendatários em relação aos proprietários, no que respeita ao direito de ambos serem indemnizados nos termos do n.° 2 do artigo 62.° da CRP;

— O requerente entende ainda que, por se estar perante um direito fundamental de natureza análoga aos direitos, liberdades e garantias, sendo-lhe, portanto, aplicável o artigo 18.° da CRP, ainda que o Tribunal não acolha o entendimento segundo o qual a norma sindicada viola o n.° 3 do artigo 18.° na parte em que proíbe que o legislador fira o conteúdo ou núcleo essencial de direitos, liberdades e garantias, a mesma, atentos os efeitos compressivos que decorreriam da sua natureza de lei-pressuposto de outras leis, viola o n.° 2 do artigo 18.° na parte em que impõe ao legislador o dever de limitar qualquer restrição ao necessário para salvaguardar outros direitos ou interesses constitucionalmente protegidos;
— A exclusão do direito à indemnização não assegura, de forma equilibrada, a concordância prática entre o direito a uma compensação devida em razão do expressivo sacrifício imposto ao arrendatário cujo arrendamento é denunciado e a salvaguarda de um interesse constitucionalmente protegido, qual seja o interesse público em expropriar, o qual é feito prevalecer em termos desnecessários e desmesurados sobre o primeiro;
— Tanto assim é que nenhum dos fundamentos constantes da norma sindicada e que parametrizam o interesse público em ditar a expropriação justifica materialmente a ablação da mesma indemnização ou do realojamento compensatório;
— O princípio da proporcionalidade enunciado no n.° 2 do artigo 18.° da CRP é igualmente violado na dimensão de "justa medida" ou de proporcionalidade em sentido estrito, porquanto a exclusão do direito à indemnização se afigura excessiva, arbitrária e desmesurada para alcançar o interesse público pretendido, na medida em que deixa os arrendatários expropriados sem habitação e sem compensação financeira pelo despejo, não logrando, quer o fim da expropriação, quer os seus pressupostos, justificar semelhante efeito;
— O requerente entende, por último, que, por não consagrar uma disposição transitória que salvaguarde os antigos arrendamentos e que restrinja a aplicação do diploma autorizado apenas aos arrendamentos celebrados depois da sua entrada em vigor ou aos edifícios e fracções que apenas após a sua entrada em vigor sejam qualificados como degradados, incompatíveis com a sua reabilitação, em risco para os ocupantes e desconformes com plano municipal de ordenamento de território, e, portanto, permitir que as situações e posições jurídicas dos actuais arrendamentos possam ser afectadas por uma medida imprevisível com efeitos retrospectivos de conteúdo desfavorável que retire aos seus titulares o direito a indemnização ou a realojamento em caso de expropriação fundada nos quatro pressupostos examinados, a norma sindi-

cada ofende o princípio da protecção da confiança, subsumível ao princípio do Estado de direito democrático (artigo 2.° da CRP), pois frustra inadmissível e exorbitantemente as legítimas expectativas desses titulares em perceberem uma indemnização ou compensação que lhes é garantida pela legislação em vigor;

— Reúnem-se, assim, os pressupostos necessários à invocação da ofensa ao princípio da protecção da confiança (artigo 2.° da CRP), à luz da jurisprudência do Tribunal Constitucional (Acórdãos n.os 287/90, 307/90 e 24/98), dado que *a*) os arrendatários são frustrados nas suas expectativas legítimas em serem indemnizados por força de denúncia do seu contrato de arrendamento decorrente de expropriação, já que esse direito resulta não apenas do Código das Expropriações em vigor, mas também de anterior legislação em matéria de expropriações, havendo fundadas expectativas na sua continuidade, na medida em que a protecção constitucional ao referido direito foi reconhecida pela jurisprudência do Tribunal Constitucional (Acórdão do Tribunal Constitucional n.° 381/99); *b*) a norma sindicada implica uma alteração inesperada e súbita do ordenamento, já que em termos razoáveis a mesma não poderia ser antecipada, tendo abalado o investimento de confiança dos arrendatários dos imóveis degradados, em risco, desconformes com imperativos de reabilitação ou com planos municipais de ordenamento do território, em serem ressarcidos em caso de expropriação; *c*) a eliminação pura e simples do direito indemnizatório ou de realojamento nas quatro situações constitui um sacrifício que, pelo seu carácter desrazoável, excessivo e desnecessário à luz do interesse público que preside à decisão expropriativa, revela ser "intolerável, arbitrário e demasiado opressivo" (Acórdão do Tribunal Constitucional n.° 303/90) na derrogação das expectativas legítimas do titular do arrendamento quanto à percepção de uma justa compensação.

O Presidente da República requer o pedido de fiscalização de constitucionalidade nos seguintes termos:

35.°

Atenta a fundamentação das dúvidas de constitucionalidade expostas no presente pedido, venho requerer ao Tribunal Constitucional que aprecie a constitucionalidade da norma constante do n.° *i*) da alínea *j*) do n.° 1 do artigo 2.° do Decreto n.° 343/X, da Assembleia da República:

a) Com fundamento na criação de uma nova forma de privação de propriedade privada fundada em utilidade pública urbanística que não é autorizada pela Constituição e que restringe um direito de natureza análoga aos direitos, liberdades e garantias fora dos casos expressamente previstos na Lei Fundamental, violando a norma constante do n.° 4 do artigo 65.° conjugada com o n.° 2 do artigo 18.° da Constituição;

b) Em alternativa ao pedido anterior, com fundamento em eventual violação da norma constante do n.° 2 do artigo 165.° da Constituição e, ainda, da norma do n.° 4 do artigo 65.° conjugada com o artigo 13.° da CRP na medida em que a norma sindicada definiu, de forma insuficiente, o sentido e extensão da autorização legislativa, pois não acautelou que o novo instituto de venda forçada por razões urbanísticas garantisse a prossecução do fim de utilidade pública e do carácter justo do processo indemnizatório em termos idênticos à expropriação por utilidade pública.

36.°

Também por força da ordem de razões oportunamente exposta, venho, ainda, requerer a fiscalização da constitucionalidade da norma constante da alínea *c*) do n.° 2 do artigo 2.° do Decreto, com fundamento em violação:

a) Da norma do n.° 3 do artigo 18.° da CRP, dado que suprime, sem justificação material plausível, o núcleo ou conteúdo essencial do próprio direito à indemnização alargado aos arrendatários expropriados por força da conjugação do n.° 2 do artigo 62.° com o artigo 13.° da CRP e com o artigo 2.° da CRP;

b) Em alternativa ao pedido formulado na alínea precedente, da norma constante do n.° 2 do artigo 18.° da CRP, por ofensa ao princípio da proporcionalidade que deve vincular o conteúdo das leis restritivas de direitos análogos a direitos, liberdades e garantias;

c) Do disposto no artigo 13.° da CRP (princípio da igualdade) ao discriminar negativamente os arrendatários em relação aos proprietários, no que respeita ao direito de ambos serem indemnizados nos termos do n.° 2 do artigo 62.° da CRP;

d) Do princípio da protecção da confiança, enunciado no artigo 2.° da CRP ao permitir que as situações e posições jurídicas dos actuais arrendatários possam ser afectadas por uma medida imprevisível com efeitos retrospectivos de conteúdo altamente desfavorável, frustrando as legítimas expectativas desses titulares em serem compensados pelos efeitos da expropriação.

2. O requerimento deu entrada neste Tribunal no dia 29 de Julho de 2009 e o pedido foi admitido na mesma data.

3. Notificado para o efeito previsto no artigo 54.° da Lei do Tribunal Constitucional, o Presidente da Assembleia da República veio apresentar resposta na qual oferece o merecimento dos autos.

4. Apresentado e discutido o memorando a que se refere o n.° 2 do artigo 58.° da Lei do Tribunal Constitucional, cumpre decidir de acordo com a orientação que então se fixou.

II — Fundamentos

A) *O contexto das questões*

5. As questões de constitucionalidade que, por este meio, são colocadas ao Tribunal reportam-se, como decorre do relato que acabou de fazer-se, ao Decreto n.° 343/X da Assembleia da República, enviado ao Presidente da República para ser promulgado como lei.

O Decreto da Assembleia contém duas distintas autorizações legislativas endereçadas ao Governo, a serem cumpridas através da emissão de decretos-leis autorizados nos termos conjugados dos artigos 165.° (n.os 2 a 4) e 198.°, n.° 1, alínea *b*), da Constituição.

Destina-se a primeira a autorizar a aprovação, pelo Governo, do "regime jurídico da reabilitação urbana em áreas de reabilitação urbana e dos edifícios nestas situados" [artigo 1.°, alínea *a*), do Decreto]; destina-se a segunda a autorizar que o Governo aprove "o regime de denúncia ou suspensão do contrato de arrendamento para demolição ou realização de obras de remodelação ou restauro profundos e da actualização de rendas na sequência de obras com vista à reabilitação" [artigo 1.°, alínea *b*), do Decreto]. Como o regime identificado nesta segunda autorização legislativa já foi objecto de regulação por parte do Decreto-Lei n.° 157/2006, de 8 de Agosto, do seu cumprimento decorrerá — como aliás se explicita no proémio do Decreto — a alteração do referido diploma governamental.

Sustenta o requerente que são inconstitucionais duas "normas" constantes do artigo 2.° do Decreto: a ínsita no seu n.° *i*) alínea *j*) n.° 1) — que é relativa à primeira autorização concedida, tendente à aprovação do "regime jurídico da reabilitação urbana" — e a ínsita no seu n.° 2, alínea *c*), relativa à autorização para aprovação do "regime de denúncia ou suspensão do contrato de arrendamento". Tanto uma como outra integram a definição, levada a cabo pelo Decreto, do sentido e extensão das autorizações concedidas. Por outro lado, tanto em relação a uma como a outra invoca o requerente a existência de vícios de inconstitucionalidade substancial ou material.

Assim sendo, importa antes do mais saber se e em que medida poderá o Tribunal pronunciar-se, em sede de controlo preventivo de constitucionalidade, sobre "normas" constantes de um decreto da Assembleia que pretende ser habilitante de futura actuação legislativa do Governo. A questão merece ser colocada, a título de questão prévia, se se tiver especialmente em conta a incidência do pedido e a natureza dos seus fundamentos: podem as "normas" que definem o sentido de uma autorização legislativa (ainda não promulgada) ser tidas, por razões materiais ou substanciais, como contrárias à Constituição?

B) *Problema prévio*

6. As autorizações legislativas — e, desde logo, as concedidas pela Assembleia ao Governo, nos termos dos artigos 165.° e 198.° da Constituição — não contêm em princípio disciplina que possa incidir directa e imediatamente na vida das pessoas. Como habilitam o legislador governamental a emitir normas em matérias que, não fora a habilitação, permaneceriam na reserva de competência do Parlamento, fica o cumprimento da disciplina que nelas se contém — e, logo, a sua plena eficácia externa, ou a sua capacidade para conformar definitivamente domínios materiais de regulação — dependente da emissão de decreto-lei autorizado, emissão essa que pode não ocorrer. Da habilitação parlamentar decorre, para o executivo, um poder (mas não um dever) de regulação quanto aos domínios para que foi habilitado, poder esse que, por definição, não é de exercício necessário. Assim é que a autorização caduca, caso o órgão habilitado se mantenha inerte durante o período da sua vigência (artigo 165.°, n.° 2), ou caso, entretanto, desapareçam habilitante e habilitado (*idem,* n.° 4).

Tal não impede, porém, que se considere que as autorizações legislativas contêm normas, cognoscíveis pelo Tribunal nos termos do artigo 278.° da Constituição. A doutrina, já suficientemente justificada nos Acórdãos n.ºs 107/88 (*Diário da República*, I Série, n.° 141, pp. 2516) e 64/91 (disponível em *www.tribunalconstitucional.pt*), compreende-se antes do mais pela obsolescência da teoria dualista do conceito de "norma", que pretenderia que não teriam efeitos normativos os chamados actos internos do Estado, nos quais se incluiriam aqueles que se "limitassem" a alterar as posições relativas dos órgãos estaduais, operando sobre a ordenação das suas competências. Uma tal concepção, que confinava o reconhecimento da força normativa de um acto estadual à sua — assim entendida — "eficácia externa", tinha como pressuposto uma representação do Estado categorialmente oposta à da sociedade, segundo a qual seria naturalmente indiferente a esta última tudo o que se passasse, "apenas", no interior da organização estadual. Como não é seguramente essa a representação que a CRP acolhe, nada impede que se reconheça que as normas sobre a produção de normas, ainda no sentido estrito de normas de competência (como são desde logo aquelas que, emanadas pelo Parlamento, autorizam o Governo a legislar sobre as matérias enunciadas no artigo 165.°), se incluem sem dificuldade no conceito de "norma" que, nos termos da Constituição, é objecto do controlo de constitucionalidade, seja ele preventivo ou sucessivo.

As normas contidas nas autorizações legislativas não são, no entanto, apenas normas de competência. Não se limitam a habilitar o Governo a legislar sobre domínios da vida social que, sem a autorização, permaneceriam na esfera reservada à normação parlamentar. Se o fossem, naturalmente que o controlo da sua constitucionalidade, a efectuar pelo Tribunal, se teria que confinar a razões de índole formal-competencial, visto que os únicos parâmetros constitucionais aplicáveis (porque os únicos existentes) seriam tão somente os respeitantes ao recorte do âmbito externo da habilitação concedida. Não é todavia assim que as coisas se passam face ao disposto no n.° 2 do artigo 165.° da Constituição. Decorre com efeito do preceito constitucional que, para além do recorte externo do âmbito da competência concedida pela autorização ao Governo — ou seja, para além da definição do seu objecto, extensão e duração —, a norma habilitante deve ainda fixar o sentido a seguir pela legislação eventualmente subsequente do Governo. Fixar o sentido do futuro decreto-lei autorizado significa pré-determinar ou condicionar, através da identificação de princípios, orientações ou directivas que não poderão deixar de ser cumpridos, o conteúdo essencial das posteriores escolhas legislativas governamentais. Assim, as autorizações não contêm só normas de competência. Contêm ainda normas materiais regulativas ou orientadoras da futura acção governativa, normas materiais essas que poderão, desde logo e pelo seu teor, "infringir o disposto na Constituição ou os princípios nela consignados" (artigo 277.°, n.° 1, da CRP). Ao Tribunal Constitucional cabe, por isso, e naturalmente, sindicar os eventuais vícios de inconstitucionalidade que, por razões de índole substancial ou material, possam vir a afectar estas normas orientadoras da futura actuação governativa, tudo justificando — como se deixou claro no Acórdão n.° 107/88 — que o controlo da constitucionalidade se faça antes da promulgação do decreto da Assembleia como lei de autorização.

7. Resta saber se este juízo — feito pelo Tribunal quanto às normas autorizadoras que fixam o sentido da posterior, e eventual, legislação governamental — não terá ele próprio limites, atentas as circunstâncias em que se desenvolve e que condicionam a sua possibilidade. Em que casos poderá vir a concluir-se, sem margem para dúvida, que serão desde logo inconstitucionais as normas contidas em autorizações legislativas que pré-condicionam as futuras escolhas legislativas governamentais, de tal modo que se considere que o vício de inconstitucionalidade radica na própria autorização, não podendo deixar de transmi-

tir-se, consequencialmente, ao decreto-lei autorizado? Tendo em conta que este último ainda não existe, pois que a autorização ainda não foi cumprida —, não podendo por isso o Tribunal formular um juízo em que se confrontem, tanto as orientações materiais que foram fixadas pelo habilitante parlamentar à actuação do Governo, quanto o modo do seu desenvolvimento ou concretização por parte do decreto-lei autorizado —, terá que concluir-se que só será possível a obtenção de um juízo de inconstitucionalidade, autónoma e exclusivamente reportado às normas materiais de *indirizzo* contidas na autorização, em qualquer uma das seguintes situações.

Primeira, em caso de insuficiência ou *deficit* do sentido autorizativo que foi, ou não, fixado. Pode, com efeito, suceder que a autorização não cumpra, nesta parte, a imposição decorrente do n.° 2 do artigo 165.° da CRP, por não conter ela própria, ou com o grau de densidade que é exigível, as normas materiais regulativas da futura actuação governativa.

Segunda, em caso de determinação indevida do sentido autorizativo que foi fixado. Pode também acontecer que as normas materiais reguladoras da futura acção do Governo tenham uma densidade tal que se torne evidente, antes mesmo ainda da sua futura concretização em decreto autorizado, que elas pré-determinam a actuação governamental de um modo necessariamente inconstitucional. Neste caso, note-se, lesada será, directa e imediatamente, a norma constitucional pertinente *ratione materiae*, e não a norma, contida no n.° 2 do artigo 165.°, que modela as condições de concessão de uma válida habilitação legislativa.

8. O Tribunal já disse (nomeadamente no Acórdão n.° 358/92, disponível em *www.tribunalconstitucional.pt*) em que é que consiste a primeira das situações enunciadas, ou em que condições poderá concluir-se que são inconstitucionais as normas contidas em autorizações legislativas por, em contradição com o disposto no n.° 2 do artigo 165.° da CRP, serem elas deficitárias ou insuficientes quanto à fixação do sentido a seguir pelo eventual, e futuro, decreto-lei autorizado.

Para além da possibilidade, radical, de ausência absoluta, na norma habilitante, de qualquer *indirizzo* material que oriente a actuação governamental, o sentido de uma autorização legislativa será insuficiente sempre que as orientações ou directivas endereçadas ao Governo não atingirem, pelo seu conteúdo, um grau exigível de densidade ou determinação. Para estes efeitos, considerou o Tribunal que a questão de saber quando — ou a partir de que "momento" — teria uma autorização legislativa atingido o grau exigível de determinabilidade de sentido se deveria resolver tendo em conta três critérios ou três perspectivas cumulativas. Em primeiro lugar, e da perspectiva do habilitante, deveria a autorização ser suficientemente clara de modo a que dela se depreendesse quais teriam sido as decisões básicas, tomadas pelo Parlamento, quanto à estruturação essencial da disciplina jurídica que viria a ser, definitivamente, conformada pelo Governo. Em segundo lugar, e da perspectiva do habilitado, deveria a autorização ser suficientemente clara de modo a que através dela se pudesse vir a distinguir entre as matérias sobre as quais impenderia, quanto ao Governo, uma vinculação (não lhe sendo deixado em relação a elas qualquer espaço de liberdade de conformação legislativa), e as matérias em que o legislador governamental deteria, ainda, alguma margem de discricionariedade conformadora. Em terceiro lugar, e na perspectiva do cidadão, deveria a autorização legislativa ser suficientemente clara de modo a que a partir dela se pudesse vir a prever, mediante o programa normativo a preencher pelo decreto-lei autorizado, qual o sistema básico de direitos e obrigações que decorreria da nova disciplina jurídica, finalizada por acção governamental.

Todos estes critérios — disse-se ainda no referido Acórdão — foram inspirados pela jurisprudência constitucional alemã quanto à interpretação do artigo 80.° da Lei Fundamental de Bona, cujo teor, influenciando a primeira revisão da CRP, terá estado na origem da actual redacção do n.° 2 do artigo 165.° Com efeito, na sua primeira versão, a Constituição portuguesa não continha (ao contrário de outras, como a Constituição espanhola ou italiana) qualquer menção à necessidade de as delegações legislativas parlamentares fixarem, antecipadamente, o sentido a seguir pelo órgão delegado quanto à disciplina jurídica das matérias objecto da delegação. Posto que a menção foi introduzida pela primeira revisão constitucional tendo em conta, especialmente, o regime previsto no artigo 80.° da Constituição alemã, foi naturalmente que o Tribunal se inspirou na jurisprudência que, interpretando este último artigo, acabou por concluir quando — ou com o auxílio de que critérios — se poderia entender que uma autorização legislativa teria atingido o grau de determinabilidade, ou de suficiência, constitucionalmente exigível. (veja-se, quanto a este ponto, Acórdão citado, § 7).

Não se contesta agora a bondade desta inspiração. No entanto, deve dizer-se que, sendo diferentes os regimes constitucionais alemão e português quanto à distribuição de competências legislativas entre Parlamento e Governo, o modo de aplicação, a casos concretos, dos critérios atrás definidos não poderá deixar de ter em conta as especialidades da ordem constitucional portuguesa. Entre nós, o regime das autorizações legislativas deve ser lido no contexto de uma ordem constitucional que, atribuindo ao Governo, diferentemente do que sucede na Alemanha, poder legislativo próprio [artigo 198.°, n.° 1, alínea *a*)], concebe as "delegações" de competências parlamentares que são endereçadas a este último também como partilhas de responsabilidades, justificadas em função da especificidade de matérias a regular e fundadas numa especial relação de confiança entre habilitante e habilitado. Que essa "relação de confiança" marca, entre nós, o regime das autorizações legislativas prova-o o facto, já atrás referido, de as mesmas caducarem com a dissolução do Parlamento, com o termo da legislatura ou com a demissão do Governo — ou seja, com o desaparecimento de um certo e concreto habilitante e com o desaparecimento de um certo e concreto habilitado. Assim sendo, os critérios atrás definidos, e pensados para uma ordem constitucional diversa, nestes termos, da nossa, terão que ser utilizados tendo em conta a especial configuração que assume, face à CRP, a ordem geral de distribuição de competências entre legislador parlamentar e legislador governamental.

9. Resta determinar em que condições poderá concluir-se que é inconstitucional uma norma contida em autorização legislativa por conter ela, não um *deficit,* mas uma determinação indevida do sentido da delegação. Tal ocorrerá sempre que se puder demonstrar que a disciplina jurídica básica a seguir pelo futuro decreto-lei autorizado, e fixada pelo acto de autorização, contém princípios, directivas ou orientações materiais que se mostram já, e por si mesmos — ou seja, independentemente da concretização futura e eventual que deles se vier a fazer —, directamente lesivos de regras ou princípios constitucionais autónomos, e autónomos face às condições procedimentais que determinam a validade do acto de habilitação.

A demonstração requer vários testes, todos eles interligados. Como a autorização não detém, por si só, uma eficácia normativa plena — estando tal eficácia dependente de emissão, incerta, do decreto-lei autorizado —, é necessário que se prove que, não obstante tal facto, a inconstitucionalidade radica logo na própria norma autorizativa, comunicando-se consequencialmente às normas que vierem a constar do decreto-lei autorizado. Tal só sucederá nos casos em que o sentido da autorização detiver, pelo seu conteúdo, um tal grau de densidade regulativa que dele se exclua a possibilidade de uma eventual normação governamental que seja conforme à Constituição. Por outras palavras, tal ocorrerá nos casos em que os princípios, directivas ou orientações endereçadas ao Governo pelas normas da autorização ostentarem uma eficácia normativa plena quanto à produção da própria inconstitucionalidade, por não poderem deixar de implicar normação ulterior que, a existir, será necessariamente — e por causa desses princípios — ela também inconstitucional.

E não se diga que sempre a apreciação da inconstitucionalidade do decreto-autorizado poderia não apenas incidir sobre vícios próprios mas também ter por objecto vícios que radicassem, desde logo, na norma habilitante. Sendo certo que tal possibilidade existe — visto que não estaria vedado ao Tribunal, ao apreciar a norma autorizada, conhecer de todos os vícios de que esta padecesse, incluindo aqueles radicados na própria norma habilitante —, seria, em todo o caso, um *non sequitur* daí extrair a impossibilidade de apreciação autónoma da inconstitucionalidade desta última.

A análise que se segue terá em conta estes critérios, ou *testes,* relativos à possibilidade de um juízo de inconstitucionalidade que incida sobre as normas constantes de autorizações legislativas que fixem o sentido a seguir pela legislação governamental autorizada.

C) *Da norma constante do n.° i) alínea j) do n.° 1 do artigo 2.° do Decreto da Assembleia*

10. Sustenta antes do mais o requerente que é inconstitucional a norma constante do n.° *i)* alínea *j)* do n.° 1 do artigo 2.° do Decreto da Assembleia.

Sob a epígrafe sentido e extensão, dispõe do seguinte modo o n.° 1 do artigo 2.° do Decreto:

> 1. A autorização legislativa referida na alínea *a)* do artigo anterior quanto ao regime jurídico da reabilitação urbana e dos edifícios nestas situados, tem o seguinte sentido e extensão:
>
> (...)
>
> *j)* Estatuir instrumentos específicos de política urbanística, designadamente, expropriação, venda ou arrendamento forçado, e constituição de servidões, nos casos em que os proprietários não cumpram o dever de reabilitação dos seus edifícios ou fracções e, em concreto:
>
> *i)* Estabelecer um regime de venda forçada ou de expropriação de edifício ou fracção, se o proprietário violar a obrigação de reabilitar ou alegar que não pode ou não quer realizar as obras e trabalhos necessários, devendo o edifício ou fracção ser avaliado nos termos previstos no Código das Expropriações e, tratando-se de venda forçada, vendido em hasta pública a quem oferecer melhor preço, garantindo-se, no mínimo, o valor de uma justa indemnização, e se dispuser a cumprir a obrigação de reabilitação no prazo inicialmente estabelecido para o efeito, contado da data da arrematação, beneficiando o proprietário de todas as garantias previstas no Código das Expropriações, com as devidas adaptações.

Decorre deste texto o seguinte. A primeira autorização legislativa contida no Decreto da Assembleia, e relativa à aprovação governamental do regime jurídico da reabilitação urbana (proémio do n.° 1), dispõe, quanto ao seu sentido, ou seja, quanto às regras básicas a seguir, futuramente, pelo legislador governamental, que:

(I) Haverá instrumentos específicos de política urbanística;
(II) Entre eles contar-se-ão, designadamente, a expropriação, a constituição de servidões e a venda ou arrendamento forçados;

(III) Tais instrumentos serão aplicáveis caso os proprietários não cumpram o dever de reabilitação dos seus edifícios ou fracções;

(IV) Mais especificamente, caso os proprietários violem a obrigação de reabilitar ou aleguem que não podem ou querem realizar as obras ou trabalhos necessários, estará o legislador governamental habilitado a estabelecer um regime de venda forçada ou de expropriação do edifício ou fracção;

(V) Caso em que o referido edifício ou fracção será avaliado nos termos previstos no Código das Expropriações e,

(VI) Tratando-se de venda forçada, vendido em hasta pública a quem oferecer melhor preço e se dispuser a cumprir a obrigação de reabilitação no prazo inicialmente estabelecido para o efeito, contado da data da arrematação;

(VII) Beneficiando o proprietário de todas as garantias previstas no Código das Expropriações, com as devidas adaptações, garantindo-se, no mínimo, o valor de uma justa indemnização.

Face a este regime, assim enunciado, é desde já possível caracterizar os traços essenciais do instituto da venda forçada que, a par do instituto da expropriação, é aqui desenhado como instrumento possível de política urbanística.

Tanto a expropriação quanto a venda forçada são agora previstas como meios de reacção do ordenamento jurídico ao incumprimento, por parte dos proprietários, dos deveres urbanísticos que sobre eles impendem. Na verdade, o legislador governamental está habilitado a estabelecer um regime de venda forçada ou de expropriação de edifício ou fracção caso o seu proprietário incumpra as obrigações de realização de obras ou de reabilitação. É de assinalar que, sendo este o pressuposto do recurso, pelo Estado, a um ou a outro meio, o particular que se veja nestes casos sujeito a expropriação, ou compelido a venda forçada, tem, antes da imposição da medida coactiva referente ao bem de que é titular, a seguinte opção: ou suportar o sacrifício de realizar as obras necessárias para efeitos de reabilitação urbanística, com o investimento que tal implica, ou suportar o sacrifício de perda da titularidade do bem, com a correspondente compensação. De todo o modo, caso o proprietário escolha a primeira opção, o "sacrifício" de realização de obras não será, *prima facie,* contrário ao seu próprio interesse, dado que redundará em valorização do bem de que é titular.

Todos estes traços serão, face ao modelo atrás desenhado, comuns tanto à venda forçada quanto à expropriação, enquanto instrumentos de política urbanística. Contudo — e é este o ponto que interessa salientar —, diferentemente do que sucede com a expropriação, o bem objecto de venda forçada permanecerá disponível no comércio jurídico, a ele podendo aceder todo e qualquer particular que se disponha a cumprir os deveres pertinentes, não sendo, portanto, a sua titularidade transferida para o domínio do Estado. Daqui decorre que, na venda forçada, a "compensação" do sacrifício do proprietário advirá desde logo do preço obtido na venda em hasta pública, a que acrescerá, sendo caso disso — ou seja, caso o preço não corresponda ao valor do bem, avaliado nos termos do Código das Expropriações —, indemnização.

11. Alega o requerente que será inconstitucional este regime, na parte em que prevê a possibilidade de adopção, por parte do legislador governamental, do instituto da venda forçada enquanto instrumento de política urbanística.

A alegação sustenta-se num argumento essencial. O argumento é o que segue:

A Constituição não se refere, expressamente, à hipótese da existência, no ordenamento infraconstitucional, do instituto da venda forçada. No entanto, ele só poderia vir a ser adoptado pelo legislador ordinário (como instrumento de política urbanística) caso houvesse expressa autorização constitucional, e isto por duas razões fundamentais. Primeira, porque o n.° 4 do artigo 65.° da Constituição só prevê, enquanto "instrumento de privação da propriedade apto à satisfação de fins de utilidade pública urbanística", o instituto da expropriação. A previsão é exauriente porque fixa, a propósito desta matéria e nesta sede, um *numerus clausus* ou um princípio de tipicidade. Na previsão esgotante da norma constitucional não está expressamente contemplado o instituto da venda forçada: a previsão resume-se ao, e esgota-se no, instituto da expropriação. Segunda, porque o instituto da venda forçada é uma restrição ao direito de propriedade (artigo 62.° da Constituição), na sua dimensão de direito análogo aos direitos, liberdades e garantias. Assim, a admissibilidade da restrição dependeria sempre de expressa menção constitucional, nos termos conjuntos do n.° 2 do artigo 18.° e do artigo 17.° da CRP. Como essa expressa menção — à venda forçada — não consta do texto constitucional, a restrição será, face a ele, inadmissível.

Analisemos, então, estes argumentos.

Antes do mais, deve dizer-se que, de acordo com o entendimento perfilhado pelo requerente, ocorrerá aqui — e para usar terminologia adoptada antes, nos pontos 7 e 9 da fundamentação — inconstitucionalidade pelo "excesso", ou pela determinação indevida, do sentido da autorização legislativa. Como se sustenta que a norma em causa, constante do decreto habilitante, ao prever a possibilidade de adopção do instituto da venda forçada como instrumento de política urbanística, é inconstitucional por violação directa dos preceitos fundamentais atrás referidos — e é-o desde logo, ou seja, independentemente do modo como o decreto-lei autorizado vier (se vier) a concretizar o sentido da habilitação que lhe foi concedida —, subjacente à argumentação apresentada está a afirmação segundo a qual o regime constante do artigo 2.° do

Decreto detém uma densidade de regulação tal que lhe deve ser associada a capacidade para produzir, directa e imediatamente, efeitos normativos inconstitucionais.

No entanto, certo é que o mesmo regime, com os traços essenciais que atrás lhe assinalámos, deixa ao legislador governamental espaços livres de conformação futura. Não se sabe, por exemplo, em que tipos ou categorias de intervenção urbanística poderá vir a ser adoptado o instituto da venda forçada; se a sua previsão terá ou não natureza subsidiária; se o processo de venda em hasta pública será, ou não, objecto de regulação especial; quais os incentivos e apoios financeiros que serão, concretamente, postos à disposição dos proprietários que devam proceder a obras de reabilitação.

É, pois, no contexto de um regime não fechado de previsão do recurso ao instituto da venda forçada como instrumento de política urbanística que se convoca a pronúncia do Tribunal. E a convocação é feita nos seguintes termos. Diz-se que tal previsão pré-condiciona, de modo inconstitucional, todas as escolhas futuras do legislador governamental porque ela será só por si, e "em abstracto" — isto é, sem qualquer confronto com o regime jurídico final que resultará do cumprimento da autorização legislativa — lesiva do disposto, quer no n.° 4 do artigo 65.° da CRP, quer no n.° 1 do seu artigo 62.°, este último lido em conjugação com os artigos 18.°, n.° 2, primeira frase, e 17.°

Não parece, porém, que assim seja.

12. Desde logo, não parece que a disposição contida no n.° 4 do artigo 65.° da Constituição vise instituir um *numerus clausus,* ou um princípio de tipicidade, quanto à adopção das medidas necessárias à satisfação de fins de utilidade pública urbanística, só admitindo por isso, e quanto a essas medidas, o recurso pelo legislador ordinário ao instituto da expropriação.

O preceito constitucional não pode ser lido fora do contexto em que se insere. E próprio desse contexto é todo o domínio relativo à habitação e urbanismo, domínio esse onde se articulam, enquanto expressão do cumprimento de tarefas fundamentais do Estado (artigo 9.°), políticas públicas tendentes a assegurar o planeamento e a ordenação do território; a defesa do ambiente e da qualidade de vida; a preservação do património urbano, enquanto parte do património cultural português. Sobretudo, ao associar a política da habitação às políticas públicas de governo do território, o artigo 65.° deixa bem claro que estas últimas fazem parte das prestações comunitárias que são devidas para que se possa garantir, a cada um, o "direito a uma habitação adequada". Intenção inicial do seu n.° 4 é chamar às responsabilidades deste governo tanto o Estado, quanto as regiões autónomas, quanto as autarquias locais: todos estes entes agirão, designadamente, através dos meios aí previstos. Longe, portanto, de um qualquer princípio de tipicidade ou de numerus clausus estará assim a estrutura de uma norma constitucional como esta, que, ao invés de "fechar", ou de prever de forma exauriente e esgotante meios de actuação dos poderes públicos, visa pelo contrário enquadrar políticas prestativas complexas, e, por definição, abertas. Não decorre assim do texto do n.° 4 do artigo 65.° que o instituto da expropriação seja o único instrumento que, para fins de satisfação de utilidade pública urbanística, a Constituição autorize.

Tal como não decorre do seu artigo 62.°, e do direito nele "garantido", que a venda forçada, por não estar expressamente prevista na Constituição, seja, só por isso, um meio de política urbanística que o legislador ordinário estará, em todo o caso, proibido de utilizar.

É certo que o Tribunal tem dito, em jurisprudência constante (e vejam-se, entre outros, os Acórdãos n.os 44/99; 329/99; 205/00; 263/00; 425/00; 187/01; 57/01; 391/02; 139/04; 159/07, todos eles disponíveis em *www.tribunalconstitucional.pt*), que sendo afinal a "propriedade" um pressuposto da autonomia das pessoas, não obstante a inclusão do direito que lhe corresponde no título respeitante aos "Direitos e deveres económicos, sociais e culturais", alguma dimensão terá ele que permita a sua inclusão, pelo menos parcial, nos clássicos direitos de defesa, ou, para usar a terminologia da CRP, em alguma da sua dimensão será ele análogo aos chamados direitos, liberdades e garantias.

Que assim é demonstra-o, afinal, a própria História do constitucionalismo, em que a defesa da propriedade ocupou sempre um lugar central: no plano individual, contra as investidas arbitrárias dos poderes públicos no património de cada um; no plano colectivo, quanto à própria possibilidade da existência de uma sociedade civil diferenciada do Estado, e assente autonomamente na apropriação privada de uma ampla gama de bens que permita o estabelecimento de relações económicas à margem do poder político.

Resta saber qual a dimensão da garantia constitucional da propriedade que acolherá assim um radical subjectivo, que, pela sua estrutura, será análogo a um direito, liberdade e garantia. Ora, e quanto a esta matéria, decorrem da jurisprudência do Tribunal alguns pontos firmes, que poderão ser sintetizados como seguem. O primeiro ponto firme é o da não identificação entre o conceito civilístico de propriedade e o correspondente conceito constitucional: a garantia constitucional da propriedade protege — no sentido que a seguir se identificará — os direitos patrimoniais privados e não apenas os direitos reais tutelados pela lei civil, ou o direito real máximo. O segundo ponto firme é o da dupla natureza da garantia reconhecida no artigo 62.°, que contém na sua estrutura tanto uma dimensão institucional-objectiva quanto uma dimensão de direito subjectivo. O terceiro ponto firme dirá respeito ao âmbito desta última dimensão, de radical subjectivo, que irá incluída na estrutura da norma jusfundamental. A esta dimensão pertence, precisamente como direito "clássico" de defesa, o direito de cada um a não ser privado da sua propriedade senão por intermédio de um procedimento adequado e mediante justa compensação, procedimento esse especialmente assegurado no n.° 2 do artigo 62.° Para além disso — e como se disse no Acórdão n.° 187/01, § 14 — "a outras dimensões do direito de propriedade, essenciais à realização do Homem como pessoa (...), poderá também, eventualmente, ser reconhecida natureza análoga à dos direitos, liberdades e garantias".

Análise mais demorada exigirá agora a natureza, atrás referida, da garantia constitucional da propriedade enquanto garantia de instituto, objectivamente considerada.

Na verdade, a "garantia" que vai reconhecida no n.° 1 do artigo 62.° tem uma importante dimensão institucional e objectiva, que se traduz, antes do mais, em injunções dirigidas ao legislador ordinário. Por um lado, e negativamente, estará este proibido de aniquilar ou afectar o núcleo essencial do instituto infraconstitucional da "propriedade" (nos termos amplos atrás definidos). Por outro lado, e positivamente, estará o mesmo legislador obrigado a conformar o instituto, não de um modo qualquer, mas tendo em conta a necessidade de o harmonizar com os princípios decorrentes do sistema constitucional no seu conjunto. É justamente isso que decorre da parte final do n.° 1 do artigo 62.°, em que se diz que "a todos é garantido o direito à propriedade privada (...) nos termos da Constituição."

Assim, e apesar de a redacção literal do preceito constitucional não conter, como é frequente em direito comparado, uma referência expressa às funções que a lei ordinária desempenha enquanto instrumento de modelação do conteúdo e limites da "propriedade", em ordem a assegurar a conformação do seu exercício com outros bens e valores constitucionalmente protegidos, a verdade é que essa remissão para a lei se deve considerar implícita na "ordem de regulação" que é endereçada ao legislador na parte final do n.° 1 do artigo 62.°, e que o vincula a definir a ordem da propriedade nos termos da Constituição. Tal vinculação não será, portanto, substancialmente diversa da contida, por exemplo, no artigo 33.° da Constituição espanhola ["É reconhecido o direito à propriedade privada (...). A função social desse direito limita o seu conteúdo, em conformidade com as leis"]; no artigo 42.° da Constituição italiana ["A propriedade privada é reconhecida e garantida pela lei, que determina o seu modo de aquisição, gozo e limites com o fim de assegurar a [sua] função social (...)]"; no artigo 14.° da Lei Fundamental de Bona ["A propriedade e o direito à herança são garantidos. O seu conteúdo e limites são estabelecidos pela lei (...). O seu uso deve servir ao mesmo tempo os bens colectivos]".

Embora a Constituição lhe não faça uma referência textual, existirá portanto, e também entre nós, uma cláusula legal da conformação social da propriedade, a que aliás terá aludido desde sempre a jurisprudência constitucional, ao dizer que "[e]stá tal direito de propriedade, reconhecido e protegido pela

Constituição, na verdade, bem afastado da concepção clássica do direito de propriedade, enquanto *jus utendi, fruendi et abutendi* — ou na fomulação impressiva do Código Civil francês (...) enquanto direito de usar e dispor das coisas *de la manière la plus absolue* (...). Assim, o direito de propriedade deve, antes do mais, ser compatibilizado com outras exigências constitucionais" (referido Acórdão n.° 187/20, § 14, citando anterior jurisprudência).

As obrigações, legalmente impostas aos proprietários de edifícios ou fracções, de realização de obras de reabilitação urbanística não são mais do que o resultado da necessária compatibilização — a efectuar pelo legislador ordinário — entre o direito de propriedade e outras exigências ou valores constitucionais. Já atrás identificámos alguns desses valores, decorrentes aliás das tarefas fundamentais do Estado definidas no artigo 9.° da CRP: a protecção e valorização do património urbano, enquanto parte do património cultural português; a promoção da qualidade de vida, através da efectivação dos direitos ambientais e da modernização das estruturas sociais; a promoção e desenvolvimento harmonioso de todo o território nacional. Assim sendo, e ao conceder ao Governo a habilitação necessária para que sejam determinados "os direitos e obrigações de proprietário e de titulares de outros direitos, ónus ou encargos relativamente aos edifícios a reabilitar, consagrando o dever de reabilitação como um dever de todos os proprietários de edifícios ou fracções", o artigo 2.°, n.° 1, do Decreto da Assembleia está ainda a cumprir as funções próprias da conformação social da propriedade, que cabem, especialmente, ao legislador.

Questão diversa é no entanto a de saber se o instituto da venda forçada — previsto, como atrás se salientou, como consequência do incumprimento dos deveres de reabilitação urbanística — compartilha ainda desta natureza meramente conformadora do conteúdo da propriedade, ou se será, em relação a ela, algo de diferente, operando (mais do que uma conformação), uma verdadeira restrição de posições jusfundamentais dos proprietários. Ora, quanto a este ponto, será difícil sustentar-se não estarmos aqui perante verdadeiras restrições.

Na verdade, ao prever a possibilidade de se vir a impor, aos proprietários inadimplentes, a venda em hasta pública de edifício ou fracção, o n.° *i)* da alínea *j)* do n.° 1 do artigo 2.° do Decreto da Assembleia está também a autorizar que o direito fundamental que aqueles proprietários detêm — o direito à não privação da propriedade, assegurado pelo artigo 62.° da CRP — venha a ser restringido. Para todos os efeitos, o instituto da venda forçada implica a imposição de transmissão a outrem do bem de que se é titular, e, por isso mesmo, naturalmente, a sua perda.

Nessa medida, e porque a posição jusfundamental que assim é afectada detém estrutura análoga à dos direitos, liberdades e garantias, será indiscutivelmente aplicável a qualquer acto legislativo que a restrinja o regime próprio dos limites das restrições, definido no artigo 18.° da Constituição.

Relevaria no entanto de uma concepção excessivamente estreita entender que, por a Constituição se não referir, textualmente, ao instituto da venda forçada, o limite enunciado em primeiro lugar no n.° 2 do artigo 18.° — a necessidade de autorização constitucional expressa para restringir — teria sido, no caso, e desde logo, incumprido, assim se condenando, e sem ulterior indagação, a escolha do legislador ordinário. Para além da questão de saber qual o sentido que, em geral, deva hoje ser conferido à primeira frase do n.° 2 do artigo 18.° — e, quanto a este ponto, veja-se Jorge Reis Novais, *As Restrições aos Direitos Fundamentais não Expressamente Autorizadas pela Constituição,* Coimbra, 2003 — parece certo, antes do mais, que autorização constitucional para restringir se não identifica com necessidade de referência textual explícita a um certo e determinado instituto a adoptar pelo legislador ordinário, referência essa que teria que constar do articulado da CRP. Como nenhuma constituição é apenas um texto, a autorização que a Constituição portuguesa confere para que um certo e determinado direito venha a ser, por lei, restringido, não pode ser entendida assim, nesses apertados termos, como uma estrita exigência de textualidade.

Ora, no caso, o que é verdade é que a Constituição autoriza que o direito de cada um à não privação da propriedade seja restringido, desde que a restrição se justifique por razões de interesse público, se efectue por intermédio do procedimento devido em Direito e inclua, para o afectado, a devida compensação. O que confere inteligibilidade e sentido a esta autorização, assim recortada, não é apenas o facto de a ela se referir textualmente a Constituição, no n.° 2 do artigo 62.° Conferem-lhe também inteligibilidade e sentido as próprias razões materiais que, na ordem constitucional, sustentam a sua existência. E essas razões, já o vimos, são sobretudo aquelas que se prendem com a necessária harmonia e equilíbrio, a estabelecer por lei, entre os interesses dos proprietários e outros valores e interesses constitucionalmente protegidos. Sendo precisamente essas as razões substanciais que justificam ainda a restrição prevista no n.° *i)* da alínea *j)* do n.° 1 do artigo 2.° do Decreto n.° 343/X — e não decorrendo do regime nela contido que se habilite o Governo a instituir um "meio" ablatório da propriedade que não prossiga o interesse público; que se não realize no quadro de um procedimento devido em Direito; que não seja acompanhada da devida compensação —, nenhumas razões há para que se entenda que a escolha do legislador ordinário merece censura constitucional, apenas pelo facto de a menção à venda forçada não constar, textualmente, do articulado da CRP.

A tudo isto acresce o que já se disse no Acórdão n.° 491/02 (disponível em *www.tribunalconstitucional.pt*) "[o] Tribunal Constitucional tem (...) afastado a ideia de que os únicos actos 'ablativos' do direito de propriedade (os quais configuram a restrição máxima que esse direito pode sofrer) consentidos pela Constituição sejam os previstos no artigo 62.°, n.° 2, desta última. Pode haver outros, inclusive no interesse de privados: ponto é que encontrem cobertura ou justificação constitucional."

13. Quanto a esta norma, contida no n.° *i*) da alínea *j*) do n.° 1 do artigo 2.° do Decreto, apresenta ainda o requerente um argumento "alternativo" a sustentar a tese da inconstitucionalidade. Assenta basicamente tal argumento no seguinte raciocínio.

A admitir que o instituto da venda forçada pudesse apresentar traços de identidade com o instituto da expropriação, tais traços de identidade não são de todo o modo garantidos pelo sentido da autorização legislativa. Com efeito, a autorização não assegura, nem que os fins de utilidade pública urbanística sejam prosseguidos pelo instituto de venda forçada do mesmo modo por que são prosseguidos pelo instituto da expropriação, nem que as garantias indemnizatórias dos particulares sejam cumpridas, através da venda forçada, do mesmo modo por que são cumpridas através do instituto da expropriação.

No primeiro grupo de insuficiências, que são imputadas ao sentido da autorização legislativa — essas mesmas que não asseguram que os fins de utilidade pública sejam assegurados do mesmo modo tanto na venda forçada quanto na expropriação — contam-se, no essencial e segundo o requerente: (*i*) a ausência de previsão, a propósito do procedimento da venda forçada, de uma prévia declaração de utilidade pública do bem sujeito à venda coactiva; (*ii*) a natural ausência, no instituto da venda forçada, do direito de reversão (que garantiria, que, caso o fim público de reabilitação dos imóveis não viesse a ser cumprido pelo adquirente em hasta pública, o bem objecto de transmissão coactiva defluiria para o património público); (*iii*) a diferença de regimes entre a expropriação e a venda forçada quanto à cedência de bens (objecto das "afectações coactivas") a privados. É que no instituto expropriatório tal cedência só se verificaria em situações tais que salvaguardariam o interesse público, o mesmo não acontecendo com a venda forçada.

Por seu turno, e no segundo grupo de insuficiências que são imputadas ao sentido da autorização legislativa — essas outras que não assegurariam que a venda e a expropriação fossem idênticas quanto às garantias indemnizatórias dos particulares afectados — contam-se, no essencial, segundo o requerente, quer o "facto" de a autorização legislativa não assegurar que a indemnização a conferir ao proprietário em caso de venda forçada venha a ser, tal como o é a concedida em processo expropriatório, uma indemnização plena; quer o "facto" de a mesma autorização não assegurar que tal indemnização venha a ser, tanto na venda quanto na expropriação, contemporânea do "acto ablativo" da propriedade.

Face a estes argumentos — que se resumiram ao que parece, na óptica do requerente, ser essencial — conclui o pedido que, no âmbito desta sua formulação alternativa, se considere que é inconstitucional a norma da autorização, que prevê a existência de venda forçada como instrumento possível de política urbanística, por violação dos artigos 13.°, 62.°, n.° 2, 65.°, n.° 4, e 165.°, n.° 2, da Constituição.

14. Perpassam em todo este discurso razões de índole muito diferente, que não podem deixar de ser distinguidas.

Antes do mais, as razões que justificam que se convoque, a propósito da norma sob juízo, a violação do princípio da igualdade (artigo 13.° da CRP). É evidente que são desiguais entre si o instituto da expropriação e o instituto da venda forçada. No entanto, tal desigualdade só se tornará em algo constitucionalmente censurável se se provar que os proprietários sujeitos a venda forçada virão a ser — seguramente apenas quando for, e se for, aprovado o decreto-lei autorizado — destinatários de um regime jurídico injustificadamente diverso daquele que é aplicável aos expropriados.

Para o requerente, a prova de que assim é já está feita. Mas já está feita por duas razões que não devem ser entre si confundidas.

Uma, é a razão que se prende com a tese da "tipicidade" ou do *numerus clausus* que, relativamente aos instrumentos de política urbanística, estaria inserta no n.° 4 do artigo 65.° da CRP. O requerente volta agora a sustentar esta tese, para a aplicar ao argumento segundo o qual, sendo o instituto da venda forçada inevitavelmente diverso do instituto da expropriação (nomeadamente por não poder naturalmente integrar a reversão, ou por implicar, ao contrário da expropriação, relações entre privados), tal diversidade seria desde logo, constitucionalmente censurável. A bem dizer, este argumento não é novo face ao que já se analisou antes. Mais do que fundado numa autónoma violação do princípio da igualdade (artigo 13.° da CRP), é-lhe subjacente a ideia de que a norma da autorização legislativa será inconstitucional por "excesso" ou determinação indevida de sentido, por prever, como instrumento de política urbanística, um meio que a Constituição exclui. Como a exclusão estaria fundamentada, ainda, nessa leitura do n.° 4 do artigo 65.° que já atrás se refutou — e que pretenderia que no preceito constitucional estaria consagrado, enquanto instrumento "típico" de política urbanística, apenas e tão somente a expropriação por utilidade pública — ao problema se não regressará.

Outra, é a razão que se prende com a tese da insuficiência de sentido da autorização legislativa. É esta tese que o requerente apresenta, de forma nova, neste seu pedido subsidiário, quer quando invoca a violação do artigo 165.°, n.° 2, da CRP, quer quando sustenta (frequentemente de modo cumulativo) a não previsão, no decreto de autorização, de garantias ou de procedimentos que nele deveriam ter sido necessariamente incluídos — nomeadamente, quanto à "contemporaneidade" ou "plenitude" da indemnização, que a autorização legislativa não lograria assegurar, ou quanto à declaração prévia de utilidade pública do bem objecto de venda forçada, que a norma sob juízo também não chegaria a prever.

No entanto, e como se deixou claro no ponto 8, não é nesta acepção que deve ser compreendida a deficiência, constitucionalmente censurável, do sentido de uma autorização legislativa. Já se demonstrou por que razão não pode dizer-se que a Constituição excluiu a venda forçada como instrumento possível da política de urbanismo. Uma vez demonstrada a possibilidade constitucional da previsão, no contexto da norma sob juízo, do instituto, nada, de acordo com os critérios atrás expostos, permite concluir que se esteja, *in casu*, perante uma autorização deficitária quanto à determinabilidade do seu sentido. São suficientemente claras as decisões básicas que o habilitante tomou, quanto à definição do conteúdo essencial a seguir pela futura, e eventual, legislação governamental. Fica também claro, face ao regime agora impugnado, qual o espaço de liberdade de conformação que deterá o legislador autorizado. Finalmente, e na perspectiva dos particulares, é suficientemente claro o programa normativo, contido na autorização legislativa, que, a ser cumprido pelo decreto-autorizado, produzirá consequências directas e imediatas na modelação dos direitos e deveres das pessoas. Sobretudo numa ordem constitucional como a nossa, que pressupõe um certo modelo de partilha de responsabilidades legislativas entre Parlamento e Governo, nada permite concluir que a norma autorizativa não tenha atingido o grau exigível de determinação de sentido.

Questão diferente é a de saber se, como afinal, sustenta, no essencial, o requerente, o instituto da venda forçada — tal como vem delineado na autorização legislativa — é inconstitucional por, quanto ao interesse público, não garantir que sejam satisfeitos os fins próprios das políticas urbanísticas; e, quanto aos interesses privados, não garantir que à afectação dos bens corresponda uma justa indemnização, conforme impõe o disposto no artigo 62.°, n.° 2, da CRP.

Nem um nem outro argumento colhem, todavia, perante o modelo de regime que vem consagrado no artigo 2.° do Decreto.

Dele se não pode depreender que, em abstracto, a venda forçada seja um *quid* inadequado à prossecução dos valores próprios das políticas urbanísticas. Ao Tribunal não cabe apreciar a "adequação" ou o mérito das políticas públicas adoptadas pelo legislador: cabe-lhe apenas emitir juízos sobre aquelas que, nos termos da Constituição, sejam censuráveis. E nada, quanto a este ponto, permite que se estabeleça um juízo de censura constitucional, pois que nada prova que a "venda forçada" seja inepta, ou inadequada, à realização dos fins especiais da reabilitação urbana.

Do mesmo modo, do regime contido no artigo 2.° do Decreto se não pode depreender que, nos casos em que o preço do imóvel obtido através da venda em hasta pública se revele inferior ao montante em que o mesmo foi avaliado, nos termos do Código das Expropriações, não venha a ser conferida ao particular, através de indemnização, a compensação devida quanto à parte restante. Sustenta o requerente, quanto a este ponto, que "a norma sindicada não logra garantir na definição do sentido da autorização legislativa o imperativo da plenitude e da contemporaneidade da indemnização ou compensação do proprietário". Longe de se estar aqui perante uma injunção ao legislador autorizado, nada impede que este último venha a salvaguardar, em conformidade com a Constituição, as garantias jurídicas dos particulares.

Tanto basta para que o Tribunal se não pronuncie pela inconstitucionalidade da norma contida no n.º *i)* da alínea *j)* do n.º 1 do artigo 2.º do Decreto n.º 343/X da Assembleia.

D) *Da norma constante da alínea* c) *do n.º 2 do artigo 2.º do Decreto da Assembleia*

15. Alega por fim o requerente que é ainda inconstitucional a norma constante da alínea *c)* do n.º 2 do artigo 2.º do Decreto n.º 343/X da Assembleia, que dispõe como segue:

> 2. A autorização legislativa referida na alínea *b)* do número anterior quanto ao regime jurídico aplicável à denúncia ou suspensão do contrato de arrendamento para demolição ou realização de obras de remodelação ou restauro profundos, nos termos do n.º 8 do artigo 1103.º do Código Civil, e à actualização de renda na sequência de obras com vista à reabilitação tem o seguinte sentido e extensão:
>
> (...)
>
> *c)* Definir que não há lugar a indemnização ou realojamento pela denúncia do contrato de arrendamento quando a demolição seja necessária por força da degradação do prédio, incompatível tecnicamente com a sua reabilitação e geradora de risco para os respectivos ocupantes ou decorra de plano municipal de ordenamento do território.

Como decorre do texto — e como já se tinha assinalado antes, no § 4 — a norma agora impugnada insere-se na segunda autorização legislativa contida no Decreto n.º 343/X, destinada a conceder ao Governo a habilitação necessária para a definição do regime jurídico aplicável à denúncia ou suspensão do contrato de arrendamento para demolição ou realização de obras de remodelação ou restauro profundos (e, sendo caso disso, à consequente actualização da renda).

A autorização, assim definida quanto ao seu objecto, é parte de um sistema de regulação que inclui desde logo o disposto, hoje, na alínea *b)* do artigo 1101.º do Código Civil. Com efeito, e de acordo com a actual redacção deste último preceito, o senhorio pode, nos contratos de duração indeterminada, denunciar o arrendamento "para demolição ou realização de obra de remodelação ou restauro profundos". O Código não definiu, contudo, e para estes casos, o regime da denúncia, optando por remeter a sua regulação para "legislação especial" (artigo 1103.°, n.° 8). Visto que tal "legislação" consta já do Decreto-Lei n.° 157/2006, de 8 de Agosto, a autorização que, nesta matéria, a Assembleia concede ao Governo tem ainda como finalidade tornar possível a primeira alteração ao regime fixado pelo referido Decreto-Lei. Isto mesmo se depreende, aliás, da alínea *b)* do artigo 1.° do Decreto n.° 343/X.

É, pois, neste contexto, que o artigo 2.° do Decreto fixa o sentido que deverá ser seguido pelo legislador habilitado, quando este vier a definir o regime aplicável, nas situações atrás identificadas, à "denúncia ou suspensão do contrato de arrendamento". Releva, para o que agora importa, sobretudo o disposto nas alíneas *a)* a *c)* do referido artigo 2.° Diz-se aí, basicamente, o seguinte.

Em primeiro lugar, que fica o Governo habilitado a prever que o senhorio possa denunciar o contrato de arrendamento ou suspender a sua execução, caso pretenda demolir o edifício ou realizar nele obras de remodelação ou restauro profundos [alínea *a)*];

Em segundo lugar, que fica o Governo habilitado a prever que, em caso de denúncia do contrato (para remodelação, restauro, ou demolição) seja o senhorio obrigado, mediante acordo com o arrendatário, ou a indemnizar este último ou a garantir o seu realojamento [alínea *b)*];

Em terceiro lugar, que fica o Governo habilitado a prever que não haja lugar a indemnização ou realojamento, caso: (*i*) a denúncia do contrato pressuponha a demolição do prédio e (*ii*) seja necessária essa mesma demolição, [por força do estado de degradação última do prédio, ou por decorrência de plano municipal de ordenamento do território] [alínea *c)*].

Entende o requerente que é inconstitucional este último sentido da habilitação legislativa, na medida em que, nele, se autoriza que o Governo venha a excluir — nas situações atrás identificadas — o dever do senhorio de indemnizar ou realojar o arrendatário. São quatro os fundamentos de inconstitucionalidade invocados.

Antes do mais, diz-se que a norma contida na alínea *c)* do n.° 2 do artigo 2.° do Decreto viola o conteúdo essencial do direito fundamental à indemnização que é consagrado no n.° 2 do artigo 62.° da CRP. Do mesmo passo — e porque este direito fundamental detém natureza análoga à dos direitos, liberdades e garantias — sustenta-se que a afectação do seu conteúdo essencial contraria o disposto no n.° 3 do artigo 18.° da Constituição. Depois, alega-se que, se assim se não entender — isto é, se se não entender que a norma do Decreto lesa o conteúdo essencial do direito à indemnização — de todo o modo não poderá deixar de concluir-se que ela contém uma restrição desproporcionada desse mesmo direito, contrariando por isso (por inadequação do meio restritivo ao fim por ele prosseguido, e por lesão do teste da proporcionalidade em sentido estrito) o disposto na parte final do n.° 2 do artigo 18.° da Constituição. A seguir, invoca-se ainda a lesão autónoma do princípio da igualdade (artigo 13.°), por sempre implicar a norma um tratamento discriminatório dos inquilinos face aos senhorios "no que respeita ao direito de ambos serem indemnizados nos termos do n.° 2 do artigo 62.° da CRP". Finalmente, convoca-se para o caso a violação do princípio da protecção da confiança, decorrente da ideia de Estado de direito consagrada no artigo 2.° da Constituição, por permitir a norma sob juízo que as situações e posições jurídicas dos actuais arrendatários possam vir a ser afectadas por uma medida imprevisível, que, produzindo, *in pejus,* efeitos retrospectivos, frustrará as legítimas expectativas dos mesmos em serem compensados por cessação do contrato de arrendamento.

16. Toda esta fundamentação parte de uma premissa inicial que contém duas asserções básicas estreitamente interligadas: o regime (primeira asserção) previsto na alínea *c)* do n.° 2 do artigo 2.° do Decreto comporta uma excepção não justificada face ao regime geral, que prevê, como regra, o dever que impende sobre o senhorio de compensar ou indemnizar o arrendatário em casos de denúncia do contrato de arrendamento para demolição. Assim (segunda asserção), deve esta excepção ser entendida como uma "expropriação do direito ao arrendamento".

É por partir desta premissa inicial, deste modo articulada, que o requerente invoca para o caso, e desde logo, a violação conjunta do disposto no n.° 2 do artigo 62.° e do n.° 3 do artigo 18.° da CRP.

Sucede, porém, que são contadas as circunstâncias em que o artigo 2.° do Decreto prevê que o senhorio possa não vir a ser obrigado a indemnizar ou realojar o inquilino. Na verdade, tal ocorrerá só quando o mesmo senhorio denunciar o contrato de arrendamento por necessidade e urgência de demolição do prédio. Parece ser, de facto, de necessidade e de urgência [de demolição] que se trata, quando se identifica o grau de deterioração do edifício que reentra na *fattispecie* da norma da alínea *c)* do n.° 2 do artigo 2.°: grau tal que torna impossível a reabilitação do prédio e que torna arriscada, para as pessoas, a sua ocupação. Para além destas situações, o senhorio denuncia o contrato de arrendamento — sem assegurar, ele próprio, a indemnização ou realojamento do inquilino — quando a necessidade da demolição decorra de plano municipal de ordenamento do território. Todas estas circunstâncias, contadas, têm a uni-las uma característica comum. Em todas elas ocorre a necessidade de destruição do prédio, necessidade essa que, pela própria natureza das coisas e em virtude do desaparecimento do local arrendado, não permite que se continue a assegurar ao arrendatário o gozo deste último, de acordo com o fim que havia sido convencionado.

Esta situação específica, tornando inelutável a cessação do contrato de arrendamento por força de circunstâncias objectivas, justifica que se não imponha aqui ao senhorio um dever de indemnização do inquilino: para todos os efeitos, a acção de denúncia do contrato, a interpor pelo primeiro, radica em fundamentos outros que não a sua livre vontade de pôr termo à relação arrendatícia. Cai assim pela base a premissa inicial que sustentou toda a argumentação do recorrente. Sendo certo que não ocorre, no caso, nenhuma "expropriação do direito ao arrendamento" em que seja indevidamente excepcionada a compensação devida pelo senhorio, não se vê por que razão violaria a norma sob juízo "o núcleo essencial" do direito consagrado no n.° 2 do artigo 62.° da CRP, lesando-se, por isso, e do mesmo passo, o limite às restrições dos direitos, liberdades e garantias inscrito na parte final do n.° 3 do artigo 18.°. Improcedendo este fundamento de inconstitucionalidade, improcede também a invocação da violação do princípio da igualdade, com ele estreitamente interligado.

Quanto à lesão dos princípios da proporcionalidade e da protecção da confiança, também alegada pelo requerente, não se vê como conferir-lhe razão. Da própria justificação, já atrás encontrada, para a não previsão do direito do inquilino a ser indemnizado ou realojado decorre que tal medida se não mostra inadequada, desnecessária ou "excessiva", em sentido estrito. Por outro lado, e atendendo à natureza da norma sob juízo, nada impedirá que o legislador habilitado venha a cumprir, através da introdução de regimes transitórios que eventualmente se venham a mostrar necessários, as exigências próprias do princípio da protecção da confiança, decorrente do artigo 2.° da Constituição.

A tudo isto acresce que, independentemente das compensações que, eventualmente previstas noutros locais da ordem jurídica, possa vir a ter, nestas circunstâncias extremas, o inquilino — e que decorrerão de um direito geral à reparação de danos inserto no artigo 2.° da CRP — uma coisa parece certa: enquanto norma habilitante de autorização legislativa, que fixa o sentido a seguir no futuro pelo legislador habilitado, a norma contida na alínea *c)* do n.° 2 do artigo 2.° do Decreto não lesa por si só — e ao prever a inexistência de indemnização ou realojamento do inquilino nas circunstâncias nela identificadas — quaisquer normas ou princípios constitucionais. Atenta a razão de ser que justifica tal inexistência, nenhum parâmetro constitucional a pode, desde já, condenar.

III — Decisão

Nestes termos, e pelos fundamentos expostos, o Tribunal:

a) Não se pronuncia pela inconstitucionalidade da norma constante do n.° *i*) da alínea *j*) do n.° 1 do artigo 2.° do Decreto n.° 343/X da Assembleia da República

b) Não se pronuncia pela inconstitucionalidade da norma constante da alínea *c)* do n.° 2 do artigo 2.° do Decreto n.° 343/X da Assembleia da República.

Lisboa, 13 de Agosto de 2009. — *Maria Lúcia Amaral — José Borges Soeiro — João Cura Mariano — Vítor Gomes — Maria João Antunes — Benjamim Rodrigues — Carlos Fernandes Cadilha — Ana Maria Guerra Martins — Carlos Pamplona de Oliveira — Mário José de Araújo Torres — Gil Galvão — Joaquim de Sousa Ribeiro — Rui Manuel Moura Ramos.*

Anotação:

1 — Acórdão publicado no *Diário da República*, II Série, de 2 de Setembro de 2009.

2 — Os Acórdãos n.os 107/08, 64/91, 358/92, 44/99, 329/99, 425/00, 187/01, 139/04 e 159/07 estão publicados em *Acórdãos*, 11.°, 18.°, 23.°, 42.°, 44.°, 48.°, 50.°, 58.° e 68.° Vols., respectivamente.

3 — Os Acórdãos n.os 205/00 e 263/00 estão publicados em *Acórdãos*, 47.° Vol.

4 — Os Acórdãos n.os 391/02 e 491/02 estão publicados em *Acórdãos*, 54.° Vol.

ACÓRDÃO N.° 427/09

DE 28 DE AGOSTO DE 2009

Não se pronuncia pela inconstitucionalidade da norma da alínea *b)* do n.° 6 do artigo 14.°, enquanto conjugada com as normas das alíneas *a)* e *b)* do n.° 1 do mesmo artigo, constante do Código da Execução das Penas e Medidas Privativas da Liberdade, aprovado pelo Decreto n.° 366/X, da Assembleia da República.

Processo: n.° 698/09.
Requerente: Presidente da República.
Relatora: Conselheira Maria João Antunes.

SUMÁRIO:

I — A colocação do recluso condenado em regime aberto é tributária de duas opções político-criminais fundamentais: a execução das sanções privativas da liberdade deve estar orientada para a socialização do delinquente; a privação da liberdade é a *ultima ratio* da política criminal.

II — Resulta da comparação do "modelo vigente" com o modelo constante do Código aprovado pelo Decreto n.° 366/X, que não há diferenças significativas em matéria de pressupostos de autorização do regime aberto no exterior, preferindo o legislador, num e noutro modelo, que a execução da pena de prisão ocorra no meio menos restritivo.

III — Uma vez verificados os pressupostos (formais e materiais) de que depende a colocação do recluso em regime aberto no exterior, o Director-Geral dos Serviços Prisionais tem o poder-dever de colocar o recluso em regime aberto no exterior, exercendo a competência que lhe está legalmente cometida de garantir a execução das penas e medidas privativas da liberdade, de acordo com as respectivas finalidades.

IV — Relativamente aos "requisitos de fundo que devem fundamentar a decisão de colocação do detido em regime aberto ao exterior", partindo das disposições legais que definem a competência dos tribunais de execução das penas, por referência ao direito penal vigente, é de concluir que a colocação do recluso em regime aberto no exterior não é comparável às decisões que naquelas normas estão reservadas ao juiz, nomeadamente não é comparável à concessão da liberdade condicional e à concessão de saídas precárias prolongadas.

V — A colocação do recluso em regime aberto no exterior — uma das modalidades dos regimes de execução da pena de prisão — não integra a actividade de repressão da violação da legalidade democrática, porque aquando da decisão de colocação em regime aberto no exterior não ressurge o conflito jurídico-penal emergente da prática do crime, entretanto já resolvido na sentença condenatória.

VI — Quando coloca o recluso em regime aberto no exterior, verificados os pressupostos das alíneas *a)* e *b)* do n.° 1 do artigo 14.° do Código aprovado pelo Decreto n.° 366/X, o Director-Geral dos Serviços Prisionais não resolve uma qualquer "questão de direito" nem o faz para a resolver, não dirime um qualquer litígio em que os interesses em confronto são apenas os das partes, antes, prossegue o interesse público de prevenir a reincidência, exercendo a competência que lhe está atribuída de garantir a execução da pena de prisão de acordo com as respectivas finalidades.

VII — A administração prisional não modifica o sentido da sentença que condenou a uma pena de prisão nem altera o sentido da pena, quando coloca o recluso em regime aberto no exterior, tanto bastando para concluir que a norma cuja apreciação foi requerida não viola o imperativo constitucional do respeito pelo caso julgado, por parte dos órgãos da Administração Pública.

Acordam, em Plenário, no Tribunal Constitucional:

I — Relatório

1. O Presidente da República requer, nos termos do disposto no artigo 278.°, n.° 1, da Constituição da República Portuguesa (CRP) e dos artigos 51.°, n.° 1, e 57.°, n.° 1, da Lei da Organização, Funcionamento e Processo do Tribunal Constitucional (LTC), "a apreciação da conformidade com a mesma Constituição da norma da alínea *b)* do n.° 6 do artigo 14.° enquanto conjugada com as normas das alíneas *a)* e *b)* do n.° 1 do mesmo artigo constante do Decreto n.° 366/X da Assembleia da República, recebido na Presidência da República no dia 12 de Agosto de 2009 para ser promulgado como lei".

Indica os seguintes fundamentos:

«1.º

A norma impugnada integra o Decreto n.º 366/X, diploma que aprova o novo Código da Execução das Penas e que altera, significativamente, o modelo da legislação vigente sobre a matéria, bem como o próprio paradigma penal relativo aos fins das penas, determinando, para além do reforço dos direitos dos reclusos:

a) A substituição do juiz do tribunal de execução de penas pelo Ministério Público no respeitante ao exercício da actividade de visitação regular dos estabelecimentos prisionais, de verificação da legalidade das decisões dos serviços prisionais e de outras funções relativas à execução da pena;
b) A atribuição a órgãos da administração penitenciária do poder e da obrigação de decidir sobre a colocação do recluso em regime aberto, quando estiverem reunidos um conjunto de pressupostos de forma e de fundo.

2.º

O regime jurídico em apreciação não deixa de suscitar dúvidas sobre a concordância prática entre a tutela de novos direitos reconhecidos aos reclusos e a prossecução dos fins de reparação social, a salvaguarda efectiva dos bens jurídicos fundamentais que o Direito Penal deve assegurar e a prevenção de situações causadoras de alarme social geradas pela colocação, não materialmente justificada, de condenados por crimes graves, em meios livres.

3.º

Dispõe a norma do n.º 3 do artigo 12.º do Decreto n.º 366/X que a execução das penas e medidas privativas da liberdade em regime aberto decorre em estabelecimento ou unidade prisional de segurança média e favorece os contactos com o exterior e a aproximação à comunidade, admitindo duas modalidades, a saber:

i) O regime aberto no interior, que implica o desenvolvimento de actividades dentro do estabelecimento prisional ou nas suas imediações, com vigilância mais atenuada;
ii) O regime aberto no exterior, caracterizado pelo desenvolvimento de actividades de ensino, formação profissional, trabalho ou programas em meio livre e sem vigilância directa.

4.º

Pelo seu turno, o artigo 14.º do diploma fixa os pressupostos da colocação do recluso em regime aberto, a qual ocorre sempre com o seu consentimento, cumprindo sublinhar, de entre outros:

i) Prévia formulação de um juízo de prognose favorável a uma não subtracção do recluso à execução da pena ou ao não aproveitamento desse regime para delinquir;

ii) Adequação do regime aberto ao comportamento prisional do recluso, à salvaguarda da ordem, segurança e disciplina no estabelecimento prisional, à protecção da vítima e à defesa da ordem e paz social;

iii) Colocação em regime aberto no exterior dos reclusos que, encontrando-se na situação prevista nos n.os *i*) e *ii*) desta rubrica, tenham cumprido um quarto da pena, gozado previamente uma saída jurisdicional com êxito e que não tenham pendente um processo que implique prisão preventiva;

iv) Cessação da colocação do recluso em regime aberto, no caso de deixarem de se verificar os pressupostos referidos ou de se verificar o incumprimento pelo recluso das condições relativas à concessão desse regime.

Sucede que,

5.°

A competência para a decisão de colocação do recluso em regime aberto no exterior, de acordo com a alínea *b)* do n.° 6 do artigo 14.° do Decreto, é cometida ao Director-Geral dos Serviços Prisionais.

6.°

Cumpre, em qualquer caso, ao Ministério Público junto do Tribunal de Execução das Penas, de acordo com a alínea *b*) do artigo 141.° do diploma, verificar a legalidade da decisão de colocação do recluso em regime aberto no exterior (a qual lhe deve ser comunicada nos termos do n.° 8 do artigo 14.°) e proceder à sua impugnação junto do tribunal de execução das penas, caso a considere ilegal.

7.°

Se é um facto que os regimes abertos no interior e no exterior das prisões se encontram acolhidos na legislação em vigor (Decreto-Lei n.° 265/79, de 1 de Agosto, e respectivas alterações), sendo a correspondente autorização também cometida à competência da administração penitenciária, verifica-se, contudo, que os pressupostos dessa autorização foram modificados e alargados em termos que suscitam dúvidas quanto à sua constitucionalidade.

8.°

Entre o modelo vigente e o novo modelo legal de colocação do recluso em regime aberto ao exterior existem algumas diferenças que importa assinalar:

a) Enquanto o modelo vigente supõe que o regime aberto ao exterior possa ser concedido, caso a caso, pela administração prisional ao recluso, quando a sua personalidade e comportamento o justifiquem[1], já o novo modelo consagra o instituto como um virtual direito, alargado indistintamente a todos os reclusos, cabendo à administração o exercício de um poder-dever de examinar a sua situação e decidir com base num conjunto de pressupostos legais de fundo e forma[2];

b) Enquanto no modelo vigente os pressupostos que fundamentam a concessão do referido regime consistem na ausência de receio que o condenado se subtraia à execução da pena ou se aproveite da situação para delinquir[3], no novo modelo exige-se, cumulativamente, que a administração pondere também a adequação do regime ao comportamento prisional do recluso, à segurança e disciplina no estabelecimento prisional, à protecção da vítima e à defesa da ordem e da paz social[4];

c) Enquanto o modelo vigente de regime aberto ao exterior configura uma virtual excepção ao regime geral de execução de penas, sendo passível de ser conferido num momento de consolidação da mesma pena, mormente em fase avançada de preparação para a liberdade[5], o novo modelo admite que o regime aberto ao exterior possa ser concedido como regra geral e numa fase precoce, após o cumprimento de apenas um quarto da pena[6];

d) Enquanto o modelo vigente implica que o detido possa sair do estabelecimento, com ou sem custódia[7], o novo modelo determina que o recluso saia sempre sem vigilância directa[8];

e) Enquanto o modelo vigente estabelece algumas regras sobre os termos do cumprimento da pena em regime aberto[9], o novo modelo, que revoga a legislação em vigor, nada esclarece sobre a relação entre o estabelecimento penitenciário e o recluso, os limites temporais de aplicação do regime aberto ao exterior e a sua relação com a liberdade condicional, deixando de regular a configuração dos termos em que se executa o referido regime.

---

[1] Cfr. n.° 2 do artigo 14.° do Decreto-Lei n.° 265/79.

[2] Cfr. n.os 1 e 4 do artigo 14.° do Decreto.

[3] Cfr. n.° 2 do artigo 14.° do Decreto-Lei n.° 265/79. Acrescem também as razões gerais de flexibilização do regime de execução previstas no n.° 2 do artigo 58.° do mesmo diploma.

[4] Cfr. alíneas *a*) e *b*) do n.° 1 do artigo 14.° do Decreto.

[5] Cfr. artigo 15.° do Decreto-Lei n.° 265/79.

[6] Cfr. n.° 4 do artigo 14.° do Decreto.

[7] Cfr. alíneas *a*) e *b*) do n.° 1 do artigo 58.° do Decreto-Lei n.° 265/79.

[8] Cfr. alínea *b*) do n.° 3 do artigo 12.° do Decreto.

[9] Cfr. n.° 5 do artigo 14.°, alínea *d*) do n.° 1 e n.° 2 do artigo 15.° e alínea *b*) do n.° 1 do artigo 58.° do do Decreto-Lei n.° 265/79.

9.º

Se não é isenta de dúvidas de constitucionalidade, atenta a salvaguarda da reserva de jurisdição e do respeito pelo caso julgado, a faculdade hoje conferida ao Director-Geral dos Serviços Prisionais (DGSP) pelo n.º 1 do artigo 58.º do Decreto-Lei n.º 265/79, para colocar um recluso em regime aberto no exterior, as mesmas dúvidas tornam-se ainda mais pertinentes a propósito da norma constante da alínea *b*) do n.º 6 do artigo 14.º do Decreto n.º 366/X, conjugada com as alíneas *a*) e *b*) do n.º 1 e com a norma do n.º 4 do mesmo artigo, na medida em que a mesma alarga os requisitos que condicionam a decisão do DGSP.

10.º

O paradigma em vigor em sede de execução das penas de privação de liberdade, em sentido amplo[10], consiste na distinção entre um domínio material de controlo e modelação da execução que é cometido à actividade jurisdicional desenvolvida pelo tribunal de execução das penas — e, mais concretamente, pelo juiz desse tribunal — e um domínio de organização e inspecção das instalações penitenciárias voltado para o cumprimento da pena, que é atribuído à função administrativa[11].

11.º

Daí que, ao abrigo da mesma legislação, se tenha clarificado, no respeitante à definição do âmbito da reserva de jurisdição em matéria de execução de penas, que:

a) A execução de penas previstas na lei criminal só pode ter lugar mediante decisão do tribunal competente transitada em julgado, dotada de força executiva e pela forma prevista na lei (artigo 5.º do Decreto-Lei n.º 402/82);

b) Compete aos tribunais de execução de penas decidir sobre a cessação do estado de perigosidade criminal, sobre a substituição das penas por liberdade vigiada ou caução, sobre a concessão da liberdade condicional ou sobre a sua revogação e sobre a reabilitação dos condenados em quaisquer penas (artigo 22.º do Decreto-Lei n.º 783/76);

c) Compete ao juiz do tribunal de execução das penas conceder e revogar saídas precárias prolongadas (n.º 4 do artigo 23.º do Decreto-Lei n.º 783/76);

---

[10] Decreto-Lei n.º 783/76, de 29 de Outubro, com as alterações introduzidas pelo Decreto-Lei n.º 222/77, de 30 de Maio, pelo Decreto-Lei n.º 204/78, de 24 de Julho, e pelo Decreto-Lei n.º 402/82, de 23 de Setembro, que dispôs igualmente diversas regras em matéria de execução de penas e medidas de segurança.

[11] Cfr. Anabela Rodrigues, *Novo Olhar Sobre a Questão Penitenciária*, Coimbra, 2000, pp. 136 e seguintes.

12.º

O conteúdo e alcance da função jurisdicional retira-se do artigo 202.º da CRP, dela decorrendo que:

a) No plano orgânico, essa actividade é exercida exclusivamente pelos tribunais, pois "Só aos tribunais compete administrar a justiça (reserva de juiz) não podendo ser atribuídas funções jurisdicionais a outros órgãos, designadamente à Administração Pública" (Acórdão n.º 453/93 do Tribunal Constitucional);
b) A mesma função supõe a passividade, imparcialidade, irresponsabilidade e independência dos tribunais (artigo 216.º da CRP) atributos que são logicamente extensíveis ao estatuto dos magistrados judiciais, traduzindo-se em especial, a independência dos juízes, "(...) no dever de julgar apenas segundo a Constituição e a lei, sem sujeição, portanto, a quaisquer ordens ou instruções", pelo que na "interpretação e aplicação das leis, hão-de (...) agir sem outra obediência que não seja aos ditames da sua própria consciência" (Acórdão n.º 393/89);
c) No plano substancial, de acordo com o artigo 202.º da CRP, a "concretização da reserva para administrar a justiça" em nome do povo, implica a atribuição de competência aos tribunais para reprimirem a violação da legalidade democrática (Acórdão n.º 67/06) mas também a defesa dos direitos e interesses legalmente protegidos dos cidadãos e a composição de conflitos de interesses públicos e privados;
d) Segundo o Tribunal Constitucional, ter-se-á atingido "uma definição teleológica da função jurisdicional que atende ao desígnio da intervenção dos órgãos do poder político do Estado, desígnio que é, na função jurisdicional (...) estritamente jurídico, visando a realização do direito objectivo pela composição de interesses conflituantes" (Acórdão n.º 963/96);
e) No que respeita à delimitação entre a actividade jurisdicional e outras funções do Estado, entende o Tribunal Constitucional que a "separação real entre função jurisdicional e a função administrativa passa pelo campo dos interesses em jogo: enquanto a jurisdição resolve litígios em que os interesses em confronto são apenas os das partes, a administração, embora na presença de interesses alheios, realiza o interesse público" (Acórdão n.º 453/83) pelo que, no primeiro caso, "a decisão situa-se num plano distinto do dos interesses em conflito" (Acórdão n.º 104/85).

13.º

Em face do exposto nos números precedentes, haverá que reconhecer que a natureza da competência para decidir sobre a colocação de um recluso em regime aberto no exterior, nos termos do Decreto-Lei n.º 265/79, integra uma delicada área de fronteira entre a função administrativa e a função jurisdicional.

14.º

Confrontando o regime aberto ao exterior previsto na legislação vigente com a figura da liberdade condicional, verifica-se que se trata de dois institutos com diferenças jurídicas estruturais, na medida em que:

a) Enquanto que o regime aberto ao exterior pode, em tese, ser configurado como um regime prisional, com possibilidades limitadas de saída para um espaço livre, a liberdade condicional consiste num regime de liberdade, com limites e condicionamentos;

b) Enquanto o regime aberto ao exterior é concebido pela lei como um instrumento de flexibilização de execução da pena, intrínseco à gestão da vida interna da prisão e, como tal, pertencendo ao domínio da administração prisional, a liberdade condicional consiste numa alteração ao conteúdo da sentença condenatória que só pode ser decidida dos [pelos] tribunais;

c) Enquanto o regime aberto ao exterior assume carácter excepcional e supõe um poder facultativo cometido ao DGSP para o exame discricionário de casos individuais, a liberdade condicional implica, no caso previsto no n.º 3 do artigo 61.º do Código Penal uma decisão obrigatória do juiz (sempre que o detido cumpra dois terços da pena) sendo, todavia, em regra, um poder-dever de exame de legalidade e mérito da sua situação, depois de cumprida metade da pena.

15.º

Existem, por outro lado figuras ecléticas ou híbridas, como a decisão relativa à atribuição de licenças precárias prolongadas, que a legislação em vigor integra no âmbito da função jurisdicional (n.º 4 do artigo 23.º do Decreto-Lei n.º 783/76) mas que um sector da doutrina considera como passível de atribuição à administração penitenciária por consistir num domínio próprio da vida interna das prisões[12].

16.º

Sucede, porém, que a nova disciplina relativa ao regime aberto no exterior, que consta do decreto sindicado, acabou por deixar materialmente a esfera intrínseca da função administrativa para perpetrar uma incursão parcelar no domínio próprio da actividade jurisdicional, aproximando-se do instituto da liberdade condicional, a dois níveis.

Assim, em primeiro lugar,

---

[12] Anabela Rodrigues, "Da Afirmação de Direitos à Protecção de Direitos de Reclusão: a jurisdicionalização da execução da pena de prisão", in *Direito e Justiça*, Vol. Especial, Coimbra, 2004, pp. 191 e segs.

17.º

A apreciação da situação objectiva e subjectiva do detido pela administração prisional, tendo em vista a possibilidade da sua colocação em regime aberto no exterior deixa ser facultativa, excepcional e casuística[13], para passar a constituir um poder-dever[14] da mesma administração, que deverá tomar uma decisão sobre o acesso a esse regime por parte de todos os detidos que tenham já cumprido um quarto da pena e reúnam um conjunto de outros requisitos de forma e fundo.

18.º

Todos os condenados passam a ser titulares do direito de, observados os pressupostos devidos, poderem exigir da administração a apreciação da sua situação detentiva, tendo em vista a sua colocação em regime aberto ao exterior, afinal, em termos idênticos ao disposto no n.º 2 do artigo 61.º do Código Penal, que impõe ao juiz uma apreciação formal e de fundo da situação de todos os condenados que tenham cumprido metade da pena, tendo em vista a sua colocação em liberdade condicional.

Ora,

19.º

Se a nova obrigação conferida à administração, quanto à tomada de uma decisão sobre a colocação do detido em regime aberto ao exterior, pressupõe o reconhecimento da faculdade do detido em exigir o respectivo cumprimento, caso estejam reunidos os requisitos previstos nos n.os 1 e 4 do artigo 14.º do Decreto sindicado, tem-se então que a norma impugnada:

a) Envolve o reconhecimento de um novo direito dos detidos ao acesso restringido a um meio livre pelo que, para tutela desse direito, que se encontra de algum modo conexo com irradiações do direito à liberdade, encontram-se reunidos idênticos requisitos em relação aos que determinaram que o acto de colocação do condenado em liberdade condicional pertença à função jurisdicional;

b) Atento o reconhecimento desse direito, tem-se que a decisão de forma e de fundo sobre a concessão do regime aberto ao exterior reclama um juízo imparcial de tutela e composição de conflitos entre os direitos e interesses dos detidos e o interesse público representado pela administração, conflitos que sempre despontam com a alteração da execução da pena derivada da colocação do detido nesse meio livre;

---

[13] O n.º 2 do artigo 14.º do Decreto-Lei n.º 265/79 reza que "O recluso *pode* ser internado (...) num estabelecimento ou secção de regime aberto" [itálico acrescentado].

[14] O n.º 1 do artigo 14.º do decreto em exame determina que "O recluso condenado *é* colocado em regime aberto (...)" [itálico acrescentado].

c) Semelhante tutela de direitos e composição de interesses contrapostos, que inere ao processo de execução das penas deve respeitar, por conseguinte, ao exercício da função jurisdicional e não à função administrativa, nos termos das considerações expendidas nas alíneas *c*), *d*) e *e*) do n.° 11.° deste pedido.

Em segundo lugar

20.°

A incursão perpetrada pela norma legal sindicada na reserva de jurisdição ocorre, também, em sede dos requisitos de fundo que devem fundamentar a decisão de colocação do detido em regime aberto ao exterior.

Na verdade

21.°

De acordo com as normas constantes das duas alíneas do n.° 1 do artigo 14.° do Decreto n.° 366/X, para além de terem sido mantidos dois requisitos de fundo, idênticos aos que se encontram previstos na legislação vigente relativa ao regime aberto ao exterior (ausência de receio que o recluso se subtraia à execução da pena ou aproveite da aplicação do regime para voltar a delinquir) necessário será que o DGSP formule, igualmente, um juízo de mérito sobre a adequação desse regime:

a) Ao comportamento prisional do recluso;
b) À segurança e disciplina no estabelecimento prisional;
c) À protecção da vítima;
d) À defesa da ordem e paz social.

22.°

Sem prejuízo de se entender que o juízo de mérito sobre a aferição dos dois pressupostos previstos na alínea *a*) do n.° 1 do artigo 14.° do Decreto impugnado deveria, na dúvida, integrar, a reserva de jurisdição, pois envolve uma apreciação sobre a personalidade e perigosidade do detido[15], estima-se que, pelo menos, os juízos de fundo que têm por objecto a protecção da vítima e a defesa da ordem e paz social incorporam, necessariamente, o âmbito material da reserva jurisdicional.

Com efeito,

---

[15] Cfr. alíneas *d*) e *f*) do n.° 2 do artigo 71.° do Código Penal.

23.°

Todo o tribunal condena em razão da teleologia que inere aos fins das penas, pelo que, quer a protecção da vítima quer a exigência de garantia da ordem e paz social constituem pressupostos de escolha da medida da pena a aplicar e supõem, na qualidade de exigências de prevenção, a formulação de ponderações garantísticas ligadas ao alarme social, determinando o conteúdo da sentença que condena o arguido a uma dada pena de privação de liberdade (cfr. parte final do n.° 1 do artigo 71.° do Código Penal).

Ora,

24.°

Na medida em que o DGSP formule um juízo decisório de mérito sobre a adequação do regime de abertura no exterior à protecção da vítima e à garantia da ordem em paz social, do qual resulte a substituição da prisão efectiva à qual o arguido foi condenado por um regime de acesso a um meio livre sem vigilância directa, cujo conteúdo e limites o decreto impugnado se abstém de definir, verifica-se que essa decisão administrativa modifica os pressupostos, os termos e o sentido da sentença condenatória.

Cumpre recordar que,

25.°

O Tribunal Constitucional considera que a liberdade condicional deve ser "encarada como uma modificação substancial da condenação" (Acórdão n.° 477/07), pelo que a competência para essa modificação só pode ser ditada pelo mesmo poder do Estado que decide a condenação, ou seja, pelo juiz, integrando a competência para decidir a liberdade condicional um domínio necessário da reserva da função jurisdicional, nomeadamente através do tribunal de execução de penas.

Ora,

26.°

As normas das alíneas *a*) e *b*) do n.° 1 do artigo 14.° do Decreto impugnado consagram pressupostos de fundo para a colocação do detido em regime aberto no exterior que são análogos aos previstos nas alíneas *a*) e *b*) do n.° 2 do artigo 61.° do Código Penal tendo em vista a concessão da liberdade condicional, relevando nestes os requisitos de prevenção respeitantes à defesa da ordem e da paz social, pelo que:

a) Se se reconhece que uma decisão de concessão de liberdade condicional implica uma modificação da sentença condenatória em virtude da alteração das exigências de prevenção que tinham relevado para a medida da pena, não poderá, por identidade de razão, deixar de se reconhecer idênticos efeitos modificativos à decisão fundada em requisitos análogos que coloca o detido em regime aberto ao exterior;

b) A colocação em "meio livre" no exterior das pessoas condenadas a penas de prisão que tenham cumprido um quarto da mesma, constitui uma modificação da decisão condenatória transitada em julgado, pelo que a norma sindicada aproxima esse regime ao instituto da liberdade condicional, tanto pela homologia de pressupostos de escopo preventivo que podem fundamentar uma alteração material da sentença condenatória, como pelo resultado social que visam garantir, e que consiste na prevenção do risco e do alarme social;

d) Na medida em que o regime aberto no exterior implique uma modificação substancial do sentido e dos termos da condenação, considera-se que a decisão correspondente não pode, por força de uma inevitável analogia com os pressupostos de fundo de ordem preventiva relativos à concessão da liberdade, deixar de integrar a reserva de jurisdição, não sendo portanto admissível que possa ser cometida à competência da Administração, como faz a norma impugnada;

e) Não compete, por outro lado, à administração prisional, sob pena de inconstitucionalidade orgânica fundada em usurpação de poderes, alterar ou substituir o sentido da condenação, ultrapassando o caso julgado que sela as decisões jurisdicionais condenatórias, cuja força goza de protecção constitucional à luz do princípio da segurança jurídica (artigo 2.°, conjugado com o n.° 3 do artigo 282.°, ambos da CRP).

27.°

Não se diga, por outro lado, que a norma impugnada respeita o princípio da separação de poderes, em virtude da solução interpretativa segundo a qual a decisão do DGSP em colocar um condenado em regime aberto no exterior seria sempre controlada no plano da legalidade pelo Ministério Público e, em caso de impugnação, julgada pelo tribunal de execução de penas.

É que, neste caso

28.°

A questão central da repartição de poderes radica no facto de a norma sindicada reduzir o papel do tribunal a um controlo formal dos pressupostos legais da concessão do regime livre, quando é, na verdade, ao tribunal que cabe formular um juízo de mérito sobre a componente moduladora da execução da pena que envolva uma alteração das exigências de prevenção que tinham relevado para a medida da mesma pena, nomeadamente a defesa dos interesses da vítima e da garantia da ordem e paz social.

29.°

Nem se diga, finalmente, que a colocação em regime aberto ao exterior não consiste numa libertação do detido, mas numa mera flexibilização da situação detentiva deste, não alterando, por conseguinte, a sentença condenatória nem o caso julgado.

30.°

Na verdade, a colocação de um detido que tenha sido condenado, por exemplo, à pena de vinte anos de prisão efectiva, em regime aberto ao exterior volvidos apenas cinco anos após o inicio do cumprimento da mesma pena, autorizando-o, sem vigilância directa, a aceder a um meio de liberdade que lhe permita, potencialmente, privar com a sociedade e, eventualmente, aceder à vítima:

a) Implica materialmente a outorga ao condenado de um certo quinhão de liberdade parcial, mas efectiva, que modifica o sentido da sentença que o condenou a uma pena de prisão onde esse acesso a meio livre não se encontrava pressuposto;
b) Altera, também, o sentido da pena na medida em que o acesso a meio livre sem vigilância directa pode criar uma situação de risco e de alarme social, que, tendo estado presente como pressuposto da condenação, só pode ser reavaliada pelo mesmo poder competente para condenar, ou seja, o poder dos tribunais.

Em suma,

31.°

Importando precisar, conclusivamente, o problema da delimitação entre administração e jurisdição que foi equacionado no n.° 11.° deste pedido, considera-se que a decisão de colocação do condenado em regime aberto no exterior prevista no Decreto n.° 366/X, apenas poderá integrar o âmbito material da função jurisdicional, porque:

a) A decisão em causa implica não só a realização da justiça, a defesa da legalidade e a tutela de direitos dos reclusos mas também a composição de interesses conflituantes, mormente os do próprio recluso, da vítima, da administração e da sociedade em geral, que emergem do acesso do condenado a um espaço livre e sem vigilância directa, o qual torna indispensável a intervenção de um órgão independente que julgue a questão de acordo com o Direito;

b) A decisão de colocação do recluso em regime aberto no exterior, atentos os interesses contrapostos enunciados, não pode validamente ser cometida ao DGSP, o qual, como órgão administrativo dependente do Governo, não assume uma posição distinta dos direitos e interesses em conflito, já que se encontra vinculado à prossecução do interesse público da administração, que pode não coincidir com o do condenado ou com o da vítima;

c) Admitindo-se que o legislador possua uma margem de liberdade de conformação para alterar a matriz do sistema de execução de penas e para configurar a concessão do regime aberto ao exterior como matéria de competência da administração, não pode o mesmo, todavia, proceder a essa configuração em termos que impliquem uma incursão da administração na esfera da reserva de jurisdição e o desrespeito pelo julgado penal.

32.°

Atenta a motivação exposta no articulado deste pedido, requeiro que seja apreciada a constitucionalidade da norma da alínea *b*) do n.° 6 do artigo 14.° do Decreto n.° 366/X, conjugada com as normas das alíneas *a*) e *b*) do n.° 1 do mesmo artigo com fundamento em violação:

a) Da reserva de jurisdição, prevista no artigo 202.° da CRP;

b) Do imperativo do respeito pelo caso julgado, por parte dos órgãos da Administração Pública, nos termos do artigo 2.° e do disposto no n.° 3 do artigo 282.° da CRP».

2. O requerimento deu entrada neste Tribunal no dia 13 de Agosto de 2009 e o pedido foi admitido na mesma data.

3. Notificado para o efeito previsto no artigo 54.° da LTC, o Presidente da Assembleia da República ofereceu o merecimento dos autos.

II — Fundamentação

1. O Presidente da República requer a apreciação da "norma da alínea *b*) do n.° 6 do artigo 14.° enquanto conjugada com as normas das alíneas *a*) e *b*) do n.° 1 do mesmo artigo constante do Decreto n.° 366/X da Assembleia da República", com fundamento em violação da reserva de jurisdição, prevista no artigo 202.° da Constituição da República Portuguesa (CRP) e do imperativo

do respeito do caso julgado, por parte dos órgãos da Administração Pública, nos termos do artigo 2.° e do disposto no n.° 3 do artigo 282.° da CRP.

A norma que é objecto deste processo de fiscalização preventiva insere-se no Título IV do Livro I do Código da Execução das Penas e Medidas Privativas da Liberdade, aprovado pelo Decreto n.° 366/X da Assembleia da República. O artigo 14.° tem a seguinte redacção:

«Artigo 14.°
Regime aberto

1 — O recluso condenado é colocado em regime aberto, com o seu consentimento, se:

a) Não for de recear que se subtraia à execução da pena ou medida privativa da liberdade ou que se aproveite das possibilidades que tal regime lhe proporciona para delinquir; e
b) O regime se mostrar adequado ao seu comportamento prisional, à salvaguarda da ordem, segurança e disciplina no estabelecimento prisional, à protecção da vítima e à defesa da ordem e da paz social.

2 — Verificados os pressupostos do número anterior, são colocados em regime aberto no interior os reclusos condenados em pena de prisão de duração igual ou inferior a um ano.

3 — Verificados os pressupostos do n.° 1, podem ser colocados em regime aberto no interior os reclusos condenados em pena de prisão de duração superior a um ano, desde que tenham cumprido um sexto da pena.

4 — A colocação em regime aberto no exterior depende ainda do cumprimento de um quarto da pena, do gozo prévio de uma licença de saída jurisdicional com êxito e de que não se verifique pendência de processo que implique a prisão preventiva.

5 — A colocação do recluso em regime aberto cessa se deixarem de verificar-se os pressupostos previstos nos números anteriores ou se o recluso deixar de cumprir as condições estabelecidas aquando da sua concessão.

6 — A colocação do recluso em regime aberto e a sua cessação são da competência:

a) Do director do estabelecimento prisional, no caso de regime aberto no interior;
b) Do Director-Geral dos Serviços Prisionais, no caso de regime aberto no exterior.

7 — As decisões de colocação em regime aberto no interior, bem como de cessação deste, são comunicadas ao Director-Geral dos Serviços Prisionais.

8 — As decisões de colocação em regime aberto no exterior, bem como de cessação deste, são comunicadas ao Ministério Público junto do Tribunal de Execução das Penas para verificação da legalidade.

9 — Os reclusos colocados em regime aberto estão sujeitos à realização periódica ou aleatória dos testes referidos na alínea *g*) do artigo 8.°» (itálico aditado).

2. De acordo com o artigo 12.°, n.ºs 1 e 3, do Código aprovado pelo Decreto n.° 366/X, também as medidas privativas da liberdade podem ser executadas em regime aberto (no interior e no exterior), dispondo o artigo 127.° que "os regimes de execução previstos no presente Código aplicam-se, com as necessárias adaptações, ao inimputável e ao imputável internado em estabelecimento de inimputáveis". Considerando o teor do pedido é de concluir, no entanto, que o mesmo incide estritamente sobre a colocação em regime aberto no exterior de condenados em pena de prisão.

3. A norma que é objecto do pedido insere-se nas disposições que integram o Regime aberto, enquanto modalidade dos Regimes de execução previstos: regime comum (artigos 12.° e 13.°); regime aberto (artigos 12.° e 14.°); e regime de segurança (artigos 12.° e 15.°). Para a determinação da modalidade do regime de execução tem-se em conta a avaliação do recluso e a sua evolução ao longo da execução, privilegiando-se o que mais favoreça a reinserção social, salvaguardados os riscos para o recluso e para a comunidade e as necessidades de ordem e segurança (artigo 12.°, n.° 1).

O regime aberto comporta duas modalidades: o regime aberto no interior e o regime aberto no exterior (n.° 3 do artigo 12.°). Este último caracteriza-se pelo desenvolvimento de actividades de ensino, formação profissional, trabalho ou programas em meio livre, sem vigilância directa [alínea *b)* do n.° 3 do artigo 12.°].

A colocação do recluso condenado em regime aberto no exterior tem os seguintes pressupostos (formais e materiais) de acordo com o disposto no artigo 14.°, n.os 1, alíneas *a)* e *b)*, e 4, do Código aprovado pelo Decreto n.° 366/X:

a) Consentimento do recluso;
b) Não ser de recear que o recluso se subtraia à execução da pena ou medida privativa da liberdade ou que se aproveite das possibilidades que tal regime lhe proporciona para delinquir;
c) O regime mostrar-se adequado ao comportamento prisional do recluso, à salvaguarda da ordem, segurança e disciplina no estabelecimento prisional, à protecção da vítima e à defesa da ordem e da paz social;
d) Cumprimento de um quarto da pena;
e) Gozo prévio de uma licença de saída jurisdicional com êxito;
f) Não verificação da pendência de processo que implique a prisão preventiva.

A colocação do recluso em regime aberto no exterior é da competência do Director-Geral dos Serviços Prisionais [alínea *b)* do n.° 6 do artigo 14.°], sendo a decisão comunicada ao Ministério Público, junto do Tribunal de Execução das Penas, para verificação da legalidade da mesma [artigos 14.°, n.° 8, 134.°, 141.°, alínea *b)*, 197.°, 198.° e 199.°]. O Ministério Público proferirá despacho liminar de arquivamento, quando conclua pela legalidade da decisão [alínea *a)* do artigo 199.°] ou impugnará, nos próprios autos, a decisão, requerendo a respectiva anulação, perante o Tribunal de Execução das Penas [artigos 199.°, alínea *b)*, e 200.°].

A colocação do recluso em regime aberto cessa se deixarem de se verificar aqueles pressupostos ou se o condenado deixar de cumprir as condições estabelecidas aquando da sua concessão, por decisão do Director-Geral dos Serviços Prisionais, a qual é comunicada ao Ministério Público junto do Tribunal de Execução das Penas para verificação da legalidade [artigo 14.°, n.os 5, 6, alínea *b)*, e 8].

4. A colocação do recluso condenado em regime aberto enquadra-se em orientações político-criminais fundamentais vertidas em instrumentos internacionais sobre a matéria da execução das sanções criminais privativas da liberdade, entre os quais avultam a Recomendação Rec(2003)23 do Comité de Ministros do Conselho da Europa relativa à Gestão pelas Administrações Penitenciárias dos Condenados a Pena de Prisão Perpétua ou de Longa Duração e a Recomendação Rec(2006)2 do Comité de Ministros do Conselho da Europa sobre as Regras Penitenciárias Europeias.

Na primeira, consagram-se, entre outros, os princípios da individualização, da normalização (aproximação, tanto quanto possível, da vida na prisão à realidade da vida em sociedade), da responsabilidade e da progressão, estabelecendo-se que a execução da pena, objecto de planificação, deve ocorrer em "condições progressivamente menos restritivas até uma etapa final que, idealmente, ocorrerá em meio aberto, de preferência no seio da sociedade". Na segunda, consagra-se, entre o mais, que "as restrições impostas às pessoas privadas de liberdade devem ser limitadas ao que for estritamente necessário e proporcionadas aos objectivos legítimos que as ditaram; que a vida na prisão se aproximará, na medida do possível, dos aspectos positivos da vida fora da prisão; que a reclusão deve ser orientada no sentido de facilitar a reintegração na sociedade livre; que os reclusos condenados devem beneficiar, em tempo oportuno e antes de serem libertados, de procedimentos e programas especiais que os ajudem a fazer a transição da vida da prisão para uma vida de respeito à lei no seio da comunidade"; e que "os reclusos condenados a penas de maior duração devem beneficiar de medidas especiais que lhes visem assegurar o regresso gradual à vida em meio livre, mediante programa de preparação para a liberdade ou mediante a concessão de liberdade condicional".

A colocação do recluso condenado em regime aberto é tributária de duas opções político-criminais fundamentais: a execução das sanções privativas da liberdade deve estar orientada para a socialização do delinquente; a privação da liberdade é a *ultima ratio* da política criminal. A primeira é ditada pelo princípio da socialidade, segundo o qual incumbe ao Estado a tarefa de proporcionar ao condenado as condições necessárias para a reintegração na sociedade, uma tarefa que se extrai dos artigos 1.°, 2.° e 9.°, alínea *d)*, da CRP (neste sentido, Figueiredo Dias, "Os novos rumos da política criminal e o direito penal português do futuro", in *Revista da Ordem dos Advogados*, 43, 1983, pp. 29 e segs. Mais recentemente, cfr. Exposição de Motivos do "Projecto de Proposta de Lei de Execução das Penas e Medidas Privativas da Liberdade", Anabela Rodrigues, in *Novo Olhar Sobre a Questão Penitenciária*, Coimbra Editora, 2002, p. 188, e "Relatório da Comissão de Estudos e Debate da Reforma do Sistema Prisional. Presidida por Diogo Freitas do Amaral", Almedina, 2005, p. 25). A segunda decorre do princípio da necessidade da intervenção penal que se extrai dos artigos 27.°, n.° 1, e 18.°, n.° 2, da CRP (sobre isto, Figueiredo Dias, *Direito Penal. Parte geral*, tomo I, Coimbra Editora, 2007, pp. 117 e segs., e, entre outros, Acórdãos do Tribunal Constitucional n.os 59/85, in *Acórdãos do Tribunal Constitucional*, 5.° Volume, pp. 689 e segs., 426/91, 527/95, 108/99, 99/02, 164/08 e 101/09, disponíveis em *www.tribunalconstitucional.pt*).

Por outras palavras, as medidas de flexibilização da execução da pena, de que é exemplo o regime aberto, assentam em duas ideias fundamentais: a socialização do recluso obedece a uma dinâmica progressiva de preparação para a liberdade; a passagem para regimes cada vez menos restritivos de direitos dá cumprimento ao princípio da necessidade da pena que comanda a limitação de direitos fundamentais, adaptando-a da melhor forma possível à situação prisional concreta de cada recluso (neste sentido, "Relatório da Comissão para a Reforma do Sistema de Execução de Penas e Medidas Relatório da Comissão para a Reforma do Sistema de Execução de Penas e Medidas", ponto V do 2.° Capítulo da Parte I).

5. A colocação do condenado em regime aberto (voltado para o interior e voltado para o exterior) não significa uma novidade no sistema penitenciário português (para a evolução deste regime, cfr. "A Reinserção Social dos Reclusos. Um Contributo para o Debate sobre a Reforma do Sistema Prisional", Observatório Permanente da Justiça Portuguesa, 2003, pp. 165 e segs., e Pinto de Albuquerque, *Direito Prisional Português e Europeu*, Coimbra Editora, 2006, pp. 349 e segs.).

5.1. Em 1 de Agosto de 1979 foi publicado o Decreto-Lei n.° 265/79, que "reestrutura os serviços que têm a seu cargo as medidas privativas da liberdade". A redacção originária foi alterada pelos Decretos-Leis n.os 49/80, de 22 de Março, e 414/85, de 18 de Outubro, sendo certo que, para o tema que agora nos ocupa, não são relevantes as alterações introduzidas pelo último diploma, o qual alterou apenas um preceito relativo ao regime de execução da prisão preventiva.

De acordo com o texto publicado em 1979, o recluso é internado em dois tipos de estabelecimentos: em estabelecimento ou secção de regime aberto, obtido o seu consentimento, quando não seja de recear que ele se subtrai à execução da pena ou que se aproveite das possibilidades que tal regime lhe proporciona para delinquir (artigo 14.°, n.° 2); em estabelecimento fechado quando não reúna estas condições (artigo 14.°, n.° 1).

O recluso internado em estabelecimento ou secção de regime aberto pode ser autorizado a sair do estabelecimento, com ou sem custódia, a fim de trabalhar ou frequentar estabelecimentos de ensino e aperfeiçoamento profissional, a fim de tornar a execução das medidas privativas de liberdade mais flexível, nomeadamente nos aspectos referentes ao restabelecimento de relações com a sociedade, de forma geral e progressiva [alínea *a)* do n.° 1 do artigo 50.° e alínea *b)* do n.° 1 do artigo 15.°]. Especificando, expressamente, que esta saída do estabelecimento não é um direito do recluso, os n.os 2 e 3 do artigo 50.° estabelecem as condições e critérios para a concessão desta medida de flexibilidade na execução. Por um lado, é necessário o consentimento do recluso; que não seja de recear que o mesmo se subtraia à execução da pena ou que se aproveite das possibilidades que tal benefício lhe proporciona para delinquir; e que a concessão da licença não prejudique seriamente a segurança e a ordem públicas nem ponha em causa as razões de prevenção geral e especial que sempre cumprem à execução das medidas privativas da liberdade. Por outro, na concessão da saída deve tomar-se em conta a natureza e gravidade da infracção; a duração da pena; o eventual perigo para a sociedade do insucesso da aplicação da medida; a situação familiar do recluso e ambiente social em que este se vai integrar; e a evolução da personalidade do recluso ao longo da execução da medida privativa de liberdade. Ainda em relação ao recluso internado em estabelecimento ou secção de regime aberto, o n.° 1 do artigo 66.° estabelece que, sem prejuízo do disposto no n.° 1 do artigo 50.°, deve autorizar-se o recluso a trabalhar ou a frequentar cursos de formação e aperfeiçoamento profissionais fora do estabelecimento, em regime de livre emprego, se isso contribuir para criar, manter ou desenvolver no recluso a capacidade de realizar uma actividade com que possa ganhar normalmente a vida, após a libertação.

O Decreto-Lei n.° 49/80 mantém a redacção dos artigos 14.° (Estabelecimentos abertos e fechados) e 66.° (Livre emprego e trabalho por conta própria), reorganizando o Título relativo às "Licenças de saída do estabelecimento" (Título V) em quatro capítulos: princípios comuns; licenças de saída de estabelecimento ou secção de regime aberto; saída de estabelecimento ou secção de regime fechado; e licenças de saída por motivos especiais e licenças de saída de preparação para a liberdade. Desta reorganização e da clarificação de alguns aspectos do regime de licenças de saída do estabelecimento resulta que se consagra, de forma expressa, a competência da Direcção-Geral dos Serviços Prisionais para a concessão da licença para o recluso trabalhar ou frequentar estabelecimentos de ensino e aperfeiçoamento profissional (artigos 49.°, n.° 3, 58.°, n.° 1, parte final, e 62.°-B); que esta medida de flexibilização tem lugar quer a fim de preparar a libertação [artigos 15.°, n.° 1, alínea *b)*, e 62.°-B] quer a fim de tornar a execução das medidas privativas da liberdade mais flexível, nomeadamente nos aspectos referentes ao restabelecimento de relações com a sociedade, de forma geral e progressiva (artigo 58.°, n.° 1); que os critérios e as condições de concessão da saída do estabelecimento a fim de o recluso trabalhar ou frequentar estabelecimentos de ensino e aperfeiçoamento profissional não foram alterados, dividindo-se agora pelos artigos 50.°, n.os 1 e 2, e 58.°, n.os 1 e 2.

5.2. A compreensão do regime aberto voltado para o exterior tal como se mantém até hoje em funcionamento não pode prescindir da análise das circulares da Direcção-Geral dos Serviços Prisionais sobre a matéria.

A primeira (Circular n.° 2/83/DCSDEPMS-I), editada já depois das alterações introduzidas pelo Decreto-Lei n.° 49/80, caracteriza o regime aberto; enquadra legalmente o mesmo; especifica os estabelecimentos onde pode ser praticado; enuncia as condições a que devem obedecer os reclusos a colocar neste regime; determina a competência para a concessão e revogação da medida; elenca os documentos que devem instruir o processo de concessão de regime aberto voltado para o exterior; fixa os limites temporais desta modalidade do regime aberto; estabelece regra de separação dos reclusos; e prevê comunicações obrigatórias à Direcção-Geral dos Serviços Prisionais. Desta Circular importa destacar que, por referência ao artigo 58.°, n.° 1, alínea *a)*, do Decreto-Lei n.° 265/79, nos termos do qual a licença de saída do estabelecimento é com ou *sem* custódia, o regime aberto passou a assumir duas modalidades: regime aberto "voltado para o interior — actividades exercidas dentro dos limites do estabelecimento prisional" (RAVI), isto é, licença de saída com custódia; regime aberto "voltado para o exterior — actividades exercidas na comunidade livre" (RAVE), ou seja, licença de saída sem custódia.

As circulares sucederam-se (a Circular n.° 8/98, de 30 de Dezembro de 1998, menciona a alta taxa de sucessos e a significativa adesão da sociedade civil à medida e regulamenta a possibilidade de aplicação do regime aberto no tratamento de toxicodependentes a cargo do sistema prisional), valendo na presente data a Circular n.° 3/GDG/06.

Neste documento caracteriza-se o regime aberto (voltado para o interior e voltado para o exterior); enunciam-se as condições para a concessão do mesmo (princípios gerais e condições especiais); determina-se a competência para a concessão e a revogação do regime; especifica-se o estabelecimento onde pode ser praticado; estabelecem-se regras em matéria de organização dos processos, de acompanhamento do regime aberto voltado para o exterior, de transferências para outro estabelecimento e de revogação do regime. Com relevo para os presentes autos, destaque-se que a colocação de reclusos em regime aberto voltado para o exterior — regime que a Circular caracteriza como aquele em que o recluso frequenta estabelecimento de ensino, curso de formação profissional, exerce actividade laboral dependente ou por conta própria, ou é admitido em programa de tratamento de toxicodependência, em instituição oficial ou privada, devidamente licenciada, fora do estabelecimento prisional (ponto 1.2) — depende da estrita observância dos princípios legalmente consignados, designadamente no n.° 2 do artigo 58.° do Decreto-Lei n.° 265/79: não se vislumbrar que o recluso aproveite as possibilidades decorrentes do regime aberto para voltar a delinquir ou para se subtrair à execução da pena; não serem postas em causa as razões de prevenção geral e especial que sempre cabem às medidas privativas de liberdade e que, no caso, ainda se mantenham actuais; não existir possível perigo para a segurança e ordem públicas (ponto 2.1). Destaque-se também que a colocação depende, em princípio, do cumprimento de um quarto da pena (ponto 2.1) e que se estabelecem os seguintes requisitos cumulativos: que o recluso possua efectiva actividade laboral ou escolar, que frequente curso de formação profissional ou que seja admitido em programa de tratamento da toxicodependência, em instituição oficial ou privada, devidamente licenciada; que esteja condenado por decisão transitada em julgado; que não se verifique pendência de processo que implique a prisão preventiva, podendo contudo, para viabilização de tratamento de toxicodependentes, colocar-se a situação à consideração do Tribunal para eventual reapreciação da medida de coacção (ponto 2.2.).

5.3. O Conselho Consultivo da Procuradoria-Geral da República emitiu um parecer em 21 de Fevereiro de 1991, entretanto homologado (Parecer n.° 104/90, publicado no *Diário da República*, II Série, de 27 de Agosto de 1991), no sentido de a decisão sobre a concessão da licença de saída do estabelecimento prevista no artigo 58.° do Decreto-Lei n.° 265/79, de 1 de Agosto, não se integrar no âmbito constitucional da reserva da função jurisdicional definido no artigo 202.°, n.° 2, da Constituição (6.ª conclusão); de não ser inconstitucional, por violação do princípio da reserva da função jurisdicional, a norma do artigo 49.°, n.° 3, do Decreto-Lei n.° 265/79, que atribui à Direcção-Geral dos Serviços Prisionais a competência para conceder a licença prevista no artigo 58.° deste diploma (8.ª conclusão).

5.4. Dados estatísticos fornecidos pela Direcção-Geral dos Serviços Prisionais sobre a concessão e revogação do regime aberto voltado para o exterior (RAVE) — artigo 58.°, n.° 1, alínea *a)*, do Decreto-Lei n.° 265/79, de 1 de Agosto — revelam o seguinte:

EVOLUÇÃO DA CONCESSÃO E REVOGAÇÃO DE REGIME ABERTO VOLTADO PARA O EXTERIOR				
ANO	POPULAÇÃO PRISIONAL MEDIA	NÚMERO DE RAVE CONCEDIDOS*	NÚMERO TOTAL DE REVOGAÇÕES DE RAVE **	REVOGAÇÕES DE RAVE POR AUSÊNCIA ILEGÍTIMA OU EVASÃO
2001	13 099	244	13	0
2002	13 637	279	6	0
2003	14 060	245	3	0
2004	13 549	236	7	0
2005	12 968	251	27	2
2006	12 762	307	20	1
2007	12 450	311	17	2
2008	11 191	219	13	2
2009 (até 17.08.2009)	11 061	110	16	0

* Número de despachos de concessão de RAVE no ano em apreço.
** Revogação de RAVE com despacho exarado no ano em apreço.

«As revogações podem resultar de motivos diversos, nomeadamente: inadequação à função, incumprimento de obrigações ou de horários, detecção de consumo de álcool ou droga, informação negativa por parte da entidade parceira ou incumprimento de regras não relacionadas com o RAVE (ex.: incumprimento de regras durante saídas precárias, cometimento de infracção disciplinar na prisão, etc.) ou, ainda, incumprimentos por parte da entidade parceira.

O acompanhamento da execução do regime é feito por articulação entre os Serviços Prisionais e a entidade parceira, por controlo directo pelos Serviços Prisionais e, sempre que se justifica, com a colaboração da Direcção-Geral de Reinserção Social e/ou das autoridades policiais.

O RAVE é executado ao abrigo de protocolos com entidades públicas e privadas».

Número de Parcerias existentes actualmente, por tipo de entidade, para reclusos em regime aberto voltado para o exterior:

Tipo de Entidade	RAVE
Sector Público	7
Sector Privado	25
Autarquias	25
Associações	1
IPSS	1
TOTAL	59

6. A colocação em regime aberto no exterior figurava num projecto de proposta de lei e numa proposta de lei, entretanto elaborados, sobre a matéria da execução das medidas privativas da liberdade.

Na sequência do "Relatório da Comissão para a Reforma do Sistema de Execução de Penas e Medidas", constituída nos termos do despacho 20/MJ/96, de 30 de Janeiro, foi apresentado "Projecto de Proposta de Lei de Execução das Penas e Medidas Privativas da Liberdade", em Fevereiro de 2001, ao XIV Governo Constitucional (cfr. Anabela Miranda Rodrigues, *Novo Olhar...* pp. 179 e segs.). Neste Projecto prevê-se o internamento do recluso em estabelecimento prisional ou secção abertos, com a possibilidade de lhe serem concedidas licenças de saída do estabelecimento, durante determinadas horas do dia, para trabalhar ou frequentar estabelecimentos de ensino, formação e aperfeiçoamento profissionais (artigos 12.° e 13.°). O internamento em estabelecimento prisional ou secção abertos e as medidas de flexibilização na execução, nomeadamente a licença de saída do estabelecimento com aquela finalidade, constam do plano individual de readaptação do recluso (artigo 10.°). Este plano e as suas modificações são aprovados pelo Conselho de Socialização (artigo 10.°), órgão do estabelecimento prisional que é presidido pelo respectivo director (artigos 129.° e 130.°), e são comunicados ao Ministério Público do Tribunal de Execução de Penas (artigo 10.°, n.° 9). Em relação às decisões de internamento em estabelecimento prisional ou secção abertos especifica-se também que são comunicadas ao Tribunal competente (artigo 10.°, n.° 9). Note-se que no "Relatório da Comissão", apresentado ao Ministro da Justiça em Novembro de 1997, atribui-se ao Ministério Público competência para a concessão da medida de flexibilização Regime Aberto Virado para o Exterior (RAVE), por proposta do Núcleo de Acompanhamento a que o recluso se encontra adstrito ou a requerimento do próprio recluso, ouvido o parecer do Conselho de Socialização (cfr. ponto V do 2.° Capítulo e ponto II da 2.ª Secção do 3.° Capítulo da Parte I).

Na sequência do "Relatório da Comissão de Estudos e Debate da Reforma do Sistema Prisional", criada pela Portaria n.° 183/2003, de 21 de Fevereiro, foi apresentada à Assembleia da República a Proposta de Lei n.° 153/IX — Lei-

-quadro da reforma do sistema prisional (proposta convocada no debate na generalidade da Proposta de Lei n.° 252/X, que esteve na origem do Decreto n.° 366/X, para sustentar que a colocação do recluso em regime aberto para o exterior deve ser da competência do Tribunal da Execução das Penas, in *Diário da Assembleia da República*, I Série, Número 63, de 28 de Março de 2009). Segundo esta Proposta de lei, a lei dos tribunais de execução das penas define a respectiva competência, incluindo, nomeadamente, a "intervenção na concessão e na revogação do regime aberto no exterior" e na colocação e manutenção em regime de segurança [alínea *d)* do artigo 20.°]. Como devia incluir também a *concessão e revogação* de saídas jurisdicionais, da liberdade condicional, da liberdade para prova e de outras modificações da execução da pena de prisão previstas na lei [alínea *c)* do artigo 20.°], é de concluir que a proposta não é no sentido de competir aos tribunais de execução das penas a concessão do regime aberto no exterior. A proposta parece bastar-se com a intervenção destes tribunais na concessão deste regime [neste mesmo sentido vai o artigo 21.°, alíneas *c)* e *d)*, do articulado que integra o Relatório final da Comissão], não obstante os juízes de execução das penas se terem pronunciado no sentido de a concessão do RAVE ser "um acto jurisdicional por excelência, na medida em que importa uma verdadeira modificação da pena de prisão" e de dever, "por isso, ser atribuída ao Tribunal de Execução das Penas". Cfr. "Relatório da Comissão de Estudos e Debate da Reforma do Sistema Prisional. Presidida por Diogo Freitas do Amaral", pp. 79 e 128).

7. O requerente pede a apreciação da constitucionalidade da norma da alínea *b)* do n.° 6 do artigo 14.°, enquanto conjugada com as normas das alíneas *a)* e *b)* do n.° 1 do mesmo artigo, constante do Código aprovado pelo Decreto n.° 366/X, com fundamento em violação da reserva de jurisdição, prevista no artigo 202.° da CRP.

Requer a apreciação da constitucionalidade da norma que atribui competência ao Director-Geral dos Serviços Prisionais para, com o consentimento do recluso, o colocar em regime aberto no exterior, se não for de recear que se subtraia à execução da pena ou que se aproveite das possibilidades que tal regime lhe proporciona para delinquir e o regime se mostrar adequado ao seu comportamento prisional, à salvaguarda da ordem, segurança e disciplina no estabelecimento prisional, à protecção da vítima e à defesa da ordem e da paz social. Requer esta apreciação invocando como primeiro fundamento a reserva de jurisdição, prevista no artigo 202.° da CRP.

Para a questão a apreciar importa reter que esta norma constitucional (Função jurisdicional) dispõe que:

> «1. Os tribunais são os órgãos de soberania com competência para administrar a justiça em nome do povo.

2. Na administração da justiça incumbe aos tribunais assegurar a defesa dos direitos e interesses legalmente protegidos dos cidadãos, reprimir a violação da legalidade democrática e dirimir os conflitos de interesses públicos e privados.»

Do pedido resulta que para o requerente é decisiva a comparação entre "o modelo vigente e o novo modelo legal de colocação do recluso em regime aberto ao exterior"; a aproximação deste "novo modelo" ao instituto da liberdade condicional; e a "definição do âmbito da reserva de jurisdição em matéria de execução de penas" que decorre da legislação.

8. De acordo com o requerente, "se é um facto que os regimes abertos no interior e no exterior das prisões se encontram acolhidos na legislação em vigor (Decreto-Lei n.° 265/79, de 1 de Agosto, e respectivas alterações), sendo a correspondente autorização também cometida à competência da administração penitenciária, verifica-se, contudo, que os pressupostos dessa autorização foram modificados e alargados em termos que suscitam dúvidas quanto à sua constitucionalidade". Sem prejuízo de o Presidente da República entender que "não é isenta de dúvidas de constitucionalidade, atenta a salvaguarda da reserva de jurisdição e do respeito pelo caso julgado, a faculdade hoje conferida ao Director-Geral dos Serviços Prisionais (DGSP) pelo n.° 1 do artigo 58.° do Decreto-Lei n.° 265/79, para colocar um recluso em regime aberto no exterior". Questão de constitucionalidade que não cabe a este Tribunal apreciar no âmbito deste processo.

8.1. Quando comparado o "modelo vigente" com o modelo constante do Código aprovado pelo Decreto n.° 366/X é de concluir, contudo, que não há diferenças significativas em matéria de pressupostos de autorização do regime aberto no exterior, devendo assinalar-se, desde logo, que num e noutro modelo o legislador prefere que a execução da pena de prisão ocorra no meio menos restritivo: de acordo como o artigo 14.° do Decreto-Lei n.° 265/79 (Estabelecimentos abertos e fechados), o recluso é internado em estabelecimento fechado quando não reúna as condições do internamento em estabelecimento ou secção de regime aberto; segundo o artigo 13.° do Código aprovado pelo Decreto n.° 366/X (Regime fechado), o recluso é colocado em regime comum quando a execução da pena privativa da liberdade não possa decorrer em regime aberto.

O Director-Geral dos Serviços Prisionais já decide com base num conjunto de pressupostos de fundo e de forma, constantes dos artigos 14.°, n.° 2, 50.°, n.ºs 1 e 2, e 58.°, n.ºs 1, alínea *a)*, e 2, do Decreto-Lei n.° 265/79 e da Circular n.° 3/GDG/06. Com relevo para a comparação, note-se que, no modelo vigente, os pressupostos que fundamentam a concessão do regime aberto voltado para o exterior não consistem apenas na ausência de receio que o condenado se subtraia à execução da pena ou se aproveite da situação para delinquir (condições que o n.° 2 do artigo 14.° estabelece para o internamento em estabelecimento ou secção de regime aberto e que a primeira parte do n.° 2 do artigo 58.° repete enquanto condições da concessão de licença de saída de estabelecimento ou secção de regime aberto). Exige-se também que "a concessão da licença de saída não prejudique seriamente a segurança e a ordem públicas, nem ponha em causa as razões de prevenção geral e especial que sempre cabem à execução das medidas privativas da liberdade" (parte final do n.° 2 do artigo 58.° do Decreto-Lei n.° 265/79, na redacção vigente); que, a concessão tome em conta, designadamente, "o eventual perigo para a sociedade do insucesso da aplicação da medida", bem como "a situação familiar do recluso e ambiente social em que este se vai integrar" [alíneas *c)* e *d)* do n.° 1 do artigo 50.° do Decreto-Lei n.° 265/79]; que "não se verifique pendência de processo que implique a prisão preventiva", com salvaguarda do caso especial de tratamento de toxicodependentes (ponto 2.2.3. da Circular n.° 3/GDG/06); e que, "em princípio, esteja cumprido um quarto da pena" (ponto 2.1. da Circular n.° 3/GDG/06).

A colocação de reclusos em regime aberto voltado para o exterior já hoje pode ter lugar quando esteja cumprido um quarto da pena (ponto 2.1. da Circular n.° 3/GDG/06), o que significa que não lhe está associada a ideia de ser concedida apenas "num momento de consolidação" da pena, "mormente em fase avançada de preparação para a liberdade". É verdade que o artigo 15.° do Decreto-Lei n.° 265/79 associa a colocação em regime aberto virado para o exterior à finalidade de preparar o recluso para a liberdade imediata [cfr. alíneas *a)* e *b)* do n.° 1 e artigo 62.°-B], mas é certo também que tal colocação pode ocorrer tendo em vista a finalidade de preparar o recluso para uma liberdade ainda longínqua, sujeitando-o a regimes cada vez menos restritivos em cumprimento do princípio da necessidade da privação da liberdade [artigos 14.°, n.° 2, e 58.°, n.° 1, primeira parte, do Decreto-Lei n.° 265/79].

Deve notar-se que, de todo o modo, o "novo modelo" não permite "a colocação de um detido que tenha sido condenado, por exemplo, à pena de vinte anos de prisão efectiva, em regime aberto ao exterior volvidos apenas cinco anos após o início do cumprimento da mesma pena", uma vez que um dos pressupostos da colocação em regime aberto no exterior é "o gozo prévio de uma licença de saída jurisdicional com êxito" (artigo 14.°, n.° 4) e que, no caso de pena superior a cinco anos, esta licença só pode ser concedida após o cumprimento de um quarto da pena [alínea *a)* do n.° 2 do artigo 79.°]. Relevam também para o período mínimo de cumprimento de pena de prisão no exterior as consequências previstas para os casos em que não haja êxito na saída jurisdicional: se o recluso deixar de cumprir as condições impostas pode ser determinada a impossibilidade de apresentação de novo pedido durante seis meses ou ser revogada a licença de saída, caso em que o juiz fixa um prazo, entre seis e doze meses a contar do regresso ao estabelecimento prisional, durante o qual o recluso não pode apresentar novo pedido (artigo 85.°, n.os 1 e 5).

Por outro lado, no "modelo vigente" o recluso colocado em regime aberto voltado para o exterior sai sem custódia (cfr. *supra* ponto 5.2.). O regime aberto voltado para o interior, que se caracteriza por o recluso trabalhar no Estabelecimento, dentro ou fora de muros, é que é submetido a vigilância descontínua (cfr. Circular n.° 3/GDG/06, ponto 1.1).

Acresce que, das disposições legais convocadas pelo requerente, não pode concluir-se que, diferentemente do modelo constante do Código aprovado pelo Decreto n.° 366/X, o "modelo vigente" estabelece algumas regras sobre os termos do cumprimento da pena em regime aberto": o n.° 5 do artigo 14.° do Decreto-Lei n.° 265/79, cuja epígrafe é "Estabelecimentos abertos e fechados", não tem em vista a medida de flexibilidade na execução que consiste em "sair do estabelecimento, com ou sem custódia, a fim de trabalhar ou frequentar estabelecimentos de ensino e aperfeiçoamento profissional" [alínea *a)* do n.° 1 do artigo 58.° do Decreto-Lei n.° 265/79], incidindo estritamente sobre o internamento num ou noutro estabelecimento; a alínea *d)* do n.° 1 do artigo 15.° do Decreto-Lei n.° 265/79 tem a ver com a autorização de saída do estabelecimento — seis dias por mês, seguidos ou interpolados, sem custódia, nos últimos nove meses do cumprimento da pena — que é dada aos reclusos que estão em regime aberto virado para o exterior, ao abrigo do disposto na alínea *a)* do n.° 1 do artigo 58.° daquele diploma; o n.° 2 do artigo 15.° do Decreto-Lei n.° 265/79 já não é compatível com o que se dispõe no n.° 4 do artigo 61.° do Código Penal, nos termos do qual "o condenado a pena de prisão superior a seis anos é colocado em liberdade condicional logo que houver cumprido cinco sextos da pena" (era compatível com o artigo 120.° do Código Penal anterior ao de 1982, o qual não previa a denominada "liberdade condicional obrigatória" — sobre isto, cfr. A. M. Almeida Costa, "Passado, presente e futuro da liberdade condicional no direito português", in separata do *Boletim da Faculdade de Direito da Universidade de Coimbra*, 1989, p. 35); a alínea *b)* do n.° 1 do artigo 58.° do Decreto-Lei n.° 265/79 prevê uma medida de flexibilidade na execução distinta da prevista na alínea *a)* do n.° 1 do mesmo artigo.

É verdade que o Código da Execução das Penas e Medidas Privativas da Liberdade não regula todos os aspectos do regime da colocação do recluso em regime aberto no exterior (até por comparação com a Circular n.° 3/GDG/06), porém o artigo 1.°, n.° 2, daquele Código prevê que o Livro I (Da execução das penas e medidas privativas da liberdade) seja regulamentado pelo Regulamento Geral dos Estabelecimentos Prisionais.

Em suma, da mera comparação entre o "modelo vigente" e o "novo modelo" não decorre que o regime aberto no exterior tenha deixado de ser "um instrumento de flexibilização da execução da pena, intrínseco à gestão da vida interna da prisão e, como tal, pertencendo ao domínio da administração prisional".

8.2. Apesar do exposto, subsistem duas diferenças essenciais que, contudo, são insusceptíveis de fundar um qualquer juízo de inconstitucionalidade, inserindo-se, pelo contrário, numa preocupação de jurisdicionalização da execução da pena de prisão (diferenças destacadas pelo Ministro da Justiça no debate na generalidade da Proposta de lei n.° 252/X, que esteve na origem do Decreto n.° 366/X, in *Diário da Assembleia da República*, I Série, Número 63, de 28 de Março de 2009).

Primeira: de acordo com o n.° 4 do artigo 14.°, a colocação do recluso em regime aberto no exterior tem como pressuposto o gozo prévio de uma licença de saída jurisdicional com êxito. Devendo destacar-se que os requisitos e os critérios gerais de concessão de tal licença coincidem, em larga medida, com os de colocação naquele regime [artigos 14.°, n.° 1, 78.°, n.os 1 e 2, e 79.°, n.° 2, alínea *c)*, do Código aprovado pelo Decreto n.° 366/X], o que faz depender a colocação em regime aberto no exterior de "um prévio «voto de confiança» do tribunal" (a expressão é do Ministro da Justiça, aquando do debate na generalidade da Proposta de Lei n.° 252/X).

Segunda: de acordo com os artigos 14.°, n.° 8, 197.°, 198.° e 199.°, a decisão de colocação do recluso em regime aberto no exterior é comunicada ao Ministério Público junto do Tribunal de Execução das Penas para verificação da legalidade, com possibilidade de impugnação da decisão perante o Tribunal de Execução das Penas [artigos 199.°, alínea *b)*, e 200.°]. Solução que se harmoniza com as funções constitucionalmente cometidas àquela magistratura de exercer a acção penal (entendida em sentido lato) e de defender a legalidade democrática (artigo 219.°, n.° 1, da CRP).

9. Para o requerente a aproximação do "novo modelo" ao instituto da liberdade condicional, cuja concessão é da competência dos tribunais de execução das penas, dar-se-ia quer por via do "reconhecimento de um novo direito dos detidos ao acesso restringido a um meio livre", quer por causa "dos requisitos de fundo que devem fundamentar a decisão de colocação do detido em regime aberto ao exterior". Um e outros apontariam para a natureza jurisdicional da colocação do recluso em regime aberto no exterior.

9.1. Uma vez verificados os pressupostos (formais e materiais) de que depende, o tribunal tem o poder-dever de conceder a liberdade condicional, quando se encontrar cumprida metade da pena e no mínimo seis meses [artigo 61.°, n.os 1 e 2, alíneas *a)* e *b)*, do Código Penal]; ou quando se encontrarem cumpridos dois terços da pena e no mínimo seis meses (artigo 61.°, n.os 1 e 3, do Código Penal). Não havendo qualquer razão para distinguir esta última hipótese da anterior e muito menos para considerar que se trata aqui de "decisão obrigatória do juiz". Em ambas as hipóteses trata-se de um poder-dever do juiz, de um poder vinculado à verificação da totalidade dos pressupostos, formais e substanciais, de que a lei faz depender a concessão da liberdade condicional (sobre isto, cfr. Figueiredo Dias, *Direito Penal Português. As consequências jurídicas do crime*, Coimbra Editora, 2005, p. 541, e Pinto de Albuquerque, *Comentário do Código Penal à luz da Constituição da República Portuguesa e da Convenção Europeia dos Direitos do Homem*, Universidade Católica Editora, 2008, comentário ao artigo 61.°, ponto 10 e segs.).

À circunstância de se tratar de um poder-dever nunca se associou a existência de um direito à colocação em liberdade condicional. Este instituto tem a natureza de um incidente da execução da pena de prisão, político-criminalmente justificado por referência à "vertente social ou intervencionista do modelo de Estado de direito material, implícito à CRP de 1976", inscrevendo-se neste âmbito "a ressocialização dos criminosos como concretização do dever geral de solidariedade e de auxílio às pessoas que deles se encontrem carecidas" (A. M. Almeida Costa, *ob. cit.*, p. 54); e por apelo ao princípio da necessidade da intervenção penal que se extrai dos artigos 27.°, n.° 1, e 18.°, n.° 2, da CRP. Não é, seguramente, porque o condenado é titular do direito à colocação em liberdade que compete a um tribunal conceder a liberdade condicional.

Ainda que "a apreciação da situação objectiva e subjectiva do detido pela administração prisional, tendo em vista a possibilidade da sua colocação em regime aberto no exterior", passe a constituir um poder-dever da mesma administração — não sendo decisiva para assim concluir a letra do n.° 2 do artigo 14.° do Decreto-Lei n.° 265/79, por comparação com a do n.° 1 do artigo 14.° do Código aprovado pelo Decreto n.° 366/X —, tal significa tão-só que o Director-Geral dos Serviços Prisionais tem o poder-dever de colocar o recluso em regime aberto no exterior, exercendo a competência que lhe está legalmente cometida de garantir a execução das penas e medidas privativas da liberdade, de acordo com as respectivas finalidades [artigos 2.°, n.° 1, e 135.°, n.° 1, alínea *a)*, do Código aprovado pelo Decreto n.° 233/X e 42.°, n.° 1, do Código Penal e, ainda, artigo 266.°, n.° 2, da CRP]. Sem que isso signifique "o reconhecimento de um novo direito dos detidos ao acesso restringido a um meio livre".

De todo o modo, ainda que assim seja — ou ainda que se veja aqui um interesse legalmente protegido do recluso — a observância da reserva de juiz (artigo 202.°, n.° 2, primeiro segmento, da CRP) exigirá apenas que o tribunal diga a última palavra e não a primeira [sobre esta compreensão da reserva de juiz, cfr. Acórdão do Tribunal Constitucional n.° 453/93, disponível em *www.tribunalconstitucional.pt*, Parecer n.° 104/90 do Conselho Consultivo da Procuradoria-Geral da República, já citado, e Jorge Miranda/Rui Medeiros, *Constituição Portuguesa Anotada*, tomo III, anotação ao artigo 202.°, alínea *b)*, do ponto VII].

9.2. Relativamente aos "requisitos de fundo que devem fundamentar a decisão de colocação do detido em regime aberto ao exterior", a argumentação do requerente assenta, fundamentalmente, no entendimento de que tais requisitos [seguramente os constantes da parte final da alínea *b)* do n.° 1 do artigo 14.° do Código aprovado pelo Decreto n.° 366/X e, com dúvidas, os estabelecidos na alínea *a)* do n.° 1 do mesmo artigo], de que tais critérios de colocação do recluso em regime aberto (no interior e no exterior) "incorporam necessariamente o âmbito material da reserva jurisdicional".

Convocando os critérios de determinação da medida da pena (artigo 71.°, n.° 1, parte final, do Código Penal) e os critérios de concessão da liberdade condicional, quando se encontrar cumprida metade da pena e no mínimo seis meses [artigo 61.°, n.° 2, alíneas *a)* e *b)*, do Código Penal] e estabelecendo a analogia entre estes e os critérios estabelecidos nas alíneas *a)* e *b)* do n.° 1 do artigo 14.° do Código aprovado pelo Decreto n.° 366/X, o requerente conclui que a administração — porque decide a partir de critérios análogos àqueles — modifica a sentença condenatória.

Importa notar que a concessão da liberdade condicional já não se traduz numa modificação substancial da condenação. No direito vigente, face ao disposto nos n.os 1 e 5 do artigo 61.° do Código Penal, o instituto da liberdade condicional tem a natureza jurídica de incidente (ou de medida) de execução da pena privativa da liberdade, sendo por isso mesmo até discutível se tal competência se deve manter nos tribunais de execução das penas ou passar a ser do tribunal da condenação (sobre a natureza jurídica do instituto, Anabela Rodrigues, *Novo Olhar...*, p. 135, nota 17, e Pinto de Albuquerque, *Comentário do Código Penal...*, comentário ao artigo 61.°, ponto 1.; sobre a questão de saber qual o tribunal competente para a concessão, cfr., ainda, pp. 135 e ss. da obra citada em primeiro lugar). A concessão da liberdade condicional traduz-se numa alteração ao conteúdo da sentença condenatória [como bem se diz na alínea *b)* do artigo 14.° do pedido], mas não numa modificação substancial da condenação. Diferentemente do que sucedia na versão original do Código Penal, em que alguns aspectos do regime de concessão e de revogação da liberdade condicional negavam ao instituto a natureza de incidente de execução da pena de prisão, fazendo com que fosse encarada como modificação substancial da condenação (neste sentido, Figueiredo Dias, *Direito Penal Português...*, pp. 529 e segs., 550 e segs. e 553 e segs).

Por outro lado, importa recusar o entendimento de que os critérios de prevenção (geral e especial) são privativos da actividade jurisdicional. Entendimento que, afinal, suporta uma grande parte do pedido. Tais critérios, de harmonia com o disposto no artigo 40.°, n.° 1, do Código Penal, são critérios que não podem deixar de nortear também quer a actividade do legislador, quando, por exemplo, estabelece as molduras penais, quer a actividade da administração prisional, quando garante a execução das penas e medidas privativas da liberdade, de acordo com as respectivas finalidades [artigo 135.°, n.° 1, alínea *a)*, do Código aprovado pelo Decreto n.° 366/X]. De acordo com a finalidade de prevenção especial, mas também com a de prevenção geral (artigos 40.°, n.° 1, e 42.°, n.° 1, do Código Penal e 2.°, n.° 2, do Código aprovado pelo Decreto n.° 366/X), funcionando a exigência geral-preventiva de protecção de bens jurídicos e de defesa da sociedade, é dizer, de defesa da ordem e da paz social, como limite da finalidade socializadora primária (sobre a forma de compatibilizar as finalidades de prevenção geral e de prevenção especial, cfr. Anabela Miranda Rodrigues, *A posição jurídica do recluso na execução da pena privativa da liberdade*, Coimbra 1982, pp. 154 e segs.). São, por isso, injustificados os receios de não haver "a salvaguarda efectiva dos bens jurídicos fundamentais que o Direito Penal deve assegurar e a prevenção de situações causadoras de alarme social geradas pela colocação" em regime aberto no exterior. Injustificados, precisamente porque há sintonia entre os critérios de determinação da pena e os critérios norteadores da execução da mesma pena.

10. Para o requerente a "definição do âmbito da reserva de jurisdição em matéria de execução de penas" que decorre da legislação também aponta no sentido de a colocação em regime aberto no exterior se incluir no "domínio material de controlo e modelação da execução que é cometido à actividade jurisdicional desenvolvida pelo tribunal de execução de penas".

Apesar de as competências fixadas no artigo 22.° do Decreto-Lei n.° 783/76, de 29 de Outubro, na redacção do Decreto-Lei n.° 222/77, de 30 de Maio, não se adequarem totalmente ao direito penal vigente, sempre se dirá, por referência ao direito penal então em vigor, que a colocação em regime aberto no exterior não é comparável aos exemplos dados na alínea *b)* do artigo 11.° do pedido. Estes têm a ver com o estado de perigosidade criminal do delinquente (artigos 22.°, 5.°), com a substituição de uma sanção por outra (artigo 22.°, 6.° e 8.°) e com a cessação de efeitos penais (artigos 22.°, 9.°) — sobre isto, face a disposições equivalentes do Decreto n.° 34 553, de 30 de Abril de 1945, Beleza dos Santos, "Os tribunais de execução das penas em Portugal (razões determinantes da sua criação — estrutura — resultados e sugestões)", in *Separata do Boletim da Faculdade de Direito de Coimbra em honra do Prof. Dr. José Alberto dos Reis*, 1953, pp. 12 e segs..

A colocação em regime aberto no exterior tão-pouco é comparável ao exemplo dado na alínea *c)* do artigo 11.° do pedido (cfr. *infra* ponto 13.), isto é à concessão e revogação de saídas precárias prolongadas [artigos 23.°, 4.°, do Decreto-Lei n.° 782/76, 92.°, alínea *d)*, da Lei n.° 3/99, de 13 de Janeiro, e 125.°, alínea *d)*, da Lei n.° 52/2008, de 28 de Agosto].

11. Muito embora a definição legal da competência dos tribunais de execução das penas não contribua decisivamente para a densificação da reserva de juiz em matéria de execução de sanções privativas da liberdade — nem todas as

intervenções judiciais são necessariamente impostas pelo artigo 202.°, n.° 2, da CRP (cfr. *infra* ponto 12.) — não é de recusar que para tal densificação contribui também o que a lei inclui — e foi incluindo — na competência daqueles tribunais. Para além dos actos que a CRP reserva expressamente ao juiz e da forma como a doutrina e a jurisprudência vêm densificando a função jurisdicional, desde logo por contraposição à função administrativa (para uma síntese, cfr. Jorge Miranda/Rui Medeiros, *ob. cit.*, anotação ao artigo 202.°, ponto V). Devendo salientar-se, relativamente àqueles actos que, em matéria de execução das sanções privativas da liberdade, a CRP reserva expressamente ao juiz somente o título de execução ("ninguém pode ser privado da liberdade a não ser em consequência de sentença judicial condenatória" — artigo 27.°, n.° 2) e a prorrogação das medidas de segurança privativas da liberdade, em caso de perigosidade baseada em grave anomalia psíquica (artigo 30.°, n.° 2).

12. Se há matérias onde é possível traçar uma linha evolutiva clara, uma delas é, seguramente, a da jurisdicionalização da execução da pena de prisão (sobre esta evolução, Anabela Rodrigues, *Novo Olhar...*, pp. 129 e segs.). Mercê, certamente, da posição jurídica que o recluso foi assumindo na execução desta sanção privativa da liberdade, acompanhando a "nova concepção dos direitos fundamentais como direitos de todas as pessoas, nas diversas circunstâncias da vida social, relativamente a todos os poderes, quaisquer que sejam" (Vieira de Andrade, "O internamento compulsivo de portadores de anomalia psíquica na perspectiva dos direitos fundamentais", in *A Lei de Saúde Mental e o Internamento Compulsivo*, Coimbra Editora, p. 73, autor que se refere expressamente aos reclusos nas pp. 74 e 77). Concepção de que o artigo 30.°, n.° 5, da CRP é expressão acabada — "os condenados a quem sejam aplicadas pena ou medida de segurança privativas da liberdade mantêm a titularidade dos direitos fundamentais, salvas as limitações inerentes ao sentido da condenação e às exigências próprias da respectiva execução".

O primeiro passo foi dado pela Lei n.° 2000, de 16 de Maio de 1944, e pelo Decreto n.° 34 553, de 30 de Abril de 1945, com o objectivo assumido de caber aos tribunais de execução das penas tomar "decisões destinadas a modificar ou substituir as penas ou as medidas de segurança" (n.° 1 da Base I daquela Lei). Aqui se incluindo a concessão da liberdade condicional (artigo 3.°, 3.° daquele Decreto), em consonância com a natureza jurídica do instituto, que claramente extravasava a de mero incidente na execução da pena. Um primeiro período que se caracteriza, de um lado, por a jurisdicionalização estar directamente ligada a um direito penal do agente e, de outro, por a jurisdicionalização ficar à porta dos estabelecimentos prisionais por não dever caber ao tribunal decidir, "nem sequer em recurso, quando é que um recluso ascende a um grau superior, por exemplo, do período de experiência ao de confiança, ou quando deve regressar a um período inferior. Todas as decisões a este respeito são reservadas à Administração Penitenciária, isto é, ao Director do estabelecimento, ouvido o Conselho Técnico. Entende-se que a ingerência de um tribunal nestas matérias poderia diminuir a autoridade, o prestígio e a iniciativa da direcção do estabelecimento prisional" (Beleza dos Santos, *ob. cit.*, pp. 10 e segs.).

Esta orientação é claramente inflectida com o Decreto-Lei n.° 783/76, com as alterações introduzidas pelo Decreto-Lei n.° 222/77 e pelo Decreto-Lei n.° 204/78, de 24 de Julho. A par da intervenção justificada pela "novidade" da decisão (modificação ou substituição das penas ou das medidas de segurança), o que continuava a incluir as decisões em matéria de liberdade condicional, instituto cuja natureza jurídica continuava a resistir à de mero incidente na execução da pena de prisão (artigo 22.°), o Tribunal de Execução das Penas passou a exercer funções de garantia da posição jurídica do recluso (artigo 23.°). Nomeadamente, passou a competir ao juiz deste tribunal "visitar, pelo menos mensalmente, todos os estabelecimentos prisionais, a fim de tomar conhecimento da forma como estão a ser executadas as condenações e a conceder e revogar as saídas precária prolongadas" (artigo 23.°, 1.° e 4.°).

Com este ponto de chegada é uma nova fase que se inicia, marcada pela tendência para estender a intervenção jurisdicional a toda e qualquer questão relativa à modelação da execução que possa contender com os direitos do recluso. O que arrasta a necessidade de repensar a intervenção do juiz no âmbito da execução das sanções privativas da liberdade. "Do que se trata, com efeito, é de converter a intervenção jurisdicional em garante da execução das penas e medidas de segurança privativas da liberdade, na medida em que a sua modelação *afecte directamente os direitos do recluso*" (Anabela Rodrigues, *Novo Olhar...* p. 137, itálico aditado).

Do que se trata, afinal, é de conter esta intervenção no âmbito da função jurisdicional (artigo 202.°, n.os 1 e 2, da CRP), dando ao juiz da execução das sanções privativas da liberdade o papel de juiz das liberdades, à semelhança do que sucede em outros lugares do ordenamento jurídico (cfr. artigo 32.°, n.° 4, da CRP). Sem prejuízo de a reserva de juiz significar também que é da competência de um tribunal tomar certas decisões no decurso da execução (por exemplo, as que modificam, substituem ou complementam a sentença condenatória).

13. Partindo das disposições legais que definem a competência dos tribunais de execução das penas, por referência ao direito penal vigente (artigos 91.° e 92.° da Lei n.° 3/99, de 13 de Janeiro, e 124.° e 125.° da Lei n.° 52/2008, de 28 de Agosto), é de concluir que a colocação do recluso em regime aberto no exterior não é comparável às decisões que naquelas normas estão reservadas ao juiz. Nomeadamente não é comparável à concessão da liberdade condicional e à concessão de saídas precárias prolongadas [artigos 91.°, n.° 2, alínea *a)*, e 92.°,

alínea *d)*, da Lei n.º 3/99 e 124.º, n.º 2, alínea *a)*, e 125.º, alínea *d)*, da Lei n.º 52/2008]. Institutos que o requerente refere expressamente.

Quando é concedida a liberdade condicional há uma alteração do conteúdo da sentença condenatória. Isto é, a sentença condenatória "deixa de ser" de privação da liberdade, já que a libertação condicional significa uma devolução do condenado à liberdade (sem prejuízo do que se dispõe no artigo 64.º, n.º 1, primeira parte, do Código Penal). Por outro lado, à colocação em liberdade condicional pode mesmo corresponder uma alteração do *quantum* de privação da liberdade determinado na sentença condenatória, face ao que se dispõe nos artigos 57.º, n.º 1, por remissão do n.º 1 do artigo 64.º, e 61.º, n.º 5, do Código Penal. E corresponderá necessariamente a uma alteração do *quantum* de privação da liberdade determinado na sentença condenatória para os que defendem que, em caso de revogação, conta como cumprimento da pena de prisão o tempo em que o condenado esteve em liberdade condicional.

O que acaba de ser dito vale também para as saídas precárias prolongadas, tradicionalmente da competência dos tribunais de execução das penas (artigos 23.º, 3.º do Decreto-Lei n.º 783/79) e aí incluída no Código aprovado pelo Decreto n.º 366/X (artigo 79.º, n.º 1 — Licenças de saída jurisdicionais). Neste tipo de saída do estabelecimento há também uma alteração do conteúdo da sentença condenatória, uma vez que o condenado é devolvido à liberdade durante uns dias. Traduz-se mesmo numa alteração do *quantum* de privação da liberdade determinado na sentença condenatória: o período de saída vale como tempo de execução da pena (artigo 54.º, n.º 1, do Decreto-Lei n.º 265/79, na medida que exclui o desconto) e é descontado no cumprimento da sanção em caso de revogação (artigos 53.º, n.º 4, Decreto-Lei n.º 265/79).

Diversamente, quando o Director-Geral dos Serviços Prisionais coloca o recluso em regime aberto no exterior não há qualquer alteração do conteúdo da sentença condenatória. Esta decisão "continua a ser" de privação da liberdade, havendo, tão-só, uma alteração do conteúdo da execução da pena de prisão, político-criminalmente justificada por referência aos princípios jurídico-constitucionais da socialidade e da necessidade da intervenção penal (cfr. *supra* ponto 4.). Isto é: não extravasa a natureza de medida de flexibilização da execução da pena de prisão (neste sentido, para o direito vigente e por comparação com o regime de semidetenção — actualmente previsto no artigo 46.º do Código Penal —, cfr. Parecer n.º 104/90 do Conselho Consultivo da Procuradoria-Geral da República, já citado).

A alteração traduz-se no desenvolvimento de actividades de ensino, formação profissional, trabalho ou programas em meio livre (por exemplo, programas de tratamento de situações de toxicodependência), sem vigilância directa, fora dos muros do estabelecimento prisional, durante o período de tempo necessário ao desenvolvimento de tais actividades. A colocação em regime aberto no exterior não significa, de todo, uma devolução do condenado à liberdade. Daí que em ponto algum do Código aprovado pelo Decreto 366/X se encontre disposição paralela à contida no artigo 77.°, n.° 1, segundo a qual o período de saída é considerado tempo de execução da pena; ou qualquer norma significativa de uma mudança do estatuto jurídico do recluso, quer quanto aos direitos quer no que toca aos deveres (artigos 7.° e 8.°). É de subscrever, por inteiro, o que se sustentou, relativamente ao direito vigente, no Parecer n.° 104/90 do Conselho Consultivo da Procuradoria-Geral da República, já citado:

> «Fora do estabelecimento, o recluso não se assume, jurídica e materialmente, com liberdade incondicionada. As condições em que trabalhe, e os estabelecimentos de ensino que frequente, são consideradas necessariamente na aplicação do plano, e o resultado obtido constitui elemento relevante da evolução posterior. Mantém-se uma ligação jurídica e material entre o recluso e o estabelecimento prisional: juridicamente, o recluso mantêm integralmente o respectivo estatuto, cumprindo ainda, e nesta fase, uma medida privativa de liberdade (...). Na licença de saída do estabelecimento (diga-se, semi-liberdade), o estado detentivo continua a permanecer, ainda que diariamente intervalado pelo contacto com o ambiente externo; constitui, por isso, uma especial modalidade de execução, uma fase da execução da pena privativa de liberdade.»

Em suma: a colocação do recluso em regime aberto no exterior, uma vez verificados os pressupostos das alíneas *a)* e *b)* do n.° 1 do artigo 14.° do Código aprovado pelo Decreto n.° 366/X, traduz-se numa alteração do conteúdo da execução da pena de prisão.

Sem que isso modifique o sentido da sentença condenatória, na medida em que a pena de prisão é necessariamente modelada no decurso da execução, em obediência aos princípios jurídico-constitucionais da socialidade e da necessidade da intervenção penal (cfr. *supra* ponto 4.). A execução da pena de prisão orienta-se pelo princípio da individualização do tratamento prisional, inevitavelmente programado e faseado, favorecendo a aproximação progressiva à vida livre, através das necessárias alterações do regime de execução (artigos 5.°, n.os 1 e 3, 12.°, n.° 1, 22.°, n.° 3, e 76.°, n.os 2 e 3, do Código aprovado pelo Decreto n.° 366/X e artigos 3.°, n.° 2, e 58.°, n.° 1, do Decreto-Lei n.° 265/79). É de Afonso Queiró a afirmação de que "as sanções criminais decretadas pelos tribunais podem ser individualizadas na fase do seu cumprimento ou execução e, de toda a maneira, a administração prisional reserva-se uma esfera de actuação própria, livre em relação ao tribunal cuja acção culmina com a sentença condenatória" ("A função administrativa", in *Revista de Direito e de Estudos Sociais*, ano XXIV, n.os 1-2-3, p. 28).

Por outras palavras: como a execução das sanções privativas da liberdade é necessariamente modelada na execução, o "acesso a meio livre" — a execução da pena de prisão em regime aberto no exterior — encontra-se pressuposto(a) na sentença que condenou a uma pena de prisão.

14. A colocação do recluso em regime aberto no exterior — uma das modalidades dos regimes de execução da pena de prisão — não integra a actividade de repressão da violação da legalidade democrática que o artigo 202.°, n.os 1 e 2, da CRP reserva aos tribunais (Gomes Canotilho/Vital Moreira, *Constituição da República Portuguesa Anotada*, Coimbra Editora, 1993, anotação ao artigo 205.°, ponto IV, entendem que o segundo segmento do n.° 2 do artigo 202.° aponta especialmente para a justiça criminal; no mesmo sentido, cfr. Acórdão do Tribunal Constitucional n.° 67/06, disponível em *www.tribunalconstitucional.pt*).

Não integra a actividade de repressão da violação da legalidade democrática, porque aquando da decisão de colocação em regime aberto no exterior não ressurge o conflito jurídico-penal emergente da prática do crime, entretanto já resolvido na sentença condenatória. É nesta decisão judicial que o agente da prática da infracção criminal é privado da liberdade (artigo 27.°, n.° 1, da CRP) para salvaguarda de outros direitos ou interesses constitucionalmente protegidos (artigo 18.°, n.° 2, da CRP). É aqui que se pondera o *quantum* de pena que é necessário para a reafirmação da validade da norma que foi violada com o cometimento do crime (para a protecção de bens jurídicos) e, na medida do possível, para a reintegração do agente na sociedade (cfr. artigos 40.°, n.os 1 e 2, e 71.°, n.° 1, do Código Penal; sobre isto cfr. Figueiredo Dias, *Direito Penal Português...*, pp. 227 e segs.; no sentido de o conceito de legalidade democrática estar utilizado "no sentido de ordem jurídica democraticamente instituída", cfr. Gomes Canotilho/Vital Moreira, *ob. cit.*, anotação ao artigo 205.°, ponto IV). Diferentemente se passa, por exemplo, com a pena relativamente indeterminada, sanção em que a medida concreta da privação da liberdade é "determinada" já em sede de execução (cfr. artigos 83.°, n.° 2, 84.°, n.° 2, 86.°, n.° 2, e 90.° do Código Penal e 509.° do Código de Processo Penal).

Por interpretação das disposições constantes do Código aprovado pelo Decreto n.° 366/X, é de concluir que quando coloca o recluso em regime aberto no exterior, verificados os pressupostos das alíneas *a)* e *b)* do n.° 1 do artigo 14.° do Código aprovado pelo Decreto n.° 366/X, o Director-Geral dos Serviços Prisionais não resolve uma qualquer "questão de direito" nem o faz para a resolver, não dirime um qualquer litígio em que os interesses em confronto são apenas os das partes (para estes critérios de distinção da função jurisdicional da função administrativa, cfr. Afonso Queiró, *loc. cit.*, pp. 30 e segs. e, entre outros, Acórdãos do Tribunal Constitucional n.os 443/91 e 453/93, disponíveis em *www.tribunalconstitucional.pt*).

Quando coloca o recluso em regime aberto no exterior, verificados os pressupostos das alíneas *a)* e *b)* do n.° 1 do artigo 14.° daquele Código, o Director-

-Geral dos Serviços Prisionais prossegue o interesse público de prevenir a reincidência [artigos 1.°, 2.°, 9.°, alínea *d)*, 30.°, n.° 5, e 266.° da CRP], exercendo a competência que lhe está atribuída de garantir a execução da pena de prisão de acordo com as respectivas finalidades [artigo 135.°, n.° 1, alínea *a)*, do Código aprovado pelo Decreto n.° 366/X]. A finalidade socializadora da execução "é também um objectivo da política penal do Estado — prevenção (especial) da reincidência — e, enquanto tal, inscreve-se no programa da acção estadual como fim heterónomo ao indivíduo" (Exposição de Motivos do "Projecto de Proposta de Lei de Execução das Penas e Medidas Privativas da Liberdade", Anabela Rodrigues, *Novo Olhar...*, p. 196).

15. O Presidente da República requer a apreciação da norma da alínea *b)* do n.° 6 do artigo 14.°, enquanto conjugada com as normas das alíneas *a)* e *b)* do n.° 1 do mesmo artigo, constante do Código aprovado pelo Decreto n.° 366/X, também com fundamento em violação do imperativo do respeito pelo caso julgado, por parte dos órgãos da Administração Pública, nos termos do artigo 2.° e do disposto no n.° 3 do artigo 282.° da CRP.

Requer a apreciação da constitucionalidade da norma que atribui competência ao Director-Geral dos Serviços Prisionais para, com o consentimento do recluso, o colocar em regime aberto no exterior, se não for de recear que se subtraia à execução da pena ou que se aproveite das possibilidades que tal regime lhe proporciona para delinquir e o regime se mostrar adequado ao seu comportamento prisional, à salvaguarda da ordem, segurança e disciplina no estabelecimento prisional, à protecção da vítima e à defesa da ordem e da paz social. Requer esta apreciação invocando como segundo fundamento o imperativo do respeito pelo caso julgado, por parte dos órgãos da Administração Pública, nos termos do artigo 2.° (Estado de direito democrático) e do disposto no artigo 282.° (Efeitos da declaração de inconstitucionalidade ou de ilegalidade), n.° 3, segundo o qual "ficam ressalvados os casos julgados, salvo decisão em contrário do Tribunal Constitucional quando a norma respeitar a matéria penal (disciplinar ou de ilícito de mera ordenação social) e for de conteúdo menos favorável ao arguido".

Pelas razões já expostas, é de concluir que não se verificam os pressupostos de que parte o requerente. Isto é, a administração prisional não modifica o sentido da sentença que condenou a uma pena de prisão nem altera o sentido da pena, quando coloca o recluso em regime aberto no exterior. Tanto basta para concluir que a norma cuja apreciação foi requerida não viola o parâmetro constitucional convocado pelo requerente.

III — Decisão

Face ao exposto, o Tribunal Constitucional decide não se pronunciar pela inconstitucionalidade da norma da alínea *b)* do n.° 6 do artigo 14.°, enquanto conjugada com as normas das alíneas *a)* e *b)* do n.° 1 do mesmo artigo, constante do Código da Execução das Penas e Medidas Privativas da Liberdade aprovado pelo Decreto n.° 366/X, da Assembleia da República.

Lisboa, 28 de Agosto de 2009. — *Maria João Antunes* — *Ana Maria Guerra Martins* — *Mário José de Araújo Torres* — *Gil Galvão* — *Vítor Gomes* — *João Cura Mariano* (vencido, conforme declaração de voto que junto) — *Rui Manuel Moura Ramos* (vencido, nos termos da declaração de voto junta).

DECLARAÇÃO DE VOTO

Votei vencido o presente Acórdão por entender que a Constituição impõe que a decisão sobre a colocação de um recluso em regime aberto no exterior seja emitida por um juiz, pelas razões que sucintamente passo a expor.

O Código da Execução das Penas e Medidas Privativas da Liberdade (CEPMPL), aprovado pelo Decreto sob fiscalização (n.° 366/X), perseguindo a finalidade socializadora da pena de prisão, e mais concretamente, preparando o recluso para o regresso à comunidade (artigo 2.° do CEPMPL, aprovado pelo referido Decreto), prevê a possibilidade deste, após ter cumprido um quarto da pena, ser colocado em regime aberto no exterior.

Este regime caracteriza-se pelo desenvolvimento de actividades de ensino, formação profissional, trabalho ou programas em meio livre, sem vigilância directa [artigo 12.°, n.° 3, alínea *b)*, do CEPMPL].

Estamos perante um regime de semi-liberdade condicionada. "Semi" porque ela tem apenas a duração do tempo estritamente necessário para o recluso estudar ou trabalhar no exterior do estabelecimento prisional, e "condicionada" por que esse tempo de liberdade só pode ser utilizado pelo recluso para desenvolver essas actividades.

Este regime é materialmente idêntico àquele que pode desde logo ser determinado pelo juiz do julgamento, relativamente às penas de prisão aplicadas em medida não superior a um ano, que não devam ser substituídas por pena de outra espécie, nem cumprida em dias livres. É o regime de semi-detenção previsto no artigo 46.°, n.° 1, do Código Penal.

Independentemente de se considerar a colocação do recluso em regime aberto no exterior como uma alteração do conteúdo da sentença condenatória, ou apenas uma flexibilização da pena aí aplicada, ou tão-somente uma modalidade possível da sua execução, o que é indiscutível é que a decisão sobre a aplicação deste regime determina o conteúdo da pena de prisão na qual o recluso foi condenado, numa fase do seu cumprimento.

Na verdade, esta decisão define os termos essenciais em que a pena de prisão na qual o recluso foi condenado deve ser cumprida numa determinada fase da sua execução.

Se a sentença condenatória definiu o tipo e a medida da pena aplicada, a decisão sobre a colocação do recluso em regime aberto no exterior, define o concreto regime daquela pena, pelo que desempenha um papel tão ou mais importante que a primeira no modo de repressão penal da violação da legalidade democrática.

Nessa decisão terão que ser ponderados o comportamento prisional anterior do recluso, o perigo deste aproveitar o tempo de liberdade para se subtrair à execução da pena ou delinquir, a protecção da vítima e a defesa da ordem e da paz social [artigo 14.°, n.° 1, alíneas *a*) e *b*), do CEPMPL, aprovado pelo Decreto n.° 366/X).

É mais uma vez a resolução do conflito entre os valores da liberdade e dos direitos individuais e a defesa da sociedade vigente que está em jogo nesta decisão.

Ora, se na divisão dos poderes estaduais não há dúvidas sobre a natureza necessariamente judicial da sentença que aplica penas criminais, a qual é especificamente imposta no nosso texto constitucional no n.° 2 do seu artigo 27.°, também a decisão de colocação dos reclusos em regime aberto no exterior, por se traduzir numa determinação do conteúdo essencial duma pena de prisão anteriormente imposta, deve comungar da mesma natureza.

Estão em causa direitos fundamentais individuais em contraposição com interesses de defesa da ordem jurídica e da paz social, situando-se esse conflito num nível de importância elevado, uma vez que as restrições impostas àqueles direitos são particularmente severas, face à relevância dos interesses públicos em jogo.

Nesta matéria qualquer palavra decisiva tem de pertencer a um juiz, dotado das qualidades de independência e imparcialidade que garantam uma justa e isenta composição do conflito em questão.

Assim o exige o princípio da separação de poderes, em matéria tão sensível como é a da definição do conteúdo das penas criminais.

Estamos, pois, perante uma decisão abrangida pela reserva constitucional de juiz, consagrada no artigo 202.°, n.ºs 1 e 2, da CRP, pelo que a competência para a proferir não pode ser atribuída pelo legislador ordinário ao Director-Geral dos Serviços Prisionais que integra a administração directa do Estado.

O facto do Decreto sob fiscalização prever a homologação pelo Tribunal de Execução das Penas do plano individual de readaptação de cada recluso (artigo

21.°, n.° 7, do CEPMPL, aprovado pelo Decreto n.° 366/X), exigir como requisito da colocação em regime aberto no exterior o gozo prévio de uma licença de saída jurisdicional com êxito (artigo 14.°, n.° 5, do CEPMPL, aprovado pelo Decreto n.° 366/X) e obrigar à comunicação ao Ministério Público das decisões positivas proferidas nesta matéria, o qual as poderá impugnar perante o Tribunal de Execução das Penas mediante recurso com efeito meramente devolutivo [artigos 14.°, n.° 7, 199.°, alínea *b*) e 202.°, n.° 1, do CEPMPL, aprovado pelo Decreto n.° 366/X] se revela a louvável preocupação do legislador em criar alguns mecanismos de intervenção judicial no processo de colocação do recluso em regime aberto no exterior, não é suficiente para satisfazer a exigência constitucional de que essa decisão só possa ser tomada por um juiz.

Na previsão do CEPMPL, aprovado pelo Decreto sob fiscalização, o juiz apenas homologa genericamente um plano global de execução da pena, decide sobre uma saída jurisdicional do recluso, que é condição prévia de sua colocação em regime aberto no exterior, e pode pronunciar-se, em recurso, sobre uma impugnação do Ministério Público da adopção deste regime, mas é ao Director-Geral dos Serviços Prisionais a quem, nos termos do artigo 14.°, n.° 6, alínea *b*), é atribuída, em primeira linha, a competência para decidir sobre a colocação dos reclusos em regime aberto no exterior.

Ao não atribuir a um juiz o monopólio desta decisão, a norma fiscalizada viola o princípio constitucional da reserva de juiz, consagrado no artigo 202.°, n.ºs 1 e 2, da CRP, pelo que me pronunciei pela sua inconstitucionalidade. — *João Cura Mariano.*

DECLARAÇÃO DE VOTO

Divergindo do entendimento perfilhado no Acórdão, pronunciei-me pela inconstitucionalidade da norma objecto do pedido por violação da reserva de jurisdição prevista no artigo 202.° da CRP. Na verdade, em meu juízo, a colocação em regime aberto no exterior prevista no artigo 14.° do Código aprovado pelo artigo 1.° do Decreto n.° 366/X constitui uma modelação da execução de pena de prisão que, pela importância de que se reveste para a ressocialização do condenado, constitui algo mais que um mero instrumento de flexibilização da pena de prisão intrínseco à gestão da vida interna da prisão.

Ao contrário, o desenho legal do instituto e a ponderação de interesses que supõe e encerra [artigo 14.°, n.° 1, alíneas *a)* e *b)*], aproximam a adopção desta medida do exercício da função jurisdicional, pelo papel central que cabe à opção em causa na execução das penas privativas da liberdade.

Com efeito, ao prescrever, no artigo 13.° do Código, que "o recluso é colocado em regime comum quando a execução de pena ou medida privativa da liberdade não possa decorrer em regime aberto nem deva realizar-se em regime de segurança", o legislador parece assumir uma preferência por aquele segundo regime, atribuindo ao primeiro um carácter residual, quando a escolha de um ou outro dos demais deva considerar-se excluída. Como quer que seja, a eleição da modalidade de execução a que se refere o pedido implica uma avaliação do recluso e da sua evolução ao longo da execução da pena que envolve ponderações que escapam ao puro domínio da administração prisional.

Esta visão das coisas pode aliás reclamar-se de um movimento de jurisdicionalização da execução da pena de prisão que o Acórdão (ponto 12), reconhece e em que se louva. Conquanto não envolva uma devolução do condenado à liberdade (como na liberdade condicional), a medida em causa não deixa de se revestir de uma centralidade na execução da pena de prisão e, por ela, na ressocialização do condenado, que continua a justificar que a competência para decidir ou não da colocação de um recluso neste regime seja cometida ao juiz de execução das penas. É pois a nosso ver a importância do instrumento de modelação da execução da pena privativa de liberdade e o alcance que lhe é reconhecido que impõem a intervenção judicial. Importância e alcance que não são decerto menores, na perspectiva da ressocialização do condenado, que a de um instituto como o das saídas precárias prolongadas, estas da competência do tribunal de execução das penas, e cuja autorização, com êxito, constitui de resto pressuposto da medida ora em consideração (e note-se que seria algo estranho que a intervenção jurisdicional fosse dispensada para a adopção de um regime quando não o é para a de um dos seus pressupostos).

E nem se diga, como o faz o Acórdão, que o acesso a meio livre se encontra pressuposto na sentença que condenou a uma pena de prisão ou que não integra a actividade de repressão da violação da legalidade democrática. Assim é, de facto, mas o argumento prova de mais, pois que o mesmo se pode sem dúvida igualmente dizer em relação à colocação em liberdade condicional ou à referida autorização de saídas precárias prolongadas — e no que a estas diz respeito é pacificamente aceite a competência do tribunal de execução das penas. — *Rui Manuel Moura Ramos.*

Anotação:

1 — Acórdão publicado no *Diário da República*, II Série, de 17 de Setembro de 2009.

2 — Os Acórdãos n.os 453/93, 527/95, 108/99, 99/02, 67/06, 164/08 e 101/09 estão publicados em *Acórdãos*, 25.°, 32.°, 42.°, 52.°, 64.°, 71.° e 74.° Vols., respectivamente.

3 — Os Acórdãos n.os 426/91 e 443/91 estão publicados em *Acórdãos*, 20.° Vol.

FISCALIZAÇÃO ABSTRACTA
DA
CONSTITUCIONALIDADE E DA LEGALIDADE

ACÓRDÃO N.º 221/09

DE 5 DE MAIO DE 2009

Não declara a inconstitucionalidade da norma do n.º 3 do artigo 2.º do Decreto-Lei n.º 198/95, de 29 de Julho, na redacção dada pelo artigo único do Decreto-Lei n.º 52/2000, de 7 de Abril, quando interpretada no sentido de obrigar ao pagamento dos serviços prestados apenas pelo facto de o utente não ter cumprido o ónus de demonstração de titularidade do cartão de utente no prazo de dez dias subsequentes à interpelação para pagamento dos encargos com os cuidados de saúde.

Processo: n.º 775/08.
Recorrente: Ministério Público.
Relator: Conselheiro Carlos Fernandes Cadilha.

SUMÁRIO:

I — A sujeição dos utentes à demonstração de que são titulares ou requereram a emissão do cartão de identificação de utente do Serviço Nacional de Saúde, como forma de se eximirem ao pagamento dos encargos devidos com os cuidados de saúde prestados, não afecta em si o direito à protecção da saúde, traduzindo um mero condicionamento de natureza procedimental relativo ao exercício do direito.

II — À interpelação a que alude o n.º 3 do artigo 2.º do Decreto-Lei n.º 198/95, na sua actual redacção, deverá aplicar-se o regime de notificação de actos administrativos, não se vendo nenhum motivo para que aquela interpelação devesse ser efectuada por forma mais exigente e devesse por isso encontrar-se sujeita a uma forma especialmente regulada na lei.

III — Dispondo o legislador de liberdade de conformação legislativa para realizar os objectivos de implementação de um sistema uniforme de identificação do universo dos beneficiários que sirva de instrumento regulador e racionalizador do acesso às prestações de saúde, não pode o intérprete, a pretexto do controlo da proporcionalidade, pôr em causa o mérito da solução legislativa adoptada, nem a possível existência de um outro meio para obter a identificação dos utentes, pode servir de fundamento para que se considere verificada a violação do princípio da proporcionalidade.

IV — Nada permite concluir que a exigência constante da norma em causa seja excessiva ou intolerável em termos de poder considerar-se que afronta o princípio da proporcionalidade, porquanto se trata, não de uma medida supérflua de identificação pessoal do utente, mas de simplificação e harmonização de procedimentos, e que, além disso, representa um esforço mínimo por parte do interessado, que poderá com toda a facilidade efectuar a prova da sua qualidade de utente, ainda em tempo útil.

Acordam, em Plenário, do Tribunal Constitucional:

I — Relatório

1. O Representante do Ministério Público junto do Tribunal Constitucional requereu, nos termos do artigo 82.° da Lei de Organização, Funcionamento e Processo do Tribunal Constitucional, aprovada pela Lei n.° 28/82, de 15 de Novembro, e alterada, por último, pela Lei n.° 13-A/98, de 26 de Fevereiro (LTC), a apreciação e a declaração, com força obrigatória geral, da inconstitucionalidade da norma constante do artigo 2.°, n.° 3, do Decreto-Lei n.° 198/95, de 29 de Julho, na redacção resultante do artigo único do Decreto-Lei n.° 52/2000, de 7 de Abril, interpretada no sentido de obrigar ao pagamento dos serviços prestados apenas pelo facto de o utente não ter cumprido o ónus de demonstração da titularidade do cartão de utente, no prazo de 10 dias subsequentes à interpelação para pagamento dos encargos com os cuidados de saúde prestados.

Fundamentou o seu pedido na circunstância de tal interpretação normativa ter sido julgada materialmente inconstitucional, no âmbito da fiscalização concreta, por violação das disposições conjugadas dos artigos 2.°, 18.° e 64.° da Constituição, através do Acórdão n.° 67/07 e das Decisões Sumárias n.os 557/07 e 274/08.

Notificado nos termos e para os efeitos dos artigos 54.° e 55.°, n.° 3, da LTC, o Primeiro-Ministro, em resposta, ofereceu o merecimento dos autos.

II — Fundamentação

2. A questão que vem discutida é a de saber se é conforme ao disposto nos artigos 2.°, 18.° e 64.° da Lei Fundamental, a exigência imposta pelo artigo 2.°, n.° 3, do Decreto-Lei n.° 198/95, de 29 de Julho, alterado pelo artigo único do

Decreto-Lei n.° 52/2000, de 7 de Abril, no sentido de ser efectuada a cobrança do valor da prestação de cuidados de saúde em estabelecimento ou serviço integrado no Serviço Nacional de Saúde, quando o interessado, não tendo apresentado o cartão de identificação de utente, não tenha feito a prova, no prazo cominado naquela disposição, de que é dele titular ou requereu perante os serviços competentes a sua emissão.

No Acórdão n.° 67/07, o Tribunal Constitucional pronunciou-se no sentido da inconstitucionalidade material da referida disposição, concluindo que uma norma que impõe ao utente economicamente carenciado o efectivo pagamento dos serviços clínicos prestados como mera consequência do incumprimento de um ónus procedimental ou formal, de natureza manifestamente secundária, é incompatível com o princípio da proporcionalidade e com o carácter universal e tendencialmente gratuito do Serviço Nacional de Saúde, expressão da consagração constitucional do direito à saúde, implicando a violação dos artigos 2.°, 18.° e 64.° da Constituição.

Para assim decidir, teve em linha de conta que o regime jurídico em causa tem por consequência a necessidade do pagamento pelo utilizador dos serviços prestados, sem ter previsto a forma pela qual a interpelação para pagamento dos encargos decorrentes dos serviços prestados vem a ter lugar e sem permitir sequer a valoração de uma eventual ausência de culpa do utente no incumprimento do dever acessório em questão.

Esta jurisprudência foi depois reiterada pelas Decisões Sumárias n.os 557/07 e 274/08.

Sendo estes os termos em que a questão se coloca, cabe efectuar antes de mais o necessário enquadramento sistemático da norma sobre a qual se impõe a formulação do juízo de constitucionalidade.

3. O Decreto-Lei n.° 198/95 criou o cartão de utente do Serviço Nacional de Saúde, que é emitido pelos serviços competentes da administração regional de saúde da área da residência do titular (artigo 4.°), e que, fora certas situações excepcionadas na lei, se destina a ser apresentado perante instituições ou serviços integrados no Serviço Nacional de Saúde, para efeito de prestação de cuidados médicos, requisição e acesso a meios auxiliares de diagnóstico e prescrição e aquisição de medicamentos (artigo 3.°).

Na sua redacção originária, o artigo 2.° desse diploma dispunha:

> 1 — O cartão de identificação do utente constitui um meio facultativo, com natureza substitutiva, de comprovação da identidade do seu titular perante as instituições e serviços integrados no Serviço Nacional de Saúde e as entidades privadas na área da saúde.
>
> 2 — O cartão de identificação do utente é de emissão gratuita e substitui, para os efeitos referidos no número anterior, qualquer outro cartão ou documento de identificação do seu titular.

Como se depreende ainda do preâmbulo do diploma, a instituição do cartão de utente, de emissão gratuita e natureza substitutiva, sendo idêntico aos já existentes para utentes de subsistemas de saúde, constituía uma medida de simplificação do acesso dos cidadãos ao Serviço Nacional de Saúde, sem pôr em causa os princípios da universalidade e da equidade deste Serviço, e pretendia assegurar uma mais fácil identificação pessoal nos serviços de saúde, eliminando procedimentos burocráticos e facilitando a atribuição da isenção das taxas moderadoras e o reconhecimento de situações de isenção, além de permitir uma mais adequada articulação entre o Estado e as entidades privadas legal ou contratualmente responsáveis por encargos decorrentes de prestações de saúde.

O citado Decreto-Lei n.° 52/2000 introduziu uma única alteração a esse diploma, passando a conferir à referida disposição do artigo 2.° a seguinte redacção:

> 1 — O cartão de identificação do utente deve ser apresentado sempre que os utentes utilizem os serviços das instituições e serviços integrados no Sistema Nacional de Saúde ou com ele convencionado.
>
> 2 — A não identificação dos utentes nos termos do número anterior não pode, em caso algum, determinar a recusa de prestações de saúde.
>
> 3 — Aos utentes não é cobrada, com excepção das taxas moderadoras, quando devidas, qualquer importância relativa às prestações de saúde quando devidamente identificados nos termos deste diploma ou desde que façam prova, nos dez dias seguintes à interpelação para pagamento dos encargos com os cuidados de saúde prestados, de que são titulares ou requereram a emissão do cartão de identificação de utente do Serviço Nacional de Saúde.

O objectivo da modificação legislativa, como também resulta da respectiva nota preambular, foi o de promover a generalização do uso do cartão de utente no sistema de saúde, implementando para tal desiderato duas condicionantes que são assim explicitadas:

> Esclarece-se que a não exibição do cartão não pode em circunstância alguma pôr em causa o direito à protecção na saúde constitucionalmente garantido, evitando que o problema burocrático ou administrativo da identificação do utente do Serviço Nacional de Saúde impeça a realização das prestações de saúde.
>
> Todavia, torna-se necessário associar consequências à não identificação do cartão e que assentam no pressuposto que o utente não identificado não é beneficiário do Serviço Nacional de Saúde, associando o ónus do pagamento directo do utente pelos encargos decorrentes de cuidados de saúde, quando não se apresente devidamente identificado nas instituições e serviços prestadores ou não indique terceiro, legal ou contratualmente responsável. Esta responsabilização prática das instituições e serviços integrados no Serviço Nacional de Saúde fica agora mitigada pela possibilidade de o utente se eximir da responsabilidade pelos cuidados de saúde prestados requerendo o respectivo documento de identificação.

O Decreto-Lei n.° 52/2000 teve, pois, em vista incentivar o uso do cartão do utente pela população, passando a sancionar com a sujeição ao pagamento dos serviços de saúde prestados, a falta de prova da titularidade do direito, dentro de um prazo curto e peremptório subsequente à interpelação para pagamento, quando o interessado não tenha apresentado o cartão de identificação na ocasião da utilização dos serviços.

Poderá assentar-se, por outro lado, sem que isso represente por agora um qualquer comprometimento com a solução do caso, no conteúdo jurídico do direito constitucional positivo que está especialmente em causa, bem como na natureza da limitação que é imposta ao exercício desse direito quando se pretenda regular legislativamente, como é o caso, o acesso ao Serviço Nacional de Saúde.

A prestação de cuidados de saúde através dos estabelecimentos e serviços integrados no Serviço Nacional de Saúde, entendido este como um serviço universal quanto à população abrangida, destinado a prestar ou a garantir a prestação de cuidados globais, e tendencialmente gratuito para os utentes, dá concretização prática ao direito à protecção da saúde, consagrado no artigo 64.° da Constituição.

Nesta sua vertente, o direito à protecção da saúde adquire a natureza de um direito social com um certo grau de vinculatividade normativa.

Como tem sido já sublinhado, os preceitos relativos a direitos sociais (como outros referentes a direitos económicos e culturais) contêm normas jurídicas vinculantes que impõem positivamente ao legislador a realização de determinadas tarefas através das quais se pode concretizar o exercício desses direitos.

Por sua vez, o grau de conformação legislativa é variável consoante o carácter mais ou menos determinado ou determinável da imposição constitucional respectiva, pelo que o legislador fica sempre vinculado às directrizes materiais que resultem expressamente ou por via interpretativa das normas que imponham, nesse domínio, tarefas específicas (Vieira de Andrade, *Os direitos fundamentais na Constituição Portuguesa de 1976*, 3.ª edição, Coimbra, pp. 397-401; no mesmo sentido, ainda Gomes Canotilho, *Direito Constitucional e Teoria da Constituição*, 7.ª edição, Coimbra, p. 471).

Concretamente em relação à criação e manutenção de um serviço nacional de saúde, como componente do direito à protecção à saúde, constitucionalmente consagrado [artigo 64.°, n.° 2, alínea *a)*], o Tribunal Constitucional teve já oportunidade de afirmar que se trata aí de uma obrigação constitucional do Estado como meio de realização de um direito fundamental, e não uma vaga e abstracta linha de acção de natureza meramente programática (Acórdão n.° 39/84, publicado no *Diário da República*, I Série, de 5 de Maio de 1984).

Como norma constitucional impositiva, essa mesma disposição apresenta-se como parâmetro de controlo de constitucionalidade quando estejam em causa medidas legais ou regulamentares que afectem ou inutilizem o direito.

Nesse sentido, pode invocar-se a inconstitucionalidade de normas relativas a prestações estaduais por ofensa do conteúdo mínimo determinável de um direito social fundamental, ou ainda por violação dos princípios constitucionais ínsitos no Estado de direito democrático, como sucede quando se restrinja injustificadamente o âmbito dos beneficiários, através de um tratamento legal discriminatório (Vieira de Andrade, *ob. cit.*, pp. 402 e 415).

Nada parece, também, obstar a que o controlo das soluções legislativas incidentes sobre direitos sociais se efectue por via da aplicação do princípio da razoabilidade ou da proporcionalidade em sentido estrito (Gomes Canotilho, *ob. cit.*, p. 472).

4. No caso concreto, o legislador começou por introduzir o cartão de identificação do utente do Serviço Nacional de Saúde, como um meio alternativo de comprovação da qualidade de beneficiário, que seria destinado a substituir qualquer outro documento pelo qual fosse igualmente possível efectuar essa prova. Por sua vez, a alteração introduzida pelo Decreto-Lei n.° 52/2000, mediante a nova redacção dada ao artigo 2.°, teve em vista impor o uso do cartão de utente como o único meio de identificação perante os serviços de saúde, estipulando concomitantemente a presunção de que o interessado não é beneficiário do Serviço Nacional da Saúde, encontrando-se, por isso, sujeito ao pagamento dos encargos com a assistência médica, quando não tenha feito a prova, nos dez dias seguintes à interpelação para pagamento, de que é titular do cartão de identificação ou requereu já nos serviços competentes a sua emissão.

À luz das normas e princípios constitucionais, nada pode obstar, no entanto, a que o legislador implemente, por razões de política legislativa, um mecanismo de identificação dos beneficiários do Serviço Nacional de Saúde, em ordem a assegurar a agilização do funcionamento das unidades prestadoras de cuidados de saúde.

Por outro lado, face ao regime legal, a exigência da apresentação do cartão de utente não põe em causa a obrigatoriedade da prestação dos cuidados médicos, tal como desde logo resulta do disposto no n.° 3 do artigo 2.° do Decreto--Lei n.° 198/95, na redacção dada pelo Decreto-Lei n.° 52/2000, que expressamente determina que a não identificação dos utentes nos termos previstos «não pode, em caso algum, determinar a recusa de prestações de saúde».

Nestes termos, a sujeição dos utentes, segundo o disposto no n.° 3 do mesmo preceito, à demonstração, dentro do prazo de dez dias seguintes à interpelação feita pelos serviços de saúde, de que são titulares ou requereram a emissão do cartão de identificação de utente do Serviço Nacional de Saúde, como forma de se eximirem ao pagamento dos encargos devidos com os cuidados de saúde prestados, não afecta em si o direito à protecção da saúde tal como é garantido pelo artigo 64.°, n.° 2, alínea *b)*, da Lei Fundamental.

A exigência legal traduz antes um mero condicionamento de natureza procedimental relativo ao exercício do direito e que, no imediato, permite aos centros de saúde e estabelecimentos da rede hospitalar efectuar o controlo do acesso dos cidadãos aos cuidados de saúde prestados no âmbito do Serviço Nacional de Saúde.

5. Afigura-se, no entanto, que nenhuma das circunstâncias apontadas no Acórdão n.° 67/07 poderá entender-se como indiciária de uma qualquer evidente violação do princípio da proporcionalidade.

A interpelação a que alude o n.° 3 do artigo 2.° do Decreto-Lei n.° 198/95, na sua actual redacção, insere-se no âmbito de um procedimento administrativo desencadeado pela prestação de assistência médica a um utente num estabelecimento hospitalar, a que deverá aplicar-se, por se tratar de uma formalidade que impõe ao destinatário um dever ou encargo, o regime de notificação de actos administrativos a que se refere o artigo 70.° do Código do Procedimento Administrativo (CPA).

Estando normalmente excluídas as hipóteses consideradas nas alíneas *c)* e *d)* do n.° 1 desse artigo (que se referem a situações em que há urgência na notificação ou em que se justifica a notificação edital), a notificação é feita por via postal ou pessoalmente, aplicando-se esta última modalidade se não prejudicar a celeridade do procedimento ou se for inviável a notificação através dos serviços de correio.

Esse é, em geral, o modo por que devem ser notificados aos interessados os actos administrativos que decidam quaisquer pretensões por eles formuladas, que imponham deveres, sujeições ou sanções ou causem prejuízos e que criem, extingam, aumentem ou diminuam direitos ou interesses legalmente protegidos ou afectem as condições do seu exercício (artigo 66.° do CPA).

A única exigência constitucional, neste plano, é a que resulta do artigo 268.°, n.° 3, primeira parte, da Lei Fundamental, pelo qual a Administração tem o dever de dar conhecimento das suas decisões aos interessados, «na forma prevista na lei».

O Tribunal Constitucional tem interpretado esta disposição no sentido de que a notificação deve constituir um meio de comunicação autónomo e individualizado que assegure o efectivo conhecimento do sentido e objecto do acto por parte do seu destinatário (cfr. Acórdão n.° 72/09 que efectua uma recensão da jurisprudência mais relevante nesta matéria). Os requisitos essenciais da notificação são, nestes termos, a pessoalidade da comunicação e a cognoscibilidade efectiva do acto notificando, o que permite reconduzir o direito à notificação a um direito à recepção do acto na esfera de perceptibilidade normal do destinatário [Pedro Gonçalves, *Notificação dos Actos Administrativos (Notas sobre a génese, âmbito, sentido e consequências de uma imposição constitucional)*, em *Ab Vno Ad Omnes — 75 Anos da Coimbra Editora — 1920-1995*, Coimbra, p. 1115].

O artigo 68.° do CPA pretende dar concretização prática a este imperativo constitucional, ao estabelecer, sob a epígrafe «Conteúdo da notificação», que dela devem constar o texto integral do acto (ou a indicação resumida do seu conteúdo e objecto), a identificação do procedimento administrativo (incluindo a indicação do autor do acto e a data deste), e o órgão competente para apreciar a impugnação administrativa e o prazo para o efeito (quando não seja logo passível de impugnação jurisdicional).

O mencionado preceito constitucional prende-se, no entanto, com os requisitos materiais da notificação e não com o procedimento pelo qual a notificação deve ser efectuada. Em relação a este último aspecto, a Constituição não prescreve uma forma única de notificação, nada obstando a que a lei ordinária possa prever como meios de comunicação do acto administrativo a notificação oral, por via postal, mediante a entrega por funcionário, por meio de telecomunicações ou informático. O que se torna exigível é que se trate de uma notificação endereçada (salvo situações de excepção em que possam considerar-se justificáveis como a dispensa ou presunção da notificação), o que desde logo permite excluir que a notificação possa ser substituída pela publicação do acto (*idem*, pp. 1116).

Em todo o caso, importa notar que, por força do dever de notificação que resulta do artigo 268.°, n.° 3, da Constituição, o ónus da prova do conhecimento do acto cabe à Administração, pelo que a não previsão, na lei, de um específico procedimento que garanta a efectiva recepção pelo destinatário da carta de notificação (designadamente, o uso do correio registado com aviso de recepção) não pode trazer qualquer consequência processual negativa para o interessado.

E nesse sentido aponta o disposto no artigo 5.°, n.° 1, do Decreto-Lei n.° 218/99, de 15 de Junho, que, no âmbito das acções para cobrança de dívidas referentes a cuidados de saúde, faz impender sobre o credor a alegação do facto gerador da responsabilidade pelos encargos, e, por isso, a prova de que, uma vez interpelado, o utente não demonstrou que era titular do cartão de identificação ou que tinha já requerido a sua emissão.

Ora, em todo este contexto, não se vê nenhum motivo para que a interpelação a que se refere o n.° 3 do artigo 2.° do Decreto-Lei n.° 198/95 devesse ser efectuada por forma mais exigente do que está geralmente previsto para a notificação de actos administrativos que imponham deveres, sujeições ou sanções ou causem prejuízos, e devesse por isso encontrar-se sujeita a uma forma especialmente regulada na lei. E mal se compreende que a ausência dessa especial previsão legal seja, em si, violadora do princípio da proporcionalidade, quando daí não resulta que a Administração fique liberada do ónus da prova de que efectuou a interpelação.

Por outro lado, apenas porque se não encontram especificados os termos em que deve ser efectuada a interpelação, não é possível entrever na norma em causa um qualquer critério normativo propiciador de práticas administrativas ilegais, que se torne susceptível de ser confrontado com o parâmetro da proporcionalidade.

De facto, a interpelação, tal como está prevista na referida disposição, constitui um procedimento vinculado da Administração, que, na falta de indicação de um formalismo próprio, deve obedecer aos requisitos gerais da notificação dos actos administrativos. De tal modo que a omissão ou o deficiente cumprimento do dever de notificar, em cada caso concreto, mormente quando não tenha sido explicitado o ónus que impende sobre o utente ou as consequências que resultam do seu incumprimento, acarreta a inviabilidade da cobrança dos encargos relativos às prestações de saúde, por inexistência do pressuposto de que dependia essa exigência.

A eventual insuficiência do conteúdo da notificação é, assim, uma questão atinente à própria actividade administrativa, que se não reflecte no juízo de constitucionalidade que incide sobre a norma, em si mesma considerada.

6. Outro argumento a que o Acórdão n.° 67/07 deu particular relevo assenta na circunstância de os serviços de saúde terem possibilidade de realizar a prova, através dos elementos que lhe são fornecidos no momento da prestação de cuidados médicos, de que o utente é beneficiário do Serviço Nacional de Saúde.

Neste caso, parece ter-se pretendido pôr em causa a própria idoneidade ou aptidão do meio usado para a prossecução dos fins que são visados pela lei.

No entanto, deve ter-se em conta, como observa Reis Novais, que o controlo da idoneidade ou adequação da medida, enquanto vertente do princípio da proporcionalidade, refere-se exclusivamente à aptidão objectiva e formal de um meio para realizar um fim e não a qualquer avaliação substancial da bondade intrínseca ou da oportunidade da medida. Ou seja, uma medida é idónea quando é útil para a consecução de um fim, quando permite a aproximação do resultado pretendido, quaisquer que sejam a medida e o fim e independentemente dos méritos correspondentes. E, assim, a medida só será susceptível de ser invalidada por inidoneidade ou inaptidão quando os seus efeitos sejam ou venham a revelar-se indiferentes, inócuos ou até negativos tomando como referência a aproximação do fim visado (Jorge Reis Novais, *Os princípios constitucionais estruturantes da República Portuguesa*, Coimbra, 2004, pp. 167-168).

Como se esclareceu, a norma em causa visa instituir uma medida de política legislativa destinada, não apenas a assegurar a identificação pessoal dos cidadãos no momento em que pretendam obter a prestação de cuidados de saúde, mas também a incentivar o uso do cartão de utente por parte dos beneficiários por forma a agilizar os procedimentos de acesso ao Serviço Nacional de Saúde.

O legislador dispõe de liberdade de conformação legislativa para realizar esses objectivos e não pode o intérprete, a pretexto do controlo da proporcionalidade, pôr em causa o mérito da solução legislativa adoptada.

Por outro lado, a consideração — de que parte o citado Acórdão n.° 67/07 — de que sempre seria possível a identificação do utente por uma via diversa daquela que está legalmente prevista, representaria a própria inviabilização do mecanismo de controlo e acesso aos serviços de saúde que o legislador quis legitimamente instituir, transformando um meio de identificação que se pretendeu ser de uso obrigatório num meio de identificação meramente facultativo.

E a questão não pode sequer colocar-se à luz do princípio da necessidade ou da indispensabilidade. Tendo o legislador pretendido implementar um sistema uniforme de identificação do universo dos beneficiários que sirva de instrumento regulador e racionalizador do acesso às prestações de saúde, não pode afirmar-se que o meio efectivamente escolhido poderia ser substituído por qualquer outro procedimento que permitisse efectuar ocasionalmente a prova da qualidade de beneficiário.

A possível existência de um outro meio para obter a identificação dos utentes não pode, pois, servir de fundamento para que se considere verificada a violação do princípio da proporcionalidade.

7. Um outro elemento de ponderação que conduziu ao juízo de inconstitucionalidade, no citado Acórdão n.° 67/07, radica na ideia de que a lei não permite a valoração de uma eventual ausência de culpa do utente no incumprimento do dever acessório de identificação.

A questão, porém, não pode colocar-se nestes termos.

O Serviço Nacional de Saúde, sendo constituído por um conjunto ordenado e hierarquizado de instituições e serviços prestadores de cuidados de saúde, não deixa de integrar um serviço público, que, como tal, está sujeito às suas próprias regras de organização e funcionamento e que são modificáveis em função da variabilidade quanto ao modo como se entende, em cada momento, dever ser prosseguido o interesse público em presença.

Os utentes de um serviço público, independentemente do seu carácter gratuito ou oneroso, ficam sujeitos às regras que estão legal e regulamentarmente definidas relativamente às condições de acesso e utilização, de tal modo que para beneficiarem das vantagens que são disponibilizadas pelo serviço carecem de cumprir os correspondentes deveres, ónus e sujeições.

Não tem qualquer cabimento falar a este propósito de um princípio de culpa, como se se tratasse de matéria de responsabilidade civil, criminal ou contra-ordenacional.

Na verdade, os particulares que pretendam aceder aos bens ou serviços proporcionados pela Administração colocam-se numa situação jurídica especial que decorre da relação de utilização do serviço público, que pressupõe a titularidade de direitos subjectivos mas também de posições jurídicas de desvantagem que derivam da lei, de regulamento ou do mero exercício de poderes jurídico-públicos de regulação, e que constituem o contraponto aos benefícios que podem ser obtidos por via do exercício de uma actividade administrativa de interesse geral (sobre estes aspectos, Freitas do Amaral, *Curso de Direito Administrativo*, 2.ª edição, I volume, Coimbra, pp. 628-629).

E, nestes termos, as consequências jurídicas que provêm do incumprimento, pelos utentes, de qualquer dos deveres ou sujeições a que estão obrigados não está dependente de qualquer prévio juízo de censura (a menos que a lei fixe ela própria critérios de relevação da conduta do particular) e constituem mera decorrência objectiva do regime de organização e funcionamento do serviço, tal como está normativamente gizado.

E, nesse ponto, o condicionamento que tenha sido imposto por lei apenas pode considerar-se constitucionalmente ilegítimo quando se mostre desadequado e desproporcionado de modo a que possa dificultar gravemente o exercício concreto do direito em causa (cfr. Acórdão n.os 413/89, publicado no *Diário da República*, II Série, de 15 de Setembro de 1989, cuja doutrina foi refirmada, designadamente, no Acórdão n.° 247/02).

No caso vertente, porém, nada permite concluir que a exigência constante do artigo 2.°, n.° 3, do Decreto-Lei n.° 198/95 seja excessiva ou intolerável em termos de poder considerar-se que afronta o princípio da proporcionalidade.

Isso porque se trata, como se viu, não de uma medida supérflua de identificação pessoal do utente, mas de simplificação e harmonização de procedimentos, designadamente em vista a assegurar um mais rigoroso controlo do acesso ao serviço, facilitar o reconhecimento de situações de isenção de taxas moderadoras e permitir uma mais adequada articulação entre as diversas instituições e serviços envolvidos. E, por outro lado, porque representa um esforço mínimo por parte do interessado, que poderá com toda a facilidade efectuar a prova da sua qualidade de utente, ainda em tempo útil, bastando-lhe que demonstre ter já solicitado a emissão do cartão de identificação ainda que à data da prestação de cuidados de saúde não pudesse ser considerado seu titular.

Resta acrescentar que no sentido da não inconstitucionalidade da solução legislativa em causa se pronunciou o Acórdão n.° 512/08.

III — Decisão

Nestes termos, decide-se não declarar a inconstitucionalidade da norma do n.° 3 do artigo 2.° do Decreto-Lei n.° 198/95, de 29 de Julho, na redacção dada pelo artigo único do Decreto-Lei n.° 52/2000, de 7 de Abril, quando interpretada no sentido de obrigar ao pagamento dos serviços prestados apenas pelo facto de o utente não ter cumprido o ónus de demonstração de titularidade do cartão de utente no prazo de dez dias subsequentes à interpelação para pagamento dos encargos com os cuidados de saúde.

Lisboa, 5 de Maio de 2009. — *Carlos Fernandes Cadilha* — *Ana Maria Guerra Martins* — *Carlos Pamplona de Oliveira* — *Gil Galvão* — *Maria Lúcia Amaral* — *José Borges Soeiro* — *Vítor Gomes* — *Maria João Antunes* — *Mário José de Araújo Torres* (vencido, nos termos da declaração de voto junta) — *Joaquim de Sousa Ribeiro* (vencido, nos termos da declaração de voto junta) — *João Cura Mariano* (vencido, nos termos da declaração de voto junta) — *Benjamim Rodrigues* (vencido, de acordo com a declaração anexa) — *Rui Manuel Moura Ramos* (vencido, nos termos da declaração de voto junta).

DECLARAÇÃO DE VOTO

1. A minha primeira discordância relativamente ao precedente Acórdão respeita à determinação da extensão dos poderes de cognição do Tribunal Constitucional em processos de "generalização de juízos de inconstitucionalidade".

Como no recente Acórdão n.° 135/09, do Plenário do Tribunal, se assinalou:

> "6. Diversamente do que ocorre nos processos de fiscalização abstracta sucessiva da constitucionalidade ou da legalidade originados em pedidos formulados ao abrigo dos n.os 1 e 2 do artigo 281.° da Constituição, em que compete ao Tribunal Constitucional determinar, aplicando as regras de interpretação jurídica tidas por relevantes, qual o correcto conteúdo da norma questionada, não estando vinculado a adoptar a leitura perfilhada pelo requerente, nos processos de «generalização» de juízos concretos de inconstitucionalidade e de ilegalidade, referidos no n.° 3 daquele preceito constitucional e no artigo 82.° da LTC, constitui um dado da questão a decidir, insusceptível de alteração pelo Tribunal, a específica interpretação normativa que foi objecto de anteriores juízos de inconstitucionalidade ou ilegalidade, interpretação essa que, por seu turno, corresponde, em regra, à adoptada nas decisões dos restantes tribunais objecto dos recursos de fiscalização concreta, onde viriam a ser emitidos esses juízos, já que o Tribunal, por via de princípio (ressalvados os casos de uso da faculdade excepcional prevista no artigo

80.°, n.° 3, da LTC), se abstém de sindicar a correcção da interpretação do direito ordinário efectuada pelas instâncias (cfr. Acórdãos n.os 27/06 e 63/06).

Assim como, nos processos de fiscalização concreta onde foram emitidos os juízos de inconstitucionalidade cuja «generalização» agora se pretende, o Tribunal Constitucional não se pronunciou sobre qual a interpretação do direito ordinário que considerava mais correcta, também agora do que se trata é de decidir se padece, ou não, de inconstitucionalidade o critério normativo identificado nas decisões das instâncias e que foi objecto dos juízos de inconstitucionalidade nas três decisões invocadas (...)."

Essa tem sido a conduta desde sempre adoptada por este Tribunal perante pedidos de generalização de juízos de inconstitucionalidade, mesmo em casos em que era óbvia a dúvida (e, nalguns casos, mesmo a certeza) de que o critério normativo julgado inconstitucional nas três decisões anteriores do Tribunal Constitucional (coincidente com o critério normativo aplicado ou recusado aplicar nas decisões das instâncias objecto de impugnação) não correspondia à melhor interpretação do direito ordinário em causa.

Assim, por exemplo, no Acórdão n.° 27/06 — que decidiu "declarar a inconstitucionalidade, com força obrigatória geral, da norma constante do artigo 74.°, n.° 1, do Decreto-Lei n.° 433/82, de 27 de Outubro, na redacção que lhe foi dada pelo Decreto-Lei n.° 244/95, de 14 de Setembro, conjugada com o artigo 411.° do Código de Processo Penal, quando dela decorre que, em processo contra-ordenacional, o prazo para o recorrente motivar o recurso é mais curto do que o prazo da correspondente resposta" —, o Tribunal Constitucional aceitou como um dado da questão o entendimento (que fora seguido pelas decisões dos tribunais recorridos sobre que recaíram o Acórdão n.° 462/03 e as Decisões Sumárias n.os 284/04 e 318/05, com base nos quais fora deduzido o pedido de generalização) de que o prazo para a resposta ao recurso da decisão proferida na impugnação judicial de uma decisão de aplicação de uma coima era, por aplicação subsidiária do disposto no artigo 413.° do Código de Processo Penal, de 15 dias, enquanto que o prazo para o arguido interpor e motivar esse recurso estava fixado em 10 dias pelo n.° 1 do artigo 74.° do Decreto-Lei n.° 433/82. Mas, como se intuía da própria fundamentação do Acórdão n.° 27/06, a determinação daquele prazo de resposta foi assumido como um dado (inalterável) da questão de constitucionalidade, sem que ao Tribunal Constitucional, nessa sede, fosse lícito discutir a sua correcção, em termos de interpretação de direito ordinário. E, consequentemente, sem qualquer contradição, face a posteriores recursos de decisões das instâncias que seguiram diversa interpretação — a interpretação que veio a ser consagrada no Acórdão de fixação de jurisprudência do Supremo Tribunal de Justiça n.° 1/2009, no sentido de que "em processo de contra-ordenação, é de dez dias quer o prazo de interposição de recurso para a Relação quer o de apresentação da respectiva resposta, nos termos dos artigos 74.°, n.os 1 e 4, e 41.° do Regime Geral de Contra-Ordenações (RGCO)" —, o Tribunal Constitucional viria, mesmo após a prolação daquela declaração de inconstitucionalidade, com força obrigatória geral, a não conhecer de recursos interpostos ao abrigo da alínea *g)* do n.° 1 do artigo 70.° da LTC, por falta de coincidência entre o critério normativo anteriormente julgado (e declarado) inconstitucional pelo Tribunal Constitucional e o critério normativo aplicado nas decisões então recorridas (cfr. Acórdãos n.os 573/06, 20/08 e 404/08 e Decisões Sumárias n.os 250/08, 330/08, 386/08, 106/09 e 138/09).

Similarmente, no Acórdão n.° 63/06 — que, também em processo de generalização de juízos de inconstitucionalidade, decidiu "declarar a inconstitucionalidade, com força obrigatória geral, da norma constante dos artigos 1.°, n.° 2, e 2.° do Regulamento da Contribuição Especial anexo ao Decreto-Lei n.° 43/98, de 3 de Março, na interpretação segundo a qual, sendo a licença de construção requerida antes da entrada em vigor deste diploma, seria devida a contribuição especial por este instituída que, assim, incidiria sobre a valorização do terreno ocorrida entre 1 de Janeiro de 1994 e a data daquele requerimento" — deixou-se bem claro que, citando o Acórdão n.° 81/05 (a primeira das decisões de inconstitucionalidade cuja generalização era solicitada): "(...) as normas dos preceitos transcritos serão analisadas numa específica interpretação, que é aquela que constitui o objecto do presente recurso: a de que a contribuição especial é devida nos casos em que a licença de construção tenha sido requerida antes da entrada em vigor do Decreto-Lei n.° 43/98, de 3 de Março, incidindo, como tal, sobre a valorização do terreno (no qual se pretende construir) ocorrida entre 1 de Janeiro de 1994 e a data daquele requerimento. Não pode obviamente o Tribunal Constitucional controlar tal interpretação, sob o prisma da sua obediência às regras da interpretação da lei: nomeadamente, não pode o Tribunal Constitucional aferir se os citados preceitos legais deviam ter sido interpretados pelo tribunal recorrido do modo por que o foram, isto é, como sendo aplicáveis aos casos em que a licença de construção tenha sido requerida antes da entrada em vigor do Decreto-Lei n.° 43/98, de 3 de Março. Ao Tribunal Constitucional compete apenas apreciar se a interpretação perfilhada (bem ou mal) pelo tribunal recorrido contraria a Constituição, particularmente o princípio da não retroactividade dos impostos."

Diversamente do que tem sido a constante — e correcta — prática do Tribunal Constitucional na apreciação dos pedidos de generalização de juízos de inconstitucionalidade, o precedente Acórdão não se limitou, como lhe cumpria, a apreciar se os critérios normativos definidos nas decisões das instâncias como aplicáveis aos casos em apreço e por elas julgados inconstitucionais — juízos de inconstitucionalidade estes que, com os contornos assim definidos, foram confirmados nas três anteriores decisões do Tribunal Constitucional —, padeciam, ou não, de inconstitucionalidade. Pelo contrário, o precedente Acórdão desprezou o alcance específico dos anteriores juízos de inconstitucionalidade e tratou de definir autonomamente a interpretação das normas de direito ordinário em causa que reputava por mais correcta, como se de um "normal" processo de fiscalização abstracta de constitucionalidade se tratasse, o que, pelas razões expostas, representa a adopção de uma metodologia que considero inaplicável ao tipo de processo em causa.

2. Se o objecto da pronúncia a proferir no presente processo pelo Tribunal Constitucional tivesse sido — como devia ser — reportado ao critério normativo julgado inconstitucional nas três decisões em que se fundou o pedido de generalização, a solução não podia deixar de ser a da inconstitucionalidade, tão flagrante ela se apresenta.

Na verdade, não vejo como se possa considerar respeitador do princípio da proporcionalidade e do direito à protecção da saúde através de um serviço nacional de saúde, universal e geral, e tendencialmente gratuito (artigos 18.° e 64.° da Constituição da República Portuguesa), um critério normativo segundo o qual o cidadão a quem foram prestados serviços de saúde tem de suportar o seu custo apenas pela circunstância de, nos dez dias posteriores à interpelação para pagamento, não ter demonstrado ser titular de cartão de utente ou ter requerido a sua passagem, sendo de salientar que o sistema legal não prevê que nessa interpelação para pagamento o visado seja especificamente notificado para fazer a apresentação do cartão, com a cominação de que, se o não fizer no aludido prazo, torna-se-lhe exigível o pagamento das despesas com os cuidados médicos. Consequência esta que — segundo o critério normativo em causa — decorre necessária e automaticamente da mera constatação objectiva do decurso desse prazo de 10 dias sem apresentação da referida prova, e sem possibilidade legal de ser atribuída relevância a eventual ausência de culpa do interessado na falta de cumprimento desse dever procedimental acessório. No caso sobre que recaiu o Acórdão n.° 67/07 (e tudo leva a crer que a situação se repetiu nos casos sobre que recaíram as Decisões Sumárias n.os 557/07 e 274/08), resulta do respectivo relatório que, para além de o réu na acção não ter sido especificamente notificado para exibir o cartão de utente, nem consequentemente advertido das consequências do incumprimento desse ónus, nem sequer a carta contendo a interpelação para pagamento — ascendendo o montante a pagar a € 4 865,23, acrescido de € 322,71 de juros de mora já vencidos e dos vincendos à taxa legal, até efectivo reembolso — chegou ao seu conhecimento [o respectivo aviso de recepção foi assinado por outrem que não o réu e este, ao tempo, encontrava-se internado num centro de recuperação, não contactando com o exterior, designadamente com familiares — factos provados C) e E)], e deu-se por provado que o réu era beneficiário da Segurança Social desde Dezembro de 1990, sendo titular do cartão de beneficiário com o n.° 111363975 [facto provado F)].

Tal critério normativo viola flagrantemente o princípio da proporcionalidade na definição das restrições ou condicionamentos ao direito à protecção da saúde tendencialmente gratuito, constitucionalmente consagrado, quer por não respeitar o requisito da necessidade (o controlo da titularidade do réu às prestações do Serviço Nacional de Saúde pode ser efectuado, com facilidade e segurança, pela Administração, através de bases de dados informatizadas, e, no caso apreciado no Acórdão n.° 67/07, nenhuma dúvida suscitava essa titularidade), quer por se revelar desproporcionado o carácter extremamente gravoso das consequências (ter de suportar a integralidade das despesas com a assistência hospitalar) em comparação com a natureza venial da pretensa falta de colaboração procedimental do interessado.

3. O precedente Acórdão optou, porém, por alterar o objecto do pedido de declaração de inconstitucionalidade, que deixou de ser o critério normativo efectivamente julgado inconstitucional nas três anteriores decisões do Tribunal, para passar a ser o critério normativo que se entendeu ser o correspondente à mais correcta interpretação das normas legais em causa.

Mas, mesmo assim — e para além de, salvo o devido respeito pela posição que logrou vencimento, considerar ilegítima essa alteração do objecto do pedido —, não acompanhei a decisão de não inconstitucionalidade, remetendo para as considerações a este respeito tecidas nas restantes declarações de voto de vencido, que demonstram proficientemente a insubsistência de tal decisão. — *Mário José de Araújo Torres.*

DECLARAÇÃO DE VOTO

Divergi do entendimento que fez maioria, pois considero que a norma do n.° 3 do artigo 2.° do Decreto-Lei n.° 198/85, de 29 de Julho, quando interpretada no sentido de obrigar ao pagamento dos serviços prestados apenas pelo facto de o utente não ter cumprido o ónus de demonstração de titularidade do cartão de utente no prazo de dez dias subsequentes à interpelação para pagamento dos encargos com os cuidados de saúde é atentatória do princípio da proporcionalidade, logo na medida em que a solução não se mostra indispensável ou necessária à prossecução do fim tido em vista.

Na verdade, é minha opinião que o regime em apreciação não corresponde ao meio mais suave ou menos gravoso, ao alcance do legislador, para atingir o resultado pretendido de implementação de um sistema uniforme de identificação dos beneficiários, através da apresentação do cartão de utente. Mesmo que se considere a promoção e generalização do uso deste como o objectivo final da mudança legislativa operada como o Decreto-Lei n.° 52/2000, e não apenas uma medida intercalar, dirigida, em último termo, à simplificação e facilitação dos procedimentos administrativos, ele poderia ser alcançado por uma via diversa da legalmente prescrita, com uma sensivelmente menor afectação desvantajosa do direito à prestação de cuidados de saúde, nas condições, constitucionalmente devidas, de tendencial gratuitidade.

Contrariamente ao afirmado no Acórdão, para negar a lesão do princípio da proporcionalidade, tal não redundaria na opção por um qualquer outro meio de identificação, representando "a própria inviabilização do mecanismo de controlo e acesso aos serviços de saúde que o legislador quis legitimamente instituir, transformando um meio de identificação que se pretendeu de uso obrigatório num meio de identificação puramente facultativo". Nada disso se passaria, pois o que está em causa não é a obrigatoriedade de apresentação do cartão, que seria mantida incólume, mas a garantia de cognoscibilidade, pelo utente, do cumprimento desse ónus, como condição de isenção do pagamento do serviço. E essa garantia poderia ser perfeitamente assegurada, com idêntica (senão mesmo superior, como veremos) eficácia na realização daquele fim.

De facto, o que está previsto na norma em causa é uma interpelação para cumprimento, no sentido técnico-jurídico próprio do direito das obrigações, de comunicação do credor ao devedor que tem por efeito tornar exigível uma obrigação pura. Nada obriga a entidade interpelante a comunicar ao utente de que goza da faculdade alternativa de, no prazo de 10 dias, apresentar o cartão ou fazer prova da sua requisição, para, desta forma, ficar exonerado do referido pagamento. Nessa medida, a exigência de pagamento é percebida, na óptica do destinatário, mais como um facto consumado, uma cobrança de dívida já definitivamente consolidada na esfera do credor. Só muito indirecta e longinquamente se pode ver nessa exigência, em si, sem mais, sem a obrigação da entidade hospitalar levar ao conhecimento do interessado a possibilidade de não cumprir, através da satisfação do ónus probatório da titularidade (ou requisição) do cartão de identificação de utente, um incentivo ao uso deste.

Por outras palavras: o procedimento é dirigido a obter o pagamento, deixando oculto aquilo que, na óptica das finalidades do diploma, deveria constituir o objecto principal da comunicação: a interpelação para exibir o cartão ou fazer prova da sua requisição, sob pena de, não o fazendo, ficar sujeito ao pagamento do serviço.

Refere o preâmbulo do diploma que as consequências associadas à não apresentação do cartão "assentam no pressuposto que o utente não é beneficiário do Serviço Nacional de Saúde". Estranhamente, dada a universalidade do direito à utilização tendencialmente gratuita do Serviço Nacional de Saúde [artigo 64.°, n.° 2, alínea *a)*, da Constituição]. "Levar a sério" esta prescrição constitucional implicaria a pressuposição inversa, com a previsão de abertura de um procedimento próprio, de carácter principal, com o sentido precípuo de conceder ao utente uma segunda oportunidade de comprovar, pelo meio previsto (o que não comprometeria o objectivo do diploma), que está inscrito ou já requereu a inscrição.

O Acórdão esgrime argumentativamente com o regime geral do acto administrativo, o qual, no entender dos seus subscritores, acautelaria suficientemente a cognoscibilidade do ónus.

Em vão o faz, pois, se de acto administrativo se quer aqui falar, ele só pode ser o acto determinativo do pagamento. Ora, este integra o conteúdo da comunicação, pelo que não se detecta, neste plano, qualquer vício. A explicitação cuja omissão está em causa tem outro objecto, diz respeito ao regime legal que abre a hipótese inversa de não cobrança de qualquer quantia. Não se vê, assim, como é que dos requisitos gerais de notificação dos actos administrativos se possa retirar a conclusão de que a falta de menção ao ónus "acarreta a inviabilidade da cobrança".

Nem se diga, como se lê no Acórdão, que, a haver défice de comunicação, essa é uma questão "atinente à própria actividade administrativa, que se não reflecte no juízo de constitucionalidade que incide sobre a norma, em si mesma considerada".

O ponto é justamente esse, mas a valoração que me suscita é a oposta à perfilhada. Sem prejuízo de práticas administrativas particularmente diligentes e sensíveis aos justos interesses dos administrados poderem, ocasionalmente, colmatar lacunas de previsão legislativa, é à lei que cabe, em matéria de direitos fundamentais, adoptar conformações que os ponham ao abrigo de perdas de efectividade injustificadas. Só dessa forma se respeita a garantia constitucional.

Ora, no caso em análise, deparamos com o condicionamento do exercício de um direito fundamental, através da imposição de um ónus procedimental, a cujo incumprimento se liga, sem mais, a pura e simples inibição do seu exercício.

No regime estipulado, o não cumprimento da exigência de identificação por cartão, tem, na verdade, uma consequência extremamente gravosa, consistente na perda da faculdade de exercício do direito à utilização tendencialmente gratuita do serviço a que a cobrança se refere. Outras soluções, mesmo dentro do domínio das sanções pecuniárias, seriam conjecturáveis, em termos de se evitar a variabilidade da perda patrimonial infligida (dependente, que ela fica, do preço do serviço em questão), em consequência de uma mesma falta.

Mas, querendo associar-se a essa falta a obrigação de pagamento, tal só seria admissível, por parâmetros de razoabilidade e proporcionalidade, com um regime de tal modo configurado que deixasse seguro que a omissão do utente, a verificar-se, só poderia ser atribuída a um qualificado desleixo ou incúria na gestão dos interesses próprios, cabendo no âmbito da sua auto-responsabilidade. Tal não acontece no regime em apreciação, pois dele decorre que apenas a não exibição do cartão (para a obrigatoriedade da qual, em momento algum, o utente é individualmente alertado), sem mais condições, legitima a cobrança do preço do serviço. Para além de não garantir a cognoscibilidade do ónus, o regime do artigo 2.°, n.° 2, do Decreto-Lei n.° 52/2000 não permite relevar qualquer circunstância justificativa ou desculpabilizadora que, em concreto, tenha sido causal do incumprimento.

A mais disso, o prazo peremptório estabelecido — os dez dias seguintes à interpelação para pagamento — é curto (o que só potencia, diga-se de passagem, a eficácia obstativa de circunstâncias justificadamente impeditivas do cumprimento). Tão curto que acaba por ser muito inferior ao previsto para pagamento — 30 dias a contar da interpelação, segundo prescreve o artigo 2.° do Decreto-lei n.° 218/99, de 15 de Junho. Quer dizer: ainda se encontra a correr o prazo dentro do qual o débito pode ser satisfeito, sem mora, mas o (pretenso) devedor já se encontra inibido — pasme-se! — de vir provar que nada deve, mesmo que disponha do único meio de prova admitido: o cartão de utente ou documento certificativo da sua requisição. Não se descortina qual o interesse que justifica esta disparidade de termos finais, verdadeiramente aberrante em face dos padrões comuns — e, note-se, é pelo regime comum que é disciplinada e pelos tribunais comuns dirimida (artigo 7.° do Decreto-Lei n.° 218/99, na interpretação dominante) a cobrança de dívidas pelas instituições e serviços integrados no Serviço Nacional de Saúde, salva a aplicação do artigo 70.° do Código do Procedimento Administrativo, para que expressamente remete o artigo 2.° daquele diploma.

Dispensável, pela existência de soluções alternativas menos intrusivas na esfera protegida do direito à saúde, sem sobrecargas da actividade administrativa e sem perda de eficácia para o fim intencionado, o regime em causa mostra-se, a meu aviso, claramente excedente dos limites da proporcionalidade, mesmo por um critério de evidência apertado, como aqui se requer, tendo em conta a maior liberdade de conformação de que deve gozar o legislador em sede organizatória ou procedimental. Em vez de adoptar os resguardos e as precauções condicionantes que a garantia de efectividade do direito à utilização tendencialmente gratuita do Serviço Nacional de Saúde exige, a normação estabelecida propicia a inviabilização do exercício desse direito, sem benefícios associados.

Justificava-se, pois, um juízo de inconstitucionalidade. Nesse sentido votei. — *Joaquim de Sousa Ribeiro.*

DECLARAÇÃO DE VOTO

O Ministério Público propôs a declaração com força obrigatória geral da inconstitucionalidade que havia sido já declarada no Acórdão n.° 67/07 e nas

Decisões Sumárias n.os 557/07 e 274/08, deste Tribunal, e que incidia sobre a norma constante do artigo 2.°, n.° 3, do Decreto-Lei n.° 52/2000, de 7 de Abril, interpretada no sentido de "obrigar ao pagamento dos serviços prestados apenas pelo facto do utente não ter cumprido o ónus de demonstração da titularidade do cartão de utente, no prazo de 10 dias subsequentes à interpelação para pagamento dos encargos com os cuidados de saúde prestados".

Apesar da equivocidade da formulação desta interpretação, da leitura da fundamentação do Acórdão n.° 67/07, à qual as Decisões Sumárias n.os 557/07 e 274/08 aderiram, resulta que a mesma se reporta ao entendimento de que o utente está obrigado ao pagamento dos encargos com os cuidados de saúde prestados, mesmo que não tenha sido notificado que deveria demonstrar a titularidade do cartão de utente no prazo de 10 dias após ter sido avisado para pagar aqueles encargos, não sendo permitida a valoração de uma eventual ausência de culpa do utente no incumprimento desse dever.

Foi este o sentido da interpretação que foi declarada inconstitucional em três casos e, necessariamente, foi esse o sentido da interpretação cuja inconstitucionalidade com força obrigatória geral foi requerida pelo Ministério Público.

É à irrelevância daquelas situações (falta de notificação para apresentar o cartão de utente e impossibilidade de demonstração de ausência de culpa no incumprimento desse dever de apresentação) que deve ser atribuído o significado do termo "apenas" quando na formulação da interpretação cuja inconstitucionalidade com força obrigatória geral se requereu se refere que "apenas pelo facto do utente não ter cumprido o ónus de demonstração da titularidade do cartão do utente, no prazo de 10 dias subsequentes à interpelação para pagamento dos encargos com os cuidados de saúde prestados" o utente fica obrigado a esse pagamento.

Não está, pois, aqui em questão a constitucionalidade da obrigatoriedade do utente pagar esses serviços por não ter demonstrado que era titular do cartão do utente num determinado prazo, mas sim a constitucionalidade dessa obrigatoriedade se manter, mesmo que o utente não tenha sido notificado para apresentar aquele cartão, não sendo permitida a valoração de uma eventual ausência de culpa do utente no incumprimento desse dever.

Neste entendimento da interpretação normativa em questão, que não foi assumido no presente Acórdão, ressalta com evidência que estamos perante uma restrição desproporcionada à garantia de um direito à saúde através de um Sistema Nacional de Saúde tendencialmente gratuito (artigo 64.° da Constituição), uma vez que, para promover a utilização do cartão de utente, se obriga a pagar o custo real dos cuidados de saúde a quem não cumpriu um ónus de que não lhe foi dado conhecimento, nem se lhe permitiu justificar o incumprimento.

Há uma manifesta desproporção entre a importância dos fins visados com a medida restritiva de um direito social fundamental e a severidade da restrição que resulta dos meios utilizados para alcançar aqueles fins.

Por isso votei favoravelmente à declaração de inconstitucionalidade com força obrigatória geral requerida, reportada à interpretação normativa com o alcance acima indicado. — *João Cura Mariano.*

DECLARAÇÃO DE VOTO

Votámos vencido, por não podermos acompanhar a aplicação feita no Acórdão do princípio da proporcionalidade.

Subscrevemos o Acórdão n.° 67/07 e continuamos a entender que o essencial da sua fundamentação é cientificamente consistente.

Referimo-nos ao princípio da proporcionalidade, em sentido restrito, ou de justa medida. Na verdade, o legislador não tem o mesmo grau de discricionariedade constitutiva em todas as medidas que toma. Esse âmbito é mais ou menos lato consoante a natureza dos direitos fundamentais que são afectados e o tipo de medidas que interferem com os bens ou direitos fundamentais.

Ora, não vemos que o legislador, para obrigar os utentes do Serviço Nacional de Saúde a obterem um cartão, cuja função é apenas — no que se diverge desde logo dos fins considerados no Acórdão —, a de obrigar as pessoas a ficarem agregadas a determinado Centro de Saúde local, para o efeito da organização da prestação dos serviços de saúde primários, vir constitucionalmente a sancionar o utente com o pagamento dos serviços prestados a outro nível, como são os hospitalares. A medida tem uma natureza e função essencialmente procedimental ou organizacional, atingindo os seus efeitos apenas dentro do leque dos interesses directos do Estado.

É que não pode desconhecer-se que o sistema que garante o custeio dos encargos hospitalares com os seus utentes não está minimamente associado ao cartão de utente, mas aos regimes dos subsistemas de saúde — Segurança Social, ADSE, ADMG, Serviços Sociais do Ministério da Justiça e outros, como o financiamento directo do Estado, sendo de tais serviços que os hospitais reclamam, em caso de prestação de cuidados de saúde não cobertos por responsabilidade privada, o pagamento do valor desses cuidados.

Se demonstrada está a titularidade de beneficiário de um desses regimes, cuja prova o cartão de utente não garante, dificilmente se pode entender que o Estado, para alcançar algumas vantagens num plano organizacional completamente diferente, atinja o utente com um ónus de tanta gravidade: o pagamento dos serviços hospitalares prestados apenas pelo facto de o utente não ter cumprido o ónus de demonstração de titularidade do cartão de utente no prazo de dez dias subsequentes à interpelação para pagamento dos encargos com os cuidados de saúde.

E o excesso é tanto mais evidente quando se considere três circunstâncias: a primeira, é a de que o utente não é notificado sequer da existência desse ónus legal ou seja, de que, caso não demonstre a titularidade do cartão de utente no prazo estabelecido, terá de suportar os custos dos serviços de saúde prestados nos hospitais; a segunda, é a de que, sendo o emitente do cartão de utente o próprio Estado, não se visiona que "os fundamentos materiais que justificam o *Simplex*", não estejam presentes na demonstração da qualidade de utente, pois para tanto bastaria que o Estado organizasse os seus serviços em regime de comunicabilidade de dados; a última, é a de que, estando demonstrada a titularidade de um subsistema de saúde garantidor desses encargos, aquando do internamento, deixa a exigência do pagamento com base num mero dever procedimental funcionalizado para outros fins, de poder acobertar-se nos princípios do Estado de direito democrático e da justiça material que o suportam. — *Benjamim Rodrigues.*

DECLARAÇÃO DE VOTO

Dissenti da presente decisão pelas razões constantes do Acórdão n.° 67/07, que subscrevi, e que entendo manterem a sua validade. Na verdade, continuo a pensar que viola o princípio da proporcionalidade a solução legal que faculta à Administração exigir de um cidadão o pagamento integral dos cuidados de saúde prestados como consequência automática do incumprimento de um ónus procedimental — a demonstração da titularidade do cartão de utente do Serviço Nacional de Saúde no prazo de 10 dias subsequentes à interpelação para pagamento dos encargos com os cuidados de saúde recebidos. Tendo em conta o carácter universal e tendencialmente gratuito daquele serviço, a exigibilidade do pagamento integral do custo dos cuidados de saúde recebidos como consequência da não satisfação daquele ónus, quando a Administração não notificou do referido ónus o destinatário dos serviços prestados e das consequências que estavam ligadas ao seu incumprimento, tendo-se limitado a dirigir-lhe, sem mais, uma interpelação para pagamento dos encargos com a prestação daqueles cuidados de saúde, afigura-se-me constituir uma exigência manifestamente desproporcionada, sobretudo quando a Administração tinha na sua posse os elementos necessários para documentar a condição de beneficiário do Serviço Nacional de Saúde do destinatário dos cuidados de saúde, e a aplicação da consequência cominada é indiferente à circunstância de o particular poder não ter, sem culpa sua, recebido a interpelação. Nas circunstâncias descritas, que foram aquelas em que teve lugar a recusa de aplicação, no processo em que foi tirado o Acórdão n.° 67/07, da dimensão normativa considerada, o fim prosseguido pela norma apresenta-se vazio de sentido quando a Administração exige ao beneficiário a prova de factos de que tem efectivo conhecimento e quando restringe tal prova a um único meio. E o carácter eventualmente pouco gravoso do comportamento exigido ao beneficiário dos cuidados médicos prestados não retira às consequências do incumprimento do ónus instituído pelo preceito o carácter desproporcionado, *maxime* quando daquelas consequências não é dado conhecimento àquele e quando existe prova da não recepção, sem culpa do seu destinatário, da interpelação para pagamento.

Termos em que, face à dimensão normativa recortada no pedido de generalização, reiteraria o juízo de inconstitucionalidade formulada no Acórdão n.° 67/07. — *Rui Manuel Moura Ramos.*

Anotação:

1 — Acórdão publicado no *Diário da República*, II Série, de 15 de Junho de 2009.

2 — Os Acórdãos n.os 39/84, 247/02, 67/07, 512/08 e 72/09 estão publicados em *Acórdãos*, 3.°, 53.°, 67.°, 73.° e 74.° Vols., respectivamente.

3 — Ver, neste Volume, o Acórdão n.° 281/09.

ACÓRDÃO N.° 403/09

DE 30 DE JULHO DE 2009

Declara a inconstitucionalidade, com força obrigatória geral, das seguintes normas do Estatuto Político-Administrativo da Região Autónoma dos Açores, na redacção que lhe foi conferida pela Lei n.° 2/2009, de 12 de Janeiro: da norma constante do artigo 4.°, n.° 4, primeira parte; das normas constantes do artigo 7.°, n.° 1, alíneas *i)* e *j)*; das normas constantes dos artigos 7.°, n.° 1, alínea *o)*, 47.°, n.° 4, alínea *c)*, 67.°, alínea *d)*, 101.°, n.° 1, alínea *n)*, e 130.°; da norma constante do artigo 114.°, na parte relativa à dissolução da Assembleia Legislativa; da norma constante do artigo 119.°, n.os 1 a 5; da norma constante do artigo 140.°, n.° 2; não declara a inconstitucionalidade das normas constantes dos artigos 34.°, alínea *m)*, e 124.°, n.° 2, do Estatuto Político-Administrativo da Região Autónoma dos Açores, na redacção que lhe foi conferida pela Lei n.° 2/2009, de 12 de Janeiro.

Processo: n.° 111/09.
Requerentes: Provedor de Justiça e Grupo de Deputados à Assembleia da República.
Relator: Conselheiro Benjamim Rodrigues.

SUMÁRIO:

I — A precedência e o destaque que deverão ser conferidos à Bandeira Nacional, quando hasteada em conjunto com a bandeira regional, têm expressão normativa na prevalência que deverá ser dada à lei da Bandeira Nacional sobre o diploma que regula o uso da bandeira regional.

II — Embora o Estatuto possa autorizar o uso da bandeira regional nas instalações dependentes dos órgãos de soberania, o que não pode fazer é impor essa utilização, pois por esse modo está a interferir na definição do regime de utilização da Bandeira Nacional.

III — Não é possível ampliar os poderes regionais constitucionalmente previstos, por via legislativa ou estatutária, quando tal interfira com a competência dos órgãos de soberania em matéria da definição do sentido da política externa.

IV — Não há, porém, obstáculo a considerar que as Regiões, enquanto pessoas colectivas públicas, mantenham, através da Assembleia Legislativa Regional, no âmbito das suas competências e sem prejuízo dos poderes próprios dos órgãos de soberania, o poder de aprovar acordos de cooperação com entidades regionais ou locais estrangeiras.

V — A repartição, com outros órgãos, das faculdades inseridas na competência com que foi dotado constitucionalmente o Provedor de Justiça, ainda que respeitando as suas atribuições constitucionais e obrigando a agir em coordenação ou de forma articulada com este, desfigura o órgão tal como foi concebido pela Lei Fundamental, na medida em que introduz elementos distorcedores da unidade da sua actuação para todo o território nacional e para todos os poderes públicos.

VI — A reserva de Constituição em matéria de poder do Presidente da República e o carácter taxativo dos seus poderes compreende-se como expressão de um princípio do equilíbrio institucional de poderes, cujos termos só o poder constituinte poderá alterar, pelo que o artigo 114.° do EPARAA ao introduzir um trâmite adicional no processo de dissolução da Assembleia Legislativa Regional, é inconstitucional.

VII — Estando o n.° 2 e o n.° 4 do artigo 119.° do EPARAA (relativos ao procedimento de audição qualificada) em contradição com o sentido do dever de audição estabelecido no artigo 229.°, n.° 2, da Constituição, a sua inconstitucionalidade terá de arrastar a inconstitucionalidade consequente dos n.os 1, 3 e 5 do mesmo artigo.

VIII — Ao dispor sobre o alcance e os termos em que o procedimento das alterações estatutárias devem desenrolar-se, o artigo 140.°, n.° 2, do EPARAA, acaba por intrometer-se na delimitação ou definição dos poderes constitucionais da intervenção da Assembleia da República sobre a matéria, sendo certo, porém, que não pode uma norma de direito ordinário estatuir o nível de rigidez de que a mesma norma se encontra revestida quando esse nível de imperatividade decorra de uma norma de categoria superior, como a norma constitucional.

Acordam, em Plenário, no Tribunal Constitucional:

I — Relatório

1. *Requerentes*

O Provedor de Justiça dirigiu, em 10 de Fevereiro de 2009, ao Tribunal Constitucional, um requerimento pedindo a apreciação e declaração de inconstitucionalidade com força obrigatória geral das normas contidas nos artigos 7.°, n.° 1, alínea *o*), 47.°, n.° 4, alínea *c*), 67.°, alínea *d*), 101.°, n.° 1, alínea *n*), e 130.° do Estatuto Político-Administrativo da Região Autónoma dos Açores, aprovado pela Lei n.° 39/80, de 5 de Agosto, na redacção que, por último, lhe foi conferida pela Lei n.° 2/2009, de 12 de Janeiro (de agora em diante, EPARAA).

Logo depois, no dia 12 de Fevereiro de 2009, um Grupo de Deputados à Assembleia da República apresentou outro requerimento, pedindo, agora, a apreciação e declaração de inconstitucionalidade, com força obrigatória geral, da norma contida no artigo 114.° do EPARAA.

Finalmente, no dia 29 de Abril de 2009, o Provedor de Justiça dirigiu novo requerimento ao Tribunal pedindo a apreciação e declaração de inconstitucionalidade com força obrigatória geral das normas contidas nos artigos 4.°, n.° 4, 1.ª parte, 7.°, n.° 1, alíneas *i*) e *j*), 34.°, alínea *m*), 119.°, n.os 1 a 5, 124.°, n.° 2, e 140.°, n.° 2, do EPARAA.

2. *Objecto dos pedidos*

O teor das normas do Estatuto Político-Administrativo da Região Autónoma dos Açores (na redacção introduzida pela Lei n.° 2/2009, de 12 de Janeiro) que são, aqui, questionadas é o seguinte:

Artigo 4.°
Símbolos da Região

4 — A bandeira da Região é hasteada nas instalações dependentes dos órgãos de soberania na Região e dos órgãos de governo próprio ou de entidades por eles tuteladas, bem como nas autarquias locais dos Açores.

Artigo 7.°
Direitos da Região

1 — São direitos da Região, para além dos enumerados no n.° 1 do artigo 227.° da Constituição:

[...]

i) O direito a uma política própria de cooperação externa com entidades regionais estrangeiras, nomeadamente no quadro da União Europeia e do aprofundamento da cooperação no âmbito da Macaronésia;
j) O direito a estabelecer acordos de cooperação com entidades regionais estrangeiras e a participar em organizações internacionais de diálogo e cooperação inter-regional;
[...]
o) O direito a criar provedores sectoriais regionais;

Artigo 34.°
Competência política da Assembleia Legislativa

Compete à Assembleia Legislativa:

[...]
m) Aprovar acordos de cooperação com entidades regionais ou locais estrangeiras que versem sobre matérias da sua competência ou sobre a participação em organizações que tenham por objecto fomentar o diálogo e a cooperação inter-regional;

Artigo 47.°
Discussão e votação

4 — Carecem de maioria de dois terços dos deputados presentes, desde que superior à maioria absoluta dos deputados em efectividade de funções:

[...]
c) A eleição de provedores sectoriais regionais.

Artigo 67.°
Outras matérias

Compete ainda à Assembleia Legislativa legislar nas seguintes matérias:

[...]
d) A criação e estatuto dos provedores sectoriais regionais;
[...]

Artigo 101.°
Incompatibilidades

1 — São incompatíveis com o exercício do mandato de deputado à Assembleia Legislativa os seguintes cargos ou funções:

[...]
n) Provedores sectoriais regionais;
[...]

Artigo 114.°
Audição pelo Presidente da República
sobre o exercício de competências políticas

Os órgãos de governo regional devem ser ouvidos pelo Presidente da República antes da dissolução da Assembleia Legislativa e da marcação da data para a realização de eleições regionais ou de referendo regional, nos termos do n.° 2 do artigo 229.° da Constituição.

Artigo 119.°
Audição qualificada

1 — A Assembleia da República e o Governo da República adoptam o procedimento de audição qualificada, nos seguintes casos:

a) Iniciativas legislativas susceptíveis de serem desconformes com qualquer norma do presente Estatuto;
b) Iniciativas legislativas ou regulamentares que visem a suspensão, redução ou supressão de direitos, atribuições ou competências regionais, nos termos do n.° 2 do artigo 14.°;
c) Iniciativas legislativas destinadas à transferência de atribuições ou competências da administração do Estado para as autarquias locais dos Açores, nos termos do artigo 135.°

2 — O procedimento de audição qualificada inicia-se com o envio para o órgão de governo próprio competente da proposta ou projecto de acto acompanhada de uma especial e suficiente fundamentação da solução proposta, à luz dos princípios da primazia do Estatuto, do adquirido autonómico e da subsidiariedade.

3 — No prazo indicado pelo órgão de soberania em causa, que nunca pode ser inferior a 15 dias, o órgão de governo próprio competente emite parecer fundamentado.

4 — No caso de o parecer ser desfavorável ou de não aceitação das alterações propostas pelo órgão de soberania em causa, deve constituir-se uma comissão bilateral, com um número igual de representantes do órgão de soberania e do órgão de governo próprio, para formular, de comum acordo, uma proposta alternativa, no prazo de 30 dias, salvo acordo em contrário.

5 — Decorrendo o prazo previsto no número anterior, o órgão de soberania decide livremente.

Artigo 124.°
Relações externas com outras entidades

[...]

2 — No âmbito do número anterior, a Região pode, através do Governo Regional, estabelecer ou aceder a acordos de cooperação com entidades de outros Estados.

Artigo 130.°
Provedores sectoriais regionais

1 — A Região pode criar provedores sectoriais regionais que, respeitando as atribuições do Provedor de Justiça e em coordenação com este, recebam queixas dos cidadãos por acções ou omissões de órgãos ou serviços da administração regional autónoma, de organismos públicos ou privados que dela dependam, de empresas privadas encarregadas da gestão de serviços públicos regionais ou que realizem actividades de interesse geral ou universal no âmbito regional.

2 — Os provedores sectoriais regionais podem dirigir as recomendações que entenderem às entidades referidas no número anterior e exercer as restantes competências que lhes venham a ser atribuídas por decreto legislativo regional.

3 — Os provedores sectoriais regionais são eleitos pela Assembleia Legislativa e têm um estatuto de independência.

4 — A criação de um provedor sectorial regional não envolve qualquer restrição ao direito de queixa ao Provedor de Justiça ou às suas competências.

Artigo 140.°
Alteração do projecto pela Assembleia da República

[...]

2 — Os poderes de revisão do Estatuto pela Assembleia da República estão limitados às normas estatutárias sobre as quais incida a iniciativa da Assembleia Legislativa e às matérias correlacionadas.

3. *Fundamentação dos pedidos*

3.1. O Provedor de Justiça fundamentou o pedido de declaração da inconstitucionalidade dos artigos 7.°, n.° 1, alínea *o*), 47.°, n.° 4, alínea *c*), 67.°, alínea *d*), 101.°, n.° 1, alínea *n*) e 130.°, do EPARAA, em suma, nos seguintes termos:

O artigo 7.°, n.° 1, alínea *o*), do Estatuto, consagra o direito da Região de «criar provedores sectoriais regionais».

Nos termos do artigo 130.°, estes provedores receberão "queixas dos cidadãos por acções ou omissões de órgãos ou serviços da administração regional autónoma, de organismos públicos ou privados que dela dependam, de empresas privadas encarregadas da gestão de serviços públicos regionais ou que realizem actividades de interesse geral ou universal no âmbito regional". Nos termos do mesmo artigo, os provedores sectoriais podem dirigir as recomendações que entenderem às entidades referidas e exercer as restantes competências que lhes venham a ser atribuídas por decreto legislativo regional.

O legislador quis instituir, ao nível regional, instituições com as mesmas características e funções que o órgão consagrado no artigo 23.° da Constituição: o Provedor de Justiça.

Ora, ao permitir a criação de provedores sectoriais regionais, o Estatuto ignora o estatuto constitucional do Provedor de Justiça. Com a criação dos provedores sectoriais regionais perde-se a visão sistémica da defesa não jurisdicional dos direitos e interesses legítimos dos cidadãos, subverte-se a função preventiva global de ocorrência de injustiças e ilegalidades nas diversas administrações, deturpa-se o papel unitário de guardião dos direitos e interesses legítimos de todos e de cada um dos portugueses por parte do Provedor de Justiça, e retira-se, sem necessidade e contra a intenção legislativa, efectividade aos direitos.

Termina o Provedor de Justiça pedindo a apreciação e declaração de inconstitucionalidade, com força obrigatória geral, das normas contidas nos artigos 7.° n.° 1, alínea *o*), 47.°, n.° 4, alínea *c*), 67.°, alínea *d*), 101.°, n.° 1, alínea *n*), e 130.° do Estatuto Político-Administrativo da Região Autónoma dos Açores.

3.2. O Grupo de Deputados à Assembleia da República, no requerimento que dirigiu a este Tribunal, fundamentou o seu pedido de declaração da inconstitucionalidade, com força obrigatória geral, do artigo 114.° do Estatuto Político-Administrativo da Região Autónoma dos Açores, nos seguintes termos:

A Lei n.° 2/2009, de 12 de Janeiro, adita ao Estatuto Político-Administrativo da Região Autónoma dos Açores o artigo 114.°, relativo à "Audição pelo Presidente da República sobre o exercício de competências políticas".

O artigo 114.° do Estatuto Político-Administrativo da Região Autónoma dos Açores estabelece o que se segue: "Os órgãos de governo regional devem ser ouvidos pelo Presidente da República antes da dissolução da Assembleia Legislativa e da marcação da data para a realização de eleições regionais ou de referendo regional, nos termos do n.° 2 do artigo 229.° da Constituição".

Esta norma vem impor ao Presidente da República novas obrigações que a Constituição não prevê.

Na verdade, de acordo com o artigo 234.°, n.° 1, da Constituição da República Portuguesa (CRP): "As Assembleias Legislativas das regiões autónomas podem ser dissolvidas pelo Presidente da República, ouvido o Conselho de Estado e os partidos nelas representados".

De igual forma, o artigo 133.°, alínea *j*), da Lei Fundamental estabelece que "Compete ao Presidente da República, relativamente a outros órgãos: (...) *j*) Dissolver as Assembleias Legislativas das regiões autónomas, ouvidos o Conselho de Estado e os partidos nela representados (...)".

A Constituição só impõe, portanto, o dever de audição do Conselho de Estado e dos partidos representados na Assembleia Legislativa respectiva. Só estes, e nenhum outro órgão ou entidade, devem ser ouvidos, nos termos constitucionais, pelo Presidente da República, em caso de dissolução de Assembleia Legislativa.

Sucede, porém, que o novo artigo 114.° do Estatuto Político-Administrativo da Região Autónoma dos Açores vem impor ao Presidente da República outras audições, para além das constitucionalmente exigidas, no caso de dissolução da Assembleia Legislativa da Região Autónoma dos Açores.

Efectivamente, tal norma obriga a que, em caso de dissolução da Assembleia Legislativa da Região Autónoma dos Açores, o Presidente da República ouça, para além do Conselho de Estado e dos partidos representados na Assembleia Legislativa, os próprios órgãos de governo regional, ou seja, no caso, o Governo Regional dos Açores e a própria Assembleia Legislativa dos Açores, cuja dissolução estará em causa.

Tal norma cria, assim, obrigações acrescidas ao Presidente da República, sujeitando-o a mais deveres de audição, no que respeita à dissolução da Assembleia Legislativa dos Açores, do que as previstas na Constituição, desfigurando, assim, o equilíbrio de poderes resultante da Constituição.

Ora, tal não é possível. Nos termos do artigo 110.°, n.° 2, da Constituição, "A formação, a composição, a competência e o funcionamento dos órgãos de soberania são as definidas na Constituição". O exercício dos poderes do Presidente da República é realizado no quadro da Constituição (cfr. artigo 110.°, n.° 2, da CRP), não podendo ficar à mercê da contingência da legislação ordinária aprovada por maiorias políticas circunstanciais.

Não pode, assim, uma lei ordinária restringir o exercício das competências políticas do Presidente da República definidas na Constituição, impondo, em caso de dissolução da Assembleia Legislativa dos Açores, um novo trâmite que não tem cobertura constitucional: a audição dos "órgãos de governo regional".

Acresce referir que a solução normativa contida no artigo 114.° do Estatuto Político-Administrativo da Região Autónoma dos Açores é absurda. O Presidente da República passa a estar sujeito a mais exigências no que toca à dissolução da Assembleia Legislativa dos Açores do que as previstas para a dissolução da Assembleia da República.

Para dissolver a Assembleia da República não tem de consultar o órgão, mas para dissolver a Assembleia Legislativa dos Açores já terá de o fazer [cfr. artigo 133.°, alínea *e*), da Constituição da República Portuguesa].

Além disso, é incompreensível a audição autónoma do Governo Regional quando o Presidente de tal órgão tem já assento no Conselho de Estado e é aí ouvido pelo Presidente da República e também não se compreende a audição autónoma da Assembleia Legislativa da Região Autónoma dos Açores quando, nos termos constitucionais, o Presidente da República já ouve os partidos nela representados.

O artigo 114.° consubstancia uma redução dos poderes do Presidente da República e uma alteração no equilíbrio de poderes que é manifestamente inconstitucional.

Em sentido idêntico se pronunciou, aliás, em caso similar, o Acórdão do Tribunal Constitucional n.° 402/08, a propósito da norma do n.° 3 do artigo 114.° do Decreto da Assembleia da República n.° 217/X.

O artigo 114.° do Estatuto Político-Administrativo da Região Autónoma dos Açores, é, portanto, inconstitucional por violação do disposto no artigo 110.°, n.° 2, conjugado com os artigos 234.°, n.° 1, e 133.°, alínea *j*), da Constituição da República Portuguesa.

3.3. No segundo requerimento que dirigiu ao Tribunal, o Provedor de Justiça pediu a declaração de inconstitucionalidade, com força obrigatória geral, dos artigos 4.°, n.° 4, 1.ª parte, 7.°, n.° 1, alíneas *i*) e *j*), 34.°, alínea *m*), 119.°, n.os 1 a 5, 124.°, n.° 2, e 140.°, n.° 2, do EPARAA, nos termos e com os fundamentos que, em síntese, se seguem:

3.3.1. O artigo 4.°, n.° 4, do Estatuto Político-Administrativo da Região Autónoma dos Açores determina que "a bandeira da Região é hasteada nas instalações dependentes dos órgãos de soberania na Região e dos órgãos de governo próprio ou de entidades por eles tuteladas, bem como nas autarquias locais dos Açores".

Esta norma impõe, na prática, que a bandeira da Região seja hasteada nas instalações dependentes dos órgãos de soberania que estejam situadas na Região.

Os órgãos de soberania representam a Nação e o todo nacional. Deste modo, não faz sentido que a utilização da bandeira da Região seja imposta nas instalações deles dependentes, apenas por força da sua localização regional. Trata-se, aliás, de matéria comum às duas regiões autónomas, e que não se afigura apresentar especificidades em cada uma delas.

É certo que o lugar a ser ocupado pela bandeira regional quando, eventualmente, hasteada nas instalações dependentes dos órgãos de soberania na Região teria de respeitar o "lugar de honra" que é devido à bandeira nacional. E é, também, naturalmente, aceitável que os órgãos de soberania na Região, por sua vontade e em momentos específicos, de celebração regional (nomeadamente, nos feriados regionais), possam hastear a bandeira da Região juntamente com a Bandeira Nacional.

Já não parece, porém, aceitável, pela própria natureza das coisas, que se imponha, aos órgãos de soberania, a utilização obrigatória de um símbolo regional.

A imposição, aos órgãos de soberania, que decorre do artigo 4.°, n.° 4, 1.ª parte, do Estatuto, é violadora do princípio da unidade e da indivisibilidade da soberania, e das ideias de unidade nacional e de integridade do território que lhe estão associadas, sendo certo que, conforme decorre, explicitamente, do artigo 225.°, n.° 3, da Constituição, a autonomia político-administrativa regional não afecta a integridade da soberania do Estado.

Tal princípio e seus corolários são institucionalmente representados, na Região, pelo exercício dos poderes pelos órgãos de soberania, como órgãos superiores do Estado (artigo 110.°, n.° 1, da Constituição), e simbolicamente pela Bandeira Nacional (artigo 11.° da Constituição).

Ademais, o artigo 227.°, n.° 1, da Constituição, não abre a porta à normação pelos estatutos regionais de matérias que extravasem o que nele se consente, pelo que também por essa razão o artigo 4.°, n.° 4, do Estatuto, na parte questionada, viola o disposto no artigo 227.°, n.° 1, da Constituição.

Com efeito, o artigo 4.°, n.° 4, do Estatuto, impõe procedimentos a órgãos de soberania e a órgãos do Estado com instalações na Região, logo, interfere com os poderes destes, o que não cabe, manifestamente, no âmbito próprio da autonomia regional.

Assim sendo, a imposição, aos órgãos de soberania, do hastear da bandeira regional revela-se violadora dos princípios da soberania, da unidade e integridade territoriais, e da protecção constitucional conferida à Bandeira Nacional como símbolo desses mesmos princípios.

3.3.2. Também o artigo 7.°, nas suas alíneas *i)* e *j)*, ao conferir à região "o direito a uma política própria de cooperação externa com entidades regionais estrangeiras", e os artigos 34.°, alínea *m)* e 124.°, n.° 2, ao permitirem que a Assembleia Legislativa Regional e o Governo Regional estabeleça acordos de cooperação com entidades estrangeiras são inconstitucionais.

Os mencionados dispositivos legais visam concretizar o conteúdo da norma estabelecida no artigo 227.°, n.° 1, alínea *u)*, da Constituição, que inclui, no elenco dos poderes das regiões autónomas, o de estabelecerem cooperação com outras entidades regionais estrangeiras e participarem em organizações que tenham por objecto fomentar o diálogo e a cooperação inter-regional, de acordo com as orientações definidas pelos órgãos de soberania com competência em matéria de política externa.

Contudo, o Estatuto omite a parte final da norma constitucional mencionada, no segmento que determina que os poderes das regiões autónomas se exerçam "de acordo com as orientações definidas pelos órgãos de soberania com competência em matéria de política externa".

As referidas normas do Estatuto não contêm meros arranjos formais, que permitam, através de uma leitura integrada com a alínea *u)* do n.° 1 do artigo 227.° da Lei Fundamental, uma interpretação das mesmas conforme ao texto constitucional.

A omissão do segmento final da norma constitucional com a concomitante referência, no texto do Estatuto, a um "direito a uma política própria", visam, conjugadamente, introduzir uma ideia materialmente distinta e, conforme se concluirá, incompatível, com a orientação da Constituição sobre a matéria.

O Estatuto pretende permitir o exercício, pela Região, dos poderes em causa de estabelecer acordos de cooperação com entidades estrangeiras, segundo uma política própria, independentemente da existência de orientações, quanto à matéria, definidas pelos órgãos de soberania.

Na prática, e se o exercício de tais poderes não implica, naturalmente, o cumprimento de condutas impositivas por parte dos órgãos de soberania, terá, no entanto, de ser feito de forma vinculada relativamente às orientações definidas pelos órgãos de soberania com competência em matéria de política externa, e não independentemente, ou mesmo em contradição, com aquelas.

Ora os poderes das regiões devem ser exercidos nos quadros do Estado unitário e nunca ao arrepio das orientações definidas pelos órgãos de soberania em matéria de política externa.

3.3.3. São, também, inconstitucionais as normas do artigo 119.°, n.os 1 a 5, que estabelecem um procedimento de audição qualificada.

O artigo 119.° do Estatuto vincula a Assembleia da República e o Governo da República à adopção de um procedimento que o legislador qualifica como de "audição qualificada" dos órgãos de governo próprio da Região, nas situações que aparecem discriminadas nas três alíneas do respectivo n.° 1 — iniciativas legislativas susceptíveis de serem desconformes com qualquer norma do Estatuto, iniciativas legislativas ou regulamentares que visem a suspensão, redução ou supressão de direitos, atribuições ou competências regionais, e iniciativas legislativas destinadas à transferência de atribuições ou competências da administração do Estado para as autarquias locais dos Açores.

O procedimento, dito de "audição qualificada", pautado pelo conjunto de regras contidas nos n.os 2 a 5 do artigo, não pode, em bom rigor, ser materialmente qualificado como de audição, contendo antes as referidas normas um procedimento que constitui uma verdadeira negociação, de carácter bilateral, entre os órgãos de soberania mencionados e os órgãos de governo próprio da Região.

É certo que, decorrendo esse prazo, o órgão de soberania decide livremente (n.° 5 do mesmo artigo). Mas, na prática, a referida solução contém uma verdadeira limitação, de natureza temporal, ao exercício das competências legislativas e regulamentares por parte dos órgãos de soberania.

O artigo 229.°, n.° 2, estabelece um dever de audição, mas esse dever não pode obrigar os órgãos de soberania a aguardar pelo parecer da região para além do prazo concretamente razoável.

É notório que o legislador constituinte quis distinguir as formas de audição no âmbito das iniciativas legislativas em geral (artigo 229.°, n.° 2) e para efeitos de elaboração ou de alteração dos estatutos político-administrativos das regiões autónomas (artigo 226.°, n.° 2), pretendendo inequivocamente um procedimento mais exigente nesta última situação, e só nesta situação.

O procedimento de audição qualificada do artigo 119.° do Estatuto imposto, para as matérias elencadas no seu n.° 1, independentemente da situação concreta e da ponderação casuística da necessidade ou não de uma segunda ou mais audições, consubstancia um procedimento materialmente distinto da audição que tem como consequência que o órgão de soberania não possa, no período temporal estabelecido, exercer as suas competências ao nível legislativo e regulamentar.

Não podendo, naturalmente, aceitar-se que o procedimento de audição pretendido pelo legislador constituinte, com tradução na previsão do artigo 229.°, n.° 2, possa comportar essa limitação de poderes dos órgãos de soberania, as normas constantes dos n.os 1 a 5 do artigo 119.° do Estatuto são materialmente inconstitucionais no confronto com o referido preceito da Lei Fundamental.

3.3.4. É, ainda, inconstitucional a norma do artigo 140.°, n.° 2, do Estatuto.

O artigo 140.°, n.° 2, do Estatuto, determina que "os poderes de revisão do Estatuto pela Assembleia da República estão limitados às normas estatutárias sobre as quais incida a iniciativa da Assembleia Legislativa e às matérias correlacionadas".

Apesar de a Constituição reservar para a Assembleia Legislativa da Região a iniciativa legislativa tendente à revisão do Estatuto, não decorre do texto constitucional, em momento algum, que a Assembleia da República — órgão que, nos termos constitucionais, tem competência para aprovar o Estatuto e as suas respectivas revisões [artigos 161.°, alínea *b*), e 226.°, n.os 1 a 5, da Lei Fundamental] —, fique limitada na sua competência legislativa à aprovação das normas do Estatuto sobre as quais incida a prévia iniciativa da Assembleia Legislativa.

Ou seja, a reserva de iniciativa legislativa da Assembleia Legislativa não implicará, nem nos termos da Constituição, nem por natureza, a vinculação da Assembleia da República a uma espécie de "princípio do pedido", que é o que acontece com a previsão do artigo 140.°, n.° 2, do Estatuto.

A regra que se extrai da norma do artigo 140.°, n.° 2, do Estatuto, não decorre do texto constitucional, e coloca a Assembleia da República sob a possibilidade de ficar indefinidamente, e contra a sua vontade, refém das soluções legais consagradas, em determinado momento histórico, nas leis estatutárias das regiões autónomas.

E se tal solução se mostra de alcance compreensível quando estão em causa normas reguladoras de matérias que, de uma forma ou outra, servem o enquadramento e aprofundamento da autonomia político-administrativa da Região, a mesma solução já será inaceitável do ponto de vista constitucional não só quando estão em causa normas que, pese embora constando do Estatuto, não têm essa função específica, como quando estão em causa normas que disciplinam matérias integradas na reserva de competência legislativa da Assembleia da República, ou seja, normas que claramente extravasem os poderes sobre os quais — e apenas sobre os quais — devem incidir os estatutos das regiões autónomas (artigo 227.°, n.° 1, da Constituição).

Ora, o actual Estatuto Político-Administrativo da Região Autónoma dos Açores — que pretende ser, na prática, uma verdadeira "Constituição" da Região — contém várias normas que não têm tal função específica, e que, inclusivamente, regulam matérias inseridas no âmbito da reserva de competência legislativa da Assembleia da República.

Um dos exemplos que poderá ser apontado é o das normas dos artigos 22.° e 23.° do Estatuto, que dispõem sobre o domínio público da Região e do Estado na Região, e, consequentemente, sobre matéria reservada da Assembleia da República [alínea *v*) do n.° 1 do artigo 165.° da Constituição].

A Assembleia da República tem de poder aprovar, alterar ou suprimir normas respeitantes às matérias que estejam na sua esfera de competência reservada (e não respeitem portanto à autonomia regional), pelo menos no momento em que a Região decide desencadear um procedimento de revisão do Estatuto.

A solução compromete a possibilidade de alcançar soluções de conjunto que representem o equilíbrio de interesses — possível e desejável — entre o órgão (regional) de iniciativa e o órgão (de soberania) decisor.

Tem, além disso, como pressuposto enquadrador o respeito pelo princípio do não retrocesso quanto ao grau lícito de autonomia adquirido pelas regiões autónomas. A Assembleia da República ficaria, na prática, de "mãos atadas" para legislar em matérias que lhe estão desde logo constitucionalmente reservadas. O único expediente que restaria à Assembleia da República para contornar a situação seria a via da revisão constitucional, meio que manifestamente se afigurará desproporcionado aos fins que visa atingir.

A reserva de iniciativa dos órgãos legislativos regionais é uma reserva de impulso do procedimento legislativo, nas matérias próprias da autonomia regional. Não impede os órgãos de soberania de legislarem sobre as matérias que são da sua competência reservada, ainda que constantes dos Estatutos.

O Estatuto contém, na norma do respectivo artigo 140.°, n.° 2, uma verdadeira limitação da competência legislativa da Assembleia da República, em sede de revisão do Estatuto, que não encontra suporte, explícito ou implícito, em nenhum momento do texto constitucional.

Consagra, pois, uma violação aos princípios e normas que se podem extrair conjugadamente dos artigos 161.°, alínea *c*), e 226.°, n.os 1 a 4, da Constituição.

4. *Resposta do órgão autor da norma*

Notificado para se pronunciar, querendo, sobre os pedidos, o Presidente da Assembleia da República ofereceu o merecimento dos autos, entregando cópia dos diversos documentos relativos aos trabalhos preparatórios da Lei n.° 2/2009.

5. *Despacho de junção*

Dada a conexão entre os pedidos, todos eles relativos à Lei n.° 2/2009, de 12 de Janeiro, que aprovou a terceira revisão do Estatuto Político-Administrativo da Região Autónoma dos Açores, o Presidente do Tribunal ordenou, por despacho, a junção dos autos relativos aos três processos.

6. *Debate do memorando*

Elaborado pelo Presidente do Tribunal Constitucional o memorando a que se refere o artigo 63.°, n.° 1, da Lei n.° 28/82, de 15 de Novembro (LTC), e submetido o mesmo a debate, cumpre dar corpo à decisão em função da orientação fixada pelo Tribunal sobre as questões a resolver.

II — Fundamentação

7. *Questões decidendas*

As questões de constitucionalidade postas ao Tribunal reportam-se às seguintes temáticas:

A) Utilização da bandeira regional nas instalações dependentes dos órgãos de soberania que estejam situadas na Região (artigo 4.°, n.° 4, 1.ª parte);
B) Poderes da Região em matéria de política externa [artigos 7.°, n.° 1, alíneas *i*) e *j*), 34.°, alínea *m*), e 124.°, n.° 2];
C) Criação de provedores sectoriais regionais [artigos 7.°, n.° 1, alínea *o*), 47.°, n.° 4, alínea *c*), 67.°, alínea *d*), 101.°, n.° 1, alínea *n*) e 130.°];
D) Audição dos órgãos regionais pelo Presidente da República, em caso de dissolução da Assembleia Legislativa Regional (artigo 114.°);
E) Admissibilidade de um procedimento especial de audição qualificada (artigo 119.°, n.ºs 1 a 5);

F) Limitação dos poderes de revisão do Estatuto às normas estatutárias sobre as quais incida a iniciativa da Assembleia Legislativa e às matérias correlacionadas (artigo 140.°, n.° 2).

Passemos a conhecer de cada uma delas, sendo certo que, embora em relação à alínea *D*) os requerentes formulem, a final, o pedido de declaração de inconstitucionalidade da norma do artigo 114.° do EPARAA sem qualquer restrição, resulta da respectiva fundamentação que, apenas, questionam essa norma, na parte em que se refere à dissolução da Assembleia Legislativa, devendo, consequentemente, considerar-se o pedido limitado a este segmento da norma.

A) Utilização da bandeira regional nas instalações dependentes dos órgãos de soberania que estejam situadas na Região (artigo 4.°, n.° 4)

O artigo 4.° do Estatuto Político-Administrativo da Região Autónoma dos Açores aprovado pela Lei n.° 39/80, de 5 de Agosto, ficou, após a terceira revisão, operada pela Lei n.° 2/2009, de 12 de Janeiro, com a seguinte redacção:

Artigo 4.°
Símbolos da Região

1 — A Região tem bandeira, brasão de armas, selo e hino próprios, aprovados pela Assembleia Legislativa.

2 — Aos símbolos da Região são devidos respeito e consideração por todos.

3 — A bandeira e o hino da Região são utilizados conjuntamente com os correspondentes símbolos nacionais e com a salvaguarda da precedência e do destaque que a estes são devidos.

4 — A bandeira da Região é hasteada nas instalações dependentes dos órgãos de soberania na Região e dos órgãos de governo próprio ou de entidades por eles tuteladas, bem como nas autarquias locais dos Açores.

5 — A utilização dos símbolos da Região é regulada por decreto legislativo regional.

A redacção, que constava da anterior versão do mesmo Estatuto e que foi aprovada pelo artigo 2.° da Lei n.° 9/87, de 26 de Março, era a seguinte:

Artigo 6.°
Símbolos da Região

1 — A Região tem bandeira, brasão de armas, selo e hino próprios, aprovados pela Assembleia Legislativa Regional.

2 — Os símbolos regionais são utilizados nas instalações e actividades dependentes dos órgãos de governo próprio da Região ou por eles tuteladas.

3 — Os símbolos regionais são utilizados conjuntamente com os correspondentes símbolos nacionais e com salvaguarda da precedência e do destaque que a estes são devidos, nos termos da lei.

A comparação entre estas duas disposições sugere as considerações que se seguem.

A redacção do EPARAA, aprovada pela Lei n.° 2/2009, mantém a afirmação de que a região autónoma tem símbolos próprios e que esses símbolos são utilizados nas instalações e actividades dependentes dos órgãos de governo próprio da Região ou por eles tuteladas e em conjunto com os correspondentes símbolos nacionais, mantendo-se salvaguardada a precedência e o destaque que a estes são devidos.

Foram, todavia, introduzidas duas alterações fundamentais:

(*i*) Onde, antes, se afirmava que "os símbolos regionais são utilizados nas instalações e actividades dependentes dos órgãos de governo próprio da Região ou por eles tuteladas", agora acrescentou-se que a bandeira é hasteada "nas instalações dependentes dos órgãos de soberania na Região [...], bem como nas autarquias locais dos Açores";

(*ii*) Onde, anteriormente, se dizia que "os símbolos regionais são utilizados conjuntamente com os correspondentes símbolos nacionais e com salvaguarda da precedência e do destaque que a estes são devidos, nos termos da lei", agora retirou-se a expressão "nos termos da lei" (que se referia à utilização conjunta dos símbolos nacionais e dos símbolos regionais) e acrescentou-se um novo número (restrito apenas à utilização dos símbolos regionais) a esclarecer que "a utilização dos símbolos da Região é regulada por decreto legislativo regional".

O requerente questiona a constitucionalidade do artigo 4.°, n.° 4, na parte em se refere ao uso da bandeira regional nas instalações dependentes dos órgãos de soberania.

A questão não se levantaria, porventura, caso se admitisse que o sentido do artigo 4.°, n.° 4, do EPARAA não seria senão o de admitir o possível uso da bandeira regional nas instalações dependentes dos órgãos de soberania, nos termos definidos por lei devidamente aprovada pelos órgãos de soberania.

O alcance do n.° 4 do artigo 4.° do EPARAA parece, contudo, ser outro.

Na verdade, ele situa-se numa sequência lógica que determina o seu sentido e que não pode ser ignorada pelo intérprete. O n.° 3 do artigo 4.°, embora salvaguardando a precedência e o destaque devidos à Bandeira Nacional, estabelece a utilização desta em conjunto com a bandeira da Região. Depois, logo de seguida, a 1.ª parte do artigo 4.°, prescreve que a bandeira da Região é hasteada nas instalações dependentes dos órgãos de soberania.

Da conjugação do teor literal da 1.ª parte do n.° 4 do artigo 4.° com o teor literal do n.° 3 desta mesma disposição resulta, assim, que a bandeira regional é hasteada nas instalações dependentes dos órgãos de soberania, em conjunto com a Bandeira Nacional.

Assim sendo, o n.° 4 do artigo 4.°, lido no seu contexto normativo, suscita, inevitavelmente, a seguinte questão:

Poderá o Estatuto da Região Autónoma impor a utilização da bandeira regional nas instalações dependentes dos órgãos de soberania que estejam, territorialmente, situadas na Região (artigo 4.°, n.° 4, 1.ª parte, e n.° 3)?

O problema está em saber se o Estatuto da Região, na medida em que impõe o hasteamento da bandeira regional nas instalações dependentes dos órgãos de soberania situadas na Região sempre que aí seja hasteada a Bandeira Nacional, pode restringir a liberdade dos órgãos de soberania regularem, livremente, as regras de uso da Bandeira Nacional.

As instalações dependentes dos órgãos de soberania são o local por excelência onde a Bandeira Nacional deverá ser hasteada. Ora, o uso da bandeira regional é susceptível de interferir com as regras de utilização da Bandeira Nacional.

Desta forma, as regras que regulam a utilização da bandeira regional terão de se relacionar com as que regulam a utilização da Bandeira Nacional. E terão, ainda, que se lhes subordinar. Com efeito, a precedência e o destaque que deverão ser conferidos à Bandeira Nacional, quando hasteada em conjunto com a bandeira regional, têm expressão normativa na prevalência que deverá ser dada à lei da Bandeira Nacional sobre o diploma que regula o uso da bandeira regional.

O Estado português é, em todo o seu território e fora dele, representado, exclusivamente, pela Bandeira Nacional, dado que, nos termos expressos pelo artigo 11.°, n.° 1, da Constituição, esta é "símbolo da soberania da República, da independência, unidade e integridade de Portugal". E não será, porventura, demais relembrar que a Bandeira Nacional é bandeira de toda a comunidade política. Ela simboliza — com as suas cores, com as suas armas e com a esfera armilar — Portugal e, consequentemente, também os Açores.

Como explicam J. J. Gomes Canotilho e Vital Moreira, *Constituição da República Portuguesa Anotada*, 4.ª edição, Vol. I, Coimbra 2007, p. 291),

> "[Os símbolos nacionais] são valores de referência de toda a colectividade, de comunhão cultural e ideológica, de identificação e distinção. Assumem, assim, um alto relevo, sob o ponto de vista constitucional [...].
>
> A dimensão simbólica — soberania, unidade e integridade de Portugal — agora claramente reafirmada no texto constitucional (na redacção da Lei Constitucional n.° 1/89) transporta imposições dirigidas aos responsáveis pelo uso da bandeira nacional (cfr. Decreto-Lei n.° 150/87, de 30 de Março). Este uso só pode ser determinado pelos órgãos de soberania [...]"

Recorde-se, antes de mais, que o regime dos símbolos nacionais é da exclusiva competência da Assembleia da República [artigo 164.°, alínea *s*), aditado na 4.ª revisão constitucional, de 1997].

Sendo assim, e como se afirmou recentemente no Acórdão n.° 258/07, publicado no *Diário da República*, I Série, de 15 de Maio de 2007, acolhendo a doutrina aí identificada, «a inclusão de qualquer matéria na reserva de competência da Assembleia da República, absoluta ou relativa, é *in totum*. Tudo quanto lhe pertença tem de ser objecto de lei da Assembleia da República (...). Só não se depara este postulado quando a própria Constituição estabelece diferenciações por falar em 'bases', em 'bases gerais', ou em 'regime geral' das matérias» (Jorge Miranda e Rui Medeiros, *Constituição Portuguesa Anotada*, II, Coimbra, 2006, pp. 516-517).

Deste modo, a sede própria da definição do uso da Bandeira Nacional só pode ser uma lei que dê corpo normativo ao estatuto constitucional da Bandeira enquanto símbolo nacional (artigo 11.°, n.° 1).

Anote-se, porém, que, não tendo a Assembleia da República legislado sobre esta matéria após a referida revisão, se mantém o regime constante do diploma conhecido por Lei da Bandeira Nacional (Decreto-Lei n.° 150/87, de 30 de Março).

Qualquer definição do uso da bandeira regional, em conjunto com a Bandeira Nacional, deverá estar normativamente subordinada às regras de utilização da Bandeira Nacional definidas pelos órgãos de soberania. Nesta linha se posta o actual artigo 8.°, n.° 1, da Lei da Bandeira Nacional que regula o uso desta Bandeira Nacional, em conjunto com outras bandeiras.

Abrangendo a reserva todo o regime do símbolo nacional, não é possível inserir no Estatuto da Região uma regra que conduza à utilização conjunta, em instalações dos órgãos de soberania, da Bandeira Nacional e da bandeira regional.

Sendo a Bandeira Nacional símbolo da soberania da República, da independência, unidade e integridade de Portugal (artigo 11.°, n.° 1, da Constituição), não podem os Estatutos, porque atinentes a parte do seu todo, dispor sobre o regime da sua utilização.

A Assembleia da República tem competência para aprovar o Estatuto Político-Administrativo da Região [artigo 161.°, alínea *b)*, da Constituição] e tem competência exclusiva para aprovar o regime de uso dos símbolos nacionais [artigo 164.°, alínea *s)*].

Mas o que não pode fazer é impor, sob a forma de Estatuto, o uso de símbolos regionais, nas instalações próprias dos órgãos de soberania (ou seja fora do "âmbito regional" de um ponto de vista institucional), na medida em que tal exclui o seu poder de regular, com exclusividade, o uso dos símbolos nacionais, nomeadamente quanto a saber quando deve e se deve ser hasteada sozinha ou acompanhada de outros símbolos, livre de qualquer iniciativa das Regiões.

É certo que o Estatuto pode autorizar o uso da bandeira regional nas instalações dependentes dos órgãos de soberania. Mas o que não pode fazer é impor essa utilização, pois por esse modo está a interferir na definição do regime de utilização da Bandeira Nacional.

Nestes termos, impõe-se declarar a inconstitucionalidade do artigo 4.°, n.° 4, 1.ª parte, do Estatuto Político-Administrativo da Região Autónoma dos Açores, por violação do disposto nos artigos 11.°, n.° 1, e 164.°, alínea *s*), da Constituição da República Portuguesa.

B) Poderes da Região em matéria de política externa [artigos 7.°, n.° 1, alíneas i) *e* j)*, 34.°, alínea* m)*, e 124.°, n.° 2]*

O artigo 7.°, n.° 1, alínea *i*), do Estatuto Político-Administrativo da Região Autónoma dos Açores confere, à Região Autónoma dos Açores, "o direito a uma política própria de cooperação externa com entidades regionais estrangeiras, nomeadamente no quadro da União Europeia e do aprofundamento da cooperação no âmbito da Macaronésia".

Neste quadro, em que se admite uma política própria de cooperação externa com entidades regionais estrangeiras, o mesmo Estatuto Político-Administrativo atribui à Região, logo de seguida, na alínea *j*) do mesmo artigo, "o direito a estabelecer acordos de cooperação com entidades regionais estrangeiras e a participar em organizações internacionais de diálogo e cooperação inter-regional".

Dentro da mesma linha, o Estatuto Político-Administrativo da Região Autónoma dos Açores confere, por outro lado, à Assembleia Legislativa Regional dos Açores, a competência para "aprovar acordos de cooperação com entidades regionais ou locais estrangeiras que versem sobre matérias da sua competência ou sobre a participação em organizações que tenham por objecto fomentar o diálogo e a cooperação inter-regional" [artigo 34.°, alínea *m)*] e atribui ao Governo Regional o poder de, em nome da Região, "estabelecer ou aceder a acordos de cooperação com entidades de outros Estados (artigo 124.°, n.° 2).

Nos termos expressos pelo corpo do artigo 7.° do EPARAA, esses poderes pretendem estar para além dos poderes configurados no artigo 227.° da Constituição.

Poderá, então, questionar-se "se" e "até que ponto" tal será possível. É o que de seguida se verá.

A Constituição da República Portuguesa atribui às regiões autónomas, nomeadamente no artigo 227.°, poderes com incidência internacional.

Entre esses poderes conta-se o poder de participar na celebração de tratados e acordos internacionais que lhes digam directamente respeito [artigo 227.°, n.° 1, alínea *t),* da Constituição].

Sobre a natureza e âmbito de tal poder diz Rui Manuel Moura Ramos (*Da Comunidade Internacional e do seu Direito*, Coimbra, 1996, pp. 203 e segs.):

> "Não se trata evidentemente do reconhecimento do próprio *treaty-making power*, mas de uma forma de participação no seu exercício, o que não é todavia praticado, sequer, em todos os Estados federais [...]
>
> Precisa-se, no que respeita à sua concretização, que uma tal participação traduzir-se-á na representação efectiva dentro da delegação nacional que negociará o tratado ou acordo, bem como nas comissões de execução ou fiscalização respectivas."

Além deste poder de participação na celebração de acordos que lhes digam directamente respeito, as regiões autónomas possuem, ainda, um poder de estabelecer laços de cooperação com outras entidades regionais estrangeiras e participar em organizações que tenham por objecto fomentar o diálogo e a cooperação inter-regional, de acordo com as orientações definidas pelos órgãos de soberania com competência em matéria de política externa [artigo 227.°, n.° 1, alínea *u*)].

Aqui, já não se trata, apenas, de um poder de participação. Por isso, a Constituição é clara em estabelecer um limite que salvaguarde o princípio da unidade do Estado no exercício da política externa, limite esse ínsito, aliás, nos próprios termos em que o artigo 225.°, n.° 3, da Constituição configura a autonomia político-administrativa regional, ao dispor que esta "não afecta a integridade da soberania do Estado e exerce-se no quadro da Constituição".

A este propósito, discreteia Rui Manuel Moura Ramos (*Da Comunidade Internacional e do seu Direito*, cit., p. 206) do seguinte modo:

> "A legitimidade do estabelecimento de laços de cooperação entre as regiões autónomas portuguesas e outras entidades regionais estrangeiras fica portanto assente. E a previsão de uma tal hipótese permite claramente afirmar que não se trata aqui apenas de laços a tecer exclusivamente por referência às formas do direito privado, o que de todo o modo não estava em questão. A fórmula escolhida leva pois a crer que são as regiões autónomas enquanto pessoas colectivas de direito público que estão autorizadas a estabelecer esses laços com outras entidades estrangeiras de natureza similar. Não se faz qualquer referência às formas e à natureza que os instrumentos desta cooperação deverão revestir: é, no entanto, certo que todo o processo deverá conformar-se com as orientações definidas pelos órgãos de soberania competentes em matéria de política externa.
>
> [...]
>
> É igualmente reconhecido o poder de participar em organizações que tenham por objecto fomentar o diálogo e a cooperação inter-regional, ainda que um tal poder esteja subordinado, no seu exercício, às orientações definidas pelos órgãos de soberania com competência em matéria de política externa".

Os poderes das regiões autónomas, em matéria de política externa, não as transformam, portanto, em entidades autónomas e diferenciadas do Estado português, do ponto de vista do Direito Internacional Público. Desse ponto de vista, elas integram-se no Estado português, como afirma, a este respeito, Jorge Miranda (*Direito Internacional Público*, 3.ª edição, 2006, p. 205):

> "[Os poderes das Regiões autónomas de incidência internacional], embora originais e significativos, não envolvem a transformação das regiões em sujeitos de Direito Internacional.
>
> Na cooperação inter-regional verifica-se por certo uma actuação externa dos órgãos de governo próprios das regiões. Todavia é uma cooperação com entidades também desprovidas de personalidade jurídico-internacional e sempre de acordo com as orientações definidas pelos órgãos de soberania".

É esta compreensão das relações internacionais que se encontra vertida no artigo 7.° da Constituição, no qual se acham consagrados os princípios fundamentais em matéria de política externa e que subjaz, do mesmo passo, à repartição da competência em razão da matéria entre os diversos órgãos de soberania — Presidente da República (cfr. artigo 135.°), Assembleia da República [161.°, alínea *i*)] e Governo [197.°, n.° 1, alíneas *b*) e *c*), todos da Constituição].

Na verdade, ao enunciar os diversos vectores em que se decompõem essas relações internacionais, o preceito sedia-as, no que tange à sua titularidade, no Estado.

Deste modo, a palavra em matéria de política externa cabe à República. Por outro lado, a unidade de sentido da política externa exigida pelo artigo 7.° só pode ser conseguida mediante a intervenção decisória, apenas, dos órgãos de soberania que interpretam o interesse nacional, representando a injunção estabelecida na parte final da alínea *u*) do n.° 1 do artigo 227.° da Constituição, exactamente, um postulado de tal posição constitucional.

Nos termos do artigo 227.°, n.° 1, alínea *u*), da Constituição, as regiões autónomas podem "estabelecer cooperação com outras entidades regionais estrangeiras [...]".

Porém — em homenagem ao princípio da integridade da soberania do Estado —, devem fazê-lo, nos termos da parte final do preceito "de acordo com as orientações definidas pelos órgãos de soberania com competência em matéria de política externa".

Ora, como já se viu, o artigo 7.° do EPARAA pretende, expressamente, através das alíneas *i*) e *j*) do seu n.° 1, ampliar os poderes da Região previstos no artigo 227.° da Constituição, ao considerar como "direitos da Região, para além dos enumerados no n.° 1 do artigo 227.° da Constituição": "o direito a uma política própria de cooperação externa com entidades regionais estrangeiras" [alínea *i*)] e "o direito a estabelecer acordos de cooperação com entidades regionais estrangeiras e a participar em organizações internacionais de diálogo e cooperação inter-regional [alínea *j*)].

O contraste entre o artigo 7.°, n.° 1, alíneas *i)* e *j)*, do Estatuto e o artigo 227.°, n.° 1, alínea *u)*, da Constituição, em matéria de poderes com incidência internacional, é evidente: a utilização da expressão "política própria" na alínea *i)* do artigo 7.° e a ausência, em ambas as alíneas *i)* e *j)*, de uma qualquer menção às "orientações definidas pelos órgãos de soberania com competência em matéria de política externa" como faz o artigo 227.° da Constituição.

E como o corpo do artigo 7.° do Estatuto Político-Administrativo da Região Autónoma dos Açores explica que os direitos nele enunciados pretendem ir além dos contidos na Constituição, não restam dúvidas: trata-se de alargar os poderes da Região para além do que a Constituição prevê.

A questão que se coloca é, pois, a de saber se tal será possível. Será a matéria dos poderes das Regiões livremente disponível pelo legislador ordinário ou será, pelo contrário, matéria de reserva de Constituição?

É evidente que o alargamento de poderes da Região, que o artigo 7.° do EPARAA explicitamente pretende, é, neste caso, susceptível de afectar os poderes estabelecidos na Constituição para os órgãos de soberania e para efectivação de uma política externa comum. Ou seja, os termos em que a cooperação externa das Regiões aparece consagrada no artigo 7.°, alínea *i)*, implicam uma compressão dos poderes dos órgãos de soberania que não é constitucionalmente possível (artigos 7.° e 110.°, n.° 2, da Constituição), sendo feita com restrição da unidade do Estado e da integridade da soberania [artigos 6.° e 225.°, n.° 3, e 227.°, n.° 1, alínea *u)*, da Constituição].

Esta disposição constitucional implica que não será possível ampliar os poderes regionais constitucionalmente previstos, por via legislativa ou estatutária, quando tal interfira com a competência dos órgãos de soberania em matéria da definição do sentido da política externa.

Deste modo, o artigo 7.°, n.° 1, alíneas *i)* e *j)*, do Estatuto Político-Administrativo da Região Autónoma dos Açores padece de inconstitucionalidade, por violação das disposições conjugadas dos artigos 6.°, 7.°, 110.°, n.° 2, 225.°, n.° 3, e 227.°, n.° 1, alínea *u)*, da Constituição.

Uma vez admitido que, ao invés do que resulta do confronto entre as alíneas *i* e *j)* do n.° 1 do artigo 7.° do EPARAA e do artigo 227.°, n.° 1, alínea *u)*, da Constituição, a cooperação externa terá de se fazer "de acordo com as orientações definidas pelos órgãos de soberania com competência em matéria de política externa", não há obstáculo a considerar que as Regiões, enquanto pessoas colectivas públicas, mantenham, através da Assembleia Legislativa Regional, no âmbito das suas competências e sem prejuízo dos poderes próprios dos órgãos de soberania, o poder de aprovar acordos de cooperação com entidades regionais ou locais estrangeiras.

Assim, porque os artigos 34.°, alínea *m)*, e 124.°, n.° 2, do mesmo Estatuto colhem o seu directo fundamento no artigo 227.°, n.° 1, da Constituição, não correspondendo a quaisquer concretizações do analisado "direito a uma política própria", eles não são atingidos pelo juízo de inconstitucionalidade imputado ao artigo 7.°, n.° 1, alíneas *i*) e *j*).

Nestes termos, não há que os declarar inconstitucionais.

C) Criação de provedores sectoriais regionais [artigos 7.°, n.° 1, alínea o), 47.°, n.° 4, alínea c), 67.°, alínea d), 101.°, n.° 1, alínea n), e 130.°]

O Provedor de Justiça coloca a questão da constitucionalidade da criação dos provedores sectoriais regionais.

Dispondo sobre aquele órgão constitucional, diz a Constituição:

Artigo 23.°
(Provedor de Justiça)

1. Os cidadãos podem apresentar queixas por acções ou omissões dos poderes públicos ao Provedor de Justiça, que as apreciará sem poder decisório, dirigindo aos órgãos competentes as recomendações necessárias para prevenir e reparar injustiças.

2. A actividade do Provedor de Justiça é independente dos meios graciosos e contenciosos previstos na Constituição e nas leis.

3. O Provedor de Justiça é um órgão independente, sendo o seu titular designado pela Assembleia da República, pelo tempo que a lei determinar.

4. Os órgãos e agentes da Administração Pública cooperam com o Provedor de Justiça na realização da sua missão.

Do mesmo passo que institui o órgão constitucional Provedor de Justiça, o preceito procede à conformação dos traços que, sob o ponto de vista constitucional, enformam a sua verdadeira natureza e recortam o núcleo essencial do seu estatuto.

No mais, próprio ou relativo ao seu estatuto, a Constituição reservou à Assembleia da República a competência exclusiva para legislar sobre ele.

Na verdade, o artigo 164.°, alínea *m*), dispõe que é da exclusiva competência da Assembleia da República legislar sobre a matéria do "estatuto dos titulares dos órgãos de soberania e do poder local, bem como dos restantes *órgãos constitucionais* ou eleitos por sufrágio directo e universal" (itálico aditado).

É evidente que o Provedor de Justiça é um órgão constitucional, porquanto criado pela Constituição e cuja competência é, também, por ela definida, pelos menos nos seus elementos constitucionalmente caracterizantes.

Segundo emerge daquele artigo 23.°, o Provedor de Justiça é um órgão do Estado, de natureza independente, perante todos os demais órgãos constitucionais, conquanto designado, pelo tempo que a lei determinar (quatro anos —

artigo 6.° da Lei n.° 9/91, de 9 de Abril), pela Assembleia da República, por uma maioria qualificada de dois terços dos Deputados presentes, desde que superior à maioria absoluta dos Deputados em efectividade de funções.

Enquanto órgão constitucional, é também a Constituição que define a competência que o caracteriza enquanto tal. E fá-lo sob quatro ângulos diferentes. De um lado, evidenciando a sua posição institucional em relação aos cidadãos, dizendo que os cidadãos lhe podem apresentar queixas — é, assim, um órgão aberto ao recebimento das queixas dos cidadãos, sem distinções, no todo do Estado unitário; do outro, referindo que essas queixas podem ter por objecto acções ou omissões dos poderes públicos; depois, estatuindo que o Provedor apreciará essas queixas sem poder decisório e dirigindo aos órgãos competentes as recomendações necessárias para prevenir e reparar injustiças; e, finalmente, dispondo que essa competência é levada a cabo de modo independente dos meios graciosos e contenciosos previstos na Constituição e nas leis.

Como se vê, a competência constitucionalmente atribuída ao Provedor de Justiça abrange todos os "poderes públicos" e, decorrentemente, assim, os actos por estes praticados.

Pela sua própria natureza, ressalvam-se os actos jurisdicionais, em face do disposto nos artigos 203.° e 205.° da Constituição.

De acordo com a configuração dada pelo legislador constitucionalmente competente [artigo 164.°, alínea *m*)] ao estatuto do Provedor de Justiça (Lei n.° 9/91), o terreno privilegiado da sua actuação é a Administração, não estando excluído qualquer sector dela, abrangendo assim a administração estadual, regional ou local, directa ou indirecta, civil ou militar.

Conquanto a inserção constitucional do Provedor de Justiça na parte geral dos direitos fundamentais mostre claramente que ele "é essencialmente um órgão de garantia dos direitos fundamentais (de todos, e não apenas dos direitos, liberdades e garantias) perante os poderes públicos, em geral, e perante a Administração em especial" (cfr. J. J. Gomes Canotilho e Vital Moreira, *op. cit.*, Volume I, p. 440), nada impede que ele actue, no terreno daquela Administração, no domínio dos direitos económicos, sociais ou outros, conferidos pelo legislador ordinário.

A questão que se coloca, no caso, é, todavia, a de saber se o órgão Provedor de Justiça é um órgão do Estado de competência exclusiva nas matérias incluídas no seu estatuto jurídico-constitucional ou se as mesmas podem ser desdobradas ou repartidas através de provedores sectoriais ou especializados, com base numa ideia de que assim se poderão obter maiores níveis de protecção dos direitos dos cidadãos.

Na doutrina existe uma crítica generalizada à ideia de multiplicação dos provedores sectoriais regionais.

É, muito em especial, o caso de Jorge Miranda (Artigo 23.°, *Constituição Portuguesa Anotada*, org. Jorge Miranda/Rui Medeiros, Tomo I, Coimbra, 2005, p. 220), que sustenta:

> "A lei não pode criar Provedores de Justiça especializados, como já tem sido preconizado (Provedor para as Forças Armadas, Provedor Ecológico, Provedor do Consumidor, Provedores Municipais, Provedor da Criança, Provedor das Pessoa Idosas, Provedor da Saúde) ou como já chegou a ser estabelecido (Defensor do Contribuinte).
>
> A competência de um órgão constitucional decorre da norma constitucional, explícita ou implicitamente, ou tem nela a sua base. Daí que não possa o Provedor de Justiça, órgão constitucional, ser despojado de faculdades que lhe pertençam, em proveito de outros órgãos, nem que possam as suas competências ou as matérias delas objecto ser desdobradas ou repartidas através de mais de um Provedor.
>
> Não pode haver dois ou mais Provedores [...]".

Na mesma linha de pensamento vai Vieira de Andrade, ao declarar o seu "alinhamento incondicional com aqueles que defendem uma concepção unitária e plurifuncional da instituição e se opõem à proliferação de provedores especializados em função das várias áreas da actividade administrativa" ("O Provedor de Justiça e a protecção efectiva dos direitos fundamentais", in *O Provedor de Justiça — Estudos*, Lisboa, 2006, p. 62).

Mas há, também, autores que, com mais ou menos dúvidas ou limites (cfr. João Caupers, in *O Cidadão, o Provedor de Justiça e as Entidades Administrativas Independentes*, p. 88, e, reportando-se a provedores regionais, Rui Medeiros, Tiago Fidalgo de Freitas e Rui Lanceiro, in *Enquadramento da Reforma do Estatuto Político-Administrativo da Região Autónoma dos Açores*, p. 124), admitem não existir uma proibição constitucional de provedores especializados.

Entende, porém, o Tribunal que, sendo a competência do órgão constitucional, Provedor de Justiça, definida pela Constituição, não pode esse órgão ser despojado das faculdades que lhe pertençam ou as matérias delas objecto ser desdobradas através de mais de um Provedor.

A repartição, com outros órgãos, das faculdades inseridas na competência com que foi dotado constitucionalmente o Provedor de Justiça, ainda que respeitando as suas atribuições constitucionais e obrigando a agir em coordenação ou de forma articulada com este, desfigura o órgão tal como foi concebido pela Lei Fundamental, na medida em que introduz elementos distorcedores da unidade da sua actuação para todo o território nacional e para todos os poderes públicos.

A existência, ao lado, de um outro órgão, criado pelo legislador ordinário, com atribuições decalcadas ou paralelas às do Provedor de Justiça, especializadas ou não, ainda que de âmbito regional, não deixa de descaracterizar o tipo constitucionalmente construído do mesmo órgão sem agregação a quaisquer especialidades da matéria da sua competência ou a quaisquer entes territoriais, antes atingindo todos os poderes públicos, enfraquecendo, em termos de visibilidade e intensidade práticas, os poderes e faculdades com que foi dotado o órgão constitucional.

Está vedada ao legislador ordinário a conformação de qualquer outro órgão, a quem sejam, concomitantemente, atribuídas as funções de apreciar, sem poder decisório, as queixas dos cidadãos por acções ou omissões dos poderes públicos, e de dirigir aos órgãos competentes as recomendações necessárias para prevenir e reparar injustiças.

Ora, é exactamente isso que sucede na situação recortada no artigo 130.° do EPARAA. É que os provedores sectoriais regionais recebem, com autonomia em relação ao Provedor de Justiça, "queixas dos cidadãos por acções ou omissões de órgãos e serviços da administração regional autónoma, de organismos públicos ou privados que dela dependam, de empresas privadas encarregadas da gestão de serviços públicos regionais ou que realizem actividades de interesse geral ou universal no âmbito regional" e podem, igualmente com autonomia em relação ao mesmo Provedor de Justiça, dirigir as recomendações que entenderem àquelas entidades.

Temos, assim, que não podem deixar de ter-se por inconstitucionais, por violação do artigo 23.° da Constituição, os artigos 7.°, n.° 1, alínea *o*), 47.°, n.° 4, alínea *c*), 67.°, alínea *d*), 101.°, n.° 1, alínea *n*), e 130.° do Estatuto Político-Administrativo dos Açores.

D) *Audição dos órgãos regionais pelo Presidente da República, em caso de dissolução da Assembleia Legislativa Regional (artigo 114.°)*

O artigo 114.° do EPARAA estabelece: "A Assembleia Legislativa, o Presidente do Governo Regional e os grupos e representações parlamentares da Assembleia Legislativa devem ser ouvidos pelo Presidente da República antes da dissolução da Assembleia Legislativa e da marcação da data para a realização de eleições regionais ou de referendo regional".

O requerente contesta a constitucionalidade desta norma na medida em que impõe, ao Presidente da República, deveres de audição adicionais para além dos já previstos na Constituição, em caso de dissolução da Assembleia Legislativa.

De facto, de acordo com o artigo 133.° da Constituição, a Assembleia Legislativa Regional pode ser dissolvida "ouvidos os partidos nela representados e o Conselho de Estado" [alínea *j)*] em paralelo total com o que sucede a respeito da Assembleia da República [alínea *e)*]. O que o artigo 114.° do EPARAA faz é introduzir um trâmite adicional no processo de dissolução daquele órgão.

Segundo esse artigo, terão de ser ouvidos não só o Conselho de Estado e os partidos representados na Assembleia Legislativa, mas, ainda, a Assembleia Legislativa, enquanto órgão colectivo no seu conjunto, e o Presidente do Governo Regional, que passaria, assim, a ser titular de um direito de audição autónomo, fora do Conselho de Estado, de que faz parte integrante, nos termos do artigo 142.°, alínea *e)*, da Constituição.

O artigo 110.°, n.° 2, estabelece, porém, a taxatividade do quadro de competências dos órgãos de soberania, nos termos que se seguem: "A formação, a composição, a competência e o funcionamento dos órgãos de soberania são os definidos na Constituição".

Daqui decorre — asseveram Gomes Canotilho e Vital Moreira — "que a competência dos órgãos de soberania — entre os quais se conta o Presidente da República — é a que consta da Lei Fundamental" (*Os Poderes do Presidente da República*, Coimbra, 1991, p. 35).

Essa taxatividade dos poderes do Presidente da República impede a sua ampliação por lei, mas impede também, obviamente, a sua restrição por via legal. Trata-se de uma matéria sujeita a "reserva de Constituição" (cfr. Jorge Miranda, *Manual de Direito Constitucional*, Tomo V, 3.ª edição, p. 198).

A taxatividade dos procedimentos a observar pelo Presidente da República colhe-se, por outro lado, directamente do disposto no artigo 133.°, alínea *j)*, da Constituição, ao dispor que compete ao Presidente da República, relativamente a outros órgãos, "dissolver as Assembleias Legislativas das regiões autónomas, ouvidos o Conselho de Estado e os partidos nelas representados, observado o disposto no artigo 172.°, com as necessárias adaptações", não sendo de lhe opor a norma do artigo 229.°, n.° 2, da Constituição que prevê um dever genérico de audição das regiões, dado aquela norma regular exaustiva e especificamente o procedimento em causa.

Nesta matéria, a lei nada pode fazer. A matéria é reserva de Constituição, ou melhor, constitui reserva de competência do legislador constituinte.

Esta reserva de Constituição em matéria de poder do Presidente da República e o carácter taxativo dos seus poderes compreende-se como expressão de um princípio do equilíbrio institucional de poderes, cujos termos só o poder constituinte poderá alterar. Nem o legislador ordinário nem o legislador estatutário o poderão fazer.

Anote-se que o Tribunal já se pronunciou no Acórdão n.° 402/08, disponível em *www.tribunalconstitucional.pt*, sobre uma questão algo paralela no que tange à conexão que intercede entre uma norma constitucional atributiva de competência e a norma constitucional que prevê um dever genérico de audição das regiões (artigo 229.°, n.° 2, da Constituição).

Conclui-se, assim, que o artigo 114.° do EPARAA, ao prever que a Assembleia Legislativa e o Governo da Região devem ser ouvidos, pelo Presidente da República, antes da dissolução da Assembleia Legislativa Regional, é inconstitucional, por violação dos artigos 133.°, alínea *j*), e 110.°, n.° 2, da Constituição da República Portuguesa.

E) Procedimento de audição qualificada (artigo 119.°, n.os 1 a 5)

O Provedor de Justiça coloca, ainda, a questão da constitucionalidade do artigo 119.°, n.os 1 a 5, do EPARAA.

A sua argumentação vai, essencialmente, no sentido de que o artigo 229.°, n.° 2, da Constituição é insusceptível da interpretação maximalista que lhe é dada pelo citado artigo 119.° do EPARAA.

Note-se que, nos termos do n.° 1, o procedimento de audiência qualificada abrange os seguintes casos: *a)* "Iniciativas legislativas susceptíveis de serem desconformes com qualquer norma do presente Estatuto"; *b)* "Iniciativas legislativas ou regulamentares que visem a suspensão, redução ou supressão de direitos, atribuições ou competências regionais" e *c)* "Iniciativas legislativas destinadas à transferência de atribuições ou competências da Administração do Estado para as autarquias locais dos Açores".

O procedimento previsto no artigo 119.° contém exigências de tramitação, nomeadamente nos seus n.os 2 e 4, cuja constitucionalidade terá de se questionar.

Nos termos do n.° 2 do artigo 119.° do Estatuto Político-Administrativo da Região Autónoma dos Açores, o procedimento de audição qualificada inicia-se com o envio, para o órgão de governo próprio da região que seja no caso competente, da proposta ou projecto de acto.

Ora, essa proposta ou esse projecto deve, segundo o mesmo preceito, estar "acompanhado de uma especial e suficiente fundamentação [...] à luz dos princípios da primazia do Estatuto, do adquirido autonómico e da subsidiariedade".

Ou seja, a Assembleia da República, para efeitos de procedimento, terá de fundamentar a legislação, que é da sua exclusiva competência e que visa o todo nacional, à luz dos princípios da primazia do Estatuto, do adquirido autonómico e da subsidiariedade que protegem a autonomia regional.

Note-se que não são os órgãos de governo regional que se pronunciam com base em tais princípios, mas é, sim, a Assembleia da República que o deverá fazer.

O ónus da prova do facto negativo (não violação da primazia do Estatuto, do adquirido autonómico e da subsidiariedade) fica do lado dos órgãos de soberania. Não é a Região que deverá invocar os princípios que a favorecem, ao emitir o seu parecer: é o órgão de soberania que deverá demonstrar que não existe, na solução legislativa proposta, violação desses princípios.

É evidente que os órgãos de soberania deverão, naturalmente, respeitar os princípios que exprimem a autonomia regional [artigos 6.°, 225.°, 227.°, 228.° e 288.°, alínea *o)*].

Mas o artigo 119.°, n.° 2, não se limita a especificar os princípios que os órgãos de soberania devem respeitar ou ponderar: obriga-os a fundamentar a sua proposta de âmbito nacional, perante os órgãos regionais, à luz dos princípios de protecção da autonomia regional, como se eles não fossem uma parte do todo nacional, mas antes um destinatário externo nele não integrado.

O regime da audição qualificada não se contém por aqui. Há mais aspectos a considerar.

No caso de o parecer do órgão de governo próprio da Região ser desfavorável ou de não-aceitação das alterações propostas pelo órgão de soberania em causa, deve, nos termos do n.° 4 do artigo 119.°, constituir -se uma "comissão bilateral".

Essa comissão bilateral deverá ser composta por um número igual de representantes do órgão de soberania e do órgão de governo próprio e formular, de comum acordo, uma proposta alternativa, no prazo de 30 dias (salvo acordo em contrário quanto a este prazo).

Quer dizer, se a Região não emitir parecer favorável o procedimento deixa de ser da audição conformada no artigo 229.°, n.° 2, da Constituição e transforma-se numa negociação.

Aqui, a relação constitucional de poderes desfigura-se: a Região não só será ouvida, como poderá negociar e, eventualmente, impor a sua vontade, nomeadamente quando o órgão de soberania, que seja no caso competente para decidir, possa ter, a seu desfavor, a pressão do tempo de decisão.

É, aliás, o que caracteristicamente poderá suceder em matérias económicas e financeiras.

Pode dizer-se que o órgão de soberania é livre, no final, de decidir como bem entender (n.° 5 do artigo 119.°). Não poderia, aliás, deixar de ser assim. Mas a verdade é que o órgão de soberania fica impedido de decidir nesse período de tempo em que negoceia com a Região uma solução de âmbito nacional.

A norma contida no artigo 119.°, n.° 4, do Estatuto Político-Administrativo da Região Autónoma dos Açores é susceptível de subverter, totalmente, a lógica e o fundamento do dever de audição, recortado no artigo 229.°, n.° 2, da Constituição. Não se trata já de atender ao que o órgão regional diz a respeito de actos normativos de alcance nacional, mas sim de negociar esses actos normativos com a Região.

A ideia que ressalta, em tal situação, é a de que se está perante um processo de co-decisão, com distorção, portanto, do sentido consagrado constitucionalmente relativamente ao direito de audição no artigo 229.°, n.° 2, da Constituição, conduzindo, necessariamente, a que a Assembleia da República e o Governo fiquem diminuídos da sua competência de dispor legislativamente sobre as matérias em causa, a todo o tempo, cumprido que seja o dever genérico de audição e por esta via a violar-se, também, a reserva de Constituição consagrada no artigo 110.°, n.° 2, da Constituição.

O procedimento de negociação, durante 30 dias (salvo acordo de ambas as partes em contrário), extravasa, claramente, o âmbito do dever de audição constitucionalmente previsto no artigo 229.°, n.° 2.

Estando o n.° 2 e o n.° 4 do artigo 119.° do EPARAA em contradição com o sentido do dever de audição estabelecido do artigo 229.°, n.° 2, da Constituição, resta perguntar se poderão subsistir os restantes números do artigo 119.° A resposta é, porém, evidente: o n.° 1 delimita o âmbito material do dever de audição qualificada que segue a tramitação dos n.os 2 e 4, o n.° 3 mais não faz do que definir um prazo para a resposta da Região ao parecer que deveria ser emitido nos termos do n.° 2 e o n.° 5 apenas se compreende à luz da solução inconstitucional do n.° 4, com o qual literalmente se relaciona. Assim sendo, a inconstitucionalidade dos n.os 2 e 4 terá de arrastar consigo a inconstitucionalidade consequente dos n.os 1, 3 e 5.

Deste modo, impõe-se concluir pela inconstitucionalidade, com força obrigatória geral, do artigo 119.°, n.os 1 a 5, do EPARAA, por violação dos artigos 229.°, n.° 2, 110.°, n.° 2, e 225.°, n.° 3, da Constituição.

F) Limitação dos poderes de revisão do Estatuto às normas estatutárias sobre as quais incida a iniciativa da Assembleia Legislativa e às matérias correlacionadas (artigo 140.°, n.° 2).

Relembre-se que o preceito estabelece que "os poderes de revisão do Estatuto pela Assembleia da República estão limitados às normas estatutárias sobre as quais incida a iniciativa da Assembleia Legislativa e às matérias correlacionadas".

Ora, sobre a matéria dos Estatutos e leis eleitorais, dispõe o artigo 226.° da Constituição:

1. Os projectos de estatutos político-administrativos e de leis relativas à eleição dos deputados às Assembleias Legislativas das regiões autónomas são elaborados por estas e enviados para discussão e aprovação à Assembleia da República.

2. Se a Assembleia da República rejeitar o projecto ou lhe introduzir alterações, remetê-lo-á à respectiva Assembleia Legislativa para apreciação e emissão de parecer.

3. Elaborado o parecer, a Assembleia da República procede à discussão e deliberação final.

4. O regime previsto nos números anteriores é aplicável às alterações dos estatutos político-administrativos e das leis relativas à eleição dos deputados às Assembleias Legislativas das regiões autónomas.

Verifica-se, assim, que, apesar de caber à Assembleia da República, no âmbito da sua competência política e legislativa, aprovar os estatutos político-administrativos e as leis relativas à eleição dos deputados às Assembleias Legislativas das regiões autónomas, e respectivas alterações [artigo 161.°, alínea *b*), da Constituição], o certo é que o poder de impulso dessa iniciativa legislativa não reside nela, mas nas Assembleias Legislativas das regiões autónomas.

Resulta, todavia, dos n.ºs 2 e 3 do preceito constitucional que o poder de discussão e aprovação dos estatutos e respectivas alterações não se resume somente a um poder de concordância com os projectos elaborados pelas Assembleias Legislativas das regiões autónomas.

Questão controvertida é a questão da existência dos limites à revisão dos Estatutos por parte da Assembleia da República.

Abordando tal temática dizem J. J. Gomes Canotilho e Vital Moreira (*Constituição da República Portuguesa Anotada*, 3.ª edição, Coimbra, 1993, p. 847):

> "(...) a solução mais consentânea com o regime compartilhado de alteração dos estatutos é a de que a Assembleia da República não pode fazer alterações em áreas não envolvidas nas propostas de alteração da assembleia regional. Contra isto pode argumentar-se que isso constituiria uma limitação severa da liberdade legislativa e um congelamento inadequado do estatuto. Mas, sendo certo que a Assembleia da República não pode proceder a nenhuma proposta de revisão sem iniciativa regional, não se compreenderia que aproveitasse uma proposta de revisão de um aspecto menor para proceder a uma revisão geral do estatuto contra a vontade da região; em segundo lugar, a Assembleia da República pode sempre condicionar a aprovação de uma revisão à proposta de revisão de outras matérias; finalmente o estatuto pode sempre ser superado por via de revisão constitucional".

Num plano diametralmente oposto encontra-se a posição de Jorge Miranda (*Estatutos das Regiões Autónomas*, pp. 799; *Manual de Direito Constitucional*, Tomo III, 5.ª edição, p. 306, nota 1):

> "A Assembleia da República pode adoptar soluções diversas das preconizadas pelas Assembleias Legislativas regionais; não tem apenas de aprovar ou rejeitar as propostas estatutárias destas; pode aprovar propostas de alteração de iniciativa (superveniente) de Deputados e grupos parlamentares.
>
> E poderá tratar *ex novo* matérias não consideradas nas propostas de estatutos? Designadamente, aditar novos preceitos ou fazer alterações aos estatutos em vigor não constantes das propostas vindas das regiões?
>
> Respondemos afirmativamente, por causa da rigidez e da restrição aos poderes do parlamento — órgão com primado de competência legislativa — que

envolveria a posição contrária. De resto, perante quaisquer alterações introduzidas pela Assembleia da República, as Assembleias legislativas regionais terão sempre ainda a faculdade de se pronunciar [nos termos do artigo 226.°, n.° 2]".

Num sentido parcialmente convergente defende Rui Medeiros (*sub* Artigo 226.°, in *Constituição Portuguesa Anotada*, org. Jorge Miranda/Rui Medeiros, Vol. III, Coimbra, 2007, p. 289):

"Não se pode olvidar, por outro lado, que o princípio geral que vigora entre nós é o de que as situações de iniciativa reservada a certos órgãos respeitam apenas à iniciativa originária, pois o essencial se encontra nesta, a colaboração de vários órgãos e sujeitos de acção parlamentar no aperfeiçoamento do texto originário pode revelar-se muito útil e a própria ideia de racionalidade ligada ao debate parlamentar justifica uma tal solução (consultar anotação ao artigo 167.°). Enfim, a própria referência do n.° 2 do artigo 226.° a propostas de alteração tem, nos termos gerais, um sentido abrangente. Efectivamente, como está bem evidenciado no artigo 142.° do Regimento da Assembleia da República, as chamadas propostas de alteração podem ter a natureza, não apenas de propostas de emenda (propostas que, conservando todo ou parte do texto em discussão, restrinjam, ampliem ou modifiquem o seu sentido) e de eliminação (propostas que se destinem a suprimir a disposição em discussão), mas também de propostas de substituição (propostas que contenham disposição diversa daquela que tenha sido apresentada) e de aditamento (propostas que, conservando o texto primitivo e o seu sentido, contenham a adição de matéria nova)" (veja-se também, em sentido análogo, Rui Medeiros e Jorge Pereira da Silva, *Estatuto Político Administrativo da Região Autónoma dos Açores Anotado,* Lisboa 1997, pp. 22-27)".

O autor acrescenta, porém, que esta posição não significa um poder de revisão ilimitado:

"Não significa isto que a Assembleia da República possa desfigurar os projectos de revisão dos estatutos político-administrativos enviados pelos parlamentos regionais, introduzindo alterações substanciais nos projectos apresentados. Não se trata, portanto, de sustentar que "a Assembleia da República goza de um poder irrestrito de livre conformação do projecto de estatuto das Regiões Autónomas" (cfr., criticamente, Lucas Pires / Paulo Castro Rangel, *Autonomia e Soberania — os poderes de conformação da Assembleia da República*, p. 417). Pelo contrário, "pelo menos nas suas dimensões essenciais, a Assembleia da República não pode introduzir alterações ao projecto de um estatuto manifestamente rejeitadas por uma determinada região autónoma" [Gomes Canotilho, *Os Estatutos*, p. 14; cfr., em sentido próximo, se bem que a propósito do poder de emenda dos Deputados à proposta de orçamento apresentada pelo Governo, Tiago Duarte, *A Lei por detrás do Orçamento*, Lisboa, 2004 (polic.), pp. 644 e segs.]. O que se contesta é que um tal limite deva ser concretizado com base no critério puramente formal das matérias objecto dos projectos elaborados pelos parlamentos regionais (cfr., para maiores desenvolvimentos, Rui Medeiros / Jorge Pereira da Silva, *Estatuto*, pp. 20 e segs.)".

Segundo esta posição, portanto, os Deputados e grupos de Deputados à Assembleia da República seriam livres de introduzir alterações aos projectos de revisão do estatuto apresentados, desde que não lhes introduzam alterações substanciais.

Existem, assim, divergências sobre o limite dos poderes de revisão dos Estatutos e das respectivas alterações por parte da Assembleia da República.

Ora, o preceito estatutário sobre exame veio conferir aos n.ºs 2 e 4 do artigo 226.° da Constituição o sentido de que os poderes de revisão do Estatuto pela Assembleia da República estão limitados às normas estatutárias sobre as quais incida a iniciativa da Assembleia Legislativa e às matérias correlacionadas.

Porém, tanto o âmbito das alterações dos estatutos político-administrativos das regiões autónomas como os termos do procedimento em que as mesmas devem desenvolver-se são os que se encontram vertidos nos n.ºs 2 a 4 do artigo 226.° da Lei Fundamental.

Ao dispor sobre o alcance e os termos em que o procedimento das alterações estatutárias devem desenrolar-se, o preceito em causa acaba por intrometer-se na delimitação ou definição dos poderes constitucionais da intervenção da Assembleia da República sobre a matéria (artigo 110.°, n.° 2, da Constituição).

Ora, o certo é que não pode uma norma de direito ordinário estatuir o nível de rigidez de que a mesma norma se encontra revestida quando esse nível de imperatividade decorra de uma norma de categoria superior, como a norma constitucional.

Deste modo, o legislador ordinário está a usurpar poderes de legislador constituinte.

O preceito viola, assim, o princípio da reserva de competência constante das disposições conjugadas dos artigos 110.°, n.° 2, e 226.°, n.ºs 2 e 4, da Constituição.

III — Decisão

Destarte, atento tudo o exposto, o Tribunal Constitucional decide:

A — Declarar a inconstitucionalidade, com força obrigatória geral, das seguintes normas do Estatuto Político-Administrativo da Região Autónoma dos Açores, na redacção que lhe foi conferida pela Lei n.° 2/2009, de 12 de Janeiro:

1. Da norma constante do artigo 4.°, n.° 4, primeira parte, por violação conjugada do disposto nos artigos 164.°, alínea *s*), e 11.°, n.° 1, da Constituição da República Portuguesa;

2. Das normas constantes do artigo 7.°, n.° 1, alíneas *i) e j)*, por violação conjugada do disposto nos artigos 6.°, 7.°, 110.°, n.° 2, 225.°, n.° 3, e 227.°, n.° 1, alínea *u)*, da Constituição da República Portuguesa;

3. Das normas constantes dos artigos 7.°, n.° 1, alínea *o)*, 47.°, n.° 4, alínea *c)*, 67.°, alínea *d)*, 101.°, n.° 1, alínea *n)*, e 130.°, por violação do disposto no artigo 23.° da Constituição da República Portuguesa;

4. Da norma constante do artigo 114.°, na parte relativa à dissolução da Assembleia Legislativa, por violação conjugada do disposto nos artigos 133.°, alínea *j)*, e 110.°, n.° 2, da Constituição da República Portuguesa;

5. Da norma constante do artigo 119.°, n.ºs 1 a 5, por violação conjugada do disposto nos artigos 110.°, n.° 2, 229.°, n.° 2, e 225.°, n.° 3, da Constituição da República Portuguesa;

6. Da norma constante do artigo 140.°, n.° 2, por violação conjugada do disposto nos artigos 110.°, n.° 2, e 226.°, n.ºs 2 e 4, da Constituição da República Portuguesa.

B — Não declarar a inconstitucionalidade das normas constantes dos artigos 34.°, alínea *m)*, e 124.°, n.° 2, do Estatuto Político-Administrativo da Região Autónoma dos Açores, na redacção que lhe foi conferida pela Lei n.° 2/2009, de 12 de Janeiro.

Lisboa, 30 de Julho de 2009. — *Benjamim Rodrigues* — *Ana Maria Guerra Martins* — *Gil Galvão* — *José Borges Soeiro* — *Vítor Gomes* — *Carlos Pamplona de Oliveira* (vencido em parte, conforme declaração) — *Mário José de Araújo Torres* (vencido quanto à declaração de inconstitucionalidade da norma do artigo 140.°, n.° 2, do EPARAA, pelas razões constantes da declaração de voto junta) — *Joaquim de Sousa Ribeiro* [vencido, quanto à alínea *A*) 6. da decisão, conforme declaração anexa] — *Maria Lúcia Amaral* (vencida em parte, conforme declaração de voto junta) — *João Cura Mariano* [vencido quanto ao ponto *A*) 1. da decisão, conforma declaração anexa] — *Maria João Antunes* (vencida em parte, nos termos da declaração junta) — *Rui Manuel Moura Ramos* — Tem voto de conformidade do Senhor Conselheiro *Carlos Cadilha* que não assina por não estar presente. — *Benjamim Rodrigues*.

DECLARAÇÃO DE VOTO

Votei vencido na parte em que a decisão se pronuncia pela inconstitucionalidade das normas ínsitas no n.° 4 do artigo 4.° e no n.° 2 do artigo 140.° do Estatuto dos Açores aprovado pela Lei n.° 2/2009 de 12 de Janeiro (EPARAA).

Quanto à primeira questão, entendo que os estatutos regionais são os diplomas constitucionalmente vocacionados para conterem a disciplina das matérias do tipo da que está em causa. Na verdade, o regime político-administrativo de cada uma das Regiões que deriva — nos termos do artigo 225.°, n.° 1, da Constituição — das características geográficas, económicas, sociais e culturais próprias, deve naturalmente condensar-se no estatuto de cada Região, salvo quanto às matérias que a Constituição expressamente ressalva. Assim, os regimes autonómicos são moldados, em primeiro lugar, pelas regras uniformes decorrentes do texto constitucional e, depois, pelas normas específicas de cada estatuto. Aprovados necessariamente por lei da Assembleia da República — artigo 226.°, n.os 3 e 4, da Constituição — e por maioria qualificada quanto às disposições que enunciam as matérias que integram os poderes legislativos regionais — artigo 168.°, n.° 6, alínea *f*), da Constituição —, os estatutos podem, em princípio, com a já referida ressalva, conter normas sobre *todas* as matérias da competência deste órgão de soberania, ainda que exclusiva, desde que concernentes ao regime autonómico da Região a que respeitem. A norma em causa, segundo a qual «a bandeira da Região é hasteada nas instalações dependentes dos órgãos de soberania na Região e dos órgãos de governo próprio ou de entidades por eles tuteladas, bem como nas autarquias locais dos Açores», trata de matéria que cabe na competência da Assembleia da República, não está constitucionalmente subtraída ao estatuto, e reporta-se ao regime político-administrativo dos Açores; não é, em meu entender, formalmente inconstitucional.

No referido artigo 226.°, a Constituição impõe uma forma especial de aprovação das leis estatutárias, submetida à reserva de iniciativa das assembleias legislativas regionais; a norma ínsita no n.° 2 do artigo 140.° do EPARAA, ora em análise, limita-se a reafirmar este princípio, razão pela qual também não é, em meu entender, constitucionalmente desconforme. — *Carlos Pamplona de Oliveira.*

DECLARAÇÃO DE VOTO

Votei vencido quanto à decisão de declaração de inconstitucionalidade da norma constante do artigo 140.°, n.° 2, do Estatuto Político-Administrativo da Região Autónoma dos Açores, aprovado pela Lei n.° 39/80, de 5 de Agosto, na redacção dada pela Lei n.° 2/2009, de 12 de Janeiro (doravante, EPARAA), segundo a qual "Os poderes de revisão do Estatuto pela Assembleia da República estão limitados às normas estatutárias sobre as quais incida a iniciativa da Assembleia Legislativa e às matérias correlacionadas".

Interessará começar por esclarecer que, contrariamente ao aludido na correspondente parte do pedido do requerente, a norma em causa tem apenas por objecto as "normas estatutárias" em sentido próprio, isto é, as normas que sejam formal e materialmente estatutárias. Relativamente a normas que, apesar de formalmente inseridas no Estatuto, não revestem a natureza de normas estatutárias, continua a valer o entendimento, desde sempre acolhido por este Tribunal, da "irrelevância" dessa inserção, mantendo a Assembleia da República inteira liberdade para alterar ou revogar tais normas, designadamente através de "lei comum", sem dependência de prévia iniciativa da assembleia legislativa regional.

Relativamente às normas estatutárias em sentido próprio, tem sido discutida, na doutrina e na praxe legislativa, a existência de limites à capacidade de decisão da Assembleia da República no quadro do procedimento de revisão dos estatutos regionais, limites esses que se podem situar em dois níveis: quanto ao âmbito ou objecto da intervenção da Assembleia da República e quanto ao conteúdo ou sentido dessa intervenção. Isto é: questiona-se quer a possibilidade de a Assembleia da República introduzir alterações em preceitos não incluídos no projecto de revisão, quer a possibilidade de, cingindo-se a esse objecto, vir a consagrar soluções que materialmente "desfigurem" o sentido desse projecto.

No presente caso, está apenas em causa aquele primeiro nível. A norma questionada visa tão-só a delimitar o âmbito ou objecto da intervenção possível da Assembleia da República, não pretendendo estabelecer quaisquer constrangimentos quanto ao sentido ou conteúdo dessa intervenção.

A opção tomada corresponde à seguida no relatório da Comissão de Assuntos Constitucionais, Direitos, Liberdades e Garantias sobre as alterações propostas ao decreto de revisão do EPARAA, relatado pelo Deputado Almeida Santos (*Diário da Assembleia da República*, I Série, n.° 31, de 16 de Janeiro de 1987, pp. 1280 e seguintes), onde se consignou:

> "Tem sido aceite sem oposição a interpretação do artigo 228.° da Constituição, segundo a qual a reserva de iniciativa das assembleias regionais quanto aos estatutos da respectiva Região se estende às alterações dos mesmos estatutos, não podendo a Assembleia da República alterar, por seu turno, dispositivos não abrangidos por aquela iniciativa.
>
> A Comissão debateu o que deve entender-se por unidade legislativa sujeita a proposta de alteração (se cada artigo, se os respectivos números, se as correspondentes alíneas), tendo-se esboçado um entendimento em torno de que é o artigo a unidade a considerar, sem se ter desenhado a necessidade de uma tomada de posição a este respeito."

E é posição que, na doutrina, tem sido defendida, designadamente, por J. J. Gomes Canotilho, *Direito Constitucional e Teoria da Constituição*, 7.ª edição, Coimbra, 2003, pp. 774-778, J. J. Gomes Canotilho e Vital Moreira, *Constituição da República Portuguesa Anotada*, 3.ª edição, Coimbra, 1993, p. 847: "a solução mais consentânea com o regime comparticipado de alteração dos estatutos é a de que a Assembleia da República não pode fazer alterações em áreas não envolvidas nas propostas de alteração da assembleia regional"); Francisco Lucas Pires e Paulo Castro Rangel, "Autonomia e Soberania (Os poderes de conformação da Assembleia da República na aprovação dos projectos de estatutos das Regiões Autónomas", em *Juris et de Jure — Nos vinte anos da Faculdade de Direito da Universidade Católica Portuguesa — Porto*, Porto, 1998, pp. 411-434: "A Assembleia da República (...) não [pode], portanto, aditar novos preceitos ou introduzir alterações em preceitos cuja modificação não tenha sido proposta pela Assembleia Legislativa Regional, de acordo, aliás, com o n.° 4 do artigo 226."; e Carlos Blanco de Morais, *A Autonomia Legislativa Regional*, Lisboa, 1993, p. 215: "Entendemos que a Assembleia da República não poderá inovatoriamente alterar matérias do estatuto originário, não insertas no projecto de revisão".

Do exposto resulta que as normas constitucionais pertinentes — n.os 2 e 4 do artigo 226.° — permitem o entendimento que veio a ser consagrado na norma estatutária ora questionada, ao que acresce que o mesma se apresenta como o mais conforme ao espírito que rege o regime constitucional de aprovação e revisão dos estatutos regionais, que consagra um procedimento concertado, que parte do reconhecimento de que "o direito à elaboração dos estatutos e o direito de alteração dos estatutos são uma dimensão nuclear da autonomia regional" (J. J. Gomes Canotilho, *obra citada*, p. 776). Rege nesta matéria um princípio de cooperação dos órgãos de soberania e dos órgãos regionais, sendo no quadro deste "espírito constitucional" que se deve interpretar tal cooperação, referindo Francisco Lucas Pires e Paulo Castro Rangel (*local citado*, p. 423): "O modelo da Constituição da República Portuguesa é, por conseguinte, o modelo de um procedimento concertado — em linguagem de direito comunitário não se lhe poderia decerto chamar «procedimento de codecisão», mas poder-se-ia nomeá-lo, sem forçar, como «procedimento de cooperação». O que se pretende, numa palavra, é que cada órgão actue, pelo menos, numa medida «suportável», «aceitável», «sustentável» para o outro".

Ora, afigura-se que a solução consagrada na norma ora questionada, para além de ser compatível com a formulação constitucional, surge como sendo a que melhor se adequa ao apontado "princípio da cooperação" em matéria estatutária regional. Representaria, na verdade, um desrespeito desse princípio, se, por exemplo, perante um projecto de revisão estatutária que se limitasse, a propor alterações ao artigo relativo aos símbolos regionais, a Assembleia da República aproveitasse o ensejo e introduzisse profundas alterações noutros capítulos estatutários, de todo estranhos ao objecto do projecto de revisão, como, por exemplo, procedendo a uma redução drástica da enumeração das matérias de interesse regional. Em tal hipótese, não seria lícito sustentar que fora respeitado, em termos materiais, a regra constitucional que atribui às assembleias legislativas regionais o exclusivo do poder de iniciativa da revisão estatutária.

Nem se diga que, dessa forma, se exaspera a chamada "rigidez estatutária". Esta "rigidez" resultou directa e exclusivamente de uma opção do legislador constitucional, ao atribuir em exclusivo às assembleias legislativas regionais o poder de iniciativa em matéria de aprovação e revisão dos estatutos. Tal "rigidez" atingirá o seu grau máximo perante persistentes atitudes de completa inércia de iniciativa regional. Nesta perspectiva, a solução consagrada na norma agora em causa até pode contribuir, em termos práticos, para a atenuação dessa rigidez, uma vez que não é de afastar que a inibição, por parte das assembleias legislativas regionais, de apresentação de projectos de revisão seja condicionada pelo temor de, a entender-se consagrado um poder ilimitado da Assembleia da República de alterar qualquer parte do estatuto, correr o risco de, face a um projecto de revisão bem delimitado, serem introduzidas, sem iniciativa da Região, alterações profundas e tidas por regressivas da autonomia regional.

Refira-se, por último, que a norma questionada não representa qualquer "usurpação do poder constituinte". A regulação do procedimento legislativo de aprovação e revisão dos estatutos regionais não consta de forma esgotante do texto constitucional, nenhum obstáculo havendo a que seja igualmente desenvolvida nos estatutos regionais (desde que, obviamente, em termos compatíveis com as regras constitucionalmente consagradas, mas então a eventual desconformidade acarretaria inconstitucionalidade material, que não "usurpação" pelos estatutos da competência do legislador constitucional). Aliás, no recente Acórdão n.° 402/08, em processo de fiscalização preventiva do Decreto n.° 217/X, relativo à 3.ª revisão do EPARAA, este Tribunal considerou admissível a inserção no Estatuto de regras relativas ao procedimento legislativo de revisão estatutária, não se tendo pronunciado pela inconstitucionalidade da regra do n.° 3 do artigo 47.° desse Decreto, que exigia maioria qualificada para a aprovação dos projectos de estatuto. — *Mário José de Araújo Torres.*

DECLARAÇÃO DE VOTO

Dissenti da decisão, quanto ao ponto A-6, por considerar que o poder da Assembleia da República de introduzir alterações nos projectos de revisão dos estatutos elaborados pelas Assembleias Legislativas regionais (artigo 226.°, n.ºs 2 e 4, da Constituição) se cinge às matérias sobre que tenha incidido a iniciativa destes órgãos. Às Assembleias Legislativas das regiões autónomas não cabe apenas um genérico poder de impulso que, uma vez exercido, ponha nas mãos da Assembleia da República o poder de decidir sobre quaisquer matérias estatutárias, comportando o poder de introduzir matéria nova, não contemplada no projecto recebido. O poder de iniciativa daqueles órgãos regionais não se exerce no vácuo, tem como referente objectivo cada uma das normas projectadas, a elas e só a elas abrange, pelo que é de lhe atribuir valência delimitativa do âmbito material da decisão da Assembleia da República.

Só esta interpretação está de acordo com o modelo constitucional de concertação e de confluência de vontades entre os órgãos legiferantes regionais e o nacional, em matéria de criação e de revisão dos Estatutos. Esse modelo é o de uma competência partilhada, em que aos primeiros cabe a iniciativa e ao segundo o poder decisório sobre a solução definitiva. Ora, se este poder estivesse legitimado a incidir sobre as áreas não cobertas pelo projecto de alteração, as normas que resultassem do seu exercício não teriam na sua base uma iniciativa prévia da Assembleia Legislativa regional sobre os pontos que elas regulam, o que contraria o balanceamento de poderes constitucionalmente traçado.

É claro que este regime de condicionamento recíproco dos poderes de normação estatutária, com incidência, cada um deles, em distintas fases do *iter* legislativo, dota os estatutos regionais de uma acentuado grau de rigidez, trazendo consigo um risco forte de bloqueamento dos processos de revisão, por mais aconselháveis que eles se possam afigurar. Mas, contrariamente ao afirmado no Acórdão, essa rigidez não é "superior à prevista na Lei Fundamental", correspondendo antes ao inevitável efeito reflexo do que por esta foi intencionado. Em matéria tão delicada, de definição da "competência das competências", foi esse o meio encontrado de achar um ponto de equilíbrio entre os poderes regionais e o da República. Uma outra opção, de total desvinculação da Assembleia da República do objecto do projecto regional de revisão, importa a intervenção do legislador constituinte.

De resto, pode duvidar-se de que a interpretação que fez vencimento contribua para contrariar aquele bloqueamento. Pois não é ousado supor que o receio de um aproveitamento, em sentido indesejado, de uma iniciativa de revisão desincentive a assembleia regional de desencadear um procedimento de alteração. E, sem iniciativa deste órgão, não há revisão.

Pelo exposto, ter-me-ia pronunciado pela constitucionalidade do artigo 140.°, n.° 2, dos Estatutos da Região Autónoma dos Açores, na versão que lhe foi dada pela Lei n.° 2/2009, de 12 de Janeiro — norma formulada, aliás, em termos abertos, com margem de flexibilidade aplicativa, na medida em que reconhece o poder da assembleia da república em adicionar novos preceitos em "matérias correlacionadas" com as versadas no projecto regional.

Pode dizer-se, num outro plano, que, por fundada que seja esta interpretação do disposto na Constituição, não cabe aos Estatutos afirmá-la. Mas o Tribunal sempre tem entendido que preceitos infraconstitucionais repetitivos do que a Constituição consagra não estão, por isso, feridos de inconstitucionalidade. — *Joaquim de Sousa Ribeiro.*

DECLARAÇÃO DE VOTO

1. Votei vencida quanto ao ponto 3 da decisão [declaração de inconstitucionalidade das normas constantes dos artigos 7.°, n.° 1, alínea *o)*, 47.°, n.° 4, alínea *c)*, 67.°, alínea *d)*, 101.°, n.° 1, alínea *n)* e 130.° dos Estatutos: provedores sectoriais regionais] e quanto ao seu ponto 6 (declaração de inconstitucionalidade da norma constante do artigo 140.°, n.° 2: procedimento de alteração dos estatutos), pelas razões seguintes.

2. O Tribunal entendeu que eram inconstitucionais as normas estatuárias que previam a possibilidade de criação, por decreto legislativo regional, de provedores sectoriais apenas para a Região. Fê-lo com um único fundamento: violação do artigo 23.° da Constituição. Quer isto dizer que entendeu como determinante para o juízo de inconstitucionalidade não a dimensão regional da questão (não o facto de a previsão ser constante de norma estatutária) mas a sua dimensão institucional-nacional, ou seja, o facto de o artigo 23.° da Constituição consagrar um Provedor único, para todo o território nacional, e plurifuncional, ou com competências para a defesa não jurisdicional dos direitos das pessoas sem acepção de matérias. Concordo inteiramente com o juízo do Tribunal nesta parte. Não sendo a figura dos chamados "provedores sectoriais" constitucionalmente proibida, nenhuma razão haveria para entender que os Estatutos não poderiam prever a sua criação só para a Região, através de decreto legislativo regional. O nó górdio do problema reside assim (tal como o entendeu o Tribunal) na questão de saber se é inconstitucional a criação por acto legislativo, qualquer que ele seja, de um "provedor" que seja "sectorial". O Tribunal entendeu que o era; foi desse julgamento que dissenti.

É certo que o artigo 23.° da Constituição consagra, como órgão constitucional, um Provedor de Justiça que é simultaneamente único e plurifuncional: as suas competências de defesa não jurisdicional dos direitos das pessoas valem para todo o território nacional, sendo os actos e omissões da Administração regional, local ou estadual o "terreno privilegiado" da sua expressão, sem acepção de matérias ou sem consideração dos bens substanciais tutelados pelo direitos a defender. Por isso (Gomes Canotilho/Vital Moreira, *Constituição da República Portuguesa Anotada,* 3.ª edição, p. 172) é o Provedor de Justiça, nos termos do artigo 23.°, um provedor plurifuncional: provedor médico, provedor militar, provedor do ensino ou provedor do ambiente.

Sendo tudo isto certo, creio no entanto que fica por demonstrar que seja inconstitucional a criação — desde logo pelo legislador ordinário, qualquer que ele seja — de provedores sectoriais.

Não o é, seguramente, por força do princípio formal-competencial de reserva de constituição. O Provedor de Justiça a que se refere o artigo 23.° da

Constituição foi primeiro instituído por lei ordinária, e só depois (logo com a primeira versão da Constituição) recebido pela Constituição ou constitucionalizado. Tanto basta para demonstrar que não estamos aqui perante "matérias" que sejam, pela sua própria natureza ou por expressa imposição constitucional, reservadas à esfera de normação própria do poder constituinte, com exclusão de qualquer intervenção conformadora por parte do legislador ordinário. O facto de a Constituição portuguesa, ao contrário de muitas outras, ter escolhido atribuir à instituição do Provedor valor e dignidade constitucional, terá seguramente consequências quanto à vinculação do poder legislativo; contudo, tais consequências inserir-se-ão no âmbito do princípio substancial do primado da Constituição, e não no âmbito do princípio formal-competencial da reserva de poder constituinte. Assim, o essencial da argumentação deve encontrar-se no ponto que segue.

Desta opção da Constituição, de conferir valor e dignidade constitucional à instituição "Provedor de Justiça", decorrem vínculos seguros para o legislador ordinário. Desde logo, e negativamente, é-lhe vedada a eliminação da instituição; depois, e positivamente, é-lhe imposto um dever de conformação [da mesma instituição] em harmonia com os fins e funções que constitucionalmente lhe são atribuídos. Ao julgar como julgou, o Tribunal partiu do princípio segundo o qual «a proibição da existência de provedores sectoriais se incluiria no âmbito deste dever do legislador de conformar a instituição "Provedor de Justiça" em harmonia com as funções que lhe são constitucionalmente conferidas». A meu ver, porém, ficou por demonstrar a necessária inclusão de uma coisa na outra. Como creio que a interpretação da Constituição se não faz pela leitura isolada dos seus preceitos — visto que nenhuma constituição se confunde com um "simples corpo articulado de preceitos escritos" — penso que a demonstração, a poder ser feita, requereria argumentos sistémicos fortes, que não vejam onde possam ser encontrados: nem na "unidade de sentido dos direitos fundamentais", razão maior para a existência, constitucionalmente tutelada, do Provedor de Justiça, nem no tipo de competências, não decisórias, que lhe são atribuídas, encontro tais argumentos. Não se discute que a criação de provedores sectoriais poderá corresponder a uma má política legislativa: como é evidente, as magistraturas de influência serão tanto menos influentes quanto mais plurais forem. Também se não discute que, no limite, a má política legislativa possa redundar na emissão de normas inconstitucionais lesivas — *i. e.* — de um dever de boa administração. Contudo, o que creio é que este último juízo, a fazer-se, só poderá fundar-se no exame da instituição em concreto, de cada "Provedor Sectorial". A condenação em bloco da existência da figura, com fundamento em inconstitucionalidade, é que me parece infundada.

3. Dissenti também do juízo que foi formulado a propósito da norma estatuária referente ao procedimento a seguir quanto à alteração do próprio Estatuto

(artigo 140.°, n.° 2). A questão que aqui se coloca é a de saber se há algum espaço para a conformação do *iter* procedimental a seguir sempre que estiver em causa a alteração do Estatuto Político-Administrativo da Região. Entre o poder de impulso que, nos termos constitucionais, pertence em exclusivo à Assembleia Legislativa da Região, e o poder de deliberação que, nos mesmos termos, pertence à Assembleia da República, existe espaço para uma ulterior regulação do procedimento, nomeadamente quanto à competência para o agendamento das matérias objecto da alteração? Em bom rigor, a pergunta subdivide-se em três questões distintas: primeira, a questão de saber se a Constituição responde, ela própria, ao problema; segunda, a questão de saber se pode o mesmo ser respondido pelas normas estatutárias; terceira, a questão de saber se o modo como a norma contida no n.° 2 do artigo 140.°, agora em juízo, a ele respondeu, ultrapassa, ou não, os limites constitucionais que lhe são aplicáveis.

O Tribunal resolveu todas estas questões entendendo o seguinte: (*i*) a Constituição responde, ela própria, a este problema; (*ii*) de qualquer modo, nunca os Estatutos poderiam versar sobre a matéria (qualquer que fosse a solução neles contida) porque é ela reservada à decisão constituinte.

Não creio que a Constituição tenha dado resposta ao problema. O que aparece recortado no texto constitucional, com clareza, é que pertence só às Regiões o poder de iniciar o procedimento tendente à alteração dos estatutos; e que pertence só à Assembleia da República a competência para sobre elas deliberar. Entre o poder de impulso e o poder de deliberação existe, pois, um espaço para a conformação ulterior do procedimento tendente à aprovação, pelo Parlamento, das alterações estatutárias. É para mim natural que esse espaço venha a ser preenchido pelas próprias normas estatutárias. Sendo os Estatutos Político-Administrativos das Regiões precisamente aquilo que são — a norma básica da Região, que, no quadro dos limites constitucionais, concretiza e organiza as regras fundamentais da autonomia — parece-me que pertencerá naturalmente ao seu âmbito a concretização e a organização das regras de procedimento relativas à alteração das suas próprias normas. Se — diversamente do que foi o juízo maioritário do Tribunal — se partir do princípio segundo o qual a Constituição, não respondendo ela própria ao problema, deixa algum espaço para a conformação ulterior do *iter* procedimental, nem outra conclusão se afigura possível: as normas estatutárias poderão ser o lugar adequado para o preenchimento deste espaço.

No caso, determinava o n.° 2 do artigo 140.° do EPARAA que pertencesse à Região, não apenas o poder de impulso do procedimento legislativo nacional tendente à aprovação das alterações das normas estatutárias, mas também o poder de agendamento das matérias objecto de alteração. Não me parece que esta conformação ulterior do procedimento legislativo ultrapassasse quaisquer limites constitucionais. Pois que entendi que, não respondendo a Constituição ao problema, deixava ela própria algum espaço para a solução ulterior dele, seguramente que não considero — como considerou o Tribunal — que tenham sido atingidos os limites decorrentes do n.° 2 do artigo 110.° e dos n.os 2 e 4 do artigo 226.°; mas também não vejo que outros limites constitucionais possam ter sido lesados.

No modo de feitura dos Estatutos Político-Legislativos (e no modo de feitura das suas alterações) exprime-se o princípio da cooperação entre órgãos de soberania e órgãos da Região (artigo 229.°). É esse princípio que explica que, neste procedimento legislativo atípico, a iniciativa legislativa esteja reservada a um ente exterior ao Parlamento (o único caso paralelo em que tal acontece é o da elaboração da lei do orçamento). Não me parece que seja consentânea com a razão de ser desta reserva a sua redução a um esquálido impulso procedimental, sem quaisquer consequências na fase ulterior do procedimento; e parece-me, pelo contrário, que se inscreve ainda no seu âmago a possibilidade de agendamento, por parte do titular do poder de inciativa legislativa, das matérias objecto de alteração. Não vejo em que tal possa afectar as competências deliberativas da Assembleia da República, atento precisamente o disposto nos n.os 2 e 4 do artigo 226.° (poder de rejeição e poder de alteração por parte da Assembleia da República). — *Maria Lúcia Amaral.*

DECLARAÇÃO DE VOTO

Votei vencido a declaração de inconstitucionalidade do artigo 4.°, n.° 4, do Estatuto Político-Administrativo da Região Autónoma dos Açores, que prevê a utilização da bandeira regional nas instalações dependentes dos órgãos de soberania que estejam situadas naquela Região, por entender que essa previsão se encontra abrangida pela reserva estatutária.

Assumindo os Estatutos a forma de lei estruturante da organização e funcionamento das colectividades regionais, num papel complementar em relação à Constituição, devem incluir a definição e protecção dos símbolos da região (vide, neste sentido, Gomes Canotilho e Vital Moreira, "*Constituição da República Portuguesa anotada*", volume I, p. 291, da edição de 2007, da Coimbra Editora, e Rui Medeiros, Tiago Freitas e Rui Lanceiro, "Enquadramento da reforma do Estatuto Político-Administrativo da Região Autónoma dos Açores, pp. 179-180, da edição policopiada de Dezembro de 2006), aí estando definidas as regras essenciais da sua utilização.

Se é certo que a imposição do hasteamento da bandeira regional nas instalações dependentes dos órgãos de soberania situadas na Região interfere com a apresentação e gestão destas, encontrando-se essas instalações em território da região, os Estatutos Político-Administrativos são o diploma legislativo adequado para contemplar tal matéria, na lógica duma autonomia cooperativa (vide, neste sentido, Rui Medeiros, Tiago Freitas e Rui Lanceiro, na *ob. cit.*, p. 181).

A circunstância de nessas instalações ser também hasteada a Bandeira Nacional, tal como é hasteada nas instalações onde funcionam serviços da administração das regiões autónomas, nos termos impostos pelo artigo 4.°, n.° 1, do Decreto-Lei n.° 150/87, de 30 de Março, não é impeditivo que seja o Estatuto a determinar que nessas instalações seja também hasteada a bandeira regional.

Na verdade, se o regime dos símbolos nacionais deve ser definido por lei da Assembleia da República [artigo 164.°, alínea *s*), da Constituição], nessa reserva de regime não se inclui a admissão da utilização da bandeira regional, nos mesmos edifícios onde é hasteada a Bandeira Nacional.

Ao incluir-se essa matéria no regime dos símbolos nacionais, com o argumento de que lhe compete escolher a "companhia" para a bandeira nacional, já não se estaria a regular a utilização dos símbolos nacionais, mas sim a utilização da bandeira regional.

Se deve ser o regime dos símbolos nacionais a definir os termos como deve ser compatibilizada a utilização nas mesmas instalações da Bandeira Nacional com outras bandeiras, nomeadamente as regionais, como faz o artigo 8.° do Decreto-Lei n.° 150/87, de 30 de Março, não pode ser subtraído aos Estatutos o poder de admitir o hasteamento da bandeira regional nas instalações situadas na região, mesmo naquelas onde deva ser hasteada a Bandeira Nacional.

É o regime dos símbolos regionais que está em causa, o qual está incluído na reserva estatutária, pelo que o artigo 4.°, n.° 4, do Estatuto Político-Administrativo da Região Autónoma dos Açores, no meu entendimento, não é inconstitucional. — *João Cura Mariano.*

DECLARAÇÃO DE VOTO

Votei no sentido da não inconstitucionalidade das normas constantes do artigo 4.°, n.° 4, primeira parte, e 140.°, n.° 2, do Estatuto Político-Administrativo da Região Autónoma dos Açores.

1. Não acompanho a fundamentação do presente Acórdão, por entender que a norma constante do artigo 4.°, n.° 4, primeira parte, se limita a regular a utilização de um símbolo regional nas instalações dependentes dos órgãos de soberania na Região.

Ainda que a regra de utilização da bandeira regional em questão contenda com regras de utilização da Bandeira Nacional, sendo matéria da exclusiva competência da Assembleia da República o regime dos símbolos nacionais [artigo 164.°, alínea *s)*, da Constituição], tal regra consta de lei deste órgão de soberania (Lei n.° 2/2009, de 12 de Janeiro, que aprova a terceira revisão do Estatuto Político-Administrativo da Região Autónoma dos Açores).

2. Relativamente ao artigo 140.°, n.° 2, votei vencida, pelas razões constantes da declaração de voto do Senhor Conselheiro Mário Torres. — *Maria João Antunes.*

Anotação:

1 — Acórdão publicado no *Diário da República*, I Série, de 16 de Setembro de 2009.

2 — Os Acórdãos n.os 258/07 e 402/08 estão publicados em *Acórdãos*, 68.° e 72.°, Vols., respectivamente.

ACÓRDÃO N.º 404/09

DE 30 DE JULHO DE 2009

Não conhece do pedido de declaração de inconstitucionalidade, com força obrigatória geral, das normas constantes dos artigos 3.º, n.os 1 e 2, 6.º, 7.º, 9.º, n.os 1 e 3, e 10.º, n.º 3, todos do Decreto Regulamentar n.º 1-A/2009, de 5 de Janeiro, que estabelece um regime transitório de avaliação de desempenho do pessoal a que se refere o Estatuto da Carreira dos Educadores de Infância e dos Professores dos Ensinos Básico e Secundário, aprovado pelo Decreto-Lei n.º 139-A/90, de 28 de Abril.

Processo: n.º 355/09.
Requerente: Grupo de Deputados à Assembleia da República.
Relatora: Conselheira Ana Guerra Martins.

SUMÁRIO:

O Estatuto da Carreira Docente, que agora está em causa, não é uma lei de valor reforçado, pelo que não compete ao Tribunal Constitucional apreciar uma eventual desconformidade entre o referido Estatuto da Carreira Docente e o Decreto Regulamentar que pretende definir os termos da sua aplicação transitória.

Acordam, em Plenário, no Tribunal Constitucional:

I — Relatório

1. *Objecto*

Um Grupo de Deputados à Assembleia da República requereu a apreciação e declaração, com força obrigatória geral, da inconstitucionalidade das normas constantes dos artigos 3.º, n.os 1 e 2, 6.º, 7.º, 9.º, n.os 1 e 3, e 10.º, n.º 3, todos do Decreto Regulamentar n.º 1-A/2009, de 5 de Janeiro, que estabelece um regime transitório de avaliação de desempenho do pessoal a que se refere o Estatuto da Carreira dos Educadores de Infância e dos Professores dos Ensinos Básico e Secundário, aprovado pelo Decreto-Lei n.º 139-A/90, de 28 de Abril.

O teor das normas questionadas é o seguinte:

Decreto Regulamentar n.º 1-A/2009, de 5 de Janeiro

Artigo 3.º
Âmbito da avaliação

1 — Na avaliação a efectuar pelo órgão de direcção executiva, a que se refere o artigo 18.º do Decreto Regulamentar n.º 2/2008, de 10 de Janeiro, não se aplicam os indicadores de classificação constantes da alínea *c*) do n.º 1 daquele artigo, relativos aos resultados escolares e ao abandono escolar.

2 — A avaliação a cargo dos coordenadores de departamento curricular, a que se refere o artigo 17.º do Decreto Regulamentar n.º 2/2008, de 10 de Janeiro, incluindo a observação de aulas, depende de requerimento dos interessados e constitui condição necessária para a atribuição das menções de Muito Bom e de Excelente.

Artigo 6.º
Formação

Para efeitos do disposto no presente decreto regulamentar e independentemente do ano em que tenham sido realizadas, são contabilizadas todas as acções de formação contínua acreditadas, desde que não tenham sido tomadas em consideração em anteriores avaliações.

Artigo 7.º
Observação de aulas

Quando, a pedido dos interessados, haja lugar a avaliação a cargo do coordenador do departamento curricular, nos termos do n.º 2 do artigo 3.º, é calendarizada, pelo avaliador, a observação de duas aulas leccionadas pelo avaliado, podendo este requerer a observação de uma terceira aula.

Artigo 9.º
Entrevista individual

1 — A realização da entrevista individual, a que se referem a alínea *d*) do artigo 15.º e o artigo 23.º do Decreto Regulamentar n.º 2/2008, de 10 de Janeiro, só tem lugar desde que haja requerimento do avaliado nesse sentido.

2 — A proposta de classificação final é comunicada por escrito ao professor avaliado.

3 — O requerimento a que se refere o n.º 1 deve ser apresentado no prazo máximo de cinco dias úteis a contar da comunicação referida no número anterior.

4 — No caso de não ser requerida a entrevista individual ou de o avaliado a esta não comparecer sem motivo justificado, considera-se a classificação proposta como tacitamente aceite.

Artigo 10.°
Avaliação dos coordenadores de departamento curricular
e dos avaliadores com competência por eles delegada

1 — Os coordenadores de departamento curricular, bem como os professores titulares, providos em concurso ou nomeados em comissão de serviço, em quem aqueles tenham delegado competências de avaliação, são exclusivamente sujeitos à avaliação a cargo da direcção executiva, nos termos do artigo 18.° do Decreto Regulamentar n.° 2/2008, de 10 de Janeiro, com excepção da alínea *c)* do n.° 1 daquele artigo, sem prejuízo do disposto no número seguinte.

2 — Os coordenadores de departamento curricular e os avaliadores com competência por eles delegada, a que se refere o número anterior, são avaliados nos termos do disposto no artigo 6.° do Decreto Regulamentar n.° 11/2008, de 23 de Maio, com as necessárias adaptações decorrentes do presente decreto regulamentar.

2. *Fundamentação do pedido*

O requerente fundamentou o seu pedido de declaração da inconstitucionalidade, com força obrigatória geral, das normas acima mencionadas, nos seguintes termos, que aqui integralmente se transcrevem:

"1. O Decreto Regulamentar n.° 1-A/2009, de 5 de Janeiro, tem por objectivo, de acordo com o seu artigo 1.°, definir o regime transitório de avaliação de desempenho do pessoal docente de educação pré-escolar e dos ensinos básico e secundário, sem prejuízo da aplicação do disposto nos Decretos Regulamentares n.os 2/2008, de 10 de Janeiro, e 11/2008, de 23 de Maio, naquilo em que não o contrariem.

2. A regulamentação contida no Decreto Regulamentar n.° 1-A/2009 é feita ao abrigo dos n.os 4 e 5 do artigo 40.° do Estatuto da Carreira dos Educadores de Infância e dos Professores dos Ensinos Básico e Secundário, aprovado pelo Decreto-Lei n.° 139-A/90, de 28 de Abril, com a redacção que lhe foi dada pelo Decreto-Lei n.° 15/2007, de 19 de Janeiro (Estatuto da Carreira Docente).

3. É uma constatação legítima a verificação de que os n.os 1 e 2 do artigo 3.°, o artigo 6.°, o artigo 7.°, os n.os 1 e 3 do artigo 9.° e o n.° 2 do artigo 10.°, todos do Decreto Regulamentar n.° 1-A/2009, de 5 de Janeiro, que «Estabelece um regime transitório de avaliação de desempenho do pessoal a que se refere o Estatuto da Carreira dos Educadores de Infância e dos Professores dos Ensinos Básico e Secundário, aprovado pelo Decreto-Lei n.° 139-A/90, de 28 de Abril», contrariam disposições legais contidas no Estatuto da Carreira dos Educadores de Infância e dos Professores dos Ensinos Básico e Secundário, aprovado pelo

Decreto-Lei n.° 139-A/90, de 28 de Abril, com a redacção que lhe foi dada pelo Decreto-Lei n.° 15/2007, de 19 de Janeiro, e que tal facto consubstancia uma inconstitucionalidade, por violação do artigo 112.° da Constituição da República Portuguesa, por violação do princípio da legalidade.

Das inconstitucionalidades:

A) N.° 1 do artigo 3.°

Este normativo do Decreto Regulamentar n.° 1-A/2009, de 5 de Janeiro, vem dispensar a avaliação a que se refere o artigo 18.° do Decreto Regulamentar n.° 2/2008, de 10 de Janeiro, que «regulamenta o sistema de avaliação de desempenho do pessoal docente da educação pré-escolar e dos ensinos básico e secundário», efectuada pelo órgão de direcção executiva, e cujos indicadores de classificação ponderam [alínea *c)*] "o progresso dos resultados escolares esperados para os alunos e redução das taxas de abandono escolar, tendo em conta o contexto sócio-educativo — aprecia os dados apresentados pelo docente na ficha de auto-avaliação os quais são objecto de avaliação pelos avaliadores."

Por sua vez o n.° 2, deste mesmo artigo 3.°, vem condicionar, ao pedido do interessado, a observação de aulas a que se refere o artigo 17.° do mesmo Decreto Regulamentar n.° 2/2008, de 10 de Janeiro, no âmbito da avaliação a cargo dos coordenadores de departamento.

Ora, a aplicação do n.° 1 deste artigo 3.° vem contrariar o disposto na alínea *d)* do n.° 1 e na alínea *c)* do n.° 2 do artigo 45.° do Estatuto da Carreira Docente.

Com efeito, de acordo com as normas do Estatuto da Carreira Docente, na avaliação efectuada pelo coordenador do departamento curricular ou do conselho de docentes, é ponderado o envolvimento e a qualidade científico-pedagógica do docente, designadamente com base na apreciação do "processo de avaliação das aprendizagens dos alunos" [alínea *d)* do n.° 1 do artigo 45.° do Estatuto].

Por outro lado, a alínea *c)* do n.° 2 do artigo 45.° do Estatuto, determina que na avaliação efectuada pelo órgão de direcção executiva são ponderados, em função de elementos disponíveis, entre outros indicadores de classificação, o "progresso dos resultados escolares esperados para os alunos e taxas de abandono escolar tendo em atenção o contexto sócio-educativo".

Assim sendo, o n.° 1 do artigo 3.° do Decreto Regulamentar n.° 1-A/2009, de 5 de Janeiro, ao determinar a não aplicação dos indicadores de classificação constantes da alínea *c)* do n.° 1 do artigo 18.° do Decreto Regulamentar n.° 2/2008, de 10 de Janeiro, no que se refere ao resultado escolar dos alunos e abandono escolar, contraria expressamente os citados preceitos legais do Estatuto da Carreira Docente, que exigem a sua ponderação obrigatória na avaliação do pessoal docente.

B) N.° 2 do artigo 3.°

O n.° 2 do artigo 3.° ao estabelecer que a avaliação a cargo dos coordenadores de departamento curricular, a que se refere o artigo 17.° do Decreto Regulamentar n.° 2/2008, de 10 de Janeiro, fica condicionada, viola directamente o estipulado pela alínea *c)* do n.° 3 e pelo n.° 4 do [artigo 45.° do] Estatuto da Carreira Docente.

Com efeito, estes normativos determinam que, com vista à classificação dos parâmetros definidos para a avaliação de desempenho, deve atender-se, entre outros elementos, à observação de aulas, devendo o órgão de direcção executiva calendarizar para o efeito, a observação pelo avaliador de "pelo menos, três aulas leccionadas pelo docente por ano escolar".

Decorre, portanto, do Estatuto da Carreira Docente que este elemento avaliativo é obrigatório para todos os docentes sem excepção, não dependendo de requerimento do avaliado, e, ainda, é exigível que, independentemente da menção qualitativa a aplicar, a observação não seja inferior a três aulas.

Assim, ao estipular que a observação de aulas fica dependente do requerimento do docente avaliado só sendo obrigatória para efeitos de atribuição das menções de "Muito Bom" e de "Excelente", o disposto no n.° 2 do artigo 3.° do Decreto Regulamentar n.° 1-A/2009, de 5 de Janeiro, também diverge do disposto na alínea *c)* do n.° 3 e do n.° 4 do artigo 45.° do Estatuto.

C) Artigo 6.°

O n.° 5 do artigo 45.° do Estatuto da Carreira Docente, relativamente aos *itens* de classificação, determina que para efeitos do disposto na alínea *e)* do n.° 2 do mesmo artigo (na avaliação efectuada pelo órgão de direcção executiva são ponderados, entre outros indicadores de classificação, as "acções de formação contínua concluídas") limita as acções de formação que incidam sobre conteúdos de natureza científico-didáctica com ligação à matéria curricular leccionada e às relacionadas com necessidades da escola definidas no respectivo projecto educativo ou plano de actividades.

Este artigo 6.° do Decreto Regulamentar n.° 1-A/2009, de 5 de Janeiro, apenas não inclui as acções de formação que já tenham sido tomadas em consideração em anteriores avaliações.

Diverge-se, assim, do expressamente disposto pelo n.° 5 do artigo 45.° do Estatuto da Carreira Docente, ao estipular que, em matéria de formação, se consideram, para efeitos de avaliação, todas as acções de formação contínua acreditadas, independentemente do ano em que tenham sido realizadas, apenas excepcionando as que tenham sido consideradas em avaliações anteriores.

D) Artigo 7.°

Ao dispor que, na situação prevista no n.° 2 do artigo 3.° do Decreto

Regulamentar n.° 1-A/2009, de 5 de Janeiro, é apenas calendarizada pelo avaliador a observação de duas aulas leccionadas pelo avaliado, ficando dependente de requerimento deste a observação de uma terceira, este artigo 7.° do Decreto Regulamentar viola também o n.° 4 do artigo 45.° do Estatuto da Carreira Docente, que expressamente determina a obrigatoriedade de observação de, pelo menos, três aulas leccionadas pelo docente.

Pelo exposto, também esta norma viola o princípio da legalidade consagrado no artigo 112.° da Constituição, ao violar de forma inequívoca o n.° 4 do artigo 45.° do Estatuto da Carreira Docente.

E) N.os 1 e 3 do artigo 9.°

Os n.os 1 e 3 do artigo 9.° do Decreto Regulamentar n.° 1-A/2009, de 5 de Janeiro, contrariam o disposto na alínea *e)* do n.° 1 do artigo 44.° do Estatuto da Carreira Docente.

De facto, ao determinar que a realização da entrevista individual a que se referem a alínea *d)* do artigo 15.° e o artigo 23.° do Decreto Regulamentar n.° 2/2008, de 10 de Janeiro, só tem lugar desde que haja um requerimento do avaliado nesse sentido, está, dessa forma, a atribuir um carácter facultativo à entrevista pessoal.

Ora, na alínea *e)* do n.° 1 do artigo 44.° do Estatuto da Carreira Docente, desenvolvida nessa matéria pelo Decreto Regulamentar n.° 2/2008, de 10 de Janeiro, explicita-se claramente que o processo de avaliação do desempenho compreende várias fases entre as quais está a "entrevista dos avaliadores com o avaliado para conhecimento da proposta de avaliação e apreciação do processo, em particular da ficha de auto-avaliação". Atribui-se, desta forma, à referida entrevista individual, entre avaliador e avaliado, um carácter obrigatório, enquanto fase do processo de avaliação do desempenho.

Nessa medida, constata-se uma violação clara da norma constante do Estatuto da Carreira Docente.

F) N.° 2 do artigo 10.°

No âmbito da avaliação dos coordenadores de departamento curricular e dos avaliadores com competência por eles delegada, também esta norma diverge do estipulado pelo n.° 2 do artigo 43.° do Estatuto da Carreira Docente, no que respeita à avaliação dos docentes titulares que exerçam competências de coordenadores de departamento curricular.

Com efeito, enquanto no primeiro diploma tal competência é atribuída a um inspector da área departamental do avaliado, o Estatuto da Carreira Docente atribui tal competência exclusivamente ao conselho executivo ou director, nos termos do artigo 29.° do Decreto Regulamentar n.° 2/2008, de 10 de Janeiro".

Termina o requerente concluindo:

"Por tais razões, parece evidente que as inovações e interpretações legislativas introduzidas pelo Decreto Regulamentar n.° 1-A/2009, de 5 de Janeiro, se afiguram inconstitucionais por violação do artigo 112.° da Constituição da República Portuguesa.

Sendo o regime de avaliação de desempenho dos docentes uma matéria de reserva de lei, como expressamente consta do Estatuto da Carreira Docente, em todas as normas em que um decreto regulamentar disponha, interprete ou permita interpretar, altere, integre, de forma diversa alguma das suas normas ou introduza inovações relativamente àquele, ou revogue alguma das suas disposições, por violação do Estatuto da Carreira Docente, essas normas são manifestamente ilegais.

A esta disposição constitucional está subjacente o princípio da hierarquia das normas que não permite que um diploma de "valor inferior" promova modificações, sob qualquer forma, em normas contidas num outro diploma de "valor superior", ou seja, as normas estatuídas pelo Estatuto da Carreira Docente só podem ser alteradas ou contrariadas por normas constantes de um diploma legislativo de igual valor.

Desta forma, na aplicação dos preceitos legais *supra* identificados do Decreto Regulamentar n.° 1-A/2009, de 5 de Janeiro, é violado o princípio da legalidade, imposição constitucional estatuída pelo n.° 1 e pelo n.° 5 do artigo 112.° da Constituição da República Portuguesa".

3. *Resposta do órgão autor da norma*

Notificado para responder, o Primeiro-Ministro veio, em síntese, alegar o seguinte:

O Tribunal Constitucional não é competente para conhecer do pedido apresentado.

No processo *sub judice* é pedido a esse douto Tribunal que aprecie e declare, com força obrigatória geral, a inconstitucionalidade das normas contidas no artigo 3.°, n.ºs 1 e 2, no artigo 6.°, no artigo 7.°, no artigo 9.°, n.ºs 1 e 3, e no artigo 10.°, n.° 2, do Decreto Regulamentar n.° 1-A/2009, de 5 de Janeiro, que estabelece um regime transitório de avaliação de desempenho do pessoal docente de educação pré-escolar e dos ensinos básico e secundário.

Este pedido é formulado ao abrigo do disposto no artigo 281.°, n.° 2, alínea *f)*, da Constituição da República Portuguesa (CRP), e tem como fundamento a "violação do princípio da legalidade, consagrado no n.° 1 e no n.° 5 do artigo 112.° da CRP."

Verifica-se, contudo, que não é isso que está em causa no processo em apreço.

O que está em causa é o facto de, alegadamente, os artigos acima referidos do Decreto Regulamentar n.° 1-A/2009 violarem o Estatuto da Carreira dos Educadores de Infância e dos Professores dos Ensinos Básico e Secundário, aprovado pelo Decreto-Lei n.° 139-A/90, de 28 de Abril, na redacção dada pela Lei n.° 15/2007, de 19 de Janeiro (adiante designado "Estatuto").

Efectivamente, os fundamentos invocados prendem-se todos eles com a violação de várias disposições dos artigos 43.°, 44.° e 45.° do Estatuto.

Sendo assim, o que está em causa é a ilegalidade de uma norma administrativa — o decreto regulamentar — por violação de uma norma legal — o Estatuto.

Ora, esta ilegalidade não pode ser objecto de análise pelo Tribunal Constitucional, uma vez que a competência deste Tribunal para apreciar e declarar ilegalidades limita-se aos casos das alíneas *b)* a *d)* do n.° 1 do artigo 281.°, da CRP.

Este tem sido, aliás, o entendimento adoptado unanimemente pelo Tribunal Constitucional em sucessivas decisões (cfr. os Acórdãos n.° 113/88, de 1 de Junho, n.° 145/88, de 29 de Junho, n.° 169/88, de 13 de Julho, n.° 577/96, de 16 de Abril, e n.° 375/01, de 18 de Setembro).

Não se discute que existem, efectivamente, discrepâncias entre os preceitos do Decreto Regulamentar e as disposições do Estatuto.

Mas estas diferenças resultam única e exclusivamente do facto de o Decreto Regulamentar em apreço definir um regime transitório, cujos efeitos terminam no final do 1.° ciclo de avaliação, ou seja, no fim do ano civil de 2009 — como é, aliás, referido no artigo 14.° daquele diploma.

Não se trata, assim, de alterar o modelo de avaliação definido no Estatuto, mas sim de introduzir algumas correcções pontuais que visam aperfeiçoar e simplificar o processo de avaliação no 1.° ciclo de avaliação, tendo em conta as dificuldades suscitadas nesta fase inicial de implementação do modelo.

A natureza transitória do Decreto Regulamentar confere-lhe uma especificidade que não pode deixar de ser tida em consideração.

Efectivamente, o diploma que regulamenta em geral o Estatuto é o Decreto Regulamentar n.° 2/2008, de 10 de Janeiro, sendo que o Decreto Regulamentar *sub judice* apenas vem alterar o regime transitório, que já constava, por sua vez, de um outro diploma especial — o Decreto Regulamentar n.° 11/2008, de 23 de Maio.

Aliás, também este último diploma continha normas diferentes das que resultam do Estatuto e do Decreto Regulamentar n.° 2/2008 — veja-se, por exemplo, os artigos 5.°, 6.° e 7.° — e que se justificam exactamente pelo facto de se tratar de um regime transitório, sendo que não é do nosso conhecimento que a validade do Decreto Regulamentar n.° 11/2008 tenha alguma vez sido posta em causa.

Ora, também no caso do Decreto Regulamentar n.° 1-A/2009 é a natureza meramente transitória do regime por si estabelecido que justifica a especificidade das soluções e, por isso mesmo, admite alguns afastamentos relativamente ao regime geral, sem que isso acarrete a ilegalidade das normas daquele diploma.

Termina, pois, o Primeiro-Ministro requerendo que: o pedido seja rejeitado por falta de competência do Tribunal Constitucional para conhecer do mesmo; ou, se assim não se entender, que o Tribunal Constitucional não declare a inconstitucionalidade, nem a ilegalidade das normas contidas nos artigos 3.°, n.os 1 e 2, 6.°, 7.°, 9.°, n.os 1 e 3, e 10.°, n.° 2, do Decreto Regulamentar n.° 1-A/2009, de 5 de Janeiro.

4. *O memorando*

Discutido em Plenário o memorando apresentado pelo Presidente do Tribunal Constitucional, nos termos do artigo 63.°, n.° 1, da Lei do Tribunal Constitucional, e fixada a orientação do Tribunal, cumpre agora decidir de harmonia com o que então se estabeleceu.

II — Fundamentação

5. O Tribunal está colocado perante a questão da possível violação dos artigos 43.° a 45.° do Estatuto da Carreira Docente (Decreto-Lei n.° 139-A/90, de 28 de Abril, na redacção que lhe foi dada pelo Decreto-Lei n.° 15/2007, de 19 de Janeiro), por parte de diversos preceitos do Decreto Regulamentar n.° 1-A/2009, de 5 de Janeiro.

O requerente alega que o facto de na avaliação a efectuar pela direcção executiva não se aplicarem os indicadores de classificação relativos aos resultados escolares e ao abandono escolar (artigo 3.°, n.° 1, do Decreto Regulamentar n.° 1-A/2009) contraria o artigo 45.°, n.° 2, alínea *c)*, do Estatuto da Carreira Docente, e que, pelo contrário, o facto de se ponderarem acções de formação que não incidam sobre conteúdos de natureza científico-didáctica com ligação à matéria curricular leccionada ou que não estejam relacionadas com necessidades da escola definidas no respectivo projecto educativo ou plano de actividades (artigo 6.° do Decreto Regulamentar n.° 1-A/2009) contraria o disposto no artigo 45.°, n.° 5, do mesmo Estatuto.

Considera, também, que viola o disposto no artigo 45.°, n.° 1, alíneas *d)* e *e)*, e no n.° 4, desse mesmo preceito do Estatuto da Carreira Docente o facto de a avaliação, através da observação de aulas, depender de requerimento do interessado (artigo 3.°, n.° 2, do Decreto Regulamentar n.° 1-A/2009) e o facto da observação de uma terceira aula e da entrevista pessoal estarem igualmente dependentes de requerimento do interessado (artigos 7.° e 9.° Decreto Regulamentar n.° 1-A/2009).

Finalmente, considera o requerente que a atribuição da competência para avaliar, prevista no artigo 10.° do Decreto Regulamentar n.° 1-A/2009, aos coordenadores de departamento curricular e aos professores titulares em quem estes tenham delegado competências de avaliação, viola o preceituado no artigo 43.°, n.° 2, do já referido Estatuto da Carreira Docente.

O requerente invoca a violação do princípio da legalidade, tal como, segundo alega, apareceria consagrado no artigo 112.°, n.° 5, da Constituição da República Portuguesa.

Cumpre, no entanto, começar por dizer que os vícios que o requerente imputa ao Decreto Regulamentar n.° 1-A/2009 não se reconduzem ao preceito invocado.

O sentido do artigo 112.°, n.° 5, da Constituição é o de garantir a tipicidade dos actos legislativos, tendo as seguintes implicações: "só a Constituição, e não a lei, podem criar categorias de actos legislativos ou actos com força e valor idênticos a actos legislativos" e, consequentemente, "o acto legislativo não pode assumir contornos de fonte de habilitação de modo a consentir a intervenção de actos regulamentares que lhe determinem o conteúdo através de interpretação, integração, modificação, suspensão ou revogação" (veja-se Alexandre Sousa Pinheiro/Pedro Lomba, in *Comentário à Constituição Portuguesa*, coord. Paulo Otero, Vol. III: *Princípios Gerais da Organização do Poder Político*, Coimbra 2008, p. 209). Nesta hipótese, sim, poderia questionar-se se haveria inconstitucionalidade do acto legislativo.

Mas não é disso que aqui se trata.

O requerente não alega (nem tal efectivamente ocorreu) que algum acto legislativo (como seja o Estatuto da Carreira Docente agora em causa) tenha habilitado um regulamento a alterar o seu conteúdo. Alega, pura e simplesmente, que um determinado decreto regulamentar contraria uma série de normas da lei, e que há portanto — nas suas palavras — uma violação do "princípio da legalidade".

É claro que se poderá, com razão, dizer que é possível retirar da Constituição um princípio de legalidade administrativa, que imporá a subordinação dos regulamentos administrativos à lei [artigos 112.°, n.° 7, e 199.°, alínea *c)*].

Todavia, o controlo jurisdicional do efectivo respeito por um tal princípio não se situa no âmbito da esfera de actuação do Tribunal Constitucional.

Com efeito, a nossa Constituição é muito clara ao distinguir, a respeito da competência do Tribunal Constitucional, entre inconstitucionalidade e ilegalidade. O Tribunal aprecia e declara, com força obrigatória geral, a inconstitucionalidade de quaisquer normas [artigo 281.°, n.° 1, alínea *a)*], mas só terá competência para declarar a ilegalidade de uma norma nos casos em que tal ilegalidade resulta da violação de uma lei de valor reforçado [artigo 281.°, n.° 1, alínea *b)* e, ainda, alíneas *c)* a *d)*].

O Estatuto da Carreira Docente que agora está em causa não é, todavia, uma lei de valor reforçado (artigo 112.°, n.° 3, da Constituição). Desta forma, não compete ao Tribunal Constitucional apreciar uma eventual desconformidade entre o referido Estatuto da Carreira Docente e o Decreto Regulamentar que pretende definir os termos da sua aplicação transitória.

E não é suficiente a invocação de uma disposição como o artigo 112.°, n.os 5 ou 7, para transformar essa questão de legalidade numa questão de constitucionalidade.

Quando a Constituição prescreve a subordinação de uma norma infraconstitucional a outra norma infraconstitucional, por exemplo, a subordinação dos regulamentos às leis [segundo os artigos 112.°, n.° 7, e 199.°, alínea *c)*], a eventual ocorrência de uma contradição normativa, como confirma Jorge Miranda, "é um problema de ilegalidade (ou de ilegalidade *sui generis*) e não de inconstitucionalidade". De facto, "o que está em causa, em qualquer das hipóteses, é, primariamente, a contradição entre duas normas não constitucionais, não é a contradição entre uma norma ordinária e uma norma constitucional [...]" (*Manual de Direito Constitucional*, Tomo VI, 3.ª edição, p. 27).

O requerente coloca ao Tribunal tão-só a questão da desconformidade entre um acto regulamentar e um acto legislativo. Não se trata, portanto, de uma questão de constitucionalidade.

Tem sido esta a conclusão a que reiteradamente tem chegado a jurisprudência deste Tribunal: a eventual contradição entre um regulamento e uma lei é um problema de mera ilegalidade (ilegalidade simples) e não de inconstitucionalidade. Não cabe, pois, no âmbito da sua competência.

Disse, a este propósito, o Tribunal Constitucional no Acórdão n.° 113/88, cujos termos foram posteriormente repetidos e transcritos nos Acórdãos n.os 145/88 e 375/01:

> "O desrespeito das normas constitucionais de hierarquia ou de preferência normativa não é, em princípio, uma inconstitucionalidade, nem sequer para efeitos do sistema de jurisdição constitucional. Quando teve de qualificar tais situações, a Constituição adoptou claramente a qualificação de ilegalidade, mesmo nos casos especiais em que atribuiu ao Tribunal Constitucional competência para conhecer delas.
>
> Os artigos 280.° e 281.° da Constituição, ao distinguirem nitidamente entre as figuras da inconstitucionalidade e da ilegalidade, não deixam dúvidas sobre o conteúdo e alcance da distinção: em princípio, só existe inconstitucionalidade quando, num conflito de duas normas de hierarquia diferente, uma das normas em confronto directo seja uma norma constitucional; quando, ao invés, o conflito de normas ponha em confronto duas normas infraconstitucionais, então não há inconstitucionalidade.
>
> É certo que a Constituição não atribui ao Tribunal Constitucional apenas a resolução de conflitos entre normas constitucionais e normas infraconstitucionais mas identificou explicitamente os tipos de outros conflitos para cujo conhecimento deu competência ao Tribunal Constitucional, não havendo nenhuma razão

para equiparar aos especiais casos de ilegalidade expressamente previstos na Constituição os casos comuns de ilegalidade dos regulamentos (situação que, além do mais, transformaria o Tribunal Constitucional em tribunal comum de última instância em matéria de contencioso da legalidade dos regulamentos, o que, além das indesejáveis consequências práticas, não seria uma solução congruente com o sistema constitucional de jurisdição constitucional e o sistema de fiscalização de legalidade administrativa)."

Em suma, não compete ao Tribunal Constitucional conhecer de eventuais vícios de desconformidade entre regulamentos e actos legislativos, que são vício de ilegalidade. O Tribunal não tem, portanto, à luz da Constituição, competência para conhecer do pedido apresentado.

III — Decisão

Pelos fundamentos expostos, o Tribunal Constitucional não toma conhecimento do pedido.

Lisboa, 30 de Julho de 2009. — *Ana Maria Guerra Martins* — *Carlos Pamplona de Oliveira* — *Mário José de Araújo Torres* — *Gil Galvão* — *Joaquim de Sousa Ribeiro* — *Maria Lúcia Amaral* — *José Borges Soeiro* — *João Cura Mariano* — *Vítor Gomes* — *Maria João Antunes* — *Benjamim Rodrigues* — *Rui Manuel Moura Ramos*.

Anotação:

1 — Acórdão publicado no *Diário da República*, II Série, de 21 de Setembro de 2009.

2 — Os Acórdãos n.os 113/88 e 375/01 estão publicados em *Acórdãos*, 11.° e 51.° Vols., respectivamente.

FISCALIZAÇÃO CONCRETA
DA
CONSTITUCIONALIDADE E DA LEGALIDADE

ACÓRDÃO N.º 242/09

DE 12 DE MAIO DE 2009

Confirma decisão sumária que não conheceu de recurso interposto ao abrigo da alínea *f)* do n.º 1 do artigo 70.º da Lei do Tribunal Constitucional e que não julgou inconstitucionais as normas do artigo 105.º, n.º 1, do Regime Geral das Infracções Tributárias (RGIT), aprovado pela Lei n.º 15/2001, de 5 de Junho, do artigo 105.º, n.º 4, alínea *b)*, do RGIT, na redacção da Lei n.º 53-A/2006, de 29 de Dezembro, interpretado no sentido de que pode o tribunal de julgamento determinar a notificação aí prevista e a norma do artigo 14.º do RGIT, enquanto condiciona a suspensão da execução da pena de prisão ao pagamento da prestação tributária em dívida e acréscimos legais.

Processo: n.º 250/09.
Recorrente: Manuel Fernando Neto Gomes.
Relator: Conselheiro Mário Torres.

SUMÁRIO:

I — A atribuição expressa, pela alínea *i)* do n.º 1 do artigo 70.º da Lei do Tribunal Constitucional, aditada pela Lei n.º 85/89, de 7 de Setembro, da competência para o Tribunal Constitucional apreciar as questões de contrariedade de norma constante de acto legislativo com convenção internacional, resulta da opção legislativa de autonomização da figura da contrariedade de norma legal interna com convenção internacional quer face à figura da 'inconstitucionalidade' (por violação directa de normas ou princípios constitucionais), quer face às figuras das 'ilegalidades' cognoscíveis pelo Tribunal Constitucional (por violação de lei com valor reforçado, de estatuto de região autónoma e de lei geral da República, tendo esta última categoria sido eliminada na revisão constitucional de 2004).

II — Não tendo a decisão recorrida aplicado norma cuja ilegalidade, com fundamento em violação de lei com valor reforçado, tivesse sido suscitada pelo recorrente, é de manter o entendimento da decisão sumária reclamada no sentido da inadmissibilidade do recurso interposto ao abrigo da alínea *f)* do n.° 1 do artigo 70.° da Lei do Tribunal Constitucional.

III — Quanto aos juízos sobre o mérito do recurso, reitera-se o entendimento de se tratar de "questão simples", por a constitucionalidade das normas impugnadas já ter sido objecto de anteriores decisões do Tribunal Constitucional, não constituindo obstáculo a tal tipo de decisão a eventualidade de não terem sido esgotantemente considerados, nos precedentes Acórdãos, todos os argumentos esgrimidos pelos recorrentes.

Acordam em Conferência na 2.ª Secção do Tribunal Constitucional:

1. Manuel Fernando Neto Gomes apresentou reclamação para a conferência, ao abrigo do n.° 3 do artigo 78.°-A da Lei de Organização, Funcionamento e Processo do Tribunal Constitucional, aprovada pela Lei n.° 28/82, de 15 de Novembro, e alterada, por último, pela Lei n.° 13-A/98, de 26 de Fevereiro (LTC), contra a decisão sumária do relator, de 14 de Abril de 2009, que decidiu, no uso da faculdade conferida pelo n.° 1 desse preceito: *(i)* não conhecer do recurso interposto ao abrigo da alínea *f)* do n.° 1 do artigo 70.° da LTC; *(ii)* não julgar inconstitucionais as normas dos artigos 14.° e 105.°, n.os 1 e 4, alínea *b)*, do Regime Geral das Infracções Tributárias (RGIT), aprovado pela Lei n.° 15/2001, de 5 de Junho, a última na redacção dada pelo artigo 95.° da Lei n.° 53-A/2006, de 29 de Dezembro; e, consequentemente, *(iii)* negar provimento ao recurso, confirmando a decisão recorrida, na parte impugnada.

1.1. A referida decisão sumária tem a seguinte fundamentação:

"1. Manuel Fernando Neto Gomes interpôs recurso para o Tribunal Constitucional, ao abrigo das alíneas *b)* e *f)* do n.° 1 do artigo 70.° da (LTC), contra o acórdão do Tribunal da Relação do Porto (TRP), de 21 de Janeiro de 2009, que negou provimento ao recurso por ele interposto contra a sentença do 1.° Juízo Criminal do Tribunal Judicial da comarca de Santo Tirso, de 12 de Maio de 2008, que o condenara, pela prática de um crime de abuso de confiança fiscal, na forma continuada, previsto e punido pelo artigos 105.°, n.os 1, 2 e 5, do Regime Geral das Infracções Tributárias (RGIT), aprovado pela Lei n.° 15/2001, de 5 de Junho, e 30.°, n.° 2, e 79.° do Código Penal, na pena de 18 meses de prisão, com suspensão da sua execução pelo período de 18 meses, sob condição de, no mesmo período, ser efectuado o pagamento de € 451 889,32 e legais acréscimos, referindo no requerimento de interposição de recurso:

«1. Se tivermos em conta a constância da jurisprudência do Tribunal Constitucional, é caso para se dizer que este recurso está condenado ao fracasso e, por isso, não deverá ser intentado.

2. Sendo certo que algum dos aspectos que o recorrente invoca como causa da inconstitucionalidade dos artigos 24.° do Regime Jurídico das Infracções Fiscais Não Aduaneiras (RJIFNA) e 105.° do RGIT já foram objecto de apreciação pelo Tribunal Constitucional, e que este Tribunal neles não viu razões para declarar a sua inconstitucionalidade, não é menos verdade que o recorrente lançou neste processo novos aspectos, uns respeitantes àquelas normas — ao tipo em si —, outras respeitantes ao caso específico da alínea *b)* do n.° 4 do artigo 105.° do RGIT, e outras respeitantes ao artigo 14.° deste diploma.

3. Esses aspectos, mormente no que respeita ao tipo, correlacionam-se com o seguinte:

— o tipo obnubila mas supõe a instituição, nas relações tributárias por substituição, de uma relação de trabalho imposto, não escolhido e não remunerado;
— o tipo pressupõe, para que haja abuso de confiança, uma relação fundada num consenso de confiança, manifestamente não firmado;
— as relações tributárias por substituição, mormente as de Imposto sobre o Valor Acrescentado (IVA), têm características de contrato administrativo imposto por lei (como outros mais que existem);
— essas relações por substituição constituem-se por incrustação nas demais relações de crédito do devedor substituto;
— por esta última razão, os créditos do credor tributário passam a comungar dos riscos das relações a que são incrustadas as relações por que se constituem.

4. No que respeita à alínea *b)* do n.° 4 do artigo 105.° do RGIT, a violação do princípio da separação de poderes não pode deixar de merecer uma especial revisão.

5. E no que tange ao disposto do artigo 14.° do RGIT, na perspectiva da suspensão da pena condicionada imperativamente ao pagamento da dívida, não poderá deixar de merecer uma especial análise a natureza dessa norma que, mais que norma jurídica, configura um despacho normativo.

6. Como a realidade nunca é perceptível pela análise (que seria atomismo) parcelar dos seus elementos constituintes, as normas em causa são inconstitucionais pelas razões invocadas nas conclusões 24.° a 28.° das alegações de recurso, que aqui se dão por inteiramente reproduzidas, onde se procura, ainda que em síntese, determinar as inconstitucionalidades do artigo 105.°, quanto à tipificação, da alínea *b)* do n.° 4 deste artigo e do artigo 14.° do RGIT, e onde se indicam as normas constitucionais e legais (estas de direito internacional) violadas.

7. As inconstitucionalidades foram suscitadas na contestação da acusação e, sobretudo, nas alegações de recurso para o Tribunal da Relação do Porto, nas conclusões referidas atrás (24.° a 28.°) e parágrafos 91 a 216.

8. Este recurso é interposto ao abrigo das alíneas *b)* e *f)* do n.° 1 do artigo 70.° da Lei n.° 28/82, de 15 de Novembro.»

2. O recurso foi admitido pelo Desembargador Relator do TRP, decisão que, como é sabido, não vincula o Tribunal Constitucional (artigo 76.°, n.° 3, da LTC).

2.1. Ora, o presente recurso surge como inadmissível, na parte em que vem interposto ao abrigo da alínea *f)* do n.° 1 do artigo 70.° da LTC, por a decisão recorrida não ter aplicado qualquer norma cuja ilegalidade houvesse sido suscitada pelo recorrente com fundamento em violação de lei com valor reforçado, de estatuto de região autónoma ou de lei geral da República. Não se confunde com esse tipo de «ilegalidades agravadas» a «contrariedade de normas constantes de acto legislativo com convenções internacionais», prevista na alínea *i)* do n.° 1 do artigo 70.° da LTC, que, aliás, só consente recurso de decisões de recusa de aplicação de normas com esse fundamento e de decisões de aplicação de normas em desconformidade com o anteriormente decidido sobre tal questão pelo Tribunal Constitucional, mas não de decisões que apliquem normas cuja contrariedade com convenções internacionais haja sido suscitada pelos recorrentes durante o processo.

2.2. Na parte em que o recurso se funda na alínea *b)* do n.° 1 do artigo 70.° da LTC, como resulta do próprio requerimento de interposição de recurso, as questões nele suscitadas já foram objecto de anteriores decisões do Tribunal Constitucional, o que possibilita a prolação de decisão sumária, ao abrigo do disposto no n.° 1 do artigo 78.°-A da LTC. Na verdade, como tem sido repetidamente afirmado, a possibilidade de utilização deste tipo de julgamento dos recursos, com fundamento em as questões a apreciar serem qualificáveis como «simples» por já terem sido objecto de anteriores decisões do Tribunal Constitucional, não pressupõe que nessas anteriores decisões tenham sido considerados esgotantemente todos os argumentos esgrimidos pelos recorrentes.

Como se explicou no Acórdão n.° 131/04 (proferido em reclamação de decisão sumária na qual a reclamante questionava a verificação dos requisitos estabelecidos no artigo 78.°-A, n.° 1, da LTC para a emissão de uma decisão sumária, sustentando serem dois os fundamentos possíveis de uma tal decisão — a existência de uma decisão anterior do Tribunal sobre a mesma questão ou ser a questão manifestamente infundada — e que, no caso, a decisão anterior em que se baseou a decisão sumária não terá julgado a mesma questão por os parâmetros de constitucionalidade agora indicados serem mais amplos):

> «Em primeiro lugar, não é exacto que o artigo 78.°-A, n.° 1, da LTC só permita a decisão sumária nas situações apontadas pela recorrente.
>
> Com efeito, o preceito da LTC, ao conferir ao relator os poderes para emitir decisão sumária por a questão ser simples, não condiciona esta qualificação ao facto de haver decisão anterior sobre a mesma questão; tal é, desde logo, contrariado pela circunstância de aquele condicionamento ser antecedido pela expressão

'designadamente', o que não pode deixar de significar a possibilidade de qualificar a questão como simples por uma multiplicidade de razões, mesmo que ela não tenha sido exactamente a mesma que foi objecto de decisão anterior.

Bastará para tal qualificação que na fundamentação da decisão anterior, muito embora sobre questão não inteiramente coincidente com a dirimida em posterior recurso, se tenham formulado juízos que imponham uma determinada solução de direito neste recurso, merecendo a questão, por essa via, a qualificação de simples.»

Como se evidenciou no Acórdão n.° 564/08, tem sido reiteradamente afirmada essa orientação jurisprudencial, no sentido de a admissibilidade de prolação de decisão sumária não se cingir a situações em que exista anterior decisão do Tribunal Constitucional sobre norma reportada ao mesmo preceito legal e com ponderação de todos os argumentos ou razões expendidos no novo processo, antes «abrange outras situações em que a fundamentação desenvolvida em anterior acórdão permita considerar a questão como já 'tratada' pelo Tribunal, mesmo que não ocorra integral coincidência dos preceitos em causa e dos argumentos esgrimidos num e noutro processo» (Acórdão n.° 650/04; cfr. ainda os Acórdãos n.os 616/05, 2/06, 233/07, 530/07 e 5/08).

3.1. O recorrente sintetizou o expendido na motivação do recurso interposto para o TRP nas seguintes conclusões:

«A) Preliminares

1.ª — A douta sentença recorrida deverá ser revogada, por diversas razões, nomeadamente no que respeita a:

i) As questões prévias que importava conhecer — a descriminalização do facto e a ilegalidade e inconstitucionalidade alegadas, bem como a notificação feita pelo Ministério Público (MP), nos termos do artigo 105.°, n.° 4, alínea *b)*, do RGIT;
ii) O modo como os factos foram julgados provados;
iii) O modo como o direito do caso foi interpretado;
iv) O modo como a pena foi determinada e aplicada, e em que condições.

(A questão da constitucionalidade e ilegalidade das normas aplicadas, *maxime* as dos artigos 14.° e 105.°, quanto ao tipo, em si, será objecto da parte final destas conclusões.)

B) Pressupostos fácticos e legais

2.ª — Porque condiciona toda e qualquer forma de entendimento da problemática do crime de abuso de confiança fiscal, importa, primeiro, determinar, aqui e agora, duas coisas, como postulados epistemológicos: a relação jurídico-material suposta pelo tipo (artigo 105.° do RGIT) e as relações jurídico-materiais provocadas ou induzidas pelo Código do Imposto sobre o Valor Acrescentado (CIVA) e pelo Código do Imposto sobre o Rendimento das Pessoas Singulares (CIRS), bem como as normas da Lei Geral Tributária (LGT) e do POC (Plano Oficial de Contabilidade) que lhe são aplicáveis.

3.ª — Qual ponto primevo e comum àqueles paradigmas — quer o penal quer os das espécies de imposto em causa —, está uma relação de trabalho, não escolhido e não remunerado, coercivamente imposta por lei ao sujeito passivo, em que este, em concepção benévola, é colocado na posição de sujeitado ou, em concepção real, é colocado em posição de servidão. Por ser uma relação imposta, com sujeição a penas civis (juros usurários), contra-ordenacionais e penais, o sujeito activo — o Estado — fica assim investido no estatuto de *dominus* — de dono, em vernáculo — da liberdade do sujeitado ou servo.

(Esta é uma realidade incontornável que, por isso, se impetra, para lograr efectiva resposta judicativa).

4.ª — Para justificar a sanção penal contra aqueles que não cumprem com perfeição aquela injunção, o artigo 105.° (e também o 107.°) do RGIT considera como elementos centrais do tipo a não entrega ao credor tributário das quantias que o devedor, constituído por substituição do devedor originário, liquida num dado momento das relações económicas que estabelece com este, pelo período compreendido entre a data limite para fazer aquela dita entrega e os prazos estabelecidos nas alíneas *a)* e *b)* do n.° 4 do artigo 105.° do RGIT.

O dever de entrega é típico das relações obrigacionais para entrega de coisa certa; por isso, o tipo pressupõe a entrega de coisa certa, por parte do devedor originário ao devedor substituto (dever que deverá ser cumprido durante os períodos referidos), que, assim, a recebe por título não translativo da propriedade sobre essa coisa (posse precária ou detenção), com a obrigação de a entregar ao *dominus*, e que ele, invertendo essa posse precária ou detenção, não só a não entrega ao dono, como a faz sua.

A lei penal configura, assim, essa relação como uma relação real ou dominial, assente numa confiança afirmada pelo possuidor precário, cuja violação integraria o paradigma do abuso de confiança.

Todavia:

5.ª — As relações de IVA são reguladas, mormente quanto à constituição, liquidação e pagamento desse imposto, pelos artigos 7.° e 8.°, 19.° e 22.° e 26.°, 28.° e 40.° do CIVA, respectivamente, e contas 21, 22 e 243 do Plano Oficial de Contabilidade.

Nas operações económicas tributadas em IVA, o agente económico sujeitado a esse regime tem que praticar actos de liquidação de IVA aos agentes económicos a quem faz transmissões de bens e serviços, e fica constituído na obrigação de pagar o IVA que lhe é liquidado aos agentes económicos que lhe fornecem os factores que utiliza na produção dos bens ou serviços que transmite aos seus clientes.

No momento em que lhe são feitas liquidações, o agente sujeitado fica constituído na obrigação de pagar àquele que lhe fez a transmissão de bens ou serviços o IVA que, por ele, lhe foi liquidado — mas só exigível no termo do prazo que ambos convencionaram (...) —, e, concomitantemente, constitui-se credor do Estado pela mesma quantia que lhe foi liquidada. No momento em que ele faz liquidações, o fenómeno é o inverso daquele: pelo que liquida constitui-se credor daquele a quem transmite bens ou serviços, pelo valor do IVA que liquidou, valor exigível no prazo que convencionaram, e, concomitantemente, constitui-se devedor dessa quantia ao Estado.

Da análise destas normas resultam ainda as seguintes consequências: o IVA que é liquidado ao agente económico, bem como o que ele liquida aos seus clientes, tem a natureza de obrigação pecuniária, cumprível por coisa fungível — dinheiro —, e não coisa específica ou individualizada; os prazos de pagamento ao Estado não coincidem com os prazos em que o agente económico se constitui devedor ou credor, como o demonstra o artigo 28.° do CIVA; ao Estado não é devido o que o agente económico liquidou, mas a diferença entre o que liquidou e o que lhe foi liquidado, podendo até dar-se o caso, muito frequente, de ele não ser devedor mas credor do Estado.

As relações de IVA assim constituídas têm as seguintes características: são contratos administrativos formados coercivamente em forma de conta-corrente (seguem o paradigma dos contratos comerciais de conta-corrente do artigo 334.° e seguintes do Código Comercial), cujas prestações são realizáveis com dinheiro do devedor — agente económico ou Estado.

Por isso, essas relações têm a natureza de relação patrimonial-obrigacional e pecuniária, e não de relação real ou patrimonial-dominial.

6.ª — As relações de Imposto sobre o Rendimento das Pessoas Singulares (IRS) são reguladas, mormente quanto à liquidação e pagamento desse imposto, pelos artigos 2.°, 3.° e 8.° e 98.°, 99.°, 100.° e 101.° do CIRS e contas 241 e 242, 262 (pessoal), 621 (serviços) e 62219 (rendas) do POC.

Nas operações económicas tributadas em IRS, nomeadamente resultantes de trabalho independente ou dependente, prestado pelo devedor originário ao agente económico, este tem que praticar os actos de liquidação do imposto devido por aquele, e pagá-lo ao Estado dentro do prazo previsto na lei. A liquidação é feita no momento em que a remuneração da prestação de trabalho é exigível. Nesse momento, por força de lei e em concomitância, o devedor originário fica eximido da sua obrigação de pagar ao Estado a prestação pecuniária de imposto, que, assim, se transmite para o adquirente da prestação de trabalho (transmissão singular de dívida), o qual, correspectivamente, adquire o crédito do Estado sobre o dador de trabalho (transmissão de crédito), com o direito de compensar esse crédito no crédito do dador de trabalho.

No caso do tomador do trabalho não compensar o crédito adquirido no crédito do dador de trabalho, nem por isso ele fica eximido da obrigação de pagar ao Estado a dívida de imposto que lhe foi transmitida, facto que demonstra a impossibilidade do fenómeno da retenção, previsto como elemento do tipo (cfr. o inciso do artigo 98.° do CIRS que diz «ainda que presumido» o pagamento).

As relações de IRS assim constituídas têm as seguintes características: são contratos administrativos formados coercivamente, de execução ou cumprimento periódico, cujas prestações são realizáveis com dinheiro do agente económico, na sua vinculação com o Estado, e em que a prestação do devedor originário, perante o dador de trabalho, tanto pode ser realizada com dinheiro daquele como pela compensação dos créditos constituídos entre ambos.

Por isso essas relações têm a natureza de relação patrimonial-obrigacional e pecuniária, e não de relação real ou de relação patrimonial-dominial, como resulta da estrutura e função das normas que as criam e regulam (a palavra 'retenção' nelas aposta é um sofisma).

7.ª — Como essas relações — de IVA e IRS — se formam coercivamente, sendo relações de trabalho imposto, não escolhido e não remunerado, a sua constituição não integra uma qualquer manifestação de confiança, quer por parte do Estado quer por parte do devedor substituto, porque a confiança é incompatível com as situações de sujeição ou servidão.

8.ª — Por outro lado, as relações ajuizadas — de IVA e IRS — incrustam-se, por força de lei, em todas as relações comerciais do agente económico, que, ao longo de cada exercício anual, podem traduzir-se em dezenas ou centenas de milhar de operações (ou até milhões). Essas operações, mesmo as que provocam situações de natureza real ou dominial, têm sempre natureza patrimonial-obrigacional e pecuniária, e estão inscritas no domínio do mais elevado risco de incumprimento, que se tem exponenciado com a crescente volatilidade dos mercados. Por isso, o Estado, ao instituir esta forma de cobrança dos créditos de imposto, não pode afirmar a frustração da sua confiança (*ubi comoda ibi incomoda*) de que os seus créditos serão sempre satisfeitos, porque o risco é constância das relações de crédito.

9.ª — Esta alegada caracterização das relações tributárias em causa, instituídas por força de lei, revela uma insanável contradição lógica e ontológica do paradigma penal com o paradigma patrimonial, com repercussões axiológicas — éticas — que os tribunais não podem judicativamente ignorar.

C) Questões prévias dirimidas na sentença

10.ª — A douta decisão recorrida tomou posição expressa sobre a descriminalização do facto, decorrente do disposto no artigo 105.°, n.° 4, alínea *b)*, do RGIT, na redacção da Lei n.° 53-A/2006, bem como da inconstitucionalidade do tipo, sustentadas pelo recorrente, mas não tomou posição sobre a notificação ordenada pelo Ministério Público, nos termos e para os efeitos do disposto naquela norma.

(Neste 'grupo' de conclusões o recorrente não toma posição sobre a questão da constitucionalidade, que aduziu na contestação, que vai ser levada em conta nas conclusões 24.ª e seguintes).

11.ª — O tribunal recorrido, na esteira do acórdão uniformizador de jurisprudência n.° 6/2008 do Supremo Tribunal de Justiça, considerou a previsão da alínea *b)* do n.° 4 do artigo 105.° referido, promulgado depois da ocorrência do facto dos autos, como mera condição objectiva de punibilidade, porque o crime de abuso de confiança fiscal se consuma com o incumprimento da prestação tributária no termo do prazo adrede estipulado na lei.

Com ressalva do muito respeito devido, também o tribunal recorrido (como o Supremo Tribunal de Justiça) cometeu um erro de análise da norma. Assim:

i) O erro dogmático resulta da confusão entre condições objectivas de punibilidade — que pressupõem a consumação do crime acompanhado da existência ou inexistência de pressupostos legais que permitam o exercício do *ius puniendi* — e pressupostos adicionais de punibilidade (para alguma doutrina) e punibilidade (para outras concepções doutrinais), em que estes ainda são elementos do tipo (como é o caso da declaração judicial de insolvência, que se junta aos factos típicos, para que o crime de insolvência dolosa seja punível).

ii) O erro de análise resulta do facto de, na redacção anterior do n.° 4 do artigo 105.°, o prazo de 90 dias ser pressuposto adicional de punibilidade ou elemento de punibilidade (ao contrário do que pressupunha o n.° 6 do artigo 24.° do RJIFNA, em que esse prazo era pressuposto de procedibilidade).

(As alterações que o artigo 105.°, n.ºs 1 e 4, do RGIT introduziram na normatividade anterior — artigo 24.°, n.ºs 1 e 6, do RJIFNA — revelam que a lei passou a tratar e a entender a mesma realidade fáctica de modo substancialmente diferente, trato e entendimento).

O erro de análise exponencia-se pela desconsideração que tem sido feita da alteração sofrida pelo artigo 105.°, n.° 4, pela Lei n.° 53-A/2006.

Na verdade, até 31 de Dezembro de 2006, o tipo legal tinha como elementos essenciais: o não pagamento da dívida pelo prazo de 90 dias a contar do termo do prazo em que devia ter sido feita.

Todavia, a partir de 1 de Janeiro de 2007, o crime pressupõe, *inter alia*:

1) O não pagamento da dívida até ao termo do prazo legal;

2) o decurso de 90 dias após o termo daquele prazo;

3) a aplicação de uma coima, em processo de contra-ordenação, com a verificação de todos os elementos deste procedimento, ao devedor do imposto;

4) a interpelação admonitória ao devedor para pagar, no prazo de 30 dias, a dívida, juros moratórios e coima.

O tipo anterior era, pois, a omissão do pagamento da dívida — só da dívida — pelo prazo de 90 dias; o tipo actual acrescenta — agravando — ao valor da dívida o valor dos juros e da coima, mas só releva — atenuando —, só é 'verdadeira' omissão, depois de verificada a persistência decorrente da indiferença perante a admonição.

Estes elementos alteram o tipo da conduta e a culpa do tipo, bem como o tipo de culpa. Por isso, as condutas ocorridas até 31 de Dezembro de 2006 estão descriminalizadas, tendo a douta sentença recorrida violado o disposto no artigo 29.°, n.° 4, da Constituição e artigo 2.°, n.° 2, do Código Penal.

13.ª — A douta sentença recorrida pressupõe a notificação ordenada pelo Ministério Público, nos termos e para os efeitos do artigo 105.°, n.° 4, alínea *b)*, do RGIT, como notificação válida e operante. Ora, só a Administração Tributária tem competência legal — e até técnico-material — para fazer, em acto administrativo, o apuramento correcto da dívida, juros e coima, e, assim, fazer a comunicação admonitória prevista naquela norma. Esses actos estão sujeitos à impugnação graciosa e/ou judicial prevista nas leis tributárias e no artigo 268.° da Constituição, e até nos artigos 2.° e 111.° da Lei Fundamental. A reclamação graciosa é feita para os órgãos administrativos hierarquicamente superiores e a impugnação judicial é feita para os Tribunais Administrativos e Fiscais. A notificação em causa é um acto absolutamente nulo ou inexistente, que do mesmo modo inquinou a sentença recorrida, porque contende com os princípios e normas constitucionais aqui invocadas.

D) Dos factos julgados provados

(...)

E) Dos factos não relevados na sentença

(...)

F) Dos fundamentos de direito. Da pena aplicada

20.ª — O tipo legal de crime por que o recorrente foi condenado inscreve-se no direito penal secundário, extravagante ou (e) acessório, por contraposição ao direito penal primário, de justiça ou (e) essencial. Aquele ao serviço de políticas económicas ou sociais, com a marca do transitório ou efémero, da conveniência e oportunidade política; este ao serviço dos bens essenciais e perenes, do homem e da comunidade. Aquele sancionador de actos relativamente censuráveis; este sancionador de actos absolutamente intoleráveis.

Tendo-se em conta o disposto nos artigos 5.°, 61.°, alínea *d)*, 105.° e 114.° do RGIT, com o seu 'mundo de contradições lexicais e sistemáticas', o facto tipificado ou é simultaneamente contra-ordenação e tipo legal de crime, ou, no termo do prazo previsto na alínea *b)* do n.° 4 do artigo 105.°, transmuta-se de contra-ordenação tributária em crime de abuso de confiança fiscal.

Atento o teor das normas referidas nas conclusões 3.ª a 9.ª, o facto pressupõe relações com a estrutura fáctica e jurídica aí assinalada, nomeadamente, como ponto nodal (que se converte em elemento do tipo contra-ordenacional e criminal), o incumprimento da prestação tributária.

Por isso, tanto o tipo contra-ordenacional como o tipo criminal são condutas omissivas — ou seja, o tipo criminal concretiza-se em forma de comissão por omissão.

21.ª — Dada a natureza do ordenamento onde se insere o crime de abuso de confiança fiscal (onde não há, como vimos, a instituição de uma relação de confiança), todos os requisitos de concretização do tipo devem ser escrutinados judicativamente de forma muito clara (sem questionarmos, neste ponto, a legitimidade ou validade legal de tal ordenamento).

Esse escrutínio exigente não foi feito na sentença recorrida (para além de tudo o que já foi visto precedentemente).

22.ª — Como também já se disse, não existe nos autos prova da deliberação, livre e consciente do recorrente de se apropriar para a sociedade das quantias referidas na sentença, e demonstrado foi que o direito a essas quantias se mantém, como existe património para serem pagas. Demonstrado também foi que a sociedade não possuía meios financeiros para pagar as dívidas no termo do prazo em que deviam ter sido pagas, sendo certo que essa prova competia à acusação.

Ora, a conduta omissiva pressupõe a existência de forças para que a conduta seja praticada. Como essas forças não existiam, não se verifica a existência dos elementos do dolo e nem o poder de agir em conformidade com o comando, na situação.

Daqui decorre a violação do disposto nos artigos 14.° e 17.°, n.° 1, do Código Penal.

A conduta também não é censurável por negligência, porque a lei não incrimina a conduta por esta forma de culpa.

23.ª — Foi julgado provado que o recorrente tem mais de 70 anos, não tem fortuna e vive de uma pensão de reforma de € 1000, da qual está penhorada 1/6.

Por força desta realidade fáctica, ao recorrente não podia ser imposta, como condição de suspensão da pena, o pagamento da dívida que, até, (...) não deve (como atrás se demonstrou), se fosse aplicado o artigo 51.°, n.° 2, do Código Penal.

Aquela condição foi imposta com base no disposto no artigo 14.°, n.° 1, do RGIT, que tem a natureza de 'lei-medida' ou 'lei-providência', de todo incompatível com o direito penal, porque não tem o carácter de princípio ético-jurídico, mais se assemelhando a uma ordem concreta, que atenta contra o disposto nos artigos 202.°, n.os 1 e 2, 203.° e 205.°, n.° 1, da Constituição.

VI — Inconstitucionalidades

24.ª — Como já foi afirmado, mais uma vez, o crime de abuso de confiança fiscal tem na sua base uma relação jurídica de trabalho coercivamente imposto ao agente, trabalho não escolhido nem remunerado, sancionado contra-ordenacional e penalmente, sanção esta que ou é simultânea ou sucessiva. A partir daí, estabelecem-se relações com inúmeras prestações de natureza pecuniária (patrimoniais-obrigacionais), que, em cada exercício anual, podem ser de dezenas ou centenas de milhar, incrustadas em relações de idêntica natureza, de muito mais elevado número, em que estas estão sujeitas a elevados riscos de incumprimento, os quais se comunicam àquelas relações tributárias.

Estas relações tributárias, com tal estrutura induzida por lei, têm a natureza de contrato administrativo, formado coercivamente, cujo objecto é, do lado do devedor, o dever de pagar uma quantia certa em dinheiro, e, do lado do credor, o poder de exigir tal quantia.

25.ª — Face a esta realidade, fáctica e jurídica, a incriminação do artigo 105.° é inconstitucional, porque, na sua origem, está uma relação de trabalho imposto, não escolhido e não remunerado, instituída por razões de ordem política (conveniência e oportunidade política), que podia ser substituída pelo dever de o devedor originário pagar os impostos devidos. Nessa relação o sujeito activo é colocado na posição de *dominus* ou 'senhor', enquanto o sujeito passivo é colocado na veste de sujeitado ou servo e, ao mesmo tempo, na veste de agente da Administração Pública.

O artigo 105.° do RGIT viola assim o disposto nos artigos 266.°, n.° 2, 267.°, 271.° e 18.°, n.° 2, da Constituição, na medida em que faz do devedor um agente da Administração Pública; os artigos 58.°, n.° 1, 59.°, n.° 1, alínea *a)*, 61.°, n.° 1, e 18.°, n.° 2, da Constituição, artigo 23.° da Declaração Universal dos Direitos do Homem, artigo 6.°, n.° 1, do Pacto Internacional Sobre Direitos Económicos, Sociais e Culturais, artigo 8.°, n.° 3, alínea *a)*, do Pacto Internacional Sobre Direitos Civis e Políticos, aplicáveis por força dos artigos 8.°, n.° 2, e 16.°, n.° 1, da Constituição, na perspectiva de trabalho coercivamente imposto, não escolhido e não remunerado.

26.ª — Atento o objecto — a prestação —, a relação tem por objecto o pagamento de uma quantia pecuniária, que se cumpre com dinheiro do obrigado, mesmo que ele não tenha recebido o correspectivo do devedor originário, e que se constitui devedor através de um contrato administrativo que lhe foi coercivamente imposto, sob a ameaça de pena de prisão. Nesta perspectiva, o artigo 105.° do RGIT viola o disposto no artigo 3.° da Declaração Universal dos Direitos do Homem; artigos 9.° e 11.° do Pacto Internacional Sobre Direitos Civis e Políticos; artigo 1.° do Protocolo n.° 4 da Declaração Europeia dos Direitos do Homem, *ex vi* dos artigos 8.°, n.° 2, e 16.°, n.° 1, da Constituição e artigo 27.°, n.° 1, deste diploma fundamental.

27.ª — O facto previsto no artigo 105.° do RGIT, aqui qualificado ou tipificado como tipo legal de crime, também está previsto no artigo 114.° do RGIT como tipo legal contra-ordenacional. Malgrado as contradições intra-sistemáticas decorrentes do disposto nos artigos 5.°, n.os 1 e 2, 61.°, alínea *d)*, 2.°, n.° 2, e 105.°, n.° 4, alínea *b)*, do RGIT, esse facto, que serve de base ao tipo legal de crime e tipo legal de contra-ordenação tributária ou é, por isso, simultaneamente, contra-ordenação e crime, ou é, sucessivamente, primeiro contra-ordenação e depois crime.

Consequentemente, esse mesmo facto ou é simultaneamente, ético-socialmente uma conduta axiologicamente relevante e neutra, ou é, primeiro, ético-socialmente neutra e depois transmuta-se em conduta relevante.

Seja como for, os princípios lógicos do entendimento racional mostram-nos que, seja qual for o juízo que se sufrague (o da simultaneidade ou sucessividade), o absurdo é inevitável: o mesmo ente não pode ser ele e o seu contrário (princípio da não contradição), nem ser ele — a um mesmo tempo ou posteriormente — e terceiro (princípio de terceiro ou meio excluído). A lógica mostra-nos assim que a lei não respeita o princípio da verdade, nomeando uma impossibilidade ôntica, com reflexos axiológicos dramáticos, na medida em que, utilizando um sofisma, quando ficciona apropriações, 'legitima' a penalização penal proibida pelos superiores princípios do ordenamento jurídico (nomeadamente, o princípio da eminente dignidade da pessoa humana, da verdade, de justiça, de direito, da proporcionalidade, da boa fé e da unidade do sistema jurídico).

A norma viola, por esta perspectiva, os princípios ora invocados, bem como as normas constitucionais (onde alguns daqueles estão presentes) seguintes: 1.°, 2.°, 13.°, 27.°, n.° 1, e 18.°, n.° 2, da Constituição.

28.ª — Por seu lado, o disposto no artigo 14.° do RGIT, mormente a directiva do seu n.° 1, enquanto regra de reforço dos injustos objectivos prosseguidos pelo artigo 105.°, é uma regra — quase em forma de ordem dirigida pelo legislador aos Tribunais — sem dimensão jusnormativa; o seu conteúdo é político-normativo. A intenção dessa norma é de reforçar — e até de aliciar os devedores — os mecanismos de cobranças de dívidas, colocando esse reforço até acima de idênticas normas que permitem a suspensão de penas de prisão por certos crimes de sangue, como o permitem as disposições dos n.os 2 e 3 do artigo 51.° do Código Penal. Isto revela que, para o legislador, a espórtula vale mais que a integridade física e moral da pessoa humana. Por isso, o disposto no n.° 1 do artigo 14.° é instrumento de uma estratégia político-administrativa. O seu conteúdo outro não é que o do pragmatismo da conveniência e oportunidade política, própria da 'lei-medida' ou 'lei-providência'.

Nesta perspectiva, o artigo 14.°, n.° 1, do RGIT viola todas as normas constitucionais já invocadas neste grupo de conclusões, e, em específico, o disposto nos artigos 1.°, 2.°, 3.°, 4.°, 9.°, 13.°, 18.°, n.° 2, 27.°, n.° 1, e 25.°, n.° 1, da Constituição.

Esta disposição tem ainda outro alcance insuportável. Diz a sua 1.ª parte: 'a suspensão (...) é sempre condicionada ao pagamento (...)'. Ou seja, desde que aos factos só possa ser aplicada pena de prisão, o juiz só tem uma de duas alternativas: ou aplica pena efectiva ou suspende a pena. Se a suspender, a condição da suspensão já tinha sido julgada — não pelo juiz mas pelo legislador!

Isto outra coisa não significa que o legislador (em tempos em que a legislação se hipostasiou na de administração ...) também julga o facto.

Esta norma, a um mesmo tempo, arrasa tragicamente com a autonomia e sentido específicos do direito; burocratiza os tribunais, atacando a sua independência e o seu dever de fundamentação das suas decisões. Consequentemente, os tribunais deixam de administrar justiça em nome do povo, ao qual devem prestar contas, para administrar a justiça em nome do Estado (isto já foi visto, em 1950, por Hannah Arendt, *O Sistema Totalitário*, Publicação D. Quixote, pp. 301 a 319, *maxime* pp. 304 e seguintes).

Com o 'é sempre condicionada ao pagamento', o artigo 14.°, n.° 1, do RGIT atinge fragorosamente o disposto nos artigos 202.°, n.os 1 e 2, 203.°, 204.° e 205.°, n.° 1, da Constituição.»

3.2. O acórdão ora recorrido julgou improcedentes as questões, designadamente de inconstitucionalidade, suscitadas na motivação do recurso do ora recorrente, desenvolvendo, para o efeito, a seguinte fundamentação:

«III — O Direito

Conforme jurisprudência constante e pacífica, o âmbito do recurso é delimitado pelas conclusões formuladas na motivação [artigos 403.° e 412.° do Código de Processo Penal (CPP)], sem prejuízo das questões de conhecimento oficioso (artigo 410.°, n.° 2, do CPP e acórdão do Plenário das Secções Criminais do Supremo Tribunal de Justiça, de 19 de Outubro de 1995, publicado no *Diário da República*, I Série-A, de 28 de Dezembro de 1995).

As questões suscitadas pelo recorrente nas suas conclusões podem resumir-se do seguinte modo:

1) descriminalização do facto;

2) ilegalidade e inconstitucionalidade da notificação feita pelo Ministério Público nos termos do artigo 105.°, n.° 4, do RGIT;

3) impugnação da matéria de facto;

4) aplicação do direito aos factos;

5) inconstitucionalidade da suspensão da pena condicionada ao pagamento.

1) Perante a redacção do artigo 105.° do RGIT, vigente na data em que a acusação foi proferida, é inquestionável que os factos descritos em tal peça processual integravam os ilícitos criminais cuja prática foi imputada (para além do mais) ao arguido/recorrente.

Contudo, considerando as alterações que o artigo 95.° da Lei n.° 53-A/2006, de 29 de Dezembro, introduziu ao n.° 4 daquele preceito, impõe-se determinar se, entretanto, a conduta imputada aos arguidos foi descriminalizada ou se houve alterações a nível do tipo legal de ilícito em causa. Enquanto que a redacção anterior estabelecia que 'Os factos descritos nos números anteriores só são puníveis se tiverem decorrido mais de 90 dias sobre o termo do prazo legal de entrega da prestação', a nova redacção dispõe que 'Os factos descritos nos números anteriores só são puníveis se: *a*) Tiverem decorrido mais de 90 dias sobre o termo do prazo legal de entrega da prestação; *b*) A prestação comunicada à administração tributária através da correspondente declaração não for paga, acrescida dos juros respectivos e do valor da coima aplicável, no prazo de 30 dias após notificação para o efeito'.

A relevância do acrescento contido nesta alínea *b)* e as consequências que dele resultam para os processos que já anteriormente se encontravam pendentes veio sendo debatida na jurisprudência e na doutrina, merecendo diferentes respostas de acordo com a forma como era configurada, em termos dogmáticos, a nova exigência de notificação dela constante (condição de punibilidade, condição de procedibilidade, causa de exclusão da punição).

Consensual era, apenas, que a questão só se coloca relativamente aos casos em que foi feita a declaração do montante do imposto devido, embora sem a entrega do respectivo montante (como sucede no caso de que nos ocupamos), estando excluídos aqueles em que o contribuinte omite tal declaração.

Mostravam-se já consolidados vários entendimentos, de que nos dá conta o acórdão desta Relação do Porto, de 5 de Dezembro de 2007 (Proc. n.° 0416130, relatado pelo Desembargador Joaquim Gomes), de que se transcreve o pertinente excerto:

'A propósito deste novo segmento normativo e como de certo modo seria expectável, têm surgido as mais díspares interpretações (...), que podemos cingir nas seguintes:

a) Trata-se de uma condição objectiva de punibilidade, pelo que, não tendo havido uma modificação dos respectivos elementos constitutivos do tipo, não ocorre nenhuma hipótese de descriminalização.

Mas por ser uma nova condição mais benéfica para o arguido, mediante aplicação da lei mais favorável, dever-se-á conceder-lhe essa nova possibilidade de pagamento, notificando-o para o efeito, mediante o reenvio dos autos à primeira instância — neste sentido acórdãos do Supremo Tribunal de Justiça, de 7 de Fevereiro de 2007 (recurso n.° 4086/06) e de 21 de Março de 2007 (recurso n.° 4079/06), acórdão da Relação do Porto, de 14 de Fevereiro de 2007 (recurso n.° 0043/04); acórdãos da Relação de Guimarães, de 25 de Junho de 2007 (recursos n.os 2498/06 e 2312/06) — ou oficiar-se à Administração Fiscal para que proceda a essa notificação — acórdãos da Relação de Coimbra, de 21 de Março de 2007 (procs. n.° 232/04.2IDGRD e n.° 825/98.5TALRA).

b) Configura uma condição objectiva de punibilidade, que também está sujeita ao princípio da legalidade, o que implica, entre outras coisas, a proibição da retroactividade desfavorável ao agente.

Não se verificando, nos processos pendentes, a notificação prevista na alínea *b*) do n.° 4 do artigo 105.°, a aplicação da lei nova leva à descriminalização dos correspondentes factos — neste sentido, acórdão da Relação do Porto, de 6 de Junho de 2007 (recurso n.° 0384/04), e acórdãos da Relação de Coimbra, de 28 de Março de 2007 (recursos n.° 59/05.4IDCTB e n.° 178/04.4IDACB).

c) A nova exigência representa um alargamento do tipo de ilícito, co-fundamentadora da gravidade da ilicitude criminal da omissão e da correspondente criminalização, sendo por isso uma lei descriminalizadora/despenalizadora relativamente às situações anteriores à entrada da sua vigência em que não ocorreu a notificação agora prevista — veja-se neste sentido Taipa de Carvalho, *O Crime de abuso de confiança fiscal*, 2007, pp. 41-43.

d) A alteração legislativa modificou o ilícito do abuso de confiança fiscal, introduzindo um regime específico e autónomo para os casos em que as prestações deduzidas e declaradas não foram entregues, fazendo depender o seu preenchimento da desobediência por parte do agente a uma notificação da administração tributária para 'pagar' as prestações deduzidas e declaradas. Havendo um estreitamento do ilícito criminal e um alargamento daquelas que integram as condutas que integram a contra-ordenação prevista no artigo 114.° do RGIT, dá-se uma descriminalização — neste sentido Costa Andrade e Susana Aires de Sousa, na *Revista Portuguesa de Ciência Criminal*, ano 17, n.° 1, pp. 53 e seguintes, particularmente pp. 71-72.

e) Trata-se de uma condição de procedibilidade, sem relevo quanto ao vencimento da obrigação tributária, nem quanto ao início do prazo de mora — neste sentido, acórdão da Relação do Porto, de 11 de Abril de 2007 (Colectânea de Jurisprudência, tomo I, p. 216).

f) Representa uma condição de exclusão da punibilidade, como sustentamos, na medida em que a regularização da situação tributária leva à desnecessidade da pena, estando essa faculdade na disponibilidade do agente, muito embora exista uma vertente adjectiva, ou seja, a sua notificação para pagar a prestação tributária que devia ter sido entregue. Nestes casos, e em virtude da lei nova prever uma possibilidade de afastar a punição, deverá proceder-se a essa notificação — acórdãos da Relação do Porto, de 11 de Julho de 2007 (recurso n.° 3147/07) e de 10 de Outubro de 2007 (recurso n.° 2154/07, de que o signatário foi relator conjuntamente com os mesmos adjuntos) — oficiando-se, para o efeito, à Administração Fiscal — acórdão da Relação de Coimbra, de 28 de Março de 2007 (recurso n.° 72/03.6IDAVR).'

Esta querela mostra-se ultrapassada com o acórdão do Supremo Tribunal de Justiça n.° 6/2008, de 9 de Abril de 2008 (*Diário da República*, I Série, de 15 de Maio de 2008), que fixou a seguinte jurisprudência uniformizadora:

'A exigência prevista na alínea *b*) do n.° 4 do artigo 105.° do RGIT, na redacção introduzida pela Lei n.° 53-A/2006, configura uma nova condição objectiva de punibilidade que, por aplicação do artigo 2.°, n.° 4, do Código Penal, é aplicável aos factos ocorridos antes da sua entrada em vigor. Em consequência, e tendo sido cumprida a respectiva obrigação de declaração, deve o agente ser notificado nos termos e para os efeitos do referido normativo [alínea *b*) do n.° 4 do artigo 105.° do RGIT].'

Face à jurisprudência uniformizadora assim fixada, temos de concluir que a conduta praticada pelo recorrente não se mostra descriminalizada e que a mesma só não seria punível se, decorrido o prazo de 30 dias a que alude a notificação efectuada através do despacho recorrido, se verificasse, dentro do prazo de 30 dias a contar da mesma, o pagamento das quantias nela referidas.

2) Sustenta ainda o arguido/recorrente que a notificação a que alude o n.° 4 do artigo 105.° do RGIT cabe em exclusivo à Administração Tributária, pois só esta tem competência legal e técnico-material para, em acto administrativo, fazer o apuramento correcto da dívida, juros e coima e fazer a comunicação admonitória prevista na norma, pelo que a notificação em causa é um acto nulo ou inexistente.

A questão em apreço prende-se com a determinação de qual a entidade que tem competência para efectuar a notificação a que o normativo acima referido alude e não é nova, tendo vindo a ser alvo de várias decisões dos tribunais superiores.

A corrente jurisprudencial que julgamos ser a maioritária e com a qual concordamos entende que, pelo menos no caso em que os processos pendentes já tenham transitado para os serviços do Ministério Público no momento em que entrou em vigor a alteração legislativa que veio estabelecer aquela notificação (como sucede no presente caso), é indiferente que seja o Ministério Público a efectuá-la ou a solicitar à Administração Fiscal ou à Segurança Social (conforme seja o caso) que o faça. E isto porque, desde logo, a lei nada diz sobre quem deve efectuar a notificação em causa. É possível que, neste caso como em outros, o legislador não tenha previsto as perplexidades e divergências que a alteração ao n.° 4 daquele artigo 105.° iria causar, em particular no que concerne aos processos que já se encontravam pendentes à data da sua entrada em vigor, não tendo cuidado de regular estas situações, seja através de comandos explícitos, seja através de normas transitórias. E, até, que tenha pressuposto como padrão para a previsão que fez ao criar a norma que ela se iria aplicar a processos iniciados a partir de então, em que, pelo normal fluir dos mesmos, a notificação iria ser efectuada na fase inicial das investigações e, por isso, pela Administração Tributária ou pela Segurança Social, conforme a natureza das prestações devidas e declaradas, mas não entregues. Mas também se pode cogitar a hipótese de a omissão de regulamentação neste particular ter sido intencional, deixando em aberto a possibilidade de o tribunal decidir, nos casos em que o processo já se encontrasse em fases mais avançadas, se a devia efectuar ele próprio ou não. Sobretudo se tivermos em conta que, relativamente à notificação para fins similares estabelecida no n.° 6 do mesmo preceito legal, vem expressamente estabelecido que ela é efectuada pela Administração Tributária (sê-lo-á pela Segurança Social quando em causa esteja o crime do artigo 107.°, já que a este também é aplicável o disposto naquele n.° 6). E bem se compreende que assim seja, pois são estas entidades que efectuam as averiguações preliminares e é no decurso destas que se impõe determinar se os autos hão-de ou não prosseguir, sendo certo que o devedor pode provocar a extinção do procedimento criminal pelo pagamento das prestações ou contribuições em dívida, acrescidas de juros e coima dentro do prazo de 30 dias subsequente à notificação para efectuar tal pagamento.

Seja como for, o certo é o que legislador se limitou a fazer depender a punibilidade dos crimes de abuso de confiança previstos no RGIT do não pagamento das prestações devidas e legais acréscimos em prazo contado a partir da notificação que para o efeito há-de ser feita ao agente do ilícito, sem definir quem a ela há-de proceder. Assim, onde a lei não distingue, não vemos como se possa defender que só a Administração Tributária ou a Segurança Social — e não o Tribunal ou o Ministério Público, consoante os autos tenham ultrapassaram ou não a fase de inquérito — tenham competência para a efectuar.

Em contrário também não nos parece colher o argumento de que só aquelas, e não este, estarão em condições de contabilizar devidamente os montantes que o agente responsável pelo seu pagamento é chamado a pagar para evitar ser criminalmente punido. Nada na lei nos permite concluir pela exigência acrescida de que o concreto montante em que as prestações, os juros e a coima a pagar se traduzem seja indicado na própria notificação. O que o legislador teve em vista, na prossecução de objectivos de política criminal e fiscal que visavam não só a diminuição de processos, mas sobretudo uma mais rápida e fácil arrecadação de receitas, foi, tão-só, dar aos agentes devedores uma segunda oportunidade de efectuarem o pagamento das quantias devidas a cada um daqueles títulos, interpelando-os para o efeito, e oferecendo-lhes como contrapartida (caso correspondam positivamente a essa interpelação), a impunibilidade criminal das respectivas condutas. Ora, os devedores tributários que estejam interessados em fazê-lo dispõem de tempo mais do que suficiente para diligenciarem no sentido de, junto da entidade própria e que também é naturalmente aquela junto da qual o pagamento há-de ser efectuado, averiguarem o montante concreto e total que devem pagar, sendo certo que, pelo menos o montante das prestações ou contribuições já o saberão, além do mais porque já as declararam. E é evidente que, no caso de sentirem dificuldades em obter as informações necessárias junto daquelas entidades, sempre poderão transmiti-las ao tribunal, que não deixará de providenciar para que daí não resulte prejuízo para aqueles que só não efectuem o pagamento atempado devido a falhas que não sejam da sua responsabilidade.

Em conclusão: nada na lei impõe que seja a Administração Tributária ou a Segurança Social a efectuar a notificação, nem impede o Ministério Público ou o tribunal de a efectuar, assim como também nada impõe que a notificação contenha a concretização dos montantes que hão-de ser pagos a título de prestações ou contribuições, de juros ou de coima.

Aliás, a este propósito já se pronunciou o Tribunal Constitucional, no Acórdão n.° 409/08, de 31 de Julho de 2008, concluindo que 'não é inconstitucional a norma constante do artigo 105.°, n.° 4, alínea *b*), do Regime Geral das Infracções Tributárias, aprovado pela Lei n.° 15/2001, de 5 de Junho, na redacção dada pelo artigo 95.° da Lei n.° 53-A/2006, de 29 de Dezembro, interpretado no sentido de que pode o tribunal de julgamento determinar a notificação aí prevista'.

[Omite-se a transcrição de excertos da fundamentação do Acórdão n.° 409/08, que será reproduzida *infra*, 5.]

Aliás, quando o Ministério Público, na fase do inquérito, determina essa notificação, ele visa, não a prossecução da tarefa de cobrança de receitas típica da Administração Tributária, mas o apuramento, que lhe incumbe enquanto titular da acção penal, da verificação dos requisitos que o habilitem a tomar uma decisão de acusação ou de não acusação.

Conclui-se assim que o Magistrado do Ministério Público que ordenou a notificação em causa tinha e tem competência para ordenar a notificação a que alude o artigo 105.°, n.° 4, do RGIT, atenta a fase processual em que os autos se encontravam, não estando por isso o respectivo despacho recorrido ferido de qualquer invalidade.

3) Da impugnação da matéria de facto:

(...)

4) Aplicação do direito aos factos:

Sustenta o recorrente que a decisão recorrida violou o disposto nos artigos 14.° e 17.°, n.° 1, do Código Penal, na medida em que não existe prova da deliberação livre e consciente do recorrente de se apropriar para a sociedade das quantias referidas na sentença, sendo certo que existe património suficiente para esse efeito, embora a sociedade não possuísse meios financeiros para pagar as dívidas no termo do prazo.

De acordo com o artigo 24.° do RJIFNA, constituía elemento objectivo do crime em apreço a apropriação, total ou parcial, das quantias que o agente estava obrigado a entregar ao Estado, como credor tributário.

Retomando os ensinamentos do Professor Eduardo Correia, afirma o Professor Figueiredo Dias que 'a apropriação não pode ser um fenómeno interior (...), mas exige que o *animus* que lhe corresponde se exteriorize, através de um comportamento que o revele e execute. O agente que recebera a coisa *uti alieno* passa em momento posterior a comportar-se relativamente a ela — naturalmente, através de actos objectivamente idóneos e concludentes, nos termos gerais — *uti dominus*; é exactamente nesta realidade objectiva que se traduz a inversão do título de posse ou detenção e é nela que se traduz e se consuma a apropriação'.

Ainda a respeito do crime de abuso de confiança previsto no Código Penal, coloca-se a questão de saber se a sua mera confusão no património do tomador de dinheiro recebido por título não translativo de propriedade, ou mesmo o seu uso por este, devem ser tidos por actos concludentes de apropriação. Embora não falte na doutrina quem assim o julgue, parece mais correcto e mais próximo da realidade da vida o entendimento, como é o do Professor Figueiredo Dias, segundo o qual 'o tipo objectivo de ilícito do abuso de confiança não será integrado pela mera confusão ou simples uso da coisa fungível, mas, mais tarde, pela sua disposição de forma injustificada ou pela não restituição no tempo e sob a forma juridicamente devidos, ao que terá de acrescer o dolo correspondente'.

Esta doutrina tem pleno cabimento na densificação do conceito de apropriação contido no artigo 24.° do RJIFNA, sem embargo de autores como o Conselheiro Alfredo José de Sousa considerar que 'essa apropriação pode traduzir-se na simples fruição ou na disposição pelo devedor de cada uma das prestações tributárias deduzidas ou retidas (IRS ou IRC) ou liquidadas com obrigação de as entregar ao credor tributário (IVA)'. Mas, por seu turno, o Professor Costa Andrade sustenta que não poderia ser responsabilizado por abuso de confiança o empresário que, por dificuldades de liquidez, não fizesse a entrega tempestiva das importâncias, e, para além disso, as utilizasse para pagar salários ou matérias primas se, ao mesmo tempo, reconhecesse a dívida e tivesse o propósito de proceder posteriormente à entrega, acrescentando que 'quando muito, ele poderia ser sancionado a título de contra-ordenação'.

Atendo-nos à matéria de facto, verifica-se que 'todos os factos foram praticados sob a direcção e orientação do arguido/recorrente, actuando em nome e no interesse da sociedade arguida', que aquele arguido 'quis agir da forma descrita, bem sabendo que depois de ter entregue as declarações de IVA relativas à actividade da sociedade arguida estava obrigado a proceder à entrega do correspectivo imposto que havia liquidado e recebido dos seus clientes' e 'que estava obrigado a entregar as quantias que reteve a título de pagamento de imposto devido por trabalho dependente, colocando-os, assim, nos termos e prazos legais à disposição dos serviços de Administração Fiscal, o que não sucedeu nesse prazo, nem nos noventa dias posteriores'. 'O arguido e a sociedade arguida sua representada apoderaram-se das referidas quantias, fazendo-as suas, querendo obter uma vantagem patrimonial a que sabiam não ter direito, utilizando-as para fins empresariais, no interesse da empresa e do arguido, financiando-se à custa do Estado'.

Estes factos preenchem indubitavelmente o conceito de apropriação.

O recorrente afirma que a sociedade tinha património suficiente, embora não possuísse meios financeiros para pagar as dívidas ao Estado.

Ora, tal afirmação não é verdadeira. Com efeito, provou-se que a sociedade arguida sempre pagou os salários aos seus trabalhadores, bem como as dívidas cuja entrada em mora pudesse paralisar de imediato a sua actividade, como as relativas a combustíveis, energia eléctrica e rendas. Ou seja, o arguido, enquanto sócio gerente da arguida sociedade, optou por manter a empresa em funcionamento, em detrimento do cumprimento das suas obrigações fiscais.

Tem-se, assim, por verificado o elemento apropriação, cuja ocorrência o recorrente punha em causa, bem como estão preenchidos os demais elementos do crime previsto no artigo 24.°, n.° 1, do RJIFNA.

Entretanto, o RJIFNA foi revogado e substituído pelo RGIT, em cujo artigo 105.° se prevê o crime de abuso de confiança. Pese a circunstância de o novo tipo legal de crime não fazer referência ao elemento 'apropriação', basta-se com a circunstância de o novo tipo legal exigir apenas a 'não entrega à Administração Tributária das prestações deduzidas nos termos da lei'.

Reconhecendo embora que o Tribunal Constitucional, no Acórdão n.° 54/04, já se pronunciou no sentido da não inconstitucionalidade do artigo 105.° do RGIT, o Professor Costa Andrade teceu considerações acerca desta decisão, sustentando a inconstitucionalidade de tal preceito, enunciando, para tanto, as seguintes razões:

— punindo-se não a apropriação mas a falta de entrega, a lei nova criou uma descontinuidade normativa em relação à lei anterior;
— a criminalização de qualquer conduta passa necessariamente pela dignidade penal da conduta e pela carência de tutela penal dos bens jurídicos por ela ofendidos e consequente necessidade de pena;
— no contexto do RGIT, o mesmo facto — não entrega dolosa — é tratado simultaneamente como crime (artigo 105.°) e como contra-ordenação (artigo 114.°), tendo, portanto, sido convertido em ilícito criminal um facto que até ali era tratado como mera contra-ordenação;

— as disposições em causa criam um privilégio do Estado-Fisco, que vê os seus créditos garantidos pelo *jus puniendi,* através da mobilização do arsenal de meios sancionatórios criminais em defesa da efectivação tempestiva dos seus créditos tributários, denegando o mesmo tratamento aos credores privados;

— o Estado não dispensa idêntica tutela privilegiada aos seus credores quando se constitui ele próprio em mora, mostrando-se, portanto, violados os princípios constitucionais contidos nos artigos 2.° e 13.° da Constituição.

As questões que o recorrente aventa não são novas, já sobre elas se tendo pronunciado o Supremo Tribunal de Justiça, no acórdão de 31 de Maio de 2006, proc. n.° 1294/06-3, relatado pelo Conselheiro Santos Monteiro, bem como, em recurso dele, o Tribunal Constitucional, no Acórdão n.° 61/07, de 30 de Janeiro de 2007, relatado pela Conselheira Maria dos Prazeres Pizarro Beleza, que afirmou a conformidade com a Constituição da decisão tomada naquele primeiro aresto.

Pretende o recorrente que o facto previsto no artigo 105.°, n.° 1, do RGIT é tipificado como crime mas também está previsto no artigo 114.° como contra-ordenação.

Sem embargo de se dever reconhecer que, com a publicação do RGIT, o legislador introduziu profundas alterações no crime de abuso de confiança fiscal, não é menos certo que em ambas as versões se tutela o património tributário do Estado, sancionando-se criminalmente o incumprimento do dever de entrega de prestação tributária que o agente detém por força dos deveres de colaboração impostos pelas leis fiscais, com base numa relação de confiança. Conforme se afirmou no mencionado acórdão do Supremo Tribunal de Justiça, de 31 de Maio de 2006, 'o legislador não criou, no RGIT, um tipo legal novo, vocacionado para protecção de distintos interesses, mantendo, no plano dos elementos típicos, uma persistente identidade. Relevou-se, agora, a exigência da retenção da prestação ficar a dever-se, não a apropriação, para se cair na sua não entrega nos cofres do Estado, num caso e noutro, sempre dolosa e em detrimento da Fazenda Nacional'.

'O Tribunal Constitucional já por diversas vezes afirmou — escreve-se no Acórdão n.° 61/07 do referido Tribunal — que cabe no âmbito da liberdade de conformação do legislador a determinação das condutas que devem ser criminalizadas. Necessário é, naturalmente, que a opção se não faça em violação das regras e princípios constitucionais relevantes na matéria'. E, citando o Acórdão n.° 1146/96, do mesmo Tribunal: 'a Constituição não contém qualquer proibição de criminalização, e, observados que sejam certos princípios, como sejam o princípio da justiça, o princípio da humanidade e o princípio da proporcionalidade [...], o legislador goza de ampla liberdade na individualização dos bens jurídicos carecidos de tutela'. Vindo a concluir que 'as condutas incriminadas (actualmente) pelos artigos 105.° (abuso de confiança fiscal) e 107.° (abuso de confiança contra a Segurança Social) põem em causa interesses de tal forma relevantes que legitimam a opção do legislador'.

Na verdade, 'é por demais conhecida — como acentuam os Professores Figueiredo Dias e Costa Andrade ('O crime de fraude fiscal no novo direito penal tributário português', in *Revista Portuguesa de Ciência Criminal,* ano 6, Janeiro-Março 1996, p. 75) — a distância que nos separa dos tempos em que a fuga aos deveres fiscais era pacificamente olhada como um facto ética e moralmente neutro (...), do tempo em que a infracção fiscal era degradada para o limbo marginal do ilícito de polícia ou de mera ilegalidade antiadministrativa, uma categoria contraposta ao direito penal de justiça e, por via disso, intrinsecamente alheia à própria ideia de justiça'. No RGIT, 'o legislador português parece ter optado por uma concepção de carácter patrimonialista do bem jurídico tutelado, centrada na obtenção das receitas tributárias'.

Os trechos citados exprimem, assim, suficientemente a dignidade penal da conduta que se encontra criminalizada, característica que corresponde à 'eminência dos bens jurídicos a tutelar e pela danosidade e intolerabilidade sociais dos sacrifícios, dano ou perigo, que ameaçam aqueles bens' (Costa Andrade, *O abuso de confiança fiscal* ..., p. 320). Na verdade, em face do dano que é causado ao Estado, que se vê privado de uma componente activa do seu património tributário, e tendo presentes os deveres de colaboração que recaem sobre o agente, encarregado de reter e de liquidar determinados impostos e a subjacente relação de confiança entre o Estado e o cidadão, justifica-se que se criminalize a conduta que se consubstancia na não entrega dolosa das prestações tributárias deduzidas pelo agente.

Tal criminalização não significa, por isso, diferentemente do que o recorrente sustenta, que haja uma confusão entre o crime e contra-ordenação. Desde logo, porque, quanto à intenção do agente, o crime é necessariamente doloso, enquanto que a contra-ordenação pode ser também punível por negligência. Acresce que a doutrina e a jurisprudência vêm entendendo que para que se verifique o crime de abuso de confiança é necessário que a prestação tributária tenha de facto sido deduzida ou recebida pelo agente (cfr. Jorge Lopes de Sousa e Manuel Simas Santos, *Regime Geral das Infracções Tributárias,* em nota ao artigo 105.°, e António Tolda Pinto e Jorge Reis Bravo, *Regime Geral das Infracções Tributárias e Regimes Sancionatórios Especiais*, p. 337), o que leva para o domínio da contra-ordenação, como refere Nuno Lumbrales ('O abuso de confiança fiscal no regime geral das infracções tributárias', in *Fiscalidade,* n.° 13/14 — Janeiro/Abril 2003, pp. 90/91), os casos em que o sujeito passivo tenha facturado e declarado determinadas quantias que não veio depois a receber, as situações em que o substituto deduz ou recebe apenas parte da quantia devida, entregando atempadamente aquilo que recebeu, ou ainda os casos em que o montante do imposto tenha sido apurado por métodos indiciários.

Ora, no caso em apreço, como resulta do depoimento da testemunha António Carva, Inspector Tributário, na determinação do IVA em falta, apenas foram levadas em conta as transacções em que havia comprovativo de pagamento à arguida sociedade, e referindo que, no período considerado, a arguida sociedade fez empréstimos a duas sociedades, conforme referiu no auto de notícia de fls. 2 e seguintes do apenso.

Não assiste, assim, razão ao recorrente quando sustenta que não houve intenção de se apropriar das quantias devidas ao Estado e quanto à invocada falta de meios financeiros para efectuar o pagamento devido.

5. Inconstitucionalidade da suspensão da pena condicionada ao pagamento:

Finalmente, o recorrente sustenta que é inconstitucional o artigo 14.° do RGIT, ao condicionar a suspensão da execução da pena ao pagamento da prestação tributária e acréscimos legais, por violação do disposto nos artigos 1.° a 4.°, 9.°, 13.°, 18.°, n.° 2, 27.°, n.° 1, e 25.° da Constituição.

Não apresenta, todavia, uma justificação autónoma para o efeito.

Como o próprio recorrente observa na resposta apresentada ao abrigo do disposto no artigo 417.°, n.° 2, do Código de Processo Penal, o Tribunal Constitucional já por diversas vezes se pronunciou no sentido da não inconstitucionalidade da norma do artigo 14.° do RGIT — cfr. Acórdãos n.° 256/03, n.° 335/03 e n.° 500/05, o primeiro publicado no *Diário da República,* II Série, de 2 de Julho de 2003, e os outros disponíveis em *www.tribunalconstitucional.pt.*

Assim, no Acórdão n.° 335/03 escreveu-se o seguinte:

> '7. O artigo 14.° do Regime Geral das Infracções Tributárias (RGIT), aprovado pela Lei n.° 15/2001, de 5 de Junho, dispõe como segue:
>
> Artigo 14.°
> Suspensão da execução da pena de prisão
>
> 1 — A suspensão da execução da pena de prisão aplicada é sempre condicionada ao pagamento, em prazo a fixar até ao limite de cinco anos subsequentes à condenação, da prestação tributária e acréscimos legais, do montante dos benefícios indevidamente obtidos e, caso o juiz o entenda, ao pagamento de quantia até ao limite máximo estabelecido para a pena de multa.
>
> 2 — Na falta do pagamento das quantias referidas no número anterior, o tribunal pode:
>
> *a*) Exigir garantias de cumprimento;
> *b*) Prorrogar o período de suspensão até metade do prazo inicialmente fixado, mas sem exceder o prazo máximo de suspensão admissível;
> *c*) Revogar a suspensão da pena de prisão.
>
> 8. O Tribunal Constitucional teve, muito recentemente, oportunidade de se pronunciar sobre a questão de constitucionalidade que agora, mais uma vez, vem colocada à sua consideração. Fê-lo, concretamente, no Acórdão n.° 256/03 (ainda inédito), onde concluiu pela não inconstitucionalidade daquele artigo 14.° do RGIT (bem como do artigo 11.°, n.° 7, do RJIFNA, preceito que antecedeu este artigo 14.°). Para decidir dessa forma, o Tribunal escudou-se na seguinte fundamentação:

"(...) Comparando o artigo 11.°, n.° 7, do RJIFNA com o (posterior) artigo 14.° do RGIT, verifica-se que ambos condicionam a suspensão da execução da pena de prisão ao pagamento das quantias em dívida.

Não sendo pagas tais quantias, o primeiro preceito remetia (em parte) para o regime do Código Penal relativo ao não cumprimento culposo das condições da suspensão; já o segundo preceito — que englobou tal regime do Código Penal — é mais dúbio, porque não faz referência à necessidade de culpa do condenado.

De qualquer modo, deve entender-se que a já referida aplicação subsidiária do Código Penal, prevista no artigo 3.°, alínea *a*), do RGIT (cfr. os artigos 55.° e 56.° do referido Código), bem como a circunstância de só o incumprimento culposo conduzir a um prognóstico desfavorável relativamente ao comportamento do delinquente implicam a conclusão de que o artigo 14.°, n.° 2, do RGIT, quando se refere à falta de pagamento das quantias, tem em vista a falta de pagamento culposa (refira-se, a propósito, na sequência de Jorge de Figueiredo Dias, *Direito Penal Português / Parte Geral, II — As Consequências Jurídicas do Crime*, Aequitas, 1993, pp. 342-343, que pressuposto material de aplicação da suspensão da execução da pena de prisão é a existência de um prognóstico favorável a esse respeito).

(...) A questão que ora nos ocupa tem algumas afinidades com uma outra que já foi discutida no Tribunal Constitucional.

Assim, no Acórdão n.° 440/87, de 4 de Novembro (publicado em *Acórdãos do Tribunal Constitucional*, 10.° Volume, 1987, p. 521), o Tribunal Constitucional não julgou inconstitucional a norma do artigo 49.°, n.° 1, alínea *a*), do Código Penal de 1982 (versão originária), na parte em que ela permite que a suspensão da execução da pena seja subordinada à obrigação de o réu "pagar dentro de certo prazo a indemnização devida ao lesado". Nesse Acórdão, depois de se ter salientado que se deve considerar como princípio consagrado na Constituição a proibição da chamada "prisão por dívidas", entendeu-se, para o que aqui releva, o seguinte:

"(...) nos termos do artigo 50.°, alínea *d*), do actual Código Penal, o tribunal pode revogar a suspensão da pena, «se durante o período da suspensão o condenado deixar de cumprir, com culpa, qualquer dos deveres impostos na sentença», *v. g.*, o de «pagar dentro de certo prazo a indemnização devida ao lesado» [artigo 49.°, n.° 1, alínea *a*), primeira parte]. Nunca, porém, se poderá falar numa prisão em resultado do não pagamento de uma dívida: — a causa primeira da prisão é a prática de um «facto punível» (artigo 48.° do Código). Como se escreveu no acórdão recorrido, «o que é vedado é a privação da liberdade pela única razão do não cumprimento de uma obrigação contratual, o que é coisa diferente».

Aliás, a revogação da suspensão da pena é apenas uma das faculdades concedidas ao tribunal pelo citado artigo 50.° para o caso de, durante o período da suspensão, o condenado deixar de cumprir, com culpa, qualquer dos deveres impostos na sentença: na verdade, «conforme os casos», pode o tribunal, em vez de revogar a suspensão, «fazer-lhe [ao réu] uma solene advertência» [alínea *a*)], «exigir-lhe garantias do cumprimento dos deveres impostos» [alínea *b*)] ou «prorrogar o período de suspensão até metade do prazo inicialmente fixado, mas não por menos de um ano» [alínea *c*)]."

Por outro lado, no Acórdão n.° 596/99, de 2 de Novembro (publicado no *Diário da República*, II Série, n.° 44, de 22 de Fevereiro de 2000, p. 3600), o Tribunal Constitucional não considerou inconstitucional, designadamente por violação do artigo 27.°, n.° 1, da Constituição, a norma constante do artigo 51.°, n.° 1, alínea *a*), do Código Penal, na parte em que permite ao juiz condicionar a suspensão da execução da pena de prisão à efectiva reparação dos danos causados ao ofendido. Foram os seguintes os fundamentos dessa decisão:

"(...) A alegada inconstitucionalidade do artigo 51.°, n.° 1, alínea *a*), do Código Penal, na redacção do Decreto-Lei n.° 48/95, de 15 de Março.

Dispõe o artigo 51.°, n.° 1, alínea *a*), do Código Penal que «a suspensão da execução da pena de prisão pode ser subordinada ao cumprimento de deveres impostos ao condenado e destinados a reparar o mal do crime, nomeadamente pagar dentro de certo prazo, no todo ou na parte que o tribunal considerar possível, a indemnização devida ao lesado, ou garantir o seu pagamento por meio de caução idónea».

Trata-se mais uma vez, no entender do recorrente, da previsão de uma situação de «prisão por dívidas», proibida pela Constituição.

Desde logo deve notar-se que tem inteira razão o Ministério Público quando refere que, a proceder, a argumentação do recorrente acabaria por redundar em seu próprio prejuízo, «na medida em que a considerar-se inconstitucional a norma ora objecto de recurso, estaria afastada a possibilidade de suspensão da execução da pena — que só se justifica pela 'condição' estabelecida naquele preceito — restando-lhe o inexorável cumprimento da pena de prisão que a decisão recorrida, em primeira linha, lhe impôs (...)».

É, no entanto, manifestamente improcedente a alegação de que a norma que se extrai do artigo 51.°, n.° 1, alínea *a*), do Código Penal traduz uma violação do princípio de que ninguém pode ser privado da sua liberdade pela única razão de não poder cumprir uma obrigação contratual, implicado pelo direito à liberdade e à segurança (artigo 27.°, n.° 1, da Constituição).

Na realidade, e mais uma vez, não se trata aqui da impossibilidade de cumprimento como única razão da privação da liberdade, mas antes da consideração de que, em certos casos, a suspensão da execução da pena de prisão só permite realizar de forma adequada e suficiente as finalidades da punição se a ela — suspensão da execução — se associar a reparação dos danos provocados ao lesado, traduzida no pagamento (ou prestação de garantia de pagamento) da indemnização devida. (...)

Apesar da afinidade com a questão de que ora cumpre apreciar, nos arestos citados não estava em causa o problema da conformidade constitucional (à luz dos princípios da adequação e da proporcionalidade) da imposição de uma obrigação que, no próprio momento em que é imposta, pode ser de cumprimento impossível pelo condenado, mas um outro (que Jorge de Figueiredo Dias, *ob. cit.*, p. 353, aliás, considerou absolutamente infundado), que era o de "saber se o condicionamento da suspensão pelo pagamento da indemnização não configuraria, quando aquele pagamento não viesse a ser feito, uma (inconstitucional) prisão por dívidas".

De qualquer modo, dos arestos citados extrai-se uma ideia importante para a resolução da presente questão: é ela a de que não faz sentido analisá-la à luz da proibição da prisão por dívidas. Na verdade, mesmo que se considere — e é isso que importa determinar — desproporcionada a imposição da totalidade da quantia em dívida como condição de suspensão da execução da pena, o certo é que o motivo primário do cumprimento da pena de prisão não radica na falta de pagamento de tal quantia, mas na prática de um facto punível.'

Conclui-se assim que não se verifica a apontada inconstitucionalidade suscitada pelo recorrente.»

4. Relativamente à norma do artigo 105.°, n.° 1, do RGIT, que criminaliza o abuso de confiança fiscal, já foi a mesma julgada não inconstitucional, designadamente, pelos Acórdãos n.os 54/04, 642/06 e 61/07 e pelas Decisões Sumárias n.os 564/06, 276/08 e 336/08, na sequência, aliás, de reiterada jurisprudência anterior reportada a normas correspondentes do RJIFNA.

Esse juízo de não inconstitucionalidade foi fundamentado no Acórdão n.° 54/04 nos seguintes termos:

«4. Como salientam correctamente o recorrente e o Ministério Público nas suas alegações, o Tribunal Constitucional teve já ocasião de se pronunciar por várias vezes sobre a conformidade constitucional da norma que previa o crime de abuso de confiança fiscal com a 'proibição da prisão por dívidas' — embora apenas a propósito do citado artigo 24.°, n.° 1, do RJIFNA.

Assim, no Acórdão n.° 312/00 (publicado no *Diário da República*, II Série, de 17 de Outubro de 2000), depois de se analisar os elementos constitutivos deste crime, segundo o artigo 24.° do RJIFNA, e a proibição de privação da 'liberdade pela única razão de [se] não poder cumprir uma obrigação contratual', nos termos do artigo 1.° do Protocolo n.° 4 Adicional à Convenção Europeia dos Direitos do Homem e da Constituição da República — salientando-se, como se havia feito no Acórdão n.° 663/98 (*Diário da República*, II Série, de 15 de Janeiro de 1999), que 'a privação da liberdade não é proibida se outros factos se vêm juntar à incapacidade de cumprir uma obrigação contratual' —, concluiu-se, depois da análise dos valores e dos bens jurídicos em causa na criminalização das infracções fiscais: '(...) No caso em apreço, a obrigação em causa não é meramente contratual, mas antes deriva da lei — que estabelece a obrigação de pagamento dos impostos em questão. Por outro lado, nestas situações, o devedor tributário encontra-se instituído em posição que poderemos aproximar da do fiel depositário. Na verdade, no IVA e no imposto sobre os rendimentos singulares (IRS), os respectivos valores são deduzidos nos termos legais, devendo depois o respectivo montante ser entregue ao credor tributário que é o Estado. Perante a norma em questão há assim que levar em conta este aspecto peculiar da posição dos responsáveis tributários, que não comporta uma pura obrigação contratual porque decorre da lei fiscal'.

E concedeu-se ainda relevo à circunstância de que 'a impossibilidade do cumprimento não é elemento do crime de abuso de confiança fiscal; a não entrega atempada da prestação torna possível a instauração do procedimento criminal nos termos do n.° 5 do artigo 24.°, mas o que importa para a punibilidade do comportamento, como se referiu, é a apropriação dolosa da referida prestação'.

Concluiu-se, assim, que a norma constante do artigo 24.° do RJIFNA não violava o princípio de que ninguém pode ser privado da sua liberdade pela única razão de não poder cumprir uma obrigação contratual.

Esta decisão de não inconstitucionalidade, e respectiva fundamentação, foram retomadas pelo Acórdão n.° 389/01 — que confirmou decisão sumária do relator nesse sentido — e ainda, quanto ao caso paralelo do artigo 27.°-B do RJIFNA (sobre o crime de abuso de confiança em relação à Segurança Social), pelo Acórdão n.° 516/00 (publicado no Diário da República, II Série, de 31 de Janeiro de 2001), onde se pode ler que '(...) Não estando expressamente prevista a punição por negligência, os factos integradores do crime só podem ser punidos se praticados com dolo (artigo 13.° do Código Penal); se não se provar o dolo mas apenas a negligência, pode existir a contra-ordenação prevista no artigo 29.°, n.° 2, do RJIFNA. A obrigação em causa não é meramente contratual, antes deriva da lei — que impõe a entrega pelas entidades empregadoras às instituições de segurança social do montante das contribuições que aquelas entidades tenham deduzido do valor das remunerações pagas aos trabalhadores e que por estes sejam legalmente devidas. Nestas situações, as entidades empregadoras encontram-se instituídas "em posição que poderemos aproximar da do fiel depositário". A mera impossibilidade do cumprimento não é elemento do crime de abuso de confiança em relação à segurança social. A não entrega atempada da prestação torna possível a instauração do procedimento criminal nos termos do n.° 5 do artigo 24.° do RJIFNA, mas o que importa para a punibilidade do comportamento, como se referiu, é a apropriação dolosa da referida prestação. A situação pode aproximar-se do crime de abuso de confiança previsto e punido pelo Código Penal (artigos 205.° a 207.°), que é um crime contra o património, cuja consumação ocorre com a apropriação ilegítima de coisa móvel alheia entregue por título não translativo de propriedade.'

Concluiu-se, pois, também, no sentido da não inconstitucionalidade (neste sentido, para o referido artigo 27.°-B do RJIFNA, ver também o Acórdão n.° 427/02).

5. As considerações que se contêm na fundamentação dos arestos citados mantêm-se aplicáveis mesmo em face da norma do artigo 105.°, n.° 1, do RGIT, que prevê o abuso de confiança fiscal (e parafiscal, que não está agora em causa — cfr. o n.° 3 do citado artigo).

Designadamente, continuam a ser elementos constitutivos deste crime a existência de uma obrigação de entrega à Administração Tributária de uma prestação tributária deduzida nos termos da lei e a falta dolosa dessa entrega — embora tenha desaparecido da redacção do tipo legal a exigência de 'intenção de obter para si ou para outrem vantagem patrimonial indevida' —, não se prevendo a punição por negligência.

Por outro lado, é claro que, como resulta aliás logo da redacção do preceito, a obrigação em causa não tem por fonte qualquer contrato, e antes deriva da lei. Trata-se, aliás, de um dever que, como salienta o Ministério Público, é essencial para a realização dos fins do Estado, quer para prover à satisfação das suas necessidades financeiras, quer também para prosseguir o objectivo de uma repartição justa de rendimentos e riqueza, constitucionalmente consagrado.

Tem, pois, de tratar-se da falta dolosa de entrega à Administração Fiscal de uma prestação tributária deduzida nos termos da lei, podendo dizer-se, em casos como o presente (em que está em causa a falta de entrega de Imposto sobre o Valor Acrescentado cobrado) — tal como, para as contribuições para a Segurança Social, se disse no citado Acórdão n.° 516/00 —, que o obrigado se encontra instituído 'em posição que poderemos aproximar da do fiel depositário'.

Assim, a mera impossibilidade do cumprimento não é elemento do crime de abuso de confiança em relação à Administração Tributária. O não cumprimento da obrigação de entrega é elemento do tipo, mas o que importa para a punibilidade do comportamento, como se referiu, é a falta dolosa de entrega da prestação, podendo a situação continuar a ser aproximada da do crime de abuso de confiança previsto e punido pelo Código Penal (artigos 205.° a 207.°) — um 'crime contra o património, cuja consumação ocorre com a apropriação ilegítima de coisa móvel alheia entregue por título não translativo de propriedade'.

6. Nestes termos, mesmo em face da nova redacção do tipo legal do crime de abuso de confiança fiscal (e da eliminação do elemento subjectivo que se traduzia na 'intenção de obter para si ou para outrem vantagem patrimonial indevida'), cumpre reiterar a fundamentação dos citados arestos — designadamente, a dos citados Acórdãos n.os 312/00 e 516/00.

E, uma vez que o recorrente não adianta argumentos novos, susceptíveis de infirmar tal fundamentação — sendo claudicante, designadamente, a tentativa de mostrar que a obrigação de entrega de quantias cobradas a título de IVA tem também por fonte um contrato, e não apenas a lei —, conclui-se no sentido da inexistência de violação, por parte do artigo 105.°, n.° 1, do RGIT, do princípio de que ninguém pode ser privado da liberdade pela única razão de não poder cumprir uma obrigação contratual, devendo negar-se provimento ao presente recurso.»

A questão da conformidade constitucional do aludido artigo 105.° do RGIT, na perspectiva de eventual violação dos artigos 2.°, 13.° e 18.°, n.° 2, da CRP, foi apreciada pelo Acórdão n.° 61/07, em termos que ora se reiteram (o essencial da fundamentação desse Acórdão foi reproduzido no acórdão ora recorrido, em passagens atrás transcritas, *supra*, 3.2).

É essa orientação jurisprudencial que se reafirma, dela resultando o desajustamento à realidade jurídica da tese sustentada pelo recorrente da existência de uma relação de trabalho imposto, quando, como nos citados Acórdãos se evidenciou, o fundamento do dever de entregar as quantias recebidas é legal, e não contratual, e aproxima-se de uma situação de fiel depositário.

5. A questão da constitucionalidade suscitada pelo recorrente a propósito da norma do artigo 105.°, n.° 4, alínea *b)*, do RGIT, na redacção dada pela Lei n.° 53-A/06, de 19 de Dezembro, já foi apreciada por este Tribunal nos Acórdãos n.os 409/08, 506/08, 531/08 e 23/09 e na Decisão Sumária n.° 453/08, sempre no sentido da não inconstitucionalidade.

No Acórdão n.° 409/08 desenvolveu-se a seguinte fundamentação:

> «2.1. Na definição (inalterada) do n.° 1 do artigo 105.° do RGIT, comete o crime de abuso de confiança fiscal quem não entrega à Administração Tributária, total ou parcialmente, prestação tributária (com a extensão que a este conceito é dada nos subsequentes n.os 2 e 3) deduzida nos termos da lei e que estava legalmente obrigado a entregar. Na redacção originária do n.° 4 deste preceito, os factos descritos nos números anteriores só eram puníveis se tivessem decorrido mais de 90 dias sobre o termo do prazo legal de entrega da prestação. O artigo 95.° da Lei n.° 53-A/2006, de 29 de Dezembro (Orçamento do Estado para 2007), alterou a redacção desse n.° 4 do artigo 105.° da RGIT, convertendo a condição que constava do corpo desse número em alínea *a)*, e inserindo uma nova alínea *b)*, nos termos da qual os referidos factos também só seriam puníveis se 'a prestação comunicada à Administração Tributária através da correspondente declaração não for paga, acrescida dos juros respectivos e do valor da coima aplicável, no prazo de 30 dias após notificação para o efeito'.
>
> A introdução desta nova 'condição' suscitou divergências doutrinais e jurisprudenciais, tendo, na sequência destas últimas, sido interposto recurso extraordinário para uniformização de jurisprudência, que veio a ser decidido pelo Acórdão do Supremo Tribunal de Justiça n.° 6/08, de 9 de Abril de 2008 (*Diário da República*, I Série, n.° 94, de 15 de Maio de 2008, p. 2672), que fixou a jurisprudência nos seguintes termos:
>
> 'A exigência prevista na alínea *b)* do n.° 4 do artigo 105.° do RGIT, na redacção introduzida pela Lei n.° 53-A/2006, configura uma nova condição objectiva de punibilidade que, por aplicação do artigo 2.°, n.° 4, do Código Penal, é aplicável aos factos ocorridos antes da sua entrada em vigor. Em consequência, e tendo sido cumprida a respectiva obrigação de declaração, deve o

agente ser notificado nos termos e para os efeitos do referido normativo [alínea *b)* do n.° 4 do artigo 105.° do RGIT].'

Esse acórdão de uniformização de jurisprudência começa por assinalar que, na sequência da apontada alteração de redacção do n.° 4 do artigo 105.° do RGIT, surgiram fundamentalmente duas linhas de orientação relativamente à sua interpretação: para uns, a inovação consistiu na criação de uma nova condição de punibilidade; para outros, ela acarretou uma despenalização. A primeira orientação — uniformemente adoptada, desde o início, pelo Supremo Tribunal de Justiça — considera que à anterior condição de punibilidade, agora plasmada na alínea *a)*, foi aditada, na alínea *b)*, uma nova condição, mas com a manutenção do recorte do tipo legal de crime: não obstante a alteração do regime punitivo, o crime de abuso de confiança fiscal consuma-se com a omissão de entrega, no vencimento do prazo legal, da prestação tributária, nada tendo sido alterado em sede de tipicidade; porém, há que ressalvar a aplicabilidade do disposto no artigo 2.°, n.° 4, do Código Penal, uma vez que o regime actualmente em vigor é mais favorável para o agente, quer sob o prisma da extinção da punibilidade pelo pagamento, quer na óptica da punibilidade da conduta (como categoria que acresce à tipicidade, à ilicitude e à culpabilidade). Diversamente, a segunda orientação — defendida por aqueles para quem, no regime anteriormente vigente, o tipo de ilícito se reconduzia a uma mora qualificada no tempo (90 dias), sendo a mora simples punida como contra-ordenação, ilícito de menor gravidade — entende que o legislador aditou agora, com a referida alteração legal, uma circunstância que, por referir-se ao agente e não constituindo assim um *aliud* na punibilidade, se encontra no cerne da conduta proibida: existe algo de novo no recorte operativo do comportamento proibido violador do bem jurídico património fiscal e que se traduz precisamente no facto de a Administração Fiscal entrar em directo confronto com o eventual agente do crime, pelo que, enquanto anteriormente o legislador criminalizava uma mora qualificada relativamente a um objecto material do crime, o imposto, atendendo aos fins deste, agora pretendeu estabelecer como crime uma mora específica e num contexto relacional qualificado — concluindo, consequentemente, pela despenalização.

O citado acórdão uniformizador de jurisprudência consagrou aquela primeira linha de orientação, que, aliás, já fora a adoptada no acórdão ora recorrido. E em ambos se invoca o Relatório do Orçamento Geral de Estado para 2007, no qual o legislador justifica a introdução de distinção entre, por um lado, os casos em que a falta de entrega da prestação tributária está associada ao incumprimento da obrigação de apresentar a declaração de liquidação ou pagamento do imposto e, por outro lado, os casos de não entrega do imposto que foi tempestivamente declarado, entendendo o legislador que no primeiro grupo há uma maior gravidade decorrente da 'intenção de ocultação dos factos tributários à Administração Fiscal', postura esta que já não se verificaria nas situações em que a 'dívida' é participada à Administração Fiscal, isto é, nas situações em que há o reconhecimento da dívida tributária, ainda que não acompanhado do necessário pagamento.

Estando em causa condutas diferentes, portadoras de distintos desvalores de acção e a projectar-se sobre o património do Fisco com assimétrica danosidade social, elas merecerão, de acordo com o citado Relatório, 'ser valoradas criminalmente de forma diferente'. E acrescenta-se: 'neste sentido, não deve ser criminalizada a conduta dos sujeitos passivos que, tendo cumprido as suas obrigações declarativas, regularizem a situação tributária em prazo a conceder, evitando-se a "proliferação" de inquéritos por crime de abuso de confiança fiscal que, actualmente, acabam por ser arquivados por decisão do Ministério Público na sequência do pagamento do imposto'.

A consideração destes elementos teleológico e histórico conduziram a que no citado acórdão uniformizador de jurisprudência se concluísse que — perante uma vontade do legislador que, claramente, assume o propósito de manutenção do recorte do ilícito típico, mas o conjuga com a possibilidade de o agente, nos casos em que tenha havido declaração da prestação não acompanhada do pagamento, se eximir da punição pela efectivação do pagamento no novo prazo concedido — nem a letra nem o espírito da lei permitiam a afirmação de que a conduta, que se traduz numa omissão pura, se encontrava descriminalizada. A alteração legal produzida, repercutindo-se na punibilidade da omissão, é, todavia, algo que é exógeno ao tipo de ilícito, devendo ser qualificada como condição objectiva de punibilidade, que deve ser equacionada na medida em que configure um regime concretamente mais favorável para o agente. Constata, assim, o referido acórdão uniformizador de jurisprudência, que, tendo sido 'intenção publicitada do legislador, expressa de forma inequívoca na letra da lei, o objectivo de conceder uma última possibilidade de o agente evitar a punição da sua conduta omissiva', 'a nova lei é mais favorável para o agente pois que lhe proporciona a possibilidade de, por acto dependente exclusivamente da sua vontade, preencher uma condição que provoca o afastamento da punição por desnecessidade de aplicação de uma pena', pelo que 'a conclusão da aplicação da lei nova é iniludível face ao artigo 2.°, n.° 4, do Código Penal'.

2.2. Delineado o quadro de fundo de que emerge a problemática subjacente ao presente recurso, cumpre, antes de mais, precisar que resulta inequivocamente do requerimento de interposição de recurso para o Tribunal Constitucional que a única questão de inconstitucionalidade aí identificada como integrando o seu objecto se reporta à interpretação do artigo 105.° do RGIT, na redacção dada pelo artigo 95.° da Lei n.° 53-A/2006, que teria sido aplicada no acórdão recorrido, 'consubstanciada na substituição por parte do tribunal de 1.ª instância em relação às atribuições da Administração Fiscal e do Ministério Público' e que, segundo o recorrente, desrespeitaria os 'princípios constitucionais da legalidade e da separação dos poderes, ofendendo, assim, os ditames constitucionais consagrados nos artigos 202.° e 219.° da Constituição da República Portuguesa'.

Aliás, fora essa a única questão de inconstitucionalidade normativa adequadamente suscitada pelo recorrente na motivação do recurso interposto para o Tribunal da Relação (cfr. conclusão 26.ª, atrás transcrita).

Assim sendo, não podem integrar o objecto do presente recurso outras questões de inconstitucionalidade não arguidas perante o tribunal recorrido e nem sequer mencionadas no requerimento de interposição de recurso, que o recorrente veio suscitar, pela primeira vez, nas alegações apresentadas neste Tribunal, como, designadamente, a reportada à pretensa violação dos «princípios da proibição da retroactividade da lei penal, da legalidade e da independência», derivada da consideração, na sentença, de factos não constantes da acusação. Questão esta que, aliás, nos termos em que é colocada, carece de natureza normativa por se reportar directamente à referida decisão judicial, em si mesma considerada.

Constitui, assim, objecto do presente recurso, a questão da inconstitucionalidade, por violação dos princípios da legalidade e da separação de poderes, consagrados nos artigos 202.° e 219.° da Constituição, da interpretação do n.° 4 do artigo 105.° do RGIT, na redacção dada pelo artigo 95.° da Lei n.° 53-A/2006, no sentido de que pode o tribunal de julgamento determinar a notificação aí prevista.

Os invocados artigos 202.° e 219.° da Constituição respeitam, respectivamente, à definição da função jurisdicional e das funções e estatuto do Ministério Público. O primeiro preceito define os tribunais como os órgãos de soberania com competência para administrar a justiça em nome do povo, incumbindo-lhes, nessa função, assegurar a defesa dos direitos e interesses legalmente protegidos dos cidadãos, reprimir a violação da legalidade democrática e dirimir os conflitos de interesses públicos e privados. O segundo comete ao Ministério Público a representação do Estado e a defesa dos interesses que a lei determinar, bem como a participação na execução da política criminal definida pelos órgãos de soberania, o exercício da acção penal orientada pelo princípio da legalidade e a defesa da legalidade democrática.

O critério adoptado no acórdão recorrido de que competente para determinar a notificação prevista na alínea *b)* do n.° 4 do artigo 105.° do RGIT é a entidade titular do procedimento ou do processo (Administração, Ministério Público, tribunal de instrução criminal ou tribunal do julgamento), consoante a fase em que ele se encontre quando surge a necessidade de proceder a essa notificação, em nada colide com os preceitos constitucionais citados, nem mesmo com o princípio da separação de poderes, na perspectiva da constituição de uma reserva da Administração.

Quando o Ministério Público, na fase do inquérito, determina essa notificação, ele visa, não a prossecução da tarefa de cobrança de receitas típica da Administração Tributária, mas o apuramento, que lhe incumbe enquanto titular da acção penal, da verificação dos requisitos que o habilitem a tomar uma decisão de acusação ou de não acusação. Similarmente, quando o juiz de instrução ou o juiz do julgamento determina idêntica notificação, ambos se limitam a praticar um acto instrumental necessário à comprovação da existência, ou não, de uma condição de punibilidade, que determinará a opção entre pronúncia ou não pronúncia e entre condenação ou absolvição (ou arquivamento). Isto é: em todas essas hipóteses, a determinação da notificação pelo Ministério Público ou por magistrados judiciais insere-se perfeitamente dentro das atribuições constitucionais dessas magistraturas (exercício da acção penal e administração da justiça, respectivamente), sem qualquer invasão da reserva da Administração, nem, consequentemente, com violação do princípio da separação de poderes, invocado pelo recorrente (quanto à alegada violação do 'princípio da legalidade', torna-se impossível proceder à sua apreciação, dada a absoluta falta de substanciação das razões por que o recorrente entende ocorrer tal violação, sendo, aliás, incerto o sentido que ele pretende atribuir a tal princípio, neste contexto).

Improcedem, assim, na totalidade, as alegações do recorrente.»

Por seu turno, o Acórdão n.° 531/08, após transcrever a fundamentação do Acórdão n.° 409/08, desenvolveu as seguintes considerações:

«As considerações tecidas no acórdão acabado de citar a propósito da eventual violação do princípio da separação de poderes, consagrado nos artigos 2.°, 202.° e 219.° da Constituição — violação também invocada pelos ora recorrentes —, são perfeitamente transponíveis para o presente caso, pois que, para a aferição daquela violação, é indiferente que o tribunal competente para a notificação seja um tribunal de 1.ª instância ou um tribunal de recurso: ora, como se diz no Acórdão n.° 409/08, 'a determinação da notificação pelo Ministério Público ou por magistrados judiciais insere-se perfeitamente dentro das atribuições constitucionais dessas magistraturas (exercício da acção penal e administração da justiça, respectivamente), sem qualquer invasão da reserva da Administração, nem, consequentemente, com violação do princípio da separação de poderes'.

Essas considerações — como logo se entrevê — permitem, do mesmo modo, afastar a pretensa violação dos princípios do acusatório, da plenitude de garantias de defesa dos arguidos e da independência dos tribunais, também chamados à colação pelos recorrentes.

Relativamente ao princípio do acusatório — que se extrai da referência à estrutura acusatória do processo penal constante do artigo 32.°, n.° 5, da Constituição e que postula a diferenciação entre a entidade que julga e a entidade que acusa ou que intervém em fase do processo anterior à do julgamento —, consideram os recorrentes, em síntese, que o mesmo resulta violado pelo disposto no artigo 105.°, n.° 4, alínea *b)*, do RGIT, atendendo à circunstância de este preceito permitir que um pressuposto material da punição não esteja preenchido aquando da dedução da acusação e não esteja descrito no libelo acusatório.

No entanto, como se deixou esclarecido, a exigência resultante da referida disposição, na redacção dada pela Lei n.° 53-A/2006, de 29 de Dezembro, foi determinada por razões de operacionalidade judiciária, tendo sobretudo o sentido de impedir que possa ser punido pelo crime de abuso de confiança quem entretanto se tenha disposto a reparar o dano infringido à Administração, na sequência da notificação que expressamente lhe tenha sido feita para esse efeito. Não está aqui em causa, como bem se vê, um qualquer novo elemento constitutivo do crime, nem sequer qualquer circunstância que seja susceptível de afastar o carácter de censura ético-jurídica da infracção: o que sucede é que, por considerações de política legislativa, se entende ser de dispensar a aplicação da pena quando, apesar de se verificarem todos os pressupostos do tipo legal, o arguido procedeu ainda em tempo útil ao pagamento da prestação em dívida.

Estamos assim perante uma condição objectiva de punibilidade que é externa ao recorte típico do ilícito penal — consubstanciado na não entrega à Administração da prestação tributária — e que, tendo sido introduzida em lei penal posterior ao momento da prática do facto ilícito e da própria dedução da acusação, não poderia deixar de ser considerada pelo julgador segundo o princípio da aplicação retroactiva da lei mais favorável, que emerge do artigo 2.°, n.° 4, do Código Penal.

Não há, por outro lado, aqui uma qualquer violação do princípio do acusatório, visto que não se trata de uma alteração substancial dos factos constantes da acusação — que ao tribunal de julgamento sempre estaria vedado conhecer (artigo 358.° do Código de Processo Penal) —, mas de uma mera verificação da existência de um requisito de procedibilidade sem o qual o tribunal não pode emitir uma pronúncia condenatória.

Sendo de notar, aliás, que o tribunal de julgamento está sujeito a um rigoroso ónus de averiguação oficiosa em vista à descoberta da verdade e à boa decisão da causa (artigo 340.°, n.° 1, do Código de Processo Penal, também aplicável nos tribunais de recurso por remissão do artigo 423.°, n.° 5), que naturalmente abrange a verificação de quaisquer circunstâncias que possam obstar à aplicação ao arguido de uma sanção penal.

Por outro lado, não estando em causa — como se anotou — a factualidade constante do libelo acusatório, que se mantém na sua integralidade, não ocorreu qualquer violação do princípio das garantias de defesa do arguido, a que alude o artigo 32.°, n.° 1, da Constituição. A notificação para o arguido proceder ao pagamento da prestação tributária em falta, nos termos da nova redacção dada à alínea *b)* do n.° 4 do artigo 105.° do RGIT, não constitui um novo facto punível ou um novo elemento do tipo legal de crime de abuso de confiança fiscal, relativamente ao qual se tornasse exigível que o interessado viesse a deduzir a sua defesa antes ainda de poder ser presente a julgamento. Do que se trata é de uma nova oportunidade que é dada ao arguido para evitar a punição (por factos pelos quais foi acusado em devido tempo e relativamente aos quais teve possibilidade de se defender), que, traduzindo-se num mero trâmite procedimental, pode ser realizado em qualquer fase do processo (e, por conseguinte, também na própria fase de julgamento), e que não envolve qualquer agravamento da posição processual do arguido (competindo-lhe apenas satisfazer ou não, em função do objectivo previsto na lei, a cominação de pagamento da prestação em dívida dentro de determinado prazo contado a partir da notificação).

Por tudo o que se expôs, é ainda patente que não se verifica a alegada ofensa do princípio da independência dos tribunais, protegido pelo artigo 203.° da Constituição, e que, segundo os recorrentes, resultaria de a norma do artigo 105.°, n.° 4, alínea *b)*, do RGIT vir permitir que o julgador interfira na acusação e assim se substitua a outros órgãos do Estado.

Como ficou suficientemente demonstrado, a norma em causa, ao possibilitar que o juiz proceda à referida notificação, na fase de julgamento, não compromete a imparcialidade e isenção do julgador nem põe em crise o princípio da separação de poderes. O juiz, na circunstância, não pratica qualquer acto próprio do acusador ou do juiz de instrução, nem acata quaisquer ordens ou instruções que provenham de outros poderes do Estado, mas limita-se a exercer uma competência própria, em sede de julgamento, que é a de praticar uma acto instrumental tendente a verificar a existência de condição de punibilidade que tem relevo para efeito de emitir a decisão final de condenação ou absolvição.»

Finalmente, o Acórdão n.° 23/09, após reproduzir a fundamentação dos Acórdãos n.os 409/08 e 531/08, aditou o seguinte:

«6. Estas razões são perfeitamente transponíveis para o presente recurso, analisando todos os aspectos de constitucionalidade que conduziram o tribunal *a quo* a desaplicar as normas em causa. Delas resulta que o julgado não pode manter-se, em qualquer das vertentes em que a decisão recorrida desdobrou a inconstitucionalidade que julgou descortinar na iniciativa do juiz de julgamento de mandar proceder à notificação a que se refere a alínea *b*) do n.° 4 do artigo 105.° do RGIT, em processos cuja acusação se encontrasse já deduzida à data da entrada em vigor da Lei n.° 53-A/2006, que introduziu tal condição de procedibilidade.

Com efeito, embora directamente dirigidas à dimensão orgânico-funcional da questão de constitucionalidade, tais razões são igualmente pertinentes quanto à sua dimensão ou vertente procedimental. O acto acusatório não faz nem podia fazer referência à notificação e à reacção do agente da infracção pela elementar razão de que se trata de factos posteriores. Porém, como o Tribunal tem decidido e agora confirma, dado por assente que o juiz de julgamento pode (ou, até, deve), sem com isso infringir o princípio do acusatório, diligenciar no sentido de assegurar a verificação da condição de procedibilidade introduzida pela lei nova mais favorável ao arguido, a circunstância de a sentença condenatória tomar em consideração o resultado de tal diligência não pode infringir o mesmo princípio. Ao assim proceder o juiz não condena o arguido por factos não constantes da acusação, uma vez que não se trata de factos constitutivos do crime, segundo a interpretação do direito ordinário que não foi posto em causa (Contra esse ponto do acórdão de uniformização de jurisprudência não se insurge a sentença recorrida). O que desse acto não consta nem podia constar são condições de punibilidade que à sua data não eram exigidas e que só se tornou necessário averiguar em benefício do arguido, para assegurar o princípio da aplicação da lei penal mais favorável. A consideração de tais factos não quebra a substancial identidade de objecto do processo entre o acto acusatório e a sentença condenatória.»

É esta firme orientação no sentido da não inconstitucionalidade que ora se reitera.

6. Finalmente, quanto à questão da inconstitucionalidade da norma do artigo 14.° do RGIT, enquanto condiciona a suspensão da execução da pena de prisão ao pagamento da prestação tributária em dívida e acréscimos legais, é nume-

rosa a uniforme jurisprudência deste Tribunal no sentido da não inconstitucionalidade: cfr. Acórdãos n.os 256/03, 335/03, 500/05, 309/06, 543/06, 587/06, 29/07, 61/07, 377/07 e 563/08 e Decisões Sumárias n.os 4/06, 167/06, 193/06, 306/06, 56/07, 155/07, 635/07 e 276/08.

Concordando-se inteiramente com este julgamento reiterado, remete-se para a fundamentação constante dos mencionados Acórdãos e Decisões Sumários [todos eles, tal como os citados nos pontos anteriores, com texto integral disponível em *www.tribunalconstitucional.pt.*], tendo já sido reproduzida, na transcrição feita do n.° 5 do acórdão ora recorrido (*supra*, n.° 3.2), o cerne da fundamentação do Acórdão n.° 335/03."

1.2. A reclamação apresentada pelo recorrente desenvolve a seguinte fundamentação:

"I — 1. No seu requerimento de recurso, o recorrente disse:

«1. Se tivermos em conta a constância da jurisprudência do Tribunal Constitucional, é caso para se dizer que este recurso está condenado ao fracasso e, por isso, não deverá ser intentado.

2. Sendo certo que algum dos aspectos que o recorrente invoca como causa da inconstitucionalidade dos artigos 24.° do RJIFNA e 105.° do RGIT já foram objecto de apreciação pelo Tribunal Constitucional, e que este Tribunal neles não viu razões para declarar a sua inconstitucionalidade, não é menos verdade que o recorrente lançou neste processo, novos aspectos, uns respeitantes àquelas normas — ao tipo em si —, outras respeitantes ao caso especifico da alínea *b*) do n.° 4 do artigo 105.° do RGIT, e outras respeitantes ao artigo 14.° deste diploma.

3. Esses aspectos, mormente no que respeita ao tipo, correlacionam-se com o seguinte:

— o tipo obnubila mas supõe a instituição, nas relações tributárias por substituição, de uma relação de trabalho imposto, não escolhido e não remunerado;
— o tipo pressupõe, para que haja abuso de confiança, uma relação fundada num consenso de confiança, manifestamente não firmado;
— As relações tributárias por substituição, mormente as de IVA, têm características de contrato administrativo imposto por lei (como outros mais que existem);
— Essas relações por substituição constituem-se por incrustação nas demais relações de crédito do devedor substituto;
— Por esta última razão, os créditos do credor tributário passam a comungar dos riscos das relações a que são incrustadas as relações por que se constituem.

4. No que respeita à alínea *b*) do n.° 4 do artigo 105.° do RGIT, a violação do princípio da separação de poderes não pode deixar de merecer uma especial revisão.

5. E no que tange ao disposto do artigo 14.° do RGIT, na perspectiva da suspensão da pena condicionada imperativamente ao pagamento da divida, não poderá deixar de merecer uma especial análise a natureza dessa norma que, mais que norma jurídica, configura um despacho normativo.

6. Como a realidade nunca é perceptível pela análise (que seria atomismo) parcelar dos seus elementos constituintes, as normas em causa são inconstitucionais pelas razões invocadas nas conclusões 24.° a 28.° das alegações de recurso, que aqui se dão por inteiramente reproduzidas, onde se procura, ainda que em síntese, determinar as inconstitucionalidades do artigo 105.°; quanto à tipificação, da alínea *b*) do n.° 4 deste artigo e do artigo 14.°do RGIT, e onde se indicam as normas constitucionais e legais (estas de direito internacional) violadas.

7. As inconstitucionalidades foram suscitadas na contestação da acusação e, sobretudo, nas alegações de recurso para o Tribunal da Relação do Porto, nas conclusões referidas atrás (24.° a 28.°) e parágrafos 91 a 216.

8. Este recurso é interposto ao abrigo das alíneas *b*) e *f*) do n.° 1 do artigo 70.° da Lei n.° 28/82, de 15 de Novembro.»

2. A douta decisão sob a reclamação afirma que:

«(...) o presente recurso surge como inadmissível, na parte em que vem interposto ao abrigo da alínea *f*) do n.° 1 do artigo 70.° da LTC, por a decisão recorrida não ter aplicado qualquer norma cuja ilegalidade houvesse sido suscitada pelo recorrente com fundamento em violação da lei com valor reforçado (...)»;

«Na parte em que o recurso se funda na alínea *b*) do n.° 1 do artigo 70.° da LTC, como resulta do próprio requerimento de interposição de recurso, as questões nele suscitadas já foram objecto de anteriores decisões do Tribunal Constitucional, o que possibilita a prolação de decisão sumária (...).»

II — 3. O recorrente também fundou o recurso no disposto na alínea *f*) do n.° 1 do artigo 70.° da LTC, por razões de cautela, visto que as normas cuja invalidade sustenta, em termos literais, até contendem mais com as normas de direito internacional invocadas que com as normas constitucionais. Essas normas de direito internacional têm sido entendidas ora como direito constitucional ora como normas de valor intermédio, entre as normas constitucionais e as normas ordinárias. Se forem entendidas como normas intermédias — supra-ordinárias —, não poderão deixar de ter valor normativo idêntico ao das normas de valor reforçado ...

III — 4. Independentemente da questão referida no ponto anterior, o problema, quanto ao fundo (validade *versus* invalidade), é sempre o mesmo, seja qual for a perspectiva: ilegalidade ou inconstitucionalidade.

E no modesto entendimento do recorrente, é um problema que merece ser reconsiderado, apesar dos tempos serem pouco propícios, o que até se nota no erro que este Tribunal cometeu na interpretação do requerimento de interposição do recurso.

5. Na verdade, não «resulta do próprio requerimento de interposição de recurso» que o recorrente reconhece que «as questões nele suscitadas já foram objecto de anteriores decisões do Tribunal Constitucional»; aí reconhece-se, sim, que «a

constância da jurisprudência do Tribunal Constitucional» sobre a constitucionalidade dos artigos 105.° e 14.° do RGIT, como que dissuade a «tentação» do recurso, e «*que algum dos aspectos que o recorrente invoca como causa da inconstitucionalidade (...) já foram objecto de apreciação pelo Tribunal Constitucional (...)*» (itálico, agora).

Mas aí também se diz que «não é menos verdade que o recorrente lançou neste processo *novos aspectos, uns respeitantes àquelas normas — ao tipo em si —, outras respeitantes ao caso específico da alínea b) do n.° 4 do artigo 105.° do RGIT, e outras respeitantes ao artigo 14.° deste diploma*» (itálico, agora).

6. Ou seja: o recorrente disse que trazia «algo mais» à discussão — embora não escondesse como que um «desconfiado-desconforto», decorrente da «constância da jurisprudência» que tem confirmado a constitucionalidade das normas em causa, em que esta «constância», mais parecendo sedimentação consolidada, tornaria o «volte-face» como improvável. Por outras palavras: o recorrente disse que algum — queria dizer, mas disse mal no requerimento, alguns — dos aspectos que lançava para apreciação não eram novos, mas que lançava novos aspectos que talvez justificassem reconsideração.

IV — 7. No seu requerimento da interposição do recurso o recorrente afirmou pois que, no processo, mormente nas alegações de recurso para o Tribunal da Relação do Porto, trouxe à colação novos aspectos desta *vexata quaestio* (que só tem sido, reconheça-se, graças ao inconformismo daqueles que têm assumido defesas). Esses novos aspectos respeitariam ao tipo, ao caso específico do artigo 105.°, n.° 4, alínea *b)*, e ao disposto no artigo 14.° (todos do RGIT).

8. Aquilo que o recorrente entende serem novos aspectos não é propriamente uma aparência ou aparências que ainda não tenham sido consideradas, nas dimensões ou modos de ser do facto penalmente relevante que não podem deixar de ter significado jurídico (pelo menos em termos de plausibilidade).

9. Se olharmos para a história do chamado crime de abuso de confiança fiscal, quer nas suas metamorfoses legislativas quer no entendimento dogmático que a jurisprudência lhe foi dando, encontramos uma «entrada em cena» da criatura como uma evidência: apropriação de um objecto de terceiro, entregue ao apropriador por título não translativo da propriedade, em que este, defraudando a confiança em si depositada (pelo *dominus*? pelo entregador?), inverteu o título de posse (precária) da coisa, fazendo-a sua.

Esta configuração legal, apesar de algumas atinências com o facto real, não era congruente com este, em muitos aspectos, até por força de outras normas de direito comercial, contabilístico, de Imposto sobre o Rendimento, de Imposto sobre o Valor Acrescentado, da Segurança Social, procedimental, etc.

10. Apesar disso, foi impressionante o que foi dito em inúmeras laudas acusatórias e decisórias, em «defesa» da apropriação.

11. A lei foi mudando, em busca das âncoras que lhe escapavam, mas os entendimentos, com mais menos paralogismos e petições de princípio, nunca conseguiram escapar ao enredo criado.

12. Nas aludidas alegações de recurso, o recorrente retomou os temas persistentes, mas procurou demonstrar que outros aspectos existiam, aspectos que

não são mera aparência, mas facetas ou dimensões reais, que relevam juridicamente e que, pensa, não terem sido objecto de reflexão em sede constitucional (salvo erro involuntário).

Por isso, entende que essas questões de sempre devem ser consideradas em associação com essas novas facetas, que desenvolveu com alguma exaustão, quer em alegações quer nas conclusões.

Dessas novas facetas ou «novos aspectos» deu resumida notícia no requerimento de recurso, a título de exemplo, onde assinalou que:

— o tipo instituído obnubila, pela via da relação por substituição, uma relação de trabalho imposto, não escolhido e não remunerado;
— o tipo pressupõe uma relação de confiança, ou seja um consenso de confiança manifestamente não firmado;
— a relação por substituição tem as características de contrato administrativo imposto por lei;
— as relações por substituição constituem-se por incrustação nas demais relações de crédito do devedor;
— por causa da incrustação, os créditos do credor tributário passam a comungar dos riscos das relações a que são incrustadas;
— por causa do disposto no artigo 105.°, n.° 4, alínea *b*), do RGIT, há situação de violação do princípio da separação de poderes, que importa rever;
— o disposto no artigo 14.° configura uma norma típica de despacho normativo.

13. Os aspectos sumariados — que o recorrente gostaria de escalpelizar e desenvolver mais em pertinentes alegações — parecem evidenciar algo que ainda não foi devidamente debatido.

Atento o alegado, a douta decisão sob reclamação deverá ser revogada e o recorrente notificado para oferecer alegações."

1.3. Notificado da apresentação da precedente reclamação, o representante do Ministério Público neste Tribunal apresentou a seguinte resposta:

"1.° — A presente reclamação carece de fundamento.

2.° — Na verdade, a argumentação do reclamante em nada abala os fundamentos da decisão reclamada, quer no que toca ao não conhecimento do recurso interposto ao abrigo da alínea *f)* do n.° 1 do artigo 70.° da Lei do Tribunal Constitucional, quer enquanto lhe negou provimento por não considerar inconstitucionais as normas dos artigos 14.° e 105.°, n.os 1 e 4, alínea *b)*, do Regime Geral das Infracções Tributárias.

3.° — Aliás, no que respeita à decisão de mérito, o que o reclamante, no fundo, questiona é o facto de a questão ter sido considerada simples, para efeitos de prolação de decisão sumária.

4.° — Ora, tal questão foi expressa e autonomamente tratada na decisão (fls. 511 e 512), em termos com os quais concordamos inteiramente, não se vislumbrando na reclamação apresentada qualquer argumento que possa levar à alteração do entendimento ali expresso."

Tudo visto, cumpre apreciar e decidir.

2.1. Quanto à decisão de não conhecimento do recurso interposto ao abrigo da alínea *f)* do n.º 1 do artigo 70.º da LTC, por na respectiva previsão não caberem as questões de contrariedade de norma constante de acto legislativo com convenção internacional, aduz o recorrente que as normas de direito internacional "não poderão deixar de ter valor idêntico ao das normas de valor reforçado".

No entanto, como é sabido, a atribuição expressa, pela alínea *i)* do n.º 1 do artigo 70.º da LTC, aditada pela Lei n.º 85/89, de 7 de Setembro, da competência para o Tribunal Constitucional apreciar questões de contrariedade de norma constante de acto legislativo com convenção internacional "visou resolver a radical divergência que se havia instalado entre as duas Secções daquele quanto a saber se, suposto um princípio constitucional de primazia do direito internacional convencional recebido in foro domestico sobre a lei (retirado pela doutrina dominante, mas decerto não unânime, do artigo 8.º, n.º 2, da Constituição), e verificando-se a contrariedade de uma lei interna posterior com um tratado, estaríamos aí, ou não, perante um vício de «inconstitucionalidade», que ao Tribunal Constitucional coubesse conhecer" (José Manuel M. Cardoso da Costa, *A Jurisdição Constitucional em Portugal*, 3.ª edição, Coimbra, 2007, p. 38, nota 40). E resulta da opção legislativa tomada a autonomização da figura da contrariedade de norma legal interna com convenção internacional quer face à figura da inconstitucionalidade (por violação directa de normas ou princípios constitucionais), quer face às figuras das ilegalidades cognoscíveis pelo Tribunal Constitucional (por violação de lei com valor reforçado, de estatuto de região autónoma e de lei geral da República, tendo esta última categoria sido eliminada na revisão constitucional de 2004). Para este efeito, "leis com valor reforçado" são as que constam do elenco do n.º 3 do artigo 112.º da Constituição (cfr. Acórdão n.º 374/04) e são sempre normas de direito interno, não tendo cabimento a inclusão das convenções internacionais nessa categoria [o que, aliás, inutilizaria a previsão específica da alínea *i)* do n.º 1 do artigo 70.º da LTC].

Não tendo a decisão recorrida aplicado norma cuja ilegalidade, com fundamento em violação de lei com valor reforçado, tivesse sido suscitada pelo recorrente, é de manter o entendimento da decisão sumária reclamada no sentido da inadmissibilidade do recurso interposto ao abrigo da alínea *f)* do n.º 1 do artigo 70.º da LTC.

2.2. Quanto aos juízos sobre o mérito do recurso, reitera-se o entendimento no sentido da admissibilidade de prolação de decisão sumária, com fundamento em tratar-se de "questão simples", por a constitucionalidade das normas impugnadas já ter sido objecto de anteriores decisões do Tribunal Constitucional, não constituindo obstáculo a tal tipo de decisão a eventualidade de não terem sido esgotantemente considerados, nos precedentes acórdãos, todos os argumentos esgrimidos pelos recorrentes.

Aliás, quanto à incriminação do abuso de confiança fiscal, a jurisprudência anterior do Tribunal Constitucional, cuja fundamentação largamente se reproduziu no n.° 4 da decisão sumária ora reclamada, já havia tomado em consideração as observações relativas aos elementos do tipo, que se entendeu pressuporem "a existência de uma obrigação de entrega à Administração Tributária de uma prestação tributária deduzida nos termos da lei e a falta dolosa dessa entrega", não tendo aquela obrigação por fonte qualquer contrato, entes derivando da lei, encontrando-se o obrigado instituído em posição próxima da do fiel depositário. Tratando-se de um dever legal tido por essencial "para a realização dos fins do Estado, quer para prover à satisfação das suas necessidades financeiras, quer também para prosseguir o objectivo de uma repartição justa de rendimentos e riqueza, constitucionalmente consagrado", deste entendimento resulta necessariamente a rejeição da tese, sustentada pelo recorrente, de que estaríamos perante a imposição, por contrato administrativo, de uma relação de trabalho forçado, não remunerado.

Quanto à norma do artigo 105.°, n.° 4, alínea *b)*, do RGIT, o argumento da violação do princípio da separação de poderes foi expressamente tratado, para ser repelido, no Acórdão n.° 409/08, cuja fundamentação relevante foi reproduzida no n.° 5. da decisão sumária ora reclamada.

Por último, a norma do artigo 14.° do RGIT, ao estabelecer, de forma geral e abstracta, uma condição à faculdade de o tribunal decretar a suspensão da execução da pena de prisão, em todas as situações em que essa faculdade se lhe depare, assume claramente natureza de acto legislativo (e não de acto regulamentar ou de acto individual), carecendo totalmente de sentido a tese do recorrente que lhe atribui, sem fundamentação minimamente consistente, a natureza de "despacho normativo".

3. Termos em que acordam em indeferir a presente reclamação, confirmando a decisão sumária reclamada.

Custas pelo recorrente, fixando-se a taxa de justiça em 20 unidades de conta.

Lisboa, 12 de Maio de 2009. — *Mário José de Araújo Torres* — *João Cura Mariano* — *Rui Manuel Moura Ramos*.

Anotação:

O Acórdão n.° 374/04 está publicado em *Acórdãos*, 59.° Vol.

ACÓRDÃO N.º 247/09

DE 12 DE MAIO DE 2009

Não julga inconstitucional a norma contida nos artigos 5.º, n.ºs 1 e 2, e 310.º, n.º 1, do Código de Processo Penal, na interpretação segundo a qual a inadmissibilidade do recurso da decisão instrutória na parte em que aprecia nulidades e outras questões prévias ou incidentais, prevista na redacção dada pela Lei n.º 48/2007, de 29 de Agosto, ao artigo 310.º, n.º 1, do Código de Processo Penal, é imediatamente aplicável aos processos pendentes.

Processo: n.º 16/09.
Recorrente: Paula Maria Campos Faria.
Relator: Conselheiro Cura Mariano.

SUMÁRIO:

I — Apesar de a actual Constituição não enunciar especificamente qualquer critério de aplicação da lei processual penal no tempo, na doutrina e na jurisprudência constitucional tem-se defendido que os princípios da não retroactividade da lei penal desfavorável e o da retroactividade da lei penal mais favorável, são extensíveis não só às normas processuais que condicionam a aplicação das sanções penais, mas também às normas que possam afectar o direito à liberdade do arguido ou que asseguram os seus direitos fundamentais de defesa — normas processuais penais substantivas.

II — No caso *sub iudicio* — em que estamos perante a aplicação a processo criminal já pendente duma nova lei que determinou a irrecorribilidade das decisões instrutórias na parte em que apreciam a existência de nulidades e outras questões prévias ou incidentais, quando o arguido é pronunciado pelos factos constantes da acusação deduzida pelo Ministério Público —, resultando a irrecorribilidade duma decisão desfavorável ao arguido numa restrição do direito ao recurso enquanto instrumento do direito à defesa em processo penal, importa verificar se a introdução da referida solução veio

agravar a posição processual do arguido relativamente à solução da lei vigente na altura em que o processo se iniciou.

III — Tornando-se impossível dizer que a nova redacção do artigo 310.°, n.° 1, do Código de Processo Penal, na leitura que dela faz a decisão recorrida, agrave a posição processual do arguido, a sua aplicação imediata a processos pendentes não fere qualquer parâmetro constitucional, nomeadamente, a necessidade de protecção dos direitos, liberdades e garantias do cidadão, como emanação do princípio do Estado de direito democrático, o direito do acesso ao direito, as regras de aplicação da lei criminal no tempo, ou os direitos de defesa do arguido.

Acordam na 2.ª Secção do Tribunal Constitucional:

No âmbito do processo n.° 1392/05.OTAVCD, pendente no Tribunal Judicial da comarca de Vila do Conde, a arguida Paula Maria Campos Faria foi acusada pela prática de um crime de associação criminosa, previsto e punido pelo artigo 299.°, n.° 2, do Código Penal (CP), de um crime de lenocínio, na forma continuada, previsto e punido pelo artigo 169.°, n.° 1, do CP, e de um crime de auxílio à emigração ilegal, previsto e punido pelos artigos 134.°-A, n.° 2, e 183.°, n.° 1, da Lei n.° 23/2007, de 4 de Julho, por referência a acção de fiscalização realizada em 11 de Novembro de 2005.

A referida arguida requereu a abertura da instrução em que, além do mais, arguiu a incompetência territorial do tribunal da comarca de Vila do Conde para conhecer dos crimes de que vem acusada e a nulidade das escutas telefónicas efectuadas, por violação dos requisitos formais e materiais exigidos por lei.

Realizada a instrução, foi proferida decisão instrutória em 9 de Outubro de 2008, pronunciando a arguida pelos factos constantes da acusação e indeferindo, além do mais, a excepção de incompetência territorial do tribunal e as nulidades imputadas às escutas telefónicas.

Inconformada com a decisão instrutória, na parte em que indeferiu a excepção de incompetência territorial e as nulidades imputadas às escutas telefónicas, a arguida interpôs recurso para o Tribunal da Relação do Porto, em 23 de Outubro de 2008.

Este recurso não foi admitido, por despacho proferido em 4 de Novembro de 2008.

Deste despacho reclamou a arguida para o Presidente do Tribunal da Relação do Porto, tendo a Vice-Presidente deste Tribunal, por decisão proferida em 24 de Novembro de 2008, indeferido a reclamação com os seguintes fundamentos:

> "A questão a decidir na presente reclamação é a de saber se é ou não aplicável a lei nova. Na verdade, com a actual redacção do artigo 310.°, n.° 1, do Código

de Processo Penal, introduzida pela Lei n.° 48/2007, de 29 de Agosto, é indiscutível que a decisão instrutória que pronunciar o arguido pelos factos constantes da acusação pública é irrecorrível, mesmo na parte em que apreciar nulidades e outras questões prévias ou incidentais.

A reclamante sustenta, no essencial, que tal alteração representa uma clara diminuição das garantias de defesa do arguido (eliminação do direito ao recurso), tomando inaplicável a lei nova quanto a este ponto concreto (direito ao recurso da decisão instrutória, na parte em que aprecia nulidades e outras questões prévias ou incidentais).

Vejamos a questão.

A regra sobre a aplicação da lei no tempo, em processo penal, é a da aplicação imediata da lei nova e está consagrada no artigo 5.°, n.° 1, do Código de Processo Penal: "A lei processual penal é de aplicação imediata, sem prejuízo da validade dos actos praticados na vigência da lei anterior".

Subjacente a esta ideia está o entendimento de que a nova lei corresponde a uma melhor forma de efectivar os direitos em causa (ideia de progresso inerente a qualquer alteração da lei) que a todos deve beneficiar. No entanto, admitem-se excepções a esta regra, quando a nova lei, afinal (e em casos pontuais), vem agravar a posição do arguido. Daí que, no termos do artigo 5.°, n.° 2, alínea *a*), a lei processual penal se não aplique aos processos iniciados anteriormente à sua vigência, quando da sua aplicação imediata possa resultar: "agravamento sensível e ainda evitável da situação processual do arguido, nomeadamente uma limitação do seu direito de defesa".

Na presente reclamação, a arguida põe a tónica precisamente na limitação do seu direito de defesa, resultante da aplicação da lei nova, pois deixa de poder recorrer, quando na vigência da lei antiga podia fazê-lo.

A meu ver, a arguida não tem razão.

O que decorre do artigo 310.°, n.° 1, do Código de Processo Penal é, em rigor, uma dilação ou um adiamento do direito ao recurso, o que não limita qualquer direito de defesa. As questões decididas nos autos (incompetência territorial e nulidade das escutas) não fazem caso julgado formal, precisamente porque da respectiva decisão não cabe recurso e, por isso, as mesmas podem vir a ser invocadas no recurso da decisão final, caso a arguida venha a ser condenada.

Assim, o que do aludido preceito (artigo 310.°, n.° 1) decorre, para a posição processual do arguido, é apenas a possibilidade de o mesmo ser sujeito a julgamento, antes de reapreciada a decisão que julgou a arguida nulidade. Daí que não seja rigoroso dizer-se que há, no caso, uma limitação do direito ao recurso, mas sim a sujeição do arguido a julgamento, antes de ser reapreciada a decisão sobre a nulidade.

Pode dizer-se que está em causa, apenas, uma certa regulação do processo penal sobre a oportunidade ou sobre o momento em que deve ser admitido o recurso da decisão instrutória que aprecia nulidades e outras questões prévias ou incidentais: antes ou depois do julgamento.

A opção por uma ou outra fase do processo não se repercute sobre as garantias de defesa do arguido, pelo que não está em causa um regime que traduza um agravamento sensível da situação processual do arguido, nomeadamente uma limitação do seu direito de defesa.

Deste modo, creio que deve aplicar-se a lei nova, por ser essa a regra geral e não se verificar, no caso, qualquer situação que caiba na excepção a que alude o artigo 5.°, n.° 2, alínea *a*), do Código de Processo Penal.

Esta visão não afronta os artigos 20.°, 29.° e 32.°, n.° 2, da Constituição, uma vez que a interpretação acolhida pressupõe que o direito ao recurso da decisão sobre a incompetência territorial e sobre as invocadas nulidades subsista na esfera jurídica do arguido e, portanto, não haja a menor limitação no seu conteúdo.

Sobre um caso similar pronunciou-se já o Tribunal Constitucional, no Acórdão n.° 460/08, de 25 de Setembro de 2008, confirmando decisão por mim proferida, no sentido de não haver, na interpretação acima referida, qualquer constitucionalidade.

"Da interpretação adoptada deriva, tão-somente (concluiu a decisão sumária do relator no Tribunal Constitucional) a aplicação do novo regime em termos de adiar para um momento posterior — em sede de recurso da decisão final — a apreciação das questões que o recorrente pretendia imediata. E isto contende apenas com a conformação do regime legal dos meios impugnatórios de decisões judiciais que, não implicando qualquer ofensa do núcleo fundamental das garantias de defesa do arguido, cai inteiramente no espaço conformativo do legislador, consubstanciando opção de política legislativa cuja sindicância não tem lugar em sede de fiscalização da constitucionalidade.

Em recurso da decisão sumária do relator, o Tribunal Constitucional manteve a decisão do relator e concluiu:

"Não resultando, por conseguinte, da norma que determina a irrecorribilidade da decisão instrutória, que, ao determinar a pronúncia pelos factos constantes da acusação, decide questões prévias ou incidentais, a violação das garantias de defesa, nomeadamente da presunção de inocência e do direito ao recurso, a aplicabilidade imediata da lei nova que estabelece tal regime processual, correspondendo a uma legítima opção político-legislativa, não merece censura do ponto de vista constitucional".

A arguida recorreu desta decisão para o Tribunal Constitucional nos seguintes termos:

"Constitui objecto do recurso a interpretação dos artigos 5.°, n.os 1 e 2, e 310.°, n.° 1, do Código de Processo Penal dada pela Vice-Presidente da Relação do Porto na referida reclamação — segundo a qual o regime de recursos da decisão instrutória previsto pela Lei nova é imediatamente aplicável, na medida em que esta norma não preclude o direito de defesa, limitando-se a introduzir uma "dilação" do direito ao recurso para o momento posterior à sentença, não ocorrendo, assim, um agravamento sensível e evitável da situação processual do arguido, nomeadamente na limitação do seu direito de defesa.

Este foi, com efeito, o critério decisório que norteou o despacho da Ex.ma Vice-Presidente da Relação do Porto que, em sede de reclamação, confirmou a não admissão do recurso tentado interpor do despacho instrutório que pronunciou a arguida pelos factos constantes da acusação do Ministério Público.

Importa, assim, que o Tribunal Constitucional analise e se debruce sobre a interpretação efectuada das normas citadas de modo a aferir da sua incompatibilidade ou não com a Lei Fundamental.

E, na sua modesta opinião, (da recorrente) o entendimento seguido na reclamação comporta um agravamento sensível da situação processual da arguida, nos termos do artigo 5.°, n.° 1, do Código de Processo Penal, em termos de ferir a garantia constitucional do direito de defesa, no seguimento que a aplicação da Lei nova (artigo 310.°, n.° 1, do Código de Processo Penal) traduz uma limitação do seu direito de defesa, violando frontalmente os artigos 20.°, 29.° e 32.°, n.° 2, da Constituição."

Posteriormente, a recorrente apresentou alegações com as seguintes conclusões:

"1. Com o presente recurso para o Tribunal Constitucional, suscita-se a inconstitucionalidade da interpretação dos artigos 5.°, n.ºs 1 e 2, e 310.°, n.° 1, todos do Código de Processo Penal — dada pela Vice-Presidente da Relação do Porto na referida reclamação — segundo a qual, o regime de recursos da decisão instrutória previsto pela lei nova é imediatamente aplicável, na medida em que esta norma não preclude o direito de defesa, limitando-se a introduzir uma "dilação" do direito ao recurso para o momento posterior à sentença, não ocorrendo, assim, um agravamento sensível e evitável da situação processual do arguido, nomeadamente, uma limitação do seu direito de defesa.

2. É entendimento da requerente que a interpretação seguida na reclamação, comporta um agravamento sensível da sua situação processual, nos termos do artigo 5.°, n.° 1, do Código de Processo Penal, em termos de ferir a garantia Constitucional do direito de defesa, no seguimento que a aplicação da lei nova (artigo 310.°, n.° 1, do Código de Processo Penal) traduz uma limitação do seu direito de defesa, violando frontalmente os artigos 20.°, 29.° e 32.°, n.° 2, da Constituição.

3. A Lei n.° 48/2007, de 29 de Agosto, consagrou a irrecorribilidade do despacho de pronúncia que confirma os factos da acusação do Ministério Público, inclui a apreciação sobre as nulidades e outras questões prévias e incidentais.

4. Esta não é, contudo, a boa doutrina Constitucional.

5. A nova regra legal (artigo 310.°, n.° 1) encurta de maneira inadmissível as garantias de defesa e, em particular, o direito de recurso, quando o juiz de instrução indefira nulidades ou questões prévias ou incidentais que obstem ao conhecimento do mérito da causa, como, por exemplo, a excepção do caso julgado, a amnistia do crime ou a prescrição do procedimento criminal, a incompetência territorial [esta é uma nulidade sanável caso não seja declarada pelo juiz de instrução até o início do debate instrutório ou pelo tribunal de julgamento até ao início da audiência de julgamento. Assim, uma vez declarada aberta a audiência de julgamento, não pode mais o juiz declarar a incompetência territorial — artigo 32.°, n.° 2, alínea *b*), do Código de Processo Penal] — Neste sentido acórdãos do

Supremo Tribunal de Justiça, de 11 de Dezembro de 1997, in *Colectânea de Jurisprudência do Supremo Tribunal de Justiça*, V, 3, p. 254.

6. Com efeito, a irrecorribilidade do despacho de pronúncia que indeferiu questões desta natureza prejudica irremediavelmente a situação processual do arguido, sem que ele possa recolocar a questão na fase de julgamento (devido ao caso julgado formal sobre a mesma) ou submeter a questão a um tribunal superior (devido à irrecorribilidade do despacho de pronúncia).

7. Aliás, o exemplo do caso submetido ao Acórdão do Tribunal Constitucional n.° 216/99 é paradigmático: o arguido viu indeferido o seu requerimento de nulidade das escutas telefónicas por despacho instrutório e, porque se tratava de uma pronúncia, ficou sem qualquer meio de reacção contra o dito indeferimento, que entretanto fez caso julgado.

8. É pois, nosso entendimento, que o artigo 301.°, n.° 1, do Código de Processo Penal é inconstitucional, por violar o artigo 32.°, n.° 1, da Constituição.

9. É certo que o legislador introduziu uma novidade no direito processual penal — artigo 310.°, n.° 2 — que no entendimento do Professor Paulo Pinto de Albuquerque, p. 775, "é uma solução contrária a toda a teoria do caso julgado formal."

10. Mas tal solução (artigo 310.°, n.° 2) não salva a constitucionalidade do artigo 310.°, n.° 1. E isto, por duas razões: primeiro, porque há mais nulidades e questões prévias ou incidentais para além das provas proibidas e cuja relevância é tão ou mais importante do que a questão da admissibilidade das provas, podendo dizer respeito, por exemplo, à própria subsistência da pretensão primitiva do Estado. Não se concebe que sejam irrecorríveis as decisões do juiz de instrução tomadas sobre, nomeadamente, a excepção do caso julgado, a amnistia do crime ou a prescrição do procedimento criminal — só porque foram tomadas no despacho de pronúncia. Segundo, porque também o arguido pode ser irremediavelmente prejudicado pela decisão (irrecorrível) do juiz de instrução de exclusão de provas proibidas tomadas no despacho instrutório de pronúncia.

11. A exclusão de uma prova apresentada pela defesa por ser proibida nos termos do artigo 126.°, n.os 1 e 2, do Código de Processo Penal, ficaria sem qualquer controlo do tribunal superior, no que se restringiria de modo inadmissível as garantias de defesa, incluindo o direito ao recurso."

O Ministério Público apresentou contra-alegações onde concluiu pela improcedência do recurso.

I — Fundamentação

1. *Do objecto do recurso*

No requerimento de interposição de recurso a recorrente solicitou a fiscalização de constitucionalidade dos artigos 5.°, n.os 1 e 2, e 310.°, n.° 1, do

Código de Processo Penal (CPP), na interpretação segundo a qual o regime de recursos da decisão instrutória previsto pela Lei nova (redacção do artigo 310.°, n.° 1, do CPP, dada pela Lei n.° 48/2007, de 29 de Agosto) é imediatamente aplicável aos processos pendentes.

Efectivamente, na decisão recorrida entendeu-se que o regime da inadmissibilidade do recurso da decisão instrutória, na parte em que aprecia nulidades e outras questões prévias ou incidentais, consagrado na redacção do artigo 310.°, n.° 1, do CPP, introduzida pela Lei n.° 48/2007, de 29 de Agosto, é de aplicação imediata aos processos pendentes.

Tendo em consideração a natureza instrumental do recurso de constitucionalidade, deve o critério normativo que se pretende sindicar restringir-se à aplicação da lei no tempo do concreto regime de recursos que foi aplicado pela decisão recorrida, ou seja, à aplicação retroactiva do novo regime de inadmissibilidade do recurso da decisão instrutória, na parte em que aprecia nulidades e outras questões prévias ou incidentais.

Além disso, nas alegações apresentadas, a recorrente, além de invocar a inconstitucionalidade do critério sobre a aplicação da lei processual penal no tempo seguido pela decisão recorrida, também pretende discutir a constitucionalidade do próprio sistema de recursos do despacho de pronúncia, consagrado na nova redacção do artigo 310.°, n.° 1, do CPP.

Contudo tal pretensão traduz-se numa inadmissível ampliação do objecto do recurso constitucional, o qual ficou inicialmente delimitado pelo conteúdo do respectivo requerimento de interposição, pelo que apenas se apreciará a constitucionalidade da norma contida nos artigos 5.°, n.os 1 e 2, e 310.°, n.° 1, do Código de Processo Penal (CPP), na interpretação segundo a qual a inadmissibilidade do recurso da decisão instrutória na parte em que aprecia nulidades e outras questões prévias ou incidentais, prevista na redacção dada pela Lei n.° 48/2007, de 29 de Agosto, ao artigo 310.°, n.° 1, do CPP, é imediatamente aplicável aos processos pendentes.

2. *Do mérito do recurso*

A questão sobre que versa o presente recurso respeita à aplicação da lei processual penal no tempo.

Questiona-se a constitucionalidade da aplicação imediata aos processos já pendentes da alteração ocorrida no regime de recursos da decisão instrutória, resultante da alteração do disposto no artigo 310.°, n.° 1, do CPP, efectuada pela Lei n.° 48/2007, de 29 de Agosto.

O artigo 310.°, n.° 1, do CPP, na redacção anterior e vigente no momento em que se iniciou o processo, a qual lhe foi conferida pelo Decreto-Lei n.° 78/87, de 17 de Fevereiro, dispunha:

"A decisão instrutória que pronunciar o arguido pelos factos constantes da acusação do Ministério Público é irrecorrível e determina a remessa imediata dos autos ao tribunal competente para o julgamento."

Durante a sua vigência foram proferidas pelos Tribunais das Relações decisões contraditórias sobre se essa irrecorribilidade se estendia ou não à parte do despacho de pronúncia que decidia sobre nulidades, excepções ou questões prévias ou incidentais, o que levou a que o Supremo Tribunal de Justiça tenha fixado jurisprudência no sentido de que as decisões sobre essas matérias eram recorríveis (Acórdão n.° 6/00, de 19 de Janeiro de 2000, publicado no *Diário da República*, I-A Série, de 7 de Março de 2000).

Posteriormente, perante nova querela jurisprudencial sobre o regime de subida deste recurso, o Supremo Tribunal de Justiça teve necessidade de emitir novo acórdão de uniformização de jurisprudência, fixando agora que aquele recurso deveria subir imediatamente (Acórdão n.os 7/04, de 21 de Outubro, publicado no *Diário da República*, I-A Série, de 2 de Dezembro de 2004).

Entretanto, o Tribunal Constitucional proferiu várias decisões no sentido de não serem inconstitucionais quer as interpretações normativas que consideravam aquelas decisões não recorríveis (Acórdãos n.° 216/99, de 21 de Abril de 1999, em *Acórdãos do Tribunal Constitucional*, 43.° Vol., p. 239, e 387/99, de 23 de Junho de 1999, acessível no *site www.tribunalconstitucional.pt*), quer as que, admitindo o recurso, diferiam o momento da sua subida (Acórdão n.° 242/05, de 4 de Maio de 2005, em *Acórdãos do Tribunal Constitucional*, 62.° Vol., p. 365).

Foi neste quadro que o legislador de 2007, visando impor maior celeridade ao processo penal, entendeu consagrar expressamente a solução da irrecorribilidade da decisão instrutória que pronuncia o arguido pelos factos constantes da acusação deduzida pelo Ministério Público, incluindo as decisões que apreciam a arguição de nulidades e outras questões prévias ou incidentais, passando o referido artigo 310.°, n.° 1, do CPP, a dispor:

"A decisão instrutória que pronunciar o arguido pelos factos constantes da acusação do Ministério Público formulada nos termos do artigo 283.° ou do n.° 4 do artigo 285.°, é irrecorrível, mesmo na parte em que apreciar nulidades e outras questões prévias ou incidentais, e determina a remessa imediata dos autos ao tribunal competente para o julgamento."

Apesar deste processo se ter iniciado quando se encontrava em vigor a redacção do Decreto-Lei n.° 78/87, de 17 de Fevereiro, a decisão recorrida entendeu que a nova redacção dada ao artigo 310.°, n.° 1, do CPP, era de aplicação imediata, nos termos do disposto no artigo 5.° do CPP, pelo que considerou inadmissível um recurso interposto de um despacho de pronúncia proferido já no domínio da nova redacção do artigo 310.°, n.° 1, do CPP, na parte em que havia indeferido a arguição da excepção de incompetência territorial do tribunal para julgar o processo e das nulidades imputadas a escutas telefónicas.

Não cumpre a este tribunal apreciar da conformidade desta decisão com o direito infra-constitucional, mas sim verificar se o critério que lhe presidiu fere algum parâmetro constitucional.

Entre os princípios constitucionais básicos em matéria de punição criminal encontram-se os princípios da não retroactividade da lei penal desfavorável, que se traduz na impossibilidade de ser aplicada lei que qualifique como crimes ou que agrave as penas relativamente a factos que lhe são anteriores, valendo apenas para o futuro, e o da retroactividade da lei penal mais favorável que impõe que a lei despenalizadora ou que puna menos severamente determinado crime se aplique aos factos passados (artigo 29.°, n.os 1 a 4, da Constituição).

Na doutrina tem-se sustentado que, na medida imposta pelo conteúdo de sentido destes princípios, eles também são aplicáveis a algumas normas do processo penal, cuja natureza justifique tal extensão.

Assim, ainda na vigência da Constituição de 1933, Figueiredo Dias já defendia que "(...) o princípio jurídico-constitucional da legalidade se estende, em certo sentido, a toda a repressão penal e abrange, nesta medida, o próprio direito processual penal (...) importa que a aplicação da lei processual penal a actos ou situações que decorrem na sua vigência, mas se ligam a uma infracção cometida no domínio da lei processual antiga, não contrarie nunca o conteúdo da garantia conferida pelo princípio da legalidade. Daqui resultará que não deve aplicar-se a nova lei processual penal a um acto ou situação processual que ocorra em processo pendente ou derive de um crime cometido no domínio da lei antiga, sempre que da nova lei resulte um agravamento da posição processual do arguido ou, em particular, uma limitação do seu direito de defesa" (*Direito Processual Penal*, 1.° volume, p. 112, da edição de 1974, da Coimbra Editora). E citava em abono desta extensão do âmbito de aplicação do princípio da legalidade penal não só as opiniões de Caeiro da Mata (em *Apontamentos de processo criminal*, p. 31, da 2.ª edição) e de Castanheira Neves (em *Sumários de processo criminal*, 1968), mas também o próprio conteúdo de anteriores preceitos constitucionais (o § 10.° do artigo 145.° da Carta Constitucional de 1826, e o n.° 21 do artigo 3.° da Constituição de 1911).

Apesar da actual Constituição também não enunciar especificamente qualquer critério de aplicação da lei processual penal no tempo, na doutrina continua a defender-se que aqueles princípios são extensíveis não só às normas processuais que condicionam a aplicação das sanções penais (*v. g.* as relativas à prescrição, ao exercício, caducidade e desistência do direito de queixa, e à *reformatio in pejus*), mas também às normas que possam afectar o direito à liberdade do arguido (*v. g.* as relativas à prisão preventiva) ou que asseguram os seus direitos fundamentais de defesa, todas elas apelidadas de normas processuais penais substantivas (vide, com cambiantes quanto às razões desta extensão e quanto à fixação do momento-critério da determinação da lei processual aplicável, Maia Gonçalves, em *Código de Processo Penal anotado*, pp. 66-68, da 16.ª edição, da Almedina, Figueiredo Dias, em *Direito processual penal*, pp. 92-94, edição policopiada de 1988-1989, Gomes Canotilho, na *Revista de Legislação e de Jurisprudência*, Ano 123, pp. 94-96, António Barreiros, em *Manual de processo penal*, pp. 237 e segs., da edição de 1989, da Universidade Lusíada, Taipa de Carvalho, em *Sucessão de leis penais*, pp. 347 e segs., da 3.ª edição, da Coimbra Editora, Maria Fernanda Palma, em "Linhas estruturais da reforma penal. Problemas de aplicação da lei processual penal no tempo", em *Estudos em honra do Professor Doutor José de Oliveira Ascensão*, volume II, pp. 1373-1377, e Pedro Caeiro, em "Aplicação da lei penal no tempo e prazos de suspensão da prescrição do procedimento criminal: um caso prático", em *Estudos em homenagem a Cunha Rodrigues*, pp. 231 e segs.).

Foi também no sentido de estender as regras do artigo 29.° da Constituição, à sucessão de algumas normas processuais penais que se pronunciaram os Acórdãos deste Tribunal n.° 250/92, de 1 de Julho de 1992 (em *Acórdãos do Tribunal Constitucional*, 22.° Volume, p. 709) n.° 451/93, de 15 de Julho de 1993 (acessível no *site www.tribunalconstitucional.pt*), e n.° 183/01 (em *Acórdãos do Tribunal Constitucional*, 49.° Volume, p. 667), afastando-se de anterior jurisprudência (Acórdãos n.° 155/88, de 29 de Junho de 1988, em *Acórdãos do Tribunal Constitucional*, 11.° Volume, p. 1049, e n.° 70/90, de 15 de Março de 1990, em *Acórdãos do Tribunal Constitucional*, 15.° Volume, p. 267).

A subordinação às regras do artigo 29.° da Constituição, das situações de sucessão no tempo de normas de processo que condicionam a responsabilidade penal resulta duma simples operação de subsunção, uma vez que elas se inserem claramente no âmbito de previsão daquele preceito constitucional, atenta a sua influência directa na punição criminal.

Já relativamente às normas processuais que possam afectar o direito à liberdade do arguido ou que asseguram os seus direitos fundamentais de defesa, a sua aplicação imediata a processos em curso resulta sempre na atribuição duma eficácia retroactiva imprópria (Pedro Caeiro, na *ob. cit.*, pp. 241-242). Se é verdade que na aplicação imediata a nova lei apenas atinge os actos processuais ocorridos após a sua entrada em vigor, o que é certo é que ela acaba por se aplicar a processos iniciados e em que se julgam factos que tiveram lugar no domínio da lei antiga.

Nestas situações, tal como ocorre com as normas de direito penal, a necessidade de protecção dos direitos, liberdades e garantias do cidadão, como emanação do princípio do Estado de direito democrático (artigo 2.° da Constituição), exige a proibição da aplicação com efeitos retroactivos, mesmo que impróprios, de normas que, dispondo em matéria de direitos, liberdades e garantias constitucionais do arguido, agravem a sua situação processual, de modo a evitar-se um possível arbítrio ou excesso do poder estatal. Com esta proibição impede-se que o poder legislativo do Estado diminua de forma direccionada e intencional o nível de protecção da liberdade e dos direitos fundamentais de defesa dos arguidos, em processos concretos já iniciados.

Nesta lógica se situa, aliás, a proibição expressa de atribuição de efeito retroactivo às normas restritivas dos direitos, liberdades e garantias, imposta no artigo 18.°, n.° 3, da Constituição.

No caso *sub iudicio*, estamos perante a aplicação a processo criminal já pendente duma nova lei que determinou a irrecorribilidade das decisões instrutórias na parte em que apreciam a existência de nulidades e outras questões prévias ou incidentais, quando o arguido é pronunciado pelos factos constantes da acusação deduzida pelo Ministério Público.

A irrecorribilidade duma decisão desfavorável ao arguido resulta numa restrição do direito ao recurso enquanto instrumento do direito à defesa em processo penal, pelo que importa verificar se a introdução da referida solução da irrecorribilidade das decisões proferidas em despacho de pronúncia que apreciem a existência de nulidades e outras questões prévias ou incidentais, quando o arguido é pronunciado pelos factos constantes da acusação deduzida pelo Ministério Público, veio agravar a posição processual do arguido relativamente à solução da lei vigente na altura em que o processo se iniciou.

Na solução jurisprudencial que fez vencimento no domínio da redacção do artigo 310.°, n.° 1, do CPP, introduzida pelo Decreto-Lei n.° 78/87, de 17 de Fevereiro, aquelas decisões eram recorríveis, mas quando se tornavam definitivas faziam caso julgado formal no processo, não podendo voltar a ser apreciadas.

Na nova redacção introduzida pela Lei n.° 48/2007, de 29 de Agosto, aplicada neste processo, tais decisões passaram a ser irrecorríveis, mas de acordo com a leitura da decisão recorrida, no seguimento da opinião daqueles que no domínio da redacção anterior já defendiam a tese da irrecorribilidade, e com apoio no actual n.° 2 do mesmo artigo 310.°, tais decisões apenas valem para a pronúncia do arguido, não tendo a força do caso julgado formal, pelo que pode o tribunal do julgamento voltar a apreciar tais questões, com possibilidade de recurso para o tribunal superior.

A decisão instrutória que se considera irrecorrível à luz da lei nova não apresenta os mesmos efeitos que a decisão instrutória reputada recorrível segundo a lei antiga (vigente no início do processo): enquanto a primeira não é dotada da força de caso julgado formal, a segunda tinha essa autoridade.

Não é possível, pois, equiparar as duas decisões, para concluir que a solução da irrecorribilidade agrava a posição do arguido no processo penal.

De acordo com a lei nova, por um lado, o arguido perde a vantagem consubstanciada pela possibilidade das questões relativas à existência de nulidades e outras questões prévias ou incidentais serem apreciadas em sede de instrução segundo o sistema de duplo grau de jurisdição; mas, por outro lado, segundo a própria decisão recorrida, o arguido ganha a possibilidade de ver tais questões novamente apreciadas, ainda em primeira instância, pelo juiz de julgamento, sem prejuízo do direito de recurso desta segunda apreciação.

Torna-se impossível, portanto, dizer que a nova redacção do artigo 310.°, n.° 1, do CPP, na leitura que dela faz a decisão recorrida, agrave a posição processual do arguido, pelo que a sua aplicação imediata a processos pendentes não fere qualquer parâmetro constitucional, nomeadamente, a necessidade de protecção dos direitos, liberdades e garantias do cidadão, como emanação do princípio do Estado de direito democrático (artigo 2.° da Constituição), o direito do acesso ao direito (artigo 20.° da Constituição), as regras de aplicação da lei criminal no tempo (artigo 29.° da Constituição) ou os direitos de defesa do arguido (artigo 32.° da Constituição).

Neste mesmo sentido já decidiu este Tribunal no Acórdão n.° 460/08, de 25 de Setembro de 2008 (acessível no *site www.tribunalconstitucional.pt*).

Por estas razões deve improceder o recurso interposto.

III — Decisão

Pelo exposto, julga-se improcedente o recurso interposto para o Tribunal Constitucional por Paula Maria Campos Faria, da decisão da Vice-Presidente do Tribunal da Relação do Porto proferida nestes autos em 24 de Novembro de 2008.

Custas pela recorrente, fixando-se a taxa de justiça em 25 unidades de conta, ponderados os critérios referidos no artigo 9.°, n.° 1, do Decreto-Lei n.° 303/98, de 7 de Outubro (artigo 6.°, n.° 1, do mesmo diploma).

Lisboa, 12 de Maio de 2009. — *João Cura Mariano* — *Benjamim Rodrigues* — *Joaquim de Sousa Ribeiro* — *Mário José de Araújo Torres* (vencido, nos termos da declaração de voto junta) — *Rui Manuel Moura Ramos.*

DECLARAÇÃO DE VOTO

Votei vencido por considerar que a norma do artigo 310.°, n.° 1, do Código de Processo Penal (CPP), na redacção dada pela Lei n.° 48/2007, de 29 de Agosto, enquanto declara irrecorrível a decisão instrutória na parte em que aprecia nulidades e outras questões prévias e incidentais, quando do eventual provimento do recurso pudesse resultar a não sujeição do arguido a julgamento, é sempre inconstitucional, por violação das garantias de defesa em processo criminal (englobando necessariamente o direito de recurso) consagradas no artigo 32.°, n.° 1, da Constituição da República Portuguesa (CRP).

Na verdade, como sustentei no voto de vencido aposto ao Acórdão n.° 242/05, expressando posição que continuo convictamente a defender, entendo que, pelo menos quando estejam em causa infracções criminais de certa gravidade, que ultrapassem as meras "bagatelas penais", do princípio da presunção de inocência decorre o direito a não ser submetido a julgamento sem que estejam regularmente comprovados indícios suficientes da prática de um crime, embora não se exija, naturalmente, uma apreciação exaustiva das provas, reservada à fase de julgamento: cfr. declarações de voto da Conselheira Maria Fernanda Palma, apostas aos Acórdãos n.os 964/96, 1205/96 e 459/00 (esta mantida no Acórdão n.° 78/01), e da Conselheira Maria dos Prazeres Beleza, aposta ao Acórdão n.° 68/00 (mantida nos Acórdãos n.os 371/00, 46/01 e 350/02). Não acompanho, assim, a concepção, reiteradamente afirmada desde o Acórdão n.° 474/94, de que, porque a CRP determina, no n.° 2 do artigo 32.°, que todo o arguido se presume inocente até ao trânsito em julgado da sentença de condenação, "o simples facto de se ser submetido a julgamento não pode constituir, só por si, no nosso ordenamento jurídico, um atentado ao bom nome ou reputação".

Como se assinalou na declaração de voto da Conselheira Maria dos Prazeres Beleza, aposta ao Acórdão n.° 387/99:

> "3. Na verdade, a pronúncia determina a continuação do processo, mediante a sujeição do arguido a julgamento.
>
> Da continuação do processo resulta necessariamente a imposição — ou manutenção da imposição — ao arguido do termo de identidade e residência, previsto no artigo 196.° do Código de Processo Penal.
>
> A submissão do arguido a julgamento acarreta, inegavelmente, a compressão da sua liberdade pessoal, tendo em conta o tempo necessário à organização da sua defesa e à comparência na audiência, compressão tanto mais significativa quanto mais complexa for a matéria dos autos, e que pode, em certos casos, colocar em causa a continuação da sua actividade profissional.
>
> A aceitação pelo tribunal de instrução de que existem indícios suficientes da verificação dos pressupostos de que depende a aplicação ao arguido de uma pena ou de uma medida de segurança implica entender que existe uma «possibilidade razoável» de tal pena ou medida de segurança vir a ser aplicada (n.° 2 do artigo 283.° e n.os 1 e 2 do artigo 308.°) em julgamento. O que leva, de facto, apesar da força jurídica do princípio da presunção de inocência, à submissão do arguido a uma forte censura social, que uma eventual decisão final absolutória não consegue, as mais das vezes, apagar.

Acresce que, após a recente revisão do Código de Processo Penal (cfr. n.° 1 do artigo 86.°, na redacção introduzida pela Lei n.° 59/98, de 25 de Agosto), o processo penal é público a partir da decisão instrutória, quando seja proferida, cessando nesse momento o segredo de justiça.

Recorde-se ainda que o n.° 1 do artigo 6.° do Estatuto Disciplinar dos Funcionários e Agentes da Administração Central, Regional e Local (aprovado pelo Decreto-Lei n.° 24/84, de 16 de Janeiro), não julgado inconstitucional pelo Acórdão n.° 439/87 (*Acórdãos do Tribunal Constitucional*, 10.° Volume, pp. 523 e seguintes), estabelece como consequência do trânsito em julgado do despacho de pronúncia em processo de querela — independentemente de saber se tal norma se aplica aos processos regidos pelo Código de Processo Penal de 1987 — a suspensão de funções e do vencimento até à decisão final."

A este elenco pode mesmo acrescentar-se a norma do artigo 157.°, n.° 4, da CRP, que prevê a suspensão do mandato de Deputado quando este for "acusado definitivamente" em processo criminal, suspensão que é obrigatória quando se trate de crime doloso a que corresponda pena de prisão cujo limite máximo seja superior a três anos.

Tudo isto (para não falar na constatação de que, na prática judiciária, a pronúncia do arguido é geralmente vista como um elemento que, tornando mais plausível a condenação, pode determinar o aumento do receio de fuga e, assim, justificar mais facilmente o decretamento da prisão preventiva) demonstra que, não apenas sociológica, mas também juridicamente, a pronúncia de um arguido, com subsequente sujeição a julgamento, representa o agravamento da sua situação, constituindo negação da realidade a afirmação de que esse agravamento não se verifica só porque está constitucionalmente consagrado o princípio da presunção de inocência.

Face a uma decisão inequivocamente gravosa para a posição jurídica do arguido, é constitucionalmente fundada a exigência do reconhecimento do direito de recurso dessa decisão e de um recurso que seja eficaz, o que, no caso, reclama a sua subida imediata.

O Supremo Tribunal de Justiça, tendo uniformizado a jurisprudência no sentido de que "A decisão instrutória que pronunciar o arguido pelos factos constantes da acusação do Ministério Público é recorrível na parte respeitante à matéria relativa às nulidades arguidas no decurso do inquérito ou da instrução e às demais questões prévias ou incidentais" ("Assento" n.° 6/00), veio posteriormente a fixar a seguinte jurisprudência: "Sobe imediatamente o recurso da parte da decisão instrutória respeitante às nulidades arguidas no decurso do inquérito ou da instrução e às demais questões prévias ou incidentais, mesmo que o arguido seja pronunciado pelos factos constantes da acusação do Ministério Público" (acórdão de fixação de jurisprudência n.° 7/04). Embora este último acórdão se tenha fundamentado essencialmente numa interpretação da expressão "decisão instrutória", usada na alínea *i)* do n.° 1 do artigo 407.° do CPP, tida por mais correcta, no sentido de abranger, não só a parte "substantiva" dessa decisão (a decisão de pronúncia), mas também a parte "formal" (sobre nulidades e questões prévias), não deixou de assinalar, em apoio da razoabilidade da solução, que "não faria (...) muito sentido que o tribunal pudesse, ultrapassada a fase da instrução, vir a conhecer em conjunto dos recursos interpostos da decisão final e de outros interpostos de decisões intercalares, dada a vocação de estanquicidade das fases de inquérito, instrução e processo". Não deixando de reconhecer que a lei, ao estabelecer a regra de que os recursos de decisões intercalares sobem, em princípio, com o recurso da decisão final, privilegia a celeridade processual em detrimento da economia processual, o referido acórdão salienta que a essa regra foram estatuídas diversas excepções, nas várias alíneas do n.° 1 do artigo 407.° do CPP, que admitem a subida imediata de recursos interpostos de decisões interlocutórias, prevendo no n.° 2 da mesma norma uma válvula de segurança que permite a subida imediata dos recursos cuja retenção os torne absolutamente inúteis.

No presente caso, a irrecorribilidade da decisão instrutória na parte em que desatendeu a arguição de nulidade de meios de prova em que tal decisão se baseou, impedindo o arguido de, através do recurso, conseguir obter a invalidação dessa prova e a possibilidade de se vir a dar por insubsistente a acusação contra ele deduzida, assim evitando a sua sujeição a julgamento, não respeita o direito de recurso dos arguidos contra decisões que afectem direitos fundamentais.

Nem se diga que tal questão poderá vir a ser suscitada em recurso da decisão final, pois, como se demonstrou no aludido voto de vencido, essa possibilidade é meramente ilusória e nunca assume a efectividade de um recurso imediato da decisão instrutória.

Na verdade, face a uma decisão final absolutória, o conhecimento do recurso da decisão instrutória respeitante às nulidades e questões prévias deixa de ter obviamente qualquer interesse. No caso de decisão final condenatória, versando o recurso da decisão instrutória sobre alegada insuficiência do inquérito e da instrução por utilização de prova proibida, de duas uma: ou essa prova não foi admitida no julgamento e se, mesmo assim, o arguido foi condenado, impõe-se a mesma conclusão da perda de interesse do recurso da decisão instrutória; ou a produção dessa prova foi admitida em audiência de julgamento e então é perante esta nova decisão que o arguido tem de reagir, conformando-se com ela ou impugnando-a, sendo certo que qualquer uma destas atitudes retira relevância autónoma ao recurso "retido" da decisão instrutória.

Depois — e decisivamente —, na perspectiva que perfilho, visando a admissibilidade do recurso em causa a protecção do "direito a não ser submetido a julgamento sem que estejam [regularmente (isto é, por meios de provas lícitos)] comprovados indícios suficientes da prática de um crime", a norma ora em causa não salvaguarda esse direito, pelo que viola o n.° 1 do artigo 32.° da CRP, sendo, para este efeito, irrelevante a determinação de qual será o regime mais favorável (embora me pareça evidente que o regime mais favorável era o anterior às alterações introduzidas pela Lei n.° 48/2007, que assegurava o recurso). — *Mário José de Araújo Torres.*

Anotação:

Os Acórdãos n.os 451/93 e 387/99 estão publicados em *Acórdãos*, 25.° e 43.° Vols., respectivamente.

ACÓRDÃO N.° 248/09

DE 12 DE MAIO DE 2009

Não julga inconstitucional a norma do artigo 655.° do Código de Processo Civil, interpretada no sentido de atribuir ao juiz o poder de livremente continuar a apreciar o valor de depoimento em que a testemunha não indicou a sua razão de ciência.

Processo: n.° 78/09.
Recorrente: Frisomat — Comércio e Indústria de Materiais de Construção, S. A..
Relator: Conselheiro Cura Mariano.

SUMÁRIO:

I — A protecção ao apuramento da verdade dos factos não exige, necessariamente, que o incumprimento duma regra procedimental de produção da prova, destinada a facilitar a aferição do seu valor, seja sancionado com a impossibilidade da sua apreciação, uma vez que, mesmo perante aquele incumprimento, sempre a prova deficientemente produzida poderá continuar a ter alguma utilidade na descoberta da verdade material, não impedindo que o juiz cumpra integralmente o dever de fundamentação da decisão sobre a matéria de facto.

II — Independentemente do juízo de constitucionalidade que possa ser formulado sobre a solução que se encontre para a falta de conhecimento pelo julgador da razão de ciência do depoimento testemunhal, a mera falta da indicação pela testemunha no seu depoimento das fontes do conhecimento dos factos por ela relatados, não determina inelutavelmente que o julgador não possa aperceber-se das razões da ciência revelada; não sendo, pois, possível dizer que o incumprimento daquela regra procedimental prejudique necessariamente o apuramento da verdade e o cumprimento do dever de fundamentação cabal das decisões jurisdicionais.

III — Deste modo conclui-se que a atribuição ao juiz do poder de livremente continuar a apreciar o valor do depoimento em que a testemunha não indicou

a sua razão de ciência, não põe em causa a exigência constitucional de um processo equitativo, constante do artigo 20.°, n.° 4, da Constituição, nem qualquer outro parâmetro constitucional.

Acordam na 2.ª Secção do Tribunal Constitucional:

I — Relatório

Rui José Moura Alves Ferreira Bastos intentou acção declarativa contra Frisomat – Comércio e Indústria de Materiais de Construção, S. A. e Jerónimo Albuquerque Pais de Faria, pedindo que a ré Frisomate e, subsidiariamente, o réu Jerónimo Faria, fossem condenados a pagar-lhe a quantia de USD 47 120,80, acrescida de USD 5 577, de juros vencidos, até 14 de Julho de 1998, e vincendos, até integral e efectivo pagamento, e a indemnizá-lo em quantitativo não inferior a USD 120 000, acrescido de juros desde a citação até integral pagamento.

Realizado julgamento foi proferida sentença que julgou a acção procedente, tendo a ré Frisomat sido condenada a restituir ao autor a quantia de USD 47 120 (ou a quantia correspondente em euros) e os juros legais vencidos e vincendos à taxa de 5%, bem como a indemnizá-lo em USD 120 000 (ou a quantia correspondente em euros), acrescida de juros desde a citação.

A ré Frisomat recorreu desta sentença para o Tribunal da Relação de Coimbra que, após ter proferido um primeiro acórdão que foi anulado por decisão do Supremo Tribunal de Justiça, julgou improcedente o recurso interposto, confirmando a sentença da 1.ª instância.

A ré Frisomat recorreu desta decisão para o Supremo Tribunal de Justiça que, por acórdão proferido em 16 de Outubro de 2008, julgou improcedente a revista.

A ré Frisomat após ter sido indeferido um pedido de arguição de nulidade daquele acórdão, recorreu para o Tribunal Constitucional, ao abrigo do disposto no artigo 70.°, n.° 1, alínea *b*), da Lei do Tribunal Constitucional, nos seguintes termos:

> "O presente recurso tem como fundamento a violação dos artigos 2.°, 3.°, n.os 2 e 3, 8.°, n.° 1, 20.°, n.° 4, 32.° e 202.°, n.° 2, da Constituição da República Portuguesa e concomitantemente, do princípio do Estado de direito, da garantia de processo justo e adequado à realização do direito, do princípio da conformação do processo segundo os direitos fundamentais e do princípio da legalidade processual, na interpretação do princípio da livre apreciação da prova, que admite a valoração de prova testemunhal destituída de indicação concreta da respectiva razão de ciência, suscitada nas alegações de recurso interposto para este Supremo Tribunal de Justiça."

Apresentou alegações, com as seguintes conclusões:

"I. Nos presentes autos, a procedência da acção derivou exclusivamente, da valoração do depoimento prestado por uma "testemunha" que cedeu os créditos para poder legalmente sê-lo (ou para que os créditos poderem teoricamente existir) e de depoimentos de testemunhas que nunca referiram nos autos, o motivo, razão ou circunstâncias, em que adquiriram conhecimentos daquilo que afirmam ser a mais pura «verdade, pois consta do contrato» que a Newpalm nunca celebrou as outras sociedades que eram geridas pela isenta testemunha Nuno Palmeira.

II. «Do princípio do Estado de direito deduz-se, sem dúvida, a exigência de um procedimento justo e adequado de acesso ao direito e de realização do direito. Como a realização do direito é determinada pela conformação jurídica do procedimento e do processo, a constituição contém alguns princípios e normas designados por garantias gerais de procedimento e de processo». Dentre as garantias do processo judicial que têm dignidade constitucional, por respeitarem a direitos considerados fundamentais, podem mencionar-se: a garantia do processo equitativo (artigo 20.°, n.° 4), o princípio da conformação do processo segundo os direitos fundamentais (artigo 32.°), o princípio da fundamentação dos actos judiciais (artigo 205.°, n.° 1), o princípio da legalidade processual (artigo 32.°).

III. A exigibilidade de explicitação das razões de ciência das testemunhas prende-se, primeiramente, com o controlo do respeito pelos limites da livre apreciação da prova testemunhal, tendo em vista garantir um processo justo e equitativo, garantia de inequivocidade e clareza do processo e rejeição de decisões judiciais que se fundem num juízo arbitrário.

IV. Na expressão do Professor Alberto dos Reis, «Tem a maior importância esta exigência» a que «Tanto apreço ligou a lei». Sendo as razões de ciência qualificadas por Antunes Varela / J. Miguel Bezerra / Sampaio Nora como «elemento essencial» que «reveste efectivamente a maior importância», pois «(...) a prova testemunhal é particularmente falível e precária».

V. Daí que «Se for omitida a explicação da razão da sua ciência acompanhada das circunstâncias que possam justificar o conhecimento dos factos, o depoimento inexiste, seja física, seja juridicamente» (Jorge Lourenço Martins *O Depoimento Testemunhal em Processo Civil*, citado por Isabel Alexandre, *Provas ilícitas em Processo Civil).*

VI. Relativamente à validade (ou existência...) do testemunho, a exigibilidade da indicação das razões de ciência das testemunhas, funda-se nestas premissas e encontra-se hoje positivada no artigo 683.°, n.° 1, do Código de Processo Civil, sob a epígrafe: «Regime do Depoimento» (conjunto de regras que regulam a produção da prova testemunhal) exigindo-se portanto que a testemunha faça a declaração de um facto e indique como sabe (viu, ouviu, sonhou...) e explique as circunstâncias desse conhecimento.

VII. Nos sistemas da livre apreciação da prova, o julgador detém a liberdade de formar a sua convicção sobre os factos, com base na observação e análise da prova que lhe é apresentada, mas nem por isso fica desobrigado, «na formação dessa convicção», de indicar os fundamentos onde aquela assentou. A lei processual determina e faz impender, sobre o julgador, um ónus de objectivação da sua convicção, que virá a ser demonstrado na respectiva motivação, nos termos do artigo 653.°, n.° 2, do Código de Processo Civil.

VIII. Por imposição constitucional (primeiro) e legal (depois), a livre apreciação da prova, não é um juízo arbitrário ou de intuição sobre veracidade ou não de uma certa realidade de facto, mas antes uma convicção adquirida por intermédio dum processo racional, objectivado, alicerçado na análise critica comparativa dos diversos dados recolhidos nos autos na e com a produção das provas e na ponderação e maturação dos fundamentos e motivações, sendo que essa convicção carece de ser enunciada, por expressa imposição legal, como garante da transparência, da imparcialidade e da inerente assunção da responsabilidade por parte do julgador na administração da justiça.

IX. Ao impôr que as testemunhas apresentem a respectiva razão de ciência, a lei processual civil visa consubstanciar a garantias de imparcialidade e legalidade, bem como o direito a um processo justo, para que não ocorra aquilo que nos autos ocorreu: serem valorados depoimentos de testemunhas destituídos (ou sendo presumidas) as respectivas razões de ciência.

X. Por outras palavras, a exigibilidade de menção das razões de ciência consubstancia um princípio processual, plasmado na lei ordinária, concretiza e constitui corolário de outros, constitucionalmente consagrados como a exigência constitucional de um processo justo, plasmado no artigo 30.°, n.° 4, da Constituição, devidamente concretizado, no «Regime» previsto no artigo 683.°, n.° 1, do Código de Processo Civil, destinando-se a impedir que o sistema de prova livre e livre apreciação da prova, se converta num poder ilimitado e arbitrário do juiz.

XI. A prova domina todo o processo declarativo, pois a sentença (que lhe põe termo) assenta necessariamente na prova. Dada a importância da prova, ela constitui o ponto central do processo e, consequentemente, do direito processual. Por isso, «Em sede de prova, o direito ao processo equitativo implica a inadmissibilidade de meios de prova ilícitos, quer o sejam por violarem direitos fundamentais, quer porque se formaram ou obtiveram por processos ilícitos».

XII. Se nos termos do artigo 202.°, n.° 1, da Constituição da República Portuguesa: «Os tribunais são os órgãos de soberania com competência para administrar a justiça em nome do povo», não faz qualquer sentido aplicar uma lei processual diversa daquela que é a lei do povo em nome do qual o tribunal aplica a lei substantiva. E também a efectivação do princípio do direito ao processo equitativo exige o julgamento de acordo com as leis do país. Por essas razões, no direito processual civil não há qualquer excepção resultante da aplicação da lei: as normas de processo são exclusivamente territoriais.

XIII. Da natureza pública do direito processual civil e do princípio da aplicação territorial absoluta da lei adjectiva, decorre que a validação dos depoimentos, de acordo com a (hipotética!) lei estrangeira afecta a independência do Estado Português.

XIV. Ainda que a prova seja livre, não o é a sua valoração. A vinculação do juiz à lei do Estado em que julga o litígio é a expressão do Estado de direito, pois nos termos do artigo 2.° da Constituição da República Portuguesa, a República Portuguesa é um Estado de direito democrático, baseado na soberania popular no respeito e na garantia de efectivação dos direitos e liberdades fundamentais, o que, nos termos do n.° 2 do artigo 202.° da Lei Fundamental, incumbe aos tribunais assegurar.

XV. Segundo o acórdão recorrido «a falta de menção de conhecimento dos factos relatados pela testemunha não afecta o depoimento enquanto tal» e «não acarreta, de per si, a proibição de consideração do seu depoimento», fundando-se na premissa segundo a qual o artigo 638.°, n.° 1, do Código de Processo Civil, «dirige-se à ponderação da credibilidade do depoimento e, consequentemente, à formação da convicção do juiz (...)».

XVI. A fundamentação do acórdão recorrido abre um perigoso precedente, pois recorre a uma singular interpretação do princípio da prova livre, legitimando "fundamentação" de qualquer decisão assente na prova testemunhal (ilicitamente) produzida e (ilegalmente) valorada, sem qualquer referência às razões de ciência, «exigência» e «elemento essencial» a que a lei «Tanto apreço ligou», sem as quais, conforme a doutrina entende unanimemente, fica o tribunal impedido de apreciar a força probatória e de valorar a prova testemunhal, assim subvertendo a jurisprudência proferida por este Tribunal Constitucional, relativamente ao princípio da fundamentação das decisões judiciais.

XVII. O acórdão recorrido mostra-se claramente avesso à jurisprudência constitucional, ao rejeitar a anulação dos acórdãos proferidos pelo Tribunal da Relação de Coimbra, na medida em que «só a falta absoluta de motivação constitui a nulidade prevista na alínea *b*) do n.° 1 do artigo 668.° do Código Processo Civil».

XVIII. O necessário acatamento da lei positiva, consubstanciado no princípio da legalidade processual, associado à necessidade de garantir a transparência das decisões judiciais, impõe que a formação da convicção se destine igualmente a combater a ocultação, por detrás de meras justificações formais, dos reais motivos da decisão, ou sequer de «meias fundamentações».

XIX. Se a fundamentação da decisão não pode deixar de indicar os razões de ciência das testemunhas, sob pena de nulidade, também não poderá valorar-se um depoimento que vem sem as (assim necessárias) razões de ciência: sem conhecer as razões de ciência, o julgador não pode enunciar os razões pelas quais valorou e creditou a prova testemunhal, nem efectuar qualquer análise crítica do depoimento destituído de razões de ciência. E não pode o cidadão conformar-se com tal juízo, totalmente arbitrário.

XX. A decisão recorrida é arbitrária, iníqua, injusta e ofensiva da dignidade constitucional do princípio do Estado de direito, pondo em crise o princípio da legalidade processual e da transparência das decisões judiciais, o direito a um processo justo e consequentemente, o princípio da legalidade democrática, a confiança no poder judicial e a própria noção de Estado de direito: conforme afirmaria Taruffo, só seria uma boa decisão se para ela houvesse, ou pudesse haver, boas justificações.

XXI. Para rejeitar a «deficiente fundamentação da matéria de facto», o acórdão limita-se, de forma artificial e falaciosa, a transcrever passagens do acórdão da Relação "reformado", das quais se destaca «a testemunha tem conhecimento pelo facto de ter visto os contratos» e «referiram expressamente que este facto consta do contrato», quando o mesmo tribunal e os mesmos juízes desembargadores, já haviam anteriormente considerado que «É certo que não se encontra mencionada naqueles a razão de ciência».

XXII. Em Estado de direito, subordinado «à Constituição e funda-se na legalidade democrática», o acatamento dos valores constitucionais da certeza e segurança jurídica e da imparcialidade do poder judicial, não é compaginável com decisões que visam "justificar-se" através da contradição e da aparência de legalidade!

XXIII. A independência e a imparcialidade do juiz não podem ser afirmadas só a nível de princípios gerais e abstractos, sob pena de provocarem o seu completo esvaziamento: o juiz só é independente e imparcial se demonstra sê-lo na particular decisão que profere, motivando-a de modo que ela resulte fundada sobre uma verificação objectiva dos factos da causa e sobre uma interpretação válida e imparcial da norma.

XXIV. Sendo a obrigação de motivação garantida por uma norma constitucional, ela «não é já orientada só para a finalidade de controlo endoprocessual da sentença, passando a consubstanciar uma garantia geral e não vazia de conteúdo: sendo um instrumento de controle democrático sobre a justiça da decisão, a motivação tem um "valor instrumental" de efectivação de outros princípios fundamentais, relativos à administração da justiça no Estado de direito, razão pela qual, não pode ter-se por cumprida "de qualquer maneira", bastando invocar uma boa "desculpa", como a livre prova e livre apreciação da prova, para assim "motivar" uma decisão completamente ilegal e iníqua.

XXV. Em concreto, a valoração dos depoimentos processuais influíram na decisão da causa, contribuindo determinantemente para o resultado probatório. Sem esses depoimentos, não seriam provados os factos vertidos nos pontos 5 e 6 da base instrutória. Não seriam provados os prejuízos supostamente causados pela não celebração dos contratos. Não existiria o crédito cedido ao autor.

XXVI. A admissibilidade de tais depoimentos, destituídos da indicação da respectiva razão de ciência, põe em crise a confiança no poder judicial, que só se consegue obtendo o respeito e total confiança dos cidadãos no seu poder judicial, podendo mesmo considerar-se, por essa razão, contrária à ordem pública.

XXVII. Estes princípios relativos à produção da prova testemunhal, são por isso princípios de direito geral ou comum, aplicáveis em sede de direito processual civil e comuns a todo o Estado de direito que nos termos do artigo 8.°, n.° 1, da Constituição «fazem parte integrante do direito português».

XXVIII. A interpretação dos princípios da prova livre e da livre apreciação da prova, adoptada nos presentes autos, segundo a qual a inexistência de declaração das razões de ciência não compromete a admissibilidade dos depoimentos, nem a admissibilidade de valoração desses depoimentos, mostra-se assim inconstitucional por violar os artigos 2.°, 3.°, n.os 2 e 3, 8.°, n.° 1, 20.°, n.° 4, e 202.° da Constituição da República Portuguesa.

Termos em que deve ser declarada a inconstitucionalidade da interpretação ventilada no acórdão recorrido, segundo a qual, o tribunal é livre de apreciar os depoimentos destituídos de razão de ciência e a falta de menção e inexistência de declaração dessas razões de ciência das testemunhas, não determina a inadmissibilidade de valoração da prova assim produzida (pressupondo o «regime do depoimento» previsto no artigo 683.°, n.° 1, como meramente indicativo da credibilidade do depoimento, possibilitando a valoração de tais depoimentos ao abrigo do artigo 655.°, ambos do Código de Processo Civil) e em consequência, ser o mesmo revogado, assim se fazendo sã e serena justiça."

O recorrido contra-alegou, sustentando que o Tribunal não deveria conhecer deste recurso, atento o cariz instrumental do recurso constitucional, e pugnando pela sua improcedência, para a hipótese de ser conhecido o seu mérito.

II — Fundamentação

1. *Da idoneidade do objecto do recurso*

A recorrente pediu que o Tribunal Constitucional se pronunciasse sobre a constitucionalidade do princípio da livre apreciação da prova em processo civil [vertido no artigo 655.° do Código de Procesos Civil (CPC)], na interpretação segundo a qual é admissível a valoração de prova testemunhal destituída da indicação concreta da respectiva razão de ciência.

O recorrido defendeu que não deveria ser conhecido o mérito deste pedido, uma vez que o recurso constitucional tem natureza instrumental e a decisão recorrida apesar de ter sustentado a constitucionalidade daquela interpretação, tinha acrescentado que a razão de ciência das testemunhas em causa, apesar de não se encontrar indicada no registo dos seus depoimentos, decorria de elementos constantes no processo.

É certo que, tendo o recurso constitucional natureza instrumental, este Tribunal só deve conhecer do seu mérito quando o juízo de constitucionalidade a efectuar se repercuta utilmente sobre o sentido da decisão recorrida, não servindo este recurso para dilucidar questões meramente académicas.

Contudo, pretendendo a recorrente que se verifique da constitucionalidade da interpretação normativa segundo a qual é possível ao julgador, em processo civil, valorar os depoimentos testemunhais donde não conste a indicação da sua razão de ciência, um eventual juízo de inconstitucionalidade que recaia sobre tal interpretação obrigará à reformulação da decisão recorrida, quanto à valoração daqueles depoimentos, uma vez que esta admitiu a falta dessa indicação.

O facto do tribunal recorrido acrescentar que, no caso concreto, a razão de ciência das testemunhas em cujo depoimento tal dado foi omitido, poder ser extraída de outros elementos do processo, não é susceptível de continuar a fundamentar este segmento da decisão recorrida, perante o juízo de inconstitucionalidade peticionado.

Daí a utilidade do presente recurso.

2. *Do mérito do recurso*

O tema deste recurso situa-se no domínio da valoração da prova testemunhal em processo civil.

Para enquadramento da questão de constitucionalidade colocada neste recurso, importa relembrar o ocorrido neste processo relativamente à prova testemunhal em causa.

Na fase da produção de prova foi expedida carta rogatória a Moçambique para inquirição de testemunhas, tendo em 29 de Setembro de 2000 e em 6 de Outubro de 2000 sido realizada esta diligência no Tribunal da Cidade de Maputo, onde prestaram depoimento Nuno António Rodrigues Palmeira, Sufiana Faharodine Aly Agy, Aires Fernandes, Hermínio Vidria, Pedro Loforte, Domingos Pedro Peho, Teresa Fernanda da Silva Costa Castel White, Aida Fainda e Carlos Rosa Cossa.

O depoimento de algumas destas testemunhas, nomeadamente o de Nuno Palmeira, Teresa Castel White, Aida Fainda e Carlos Cossa, foi apontado como fundamento para a decisão da matéria de facto, quer em 1.ª instância, quer no acórdão do Tribunal da Relação que decidiu a impugnação daquela decisão.

O recorrente defendeu perante o Supremo Tribunal de Justiça que os depoimentos destas testemunhas não podiam ser valorados, uma vez que do registo escrito do seu depoimento não constava a razão de ciência destas testemunhas.

O acórdão recorrido, admitindo essa omissão, sustentou que a mesma não impedia que o julgador valorasse livremente tais depoimentos como meio de prova.

É este critério cuja constitucionalidade é questionada pelo recorrente.

Nos termos do disposto, especificamente, no artigo 396.° do Código Civil e do princípio geral enunciado no artigo 655.° do CPC o depoimento testemunhal é hoje um meio de prova sujeito à livre apreciação do julgador (em tempos recuados os depoimentos testemunhais já estiveram sujeitos a regimes de predominância do sistema da prova legal, sendo muitas vezes valorados em função de factores meramente quantitativos), devendo este avaliá-lo em conformidade com as impressões recolhidas da sua audição ou leitura e com a convicção que delas resultou no seu espírito, de acordo com as regras de experiência (sobre o conteúdo e limites deste princípio, vide Teixeira de Sousa, em "A livre apreciação da prova em processo Civil", em *Scientia Iuridica*, tomo XXXIII (1984), pp. 115 e segs., e Aroso Linhares, em *Regras de experiência e liberdade objectiva do juízo de prova – convenções e limites de um possível modelo teorético*, edição de 1988, da Coimbra Editora).

A adopção do sistema romano da "prova livre" privilegia a obtenção da verdade material dos factos, em detrimento da certeza do resultado da prova que preside ao sistema da "prova legal".

Mas a liberdade na apreciação da prova não equivale a uma apreciação arbitrária das provas produzidas, uma vez que o inerente dever de fundamentação do resultado alcançado impedirá a possibilidade de julgamentos despóticos.

Na avaliação da prova testemunhal a fonte do conhecimento dos factos narrados pela testemunha é um elemento da maior importância para o julgador aferir da credibilidade do relato (vide, neste sentido, Antunes Varela, Miguel Bezerra e Sampaio e Nora, em *Manual de processo civil*, pp. 624-625, da 2.ª edição, da Coimbra Editora, Anselmo de Castro, em *Direito processual civil declaratório*, volume III, pp. 341-342, da edição de 1982, da Almedina, Pais do Amaral, em *Direito processual civil*, p. 304, da 5.ª edição, da Almedina, e Jorge Lourenço Martins, em *O depoimento testemunhal em processo civil*, pp. 69-71, da edição do autor de 1988, defendendo este último a inexistência jurídica do depoimento que não contenha qualquer referência à razão de ciência).

Já nas Ordenações, regulando o ofício dos *Enqueredores*, se dispunha relativamente à inquirição das testemunhas:

> "E bem assi perguntarão declaradamente polo que sabem dos artigos (...) E se disserem , que sabem alguma cousa daquillo, porque são perguntados, perguntem-lhes como o sabem. E se disserem, que o sabem de vista, perguntem-lhes em que tempo e lugar o viram, e se stavam ahi outras pessoas, que o vissem. E se disserem que o sabem de ouvida, perguntem-lhes a quem o ouviram, e em que tempo e lugar. E todo o que disserem, façam screver, fazendo-lhes todas as outras perguntas, que lhes pareçam necessárias, per que melhor e mais claramente se possa saber a verdade" (Ordenações Filipinas, Livro I, título LXXXVI, § 1.°, reproduzindo o § 2.°, tomo 65, do Livro 1.°, das Ordenações Manuelinas).

O Código Civil de 1867, que regulou a prova testemunhal, nos seus artigos 2506.° e seguintes, previa que a "força probatória dos depoimentos será avaliada tanto pelo conhecimento, que as testemunhas mostrarem ter dos factos, como pela fé que merecerem por seu estado, vida e costumes, ou pelo interesse que possam ter ou não ter no pleito, ou, finalmente, pelo seu parentesco ou relações com as partes" (artigo 2514.°), sendo o referido conhecimento que as testemunhas mostrarem ter dos factos, nada mais que a razão da sua ciência (vide, neste sentido, Cunha Gonçalves, em *Tratado de direito civil em comentário ao Código Civil Português*, volume XIV, pp. 372-373, da edição de 1940, da Coimbra Editora).

E o Código de Processo Civil de 1939, que assumiu a regulamentação da produção da prova testemunhal, ao contrário do anterior Código de Processo Civil de 1876, retomando, curiosamente, a formulação das Ordenações, fez constar no artigo 641.°:

"A testemunha será interrogada sobre os factos incluídos no questionário que tiverem sido articulados pela parte que a ofereceu, e deporá com precisão, indicando a razão da ciência e quaisquer circunstâncias que possam justificar o conhecimento dos factos.

(...)

§ 2.° A razão de ciência invocada pela testemunha será, quanto possível, especificada. Se disser que sabe por ver, há-de explicar em que tempo e lugar viu o facto, se estavam aí outras pessoas que também vissem e quais eram; se disser que sabe por ouvir, há-de indicar a quem ouviu, em que tempo e lugar, e se estavam aí outras pessoas que também o ouvissem e quais eram".

Alberto dos Reis explicou assim esta exigência legal:

"Tem a maior importância esta exigência da lei, porque a razão da ciência é um elemento de grande valor para a apreciação da força probatória do depoimento (...) Desceu a lei a estas minúcias, porque uma vez destruída ou abalada a razão da ciência, o depoimento perde o valor ou fica notavelmente enfraquecido; e para a parte contrária poder atacar a razão da ciência e o tribunal poder avaliar até que ponto é exacta a razão invocada, muito interessa saber as condições e circunstâncias especiais de que a testemunha se socorre para justificar o seu conhecimento" (*Código de Processo Civil anotado*, volume IV, p. 422, da edição de 1951, da Coimbra Editora).

A reforma de 1961 do Código de Processo Civil determinou que o regime do depoimento testemunhal passasse a constar do artigo 640.°, e suprimiu a 2.ª parte do § 2.° do anterior artigo 641.°, dispondo agora o n.° 5 do artigo 640.°, apenas que "a razão de ciência invocada pela testemunha será, quanto possível, especificada e fundamentada".

O Decreto-Lei n.° 47 690, de 11 de Maio de 1967, que introduziu no Código de Processo Civil as adaptações exigidas pela entrada em vigor do

Código Civil de 1966, transpôs o regime do depoimento testemunhal para o artigo 638.°, dando-lhe a redacção actual que é a seguinte:

"A testemunha é interrogada sobre os factos incluídos no questionário, que tenham sido articulados pela parte que a ofereceu, e depois deporá com precisão, indicando a razão de ciência e quaisquer circunstâncias que possam justificar o conhecimento dos factos; a razão de ciência invocada será, quanto possível, especificada e fundamentada".

Era este também o preceito que se encontrava em vigor na República Popular de Moçambique nas datas em que foram efectuadas as inquirições em causa, uma vez que após a declaração de independência deste Estado, o Código de Processo Civil Português manteve-se em vigor na redacção que lhe havia sido conferida pelo Decreto-Lei n.° 47 690, de 11 de Maio de 1967, sendo certo que o cumprimento das cartas rogatórias deve ser feito segundo a lei do tribunal rogado, nos termos do artigo 7.°, n.° 1, do Acordo de Cooperação Jurídica e Judiciária entre a República Portuguesa e a Republica Popular de Moçambique, assinado em 12 de Abril de 1990, e aprovado para ratificação pela Resolução da Assembleia da República n.° 7/91, de 14 de Fevereiro, e que entrou em vigor em 22 de Fevereiro de 1996.

A lei aplicada no cumprimento da carta rogatória de tomada do depoimento a diversas testemunhas não foi, pois, diferente da lei nacional vigente, pelo que não faz qualquer sentido a invocação pela recorrente duma pretensa violação do princípio da legalidade e da independência do Estado Português.

Apesar do preceituado na legislação ordinária, do registo escrito dos depoimentos das testemunhas ouvidas neste processo no Tribunal da Cidade de Maputo, por carta rogatória, conforme admitiu a decisão recorrida, não consta a indicação da sua razão de ciência.

Se este dado é um elemento muito importante para o julgador poder aferir da credibilidade dos depoimentos, será que a valoração de prova testemunhal que foi produzida sem essa indicação concreta afronta alguma exigência constitucional?

Nesta matéria o parâmetro constitucional que deve ser ponderado é o que exige que os processos em tribunal, incluindo o processo civil, tenham um procedimento equitativo (artigo 20.°, n.° 4, da Constituição).

O *due process* é o processo cujas regras de tramitação obedecem aos princípios materiais da justiça, cuja densificação tem vindo a ser realizada casuisticamente pelo Tribunal Constitucional, recorrendo muitas vezes à enunciação de sub-princípios, com particular atenção à jurisprudência do Tribunal Europeu dos Direitos do Homem, em torno do artigo 6.° da Convenção Europeia dos Direitos do Homem, onde também se consagrou expressamente o direito a um processo equitativo.

No domínio das proibições de valoração da prova, em processo civil, tem sido defendida a aplicação analógica do disposto no artigo 32.°, n.° 8, da Constituição, sempre que as provas sejam obtidas através de meios violadores dos direitos fundamentais (vide, neste sentido, Teixeira de Sousa, na *ob. cit.*, p. 140, Isabel Alexandre, em *Provas ilícitas em processo civil*, pp. 233 e segs., da edição de 1998, da Almedina, Paula Costa e Silva, em "Saneamento e condensação no novo Processo Civil", em *Aspectos do novo Processo Civil*, pp. 255-256, da edição de 1997, da Lex, e José João Abrantes, em "Prova ilícita", em *Revista Jurídica*, pp. 35-36).

Além destes casos, a exigência constitucional de uma equidade processual orientada para a realização duma justiça material também pode não permitir a valoração de meios de prova manifestamente prejudiciais ao apuramento da verdade dos factos (*v. g.* as antigas ordálias).

Neste caso, estamos apenas perante o incumprimento duma regra procedimental da produção de um meio de prova em processo civil, destinando-se essa regra a permitir um melhor apuramento da verdade. Com efeito, indicando a testemunha a fonte do seu conhecimento dos factos por ela relatados, o juiz poderá mais facilmente aferir da credibilidade desse relato.

Ora, a protecção ao apuramento da verdade dos factos não exige, necessariamente, que o incumprimento duma regra procedimental de produção da prova, destinada a facilitar a aferição do seu valor, seja sancionado com a impossibilidade da sua apreciação, uma vez que, mesmo perante aquele incumprimento, sempre a prova deficientemente produzida poderá continuar a ter alguma utilidade na descoberta da verdade material, não impedindo que o juiz cumpra integralmente o dever de fundamentação da decisão sobre a matéria de facto.

Independentemente do juízo de constitucionalidade que possa ser formulado sobre a solução que se encontre para a falta de conhecimento pelo julgador da razão de ciência do depoimento testemunhal, a mera falta da indicação pela testemunha no seu depoimento das fontes do conhecimento dos factos por ela relatados, não determina inelutavelmente que o julgador não possa aperceber-se das razões da ciência revelada. Não só essas razões poderão ser retiradas de outros elementos do processo (como a decisão recorrida diz suceder no caso *sub iudice*), como elas poderão estar implícitas nos próprios factos testemunhados ou resultarem da natureza da relação existente entre as partes e a testemunha.

Daí que não seja possível dizer que o incumprimento daquela regra procedimental prejudique necessariamente o apuramento da verdade e o cumprimento do dever de fundamentação cabal das decisões jurisdicionais.

Deste modo conclui-se que a atribuição ao juiz do poder de livremente continuar a apreciar o valor do depoimento em que a testemunha não indicou a sua razão de ciência, não põe em causa a exigência constitucional de um processo equitativo, constante do artigo 20.°, n.° 4, da Constituição, nem qualquer outro parâmetro constitucional, pelo que o recurso deve ser julgado improcedente.

III — Decisão

Pelo exposto, julga-se improcedente o recurso interposto para o Tribunal Constitucional, por Frisomat – Comércio e Indústria de Materiais de Construção, S. A., do acórdão do Supremo Tribunal de Justiça proferido nestes autos em 16 de Outubro de 2008.

Custas pela recorrente, fixando-se a taxa de justiça em 25 unidades de conta, ponderados os critérios referidos no artigo 9.°, n.° 1, do Decreto-Lei n.° 303/98, de 7 de Outubro (artigo 6.°, n.° 1, do mesmo diploma).

Lisboa, 12 de Maio de 2009. — *João Cura Mariano* — *Benjamim Rodrigues* — *Mário José de Araújo Torres* — *Joaquim de Sousa Ribeiro* — *Rui Manuel Moura Ramos.*

Anotação:

Acórdão publicado no *Diário da República*, II Série, de 15 de Junho de 2009.

ACÓRDÃO N.º 260/09

DE 26 DE MAIO DE 2009

Não julga inconstitucional a norma ínsita no n.º 2 do artigo 111.º do Código de Processo Civil, que determina que a decisão transitada em julgado resolve definitivamente a questão da competência territorial.

Processo: n.º 120/07.
Recorrente: Ministério Público.
Relator: Conselheiro Pamplona de Oliveira.

SUMÁRIO:

I — As decisões sobre a relação jurídica processual transitadas em julgado ao longo do processo, ou seja, as que não foram adequada e tempestivamente impugnadas, formam caso julgado sendo vinculativas para todos os sujeitos e intervenientes processuais, incluindo os próprios tribunais.

II — A norma *sub iudicio* visa respeitar a força de caso julgado inerente a decisão transitada sobre matéria processual, nada tendo a ver com a hierarquia judiciária, porque o regime que dela consta tanto vale para os casos em que a decisão definitiva sobre incompetência relativa provém da primeira instância como quando provém de um tribunal de recurso, não afrontando outros interesses dotados de tutela constitucional, designadamente a organização hierárquica dos tribunais.

Acordam na 1.ª Secção do Tribunal Constitucional:

I — Relatório

1. ASF, Sociedade de Serviços de Vigilância e Alarmes, Lda., com sede na Estrada da Beira, em Coimbra, intentou junto do Tribunal Administrativo e

Fiscal de Braga acção administrativa de contencioso pré-contratual, contra o Hospital de S. Marcos, com sede no Largo Carlos Amarante, em Braga, destinada à anulação de acto administrativo relativo à formação de contrato de prestação de serviços.

Por decisão de 12 de Outubro de 2006 foi declarada a incompetência relativa, em razão do território, do Tribunal Administrativo e Fiscal de Braga e ordenada a remessa dos autos ao Tribunal Administrativo de Círculo de Coimbra. Mas este último tribunal também se declarou incompetente, em razão do território, para julgar a causa. Para o que agora releva, afirmou:

> "(...)
>
> Por decisão proferida no Tribunal Administrativo e Fiscal de Braga, em 12 de Outubro de 2006, sem exercício do contraditório, aquele tribunal declarou-se incompetente em razão do território declarando competente este tribunal para decidir o presente pleito.
>
> Assentou o seu entendimento de incompetência na consideração de que o critério determinante da competência do tribunal, no caso vertente, seria a regra geral, prevista no artigo 16.° do Código de Processo nos Tribunais Administrativos, ou seja, o da residência habitual ou sede do autor.
>
> Esta decisão, notificada às partes, transitou em julgado.
>
> Todavia o entendimento deste tribunal não é coincidente com o *supra* exposto.
>
> Com efeito é nosso entendimento que a decisão do Tribunal Administrativo e Fiscal de Braga não vincula este tribunal quanto ao juízo sobre a sua própria competência.
>
> Esta asserção encontra arrimo no princípio constitucional da hierarquia dos tribunais, ou da organização hierárquica dos tribunais, que não se traduz num mero princípio de gestão administrativa, mas antes numa verdadeira garantia para o cidadão, em consonância com o estabelecido nos artigos 210.°, n.os 1, 3 e 4, e 212.°, n.° 1, da Constituição da República Portuguesa.
>
> Por esta razão, entende este tribunal que a norma ínsita no artigo 111.°, n.° 2, do Código de Processo Civil padece de inconstitucionalidade material na medida em que viola o princípio da hierarquia dos tribunais, impedindo, designadamente, os tribunais superiores de fiscalizar a legalidade de tais decisões proferidas por tribunais de 1.ª instância.
>
> Consequentemente, entende este tribunal desaplicar, no caso concreto, a norma prevista no artigo 111.°, n.° 2, do Código de Processo Civil por inconstitucionalidade material.
>
> Desta feita, a solução para o caso em apreço deve ser encontrada à luz das normas que regulam a competência material dos tribunais de 1.ª instância da jurisdição administrativa e fiscal.
>
> (...)
>
> Desta feita, propendemos no sentido de que o tribunal competente, em razão do território, para conhecer da impugnação de actos administrativos prati-

cados por estabelecimentos hospitalares, inseridos ou não num contexto concursal, é o tribunal em cuja área de jurisdição se localiza a sede daqueles.

Assim sendo,

Na questão em discussão, o estabelecimento hospitalar é o Hospital de São Marcos, cuja sede se localiza em Braga.

O que implica que, em conformidade com o Mapa em anexo ao Decreto-lei n.° 325/2003, de 29 de Dezembro, este Tribunal Administrativo e Fiscal de Coimbra não é o territorialmente competente, afigurando-se como competente o Tribunal Administrativo e Fiscal de Braga como o competente.

(...)"

2. Desta decisão foi interposto recurso obrigatório pelo Ministério Público, nos termos e ao abrigo dos artigos 70.°, n.° 1, alínea *a*), e 72.°, n.° 3, da Lei de Organização, Funcionamento e Processo do Tribunal Constitucional (Lei n.° 28/82, de 15 de Novembro), com vista "a apreciação da constitucionalidade do artigo 111.°, n.° 2, do Código do Processo Civil (CPC), e cuja aplicação foi recusada pela douta sentença recorrida, por violação do princípio da hierarquia dos tribunais ou da organização hierárquica dos tribunais, consagrado nos artigos 210.°, n.os 1, 3 e 4, e 212.°, n.° 1, da Constituição da República Portuguesa".

Alegou o Ministério Público, neste Tribunal:

"1. Apreciação da questão de constitucionalidade suscitada.

O presente recurso obrigatório vem interposto de decisão, proferida no Tribunal Administrativo e Fiscal de Coimbra, que julgou inconstitucional a norma constante do artigo 111.°, n.° 2, do Código de Processo Civil, aplicável no âmbito do contencioso administrativo, por entender que violaria o princípio da "hierarquia dos tribunais" a vinculação do tribunal declarado competente para a causa, por decisão do outro tribunal, transitada em julgado.

Na verdade, e como refere a decisão recorrida, o Tribunal Administrativo e Fiscal de Braga declarou-se territorialmente incompetente para a acção contenciosa perante si intentada, tendo tal decisão, notificada às partes, transitado em julgado — entendendo o Tribunal Administrativo e Fiscal de Coimbra, para onde os autos foram remetidos, que não estaria vinculado àquele julgamento quanto à competência.

A questão suscitada parece-nos manifestamente improcedente, já que a "vinculação do tribunal", tido por competente para a causa, surge como decorrência do trânsito em julgado de uma precedente decisão jurisdicional sobre a questão da competência. Tal vinculação é, pois, mera decorrência da figura do caso julgado formal e da tutela constitucional conferida a tal instituto, com vista à garantia de um princípio de segurança jurídica e estabilidade das decisões judiciais definitivas.

Como é evidente e incontroverso, as decisões sobre matéria processual, transitadas em julgado ao longo de um processo, impõem-se inteiramente aos juízes que nele intervenham subsequentemente — incluindo aos dos tribunais superiores, que deverão ter por intocadas as precedentes decisões, mesmo tidas por ilegais, que hajam constituído caso julgado formal (cfr a situação sobre que versou o juízo de inconstitucionalidade formulado no Acórdão n.° 44/04).

Note-se que, no caso dos autos, estamos perante decisões tomadas por tribunais administrativos situados no mesmo patamar da "hierarquia judiciária", pelo que carece de sentido a invocação de que o caso julgado formal impediria "os tribunais superiores de fiscalizar a legalidade de tais decisões proferidas por tribunais de 1.ª instância".

Como é evidente, a sujeição à força vinculativa do caso julgado não afronta o princípio da hierarquia e independência decisória dos tribunais e dos juízes, constituindo mero afloramento ou decorrência de que as decisões judiciais, não tempestivamente impugnadas num processo, se tornam vinculativas para todos os sujeitos e intervenientes processuais, incluindo o próprio tribunal, que deixa de poder discutir o acerto e legalidade da decisão coberta pelo caso julgado.

2. Conclusão.

Nestes termos e pelo exposto, conclui-se:

1.°

A norma constante do artigo 111.°, n.° 2, do Código Processo Civil, aplicável subsidiariamente no âmbito do contencioso administrativo, ao estabelecer que a formação de caso julgado formal sobre a questão da competência do tribunal preclude a possibilidade de a questão ser novamente suscitada oficiosamente pelo tribunal julgado competente não afronta os princípios constitucionais da hierarquia e da independência decisória.

2.°

Termos em que deverá proceder o presente recurso."

II — Fundamentação

3. A decisão recorrida afastou a aplicação do disposto no n.° 2 do artigo 111.° do Código de Processo Civil, aplicável ao contencioso administrativo por força do disposto no artigo 1.° do Código de Processo nos Tribunais Administrativos, com fundamento na sua inconstitucionalidade por entender que esta norma, ao impedir os tribunais superiores de fiscalizar a legalidade das decisões proferidas por tribunais de 1.ª instância, viola o princípio constitucional da hierarquia dos tribunais ou da organização hierárquica dos tribunais (artigos 210.° n.os 1, 3 e 4, e 212.°, n.° 1, da Constituição).

O n.° 2 do artigo 111.° do Código de Processo Civil, o qual dispõe sobre a instrução e julgamento da excepção de incompetência relativa do tribunal, estabelece que "[a] decisão transitada em julgado resolve definitivamente a questão da competência, mesmo que esta tenha sido oficiosamente suscitada."

Por sua vez, o artigo 108.° do mesmo Código enuncia os casos em que se verifica a incompetência relativa do tribunal estabelecendo que "A infracção das regras de competência fundadas no valor da causa, na forma do processo aplicável, na divisão judicial do território ou decorrentes do estipulado nas convenções previstas nos artigos 99.° e 100.° determina a incompetência relativa do tribunal".

Ora, atenta a natureza instrumental do recurso de inconstitucionalidade, o presente recurso tem por objecto a apreciação da conformidade constitucional unicamente da norma constante do n.° 2 do artigo 111.° do Código do Processo Civil, que determina que a decisão transitada em julgado resolve definitivamente a questão da competência territorial.

A questão que se coloca é, pois, a de saber se é inconstitucional, por violação princípio constitucional da hierarquia dos tribunais ou da organização hierárquica dos tribunais (artigos 210.°, n.os 1, 3 e 4 e 212.°, n.° 1, da Constituição), como considerou o tribunal recorrido, a norma ínsita no n.° 2 do artigo 111.° do Código do Processo Civil, que determina que a decisão transitada em julgado resolve definitivamente a questão da competência territorial.

4. A resposta a esta questão é claramente negativa.

O tribunal recorrido decidiu desaplicar, no caso, a norma ínsita no n.° 2 do artigo 111.° do Código do Processo Civil por entender que a vinculação do tribunal declarado competente em razão do território por decisão de outro tribunal, transitada em julgado, viola o princípio da hierarquia dos tribunais, por impedir os tribunais superiores de fiscalizar a legalidade de tais decisões proferidas por tribunais de 1.ª instância.

Todavia, ao contrário do que se refere, a decisão sobre a competência territorial, proferida pelo Tribunal Administrativo e Fiscal de Braga, não está, por força do n.° 2 do artigo 111.° do Código de Processo Civil, subtraída à fiscalização dos tribunais superiores. Com efeito, a força vinculativa da decisão sobre a competência territorial de um tribunal, atribuída pelo n.° 2 do artigo 111.° do Código de Processo Civil, apenas opera, como neste preceito expressamente se refere, após o trânsito em julgado da decisão, ou seja, quando a decisão já não for susceptível de recurso ordinário.

O que está em causa nesta norma não é, por conseguinte, a insusceptibilidade de recurso da decisão sobre a questão da competência territorial, mas sim o valor dessa decisão, uma vez transitada em julgado, pois a vinculação do tribunal declarado competente para decidir o processo deriva do trânsito em julgado da decisão sobre a competência. Dito de outro modo: a vinculação do tribunal para o qual é remetido o processo decorre da força do caso julgado, ou seja, da força obrigatória da decisão que recaiu sobre um dos pressupostos da relação processual, transitada em julgado.

Na verdade, no julgamento da excepção de incompetência relativa, em razão do território, ao contrário do que se verifica no julgamento da excepção de incompetência absoluta, a procedência da excepção não conduz à extinção da instância, por absolvição do réu da instância ou por indeferimento em despacho liminar, apenas determinando a remessa do processo ao tribunal competente, nele prosseguindo os seus trâmites.

Ora, como é incontroverso, as decisões sobre a relação jurídica processual transitadas em julgado ao longo do processo, ou seja, as que não foram adequada e tempestivamente impugnadas, formam caso julgado sendo vinculativas para todos os sujeitos e intervenientes processuais, incluindo os próprios tribunais, como não podia deixar de ser.

Em suma, o que o n.° 2 do referido artigo 111.° implica é atribuir a uma decisão transitada sobre matéria processual força de caso julgado. E é deliberadamente assim, por serem regras menos relevantes no que toca à organização da competência (territorial), do que as que determinam a competência absoluta.

E a verdade é que o tribunal recorrido está no mesmo plano hierárquico do tribunal onde a questão ficou julgada, sendo por isso desajustada a invocação de regras de competência hierárquica; o que de útil se retira daquela norma nada tem a ver com a hierarquia, porque o regime que dela consta tanto vale para os casos em que a decisão definitiva sobre incompetência relativa provém da 1.ª instância como quando provém de um tribunal de recurso.

Deste modo, a norma ínsita no n.° 2 do artigo 111.° do Código do Processo Civil, que determina que a decisão transitada em julgado resolve definitivamente a questão da competência territorial, não afronta outros interesses dotados de tutela constitucional, designadamente a organização hierárquica dos tribunais.

A norma não padece, em suma, da apontada inconstitucionalidade material.

III — Decisão

5. Nestes termos, e pelos fundamentos expostos, o Tribunal Constitucional julga procedente o recurso e, em consequência, decide:

a) Não julgar inconstitucional a norma ínsita no n.° 2 do artigo 111.° do Código do Processo Civil, que determina que a decisão transitada em julgado resolve definitivamente a questão da competência territorial;
b) Determinar a reformulação da decisão recorrida, em conformidade com o precedente juízo de constitucionalidade.

Sem custas.

Lisboa, 26 de Maio de 2009. — *Carlos Pamplona de Oliveira — Gil Galvão — José Borges Soeiro — Maria João Antunes — Rui Manuel Moura Ramos*.

Anotação:

Acórdão publicado no *Diário da República*, II Série, de 7 de Julho de 2009.

ACÓRDÃO N.º 263/09

DE 26 DE MAIO DE 2009

Não julga inconstitucional a norma dos artigos 432.º, n.º 1, alínea *b)*, e 400.º, n.º 1, alínea *f)*, do Código de Processo Penal, na redacção da Lei n.º 48/2007, de 29 de Agosto, em conjugação com o disposto no artigo 5.º, n.º 1, e n.º 2, alínea *a)*, do mesmo Código, interpretada no sentido de que, em processos iniciados anteriormente à vigência da Lei n.º 48/2007, não é admissível recurso de acórdãos condenatórios proferidos, em recurso, pelas Relações, que confirmem decisão de 1.ª instância, proferida após a entrada em vigor da referida Lei, e apliquem pena de prisão não superior a 8 anos.

Processo: n.º 240/09.
Recorrente: Ana Cristina Rodrigues Linhares.
Relator: Conselheiro Pamplona de Oliveira.

SUMÁRIO:

I — A Constituição não impõe ao legislador ordinário, mesmo em matéria de processo penal, o estabelecimento de um triplo grau de jurisdição.

II — A norma *sub iudicio*, mesmo após a redacção que lhe foi dada pela Lei n.º 48/2007, visa limitar a intervenção do Supremo Tribunal de Justiça aos casos de maior gravidade, e constitui uma restrição ao recurso constitucionalmente admissível.

III — O momento relevante para o exercício do direito de defesa do arguido, designadamente no que respeita à estratégia processual a adoptar, coincide com a prolação da sentença condenatória em primeira instância e a sua notificação ao arguido; tendo sido aplicada a norma da alínea *f)* do n.º 1 do artigo 400.º do Código de Processo Penal, na redacção da Lei n.º 48/2007, de 29 de Agosto, a processo em que a sentença condenatória de 1.ª instância foi proferida depois da entrada em vigor daquela lei, não obstante ser mais restritiva quanto à admissibilidade de recurso do que a lei vigente no momento em que o processo se iniciou, haverá que concluir que a norma não viola as garantias de defesa do arguido em processo criminal, incluindo o direito ao recurso, nem o direito de acesso ao direito e à tutela jurisdicional efectiva.

IV — Embora na interpretação normativa *sub judice* esteja em causa a aplicação da lei processual penal no tempo, mostra-se preservado, no essencial, o exercício do direito de defesa do arguido quanto à oportunidade da estratégia processual a adoptar.

Acordam na 1.ª Secção do Tribunal Constitucional:

I — Relatório

1. Ana Cristina Rodrigues Linhares pretendeu recorrer para o Supremo Tribunal de Justiça do acórdão da Relação de Lisboa que, negando provimento ao recurso interposto, confirmou integralmente a decisão da 1.ª instância que a condenara pela prática de um crime de tráfico de estupefacientes, previsto e punível pelo artigo 21.°, n.° 1, do Decreto-Lei n.° 15/93, de 22 de Janeiro, na pena de 4 anos e 9 meses de prisão.

O recurso, todavia, não foi admitido na Relação de Lisboa, com fundamento no disposto nos artigos 400.°, n.° 1, alínea *f*), e 414.°, n.° 2, ambos do Código de Processo Penal. Ana Cristina Rodrigues Linhares reclamou então para o Presidente do Supremo Tribunal de Justiça, sustentando que o acórdão da Relação de Lisboa seria recorrível ao abrigo da alínea *f*) do n.° 1 do artigo 400.° do Código de Processo Penal, na redacção anterior à entrada em vigor da Lei n.° 48/2007, de 29 de Agosto, regime que lhe deveria ser aplicado por força do disposto na alínea *a*) do n.° 2 do artigo 5.° do mesmo Código, por ser aquele que vigorava à data da prática dos factos e à data em que fora constituída arguida. Alegou, ainda, que a interpretação do disposto no artigo 5.° e no artigo 400.° do Código de Processo Penal no sentido de que a lei aplicável é a vigente no momento da prolação da decisão em 1.ª instância seria inconstitucional, por limitar um direito constitucionalmente consagrado no n.° 1 do artigo 32.° da Constituição.

A reclamação foi indeferida essencialmente pelos seguintes fundamentos:

> "(...)
>
> No domínio dos recursos, e das normas que disciplinam a competência em razão da hierarquia, a nova redacção do artigo 432.°, n.° 1, alínea *b*), do Código de Processo Penal, dispõe que há recurso para o Supremo Tribunal das decisões que não sejam irrecorríveis proferidas em recurso pelas Relações nos termos do artigo 400.°

E o artigo 400.°, n.° 1, alínea *f*), na nova redacção após a Lei n.° 48/2007, determina a irrecorribilidade de acórdãos condenatórios proferidos, em recurso, pelas Relações, que confirmem decisão de primeira instância e apliquem pena de prisão não superior a oito anos. Na redacção anterior, o critério da recorribilidade em caso de idêntica decisão nas instâncias ("dupla conforme") partia da pena aplicável ao crime e não da pena concretamente aplicada.

A influência das modificações da lei de processo penal nos processos pendentes — nos pressupostos, nos actos, na regulação sobre a prática e sobre as condições de validade dos actos — pode ter consequências mais ou menos intensas, requerendo fórmulas de resolução que permitam definir a lei aplicável.

O Código de Processo Penal contém norma — o artigo 5.° — que dispõe a este respeito que a nova lei se aplica imediatamente (isto é, também aos processos iniciados anteriormente à sua vigência), sem prejuízo, naturalmente, da validade dos actos realizados na vigência da lei anterior — artigo 5.°, n.° 1, tudo na decorrência do princípio processual *tempus regit actum*.

Todavia, no respeito por princípios materiais ligados à posição do arguido, ou por exigências de coerência sistemática e harmonia intra-processual, a lei nova não se aplicará aos processos iniciados anteriormente quando da aplicabilidade imediata possa resultar agravamento sensível e ainda evitável da situação processual do arguido ou quebra de harmonia e unidade dos vários actos do processo.

Nesta confluência de princípios e de compatibilidade entre a regra *tempus regit actum* e a posição processual de arguido, vista esta na perspectiva processual material das garantias de defesa, a modificação do sistema de recursos, ou das regras sobre a admissibilidade do recurso podem suscitar problemas específicos.

A instância (a fase) de recurso tem autonomia relativa, mas processualmente relevante, na estrutura e na dinâmica do processo, tanto nos pressupostos em que o recurso é admissível, como nas sequências estritamente procedimentais de desenvolvimento e julgamento.

Estando, por isso, em causa o exercício de direitos processuais de um sujeito processual, que são inerentes e se confundem com a própria fase de recurso, o momento relevante a ter em conta para verificar a existência dos respectivos pressupostos de exercício será aquele (ou a prática do acto) que primeiramente define no processo a situação do sujeito interessado e que seja susceptível de ser questionada como objecto do recurso com a abertura da respectiva fase.

No que respeita à arguida, o momento relevante do ponto de vista do titular do direito ao recurso é coincidente com o momento em que é proferida a decisão de que se pretende recorrer, pois é esta que contém e fixa os elementos determinantes para a formulação do juízo de interessado sobre o direito e o exercício do direito de recorrer.

Deste modo, a lei reguladora da admissibilidade do recurso — e, por consequência, da definição do tribunal de recurso — será a que vigorar no momento em que ficam definidas as condições e os pressupostos processuais do próprio direito ao recurso, isto é, no momento em que for primeiramente proferida uma decisão sobre a matéria da causa, ou seja, a decisão da primeira instância.

No caso, a decisão que primeiro se pronunciou foi proferida, como se referiu, já na vigência do regime de recursos após a entrada em vigor das alterações introduzidas pela Lei n.° 48/2007.

Anteriormente a este acto não existia no processo situação processual definida no que respeita aos pressupostos de direito de recorrer, seja na integração do interesse em agir, legitimidade, seja nas condições objectivas dependentes da natureza e conteúdo da decisão: decisão desfavorável, condenação e definição do crime, pena aplicada.

Os pressupostos de recorribilidade são, pois, os definidos nesse momento, sem campo de intervenção do artigo 5.°, n.° 1, do Código de Processo Penal, por se não contemplar um caso de confluência de regimes.

Esta solução resulta também da argumentação e decisão do acórdão de fixação de jurisprudência do Supremo Tribunal de Justiça, de 18 de Fevereiro de 2009 — Proc. n.° 1957/08 — 3.ª, que apenas considerou aplicável a anterior redacção da alínea *f*) do n.° 1 do artigo 400.° do Código de Processo Penal, aos casos em que a decisão de 1.ª instância tivesse sido proferida anteriormente ao início da vigência da Lei n.° 48/2007, de 29 de Agosto: "nos termos dos artigos 432.°, n.° 1, alínea *b*), e 400.°, n.° 1, alínea *f*), do Código de Processo Penal, na redacção anterior à entrada em vigor da Lei n.° 48/2007, de 29 de Agosto, é recorrível o acórdão condenatório proferido, em recurso, pela Relação, após a entrada em vigor da referida Lei, em processo por crime a que seja aplicável pena de prisão superior a oito anos, que confirme decisão de 1.ª instância anterior àquela data".

E não se coloca, manifestamente, qualquer questão de constitucionalidade, porque o direito ao recurso, garantido como direito de defesa no artigo 32.°, n.° 1, da Constituição, se bastar com um grau de recurso, ou segundo grau de jurisdição, que a reclamante já utilizou ao recorrer para o Tribunal da Relação.

O recurso não é, assim, admissível [artigos 432.°, alínea *b*), e 400.°, n.° 1, alínea *f*), do Código de Processo Penal].

(...)"

2. Inconformada, Ana Cristina Rodrigues Linhares interpôs recurso para o Tribunal Constitucional, ao abrigo do disposto na alínea *b*) do n.° 1 do artigo 70.° da Lei n.° 28/82 de 15 de Novembro (LTC), "pretendendo com o mesmo ver apreciada a inconstitucionalidade da norma contida na alínea *f*) do n.° 1 do artigo 410.° do Código de Processo Penal, quando interpretada no sentido com que foi aplicada na decisão recorrida, ou seja, que, nos termos dos artigos 432.°, n.° 1, alínea *b*) e 400.°, n.° 1, alínea *f*), do Código de Processo Penal (CPP), na redacção anterior à entrada em vigor da Lei n.° 48/2007, de 29 de Agosto, (unicamente) é recorrível o acórdão condenatório proferido, em recurso, pela Relação, após a entrada em vigor da referida Lei, em processo por crime a que seja aplicável pena de prisão de máximo superior a 8 anos, que confirme decisão de 1.ª instância anterior àquela data."

O recurso foi admitido no tribunal recorrido.

No Tribunal Constitucional a recorrente foi convidada a especificar o objecto do seu recurso, tendo respondido nos seguintes termos:

"(...)

Com efeito, o que na verdade a requerente visa no presente recurso, é ver apreciada, por violação dos mais elementares direitos de defesa do arguido — assegurados, designadamente, nos artigos 18.°, n.os 2 e 3, 29.°, n.° 4, 2.ª parte e 32.°, n.° 1, todos da nossa Lei Fundamental — a inconstitucionalidade das normas contidas nas disposições conjugadas dos artigos 5.°, n.os 1 e 2, alínea *a*), 400.°, n.° 1, alínea *f*), e 432.°, n.° 1, alínea *b*), todos do Código de Processo Penal, quando interpretadas no sentido preconizado na douta decisão recorrida, a qual se dá aqui como inteiramente reproduzida".

(...)"

Prosseguindo o recurso os seus trâmites, alegou a recorrente, concluindo:

"(...)

I — O presente recurso tem por objecto a fiscalização concreta da interpretação normativa do preceituado nas disposições conjugadas dos artigos 5.°, n.os 1 e 2, alínea *a*), 400.°, n.° 1, alínea *f*) e 432.°, n.° 1, alínea *b*), todos do Código de Processo Penal, na redacção introduzida pela Lei n.° 48/2007, de 29 de Agosto, efectuada pela decisão recorrida e

II — Proferida no seguimento do decretado no douto acórdão de fixação de jurisprudência do Supremo Tribunal de Justiça, datado de 9 de Fevereiro de 1918, segundo o qual, nos termos dos artigos 432.°, n.° 1, alínea *b*), e 400.°, n.° 1, alínea *f*), na redacção anterior à entrada em vigor da Lei n.° 48/2007, de 29 de Agosto, (unicamente) é recorrível o acórdão condenatório proferido, em recurso, pela Relação, após a entrada em vigor da referida Lei, em processo por crime a que seja aplicável pena de prisão superior a 8 anos, que confirme decisão de 1.ª instância anterior àquela data,

III — Por se entender ser a mesma inconstitucional, na medida em que constitui uma limitação desproporcionada das garantias de defesa do arguido em processo penal, restringindo o seu direito ao recurso e, nessa medida, o direito de acesso à justiça (artigos 18.°, n.os 2 e 3, 20.°, n.° 1, 29.°, n.° 4, 2.ª parte e 32.°, n.° 1, todos da Constituição da República Portuguesa),

IV — Inconstitucionalidade que foi tempestiva, oportuna e adequadamente suscitada pela arguida na reclamação por ela apresentada contra o despacho proferido pelo Exm.° Desembargador-Relator do processo que não admitiu, por inadmissibilidade legal, nos termos conjugados dos artigos 400.°, n.° 1, alínea *f*) e 414.°, n.° 2, ambos do Código de Processo Penal, a subida para o Supremo Tribunal de Justiça do recurso interposto pela recorrente do acórdão condenatório prolatado pelo Tribunal da Relação de Lisboa.

V — Daqui que a douta decisão recorrida não deva proceder,

VI — Tendo-se em conta os motivos e fundamentos que atrás se deixaram aludidos no seu lugar próprio,

VII — Pelo que, aplicando-se a redacção anterior do artigo 400.° do Código de Processo Penal, impõe-se tirar douto acórdão que admita a subida para o Supremo Tribunal de Justiça do recurso interposto nos autos pela arguida da sentença condenatória proferida pelo Tribunal da Relação de Lisboa,

VIII — Sob pena de manifesta inconstitucionalidade, por violação dos mais elementares direitos de defesa do arguido — constitucionalmente consagrados e assegurados, nomeadamente, nos artigos 18.°, n.os 2 e 3, 29.°, n.° 4, 2.ª parte, e 32.°, n.° 1, todos da nossa Lei Fundamental — das normas contidas nos artigos 5.°, n.os 1 e 2, alínea *a)*, 400.°, n.° 1, alínea *f)*, 414.°, n.° 2, 417.°, n.° 6, 420.°, n.° 1, e 432.°, n.° 1, alínea *b)*, todos do Código de Processo Penal, quando interpretadas no sentido preconizado na douta decisão em crise, segundo a qual mesmo em processos iniciados anteriormente à vigência da Lei n.° 48/2007, de 29 de Agosto, não será admissível recurso de acórdãos condenatórios prolatados em recurso pelas Relações que, a partir de 15 de Setembro de 2007, confirmem decisão de 1.ª instância e apliquem pena de prisão não superior a 8 anos.

(...)"

O Ministério Público apresentou a sua contra-alegação, enunciando as seguintes conclusões:

"(...)

1.°

Não estando constitucionalmente assegurado o direito do arguido a um triplo grau de jurisdição, não pode considerar-se como "lei processual penal material" a que define os pressupostos de admissibilidade do recurso que se pretende interpor para o Supremo Tribunal de Justiça do acórdão, confirmatório da condenação, proferido pela Relação — pelo que nada impede que possa ser imediatamente aplicável a lei nova, que restringe o acesso ao Supremo.

2.°

A interpretação normativa, constante do acórdão uniformizador n.° 4/09 — e a que a decisão recorrida faz apelo — traduzida em considerar momento processualmente relevante para aferir dos pressupostos da recorribilidade para o Supremo aquele em que foi proferida a sentença condenatória da 1.ª instância conforma-se plenamente com a tutela e salvaguarda das legítimas expectativas do arguido — que, ao recorrer para a Relação, já podia e devia saber que a lei nova em vigor lhe vedava o acesso a um terceiro grau de jurisdição, moldando em função de tal circunstância a sua estratégia processual e o objecto e fundamentação constante da motivação do recurso para a Relação.

3.°

Não existindo, em processo penal, qualquer tradição jurídica consolidada, segundo a qual os pressupostos do acesso ao Supremo Tribunal de Justiça seriam sempre definidos pela lei vigente no momento em que o inquérito se iniciou, não ocorre, com a dita interpretação normativa, qualquer frustração excessivamente onerosa de expectativas fundadas do arguido, susceptíveis de enquadramento no âmbito do princípio da confiança, ínsito no artigo 2.° da Lei Fundamental.

4.°

Termos em que deverá improceder o presente recurso.

(...)"

II — Fundamentação

3. O recurso previsto na alínea *b*) do n.° 1 do artigo 70.° da LTC tem natureza normativa, visando apreciar a conformidade constitucional das normas aplicadas como *ratio decidendi* na decisão recorrida e identificadas pelo recorrente aquando da interposição do recurso. Nessa fase, a recorrente esclareceu que pretendia "ver apreciada (...) a inconstitucionalidade das normas contidas nas disposições conjugadas dos artigos 5.°, n.os 1 e 2, alínea *a*), 400.°, n.° 1, alínea *f*), e 432.°, n.° 1, alínea *b*), todos do Código de Processo Penal, (...)".

No entanto, nas conclusões da sua alegação, não obstante reafirme que "o presente recurso tem por objecto a fiscalização concreta da interpretação normativa do preceituado nas disposições conjugadas dos artigos 5.°, n.os 1 e 2, alínea *a*), 400.°, n.° 1, alínea *f*), e 432.°, n.° 1, alínea *b*), todos do Código de Processo Penal, na redacção introduzida pela Lei n.° 48/2007, de 29 de Agosto, efectuada pela decisão recorrida", conclui pela "manifesta inconstitucionalidade, das normas contidas nos artigos 5.°, n.os 1 e 2, alínea *a*), 400.°, n.° 1, alínea *f*), 414.°, n.° 2, 417.°, n.° 6, 420.°, n.° 1 e 432.°, n.° 1, alínea *b*), todos do Código de Processo Penal, quando interpretadas no sentido preconizado na douta decisão em crise, segundo a qual mesmo em processos iniciados anteriormente à vigência da Lei n.° 48/2007, de 29 de Agosto, não será admissível recurso de acórdãos condenatórios prolatados em recurso pelas Relações que, a partir de 15 de Setembro de 2007, confirmem decisão de 1.ª instância e apliquem pena de prisão não superior a 8 anos".

Ora, as normas dos artigos 414.°, n.° 2, 417.°, n.° 6, e 420.°, n.° 1, do Código do Processo Penal estão excluídas da análise do Tribunal quer porque o objecto do recurso se mostrava já fixado desde a fase da sua interposição, não podendo ser posteriormente ampliado, quer ainda porque, atenta a natureza instrumental do presente recurso, a apreciação da questão de inconstitucionalidade está condicionada a uma efectiva aplicação da norma impugnada e o certo é que a decisão recorrida não aplicou tais normativos.

Assim, o julgamento terá como objecto a norma dos artigos 432.°, n.° 1, alínea *b*), e 400.°, n.° 1, alínea *f*), do Código de Processo Penal, na redacção da Lei n.° 48/2007, de 29 de Agosto, em conjugação com o disposto no artigo 5.°, n.° 1, e n.° 2, alínea *a*), do mesmo Código, interpretada no sentido de que, em processos iniciados anteriormente à vigência da Lei n.° 48/2007, não é admissível recurso de acórdãos condenatórios proferidos, em recurso, pelas Relações, que confirmem decisão de 1.ª instância, proferida após a entrada em vigor da referida lei, e apliquem pena de prisão não superior a 8 anos.

4. A recorrente alega, em suma, que a interpretação normativa objecto do presente recurso é inconstitucional na medida em que constitui uma limitação desproporcionada das garantias de defesa do arguido em processo penal, restringindo o seu direito ao recurso e, nessa medida, o direito de acesso à justiça (artigos 18.°, n.os 2 e 3, 20.°, n.° 1, 29.°, n.° 4, 2.ª parte, e 32.°, n.° 1, todos da Constituição).

O Tribunal Constitucional pronunciou-se já, por diversas vezes, sobre questão semelhante a propósito da norma do artigo 400.°, n.° 1, alínea *f*), do Código do Processo Penal, na redacção anterior à Lei n.° 48/2007, de 29 de Agosto, que estabelecia: "1. Não é admissível recurso: (...) *f*) De acórdãos condenatórios proferidos, em recurso, pelas Relações, que confirmem decisão de 1.ª instância, em processo por crime a que seja aplicável pena de prisão não superior a oito anos, mesmo em caso de concurso de infracções; (...)"

No Acórdão n.° 189/01 o Tribunal concluiu pela não inconstitucionalidade da norma do artigo 400.°, n.° 1, alínea *f*), do Código do Processo Penal, interpretada no sentido de que, em caso de concurso de infracções, relevantes para aferir da (in)admissibilidade de recurso de acórdãos das Relações que confirmem decisão de 1.ª instância, são as penas abstractamente aplicáveis a cada um dos crimes cometidos e não a soma das molduras abstractas de cada um dos crimes em concurso, entendimento este que foi sendo reiterado nos Acórdãos n.os 336/01, 369/01, 435/01, 490/03, 610/04, 2/06 e 36/07 (todos disponíveis em *www. tribunalconstitucional.pt*).

Ficou dito no primeiro dos referidos arestos:

> "(...)
>
> 6. — A Constituição da República Portuguesa não estabelece em nenhuma das suas normas a garantia da existência de um duplo grau de jurisdição para todos os processos das diferentes espécies.
>
> Importa, todavia, averiguar em que medida a existência de um duplo grau de jurisdição poderá eventualmente decorrer de preceitos constitucionais como os que se reportam às garantias de defesa, ao direito de acesso ao direito e à tutela judiciária efectiva.
>
> Não pode deixar de se referir que a jurisprudência do Tribunal Constitucional tem tratado destas matérias, estando sedimentados os seus pontos essenciais.
>
> Assim, a jurisprudência do Tribunal tem perspectivado a problemática do direito ao recurso em termos substancialmente diversos relativamente ao direito penal, por um lado, e aos outros ramos do direito, pois sempre se entendeu que a

consideração constitucional das garantias de defesa implicava um tratamento específico desta matéria no processo penal. A consagração, após a revisão de 1997, no artigo 32.°, n.° 1, da Constituição, do direito ao recurso, mostra que o legislador constitucional reconheceu como merecedor de tutela constitucional expressa o princípio do duplo grau de jurisdição no domínio do processo penal, sem dúvida, por se entender que o direito ao recurso integra o núcleo essencial das garantias de defesa.

Porém, mesmo aqui e face a este específico fundamento da garantia do segundo grau de jurisdição no âmbito penal, não pode decorrer desse fundamento que os sujeitos processuais tenham o direito de impugnar todo e qualquer acto do juiz nas diversas fases processuais: a garantia do duplo grau existe quanto às decisões penais condenatórias e também quanto às respeitantes à situação do arguido face à privação ou restrição da liberdade ou a quaisquer outros direitos fundamentais (veja-se, neste sentido, o Acórdão n.° 265/94, in *Acórdãos do Tribunal Constitucional*, 27.° Vol., pp. 751 e segs.).

Embora o direito de recurso conste hoje expressamente do texto constitucional, o recurso continua a ser uma tradução das garantias de defesa consagradas no n.° 1 do artigo 32.° ("O processo criminal assegura todas as garantias de defesa, incluindo o recurso"). Daí que o Tribunal Constitucional não só tenha vindo a considerar como conformes à Constituição determinadas normas processuais penais que denegam a possibilidade de o arguido recorrer de determinados despachos ou decisões proferidas na pendência do processo (*v. g.*, quer de despachos interlocutórios, quer de outras decisões, Acórdãos n.ºs 118/90, 259/88, 353/91, in *Acórdãos do Tribunal Constitucional*, Volumes 15.°, p. 397; 12.°, p. 735 e 19.°, p. 563, respectivamente, e Acórdão n.° 30/01, sobre a irrecorribilidade da decisão instrutória que pronuncie o arguido pelos factos constantes da acusação particular quando o Ministério Público acompanhe tal acusação, ainda inédito), como também tenha já entendido que, mesmo quanto às decisões condenatórias, não tem que estar necessariamente assegurado um triplo grau de jurisdição, assim se garantindo a todos os arguidos a possibilidade de apreciação da condenação pelo Supremo Tribunal de Justiça (veja-se, neste sentido, o Acórdão n.° 209/90, in *Acórdãos do Tribunal Constitucional*, 16.°. Vol., p. 553)

Uma tal limitação da possibilidade de recorrer tem em vista impedir que a instância superior da ordem judiciária accionada fique avassalada com questões de diminuta repercussão e que já foram apreciadas em duas instâncias. Esta limitação à recorribilidadade das decisões penais condenatórias tem, assim, um fundamento razoável. (...)

Como já se referiu, mesmo em processo penal, a Constituição não impõe ao legislador a obrigação de consagrar o direito de recorrer de todo e qualquer acto do juiz e, mesmo admitindo-se o direito a um duplo grau de jurisdição como decorrência, no processo penal, da exigência constitucional das garantias de defesa, tem de aceitar-se que o legislador penal possa fixar um limite acima do qual não seja admissível um terceiro grau de jurisdição: ponto é que, com tal limitação se não atinja o núcleo essencial das garantias de defesa do arguido.

Ora, no caso dos autos, o conteúdo essencial das garantias de defesa do arguido consiste no direito a ver o seu caso examinado em via de recurso, mas não abrange já o direito a novo reexame de uma questão já reexaminada por uma instância superior.

Existe, assim, alguma liberdade de conformação do legislador na limitação dos graus de recurso. No caso, o fundamento da limitação — não ver a instância superior da ordem judiciária comum sobrecarregada com a apreciação de casos de pequena ou média gravidade e que já foram apreciados em duas instâncias — é um fundamento razoável, não arbitrário ou desproporcionado e que corresponde aos objectivos da última reforma do processo penal.

Tem, por isso de se concluir que a norma do artigo 400.°, n.° 1, alínea *f)*, do CPP não viola o princípio das garantias de defesa, constante do artigo 32.°, n.° 1 da Constituição."

O mesmo entendimento foi adoptado nos Acórdãos n.os 451/03, 495/03, 102/04 e 640/04 (todos disponíveis em *www.tribunalconstitucional.pt*).

No Acórdão n.° 64/06, tirado em Plenário (disponível em *www.tribunalconstitucional.pt*), em recurso interposto pelo Ministério Público ao abrigo do disposto no artigo 79.°-D da Lei n.° 28/82, de 15 de Novembro, o Tribunal "reafirm[ou] o juízo de não inconstitucionalidade constante do Acórdão n.° 640/04, nos termos e pelos fundamentos dele constantes".

Escreveu-se neste último Acórdão, na parte que para agora releva, o seguinte:

"(...)

4. Qualquer destas normas [as das alíneas *e)* e *f)* do n.° 1 do artigo 400.° do Código de Processo Penal] foi já sujeita ao escrutínio de constitucionalidade, quanto à perspectiva da violação do direito ao recurso, questão que se reconduz ao problema de saber se o direito ao recurso consagrado no artigo 32.°, n.° 1, da Constituição impõe um triplo grau de jurisdição. Sempre sem sucesso, como pode ver-se nos Acórdãos n.os 49/03 e 377/03 [no que toca à norma da alínea *e)*] e nos Acórdãos n.os 189/01, 336/01, 369/01, 495/03 e 102/04 [no que respeita à alínea *f)*], todos disponíveis em *http://www.tribunalconstitucional.pt*.

Lembrando esta jurisprudência, disse-se no Acórdão n.° 495/03 (que pode consultar-se em *http://www.tribunalconstitucional.pt*), o seguinte:

"Ora é exacto que o Tribunal Constitucional já por diversas vezes observou que «no n.° 1 do artigo 32.° da Constituição consagra-se o direito ao recurso em processo penal, com uma das mais relevantes garantias de defesa do arguido. Mas a Constituição já não impõe, directa ou indirectamente, o direito a um duplo recurso, ou a um triplo grau de jurisdição. O Tribunal Constitucional teve já a oportunidade para o afirmar, a propósito dos recursos penais em matéria de facto: "não decorre obviamente da Constituição um direito ao triplo grau de jurisdição, ou ao duplo recurso" (Acórdão n.° 215/01, não publicado)».

Esta afirmação, feita no Acórdão n.° 435/01 (disponível, tal como o Acórdão n.° 215/01, em *http://www.tribunalconstitucional.pt*) foi proferida justamente a propósito da apreciação da alegada inconstitucionalidade da "norma do artigo 400.°, n.° 1, alínea *f)*, do CPP", tendo o Tribunal Constitucional concluído, tal como, aliás, já fizera nos Acórdãos n.os 189/01 e 369/01 (também disponíveis em *http://www.tribunalconstitucional.pt*) que "não viola o princípio das garantias de defesa, constante do artigo 32.°, n.° 1, da Constituição".

A verdade, todavia, é que a apreciação então realizada tomou sempre como objecto tal norma interpretada no sentido de que a mesma se "refere (...) claramente à moldura geral abstracta do crime que preveja pena aplicável não superior a 8 anos: é este o limite máximo abstractamente aplicável, mesmo em caso de concurso de infracções que define os casos em que não é admitido recurso para o Supremo Tribunal de Justiça de acórdãos condenatórios das Relações que confirmem a decisão de primeira instância" (citado Acórdão n.° 189/01).

Sucede, porém, que o Tribunal Constitucional já se pronunciou sobre a questão de constitucionalidade que o ora reclamante pretende que seja apreciada no recurso que interpôs, no Acórdão n.° 451/03 (também disponível em *www.tribunalconstitucional.pt*), nos seguintes termos:

«É certo que a interpretação normativa agora em causa não coincide com a que foi apreciada no Acórdão n.° 189/01 — neste a questão tinha directamente a ver com a pena aplicável em caso de concurso de infracções.

A verdade, porém, é que, no confronto com o artigo 32.°, n.° 1, da Constituição, a questão da conformidade constitucional da interpretação normativa adoptada no acórdão recorrida se coloca nos mesmos termos.

Com efeito, a resolução da questão de constitucionalidade passa por saber quais os limites de conformação que o artigo 32.°, n.° 1, da Constituição impõe ao legislador ordinário, em matéria de recurso penal.

E a resposta é dada no Acórdão n.° 189/01 no sentido de não haver vinculação a um triplo grau de jurisdição e de ser constitucionalmente admissível uma restrição ao recurso se ela não for desrazoável, arbitrária ou desproporcionada. (...)"

A norma constante da alínea *f)* do n.° 1 do artigo 400.° do Código de Processo Penal voltou a ser apreciada da decisão confirmada pelo Acórdão n.° 162/06 (disponível em *www.tribunalconstitucional.pt*), desta vez interpretada no sentido de que não é admissível recurso de acórdãos condenatórios proferidos, em recurso, pelas Relações, que confirmem decisão de 1.ª instância que condenou o arguido por crime a que seja aplicável pena de prisão não superior a oito anos, mesmo que no processo o arguido tenha sido acusado, pronunciado e julgado por crime a que é aplicável pena de prisão superior a oito anos.

5. A Lei n.° 48/2007, de 29 de Agosto, alterou a redacção da alínea *f)* do n.° 1 do artigo 400.° do Código do Processo Penal, a qual dispõe agora que: "1. Não é admissível recurso: (...) *f)* De acórdãos condenatórios proferidos, em recurso, pelas Relações, que confirmem decisão de 1.ª instância e apliquem pena

de prisão não superior a 8 anos", situação que, para além do mais, não prejudica — ao contrário que podia suceder em casos anteriormente apreciados pelo Tribunal — a determinação prévia do direito ao recurso e das condições do respectivo exercício pelo arguido, uma vez que não o condiciona ao comportamento de outros sujeitos processuais, nomeadamente ao comportamento do Ministério Público, pois a admissibilidade do recurso é agora aferida objectivamente, em função da pena concretamente aplicada ao caso.

A razão de ser desta norma continua a ser a necessidade de limitar a intervenção do Supremo Tribunal de Justiça aos casos de maior gravidade.

Assim, não obstante a interpretação normativa em questão no presente recurso não coincidir exactamente com nenhuma das que foi objecto dos acórdãos *supra* referidos nada impede que as razões aduzidas nestes arestos, designadamente no Acórdão n.° 189/01, sejam transponíveis para o caso.

Na verdade, é no confronto da norma com as garantias de defesa do arguido em processo penal, designadamente o direito ao recurso, e com garantia de acesso ao direito e à tutela jurisdicional efectiva, que a questão de inconstitucionalidade se coloca. E a solução decorre, uma vez mais, dos limites com que a Constituição vincula o legislador ordinário em matéria de processo penal, e do reconhecimento de que, nesta área, lhe conferiu liberdade de conformação, não impondo o estabelecimento de um triplo grau de jurisdição.

A restrição ao recurso é, em suma, constitucionalmente admissível, desde que não se configure como desrazoável, arbitrária ou desproporcionada.

No entanto, a interpretação normativa sindicada apresenta-se como "racionalmente justificada, pela mesma preocupação de não assoberbar o Supremo Tribunal de Justiça com a resolução de questões de menor gravidade (como sejam aquelas em que a pena aplicável, no caso concreto, não ultrapassa o referido limite), sendo certo que, por um lado, o direito de o arguido a ver reexaminado o seu caso se mostra já satisfeito com a pronúncia da Relação e, por outro, se obteve consenso nas duas instâncias quanto à condenação" (citado Acórdão n.° 451/03).

Aderindo à fundamentação dos mencionados acórdãos, haverá que concluir no sentido de que a interpretação normativa sindicada não viola as garantias de defesa do arguido em processo criminal, incluindo o direito ao recurso, nem o direito de acesso ao direito e à tutela jurisdicional efectiva.

6. Sucede, porém, que na interpretação normativa *sub judice* está em causa a aplicação da lei processual penal no tempo, tendo-se entendido ser aplicável a norma da alínea *f)* do n.° 1 do artigo 400.° do Código de Processo Penal, na redacção da Lei n.° 48/2007, de 29 de Agosto, aos processos em que a sentença condenatória de 1.ª instância tenha sido proferida depois da entrada em vigor daquela lei, não obstante ser mais restritiva, quanto à admissibilidade de recurso, do que

a lei vigente no momento em que o processo se iniciou, o que confronta a norma com o princípio da legalidade, consagrado no artigo 29.° da Constituição.

Na verdade, na interpretação normativa sindicada, a inadmissibilidade de recurso de acórdãos condenatórios proferidos, em recurso, pelas Relações, que confirmem decisão da 1.ª instância e condenem em pena de prisão não superior a 8 anos, decorre de se aplicar a nova redacção conferida à alínea *f)* do n.° 1 do artigo 400.° do Código de Processo Penal nos processos iniciados anteriormente à vigência da Lei n.° 48/2007, em que a sentença de 1.ª instância foi proferida após a entrada em vigor dessa lei.

Deve entender-se o critério fixado no aludido artigo 29.° da Constituição, quanto à aplicação da lei de processo penal no tempo, em sintonia com o que se dispõe no artigo 5.° do Código de Processo Penal: a lei nova não se aplica aos processos iniciados anteriormente à sua vigência, quando possa resultar, dessa aplicação, uma limitação dos direitos de defesa do arguido. Todavia, o Tribunal também tem entendido, como já se fez notar, que a garantia consagrada no n.° 1 do artigo 32.° da Constituição, quanto ao recurso, não implica, obrigatoriamente, um duplo grau de recurso, designadamente perante acórdãos condenatórios proferidos em recurso pelas relações, confirmativos de decisão da 1.ª instância na qual o arguido foi condenado em pena de prisão não superior a 8 anos.

Deste modo, do aludido artigo 29.° da Constituição não é possível retirar uma proibição absoluta de aplicação imediata de lei "nova", em matéria de recursos em processo penal, da qual resulte a referida limitação, impedindo o acesso ao Supremo Tribunal de Justiça de recursos de acórdãos condenatórios proferidos pelas Relações nas aludidas circunstâncias.

É certo que o aludido princípio constitucional proíbe que da aplicação da lei nova possa resultar uma inesperada e imprevisível alteração do regime de recursos, em processos pendentes, que afecte o exercício do direito de defesa do arguido; mas o certo é que o momento relevante para o exercício do direito de defesa do arguido, designadamente no que respeita à estratégia processual a adoptar, coincide com a prolação da sentença condenatória em primeira instância e a sua notificação ao arguido, pois só então se estabilizam os elementos essenciais a atender no exercício do aludido direito de defesa. Mostra-se, por isso, preservado, no essencial, o exercício do direito de defesa do arguido quanto à oportunidade da estratégia processual a adoptar.

Não pode, por isso, afirmar-se que, a norma constitui uma desproporcionada limitação das garantias de defesa do arguido, restringindo de forma inadmissível o seu direito ao recurso e, nessa medida, o direito de acesso à justiça.

III — Decisão

7. Nos termos e pelos fundamentos expostos, decide-se negar provimento ao recurso. Custas pela recorrente, fixando-se a taxa de justiça em 25 unidades de conta.

Lisboa, 26 de Maio de 2009. — *Carlos Pamplona de Oliveira* — *Gil Galvão* — *José Borges Soeiro* — *Maria João Antunes* — *Rui Manuel Moura Ramos.*

Anotação:

Os Acórdãos n.os 189/01 e 64/06 estão publicados em *Acórdãos*, 50.° e 64.° Vols., respectivamente.

ACÓRDÃO N.º 270/09

DE 27 DE MAIO DE 2009

Julga inconstitucional a norma do n.º 2 do artigo 1.º do Decreto-Lei n.º 522/85, de 31 de Dezembro, quando interpretada no sentido de a circulação na via pública de motocultivadores com atrelado não estar dependente da celebração do contrato de seguro obrigatório previsto no n.º 1 do mesmo preceito legal.

Processo: n.º 641/08.
Recorrente: Ministério Público.
Relator: Conselheiro Vítor Gomes.

SUMÁRIO:

I — A norma que constitui objecto do recurso de constitucionalidade, na medida em que dispensa da obrigação de celebrar contrato de seguro para que as máquinas agrícolas possam circular na via pública, deixa os lesados por acidentes decorrentes da utilização desses veículos sem a protecção jurídica que o legislador entendeu conceder aos restantes lesados por acidentes de viação.

II — O factor escolhido para afastar a sujeição ao seguro obrigatório — não estar o veículo sujeito a matrícula — é estranho à aptidão do veículo para causar danos inerentes à circulação da via pública ou ao risco de o direito à indemnização não ter efectivação prática por insuficiência do património do responsável, pelo que tem de haver-se a excepção por arbitrária e a norma em causa como violadora do princípio da igualdade consagrado no n.º 1 do artigo 13.º da Constituição.

III — O factor de comparação é o âmbito de protecção concedido aos lesados por acidentes gerados na via pública pela utilização desse tipo de veículos por confronto com outras vítimas de acidentes de viação e, nesta perspectiva, a medida legislativa é desproporcionada no âmbito global do regime do Decreto-Lei n.º 522/85.

Acordam na 3.ª Secção do Tribunal Constitucional:

I — Relatório

1. António Manuel Ribeiro da Costa propôs, no Tribunal da comarca de Leiria, acção declarativa contra David de Jesus Rodrigues e o Fundo de Garantia Automóvel, alegando que, enquanto conduzia um motociclo na via pública, fora vítima de um acidente de viação exclusivamente causado pelo primeiro réu, que na altura circulava, sem beneficiar de qualquer seguro válido e eficaz, com um motocultivador com reboque; pediu, em consequência, que os réus fossem condenados a pagar solidariamente a quantia de Esc.: 9 265 005$ acrescida dos juros legais que se vencessem após a citação, a título de indemnização pelos danos por si sofridos, entre os quais se incluía a amputação traumática pelo terço superior da perna direita e a incapacidade permanente global de 70%.

Por sentença de 24 de Abril de 2007, foi a acção julgada parcialmente procedente. Para tanto, a sentença recusou aplicação, por violação do princípio da igualdade, à norma do artigo 21.°, n.° 1, do Decreto-Lei n.° 522/85, de 31 de Dezembro, interpretada no sentido de que exclui a responsabilidade civil do Fundo de Garantia Automóvel pelos danos causados a terceiros por viatura agrícola, não sujeita a matrícula, cujo proprietário está legalmente dispensado da obrigação de celebrar contrato de seguro de responsabilidade civil automóvel.

Desta sentença interpôs o Ministério Público recurso para o Tribunal Constitucional, ao abrigo da alínea *a*) do n.° 1 do artigo 70.° da Lei do Tribunal Constitucional (fls. 571).

Pelo Acórdão n.° 202/08, o Tribunal Constitucional concedeu provimento ao recurso, não julgando inconstitucional a norma do artigo 21.°, n.° 1, do Decreto-Lei n.° 522/85, de 31 de Dezembro, na referida interpretação, determinando-se a reformulação da decisão recorrida de acordo com o juízo de não inconstitucionalidade.

2. Foi, então, proferida nova sentença (fls. 650 e segs. — em 17 de Junho de 2008), na qual se manteve o julgamento de procedência parcial da acção e a consequente condenação dos réus, incluindo o Fundo de Garantia Automóvel.

Desta vez, o tribunal *a quo* recusou aplicação à norma do n.° 2 do artigo 1.° do Decreto-Lei n.° 522/85, de 31 de Dezembro, por violação do princípio da igualdade, com a seguinte fundamentação:

> "Nos casos de acidente de viação, aquilo que está coberto pelo seguro é a obrigação de indemnização que, em virtude do acidente, possa recair sobre o segurado (até ao limite do valor convencionado entre as partes).
>
> Ora, no caso vertente o réu David não tinha a responsabilidade por acidentes de viação, em que o seu motocultivador interviesse, transferida para qualquer

companhia de seguros, pelo que, em caso de responsabilidade sua, é nossa humilde opinião, intervém o Fundo de Garantia Automóvel, apesar da redacção literal do artigo 21.° do Decreto-Lei n.° 522/85, de 31 de Dezembro, que se transcreve:

> 1 — Compete ao Fundo de Garantia Automóvel satisfazer (...) as indemnizações decorrentes de acidentes originados por veículos sujeitos ao seguro obrigatório e que sejam matriculados em Portugal ou em países terceiros em relação à Comunidade Económica Europeia que não tenham gabinete nacional de seguros, ou cujo gabinete não tenha aderido à Convenção Complementar entre gabinetes nacionais.
>
> 2 — O Fundo de Garantia Automóvel garante, por acidente originado pelos veículos referidos no número anterior, a satisfação das indemnizações por:
>
> *a*) morte ou lesões corporais, quando o responsável seja desconhecido ou não beneficie de seguro válido ou eficaz ou for declarada a falência da seguradora;
>
> *b*) lesões materiais, quando o responsável, sendo conhecido, não beneficie de seguro válido ou eficaz.
>
> 3 — Nos casos previstos na alínea *b)* do número anterior haverá uma franquia de € 299,28 a deduzir no montante a cargo do Fundo.
>
> Com efeito, exigia-se, na altura do acidente, cumulativamente, para que o FGA fosse responsabilizado que o veículo causador do acidente fosse:
>
> 1.° sujeito ao seguro obrigatório
> 2.° e que fosse matriculado.
> (...)

O motocultivador; à altura, como máquina agrícola, não estava sujeito a seguro obrigatório nem a matrícula uma vez que tal situação não tinha, ainda, sido regulamentada, conforme o impunha o artigo 117.°, n.° 3, do Código da Estrada, vigente à altura.

Com efeito, preceituava-se no artigo 1.° do Decreto-Lei n.° 522/85, de 31 de Dezembro: "Toda a pessoa que possa ser civilmente responsável pela reparação de danos patrimoniais e não patrimoniais decorrentes de lesões corporais ou materiais causadas a terceiros por um veículo terrestre a motor, seus reboques ou semireboques, deve, para que esses veículos possam circular, encontrar-se, nos termos do presente diploma, coberta por um seguro que garanta essa mesma responsabilidade." (n.° 1); "A obrigação referida no número anterior não se aplica aos responsáveis pela circulação de veículos de caminho-de-ferro, bem como das máquinas agrícolas não sujeitas a matrícula" (n.° 2).

Ora, os motocultivadores circulam, frequentemente, nas vias públicas, com os riscos inerentes à própria "perigosidade" de veículo desta natureza.

A dispensa da obrigação de celebrar seguro de responsabilidade civil (imposta à generalidade dos veículos) implica uma desprotecção dos utentes da via pública que sejam intervenientes em acidente de viação provocado por aqueles, uma vez que se isentaria o Fundo de Garantia Automóvel de responsabilidade pela indemnização devida aos lesados, obrigando estes a accionar exclusivamente o responsável directo pelo acidente, com a possibilidade da "insolvabilidade" do mesmo, o que conduziria à não reparação dos danos sofridos.

Filipe Albuquerque Matos, "O contrato de seguro obrigatório de Responsabilidade Automóvel" (BDF 78, 2002, p. 336, nota 6), doutamente citado pelo Digno Magistrado do Ministério Público junto do Tribunal Constitucional nas alegações que apresentou, refere o seguinte (perdoe-se-nos o plágio): "Parece ter sido propósito do legislador no artigo 1.°, n.° 1, impor a obrigatoriedade sempre que estiverem em causa veículos terrestres susceptíveis, dada a sua necessária e frequente utilização na via pública bem como a sua perigosidade, de provocar perturbações na circulação no espaço público. Assim sendo, e no tocante às máquinas agrícolas, que apesar de serem veículos de tracção mecânica, se destinam a habitualmente circular na via pública (para, por exemplo, efectuarem o transporte dos produtos agrícolas), não vemos razão para não integrar as pessoas eventualmente responsáveis pelos danos causados pela sua circulação no círculo de sujeitos sobre que recai a obrigação de realizar o seguro. Na verdade, em relação a estas máquinas agrícolas colhem as mesmas razões justificativas da obrigatoriedade do seguro subjacentes ao artigo 1.°, n.° 1, do Decreto-Lei n.° 522/85".

Assim, a unidade do ordenamento jurídico português e razões de justiça material implicavam que tivesse sido estendida a estes veículos agrícolas que circulam na via pública a obrigação de seguro.

Esta situação está salvaguardada, neste momento, pelo disposto no artigo 48.°, n.° 1, alínea *c)*, do Decreto-Lei n.° 291/2007, de 21 de Agosto, que responsabiliza o Fundo de Garantia Automóvel pelas obrigações decorrentes de acidentes rodoviários originados por veículos cujo responsável pela circulação está isento da obrigação de seguro em razão do veículo em si mesmo.

Portanto, e concluindo estas considerações, entendemos que a norma do art 1.°, n.° 2, do Decreto-Lei n.° 522/85 está ferida de inconstitucionalidade, por violação do princípio da igualdade consagrado na Constituição da República Portuguesa, pelo que, por arrastamento (ou efeito dominó) está também o Fundo de Garantia Automóvel obrigado a indemnizar os danos causados por veículos agrícolas que circulem na via pública.

O princípio constitucional da igualdade, consagrado na Constituição da República Portuguesa no seu artigo 13.°, n.° 1, é um princípio estruturante do sistema constitucional global e inerente ao conceito de Estado de direito democrático e social, pelo que, com base na sua violação pela redacção do artigo *supra* citado, que exclui da obrigatoriedade do seguro os veículos agrícolas, se nega a aplicação do regime previsto no preceito citado.

Só esta interpretação obedece ao princípio da eliminação das desigualdades fácticas, no sentido de que se atinja, sempre que possível, uma igualdade e protecção reais de todos os cidadãos.

Entender-se o contrário seria tratar diferentemente situações facticamente iguais e retirar protecção ao lesado que tivesse "a desventura" de sofrer acidente de viação causado por veículo não sujeito a seguro obrigatório e a matrícula.

Aliás, podemos aqui considerar até, que o Estado Português ao não ter regulamentado a situação relativa aos motocultivadores, como já o impunha o artigo 117.°, n.° 3, do Código da Estrada vigente à altura, cometeu omissão grave do seu dever de legislar neste campo, como lhe era imposto pela Directiva n.° 84/9/CEE do Conselho de 30 de Dezembro de 1983 no que toca a estas situações, pelo que até o próprio Estado pode incorrer em responsabilidade."

3. O Ministério Público interpôs recurso desta sentença para o Tribunal Constitucional, ao abrigo da alínea *a*) do n.° 1 do artigo 70.° da Lei do Tribunal Constitucional, na medida em que "recusou aplicação aos ditames do artigo 1.°, n.° 2, do Decreto-Lei n.° 522/85, de 31 de Dezembro, por violação do artigo 13.°, n.° 1, da Constituição da República Portuguesa".

Admitido o recurso, sustentou o Representante do Ministério Público junto do Tribunal Constitucional o seguinte:

"1.2. Neste processo, e na sequência de anterior recurso interposto pelo Ministério Público, foi proferido o Acórdão n.° 202/08 que decidiu não julgar inconstitucional a norma do artigo 21.°, n.° 1, do Decreto-Lei n.° 522/85, de 31 de Dezembro, interpretada como excluindo a responsabilidade civil do Fundo de Garantia Automóvel pelos danos causados a terceiros por viatura agrícola, não sujeita a matricula, e cujo proprietário está legalmente dispensado da obrigação de celebrar contrato de seguro de responsabilidade civil automóvel.

Ora, quando no âmbito desse recurso foram apresentadas as alegações, a abordagem da questão da exclusão de responsabilidade civil do Fundo de Garantia Automóvel foi feita na sua globalilidade, não se tendo cingido exclusivamente à análise do artigo 21.°, n.° 1, sendo, inclusive, e por várias vezes referido o artigo 1.°, n.° 2.

Deste modo, o que então se disse é, com as inevitáveis adaptações, perfeitamente transponível para os presentes autos, pelo que nos limitaremos a transcrever essas alegações:

[Omitido por já reproduzido no Acórdão n.° 202/08].

Acresce que o próprio Tribunal Constitucional (Acórdão n.° 202/08) parece apontar no sentido da inconstitucionalidade da norma objecto do recurso, quando, após concluir pela não inconstitucionalidade do n.° 1 do artigo 21.°, afirma expressamente o seguinte:

"Questão diversa é a de saber se a não sujeição a matrícula do veículo causador do acidente dos autos, e a sua consequente não sujeição a seguro obrigatório de responsabilidade civil automóvel é constitucionalmente justificável".

2. Conclusão

Nestes termos e pelo exposto, conclui-se:

1.°

A norma do n.° 1 do artigo 1.° do Decreto-Lei n.° 522/85, de 31 de Dezembro, na medida em que não sujeita a matricula as máquinas agrícolas que podem legal e livremente circular nas vias públicas, o que implica a sua não sujeição a seguro obrigatório, — levando à exclusão da responsabilidade civil do Fundo de Garantia Automóvel pelos danos causados a terceiros — é inconstitucional por violação do princípio da igualdade (artigo 13.° da Constituição).

2.°

Termos em que deverá improceder o presente recurso."

Os recorridos não contra-alegaram.

II — Fundamentação

4. O acidente consistiu numa colisão entre um motociclo conduzido pelo autor, e um motocultivador sem matrícula, tripulado pelo réu David de Jesus Rodrigues. Em resultado do embate, o autor sofreu lesões corporais, bem como danos materiais.

A sentença recorrida deu como assente que o acidente ficou a dever-se a culpa exclusiva do condutor do motocultivador, que, com negligência, violou as regras estradais, nomeadamente a obrigação de cedência de passagem imposta pelo artigo 31.°, n.° 1, alínea *a*), do Código da Estrada, então vigente.

Tendo considerado inconstitucional a norma do artigo 1.°, n.° 2, do Decreto-Lei n.° 522/85, de 31 de Dezembro, na interpretação segundo a qual a obrigação de cobrir com um contrato de seguro a responsabilidade civil por danos causados a terceiros por veículo terrestre a motor não se aplica às máquinas agrícolas não sujeitas a matrícula mas admitidas a circular na via pública, a sentença recorrida concluiu que, por arrastamento, o Fundo de Garantia Automóvel está também obrigado a indemnizar pelos danos causados por tais máquinas quando circulem na via pública, ao abrigo do n.° 2 do artigo 21.° do citado diploma legal (Salienta-se que no presente recurso não cabe apreciar o modo como foi dada execução ao anterior julgamento de constitucionalidade, mas apenas decidir a nova questão de constitucionalidade suscitada).

5. O Decreto-Lei n.° 522/85, de 31 de Dezembro, entretanto substituído pelo Decreto-Lei n.° 291/2007, de 21 de Agosto, disciplinava o chamado seguro obrigatório de responsabilidade civil automóvel, num sistema de protecção dos lesados por acidentes de viação assente em dois pilares principais: 1.°) a obrigação de efectuar seguro de responsabilidade para que o veículo pudesse circular na via pública; 2.°) e a responsabilidade do Fundo de Garantia

Automóvel quando essa obrigação não fosse cumprida (o seguro inexistisse, fosse inválido ou ineficaz) ou o responsável fosse desconhecido.

Quanto ao primeiro aspecto, dispunha o artigo 1.° deste diploma, o seguinte:

> "Artigo 1.°
> (Da obrigação de segurar)
>
> 1 — Toda a pessoa que possa ser civilmente responsável pela reparação de danos patrimoniais e não patrimoniais decorrentes de lesões corporais ou materiais causadas a terceiros por um veículo terrestre a motor, seus reboques ou semi-reboques, deve, para que esses veículos possam circular, encontrar-se, nos termos do presente diploma, coberta por um seguro que garanta essa mesma responsabilidade.
>
> 2 — A obrigação referida no número anterior não se aplica aos responsáveis pela circulação dos veículos de caminho de ferro, bem como das máquinas agrícolas não sujeitas a matrícula."

E, quanto ao segundo, o artigo 21.° do mesmo diploma legal, inserido nas disposições gerais relativas ao Fundo de Garantia Automóvel e possuindo como epígrafe "Âmbito do Fundo", dispunha no seu n.° 1, o seguinte:

> "1 — Compete ao Fundo de Garantia Automóvel satisfazer, nos termos do presente capítulo, as indemnizações decorrentes de acidentes originados por veículos sujeitos ao seguro obrigatório e que sejam matriculados em Portugal ou em países terceiros em relação à Comunidade Económica Europeia que não tenham gabinete nacional de seguros, ou cujo gabinete não tenha aderido à Convenção Complementar entre Gabinetes Nacionais".

O veículo cujo condutor e proprietário a sentença considerou responsável pelo acidente era um motocultivador, espécie de veículo agrícola que o n.° 3 do artigo 108.° do Código da Estrada (ao tempo do acidente, na versão resultante do Decreto-Lei n.° 2/98, de 3 de Janeiro) definia como "o veículo com motor de propulsão, de um só eixo, destinado à execução de trabalhos agrícolas ligeiros, que pode ser dirigido por um condutor a pé ou em semi-reboque ou retrotrem atrelado ao referido veículo".

À obrigatoriedade de matrícula deste tipo de veículo se referia o artigo 117.°, n.° 3, do Código da Estrada que estatuía o seguinte:

> "3 — Os casos em que as máquinas agrícolas e industriais, os motocultivadores e os tractocarros estão sujeitos a matrícula *são fixados em regulamento*" (itálico acrescentado)."

Este regulamento não chegou a ser publicado, pelo que nada foi determinado quanto à necessidade de as máquinas agrícolas (*lato sensu*), incluindo os motocultivadores, ficarem sujeitas a matrícula para serem admitidos à circulação na via pública.

Deste modo, face à excepção constante do citado artigo 1.°, n.° 2, do Decreto-Lei n.° 522/85, os motocultivadores poderiam circular na via pública, ainda que o respectivo proprietário não tivesse coberto por um contrato de seguro a responsabilidade civil por danos que pudessem resultar para terceiros de acidentes em que o veículo estivesse envolvido. Com a consequência de, por efeito do já mencionado artigo 21.°, n.° 1, do mesmo diploma, as indemnizações por acidentes causados por esse tipo de veículos não se encontrarem garantidas pelo Fundo de Garantia Automóvel, que, como se viu, apenas está obrigado a satisfazer as «indemnizações decorrentes de acidentes originados por veículos sujeitos ao seguro obrigatório».

6. Convirá começar por lembrar o enquadramento histórico da solução legislativa em presença, repetindo o que se disse no Acórdão n.° 202/08.

O Decreto-Lei n.° 408/79, de 25 de Setembro, que instituiu o seguro obrigatório de responsabilidade civil automóvel, determinou no seu artigo 20.° que «[o]s direitos dos lesados por acidentes ocorridos com veículos sujeitos ao seguro obrigatório poderão ser efectivados, nos termos que legalmente vierem a ser estabelecidos, contra o fundo de garantia automóvel, a instituir no âmbito do Instituto Nacional de Seguros, nos seguintes casos: *a)* quando o responsável seja desconhecido ou não beneficie de seguro válido ou eficaz; *b)* quando for declarada a falência do segurador».

O Fundo de Garantia Automóvel — reconhecendo-se ter constituído um contributo importante no sentido da socialização do risco (cfr. Filipe Albuquerque Matos, *ob. cit.*, p. 361) — foi instituído pelo Decreto Regulamentar n.° 58/79, de 25 de Setembro, que, nos termos do artigo 2.°, n.° 2, lhe atribuiu a competência para «satisfazer as indemnizações de morte ou lesões corporais consequentes de acidentes originados por veículos sujeitos ao seguro obrigatório, nos casos previstos no artigo 20.° do Decreto-Lei n.° 408/79».

Nem todos os danos se encontravam, no entanto, cobertos pelo Fundo de Garantia: para além das limitações inerentes ao âmbito objectivo de protecção (indemnizações por morte ou lesões corporais em acidentes em que fossem intervenientes veículos sujeitos ao seguro obrigatório), o diploma também previa a existência de certos limites às indemnizações a satisfazer pelo Fundo (artigo 2.°, n.° 3); estipulava diversas exclusões, como, por exemplo, a referente ao condutor do veículo titular da apólice e aos danos causados às pessoas dos autores, cúmplices e encobridores de roubo, furto ou furto de uso de qualquer veículo que intervenha no acidente (artigo 3.°); e determinava que só aproveitavam do benefício do Fundo os lesados por acidentes ocorridos em Portugal (artigo 4.°).

À delimitação do âmbito de protecção do Fundo (circunscrito como estava aos acidentes provocados por veículos sujeitos ao seguro obrigatório) não será alheio o próprio regime de financiamento, sabendo-se que constituía receita do Fundo «o montante, a liquidar por cada seguradora, resultante da aplicação de uma percentagem sobre os prémios simples (líquidos de adicionais) de seguros directos automóvel processados no ano anterior, líquidos de estornos e anulações», para o que ficavam «as seguradoras autorizadas a cobrar dos seus segurados do ramo "Automóvel" um adicional, calculado sobre os prémios simples (líquidos de adicionais) [...]» (artigo 6.°, n.os 1 e 4). E só em situações excepcionais, devidamente comprovadas, o Estado podia assegurar uma dotação correspondente ao montante dos encargos que excedessem as receitas previstas do Fundo" (n.° 5 do mesmo artigo).

A articulação do funcionamento do Fundo de Garantia Automóvel com a actividade seguradora era também revelada pelo estabelecido no artigo 7.°, n.° 1, do Decreto Regulamentar n.° 58/79, de 25 de Setembro, que habilitava o Fundo a solver eventuais compromissos superiores às suas disponibilidades de tesouraria mediante o recurso às seguradoras, permitindo-lhe arrecadar até ao limite de 0,25% da carteira de prémios de seguro directo automóvel processados no ano anterior.

O regime jurídico Fundo de Garantia Automóvel viria a ser alterado pelo Decreto-Lei n.° 522/85, de 31 de Dezembro — o diploma que agora está particularmente em foco —, que, através do seu artigo 40.°, revogou os mencionados Decreto-Lei n.° 408/79 e Decreto Regulamentar n.° 58/79, de 25 de Setembro.

O Decreto-Lei n.° 522/85, de 31 de Dezembro, procedeu ao alargamento do âmbito de responsabilidade civil do Fundo, passando a assegurar também o ressarcimento de danos materiais em relação a acidentes em que o responsável, sendo conhecido, não seja portador de seguro válido e eficaz [cfr. o preâmbulo do diploma e o seu artigo 21.°, n.° 2, alínea *b*)].

Já depois do acidente em causa, mediante o Decreto-Lei n.° 291/2007, de 21 de Agosto, o legislador aproveitou o ensejo proporcionado pela necessidade de transposição da Directiva n.° 2005/14/CE, do Parlamento Europeu e do Conselho, de 11 de Maio, que altera as Directivas n.os 72/166/CEE, 84/5/CEE, 88/357/CEE e 90/232/CEE, do Conselho, e a Directiva n.° 2000/26/CE, relativas ao seguro de responsabilidade resultante da circulação de veículos automóveis (a chamada "5.ª Directiva sobre o Seguro Automóvel") para proceder à actualização do regime de protecção dos lesados por acidentes de viação baseado neste seguro.

Merece referência o facto de o novo regime manter a exclusão da obrigatoriedade do seguro quanto às máquinas agrícolas não sujeitas a matrícula (artigo 4.°, n.° 2). Mas sobretudo importa destacar que o diploma instituiu, no seu artigo 48.°, n.° 1, alínea *c*), a regra segundo a qual o Fundo de Garantia Automóvel satisfaz as indemnizações decorrentes de acidentes rodoviários ocorridos em Portugal e originados «[p]or veículo cujo responsável pela circulação está isento da obrigação de seguro em razão do veículo em si mesmo (...)». Essa é uma solução centrada no aumento de protecção dos lesados, que é acompanhada de outras medidas de reforço da responsabilização do Fundo, como seja a extensão da cobertura dos danos materiais nos sinistros causados por responsável desconhecido ou quando tenha o veículo causador do acidente sido abandonado no local do acidente [artigo 49.°, alínea *c*)], e que se integra num mais amplo conjunto de alterações justificadas pela necessidade da transposição da Directiva n.° 2005/14/CE (cfr. preâmbulo do diploma).

7. No Acórdão n.° 202/08, o Tribunal decidiu não julgar inconstitucional a norma do artigo 21.°, n.° 1, do Decreto-Lei n.° 522/85, de 31 de Dezembro, interpretada como excluindo a responsabilidade civil do Fundo de Garantia Automóvel pelos danos causados a terceiros por viatura agrícola não sujeita a matrícula, cujo proprietário está legalmente dispensado da obrigação de celebrar contrato de seguro de responsabilidade civil automóvel. Na delimitação do objecto do recurso o Tribunal sublinhou que não estava em causa a norma que dispensa o proprietário de máquinas deste tipo da celebração de contrato de seguro para poder circular na via pública.

Agora, a norma que constitui objecto do recurso de constitucionalidade passou a ser essa mesmo que o Tribunal expressamente salientara estar excluída do âmbito do recurso anterior: a norma do n.° 2 do artigo 1.° do Decreto-Lei n.° 522/85, na medida em que excepciona as máquinas agrícolas não sujeitas a matrícula da obrigação de segurar.

Mais propriamente, considerando a natureza instrumental do recurso de constitucionalidade e que existem diversos tipos de máquinas agrícolas, susceptíveis de diferir entre si na aptidão para circular na via pública e na frequência com que aí são habitualmente utilizadas, a questão que agora se coloca é a de saber se é constitucionalmente conforme a própria dispensa da obrigação de celebrar contrato de seguro de responsabilidade civil automóvel em relação a motocultivadores com atrelado. Note-se que o isolamento deste segmento normativo ideal para efeito da delimitação do recurso se justifica também sistematicamente pelo facto de no Código da Estrada, dentro da classe dos veículos agrícolas, os motocultivadores serem objecto de normação específica.

Sublinhe-se que é a dispensa objectiva da obrigação de segurar a responsabilidade civil emergente de acidentes de circulação em que o veículo esteja envolvido e não o facto de a máquina não estar sujeita a matrícula que fundamentalmente interessa à questão de constitucionalidade. A matrícula (ou a sua não exigência) é apenas o pressuposto ou o elemento que a lei utiliza para delimitar no conjunto das máquinas agrícolas ou industriais aquelas cujo proprietário está obrigado ao seguro (matrícula -> obrigação de seguro -> responsabilidade do Fundo de Garantia Automóvel). Mas o nó do problema de constitucionalidade agora colocado, a deficiência ou a desigualdade de protecção dos lesados em acidentes de viação que envolvam máquinas nesta situação, é a falta do pilar de socialização do risco que o seguro obrigatório constitui.

8. Importa, portanto, saber se a exclusão da obrigação de cobrir por contrato de seguro a responsabilidade que possa advir da circulação na via pública de motocultivadores com atrelado viola o princípio da igualdade, o que implica que se averigue se essa exclusão da obrigação de segurar poderá ser entendida como medida razoável, racional ou objectivamente fundada.

Como logo se salientou no Acórdão do Tribunal Constitucional n.° 750/95 (disponível em *www.tribunalconstitucional.pt*):

> «O princípio da igualdade reconduz-se [...] a uma proibição de arbítrio sendo inadmissíveis quer a diferenciação de tratamento sem qualquer justificação razoável, de acordo com critérios de valor objectivos, constitucionalmente relevantes, quer a identidade de tratamento para situações manifestamente desiguais.
>
> A proibição de arbítrio constitui um limite externo da liberdade de conformação ou de decisão dos poderes públicos, servindo o princípio da igualdade como princípio negativo de controle.
>
> Mas existe, sem dúvida, violação do princípio da igualdade enquanto proibição de arbítrio, quando os limites externos da discricionariedade legislativa são afrontados por ausência de adequado suporte material para a medida legislativa adoptada.
>
> Por outro lado, as medidas de diferenciação hão-de ser materialmente fundadas sob o ponto de vista da segurança jurídica, da praticabilidade, da justiça e da solidariedade, não devendo basear-se em qualquer razão constitucionalmente imprópria (cfr. sobre a matéria, por todos, os Acórdãos do Tribunal Constitucional n.os 44/84, 425/87, 39/88 e 231/94, in *Diário da República,* II Série, de, respectivamente, 11 de Junho de 1984 e 5 de Janeiro de 1988, e I Série, de, respectivamente, 3 de Março de 1988 e 28 de Abril de 1994, e ainda Gomes Canotilho e Vital Moreira, *Constituição da República Portuguesa Anotada,* 1993, pp. 127 e segs; Jorge Miranda, «O regime dos direitos, liberdades e garantias», in *Estudos sobre a Constituição*, volume III, pp. 50 e segs., e *Manual de Direito Constitucional,* tomo IV, Coimbra, 1993, p. 219; Maria da Glória Ferreira Pinto, «Princípio da Igualdade — Fórmula Vazia ou Fórmula Consagrada de Sentido?», in *Separata do Boletim do Ministério da Justiça,* n.° 358, Lisboa, 1987; Lívio Paladin, *Il Princípio costituzionale d'equaglianza,* Milão, 1965).»

Nesta ordem de considerações tem-se entendido que a vinculação jurídico-material do legislador ao princípio da igualdade não elimina a liberdade de conformação legislativa, pertencendo-lhe, dentro dos limites constitucionais, definir ou qualificar as situações de facto ou as relações da vida que hão-de funcionar como elementos de referência a tratar igual ou desigualmente.

E, assim, aos tribunais, na apreciação daquele princípio, não compete verdadeiramente «substituírem-se» ao legislador, ponderando a situação como se estivessem no lugar dele e impondo a sua própria ideia do que seria, no caso, a solução «razoável», «justa» e «oportuna» (do que seria a solução ideal do caso); compete-lhes, sim «afastar aquelas soluções legais de todo o ponto insusceptíveis de se credenciarem racionalmente» (Acórdão da Comissão Constitucional, n.° 458, in *Apêndice ao Diário da República,* de 23 de Agosto de 1983, p. 120, também citado no Acórdão do Tribunal Constitucional n.° 750/95, que vimos acompanhando).

À luz das considerações precedentes pode dizer-se que a caracterização de uma medida legislativa como inconstitucional, por ofensiva do princípio da igualdade dependerá, em última análise, da ausência de fundamento material suficiente, isto é, de falta de razoabilidade e consonância com o sistema jurídico (nestes precisos termos o Acórdão do Tribunal Constitucional n.° 370/07 (disponível no mesmo sítio).

Vejamos, então, se a norma em causa passa este teste.

9. O princípio do Estado de direito, consagrado no artigo 2.° da Constituição, tem ínsito um princípio jurídico fundamental, historicamente objectivado e claramente enraizado na consciência jurídica geral segundo o qual todo e qualquer autor de acto ilícito gerador de danos para terceiros se constitui na obrigação de ressarcir o prejuízo que causou (Maria Lúcia Amaral, *Responsabilidade do Estado e Dever de Indemnizar do Legislador,* p. 442). E o lesado tem o direito correspondente, a exercer contra o autor do facto lesivo ou contra aquele a quem a responsabilidade seja juridicamente imputável.

Porém, em muitos casos, este direito à reparação dos danos depara-se com uma inultrapassável dificuldade de concretização prática: a inexistência de património do obrigado à reparação susceptível de execução. É, por isso, frequente que o legislador institua o dever de cobrir com um seguro de responsabilidade civil a obrigação de indemnizar que possa estar ligada ao exercício de determinadas actividades potencialmente geradoras de danos para terceiros de modo a que, verificado o evento que obriga à reparação, os lesados possam ter perante si uma entidade cuja solvabilidade esteja, em princípio, garantida (a seguradora) e não (ou não apenas) o lesante cujos acasos de fortuna podem esvaziar de conteúdo prático o direito à indemnização.

O seguro automóvel obrigatório é precisamente um destes institutos. As regras gerais da responsabilidade civil tornaram-se inidóneas para dar resposta, prática, equitativa e economicamente equilibrada, ao problema da reparação dos danos emergentes de acidentes de viação. Sendo a circulação rodoviária uma das actividades em cujo desenvolvimento mais frequentemente ocorrem acidentes susceptíveis de causar danos pessoais ou patrimoniais a terceiros, ao estabelecer a obrigação de cobrir a responsabilidade civil emergente da circulação de veículos, não deixando a sua sorte ao acaso da previdência dos responsáveis, o legislador protege de modo genérico as potenciais vítimas e futuros titulares do direito à reparação. Protecção que se não resume à mera instituição legal da obrigação de segurar, mas que é reforçada através dos instrumentos destinados a tornar efectivo o cumprimento dessa obrigação, designadamente a acção de fiscalização a cargo das autoridades de fiscalização do trânsito e as correspondentes sanções e medidas cautelares quando o dever é infringido. E que é rematada com a colectivização ou socialização do risco que se obtém mediante a intervenção substitutiva do Fundo de Garantia Automóvel, quando falhe ou não possa funcionar a protecção através do contrato de seguro (Reduzimos a atenção ao essencial. A protecção dos lesados envolve outros aspectos, tais como a "acção directa" contra a seguradora ou o "fundo de garantia", a inoponibilidade de excepções ou cláusulas limitadoras de responsabilidadade e a instituição de meios céleres de composição ou de efectivação do direito à indemnização).

Ora, como se refere nas alegações do Ministério Público e na sentença recorrida, embora primacialmente destinadas a trabalhos agrícolas, as máquinas do tipo que originou o acidente a que a acção se reporta circulam frequentemente e sem restrições na via pública, a caminho dos locais onde essa actividade se desenvolve ou, até, como meio de transporte de cargas ou produtos agrícolas, constituindo-se em gravosos obstáculos à segurança e fluidez do tráfego, podendo gerar acidentes com lesões graves e danos avultados, como o caso demonstra. Não será assim quando o motocultivador é conduzido a pé pelo seu manobrador, situação que a lei equipara ao trânsito de peões [artigo 104.°, alínea *e*) do actual Código da Estrada]. Mas já o é quando o veículo é ligado a semi-reboque ou retrotrem, composição que a lei faz equivaler, para efeitos de circulação, a tractor agrícola (cfr. artigo 108.°, n.° 4, do mesmo Código). Assim utilizada, a máquina torna-se, pelas suas características intrínsecas de veículo motorizado e pelas contingências de quem a conduz, potencialmente geradora de danos para terceiros que tem um direito igual à utilização da via pública.

Nestas condições a dispensa da obrigação de celebrar contrato de seguro para que tais máquinas possam circular na via pública deixa os lesados por acidentes decorrentes da utilização desses veículos sem a protecção jurídica que o legislador entendeu conceder aos restantes lesados por acidentes de viação contra as insuficiências de fortuna do lesante.

E deixa-os sem essa protecção perante situações que em tudo correspondem, seja pela potencialidade de risco de o veículo ser gerador de acidentes, seja de possibilidade de insuficiência económica do responsável para fazer face à obrigação de indemnizar, àquelas que são cobertas pelo regime do seguro obrigatório ao abrigo da regra geral do n.° 1 do artigo 1.° do Decreto-Lei n.° 522/85. O factor escolhido para afastar a sujeição ao seguro obrigatório — não estar o veículo sujeito a matrícula — é estranho à aptidão do veículo para causar danos inerentes à circulação da via pública ou ao risco de o direito à indemnização não ter efectivação prática por insuficiência do património do responsável, pelo que tem de haver-se a excepção por arbitrária e a norma em causa como violadora do princípio da igualdade consagrado no n.° 1 do artigo 13.° da Constituição.

E, embora a matrícula do veículo desempenhe, para vários fins, um papel fundamental na configuração do regime jurídico do seguro obrigatório (no direito nacional e da União Europeia), não pode sequer invocar-se uma dificuldade prática insuperável ou uma ligação indissolúvel entre as duas realidades (o seguro e a matrícula) porque sempre é possível eleger outro sinal identificador que viabilize a celebração do contrato e a individualização da responsabilidade.

9. Não se ignora que esta dispensa da obrigação de celebrar contrato de seguro de responsabilidade civil surgiu no Decreto-Lei n.° 165/75, de 28 de Março em cujo preâmbulo se dizia que "(...) a sujeição ao seguro das máquinas e tractores para serviço na agricultura iria onerar gravemente esta actividade económica". A ressalva passou para o Decreto-Lei n.° 408/79, de 25 de Setembro, e a razão de ser dela veio a ser reafirmada no texto do preâmbulo do Decreto-Lei n.° 110/80 (que alterou o Decreto-Lei n.° 408/79) onde se alude à agricultura, como um sector produtivo de grande relevância, cujo desenvolvimento deve considerar-se prioritário, e, por isso, se passou a ressalvar também os reboques, semi-reboques e atrelados "quando destinados exclusivamente a fins agrícolas".

Estas razões poderiam legitimar uma solução como a que actualmente consta do Decreto-Lei n.° 291/2007, em que o facto de a admissão do veículo à circulação na via pública não estar dependente da celebração de contrato de seguro obrigatório não exclui a protecção que resulta da possibilidade concedida ao lesado de chamar o Fundo de Garantia Automóvel a satisfazer a indemnização [artigo 48.°, n.° 1, alínea *c)*, do Decreto-Lei n.° 291/2007]. Mas, o factor de comparação é o âmbito de protecção concedido aos lesados por acidentes gerados na via pública pela utilização desse tipo de veículos por confronto com outras vítimas de acidentes de viação e, nesta perspectiva, a medida legislativa é desproprocionada no âmbito global do regime do Decreto-Lei n.° 522/85, onde tem como consequência que o lesado também perde, por essa mesma razão, a acção contra o Fundo.

III — Decisão

Nestes termos, decide-se:

a) Julgar inconstitucional, por violação do princípio da igualdade consagrado no n.º 1 do artigo 13.º da Constituição, a norma do n.º 2 do artigo 1.º do Decreto-Lei n.º 522/85, quando interpretada no sentido de a circulação na via pública de motocultivadores com atrelado não estar dependente da celebração do contrato de seguro obrigatório previsto no n.º 1 do mesmo preceito legal;

b) Consequentemente, negar provimento ao recurso.

c) Sem custas.

Lisboa, 27 de Maio de 2009. — *Vítor Gomes* — *Ana Maria Guerra Martins* — *Maria Lúcia Amaral* — *Carlos Fernandes Cadilha* (vencido de acordo com a declaração em anexo) — *Gil Galvão* (vencido conforme declaração junta).

DECLARAÇÃO DE VOTO

Votei vencido pelas considerações a seguir sucintamente expostas.

A norma do artigo 1.º, n.º 2, do Decreto-Lei n.º 522/85, de 31 de Dezembro, ao isentar de seguro obrigatório as «máquinas agrícolas não sujeitas a matrícula» contém uma implícita remissão para o artigo 117.º, n.º 3, do Código da Estrada, onde se estabelece o regime de obrigatoriedade de matrícula nos seguintes termos: «[o]s casos em que as máquinas agrícolas e industriais, os motocultivadores e os tractocarros estão sujeitos a matrícula são fixados em regulamento».

O preceito não contém, em si, um critério normativo arbitrário, e tem antes como pressuposto que a dispensa da obrigação de segurar apenas opera em relação a máquinas agrícolas que não circulem na via pública ou não representem um potencial risco para a circulação, e que, por isso, se encontrem isentas de matrícula.

Neste contexto, a possível violação do princípio da igualdade, por diferenciação de tratamento sem justificação razoável, apenas poderia incidir sobre os dispositivos regulamentares que, em execução do disposto no artigo 117.º, n.º 3, do Código da Estrada, viessem afastar a exigência de matrícula (e, por via disso, a obrigação de segurar) em relação a máquinas que possuíssem normal aptidão para produzir danos em terceiros em resultado da sua circulação na via pública.

Na própria lógica do Acórdão, a violação da proibição do arbítrio decorre de o legislador ter deixado sem protecção jurídica os lesados por acidentes de viação causados por máquinas não sujeitas a matrícula, quando estas, por circularem na via pública, possam potenciar um risco de lesão em igual medida à de qualquer outro veículo matriculado. A questão é que, no preceito em causa, o legislador se limitou a utilizar uma técnica legislativa de remissão intra-sistemática (que permite caracterizar o artigo 1.°, n.° 2, do Decreto-Lei n.° 522/85 como uma norma indirecta), de tal modo o défice de constitucionalidade que possa existir não é directamente imputável à própria norma remissiva, mas tão-só, se for caso disso, à norma *ad quam*, isto é, à estatuição para que tenha sido reenviada a solução normativa do caso.

O factor escolhido pelo artigo 1.°, n.° 2, do Decreto-Lei n.° 522/85 — não sujeição a matrícula — não comporta, em si, uma qualquer diferenciação entre situações que devam merecer um tratamento igualitário. Essa eventualidade apenas ocorreria caso a densificação do regime de obrigatoriedade de matrícula (a efectuar por norma contida noutro diploma legal) viesse a consagrar soluções jurídicas divergentes para veículos que pudessem potenciar, em iguais circunstâncias, o risco de acidente e de produção de danos indemnizáveis.

E sublinhe-se que a invocação da remissão feita na referida norma para o direito estradal, não implica uma qualquer alteração do objecto do recurso. A questão de constitucionalidade não deixa de ser reportada à dispensa de obrigação de segurar que resulta do estabelecido no artigo 1.°, n.° 2, do Decreto-Lei n.° 522/85. O ponto é que, como se esclareceu, esta norma não contém um programa legislativo completo, e antes pretende concretizar o regime jurídico de não sujeição a seguro por remissão para um outro diploma legislativo que há-de definir as situações em que é obrigatória a matrícula para que os veículos a motor e os seus reboques sejam admitidos em circulação.

Por outro lado, nada permite concluir, no caso concreto, pela violação do princípio da responsabilidade patrimonial, que se extrai do princípio de Estado de direito consagrado no artigo 2.° da Constituição. Na verdade, a situação de indefinição relativamente à obrigação de segurar (e consequente intervenção do Fundo de Garantia Automóvel) no tocante a máquinas agrícolas que possam circular na via pública, como é o caso dos motocultivadores, deve-se à inércia regulamentar do Estado, que não deu ainda execução ao comando contido no artigo 117.°, n.° 3, do Código da Estrada. Por conseguinte, o dever indemnizatório é imputável, em última instância, à ilegalidade decorrente da omissão regulamentar. — *Carlos Alberto Fernandes Cadilha.*

DECLARAÇÃO DE VOTO

Votei vencido quanto à decisão, no essencial, por duas ordens de razões: em primeiro lugar, por considerar que, não postulando a Constituição, necessariamente, a existência de um seguro obrigatório para todos os veículos que circulem na via pública, não me parecer possível considerar inconstitucional uma norma apenas por não fazer depender a «circulação na via pública de motocultivadores com atrelado» da celebração do contrato de seguro obrigatório; por outro, por considerar que, havendo boas razões para excluir esses motocultivadores do referido seguro obrigatório — como, aliás, sucede com o regime actualmente em vigor —, não se me afigurar arbitrária, e consequentemente violadora do princípio da igualdade, a não sujeição de tais motocultivadores ao mencionado seguro. — *Gil Galvão.*

Anotação:

1 — Acórdão publicado no *Diário da República*, II Série, de 7 de Julho de 2009.

2 — Os Acórdãos n.os 750/95, 370/07 e 202/08, estão publicados em *Acórdãos*, 32.°, 69.° e 71.° Vols., respectivamente.

ACÓRDÃO N.º 271/09

DE 27 DE MAIO DE 2009

Não julga inconstitucional a norma do artigo 79.º do Estatuto da Aposentação, aprovado pelo Decreto-Lei n.º 498/72, de 9 de Dezembro, na redacção emergente do Decreto-Lei n.º 215/87, de 29 de Maio, na interpretação segundo a qual aos aposentados a quem seja permitido desempenhar outras funções públicas apenas pode ser abonada uma terça parte da remuneração que competir a essas funções e é o Primeiro-Ministro que detém competência para fixar remuneração superior a essa.

Processo: n.º 698/08.
Recorrentes: Mário Hermenegildo Moreira de Almeida e outros.
Relator: Conselheiro Carlos Fernandes Cadilha.

SUMÁRIO:

I — O princípio da igualdade salarial, como componente do direito a uma justa retribuição, não pode ser interpretado num sentido estritamente formal, mas antes à luz do objectivo constitucional que é traçado pelo artigo 59.º, n.º 1, alínea *a)*, da Constituição; por outro lado, o que a norma do artigo 13.º, n.º 1, da Constituição proíbe é o estabelecimento de diferenciações arbitrárias em matéria de retribuição e, por isso, a distinção de tratamento entre trabalhadores que prestam o mesmo tipo de trabalho sem que para isso subsista um fundamento material bastante.

II — A redução da remuneração a um terço da que for devida em relação a aposentados a quem seja permitido desempenhar outras funções públicas, conforme o previsto no artigo 79.º do Estatuto da Aposentação, é justificada pela circunstância de essas funções se encontrarem a ser exercidas por pessoas em situação de aposentação, relativamente às quais, desde logo, se encontra garantido o pagamento de uma pensão mensal que assegura a manutenção de um nível de vida correspondente àquele que já detinham quando se encontravam no activo.

III — O critério legal assenta, por outro lado, em considerações de política legislativa que visam a proibição do exercício de funções remuneradas na Administração Pública por parte de quem, tendo mantido já uma relação jurídica de emprego público, se encontre a beneficiar do correspondente regime de previdência social, e que apenas conhece as excepções especialmente previstas no artigo 78.° do Estatuto da Aposentação.

IV — Estando em causa o exercício cumulativo de funções públicas por parte de aposentados, e sendo essa matéria atinente ao estatuto da aposentação do funcionalismo público, a competência para legislar pertence aos órgãos de soberania, incluindo-se no âmbito da discricionariedade legislativa a indicação da entidade a quem deveria competir a autorização prevista naquele artigo 79.° para o abono de remuneração superior à que está legalmente fixada.

Acordam na 3.ª Secção do Tribunal Constitucional:

I — Relatório

1. Na presente acção de responsabilidade financeira intentada pelo Ministério Público perante o Tribunal de Contas, Mário Hermenegildo Moreira de Almeida e outros, respectivamente Presidente e Vereadores da Câmara Municipal de Vila do Conde, interpuseram recurso para o Plenário da 3.ª Secção desse Tribunal da sentença proferida em 1.ª instância pela mesma Secção, pela qual foram condenados pela prática de infracções financeiras sancionatórias, bem como na reintegração nos cofres públicos de certas importâncias, a título de responsabilidade reintegratória.

Na parte que se refere à responsabilidade financeira adveniente do pagamento integral de remunerações a aposentados que se encontravam em exercício de funções ao serviço da autarquia, que agora mais interessa considerar, formularam, no recurso, as seguintes conclusões:

"(...)

10.ª Diversamente do que se assevera na douta sentença *sub judicio*, «à data dos factos» (2002, não vigorava já, por força do disposto no artigo 8.° do Decreto-Lei n.° 215/87, de 29 de Maio, a redacção originária das normas dos artigos 78.° e 79.° do Estatuto da Aposentação, tendo passado a ser do Primeiro-Ministro a competência para autorizar o pagamento, a aposentados, de montante superior a 1/3 da remuneração que competir a essas funções, até ao limite da mesma remuneração.

11. Cometeu, destarte, o tribunal *a quo* erro de direito.

12. Sendo certo que a aludida competência do Primeiro-Ministro não pode abranger os funcionários das autarquias (onde à figura do Primeiro-Ministro cor-

responde a do Presidente da Câmara), padecem de inconstitucionalidade os preceitos dos artigos 78.°, n.° 1, alínea *c*) e 79.°, do Estatuto da Aposentação (na redacção introduzida pelo Decreto-Lei n.° 215/87), na interpretação efectuada pela sentença sob censura, por ofensa do princípio da autonomia do poder local;

13. Tal como padecem de inconstitucionalidade, sempre segundo a interpretação efectuada naquela sentença, por violarem o princípio «para trabalho igual, salário igual», consagrado sob o artigo 59.°, n.° 1, alínea *a*), da Constituição (...)".

Por acórdão de 9 de Julho de 2008, o Plenário da 3.ª Secção do Tribunal de Contas negou provimento ao recurso, aduzindo em relação à aplicação do disposto no artigo 79.° do Estatuto da Aposentação, a seguinte fundamentação:

"(...)

B) Contratação de Assessores Aposentados

8. Nesta matéria, que respeita aos demandados Mário Hermenegildo Moreira de Almeida e Abel Manuel Barbosa Maia, agora 1.° e 2.° recorrentes, levantam os mesmos questões relativas a:

- Erro de direito;
- Princípio da autonomia do poder local;
- Princípio "para trabalho igual, salário igual";
- Interpretação do artigo 79.° do Estatuto da Aposentação;
- Culpa, e
- Responsabilidade solidária.

8.1. Começam os recorrentes por afirmar que o tribunal *a quo* cometeu erro de direito, porquanto, diversamente do que se assevera na douta sentença, à data dos factos, não vigorava já, por força do disposto no artigo 8.° do Decreto-Lei n.° 215/87, de 29 de Maio, a redacção originária das normas dos artigos 78.° e 79.° do Estatuto da Aposentação, tendo passado a ser do Primeiro-Ministro a competência para autorizar o pagamento, a aposentados, de montante superior a 1/3 da remuneração que competir essas funções, até ao limite da mesma remuneração, e que, por ofensa do princípio da autonomia do poder local, por a aludida competência do Primeiro-Ministro não poder abranger os funcionários das autarquias, padecem de inconstitucionalidade os preceitos dos artigos 78.°, n.° 1, alínea *c*), e 79.° do Estatuto da Aposentação (na redacção introduzida pelo Decreto-Lei n.° 215/87), na interpretação efectuada pela sentença.

8.2. É verdade que, por força da alteração introduzida pelo Decreto-Lei n.° 215/87, de 29 de Maio, aos artigos 78.° e 79.° do Estatuto da Aposentação, deixou de ser o Conselho de Ministros o competente para as a autorizações referidas em tais preceitos legais, passando tal competência para o Primeiro-Ministro, sob proposta do membro do Governo que tenha poder hierárquico ou tutela sobre a entidade onde prestará o seu trabalho, mas tal circunstância não afecta minimamente a solução de direito definida na sentença, sendo, aliás, de salientar que, no que concerne à autorização a que alude o artigo 78.°, não se coloca na decisão a sua aplicabilidade, mas tão-somente a que se refere à norma do artigo 79.°, e, logo, fica prejudicado o conhecimento do recurso no que tange ao preceito do artigo 78.°

8.3. A sentença incorreu no lapso de considerar que, à data dos factos, a competência para a autorização a que refere o artigo 79.° do Estatuto da Aposentação era do Conselho de Ministros, o que não altera, contudo, a decisão de direito.

8.4. Estamos no plano de uma competência administrativa do Governo (autorização de exercício de funções públicas a aposentados e concessão de abono) conferida, por via legislativa emanada do próprio Governo, primeiramente ao Conselho de Ministros e, posteriormente, ao Primeiro-Ministro.

8.5. É da exclusiva competência legislativa do Governo a matéria respeitante à sua própria organização e funcionamento (artigo 198.°, n.° 2, da Constituição).

8.6. Compete ao Governo, no exercício de funções administrativas praticar todos os actos exigidos pela lei respeitantes aos funcionários e agentes do Estado e de outras pessoas colectivas públicas [artigo 199.°, alínea *e)*, da Constituição].

8.7. As competências do Conselho de Ministros e do Primeiro-Ministro encontram-se definidas nos artigos 200.° e 201.° da Constituição, respectivamente, sendo de salientar, quanto ao último, a alínea *d)* do n.° 1 do artigo 201.°, no sentido de competir ao Primeiro-Ministro exercer as demais funções que lhe sejam atribuídas pela Constituição e pela lei.

8.8. Assim, nada impede que a autorização realizada ao abrigo do disposto nos artigos 79.° do Estatuto da Aposentação seja atribuída ao Primeiro-Ministro, nem se vislumbra que a situação mude de natureza, em termos de eventual inconstitucionalidade, por ofensa ao princípio de autonomia do poder local, por, a respectiva competência, já não caber ao Conselho de Ministros.

8.9. O princípio da autonomia do poder local está consagrado nos artigos 6.°, n.° 1, 237.° e 242.° da Constituição, e implica que a Administração Central não possa actuar directamente ou por substituição na prática de actos administrativos dos órgãos das autarquias locais que prossigam a realização dos interesses próprios das populações respectivas.

8.10. Na sua actuação as autarquias locais regem-se pela Constituição e a lei, sendo da exclusiva competência da Assembleia da República legislar, salvo autorização ao Governo, sobre o estatuto das autarquias locais, incluindo o regime das finanças locais [artigo 165.°, n.° 1, alínea *q)*, da Constituição], sendo certo que a matéria agora em apreciação não se mostra atribuída às autarquias locais, nem envolve qualquer interferência nos interesses próprios das respectivas comunidades, tanto mais que trata de um regime excepcional de autorização de um abono, e, como bem refere a sentença recorrida, "sendo matéria de interesse e âmbito nacional nunca seria justificável que os pagamentos a aposentados da função pública pudessem ser diferenciados por decisões casuísticas dos presidentes dos cerca de 300 municípios portugueses".

8.11. Surge, portanto, evidente que a norma do artigo 79.° do Estatuto da Aposentação (na redacção dada pelo Decreto-Lei n.° 215/87) não padece do vício de inconstitucionalidade, nem existe esse vício na interpretação feita na sentença (que se reportou à redacção originária do preceito), desatendendo-se, nesta parte, a pretensão dos 1.° e 2.° recorrentes.

8.12. Consideram ainda os mesmos recorrentes que padecem também de inconstitucionalidade, sempre segundo a interpretação efectuada naquela sentença, por violarem o princípio «trabalho igual, salário igual, consagrado sob o artigo 59.°, n.° 1, alínea *a*), da Constituição».

8.13. Não têm razão, pois, conforme é indicado na sentença, esta matéria já foi apreciada no Acórdão n.° 386/91 do Tribunal Constitucional, de 22 de Outubro (publicado no *Diário da República* II Série, de 2 de Abril 1992, pp. 3112 e segs.), concordando-se inteiramente com o seu teor, e, em consequência, só haverá inconstitucionalidade nos casos, diferente do agora em apreciação, em que a norma permite que o montante da pensão somado ao abono de uma terça parte da remuneração pelo desempenho de outras funções públicas por parte do aposentado seja inferior ao quantitativo da remuneração correspondente às funções desempenhadas.

8.14. No mesmo sentido, refira-se o Acórdão do mesmo Tribunal n.° 285/02, de 18 de Junho de 2002, em que se diz:

«Contrariamente ao sustentado pelo tribunal recorrido, não é inconstitucional, por violação do princípio de que "para trabalho igual salário igual", consagrado no artigo 59.°, n.° 1, alínea *a)*, da Constituição, a norma do artigo 79.° do Decreto-Lei n.° 498/72, de 9 de Dezembro, sempre que o aposentado não receba integralmente a remuneração correspondente ao desempenho das funções públicas que lhe seja permitido desempenhar. Só existirá violação desse princípio se, como se sublinha no mencionado Acórdão do Tribunal Constitucional, o aposentado receber, a final, menos do que um trabalhador no activo que exerça em quantidade e qualidade iguais".

8.15. Sendo de uma total clareza ambos os acórdãos citados, tornam-se desnecessários outros desenvolvimentos, constatando-se que a sentença proferida, nesta parte, não merece qualquer censura, sendo, consequentemente de improceder a pretensão dos recorrentes.

(...)".

Os recorrentes interpuseram então recurso para o Tribunal Constitucional, ao abrigo da alínea *b)* do n.° 1 do artigo 70.° da Lei do Tribunal Constitucional, nos seguintes termos:

"(...)

As normas cuja fiscalização concreta de constitucionalidade se pretende são as contidas:

— as do artigo 67.°, n.° 2, da Lei de Organização e Processo do Tribunal de Contas, do artigo 48.°, n.° 2, alínea *d*), do Decreto-Lei n.° 59/99 e do artigo 15.°, alínea *b*), do Código Penal;

— dos preceitos dos artigos 78.°, n.° 1, alínea *c*), e 79.° do Estatuto da Aposentação (na redacção introduzida pelo Decreto-Lei n.° 215/87);

Tais normas, interpretadas nos termos constantes do douto aresto recorrido, padecem de inconstitucionalidade — como os recorrentes sustentaram na sua alegação para o tribunal recorrido —, por violação, respectivamente:

— do conceito de Estado de direito democrático, consagrado sob o artigo 2.° da nossa Lei Fundamental;

— por ofensa do princípio da autonomia do poder local (artigo 235.°, 242.° e 243.°, n.os 1 e 2, da Constituição) e do princípio "para trabalho igual, salário igual" [artigo 59.°, n.° 1, alínea *a*), da Constituição].

(...)".

Na sequência de despacho de aperfeiçoamento do relator, através do qual foram convidados a identificar as interpretações normativas que pretendem submeter à apreciação do Tribunal Constitucional, vieram os recorrentes dizer o seguinte:

"A) As normas em apreço.

1. O preceito do artigo 67.°, n.° 2, da Lei de Organização e Processo do Tribunal de Contas (na redacção introduzida pela Lei n.° 48/2006, de 29 de Agosto) reza:

"O Tribunal de Contas gradua as multas tendo em consideração a gravidade dos factos e as suas consequências, o grau de culpa, o montante material dos valores públicos lesados ou em risco, o nível hierárquico dos responsáveis, a sua situação económica, a existência de antecedentes e o grau de acatamento de eventuais recomendações do Tribunal."

2. Estatui-se sob o artigo 48.°, n.° 2, do Decreto-Lei n.° 59/99:

"São os seguintes os procedimentos aplicáveis, em função do valor estimado do contrato:

(...)

d) Ajuste directo, quando o valor estimado do contrato for inferior a 5000 contos, sendo obrigatória a consulta a três entidades."

3. Dispõe o artigo 15.° do Código Penal:

"Age com negligência quem, por não proceder com o cuidado a que, segundo as circunstâncias, está obrigado e de que é capaz:

(...)

b) Não chegar sequer a representar a possibilidade de realização do facto."

4. Consta do Estatuto da Aposentação (na redacção introduzida pelo Decreto-Lei n.° 215/87):

"Artigo 78.°
Incompatibilidades

1 — Os aposentados ou reservistas das Forças Armadas não podem exercer funções públicas ou a prestação de trabalho remunerado nas empresas públicas, excepto se se verificar alguma das seguintes circunstâncias:

(...)

c) Quando, sob proposta do membro do Governo que tenha o poder hierárquico ou tutela sobre a entidade onde prestará o seu trabalho o aposentado ou reservista, o Primeiro-Ministro, por despacho, o autorize, constando do despacho o regime jurídico a que ficará sujeito e a remuneração atribuída.

Artigo 79.°
Exercício de funções públicas por aposentados

Nos casos em que aos aposentados ou reservistas seja permitido, nos termos do artigo anterior, desempenhar funções públicas ou prestação de trabalho remunerado nas empresas públicas ou entidades equiparadas, é-lhes mantida a pensão de aposentação ou de reforma, salvo se o Primeiro-Ministro, sob proposta do membro do Governo que tenha o poder hierárquico ou de tutela sobre a entidade onde prestará o seu trabalho o aposentado ou reservista, autorizar montante superior, até ao limite da mesma remuneração."

B) A aplicação, pelo tribunal recorrido, das normas transcritas.

5. O tribunal *a quo* entendeu que age com culpa um autarca experiente e com conhecimentos [*in casu*, o 1.° recorrente], quando segue a orientação proposta pelo competente Director do Departamento Administrativo e Financeiro, no sentido de que mantém a natureza de empréstimo de curto prazo aquele que é amortizado no ano civil subsequente ao da sua contracção, mas sem que o período de vigência exceda um ano e que, por conseguinte, não há que suscitar a intervenção do executivo e da Assembleia Municipal, com vista à sua transformação em empréstimo de médio ou longo prazo.

6. Pretende-se que este Alto Tribunal verifique se o conceito de culpa assim perfilhado, em interpretação e aplicação das normas do artigo 67.°, n.° 2, da Lei de Organização e Processo do Tribunal de Contas (na redacção introduzida pela Lei n.° 48/2006, de 29 de Agosto) e do artigo 15.°, alínea *b*), do Código Penal, se coaduna com o princípio do Estado de direito democrático (artigo 2.° da Constituição).

7. Julgou o tribunal recorrido que os preceitos dos artigos 78.°, n.° 1, alínea *c*), e 79.° do Estatuto da Aposentação, na redacção (em vigor à data dos factos em causa) acima transcrita, confere ao Primeiro-Ministro a competência para autorizar o exercício de funções, por aposentados, nas autarquias locais e para fixar remuneração superior a um terço da que corresponde a esse exercício.

8. A questão que se submete a este Tribunal Constitucional é a de apurar se essa interpretação se conforma com o princípio da autonomia do poder local (artigos 235.°, 242.°, n.os 1 e 2, 243.° da Constituição) e com o princípio «para trabalho igual, salário igual» (artigo 59.°, n.° 1, alínea *a*), da Constituição).

9. Finalmente, o tribunal *a quo* decidiu que age com culpa o autarca que, seguindo a orientação proposta pelos serviços competentes, adjudica, por ajuste directo, no mesmo dia — mas em procedimentos que tiveram origem e se desenrolaram autonomamente e que respeitavam a obras absolutamente independentes

e distantes entre si muitos quilómetros —, trabalhos que, no seu conjunto, excedem o limite imposto sob o artigo 48.°, n.° 2, do Decreto-Lei n.° 59/99.

10. Também aqui se pretende que este Alto Tribunal verifique se o conceito de culpa assim perfilhado, em interpretação e aplicação das normas do artigo 67.°, n.° 2, da Lei de Organização e Processo do Tribunal de Contas (na redacção introduzida pela Lei n.° 48/2006, de 29 de Agosto) e do artigo 15.°, alínea *b*), do Código Penal, se coaduna com o princípio do Estado de direito democrático (artigo 2.° da Constituição)".

Por despacho de fls. 172 e seguintes, o relator notificou os recorrentes para produzirem alegações, com a advertência de que apenas seria de conhecer do objecto do recurso no tocante à questão da conformidade constitucional da interpretação que se reporta aos artigos 78.°, n.° 1, alínea *c)*, e 79.° do Estatuto da Aposentação, na redacção dada pelo Decreto-Lei n.° 215/87, de 29 de Maio.

Em alegações, os recorrentes nada disseram em relação à possível restrição do objecto do recurso, e, quanto ao mais, concluíram do seguinte modo:

1.ª À luz do estatuído nos artigos 235.°, 242.°, n.os 1 e 2 e 243.°, n.os 1 e 2, da Constituição, a interpretação das normas do artigo 78.° e 79.°, n.° 1, alínea *c*), tem de ser no sentido de que a referência, nelas, ao Primeiro-Ministro deve considerar-se feita, quando esteja em causa o exercício de funções em determinado município, ao presidente da respectiva câmara municipal.

2.ª A limitação do abono a receber pelos aposentados a uma terça parte (ou a qualquer outra percentagem) da remuneração correspondente às funções por eles desempenhadas constitui violação do princípio «para trabalho igual, salário igual» [artigo 59.°, n.° 1, alínea *a*), da Constituição].

3.ª A interpretação normativa perfilhada pelo aresto sob censura viola, por conseguinte, os princípios e preceitos constitucionais invocados.".

Nas contra-alegações, o representante do Ministério Público junto do Tribunal Constitucional veio sustentar que, face ao decidido no acórdão recorrido, não poderá considerar-se efectivamente aplicado o regime normativo constante do artigo 78.° do Estatuto da Aposentação, encontrando-se o objecto do recurso limitado, desse modo, à questão da constitucionalidade da norma constante do artigo 79.° do mesmo Estatuto. Formulou ainda as seguintes conclusões:

1.ª A regra constante do artigo 79.° do Estatuto da Aposentação, ao outorgar ao Primeiro-Ministro a competência par outorgar o recebimento, em acumulação com a pensão de reforma de verba superior a 1/3 da remuneração correspondente às funções exercidas — independentemente da natureza da entidade pública em que as funções são desempenhadas — não viola qualquer preceito ou princípio constitucional.

2.ª Termos em que deverá improceder o presente recurso.

Os recorrentes não responderam à questão prévia colocada pelo Ministério Público, respeitante à não aplicação, na decisão recorrida, do regime constante do artigo 78.° do Estatuto da Aposentação.

Cumpre apreciar e decidir.

II — Fundamentação

Delimitação do objecto do recurso

2. O recurso de constitucionalidade interposto pelos recorrentes incide sobre as normas dos artigos 67.°, n.° 2, da Lei de Organização e Processo do Tribunal de Contas (na redacção introduzida pela Lei n.° 48/2006, de 29 de Agosto), 48.°, n.° 2, alínea *d),* do Decreto-Lei n.° 59/99, de 2 de Março, e 15.°, alínea *b),* do Código Penal, e ainda sobre as normas dos artigos 78.°, alínea *c),* e 79.° do Estatuto da Aposentação, na redacção do Decreto-Lei n.° 215/87, de 29 de Maio.

Convidado a especificar as interpretações normativas que, em cada caso, estão em causa, os recorrentes, relativamente àquele primeiro grupo de disposições, vieram esclarecer que pretendem que o Tribunal Constitucional verifique se o conceito de culpa perfilhado pelo tribunal recorrido em aplicação desses referidos preceitos se coaduna com o Estado de direito democrático.

Assim sendo, nesse ponto, os recorrentes não questionam a conformidade constitucional de qualquer interpretação normativa que tenha sido formulada pelo tribunal recorrido, e limitam-se antes a censurar a própria decisão recorrida face aos termos que efectuou a qualificação jurídica dos factos tidos como assentes.

Ora, o Tribunal Constitucional não possui competência para analisar a constitucionalidade de decisões judiciais, mas apenas de normas ou interpretações normativas de que essa decisão tenha feito aplicação, na apreciação do caso concreto (como, com evidência, decorre do artigo 280.° da Constituição e das várias alíneas do n.° 1 do artigo 70.° da Lei do Tribunal Constitucional), pelo que não pode conhecer-se do objecto do recurso no que se refere a qualquer desses aspectos.

Entretanto, o Ministério Público, nas contra-alegações, suscitou ainda a questão prévia do não conhecimento do objecto do recurso em relação à norma do artigo 78.°, alínea *c),* do Estatuto da Aposentação, por entender que esta não foi aplicada na decisão recorrida, matéria sobre a qual, os recorrentes, notificados para se pronunciarem, não deduziram oposição.

E, na verdade, o Plenário da 3.ª Secção do Tribunal de Constas, tomando por assente que o recurso perante ele interposto incidia sobre a interpretação dos artigos 78.°, alínea *c),* e 79.° do Estatuto da Aposentação, expressamente afastou a aplicabilidade ao caso concreto da primeira dessas disposições, que se reportava ao regime de incompatibilidades dos aposentados para o exercício de funções remuneradas em serviços públicos, e, em necessária decorrência, apenas se pronunciou sobre a norma do artigo 79.°, deixando prejudicado o conhecimento do recurso quanto à questão suscitada por aquela outra disposição.

Ora, tendo em conta que a aplicação, na decisão recorrida, da norma cuja conformidade se pretende que o Tribunal Constitucional aprecie, constitui um dos pressupostos processuais do recurso previsto na alínea *b)* do n.° 1 do artigo 70.° da Lei do Tribunal Constitucional, é de considerar procedente a questão prévia colocada pelo Ministério Público, pelo que também não pode conhecer-se do objecto do presente recurso, quanto à norma do artigo 78.°, n.° 1, alínea *c)*, do Estatuto da Aposentação.

Nestes termos, o recurso circunscreve-se à norma do artigo 79.° do Estatuto da Aposentação, aprovado pelo Decreto-Lei n.° 498/72, de 9 de Dezembro, na redacção emergente do Decreto-Lei n.° 215/87, de 29 de Maio, na interpretação segundo a qual aos aposentados a quem seja permitido desempenhar outras funções públicas apenas pode ser abonada uma terça parte da remuneração que competir a essas funções e é o Primeiro-Ministro que detém competência para fixar remuneração superior a essa.

Mérito do recurso

3. Estão em causa, no presente recurso, dois diferentes segmentos normativos do artigo 79.° do Estatuto da Aposentação: de um lado, a limitação a um terço da remuneração a auferir por aposentados, que, nessa situação, se encontrem a exercer outras funções públicas, o que, segundo os recorrentes, ofende o princípio "para trabalho igual, salário igual", consagrado no artigo 59.°, n.° 1, alínea *a)*, da Constituição; de outro, a atribuição de competência ao primeiro-ministro para autorizar um abono superior a esse, que se entende infringir o princípio da autonomia do poder local consignado nos artigos 235.°, 242.°, n.ºs 1 e 2, e 243.°, n.ºs 1 e 2, da Constituição.

Na sua redacção originária, a referida norma do artigo 79.° do Estatuto da Aposentação tinha a seguinte redacção:

Artigo 79.°
(Exercício de funções públicas por aposentados)

Nos casos em que aos aposentados seja permitido desempenhar outras funções públicas é-lhes mantida a pensão de aposentação e abonada uma terça parte da remuneração que competir a essas funções, salvo se lei especial determinar ou o Conselho de Ministros autorizar abono superior, até ao limite da mesma remuneração.

Entretanto por força da alteração introduzida pelo Decreto-Lei n.° 215/87, de 29 de Maio, aqui aplicável por ser a vigente à data dos factos, passou a dispor do seguinte modo:

Artigo 79.°
Exercício de funções públicas por aposentados

Nos casos em que aos aposentados ou reservistas seja permitido, nos termos do artigo anterior, desempenhar funções públicas ou prestação de trabalho remunerado nas empresas públicas ou entidades equiparadas, é-lhes mantida a pensão de aposentação ou de reforma, salvo se o Primeiro-Ministro, sob proposta do membro do Governo que tenha o poder hierárquico ou de tutela sobre a entidade onde prestará o seu trabalho o aposentado ou reservista, autorizar montante superior, até ao limite da mesma remuneração."

Reportando-se à primitiva versão do preceito, o Tribunal Constitucional já teve oportunidade de apreciar, no Acórdão n.° 386/91, de 22 de Outubro, a conformidade constitucional do princípio da limitação da remuneração, aí prevista, tendo julgado inconstitucional por violação da alínea *a)* do n.° 1 do artigo 59.° da Constituição, a norma do artigo 79.° do Estatuto da Aposentação, «mas somente na medida em que permite que o montante da pensão de reforma percebida por um aposentado, somado ao abono de uma terça parte da remuneração que competir ao permitido desempenho de outras funções públicas por parte do mesmo aposentado, seja inferior ao quantitativo de tal remuneração».

Afirmou-se então o seguinte:

"(...)

5. Na versão originária da Constituição consagrava-se na alínea *a)* do artigo 53.° que todos os trabalhadores, sem distinção de idade, sexo, raça, nacionalidade, religião ou ideologia tinham direito à retribuição do trabalho segundo a quantidade, natureza e qualidade, observando-se o princípio de que para "trabalho igual salário igual", de forma a garantir uma existência condigna.

Tais direito e proibição discriminatória continuaram a perdurar, em moldes em tudo idênticos, no texto constitucional resultante da revisão operada pela Lei Constitucional n.° 1/82 [artigo 60.°, n.° 1, alínea *a)*] e da revisão operada pela Lei Constitucional n.° 1/89 [artigo 59.°, n.° 1, alínea *a)*].

Nas citadas disposições constitucionais reafirma-se o princípio fundamental da igualdade, consagrado no artigo 13.° da lei básica, vertido na óptica dos direitos dos trabalhadores, efectuando-se uma determinação negativa [a proibição da discriminação], referindo-se um parâmetro positivo [a igualdade de retribuição], sujeito a avaliação, mediante critérios objectivos e materiais — logo não meramente formais — da quantidade, qualidade e natureza do trabalho, aos quais não poderá ser alheia a realidade social e, por fim, definindo-se como objectivo a garantia de uma retribuição do trabalho permissora de um trem de vida, individual e do agregado familiar, adequado ao grau económico generalizado do País (cfr. J. J. Gomes Canotilho e Vital Moreira, *Constituição da República Portuguesa Anotada*, 2.ª edição, 1.° volume, pp. 321 e segs., Jorge Leite, *Direito do Trabalho e da Segurança Social*, pp. 305 e segs., e Francisco Lucas Pires, *Uma Constituição para Portugal*, 1975, pp. 62 e segs.).

6. Face a estes contornos, será que ofende o preceito constitucional vasado na alínea *a)* do artigo 53.° da versão originária da Constituição, na alínea *a)* do n.° 1 do artigo 60.° da versão de 1982 e na alínea *a)* do n.° 1 do artigo 59.° da actual versão, uma norma que estabeleça limites à cumulação de remuneração devida pelo desempenho de outras funções públicas por um ex-servidor do Estado, com a pensão de aposentação (ou reserva) por ele já percebida?

Entende-se que a resposta a esta questão genérica terá de ser negativa.

6.1. É que, por um lado, a pensão auferida (que até, numa certa visão das coisas, poderia ser entendida como o posterior pagamento daquela parte da retribuição do trabalho desempenhado pelo servidor do Estado enquanto se manteve no activo, pagamento esse que lhe não foi feito, porque, ao menos em parte, descontado no vencimento líquido então auferido a título de subscrição para a Caixa Geral de Aposentações, e que, ajuntado à parte já paga, justificava a remuneração ilíquida global como ajustada à quantidade, qualidade e natureza do trabalho efectuado) pode, ou deve, ser entendida como a atribuição de um quantitativo ajustado à prossecução da existência condigna de vida do servidor, atentas as condições sociais e familiares que deterá aquando da sua aposentação.

A ser assim, estaria efectivada a garantia ínsita na parte final da alínea *a)* do n.° 1 do artigo 59.° da Constituição (versão actual).

E, por isso, a remuneração pelo desempenho de outras funções públicas — ainda que limitada — representaria um «*plus*» retributivo a acrescer ao percebido a título de pensão pelo aposentado.

Na verdade, os proventos auferidos pelo funcionário no activo e decorrentes do exercício de funções ou cargos públicos em qualidade e quantidade iguais às desempenhadas pelo aposentado autorizado a exercê-las constituem, quanto ao primeiro, o núcleo essencial da respectiva retribuição, que há-de obedecer ao comando garantístico da parte final do mencionado preceito da Constituição, derivando, ainda, de algum modo, do próprio direito ao trabalho concedido aos cidadãos.

Ora, se aos aposentados da função pública a garantia de existência condigna está assegurada pela atribuição da pensão de reforma, é claro que o quantitativo que percebem além da pensão e advindo do permitido desempenho de outro emprego ou cargo públicos, colocá-los-á, relativamente a essa garantia, em situação não igual à dos funcionários do activo que exercem funções iguais, em quantidade e qualidade, às que o aposentado está autorizado a desempenhar.

A remuneração auferida pelo trabalhador da função pública aposentado e em consequência do trabalho «cumulado», constitui, pois, um «*plus*» retributivo que não tem origem, directamente, no seu direito ao trabalho, conquanto, obviamente, derive do trabalho desempenhado.

6.2. Por outro lado, e primordialmente, é necessário não olvidar que no próprio texto constitucional (n.° 4 do artigo 269.°, correspondente, na primeira versão, ao n.° 4 do artigo 270.°) se descortina credencial bastante para legitimar o legislador ordinário a definir os casos e as condições em que a regra da proibição da acumulação de empregos ou cargos públicos aí contida pode ser excepcionada.

6.3. Concluir-se-á, desta arte, que, em termos genéricos, não será feridente da Lei Fundamental e, designadamente, do que se consagra na já referida alínea *a)* do n.° 1 do seu artigo 59.°, norma infraconstitucional que venha estabelecer um limite à cumulação de remunerações advindas da pensão de reforma de um aposentado da função pública e da retribuição pelo exercício de funções ou cargos públicos que ele se encontre legalmente autorizado a desempenhar, independentemente da concretização, numa ou noutra, desse limite.

7. Mas, se a tal conclusão se chegou, a indagação do problema não pode quedar-se por aqui.

De facto, tendo em conta o direito fundamental garantido na mencionada alínea *a)* do n.° 1 do artigo 59.°, concretizador daqueloutro da igualdade, e o princípio de justiça que lhe está subjacente, mister é que o total recebido pelo aposentado se não mostre inferior ao vencimento percebido pelo trabalho desempenhado pelo funcionário no activo, sob pena de, havendo exercício de trabalho em qualidade e quantidade iguais por parte de dois trabalhadores, um deles receber, a final, menos do que o outro.

Pois bem:

Se mercê de limitação à globalidade remuneratória imposta por normação ordinária, o total auferido pelo aposentado — resultado da pensão e do «vencimento» proveniente do desempenho autorizado de função ou cargo públicos — se mostrar de quantitativo inferior ao «salário» atribuído ao trabalhador do activo que exerce função ou cargo iguais aos que o aposentado está permitido exercer, então o citado princípio de justiça subjacente à referida norma constitucional ver-se-á inequivocamente abalado.

8. A ser assim, como é, perante o dispositivo constante da norma em apreciação, poderão surgir hipóteses em que a soma da pensão de reforma do aposentado e do montante da retribuição do autorizado desempenho de outra função ou cargo públicos — montante esse derivado do limite imposto pela mesma norma — seja de quantitativo inferior ao do auferido pelo funcionário no activo que exerce igual função ou cargo.

Ora, em tais casos, originados pela estatuição da norma em causa, criar-se-ão situações conflituantes com os assinalados princípio de justiça e garantia respectivamente ínsito e consagrada na Lei Básica.

(...)".

Este entendimento veio a ser retomado no Acórdão n.° 258/02, de 18 de Junho, em que se aditaram as seguintes considerações:

[...] não é inconstitucional, por violação do princípio de que "para trabalho igual salário igual", consagrado no artigo 59.°, n.° 1, alínea *a)*, da Constituição, a norma do artigo 79.° do Decreto-Lei n.° 498/72, de 9 de Dezembro, sempre que o aposentado não receba integralmente a remuneração correspondente ao desempenho das funções públicas que lhe seja permitido desempenhar. Só existirá violação desse princípio se, como se sublinha no mencionado Acórdão do Tribunal Constitucional, o aposentado receber, a final, menos do que um trabalhador no activo que exerça trabalho em quantidade e qualidade iguais.

Na verdade, e como salienta o Ministério Público nas alegações que produziu junto deste Tribunal, "não são manifestamente situações idênticas aquelas em que certo cidadão exerce, em exclusivo, certa função e em que tal função é exercida cumulativamente com outra, podendo legitimamente tal situação de acumulação ditar uma redução — proporcional e adequada — da remuneração global auferida".

Não sendo idênticas as situações do aposentado que exerce certa função pública e a do trabalhador no activo que só exerce essa função, desde logo porque aquele acumula a qualidade de aposentado, auferindo a correspondente pensão de aposentação, é evidente que a questão de constitucionalidade apreciada pelo tribunal recorrido não pode ser equacionada nos termos simples em que assumidamente o foi. O princípio da igualdade não postula o tratamento igual de situações substancialmente diversas, não sendo necessário incorrer na censurada "excessiva teorização" para assim concluir.

Por outro lado, mantendo o aposentado a pensão de aposentação e recebendo uma parte da remuneração que, acrescida àquela, não é inferior ao quantitativo da remuneração que compete às funções que desempenha, não se verifica qualquer enriquecimento indevido do Estado à custa do trabalhador, contrariamente ao defendido no acórdão recorrido. E isto porque o trabalhador, como sucede no caso dos autos, acaba por auferir uma quantia que, globalmente considerada, não é inferior àquela que compete às funções que desempenha, não sofrendo portanto um correlativo empobrecimento.

Conclui-se assim que não é inconstitucional o segmento normativo do artigo 79.° do Decreto-Lei n.° 498/72, de 9 de Dezembro, que — consentindo embora a redução da remuneração global devida a um aposentado que for autorizado a exercer outra função pública —, garanta ao aposentado a percepção do quantitativo que competir a essa função pública.

A argumentação dos recorrentes em nada põe em causa esta orientação jurisprudencial.

Por um lado, afirmam que para a aplicação do princípio "para trabalho igual, salário igual" releva apenas a circunstância de o trabalho ser ou não igual, e não a circunstância de o trabalhador ser ou não aposentado; por outro lado, consideram que o princípio da redução da remuneração dos aposentados que exercem outras funções públicas, a ser constitucionalmente conforme, seria também aplicável aos trabalhadores no activo que se encontrem em acumulação de funções, solução não consentida pelos artigos 27.° e 28.° da Lei n.° 12-A/2008, de 27 de Fevereiro.

Relativamente ao primeiro ponto, importa precisar que a norma do artigo 59.°, n.° 1, alínea *a)*, da Constituição visa essencialmente assegurar o direito a uma justa retribuição do trabalho e é em vista à realização desse direito que se devem entender os princípios fundamentais que aí se estabelecem para efeito da fixação da remuneração: (*a*) ela deve ser conforme à quantidade, natureza e qualidade do trabalho; (*b*) a trabalho igual em quantidade, natureza e qualidade deve corresponder salário igual, proibindo-se as discriminações entre trabalhadores; (*c*) a retribuição deve garantir uma existência condigna.

O princípio da igualdade salarial, como componente do direito a uma justa retribuição, não pode, por conseguinte, ser interpretado num sentido estritamente formal, mas antes à luz do objectivo constitucional que é traçado pela referida disposição do artigo 59.°, n.° 1, alínea *a)*.

Como refracção do princípio da igualdade, consagrado no artigo 13.°, n.° 1, da Constituição, o que a referida norma constitucional proíbe é o estabelecimento de diferenciações arbitrárias em matéria de retribuição e, por isso, a distinção de tratamento entre trabalhadores que prestam o mesmo tipo de trabalho sem que para isso subsista um fundamento material bastante (neste sentido, o Acórdão n.° 424/03).

No caso concreto, a limitação da remuneração é determinada pela circunstância de os cargos públicos se encontrarem a ser desempenhados por pessoas em situação de aposentação, relativamente às quais, desde logo, se encontra garantido o pagamento de uma pensão mensal que assegura a manutenção de um nível de vida correspondente àquele que já detinham quando se encontravam no activo. O critério legal assenta, por outro lado, em considerações de política legislativa que visam a proibição do exercício de funções remuneradas na Administração Pública por parte de quem, tendo mantido já uma relação jurídica de emprego público, se encontre a beneficiar do correspondente regime de previdência social, e que apenas conhece as excepções especialmente previstas no artigo 78.° do Estatuto da Aposentação.

A redução do montante remuneratório a um terço nos casos em que seja legalmente permitido a renovação de um vínculo de emprego público, como prevê o artigo 79.° do Estatuto de Aposentação, não impede que o interessado continue a auferir a totalidade da pensão, e representa, em si, um regime mais vantajoso que o anteriormente existente, que impunha que os aposentados nessas condições optassem pela remuneração correspondente ao cargo exercido ou pelo pagamento da pensão de aposentação (cfr. ponto 6 do preâmbulo do Decreto-Lei n.° 498/72, de 9 de Dezembro).

Em qualquer caso, como decorre do segmento final do mesmo artigo 79.°, não fica afastada a possibilidade, em situações que se mostrem justificadas, que venha a ser autorizada, caso a caso, o pagamento de um montante superior àquele até ao limite da remuneração que for legalmente devida pelo exercício do cargo.

Como se vê, o regime legal assenta num critério correctivo de natureza objectiva e mostra-se justificado por razões de moralização do sistema previdencial público, e não põe em causa, de nenhum modo, o direito a uma existência condigna, que é desde logo assegurada pelo pagamento da pensão de aposentação — questão que sempre poderia ser avaliada em concreto através do procedimento de autorização previsto no artigo 79.°, *in fine*.

Nada permite, por isso, concluir pela invocada inconstitucionalidade.

A invocação do regime jurídico vigente para a acumulação de funções no activo não possui também qualquer valor argumentativo.

Antes de mais, as soluções normativas adoptadas, no plano do direito ordinário, em relação a quaisquer outros aspectos do ordenamento jurídico, ainda que possam constituir lugares paralelos, não podem servir de parâmetro de constitucionalidade relativamente à questão que vem colocada no presente recurso, justamente porque se trata de direito infra-constitucional. Nem cabe agora averiguar se essa outra legislação é ou não, ela própria, conforme com a Constituição para efeito de se poder estabelecer um qualquer padrão comparativo.

Acresce que o novo regime de vinculação, carreiras e remunerações dos trabalhadores da Administração Pública, a que os recorrentes pretendem referir-se, não deixa de instituir um regime de exclusividade do exercício de funções públicas (artigo 26.°), e só permite a acumulação com outras funções públicas quando estas não sejam remuneradas ou nos casos taxativamente indicados na lei, desde que haja manifesto interesse público nessa acumulação e prévia autorização da entidade competente (artigos 27.° e 29.°). O que conduz a concluir que há, também, neste âmbito, um regime fortemente restritivo, que é consentâneo com o estabelecido para o exercício de funções públicas por parte de pessoas em situação de aposentação.

Seja como for, nunca o referido regime legal poderia servir de elemento de aferição de um julgamento de constitucionalidade, visto que estamos perante soluções normativas, que sendo em si mesmas distintas, visam também diferentes propósitos legislativos (garantia de imparcialidade, num caso; regulação do sistema previdencial, no outro), relativamente aos quais seria lícito ao legislador instituir distintos critérios legais.

4. Pretendem ainda os recorrentes que a disposição do artigo 79.° do Estatuto da Aposentação envolve a violação do princípio da autonomia do poder local, consagrado nos artigos 235.°, 242.°, n.ºs 1 e 2, e 243.°, n.ºs 1 e 2, da Constituição.

Esse princípio, também consagrado no artigo 6.° da Constituição, significa que «as autarquias locais são formas de administração autónoma territorial, de descentralização territorial do Estado, dotadas de órgãos próprios, de atribuições específicas correspondentes a interesses próprios e não meras formas de administração indirecta ou mediata do Estado» (Gomes Canotilho/Vital Moreira, *Constituição da República Portuguesa Anotada*, volume I, 4.ª edição, Coimbra Editora, 2007, p. 234).

Daí decorre que o legislador fica constitucionalmente vinculado a uma concepção de descentralização administrativa, que implica a devolução de atribuições e poderes aos entes públicos autárquicos infraestaduais. Essa devolução de poderes tem como consequência a atribuição de uma autonomia administrativa, que envolve a competência para a prática de actos administrativos e o exercício de poder regulamentar, sem sujeição a qualquer vínculo de dependência hierárquica em relação ao Estado, embora sem prejuízo da tutela administrativa de estrita legalidade — artigos 241.° e 242.° da Constituição (Gomes Canotilho / Vital Moreira, *Constituição da República Portuguesa Anotada*, 3.ª edição, Coimbra Editora, 1993, p. 886).

Essas competências não podem, no entanto, deixar de ser confinadas aos respectivos limites territoriais e às tarefas de incidência local que não sejam atribuídas, por lei, a outros titulares da Administração (cfr. artigos 199.° e 267.° da Constituição). E, evidentemente, abrange apenas funções administrativas e não funções legislativas, que estão necessariamente confiadas à Assembleia da República e ao Governo e, no âmbito regional, aos órgãos de governo próprio das regiões autónomas (artigos 161.° e segs. e 227.° da Constituição).

É à Assembleia da República que compete legislar, salvo autorização ao Governo, sob as bases do sistema de segurança social, bem como sobre as bases e âmbito da função pública, competindo ao Governo fazer decretos-leis de desenvolvimento dos princípios ou bases gerais dos regimes jurídicos contidos em leis [artigos 165.°, n.° 1, alíneas *f)* e *t)*, e 198.°, n.° 1, alíneas *b)* e *c)*, da Constituição].

Estando em causa, no caso vertente, o exercício cumulativo de funções públicas por parte de aposentados, e sendo essa matéria atinente ao estatuto da aposentação do funcionalismo público, a competência para legislar pertencia, nos termos antes expostos, aos órgãos de soberania, incluindo-se no âmbito da discricionariedade legislativa a indicação da entidade a quem deveria competir a autorização prevista na lei para o abono de remuneração superior à que está legalmente fixada.

Sendo essa competência atribuída ao Primeiro-Ministro, e tratando-se de matéria que diz respeito a interesses colectivos de índole geral e que manifestamente excedem a mera incidência local (independentemente de os destinatários do procedimento autorizativo poderem ser funcionários autárquicos), torna-se claro que não há, na referida atribuição de competência administrativa, qualquer violação do princípio da autonomia local.

Assim é de não julgar inconstitucional a norma do artigo 79.° do Estatuto da Aposentação, aprovado pelo Decreto-Lei n.° 498/72, de 9 de Dezembro, na redacção emergente do Decreto-Lei n.° 215/87, de 29 de Maio, na interpretação segundo a qual aos aposentados a quem seja permitido desempenhar outras funções públicas apenas pode ser abonada uma terça parte da remuneração que competir a essas funções e é o primeiro-ministro que detém competência para fixar remuneração superior a essa.

III — Decisão

Nestes termos, e pelos fundamentos expostos, decide-se:

a) Não conhecer do objecto do recurso, quanto às normas dos artigos 67.°, n.° 2, da Lei de Organização e Processo do Tribunal de Contas (na redacção introduzida pela Lei n.° 48/2006, de 29 de Agosto), 48.°, n.° 2, alínea *d)* do Decreto-Lei n.° 59/99, de 2 de Março, e 15.°, alínea *b)*, do Código Penal, e 78.° do Estatuto da Aposentação, aprovado pelo Decreto-Lei n.° 498/72, de 9 de Dezembro (na redacção emergente do Decreto-Lei n.° 215/87, de 29 de Maio);

b) Negar provimento ao recurso na parte que dele se conhece.

Custas pelos recorrentes, fixando-se a taxa de justiça em 25 unidades de conta.

Lisboa, 27 de Maio de 2009. — *Carlos Fernandes Cadilha* — *Ana Maria Guerra Martins* — *Maria Lúcia Amaral* — *Vítor Gomes* — *Gil Galvão.*

Anotação:

1 — Acórdão publicado no *Diário República,* II Série, de 3 de Julho de 2009.

2 — Os Acórdãos n.os 386/91 e 424/03 estão publicados em *Acórdãos*, 20.° e 57.° Vols., respectivamente.

ACÓRDÃO N.º 275/09

DE 27 DE MAIO DE 2009

Julga organicamente inconstitucional a norma extraída da conjugação do artigo 348.º, n.º 1, alínea *a)*, do Código Penal, e dos artigos 152.º, n.º 3, e 153.º, n.º 8, ambos do Código da Estrada, de acordo com a redacção fixada pelo Decreto-Lei n.º 44/2005, de 23 de Fevereiro.

Processo: n.º 647/08.
Recorrente: Ministério Público.
Relatora: Conselheira Ana Guerra Martins.

SUMÁRIO:

I — A possibilidade de tipificação de um crime de desobediência, resultante da conjugação do artigo 348.º, n.º 1, alínea *a)*, do Código Penal, e dos artigos 152.º, n.º 3, e 153.º, n.º 8, ambos do Código da Estrada, de acordo com a redacção fixada pelo Decreto-Lei n.º 44/2005, de 23 de Fevereiro, encontra-se inscrita na reserva relativa de competência legislativa da Assembleia de República; por outro lado, afigura-se inquestionável a ausência de autorização legislativa ao Governo para legislar sobre tal matéria, na medida em que a Lei n.º 53/2004, de 4 de Novembro — que o Decreto-Lei n.º 44/2005, de 23 de Fevereiro, expressamente invoca —, não contém qualquer disposição normativa nesse sentido.

II — Muito embora os condutores continuem a praticar o crime de desobediência sempre que recusem a realização do exame através do método de ar expirado ou, quando este não for possível, quando recusem o exame médico alternativo à colheita de sangue, a nova redacção do n.º 8 do artigo 153.º do Código da Estrada vem, de modo manifesto, agravar a sua responsabilidade criminal, na medida em que passa a punir como crime de desobediência a recusa de sujeição a colheita de sangue nos casos em que seja tecnicamente possível fazê-lo.

III — Verificado esse mesmo conteúdo inovatório, é forçoso concluir-se que o legislador governamental necessitava da autorização legislativa, na medida em que a decisão normativa primária cabia à Assembleia da República, por força da alínea *c)* do n.° 1 do artigo 165.° da Constituição.

Acordam na 3.ª Secção do Tribunal Constitucional:

I — Relatório

1. Nos presentes autos, foi interposto recurso pelo Ministério Público, com natureza obrigatória, ao abrigo do artigo 280.°, n.° 1, alínea *a)*, e n.° 3 da Constituição (CRP) e dos artigos 70.°, n.° 1, alínea *a)*, e 72.°, n.° 3, ambos da Lei do Tribunal Constitucional (LTC), da sentença do 1.° Juízo do Tribunal Judicial da comarca de Esposende, proferida em 27 de Maio de 2008 (fls. 40 a 47) que determinou a desaplicação da norma extraída a partir da conjugação do artigo 348.°, n.° 1, alínea *a)*, do Código Penal, e dos artigos 152.°, n.° 3, e 153.°, n.° 8, ambos do Código da Estrada, de acordo com a redacção fixada pelo Decreto-Lei n.° 44/2005, de 23 de Fevereiro, com fundamento na sua inconstitucionalidade orgânica, por versar sobre matéria da competência legislativa reservada da Assembleia da República, sem que o Governo estivesse dotado da necessária autorização legislativa, bem como na sua inconstitucionalidade material, por violação do princípio da proporcionalidade e da restrição mínima da liberdade pessoal, previsto no n.° 2 do artigo 18.° da Constituição da República Portuguesa.

2. Notificado para tal pela relatora, o recorrente produziu alegações, das quais constam as seguintes conclusões:

> «1. Como na versão do Código da Estrada saída da alteração legislativa introduzida pelo Decreto-Lei n.° 265-A/2001, de 28 de Setembro, a conduta do recorrente já era punível como crime de desobediência, as alterações introduzidas naquele Código pelo Decreto-Lei n.° 44/2005, de 23 de Fevereiro, nada inovaram.
>
> 2. Por isso, as normas dos artigos 152.°, n.° 3, e 153.°, n.° 8, do Código da Estrada, na redacção dada pelo Decreto-Lei n.° 44/2005, em conjugação com o artigo 348.°, n.° 1, alínea *a)*, do Código Penal, na interpretação segundo a qual constitui crime de desobediência a recusa injustificada a ser-se submetido a colheita de sangue para análise, nos casos em que, para apurar a taxa de alcoolemia de condutor de veículo automóvel, não for possível a realização de prova por pesquisa no ar expirado, não são organicamente inconstitucionais.
>
> 3. A norma também não é materialmente inconstitucional, não violando qualquer princípio ou preceito constitucional, designadamente os artigos 18.°, n.° 2, e 32.°, n.° 8, da Constituição.

4. Termos em que deverá proceder o presente recurso, em conformidade com o julgamento de não inconstitucionalidade da norma desaplicada na sentença recorrida.» (fls. 67 e 68)

3. Notificado para tal, o recorrido contra-alegou, podendo extrair-se as seguintes conclusões:

"1. O recorrido foi julgado pela prática de um crime de desobediência por ter recusado submeter-se a colheita de sangue para avaliar o estado de influenciado pelo álcool, e, veio a ser absolvido pelo facto de o Exm.° Senhor juiz *a quo* ter entendido que as disposições conjugadas dos artigos 348.°, n.° 1, alínea *a)*, do Código Penal por referência aos artigos 152.°, n.° 3, e 153.°, n.° 8, do Código da Estrada, violam a reserva relativa da Assembleia da República sendo por isso, organicamente inconstitucionais.

2. Além disso, as normas em questão violam também o principio da proporcionalidade, previsto no artigo 18.°, n.° 2, da Constituição da República Portuguesa e ainda o artigo 32.°, n.° 8, também da Constituição, pois a recolha de prova para procedimento criminal mediante colheita de sangue é ofensiva do direito à integridade física do recorrido, na medida em que o mesmo não autorizou essa colheita e vai, por isso, ser sancionado criminalmente.

3. De facto, o entendimento do recorrido vai também nesse sentido, aliás, nem poderia o entendimento ser outro.

4. Senão vejamos,

5. Quanto à inconstitucionalidade orgânica referida, convém referir que a criminalização da recusa a submissão a provas para detecção do estado de influenciado pelo álcool remonta ao Decreto-Lei n.° 2/98, de 3 de Janeiro, que introduziu alterações ao Código da estrada.

6. O Decreto-Lei n.° 2/98 foi precedido de Lei de Autorização (Lei n.° 97/97, de 23 de Agosto) que concedeu autorização ao Governo para proceder à alteração do Código da Estrada.

7. Porém, necessário se torna referir que a criminalização da recusa efectivada pelo Decreto-Lei n.° 2/98 não abrangeu o exame por colheita de sangue, ou seja, a recusa apenas constituía crime de desobediência nos casos em que o examinado se recusasse a realizar os exames por ar expirado ou o exame médico, pois para o exame por colheita de sangue era necessário o consentimento do examinado.

8. Referia o artigo 158.°, n.° 3, à altura o seguinte, "Quem recusar submeter-se às provas estabelecidas para a detecção do estado de influenciado pelo álcool ou por substâncias legalmente consideradas como estupefacientes ou psicotrópicas, para as quais não seja necessário o seu consentimento nos termos dos n.os 2 e 3 do artigo 159.°, é punido por desobediência".

9. Compulsado o artigo 59.°, à data a que nos estamos a reportar, concluise que o exame por análise de sangue não era obrigatório, pois apenas era realizado para efeito de contraprova e a requerimento do examinado, sendo que por isso a recusa de fazer exame de sangue não constituía crime de desobediência.

10. As únicas provas de detecção do estado de influenciado pelo álcool obrigatórias, eram o exame por ar expirado e o exame médico.

11. O Código da Estrada foi entretanto novamente alterado pelo Decreto-Lei n.° 265-A/2001, de 28 de Setembro.

12. Esta alteração não foi precedida de qualquer lei de autorização.

13. O artigo 158.°, n.° 3, do Código da Estrada passa então a referir o seguinte: "quem recusar submeter-se às provas estabelecidas para a detecção do estado de influenciado pelo álcool ou por substâncias legalmente consideradas como estupefacientes ou psicotrópicas é punido por desobediência."

14. Parece que desta última alteração podemos retirar uma criminalização da recusa à submissão a colheita de sangue para avaliação do estado de influenciado pelo álcool.

15. No entanto, da análise do artigo 159.°, n.° 7, do Código da Estrada concluímos que o exame por colheita de sangue continua a funcionar como contraprova, e a requerimento do examinado.

16. Logo não podemos concluir que quando o examinado, tendo-se submetido a pesquisa de álcool no ar expirado, se recusar a ser submetido a colheita de sangue para análise, o mesmo perpetre o crime de desobediência previsto no artigo 348.°, n.° 1, alínea *a*), do Código Penal.

17. Até porque, o artigo 159.°, n.° 7, do Código da Estrada confere ao examinado a possibilidade de recusa de submissão a colheita de sangue para análise.

18. Posteriormente, deparamo-nos ainda com a alteração do Decreto-Lei n.° 44/2005, de 23 de Fevereiro.

19. Esta alteração, foi, por sua vez, autorizada pela Lei n.° 53/2004, de 4 de Novembro.

20. Desde já se refere que a mencionada lei de autorização não contempla qualquer tipo de criminalização da conduta do examinado que recuse submeter-se a colheita de sangue para avaliação do estado de influenciado pelo álcool.

21. Desta última alteração ao Código da Estrada, não resulta qualquer alteração ao artigo 158.°, n.° 2 (cuja previsão passa agora para o artigo 152.°, n.° 3, do Código da Estrada).

22. Porém, o artigo 159.°, n.° 7, foi alterado e transposto para o actual 153.°, n.° 8, do Código da Estrada, passando então a referir o seguinte: "Se não for possível a realização de prova por pesquisa de álcool no ar expirado, o examinado deve ser submetido a colheita de sangue para análise ou, se esta não for possível por razões médicas, deve ser realizado exame médico, em estabelecimento oficial de saúde, para diagnosticar o estado de influenciado pelo álcool."

23. Da leitura da norma referida, retira-se que a alteração que o Decreto-Lei n.° 44/2005, de 23 de Fevereiro, fez ao Código da Estrada, e concretamente ao actual artigo 153.°, n.° 8, criminalizou efectivamente e pela primeira vez, a recusa da realização de colheita de sangue.

24. Não podemos, no entanto, esquecer que esta última alteração ao Código da Estrada, tendo sido precedida de Lei de autorização (Lei n.° 53/2004, de 4 de Novembro), essa lei de autorização não contempla uma criminalização da

recusa de submissão a colheita de sangue para avaliação do estado de influenciado pelo álcool.

25. E, assim sendo, deparamo-nos com uma violação da reserva relativa de competência da Assembleia da República, concretamente do artigo 165.°, n.° 1, alínea *c*), da Constituição da República Portuguesa.

26. Em consequência da violação da reserva relativa de competência da Assembleia da República, verifica-se inconstitucionalidade orgânica dos artigos 348.°, n.° 1, alínea *a*), do Código Penal, bem como dos artigos 152.°, n.° 3, e 153.°, n.° 8, do Código da Estrada.

27. Por outro lado, e no que respeita à inconstitucionalidade material do artigos 152.°, n.° 3, e 153.°, n.° 8, do Código da Estrada, diremos o seguinte.

28. A criminalização da recusa à submissão a colheita de sangue para fazer despiste do estado de influenciado pelo álcool, constitui uma ilegítima violação do direito à integridade física do recorrido.

29. Desde logo, porque o exame por colheita de sangue pressupõe, sempre, a introdução no corpo do recorrido, contra a sua vontade, de uma agulha.

30. E dúvidas não se terão, de que o espetar de uma agulha no corpo de uma determinada pessoa, contra a sua vontade constitui uma manifesta ofensa ao seu direito à integridade física.

31. O direito à integridade física das pessoas, como direito fundamental que é, encontra-se consagrado na Constituição da República Portuguesa, no artigo 25.°, referindo o n.° 1 que a integridade física das pessoas é inviolável.

32. Esta violação ilegítima do direito à integridade física do recorrido, não pode ser tolerada até porque a mesma não é justificada face aos valores aqui em ponderação.

33. O artigo 18.°, n.° 2, refere o critério a ter em conta em casos em que surja a necessidade de restrição de direitos fundamentais, dispondo o seguinte: "A lei só pode restringir os direitos, liberdades e garantias nos casos expressamente previstos na Constituição, devendo as restrições limitar-se ao necessário para salvaguardar outros direitos ou interesses constitucionalmente protegidos".

34. Assim, esta ofensa à integridade física do recorrente através da introdução no seu corpo de uma agulha, sem o seu consentimento viola também o artigo 18.°, n.° 2, da CRP, pois esta ofensa não é proporcional, isto é, não é justificável face ao interesse, também ele protegido constitucionalmente, que se pretende salvaguardar.

35. Os valores que aparentemente se pretendem salvaguardar com a criminalização da recusa a submissão a colheita de sangue para avaliação do estado de influenciado pelo álcool, seriam a segurança rodoviária e a integridade física de terceiros.

36. Porém, isto não é exacto, pois o que verdadeiramente aqui está em causa é a recolha de provas para a incriminação do recorrido por um crime.

37. Ou seja, o que está em causa não é o impedimento de um condutor embriagado conduzir e assim pôr em causa a segurança de terceiros e a própria

segurança rodoviária, mas sim através de uma colheita de sangue ofensiva da integridade física do recorrido, angariar provas para o punir por um crime.

38. Ofendendo como ofende a integridade física do recorrente, este meio de prova terá que ser considerado nulo, conforme aliás se retira do n.° 8 do artigo 32.° da Constituição da República Portuguesa.

39. Esta disposição veda qualquer tipo de violação à integridade física da pessoa para a obtenção de prova em processo criminal.

40. Assim, facilmente se conclui, por todos os argumentos aqui referidos, que o direito à integridade física do recorrente terá que prevalecer sobre o objectivo de angariar provas para a punição do mesmo.

41. Mais uma vez se frisa que esta introdução no corpo do recorrido de uma agulha para colheita de sangue cujo objectivo é fazer prova de um crime, violando o seu direito à integridade física, direito constitucionalmente garantido, é ofensiva quer do artigo 25.° da Constituição da República Portuguesa, bem como do n.° 2 do artigo 18.° e do artigo 32.°, n.° 8, do diploma citado.

42. Por isso, a criminalização da recusa por parte do recorrente em permitir a ofensa já atrás referida, é também, materialmente inconstitucional, na medida em que, é a própria Constituição que repudia a obtenção de provas mediante ofensa à integridade física das pessoas." (fls. 70 a 80)

Assim sendo, cumpre apreciar e decidir.

II — Fundamentação

4. Como ponto de partida registe-se que a possibilidade de tipificação de um crime de desobediência, resultante da conjugação do artigo 348.°, n.° 1, alínea *a)*, do Código Penal, e dos artigos 152.°, n.° 3, e 153.°, n.° 8, ambos do Código da Estrada, de acordo com a redacção fixada pelo Decreto-Lei n.° 44/2005, de 23 de Fevereiro, se encontra inscrita na reserva relativa de competência legislativa da Assembleia de República [alínea *c)* do n.° 1 do artigo 165.° da CRP]. De notar igualmente que se afigura inquestionável a ausência de autorização legislativa ao Governo para legislar sobre tal matéria, na medida em que a Lei n.° 53/2004, de 4 de Novembro — que o Decreto-Lei n.° 44/2005, de 23 de Fevereiro, expressamente invoca —, não contém qualquer disposição normativa nesse sentido.

Certo é, portanto, que a norma ora colocada em crise não beneficia de qualquer autorização legislativa concedida pela Assembleia da República ao Governo.

Porém, por si só, esta não será razão suficiente para optar pela inconstitucionalidade orgânica da norma. Com efeito, a análise da jurisprudência consolidada no Tribunal Constitucional aponta no sentido de que a falta de lei de autorização legislativa, em matéria de competência legislativa relativamente reservada da Assembleia da República, não obsta a que o Governo possa legislar, desde que a normação adoptada não se revista de conteúdo inovatório face à anteriormente vigente. A título de exemplo, cite-se o Acórdão n.° 114/08, da 3.ª Secção do Tribunal Constitucional (disponível in *www.tribunalconstitucional.pt*):

> "Com efeito, o Tribunal já por diversas vezes afirmou, em jurisprudência que remonta à Comissão Constitucional, que o facto de o Governo aprovar actos normativos respeitantes a matérias inscritas no âmbito da reserva relativa de competência da Assembleia da República não determina, por si só e automaticamente, a invalidação das normas que assim decretem, por vício de inconstitucionalidade orgânica. Força é que se demonstre que as normas postas sob observação não criaram um regime jurídico materialmente diverso daquele que até essa nova normação vigorava, limitando-se a retomar e a reproduzir substancialmente o que já constava de textos legais anteriores emanados do órgão de soberania competente (cfr. os Acórdãos n.os 502/97, 589/99, 377/02, 414/02, 450/02, 416/03, 340/05 estes tirados em Secção e publicados no *Diário da República*, II Série, de 4 de Novembro de 1998, de 20 de Março de 2000, de 14 de Fevereiro de 2002, de 17 de Dezembro de 2002, de 12 de Dezembro de 2002, de 6 de Abril de 2004 e de 29 de Julho de 2005, bem como o Acórdão n.° 123/04 (Plenário) publicado no *Diário da República*, I Série-A, de 30 de Março de 2004. Cfr. ainda, aliás com posição discordante, a indicação de Jorge Miranda, *Manual de Direito Constitucional*, tomo V, pp. 234/235).
>
> Para tanto, para que essa intromissão formal em domínios de reserva relativa de competência parlamentar seja irrelevante, é necessário que se possa concluir pelo carácter não inovatório da normação suspeita. Não bastará a mera verificação da identidade textual dos dispositivos legais em sucessão, tendo também de ponderar-se os demais elementos de interpretação da lei, pois o mesmo texto, reproduzido em novo contexto, pode adquirir diverso conteúdo normativo.
>
> Mas, adquirida a certeza do carácter materialmente não inovatório da norma editada pelo Governo, na perspectiva da distribuição constitucional de competências legislativas tutelada pela inconstitucionalidade orgânica, não se vê razão para a invalidade da norma. A opção política e a volição legislativa primária do parlamento materializadas em determinado acto legislativo da Assembleia da República ou parlamentarmente autorizado mantêm-se intocadas no ordenamento jurídico, apesar da recompilação no novo acto legislativo do Governo.
>
> (...)
>
> Ora, como se deixou dito, os factos imputados ao arguido, ora recorrido, eram punidos como crime de desobediência qualificada pelo n.° 4 do artigo 139.° do Código da Estrada na versão deste Código anterior àquela em que se insere a norma a que agora foi subsumida essa conduta. E continuam a ser punidos como crime de desobediência qualificada pelo n.° 2 do artigo 138.° na nova versão do Código, nos mesmos exactos termos. A diferente numeração e a alteração da epígrafe do preceito é mera consequência da reordenação dos demais preceitos do Código, não traduzindo diversa valoração quanto ao bem jurídico protegido ou

quanto ao contexto dos elementos relevantes para a punição desta conduta. Nesta parte, continua a tutelar-se penalmente, agora como antes, o cumprimento das decisões que imponham sanções acessórias de inibição de conduzir pela prática de contra-ordenações em matéria de circulação rodoviária. Não houve aqui intervenção materialmente constitutiva do Governo. Estão, assim, reunidas as condições para que, à luz da referida jurisprudência do Tribunal e tendo em consideração que estamos no âmbito de um processo de fiscalização concreta, a intromissão legislativa formal não autorizada do Governo no domínio da reserva relativa da competência da Assembleia da República não gere inconstitucionalidade orgânica."

Retomando esta linha de raciocínio, há que proceder a uma comparação entre a norma existente antes da entrada em vigor do Decreto-Lei n.° 44/2005, de 23 de Fevereiro — *in casu*, o n.° 7 do artigo 159.° do Código da Estrada — e a que resulta da posterior vigência do referido diploma legal — a norma extraída a partir da conjugação do artigo 348.°, n.° 1, alínea *a)*, do Código Penal, e dos artigos 152.°, n.° 3, e 153.°, n.° 8, ambos do Código da Estrada, de acordo com a redacção fixada pelo Decreto-Lei n.° 44/2005, de 23 de Fevereiro — com o intuito de averiguar se existe ou não inovação normativa, sendo que apenas no primeiro caso se poderá concluir no sentido da inconstitucionalidade orgânica.

Vejamos, então.

5. A norma que configura o tipo incriminador ora em apreço é obtida através da conjugação do tipo genérico do crime de desobediência [alínea *a)* do n.° 1 do artigo 348.° do Código Penal] com as seguintes disposições do Código da Estrada, segundo a redacção que lhe foi conferida pelo Decreto-Lei n.° 44/2005:

"Artigo 152.°
Princípios gerais

(...)

3 — As pessoas referidas nas alíneas *a*) e *b*) do n.° 1 que recusem submeter-se às provas estabelecidas para a detecção do estado de influenciado pelo álcool ou por substâncias psicotrópicas são punidas por crime de desobediência.

(...)

Artigo 153.°
Fiscalização da condução sob influência de álcool

(...)

8 — Se não for possível a realização de prova por pesquisa de álcool no ar expirado, o examinando deve ser submetido a colheita de sangue para análise ou, se esta não for possível por razões médicas, deve ser realizado exame médico, em estabelecimento oficial de saúde, para diagnosticar o estado de influenciado pelo álcool."

Importa, portanto, analisar o regime anteriormente vigente, de modo a aquilatar a natureza inovatória da norma desaplicada pela decisão recorrida.

A versão originária do actual Código da Estrada (aprovado pelo Decreto-Lei n.° 114/94, de 3 de Maio) determinava, através do n.° 1 do artigo 158.°, o dever legal de submissão a exames para detecção de possíveis intoxicações por parte de condutores e demais utentes da via pública, estes últimos quando tenham sido intervenientes num acidente de trânsito. Contudo a referida versão originária do Código da Estrada não estabelecia quaisquer sanções — penais ou de outra natureza — para os indivíduos que recusassem a realização dos referidos exames, limitando-se, por força do artigo 159.°, a remeter o procedimento de fiscalização para legislação especial.

Até à entrada em vigor da versão originária do Código da Estrada, vigoravam o Decreto-Lei n.° 124/90, de 14 de Abril, que fixava o regime jurídico aplicável à condução sob efeito de álcool, bem como o respectivo Decreto Regulamentar n.° 12/90, de 14 de Maio. Os referidos diplomas não foram alvo de revogação pelo Decreto-Lei n.° 114/94, de 3 de Maio, uma vez que o seu artigo 7.° determinava a manutenção em vigor de todos os regimes jurídicos especiais até que entrassem em vigor as normas regulamentares necessárias à aplicação do novo Código da Estrada. Depois de prever o dever legal de sujeição a exames para efeitos de fiscalização da condução sob o efeito de álcool (artigos 6.°, 8.° e 9.°), o artigo 12.° do Decreto-Lei n.° 124/90, de 14 de Abril de 1990, determinava o seguinte:

"Artigo 12.°
Recusa a exames

1 — Todo o condutor que, ou pessoa que contribua para acidente de viação, que se recusar a exame de pesquisa de álcool será punido com pena de prisão até um ano ou multa até 200 dias."

O referido Decreto-Lei n.° 124/90 foi precedido da necessária autorização legislativa, concedida pela Lei n.° 31/89, de 23 de Agosto, que, nos termos da alínea *a)* do artigo 2.°, previa expressamente a possibilidade de o Governo criar tipos incriminadores relativamente à recusa de realização de exames para detecção de álcool no sangue. Assim, fica demonstrado que, desde a entrada em vigor do referido diploma legal, se encontrava previsto no ordenamento jurídico português o crime de recusa de realização de exame de pesquisa de álcool no sangue.

Tal regime vigorou até à entrada em vigor do Decreto-Lei n.° 2/98, de 3 de Janeiro, que, através do seu artigo 20.°, n.° 1, revogou expressamente o Decreto-Lei n.° 124/90, optando por concentrar o regime jurídico primário da fiscalização da condução sob o efeito do álcool no próprio Código da Estrada (artigos 158.° a 165.°). Por sua vez, o Decreto Regulamentar n.° 12/90 permaneceu em vigor até à entrada em vigor do Decreto Regulamentar n.° 24/98, de 30 de Outubro, conforme determinado pelo n.° 2 do artigo 20.° do Decreto-Lei n.° 2/98, de 3 de Janeiro.

A partir da entrada em vigor do Decreto-Lei n.° 2/98, de 3 de Janeiro, o anterior tipo incriminador específico de recusa de submissão a exame para detecção de álcool no sangue foi substituído pelo tipo genérico de crime de desobediência, previsto na alínea *a)* do n.° 1 do artigo 348.° do Código Penal, por força de expressa previsão do n.° 3 do (então) artigo 158.° do Código da Estrada:

"Artigo 158.°
Princípios gerais

(...)

3 — Quem recusar a submeter-se às provas estabelecidas para a detecção do estado de influenciado pelo álcool ou substâncias legalmente consideradas como estupefacientes ou psicotrópicas, para as quais não seja necessário o seu consentimento nos termos dos n.°s 2 e 3 do artigo 159.°, é punido por desobediência."

A referida norma encontrava-se autorizada pela Lei n.° 97/97, de 23 de Agosto, nos seguintes termos:

"Artigo 3.°

Fica ainda o Governo autorizado a estabelecer:

(...)

d) A punição como desobediência da recusa, por condutor ou outra pessoa interveniente em acidente de trânsito, em submeter-se aos exames legais para detecção de estados de influenciado pelo álcool ou por substâncias legalmente consideradas como estupefacientes ou psicotrópicas, e ainda dos médicos ou paramédicos que, injustificadamente, se recusem a proceder às diligências previstas na lei para diagnosticar os referidos estados."

Daqui decorre que, por força do tipo incriminador constante do n.° 3 do artigo 158.° do Código da Estrada, segundo a redacção do Decreto-Lei n.° 2/98, cometia o crime de desobediência aquele que recusasse submeter-se a exame para detecção de álcool no sangue, salvo quando fosse legalmente exigido o seu consentimento, designadamente, nos casos de contraprova, que dependia sempre de iniciativa do examinado (cfr. n.ºs 2 e 3 do artigo 159.° da redacção então vigente do Código da Estrada).

Através de decreto-lei não autorizado (cfr. Decreto-Lei n.° 265-A/2001, de 28 de Setembro), o Governo viria a alterar os elementos típicos do crime de desobediência, bem como a aditar um n.° 7 ao artigo 159.° do Código da Estrada:

"Artigo 158.°

1 — Devem submeter-se às provas estabelecidas para a detecção dos estados de influenciado pelo álcool ou por substâncias legalmente consideradas como estupefacientes ou psicotrópicas:

a) Os condutores;

b) Os peões, sempre que sejam intervenientes em acidentes de trânsito;

c) As pessoas que se propuserem a iniciar a condução.

(...)

3 — As pessoas referidas nas alíneas *a)* e *b)* do n.° 1 que recusem submeter-se às provas estabelecidas para a detecção do estado de influenciado pelo álcool ou por substâncias legalmente consideradas como estupefacientes ou como psicotrópicas são punidas por desobediência."

"Artigo 159.°
Fiscalização da condução sob influência do álcool

(...)

7 — Se não for possível a realização de prova por pesquisa de álcool no ar expirado, o examinando deve ser submetido a colheita de sangue para análise ou, se recusar, deve ser realizado exame médico, em estabelecimento oficial de saúde, para diagnosticar o estado de influenciado pelo álcool."

Da análise desta evolução legislativa, podemos extrair as seguintes conclusões preliminares:

i) O crime específico de recusa de submissão a exames para controlo do álcool no sangue (artigo 12.°) encontra-se previsto no ordenamento jurídico português, desde a entrada em vigor do Decreto-Lei n.° 124/90, de 14 de Abril, adoptado ao abrigo de autorização legislativa;

ii) A partir da entrada em vigor do Decreto-Lei n.° 2/98, de 3 de Janeiro, adoptado ao abrigo de autorização legislativa, passou a prever-se no ordenamento jurídico português o crime de desobediência simples, salvo quando fosse necessário o consentimento do examinando, por exemplo, nos casos de contraprova [artigo 158.°, n.° 3, do Código da Estrada então vigente];

iii) Desde a entrada em vigor do Decreto-Lei n.° 265-A/2001, de 28 de Setembro, adoptado sem prévia autorização legislativa, reconhece-se ao examinando o direito a recusar colheita de sangue, sem necessidade de fundamentação, nos casos em que seja impossível proceder a pesquisa de álcool em ar expirado;

iv) Desde a entrada em vigor do Decreto-Lei n.° 44/2005, de 23 de Fevereiro, adoptado sem prévia autorização legislativa, retira-se ao examinando o direito a recusar colheita de sangue, independentemente do motivo, nos casos em que seja impossível proceder a pesquisa de álcool em ar expirado, apenas sendo realizado exame médico no caso da colheita de sangue não ser possível por razões médicas.

6. Vejamos, então, como ajuizar a similitude entre a norma constante do originário n.° 3 do artigo 158.° do Código da Estrada [na redacção conferida pelo Decreto-Lei n.° 2/98] — única norma dotada da necessária autorização legislativa — e a norma actualmente decorrente da conjugação entre o n.° 3 do artigo 152.° e o n.° 8 do artigo 153.° do vigente Código da Estrada.

A alteração legislativa introduzida pelo Decreto-Lei n.° 44/2005 representa um passo à frente face à dimensão normativa decorrente da conjugação entre o n.° 3 do artigo 158.° e o n.° 7 do artigo do Código da Estrada [na redacção conferida pelo Decreto-Lei n.° 265-A/2001]. Dá-se por adquirido, na esteira da anterior jurisprudência deste Tribunal (cfr. Acórdãos n.° 423/06 e n.° 628/06, disponíveis in *www.tribunalconstitucional.pt*), que a alteração legislativa introduzida pelo Decreto-Lei n.° 265-A/2001 não implicou uma ruptura face ao tipo penal resultante do n.° 3 do artigo 158.° do Código da Estrada vigente até então. É que, note-se, mesmo que o n.° 3 do referido artigo 158.° do Código da Estrada tenha deixado de incluir o elemento do tipo "para as quais não seja necessário o seu consentimento nos termos dos n.os 2 e 3 do artigo 159.°", este mesmo elemento do tipo de crime de desobediência permanece ínsito do Código da Estrada. Isto porque o n.° 7 do (então) artigo 159.° do Código da Estrada garantia que o examinando pudesse recusar, sem exigida fundamentação, a recolha de sangue — o que denota uma notória preocupação do legislador em salvaguardar o direito à integridade física e, eventualmente, moral, em casos de recusa fundada em razões religiosas ou filosóficas (cfr. artigos 25.° e 41.°, n.° 6, ambos da CRP), bem como à reserva da intimidade privada (cfr. artigo 26.°, n.° 1, da CRP) —, sendo esta substituída por outro tipo de exame médico.

Assim, a conjugação do n.° 7 do (então) artigo 159.° do Código da Estrada com a nova redacção do n.° 3 do (então) artigo 158.° do mesmo diploma codificador garantia que o examinando nunca cometeria o crime de desobediência, sempre que recusasse, de modo sempre legítimo nos termos da lei, a recolha de sangue, funcionando, de certo modo, como um elemento negativo daquele mesmo crime de desobediência. Ou seja, quando não fosse possível a realização de prova por pesquisa de álcool no ar expirado — ónus que correria sempre contra o Estado, quando não dispusesse dos equipamentos adequados —, apenas haveria cometimento do crime de desobediência se o examinando recusasse realizar o exame médico alternativo.

Como é bom de ver esta dimensão normativa — como já reconhecido nos Acórdãos n.° 423/06 e n.° 628/06 — era, de todo em todo, equivalente à que resultava do n.° 3 do (então) artigo 158.° do Código da Estrada [na redacção conferida pelo Decreto-Lei n.° 2/98] que, como já vimos, beneficiava da competente autorização legislativa.

7. Porém, entende-se que o mesmo já não se passa com a norma actualmente extraída da conjugação entre o n.° 3 do artigo 152.° e o n.° 8 do artigo 153.° do Código da Estrada [agora segundo a redacção resultante do Decreto-Lei n.° 44/2005].

Da mera comparação literal entre o n.° 8 do actual artigo 153.° do Código da Estrada e as anteriores normas — seja ela a extraída do n.° 3 do artigo 158.° [segundo o Decreto-Lei n.° 2/98] ou a extraída da conjugação entre o n.° 3 do artigo 158.° e o n.° 7 do artigo 159.° [segundo o Decreto-Lei n.° 265-A/2001] — resulta evidente que o legislador governamental substituiu o elemento negativo do tipo de crime de desobediência a realização de exame "se recusar", substituindo-o por "se esta não for possível por razões médicas". Com efeito, o legislador governamental pretendeu retirar aos condutores sujeitos aos exames para comprovação do teor de influência sob álcool o direito à recusa de colheita de sangue — note-se — mesmo nos casos em que a impossibilidade de realização de exame por método de ar expirado é apenas imputável ao Estado. Quando antes qualquer condutor podia recusar a sujeição a exame mediante colheita de sangue, sem necessidade de fundamentação em razões médicas — frise-se bem —, passa agora a exigir-se que a não realização da colheita de sangue apenas possa ser justificada pela impossibilidade técnica de tal operação médica.

Claro está que os condutores continuarão a praticar o crime de desobediência sempre que recusem a realização do exame através do método de ar expirado ou, quando este não for possível, quando recusem o exame médico alternativo à colheita de sangue. Ora, a nova redacção do n.° 8 do artigo 153.° do Código da Estrada vem, de modo manifesto, agravar a responsabilidade criminal dos condutores que pretendam — muitas vezes, admite-se, por razões plenamente justificadas e até protegidas pela Lei Fundamental [direito à integridade física e moral, direito à intimidade privada, direito à objecção de consciência] —, na medida em que passa a punir como crime de desobediência a recusa de sujeição a colheita de sangue nos casos em que seja tecnicamente possível fazê-lo.

Verificado esse mesmo conteúdo inovatório, é forçoso concluir-se que o legislador governamental necessitava da autorização legislativa, na medida em que a decisão normativa primária cabia à Assembleia da República, por força da alínea *c)* do n.° 1 do artigo 165.° da CRP.

Opta-se, assim, pela inconstitucionalidade orgânica da norma objecto do presente recurso, razão pela qual não se conhecerá da também alegada inconstitucionalidade material por violação do princípio da proporcionalidade (artigo

18.°, n.° 2, da CRP) ou por violação da proibição de obtenção de prova mediante ofensa da integridade física ou moral da pessoa ou abusiva intromissão na vida privada (artigo 32.°, n.° 8, da CRP).

III — Decisão

Pelos fundamentos expostos, decide-se negar provimento ao recurso. Sem custas, por não serem legalmente devidas.

Lisboa, 27 de Maio de 2009. — *Ana Maria Guerra Martins* — *Maria Lúcia Amaral* — *Vítor Gomes* — *Carlos Fernandes Cadilha* — *Gil Galvão.*

Anotação:

1 — Acórdão publicado no *Diário da República*, II Série, de 7 de Julho de 2009.
2 — O Acórdão n.° 114/08 está publicado em *Acórdãos*, 71.° Vol.

ACÓRDÃO N.° 279/09

DE 27 DE MAIO DE 2009

Julga inconstitucional a norma constante do n.° 3 do artigo 7.° da Lei n.° 34/2004, de 29 de Julho, com a redacção introduzida pela Lei n.° 47/2007, de 28 de Agosto, no segmento em que nega protecção jurídica às pessoas colectivas com fins lucrativos.

Processo: n.° 15/09.
Recorrente: Garagem Miro — Comércio e Reparação de Automóveis e Tractores, S. A.
Relator: Conselheiro Cura Mariano.

SUMÁRIO:

I — Num contexto em que a justiça não é gratuita, a solução legal do novo regime de protecção jurídica das pessoas colectivas com fins lucrativos, de negação absoluta do direito a protecção jurídica às pessoas colectivas com fins lucrativos em situação de comprovada insuficiência económica, consubstancia uma grave restrição ao direito fundamental de acesso ao direito e aos tribunais na medida em que permite a efectiva denegação de justiça por insuficiência de meios económicos sem cobertura em nenhum argumento jurídico-constitucional relevante.

II — O escopo lucrativo das sociedades comerciais revela-se totalmente inócuo para efeito de negação de qualquer modalidade de protecção jurídica quando os litígios que aquelas têm de enfrentar são imprevisíveis ou não se relacionam directamente com a actividade social normalmente desenvolvida.

III — A ideia de que a norma jurídica sob apreciação consubstancia uma restrição constitucionalmente admissível de um direito fundamental, na medida em que não deixaria de assegurar a preservação da substância do direito fundamental de acesso ao direito e aos tribunais, não pode ser minimamente sustentada neste caso porque o legislador ordinário não confere qualquer espécie de protecção jurídica às pessoas colectivas com fins lucrativos.

IV — Para prevenir e combater os abusos na concessão da protecção jurídica, o legislador ordinário deve criar condições para que o benefício da protecção jurídica seja apenas concedido às pessoas colectivas com fins lucrativos que se encontram em situação de efectiva insuficiência económica conforme tão-só exige a Constituição — sendo certo que o legislador ordinário não deixa de gozar de uma margem de liberdade de conformação na definição do conceito de insuficiência económica adequado à realidade societária em presença e no estabelecimento dos procedimentos probatórios adequados à respectiva avaliação.

Acordam na 2.ª Secção do Tribunal Constitucional:

I — Relatório

Em 11 de Setembro de 2008, a sociedade Garagem Miro — Comércio e Reparação de Automóveis e Tractores, S. A., requereu junto do Centro Distrital de Segurança Social de Vila Real que lhe fosse concedido o benefício do apoio judiciário nas modalidades de dispensa de pagamento de taxa de justiça e demais encargos com o processo e de nomeação e pagamento da compensação de patrono, para efeito de dedução de oposição a procedimento cautelar, então pendente contra si no 3.° Juízo do Tribunal Judicial da comarca de Vila Real, sob o n.° 1480/08.1 TBVRL, com o valor processual de € 36 052,31.

Tal pedido foi objecto de decisão de indeferimento liminar e a requerente deduziu impugnação judicial da mesma.

Em 13 de Novembro de 2008, no âmbito do procedimento que correu os seus termos no aludido tribunal e por apenso ao referido processo, sob o n.° 1480/08.1 TBVRL-A, foi proferida sentença que confirmou a decisão de indeferimento do pedido de concessão do apoio judiciário

Para tanto, o tribunal adoptou a seguinte fundamentação:

> "Garagem Miro — Comércio e Reparação de Automóveis e Tractores, S. A.", sociedade comercial, com sede em Vila Real, veio interpor recurso da decisão proferida pelo Centro Distrital de Segurança Social de Vila Real, de indeferimento liminar do seu pedido de apoio judiciário na modalidade de nomeação e pagamento de honorários a patrono, alegando, em síntese, a inconstitucionalidade do artigo 7.°, n.° 3, da Lei n.° 34/2004, de 29 de Julho, na redacção introduzida pela Lei n.° 47/2007, de 28 de Agosto.
>
> Cumpre apreciar.
>
> Nos termos do n.° 3 do artigo 7.° da Lei n.° 34/2004, de 29 de Julho, na redacção introduzida pela Lei n.° 47/2007, de 28 de Agosto, as pessoas colectivas com fins lucrativos e os estabelecimentos individuais de responsabilidade limitada não têm direito a protecção jurídica.

No caso em análise, sendo a recorrente uma sociedade comercial, com fins lucrativos, por força da supracitada disposição legal, não beneficia de protecção jurídica.

Será esta norma violadora dos princípios constitucionais da igualdade e do acesso ao direito e tutela jurisdicional efectiva consagrados nos artigos 13.° e 20.° da Constituição, como defende a recorrente?

Entendemos que não.

Com efeito, dos artigos 20.°, n.os 1 e 2, e 13.° da Constituição não decorre que as pessoas colectivas com fins lucrativos devam ser equiparadas às pessoas singulares no que concerne ao direito ao patrocínio judiciário.

Se atentarmos na consagração do próprio princípio da universalidade constatamos, desde logo, que o legislador constitucional introduz uma ressalva quanto às pessoas colectivas em geral, determinando que estas gozam dos direitos e estão sujeitas aos deveres "compatíveis com a sua natureza" — vide artigo 12.°, n.° 2, da CRP.

A diferenciação de tratamento não se revela desproporcionada ou excessiva, justificando-se igualmente por razões de interesse público, nomeadamente, por "critérios racionais de gestão do interesse colectivo e de repartição dos encargos públicos, ao dar prioridade e especial protecção no acesso à Justiça às pessoas e entidades sem fim lucrativo e ao exigir que as entidades com fim lucrativo suportem — ou criem mecanismos para isso adequados — os custos da actividade económica de que são beneficiários" — vide Acórdão do Tribunal Constitucional n.° 97/99, de 10 de Fevereiro de 1999.

Atento o expendido *supra*, julgo improcedente o presente recurso e, em consequência, mantenho a decisão proferida pelo Centro Distrital de Segurança Social de Vila Real."

A requerente interpôs então recurso desta última decisão, ao abrigo do disposto na alínea *b)* do n.° 1 do artigo 70.° da Lei da Organização, Funcionamento e Processo do Tribunal Constitucional (LTC), requerendo a fiscalização concreta da constitucionalidade da norma constante do n.° 3 do artigo 7.° da Lei n.° 34/2004, de 29 de Julho, com a redacção introduzida pela Lei n.° 47/2007, de 28 de Agosto, com fundamento na alegada violação do disposto nos artigos 12.°, 13.° e 20.° da Constituição da República Portuguesa.

A recorrente apresentou as seguintes alegações:

"A decisão sob recurso fundamentou-se no n.° 4 do artigo 7.° da mencionada Lei n.° 34/2004, na redacção que a tal n.° 4 foi dada pela Lei n.° 47/2007, de 28 de Agosto, disposição legal essa, segundo a qual as pessoas colectivas com fins lucrativos (entre as quais as sociedades comerciais, como a recorrente é, se incluem), não têm direito a protecção jurídica.

Só que tal nova redacção, dada ao mencionada n.° 4 do artigo 7.° da Lei n.° 34/2004, impossibilitando, como impossibilita, as pessoas colectivas com fins lucrativos, e, portanto, as sociedades comerciais, de obterem protecção jurídica, nomeadamente apoio judiciário, designadamente nas modalidades da dispensa de taxa de justiça e demais encargos com o processo e da nomeação e pagamento da compensação de patrono, se tem que ter por inconstitucional, por flagrante violação dos artigos 13.° e 20.°, ambos da Constituição da República (CRP).

E isto, na medida em que tal redacção, se vigorasse na ordem jurídica portuguesa, não só estabeleceria uma marcada diferença, entre, por um lado, as pessoas colectivas com fins lucrativos (incluindo as sociedades comerciais), e, por outro lado, as pessoas colectivas sem fins lucrativos e as pessoas singulares, contrariando assim o princípio da igualdade, ínsito no artigo 13.° da CRP.

Como também impossibilitaria às pessoas colectivas com fins lucrativos (incluindo as sociedades comerciais), mas com insuficiência de meios económicos, o acesso ao direito e à tutela jurisdicional efectiva, consagrado no artigo 20.° da CRP, denegando assim a justiça a tais entidades.

Sendo ainda certo que a palavra "todos", várias vezes mencionada no citado artigo 20.° da CRP, não pode ter outro significado que não seja naturalmente o de todos aqueles que sejam susceptíveis de ser parte numa causa judicial, isto é, todos aqueles que têm personalidade judiciária.

Abrangendo, naturalmente por igual, pessoas singulares e pessoas colectivas, com ou sem fins lucrativos (incluindo sociedades comerciais).

Inconstitucionalidade essa que aqui e agora se invoca, e que terá necessariamente que acarretar a repristinação da anterior redacção do mencionado n.° 4 do artigo 7.° da Lei n.° 34/2004.

Redacção anterior essa que permite, também às pessoas colectivas com fins lucrativos (incluindo sociedades comerciais), beneficiar da protecção jurídica, obtendo, nomeadamente, a dispensa de taxa de justiça e demais encargos com o processo e a nomeação e pagamento da compensação de patrono, naturalmente caso se verifiquem os restantes pressupostos, para isso, para todos (pessoas singulares e pessoas colectivas, com e sem fins lucrativos) sem distinção, fixados na Lei n.° 34/2004.

O n.° 4 do artigo 7.° da Lei n.° 34/2004, na redacção que a tal n.° 4 foi dada pela Lei n.° 47/2007, padece do vício da inconstitucionalidade, por violação dos artigos 13.° e 20.°, ambos da CRP.

Devendo pois tal norma legal ser por V. Exas. julgada inconstitucional, baixando os autos ao tribunal *a quo*, para aí ser reformulada a sentença, a que se alude no n.° 1 anterior, de harmonia com o juízo de inconstitucionalidade atrás referido."

Não foram apresentadas contra-alegações.

II — Fundamentação

1. *A delimitação do objecto do recurso*

Antes do mais, impõe-se uma restrição do objecto do recurso de constitucionalidade configurado pela recorrente.

A recorrente pretende a fiscalização da constitucionalidade da norma constante do n.° 3 do artigo 7.° da Lei n.° 34/2004, de 29 de Julho, com a redacção introduzida pela Lei n.° 47/2007, de 28 de Agosto, o qual dispõe que "as pessoas colectivas com fins lucrativos e os estabelecimentos individuais de responsabilidade limitada não têm direito a protecção jurídica".

A decisão recorrida entendeu, mercê da referida disposição legal, que as sociedades comerciais não têm direito a protecção jurídica e, consequentemente, indeferiu o pedido de concessão do benefício de apoio judiciário deduzido pela recorrente.

Atenta a natureza instrumental do recurso de constitucionalidade, importa excluir do âmbito deste recurso de constitucionalidade a dimensão normativa do n.° 3 do artigo 7.° da Lei n.° 34/2004, respeitante aos estabelecimentos individuais de responsabilidade limitada, enquanto entidades também não beneficiárias de protecção jurídica, que não foram objecto de qualquer apreciação pela decisão recorrida.

Assim sendo, apenas se cuidará de apreciar da constitucionalidade da norma constante do n.° 3 do artigo 7.° da Lei n.° 34/2004, de 29 de Julho, com a redacção introduzida pela Lei n.° 47/2007, de 28 de Agosto, no segmento respeitante às pessoas colectivas com fins lucrativos.

2. *O direito fundamental de acesso ao direito e aos tribunais e as pessoas colectivas*

O n.° 1 do artigo 20.° da Constituição, na redacção introduzida pela revisão constitucional de 1997, dispõe que "a todos é assegurado o acesso ao direito e aos tribunais para defesa dos seus direitos e interesses legalmente protegidos, não podendo a justiça ser denegada por insuficiência de meios económicos", acrescentando o n.° 2 que "todos têm direito, nos termos da lei, à informação e consulta jurídicas, ao patrocínio judiciário e a fazer-se acompanhar por advogado perante qualquer autoridade".

A garantia fundamental do acesso aos tribunais é uma concretização do princípio do Estado de direito que apresenta uma dimensão prestacional na parte em que impõe ao Estado o dever de assegurar meios tendentes a evitar a denegação de justiça por insuficiência de meios económicos.

Em texto que mantém toda a actualidade, a Comissão Constitucional, com referência à versão originária da Constituição, afirmou no Parecer n.° 8/78, de 23 de Fevereiro (*Pareceres da Comissão Constitucional,* 5.° volume, p. 3), a tal propósito:

> "Ao assegurar o «acesso aos tribunais, para defesa dos seus direitos», a primeira parte do n.° 1 do artigo 20.° da Constituição consagra a garantia fundamental que se traduz em confiar a tutela dos direitos individuais àqueles órgãos de soberania a quem compete administrar a justiça em nome do povo (artigo

205.°). A defesa dos direitos e dos interesses legalmente protegidos dos cidadãos integra expressamente o conteúdo da função jurisdicional, tal como ela se acha definida no artigo 206.° da Lei Fundamental.

Do mesmo passo, ao assegurar a todos o acesso aos tribunais para defesa dos seus direitos, o legislador constitucional reafirma o princípio geral da igualdade consignado no n.° 1 do artigo 13.°

Mas indo além do mero reconhecimento de uma igualdade formal no acesso aos tribunais, o n.° 1 do artigo 20.°, na sua parte final, propõe-se afastar neste domínio a desigualdade real nascida da insuficiência de meios económicos, determinando expressamente que tal insuficiência não pode constituir motivo de denegação da justiça.

Está assim o legislador constitucional a consagrar uma aplicação concreta do princípio sancionado no n.° 2 do artigo 13.°, segundo o qual «ninguém pode ser (...) privado de qualquer direito (...) em razão de (...) situação económica».

Não se dirá, todavia, que do n.° 1 do artigo 20.° da Constituição decorre o imperativo de uma justiça gratuita.

O sentido do preceito, na sua parte final, será antes o de garantir uma igualdade de oportunidades no acesso à justiça, independentemente da situação económica dos interessados. E tal igualdade pode assegurar-se por diferentes vias, que variarão consoante o condicionalismo jurídico-económico definido para o acesso aos tribunais. Entre os meios tradicionalmente dispostos em ordem a atingir esse objectivo conta-se, como é sabido, o instituto de assistência judiciária, mas, ao lado deste, outros institutos podem apontar-se ou vir a ser reconhecidos por lei.

Será assim de concluir que haverá violação da parte final do n.° 1 do artigo 20.° da Constituição se e na medida em que na ordem jurídica portuguesa, tendo em vista o sistema jurídico-económico aí em vigor para o acesso aos tribunais, puder o cidadão, por falta de medidas legislativas adequadas, ver frustrado o seu direito à justiça, devido a insuficiência de meios económicos."

Para evitar a denegação de justiça por insuficiência de meios económicos, a Lei n.° 34/2004, de 29 de Julho, com a redacção introduzida pela Lei n.° 47/2007, de 28 de Agosto, consagrou um sistema de acesso ao direito e aos tribunais que assenta essencialmente na concessão da protecção jurídica na modalidade de apoio judiciário.

Nos termos do referido diploma legal, o acesso ao direito e aos tribunais compreende a informação jurídica e a protecção jurídica (artigo 2.°, n.° 2).

Por seu turno, a protecção jurídica reveste as modalidades de consulta jurídica e de apoio judiciário (artigo 6.°, n.° 1).

A consulta jurídica consiste no esclarecimento técnico sobre o direito aplicável a questões ou casos concretos nos quais avultam interesses pessoais legítimos ou direitos próprios lesados ou ameaçados de lesão (artigo 14.°, n.° 1).

O apoio judiciário compreende as seguintes modalidades: *a)* dispensa de taxa de justiça e demais encargos com o processo; *b)* nomeação e pagamento da compensação de patrono; *c)* pagamento da compensação de defensor oficioso; *d)* pagamento faseado da taxa de justiça e demais encargos com o processo; *e)* nomeação e pagamento faseado da compensação de patrono; *f)* pagamento faseado da compensação de defensor oficioso (artigo 16.°, n.° 1).

Nos termos do n.° 1 do artigo 7.° da Lei n.° 34/2004, "têm direito a protecção jurídica (...) os cidadãos nacionais e da União Europeia, bem como os estrangeiros e os apátridas com título de residência válido num Estado-membro da União Europeia, que demonstrem estar em situação de insuficiência económica."

O n.° 3 do artigo 7.° da referida Lei, nega, contudo, o direito à protecção jurídica em qualquer das suas modalidades às pessoas colectivas com fins lucrativos.

Mas a mesma lei confere o direito à protecção jurídica na modalidade de apoio judiciário às pessoas colectivas sem fins lucrativos (artigo 7.°, n.° 4).

O regime jurídico infraconstitucional do sistema de acesso ao direito e aos tribunais acabado de enunciar estabelece uma distinção relevante entre as pessoas singulares e as pessoas colectivas e, dentro destas últimas, ainda distingue aquelas que prosseguem fins lucrativos das demais pessoas colectivas sem fins lucrativos.

As pessoas singulares — pelo menos, os cidadãos nacionais e da União Europeia — que demonstrem estar em situação de insuficiência económica gozam plenamente do direito à protecção jurídica em qualquer das suas modalidades.

As pessoas colectivas sem fins lucrativos que comprovem estar na mesma situação têm direito a protecção jurídica na modalidade de apoio judiciário.

Mas as pessoas colectivas com fins lucrativos não têm direito a protecção jurídica em qualquer das suas modalidades.

Importa aferir em que medida esta discriminação negativa em matéria de atribuição do direito a protecção jurídica às pessoas colectivas com fins lucrativos viola algum parâmetro constitucional.

O legislador constitucional português consagrou as pessoas colectivas de direito privado como sujeitos titulares de direitos (e deveres) fundamentais.

Efectivamente, o direito fundamental dos cidadãos constituírem associações e sociedades seria desprovido de eficácia se as novas entidades jurídicas assim criadas não fossem também constitucionalmente tuteladas no plano dos direitos fundamentais.

Por isso, nos termos do n.° 2 do artigo 12.° da Constituição, "as pessoas colectivas gozam dos direitos e estão sujeitas aos deveres compatíveis com a sua natureza".

De acordo com esta norma constitucional, as pessoas colectivas não são equiparadas às pessoas singulares.

Na verdade, «as pessoas colectivas só têm os direitos compatíveis com a sua natureza, ao passo que as pessoas singulares têm todos os direitos, salvo os especificamente concedidos apenas a pessoas colectivas (*v. g.*, o direito de antena). E tem de reconhecer-se que, ainda quando certo direito fundamental seja compatível com essa natureza e, portanto, susceptível de titularidade "colectiva" (*hoc sensu),* daí não se segue que a sua aplicabilidade nesse domínio vá operar exactamente nos mesmos termos e com a mesma amplitude com que decorre relativamente às pessoas singulares (cfr. Jorge Miranda/Rui Medeiros, *Constituição Portuguesa Anotada,* tomo I, p. 113, da edição de 2005, da Coimbra Editora).

No que respeita à capacidade jurídica, as pessoas colectivas em geral são titulares dos direitos conducentes à prossecução dos fins para que existam.

A Constituição atribui às pessoas colectivas alguns dos direitos fundamentais reconhecidos às pessoas físicas que sejam necessários ao exercício daqueles direitos desde que compatíveis com a sua natureza.

Entre esses direitos encontra-se a possibilidade de fazer valer os seus direitos e interesses legítimos perante os tribunais em iguais condições e com os mesmos meios de defesa que as pessoas físicas (vide Ángel Gómez Montoro, em "La titularidad de derechos fundamentales por personas jurídica: un intento de fundamentácion", in *Revista Espanola de Derecho Constitucional*, Ano 22, n.° 65, 2002, pp. 100-101).

Na verdade, como a susceptibilidade de demandar e ser demandado judicialmente não exige um suporte puramente humano, impõe-se entender que o direito fundamental de acesso ao direito e aos tribunais é perfeitamente compatível com a natureza das pessoas colectivas.

Numa sociedade caracterizada pela proibição de autodefesa e pela garantia de acesso aos tribunais, as pessoas colectivas, tal como sucede com as pessoas singulares, têm necessidade de demandar judicialmente outras entidades para efectivação dos seus direitos (*v. g.*, direitos de crédito), assim como têm necessidade de deduzir a sua defesa nas acções em que sejam demandadas por terceiros (*v. g.*, acções de responsabilidade civil contratual ou extracontratual, incluindo os pertinentes procedimentos cautelares).

Seja qual for a posição processual ocupada na lide, as pessoas colectivas podem encontrar-se numa situação de insuficiência económica que não lhes permita suportar pontualmente os custos de um processo, incluindo o pagamento da compensação devida ao patrono.

Importa ter presente que, por exemplo, no âmbito do processo civil, o valor das custas cíveis é, por regra, calculada proporcionalmente por referência ao valor do pedido inicial (artigo 5.°, n.° 3, do Código das Custas Judiciais de 1997).

Sucede que a falta de pagamento da taxa de justiça devida é acompanhada de consequências processuais negativas como, por exemplo, a recusa da petição inicial e o desentranhamento da contestação no âmbito do processo civil [artigos 474.°, alínea *f)*, e 486.°, n.° 6, do Código de Processo Civil, na redacção introduzida pelo Decreto-Lei n.° 34/2008, de 26 de Fevereiro].

Acresce a isso, ainda no âmbito do processo civil, que a constituição de advogado é legalmente obrigatória, sob pena de absolvição da instância ou de ineficácia da contestação: *a)* nas causas de competência de tribunais com alçada, em que seja admissível recurso ordinário; *b)* nas causas em que seja sempre admissível recurso, independentemente do valor; *c)* e nos recursos e nas causas propostas nos tribunais superiores (artigos 32.°, n.° 1, e 33.° do Código de Processo Civil).

E mesmo os honorários dos advogados fixados no âmbito da protecção jurídica podem ascender a 126 unidades de referência (UR) por referência à intervenção num processo civil sob a forma de processo ordinário (Anexo da Portaria n.° 1386/2004, de 10 de Novembro).

Isto é, as pessoas colectivas em situação de insuficiência económica podem efectivamente não conseguir defender os seus direitos e interesses legalmente protegidos em virtude de não poderem beneficiar da concessão do direito a protecção jurídica.

Já se viu que este problema apenas se coloca relativamente às pessoas colectivas com fins lucrativos, uma vez que a Lei n.° 34/2004 confere às pessoas colectivas sem fins lucrativos o direito a protecção jurídica na modalidade de apoio judiciário.

Assim sendo, importa apenas apreciar a validade jurídico-constitucional do actual sistema de protecção jurídica relativamente às pessoas colectivas com fins lucrativos.

3. *A evolução legal do sistema de protecção jurídica das pessoas colectivas com fins lucrativos e a jurisprudência constitucional*

Como se verá, após o início da vigência da Constituição de 1976, o legislador ordinário nunca foi tão restritivo, como na lei actualmente vigente, em matéria de concessão do direito a protecção jurídica às pessoas colectivas com fins lucrativos.

Deixando agora de lado a análise do instituto da assistência judiciária vindo do período do Estado Novo, importa recuar ao Decreto-Lei n.° 387-B/87, de 29 de Dezembro, cujo artigo 7.°, n.° 4, na redacção originária, dispunha que as pessoas colectivas e as sociedades em geral tinham direito a apoio judiciário, nas modalidades de dispensa do pagamento de custas e de dispensa do pagamento dos serviços do advogado, quando demonstrassem não dispor de meios económicos bastantes para suportar os honorários dos profissionais forenses e para custear os encargos normais de uma causa judicial (artigos 7.°, n.° 1, e 15.°, n.° 1).

Cerca de uma década depois, a posição do legislador ordinário relativamente a esta matéria registou uma inflexão que conduziria a médio prazo à situação actualmente consagrada na Lei n.° 34/2004.

Na exposição de motivos da Proposta de Lei n.° 52/VII (publicada no *Diário da Assembleia da República*, II Série-A, suplemento n.° 54, de 3 de Julho de 1996), o Governo de então justificou assim as alterações pretendidas em matéria de protecção jurídica respeitante às pessoas colectivas com fins lucrativos:

> "Nem a Constituição da República Portuguesa, nem qualquer dos instrumentos internacionais a que Portugal está vinculado garante às sociedades civis e comerciais a concessão de apoio judiciário.
>
> A esmagadora maioria das soluções de direito comparado, incluindo aquelas que revelam maior afinidade com a portuguesa, também não consagra para as sociedades o aludido benefício.
>
> O regime português de recuperação das empresas estabelece para as sociedades referidas o pertinente e necessário benefício em matéria de custas.
>
> A natureza e o escopo finalístico das organizações económicas em causa não justificam que lhes seja concedido apoio judiciário.
>
> Esse facto e a necessidade de equilíbrio entre os recursos financeiros disponíveis e a garantia de acesso ao direito e aos tribunais dos cidadãos em geral, justificam que às sociedades civis e comerciais não seja concedido o benefício de apoio judiciário.
>
> Excepcionam-se, porém, deste princípio os casos em que as possibilidades económicas das sociedades sejam consideravelmente inferiores ao valor dos preparos e das custas — mas nunca, note-se, para efeitos de concessão de patrocínio judiciário por se afigurar que, nestes casos residuais, não se torna chocante a concessão daquele benefício.
>
> Em nome do princípio da igualdade, porém, tal regime deve ser estendido aos comerciantes em nome individual nas causas relativas ao exercício do comércio e aos estabelecimentos individuais de responsabilidade limitada."

Em conformidade com esta proposta de lei, a Lei n.° 46/96, de 3 de Setembro, introduziu alterações no artigo 7.° do Decreto-Lei n.° 387-B/87, que se saldaram essencialmente no seguinte

— por um lado, as sociedades e demais entidades que exercem o comércio mantinham o direito à dispensa de pagamento de preparos e de custas mas deixavam de beneficiar do direito à dispensa de pagamento dos honorários dos profissionais do foro;
— por outro lado, as referidas sociedades e demais entidades que exercem o comércio passaram a estar sujeitas a pressupostos específicos mais exigentes em matéria de avaliação da alegada insuficiência económica

para efeito de concessão do benefício do direito à dispensa de pagamento de preparos e de custas.

Esta eliminação do direito ao patrocínio judiciário gratuito por referência às pessoas colectivas com fins lucrativos foi objecto de várias decisões tomadas por diferentes secções do Tribunal Constitucional.

Numa primeira fase, com a prolação do Acórdão n.° 97/99 (publicado em *Acórdãos do Tribunal Constitucional*, 42.° Volume, p. 421), obteve vencimento, por maioria, a tese que julgou não inconstitucional a referida restrição em matéria de protecção jurídica introduzida pela Lei n.° 46/96 — tendo esta jurisprudência sido posteriormente sustentada nos Acórdãos do Tribunal Constitucional n.os 98/99, 167/99, 368/99, 428/99 e 90/00 (todos disponíveis em *www.tribunalconstitucional.pt*).

A referida jurisprudência, parcialmente inspirada nas alegações então produzidas pelo Ministério Público junto do Tribunal Constitucional (vide a reprodução destas alegações na *Revista do Ministério Público*, Ano 19.°, n.° 73, pp. 135 e segs.), assenta essencialmente nos seguintes fundamentos:

1.°) Não decorre da Constituição que as entidades com fins lucrativos sejam equiparáveis às pessoas singulares e às pessoas colectivas com fins não lucrativos para efeito de promoção pelo Estado do acesso à justiça através da concessão generalizada do patrocínio judiciário gratuito em casos de insuficiência económica.

A existência de litígios decorrentes da própria vida comercial normal das empresas é inelutável.

O escopo lucrativo das empresas postula que os custos com os profissionais do foro sejam *ab initio* integrados na planificação da actividade normal da empresa e ulteriormente repercutidos no consumidor final dos bens e serviços.

A impossibilidade de suportar esses custos sinaliza a inviabilidade económica da empresa e, no limite, determinará a respectiva falência em prol dos credores e do desenvolvimento saudável da economia de mercado.

2.°) A restrição do direito ao patrocínio judiciário gratuito não esvazia o direito de acesso ao direito e aos tribunais da sua substância na medida em que as pessoas colectivas com fins lucrativos continuam a beneficiar da concessão de apoio judiciário na modalidade de dispensa de pagamento de custas em caso de insuficiência económica.

3.°) A restrição em questão é justificada pela diversidade de condições existentes e, sobretudo, pela necessidade do Estado promover prioritariamente o acesso à justiça das pessoas singulares e entidades sem fins lucrativos em claro detrimento da opção de financiamento público dos custos inerentes à actividade normal e lucrativa das empresas.

Esta fundamentação jurídica já tinha sido adoptada, no essencial, pelo Tribunal Constitucional espanhol na Sentencia n.° 117/1998, de 2 de Junho (publicada no *BOE*, Suplemento n.° 158, de 3 de Julho) a respeito da legislação que regulava a assistência jurídica gratuita (*Ley* n.° 1/1996).

A jurisprudência constitucional espanhola mostrou-se sensível ao argumento adicional das sociedades comerciais de capitais desenvolverem uma actividade com riscos previamente calculados em que os sócios não respondem pelas obrigações da sociedade.

O regime de acesso ao direito e aos tribunais conheceu novos desenvolvimentos com a entrada em vigor da Lei n.° 30-E/2000, de 20 de Dezembro, havendo a registar a inovadora atribuição da apreciação dos pedidos de concessão de apoio judiciário aos serviços da segurança social.

Para o efeito que ora interessa, a lei nova não introduziu alterações relevantes à lei antiga em matéria de protecção jurídica conferida às pessoas colectivas com fins lucrativos, limitando-se, nesta matéria, a adaptar o texto legal à nova nomenclatura entretanto adoptada em sede de legislação de custas judiciais (*v. g.*, taxa de justiça em substituição de preparos).

Contudo, alguns anos mais tarde, a jurisprudência constitucional registaria uma inflexão em matéria de protecção jurídica conferida às pessoas colectivas com fins lucrativos.

Efectivamente, com a prolação do Acórdão do Tribunal Constitucional n.° 106/04 (publicado no *Diário da República*, II Série, de 24 de Março de 2004), obteve vencimento, por maioria, a tese que julga inconstitucional, por violação do artigo 20.°, n.° 1, parte final, e n.° 2, da Constituição, a norma ínsita no n.° 5 do artigo 7.° do Decreto-Lei n.° 387-B/87, de 29 de Dezembro, na redacção introduzida pela Lei n.° 46/96, de 3 de Setembro, na interpretação segundo a qual veda a concessão de patrocínio judiciário gratuito às sociedades, ainda que provem que os seus custos são consideravelmente superiores às suas possibilidades económicas e que se trata de acções alheias à sua actividade económica normal.

A nova posição jurisprudencial assentou essencialmente nos seguintes fundamentos, retomando um voto de vencido aposto em Acórdão anterior:

> "Contemplando o sistema de acesso ao direito e aos tribunais, distinguem-se duas vertentes, de informação jurídica e protecção jurídica, das quais a segunda reveste duas modalidades — consulta jurídica e apoio judiciário (artigo 6.° do referido Decreto-Lei n.° 387-B/87). Existem, por sua vez, duas formas de apoio judiciário: dispensa de despesas judiciais e pagamento dos serviços do advogado ou solicitador (artigo 15.°, n.° 1, do citado diploma). Os beneficiários do direito à protecção jurídica estão enumerados no referido artigo 7.° do Decreto-Lei n.° 387-B/87, resultando, na interpretação do n.° 5, em questão, que as sociedades — civis ou comerciais —, bem como os comerciantes em nome individual nas causas relativas ao exercício do comércio e os estabelecimentos individuais de res-

ponsabilidade limitada, não têm direito a patrocínio judiciário gratuito, mas apenas 'à dispensa, total ou parcial, de preparos e do pagamento de custas ou ao seu diferimento', e se demonstrarem que o respectivo montante é 'consideravelmente superior às [suas] possibilidades económicas', 'aferidas designadamente em função do volume de negócios, do valor do capital ou do património e do número de trabalhadores ao seu serviço'.

Como se vê, esta limitação não só não inclui todas as pessoas colectivas como não é sequer específica de pessoas colectivas. Aplica-se, igualmente, a pessoas singulares, e, mesmo, a entes não personalizados, como são os estabelecimentos individuais de responsabilidade limitada. Assim, a questão de constitucionalidade não se põe no confronto com o artigo 12.°, n.° 2, da Constituição. A norma em questão funda-se, antes, na circunstância, comum aos seus destinatários, de estes exercerem uma actividade económica com intuitos lucrativos, sendo (conforme salienta o Ministério Público nas suas alegações, já publicadas, aliás, na *Revista do Ministério Público*, 1998, n.° 73, pp. 135 e segs.) os titulares de empresas que são (pelo menos, de forma tendencial) visados pela norma.

Ora, não podem negar-se certas especificidades destas entidades. Os custos de litigância serão normalmente inerentes ao próprio exercício da sua actividade, justificando-se, nas acções que resultem do 'giro comercial' da empresa, a exclusão da dispensa ou redução de custas ou preparos — o que se traduz no citado artigo 7.°, n.° 5, embora sempre admitindo a demonstração de que o montante das custas é consideravelmente superior às possibilidades económicas da empresa, aferidas em função dos factores descritos. Todavia, estas especificidades não bastam para fundamentar a privação, para essas entidades, em qualquer caso e sem admissão desta demonstração, do direito a patrocínio judiciário gratuito — que é o que está em causa no presente recurso.

2. Na verdade, a Constituição da República Portuguesa garantiu, no seu artigo 20.°, o acesso ao direito e aos tribunais, com proibição da denegação de justiça por insuficiência de meios económicos, sendo o direito ao patrocínio judiciário verdadeiro elemento essencial daquela garantia. Na expressão do Acórdão do Tribunal Constitucional n.° 962/96 (*Diário da República,* I Série-A, de 15 de Outubro de 1996), os mandados desse artigo 20.° 'constituem mesmo a estrutura central da ordem constitucional democrática', assegurando a todos o acesso ao direito e aos tribunais para defesa dos seus direitos e interesses legalmente protegidos. Como se salientou no Acórdão n.° 316/95 (publicado no *Diário da República*, II Série, de 31 de Outubro de 1995), 'torna-se claro que o assinalado asseguramento de acesso aos tribunais, a par da proibição de denegação de justiça por insuficiência de meios económicos, sabido que é que, em muitos casos, para naqueles se pleitear se torna necessária a constituição de advogado, há-de implicar, nas hipóteses daquela insuficiência, que se confira o direito ao «patrocínio judiciário». Significa isto, em consequência, que, muito embora o exercício e as formas do «direito ao patrocínio judiciário» seja, pelo n.° 2 do artigo 20.° da Constituição, relegado para a lei, o que é certo é que, dada a implicação a que acima se fez referência, a lei ordinária não poderá estabelecer condicionantes ou

requisitos tais que dificultem ou tornem por demais difícil o exercício daquele direito ou, ainda acentuadamente, restrinjam o respectivo conteúdo, sob pena de aqueloutro direito de acesso aos tribunais «não passar de um 'direito fundamental formal'» (nas palavras de Gomes Canotilho e Vital Moreira, *Constituição da República Portuguesa anotada*, 3.ª edição, Coimbra, p. 163)'. (ver, ainda, por exemplo, os Acórdãos n.os 415/94, 317/95, 339/95 e 340/95, estes últimos publicados no *Diário da República*, II Série, respectivamente de 1 de Agosto e de 2 de Novembro de 1995).

E, além desta essencialidade, salientou-se a universalidade do reconhecimento do direito ao patrocínio judiciário no citado Acórdão n.° 339/95, segundo o qual 'o direito de acesso aos tribunais, de que é componente essencial o patrocínio judiciário, é assegurado pela Constituição «a todos» (artigo 20.°), o que logo inculca a universalidade do respectivo reconhecimento (...).

3. Nestes termos, penso que a garantia de acesso aos tribunais, resultante do artigo 20.° da Constituição, resulta violada por uma norma que exclui genericamente o direito ao patrocínio judiciário gratuito para as entidades que exploram empresas com intuitos lucrativos, ainda que estas provem a sua insuficiência económica para suportar os respectivos custos, que estes são consideravelmente superiores às suas possibilidades, ou, mesmo, que o pleito é totalmente alheio à sua actividade económica normal. Não se trata, aqui, tão-só de uma restrição ao direito a patrocínio judiciário gratuito, ou de o sujeitar, nos termos da lei, a determinadas condições, mas de uma sua exclusão geral e em abstracto, que tem como resultado que, quanto às entidades em causa, a justiça possa ser 'denegada por insuficiência de meios económicos'.

Tal exclusão de plano do direito ao patrocínio judiciário gratuito não se justifica, aliás, como referi, com a especificidade das entidades com intuitos lucrativos, pois não é permitida a prova de que a acção, naquele caso concreto, é alheia à actividade económica da empresa (podendo perfeitamente tratar-se, por exemplo, de uma vultuosa acção de indemnização, em que aquela é lesada) — ou, pelo menos (como se faz no próprio artigo 7.°, n.° 5, para as custas e preparos), a demonstração de que os custos da acção excedem consideravelmente as possibilidades económicas da pessoa em questão, avaliadas em função de factores objectivos.

Não se pode sequer afirmar, em abstracto, que as sociedades, civis ou comerciais, os comerciantes em nome individual ou os titulares de estabelecimentos individuais de responsabilidade limitada sempre terão meios para suportar as despesas de patrocínio judiciário disponível no 'mercado' da prestação de serviços jurídicos. Assim, desde logo, sabe-se, por exemplo, que, apesar da proibição da quota litis, o valor da causa não é despiciendo para a fixação dos honorários dos profissionais do foro, até por se reflectir sobre a importância do serviço prestado e sobre os resultados obtidos (artigo 65.°, n.° 1, do Estatuto da Ordem dos Advogados, aprovado pelo Decreto-Lei n.° 84/84, de 16 de Março). Nem me posso dar por satisfeito com a remissão de tais entidades para 'mecanismos de seguro e prevenção' dos custos judiciários. Essa remissão (a qual, aliás, não provaria apenas para as entidades em questão), bem como a exigência de, na impossibilidade de pagamento aos profissionais do foro, recorrer, ou aos próprios sócios para suprimento da insuficiência financeira, ou a um processo de recuperação de empresa ou de falência, por manifesta inviabilidade da empresa (e suposto que se verificariam sempre os pressupostos destes processos, existindo, designadamente, uma situação de insolvência), representa, a meu ver, a própria admissão da possibilidade de denegação de justiça por falta de meios para custear o patrocínio judiciário. Exigir a submissão a um processo de falência ou de recuperação da empresa (com eventual consequência da extinção), ou o recurso aos sócios para custear despesas judiciárias, significa que a pessoa colectiva (obviamente, enquanto entidade distinta dos sócios) não poderá recorrer aos tribunais por falta de meios económicos, retirando, sob este prisma, consistência ao seu direito de acesso aos tribunais.

Não é, pois, de excluir que a acção em questão seja inteiramente alheia à actividade económica da sociedade, estando, todavia, sempre excluída a possibilidade de as entidades referidas no artigo 7.°, n.° 5, do Decreto-Lei n.° 387-B/87 obterem patrocínio judiciário gratuito. A meu ver, este resultado ofende, pois, a garantia de que a ninguém pode ser denegada justiça por insuficiência de meios económicos (artigo 20.°, n.° 1, 2.ª parte, da Constituição). E creio que se viola do mesmo passo o princípio da igualdade, na medida em que — embora sem negar as especificidades das entidades em questão — resulta justamente desse artigo 20.°, n.° 1, 2.ª parte, que a insuficiência de meios económicos não é nunca de considerar, à luz daquele princípio, fundamento razoável para a discriminação no acesso aos tribunais, como a que resultaria, neste caso, da privação da possibilidade de obter patrocínio judiciário gratuito".

Entende-se que esta fundamentação, na medida em que se reporta ao artigo 20.°, n.° 1, 2.ª parte, da Constituição da República, é procedente, não sendo, por outro lado, infirmada pelos argumentos invocados nos arestos citados, que se debruçaram sobre a questão de constitucionalidade em causa no presente recurso.

Designadamente, não resulta da transcrita fundamentação qualquer dever de equiparação dos termos em que é concedido apoio judiciário a pessoas singulares e a pessoas colectivas, ou a entidades com e sem fim lucrativo — entendendo-se, antes, que ela é compatível com as diferenciações que a boa gestão dos recursos imponham —, mas apenas a impossibilidade de uma exclusão geral e em abstracto, sem possibilidade de prova de que os custos em causa são consideravelmente superiores às possibilidades económicas do concreto sujeito em questão e de que se trata de acções alheias à sua actividade económica normal.

Esta última delimitação contraria, também, o argumento de que poderão estar em causa custos da actividade económica normal, e de que a própria preservação das condições de concorrência impediria a concessão de tal patrocínio judiciário (argumento, este, que, aliás, e como é evidente, provaria demasiado, por também ser aplicável a outras formas de apoio judiciário).

Tal exclusão de plano do direito ao patrocínio judiciário gratuito, para uma categoria de sujeitos definida em abstracto, e sem lhes possibilitar a referida prova de que os custos são consideravelmente superiores às possibilidades económicas e de que a acção é alheia à sua actividade económica normal, não pode deixar de ter como resultado que, quanto às entidades em causa, a justiça possa vir a ser "denegada por insuficiência de meios económicos" (como, aliás, não deixa de admitir-se quando se afirma que a alternativa ao pleito poderá ser a insolvência).

No presente caso, é isto mesmo que está em causa, pois a recorrente impugna a norma na dimensão segundo a qual as sociedades não têm direito a patrocínio judiciário gratuito ainda "que demonstrem que não têm meios económicos para suportar os encargos de uma causa judicial ou que o pleito é alheio à sua actividade económica normal".

Entende-se, assim, que esta norma é inconstitucional, concedendo-se provimento ao recurso [...]»

A propósito da mesma dimensão normativa, ainda que por referência ao n.° 5 do artigo 7.° da aludida Lei n.° 30-E/2000 — que, ressalvada a adaptação à nova nomenclatura introduzida pelo Código das Custas Judiciais de 1996, apresentava a mesma redacção que o n.° 5 do artigo 7.° do revogado Decreto-Lei n.° 387-B/87, na redacção dada pela Lei n.° 46/96 — os Acórdãos n.os 399/04 e 191/05 (disponíveis em *www.tribunalconstitucional.pt*), mantiveram a posição assumida no referido Acórdão n.° 97/99, enquanto o Acórdão n.° 560/04 (publicado em *Acórdãos do Tribunal Constitucional*, 60.° Volume, p. 391), adoptou a posição fixada pelo referido Acórdão n.° 106/04.

Esta divergência jurisprudencial deixou de ter razão para existir a partir da entrada em vigor do novo regime de acesso ao direito e aos tribunais aprovado pela Lei n.° 34/2004, de 29 de Julho, uma vez que o legislador ordinário regressou à solução normativa constante da versão originária do Decreto-Lei n.° 387-B/87, isto é, as pessoas colectivas em geral, sem qualquer distinção em virtude do escopo lucrativo, que demonstrassem estar em situação de insuficiência económica passaram a ter direito à protecção jurídica na modalidade de apoio judiciário, incluindo a dispensa de taxa de justiça e demais encargos com o processo e a nomeação e pagamento de honorários de patrono.

A nova legislação foi severamente criticada nesta parte por alguns autores que alegadamente não vislumbravam no Direito Comparado de âmbito europeu um regime de protecção jurídica tão favorável às pessoas colectivas com fins lucrativos como aquele que fora aprovado pela Lei n.° 34/2004 (vide Salvador da Costa, em *Apoio judiciário*, pp. 52-53, da 5.ª edição, da Almedina).

No início de Setembro de 2006, o Conselho de Ministros do XVII Governo Constitucional aprovou a Resolução n.° 122/2006, dando conta da pretensão de apresentação de "um vasto conjunto de propostas que contribuam para aprofundar a eficiência do sistema judiciário e os direitos fundamentais dos cidadãos e das empresas, em áreas como as (...) do regime do acesso ao direito (...) mediante o reforço efectivo deste direito fundamental, que se considera estar excessivamente restringido (...)" (*Diário da República*, 1.ª série, de 25 de Setembro).

No ano seguinte, o Governo e também o Bloco de Esquerda (BE) apresentaram iniciativas legislativas na Assembleia da República para efeito de alteração do regime de acesso ao direito e aos tribunais, correspondentes, respectivamente, à Proposta de Lei n.° 121/X e ao Projecto de Lei n.° 287/X (disponíveis em *www.parlamento.pt*).

A iniciativa legislativa governativa pugnava pela eliminação da concessão do apoio judiciário a pessoas colectivas com fins lucrativos sem que fosse avançada qualquer explicação a esse respeito na respectiva exposição de motivos. A iniciativa legislativa do BE pretendia a exclusão das pessoas colectivas da concessão do apoio judiciário gratuito, sob a argumentação de que não se justificava a atribuição daquele benefício a entidades que dispõem de uma estrutura organizada e que o requerem em quantidade pouco expressiva.

A ulterior discussão na generalidade permitiu apenas saber que o Partido Socialista encarava a referida iniciativa legislativa governativa, na parte respeitante às pessoas colectivas com fins lucrativos, "numa lógica de moralização do actual sistema" (*Diário da Assembleia da República*, I Série, de 4 de Maio de 2007, p. 68).

Este procedimento legislativo culminaria na aprovação da Lei n.° 47/2007, de 28 de Agosto, a qual se traduziu, *inter alia,* numa nova redacção dos n.os 3 e 4 do artigo 7.° da Lei n.° 34/2004, nos termos já acima enunciados, isto é, traduziu-se na recusa de qualquer protecção jurídica às pessoas colectivas com fins lucrativos.

4. *A inconstitucionalidade material do novo regime de protecção jurídica das pessoas colectivas com fins lucrativos*

Num contexto em que a justiça não é gratuita, a solução legal de negação absoluta do direito a protecção jurídica às pessoas colectivas com fins lucrativos em situação de comprovada insuficiência económica consubstancia uma grave restrição ao direito fundamental de acesso ao direito e aos tribunais na medida em que permite a efectiva denegação de justiça por insuficiência de meios económicos sem cobertura em nenhum argumento jurídico-constitucional relevante.

Quando se agitam os argumentos do escopo social lucrativo e da possibilidade de previsão e repercussão dos custos dos serviços de justiça no consumidor final de bens e serviços, para assim negar à partida, por desnecessidade, qualquer protecção jurídica às pessoas colectivas com fins lucrativos, está-se a obnubilar e a desvalorizar a situação financeira concreta da empresa que pode ser de verdadeira insuficiência económica no momento em que requer o benefício da protecção jurídica.

Acresce que estes argumentos não apresentam nenhuma originalidade relativamente à situação do empresário em nome individual e, acima de tudo, não explicam a diferença de tratamento jurídico que lhes foi concedido pela Lei n.° 47/2007.

Mais, o escopo lucrativo das sociedades comerciais revela-se totalmente inócuo para efeito de negação de qualquer modalidade de protecção jurídica quando os litígios que aquelas têm de enfrentar são imprevisíveis ou não se relacionam directamente com a actividade social normalmente desenvolvida (*v. g.* acções fundadas em responsabilidade civil extracontratual por facto ilícito).

O argumento da possibilidade alternativa de enquadramento falimentar das sociedades comerciais sem meios económicos suficientes para suportar os encargos de uma lide, incluindo os honorários do patrono, também não assume a relevância pretendida pelos seus partidários.

Na verdade, todas as pessoas singulares, quer sejam ou não titulares de empresas, estão sob a incidência do regime da insolvência e não se mostram, por isso, genericamente excluídas da protecção jurídica prevista na Lei n.° 34/2004 [artigos 2.°, n.° 1, alínea *a)*, e 240.° do Código da Insolvência e da Recuperação de Empresas].

Por outro lado, no limite, uma sociedade comercial, sobretudo em tempos de crise económica, pode estar em situação económica difícil, sem apresentar propriamente um passivo muito relevante ou mesmo sequer algum passivo conducente à declaração de insolvência, mas, contudo, necessitar da concessão de apoio judiciário para efectivar e executar os seus créditos sobre os seus devedores.

A ideia de que a norma jurídica sob apreciação consubstancia uma restrição constitucionalmente admissível de um direito fundamental, na medida em que não deixaria de assegurar a preservação da substância do direito fundamental de acesso ao direito e aos tribunais, não pode ser minimamente sustentada neste caso porque o legislador ordinário não confere qualquer espécie de protecção jurídica às pessoas colectivas com fins lucrativos.

Resta o argumento da limitação dos recursos financeiros públicos e da necessidade de estabelecer prioridades.

É um argumento de natureza eminentemente política — e nem por isso totalmente despiciendo — com óbvia incidência no direito fundamental prestacional que obriga o Estado a garantir a acesso de todos ao direito e aos tribunais independentemente da sua situação económica.

A resposta do legislador ordinário a estes constrangimentos de ordem financeira não pode ser, sob pena de inconstitucionalidade por acção, a exclusão absoluta das pessoas colectivas com fins lucrativos do benefício da protecção jurídica anteriormente atribuído em qualquer das suas modalidades.

Para prevenir e combater os abusos na concessão da protecção jurídica, o legislador ordinário deve antes criar condições para que o benefício da protecção jurídica seja apenas concedido às pessoas colectivas com fins lucrativos que se encontram em situação de efectiva insuficiência económica conforme tão-só exige a Constituição — sendo certo que o legislador ordinário não deixa de gozar de uma margem de liberdade de conformação na definição do conceito de insuficiência económica adequado à realidade societária em presença e no estabelecimento dos procedimentos probatórios adequados à respectiva avaliação.

Aliás, por causa da escassez de recursos financeiros públicos e da necessidade de existência de rigor na atribuição da protecção jurídica a qualquer beneficiário, o legislador ordinário já assegurou a criminalização da fraude na obtenção da protecção jurídica e a possibilidade de cobrança das importâncias despendidas pelo Estado em caso de aquisição superveniente de meios económicos suficientes pelo beneficiário da protecção jurídica (artigo 13.° da Lei n.° 34/2004).

Nestes termos pode dizer-se que a Lei n.° 47/2007 ao negar radicalmente qualquer tipo de apoio às pessoas colectivas com fim lucrativa deixou inclusive de ter a cobertura da argumentação da tese que anteriormente fez vencimento nos Acórdãos acima referidos n.os 97/99, 399/04 e 191/05, deste Tribunal.

Aqui chegados, é possível concluir que a norma constante do n.° 3 do artigo 7.° da Lei n.° 34/2004, de 29 de Julho, com a redacção introduzida pela Lei n.° 47/2007, de 28 de Agosto, na parte respeitante às pessoas colectivas com fins lucrativos, se encontra ferida de inconstitucionalidade material por violação do disposto na parte final do n.° 1 do artigo 20.° da Constituição, pelo que o recurso deve ser julgado procedente.

III — Decisão

Pelo exposto:

a) Julga-se inconstitucional, por violação do disposto no artigo 20.°, n.° 1, parte final, da Constituição, a norma constante do n.° 3 do artigo 7.° da Lei n.° 34/2004, de 29 de Julho, com a redacção introduzida pela Lei n.° 47/2007, de 28 de Agosto, no segmento em que nega protecção jurídica às pessoas colectivas com fins lucrativos;

b) E, consequentemente, concede-se provimento ao recurso, determinando a reformulação da sentença recorrida em conformidade com o presente juízo de inconstitucionalidade.

Sem custas.

Lisboa, 27 de Maio de 2009. — *João Cura Mariano* — *Mário José de Araújo Torres* — *Joaquim de Sousa Ribeiro* (com declaração) — *Benjamim Rodrigues* (vencido de acordo com declaração anexa) — *Rui Manuel Moura Ramos*.

DECLARAÇÃO DE VOTO

Votei favoravelmente o Acórdão, por concordar com a tese central da sua fundamentação: a de que o direito a apoio judiciário é um direito compatível com a natureza das pessoas colectivas com fim lucrativo, pelo que lhes deve ser extensível.

Mas, como a doutrina e a jurisprudência constitucionais têm sublinhado, esta aplicabilidade, de princípio, de um direito fundamental a uma pessoa colectiva, não significa que, neste âmbito, não possa ser tida em conta a particular natureza do sujeito, para justificar um menor grau ou extensão da tutela.

No caso, comportando o apoio judiciário várias componentes, o que merece censura constitucional é a denegação de todos elas às sociedades comerciais, a absoluta postergação do direito à protecção jurídica, de plano, em todas as suas modalidades e seja qual for o circunstancialismo, atinente, designadamente, ao objecto do processo.

É nessa medida, e apenas nessa medida, que considero inadmissível constitucionalmente o regime impugnado. — *Joaquim de Sousa Ribeiro*.

DECLARAÇÃO DE VOTO

1. Votei vencido, por não poder acompanhar a decisão e a fundamentação em que a mesma se abona.

2. Continuo a entender que a boa solução é aquela que foi seguida pela jurisprudência constitucional, largamente maioritária, dos Acórdãos n.os 98/99, 167/99, 368/99, 428/99 e 90/99, 399/04, 191/05. Em sentido contrário existem apenas os Acórdãos n.os 106/04 e 560/04.

3. Não vou reescrever o que já foi dito nos Acórdãos a que me arrimo.

Deixarei, por isso, registadas, apenas, algumas notas distintivas. Em primeiro lugar, há que anotar que, em rectas contas, a tese que aqui fez vencimento se apoia, essencialmente, numa concepção tributária do princípio da igualdade no direito fundamental de acesso aos tribunais, inferindo-o, desde logo do texto do artigo 20.° da Constituição, quando usa o termo "todos" (cfr. os seus n.os 1, 2 e 4).

Todavia, pode, desde logo, objectar-se que ao referir-se a "todos" a Constituição está a referir-se às pessoas, aos cidadãos, pois, como bem diz Maria

Lúcia Amaral (in *O Cidadão, O provedor de Justiça e as Entidades Administrativas Independentes*, pp. 65 e segs.), "A imagem de homem que a Constituição consagra é a do ser concreto, imerso nas necessidades, urgências e contingências da sua condição existencial, e não a do cidadão (abstracto) totalmente identificado com os deveres da virtude republicana. É à pessoa concreta que o Estado deve assistência e cuidado [artigo 9.°, alíneas *d) e h)*]; é à pessoa concreta que se confere o direito à segurança social (artigo 63.°), o direito à habitação (artigo 65.°) ou o direito à cultura (artigo 73.°), como ainda por causa dela que se determina a inviolabilidade da liberdade de consciência (artigo 41.°)".

O radical dos direitos fundamentais é o homem com a sua dignidade humana (cfr. José Carlos Vieira de Andrade, *Os direitos fundamentais na Constituição Portuguesa de 1976*, 2.ª edição, pp. 96 e segs.).

A inserção, naqueles "todos" constante do artigo 20.° da Constituição, das pessoas colectivas, apenas, pode ser efectuada a coberto da norma do artigo 12.°, n.° 2, da mesma Lei Fundamental ou seja, quando reclamada pela "sua natureza".

Ora, o direito fundamental de acesso aos tribunais, que o regime de apoio judiciário intenta efectivar, encontra, no tocante às pessoas ou aos cidadãos, o seu fundamento axiológico-político no princípio da dignidade da pessoa humana, assumido como princípio estruturante da República Portuguesa (artigo 1.° da Constituição).

Nesta expressão, o direito de acesso aos tribunais tem a dimensão de um direito universal reconhecido no artigo 10.° da Declaração Universal dos Direitos do Homem e igualmente acolhido no artigo 6.° da Convenção Europeia para a Protecção dos Direitos do Homem e das Liberdades Fundamentais, apenas para as pessoas humanas.

Não sendo pessoas humanas, mas apenas organizações *criadas* pelo Direito para prosseguir ou realizar os interesses das pessoas ou da comunidade (mais ou menos alargada), as pessoas colectivas não comungam do eixo antropológico reclamante da dignidade da pessoa humana e dos consequentes postulados jurídicos.

Nestes termos, a convocação de qualquer refracção do princípio da igualdade para aferir os direitos e deveres das pessoas colectivas por referência aos das pessoas singulares "sabe" a um mero argumento formal.

Deste modo, a questão devolve-se em saber se o direito de acesso aos tribunais, na dimensão do direito à concessão de apoio judiciário, é reclamado pela "natureza" da pessoa colectiva e, no caso, mais especificamente se ele é exigido pela natureza das pessoas colectivas com fins lucrativos (artigo 12.°, n.° 2, da Constituição).

É que, na verdade, não poderá equacionar-se a questão nos mesmos termos para as pessoas colectivas com fins lucrativos e para as pessoas sem fins lucrativos, pois quanto a estas poderá ver-se aí uma muito próxima conexão com o princípio da dignidade humanas, pelos fins imediatos que prosseguem de satisfação das necessidades humanas consideradas essenciais.

Ao invés, as pessoas colectivas com fins lucrativos são configuradas pela ordem jurídica precisamente para obterem lucros nas actividades económicas que prosseguem.

Nesta perspectiva, a sua existência só tem sentido e utilidade para a comunidade quando dão lucro à sociedade e não quando absorvem proveitos gerados pela comunidade.

Os termos em que são modeladas juridicamente e está sujeita a sua actividade económica são totalmente diferentes dos que são reclamados pela dignidade humana das pessoas.

Desde logo, porque, estando todo o regime dessas pessoas colectivas enformado fiscalmente de modo a que possam exercer a sua actividade com lucro, não faz qualquer sentido prestar-lhe apoio jurídico ou judiciário, que não seja segundo uma mera óptica de concessão de apoio à sua actividade económica.

Porém, a problemática do apoio judiciário que é colocada pelo artigo 20.° da Constituição não tem nada a ver com a concessão de incentivos ou auxílios económicos ou fiscais à actividade económica.

Na mesma linha não pode deixar de notar-se que a definição do que deve ter-se como proveitos ou como despesas relleváveis está sujeita a regras próprias, completamente diferentes das pessoas singulares.

Basta ver o regime do imposto sobre o rendimento das pessoas singulares e do imposto sobre o rendimento das pessoas colectivas para concluir pela abissal diferença em que a questão da carência económica se coloca.

É que relativamente às pessoas singulares a perspectiva tributária não pode ignorar a satisfação das necessidades próprias da pessoa humana: a garantia do mínimo para a existência humana, as despesas de saúde, de educação, etc.

Ao invés, no que concerne à pessoa colectiva com fins lucrativos, o que releva é permitir-se-lhe a continuidade da sua actividade económica com lucro, segundo o interesse social e enquanto o mesmo existir, sendo tributada pelo saldo da diferença entre os proveitos e custos económicos e financeiros.

Atente-se, a título de mero exemplo, nas especificidades de a pessoa colectiva poder constituir provisões para a cobertura dos riscos do exercício da sua actividade (cfr. artigos 34.° e segs. do Código do Imposto sobre o Rendimento das Pessoas Colectivas) e de as mesmas serem dedutíveis ao rendimento, pagando imposto apenas pelo lucro, enquanto as pessoas singulares o não podem fazer e pagam imposto por um rendimento apurado em termos absolutamente diferentes. — *Benjamim Rodrigues.*

Anotação:

1 — Os Acórdãos n.os 167/99, 368/99 e 106/04 estão publicados em *Acórdãos*, 43.°, 44.°, e 58.° Vols., respectivamente.

2 — Ver, neste Volume, o Acórdão n.° 307/09.

ACÓRDÃO N.° 293/09

DE 17 DE JUNHO DE 2009

Não julga inconstitucional a norma constante do artigo 138.°-A do Código de Processo Civil, com a redacção resultante do Decreto-Lei n.° 303/2007, de 24 de Agosto, na parte em que remete para portaria a regulação das disposições processuais relativas a actos dos magistrados; não julga inconstitucional a norma constante do artigo 17.°, n.° 1, da Portaria n.° 114/2008, de 6 de Fevereiro (tramitação electrónica dos processos civis).

Processo: n.° 297/09.
Recorrente: Ministério Público.
Relator: Conselheiro Cura Mariano.

SUMÁRIO:

I — A forma que devem revestir os actos escritos praticados pelos magistrados judiciais nos processos civis tramitados electronicamente não é matéria que integre as condições de exercício do cargo de juiz com influência na sua independência e imparcialidade, pelo que não é matéria que deva integrar o seu estatuto, não se vendo razão para estar abrangida pela reserva de lei, pelo que a sua remissão para portaria, não constitui um acto de "deslegalização" proibido pelo artigo 112.°, n.° 5, da Constituição.

II — Não se vê como a imposição aos juízes de praticarem os seus actos escritos em processos civis em suporte informático, através de uma determinada aplicação informática, possa comprometer o princípio da separação de poderes ou a liberdade do acto de julgar, na medida em que se limitam a indicar o meio técnico através do qual os juízes devem realizar as suas intervenções escritas no processo, sem qualquer influência no seu sentido e conteúdo.

III — O controlo da rede onde opera a aplicação informática através da qual os juízes praticam os seus actos no processo civil, ainda que possa ter influência na maior ou menor eficácia ou segurança da tramitação electrónica dos processos, não se traduz em qualquer interferência na área reservada ao poder jurisdicional.

Acordam, em Plenário, no Tribunal Constitucional:

I — Relatório

No processo n.° 3665/08.1 BPTM — B, do 3.° Juízo Cível do Tribunal de Portimão, em despacho proferido no dia 25 de Março de 2009, após se efectuar uma análise crítica do novo sistema de tramitação electrónica dos processos civis, decidiu-se o seguinte:

"(...) ao abrigo do disposto o artigo 204.° da Constituição, recuso a aplicação das normas que a seguir se referem com fundamento na respectiva inconstitucionalidade e ilegalidade nos termos *infra* enunciados:

— inconstitucionalidade orgânica e material da norma constante do artigo 17.°, n.° 1, da Portaria n.° 114/2008 (alterada pelas Portarias n.os 457/2008, de 20 de Junho e 1538/2008, de 30 de Dezembro) por violação do disposto nos artigo 164.°, alínea *m)* (reserva legislativa absoluta da Assembleia da República), artigo 215.°, n.° 1 (unidade do Estatuto dos Magistrados Judiciais), artigo 2.° (separação de poderes) e 203.° (independência dos tribunais e dos juízes), todos da Constituição;
— inconstitucionalidade material da norma constante do artigo 138.°-A do Código de Processo Civil interpretada no sentido de que a mesma remete para Portaria do Ministro da Justiça a regulação das disposições processuais relativas a actos dos magistrados nos termos depois regulados no artigo 17.°, n.° 1, da Portaria n.° 114/2008, por violação do disposto nos artigos 112.°, n.° 5 (tipicidade) da Constituição.
— ilegalidade da norma constante do artigo 17.°, n.° 3, da Portaria n.° 114/2008, interpretada à luz do artigo 2.°, alínea *c)*, do Decreto-Lei n.° 290-D/99, de 2 de Agosto (substituição da assinatura autógrafa pela assinatura electrónica), por violação do disposto no artigo 157.°, n.os 1 e 3, do Código de Processo Civil.

Notifique as partes com cópia, sendo ainda o Ministério Público para os efeitos do disposto no artigo 280.°, n.° 1, alínea *a)*, e n.° 3, da Constituição.

Com os fundamentos expostos, consigno que este despacho e os subsequentes serão proferidos e remetidos à secção em folha impressa ou manuscrita.

Com vista a garantir a integralidade do processo, proceda-se à impressão e junção aos autos dos elementos que daí não constem e que se encontrem apenas no "processo electrónico" e coloque-os no processo físico por ordem cronológica, antes deste despacho, disso fazendo menção."

Desta decisão interpôs o Ministério Público recurso para o Tribunal Constitucional, nos seguintes termos:

"O presente recurso tem em vista a apreciação da inconstitucionalidade:

— Do artigo 17.°, n.° 1, da Portaria n.° 114/2008, de 6 de Fevereiro (alterada pelas Portarias n.° 457/2008, de 20 de Junho e n.° 1538/2008, de 30 de Dezembro), cuja aplicação foi recusada no referido despacho com fundamento na violação dos artigos 2.°, 164.°, alínea *m*), 203.° e 215.°, n.° 1, todos da Constituição da República Portuguesa;

— Do artigo 138.°-A do Código de Processo Civil, na parte em que remete para portaria a regulação das disposições processuais relativas a actos dos magistrados, cuja aplicação foi recusada no referido despacho com fundamento na violação do disposto no artigo 112.°, n.° 5, da Constituição da República Portuguesa.

O presente recurso tem ainda em vista a apreciação da legalidade da norma constante do artigo 17.°, n.° 3, da Portaria n.° 114/2008, interpretada à luz do artigo 2.°, alínea *e*), do Decreto-Lei n.° 290-D/99, de 2 de Agosto — substituição da assinatura autógrafa pela assinatura electrónica — por violação do disposto no artigo 157.°, n.os 1 e 3, do Código de Processo Civil."

O recorrente apresentou alegações em que, após abandonar a questão de ilegalidade colocada no requerimento de interposição, concluiu do seguinte modo:

"1.° A norma constante do artigo 138.°-A do Código de Processo Civil, ao admitir que constem de diploma meramente regulamentar — portaria do Ministério da Justiça — aspectos atinentes ao regime dos actos processuais, nomeadamente a previsão da sua prática em suporte electrónico e a respectiva regulamentação adjectiva, não viola o princípio constante do artigo 112.°, n.° 5, da Constituição da República Portuguesa.

2.° A norma constante do n.° 1 do artigo 17.° da Portaria n.° 114/2008, alterada pelas Portarias n.os 457/2008 e 1538/2008, ao prever que os actos dos magistrados devam ser praticados em suporte electrónico, através do sistema CITIUS (sem, naturalmente, precludir ou pôr em causa os princípios estruturante, afirmados, nomeadamente, pelos artigos 265.° e 265.°-A do Código de Processo Civil) não tem natureza estatutária, versando apenas sobre a matéria da forma de actos processuais, não pondo em causa os princípios constitucionais da independência dos tribunais, da separação de poderes e da unidade estatutária dos juízes dos tribunais judiciais.

3.° Termos em que deverá proceder o presente recurso."

II — Fundamentação

1. *Da delimitação do objecto do recurso*

No requerimento de interposição de recurso afirmou-se que se pretendia ver apreciada a ilegalidade "da norma constante do artigo 17.°, n.° 3, da Portaria n.° 114/2008, interpretada à luz do artigo 2.°, alínea *c*), do Decreto-Lei n.° 290-D/99, de 2 de Agosto (substituição de assinatura autógrafa pela assinatura electrónica), por violação do disposto no artigo 157.°, n.os 1 e 3, do Código de Processo Civil".

Contudo, nas suas alegações, o recorrente pronunciou-se pela inadmissibilidade do recurso relativamente a esta questão, restringindo, assim, o seu objecto, o qual passou a abranger apenas as questões de constitucionalidade colocadas.

2. *Da constitucionalidade da norma constante do artigo 138.°-A do Código de Processo Civil*

A decisão recorrida recusou a aplicação do disposto no artigo 138.°-A do Código de Processo Civil (CPC), na parte em que remete para portaria a regulação das disposições processuais relativas a actos dos magistrados, com fundamento na violação do disposto no artigo 112.°, n.° 5, da Constituição da República Portuguesa (CRP).

O artigo 138.°-A do Código de Processo Civil, introduzido neste diploma pelo artigo 2.° da Lei n.° 14/2006, com a redacção resultante do Decreto-Lei n.° 303/2007, de 24 de Agosto, passou a dispor no seu n.° 1, que "a tramitação dos processos é efectuada electronicamente em termos a definir por portaria do Ministro da Justiça".

Este novo dispositivo consagrou uma importante mudança na forma de registo dos actos praticados em processo civil, preterindo-se o suporte em papel, em favor de um sistema informático, denominado CITIUS, no prosseguimento duma política visando uma progressiva desmaterialização dos processos judiciais.

Conforme se explicou no preâmbulo do Decreto-Lei n.° 303/2007, de 24 de Agosto, "(...) estabelece ainda o Programa do XVII Governo Constitucional, enquanto objectivo fundamental, a inovação tecnológica da justiça, para a qual é essencial a adopção decisiva dos novos meios tecnológicos. No âmbito da promoção desta «utilização intensiva das novas tecnologias nos serviços de justiça, como forma de assegurar serviços mais rápidos e eficazes», define-se como objectivo «a progressiva desmaterialização dos processos judiciais» e o desenvolvimento «do portal da justiça na Internet, permitindo-se o acesso ao processo judicial digital». Assim, as alterações acolhidas nesta matéria visam permitir a prática de actos processuais através de meios electrónicos, dispensando-se a sua reprodução em papel e promovendo a celeridade e eficácia dos processos."

No seguimento do disposto no artigo 138.°-A do CPC, veio a ser aprovada a Portaria n.° 114/2008, de 6 de Fevereiro — entretanto, já alterada pelas Portarias n.° 457/2008, de 20 de Junho, e n.° 1538/2008, de 30 de Dezembro —, a qual veio dispor sobre várias matérias atinentes à tramitação electrónica dos processos civis, nomeadamente: apresentação de peças processuais e documentos por transmissão electrónica de dados (artigos 3.° a 14.°-C); distribuição por meios electrónicos (artigos 15.° e 16.°); actos processuais de magistrados e funcionários em suporte informático (artigos 17.° a 21.°); notificações (artigos 21.°-A a 21.°-C); consulta electrónica de processos (artigo 22.°); organização do processo (artigo 23.°); e comunicações entre tribunais (artigos 24.° e 25.°).

A decisão recorrida recusou a aplicação da norma contida no n.° 1 do artigo 138.°-A do CPC, no segmento em que remete para portaria do Ministro da Justiça a regulamentação da prática dos actos dos magistrados judiciais na tramitação electrónica dos processos civis, por entender que se trata de matéria que é obrigatoriamente conformada por lei.

Invoca a decisão recorrida que se trata de matéria pertencente ao Estatuto dos Magistrados Judiciais, pelo que está sujeita à reserva absoluta de competência legislativa da Assembleia da República [artigo 164.°, alínea *m)*, da CRP].

O Estatuto dos Magistrados Judiciais constitui um instrumento legislativo material concretizador do princípio do Estado de direito, na medida em que se destina a garantir a independência e a imparcialidade dos juízes no exercício da função jurisdicional.

Por isso devem aí constar as normas relativas às condições de exercício do cargo de juiz, com influência na sua independência e imparcialidade, nomeadamente as que definem os respectivos deveres, incompatibilidades, direitos e regalias, forma de provimento e de progressão na carreira, assim como as regras relativas ao procedimento disciplinar e cessação de funções.

Ora, a forma que devem revestir os actos escritos praticados pelos magistrados judiciais nos processos civis tramitados electronicamente não é matéria que integre as condições de exercício do cargo de juiz com influência na sua independência e imparcialidade, pelo que não é matéria que deva integrar o seu estatuto.

Não se incluindo a matéria em causa na normação obrigatoriamente estatutária dos magistrados judiciais, não se vê razão para estar abrangida pela reserva de lei, pelo que a sua remissão para portaria, não constitui um acto de "deslegalização" proibido pelo artigo 112.°, n.° 5, da CRP.

3. *Da constitucionalidade da norma constante do n.° 1 do artigo 17.° da Portaria n.° 114/2008*

O artigo 17.°, n.° 1, da Portaria n.° 114/2008, de 6 de Fevereiro, dispõe que "os actos dos magistrados judiciais são sempre praticados em suporte informático através do sistema informático CITIUS — Magistrados Judiciais, com aposição de assinatura electrónica qualificada ou avançada".

Tendo o artigo 138.°-A do CPC, determinado que a tramitação dos processos civis é efectuada electronicamente, este preceito regulamentador dessa forma de tramitação veio impor que os juízes praticassem os actos escritos nesses processos em suporte informático, através de uma determinada aplicação informática.

A decisão recorrida recusou aplicar esta norma, invocando que a mesma não pode constar de portaria, por respeitar a matéria reservada ao Estatuto dos magistrados judiciais e ainda pelo seu conteúdo violar o princípio da separação de poderes e a garantia da independência dos juízes.

Como já acima se concluiu, a forma pela qual os juízes devem praticar os seus actos nos processos civis não é matéria estatutária, pelo que a sua inclusão em portaria não resulta em qualquer inconstitucionalidade orgânica.

O princípio da separação dos poderes que preside ao modelo de organização do Estado na nossa República (artigo 2.° da CRP) caracteriza-se pela reserva de competência dos vários órgãos de soberania perante os outros, nomeadamente pela reserva de competência jurisdicional atribuída em exclusivo aos tribunais (reserva de jurisdição) e pela liberdade do acto de julgar (independência dos juízes).

Não se vê como a imposição aos juízes de praticarem os seus actos escritos em processos civis em suporte informático, através de uma determinada aplicação informática, possa comprometer o princípio da separação de poderes ou a liberdade do acto de julgar, na medida em que se limitam a indicar o meio técnico através do qual os juízes devem realizar as suas intervenções escritas no processo, sem qualquer influência no seu sentido e conteúdo.

Nem a definição dos meios que devem ser utilizados para os juízes praticarem os seus actos no processo civil se insere na área reservada à função jurisdicional, nem essa definição pelo poder legislativo é susceptível de afectar a independência dos juízes.

Argumenta ainda a decisão recorrida que o princípio da separação de poderes e a independência dos juízes é posto em causa, uma vez que o administrador da rede onde opera a aplicação informática que os juízes estão obrigados a utilizar para praticarem os seus actos escritos no processo civil é o Instituto das Tecnologias de Informação na Justiça, I. P.

O Instituto das Tecnologias de Informação na Justiça, abreviadamente designado por ITIJ, I. P., é um instituto público integrado na administração indirecta do Estado, dotado de autonomia administrativa e património próprio (artigo 1.°, n.° 1, do Decreto-Lei n.° 130/2007, de 27 de Abril).

O ITIJ, I. P., prossegue atribuições do Ministério da Justiça (MJ), sob superintendência e tutela do respectivo Ministro (artigo 1.°, n.° 2, do mesmo diploma).

O controlo da rede onde opera a aplicação informática através da qual os juízes praticam os seus actos no processo civil, ainda que possa ter influência na maior ou menor eficácia ou segurança da tramitação electrónica dos processos, não se traduz em qualquer interferência na área reservada ao poder jurisdicional, uma vez que não estamos perante uma actividade materialmente jurisdicional, nem é susceptível de por em risco a independência dos juízes, uma vez que esse controle em nada condiciona ou interfere com a liberdade de julgar.

Pelas razões explicitadas também não se verifica que o artigo 17.°, n.° 1, da Portaria n.° 114/2008, de 6 de Fevereiro, ao determinar a obrigatoriedade de os juízes praticarem os seus actos escritos em processo civil através do sistema informático CITIUS — Magistrados Judiciais viole qualquer parâmetro constitucional.

III — Decisão

Pelo exposto, decide-se:

a) Não julgar inconstitucional a norma constante do artigo 138.°-A, do Código de Processo Civil, com a redacção resultante do Decreto-Lei n.° 303/2007, de 24 de Agosto, na parte em que remete para portaria a regulação das disposições processuais relativas a actos dos magistrados;

b) Não julgar inconstitucional a norma constante do artigo 17.°, n.° 1, da Portaria n.° 114/2008, de 6 de Fevereiro;

e, em consequência,

c) Julgar procedente o recurso, determinando-se a reforma da decisão recorrida, em conformidade com o presente julgamento.

Sem custas.

Lisboa, 17 de Junho de 2009. — *João Cura Mariano — Vítor Gomes — Maria João Antunes — Benjamim Rodrigues — Carlos Fernandes Cadilha — Ana Maria Guerra Martins — Carlos Pamplona de Oliveira — Mário José de Araújo Torres — Gil Galvão — Joaquim de Sousa Ribeiro — Maria Lúcia Amaral — José Borges Soeiro — Rui Manuel Moura Ramos.*

Anotação:

1 — Acórdão publicado no *Diário da República*, II Série, de 10 de Julho de 2009.
2 — Ver, neste Volume, os Acórdãos n.os 304/09 e 354/09.

ACÓRDÃO N.° 301/09

DE 22 DE JUNHO DE 2009

Não julga inconstitucional a norma resultante dos artigos 13.°, n.° 1, 15.°, n.° 1, alínea *o)*, e 18.°, n.° 2, do Código das Custas Judiciais (na versão emergente do Decreto-Lei n.° 224-A/96, de 26 de Novembro), conjugada com a tabela anexa ao Código da Custas Judiciais, quando os valores das custas a que a sua aplicação conduziu se mostram proporcionais, no caso dos autos, à especial complexidade do processo.

Processo: n.° 75/09.
Recorrente: Ministério Público.
Relator: Conselheiro Sousa Ribeiro.

SUMÁRIO:

I — O vínculo de sinalagmaticidade, que une entre si a utilização individualizada dos serviços dos tribunais e as quantias cobradas, a título de taxa, por essa utilização, nada mais traduz do que uma relação de reciprocidade e de interdependência causal; porém, esta equivalência jurídica não vem necessariamente acompanhada por uma equivalência estrita, em termos económicos, entre o valor do serviço prestado e o montante da quantia devida pela sua percepção.

II — Encontrando-se o Estado constitucionalmente vinculado a uma actividade prestativa que satisfaça o direito dos cidadãos de acesso à justiça, a determinação de montantes de custas judiciais em valores excessiva e desproporcionadamente elevados, na medida em que conduz inevitavelmente a perdas de efectividade do direito à justiça, deve ser tida como uma restrição ofensiva desse direito.

III — No caso *sub judicio*, embora o montante tributário fixado seja elevado, em valor absoluto, numa valoração contextualizada, atenta aos dados concretos da forma como a conta de custas se gerou não pode dizer-se, pelo menos com o carácter de evidência requerido por um controlo da proibição do excesso, que estejamos perante um montante claramente desproporcionado, havendo que concluir que o critério legal não conduziu a uma taxa que ultrapasse um limite de admissibilidade, por manifestamente excessiva.

IV — Não se mostrando violado o princípio da proporcionalidade, também não foi nuclearmente afectado o direito de acesso ao tribunal, tendo até em conta a natureza do sujeito onerado: uma organização empresarial, tipicamente com maior facilidade de dispor de meios financeiros significativos, quer por aplicação de meios próprios, quer por recurso ao crédito bancário.

Acordam na 2.ª Secção do Tribunal Constitucional:

I — Relatório

1. Nos presentes autos, vindos da 9.ª Vara Cível de Lisboa, em que é recorrente o Ministério Público e recorrido Sotransil — Sociedade de Transacções Imobiliárias, S. A., foi interposto recurso de constitucionalidade, ao abrigo da alínea *a*) do n.° 1 do artigo 70.° da Lei da Organização, Funcionamento e Processo do Tribunal Constitucional (LTC), do despacho daquele tribunal, de 10 de Setembro de 2008, nos seguintes termos:

> «O Magistrado do Ministério Público neste tribunal, fazendo uso da faculdade conferida pelo artigo 145.°, n.° 5, do Código de Processo Civil, vem, em obediência e nos termos do disposto pelos artigos 280.°, n.° 1, alínea *a*), e n.° 3, da Constituição da República Portuguesa, 69.°, 70.°, alínea *a*), e 72.°, n.° 1, alínea *a*), da Lei do Tribunal Constitucional — Lei n.° 28/82, de 15 de Novembro —, interpor recurso para o Tribunal Constitucional da parte da decisão de fls. 3478 a 3490 que recusou a aplicação da norma resultante da conjugação dos artigos 13.°, n.° 1, 15.° n.° 1, alínea *o*), 18.°, n.° 2, e tabela anexa ao Código das Custas Judiciais na redacção conferida pelo Decreto-Lei n.° 224-A/96, de 26 de Novembro, por considerar aquela norma ferida de inconstitucionalidade material e violadora do direito de acesso aos tribunais consagrado pelo artigo 20.° da Constituição, conjugado com o princípio da proibição do excesso decorrente do artigo 2.° da Constituição».

2. O Representante do Ministério Público junto do Tribunal Constitucional apresentou alegações, tendo concluído o seguinte:

> «1.°
>
> A norma resultante dos artigos 13.°, n.° 1, 15.°, n.° 1, alínea *o*), e 18.°, n.° 2, do Código das Custas Judiciais, na versão emergente do Decreto-Lei n.° 224-A/96, de 26 de Novembro, conjugada com a tabela anexa, interpretada em termos de o

montante das custas decorrente do decaimento numa acção com o valor tributário de € 3 854 261,23 e respectivos apensos, incidentes e recursos (incluindo duas providências cautelares do arresto) — ser calculado em função de tal valor, sem que se preveja a aplicação de qualquer limite máximo, originando um valor global de € 253 033,92 de custas, não pode considerar-se, em si mesma, violadora do direito de acesso à justiça e do princípio da proporcionalidade.

2.°

Na verdade, essa tributação uma acção de valor consideravelmente elevado não implica quebra da estrutura bilateral ou sinalagmática das taxas, representando a ponderação — não apenas do valor de custo do serviço em causa — mas também do valor presumivelmente resultante da utilidade alcançável através do recurso ao tribunal e da complexidade que esteve subjacente à tramitação da causa e respectivos apensos que — no caso dos autos — envolveu processado de particular complexidade e extensão (expresso em 15 volumes e 6 apensos), em que forem esgotados pelos interessados os meios impugnatórios possíveis.

3.°

Não funcionando o princípio da igualdade em termos diacrónicos, não é possível realizar uma comparação entre tal regime, decorrente da versão de 1996 do Código das Custas Judiciais, e o actualmente estabelecido no artigo 27.°, não aplicável ao caso dos autos, representando uma ponderação inovatória e constitutiva do legislador que não pressupõe a inconstitucionalidade da solução que constava da lei anteriormente vigente.

4.°

Termos em que deverá proceder o presente recurso.»

3. A recorrida não contra-alegou.

4. O despacho recorrido tem o seguinte teor, na parte que agora releva:

«(...) Na presente acção, que tinha o valor tributário de € 3 854 261,23, foram contadas à autora custas no montante total de € 253 033,92, respeitando € 173 383,53 a taxas, correspondendo € 9 684,44 à taxa do incidente de apoio judiciário, reduzida a —, nos termos do artigo 15.°, n.° 1, do Código das Custas Judiciais, na redacção do Decreto-Lei n.° 224-A/96, de 26 de Novembro, € 19 368,88 de taxa de justiça em cada um de três recursos, € 25 105,22 noutra taxa de justiça de recurso, € 12 552,61 noutra taxa de justiça de recurso, todas reduzidas a —, nos termos do artigo 18.°, n.° 2, do Código das Custas Judiciais, na redacção do Decreto-Lei n.° 224-A/96, de 26 de Novembro, € 45 748,60 de procuradoria com natureza de taxa e, finalmente, € 45 453,04 a título de custas de parte.

A acção comportou designadamente:

I — Acção principal:

— Base instrutória com 45 quesitos (fls. 367 a 376);

— dezasseis sessões de julgamento: fls. 627 (5 de Novembro de 1998), fls. 635 (11 de Novembro de 1998), fls. 726 (2 de Dezembro de 1998), fls. 737 (7 de Janeiro de 1999), fls. 931 (26 de Janeiro de 1999), fls. 1066 (11 de Fevereiro de 1999), fls. 1478 (15 de Abril de 1999), fls. 1507 (20 de Abril de 1999), fls. 1563 (21 de Abril de 1999), fls. 1633 (13 de Maio de 1999), fls. 1651 (17 de Junho de 1999), fls. 1749 (23 de Junho de 1999), fls. 1752 (26 de Setembro de 1999), fls. 1764 (6 de Julho de 1999), fls. 2313 (9 de Novembro de 2001), fls. 2319 (30 de Novembro de 2001);
— inspecção ao local (fls. 737-738);
— realização de prova pericial (cfr. fls. 1856, 1878 e segs.);
— despacho de revogação do benefício de apoio judiciário concedido à autora (fls. 2380 a 2383);
— sentença de fls. 2384 a 2397;
— acórdão do Tribunal da Relação de Lisboa a fls. 2532 a 2545;
— junção de pareceres de professores universitários a fls. 2704 e segs.;
— acórdão do Supremo Tribunal de Justiça a fls. 2816 a 2823;

II — Apenso A (arresto intentado pela autora contra a ré em 26 de Maio de 1998):

— julgamento em 8 de Julho de 1998 (fls. 36);
— julgamento na oposição a fls. 316 (2 de Dezembro de 1998), fls. 337 (26 de Janeiro de 1999), fls. 419 (11 de Fevereiro de 1999), fls. 652 (14 de Janeiro de 2000);
— sentença final a fls. 653 a 660 (4 de Fevereiro de 2000);
— acórdão do Tribunal da Relação de Lisboa a fls. 1041 a 1048 (23 de Janeiro de 2002);

III — Apenso B (agravo do despacho que revogou o benefício de apoio judiciário):

— acórdão do Tribunal da Relação de Lisboa de 11 de Dezembro de 2002 (fis. 150 a 155);

IV — Apenso C (procedimento cautelar de arresto intentado pela autora contra a ré em 25 de Julho de 2002):

— indeferimento liminar a fls. 93 (8 de Agosto de 2002);
— acórdão do Tribunal da Relação de Lisboa a fls. 1431-1432 (12 de Dezembro de 2002);
— julgamento e sentença a fls. 203 a 209 (21 de Maio de 2003);
— julgamento em oposição a fls. 1333 (19 de Janeiro de 2004);
— sentença de revogação do arresto a fls. 1520 a 1522 (27 de Fevereiro de 2004);
— despacho a declarar deserto o agravo a fls. 1720 (31 de Maio de 2004);

— acórdão do Tribunal da Relação de Lisboa a fls. 1860 a 1862 (4 de Agosto de 2004);

V — Apenso D (agravo interposto pela ré do despacho de fls. 3372 a 3375):

— acórdão do Tribunal da Relação de Lisboa de fls. 392 a 405 (19 de Janeiro de 2006);

VI — Apenso E (agravo interposto pela ré do despacho de fls. 2531 a 2536 que decidiu reclamação à conta):

— acórdão do Tribunal da Relação de Lisboa a fls. 765 a 779 (13 de Outubro de 2005);

VII — Apenso F (recurso de agravo interposto pela autora do despacho que indeferiu o pedido de reforma da conta de custas elaborada no arresto):

— acórdão do Tribunal da Relação de Lisboa a fls. 218 a 223 (27 de Março de 2007');
— acórdão do Supremo Tribunal de Justiça a fls. 295 a 297 (6 de Novembro de 2007).

Resulta do arrazoado que antecede que a acção e seus apensos teve um processado que, de forma alguma, se pode classificar de breve e singelo. A dificuldade do apuramento dos factos materiais e forte litigiosidade que a acompanhou justificam, em grande parte, a extensão e complexidade do processado.

Apesar do que fica dito, cremos que a complexidade demonstrada não justifica os valores agora apurados, os quais se afiguram desproporcionais e injustificadamente inibidores da utilização dos serviços públicos de justiça.

Para a fixação desses valores contribuiu a ausência de previsão de um limite máximo ou da possibilidade da intervenção moderadora do juiz na fixação do valor das taxas devidas pela tramitação ocorrida.

Pelo que, também aqui, concluímos que essa desproporção flagrante e o exagero daquela quantia viola não só o princípio estruturante constitucional da proibição do excesso, como também o direito de acesso aos tribunais, previsto no artigo 20.°, n.° 1, da Constituição.

Pelo exposto:

a) julgo inconstitucional, por violação do direito de acesso aos tribunais, consagrado no artigo 20.° da Constituição, conjugado com o princípio da proibição do excesso, decorrente do artigo 2.° da Constituição, a norma que se extrai da conjugação do disposto nos artigos 13.°, n.° 1, 15.°, n.° 1, alínea *o)*, 18.°, n.° 2, e tabela anexa do Código das Custas Judiciais, na redacção do Decreto-Lei n.° 224-A/96, de 26 de Novembro, na parte em que dela resulta que as custas (incluindo taxas de justiça, custas dos incidentes, procuradoria e custas de parte) devidas por um processo, comportando a tramitação descrita em I a VII, ascendem ao montante global de € 253 033,92, determinado exclusivamente em função do valor da acção, sem o estabelecimento de qualquer limite máximo, e na medida em que não se permite que o tribunal reduza o montante da taxa de justiça devida no caso concreto, tendo em conta, designadamente, a natureza e complexidade do processo e o carácter manifestamente desproporcionado desse montante;

b) ordeno se proceda à reforma da conta nos termos previstos no artigo 27.° do Código das Custas Judiciais, na redacção que lhe foi conferida pelo Decreto-Lei n.° 324/2003, de 27 de Dezembro, aplicando-se a respectiva Tabela de Taxa de Justiça;

c) no mais, julgo improcedente por não provada a reclamação apresentada.»

Tudo visto, cumpre apreciar e decidir.

II — Fundamentação

5. É sabido que o factor básico de distinção constitucional entre imposto e taxa repousa no carácter unilateral ou bilateral do tributo: enquanto que o imposto tem estrutura unilateral, a taxa apresenta um carácter bilateral ou sinalagamático.

Quer isto dizer que a prestação pecuniária correspondente à taxa está em relação de correspectividade com a obtenção de um benefício individualmente produzido na esfera do particular obrigado ao seu pagamento. É como contrapartida desse benefício, como preço a pagar por uma utilidade especificamente proporcionada por um ente público, que a taxa é devida.

De entre a tipificação tripartida das situações causalmente determinantes do pagamento de taxas, estabelecida no artigo 4.°, n.° 1, da Lei Geral Tributária (Decreto-Lei n.° 398/98, de 17 de Dezembro), a saber, "prestação concreta de um serviço público", "utilização de um bem do domínio público" e "remoção de um obstáculo ao comportamento dos particulares", é indubitavelmente no primeiro grupo que se integram as custas judiciais.

Compreendendo a taxa de justiça e os encargos [artigo 1.°, n.° 1, do Código das Custas Judiciais (CCJ), na redacção do Decreto-Lei n.° 224-A/96, de 26 de Novembro], e consistindo estes no reembolso das despesas e retribuições enumeradas no artigo 32.° do mesmo Código, a taxa de justiça consubstancia a contrapartida pecuniária da utilização do serviço de administração de justiça.

6. Mas o vínculo de sinalagmaticidade, que une entre si a utilização individualizada dos serviços dos tribunais e as quantias cobradas, a título de taxa, por essa utilização, nada mais traduz do que uma relação de reciprocidade e de interdependência causal, assinalando, designadamente, que a obrigação em que

se constitui o utente encontra a sua génese e razão de ser na prestação que o Estado lhe disponibilizou.

Como o Tribunal tem sistematicamente sublinhado, também a propósito da taxa em causa nos presentes autos — cfr., por último, o Acórdão n.° 471/07 —, esta equivalência jurídica não vem necessariamente acompanhada por uma equivalência estrita, em termos económicos, entre o valor do serviço prestado e o montante da quantia devida pela sua percepção.

O legislador goza, nesta matéria, de uma muito ampla liberdade de conformação, à luz de critérios diversificados, que vão desde o atendimento dos custos reais de produção, ao grau de utilidade propiciada ao particular, na satisfação da sua necessidade individual, e ao interesse público na generalização ou, inversamente, na retracção do acesso ao bem ou serviço em questão. É da ponderação, em cada tipo de caso, destes e de outros parâmetros, e da valoração do complexo de interesses conjugadamente presentes nas situações de obrigatoriedade de taxa — valoração a que não são alheias razões de conveniência e oportunidade — que resulta a determinação do valor a prestar.

7. O reconhecimento dessa larga margem de liberdade apreciativa do legislador não importa, todavia, como é bom de ver, que a fixação do montante das taxas seja refractária a um controlo de constitucionalidade.

Na verdade, o Estado encontra-se constitucionalmente vinculado a uma actividade prestativa que satisfaça o direito dos cidadãos de acesso à justiça (artigo 20.° da Constituição). Este direito corresponde a um direito fundamental dotado da força jurídica própria dos direitos, liberdades e garantias, pelo que o princípio da proporcionalidade, sempre vigente, como princípio básico do Estado de direito, em qualquer campo de actuação estadual que contenda com interesses dos particulares, encontra aqui uma qualificada expressão aplicativa (artigo 18.°, n.° 2, da Constituição).

Sendo assim, não impondo a Constituição a gratuitidade da utilização dos serviços de justiça, impõe seguramente que o montante das custas judiciais não se transforme num sério factor inibitório do recurso aos tribunais, com esvaziamento da garantia de tutela jurisdicional constitucionalmente consagrada.

A concretização do preceito constitucional que garante o direito à solução dos litígios pela via judicial, de acordo apenas com as normas do ordenamento jurídico, como é timbre de um Estado de direito, claudicaria, sem transposição efectiva para a prática social, se ao legislador fosse dado fixar montantes de custas judiciais de tal forma elevados que perdessem toda a conexão razoável com o custo e o valor do serviço prestado. Pois, desse modo, o "custo da justiça" não poderia ser suportado, sem sacrifícios inexigíveis, pela generalidade dos cidadãos, constituindo um obstáculo insuperável ao exercício de um direito que a Constituição reconhece.

Nesta perspectiva, para satisfação adequada do direito de acesso aos tribunais, na sua dimensão prestacional, impõe-se, não apenas a remoção, através do sistema de apoio judiciário, das incapacitações causadas por insuficiência de meios dos mais carenciados para pagar taxas, ainda que de montante ajustado, mas também a fixação dessas taxas em valores não excessivamente gravosos, para o universo de todos aqueles que não estão isentos do seu pagamento ou não beneficiam das reduções previstas. Ambas as vertentes se encontram cobertas pela proibição de denegação de justiça por insuficiência de meios económicos (parte final do n.° 1 do artigo 18.°).

Nesta linha de pensamento, escreveu-se no Acórdão n.° 352/91, a propósito da liberdade do legislador na determinação das custas judiciais:

> «Esta liberdade constitutiva do legislador tem, no entanto, um limite — limite que é o da justiça ser realmente acessível à generalidade dos cidadãos sem terem de recorrer ao sistema de apoio judiciário.
>
> É que o nosso ordenamento jurídico concebe o sistema de apoio judiciário como algo que apenas visa garantir o acesso aos tribunais aos economicamente carenciados, e não como um instrumento ao serviço também das pessoas de médios rendimentos (salvo, naturalmente, se estas houverem de intervir em acções de muito elevado valor).
>
> Na fixação das custas judiciais, há-de, pois, o legislador ter sempre na devida conta o nível geral dos rendimentos dos cidadãos de modo a não tornar incomportável para o comum das pessoas o custeio de uma demanda judicial, pois se tal suceder, se o acesso aos tribunais se tornar insuportável ou especialmente gravoso, violar-se-á o direito em causa».

Pode, pois, concluir-se que, na medida em que conduz inevitavelmente a perdas de efectividade do direito à justiça, a determinação de montantes de custas judiciais em valores excessiva e desproporcionadamente elevados deve ser tida como uma restrição ofensiva desse direito.

8. É à luz destes parâmetros que cumpre agora apreciar se tal se pode ter por verificado no caso dos autos. Há que ajuizar se os critérios constantes das normas impugnadas violam o direito de acesso à justiça, para o que se requer a aferição, pelo princípio da proporcionalidade, do montante das custas judiciais apuradas, em sua aplicação.

Recorde-se que, tendo a acção o valor de € 3 854 261,23, a autora foi condenada a custas no montante total de € 253 033,92.

O despacho recorrido entendeu que os valores em causa "se afiguram desproporcionais e injustificadamente inibidores da utilização dos serviços de justiça". Tal terá ficado a dever-se à "ausência de previsão de um limite máximo ou da possibilidade da intervenção moderadora do juiz na fixação do valor das taxas devidas pela tramitação ocorrida".

Como melhor transparece da fórmula decisória, a censura constitucional recaiu sobre o facto de, ao abrigo das normas contestadas, ser exclusivamente por atinência ao valor da acção que o montante das custas é calculado, sem um tecto máximo e sem permissão de uma correcção redutora por iniciativa do tribunal, "tendo em conta, designadamente, a natureza e complexidade do processo".

A decisão recorrida reproduz, na parte referente à imputação do juízo de inconstitucionalidade à ausência destas previsões potencialmente limitativas do montante das custas, a decisão, por maioria, constante do Acórdão n.° 471/07, prolatado por esta Secção do Tribunal Constitucional. E já anteriormente, no Acórdão n.° 227/07, igualmente da 2.ª Secção, o prescindir a lei da fixação de um limite máximo e a não atendibilidade, em concreto, da natureza e da complexidade do processo foram apontadas como razões justificativas de idêntica decisão de inconstitucionalidade.

Haverá fundamento, no caso dos autos, para uma decisão do mesmo teor?

9. Cumpre notar, antes de mais, que a questão de constitucionalidade aqui em apreciação tem a ver com o facto de o valor das custas reflectir automática e ilimitadamente o valor da acção, o que pode conduzir a taxas de elevado montante, eventualmente desproporcionado em relação ao custo e à utilidade do serviço. Foi esse o objecto de censura nos dois Acórdãos acima mencionados, que se pronunciaram pela inconstitucionalidade. Esta ficou a dever-se, precisamente, à impossibilidade de correcção adaptativa às circunstâncias do caso concreto, do montante assim obtido, por forma a evitar um valor excedente um limite máximo e/ou sem correspondência na natureza e na complexidade do processo.

Ora, sendo assim, estando em causa o apuramento da proporcionalidade ou não de um valor quantitativamente determinado, as configurações casuísticas, no plano da fiscalização concreta da constitucionalidade, contam como elemento de valoração, sem pôr em cheque a natureza normativa do nosso sistema de controlo. Daí a admissibilidade, sem contradição, de juízos discordantes sobre o mesmo critério normativo, dada a sua diferente projecção consequencialista sobre distintas realidades, do ponto de vista da natureza e do valor do serviço prestado.

O que queremos dizer é que a potencialidade de um critério gerar valores desproporcionados de custas, por não acolhimento de factores que os teriam evitado, só releva quando essa potencialidade, em face das circunstâncias do caso e do montante concretamente apurado, se tenha concretizado. Ou, dito de outra forma: a ausência de previsão desses factores correctivos só releva quando eles, no caso em apreciação, teriam actuado restritivamente, reconduzindo o valor pecuniário a prestar aos limites da proporcionalidade, que, de outro modo, resulta violada. Mas já não tem cabimento a invocação dessa falha de previsão quando, à partida, o montante das custas possa ser considerado não exorbitante e em correspondência com a natureza e a complexidade do processo. Nessa hipótese, as variáveis que alegadamente deveriam estar normativizadas abonam a proporcionalidade do resultado aplicativo do critério em análise, pelo que a sua não inclusão na previsão legal não pode fundar um juízo em sentido contrário.

Na verdade, estando em causa a aferição da proporcionalidade de um determinado quantitativo pecuniário, no caso de ele se mostrar como contrapartida adequada da utilização de um serviço, atentas as características da sua natureza e da sua concreta execução, com incidência nos custos, não faz sentido concluir que ele viola a proibição do excesso, com fundamento em que, noutras circunstâncias aplicativas, seria esse o resultado a que conduziria o critério de cálculo. Quando a censura constitucional tem como alvo a rigidez e automaticidade do critério legal, com a consequente falta de flexibilidade adaptativa a circunstâncias específicas que podem justificar uma redução de taxa, essas circunstâncias, na fiscalização concreta, têm que ser tidas em consideração.

10. Ora, nesta perspectiva, não pode passar despercebido que a situação *sub judicio* difere substancialmente, sob o ponto de vista da natureza do processo e da complexidade da tramitação, das duas outras sobre que recaíram aqueles acórdãos, em que foi emitido um juízo de inconstitucionalidade.

Quanto ao Acórdão n.° 227/07, o cálculo de custas nele em apreciação referia-se a procedimentos cautelares e respectivos recursos, tendo sido apurado um valor de € 584 403,82, muito superior ao que está em questão nos presentes autos.

No caso do Acórdão n.° 471/07, foi decisiva da pronúncia de inconstitucionalidade a simplicidade da tramitação, que findou, em 1.ª instância, no saneador. Como se salienta na respectiva fundamentação:

«Tendo em consideração a linearidade da tramitação da acção acima descrita e a fase em que a mesma terminou na 1.ª instância, a contagem de € 123 903,43 de taxas é manifestamente desproporcionada às características do serviço público concreto prestado, atendendo ao custo de vida em Portugal. Na verdade, este montante exagerado resulta apenas do elevado valor da acção, sem qualquer tradução na complexidade do processo, o qual decorreu com uma tramitação simples, não existindo qualquer correspondência entre os custos dos meios do Estado envolvidos e o valor total das taxas cobradas».

É patente o contraste com o figurino da acção que motivou o recurso em apreciação. Esta, iniciada em 1994, comportou uma acção principal e seis apensos. No seu âmbito, e com uma base instrutória de 45 quesitos, realizaram-se 16 sessões de julgamento em 1.ª instância, com produção de prova pericial e inspecção ao local, junção de pareceres de professores universitários e recurso até ao Supremo Tribunal de Justiça. Nos apensos, por sua vez, foram processados dois procedimentos cautelares de arresto e vários agravos.

Mais detalhadamente, e como resulta do teor do despacho recorrido, a acção de onde emerge o presente recurso de constitucionalidade implicou a seguinte tramitação processual:

> I — Acção principal: Base instrutória com 45 quesitos; dezasseis sessões de julgamento; inspecção ao local; realização de prova pericial; despacho de revogação do benefício de apoio judiciário concedido à autora; sentença de fls. 2384 a 2397; acórdão do Tribunal da Relação de Lisboa; junção de pareceres de professores universitários; acórdão do Supremo Tribunal de Justiça;
>
> II — Apenso A (arresto intentado pela autora contra a ré em 26 de Maio de 1998): julgamento em 8 de Julho de 1998; julgamento na oposição (que decorreu em 2 de Dezembro de 1998, 26 de Janeiro de 1999, 11 de Fevereiro de 1999 e 14 de Janeiro de 2000); sentença final (4 de Fevereiro de 2000); Acórdão do Tribunal da Relação de Lisboa (23 de Janeiro de 2002);
>
> III — Apenso B (agravo do despacho que revogou o benefício de apoio judiciário): acórdão do Tribunal da Relação de Lisboa de 11 de Dezembro de 2002;
>
> IV — Apenso C (procedimento cautelar de arresto intentado pela Autora contra a ré em 25 de Julho de 2002): indeferimento liminar (8 de Agosto de 2002); acórdão do Tribunal da Relação de Lisboa (12 de Dezembro de 2002); julgamento e sentença (21 de Maio de 2003); julgamento em oposição (19 de Janeiro de 2004); sentença de revogação do arresto (27 de Fevereiro de 2004); despacho a declarar deserto o agravo (31 de Maio de 2004); acórdão do Tribunal da Relação de Lisboa (4 de Agosto de 2004);
>
> V — Apenso D (agravo interposto pela ré do despacho de fls. 3372 a 3375): Acórdão do Tribunal da Relação de Lisboa de fls. 392 a 405 (19 de Janeiro de 2006);
>
> VI — Apenso E (agravo interposto pela ré do despacho de fls. 2531 a 2536 que decidiu reclamação à conta): acórdão do Tribunal da Relação de Lisboa (13 de Outubro de 2005);
>
> VII — Apenso F (recurso de agravo interposto pela autora do despacho que indeferiu o pedido de reforma da conta de custas elaborada no arresto); acórdão do Tribunal da Relação de Lisboa (27 de Março de 2007); Acórdão do Supremo Tribunal de Justiça (6 de Novembro de 2007).

Todo o processado, que demandou uma muito laboriosa actividade jurisdicional, não linear, de vários órgãos judicantes, documentada em 3 498 folhas que se estendem por 15 volumes e 6 apensos, revela "a dificuldade de apuramento dos factos materiais e forte litigiosidade que a acompanhou", como a própria decisão recorrida reconhece.

Neste contexto, como qualificar o montante tributário fixado?

Ele é, sem dúvida, elevado, em valor absoluto. Mas não pode considerar-se que seja uma refracção cega do valor da causa. Para o seu atingimento muito contribuiu a complexidade objectiva das questões suscitadas e a própria conduta processual das partes, que recorreram sistematicamente aos meios impugnatórios admissíveis (foram contabilizados, ao todo, doze incidentes).

A complexidade da tramitação efectivamente processada teve uma repercussão directa no montante das custas apuradas, pelo que não pode sustentar-se que este se fique a dever exclusivamente ao valor da acção. Dá impressiva conta disso a decomposição daquele montante global pelas parcelas que o constituem: dos € 173 383,53 que respeitam a taxas, € 9 684,44 correspondem à taxa do incidente de apoio judiciário, € 19 368,88 à taxa de justiça em cada um de três recursos, € 25 105,22 a taxa de justiça de outro recurso, € 12 552,61 ainda a outra taxa de recurso, € 45 748,60 a procuradoria com natureza de taxa e, finalmente, € 45 453,04 a título de custas de parte.

Numa valoração contextualizada, atenta aos dados concretos da forma como a conta de custas se gerou, no caso dos autos, não pode dizer-se, pelo menos com o carácter de evidência requerido por um controlo da proibição do excesso, que estejamos perante um montante claramente desproporcionado. Se a prestação exigida, a título de custas, atingiu valores elevados, pouco comuns, também, em contrapartida, o serviço fornecido envolveu meios e acarretou necessariamente custos que ultrapassaram o padrão mais habitual do funcionamento judiciário e do processamento dos autos. A correspectividade material entre as duas prestações não se mostra, assim, manifestamente desvirtuada, pelo que não se evidencia que os limites (flexíveis) de taxação resultantes da estrutura bilateral das taxas tenham sido desrespeitados.

Não custa conceder que outros critérios de cálculo possam satisfazer melhor, de forma mais proporcionada e mais próxima da realização do ideal de Justiça não demasiadamente onerosa, as exigências e os limites postulados pela bilateralidade de um tributo com a natureza de taxa.

Mas considerações desta índole passam ao lado da valoração ajustada à natureza e ao objecto da questão de constitucionalidade aqui posta. Na verdade, o que está em causa é a contenção ou não dentro de limites ainda toleráveis ou admissíveis, de tal forma que o juízo de não inconstitucionalidade se basta com a não infracção desses limites, sem que esse juízo possa ser invalidado pela representação de regimes alternativos mais favoráveis, quanto aos custos da justiça para os particulares que a ela recorrem.

Desde que não ultrapassados aqueles limites, é da competência do legislador proceder à ponderação da forma como entende mais adequada a repartição dos pesados custos de funcionamento do aparelho de administração da justiça, a fixação da parcela, maior ou menor, em que eles devem ser suportados pelos sujeitos que dela beneficiam ou levados à conta das despesas do Orçamento do Estado.

Também não custa admitir, por outro lado, que alterações legislativas posteriores, designadamente as introduzidas pelo Decreto-Lei n.° 324/2003, de 27 de Dezembro, caminharam no sentido de um regime menos oneroso, ao estabelecerem que nas "causas de valor superior a € 250 00 não é considerado o excesso para efeito do cálculo do montante da taxa de justiça inicial e subsequente", apenas sendo o remanescente considerado na conta a final (artigo 27.°, n.os 1 e 2, do Código das Custas Judiciais, na redacção daquele diploma), possibilitando-se ao juiz, "de forma fundamentada e atendendo, designadamente, à complexidade da causa e à conduta processual das partes, dispensar o pagamento do remanescente" (artigo 27.°, n.° 3).

Mas, de uma alteração legislativa que introduz previsões limitativas do montante de custas não pode inferir-se, sem mais, a inconstitucionalidade das soluções, anteriormente consagradas, que as ignoravam. Ela representa apenas uma opção distinta do legislador, no exercício da liberdade conformativa de que dispõe, sem que tal justifique refracções retroactivas na valoração do regime anteriormente vigente, cuja conformidade constitucional tem que ser apreciada pelo seu conteúdo e alcance próprios.

11. Há a concluir, pois, que o critério legal não conduziu a uma taxa que ultrapasse um limite de admissibilidade, por manifestamente excessiva. A taxa devida encontra justificação no princípio da cobertura dos custos, pelo menos, estando em relação de correspondência ainda razoavelmente adequada com a complexidade da actividade jurisdicional desenvolvida e com o figurino da tramitação a que deu azo.

Não pode, assim, invocar-se, no caso dos autos, a não fixação de um limite máximo e o não acolhimento, no critério legal, da natureza e complexidade do processo, pois nem um nem outro factor teriam aqui operado em sentido redutor do montante da taxa.

Este respeita, de forma satisfatória, os três sentidos possíveis do princípio da proporcionalidade, em matéria de custas judiciais, de acordo com a especificação analítica levada a cabo pelo Acórdão n.° 608/99: o do "equilíbrio entre a consagração do direito de acesso ao direito e aos tribunais e os custos inerentes a tal exercício"; o da responsabilização de cada parte pelas custas "de acordo com a regra da causalidade, da sucumbência ou do proveito retirado da intervenção jurisdicional", o do ajustamento dos "quantitativos globais das custas a determinados critérios relacionados com o valor do processo, com a respectiva tramitação, com a maior ou menor complexidade da causa e até com os comportamentos das partes".

Não se mostrando violado o princípio da proporcionalidade, também não foi nuclearmente afectado o direito de acesso ao tribunal, tendo até em conta a natureza do sujeito onerado: uma organização empresarial, necessariamente regida por regras de economicidade estrita na tomada de decisões e, tipicamente, com maior facilidade de dispor de meios financeiros significativos, quer por aplicação de meios próprios, quer, como operação corrente no fluxo da sua actividade, por recurso ao crédito bancário.

III — Decisão

Pelo exposto, acordam em:

a) Não julgar inconstitucional a norma resultante dos artigos 13.°, n.° 1, 15.°, n.° 1, alínea *o*), e 18.°, n.° 2, do Código das Custas Judiciais (na versão emergente do Decreto-Lei n.° 224-A/96, de 26 de Novembro), conjugada com a tabela anexa ao Código das Custas Judiciais, quando os valores das custas a que a sua aplicação conduziu se mostram proporcionais, no caso dos autos, à especial complexidade do processo;

b) Julgar procedente o recurso, ordenando a reformulação do despacho recorrido em conformidade com o presente juízo de não inconstitucionalidade.

Sem custas.

Lisboa, 22 de Junho de 2009. — *Joaquim de Sousa Ribeiro* — *Benjamim Rodrigues* — *Mário José de Araújo Torres* — *João Cura Mariano* (vencido conforme declaração que junto) — *Rui Manuel Moura Ramos.*

DECLARAÇÃO DE VOTO

Votei vencido por ter entendido que apesar da tramitação da acção aqui em causa ter esgotado as instâncias admissíveis, com alguns incidentes de diminuta complexidade, e ter sido julgada em 1.ª instância em audiência com 16 sessões, a contagem de € 250 000 de taxas, nos termos do sistema do Código das Custas Judiciais, na redacção do Decreto-Lei n.° 224-A/96, de 26 de Novembro, é manifestamente desproporcionada às características do serviço público concreto prestado, atendendo ao custo de vida em Portugal.

Na verdade, este montante exagerado resultou apenas do elevado valor da acção, sem tradução na complexidade do processo, não existindo qualquer correspondência entre os custos dos meios do Estado envolvidos e o valor total das taxas cobradas.

Só a ausência de previsão de um limite máximo ou da possibilidade da intervenção moderadora do juiz na fixação do valor das taxas devidas pela tramitação ocorrida permitiu que estas atingissem aquele valor manifestamente desproporcionado e injustificadamente inibidor da utilização dos serviços públicos de justiça.

Essa desproporção flagrante e o exagero daquela quantia violou não só o princípio estruturante constitucional da proibição do excesso, como também o direito de acesso aos tribunais, previsto no artigo 20.°, n.° 1, da Constituição, pelo que entendi que se deveria confirmar o juízo de inconstitucionalidade efectuado pela decisão recorrida, julgando-se improcedente o recurso interposto pelo Ministério Público. — *João Cura Mariano.*

Anotação:

1 — Acórdão publicado no *Diário da República*, II Série, de 29 de Julho de 2009.

2 — Os Acórdãos n.os 352/91, 227/07 e 471/07 estão publicados em *Acórdãos*, 19.°, 68.° e 70.° Vols., respectivamente.

ACÓRDÃO N.° 302/09

DE 22 DE JUNHO DE 2009

Julga organicamente inconstitucional a norma do artigo 3.°, n.° 2, do Decreto-Lei n.° 231/2005, de 29 de Dezembro, no segmento em que condiciona a transmissão das relações laborais às necessidades de pessoal do ente público para o qual são transferidas.

Processo: n.° 1029/08.
Recorrente: Ministério Público.
Relator: Conselheiro Benjamim Rodrigues.

SUMÁRIO:

I — A segurança no emprego é matéria integrante dos direitos, liberdades e garantias dos trabalhadores, encontrando-se, como tal, sujeita à reserva relativa de competência legislativa da Assembleia da República, daí resultando que o Governo apenas poderá legislar sobre tal matéria desde que provido de credencial parlamentar que para tal o autorize.

II — No núcleo consubstanciante do referido princípio constitucional encontra-se a matéria relativa à extinção da relação laboral, estando também o regime da cessação ou extinção da relação de trabalho na função pública abrangido pela reserva relativa de competência da Assembleia da República nos termos tipificados na alínea *b)* do n.° 1 do artigo 165.° da Constituição.

III — Por outro lado, o regime relativo à extinção das relações laborais no seio da Administração Pública há-de também ter-se por abrangido pela reserva de competência da Assembleia da República, nos termos constantes do artigo 165.°, n.° 1, alínea *t)*, da Constituição, pelo que, na óptica do exercício da competência legislativa do Governo, a concretização — o desenvolvimento, a execução ou a complementação — desse regime terá forçosamente de fazer-se de harmonia com os princípios e critérios vertidos na definição legal das bases do regime disciplinador das relações contratuais na função pública, o que, por seu turno, posterga a definição, por via de decreto-lei não autorizado, de critérios inovadores relativos aos aspectos "fundamentais ou estruturais" do regime laboral no seio da função pública, e, bem assim, a alteração do regime definido no parlamento quanto a essas matérias.

IV — A norma sindicanda erige, em comparação com o regime da Lei n.° 23/2004 — que aprovou o regime jurídico do contrato individual de trabalho da Administração Pública e pela qual se regiam, à data, os vínculos laborais atingidos pela norma em crise —, um critério diferenciado quanto às condições em que tem lugar a transmissão do contrato de trabalho, regulando em termos desconformes com o diploma parlamentar a tipificação da hipótese em que ocorre a caducidade.

V — Nestes termos, não tendo existindo a necessária autorização parlamentar para a criação da norma sindicanda, esta enferma de inconstitucionalidade orgânica.

Acordam na 2.ª Secção do Tribunal Constitucional:

I — Relatório

1 — O Ministério Público, junto do Tribunal de Trabalho de Lisboa, recorre para o Tribunal Constitucional, ao abrigo do disposto no artigo 70.°, n.° 1, alínea *a)*, da Lei n.° 28/82, de 15 de Novembro, na sua actual redacção (LTC), pretendendo ver sindicada a constitucionalidade da norma do artigo 3.°, n.° 2, do Decreto-Lei n.° 231/2005, de 29 de Dezembro, cuja aplicação foi recusada, com fundamento em inconstitucionalidade orgânica [artigo 165.°, n.° 1, alínea *t)*, da Constituição] e material (artigo 53.° da Constituição), por sentença daquele tribunal de 28 de Julho de 2007.

2 — Na parte pertinente ao recurso, tem a decisão recorrida o seguinte teor:

"(...)

4 — Da extinção da ACACSA e do seu reflexo nos contratos individuais de trabalho dos autores.

A questão nuclear a apreciar e decidir nestes autos reside em determinar se é lícita a cessação dos contratos de trabalho dos autores.

A ACACSA (Agência do Controle das Ajudas Comunitárias ao sector do Azeite) foi criada pelo Decreto-Lei n.° 259/87, de 26 de Junho. Como se lê na exposição de motivos deste diploma, esta agência foi criada para "dar execução prática ao imperativo legal constante do n.° 1 do artigo 1.° do Regulamento (CEE) n.° 2262/84 do Conselho de 17 de Julho de 1984", que "veio determinar a criação, em cada Estado-membro, de uma "agência" destinada a assegurar a aplicação correcta do regime da ajuda à produção do azeite, bem como exercer outras acções no âmbito deste sector".

Posteriormente o Decreto-Lei n.° 259/87 veio a ser revogado pelo Decreto-Lei n.° 70/89, de 2 de Março, o qual, nas palavras do legislador, procurou "proceder à adequação normativa necessária, com o fim de dotar a Agência da autonomia prevista na citada legislação comunitária: autonomia de funcionamento, de realização de despesas, e de recrutamento de pessoal (...)."

A ACACSA veio a ser extinta pelo Decreto-Lei n.° 231/2005, de 29 de Dezembro. As razões da extinção desta agência são apontadas no preâmbulo do diploma, nos seguintes termos:

"A reforma da Política Agrícola Comum (PAC) veio alterar as bases para as ajudas directas à produção, concedidas aos agricultores ou às associações de produtores, eliminando-as progressivamente e dissociando-as da produção, tendo o Regulamento (CE) n.° 865/2004, do Conselho, de 29 de Abril, formalizado o desligamento das ajudas à produção, no âmbito da organização comum do mercado (COM) no sector do azeite, pelo que se torna desnecessária a manutenção daquela estrutura específica.

Nessa perspectiva, procede-se à extinção e liquidação da ACACSA, assegurando, porém, que, no futuro, o acompanhamento do pagamento único por exploração e a ajuda à manutenção do olival sejam levados a efeito pelos organismos nacionais já existentes, centralizadores da execução dos apoios nacionais e comunitários ao sector agrícola."

Assim, o artigo 1.° deste diploma declara a extinção da ACACSA, enquanto que o artigo 2.°, sob a epígrafe "sucessão nas atribuições" estabelece no seu n.° 1 que "as atribuições da ACACSA relativas ao regime específico dos apoios comunitários ao sector do azeite passam a ser prosseguidas pelo Instituto de Financiamento e Apoio ao Desenvolvimento da Agricultura e Pescas (IFADAP) e pelo Instituto Nacional de Intervenção e Garantia Agrícola (INGA), segundo a competência dos respectivos órgãos", ao passo que o n.° 2 dispõe que "as atribuições de fiscalização dos lagares de azeite, bem como o destino do azeite obtido da azeitona laborada e seus subprodutos, passam a ser prosseguidas pela Autoridade de Segurança Alimentar e Económica (ASAE)".

As consequências da extinção desta Agência relativamente ao seu pessoal acham-se reguladas no artigo 3.° deste diploma, que estabelece o seguinte:

"1 — A transição dos funcionários e agentes da ACACSA para o IFADAP E O INGA faz-se nos termos do Decreto-Lei n.° 193/2002, de 25 de Setembro.

2 — Nos termos dos artigos 16.° e 17.° do regime jurídico do contrato individual de trabalho na Administração Pública, aprovado pela Lei n.° 23/2004, de 22 de Junho, a extinção da ACACSA determina a caducidade dos contratos de trabalho por esta celebrados, com excepção dos contratos transferidos para o IFADAP, INGA e ASAE, os quais se poderão transmitir, na medida das necessidades destas entidades, mediante acordo dos trabalhadores.

3 — Os contratos individuais de trabalho dos trabalhadores da ACACSA que transitem para os serviços e organismos a que se refere o número anterior mantêm a sua validade sem perda de quaisquer direitos, incluindo os que decorrem da antiguidade.

4 — As transições a que se refere o presente artigo têm lugar por lista nominativa a homologar pelo Ministro da Agricultura, do Desenvolvimento Rural e das Pescas."

Da análise deste artigo 3.° resulta que a extinção da ACACSA não tem por consequência a extinção dos contratos individuais de trabalho de todos os trabalhadores da referida agência, mas apenas daqueles cujos contratos não se transfiram para o IFADAP, o INGA e a ASAE, na medida das necessidades destes organismos, e mediante acordo com os trabalhadores a transferir.

Esta disposição veio contudo derrogar o regime decorrente dos artigos 16.° e 17.° do Regime Jurídico do Contrato Individual de Trabalho na Função Pública, aprovado pela Lei n.° 23/2004, de 22 de Junho[1].

Com efeito, estabelece o artigo 17.° deste diploma que "A extinção da pessoa colectiva pública a que o trabalhador pertence determina a caducidade dos contratos de trabalho, salvo se se verificar a situação prevista no artigo anterior". E o artigo 16.°, no seu n.° 1, estatui que "Os contratos de trabalho celebrados por pessoas colectivas públicas transmitem-se aos sujeitos que venham a prosseguir as respectivas atribuições, haja ou não extinção da pessoa colectiva pública, nos termos previstos no Código do Trabalho para a transmissão da empresa ou estabelecimento."

Já o n.° 3 deste último preceito dispõe que "No caso de transferência ou delegação de parte das atribuições da pessoa colectiva pública para outras entidades apenas se transmitem os contratos de trabalho afectos às actividades respectivas".

Destas disposições legais resulta, pois que sempre que uma entidade pública seja extinta, os contratos de trabalho do seu pessoal caducam, a menos que as suas atribuições passem para outros organismos, caso em que tais contratos se transmitirão, nos termos previstos no Código do Trabalho para a transmissão da empresa ou estabelecimento, e na medida das atribuições transmitidas.

O artigo 3.° do Decreto-Lei n.° 231/2005 derroga estas disposições da LCTFP porque apesar de o artigo 2.° do mesmo diploma determinar expressamente que as atribuições da ACACSA passam a ser prosseguidas pelo o IFADAP, o INGA e a ASAE, vem estabelecer que a transmissão dos contratos de trabalho do pessoal da ACACSA para o IFADAP, INGA e ASAE se faz apenas "na medida das necessidades destas entidades", restringindo, pois, o critério que resulta do artigo 16.° da LCTFP em função do crivo das necessidades de pessoal destas entidades.

Em nosso entender tal restrição redundam em flagrante inconstitucionalidade, quer material, quer formal ou orgânica.

---

[1] Que adiante passaremos a mencionar pela sigla "LCTFP", acrónimo de "Lei do Contrato de Trabalho na Função Pública".

Com efeito, nos termos do disposto no artigo 165.°, alínea *t)*, da Constituição da República, as "bases do regime e âmbito da função pública" constituem matéria da competência relativa da Assembleia da República, pelo que só mediante autorização legislativa poderá o Governo legislar nesta matéria, através de decreto-lei.

O conceito de "função pública" constante desta norma constitucional abrange todas as formas de emprego público, e portanto também o regime jurídico do contrato individual de trabalho na função pública.

Ora, o mencionado Decreto-Lei n.° 231/2005 não foi precedido de Lei de autorização legislativa que habilitasse o Governo a derrogar os mencionados artigos 16.° e 17.° da Lei n.° 23/2004.

Daí que se entenda que o n.° 2 do artigo 3.° do referido Decreto-Lei, na parte em que restringe a aplicação do artigo 16.° em função das necessidades destas entidades é inconstitucional.

Por outro lado, a mesma norma é também materialmente inconstitucional, por violação do princípio constitucional da segurança no emprego, consagrado no artigo 53.° da Constituição da República, porquanto permite a extinção de contratos de trabalho sem justa causa subjectiva, e sem a definição de motivos objectivos suficientemente concretizados (não podendo como tal entender-se a vaga e imprecisa remissão para as "necessidades" do IFADAP, INGA e ASAE). Com efeito, entende este tribunal que o quadro normativo dos artigos 16.°, 17.° e 18.° da LCTFP (que regulam as figuras do despedimento colectivo e do despedimento individual por extinção do posto de trabalho com fundamento por razões de eficácia e eficiência na prossecução das respectivas atribuições, remetendo para os requisitos das mesmas figuras regulados no Código do Trabalho) traça nesta matéria a fronteira da inconstitucionalidade, pelo que se entende que um regime mais favorável à extinção de contratos de trabalho do que o previsto nestas disposições viola a referida garantia constitucional.

Assim, e porque nos termos do disposto no 204.° da Lei Fundamental não podem os tribunais aplicar normas que infrinjam o disposto na Constituição ou princípios nela consignados, este tribunal não aplicará a norma do artigo 3.°, n.° 2, do Decreto-Lei n.° 231/2005, na parte afectada pelas referidas inconstitucionalidades. O que significa que o caso dos presentes autos será apreciado e decidido desconsiderando o inciso "na medida das necessidades destas entidades".

Aqui chegados, importa então voltar à análise do artigo 16.° da LCTFP, para esclarecer alguns pontos do seu regime.

E neste ponto, a primeira precisão a registar é a de que a remissão ínsita no n.° 1 deste preceito se reporta apenas aos efeitos e regime da transmissão do estabelecimento que constam do Código do Trabalho, e não também aos requisitos da mesma.

Na verdade, o próprio artigo 16.° da LCTFP adapta o conceito de transmissão do estabelecimento ao contrato individual de trabalho na função pública, estabelecendo um requisito específico — a prossecução das atribuições do organismo extinto ou remodelado.

É certo que, como alegam os réus IFADAP e INGA (hoje IFAP), a Directiva n.° 2001/23/CE de 12 de Março, que regula a matéria da manutenção dos direitos dos trabalhadores em caso de transferência de empresas ou de estabelecimentos exclui expressamente do seu âmbito de aplicação "a reorganização administrativa de instituições oficiais ou a transferência de funções administrativas entre instituições oficiais" [artigo 1.°, n.° 1, alínea *c*)].

Porém, tal Directiva não impede os Estados-membros de, em legislação interna, estenderem o âmbito de aplicação do instituto às referidas situações excluídos pela Directiva ou, como fez o legislador português, adaptar este conceito à realidade do contrato individual na função pública[2].

Regressando ao caso dos autos, importa agora aferir em que medida e relativamente a que atribuições o IFADAP e o INGA (hoje IFAP) e, por outro lado a ASAE sucederam nas atribuições da ACACSA.

Para tanto regressamos ao artigo 2.° do Decreto-Lei n.° 231/2005, do qual decorre que:

— As atribuições relativas ao regime específico dos apoios comunitários ao sector do azeite passaram para o IFADAP e o INGA (hoje IFAP);
— As atribuições de fiscalização dos lagares de azeite, e do destino do azeite obtido da azeitona e seus subprodutos passaram para a ASAE.

Assim, será aplicável ao caso dos autos o n.° 3 do artigo 16.° da LCTFP.

Ora, tendo as atribuições da ACACSA sido "repartidas" por duas entidades, e tendo resultado provado que todos os agentes de controlo da ACACSA exerciam funções idênticas[3], tal significa que todos intervinham quer em acções inspectivas no âmbito do controlo das ajudas ao azeite quer no controlo dos lagares. E isso permite concluir que nenhum dos trabalhadores da ACACSA integrados na carreira de agente técnico poderia ver o seu contrato de trabalho extinto por caducidade, na sequência da extinção da ACACSA.

Com efeito, decorre da análise dos descritivos das categorias da carreira de agente técnico (Agente Técnico Especializado, Agente de Controlo, Agente Sénior Especializado, Agente Sénior de Controlo) que todas estas categorias se integram na execução de tarefas relacionadas com o planeamento e execução das mencionadas atribuições. Estão nestas circunstâncias os autores Eduardo Morais (agente sénior especializado), Hélder Mestre, José Joaquim Mata, Luís Cunha, e Nuno Lopes (agentes de controlo).

No que diz respeito aos autores que têm outras categorias profissionais, a saber, os autores Alfredo Fernandes (motorista), Dora Moutinho (empregada administrativa), José Andrade (operador de sistemas informáticos), Maria Teresa

---

[2] Neste sentido, quer quanto ao âmbito da remissão do n.° 1 do referido artigo 16.°, quer quanto à interpretação da citada Directiva, vide Maria do Rosário Palma Ramalho, *Contrato de Trabalho na Administração Pública — Anotação à Lei n.° 23/2004, de 22 de Junho*, 2.ª edição, Almedina, Coimbra, 2005, p. 86 (pontos II e III).

[3] Ponto 63 — dos factos provados.

Galvão (secretária de departamento), e Suzana Netto (secretária de direcção), a questão é mais complexa.

Com efeito, as categorias profissionais destes trabalhadores não se prendem com a execução de tarefas relacionadas com a prossecução directa das atribuições a que se refere o artigo 2.° do Decreto-Lei n.° 235/2004, mas antes com funções de apoio e manutenção da estrutura da ACACSA.

Pensamos contudo, que nas situações em que a totalidade das atribuições de determinado organismo administrativo é repartida por vários entes, não pode o n.° 3 do artigo 16.° da LCTFP ser interpretada de modo a conduzir à caducidade dos contratos de trabalho dos trabalhadores que tenham funções de apoio administrativo ou conexas, como é o caso dos mencionados autores.

E não pode, porque isso conduziria a um tratamento desigual relativamente às situações em que um ente público é extinto e a totalidade das suas atribuições passa para um outro ente público (casos em que se afigura inegável que todo o pessoal, sem distinções, passa para o ente público que sucede nas atribuições do ente extinto — vide, o artigo 16.°, n.° 1, da LCTFP).

Nesta conformidade, dir-se-á que tendo as atribuições da ACACSA sido repartidas entre IFADAP e INGA (hoje IFAP) e ASAE, todos os seus trabalhadores (sem excepção) devem transitar para estas entidades, nos termos do já referido artigo 16.° da LCTFP.

Resta dizer que com a extinção do IFADAP e do INGA e a criação do IFAP, que sucedeu nas atribuições daqueles[4], deverá considerar-se que este sucede igualmente nos direitos e obrigações dos institutos extintos.

5 — Da (in)validade da cessação dos contratos dos autos de trabalho dos autores.

Do que acima expusemos decorre, pois que em consequência da extinção da ACACSA os contratos de trabalho dos autores se transmitiram para o IFADAP e INGA e para a ASAE, sendo que posteriormente, com a extinção dos primeiros, a posição jurídica de empregador se transmitiu para o IFAP.

Neste particular, cumpre ainda precisar que o procedimento levado a cabo com vista à extinção dos postos de trabalho dos autores não pode qualificar-se como despedimento colectivo válido, nos termos previstos no artigo 18.° da LCTFP, porquanto, por um lado, não foram respeitados os procedimentos previstos no Código do Trabalho para o despedimento colectivo [como os réus IFADAP e INGA (hoje IFAP) expressamente reconheceram] e, por outro, não consta da comunicação inicial nem da decisão final a indicação de motivos concretos, objectivos e minimamente circunstanciados, que permitam concluir que por força da extinção da ACACSA e não obstante a passagem das atribuições desta para o IFADAP, INGA e ASAE, a optimização destes passa pela extinção dos contratos de trabalho dos autores.

---

[4] Artigo 17.° do Decreto-Lei n.° 87/2007, de 29 de Março.

Na verdade, para tanto seria necessário invocar factos relativos ao quadro de pessoal e à organização interna destas entidades que sustentassem tal juízo, concretizando assim as "razões de economia, eficácia e eficiência na prossecução das respectivas atribuições" a que o corpo do artigo 18.° da LCTFP faz referência.

Daí que a extinção dos contratos de trabalho dos autores, nos termos em que ocorreu, seja de qualificar como despedimento ilícito, porque destituído de fundamento legal, ou seja, porque não precedido de um procedimento válido eficaz — artigo 429.° do Código do Trabalho, *ex vi* do artigo 2.°, n.° 1, da LCTFP."

3 — Alegando sobre o objecto do recurso, o recorrente condensou a sua argumentação nas seguintes conclusões:

"(...)

1.°

A definição do regime jurídico de caducidade do contrato de trabalho na função pública — incluindo a cabal definição do regime aplicável no caso de extinção de um determinado ente público — é matéria situada no âmbito da reserva de competência legislativa da Assembleia da República [alíneas *b)* e *t)* do n.° 1 do artigo 165.°], não podendo, consequentemente, sobre ela dispor, em termos inovatórios, o decreto-lei, desprovido de credencial parlamentar, que proceda à extinção de certo e determinado instituto público.

2.°

Não coincidindo os critérios normativos subjacentes aos artigos 16.° e 17.° da Lei n.° 23/2004 — que, no caso de extinção de pessoa colectiva, determina a transmissão dos contratos de trabalho do pessoal que estava afecto ao núcleo de atribuições objecto de "transferência" ou "sucessão" para o outro ente público — e no artigo 2.°, n.° 3, do Decreto-Lei n.° 231/2005 — que, face à extinção da ACACSA, prevê a possibilidade de transmissão para as entidades que sucedem às respectivas atribuições apenas "na medida das necessidades destas entidades" — é organicamente inconstitucional esta última norma, por inovar em matéria sujeita a credencial parlamentar.

3.°

Termos em que deverá confirmar-se o juízo de inconstitucionalidade orgânica, formulado pela decisão recorrida."

4 — Por seu turno, os recorridos contra-alegaram pugnando igualmente pela inconstitucionalidade da norma sindicanda, como decorre das conclusões que formularam nesta sede:

"(...)

1.° — O presente recurso vem interposto pelo Ministério Público da sentença proferida pelo Meritíssimo Juiz da 1.ª Secção do 3.° Juízo do Tribunal do Trabalho de Lisboa que julgou inconstitucional a norma do artigo 3.°, n.° 2, do

Decreto-Lei n.° 231/2005, de 29 de Dezembro, por a considerar inovatória em relação ao regime jurídico da transmissão dos contratos de trabalho dos trabalhadores ao serviço da ACACSA, entidade essa que foi extinta por ocasião da entrada em vigor do mesmo diploma.

É que,

2.° — A invocada caducidade dos trabalhadores da ACACSA foi fundamentada no artigo 2.°, n.° 2, do Decreto-Lei n.° 231/2005, de 29 de Dezembro, segundo o qual os vínculos laborais constituídos só se transmitem em função das alegadas "necessidades" das entidades que sucederam nas atribuições da supramencionada ACACSA, ou seja, mais concretamente a ASAE e o IFAP.

Sucede porém,

3.° — Como bem se refere na douta sentença e no Parecer do Ministério Público junto do Tribunal Constitucional, o regime jurídico da transmissão de estabelecimento aprovado pela Lei n.° 23/2004 determina que a caducidade dos vínculos só opera quando não se verifique sucessão das atribuições.

Ora,

4.° — No caso em apreço essa sucessão existe, sem qualquer margem para dúvidas, tanto mais que é o próprio diploma em causa que alude à sucessão por parte dos então IFADAP e INGA (actualmente ambos designados por IFAP) e da ASAE.

Desta forma,

5.° — O que o Decreto-Lei n.° 231/2005 previu foi um alargamento dos pressupostos da declaração de caducidade dos vínculos laborais, revogando desta forma os artigos 16.° e 17.° da Lei n.° 23/2004, uma vez que o critério a ter conta deixava de ser a sucessão de atribuições para passar a ser as necessidades dos serviços.

Deste modo,

6.° — Ao estabelecer uma causa restritiva do conceito de caducidade previsto nos artigos 16.° e 17.° da Lei n.° 23/2004, o Decreto-Lei n.° 231/2005 está, sem sombra de dúvidas, a estabelecer um novo regime jurídico, revogando, ainda que parcialmente, a *supra* mencionada Lei n.° 23/2004. E,

7.° — Sempre se acrescentará que, como também se afigura inquestionável, a previsão de novos pressupostos para a verificação da caducidade dos vínculos laborais é, claramente, matéria que contende com os direitos fundamentais dos trabalhadores e, muito em particular, com o disposto no artigo 53.° da Constituição,

8.° — Uma vez que o seu objecto é a existência de uma nova forma de justa causa objectiva, ou seja, a caducidade dos vínculos sempre que, em caso de sucessão das atribuições, os serviços não necessitem dos trabalhadores.

Sucede que,

9.° — A matéria respeitante à extinção das relações laborais (como se verifica ser o caso, atento o facto de o diploma ora em análise estabelecer uma nova forma de caducidade dos vínculos constituídos, isto é, aqueles que se não encaixem no que quer que se entenda por "necessidades" destas entidades) é reserva de competência relativa da Assembleia da República,

10.° — Sendo certo que o Decreto-Lei n.° 231/2005 não foi sequer previamente aprovado sob uma lei de autorização legislativa, pelo que se verifica inconstitucionalidade orgânica, ao não ser objecto de credencial parlamentar. Na prática,

11.° — O critério estabelecido para a transmissão dos vínculos na Lei n.° 23/2004 é o da sucessão das atribuições,

12.° — Ao passo que no âmbito do Decreto-Lei n.° 231/2005 tal critério passou a ser o da necessidade dos serviços para onde se transmitem as atribuições.

Em suma:

13.° — O Governo era incompetente para legislar sobre matéria respeitante a aspectos fundamentais e essenciais (como é o caso, atento o facto de estar em causa a motivação para a cessação) dos contratos de trabalho.

Mas,

14.° — Para além disso, o certo é também que tal diploma sempre padeceria de inconstitucionalidade material porque contrário ao disposto no artigo 53.° da Constituição.

Na verdade,

15.° — Tal preceito constitucional permite que os vínculos laborais cessem mas por justas causas objectivas, sendo certo que, tal como está prevista no nosso ordenamento jurídico, a caducidade não opera sempre que se verifique a já aludida à saciedade sucessão nas atribuições, *verbi gratia* por força do mecanismo da transmissão de estabelecimento, regulada pelos artigos 16.° e 17.° da Lei n.° 23/2004 e o artigo 318.° do Código do Trabalho.

Portanto,

16.° — Existiria razão para a declaração da caducidade dos vínculos se, por ventura, não tivessem existido sucessão nas atribuições,

17.° — Sucedendo exactamente o oposto no caso ora em apreço, uma vez que tal sucessão é expressamente confessada no próprio Decreto-Lei n.° 231/2005, sendo que parte dos trabalhadores afectos à ACACSA transitaram efectivamente para o IFADAP, o INGA e a ASAE,

18.° — E os outros, *in casu* os aqui recorridos, não,

19.° — Violando-se também nesta sede o princípio da igualdade, uma vez que os critérios usados para seleccionar uns e outros não foram objectivos.

Relatados os pontos essenciais para o conhecimento da questão de constitucionalidade, cumpre agora julgar.

II — Fundamentação

5 — A norma em crise insere-se no Decreto-Lei n.° 231/2005, de 29 de Dezembro, que extinguiu a Agência de Controlo das Ajudas Comunitárias ao Sector do Azeite (ACACSA), a qual havia sido criada pelo Decreto-Lei n.° 259/87,

de 26 de Junho, na sequência do Regulamento (CEE) n.° 2262/84, do Conselho, que impôs aos Estados membros da então Comunidade Económica Europeia a "criação de um serviço específico ao qual seriam cometidos os controlos e actividades no âmbito do regime de ajuda à produção do azeite".

No entanto, como se encontra justificado no texto preambular do Decreto-Lei n.° 231/2005, "a reforma da Politica Agrícola Comum (PAC) veio alterar as bases para as ajudas directas à produção, concedidas aos agricultores ou às associações de produtores, eliminando-as progressivamente e dissociando-as da produção, tendo o Regulamento (CE) n.° 856/2004, do Conselho, de 29 de Abril, formalizado o desligamento das ajudas à produção, no âmbito da organização comum de mercado (OCM) no sector do azeite", tornando-se, assim, "desnecessária a manutenção daquela estrutura específica".

Por esse motivo, foi extinta a ACACSA, passando o "acompanhamento do pagamento único por exploração e ajuda à manutenção do olival" a ser realizado pelos organismos nacionais já existentes com atribuições ao nível da execução dos apoios outorgados ao sector agrícola, tal como resulta do artigo 2.° do Decreto-Lei n.° 231/2005 no qual se dispõe que "as atribuições da ACACSA relativas ao regime específico dos apoios comunitários ao sector do azeite passam a ser prosseguidas pelo Instituto de Financiamento e Apoio ao Desenvolvimento da Agricultura e Pescas (IFADAP) e pelo Instituto Nacional de Intervenção e Garantia Agrícola (INGA), segundo a competência dos respectivos órgãos" (n.° 1), ao passo que "as atribuições de fiscalização dos lagares de azeite, bem como do destino do azeite obtido da azeitona laborada e seus subprodutos, passam a ser prosseguidas pela Autoridade de Segurança Alimentar e Económica (ASAE)" (n.° 2).

Nesse contexto, o legislador dispôs no artigo 3.°, n.° 2, do mesmo diploma, que:

> "Nos termos dos artigos 16.° e 17.° do regime jurídico do contrato individual de trabalho na Administração Pública, aprovado pela Lei n.° 23/2004, de 22 de Junho, a extinção da ACACSA determina a caducidade dos contratos de trabalho por esta celebrados, com excepção dos contratos afectos às atribuições transferidas para o IFADAP, INGA e ASAE, os quais se poderão transmitir, na medida das necessidades destas entidades, mediante acordo com os trabalhadores".

É esta a norma cuja inconstitucionalidade importa sindicar, atenta a recusa de aplicação — e respectivos fundamentos — por banda do tribunal recorrido.

Cumprindo essa exigência, importará começar por cuidar da inconstitucionalidade orgânica da norma do artigo 3.°, n.° 2, do Decreto-Lei n.° 231/2005, tendo por referência o disposto no artigo 165.°, n.° 1, alíneas *b)* e *t),* da Constituição da República Portuguesa (CRP).

6 — Como é consabido, a matéria da segurança no emprego surge constitucionalmente edificada, desde a primeira revisão constitucional, no artigo 53.° da Constituição da República Portuguesa, como integrante dos direitos, liberdades e garantias dos trabalhadores, encontrando-se, como tal, sujeita à reserva relativa de competência legislativa da Assembleia da República, daí resultando que o Governo apenas poderá legislar sobre tal matéria desde que provido de credencial parlamentar que para tal o autorize [artigos 165.°, n.° 1, alínea *b)*, e 198.°, n.° 1, alínea *b)*, da Constituição].

Relativamente ao preceito do artigo 53.° da CRP, considerou-se no Acórdão n.° 285/92 (disponível em *www.tribunalconstitucional.pt*), com pertinência para o caso *sub judicio*, que:

> "(...)
>
> Da sua inserção sistemática resulta, desde logo, que, quanto ao parâmetro constitucional invocado, estamos perante um direito, liberdade e garantia sujeito ao especial regime jurídico constante do artigo 18.° da Constituição.
>
> O preceito do artigo 53.° da Constituição, no que ora nos interessa, tem sido objecto de uma progressiva sedimentação quanta ao seu âmbito e alcance normativos, quer por parte do legislador quer pela justiça constitucional.
>
> Desse percurso resulta que no seu âmbito de previsão normativa devem ter-se por incluídos os trabalhadores da Administração Pública, que, assim, no plano da segurança no emprego, beneficiam do mesmo tipo de garantia constitucional de que usufruem os trabalhadores submetidos a contrato individual de trabalho (cfr. Acórdão n.° 154/86, in *Acórdãos do Tribunal Constitucional*, 7.° Volume, Tomo I, pp. 185 e segs.).
>
> A uma tal conclusão, com efeito, não obsta, numa primeira análise, a especial relação estatutária que envolve os trabalhadores da Administração Pública. Na realidade, não se pode ignorar que a relação de emprego pública se reveste de especificidades e comporta, por isso, diversas projecções no plano subjectivo, decorrentes da natureza da actividade e das finalidades a prosseguir pela Administração. O estatuto funcional destes trabalhadores (cfr. artigo 269.° da Constituição) compreende, pois, um conjunto próprio de direitos, regalias, deveres e responsabilidades que lhe emprestam um figurino especial face à relação laboral de matriz jusprivatista.
>
> Mas esse estatuto, concebido em função da isenção e imparcialidade da Administração e da exclusiva subordinação dos funcionários ao interesse geral por ela prosseguido, não legitima, no plano constitucional, a compressão do núcleo essencial dos direitos, liberdades e garantias constitucionalmente reconhecidos à generalidade dos trabalhadores, os quais, nessa medida, se aplicam também aos funcionários públicos. A especial relação estatutária em causa antes exige uma permanente procura da concordância prática entre as restrições de direitos decorrentes dos especiais ditames das finalidades específicas da Administração e a salvaguarda dos direitos fundamentais dos funcionários públicos.

Neste contexto, é insofismável que a garantia constitucional da segurança no emprego abrange, também, os funcionários públicos, pelo que o Estado não pode dispensar livremente os seus funcionários, tal como a extinção ou reformulação dos seus serviços ou organismos não pode constituir, por si só, razão suficiente que leve à livre e total disponibilidade dos funcionários em causa. Pelo que a reorganização da Administração sempre terá que atender aos princípios e regras constitucionais que consagram e garantem os direitos dos funcionários públicos.

Assim sendo, importa reconhecer que, num primeiro momento, o princípio da segurança no emprego compreende o direito dos trabalhadores à manutenção do seu emprego. Mas, com este alcance, e invocando o paralelismo com a relação laboral de direito privado, podem efectivamente ocorrer situações onde a extinção ou reorganização dos serviços e organismos da Administração determinem a impossibilidade de manutenção, por parte do funcionário, do concreto lugar que desempenha. A resolução de tais situações poderá compreender, em tese geral, a necessidade de adoptar soluções que determinem alteração das condições de desempenho profissional dos funcionários públicos.

Ora, importa deixar claro, pelas razões já aduzidas, que as alterações estatutárias que o legislador entenda dever introduzir no ordenamento em nome do interesse geral prosseguido pela Administração e que afectem as aludidas condições de desempenho profissional dos funcionários públicos, porque se podem traduzir na compressão de direitos desses funcionários, deverão estar inelutavelmente subordinadas aos limites que a Constituição postula para as restrições aos direitos, liberdades e garantias dos trabalhadores."

Ora, não se olvidando que no núcleo consubstanciante do referido princípio constitucional se encontra, como pacificamente se aceita, a matéria relativa à extinção da relação laboral, resulta da intersecção argumentativa das proposições tecidas a montante que o regime da cessação ou extinção da relação de trabalho na função pública está abrangido pela reserva relativa de competência da Assembleia da República nos termos tipificados na alínea *b)* do n.° 1 do artigo 165.° da Constituição.

Por outro lado, a Constituição reserva, também, à Assembleia da República, nos termos constantes do seu artigo 165.°, n.° 1, alínea *t),* competência para legislar sobre as "bases do regime e âmbito da função pública".

Relativamente a esta matéria, a Comissão Constitucional, ainda na vigência do primitivo texto constitucional, logo evidenciou que a referida norma apenas se dirigia ao "estatuto geral" da função pública, abraçando o que "é comum e geral a todos os funcionários e agentes", tal como "a definição do sistema de categorias, de organização de carreiras, de condições de acesso e de recrutamento, de complexo de direitos e deveres funcionais que valem, em princípio, para todo e qualquer funcionário público e que, por isso mesmo, favorecem o enquadramento da função pública como um todo, dentro das funções do Estado", cabendo, por seu turno, na competência legislativa do Governo a "concretização" desse estatuto geral, a sua "complementação, execução e particularização" (cfr. pareceres n.os 22/79 e 12/82, in *Pareceres da Comissão Constitucional*, vols. 9.°, p. 48, e 19.°, p. 119, respectivamente), tendo este Tribunal mantido idêntica posição em arestos posteriores (cfr. Acórdão n.° 142/85, publicado nos *Acórdãos do Tribunal Constitucional,* 6.° Volume).

Seguindo, aqui, igual critério, também o regime relativo à extinção das relações laborais no seio da administração pública há-de ter-se por abrangido pela referida injunção constitucional por contender, como se compreende, com uma dimensão essencial do regime da função pública, que não pode ser subtraído às bases gerais que o mandato constitucional confere ao legislador parlamentar no seio do regime emergente do artigo 165.°, n.° 1, da CRP.

Com o que se pretende dizer que, na óptica do exercício da competência legislativa do Governo *ex vi* a disposição do artigo 198.°, n.° 1, alínea *a),* da CRP, a concretização — o desenvolvimento, a execução ou a complementação — desse regime terá forçosamente de fazer-se de harmonia com os princípios e critérios vertidos na definição legal das bases do regime disciplinador das relações contratuais na função pública, o que, por seu turno, posterga a definição, por via de decreto-lei não autorizado, de critérios inovadores relativos aos aspectos "fundamentais ou estruturais" do regime laboral no seio da função pública, e, bem assim, a alteração do regime definido no parlamento quanto a essas matérias.

No caso *sub judicio*, como se referiu, o artigo 3.°, n.° 2, do Decreto-Lei n.° 231/2005, estabeleceu que "nos termos dos artigos 16.° e 17.° do regime jurídico do contrato individual de trabalho na Administração Pública, aprovado pela Lei n.° 23/2004, de 22 de Junho, a extinção da ACACSA determina a caducidade dos contratos de trabalho por esta celebrados, com excepção dos contratos afectos às atribuições transferidas para o IFADAP, INGA e ASAE, os quais se poderão transmitir, na medida das necessidades destas entidades, mediante acordo com os trabalhadores".

Com essa disposição, ao estabelecer a caducidade dos contratos de trabalho por força da extinção da pessoa colectiva pública empregadora e a definição das circunstâncias em que aquele efeito jurídico se produz, regulamentou-se um aspecto que não apenas concerne à matéria da segurança no emprego, como também importa do âmago do regime laboral da função pública na medida em que aí se definem as exactas circunstâncias em que ocorre a caducidade dos contratos de trabalho.

É certo, como de resto não foi obnubilado pela decisão recorrida, que a Lei n.° 23/2004, de 22 de Junho — que aprovou o regime jurídico do contrato individual de trabalho da Administração Pública —, pela qual se regiam à data os vínculos laborais atingidos pela norma em crise, estabelecia sobre a matéria circunstancialmente em causa que "a extinção da pessoa colectiva a que o trabalhador pertence determina a caducidade dos contratos de trabalho (...)", mas ressalvava os casos em que ocorresse a transferência de atribuições da pessoa colectiva extinta para outras entidades nos quais se transmitiriam os contratos aos sujeitos que venham a prosseguir as respectivas atribuições (artigos 16.°, n.° 1, e 17.°), precisando ainda que "no caso de transferência ou delegação de parte das atribuições da pessoa colectiva pública para outras entidades, apenas se transmitem os contratos de trabalho afectos às actividades respectivas".

Como se constata, a norma sindicanda erige, em comparação com o regime da Lei n.° 23/2004, um critério diferenciado quanto às condições em que tem lugar a transmissão do contrato de trabalho, o que vale, também, por dizer, *mutatis mutandis,* que regula em termos desconformes com o diploma parlamentar a tipificação da hipótese em que ocorre a caducidade.

De facto, ao passo que nos termos decorrentes do regime constante dos artigos 16.° e 17.° da referida Lei, havendo transferência de atribuições, serão transmitidos os contratos afectos às actividades respectivas, já o Decreto-Lei n.° 231/2005 condiciona, por interposição legislativa da norma sindicanda, essa transmissão às necessidades de pessoal do ente público para o qual são transferidas as atribuições da entidade extinta.

Ora, ao estabelecer que os contratos de trabalho se transmitem na medida das necessidades das entidades que passam a prosseguir as atribuições da ACACSA, o legislador estabeleceu um regime inovador, alterando o critério legalmente previsto quanto à caducidade dos contratos de trabalho, na medida em que passou a sujeitar *ex novo* a transmissão dos contratos à verificação de uma *fattispecie* não prevista nem contida no diploma parlamentar.

Nestes termos, não tendo existindo a necessária autorização parlamentar para a criação da norma sindicanda, tal como determinado pelos artigos 165.°, n.° 1, alíneas *b)* e *t),* e 198.°, n.° 1, alínea *b),* da Constituição da República Portuguesa, resta confirmar o juízo de inconstitucionalidade orgânica lavrado na decisão recorrida.

Perante esta conclusão fica prejudicado o conhecimento da questão de inconstitucionalidade material da norma em crise.

III — Decisão

7 — Destarte, atento o exposto, o Tribunal Constitucional decide:

a) Julgar organicamente inconstitucional, por violação do disposto no artigo 165.°, n.° 1, alíneas *b)* e *t),* da Constituição a norma do artigo 3.°, n.° 2, do Decreto-Lei n.° 231/2005, de 29 de Dezembro, no segmento em que condiciona a transmissão das relações laborais às necessidades de pessoal do ente público para o qual são transferidas; e, consequentemente,

b) Confirmar a decisão recorrida quanto ao presente juízo de inconstitucionalidade.

Sem custas.

Lisboa, 22 de Junho de 2009. — *Benjamim Rodrigues* — *Mário José de Araújo Torres* — *Joaquim de Sousa Ribeiro* — *João Cura Mariano* — *Rui Manuel Moura Ramos.*

Anotação:

1 — Acórdão publicado no *Diário da República*, II Série, de 21 de Julho de 2009.
2 — O Acórdão n.° 285/92 está publicado em *Acórdãos*, 22.° Vol.

ACÓRDÃO N.° 303/09

DE 22 DE JUNHO DE 2009

Não julga inconstitucionais as normas dos artigos 1.° e 6.° do Decreto-Lei n.° 278/82, de 20 de Julho, interpretados no sentido de que o estabelecido no artigo 6.°, n.os 1 e 2, apenas abrange o pessoal que se encontrava em exercício de funções nas instituições de previdência à data em que esse diploma entrou em vigor.

Processo: n.° 201/09.
Recorrente: Afonso Manuel da Silva Gonçalves.
Relator: Conselheiro Mário Torres.

SUMÁRIO:

I — Não viola o princípio da igualdade, antes se insere na liberdade de conformação do legislador, a opção deste de passar a ficar abrangido pelo regime jurídico da função pública apenas o pessoal que, sendo oriundo das instituições de previdência de inscrição obrigatória, estivesse a exercer funções em centros regionais de segurança social ou no Centro Nacional de Pensões à data da publicação do Decreto-Lei n.° 278/82, não contemplando idêntica solução para aqueles que, em data anterior, houvessem cessado o exercício dessas específicas funções.

II — A não desconformidade constitucional desse resultado deriva, desde logo, da diversidade das situações de facto contempladas, e, depois, da inexigibilidade de atribuição de eficácia retroactiva a todas as alterações que o legislador decida empreender.

Acordam na 2.ª Secção do Tribunal Constitucional:

I — Relatório

Afonso Manuel da Silva Gonçalves interpõe recurso para o Tribunal Constitucional, ao abrigo da alínea *b)* do n.° 1 do artigo 70.° da Lei de Organização, Funcionamento e Processo do Tribunal Constitucional, aprovada pela Lei n.° 28/82, de 15 de Novembro, e alterada, por último, pela Lei n.° 13-A/98, de 26 de Fevereiro (LTC), contra o acórdão do Tribunal Central Administrativo Sul (TCAS), de 5 de Fevereiro de 2009, que negou provimento ao recurso jurisdicional interposto da sentença do Tribunal Administrativo e Fiscal de Lisboa, de 27 de Fevereiro de 2007, que, por seu turno, negara provimento ao recurso contencioso de anulação por ele deduzido contra o despacho da Direcção da Caixa Geral de Aposentações, de 18 de Junho de 2002, que lhe reconhecera o direito à aposentação voluntária, mas lhe comunicara ser devedor da quantia de € 24 464,73, por pretensa dívida resultante da contagem de tempo para a aposentação.

No requerimento de interposição de recurso refere o recorrente pretender ver apreciada a inconstitucionalidade das normas dos artigos 1.° e 6.° do Decreto-Lei n.° 278/82, de 20 de Julho, com a interpretação com que foram aplicadas na decisão recorrida, inconstitucionalidade essa que por ele teria sido suscitada nas alegações do recurso jurisdicional.

As alegações apresentadas pelo recorrente no aludido recurso jurisdicional foram sintetizadas nas seguintes conclusões:

> "1.ª — O regime do artigo 6.° do Decreto-Lei n.° 278/82, de 20 de Julho, deve também ser aplicado aos subscritores que, como o recorrente, tendo trabalhado em instituições de previdência, ingressaram na função pública antes da entrada em vigor daquele diploma;
>
> 2.ª — A sentença recorrida, ao perfilhar o entendimento de que o referido normativo não é aplicável ao recorrente, faz do mesmo uma interpretação meramente literal, ao total arrepio do estatuído n.° 1 do artigo 9.° do Código Civil;
>
> 3.ª — Outrossim, tal interpretação jurídica restringe-se a um conceptualismo formalista, desprezando as consequências práticas que dele advêm;
>
> 4.ª — Sendo que a desaplicação da referida norma ao requerente acarreta a este prejuízos relevantes, injustificáveis a todas as luzes;
>
> 5.ª — Outrossim, a interpretação de que o regime do referido artigo 6.° do Decreto-Lei n.° 278/82 não é aplicável ao recorrente viola o princípio da igualdade consagrado na Constituição;
>
> 6.ª — O recorrente transitou de uma instituição de previdência para a função pública sem que tenha ocorrido qualquer hiato entre essas duas situações profissionais;

7.ª — Tendo-lhe sido contado todo o tempo de serviço prestado no Centro Nacional de Pensões para o efeito de concessão de diuturnidades;

8.ª — Nenhuma diferença relevante existe entre a situação do recorrente e a dos restantes trabalhadores que só ingressaram na função pública após a publicação do referido diploma;

9.ª — Com efeito, esses trabalhadores ingressaram na função pública, voluntariamente, e não compulsivamente, como se sugere na sentença recorrida;

10.ª — Sendo assim, o tratamento desigual que, em matéria de aposentação, é dado a essas duas situações é gritantemente inconstitucional, na medida em que se trata de uma desigualdade de tratamento sem qualquer fundamento razoável e sem qualquer justificação objectiva e racional.

Mostram-se, assim, violados os artigos 13.° da Constituição, 9.° do Código Civil e 6.° do Decreto-Lei n.° 278/82, de 20 de Julho, pelo que deve a douta sentença recorrida ser revogada com as consequências legais."

O acórdão do TCAS, de 5 de Fevereiro de 2009, ora recorrido, fundamentou o improvimento do recurso jurisdicional nas seguintes considerações:

"2.2. O recorrente interpôs, no TAC, recurso contencioso de anulação do acto, de 18 de Junho de 2002, da Direcção da Caixa Geral de Aposentações, pelo qual lhe foi reconhecido o direito à aposentação, imputando-lhe, no entanto, uma dívida de € 24 464,73, de contagem de tempo relativa ao período compreendido entre 26 de Setembro de 1964 a 30 de Setembro de 1979.

A sentença recorrida apreciou os vícios de violação de lei imputados a esse acto (violação do princípio da igualdade e infracção dos artigos 34.°, n.° 2, do Estatuto da Aposentação e 1.° e 6.° do Decreto-Lei n.° 278/82, de 20 de Julho) e, considerando que eles não se verificavam, negou provimento ao recurso contencioso.

No presente recurso jurisdicional, o recorrente não contesta o entendimento da sentença quanto à violação do artigo 34.°, n.° 2, do Estatuto da Aposentação, mas continua a sustentar a alegada infracção do princípio da igualdade e dos artigos 1.° e 6.° do Decreto-Lei n.° 278/82.

Vejamos se lhe assiste razão.

O artigo 1.° do Decreto-Lei n.° 278/82 estabelece o seguinte:

«1 — O pessoal dos centros regionais de segurança social e do Centro Nacional de Pensões oriundo das instituições de previdência de inscrição obrigatória e suas federações e o pessoal da Comissão de Equipamentos Colectivos da Segurança Social e da Federação das Caixas de Previdência e Abono de Família fica abrangido pelo regime jurídico dos funcionários e agentes da Administração Pública.

2 — Exceptuam-se do disposto no número anterior os agentes que expressamente declarem que desejam manter o seu regime de trabalho.

3 — (...)

4 — Se à data da entrada em vigor algum agente se encontrar na situação de licença sem vencimento ou de impedimento prolongado ou equiparado, o prazo referido no número anterior conta-se a partir do momento em que reinicie funções.»

Por sua vez, o artigo 6.° do mesmo diploma legal dispõe que:

«1 — O pessoal sujeito, nos termos do presente diploma, ao regime jurídico da função pública fica abrangido pelos Estatutos da Aposentação e da Pensão de Sobrevivência.

2 — O Instituto de Gestão Financeira da Segurança Social assumirá a responsabilidade pelo encargo com a parcela da aposentação e da pensão de sobrevivência resultante da consideração do tempo de serviço prestado nas instituições de previdência, bem como das diuturnidades que do mesmo resultem.

3 — O regime decorrente do disposto no Decreto Regulamentar n.° 30/80, de 25 de Julho, à excepção do seu artigo 8.°, é aplicável às aposentações e pensões de sobrevivência previstas neste artigo.»

O recorrente, reconhecendo que apenas exerceu funções na ex-Caixa Nacional de Pensões num período — entre 26 de Setembro de 1964 e 30 de Setembro de 1979 — em que as relações laborais eram regidas pelas disposições aplicáveis ao sector privado, sustenta que o regime dos transcritos preceitos lhe deve ser aplicável, por ter ingressado na função pública antes da sua entrada em vigor.

Porém, o Decreto-Lei n.° 278/82 não veio considerar como sendo prestado na função pública todo o trabalho que antes da entrada em vigor desse diploma tivesse sido prestado às instituições de previdência.

Como nota o digno Magistrado do Ministério Público, esta tese, em última análise, poderia levar à aplicação retroactiva da lei por forma a abranger os próprios funcionários já aposentados, com consequências financeiras que imporiam uma clara explicitação da lei quanto ao momento da sua eficácia, se houvesse intenção do legislador em lhe atribuir efeitos retroactivos.

Ora, se a lei nada estabelece quanto à sua aplicação no tempo, vigora o princípio da não retroactividade (cfr. artigo 12.°, n.° 1, do Código Civil), devendo entender-se que quando dispõe directamente sobre o conteúdo de certas relações jurídicas, abstraindo dos factos que lhes deram origem, abrange as próprias relações já constituídas que subsistam à data da sua entrada em vigor (cfr. n.° 2 do referido artigo 12.°).

Assim, atento ao disposto no citado artigo 12.°, ao facto de o Decreto-Lei n.° 278/82 não conter quaisquer disposições transitórias sobre a sua aplicação no tempo, bem como ao teor dos n.os 1, 2 e 4 do transcrito artigo 1.°, afigura-se-nos indubitável que aquele diploma não é aplicável a quem, como o recorrente, já não faz parte do «pessoal» a que alude este preceito.

Portanto, a sentença recorrida, ao julgar improcedente a violação dos artigos 1.° e 6.° do Decreto-Lei n.° 278/82, não merece a censura que lhe é dirigida pelo recorrente.

Quanto à inconstitucionalidade desta interpretação, o recorrente invoca-a com fundamento na violação do princípio da igualdade, por não existir qualquer fundamento razoável para a desigualdade de tratamento entre a sua situação e a dos restantes trabalhadores que só ingressaram na função pública após a publicação do Decreto-Lei n.° 278/82.

Como se escreveu no Acórdão do Tribunal Constitucional n.° 39/88 (*Boletim do Ministério da Justiça*, n.° 374, pp. 114 e seguintes), «o princípio da igualdade não proíbe, pois, que a lei estabeleça distinções. Proíbe, isso sim, o arbítrio; ou seja, proíbe as diferenciações de tratamento sem fundamento material bastante, que o mesmo é dizer sem qualquer justificação razoável, segundo critérios de valor objectivo constitucionalmente relevantes».

Porém, o Tribunal Constitucional também tem afirmado que só poderá haver violação do princípio da igualdade quando da fixação do tempo de aplicação de uma norma decorrerem tratamentos desiguais para situações iguais e sincrónicas, ou seja, que o princípio da igualdade não opera diacronicamente (cfr. Acórdãos n.° 34/86, in *Acórdãos do Tribunal Constitucional*, 7.° Volume, tomo I, p. 42, n.° 43/88, in *Boletim do Ministério da Justiça*, n.° 374, p. 168, e n.° 309/93, in *Boletim do Ministério da Justiça*, n.° 426, p. 70).

Assim, porque não se está perante situações sincrónicas, não pode a situação referida pelo recorrente ser violadora do princípio da igualdade.

Portanto, improcedem todas as conclusões da alegação do recorrente, devendo, em consequência, julgar-se improcedente o presente recurso jurisdicional.

3. Pelo exposto, acordam em negar provimento ao recurso, confirmando a sentença recorrida."

O recorrente apresentou alegações neste Tribunal, sintetizando a respectiva fundamentação nas seguintes conclusões:

"1.ª — O regime do artigo 6.° do Decreto-Lei n.° 278/82, de 20 de Julho, deve também ser aplicado aos subscritores que, como o recorrente, tendo trabalhado em instituições de previdência, ingressaram na função pública antes da entrada em vigor daquele diploma;

2.ª — O recorrente transitou de uma instituição de previdência para a função pública sem que tenha ocorrido qualquer hiato entre essas duas situações profissionais;

3.ª — Tendo-lhe sido contado todo o tempo de serviço prestado no Centro Nacional de Pensões para o efeito de concessão de diuturnidades;

4.ª — A desaplicação da referida norma ao requerente acarreta a este prejuízos relevantes, injustificáveis a todas as luzes;

5.ª — O acórdão recorrido, ao perfilhar o entendimento de que o referido normativo não é aplicável ao recorrente, faz do mesmo uma interpretação meramente literal, ao total arrepio do estatuído n.° 1 do artigo 9.° do Código Civil;

6.ª — Tal interpretação jurídica restringe-se a um conceptualismo formalista, desprezando as consequências práticas que dele advêm e desinserindo a norma do contexto;

7.ª — A interpretação de que o regime do referido artigo 6.° do Decreto-Lei n.° 278/82 não é aplicável ao recorrente viola o princípio da igualdade consagrado na Constituição;

8.ª — O princípio da igualdade acolhido no artigo 13.°, n.° 1, da Lei Fundamental impõe que se trate como igual o que for essencialmente igual;

9.ª — Nenhuma diferença relevante existe entre a situação do recorrente e a dos restantes trabalhadores da previdência que só transitaram para a função pública após a publicação do Decreto-Lei n.° 278/82, sendo o único elemento distintivo a simples fronteira no tempo, aleatoriamente traçada;

10.ª — A interpretação contida no acórdão recorrido perfila-se como injustificadamente discriminatória, não lhe assistindo fundamento material bastante.

Deve, assim, julgar-se materialmente inconstitucional a norma constante do artigo 6.° do Decreto-Lei n.° 278/82, de 20 de Julho, quando interpretada e aplicada nos termos constantes do acórdão recorrido, fazendo-se assim Justiça!"

A recorrida Caixa Geral de Aposentações apresentou contra-alegações, formulando a final as seguintes conclusões:

"1.ª — O Decreto-Lei n.° 278/82 não veio considerar como serviço prestado na função pública todo o trabalho que antes da entrada em vigor desse diploma tivesse sido prestado a instituições de previdência. Aliás, tal tese levaria, em última análise, à aplicação retroactiva da lei por forma a abranger os próprios funcionários já aposentados, com consequências financeiras que imporiam uma clara explicitação da lei quanto ao momento da sua eficácia, se houvesse intenção do legislador em lhe atribuir efeitos retroactivos.

2.ª — A interpretação do Decreto-Lei n.° 278/82, no sentido de que o estabelecido nos seus artigos 4.°, n.° 1, e 6.°, n.os 1 e 2, não é aplicável ao recorrente, não consubstancia qualquer violação do princípio da igualdade, na medida em que a desigualdade resultante da sua aplicação ao pessoal que se encontrava em exercício de funções nas instituições de previdência na altura em que o tal diploma entrou em vigor e a sua não aplicação ao pessoal que tinha exercido funções nessas instituições, mas que, na data de entrada em vigor desse diploma, já aí não exercia funções e que, entretanto, foi admitido na função pública, assenta em diferentes situações de facto.

3.ª — Os artigos 4.°, n.° 1, e 6.°, n.os 1 e 2, do Decreto-Lei n.° 278/82 não se aplicam à generalidade dos trabalhadores que tinham exercido funções nas instituições de previdência, mas que, na data de entrada em vigor desse diploma legal, já aí não exerciam funções, pelo que, igualmente por esse motivo, tal interpretação não pode ser considerada como violadora do princípio da igualdade.

4.ª — O período em causa apenas podia ser considerado para o regime da Caixa Geral de Aposentações nos termos em que o foi, ou seja, por acréscimo ao tempo de subscritor, nos termos do artigo 25.° do Estatuto da Aposentação, o que implicou o apuramento da consequente dívida de quotas.

5.ª — Como se escreveu no Acórdão do Tribunal Constitucional n.° 39/88 (Boletim do Ministério da Justiça, n.° 374, pp. 114 e segs.), «o princípio da igualdade não proíbe, pois, que a lei estabeleça distinções. Proíbe, isso sim, o arbítrio, ou seja, proíbe as diferenciações de tratamento sem fundamento material bastante, que o mesmo é dizer sem justificação razoável, segundo critérios de valor objectivo constitucionalmente relevantes». Porém, a jurisprudência do Tribunal Constitucional tem decidido que só pode haver violação do princípio da igualdade quando da fixação do tempo de aplicação de uma norma decorrerem tratamentos desiguais para situações iguais e sincrónicas, ou seja que o princípio da igualdade não opera diacronicamente (cfr. Acórdãos n.° 34/86, in *Acórdãos do Tribunal Constitucional*, 7.° Volume, tomo I, p. 42, n.° 43/88, in *Boletim do Ministério da Justiça*, n.° 374, p. 168, e n.° 309/93, in *Boletim do Ministério da Justiça*, n.° 426, p. 70).

6.ª — O que não é o caso, uma vez que não se está perante situações sincrónicas, não pode a situação referida pelo recorrente ser violadora do princípio da igualdade."

Tudo visto, cumpre apreciar e decidir.

II — Fundamentação

Apesar de o recorrente dedicar parte substancial das suas alegações à tentativa de demonstração de que a interpretação mais correcta do direito ordinário em causa seria a que considerasse o regime do artigo 6.° do Decreto-Lei n.° 278/82 também aplicável aos subscritores que, como ele, tendo trabalhado em instituições de previdência, ingressaram na função pública antes da entrada em vigor desse diploma, cumpre registar que não compete ao Tribunal Constitucional pronunciar-se sobre a correcção da interpretação e aplicação do direito ordinário efectuado pelas instâncias, mas tão-só, tomando o critério normativo efectivamente aplicado como um dado da questão de constitucionalidade, apreciar se tal critério viola, ou não, as normas ou princípios constitucionais invocados (no caso, se viola o princípio da igualdade). Esse critério normativo foi o de que o regime do artigo 6.°, n.ºs 1 e 2, do Decreto-Lei n.° 278/82 só se aplica ao pessoal que se encontrava em exercício de funções nas instituições de previdência à data em que esse diploma entrou em vigor, e já não ao pessoal que cessara o exercício de funções nessas instituições antes de tal data, designadamente por ter ingressado na função pública (como ocorrera com o recorrente); quanto a este último universo de pessoal o tempo de serviço prestado nas instituições de previdência apenas podia relevar para a aposentação, nos termos do artigo 25.° do respectivo Estatuto, como "acréscimo ao tempo de subscritor", o que implicava o apuramento da correspondente dívida de quotas. É este critério normativo que vem acusado de violador do princípio da igualdade.

Ora, a respeito de pretensas violações do princípio da igualdade derivadas da sucessão de regimes legais, o Tribunal Constitucional tem sistematicamente sustentado que "a sucessão de leis no tempo, e concretamente a existência passada ou futura de regimes mais favoráveis, não acarretavam ofensa do princípio da igualdade, pela circunstância de originarem regimes diversos, decorrentes dessa sucessão temporal de leis" (Acórdão n.° 99/04).

Como já se afirmara no Acórdão n.° 580/99:

> "(...) o princípio da igualdade, consagrado no artigo 13.° da Constituição, impede que uma dada solução normativa confira tratamento substancialmente diferente a situações no essencial semelhantes. No plano formal, a igualdade impõe um princípio de acção segundo o qual as situações pertencentes à mesma categoria essencial devem ser tratadas da mesma maneira. No plano substancial, a igualdade traduz-se na especificação dos elementos constitutivos de cada categoria essencial. A igualdade só proíbe, pois, diferenciações destituídas de fundamentação racional, à luz dos próprios critérios axiológicos constitucionais (...).
>
> (...) importa ter presente que o legislador tem uma ampla liberdade no que respeita à alteração do quadro normativo vigente num dado momento histórico. Na verdade, o legislador, de acordo com opções de política legislativa tomadas dentro de uma ampla zona de autonomia, pode proceder às alterações da lei que se lhe afigurarem mais adequadas e razoáveis, tendo presente, naturalmente, os interesses em causa e os valores ínsitos na ordem jurídica.
>
> Uma alteração legislativa pode operar, consequentemente, uma modificação do tratamento normativo conferido a uma dada categoria de situações. Com efeito, as situações abrangidas pelo regime revogado são objecto de uma valoração diferente daquela que incidirá sobre as situações às quais se aplica a lei nova. Nesse sentido, haverá situações substancialmente iguais que terão soluções diferentes.
>
> Contudo, não se pode falar neste tipo de casos de uma diferenciação verdadeiramente incompatível com a Constituição. A diferença de tratamento, decorre, como resulta do que se disse, da possibilidade que o legislador tem de modificar (revogar) um quadro legal vigente num determinado período. A intenção de conferir um diferente tratamento legal à categoria de situações em causa é afinal a razão de ser da própria alteração legislativa.
>
> O entendimento propugnado pela recorrente levaria à imutabilidade dos regimes legais, pois qualquer alteração geraria sempre uma desigualdade. Ora, tal posição não é reclamável pelo princípio da igualdade no quadro constitucional vigente."

Na verdade, como se sublinhou no citado Acórdão n.° 99/04, quando estão em causa as diferenças de regime decorrentes da normal sucessão de leis, há que reconhecer ao legislador uma apreciável margem de liberdade no estabelecimento do marco temporal relevante para aplicação do novo e do velho regime. Aliás, numa outra decisão (Acórdão n.° 467/03), este Tribunal, referindo-se igualmente a uma situação de comparação de regimes de aposentação de um ponto de vista dinâmico da sucessão no tempo, vistos — tal como aqui sucede — na perspectiva do princípio da igualdade, considerou não funcionar este princípio, enquanto exigência do texto constitucional, "em termos diacrónicos".

Retomando o discurso do Acórdão n.° 99/04, há que reconhecer que, também no caso ora em análise, "a determinação da fronteira entre os dois regimes ocorreu, na interpretação da decisão recorrida, por referência a um critério geral, previamente definido no artigo 12.°, n.° 1, do Código Civil (e como tal perfeitamente previsível), segundo o qual a lei só dispõe para o futuro, quando lhe não seja atribuída eficácia retroactiva pelo legislador", prosseguindo:

> "Não se verificando neste domínio normativo qualquer exigência constitucional de retroactividade da lei nova, a opção pela disposição só para o futuro — que confirma o entendimento intuitivo de «que em todo o preceito jurídico está implícito um 'de ora avante', um 'daqui para o futuro'» (J. Baptista Machado, *Introdução ao Direito e ao Discurso Legitimador*, Coimbra, 1983, p. 225) — apresenta-se como uma solução racional e, de qualquer forma, situada dentro da margem de liberdade concedida ao legislador."

Conclui-se, assim, que não viola o princípio da igualdade, antes se insere na liberdade de conformação do legislador, a opção deste de passar a ficar abrangido pelo regime jurídico da função pública apenas o pessoal que, sendo oriundo das instituições de previdência de inscrição obrigatória, estivesse a exercer funções em centros regionais de segurança social ou no Centro Nacional de Pensões à data da publicação do Decreto-Lei n.° 278/82, não contemplando idêntica solução para aqueles que, em data anterior, houvessem cessado o exercício dessas específicas funções. Quanto a estes, mesmo que, como o ora recorrente, houvessem passado a integrar a função pública, o período em que exerceram funções nas instituições de previdência, só poderia relevar para efeitos de aposentação, por acréscimo ao tempo de subscritor, nos termos do artigo 25.° do Estatuto da Aposentação, o que implicou o apuramento da consequente dívida de quotas — como o entendeu a Administração e as instâncias o confirmaram. A natureza mais desfavorável deste regime não determina necessariamente que se dê por verificada a violação do princípio da igualdade. A sucessão de regimes legais determina, em regra, variações no carácter mais ou menos favorável dos mesmos na perspectiva dos interessados, mas a não desconformidade constitucional desse resultado deriva, desde logo, da diversidade das situações de facto contempladas, e, depois, da inexigibilidade de atribuição de eficácia retroactiva a todas as alterações que o legislador decida empreender. Repete-se: o princípio da igualdade não opera diacronicamente.

Não colhendo a argumentação do recorrente, resta confirmar a decisão impugnada.

III — Decisão

Em face do exposto, acordam em:

a) Não julgar inconstitucionais as normas dos artigos 1.° e 6.° do Decreto-Lei n.° 278/82, de 20 de Julho, interpretados no sentido de que o estabelecido no artigo 6.°, n.ºs 1 e 2, apenas abrange o pessoal que se encontrava em exercício de funções nas instituições de previdência à data em que esse diploma entrou em vigor; e, consequentemente,

b) Negar provimento ao recurso, confirmando o acórdão recorrido, na parte impugnada.

Custas pelo recorrente, fixando-se a taxa de justiça em 25 unidades de conta.

Lisboa, 22 de Junho de 2009. — *Mário José de Araújo Torres* — *Joaquim de Sousa Ribeiro* — *João Cura Mariano* — *Benjamim Silva Rodrigues* — *Rui Manuel Moura Ramos.*

Anotação:

1 — Acórdão publicado no *Diário da República*, II Série, de 21 de Julho de 2009.

2 — Os Acórdãos n.ºs 580/99 e 467/03 estão publicados em *Acórdãos*, 45.° e 57.° Vols., respectivamente.

ACÓRDÃO N.º 304/09

DE 22 DE JUNHO DE 2009

Não julga inconstitucionais as normas do artigo 23.º da Portaria n.º 114/2008, de 6 de Fevereiro, no segmento em que definem quais as peças, autos e termos do processo produzidos, enviados ou recebidos através do sistema informático CITIUS, que não são relevantes para a decisão material da causa, e que não devem, por isso, constar do processo em suporte físico.

Processo: n.º 113/09.
Recorrente: Ministério Público.
Relator: Conselheiro Cura Mariano.

SUMÁRIO:

I — As normas sob apreciação não põem minimamente em causa a liberdade do acto de julgar, uma vez que o juiz tem acesso à totalidade do processo em suporte informático, sobre o qual deverá necessariamente fundar todas as suas decisões, não sendo possível entender-se que o critério legal determinativo do conteúdo do processo em suporte físico possa comprometer de alguma forma a liberdade do acto de julgar e assim colocar em crise o princípio da separação de poderes.

II — Por outro lado, inserindo-se o estabelecimento daquele critério na tarefa de definição das regras de organização do suporte físico dos processos judiciais, a mesma não se insere na área reservada à função jurisdicional, podendo ser assumida pelo poder legislativo.

III — Não sendo os princípios da direcção do processo pelo juiz e da sua adequação formal contrariados pelo entendimento de que o artigo 23.º da Portaria n.º 114/2008 impede que o juiz determine a inclusão no suporte escrito do processo de peças que não constem da sua previsão, impõe-se concluir que não estamos perante um regulamento com sentido dissonante ao da lei regulamentada.

Acordam na 2.ª Secção do Tribunal Constitucional:

I — Relatório

No âmbito do procedimento cautelar n.° 80/09.3 TBILH, pendente no 1.° Juízo do Tribunal Judicial da comarca de Ílhavo, foi proferido despacho judicial liminar, datado de 19 de Janeiro de 2009, com o seguinte teor:

"Atendendo ao alegado pela requerente, ao teor dos documentos juntos e ao disposto no artigo 21.° do Decreto-Lei n.° 149/95, de 24 de Junho, na redacção do Decreto-Lei n.° 30/08, de 25 de Fevereiro, dispensa-se a audição da requerida.

Para inquirição das testemunhas indicadas na petição inicial designo o dia 2 de Fevereiro de 2009, pelas 10 horas.

Este despacho deverá constar do processo em papel.

Assim se decide, recusando a aplicação do disposto no artigo 23.° da Portaria n.° 114/2008, de 6 de Fevereiro, por se entender que, na parte em que define o que não é relevante para a decisão material de uma causa, a referida norma é inconstitucional, por violação do disposto nos artigos 202.° e 203.° da Constituição da República Portuguesa e ainda do princípio da separação dos poderes ínsito no artigo 2.° da mesma Lei Fundamental."

O Ministério Público recorreu desta decisão para o Tribunal Constitucional, ao abrigo do disposto na alínea *a)* do n.° 1 do artigo 70.° da Lei 28/82, de 15 de Novembro (LTC), suscitando, assim, a fiscalização sucessiva concreta da constitucionalidade do artigo 23.° da Portaria n.° 114/2008, de 6 de Fevereiro, "na parte em que define o que não é relevante para a decisão da causa".

Apresentou alegações em que concluiu do seguinte modo:

> "Um diploma regulamentar, editado ao abrigo da norma do artigo 138.°-A do Código do Processo Civil, tendo como objecto a regulação da tramitação electrónica dos processos, e incidindo, no essencial, sobre aspectos secundários e procedimentais (a forma dos actos e o modo como os mesmos são praticados), não pode afectar os princípios fundamentais e estruturantes do processo civil, nomeadamente o âmbito, limites e exercício dos poderes de direcção e de adequação formal pelo juiz, tal como decorrem da lei do processo civil.
>
> A norma constante do artigo 23.° da Portaria n.° 114/2008, de 6 de Fevereiro, deve ser interpretada em termos de a proibição de que constem do processo, em suporte físico as peças, autos e termos enumerados exemplificativamente no n.° 2 — com fundamento na presunção de irrelevância para a decisão material da causa — não coarcta ao juiz a prolação de despacho em que — com base, nomeadamente, nos artigos 265.° e 265.°-A do Código do Processo Civil — determina a respectiva inclusão no processo físico, por — na especificidade do caso em apre-

ciação — tais actos ou termos, apesar de tabelares ou de mero expediente, se configurarem como relevantes para a dirimição do pleito.

Suportando a norma desaplicada tal interpretação conforme a Constituição, deverá proferir-se decisão interpretativa, nos termos do n.° 3 do artigo 80.° da Lei do Tribunal Constitucional."

II — Fundamentação

A questão de constitucionalidade dos autos emerge da imposição legal da tramitação electrónica dos processos cíveis recentemente introduzida no Código de Processo Civil.

O artigo 138.°-A, do Código de Processo Civil, introduzido neste diploma pelo artigo 2.° da Lei n.° 14/2006, com a redacção resultante do Decreto-Lei n.° 303/2007, de 24 de Agosto, passou a dispor no seu n.° 1, que "a tramitação dos processos é efectuada electronicamente em termos a definir por portaria do Ministro da Justiça".

Este novo dispositivo consagrou uma importante mudança na forma de registo dos actos praticados em processo civil, preterindo-se o suporte em papel, em favor de um sistema informático, denominado CITIUS, no prosseguimento duma política visando uma progressiva desmaterialização dos processos judiciais.

Conforme se explicou no preâmbulo do Decreto-lei n.° 303/2007, de 24 de Agosto, "(...) estabelece ainda o Programa do XVII Governo Constitucional, enquanto objectivo fundamental, a inovação tecnológica da justiça, para a qual é essencial a adopção decisiva dos novos meios tecnológicos. No âmbito da promoção desta «utilização intensiva das novas tecnologias nos serviços de justiça, como forma de assegurar serviços mais rápidos e eficazes», define-se como objectivo «a progressiva desmaterialização dos processos judiciais» e o desenvolvimento «do portal da justiça na Internet, permitindo-se o acesso ao processo judicial digital». Assim, as alterações acolhidas nesta matéria visam permitir a prática de actos processuais através de meios electrónicos, dispensando-se a sua reprodução em papel e promovendo a celeridade e eficácia dos processos."

No seguimento do disposto no artigo 138.°-A do Código de Processo Civil, veio a ser aprovada a Portaria n.° 114/2008, de 6 de Fevereiro — entretanto, já alterada pelas Portarias n.° 457/2008, de 20 de Junho, e n.° 1538/2008, de 30 de Dezembro —, a qual veio dispor sobre várias matérias atinentes à tramitação electrónica dos processos, nomeadamente: apresentação de peças processuais e documentos por transmissão electrónica de dados (artigos 3.° a 14.°-C); distribuição por meios electrónicos (artigos 15.° e 16.°); actos processuais de magistrados e funcionários em suporte informático (artigos 17.° a 21.°); notificações (artigos 21.°-A a 21.°-C), consulta electrónica de processos (artigo 22.°);

organização do processo (artigo 23.°); e comunicações entre tribunais (artigos 24.° e 25.°).

A respeito da organização do processo, o artigo 23.° da referida Portaria n.° 114/2008, actualmente em vigor, apresenta a seguinte redacção:

Capítulo VII
Organização do processo

"Artigo 23.°
Peças processuais e documentos em suporte físico

1 — Quando sejam produzidos, enviados ou recebidos através do sistema informático CITIUS, as peças, autos e termos do processo que não sejam relevantes para a decisão material da causa não podem constar do processo em suporte físico, estando disponíveis para consulta nos termos do artigo anterior.

2 — Para efeitos do número anterior, consideram-se como não sendo relevantes para a decisão material da causa, designadamente:

a) Requerimentos para alteração da marcação de audiência de julgamento;
b) Despachos de expediente, que visem actos de mera gestão processual, tais como:

i) Despachos que ordenem a citação ou notificação das partes;
ii) Despachos de marcação de audiência de julgamento;
iii) Despachos de remessa de um processo ao Ministério Público;
iv) Despachos de realização de diligências entre serviços, nomeadamente órgãos de polícia criminal, conservatórias de registos, Instituto Nacional de Medicina Legal, Direcção-Geral da Reinserção Social e Direcção-Geral da Segurança Social;
v) Vistos em fiscalização e em correição;

c) Aceitação da designação do solicitador de execução para efectuar a citação;
d) Comunicações internas;
e) Certidões negativas resultantes da consulta à bases de dados de serviços da Administração Pública através de meios electrónicos."

Deste preceito resulta que o processo, nesta fase inicial de implementação de medidas visando a sua desmaterialização, além do suporte informático, mantém um suporte em papel, do qual apenas constam as peças, autos e termos considerados relevantes para a decisão material da causa, reduzindo ao essencial a informação nele contida, de forma a optimizar a sua consulta.

De acordo com o novo modelo gizado pelo legislador, o processo em suporte informático contém todas as peças, autos e termos produzidos, enviados ou recebidos nos autos.

Por seu turno, o processo em suporte físico apenas contém de entre aqueles, os que sejam relevantes para a decisão material da causa, enumerando as diversas alíneas do n.° 2 do transcrito artigo 23.° os que considera não serem relevantes para a decisão da causa, não devendo, portanto, integrar esse suporte.

Realce-se que esta classificação das peças, autos e termos como não relevantes para a decisão da causa não tem qualquer influência na possibilidade de serem atendidas como pressuposto da decisão, valendo apenas para a sua não inclusão no suporte físico do processo, uma vez que o juiz e os demais intervenientes processuais sempre as poderão consultar no suporte informático.

Prosseguindo o desiderato de desmaterialização dos processos judiciais, o legislador pretendeu reduzir substancialmente a versão do processo em suporte físico e assim contribuir para a circulação de menos papel nos tribunais, sem prejuízo da possibilidade de consulta electrónica integral.

Como se referiu no preâmbulo da Portaria n.° 114/2008, de 6 de Fevereiro, "estabelece-se que as peças, autos ou termos do processo que não sejam relevantes para a decisão material da causa e que sejam realizados ou enviados através do sistema informático CITIUS não devem ser impressos e juntos ao processo em suporte físico. Desta forma, a versão do processo em suporte físico é substancialmente reduzida, dela se expurgando os actos irrelevantes para a decisão da causa e assim se contribuindo para a circulação de menos papel no tribunal.

Prevê-se que a actividade meramente burocrática e o dispêndio de tempo de produção, impressão, assinatura e junção ao processo em papel de muitos actos pela secretaria possam assim ser reduzidos, pois esses actos passam a estar, exclusivamente, na aplicação informática.

Note-se, contudo, que não estão em causa peças essenciais ao processo como peças processuais ou sentenças.

Essas, porque são relevantes para a decisão material da causa, estarão no processo em suporte físico. Além disto, a possibilidade de consulta ou obtenção de informação acerca de actos do processo não fica afectada, uma vez que está sempre garantida através da Internet ou de informações que a secretaria está obrigada a prestar."

No caso concreto, na tramitação de um procedimento cautelar de entrega judicial de bens locados, o tribunal *a quo* proferiu um despacho liminar no qual decidiu dispensar a audição prévia do requerido e designou data para a realização da inquirição das testemunhas arroladas pelo requerente.

O tribunal *a quo*, após ter entendido, implicitamente, que, à luz da disposição legal acabada de transcrever, esse despacho não deveria constar do processo em suporte físico — decisão sobre questão de direito infraconstitucional que se encontra à margem dos poderes cognitivos do Tribunal Constitucional em sede de recurso de constitucionalidade —, decidiu afastar a aplicação da mesma com fundamento na inconstitucionalidade material.

Mais concretamente, o tribunal *a quo* entendeu que as normas constantes do artigo 23.° da Portaria n.° 114/2008, no segmento em que definem quais as peças, autos e termos do processo do processo produzidos, enviados ou recebidos através do sistema informático CITIUS que não são relevantes para a decisão material da causa — e que, por isso, não devem constar do processo em suporte físico — são inconstitucionais "por violação do disposto nos artigos 202.° e 203.° da Constituição da República Portuguesa e ainda do princípio da separação dos poderes ínsito no artigo 2.° da mesma Lei Fundamental".

Nessa perspectiva, estaria em causa a violação do princípio da separação dos poderes e de alguns dos seus mais directos corolários, a saber, a reserva de jurisdição e a independência dos tribunais.

O princípio da separação dos poderes caracteriza-se pela reserva de competência dos vários órgãos de soberania perante os outros, nomeadamente pela reserva de competência jurisdicional atribuída em exclusivo aos tribunais (reserva de jurisdição) e pela liberdade do acto de julgar (independência dos tribunais), tudo isto sem prejuízo da subordinação exclusiva dos tribunais ao Direito.

Ora, as normas constantes do artigo 23.° da Portaria n.° 114/2008, não põem minimamente em causa a liberdade do acto de julgar, na medida em que se limitam a regular, e tão-só, quais os actos processuais que, em geral, não devem constar simultaneamente do processo em suporte informático e do processo em suporte físico.

Uma vez que o juiz tem acesso à totalidade do processo em suporte informático, sobre o qual deverá necessariamente fundar todas as suas decisões, não é possível entender-se que o critério legal determinativo do conteúdo do processo em suporte físico pode comprometer de alguma forma a liberdade do acto de julgar e assim colocar em crise o princípio da separação de poderes.

Por outro lado, inserindo-se o estabelecimento daquele critério na tarefa de definição das regras de organização do suporte físico dos processos judiciais, a mesma não se insere na área reservada à função jurisdicional, podendo ser assumida pelo poder legislativo.

É assim possível concluir que a norma recusada não viola qualquer das normas e princípios constitucionais invocados pela decisão recorrida.

O recorrente, nas suas alegações, sustentou, contudo, que a norma em causa, tal como foi interpretada pela decisão recorrida, violaria o princípio constitucional da reserva legislativa.

Entende o recorrente que, contrariando tal norma princípios fundamentais ou estruturantes do processo civil, nomeadamente o princípio de direcção do processo pelo juiz, o princípio do inquisitório e o princípio da adequação formal, a mesma só poderia constar de acto legislativo, não sendo possível a sua implementação por acto regulamentar do Governo.

Na verdade, desempenhando o processo civil uma função instrumental relativamente aos direitos fundamentais, constitucionalmente garantidos, de acesso à via judiciária e do direito a um processo equitativo, com os quais tem, por isso, íntima conexão, não podia a sua previsão normativa essencial deixar de estar coberta pela reserva de acto legislativo.

Esta conclusão não impede, contudo, a própria lei processual civil de habilitar uma actividade regulamentar de execução das suas normas.

Os regulamentos emitidos ao abrigo dessa autorização não poderão, porém, emitir preceitos jurídicos materiais novos em matéria de normação essencial, nem poderão contrariar a disciplina da lei habilitante, sob pena de inconstitucionalidade por invasão da reserva de lei (artigo 112.°, n.° 7, da Constituição).

O artigo 138.°-A do Código de Processo Civil, com a redacção resultante do Decreto-Lei n.° 303/2007, de 24 de Agosto, ao dispor no seu n.° 1, que "a tramitação dos processos é efectuada electronicamente em termos a definir por portaria do Ministro da Justiça", habilitou o Ministro da Justiça a regulamentar a tramitação electrónica dos processos.

E foi no cumprimento desse mandato legal que o Ministro da Justiça emitiu a Portaria n.° 114/2008, onde regulamentou esse novo modo de tramitação material dos processos, designadamente no artigo 23.°, n.° 2, desta Portaria, que define quais as peças que devem constar do suporte material dos processos.

Note-se que estamos perante uma matéria claramente secundária que se reporta aos aspectos técnicos de registo dos actos praticados em processo civil, segundo a orientação determinada na lei de preterição do suporte em papel, em favor de um sistema informático.

O recorrente acusa o referido artigo 23.°, na leitura efectuada pela decisão recorrida de que o juiz não poderá determinar a inclusão no suporte físico do processo de peças que não estejam indicadas neste preceito, de contrariar princípios estruturantes do processo civil, como o princípio de direcção do processo pelo juiz, o princípio do inquisitório e o princípio da adequação formal.

Na verdade, o Código de Processo Civil, nos artigos 265.°, n.os 1 e 2, e 265.°-A, num sinal de acolhimento do princípio do inquisitório em sentido amplo, consagra o princípio da direcção do processo pelo juiz e o sub-princípio da adequação formal do processo nos seguintes termos:

Artigo 265.°

Poder de direcção do processo e princípio do inquisitório

1 — Iniciada a instância, cumpre ao juiz, sem prejuízo do ónus de impulso especialmente imposto pela lei às partes, providenciar pelo andamento regular e célere do processo, promovendo oficiosamente as diligências necessárias ao normal prosseguimento da acção e recusando o que for impertinente ou meramente dilatório.

2 — O juiz providenciará, mesmo oficiosamente, pelo suprimento da falta de pressupostos processuais susceptíveis de sanação, determinando a realização dos actos necessários à regularização da instância ou, quando estiver em causa alguma modificação subjectiva da instância, convidando as partes a praticá-los.

Artigo 265.°-A
Princípio da adequação formal

Quando a tramitação processual prevista na lei não se adequar às especificidades da causa, deve o juiz oficiosamente, ouvidas as partes, determinar a prática dos actos que melhor se ajustem ao fim do processo, bem como as necessárias adaptações.

Estes princípios atribuem ao juiz o poder-dever de assegurar o cumprimento da tramitação processual legalmente prevista, conferindo-lhe alguma margem de manobra na modelação dessa tramitação, podendo adaptá-la ao caso concreto.

Mas, estes princípios têm como alvo de aplicação o processamento da instância, isto é o processo enquanto sequência de actos articulados entre si com vista à emissão pelo órgão competente de uma decisão jurisdicional. É, relativamente a esse encadeamento de actos que o juiz deve providenciar pelo seu andamento regular e célere, promovendo oficiosamente as diligências necessárias ao normal prosseguimento da acção, recusando o que for impertinente ou meramente dilatório, procurando que seja suprida a falta de pressupostos processuais susceptíveis de sanação, determinando a realização dos actos necessários à regularização da instância e adaptando o formalismo previsto na lei às especificidades da causa.

Já o processo, enquanto mera forma do registo dos actos praticados em processo civil (vide, sobre a distinção entre os diferentes conceitos de processo como conjunto de actos e processo como mero suporte físico desses actos, Manuel de Andrade, em *Noções elementares de processo civil*, p. 15, da edição de 1956, da Coimbra Editora, e Antunes Varela, Miguel Beleza e Sampaio e Nora, em *Manual de processo civil*, pp. 11 e 12, da 2.ª edição, da Coimbra Editora), é matéria estranha ao disposto nos transcritos artigos 265.° e 265.°-A, do Código de Processo Civil.

Os referidos princípios não se aplicam ao modo como deve ser registado o teor dos actos processuais, não só porque é matéria que não está incluída no âmbito de previsão dos preceitos onde esses princípios se encontram vertidos, como também não se revela necessário e até seria prejudicial à desejável uniformidade de práticas e técnicas nesse domínio.

Se os aludidos princípios da direcção do processo pelo juiz e da sua adequação formal não são contrariados pelo entendimento de que "o artigo 23.° da Portaria n.° 114/2008, impede que o juiz determine a inclusão no suporte escrito do processo de peças que não constem da sua previsão", impõe-se concluir que não estamos perante um regulamento com sentido dissonante ao da lei regulamentada.

Não se constatando que o artigo 23.° da Portaria n.° 114/2008, viole qualquer parâmetro constitucional, deve o presente recurso ser julgado procedente.

III — Decisão

Pelo exposto:

a) Julga-se procedente o recurso de constitucionalidade interposto pelo Ministério Público para o Tribunal Constitucional do despacho do 1.° Juízo do Tribunal Judicial da comarca de Ílhavo, proferido em 19 de Janeiro de 2009 no âmbito dos presentes autos;

e, consequentemente,

b) Determina-se a reforma dessa decisão em conformidade com o agora decidido.

Sem custas.

Lisboa, 22 de Junho de 2009. — *João Cura Mariano* — *Benjamim Rodrigues* — *Mário José de Araújo Torres* — *Joaquim de Sousa Ribeiro* — *Rui Manuel Moura Ramos.*

Anotação:

1 — Acórdão publicado no *Diário da República*, II Série, de 21 de Julho de 2009.

2 — Ver, neste Volume, os Acórdãos n.os 293/09 e 354/09.

ACÓRDÃO N.º 307/09

DE 22 DE JUNHO DE 2009

Não julga inconstitucional a norma constante do n.º 3 do artigo 7.º da Lei n.º 34/2004, de 29 de Julho, com a redacção introduzida pela Lei n.º 47/2007, de 28 de Agosto, no segmento em que nega protecção jurídica às pessoas colectivas com fins lucrativos.

Processo: n.º 958/08.
Recorrente: Ministério Público.
Relator: Conselheiro Carlos Fernandes Cadilha.

SUMÁRIO:

I — O novo regime legal resultante artigo 7.º, n.º 3, da Lei n.º 34/2004, de 29 de Julho, na redacção introduzida pela Lei n.º 47/2007, de 28 de Agosto, veio acentuar a distinção entre "pessoas colectivas com fins lucrativos" e "pessoas colectivas sem fins lucrativos", tomando como assente a ideia de que as pessoas colectivas que tenham sido instituídas por particulares para a realização de uma actividade económica destinada à obtenção de lucros, devem, pela natureza das coisas, encontrar-se dotadas de uma estrutura organizativa e financeira capaz de fazer face aos custos previsíveis da sua actividade, incluindo os que resultem da litigiosidade normal que a gestão comercial frequentemente implica.

II — Há um fundamento material bastante para que o legislador estabeleça uma diferenciação de regime, em matéria de acesso ao direito e aos tribunais, em relação a pessoas colectivas com fins lucrativos, pelo que, não vindo invocado que o litígio exorbite da actividade normal da pessoa colectiva em causa, não há motivo para considerar verificada a violação do disposto no artigo 20.º da Constituição.

Acordam na 3.ª Secção do Tribunal Constitucional:

I — Relatório

1. Garagem Principal de Vila Real, Lda. impugnou judicialmente a decisão dos Serviços da Segurança Social que, com fundamento no disposto o artigo 7.º, n.º 3, da Lei n.º 34/2004, de 29 de Julho, lhe indeferiu o pedido de apoio judiciário na modalidade de dispensa de pagamento de taxa de justiça e demais encargos do processo, alegando, em síntese, que a referida norma, ao vedar o direito à protecção jurídica em relação a pessoas colectivas com fins lucrativos, é inconstitucional por violação dos artigos 13.º e 20.º da Constituição da República.

O Tribunal Judicial de Sabrosa, por sentença de 26 de Maio de 2008, julgou improcedente a impugnação, rejeitando o invocado argumento de inconstitucionalidade.

A recorrente interpôs então recurso para o Tribunal Constitucional, ao abrigo do disposto na alínea *b)* do n.º 1 do artigo 70.º da Lei do Tribunal Constitucional, pretendendo que se aprecie a inconstitucionalidade da norma do n.º 3 do artigo 7.º da Lei n.º 34/2004, de 29 de Julho, na redacção dada pela Lei n.º 47/2007, de 28 de Agosto, apresentando as seguintes alegações:

> A decisão sob recurso fundamentou-se no n.º 3 do artigo 7.º da mencionada Lei n.º 34/2004, na redacção que a tal n.º 3 foi dada pela Lei n.º 47/2007, de 28 de Agosto, disposição legal essa, segundo a qual as pessoas colectivas com fins lucrativos (entre as quais as sociedades comerciais, como a recorrente é, se incluem), não têm direito à protecção jurídica.
>
> 4. Só que tal nova redacção, dada ao mencionada n.º 3 do artigo 7.º da Lei n.º 34/2004, impossibilitando, como impossibilita, as pessoas colectivas com fins lucrativos, e, portanto, as sociedades comerciais, de obterem protecção jurídica, nomeadamente apoio judiciário, designadamente nas modalidades da dispensa de taxa de justiça e demais encargos com o processo, e da nomeação e pagamento da compensação do patrono, se tem que ter por inconstitucional, por flagrante violação dos artigos 13.º e 20.º, ambos da Constituição da República Portuguesa (CRP).
>
> 5. E isto, na medida em que tal redacção, se vigorasse na ordem jurídica Portuguesa, não só estabeleceria uma marcada diferença, entre, por um lado, as pessoas colectivas com fins lucrativos (incluindo as sociedades comerciais), e, por outro lado, as pessoas colectivas sem fins lucrativos e as pessoas singulares, contrariando assim o princípio da igualdade, ínsito no artigo 13.º da CRP.
>
> 6. Como também impossibilitaria às pessoas colectivas com fins lucrativos (incluindo as sociedades comerciais), mas com insuficiência de meios económicos, o acesso ao direito e à tutela jurisdicional efectiva, consagrados no artigo 20.º da CRP, denegando assim a justiça a tais entidades.

7. Sendo ainda certo que a palavra "todos", várias vezes mencionada no citado artigo 20.° da CRP, não pode ter outro significado que não seja naturalmente o de todos aqueles que sejam susceptíveis de ser parte numa causa judicial, isto é, todos aqueles que têm personalidade judiciária.

8. Abrangendo, naturalmente por igual, pessoas singulares e pessoas colectivas, com ou sem fins lucrativos (incluindo sociedades comerciais).

9. Inconstitucionalidade essa que aqui e agora se invoca, e que terá necessariamente que acarretar a repristinação da anterior redacção do mencionado n.° 3 do artigo 7.° da Lei n.° 34/2004.

10. Redacção anterior essa que permite, também às pessoas colectivas com fins lucrativos (incluindo as sociedades comerciais), beneficiar da protecção jurídica, obtendo, nomeadamente, a dispensa de taxa de justiça e demais encargos como o processo e a nomeação e pagamento da compensação de patrono, naturalmente caso se verifiquem os restantes pressupostos, para isso, para todos (pessoas singulares e pessoas colectivas, com e sem fins lucrativos) sem distinção, fixados na Lei n.° 34/2004.

11. Termos em que se tiram pois as seguintes

III — Conclusões

12. 0 n.° 3 do artigo 7.° da Lei n.° 34/2004, na redacção que a tal n.° 3 foi dada pela Lei n.° 47/2007, padece do vício da inconstitucionalidade, por violação dos artigos 13.° e 20.°, ambos da CRP, vício este que aqui se invoca.

13. Devendo pois tal norma legal ser julgada inconstitucional, baixando os autos ao tribunal *a quo*, para aí ser reformulada a sentença, a que se alude no n.° 1 anterior, de harmonia com o juízo de inconstitucionalidade atrás referido.

Não houve contra-alegações.
Cumpre apreciar e decidir.

II — Fundamentação

2. Coloca-se, no presente processo, a questão da constitucionalidade da norma do artigo 7.°, n.° 3, da Lei n.° 34/2004, de 29 de Julho, na redacção dada pela Lei n.° 47/2007, de 28 de Agosto, pela qual «[a]s pessoas colectivas com fins lucrativos e os estabelecimentos individuais de responsabilidade limitada não têm direito a protecção jurídica», mas confinada, por ser a situação concreta, à sua aplicação a uma pessoa colectiva com fins lucrativos.

Sublinhe-se que este preceito resulta de uma evolução legislativa que tem contemplado diversas variantes, quanto à determinação do âmbito pessoal do direito à protecção jurídica, que interessará começar por recordar.

Na sua redacção originária, o artigo 7.° do Decreto-Lei n.° 387-B/87, de 29 de Dezembro, atribuía, no n.° 1, o direito à protecção jurídica às pessoas singulares que demonstrassem não dispor de meios económicos bastantes para suportar os honorários dos profissionais forenses, devidos por efeito da prestação dos seus serviços, e para custear, total ou parcialmente, os encargos normais de uma causa judicial, e, no n.° 4, estendia esse mesmo direito às pessoas colectivas e sociedades «quando [fizessem] a prova a que alude o n.° 1», isto é, quando demonstrassem, nos mesmos termos, a sua insuficiência económica.

A alteração introduzida pela Lei n.° 46/96, de 3 de Setembro, nessa mesma disposição, veio, porém, restringir o conteúdo do direito à protecção jurídica, em relação às sociedades e comerciantes em nome individual, através do aditamento de um n.° 5, que passou a dispor do seguinte modo:

> As sociedades, os comerciantes em nome individual nas causas relativas ao exercício do comércio e os estabelecimentos individuais de responsabilidade limitada têm direito à dispensa, total ou parcial, de preparos e do pagamento de custas ou ao seu diferimento, quando o respectivo montante seja consideravelmente superior às possibilidades económicas daqueles, aferidas designadamente em função do volume de negócios, do valor do capital ou do património e do número de trabalhadores ao seu serviço.

A Lei n.° 30-E/2000, de 20 de Dezembro, que reformulou o regime de acesso ao direito e aos tribunais e atribuiu aos Serviços da Segurança Social a apreciação dos pedidos de concessão de apoio judiciário, estabeleceu como princípio a possibilidade de concessão de apoio judiciário às pessoas colectivas e sociedades que demonstrassem a situação de insuficiência económica (artigo 7.°, n.° 4), mas manteve a limitação a esse direito em termos idênticos ao que já constava daquele antigo n.° 5 (artigo 7.°, n.° 5).

E a Lei n.° 34/2004, de 29 de Julho, que fixou o novo regime legal nesta matéria, revogando aquele outro diploma legal, retomou o critério da atribuição genérica de protecção jurídica às pessoas colectivas, ainda que apenas no estrito âmbito do patrocínio judiciário, determinando, no artigo 7.°, n.° 3, que «[a]s pessoas colectivas têm apenas direito à protecção jurídica na modalidade de apoio judiciário, devendo para tal fazer a prova a que alude o n.° 1» (isto é, a prova da insuficiência económica). Esse diploma foi entretanto alterado pela Lei n.° 47/2007, de 28 de Agosto, actualmente em vigor, que passou a distinguir entre pessoas colectivas com fins lucrativos e pessoas colectivas sem fins lucrativos, excluindo quanto àquelas qualquer forma de concessão de protecção jurídica, nos termos da redacção dada ao artigo 7.°, n.os 3 e 4:

> 3 — As pessoas colectivas com fins lucrativos e os establecimentos individuais de responsabilidade limitada não têm direito a protecção jurídica.
>
> 4 — As pessoas colectivas sem fins lucrativos, têm apenas direito à protecção jurídica na modalidade de apoio judiciário devendo, para tal, fazer a prova a que alude o n.° 1.

Como se pode constatar, o direito à protecção jurídica como componente do regime de acesso ao direito e aos tribunais, integrando quer o direito à consulta jurídica, quer o direito ao patrocínio judiciário, sofreu um significativa contracção no que se refere às pessoas colectivas com fins lucrativos. De uma total equiparação com as pessoas singulares, que constava da primitiva redacção do Decreto-Lei n.° 387-B/87, de 29 de Dezembro, passou-se, por via da alteração introduzida pela Lei n.° 46/96, a um regime duplamente restritivo, que implicava não apenas a supressão do direito à protecção jurídica na modalidade de consulta jurídica, mas também a limitação do direito ao apoio judiciário mediante a exigência da demonstração de que o montante de preparos e custas era «consideravelmente superior às possibilidades económicas» (não bastando, por isso, a simples prova da insuficiência económica), princípio este que se manteve na vigência da Lei n.° 30-E/2000. A redacção originária da Lei n.° 34/2004 eliminou aquela condicionante, mantendo embora a restrição da protecção jurídica à modalidade de apoio judiciário, mas, por via da alteração resultante da Lei n.° 47/2007, chegou-se à situação actual de exclusão absoluta do direito à protecção jurídica.

A singularidade do regime actual assenta na já apontada distinção entre pessoas colectivas com fins lucrativos e pessoas colectivas sem fins lucrativos, sendo que é apenas quanto a estas que se mantém o direito ao patrocínio judiciário com base na prova da insuficiência económica, o que significa que o critério legal de concessão de protecção jurídica (ao menos naquela modalidade) não se centra na conformação da personalidade jurídica colectiva por confronto com a personalidade jurídica individual, mas antes na finalidade estatutária da pessoa colectiva, visando excluir da protecção jurídica as pessoas colectivas de direito privado e utilidade particular, isto é, aquelas que tenham por objecto a realização de uma actividade económica destinada à consecução de lucro.

Na prática, a lei mantém o direito ao apoio judiciário em relação às associações e fundações, que, por natureza, prosseguem fins desinteressados ou altruísticos ou têm uma finalidade económica não lucrativa, ou seja, uma finalidade que, podendo consistir em vantagens patrimoniais, não vise propriamente a repartição de lucros entre os associados; a exclusão da protecção jurídica opera quanto à sociedades comerciais ou constituídas em forma comercial que tenham por função caracterizadora a obtenção de lucros económicos a distribuir pelos seus sócios (quanto a esta classificação, Mota Pinto, *Teoria Geral do Direito Civil*, 3.ª edição, Coimbra, 1996, pp. 287 e segs.)

O Tribunal Constitucional teve já oportunidade de se pronunciar, ainda que não em sentido totalmente convergente, quanto à constitucionalidade da solução normativa que decorria do artigo 7.°, n.° 5, do Decreto-Lei n.° 387-B/87, na redacção introduzida pela Lei n.° 46/96, bem como sobre a norma que lhe sucedeu (artigo 7.°, n.° 5, da Lei n.° 30-E/2000), que, em relação às sociedades e comerciantes em nome individual, vieram restringir o âmbito objectivo da protecção jurídica à modalidade de apoio judiciário, com o requisito adicional da necessidade de demonstração de que o montante de preparos e custas seria consideravelmente superior às possibilidades económicas dos requerentes.

No Acórdão n.° 97/99 afirmou-se, a esse propósito, o seguinte:

7. Tendo em conta a delimitação do objecto do recurso precedentemente efectuada, será uma violação do direito de igual acesso aos tribunais, consagrado pelo artigo 20.° da Constituição, a já mencionada restrição do apoio judiciário?

A esta pergunta responde o Tribunal Constitucional negativamente, em virtude das seguintes considerações:

a) Em primeiro lugar, não decorre da Constituição que as entidades com fins lucrativos sejam equiparáveis às pessoas singulares e pessoas colectivas de fim não lucrativo para efeitos de promoção pelo Estado de acesso à justiça;

b) Em segundo lugar, as normas *sub judicio* não esvaziam o direito de acesso à justiça da sua substância, ao não concederem patrocínio judiciário em caso algum às pessoas colectivas de fim lucrativo;

c) Por último, as normas *sub judicio* não constituem uma restrição desproporcional e injustificada do direito à efectivação do acesso à justiça.

8. Assim, desde logo, não decorre dos artigos 20.°, n.os 1 e 2, e 13.° da Constituição que as pessoas colectivas de fins lucrativos devam ser equiparadas às pessoas singulares quanto ao conteúdo do direito ao patrocínio judiciário. Aliás, é na consagração do próprio princípio da universalidade que o legislador constitucional introduz, desde logo, uma ressalva quanto às pessoas colectivas em geral, determinando que estas gozam dos direitos e estão sujeitas aos deveres "compatíveis com a sua natureza" (artigo 12.°, n.° 2).

Sendo o patrocínio judiciário um instrumento de acesso à justiça, a sua gratuitidade, como forma de protecção jurídica do efectivo exercício daquele direito, corresponde à promoção das condições necessárias para o acesso à justiça. Ora, a promoção destas condições positivas nos casos de insuficiência económica não tem, necessariamente, a mesma expressão nas pessoas jurídicas com e sem fim lucrativo. Estas últimas, pela sua natureza lucrativa, têm condições para integrar na sua normal actividade económica os custos com profissionais do foro próprios da litigância que nelas é frequente. Assim, tal integração é própria do exercício normal da respectiva actividade económica.

Não há, deste modo, uma necessidade lógica e valorativa de equiparar as pessoas singulares, e até mesmo as pessoas colectivas sem fim lucrativo, às pessoas colectivas com fim lucrativo, no que se refere ao direito de que sejam criadas ou promovidas condições de acesso à justiça através da gratuitidade do patrocínio judiciário, em casos de insuficiência económica. As pessoas colectivas com fim lucrativo integram, pela sua natureza, na estruturação da sua actividade económica esses custos, dispondo, por isso mesmo, de condições para a compensação dos mesmos.

E a possibilidade de integração daqueles custos na actividade económica das pessoas colectivas de fim lucrativo não é só uma normalidade, mas é mesmo um pressuposto normativo da própria existência jurídica de tais entidades. A impossibilidade de suportar os custos normais do exercício da actividade económica retira viabilidade a pessoas jurídicas, cuja constituição se justifica apenas para o exercício dessa mesma actividade económica, determinando, porventura, situações de falência e o congelamento da própria actividade económica de tais entidades, como forma de protecção dos interesses patrimoniais de outros e do próprio interesse geral no desenvolvimento saudável da economia.

Por outro lado, a protecção jurídica pelo Estado das pessoas colectivas com fim lucrativo através do patrocínio judiciário gratuito corresponderia a uma opção de proteger a litigância de sociedades comerciais e empresas sem condições para assegurar a sua actividade económica, o que não é certamente uma imposição constitucional nem uma prática indiscutível à luz da livre concorrência e do interesse público na protecção da economia.

9. Sendo claro que há uma diferença de posicionamento das pessoas colectivas com fim lucrativo e das outras pessoas jurídicas quanto à necessidade de protecção jurídica condicionante do acesso à justiça, resta saber se esse diferente posicionamento deixa de existir, em caso de insuficiência económica, quando as pessoas colectivas de fim lucrativo devam litigar em acções não relacionadas com a sua actividade económica normal, como poderia acontecer em casos de danos provocados por acidentes e outras situações inusitadas.

Mas também quanto a estas situações há mecanismos de seguro e prevenção que não podem deixar de ser integrados nos custos das sociedades comerciais e na gestão do seu risco, não estando estas, mesmo em tais casos, nas mesmas condições das pessoas singulares ou das pessoas colectivas com fim não lucrativo.

Não se pode dizer, por conseguinte, que dos artigos 20.°, n.os 1 e 2, e 13.° da Constituição resulte a necessidade de equiparação, quanto à protecção jurídica por patrocínio judiciário gratuito, das pessoas colectivas de fim lucrativo ou a estas equiparadas às restantes pessoas jurídicas.

10. Por outro lado, as normas *sub judicio* também não esvaziam o direito de acesso à justiça da sua substância ao não concederem patrocínio judiciário gratuito, em caso algum, às pessoas colectivas com fim lucrativo.

Com efeito, tais normas prevêem a dispensa das custas e preparos em casos em que o respectivo montante seja comprovada e consideravelmente superior às possibilidades económicas daquelas entidades, "aferidas designadamente em função do volume de negócios, do valor do capital ou do património e do número de trabalhadores ao seu serviço". Assim, nos casos em que o "preço da justiça" seja insuportável para aquelas entidades, impede-se que o acesso à justiça seja impossibilitado por insuficiência económica.

Os custos com o patrocínio judiciário são, por outro lado, custos negociáveis e mais previsíveis e controláveis para as sociedades comerciais. Deste modo, e independentemente de saber se é por exigência constitucional que o direito de acesso à justiça implica a dispensa das custas e preparos nos casos previstos no artigo 7.°, n.° 5, da Lei n.° 46/96, através dos modos nele previstos, o certo é que, mesmo na perspectiva de um critério exigente de promoção pelo Estado do acesso à justiça, existe uma resposta suficiente naquela norma.

11. Em face das considerações anteriores, conclui-se que a igualdade de tratamento entre pessoas colectivas de fim lucrativo e as outras pessoas jurídicas e entidades não lucrativas, em matéria de patrocínio judiciário gratuito, não é imposta pela Constituição.

Mas mesmo que se entenda que a diferenciação não pode ser total ou que será necessário respeitar, nas restrições previstas pelas normas *sub judicio*, uma certa proporcionalidade relativamente às demais situações, dever-se-á, ainda assim, reconhecer que tal diferenciação não só é justificada pela diversidade de condições referida — não sendo, por isso, uma restrição excessiva nem uma diferenciação desproporcionada — como também está sustentada por razões de interesse público. Com efeito, tal restrição do direito ao patrocínio judiciário é justificável por critérios racionais de gestão do interesse colectivo e de repartição dos encargos públicos, ao dar prioridade e especial protecção no acesso à justiça às pessoas e entidades sem fim lucrativo e ao exigir que as entidades com fim lucrativo suportem — ou criem mecanismos para isso adequados — os custos da actividade económica de que são beneficiários.

Esta doutrina foi depois seguida pelos Acórdãos n.os 98/99, 167/99, 368/99, 90/00, 234/01, 399/04 e 191/05 (estes dois últimos incidindo já sobre a correspondente norma do artigo 7.°, n.° 5, da Lei n.° 30-E/2000), constituindo uma corrente fortemente maioritária no sentido da não inconstitucionalidade das referidas disposições legais, na parte em que suprimiram a atribuição generalizada do direito ao apoio judiciário às pessoas colectivas de fins lucrativos e condicionaram a concessão desse benefício à demonstração não só da insuficiência económica, mas da verificação de que o montante das custas e preparos é «consideravelmente superior às possibilidades económicas» daquelas entidades.

Salvaguardada a diferença de critério legal, visto que a disposição do artigo 7.°, n.° 3, da Lei n.° 34/2004 (na redacção da Lei n.° 47/2007), agora em causa, é ainda mais restritiva, no ponto em que exclui, sem qualquer ressalva, a possibilidade de concessão de apoio judiciário a pessoas colectivas com fins lucrativos, as considerações expendidas naquele aresto são transponíveis para a situação dos autos.

Na verdade, como se deixou esclarecido, o novo regime legal veio acentuar a distinção entre pessoas colectivas com fins lucrativos e pessoas colectivas sem fins lucrativos, tomando como assente a ideia de que as pessoas colectivas que tenham sido instituídas por particulares para a realização de uma actividade económica destinada à obtenção de lucros, deve, pela natureza das coisas, encontrar-se dotada de uma estrutura organizativa e financeira capaz de fazer face aos custos previsíveis da sua actividade, incluindo os que resultem da litigiosidade normal que a gestão comercial frequentemente implica.

Por outro lado, embora a Lei Fundamental torne extensivos às pessoas colectivas os direitos constitucionais que sejam compatíveis com a sua natureza, tem de reconhecer-se que, mesmo quando certo direito fundamental preenche esse grau de compatibilidade e é, portanto, susceptível de titularidade colectiva, daí não se segue que a sua aplicabilidade nesse domínio se vá operar exactamente nos memos termos e com a mesma amplitude com que decorre relativamente às pessoas singulares (Jorge Miranda/Rui Medeiros, *Constituição Portuguesa Anotada*, I Tomo, Coimbra, 2005, p. 113).

E, no caso vertente, como se anotou, há um fundamento material bastante para que o legislador estabeleça uma diferenciação de regime, em matéria de acesso ao direito e aos tribunais, em relação a pessoas colectivas com fins lucrativos.

Não vindo invocado que o litígio exorbite da actividade normal da pessoa colectiva em causa, considera-se não haver motivo para considerar verificada a alegada violação do disposto no artigo 20.° da Constituição, nem se justifica a alteração do julgado.

III — Decisão

Nestes termos, e pelos fundamentos expostos, decide-se negar provimento ao recurso.

Sem custas.

Lisboa, 22 de Junho de 2009. — *Carlos Fernandes Cadilha* — *Ana Maria Guerra Martins* — *Maria Lúcia Amaral* — *Vítor Gomes* — *Gil Galvão.*

Anotação:

1 — Acórdão publicado no *Diário da República*, II Série, de 21 de Julho de 2009.

2 — Os Acórdãos n.os 97/99, 167/99 e 368/99 estão publicados em *Acórdãos*, 42.°, 43.° e 44.° Vols., respectivamente.

3 — Ver, neste Volume, o Acórdão n.° 279/09.

ACÓRDÃO N.° 309/09

DE 22 DE JUNHO DE 2009

Não julga inconstitucional a norma do n.° 1 do artigo 2.° da Lei n.° 75/98, de 19 de Novembro, enquanto prescreve um limite máximo ao montante das prestações de alimentos que ao Fundo de Garantia dos Alimentos Devidos a Menores cabe assegurar, quando a pessoa judicialmente obrigada a prestar os alimentos não satisfaça coactivamente essa obrigação.

Processo: n.° 215/09.
Recorrente: Ministério Público.
Relator: Conselheiro Carlos Fernandes Cadilha.

SUMÁRIO:

I — O caso dos recursos obrigatórios cai na regra residual do n.° 4 do artigo 78.° da Lei do Tribunal Constitucional, sendo aplicável o efeito suspensivo com subida nos próprios autos, o que é consentâneo com a circunstância de a lei prever a interposição imediata do recurso em vista à apreciação da questão de constitucionalidade, diferindo para momento ulterior a prolação de decisão definitiva, na ordem judiciária comum, sobre a matéria da causa.

II — A prestação social prevista na Lei n.° 75/98, de 19 de Novembro, é atribuída de acordo com certos critérios objectivos que são aplicáveis a todas as crianças que se encontrem na mesma situação: existência de sentença que fixe os alimentos; residência do devedor em território nacional; inexistência de rendimento líquido superior ao salário mínimo nacional de que o menor possa beneficiar; não pagamento pelo devedor da obrigação de alimentos.

III — Porém, pelo seu carácter de subsidiariedade, o montante da prestação substitutiva do Estado está necessariamente dependente da situação económica e familiar em que se encontra inserido o menor, aí relevando, também, o valor da prestação de alimentos que foi fixada judicialmente, as possibilidades económicas do progenitor e a possível pluralidade de vínculos.

IV — Estando, assim, em causa uma prestação estadual subsidiária destinada a suprir o incumprimento da obrigação de alimentos familiar, não é possível invocar a violação do princípio da igualdade, a partir da fixação do limite estabelecido para o montante superior da prestação, com base na discriminação que possa existir entre as diversas situações concretas, designadamente em razão do maior ou menor número de menores a cargo daquele que estava obrigado à prestação de alimentos.

V — Por outro lado, o Estado, através da Lei n.° 75/98 e do seu diploma regulamentar, veio justamente instituir uma garantia dos alimentos devidos a menores, atribuindo uma prestação social destinada a suprir as situações de carência decorrentes do incumprimento por parte da pessoa judicialmente obrigada a prestar alimentos, dando assim concretização prática ao direito de protecção às crianças que deriva daquele artigo 69.° e, mediatamente, ao direito ao desenvolvimento da personalidade a que alude o artigo 26.°, pelo que não é possível imputar à questionada norma do artigo 2.°, n.° 1, a violação de qualquer desses preceitos constitucionais.

Acordam, na 3.ª Secção, do Tribunal Constitucional:

I — Relatório

1. Por sentença de 18 de Novembro de 2008, o 2.° Juízo do Tribunal Judicial da comarca de Ourém recusou a aplicação da norma do artigo 2.°, n.° 1, da Lei n.° 75/98, de 19 de Novembro, por ser contrária ao estabelecido nos artigos 13.°, 26.° e 69.°, da Constituição da República, e, em consequência, fixou a prestação a pagar pelo Fundo de Garantia de Alimentos Devidos a Menores, nos termos dessa disposição e ainda do artigo 3.°, n.° 1, alíneas *a)* e *b)*, e n.° 2, do Decreto-Lei n.° 164/99, de 13 de Maio, em € 125 para cada menor.

Considerou, em síntese, que, sendo imposto ao Estado o dever de assegurar a garantia da dignidade da criança e a sua protecção em vista a um desenvolvimento integral, a norma do artigo 2.°, n.° 1, da Lei n.° 75/98, ao estabelecer uma limitação nas prestações mensais em 4 unidades de conta (UC) por devedor, viola os referidos preceitos constitucionais, e desde logo, o princípio da igualdade previsto no artigo 13.°, ao discriminar as crianças cujo progenitor infractor tenha um maior número de filhos ou dependentes menores.

O Ministério Público interpôs recurso obrigatório ao abrigo do disposto no artigo 70.°, n.° 1, alínea *a)*, da Lei do Tribunal Constitucional, vindo, no seguimento do processo, a apresentar as seguintes alegações:

> 1. Apreciação da questão de constitucionalidade suscitada.
>
> O presente recurso obrigatório vem interposto pelo Ministério Público da decisão, proferida no Tribunal Judicial de Ourém, nos autos de incumprimento

do poder paternal, na parte em que foi recusada aplicação, com fundamento em inconstitucionalidade material, à norma constante do artigo 2.°, n.° 1, da Lei n.° 75/98, de 19 de Novembro na parte em que estabelece um limite, por cada devedor, às prestações em que se consubstancia a garantia dos alimentos devidos a menores.

Ao presente recurso foi atribuído o regime de subida em separado e com efeito meramente devolutivo, com invocação do disposto no artigo 78.°, n.° 2, da Lei do Tribunal Constitucional, conjugada com as normas adjectivos reguladores do recurso de agravo aos procedimentos regidos pela Organização Tutelar de Menores.

Não nos parece, porém, que a norma do citado n.° 2 do artigo 78.° seja invocável no âmbito de um recurso obrigatório, fundado na alínea *a)* do n.° 1 do artigo 75.°: na verdade, como é inquestionável, tal recurso tem de ser interposto, logo e directamente, para o Tribunal Constitucional, não havendo, deste modo, que considerar relevante o recurso ordinário "não interposto ou declarado extinto", cuja interposição estava vedada ao Ministério Público recorrente (a nosso ver, tal norma conexiona-se, não com os recursos obrigatórios, mas com os recursos fundados na alínea *b)* do n.° 1 daquele artigo 70.°, face ao preceituado no n.° 4 desse preceito, que se basta com a exaustão ou preclusão dos normais meios impugnatórios existentes).

Tal implica a aplicabilidade da regra constante do n.° 4 do artigo 78.° da Lei do Tribunal Constitucional, devendo fixar-se ao presente recurso obrigatório o regime de subida nos próprios autos e o efeito suspensivo.

Nos casos em que a pessoa judicialmente obrigada a prestar alimentos a menor não satisfizer as quantias em dívida e o alimentado não puder beneficiar de rendimento líquido superior ao salário mínimo, o Estado assegura as prestações em débito, sendo estas fixadas pelo tribunal — mas não podendo exceder, mensalmente, por cada devedor o montante de 4 UC, independentemente do número de menores credores da prestação alimentar.

Violará esta limitação legal, como sustenta a decisão recorrida, os princípios constitucionais da igualdade e da garantia de um mínimo de existência condigna, inferível, desde logo, do artigo 69.° da Constituição da República Portuguesa?

Parece-nos claramente improcedente o argumento constante em invocar a violação do princípio da igualdade, já que a restrição dos montantes pecuniários disponíveis, no caso de pluralidade de menores titulares activos do direito a alimentos, radica, por assim dizer, na própria "natureza das coisas" — não traduzindo situação substancialmente diversa da que ocorre nos casos em que o progenitor preste, ele próprio, os alimentos, sendo a medida destes condicionada pelos meios pecuniários ao dispor daquele que houver de prestá-los: não sendo obviamente ilimitadas as capacidades financeiras do devedor de alimentos, é evidente que a circunstância de serem plúrimos os titulares do direito alimentar acabará por influenciar os valores efectivamente disponíveis por cada um dos co-interessados, sem que tal traduza qualquer discriminação constitucionalmente censurável.

Mais complexa é a questão da compatibilização da dita restrição legal com o direito a um mínimo de existência condigna, inferível, neste caso, da norma do artigo 69.° da Constituição da República Portuguesa, na parte em que prescreve que os menores têm direito à protecção da sociedade do Estado, com vista ao seu desenvolvimento integral, sendo devida "especial protecção" às crianças por qualquer forma privadas de um ambiente familiar normal.

Implicará tal direito "social" a possibilidade de exigir do Estado um conteúdo prestacional, inviabilizador da aplicabilidade da restrição quantitativa constante da norma desaplicada?

Propendemos para uma resposta negativa, afigurando-se ser necessária uma especial cautela do aplicador do direito na área dos direitos sociais, envolvendo prestações pecuniárias directas do Estado — uma vez que, como é evidente, o cumprimento do programa constitucional ínsito, no caso, no citado artigo 69.° depende fundamentalmente de factores financeiros e materiais que o Estado está longe de dominar integralmente, valendo aqui a "cláusula do possível".

Ou seja: mesmo admitindo que o direito a um mínimo de existência condigna comporta também uma vertente prestacional, direccionada contra o Estado (como parece admitir o Acórdão n.° 509/02, a propósito da figura do rendimento social de inserção) — o que nos conduzirá a outorgar tutela e assento constitucional ao regime genérico da garantia dos alimentos devidos a menores — não parece viável extrair de tal direito social uma concreta determinação dos montantes aplicáveis, bem como a proscrição da inexistência de qualquer limite máximo às prestações pecuniárias a cargo do Estado.

Não pode, na realidade, o intérprete e aplicador da lei sobrepor os seus próprios e pessoais critérios às valorações realizadas pelo legislador, democraticamente legitimado, e a que incumbe naturalmente — face à natural insuficiência dos meios financeiros públicos para ocorrer a todas as situações de necessidade ou carência — realizar as opções legislativas fundamentais, articulando ou "rateando" os montantes disponíveis pelo universo dos carenciados.

A opção legislativa plasmada na norma desaplicada não se revela, deste modo, violadora do referido direito, cabendo ainda o estabelecimento de um limite máximo à responsabilidade subsidiária do Estado pelo débitos alimentares não espontaneamente satisfeitos, no âmbito das opções político-legislativas consentidas pela Lei Fundamental.

2. Conclusão.

Nestes termos e pelo exposto, conclui-se:

1.° Não é aplicável a um recurso obrigatório do Ministério Público — sujeito ao regime de imediata e necessária interposição directa para o Tribunal Constitucional — o estatuído no n.° 2 do artigo 78.° da Lei n.° 28/82, cabendo tal situação na regra enunciada no n.° 4 de tal preceito.

2.° A norma constante do n.° 1 do artigo 2.° da Lei n.° 75/98, de 19 de Novembro, enquanto prescreve um limite máximo à responsabilidade subsidiária do Estado pelas prestações alimentares a menores, não espontaneamente satisfeitas pelo obrigado, estabelecido em função da identidade do devedor (e independentemente do número de interessados, titulares de alimentos), não viola o princípio da igualdade nem o direito a um mínimo de existência condigna, situando-se ainda no âmbito da livre discricionariedade legislativa.

3.° Termos em que deverá proceder o presente recurso.

Cabe apreciar e decidir.

II — Fundamentação

Efeito do recurso

2. O tribunal recorrido atribuiu ao recurso efeito meramente devolutivo, com invocação do disposto no artigo 78.°, n.° 2, da Lei do Tribunal Constitucional, e no artigo 185.°, n.° 1, da Lei Tutelar de Menores.

O Ministério Público, na sua alegação, considerou que a norma que rege o efeito do recurso é, no caso, a do n.° 4 do citado artigo 78.°, por se tratar de recurso de constitucionalidade interposto ao abrigo da alínea *a)* do n.° 1 do artigo 70.° da Lei do Tribunal Constitucional (LTC), que não está dependente da prévia exaustão dos recursos ordinários, e requereu, nesse sentido, a fixação de efeito suspensivo.

De facto, a norma do artigo 185.°, n.° 1, da Lei Tutelar de Menores atribui aos recursos de quaisquer decisões proferidas nos processos previstos nessa Lei, incluindo os relativos a alimentos devidos a menores, o efeito meramente devolutivo. E o artigo 78.°, n.° 2, da Lei do Tribunal Constitucional manda seguir, no recurso para o Tribunal Constitucional «interposto de decisão da qual coubesse recurso ordinário, não interposto ou declarado extinto», o efeito que deva ser atribuído a esse recurso. O que poderia conduzir, por interpretação literal desse preceito, a que se devesse manter, no recurso de constitucionalidade, o efeito meramente devolutivo que caberia ao recurso ordinário, caso este fosse interposto.

A norma, no entanto, pretende referir-se aos recursos previstos nas alíneas *b)* e *f)* do n.° 1 do artigo 70.° da LTC, relativamente aos quais se exige o prévio esgotamento dos recursos ordinários, e que abarca as situações em que, havendo recurso ordinário, tenha havido renúncia, ou haja decorrido o respectivo prazo de interposição, ou o recurso não tenha tido seguimento por razões de ordem processual (cfr. artigo 70.°, n.ºs 2 e 4).

No caso, porém, de recusa de aplicação de norma com fundamento em inconstitucionalidade, e em todos os outros casos em que o recurso para o Tribunal Constitucional é obrigatório [artigos 70.°, n.° 1, alíneas *a), c), g), h)* e *i),* e 72.°, n.° 2, da LTC], não funciona a regra da exaustão dos recursos ordinários (nem se justifica que se aguarde o decurso do prazo de interposição do recurso ordinário ou a ocorrência de qualquer causa extintiva), sendo desde logo exigível que o recurso seja imediata e directamente interposto para o Tribunal Constitucional.

Neste contexto, a alusão, no artigo 78.°, n.° 2, a recurso ordinário "não interposto ou declarado extinto" apenas faz sentido se se reportar a um recurso de constitucionalidade que apenas pudesse ser admitido após o esgotamento dos recursos ordinários (aqui se incluindo, por força da citada regra do n.° 4 desse artigo 70.°, as situações de não interposição ou extinção do recurso por razões processuais).

Em qualquer outra situação (não contemplada no artigo 78.°, n.° 2), em que haja lugar a recurso ordinário, e ele tenha prosseguido, o efeito do recurso de constitucionalidade da decisão proferida nessa instância de recurso é o previsto no artigo 78.°, n.° 3, correspondendo-lhe o efeito que tiver sido atribuído ao recurso ordinário que teve seguimento.

O caso dos recursos obrigatórios cai na regra residual do n.° 4 do artigo 78.°, sendo aplicável o efeito suspensivo com subida nos próprios autos; o que é consentâneo com a circunstância de a lei prever a interposição imediata do recurso em vista à apreciação da questão de constitucionalidade, diferindo para momento ulterior a prolação de decisão definitiva, na ordem judiciária comum, sobre a matéria da causa.

Justifica-se, por isso, alterar, conforme o requerido, o efeito atribuído ao recurso, no exercício dos poderes atribuídos ao tribunal superior pelo artigo 703.°, n.os 1 e 2, do Código de Processo Civil, subsidiariamente aplicável.

Mérito do recurso

3. A questão que vem discutida é a de saber se o limite superior de 4 unidades de conta estabelecido no artigo 2.°, n.° 1, da Lei n.° 75/98, de 19 de Novembro, relativamente ao montante das prestações de alimentos que ao Fundo de Garantia dos Alimentos Devidos a Menores cabe assegurar, é desconforme à Constituição por violação do disposto nos artigos 13.°, 26.° e 69.° da Lei Fundamental, tal como se considerou na decisão recorrida.

O regime jurídico de garantia dos alimentos devidos a menores foi instituído pela referida Lei n.° 75/98 e regulamentado pelo Decreto-Lei n.° 164/99, de 13 de Maio, e tem em vista, através de um Fundo constituído no âmbito do Ministério do Trabalho e da Solidariedade, assegurar o pagamento de alimentos a menor residente em território nacional, quando a pessoa judicialmente obrigada a prestar alimentos não satisfizer coactivamente essa obrigação, e se verifique, cumulativamente, que o alimentado não tem rendimento líquido superior ao salário mínimo nacional nem beneficia nessa medida de rendimentos de outrem a cuja guarda se encontre (artigos 1.° da Lei n.° 75/98 e 3.° do Decreto-Lei n.° 164/99).

É ao Ministério Público ou àqueles a quem a prestação de alimentos deveria ser entregue que compete requerer nos respectivos autos de incumprimento que o tribunal fixe o montante que o Estado, em substituição do devedor, deve prestar, cabendo ao tribunal, para esse efeito, proceder às diligências que entenda indispensáveis e a inquérito sobre as necessidades do menor (artigo 3.°, n.ºs 1, 2 e 3, da Lei n.° 75/98).

Por sua vez, o montante fixado pelo tribunal perdura enquanto se verificarem as circunstâncias subjacentes à sua concessão e até que cesse a obrigação a que o devedor originário se encontra obrigado (artigo 3.°, n.° 4, da Lei n.° 75/98), ficando o Fundo subrogado em todos os direitos do menor a quem sejam atribuídas as prestações, com vista à garantia do respectivo reembolso (artigo 5.° do Decreto-Lei n.° 164/99).

A norma aqui particularmente em foco é, porém, a do artigo 2.° da Lei n.° 75/98, que, sob a epígrafe «fixação e montante das prestações», estabelece o seguinte:

> 1 — As prestações atribuídas nos termos da presente lei são fixadas pelo tribunal e não podem exceder, mensalmente, por cada devedor, o montante de 4 UC.
>
> 2 — Para a determinação do montante referido no número anterior, o tribunal atenderá à capacidade económica do agregado familiar, ao montante da prestação de alimentos fixada e às necessidades específicas do menor.

Entretanto, o artigo 3.° do Decreto-Lei n.° 164/99, que regulamentou os pressupostos e requisitos de atribuição da prestação, no seu n.° 3, reproduziu praticamente o que consta daquele artigo 2.°

4. Como se deixou entrever através do contexto legal esquematicamente descrito, a garantia de alimentos devidos a menor surge como uma prestação social do regime não contributivo, a cargo do Estado, destinada a suprir o incumprimento por parte daquele que se encontre sujeito à obrigação alimentar familiar, traduzindo-se, por isso, numa prestação social de natureza subsidiária, que visa concretizar, no plano legislativo, o direito das crianças à protecção, tal como consagrado no artigo 69.°, n.° 1, da Constituição.

É isso mesmo que é reconhecido no preâmbulo do Decreto-Lei n.° 164/99, em que se faz expressa menção à exigência constitucional do artigo 69.°, como implicando, em especial no caso das crianças, «a faculdade de requerer à sociedade e, em última instância, ao próprio Estado as prestações existenciais que proporcionem as condições essenciais ao seu desenvolvimento e a uma vida digna», e em que se caracteriza a garantia de alimentos devidos a menores, instituída pela Lei n.° 75/98, como uma nova prestação social, «que traduz um avanço qualitativo inovador na política social desenvolvida pelo Estado» e que «dá cumprimento ao objectivo de reforço da protecção social devida a menores».

Bem se compreende, neste plano, que as prestações sociais assim caracterizadas não constituam um direito subjectivo *prima facie* dos menores a quem se dirigem (ao contrário do que sucede com todas as demais prestações sociais do regime contributivo), mas representem antes um recurso subsidiário, fundado na solidariedade estadual, que se destina a dar resposta imediata à satisfação de necessidades de menores que se encontrem numa situação de carência, e que, por isso, não pode, desligar-se da concreta situação familiar do titular da prestação (neste sentido, Remédio Marques, *Algumas notas sobre alimentos (devidos a menores)*, 2.ª edição, Coimbra Editora, 2007, pp. 214-215).

Como se fez notar num recente aresto do Supremo Tribunal de Justiça, o incumprimento da prestação de alimentos por parte do primitivo devedor é que funciona como pressuposto justificativo da intervenção subsidiária do Estado para satisfação de uma necessidade actual do menor, e, consequentemente, o Estado não se substitui incondicionalmente ao devedor originário dos alimentos e apenas se limita a assegurar os alimentos de que o menor carece, enquanto o devedor primitivo não pague, devendo ser reembolsado do que pagar (acórdão de 10 de Julho de 2008, no Processo n.° 1860/08).

Assim se explica que, para a determinação do montante da prestação social, como determina o transcrito artigo 2.°, n.° 2, da Lei n.° 75/98, o tribunal deva atender, não só à capacidade económica do agregado familiar e às necessidades específicas do menor, mas também ao montante da prestação de alimentos que fora anteriormente fixada e que está em dívida. Certo é que o tribunal, por efeito da actividade jurisdicional que é levado a realizar na sequência do pedido formulado nos termos desse diploma, não está impedido de fixar um montante superior ou inferior à prestação de alimentos que impendia sobre o devedor (ainda que com o questionado limite de 4 UC), mas isso deve-se apenas ao facto de o legislador ter considerado ser exigível, nessa circunstância, uma reponderação pelo juiz da situação do menor à luz da qual foi fixada a pensão de alimentos.

Em todo o caso, não há dúvida de que o montante da prestação de alimentos incumprida constitui um índice para o julgador fixar a prestação social a cargo do Fundo e esta será em regra equivalente à anteriomente fixada (Remédio Marques, *ob. cit.*, pp. 234 e 239). Isso porque o que está essencialmente em causa é a reposição do rendimento que deixou de ser auferido por falta de pagamento voluntário de alimentos por parte de quem se encontrava obrigado a prestá-los.

Numa aproximação à resolução da questão de constitucionalidade suscitada, deve começar por dizer-se que estamos aqui perante um direito social, cuja concretização e actualização depende de certos condicionalismos sócio-económicos, culturais e políticos que só o legislador poderá, em primeira linha, avaliar, e que não pode ser efectivado pelo juiz por simples interpretação aplicativa do direito (cfr. Vieira de Andrade, *Os direitos fundamentais na Constituição Portuguesa de 1976*, 3.ª edição, Coimbra, p. 192).

Como refere o autor agora citado, «a escassez dos recursos à disposição (material e também jurídica) do Estado para satisfazer as necessidades económicas, sociais e culturais de todos os cidadãos é um dado da experiência nas sociedades livres, pelo que não está em causa a mera repartição desses recursos segundo um princípio da igualdade, mas sim uma verdadeira opção quanto à respectiva afectação material». Por outro lado, essa opção decorre de uma ampla liberdade de conformação legislativa, não sendo possível definir através da Constituição o conteúdo exacto da prestação e o modo e condições ou pressupostos da sua atribuição, ou imputar-lhe uma intencionalidade que vá além de um conteúdo mínimo que possa directamente resultar das directrizes constitucionais (*idem*, pp. 190-191 e 398).

Estando em causa, no caso concreto, uma prestação estadual subsidiária destinada a suprir o incumprimento da obrigação de alimentos familiar, afigura-se não ser possível invocar a violação do princípio da igualdade, a partir da fixação do limite estabelecido para o montante superior da prestação, com base na discriminação que possa existir entre as diversas situações concretas, designadamente em razão do maior ou menor número de menores a cargo daquele que estava obrigado à prestação de alimentos.

Importa notar que a determinação da medida ou extensão dos alimentos, por força do próprio critério legal consignado no artigo 2004.° do Código Civil, varia em função das possibilidades daquele que houver de prestá-los e das necessidades daquele que houver de recebê-los, pelo que a fixação do seu montante não pode basear-se no custo médio normal de subsistência do alimentando, mas em diversos outros factores em que entra em linha de conta, com especial relevo, a condição económica e social do obrigado. E não é indiferente, para esse efeito, que o vínculo respeite não a um único, mas a vários menores carecidos de alimentos, como ocorre no caso vertente.

Nestes termos, a capacidade económica do progenitor em função do número de menores a quem deve prover ao sustento não pode deixar de constituir um critério objectivo de quantificação dos alimentos, e influenciar o montante da pensão a atribuir a cada um dos alimentandos.

E, como vimos, a prestação social prevista na Lei n.° 75/98, visando substituir a obrigação legal de alimentos em caso de incumprimento, corresponde tendencialmente àquela que foi judicialmente fixada e deixou de ser paga, e reflecte, nessa medida, as particularidades do caso concreto e as vicissitudes que condicionaram a fixação do montante da obrigação alimentar originária.

Tratando-se uma prestação autónoma de segurança social, não há dúvida que ela é atribuída de acordo com certos critérios objectivos que são aplicáveis a todas as crianças que se encontrem na mesma situação: existência de sentença que fixe os alimentos; residência do devedor em território nacional; inexistência de rendimento líquido superior ao salário mínimo nacional de que o menor possa beneficiar; não pagamento pelo devedor da obrigação de alimentos. Mas pelo seu carácter de subsidiariedade, o montante da prestação substitutiva do Estado está necessariamente dependente da situação económica e familiar em que se encontra inserido o menor, aí relevando, também, o valor da prestação de alimentos que foi fixada judicialmente, as possibilidades económicas do progenitor e a possível pluralidade de vínculos.

Em todo este contexto, a situação de desigualdade gerada pela limitação do montante da prestação social a 4 UC por cada devedor, quando se torne necessário efectuar o rateio desse valor máximo entre diversos menores que sejam filhos de um mesmo devedor (no confronto com quaisquer outros casos em que a um devedor corrresponda um único credor), decorre da própria situação de vida concretamente considerada, e não propriamente de um critério normativo fixado legislativamente.

O que poderia discutir-se é se é constitucionalmente aceitável o estabelecimento desse limite ou se o critério de determinação do montante máximo da prestação não deveria antes ter por base a pessoa do credor dos alimentos, e não a do devedor.

Valem aqui, no entanto, as considerações já anteriormente expendidas sobre a tutela jurídico-constitucional dos direitos sociais. Estando em causa direitos a prestações, que, como tal, devam caracterizar-se como actuações positivas do Estado, a sua concretização, para além de um conteúdo mínimo que se torne determinável através dos próprios preceitos constitucionais, depende de conformação político-legislativa e, em muitos casos, da existência e disponibilidade de meios materiais, que, em qualquer caso, não pode ser objecto de reexame ou controlo jurisdicional.

Não se vê, por outro lado, em que termos podem considerar-se violadas, no caso, as disposições dos artigos 26.° e 69.° da Constituição.

Este último preceito consagra um direito das crianças à protecção da sociedade e do Estado, que se dirige não apenas aos poderes públicos, em geral, mas também aos cidadãos e às instituições sociais, e que necessariamente envolve, antes de mais, o dever de protecção pela própria família, incluindo os progenitores. Em articulação com esse princípio, o artigo 36.°, n.° 5, consigna o direito e o dever dos pais em relação à educação e manutenção dos filhos, permitindo caracterizar um verdadeiro direito-dever subjectivo, e que implica especialmente o dever de prover ao sustento dos filhos. Qualquer dessas disposições destinam-se a assegurar o desenvolvimento integral da criança e, nessa medida, dão cobertura ao direito ao desenvolvimento da personalidade a que se refere o artigo 26.°, n.° 1, da Constituição (Gomes Canotilho/Vital Moreira, *Constituição da República Portuguesa Anotada*, 4.ª edição, Coimbra Editora, pp. 565 e 869).

No caso, o Estado, através da Lei n.° 75/98 e do seu diploma regulamentar, veio justamente instituir uma garantia dos alimentos devidos a menores, atribuindo uma prestação social destinada a suprir as situações de carência decorrentes do incumprimento por parte da pessoa judicialmente obrigada a prestar alimentos, dando assim concretização prática ao direito de protecção às crianças que deriva daquele artigo 69.° e, mediatamente, ao direito ao desenvolvimento da personalidade a que alude o também citado artigo 26.°

Não é possível, por isso, imputar à questionada norma do artigo 2.°, n.° 1, a violação de qualquer dos referidos preceitos constitucionais.

III — Decisão

Nestes termos, decide-se:

a) Atribuir efeito suspensivo ao recurso de constitucionalidade, nos termos do artigo 78.°, n.° 4, da Lei do Tribunal Constitucional;

b) Não julgar inconstitucional a norma do n.° 1 do artigo 2.° da Lei n.° 75/98, de 19 de Novembro, com fundamento em violação do disposto nos artigos 13.°, 26.° e 69.° da Constituição;

c) E, consequentemente, conceder provimento ao recurso e ordenar a reforma da sentença recorrida em conformidade com o julgado quanto à questão de constitucionalidade.

Sem custas.

Lisboa, 22 de Junho de 2009. — *Carlos Fernandes Cadilha* — *Ana Maria Guerra Martins* — *Maria Lúcia Amaral* — *Vítor Gomes* — *Gil Galvão.*

Anotação:

1 — Acórdão publicado no *Diário da República*, II Série, de 21 de Julho de 2009.

2 — Por lapso, a decisão do Acórdão publicado no citado *Diário da República* refere "a norma do n.° 3 do artigo 2.°" quando se trata do n.° 1 do artigo 2.°

ACÓRDÃO N.º 310/09

DE 22 DE JUNHO DE 2009

Não julga inconstitucional a norma do artigo 39.º do Decreto-Lei n.º 86/98, de 3 de Abril (regime aplicável às contra-ordenações relativas ao ensino da condução).

Processo: n.º 133/09.
Recorrente: Ministério Público.
Relator: Conselheiro Carlos Fernandes Cadilha.

SUMÁRIO:

I — Não é possível imputar à disposição do artigo 39.º do Decreto-Lei n.º 86/98, de 3 de Abril, o vício de inconstitucionalidade orgânica, apesar de ter sido emitida sem autorização parlamentar, visto que ela não estipulou qualquer efeito de direito inovatório que devesse recair na competência reservada da Assembleia da República, limitando-se antes a reproduzir, ainda que por uma dupla via remissiva, o regime preexistente.

II — É certo que a revisão do Código da Estrada operada pelo Decreto-Lei n.º 44/2005, de 13 de Fevereiro, veio consignar um regime diferenciado em matéria de contra-ordenações rodoviárias e que esse mesmo regime se torna aplicável às infracções previstas no Decreto-Lei n.º 86/98, porém, esse novo regime legal, abrangendo também as contra-ordenações atinentes ao ensino da condução, foi aprovado pelo Governo mediante prévia credencial parlamentar.

III — Assim, ao definir um conceito de "contra-ordenação rodoviária" que abrange as infracções previstas no Decreto-Lei n.º 86/98, o Código da Estrada, na sua nova redacção, ressalva o vício de inconstitucionalidade orgânica de que a norma do artigo 39.º desse diploma pudesse padecer, porque o regime diferenciado a que as contra-ordenações do Decreto-Lei n.º 86/98 estão agora sujeitas, em matéria de prescrição de procedimento

contra-ordenacional, por efeito da remissão dinâmica que é feita para o actual artigo 188.° do Código da Estrada, resulta, não directamente da norma remissiva, mas da alteração da estatuição operada na norma *ad quam*.

Acordam na 3.ª Secção do Tribunal Constitucional:

I — Relatório

1. No presente processo contra-ordenacional, instaurado contra o arguido João Magalhães Carvalho por infracção aos deveres prescritos nos artigos 35.° do Decreto-Lei n.° 86/98, de 3 de Abril, e 24.° do Decreto Regulamentar n.° 5/98, de 9 de Setembro, no âmbito do exercício da actividade de ensino de condução, o Tribunal da Relação de Guimarães, por acórdão de 15 de Dezembro de 2008, declarou extinto o procedimento, por prescrição, por considerar que o prazo prescricional aplicável é o prazo geral de um ano previsto no artigo 27.°, alínea *c)*, do Regime Geral das Contra-ordenações.

Para tanto, sustentou que a norma do artigo 39.° do Decreto-Lei n.° 86/98, que estabelece o prazo prescricional relativo às referidas infracções por remissão para o disposto no artigo 188.° do Código da Estrada, alargando esse prazo para dois anos, está ferido de inconstitucionalidade orgânica, por ter sida emitida pelo Governo, sem autorização legislativa, em matéria que, por respeitar ao regime geral da punição dos ilícitos de mera ordenação social, constitui reserva relativa da Assembleia da República [artigo 165.°, n.° 1, alínea *d)*, da Constituição].

Ademais, o acórdão da Relação acrescentou que a referida norma não pode considerar-se ressalvada pela ulterior publicação da Lei n.° 51/98, de 18 de Agosto, que introduziu diversas alterações no regime jurídico decorrente do Decreto-Lei n.° 86/98, visto que ela não foi expressa ou implicitamente assumida pelo órgão legiferante ao emitir a nova regulamentação legal.

O Ministério Público interpôs recurso obrigatório, ao abrigo do disposto no artigo 70.°, n.° 1, alínea *a)*, da Lei do Tribunal Constitucional, e, no seguimento do processo, apresentou as seguintes alegações:

> 1. Apreciação da questão de constitucionalidade suscitada.
>
> O presente recurso obrigatório vem interposto pelo Ministério Público do acórdão, proferido pelo Tribunal da Relação de Guimarães, nos autos de recurso contraordenacional iniciados na Direcção-Geral de Viação de Braga, na parte em que julgou organicamente inconstitucional a norma constante do artigo 39.°, n.° 1, do Decreto-Lei n.° 86/98, de 3 de Abril, ao estatuir que as contra-ordenações atinentes ao exercício da actividade de ensino da condenação são processadas nos termos do Código da Estrada, determinando tal regime a aplicação do prazo de pres-

crição do procedimento criminal de dois anos, nos termos do artigo 188.° de tal Código (e não do prazo de um ano, decorrente do Decreto-Lei n.° 433/82, na versão então em vigor).

Percorrendo a linha argumentativa seguida no acórdão recorrido, verifica-se que a solução alcançada passou:

— pela verificação de que ao Governo, em diploma desprovido de credencial parlamentar bastante, não é legítimo, ou sede de ilícito contra-ordenacional, inovar relativamente ao respectivo "regime geral", constante do Decreto-Lei n.° 433/82 (não sendo, nomeadamente, possível criar, a propósito de determinada e específica contra-ordenação, um regime prescricional diferente do estabelecido no citado diploma legal);

— pela circunstância de a ulterior alteração determinados regimes normativos que constavam da versão originária do Decreto-Lei n.° 86/98 por diploma editado pela própria Assembleia da República — a Lei n.° 51/98 — não implicar, ser mais, automático suprimento ou "ratificação" das inconstitucionalidades orgânicas existentes — num caso em que manifestamente o teor desta Lei não teve qualquer conexão com a temática da prescrição do procedimento criminal (sendo indispensável para que possa ocorrer o tal suprimento que, pelo menos, no processo legislativo parlamentar tivessem sido objecto de discussão ou propostas de alteração os regimes jurídicos originariamente violadores da repartição de competências entre órgãos constitucionais).

Aceitando tal entendimento, expresso na decisão recorrida, entendemos, porém, que o caso dos autos suscita uma questão particular, decorrente de nas matérias atinentes ou conexas com as infracções rodoviárias, existir no nosso ordenamento jurídico um "regime geral específico", com credencial parlamentar bastante, e que — como regime especial — se sobrepõe ao Decreto-Lei n.° 433/82.

Efectivamente, a Lei n.° 53/2004, de 4 de Novembro, autorizou o Governo a rever o Código da Estrada, criando um regime especial de processo para as contra-ordenações emergentes de infracções ao Código da Estrada, seus regulamentos e legislação complementar, permitindo a alínea *g)* do artigo 3.° desse diploma legal a qualificação como contra-ordenação de todas as infracções rodoviárias e a aplicação do regime constante do Código da Estrada revisto a todas elas.

E, em concretização desta autorização legislativa, o artigo 131.° do Código da Estrada veio dispor que constitui contra-ordenação rodoviária todo facto típico e censurável, sancionável com coima, "correspondente à violação de norma do Código da Estrada ou de legislação complementar, bem como de legislação especial cuja aplicação esteja cometida à Direcção-Geral de Viação".

As contra-ordenações rodoviárias regem-se prioritariamente pelo Código da Estrada e demais legislativa rodoviária, só subsidiariamente se aplicando o regime geral do ilícito contra-ordenacional (artigo 132.°).

Perante esta "concorrência" de "regimes gerais" — um (o do Decreto-Lei n.° 433/82) aplicável como regime normativo básico de todo o direito contra-ordenacional, o outro (o do Código da Estrada) aplicável prioritariamente às infracções especificamente conexionadas com a circulação rodoviária — o Decreto-Lei n.° 86/98 optou por — através da norma desaplicada nos autos — enquadrar as infracções ao regime do ensino da condução no âmbito das contra-ordenações rodoviárias, regidas pelo Código da Estrada — implicando consequencialmente tal opção legislativa a aplicabilidade do regime prescricional constante do artigo 188.° do Código da Estrada.

Não estamos, deste modo, confrontados com uma norma, constante de diploma editado pelo Governo, a descoberto de credencial parlamentar, que inova ou altera quanto ao regime prescricional estabelecido nos artigos 27.° e seguintes do Decreto-Lei n.° 433/82 — situação em que seria inquestionável a respectiva inconstitucionalidade orgânica, por se estabelecer, a propósito de certa e particular contra-ordenação, regime prescricional diverso do constante do respectivo "regime geral".

O que, em rigor, ocorre na situação dos autos é a realização pelo Decreto-Lei n.° 86/98 de uma qualificação ou enquadramento jurídico das contra-ordenações ao regime do ensino da condução, tomando-as como "contra-ordenações rodoviárias" — e encontrando, aliás, tal qualificação jurídica suporte bastante no já citado artigo 131.° do Código da Estrada, segundo o qual integram tal figura as infracções constantes de legislação "cuja aplicação esteja convertida à Direcção-Geral de Viação".

Ora, a nosso ver, tal operação de qualificação jurídica transcende o plano de definição do âmbito do "regime geral" do ilícito de mera ordenação social, situando-se, deste modo, no âmbito da competência do Governo — e encontrando-se legitimado face ao estatuído no artigo 131.° do Código da Estrada.

2. Conclusão.

Nestes termos e pelo exposto, conclui-se:

1.ª Situa-se no âmbito da competência legislativa reservada da Assembleia da República o estabelecimento do regime geral do ilícito de mera ordenação social, enquadrando-se no âmbito de tal figura a inovatória regulação das matérias regidas pelo Decreto-Lei n.° 433/82.

2.ª Já extravasa, porém, tal "regime geral" a criação de concretas contra-ordenações (puníveis dentro dos limites consentidos pelo diploma que institui aquele "regime geral" do ilícito contra-ordenacional) e a sua concreta qualificação ou configuração como estando ou não integradas em determinada subespécie daquele ilícito — no caso, a das "infracções rodoviárias", globalmente regidas pelo Código da Estrada.

3.ª Deste modo, a configuração das infracções ao regime de ensino da condução como sendo "infracções rodoviárias", atenta a sua evidente conexão com os valores subjacentes a tal subespécie do ilícito contra-ordenacional — e em estrita consonância com os critérios de conexão determinados pelo artigo 131.° do Código da Estrada — não representa inovação quanto ao regime geral do ilícito de mera ordenação social, pelo que a norma desaplicada não padece da apontada inconstitucionalidade orgânico-formal.

4.ª Termos em que deverá proceder o presente recurso.

O recorrido contra-alegou defendendo a improcedência do recurso*.

Cumpre apreciar e decidir.

II — Fundamentação

2. A questão que vem suscitada é a da inconstitucionalidade orgânica da norma do artigo 39.° do Decreto-Lei n.° 86/98, de 3 de Abril, no ponto em que, tendo sido emitida ao abrigo da competência legislativa prevista no artigo 198.°, n.° 1, alínea *a)*, da Constituição, sem qualquer prévia autorização parlamentar, remete o regime aplicável às contra-ordenações relativas ao ensino da condução, previstas nesse diploma, para os termos do Código da Estrada.

Em síntese, o acórdão recorrido considera que essa remissão, originando a aplicação, no caso, do prazo prescricional mais dilatado do artigo 188.° do Código da Estrada, em detrimento daquele que está previsto no regime geral das contra-ordenações, implica uma intromissão do Governo na reserva de competência legislativa da Assembleia da República prevista no artigo 165.°, n.° 1, alínea *d)*, da Constituição, na parte em que se refere ao ilícito de mera ordenação social.

O recorrente sustenta, no entanto, que a caracterização das referidas infracções como contra-ordenações rodoviárias, e a consequente sujeição ao regime específico do Código da Estrada, está actualmente coberta pela Lei n.° 53/2004, de 4 de Novembro, que autorizou a introdução dessa alteração legislativa.

É, pois, esta a questão que cabe dilucidar.

O citado Decreto-Lei n.° 86/98, que veio estabelecer o novo regime jurídico do ensino da condução, prevê diversas contra-ordenações por infracção às regras nele consignadas, designadamente por violação aos deveres que impendem sobre os directores e subdirectores das escolas de condução, que é sancionada, nos termos do artigo 35.°, com coima de Esc.: 100 000$ a Esc.: 500 000$.

E o subsequente artigo 39.°, que se insere no capítulo respeitante às contra-ordenações (Capítulo VII), sobre a epígrafe «Regime aplicável», dispõe, no seu n.° 1, que «as contra-ordenações previstas no presente diploma e demais legis-

---

* Conforme correcção decidida no Acórdão n.° 382/09 (fls. 378), de 23 de Julho de 2009.

lação sobre o ensino da condução são processadas nos termos do Código da Estrada». Acrescentando o artigo 41.°, n.° 1, que «compete ao Director-Geral de Viação aplicar as coimas e sanções acessórias».

A Lei n.° 51/98, de 18 de Agosto, alterou entretanto diversas disposições daquele diploma e aditou um novo artigo (artigo 10.°-A), mas deixou intocados os referidos preceitos dos artigos 35.° e 39.°, que mantiveram assim a sua redacção originária.

À data em que foi publicado o Decreto-Lei n.° 86/98, vigorava o Código da Estrada aprovado pelo Decreto-Lei n.° 114/94, de 3 de Maio, com as alterações resultantes do Decreto-Lei n.° 2/98, de 3 de Janeiro, que determinava, no seu artigo 133.°, n.° 2, que «as contra-ordenações [entendendo-se como tais as infracções a esse Código e sua legislação complementar que não constituam crime] são sancionadas e processadas nos termos da respectiva lei geral, com as adptações constantes deste Código».

Entretanto, a Lei n.° 53/2004, de 4 de Novembro, autorizou o Governo a proceder à revisão do Código da Estrada, incluindo no âmbito da autorização «[a] qualificação como contra-ordenações de todas as infracções rodoviárias e a aplicação do regime contra-ordenacional previsto no Código da Estrada a todas elas» [artigo 3.°, alínea *g)*]. E foi no uso dessa autorização legislativa que o Governo emitiu o Decreto-Lei n.° 44/2005, de 23 de Fevereiro, que, alterando o Código da Estrada, passou a regular as contra-ordenações rodoviárias pelo disposto nesse Código, pela legislação complementar ou especial que as preveja e, subsidiariamente, pelo regime geral das contra-ordenações (artigo 132.°), e a consignar no artigo 188.°, em matéria de prescrição do procedimento, o seguinte:

> O procedimento por contra-ordenação rodoviária extingue-se por efeito da prescrição logo que, sobre a prática da contra-ordenação, tenham decorrido dois anos.

Importa ainda reter que o Código da Estrada, na redacção dada pelo citado Decreto-Lei n.° 44/2005, veio definir como contra-ordenação rodoviária «todo o facto ilícito e censurável, para o qual se comine uma coima que preencha um tipo legal correspondente à violação de norma do Código da Estrada ou de legislação complementar, bem como de legislação especial cuja aplicação esteja cometida à Direcção-Geral de Viação» (artigo 131.°). E que, na sequência da criação da Autoridade Nacional de Segurança Rodoviária (ANSR), que veio suceder à Direcção-Geral de Viação nas atribuições em matéria de contra-ordenações rodoviárias, conforme o estabelecido no Decreto-Lei n.° 77/2007, de 29 de Março, o artigo 131.° foi de novo alterado pelo Decreto-Lei n.° 118/2008, de 1 de Julho, passando a caracterizar a contra-ordenação rodoviária como sendo «todo o facto ilícito e censurável que preencha um tipo legal correspondente à violação de norma do Código da Estrada ou de legislação complementar, bem como de legislação especial cuja aplicação esteja cometida à Autoridade Nacional de Segurança Rodoviária, e para o qual se comine uma coima».

Em resumo, o artigo 39.° do Decreto-Lei n.° 86/98, por efeito da remissão para os termos do Código da Estrada, mandava aplicar às contra-ordenações previstas nesse diploma o regime geral das contra-ordenações, incluindo no que se refere ao prazo prescricional. Em resultado da revisão do Código da Estrada, operada pelo Decreto-Lei n.° 44/2005, essas mesmas contra-ordenações passaram a ser tidas como contra-ordenações rodoviárias, por se tratar de infracções previstas em lei especial a que corresponde uma coima cuja aplicação compete à Direcção-Geral de Viação (e, depois, à Autoridade Nacional de Segurança Rodoviária); e, além disso, ficaram sujeitas a um regime substantivo e processual especial, regulado no Código da Estrada, designadamente no tocante ao prazo de prescrição. No entanto, esta alteração foi introduzida por diploma legislativo do Governo com autorização parlamentar.

3. O artigo 165.°, n.° 1, alínea *d)*, da Constituição atribui à exclusiva competência da Assembleia da República, salvo autorização ao Governo, «o regime geral de punição das infracções disciplinares, bem como dos actos ilícitos de mera ordenação social e do respectivo processo». O alcance da reserva legislativa, no confronto com as restantes especificações constantes do mesmo preceito, é aqui de nível intermédio. Não se trata de atribuir à Assembleia da República toda a regulamentação da matéria, como sucede em diversos outros casos, nem de definir as bases gerais do regime jurídico, que teria de limitar-se às opções político-legislativas fundamentais, como se verifica noutras hipóteses, mas de estabelecer as normas integradoras do regime genérico e comum, deixando em aberto que o Governo possa vir a definir em relação à mesma matéria, os regimes especiais (Gomes Canotilho/Vital Moreira, *Constituição da República Portuguesa Anotada*, 3.ª edição, Coimbra, p. 670; Acórdão do Tribunal Constitucional n.° 246/90).

Poderá ainda aceitar-se, na linha de anterior jurisprudência constitucional — aspecto que foi aflorado na decisão recorrida e na alegação do recorrente —, que a ulterior intervenção da Assembleia da República através da aprovação de uma lei de alterações, no âmbito do controlo de apreciação parlamentar de actos legislativos (artigo 169.° da Constituição), pode implicar a ininvocabilidade da inconstitucionalidade orgânica relativamente ao diploma originário, pelo menos no que se refere às normas que tenham sido reproduzidas pela lei parlamentar ou implicitamente aceites pelo órgão legiferante (cfr. Acórdãos n.os 415/89, 786/96 e 368/02, in *Acórdãos do Tribunal Constitucional*, 13.° Volume, Tomo I, p. 507, e 34.° Volume, p. 23, e *Diário da República*, II Série, de 25 de Outubro de 2002, p. 17 780, respectivamente).

Independentemente, porém, da questão de saber se, no caso concreto, a Lei n.° 51/98, ao proceder à alteração de diversos dispositivos do Decreto-Lei n.° 86/98, convalidou a norma do artigo 39.° quanto ao eventual vício de inconstitucionalidade orgânica, o certo é que esse preceito, ao remeter o regime aplicável em matéria de contra-ordenações relativas ao ensino da condução para o estabelecido no Código da Estrada, limitou-se a operar a remissão para o disposto no artigo 133.°, n.° 2, deste diploma, na redacção então vigente (introduzida pelo Decreto-Lei n.° 2/98), que determinava que as contra-ordenações fossem sancionadas e processadas nos termos da respectiva lei geral, apenas com as adaptações resultantes do que especialmente estivesse previsto no Código.

Não estipulando o Código da Estrada qualquer disposição especial relativa à prescrição do procedimento contra-ordenacional, que só foi introduzida com a revisão efectuada pelo Decreto-Lei n.° 44/2005, segue-se que o procedimento por contra-ordenações previstas no Decreto-Lei n.° 86/98 ficou sujeito, não obstante a sobredita remissão para o Código da Estrada, ao regime de prescrição previsto no no artigo 27.° do Regime Geral das Contra-Ordenações.

Não poderá dizer-se, por conseguinte, que tenha havido uma qualquer inovação no regime definido pelo Decreto-Lei n.° 86/98 em matéria de contra-ordenações, visto que essa matéria continuou a ser regulada, ao menos no que refere ao específico aspecto da prescrição do procedimento contra-ordenacional — que está aqui em causa — pelo regime geral aprovado pelo Decreto-Lei n.° 433/82, de 27 de Outubro, que foi sucessivamente alterado por diversos diplomas mas sempre com precedência de autorização legislativa (cfr., quanto à norma do artigo 127.°, a Lei n.° 13/95, de 5 de Maio).

Não é assim possível imputar à referida disposição do artigo 39.° do Decreto-Lei n.° 86/98 o vício de inconstitucionalidade orgânica, apesar de ter sido emitida sem autorização parlamentar, visto que ela não estipulou qualquer efeito de direito inovatório que devesse recair na competência reservada da Assembleia da República, limitando-se antes a reproduzir, ainda que por uma dupla via remissiva, o regime preexistente.

Certo é que a revisão do Código da Estrada operada pelo Decreto-Lei n.° 44/2005 veio consignar um regime diferenciado em matéria de contra-ordenações rodoviárias, estipulando uma regulamentação específica, que só subsidiariamente é integrada pelo regime geral das contra-ordenações (artigo 132.°), e fixando um prazo prescricional de dois anos (independentemente do montante da coima), que agrava a posição processual do arguido em relação ao regime geral, que continua a prever um prazo de prescrição de um ano para as contra-ordenações a que seja aplicável uma coima inferior a € 2 493,99 (artigo 188.°). E não restam dúvidas que esse mesmo regime se torna aplicável às infracções previstas no Decreto-Lei n.° 86/98, visto que o Código da Estrada revisto, segundo a definição constante do artigo 131.°, integra na categoria de contra-

-ordenações rodoviárias (a que se aplica o referido artigo 188.°) todas as infracções a normas desse diploma ou de legislação complementar ou especial a que corresponda uma coima cuja aplicação seja da competência da Direcção-Geral de Viação (agora substituída pela Autoridade Nacional de Segurança Rodoviária).

O que sucede é que, como bem refere o Magistrado do Ministério Público na sua alegação, esse novo regime legal, abrangendo também as contra-ordenações atinentes ao ensino da condução, foi aprovado pelo Governo mediante prévia credencial parlamentar, que foi concretizada através da já mencionada Lei n.° 53/2004, que previu especialmente a autorização para a qualificação como contra-ordenações de todas as infracções rodoviárias e a aplicação a todas elas do regime contra-ordenacional previsto no Código da Estrada.

Ao definir um conceito de contra-ordenação rodoviária que abrange as infracções previstas no Decreto-Lei n.° 86/98, o Código da Estrada, na sua nova redacção, ressalva o vício de inconstitucionalidade orgânica de que a norma do artigo 39.° desse diploma pudesse padecer. Isso porque o regime diferenciado a que as contra-ordenações do Decreto-Lei n.° 86/98 estão agora sujeitas, em matéria de prescrição de procedimento contra-ordenacional, por efeito da remissão dinâmica que é feita para o actual artigo 188.° do Código da Estrada, resulta, não directamente da norma remissiva, mas da alteração da estatuição operada na norma *ad quam*.

Por qualquer das razões invocadas, seja a circunstância de a remissão do artigo 39.° ser inicialmente efectuada para o regime geral das contra-ordenações, sem qualquer carácter inovatório, seja porque actualmente a remissão para um regime especial está coberta por autorização legislativa, não há fundamento para considerar verificada a inconstitucionalidade orgânica.

III — Decisão

Nestes termos, e pelos fundamentos expostos, decide-se:

a) Não julgar inconstitucional, por violação do artigo 165.°, n.° 1, alínea *d)*, segunda parte, da Constituição da República, a norma do artigo 39.° do Decreto-Lei n.° 86/98, de 3 de Abril;

b) Consequentemente, conceder provimento ao recurso e ordenar a reforma do acórdão recorrido em conformidade com o juízo de constitucionalidade formulado.

Sem custas.

Lisboa, 22 de Junho de 2009. — *Carlos Fernandes Cadilha* — *Ana Maria Guerra Martins* — *Maria Lúcia Amaral* — *Vítor Gomes* — *Gil Galvão.*

Anotação:

1 — Acórdão publicado no *Diário da República*, II Série, de 18 de Setembro de 2009.

2 — Os Acórdãos n.os 246/90 e 368/02 estão publicados em *Acórdãos*, 16.° e 54.° Vols., respectivamente.

ACÓRDÃO N.° 338/09

DE 8 DE JULHO DE 2009

Não julga inconstitucional a norma do n.° 3 do artigo 278.° do Código de Procedimento e de Processo Tributário, interpretada no sentido de que, em processo de execução fiscal, só haverá subida imediata da reclamação dos actos do órgão de execução quando, sem ela, ocorram prejuízos irreparáveis que não sejam os inerentes a qualquer execução.

Processo: n.° 200/09.
Recorrente: Cruz & Companhia, Lda.
Relator: Conselheiro Vítor Gomes.

SUMÁRIO:

I — A impugnação das decisões materialmente administrativas proferidas pela Administração Tributária no processo de execução fiscal integra o elenco das garantias dos contribuintes, que devem considerar-se compreendidas na reserva relativa de competência legislativa da Assembleia da República, numa leitura integrada da alínea *i)* do n.° 1 do artigo 165.° com o artigo 103.° da Constituição.

II — A norma do n.° 3 do artigo 278.° do Código de Procedimento e de Processo Tributário, na interpretação sob apreciação, não deixa de observar a directiva resultante do artigo 51.° da Lei n.° 87-B/98, de 31 de Dezembro, que autorizou o Governo a aprovar o Código de Procedimento e de Processo Tributário "no respeito pela compatibilização das suas normas com as da Lei Geral Tributária", uma vez que nenhum dos preceitos da Lei Geral Tributária estabelece que a impugnação dos actos lesivos praticados pelas autoridades da Administração Tributária no processo de execução fiscal tem de subir imediatamente ao tribunal para apreciação, relegando a Lei Geral Tributária essa matéria para as formas de processo prescritas na lei.

III — A conformação do regime de subida da reclamação, tal como resulta da interpretação adoptada pela decisão recorrida do regime instituído pelo artigo 278.º do Código de Procedimento e de Processo Tributário, satisfaz as exigências de adequação, necessidade e justa medida, condicionando temporalmente mas não sacrificando a efectividade da tutela jurisdicional contra actos lesivos, que é ressalvada pela subida imediata da reclamação quando a subida diferida criar um *deficit* que não seja remediável pela anulação dos actos processuais entretanto praticados.

IV — Por outro lado, este regime encontra fundamento constitucionalmente legitimado pelo interesse público, que ao legislador também é imposto proteger, e de celeridade do processo de realização coerciva da dívida e não constituindo uma barreira ou constrangimento excessivos ao direito dos contribuintes a verem apreciadas em sede contenciosa as reclamações que deduzam dos actos praticados pelos órgãos de execução fiscal, não se considera violada a garantia de acesso aos tribunais para impugnação dos actos administrativos lesivos.

V — A norma em causa, respeitando apenas ao momento de subida da reclamação e não ao seu conteúdo, não veda ao executado a possibilidade de discutir seja o que for, não conduzindo à violação do direito de não pagar impostos cuja liquidação e cobrança não se façam nos termos da lei.

VI — Sendo o objecto de recurso a norma respeitante ao momento de subida da reclamação e não, em concreto, saber se efectivamente a instauração da execução é susceptível de afectar o crédito, a confiança ou a imagem de que na praça goze a recorrente, esse conteúdo normativo é, por si, neutro relativamente à invocada violação dos direitos ao bom nome e reputação, à imagem e à protecção contra quaisquer formas de discriminação.

Acordam na 3.ª Secção do Tribunal Constitucional:

I — Relatório

1. No Serviço de Finanças de Tondela, foi instaurada uma execução, para cobrança de uma dívida ao Instituto da Vinha e do Vinho, contra Cruz & Companhia Lda. A executada reclamou, ao abrigo do artigo 278.º do Código de Procedimento e de Processo Tributário (CPPT) do despacho do Chefe do Serviço de Finanças que ordenou a sua citação para a execução.

Por sentença de 30 de Maio de 2008, o Tribunal Administrativo e Fiscal de Viseu decidiu que não devia conhecer imediatamente do mérito do pedido, considerando que o acto reclamado não gera "uma situação de prejuízo irreparável alicerçador da subida e apreciação imediata da reclamação", pelo que a reclamação só deverá subir ao tribunal "após a ocorrência de um acto lesivo, por exemplo, a realização da penhora, pronúncia sobre a dispensa ou não de garantia, etc.".

Por acórdão de 21 de Janeiro de 2009, o Supremo Tribunal Administrativo (Secção do Contencioso Tributário) negou provimento a recurso interposto pela executada, mantendo o entendimento do artigo 278.° do CPPT adoptado pela sentença de 1.ª instância, com a seguinte fundamentação (na parte relevante para o presente recurso):

"(...)

Alega, então, a recorrente que a sentença *a quo* faz uma interpretação da norma contida no artigo 278.° do CPPT segundo a qual haverá subida imediata quando ocorrerem prejuízos irreparáveis que não sejam os inerentes a qualquer execução, interpretação essa que padece de inconstitucionalidade orgânica e material.

Mas, também aqui não tem razão a recorrente.

Na verdade, o que se diz na sentença recorrida, e ora se reafirma, citando Jorge de Sousa, in *CPPT anotado e comentado*, volume II, p. 667, é que "(...) o facto de se ter previsto a subida imediata da reclamação como excepção à regra da subida diferida aponta no sentido de poderem apenas ser considerados como relevantes para esse efeito prejuízos que não sejam os que estão associados normalmente a qualquer processo executivo, como os transtornos ou incómodos. Na verdade, embora prejuízos deste tipo possam qualificar-se como irreparáveis, a admitir-se que prejuízos omnipresentes na generalidade das execuções possam relevar para efeitos de subida imediata da reclamação, chegar-se-á à conclusão de que este regime de subida seria a regra, o que estaria em contradição com o n.° 1 deste artigo 278.°, que adoptou a regra da subida diferida. Por isso, a interpretação correcta do regime de subida previsto neste artigo será a de que só haverá subida imediata quando, sem ela, ocorrerem prejuízos irreparáveis que não sejam os inerentes a qualquer execução (...).

Por outro lado, não basta invocar-se apenas que a subida diferida fará com que a reclamação perca toda a sua utilidade, pois a predita inutilidade não pode deixar de se relacionar com a irreparabilidade do prejuízo.

Como se refere no acórdão deste tribunal de 9 de Agosto de 2006, no recurso 229/06, "a inutilidade resultante da subida diferida da reclamação é noção a definir em presença da de prejuízo irreparável de que fala a lei. E seguro que o legislador não quis impor a subida imediata de todas as reclamações cuja retenção pode originar prejuízos.

Não está em causa, pois, poupar o interessado a todo o prejuízo. Por isso se estabelece que as reclamações sobem imediatamente só quando a sua retenção seja susceptível de provocar um prejuízo irreparável.

Em súmula, a reclamação que não suba logo não perde todo o seu efeito útil, mesmo que não evite o prejuízo que se quer impedir, desde que seja possível repará-lo".

E a jurisprudência tem interpretado de forma exigente o requisito da absoluta ou total inutilidade do recurso (reclamação), entendendo-se que a sua eventual retenção deverá ter um resultado irreversível, não bastando a mera inutilização de actos processuais, ainda que contrária ao princípio da economia processual, sem que aí se possa vislumbrar qualquer ofensa constitucional — cfr. Lebre de Freitas, *Código de Processo Civil anotado*, volume 3, pp. 115/116 (vide acórdão do Supremo Tribunal de Administrativo de 23 de Maio de 2007, no recurso 374/07).

Assim, só é completamente inútil a reclamação com subida diferida quando o prejuízo eventualmente decorrente daquela decisão não possa ser reparado, sendo que não preenche tal condicionalismo a reclamação do acto da instauração da execução fiscal, com fundamento na sua ilegalidade.

Aliás, a subida da reclamação após a penhora não a torna totalmente inútil, pelo contrário, pois, se deferida a reclamação, o acto processual em causa — a instauração da execução — será anulado, ficando esta sem efeito.

E claro que, como se diz no último aresto citado deste tribunal, com os prejuízos inerentes mas só a respectiva irreparabilidade é fundamento da subida imediata. A eventual ilegalidade da instauração da execução fiscal não leva, pois, necessária e automaticamente, à subida imediata da reclamação respectiva.

Não procede, também, a invocada violação do princípio constitucional da tutela jurisdicional efectiva pois, como sublinha Jorge de Sousa, *CPPT anotado e comentado*, volume II, p. 667, "no âmbito da protecção constitucional garantida pelo direito à tutela jurisdicional efectiva não se pode incluir protecção contra os inconvenientes próprios de qualquer processo judicial executivo, pois eles são inerentes ao próprio funcionamento do regime judiciário global relativo à tutela de direitos".

E muito menos procede a alegada inconstitucionalidade orgânica da norma extraída do artigo 278.° do CPPT, na dimensão normativa aplicada, e resultante da violação do disposto na Lei n.° 87-B/98, de 31 de Dezembro, por incompatibilização com as normas da Lei Geral Tributária, designadamente com os seus artigos 95.° e 103.°

A norma do artigo 278.°, n.° 3, do CPPT só contenderia com o disposto nos artigos 95.° e 103.° da Lei Geral Tributária se a subida diferida fizesse perder qualquer utilidade à reclamação, o que não sucede no caso em apreço, pois o que está em causa é uma reclamação do acto de instauração da execução fiscal, com fundamento na sua ilegalidade, sendo certo que a subida da referida reclamação após a penhora não a torna, como vimos, totalmente inútil.

Por último, defende a recorrente que, caso se entenda não dever a reclamação ser objecto de conhecimento imediato, deve, então, ordenar-se a sua subida logo após a eventual realização de penhora de bens.

Ora, é isso que já decorre necessariamente da decisão recorrida, quando, ao concluir-se não se estar perante uma situação de prejuízo irreparável alicerçador da subida e apreciação imediata da reclamação, dela só se devendo conhecer após a ocorrência de um acto lesivo, por exemplo, a realização da penhora, a pronúncia sobre a dispensa ou não de garantia, etc., se determina a remessa dos autos ao órgão de execução fiscal com vista ao prosseguimento dos mesmos, devendo subir a tribunal no momento processual supra referido.

E óbvio que ao acrescentar-se em tal decisão a expressão «se necessário» tal só pode significar que a subida só não ocorrerá se eventualmente surgir qualquer circunstância superveniente que venha a tornar inútil a reclamação anteriormente apresentada e, por arrastamento, a sua subida a final, em nada contendendo com o disposto no artigo 278.° do CPPT.

Razão por que, também este recurso, não poderá, pois, proceder.

2. A executada interpôs recurso deste acórdão para o Tribunal Constitucional, ao abrigo da alínea *b*) do n.° 1 do artigo 70.° da Lei n.° 28/82, de 15 de Novembro (LTC), para apreciação da inconstitucionalidade orgânica e material "da norma do n.° 3 do artigo 278.° do CPPT, interpretado no sentido de que só haverá subida imediata da reclamação quando, sem ela, ocorram prejuízos irreparáveis que não sejam os inerentes a qualquer execução".

Prosseguindo o recurso, só a recorrente alegou, sustentando o seguinte:

> "(...)
>
> 1. O douto acórdão recorrido faz uma aplicação da norma contida no artigo 278.° do Código de Procedimento e de Processo Tributário na dimensão normativa segundo a qual só haverá subida imediata de uma reclamação quando, sem ela, ocorrerem prejuízos irreparáveis que não sejam os inerentes a qualquer execução.
>
> 2. A dimensão normativa encontrada e aplicada e referida no ponto anterior padece de inconstitucionalidade orgânica e material;
>
> 3. A inconstitucionalidade orgânica da norma extraída do artigo 278.° do CPPT, na dimensão normativa aplicada, resulta da violação do disposto no artigo 51.° da Lei n.° 87-B/98, de 31 de Dezembro, normativo que autoriza o Governo a aprovar o CPPT "no respeito pela compatibilização das suas normas com as da Lei Geral Tributária e regulamentação das disposições da referida lei que desta careçam"
>
> 4. O direito de reclamação para o juiz da execução fiscal de todos os actos lesivos vem afirmado pelos artigos 95.°, n.° 1, e n.° 2, alínea *j*), e 103.°, n.° 2, da Lei Geral Tributária, pelo que a referida limitação aos casos em que a subida imediata só se verificará quando, sem ela, ocorrerem prejuízos irreparáveis que não sejam os inerentes a qualquer execução, implica a falta de compatibilização dessa norma com as da Lei Geral Tributária, extravasando, por conseguinte, o âmbito da referida lei de autorização legislativa e, por consequência, o âmbito da competência do Governo nesta matéria, no quadro da reserva relativa de competência legislativa da Assembleia da República [artigo 165.°, n.° 1, alínea *i*), da Constituição];
>
> 5. A inconstitucionalidade material da dimensão normativa extraída do artigo 278.° do CPPT resulta da violação do disposto nos artigos 26.°, n.° 1 (direitos ao bom nome e reputação, à imagem, e à protecção legal contra quaisquer formas de discriminação), 103.°, n.° 3 (ninguém pode ser obrigado a pagar impostos cuja liquidação e cobrança se não façam nos termos da lei), e 268.°, n.° 4 (garantia aos administrados de tutela jurisdicional efectiva dos seus direitos ou interesses legalmente protegidos), todos da Constituição."

II — Fundamentação

3. As decisões proferidas pelo órgão de execução fiscal e outras autoridades da Administração Tributária que, no processo de execução fiscal, afectem os direitos e interesses legítimos do executado ou de terceiro são susceptíveis de impugnação perante o tribunal tributário de 1.ª instância, mediante um meio processual que o Código de Procedimento e de Processo Tributário qualifica como reclamação (artigo 276.° do CPPT).

A reclamação sobe ao tribunal e é apreciada nos termos do artigo 278.° do CPPT que dispõe:

Artigo 278.°
(Subida da reclamação. Resposta da Fazenda Pública
e efeito suspensivo)

1 — O tribunal só conhecerá das reclamações quando, depois de realizadas a penhora e a venda, o processo lhe for remetido a final.

2 — Antes do conhecimento das reclamações, será notificado o representante da Fazenda Pública para responder, no prazo de 8 dias, ouvido o representante do Ministério Público, que se pronunciará no mesmo prazo.

3 — O disposto no n.° 1 não se aplica quando a reclamação se fundamentar em prejuízo irreparável causado por qualquer das seguintes ilegalidades:

a) Inadmissibilidade da penhora dos bens concretamente apreendidos ou da extensão com que foi realizada;
b) Imediata penhora dos bens que só subsidiariamente respondam pela dívida exequenda;
c) Incidência sobre bens que, não respondendo, nos termos de direito substantivo, pela dívida exequenda, não deviam ter sido abrangidos pela diligência;
d) Determinação da prestação de garantia indevida ou superior à devida.

4 — No caso previsto no número anterior, caso não se verificar a circunstância dos n.os 2 e 3 do artigo 277.°, o órgão da execução fiscal fará subir a reclamação no prazo de oito dias.

5 — A reclamação referida no presente artigo segue as regras dos processos urgentes, tendo a sua apreciação prioridade sobre quaisquer processos que devam ser apreciados no tribunal que não tenham esse carácter.

6 — Considera-se haver má fé, para efeitos de tributação em sanção pecuniária por esse motivo, a apresentação do pedido referido no n.° 3 do presente artigo sem qualquer fundamento razoável.

A sentença interpretou este regime como significando que a regra é a do conhecimento diferido das reclamações: apenas sobem após a realização da penhora ou da venda, consoante sejam interpostas antes de um ou outro desses momentos processuais. Excepcionam-se, subindo imediatamente, além dos casos expressamente previstos no n.° 3, por exigência da garantia de tutela jurisdicional efectiva, as reclamações de actos susceptíveis de causar prejuízo irreparável. Mas entendeu que não cabem neste conceito os actos que causem os inconvenientes próprios de qualquer processo executivo, como é a instauração e a citação para a execução.

É esta leitura do n.° 3 do artigo 278.° do CPPT, no sentido de que — além dos casos expressamente enumerados, aliás todos relacionados com a penhora (de certo modo, a prestação de garantia é um sucedâneo da penhora), o que se compreende por ser o acto de maior lesividade potencial nesta fase — a subida imediata da reclamação só ocorrerá quando, sem ela, ocorram prejuízos irreparáveis que não sejam os inerentes a qualquer execução, que a recorrente considera orgânica e materialmente inconstitucional.

4. A inconstitucionalidade orgânica resultaria de a norma assim interpretada não observar a directiva resultante do artigo 51.° da Lei n.° 87-B/98, de 31 de Dezembro, que autorizou o Governo a aprovar o CPPT "no respeito pela compatibilização das suas normas com as da lei geral tributária". Alega que o direito de reclamação para o juiz estava assegurado relativamente a todos os actos lesivos da Administração Fiscal pelo artigo 95.°, n.ºs 1 e 2, alínea *j*), e pelo artigo 103.°, n.° 2, da Lei Geral Tributária (LGT), sem a referida limitação, pelo que a norma extravasaria do âmbito da referida lei de autorização legislativa e, por consequência do âmbito de competência do Governo uma vez que a matéria cabe na reserva de competência legislativa da Assembleia da República estabelecida pela alínea *i*) do n.° 1 do artigo 165.° da Constituição.

Efectivamente, a impugnação das decisões materialmente administrativas proferidas pela Administração Tributária no processo de execução fiscal integra o elenco das garantias dos contribuintes. E, como tem sido realçado pela jurisprudência deste Tribunal (cfr., *verbi gratia*, os Acórdãos n.ºs 321/89, 231/92, 268/97, 504/98, 63/00 e 168/02, o primeiro publicado na 1.ª série do *Diário da República*, de 20 de Abril de 1989, e os restantes na 2.ª série daquele *jornal oficial* de, respectivamente, 2 de Novembro de 1992, 22 de Maio de 1997, de 10 de Dezembro de 1998, de 27 de Maio de 2001 e 1 de Junho de 2002) e pela doutrina (cfr. Cardoso da Costa, "O Enquadramento Constitucional do Direito dos Impostos em Portugal: A Jurisprudência do Tribunal Constitucional", in *Perspectivas Constitucionais, Nos 20 anos da Constituição de 1976*, 2.° Volume, *maxime*, p. 409, Ana Paula Dourado, "O Princípio da Legalidade Fiscal na Constituição Portuguesa", na mesma colectânea de textos, pp. 438 e segs., Saldanha Sanches, *Manual de Direito Fiscal*, pp. 32 e 38 e segs.), as "garantias dos contribuintes" é algo que se deve considerar como compreendido na reserva relativa de competência legislativa da Assembleia da República, numa leitura integrada da alínea *i)* do n.° 1 do artigo 165.° com o artigo 103.° da Constituição.

Assim, o Código de Procedimento e de Processo Tributário, aprovado pelo Decreto-Lei n.° 433/99, de 26 de Outubro, deve consagrar em tal domínio soluções compatíveis com as estabelecidas na Lei Geral Tributária, para respeitar a extensão e o sentido da autorização legislativa ao abrigo da qual foi aprovado.

Vejamos, então.

O artigo 95.° da LGT garante o direito de impugnação ou recurso, preceituando que o interessado tem direito de impugnar ou recorrer de todo o acto lesivo dos seus direitos ou interesses legalmente protegidos segundo as formas de processo prescritas na lei (n.° 1) e indica, no elenco dos actos lesivos, os praticados na execução fiscal [n.° 2, alínea *i)*]. E o artigo 103.° estabelece que é garantido aos interessados o direito de reclamação para o juiz da execução fiscal dos actos materialmente administrativos praticados por órgãos da Administração Tributária, dando corpo à injunção de "consagrar o direito dos particulares de solicitar a intervenção do juiz no processo", constante da alínea *19)* do artigo 2.° da Lei n.° 41/98, de 4 de Agosto, através da qual foi concedida autorização ao Governo para aprovar a Lei Geral Tributária.

Porém, nenhum destes preceitos estabelece que a impugnação dos actos lesivos praticados pelas autoridades da Administração Tributária no processo de execução fiscal tem de subir imediatamente ao tribunal para apreciação. Essa é matéria que a LGT relega para as formas de processo prescritas na lei. Assim, não é possível ir buscar à directiva de que o Código compatibilize as suas normas com as da Lei Geral Tributária o sentido de que o legislador autorizado estava vinculado a consagrar um regime de subida imediata de todas as reclamações de actos do órgão de execução fiscal.

Ora, a norma em causa não nega ao executado o direito de impugnar os actos lesivos praticados pela Administração nesse processo de execução. Limita-se a disciplinar os termos da impugnação, diferindo a apreciação daqueles que respeitem à fase anterior à penhora para o momento em que esta fase processual esteja concluída. É domínio não regulado nos preceitos da LGT que a recorrente indica — nem o Tribunal consegue vislumbrar que o seja em quaisquer outros — pelo que não pode dizer-se que essa norma contraria o mandato de compatibilização das soluções do Código com as dessa Lei.

Deste modo, saber se a solução do Código satisfaz as garantias de tutela jurisdicional efectiva contra actos lesivos praticados na execução fiscal será questão de constitucionalidade material, mas não de inobservância do sentido da lei de autorização legislativa, porque a remissão integrativa desta para a Lei Geral Tributária não é susceptível de interpretação como comportando uma directiva ao legislador autorizado quanto a este aspecto do regime da reclamação.

Assim, o recurso é claramente infundado quanto à inconstitucionalidade orgânica.

5. Passando à inconstitucionalidade material, a recorrente alega que a norma em apreço:

— viola a garantia de impugnação de quaisquer actos administrativos lesivos, consagrada no n.° 4 do artigo 268.° da Constituição;
— viola o direito de não pagar impostos cuja liquidação ou cobrança se não façam nos termos da lei, concedido pelo n.° 3 do artigo 103.° da Constituição;
— viola os direitos ao bom nome e reputação e à imagem e o direito à protecção contra qualquer forma de discriminação, reconhecidos a todos pelo artigo 26.° da Constituição.

5.1. No n.° 4 do artigo 268.°, a Constituição garante aos interessados tutela jurisdicional efectiva dos seus direitos ou interesses legalmente protegidos, designadamente a impugnação de quaisquer actos administrativos que os lesem. A efectividade da tutela jurisdicional implica a instituição de procedimentos conducentes a uma protecção jurisdicional sem lacunas e temporalmente adequada. Mas não impede o legislador ordinário de submeter a apreciação da impugnação dos actos da Administração a pressupostos e requisitos adjectivos que compatibilizem o direito dos particulares com outros valores constitucionalmente reconhecidos que ao legislador incumba prosseguir, designadamente a realização do interesse público a que o procedimento se destina, a eficiência administrativa e a celeridade processual.

A norma em causa não afasta a impugnabilidade de quaisquer actos lesivos da Administração Tributária praticados em processo de execução fiscal. O interessado pode submeter ao juiz toda e qualquer actuação do órgão de execução que tenha como lesiva dos seus direitos e interesses legítimos. O que da norma resulta é o condicionamento temporal da apreciação jurisdicional da impugnação, fazendo depender a intervenção imediata do tribunal da insusceptibilidade de reversão ou de reparação dos efeitos dos actos cuja legalidade se discuta.

Desse modo, importa saber se a subordinação da subida imediata da reclamação à condição de susceptibilidade de ocorrência de prejuízos irreparáveis tem justificação razoável e se o momento processual escolhido para a subida da reclamação quando aos actos anteriores à penhora é arbitrário. E, adianta-se, tem justificação e não é arbitrário.

Recordemos que a questão que agora se aprecia surgiu no âmbito de uma reclamação em que a recorrente, protestando não prescindir dos seu direito de deduzir oposição, pretende impugnar, mediante reclamação, a decisão de mandar instaurar a execução e de mandar citá-la para os termos da execução. Portanto, a dimensão da norma que interessa é a que respeita à reclamação de actos praticados na fase que antecede a penhora cuja reclamação só é apreciada após efectuada esta (e não os que respeitam a actos que respeitem à fase posterior, cuja reclamação sobe após a venda).

O processo de execução fiscal (abstracção feita dos casos em que certos créditos devam ser cobrados por essa forma processual nos tribunais comuns, que não vem ao caso) é instaurado nos serviços periféricos da Administração Tributária com base num título pelo qual se determinam os limites da obrigação que se imputa ao executado e que garante *prima facie* que o Estado, ou a pessoa colectiva de direito público exequente, tem direito a obter do executado a quantia que pretende cobrar. Destina-se a tornar efectivo um crédito a favor do ente público que, em princípio, já foi estabelecido através de um procedimento anterior que o tornou certo líquido e exigível (cfr. artigo 162.° do CPPT).

Iniciado o procedimento executivo com a instauração da execução, o executado é citado para pagar (ou requerer o pagamento em prestações ou a dação em pagamento) ou deduzir oposição à execução. A oposição ou qualquer outro meio em que se discuta legalidade ou exigibilidade da dívida exequenda apenas suspendem a execução se for prestada caução ou realizada a penhora de modo a assegurar a satisfação do direito do credor (artigos 169.° e 212.° do CPPT).

A fase inicial do procedimento executivo é ordenada de modo a obter o pagamento ou a possibilitar rapidamente a penhora ou a prestação de garantia que assegurem a satisfação do crédito exequendo. Processando-se a reclamação no próprio processo da execução fiscal [artigo 97.°, n.° 1, alínea *n*), do CPPT], a subida imediata da reclamação antes de completada a penhora ou garantida a quantia exequenda e acréscimos permitiria sucessivas paralisações dos actos de execução, afectando a pretendida celeridade do processo de execução fiscal. Especial celeridade, até no confronto com o processo de execução comum, que encontra justificação na natureza do crédito e na finalidade de arrecadação dos dinheiros públicos, em especial dos proporcionados pelo sistema fiscal que visa a satisfação das necessidades financeiras do Estado e outras entidades públicas e uma repartição justa dos rendimentos e da riqueza (artigo 103.° da Constituição), que sairiam frustrados se os actos definitórios das receitas não tivessem realização efectiva. Foi o equilíbrio entre o interesses do credor público e os interesses do executado ou de terceiro afectado por actos praticados no processo de execução que o legislador procurou alcançar ao congregar a regra da subida diferida da reclamação com a excepção para os casos de ilegalidades susceptíveis de causar prejuízos irreparáveis.

Esta conformação do regime de subida da reclamação, tal como resulta da interpretação adoptada pela decisão recorrida do regime instituído pelo artigo 278.° do CPPT, satisfaz as exigências de adequação, necessidade e justa medida, condicionando temporalmente mas não sacrificando a efectividade da tutela jurisdicional contra actos lesivos, que é ressalvada pela subida imediata da reclamação quando a subida diferida criar um *deficit* que não seja remediável pela anulação dos actos processuais entretanto praticados.

E não se torna lesivo dessa garantia pelo facto de, para este efeito, não serem considerados susceptíveis de integrar o conceito de prejuízos irreparáveis os efeitos coactivos ou desfavoráveis inerentes à própria instauração da execução e à convocação (mediante o acto de citação) para os termos do processo de execução fiscal. Eles são os mesmos de qualquer processo judicial executivo, não podendo considerar-se compreendidos no âmbito da protecção constitucional, como salienta o acórdão recorrido, os incómodos inerentes ao próprio funcionamento do regime global relativo à tutela dos direitos. Esses efeitos inevitáveis, resultantes para um dos sujeitos processuais do facto de o outro sujeito da relação accionar os meios de tutela jurisdicional a que também tem direito, só podem encontrar remédio nas sanções contra a litigiosidade abusiva ou imprudente e pela via de indemnização. Ora, mesmo que não se retire argumento da qualificação legal de tal processo como judicial (artigo 103.°, n.° 2, da LGT) porque o que se trata é de controlar a legalidade de actos da autoria de um órgão administrativo, seria manifestamente lesivo do interesse constitucionalmente legítimo que se pretende realizar através do processo de execução fiscal e do cometimento da prática de actos de natureza não jurisdicional nesse processo a órgãos da administração fiscal permitir a sua paralisação com fundamento em tais incómodos (Sobre a constitucionalidade da atribuição de competência para os actos não materialmente jurisdicionais da execução fiscal a órgãos administrativos, Acórdão n.° 152/02, in *Diário da República*, II Série, de 31 de Maio de 2002.

Deste modo, encontrando este regime de subida das reclamações fundamento constitucionalmente legitimado pelo interesse público, que ao legislador também é imposto proteger, de celeridade do processo de realização coerciva da dívida e não constituindo uma barreira ou constrangimento excessivos ao direito dos contribuintes a verem apreciadas em sede contenciosa as reclamações que deduzam dos actos praticados pelos órgãos de execução fiscal, não se considera violada a garantia de acesso aos tribunais para impugnação dos actos administrativos lesivos (artigo 268.°, n.° 4, da Constituição).

5.2. Alega, depois, a recorrente que a norma em apreciação conduz à violação do direito de não pagar impostos cuja liquidação e cobrança se não façam nos termos da lei (artigo 103.°, n.° 3, *in fine,* da Constituição).

É arguição manifestamente destituída de fundamento.

Com efeito, a norma em causa, respeitando apenas ao momento de subida da reclamação e não ao seu conteúdo, não veda ao executado a possibilidade de discutir seja o que for. Se tiver razão, os actos praticados serão anulados e nada pagará. Obviamente, não é da competência do Tribunal Constitucional dizer qual é o meio idóneo — designadamente, a oposição à execução ou a reclamação — para discutir a irregularidade ou insuficiência do título, a ilegalidade da instauração da execução ou os vícios do acto de citação.

5.3. Por último, invoca a recorrente a violação dos direitos ao bom nome e reputação, à imagem e à protecção contra quaisquer formas de discriminação, a todos reconhecidos pelo n.° 1 do artigo 26.° da Constituição.

Também quanto a este fundamento do recurso a improcedência é evidente e se encontra já nas considerações anteriores o princípio de resposta do Tribunal.

Com efeito, o objecto de recurso é a norma respeitante ao momento de subida da reclamação e não, em concreto, saber se efectivamente a instauração da execução é susceptível de afectar o crédito, a confiança ou a imagem de que na praça goze a recorrente. E esse conteúdo normativo é, por si, neutro relativamente a esses supostos efeitos lesivos, de que não é causa adequada.

Mesmo que se considere que, na medida em que não permita atalhá-los imediatamente, contribui para os efeitos prejudiciais ao executado decorrentes do acto da instauração da execução (necessidade de deduzir oposição, sujeição à penhora ou à prestação de garantia para obter efeito suspensivo), a norma em causa não infringe o n.° 1 do artigo 26.° da Constituição.

Desde logo, não se vislumbra qualquer nexo entre o diferimento da subida da reclamação e a protecção contra qualquer forma de discriminação. E a recorrente também não fundamenta essa imputação. O regime é universal, aplicando-se a qualquer reclamante em processo de execução fiscal que não sofra prejuízo irreparável com a retenção, pelo que, sendo evidente a improcedência do fundamento seria ocioso entrar em mais detalhada explicação sobre o recorte jurídico e dogmático deste novo direito pessoal acrescentado pela Lei Constitucional n.° 1/97 (5.ª revisão) ao elenco dos direitos fundamentais pessoais.

E também revela uma disfuncionalidade interpretativa patente, mais a mais tratando-se de uma pessoa colectiva, a alegação de que uma tal norma pode violar o direito à imagem. Como dizem Gomes Canotilho e Vital Moreira, *Constituição da República Portuguesa Anotada,* 4.ª edição, p. 467, tem um conteúdo assaz rigoroso, abrangendo, primeiro, o direito de definir a sua própria auto-exposição, não sendo fotografado nem vendo o seu retrato exposto em público sem o seu consentimento e, depois, o direito de não o ver apresentado em forma gráfica ou montagem ofensiva e malevolamente distorcida. Além de ser direito insusceptível de ser lesado pela norma em causa, é direito incompatível com a natureza das pessoas colectivas, porque só é concebível relativamente a pessoas físicas (artigo 12.°, n.° 2, da Constituição). A recorrente parece ter confundido o termo constitucional "imagem" com a reputação ou consideração no mundo dos negócios.

Por último, o direito ao bom nome e reputação, como referem os autores anteriormente citados, consiste essencialmente no direito a não ser ofendido ou lesado na sua honra, dignidade ou consideração social mediante imputação feita por outrem, bem como no direito a defender-se dessa ofensa e a obter a correspondente reparação. Este direito fundamental pessoal só em termos translatos assiste às pessoas colectivas, que têm credibilidade, prestígio e confiança e o direito à correspondente protecção, mas dificilmente se concebe que sejam dotadas de honra e dignidade pessoal.

De todo o modo, a instauração de um processo executivo não é, na generalidade das situações, susceptível de causar lesão irreparável do bom nome e reputação. A protecção do bom nome não pode excluir o direito do credor de instaurar um processo executivo com vista à cobrança do crédito a que o título o habilita, fazendo-se a compatibilização ou concordância prática entre os direitos em conflito através dos meios judiciais de reacção contra a pretensão ilegal do credor eventualmente completados pela indemnização dos danos decorrentes da actuação abusiva ou manifestamente imprudente. Meios esses que, neste aspecto, não sofrem diminuição essencial da eficácia de protecção pelo diferimento que resulta da norma.

Por tudo o exposto, conclui-se que a norma do n.° 3 do artigo 278.° do CPPT, interpretado no sentido de que, em processo de execução fiscal, só haverá subida imediata da reclamação dos actos do órgão de execução quando, sem ela, ocorram prejuízos irreparáveis que não sejam os inerentes a qualquer execução, não viola os artigos 165.°, n.° 1, alínea *i*), 103.°, n.ºs 2 e 3, e 26.°, n.° 1, da Constituição.

III — Decisão

Termos em que se decide negar provimento ao recurso e condenar a recorrente nas custas fixando a taxa de justiça em 25 unidades de conta.

Lisboa, 8 de Julho de 2009. — *Vítor Gomes* — *Carlos Fernandes Cadilha* — *Ana Maria Guerra Martins* — *Maria Lúcia Amaral* — *Gil Galvão.*

Anotação:

1 — Acórdão publicado no *Diário da República*, II Série, de 18 de Agosto de 2009.

2 — Os Acórdãos n.ºs 321/89, 231/92, 504/98, estão publicados em *Acórdãos*, 13.° Vol., Tomo I, 22.° e 40.° Vols., respectivamente.

3 — Os Acórdãos n.ºs 152/02 e 168/02 estão publicados em *Acórdãos*, 52.° Vol.

ACÓRDÃO N.° 342/09

DE 8 DE JULHO DE 2009

Não julga inconstitucional a norma do artigo 201.°, n.° 1, do Código de Processo Civil conjugado com o artigo 146.°, n.° 2, do Código de Processo nos Tribunais Administrativos, na interpretação segundo a qual a falta de notificação do parecer do Ministério Público que, emitido ao abrigo daquele artigo 146.°, se pronuncia sobre o mérito do recurso jurisdicional, não constitui nulidade processual, e não julga inconstitucional o complexo normativo formado pelos artigos 109.°-A, 284.° e 284.°-A do Código de Processo Tributário, na interpretação segundo a qual a Administração Tributária pode, no âmbito de um procedimento de dação em pagamento, atribuir a um terceiro que não o devedor originário a responsabilidade subsidiária pelo pagamento das dívidas fiscais em dívida em virtude da participação desse terceiro, como gestor de negócios, mandatário e representante dos contribuintes devedores, no mencionado procedimento de dação em pagamento.

Processo: n.° 1061/07.
Recorrente: Liga Portuguesa de Futebol Profissional.
Relatora: Conselheira Maria Lúcia Amaral.

SUMÁRIO:

I — Nem o princípio do contraditório nem a ideia mais vasta de processo equitativo obrigam a que se considere que toda e qualquer preterição da formalidade hoje prevista no n.° 2 do artigo 146.° do Código de Processo nos Tribunais Administrativos (notificação às partes do parecer do Ministério Público) deva ser, *ipso facto*, causa bastante de nulidade processual.

II — No caso dos autos, tendo o tribunal recorrido considerado ser manifesto que a intervenção do Ministério Público durante o recurso jurisdicional não colocara nenhuma questão nova, ainda não controlada nem respondida pelas partes, seria manifestamente excessivo que se entendesse que a Constituição impunha — em nome de um direito de defesa apenas abstractamente tomado — uma interpretação da "norma" decorrente da articulação do n.° 1 do artigo 201.° do Código de Processo Civil e do n.° 2 do artigo 146.° do Código de Processo nos Tribunais Administrativos, que fosse legitimadora da prática de actos que, em certos casos, se revelassem manifestamente inúteis.

III — Nada há que proíba, no elenco constitucional dos direitos fundamentais, e no sistema de bens jurídicos por eles protegidos, a interpretação normativa feita pela sentença recorrida quanto ao disposto nos artigos 109.°-A, 284.° e 284.°-A do Código de Processo Tributário no sentido de que, caso se viesse a apurar que o valor arrecadado com as receitas mútuas desportivas — oferecidas pelos clubes devedores em dação em pagamento — era inferior a metade da sua dívida global ao Fisco, deveria a recorrente proceder ao pagamento do montante em falta; tal a obrigação tributária não se inscreve, nem no âmbito de protecção de nenhuma norma jusfundamental que seja incompatível com a natureza da sua personalidade colectiva, nem no âmbito de protecção de nenhuma norma jusfundamental cuja aplicação, tendo em conta a essência do bem tutelado, deva ser reservada apenas às pessoas físicas.

Acordam na 3.ª Secção do Tribunal Constitucional:

I — Relatório

1. A 30 de Janeiro de 1997, em assembleia geral extraordinária da Liga Portuguesa de Futebol Profissional, deliberou-se mandatar o Presidente e/ou Comissão Executiva da Liga para que esta, na qualidade de gestora de negócios do clubes nela filiados, requeresse a adesão ao processo extraordinário de regularização das dívidas ao Fisco e à Segurança Social previsto no Decreto-Lei n.° 124/96, emitido ao abrigo da autorização legislativa conferida pela Lei n.° 10-B/96.

Na sequência desta deliberação, a Liga e a Federação Portuguesa de Futebol, agindo em nome dos clubes e requerendo a adesão ao referido processo de regularização, propuseram oferecer em dação em pagamento, e para liquidação das dívidas ao Fisco existentes até 31 de Julho de 1996, as receitas futuras das apostas mútuas desportivas a que os clubes tinham direito, pelo prazo máximo de doze anos e meio, a contar de 1 de Julho de 1998 até 31 de Dezembro de 2010.

Considerando que a dação em pagamento se encontrava prevista tanto no Código Civil quanto no Código de Processo Tributário, nos termos das alterações a este último introduzidas pelo Decreto-Lei n.º 125/96 (mormente, aos seus artigos 109.º-A, 284.º e 284.º-A), o Secretário de Estado dos Assuntos Fiscais (SEAF), com delegação de competências do Ministro das Finanças, emitiu o Despacho n.º 7/98-XIII, de 4 de Março de 1998, em que se aceitava, como forma de extinção das dívidas fiscais globais dos clubes existentes até 31 de Julho de 1996, a referida dação em pagamento das receitas das apostas mútuas desportivas oferecidas pela Liga e pela Federação durante o período de 1 de Julho de 1998 até 31 de Dezembro de 2010, aceitando-se igualmente o valor de avaliação das ditas receitas fixada por comissão técnica entretanto nomeada para o efeito. Mais se determinava, no referido Despacho, que se nomeasse uma comissão de acompanhamento "para análise da situação tributária dos clubes ao longo do período referido (...)", comissão à qual competiria, *i.a.* "avaliar, no segundo semestre de 2004 e de 2010, o cumprimento [do presente despacho] e quantificar as importâncias recebidas."

2. Neste contexto, determinava o ponto 7 do Despacho do SEAF:

> "No caso de metade do valor arrecadado ser insuficiente para o pagamento de metade da dívida global ao Fisco apurada no segundo semestre de 2004 e de 2010, a Liga e a Federação deverão proceder ao pagamento da diferença até ao valor dessas metades."

3. Em 17 de Dezembro de 2004 foi a Liga Portuguesa de Futebol Profissional notificada para proceder ao pagamento da quantia de € 19 957 145 000, resultante da diferença existente entre o valor arrecadado com as verbas do *Totobola* durante o período que mediara entre 1 de Julho de 1998 e Junho de 2004 e o valor de metade da dívida global que os clubes haviam pretendido regularizar.

A Liga interpôs então, junto do Tribunal Central Administrativo Norte, acção administrativa especial pedindo a declaração de nulidade do ponto 7 do Despacho do SEAF. Não lhe deu razão o tribunal, que julgou totalmente improcedente a acção. Recorreu a Liga para o Supremo Tribunal Administrativo que confirmou a decisão do Tribunal Central Adaministrativo.

4. Nas suas alegações de recurso para o Supremo Tribunal, invocou a Liga (tal, como aliás, já o fizera perante o Tribunal Central Administrativo) "a questão da inconstitucionalidade das normas contidas nos artigos 109.º-A, 284.º, e 284.º-A do Código de Processo e de Procedimento Tributário", quando interpretadas no sentido segundo o qual "seria possível à Administração Tributária endossar à recorrente [Liga] a responsabilidade pelo pagamento de dívidas fiscais alheias em virtude da sua participação (apenas na qualidade de gestora de negócios dos contribuintes relapsos) num procedimento tributário de dação em pagamento."

Fundamentos do juízo de inconstitucionalidade seriam, de acordo com a recorrente, por um lado, "a violação do princípio da especialidade das pessoas colectivas, recebido no artigo 12.°, n.° 2, da Constituição"; e, por outro, a violação do disposto no artigo 103.°, n.ºs 2 e 3, da Constituição, bem como "do princípio do Estado de direito, ínsito no artigo 1.° da Constituição" (fls. 536 dos autos).

À questão, assim colocada, respondeu o Supremo Tribunal em acórdão datado de 23 de Maio de 2007:

> "(...)
>
> Alega, por último, a recorrente que uma interpretação dos artigos 109.°-A, 284.° e 284.°-A do Código de Processo Tributário segundo a qual seria possível à Administração Tributária endossar-lhe a responsabilidade pelo pagamento de dívidas fiscais alheias em virtude da sua participação, na qualidade de gestora de negócios dos contribuintes relapsos, num procedimento tributário de dação em pagamento é manifestamente inconstitucional por violação do princípio da especialidade das pessoas colectivas, recebido no artigo 12.°, n.° 2, da Constituição, e por violação do artigo 103.°, n.ºs 2 e 3, da Constituição e do princípio do Estado de direito democrático, a que corresponde o artigo 2.° da Constituição.
>
> Dispõe o n.° 2 do artigo 12.° da Constituição que as pessoas colectivas gozam dos direitos e estão sujeitas aos deveres compatíveis com a sua natureza.
>
> Como dizem Gomes Canotilho e Vital Moreira, in *Constituição da República Portuguesa anotada*, as pessoas colectivas não podem ser titulares de todos os direitos e deveres fundamentais mas sim apenas daqueles que sejam compatíveis com a sua natureza; saber quais são eles só pode resolver-se casuisticamente. Assim, não serão aplicáveis, por exemplo, o direito à vida e à integridade pessoal, o direito de constituir família mas já serão aplicáveis o direito de associação, a inviolabilidade de domicílio, o segredo de correspondência e o direito de propriedade.
>
> Que o direito obrigacional não é incompatível com a natureza das pessoas colectivas parece-nos evidente e que neste domínio não existe nenhuma proibição absoluta de as pessoas colectivas celebrarem contratos também é verdade, pelo que se não vê qualquer violação deste preceito constitucional.
>
> Tanto mais que, como se deixou dito, o facto de a recorrente ter iniciado este procedimento como gestora de negócios dos clubes e ter subscrito o auto de dação como sua representante não significa que não pudesse ter assumido, como assumiu, responsabilidades na garantia da dívida, ou seja, contrariamente ao que alega a recorrente, esta assumiu, enquanto entidade responsável pelo cumprimento do acordo de dação, subscrito em nome dos seus associados, cumulativamente com estes, a obrigação de satisfazer as importâncias não susceptíveis de ser cobradas pelas receitas das apostas mútuas desportivas.
>
> E essa conduta não é proibida pelo texto constitucional.
>
> (...)
>
> Quanto ao invocado artigo 103.° da Constituição, dispõem os seus n.ºs 2 e 3 que os impostos são criados por lei, que determina a incidência, os benefí-

cios fiscais e as garantias dos contribuintes, não podendo ninguém ser obrigado a pagar impostos que não hajam sido criados nos termos da Constituição, que tenham natureza retroactiva ou cuja liquidação e cobrança se não façam nos termos da lei.

O princípio da legalidade contido neste preceito implica a tipicidade legal dos elementos essenciais dos impostos que são a incidência, a taxa, os benefícios fiscais e as garantias dos contribuintes.

Ora, a assunção de uma obrigação tributária por um terceiro não está abrangida por essa reserva de lei nem a incidência subjectiva do imposto é alterada por tal assunção, pelo que, estando a possibilidade de assunção de dívidas fiscais por terceiros legalmente prevista na lei, designadamente no Decreto-Lei n.° 124/96, não ocorre a alegada inconstitucionalidade.

Finalmente, a conduta da Administração Fiscal que se limitou a actuar no uso das suas competências e no respeito das disposições legais aplicáveis, tendo em vista o superior interesse público da cobrança das receitas fiscais e da regularização da situação de incumprimento dos clubes devedores, de modo algum violou o princípio do Estado de direito democrático, consagrado no artigo 2.° da Constituição, e em especial o alegado princípio da segurança jurídica nele ínsito.

Razão por que também esta invocada inconstitucionalidades se não verifica.

(...)."

5. Veio então a Liga arguir a nulidade deste acórdão, invocando para tanto o facto de não ter sido notificada do parecer que havia sido emitido pelo Ministério Público ao abrigo do artigo 146.°, n.° 1, do Código de Processo nos Tribunais Administrativos.

A tal parecer se referira a decisão do Supremo Tribunal Administrativo nos seguintes termos:

"Notificado, para os efeitos do artigo 146.°, n.° 1, do Código de Processo nos Tribunais Administrativos, veio o Ministério Público, em defesa dos interesses públicos especialmente relevantes no caso dos autos, manifestar-se no sentido de que é de confirmar o acórdão recorrido, por nele se ter feito boa interpretação e aplicação da lei, na linha do Parecer n.° 45/98, de 15 de Junho, do Conselho Consultivo da Procuradoria-Geral da República» (fls. 602 dos autos).

Sustentou a Liga que, o facto de não ter sido ela própria notificada deste parecer do Ministério Público, implicava uma violação do princípio do contraditório que não poderia deixar de gerar nulidade processual. E alegou ainda que seria inconstitucional, por violação do princípio da proporcionalidade ínsito no princípio do Estado de direito (artigo 2.° da Constituição) e dos direitos fundamentais a uma tutela judicial efectiva e a um processo equitativo (artigo 20.°, n.os 1 e 4, da Constituição), interpretação diversa do disposto no artigo 201.°, n.° 1, do Código de Processo Civil, feita no sentido segundo a qual não constituiria nulidade processual «a falta de notificação do parecer do Ministério Público emitido ao abrigo do artigo 146.° do Código de Processo nos Tribunais Administrativos».

A esta outra questão de constitucionalidade respondeu o Supremo Tribunal Administrativo, em acórdão datado de 19 de Setembro de 2007:

"Como se vê, no seu parecer, o Ministério Público não levanta qualquer questão nova nem suscita qualquer novo vício, antes se limitando a afirmar a sua concordância com o acórdão recorrido por nele se ter feito boa interpretação e aplicação da lei na linha do Parecer n.° 45/98 da Procuradoria-Geral da República abundantemente citado pelo tribunal *a quo*.

Aliás, a recorrente nem sequer pode dizer que foi surpreendida com a citação deste parecer da Procuradoria-Geral da República já que o mesmo se mostra, como o Ministério Público salienta, abundantemente citado na decisão recorrida, pelo que, mesmo relativamente a ele, a recorrente pôde exercer o seu direito de defesa e de contraditório quando recorreu daquela decisão para este tribunal.

Assim, o parecer que não foi notificado à recorrente não contém qualquer matéria inovatória que pudesse surpreendê-la, pelo que a omissão da sua notificação não teve qualquer influência no exame ou na decisão da causa.

Razão por que se não produziu a arguida nulidade.

Sem que tal entendimento viole qualquer princípio constitucional, designadamente, o princípio da proporcionalidade ínsito no princípio do Estado de direito democrático (artigo 2.° da Constituição) e dos direitos fundamentais a uma tutela judicial efectiva e a um processo equitativo (artigo 20.°, n.os 1 e 4, da Constituição).

Aliás, o próprio Tribunal Constitucional, ainda que no âmbito da Lei de Processo nos Tribunais Administrativos, se pronunciou já no sentido de não ser inconstitucional a não notificação do recorrente para se pronunciar sobre o parecer que o Ministério Público emitia, na vista final do processo, no qual se não levantasse nenhuma questão nova que pudesse conduzir à rejeição do recurso (Acórdão n.° 185/01, de 2 de Maio)" (fls. 654 dos autos).

6. A Liga interpôs recurso para o Tribunal Constitucional ao abrigo da alínea *b*) do n.° 1 do artigo 70.° da Lei n.° 28/82.

No respectivo requerimento, identificou a recorrente duas questões de constitucionalidade.

Na primeira, reportada ao acórdão do Supremo Tribunal Administrativo que indeferiria a arguição de nulidade, pede-se que o Tribunal aprecie da constitucionalidade do "artigo 201.°, n.° 1, do Código Processo Civil (CPC), em articulação com o artigo 146.°, n.° 2 do Código de Processo nos Tribunais Administrativos (CPTA), na interpretação segundo a qual a falta de notificação do parecer do Ministério Público que, emitido ao abrigo daquele artigo 146.° do CPTA, se pronuncia sobre o mérito do recurso jurisdicional, assim impedindo a parte de exercer o direito processual de resposta ao referido parecer, não constitui nulidade processual". São invocadas, a fundamentar o juízo de inconstitucionalidade, tanto a violação do princípio da proporcionalidade e da justiça ínsitos no princípio do Estado de direito democrático [artigo 2.° da Constituição da República Portuguesa (CRP)], quanto a violação do direito fundamental a uma tutela judicial efectiva e a um processo equitativo (artigo 20.°, n.os 1 e 4, da CRP).

Na segunda, reportada ao acórdão do Supremo Tribunal Administrativo datado de 23 de Maio de 2007, pede-se que o Tribunal aprecie da constitucionalidade do complexo normativo formado pelos artigos 109.°-A, 284.° e 284.°-A do Código de Processo Tributário (CPT) (na redacção em vigor à data da emissão do despacho do SEAF), «na interpretação segundo a qual a Administração Tributária pode, no âmbito de um procedimento de dação em pagamento, atribuir a um terceiro que não o devedor a responsabilidade subsidiária pelo pagamento das dívidas fiscais [em dívida], em virtude da participação desse terceiro no respectivo procedimento tributário como gestor de negócios, mandatário e representante dos contribuintes devedores».

São aqui invocadas, a fundamentar o juízo de inconstitucionalidade, tanto a violação do princípio da especialidade das pessoas colectivas (artigo 12.°, n.° 2, da CRP), quanto a violação do princípio da legalidade fiscal (artigos 103.°, n.os 2 e 3) e do princípio do Estado de direito democrático, em especial na sua dimensão de segurança jurídica (artigo 2.° da CRP).

7. Notificados, apresentaram alegações a Liga, recorrente, e o Ministério das Finanças, recorrido.

Concluiu a primeira do seguinte modo:

"(...)

1.ª Vem o presente recurso interposto de ambos os Acórdãos — a 23 de Maio de 2007 e a 19 de Setembro de 2007 — proferidos no recurso jurisdicional que correu os seus termos, sob o n.° 233/07, na 2.ª Secção (Contencioso Tributário) do Supremo Tribunal Administrativo.

Quanto ao acórdão de 19 de Setembro de 2007,

2.ª À interpretação do artigo 20.° da CRP não pode ser alheio o sentido com que o Tribunal Europeu dos Direitos do Homem vem interpretando o artigo 6.°, n.° 1, da Convenção Europeia dos Direitos do Homem, que é, de resto, a norma que está na génese constitucional do direito fundamental a um processo equitativo tal como ele foi consagrado no nosso ordenamento constitucional.

3.ª O princípio do contraditório, pedra angular do núcleo essencial do direito a uma tutela judicial efectiva e a um processo equitativo, compreende pois o direito a conhecer e comentar todas as opiniões e observações que tenham lugar no processo e que visem aconselhar o tribunal ou influenciar a sua decisão, mesmo quando essas observações sejam provenientes de terceiros supra-partes, imparciais e objectivos, incluindo magistrados do Ministério Público.

4.ª De resto, num processo como o dos presentes autos — em que está em causa um acto administrativo em matéria tributária e, mediatamente, a cobrança de tributos fiscais — não é de todo líquido sequer que o Ministério Público assuma as vestes de um terceiro supra-partes, imparcial e objectivo.

5.ª O artigo 146.° do CPTA introduziu, em matéria de notificação às partes dos pareceres do Ministério Público, um regime inovador: este preceito institui um verdadeiro direito processual das partes a se pronunciarem acerca daqueles pareceres.

6.ª No contexto do CPTA, existe sempre um direito das partes a emitir pronúncia quanto ao parecer do Ministério Público, qualquer que seja o seu conteúdo ou sentido.

7.ª Não é, pois, imprescindível que a irregularidade cometida com a omissão de notificação do parecer do Ministério Público emitido ao abrigo do artigo 146.° do CPTA tenha efectivamente influído no juízo do tribunal: é suficiente que ela seja apta a influir nessa decisão para que a irregularidade assim cometida redunde numa nulidade processual.

8.ª A omissão da notificação às partes do parecer do Ministério Público, e a impossibilidade delas se pronunciarem acerca deste parecer, é manifestamente apta a, em abstracto, influir na decisão do tribunal.

9.ª E, com efeito, mesmo que o Ministério Público tenha repescado argumentos já discutidos nos autos, a verdade é que a sua invocação pelo Ministério Público — que não é parte na causa e que tem por missão emitir pareceres objectivos e imparciais — constitui um ascendente sobre o tribunal: o princípio do contraditório exige e impõe que as partes possam refutar este parecer qualificado trazido aos autos.

10.ª É inequívoco que o direito fundamental a uma tutela judicial efectiva e a um processo equitativo, consagrado no artigo 20.°, n.os 1 e 4, da CRP e interpretado à luz do artigo 6.°, n.° 1, da Convenção Europeia dos Direitos do Homem e da jurisprudência do Tribunal Europeu dos Direitos do Homem abrange, no seu núcleo mais essencial, o direito das partes envolvidas num pleito judicial poderem conhecer e pronunciar-se sobre todos os meios de prova e peças processuais constantes do respectivo processo, mesmo relativamente àquelas que tenham sido oferecidas por um magistrado independente no exercício de uma faculdade (ou dever funcional) de emissão de um parecer objectivo e imparcial

11.ª Consequentemente, a garantia da efectividade desse direito implica, inequivocamente, que a sua violação tenha por consequência o desvalor jurídico dos actos processuais que lhe sejam consequentes e cujo conteúdo tenha sido modelado, ainda que mediata ou indirectamente, por aquela irregularidade processual.

12.ª Ao que fica dito acresce que no princípio da proporcionalidade em sentido estrito joga-se uma relação de justeza e adequação entre duas realidades: por um lado, a finalidade visada pela opção legislativa; por outro, o meio empregue pelo legislador para a atingir.

13.ª Ora, a interpretação normativa impugnada nos presentes autos é manifestamente desadequada e desproporcionada no sacrifício que impõe: com ela, suprime-se como que por inteiro a garantia jurídica do princípio do contraditório, retirando-se desse modo qualquer efectividade ao princípio do contraditório — que representa, de resto, a concretização no plano do direito ordinário de um direito, liberdade e garantia — e reduzindo-o, na prática, a uma mera proclamação vácua e oca cujo acatamento, por não comportar qualquer sanção jurídico-processual, tem uma natureza meramente voluntária.

14.ª Assim sendo, o artigo 201.°, n.° 1, do CPC conjugado com o artigo 146.°, n.° 2, do CPTA, na interpretação segundo a qual a falta de notificação do parecer do Ministério Público que, emitido ao abrigo daquele artigo 146.° do CPTA, se pronuncia sobre o mérito do recurso jurisdicional, assim impedindo a parte de exercer o direito processual de resposta ao referido parecer, não constitui nulidade processual viola o princípio da proporcionalidade enquanto princípio constitucional ínsito no princípio do Estado de direito democrático (artigo 2.° da CRP) e o direito fundamental a uma tutela jurisdicional efectiva e a um processo equitativo (artigo 20.°, n.os 1 e 4, da CRP e artigo 6.°, n.° 1, da Convenção Europeia dos Direitos do Homem).

Quanto ao acórdão de 23 de Maio de 2007,

15.ª No artigo 12.°, n.° 2, da CRP o legislador constituinte remete-nos para o conceito, já muito trabalhado no direito civil, do princípio da especialidade das pessoas colectivas, assim se procedendo ao reconhecimento, no plano constitucional, da especificidade das pessoas colectivas, entendida como limitação da capacidade destas ao concreto escopo e às finalidades específicas por si prosseguidas.

16.ª Neste sentido, admitir-se que a Administração Tributária possa endossar a uma pessoa colectiva responsabilidades tributárias alheias, apenas porque essa pessoa colectiva, no prosseguimento aliás da sua finalidade estatutária representativa, actuou como gestora de negócios e mandatária dos devedores originários num procedimento fiscal de dação em pagamento viola o artigo 12.°, n.° 2, da CRP na parte nessa disposição constitucional se recebe e se consagra o princípio da especialidade das pessoas colectivas.

Por outro lado,

17.ª O princípio da legalidade fiscal consubstancia-se na exigência de conformação, por parte da lei, dos elementos modeladores do tipo tributário, abrangendo, assim, a incidência objectiva e subjectiva, a taxa, os benefícios fiscais e as garantias dos contribuintes — deste modo, na sua acepção material ou substancial, o princípio da legalidade fiscal postula a sujeição ao subprincípio da tipicidade legal dos elementos de cujo concurso resulte a modelação dos tipos tributários ou dos impostos ou, dito de outro modo, dos elementos essenciais dos impostos (Acórdão do Tribunal Constitucional n.° 127/04).

18.ª A responsabilidade tributária subsidiária deriva do preenchimento de um pressuposto de facto de uma norma: é necessário, mais precisamente, que se preencha um pressuposto de facto, em virtude do qual fica obrigado o sujeito passivo; e, além disso, é necessário que se preencha o pressuposto de facto em virtude do qual fica obrigado o responsável tributário subsidiário. Ou seja: para que haja responsabilidade subsidiária é necessário que se preencham dois pressupostos legais (Leite de Campos / Leite de Campos).

19.ª Daí que, enquanto garantia pelo pagamento de dívidas tributárias de outrem, imposta pela lei a favor do credor tributário, a responsabilidade subsidiária não pode deixar de ser tida como excepcional (Acórdão do Tribunal Constitucional n.° 311/07).

20.ª Assim sendo, há-de entender-se que a definição dos pressupostos em virtude dos quais o responsável subsidiário é chamado a cumprir a prestação tributária alheia integra, ainda, o conceito de incidência tributária, relevado pela nossa Lei Fundamental como elemento essencial dos impostos e, independentemente de um tal entendimento, poderá ainda ver-se o estabelecimento de um regime de responsabilidade tributária solidária ou subsidiária pelas dívidas tributárias de outrem como implicando com as garantias dos contribuintes, elevadas igualmente à categoria de elementos essenciais dos impostos pela norma constitucional e sujeitas ao mesmo princípio da legalidade fiscal (Acórdão do Tribunal Constitucional n.° 311/07).

21.ª Deste modo, não pode a Administração Tributária, por simples definição por via unilateral administrativa ou contratual da situação jurídica de um contribuinte, atribuir a qualquer particular a responsabilidade tributária subsidiária pelo pagamento da dívida fiscal de outrem, quando o próprio legislador não o previu expressamente e quando, de igual modo, não fixou, por via legal, os respectivos pressupostos.

22.ª Ora, a interpretação das normas dos artigos 109.°-A, 284.° e 284.°-A do Código de Processo Tributário que está em causa nos presentes autos implicaria verdadeiramente que fosse conferido à Administração Tributária um poder exorbitante de, por acto unilateral, ampliar o âmbito de incidência subjectiva de impostos e de redefinição do quadro de garantias tributárias para além daquele resultante da lei e, desse modo, instituir regimes de responsabilidade tributária subsidiária que o legislador não previu, expressa ou implicitamente.

23.ª Finalmente, há que apelar ao princípio da segurança jurídica, ínsito no princípio do Estado de direito democrático, que não deixa de projectar exigências dirigidas ao Estado, que vão desde as mais genéricas de previsibilidade e calculabilidade da actuação estatal e de clareza e densidade normativa das regras jurídicas (Jorge Reis Novais).

24.ª Assim sendo, o complexo normativo formado pelos artigos 109.°-A, 284.° e 284.°-A do Código de Processo Tributário (na redacção vigente à data de prolação do acto administrativo originalmente impugnado nos presentes autos), na interpretação segundo a qual a Administração Tributária pode, no âmbito de um procedimento de dação em pagamento, atribuir a um terceiro que não o devedor originário a responsabilidade subsidiária pelo pagamento das dívidas fiscais em dívida em virtude da participação desse terceiro, como gestor de negócios, mandatário e representantes dos contribuintes devedores, no mencionado procedimento de dação em pagamento viola o princípio da especialidade das pessoas colectivas (recebido no artigo 12.°, n.° 2, da CRP), o princípio da legalidade fiscal (artigo 103.°, n.os 2 e 3, da CRP) e o princípio da segurança jurídica ínsito no princípio do Estado de direito democrático (artigo 2.° da CRP).

Termos em que, e nos demais de direito, na procedência do presente recurso de constitucionalidade, deve ser julgada inconstitucional as normas aqui em crise, nas interpretações normativas impugnadas."

Concluiu assim o segundo:

"(...)

3. Conclusões

3.1. A interpretação dos artigos 201.° do CPC e 146.° do CPTA efectuada pelo acórdão recorrido não é inconstitucional porque:

a) Não impediu a parte de invocar nulidade processual por omissão de notificação;

b) O parecer do Ministério Público emitido no recurso interposto do acórdão n.° 2/05, do Tribunal Central Administrativo Norte limitou-se a apoiar o Parecer n.° 45/98, de 15 de Junho de 1998, do Conselho Consultivo da Procuradoria-Geral da República «abundantemente citado pelo tribunal *a quo*»;

c) O Supremo Tribunal Administrativo verificou que, no caso concreto, tal omissão de notificação não beliscou minimamente o direito da recorrente se defender;

d) Não se verificou qualquer violação do princípio do contraditório;

e) O mecanismo de arguição de nulidade é suficiente, não podendo ser posta em causa a competência dos tribunais superiores para apreciar se a omissão foi ou não relevante;

f) A tese da recorrente de que a omissão de notificação levaria sempre, e em qualquer circunstância, à anulação do processado é que se traduziria num efeito violador do princípio da proporcionalidade.

3.2. A interpretação dos artigos 109.°-A, 284.° e 284.°-A do Código de Processo Tributário efectuada pelo acórdão recorrido não é inconstitucional porque:

a) A assunção de dívida pode ocorrer no domínio das dívidas tributárias (artigo 111.°, n.° 1, do Código de Processo Tributário; artigo 41.°, n.° 1, da Lei Geral Tributária);

b) Tal possibilidade encontra-se contemplada no Decreto-Lei n.° 124/96 (artigo 7.°) ao abrigo do qual se deu a regularização de dívida;

c) A imputação das dívidas dos clubes à recorrente, pelo Despacho n.° 7 do SEAF foi uma exigência da entidade credora imposta como condição para a aceitação do pedido de regularização das dívidas fiscais dos clubes de futebol ao abrigo do regime previsto no Decreto-Lei n.° 124/96 e da dação em pagamento proposta, tendo em vista prevenir a eventual falta de pagamento integral das dívidas por insuficiência dos créditos cedidos;

d) As dívidas em causa foram voluntariamente assumidas face ao teor do auto de dação posteriormente lavrado, onde a recorrente se obrigou directamente para com o credor, assumindo a obrigação de pagar o remanescente da dívida global que fosse devida pelos clubes ao Fisco no segundo semestre de 2004 e 2010, tendo a recorrente intervindo não só na qualidade de representante dos clubes aderentes mas também, sem dúvida, em nome próprio;

e) Não constitui tal assunção violação do princípio da especialidade das pessoas colectivas que é perfeitamente compatível com o direito obrigacional, não existindo qualquer proibição absoluta de as pessoas colectivas celebrarem contratos;

f) Apesar de a recorrente ter iniciado este procedimento como gestora de negócios dos clubes e ter subscrito o auto de dação como sua representante não significa que não pudesse ter assumido, como assumiu, responsabilidades na garantia da dívida;

g) Essa atitude é até uma forma de defesa dos interesses comuns dos seus associados tendo em vista uma boa gestão de um assunto inerente à organização e prática do futebol profissional e das suas competições que sofreriam, sem a resolução desse problema, grave perturbação, sendo que a promoção e a defesa dos interesses comuns dos seus associados é um dos fins da recorrente (artigo 5.° dos seus Estatutos);

h) A previsão de assunção de uma obrigação tributária por um terceiro em diplomas como Código de Processo Tributário, Lei Geral Tributária e o Decreto-Lei n.° 124/96 não constitui qualquer violação do princípio da legalidade consagrado no artigo 103.° da CRP;

i) A Administração Fiscal limitou-se a cobrar legalmente as receitas fiscais devidas prosseguindo o interesse público e sem violação dos princípios do Estado de direito democrático e/ou da segurança jurídica.

Pelo que a presente acção deve ser considerada totalmente improcedente."

II — Fundamentos

8. Sob a epígrafe «[i]ntervenção do Ministério Público, conclusão do relator e aperfeiçoamento das alegações de recurso», determina o artigo 146.° do Código de Processo nos Tribunais Administrativos:

1 — Recebido o processo no tribunal de recurso e efectuada a distribuição, a secretaria notifica o Ministério Público, quando este se não encontre na posição de recorrente ou recorrido, para, querendo, se pronunciar, no prazo de 10 dias, sobre o mérito do recurso, em defesa dos direitos fundamentais dos cidadãos, de interesses públicos especialmente relevantes ou de algum dos valores ou bens referidos no n.° 2 do artigo 9.°

2 — No caso do Ministério Público exercer a faculdade que lhe é conferida no número anterior, as partes são notificadas para responder no prazo de 10 dias.

3 — (...)

4 — (...)

Por seu turno, dispõe o artigo 201.°, n.° 1, do Código de Processo Civil:

Artigo 201.°
Regras gerais sobre a nulidade dos actos

1 — Fora dos casos previstos nos artigos anteriores, a prática de um acto que a lei não admita, bem como a omissão de um acto ou de uma formalidade que a lei prescreva, só produzem nulidade quando a lei o declare ou quando a irregularidade cometida possa influir no exame da causa.

No caso dos autos — e como se depreende do relato atrás feito — o Ministério Público, notificado para se pronunciar sobre o mérito do recurso nos termos do disposto pelo n.° 1 do artigo 146.° do CPTA, emitiu um parecer com o seguinte teor:

> «Notificado (...) diz o Ministério Público, em defesa dos interesses públicos especialmente relevantes presentes no caso dos autos, que é de confirmar o acórdão recorrido, por nele se ter feito boa interpretação e aplicação da lei, de resto na linha do Parecer n.° 45/98, de 15 de Junho de 1998, publicado nos Pareceres, Volume VIII, *Direito e Desporto*, pp. 193 e segs., abundantemente citado pelo tribunal *a quo*.»

Não foi notificada à recorrente esta opinião, pelo que se omitiu o acto previsto no n.° 2 do referido artigo 146.° do CPTA.

Entendeu, no entanto, o Supremo Tribunal que, de acordo com o disposto no n.° 1 do artigo 201.° do CPC, tal omissão prefigurava uma mera irregularidade (não constituindo razão bastante para sustentar a nulidade da sua decisão anterior), por não ter podido ela influir no exame ou na decisão da causa: o parecer do Ministério Público não colocara nenhuma questão nova, limitando-se a remeter para outra peça (o parecer da Procuradoria-Geral da República) já sobejamente conhecida e discutida na instância de que se recorrera.

Considerou a recorrente, pelo contrário, não apenas que a omissão do acto prescrito por lei deveria ser causa bastante da nulidade, como também que seria inconstitucional, por violação dos princípios da proporcionalidade e da justiça (artigo 2.° da CRP) e do direito fundamental a uma tutela judicial efectiva e a um processo equitativo (artigo 20.°, n.os 1 e 4, da CRP) a «norma», resultante da articulação entre o n.° 1 do artigo 201.° do CPC e o n.° 2 do artigo 146.° do CPTA, segundo a qual não constituiria nulidade processual a falta de notificação do parecer do Ministério Público que, emitido ao abrigo do artigo 146.°, se pronunciasse sobre o mérito do recurso, "assim impedindo a parte de exercer o direito processual de resposta [ao referido parecer]".

A decisão recorrida, ao desatender a invocação de constitucionalidade, estribou-se na jurisprudência do Tribunal Constitucional constante do Acórdão n.° 185/01.

9. A tese da inconstitucionalidade, mantida pela recorrente, fundamenta-se em alguns argumentos essenciais.

Convoca o primeiro a jurisprudência do Tribunal Europeu dos Direitos do Homem no caso do acórdão Lobo Machado contra Portugal de 20 de Fevereiro de 1996 (*Recueil des arrêts et des décisions* 1996-I, pp. 195 e segs.) (ponto 5 das alegações), sublinhando-se a importância que terá tido tal jurisprudência para a interpretação e determinação de sentido do direito a um processo equitativo, consagrado no n.° 4 do artigo 20.° da CRP. A este propósito, recorda-se o Acórdão n.° 345/99 do Tribunal Constitucional, onde expressamente se estabeleceu a relação existente entre o conteúdo do direito fundamental na ordem jurídica portuguesa e o conteúdo atribuído pelo Tribunal Europeu ao homólogo direito consagrado no n.° 1 do artigo 6.° da Convenção Europeia dos Direitos do Homem.

Depois, salienta-se a posição detida pelo Ministério Público num processo como o dos autos, relativo à discussão de um acto tributário e, portanto, à cobrança de tributos fiscais.

Conclui-se que, embora formalmente exercida ao abrigo da norma correspondente do Código de Processo nos Tribunais Administrativos, a intervenção, *in casu,* do Ministério Público "não deixa de representar a atribuição ao Estado de uma oportunidade para se pronunciar duplamente acerca do mérito do recurso jurisdicional (...) exercendo, em clara violação do princípio do contraditório e da igualdade de armas, uma influência preponderante sobre o legislador" (ponto 6 das alegações). Em seguida procura demonstrar-se que não teve razão a decisão recorrida, quando invocou a aplicação, ao caso, da jurisprudência do Tribunal Constitucional fixada no Acórdão n.° 185/01, por incidir ela sobre um sistema normativo totalmente distinto do agora em juízo, e constante, não do artigo 146.° do CPTA, mas do artigo 53.° da Lei de Processo nos Tribunais Administrativos (ponto 7 das alegações). Finalmente (ponto 8) apresenta-se uma certa tese quanto ao conteúdo a atribuir ao conceito legal de nulidade processual, decorrente do n.° 1 do artigo 201.° do CPC. Apoiada na redacção literal do preceito, sustenta a recorrente que tal conceito deve ser construído tendo em conta critérios abstractos ou prospectivos, que atendam apenas à aptidão ideal de um acto, ou de uma omissão, para influir no exame da causa, e não a critérios casuísticos ou de efectividade fáctica, que atendam ao grau de influência efectivo que a irregularidade cometida tenha exercido, *in casu,* na decisão a proferir.

Neste sistema de alegações, o argumento apresentado em último lugar detém alguma prioridade lógica.

Com efeito, e para a resolução da questão de constitucionalidade posta, o que importa saber é o seguinte: impõe a Constituição (naturalmente entendida em harmonia com a Convenção Europeia dos Direitos do Homem) que toda e qualquer preterição da formalidade prescrita pelo n.° 2 do artigo 146.° do CPTA implique nulidade processual, nos termos do Código de Processo Civil, independentemente da ponderação das circunstâncias do caso, ou permite ela que, atendendo à ponderação dessas mesmas circunstâncias, se possa considerar a referida preterição como uma mera irregularidade, não causadora de nulidade?

Toda a tese da recorrente — culminada com o seu conceito abstracto e prospectivo de nulidade processual — aponta no primeiro sentido. A tese da decisão recorrida, ao invocar o Acórdão do Tribunal n.° 185/01, sustenta o segundo.

10. No Acórdão n.° 185/01 (disponível em *www.tribunalconstitucional.pt*), disse o Tribunal que não era inconstitucional a norma segundo a qual, num recurso contencioso interposto por um particular contra um acto praticado por um órgão do Estado, não há que notificar o recorrente particular para se pronunciar sobre o parecer que o Ministério Público emite, na vista final do processo, no qual não levanta nenhuma questão nova que possa conduzir à rejeição do recurso.

É certo, como alega a recorrente, que esta jurisprudência foi emitida tendo em conta a natureza da intervenção do Ministério Público no sistema da Lei de Processo dos Tribunais Administrativos (Decreto-Lei n.° 267/85, de 16 de Julho), intervenção essa substancialmente diversa da hoje constante dos artigos 85.° e 146.° do CPTA (sobre o sentido e alcance da diferença, vejam-se Mário Aroso de Almeida/Carlos Alberto Fernandes Cadilha, *Comentário ao Código de Processo nos Tribunais Administrativos,* 2.ª edição, 2007, pp. 838 e segs.; José Carlos Vieira de Andrade, *Justiça Administrativa,* 7.ª edição, 2005, pp. 431; Mário Aroso de Almeida, *O novo regime do processo nos Tribunais Administrativos,* 4.ª edição, 2005, p. 252.) Certo é também que — como mais uma vez alega a recorrente — nessa diferença se inscreve, como algo de novo face ao modelo anterior, o dever de notificar as partes do conteúdo da intervenção do Ministério Público, dever esse constituído pelo n.° 5 do artigo 85.° e pelo n.° 2 do artigo 146.° do CPTA por inspiração, aliás, da jurisprudência europeia no caso *Lobo Machado* (neste sentido, veja-se o comentário de Aroso de Almeida e Carlos Cadilha ao artigo 85.° do CPTA: *ob. cit.,* p. 502).

Sendo tudo isto certo, fica no entanto por demonstrar que tenha perdido validade a doutrina essencial que o Tribunal adoptou no Acórdão n.° 185/01.

Com efeito, tal doutrina baseou-se no seguinte critério: só ocorreria violação dos princípios constitucionais pertinentes, mormente do princípio do contraditório, se as partes ficassem impossibilitadas de controlar as (e, portanto, de responder às) questões colocadas pelo Ministério Público aquando da sua intervenção no processo, o que naturalmente não aconteceria sempre que de tal intervenção não decorresse qualquer questão nova, ainda não conhecida das partes e, portanto, por elas ainda não respondida. E acrescentou-se: «sendo o parecer apresentado por escrito, sempre podem [as partes] questionar a apreciação feita pelo tribunal sobre a existência, ou não, de uma questão nova (...); em caso de discordância — ou seja, para o que aqui interessa, se o tribunal tiver entendido não ter sido suscitada uma questão nova — sempre esta [a parte] pode invocar nulidade justamente por falta de notificação, que origina, naturalmente, uma violação do princípio do contraditório.»

Subjacente a esta doutrina — e pese embora a diferença existente entre o contexto normativo infraconstitucional em que foi emitida e o actual — está uma premissa essencial. E a premissa é a seguinte: nem o princípio do contraditório nem a ideia mais vasta de processo equitativo obrigam a que se considere que toda e qualquer preterição da formalidade hoje prevista no n.° 2 do artigo 146.° do CPTA (notificação às partes do parecer do Ministério Público) deva ser, *ipso facto,* causa bastante de nulidade processual. É que ao contrário do que sustenta a recorrente, a Constituição não impõe que o conceito legal de nulidade processual seja construído apenas a partir de critérios abstractos, que tenham somente em conta a aptidão potencial típica de certo acto (ou omissão) para influenciar o exame da causa. A Constituição permite, ao invés, que na interpretação das normas processuais em causa sejam tidas em conta as características específicas dos casos concretos, e que a partir dessas características se pondere a influência efectiva que a preterição da formalidade tenha tido no proferir da decisão.

Ora, nada permite concluir que esta premissa essencial tenha hoje perdido validade, como aliás o ilustra o caso dos autos.

Com efeito, o que nele se passou foi apenas o seguinte. Na sua intervenção, efectuada ao abrigo do n.° 2 do artigo 146.° do CPTA, o Ministério Público limitou-se (como já se viu) a recomendar que se confirmasse a decisão recorrida, por ter ela feito boa interpretação e aplicação da lei em conformidade com o parecer da Procuradoria-Geral da República. Tal parecer formara uma chave essencial no processo já decorrido perante a primeira instância. A decisão proferida pelo Tribunal Central Administrativo Norte fundara-se nos seus argumentos. Nas suas alegações perante o Supremo, a própria recorrente rebatera a doutrina do parecer (fls. 496 e ss dos autos). Era portanto manifesto que a intervenção do Ministério Público durante o recurso jurisdicional não colocara nenhuma questão nova, ainda não controlada nem respondida pelas partes. Foi de acordo com esta ponderação — que atendeu, não à aptidão abstracta que certo acto tenha para influenciar o exame da causa, mas à efectiva influência que a sua prática, ou omissão da sua prática, exerceu no proferir de certa e concreta decisão — que o Supremo interpretou a "norma" decorrente da articulação do n.° 1 do artigo 201.° do CPC e do n.° 2 do artigo 146.° do CPTA.

A Constituição não censura esta interpretação. Desde logo, precisamente nos termos dos princípios da proporcionalidade e da justiça, invocados pela recorrente e ínsitos no artigo 2.° da Constituição.

Tais princípios enformam o conteúdo do direito à tutela judicial efectiva, consagrado no artigo 20.° da Constituição. Para que tal direito se torne efectivo, é necessário que o Estado ponha à disposição dos particulares não apenas instituições (a organização judiciária) mas também processos, conformados e ordenados pelo legislador ordinário de forma tal que através deles se garanta a obtenção de decisões "em prazo razoável e mediante um processo equitativo" (artigo 20.°, n.° 4). Ora, face a estes vínculos constitucionais a que está submetido o legislador ordinário na elaboração das normas de processo, civil ou administrativo, seria manifestamente excessivo que se entendesse que a Constituição impunha — em nome de um direito de defesa apenas abstractamente tomado — uma interpretação de tais normas que fosse legitimadora da prática de actos que, em certos casos, se revelassem manifestamente inúteis.

A esta conclusão se não opõe, nem a jurisprudência do Tribunal firmada no Acórdão n.° 345/99, nem a jurisprudência do Tribunal europeu no caso *Lobo Machado.*

No Acórdão n.° 345/99, julgou-se inconstitucional, por violação do n.° 4 do artigo 20.° da Constituição, a norma contida no artigo 15.° da Lei do Processo nos Tribunais Administrativos (Decreto-Lei n.° 267/85), que dispunha que «[n]o Supremo Tribunal Administrativo e no Tribunal Central Administrativo o Representante do Ministério Público a quem, no processo, esteja confiada a defesa da legalidade assiste às sessões de julgamento e é ouvido na discussão». A norma aqui em juízo diferia substancialmente da julgada no presente caso. O mesmo se passou, aliás, no acórdão *Lobo Machado,* em que a posição do Tribunal Europeu se firmou perante uma intervenção do Ministério Público que não só era constituída pela elaboração de um parecer escrito — como na situação dos autos — mas ainda pela sua subsequente participação na sessão de julgamento.

Por todos estes motivos, não procede a primeira questão de constitucionalidade colocada pela recorrente ao Tribunal.

11. Na segunda questão que coloca ao Tribunal, pretende a recorrente que se aprecie a constitucionalidade do "complexo normativo" formado pelos artigos 109.°-A, 284.° e 284.°-A do Código de Processo Tributário, na redacção vigente ao momento da emissão do despacho do Secretário de Estado dos Assuntos Fiscais impugnado nos autos. A questão reporta-se, como já se viu (*supra* ponto 6), ao acórdão do Supremo Tribunal que, datado de 23 de Maio de 2007, veio a decidir do problema de fundo.

As normas cuja constitucionalidade agora se discute resultaram das alterações ao Código de Processo Tributário introduzidas pelo Decreto-Lei n.° 125/96, que, emitido na sequência da vulgarmente chamada "lei Mateus" (o Decreto-Lei n.° 124/96, que, mediante autorização legislativa, definia as condições de realização das operações de recuperação de créditos fiscais e da segurança social), pretendia, segundo a sua própria exposição de motivos, alargar e flexibilizar os pressupostos da dação em pagamento como forma excepcional de extinção das dívidas fiscais. Neste contexto, estabelecia desde logo o n.° 1 do referido artigo 109.°-A a admissibilidade da dação em pagamento antes da instauração do processo de execução fiscal, desde que ela ocorresse no "no âmbito de processo conducente à celebração de acordo de recuperação de créditos do Estado", prevendo-se nos restantes números procedimentos adequados. Idênticos procedimentos eram também previstos no artigo 284.°, esse relativo à dação de bens móveis e imóveis nos processos de execução fiscal. Por seu turno, vinha o artigo 284.°-A, de acordo com os intuitos de "flexibilização" e "alargamento" revelados na exposição de motivos do Decreto-Lei n.° 125/96, dispor sobre os bens dados em pagamento.

Entendeu a decisão recorrida, em acordo com a 1.ª instância, que, face a estas disposições, não era ilegal o ponto 7 do Despacho do Secretário de Estado. Recorde-se que nele se determinava (e para o que agora interessa) que, caso se viesse a apurar, no segundo semestre de 2004, que o valor arrecadado com as receitas mútuas desportivas — oferecidas pelos clubes devedores em dação em pagamento — era inferior a metade da sua dívida global ao fisco, deveria a recorrente proceder ao pagamento do montante em falta.

Vem agora a recorrente arguir a inconstitucionalidade da interpretação feita pelas instâncias das disposições legais em causa, com fundamento quer em violação do disposto no n.° 2 do artigo 12.° da Constituição quer em violação do princípio da legalidade tributária, consagrado no n.° 3 do seu artigo 103.° A arguição já fora, assim mesmo, suscitada durante o processo (fls. 536 dos autos).

Contudo, e atenta a resposta que a sentença do Supremo lhe confere (*supra*, ponto 4 do "relatório"), parece que na questão de constitucionalidade colocada se contém uma dupla dimensão. A primeira, cuja resolução pede a interpretação do princípio contido no artigo 12.°, n.° 2, da Constituição, é equacionável de modo tal que se torna em si mesma independente da questão de saber como é que, no caso, foi constituída a dívida tributária que impende sobre a recorrente. Ao invés, a segunda, para cuja resolução se convoca o princípio da legalidade tributária (artigo 103.°, n.° 3, da Constituição), não é sequer formulável se se não tiver em conta o modo pelo qual se formou a referida dívida.

Vejamos então.

12. Dispõe o artigo 12.° da Constituição

Princípio da universalidade

1. Todos os cidadãos gozam dos direitos e estão sujeitos aos deveres consignados na Constituição.
2. As pessoas colectivas gozam dos direitos e estão sujeitos aos deveres compatíveis com a sua natureza.

O artigo abre o Título I da Parte I da Constituição, relativo aos princípios gerais que ordenam o estatuto constitucional dos direitos e deveres fundamentais. Segue-se-lhe, nomeadamente, a enunciação do princípio da igualdade, e a definição da condição dos portugueses no estrangeiro e dos estrangeiros em Portugal. A inserção sistemática do preceito deixa desde logo antever que o sentido a atribuir ao disposto no seu n.° 2 não pode ser entendido como o entende a recorrente, como mera constitucionalização do princípio civilístico da especialidade das pessoas colectivas. Aliás, a sua redacção é próxima da do n.° 4 do artigo 19.° da Lei Fundamental de Bona, que diz: "Os direitos fundamentais valem para as pessoas jurídicas nacionais, na medida em que pela sua essência sejam também aplicáveis às mesmas."

Daqui resulta claro que o que se pretendeu consagrar no preceito constitucional foi, não a repetição do princípio enunciado no artigo 160.° do Código Civil, mas a concepção segundo a qual os direitos fundamentais não serão apenas (como o pretenderia um estrénuo entendimento liberal clássico) direitos dos indivíduos. As pessoas colectivas serão também titulares destes direitos, na exacta medida em que, pela sua essência, sejam eles compatíveis com a natureza da personalidade jurídica, casuisticamente avaliada.

Sustenta a recorrente, basicamente, que a obrigação, que lhe terá sido imposta, de proceder ao pagamento do montante em falta das dívidas fiscais dos clubes, é algo que se situa para além da sua capacidade, por ser estranha aos seus fins estatutários e, portanto, alheia aos legítimos interesses que presidiram à sua formação enquanto ente colectivo. E como parte da premissa segundo a qual a Constituição terá recebido, no n.° 2 do artigo 12.°, o princípio que determina que as pessoas colectivas disporão apenas da capacidade de gozo de direitos que seja necessária à prossecução dos fins para que foram criadas, conclui, logicamente, que qualquer interpretação das normas legais que contrarie (no seu entendimento) a especialidade das pessoas colectivas será, por força do artigo 12.°, inconstitucional.

O que falha nesta argumentação é, porém — e como já se demonstrou — a segunda premissa. Como a Constituição, ao consagrar a universalidade dos direitos fundamentais — e ao estender a sua titularidade, na medida já enunciada, também aos entes colectivos — fez algo de diverso do que simplesmente receber a concepção civilística que preside à delimitação da capacidade das pessoas jurídicas, cai na sua base a alegação apresentada.

Saber se, *in casu,* a obrigação assumida ou imposta à recorrente estará ou não para além das suas próprias forças é, naturalmente, questão que não releva dos poderes cognitivos do Tribunal Constitucional. A questão que o Tribunal tem que resolver é outra, e deve ser solucionada do seguinte modo: no elenco constitucional dos direitos fundamentais, e no sistema de bens jurídicos por eles protegidos, nada há que proíba (nos termos do n.° 2 do artigo 12.°) a interpretação normativa feita pela sentença recorrida quanto ao disposto nos artigos 109.°-A, 284.° e 284.°-A do Código de Processo Tributário. A obrigação tributária que, mal ou bem, impendeu sobre a recorrente — e cuja formação o tribunal *a quo* entendeu ser válida, face às normas legais atrás citadas — não se inscreve, nem no âmbito de protecção de nenhuma norma jusfundamental que seja incompatível com a natureza da sua personalidade colectiva, nem no âmbito de protecção de nenhuma norma jusfundamental cuja aplicação, tendo em conta a essência do bem tutelado, deva ser reservada apenas às pessoas físicas. Assim sendo, torna-se constitucionalmente irrelevante a questão dos eventuais limites que o escopo estatutário prosseguido pela recorrente trará, ou não, à sua capacidade jurídica.

Também neste sentido decidiu a sentença de que se interpôs recurso, pelo que, quanto a este ponto, não merecerá ela — na interpretação normativa que efectuou — qualquer censura constitucional.

13. Alega por ultimo a recorrente que a interpretação feita, no caso, dos artigos 109.°-A, 284.° e 284.°-A do Código de Processo Tributário é inconstitucional por ter sido lesiva do princípio da legalidade ou tipicidade tributária, consagrado nos n.ºs 2 e 3 do artigo 103.° da Constituição.

Contudo, como já se disse, e ao invés do que sucede com a questão que acabou de analisar-se, a este outro problema de constitucionalidade não pode o Tribunal responder se se não carrear para a resposta um dado prévio, relativo ao modo pelo qual, no caso, se constituiu a dívida que impende sobre a recorrente.

É jurisprudência pacífica que o princípio da legalidade tributária exige que se reserve à lei a definição dos elementos essenciais dos impostos; que, dentro destes elementos, se incluem todos aqueles que são relativos à incidência subjectiva; que, no âmbito deste último conceito, se incluem ainda as obrigações tributárias que tenham sido assumidas pelos particulares a título de responsabilidade tributária subsidiária (vejam-se, entre ouros, os Acórdãos n.os 233/94, 220/07, 127/04, 271/05, e 311/07, todos disponíveis em *www.tribunalconstitucional.pt*). Sucede, porém, que não foi a esta conclusão — a da existência, *in casu*, de uma obrigação constituída a título de responsabilidade subsidiária tributária — que chegou a sentença de que se interpôs recurso. Atente-se no seguinte excerto:

> "Alega a recorrente ainda que do facto de ter assinado posteriormente um auto de dação não se pode concluir que tenha assumido a dívida (...).
>
> A assunção de dívida consiste no acto pelo qual um terceiro se vincula perante o credor a efectuar a prestação devida por outrem (artigo 595.° do Código Civil) e pode ocorrer no domínio das dívidas tributárias, conforme resulta expressamente dos artigos 111.°, n.° 1, do Código de Processo Tributário e 41.°, n.° 1, da Lei Geral Tributária.
>
> A possibilidade de assunção da dívida por um terceiro encontra-se, de resto, contemplada no Decreto-Lei n.° 124/96, cujo artigo 7.° determinava que poderiam beneficiar do regime previsto nesse diploma os terceiros que assumissem a dívida.
>
> Daí que se não veja qualquer ilegalidade na imputação das dívidas dos clubes à ora recorrente nos termos impostos no ponto 7 do Despacho impugnado.
>
> Trata-se, aliás, de uma exigência da entidade credora que a impôs como condição para a aceitação do pedido de regularização das dívidas fiscais dos clubes de futebol ao abrigo do regime previsto no Decreto-Lei n.° 124/96 e da dação em pagamento proposta, tendo em vista prevenir a eventual falta de pagamento integral das dívidas por insuficiência dos créditos cedidos.
>
> E que as dívidas em causa foram voluntariamente assumidas não restam dúvidas face ao teor do auto de dação posteriormente lavrado, onde a recorrente se obrigou directamente para com o credor, assumindo a obrigação de pagar o remanescente da dívida global que fosse devida pelos clubes ao Fisco no segundo semestre de 2004 e 2010.
>
> (...)"

Tendo sido esta a razão pela qual a sentença do tribunal *a quo* decidiu como decidiu quanto à questão de legalidade do acto (negando por isso provimento ao recurso), natural é que tenha sido ela de novo invocada na "resolução" da questão de constitucionalidade: " a assunção de uma obrigação tributária por um terceiro não está abrangida por essa reserva de lei nem a incidência subjectiva do imposto é alterada por tal assunção (...)". Ao Tribunal Constitucional, porém, o problema coloca-se de modo diferente.

Saber se, no caso, ocorreu, como diz a instância, uma assunção de dívida ou se houve, como diz a recorrente, a imposição de uma responsabilidade tributária é questão de que se não pode ocupar, pelos mais consabidos motivos (artigo 280.°, n.° 6, da Constituição), o Tribunal. Nos recursos de constitucionalidade cabe-lhe apenas conhecer de decisões de tribunais que, ou não tenham aplicado certa norma, ou a tenham aplicado, não obstante a questão da sua constitucionalidade ter sido suscitada durante o processo.

É verdade que, durante o processo, foi suscitada a questão da inconstitucionalidade de certas normas por violação do princípio constitucional da legalidade ou tipicidade tributária. Sucede, porém, que ao decidir como decidiu — e ao qualificar a situação do caso como "assunção de dívida" — a sentença recorrida não aplicou as "normas" invocadas pela recorrente. Não julgou com fundamento no sistema formado pelos artigos 109.°-A, 284.° e 284.°-A do Código de Processo Tributário. Decidiu antes, como se depreende do excerto atrás transcrito, com base no disposto nos artigos 111.°, n.° 1, do Código de Processo Tributário e 41.°, n.° 1, da Lei Geral Tributária. Como qualquer juízo que incida sobre esta decisão excede o âmbito dos poderes cognitivos do Tribunal Constitucional, só lhe resta não conhecer, quanto a este ponto, do objecto do recurso.

III — Decisão

Nestes termos, o Tribunal decide:

Negar provimento ao recurso na parte em que dele se conhece.

Custas pela recorrente, fixando-se a taxa de justiça em 25 unidades de conta.

Lisboa, 8 de Julho de 2009. — *Maria Lúcia Amaral* — *Vítor Gomes* — *Carlos Fernandes Cadilha* — *Ana Maria Guerra Martins* — *Gil Galvão.*

Anotação:

1 — Acórdão publicado no *Diário da República,* II Série, de 17 de Agosto de 2009.

2 — Os Acórdãos n.os 233/94, 345/99, 185/01, 127/04 e 311/07 estão publicados em *Acórdãos*, 27.°, 44.°, 50.°, 58.° e 69.° Vols., respectivamente.

ACÓRDÃO N.º 344/09

DE 8 DE JULHO DE 2009

Não julga inconstitucionais as normas dos artigos 28.º a 31.º do Regulamento Municipal de Licenças e Taxas de Amarante, publicado no *Diário da República*, II Série, n.º 69, apêndice n.º 34, de 23 de Março de 1999.

Processo: n.º 785/08.
Recorrente: Construções Amaro Alves e Filhos, Lda.
Relatora: Conselheira Ana Guerra Martins.

SUMÁRIO:

I — O Tribunal Constitucional, a propósito de tributos locais relativos à disponibilização de infra-estruturas urbanísticas, tem sedimentado a sua jurisprudência no sentido de que a natureza de taxa dependerá da detecção de uma contrapartida específica a prestar pela autarquia local, não sendo exigível uma imediata realização dessas mesmas infra-estruturas, para que se julgasse preenchido o requisito da sinalagmaticidade, ou seja, que o tributo a suportar pelo requerente do licenciamento se traduzisse numa contraprestação (ainda que diferida no tempo) por parte da entidade licenciadora.

II — Ora, como nem a jurisprudência deste Tribunal nem a doutrina exigem que a correspectividade equivalha a plena equivalência económica, admitindo-se uma ponderada divergência entre a vantagem auferida e o montante a suportar, no caso em apreço ainda se está perante uma "taxa"; além disso, não é desconforme à Constituição que o pagamento de determinada taxa não dê lugar imediato à efectivação imediata e sincrónica da prestação.

III — Tratando-se de uma taxa, não se verifica a sujeição a reserva de lei parlamentar do artigo 165.º, n.º 1, alínea *i)*, da Constituição, pelo que sempre poderia ser aprovada por regulamento municipal.

Acordam na 3.ª Secção do Tribunal Constitucional:

I — Relatório

1. Nos presentes autos, em que é recorrente Construções Amaro Alves e Filhos, Lda. e recorrida a Câmara Municipal de Amarante, foi interposto recurso de acórdão proferido pela Secção de Contencioso Tributário do Tribunal Central Administrativo Norte, em 3 de Julho de 2008 (fls. 260 a 278) para apreciação da constitucionalidade "das normas dos artigos 28.° a 32.° do Regulamento Municipal para Liquidação e Cobrança de Taxas pelo Licenciamento de Obras Particulares e Ocupação da Via Pública por Motivo de Obras, Loteamento, Licenças de Utilização de Edifícios, Propriedade Horizontal, Licenciamento Sanitário, Taxa Municipal de Urbanização e Regime de Compensação publicado no *Diário da República*, II Série, n.° 69, apêndice n.° 34, de 23 de Março de 1999, com a interpretação com que foram aplicados no douto acórdão recorrido de que a compensação em disputa tem a natureza de taxa e não de imposto e, portanto, de tributo bilateral e sinalagmático e não de tributo unilateral" (fls. 2839).

2. Notificada para tal pela relatora, a recorrente produziu alegações, das quais constam as seguintes conclusões:

«1.ª — No presente recurso está em causa dilucidar a questão da natureza jurídica da compensação prevista nos artigos 28.° a 32.° do Regulamento Municipal, para apurar se a mesma se configura como um tributo bilateral ou taxa ou como um tributo unilateral ou imposto.

2.ª — A diferença entre taxa e imposto reside no facto de na primeira existir um nexo de sinalagmaticidade entre a prestação do sujeito passivo e a contraprestação a cargo do sujeito activo, nexo esse que inexiste no segundo.

3.ª — Contudo, o nexo de sinalagmaticidade característico da taxa não pode quedar-se por uma bilateralidade meramente jurídica, formal ou aparente;

4.ª — Pois, verificado o nexo da bilateralidade jurídica, é ainda necessário que entre as prestações a cargo do sujeito activo e a contraprestação a cargo do sujeito passivo exista uma proporcionalidade material e real, por forma a que entre o montante de cada uma das prestações a cargo de cada um dos aludidos sujeitos activo e passivo exista uma certa correspondência económica.

5.ª — É certo que a doutrina e a jurisprudência não têm exigido uma rigorosa correspectividade económica, por forma a que exista uma coincidência absoluta entre o montante da prestação do sujeito activo e da contraprestação do sujeito passivo.

6.ª — Mas, de qualquer modo, tem de haver uma equivalência razoável entre a base de cálculo do montante da taxa e o respectivo facto gerador, de modo a que se verifique, de facto, uma conexão bastante aproximada ao custo do serviço público prestado ou posto individualizadamente à disposição do sujeito passivo, o que constitui uma exigência do princípio da cobertura dos custos, devendo então o montante da taxa corresponder ao custo real muito aproximado ou previsível do serviço prestado.

7.ª — No caso dos autos, a recorrida — como lhe competia enquanto sujeito activo — nunca concretizou por deliberação — como o exige o artigo 29.° do Regulamento — ou por outro modo quais as infra-estruturas municipais ou quais os equipamentos por si construídos ou a construir ou a reforçar no futuro que fossem consequência directa ou indirecta de aprovação da nova operação urbanística ou que tenham beneficiado directa ou indirectamente o prédio a lotear.

8.ª — Vale isto por dizer que nenhuma utilidade prestou o município, directa ou indirectamente, ao sujeito passivo pagador da compensação.

9.ª — Pelo contrário: está provado nos autos que, por imposição da Câmara Municipal de Amarante, o sujeito passivo foi obrigado a ceder ao município, para se integrar no domínio público, quatro parcelas do prédio a lotear, com a área total de 2992,14 m^2, destinadas a área ajardinada, arruamentos, passeios e baias de estacionamento, parcelas essas que correspondem a 55,5% da área total do prédio.

10.ª — Foi ainda imposta pela Câmara Municipal de Amarante ao sujeito passivo a realização à sua custa de todas as obras de urbanização pressupostas pela operação de loteamento descritas no alvará;

11.ª — Bem como o pagamento da taxa pela execução de infra-estruturas urbanísticas, no montante liquidado pela Câmara Municipal de Amarante.

12.ª — O prédio loteado, como se prova nos autos, não estava servido pelas infra-estruturas referidas na alínea *b)* do artigo 30.° do Decreto-Lei n.° 448/91;

13.ª — E o loteador/sujeito passivo da compensação cedeu parcelas para todas essas infra-estruturas e para equipamentos públicos, como área ajardinada de utilização colectiva.

14.ª — A compensação liquidada e cobrada à recorrente mostra-se, por isso, completamente alheia ao custo de um suposto serviço prestado pelo município — que foi igual a zero — e com ele não tem qualquer conexão, nem sequer jurídica, mas muito menos de razoável equivalência económica, aparecendo-nos totalmente desligada do custo dessa contraprestação pública.

15.ª — Pelo que a compensação em causa configura-se como um tributo unilateral, isto é, como um imposto, porque quebrado se mostra, de forma irrefutável, o critério da sinalagmaticidade.

16.ª — Por outro lado, determina o artigo 30.° do Regulamento que o valor da compensação é calculado por uma comissão de avaliações, "segundo critérios definidos no Código das Expropriações".

17.ª — Os critérios utilizados pelo Código das Expropriações para determinar o valor corrente de mercado de um certo e determinado bem imóvel são aleatórios e subjectivos, dependendo exclusivamente de quem avalia;

18.ª — E, de qualquer modo, o resultado da avaliação é insindicável pelos tribunais, pelo que o sujeito passivo da compensação fica totalmente condicionada por critérios aleatórios, subjectivos e até discricionários.

19.ª — A exigência de um tributo, como a compensação em causa, porque se trata de uma exacção de natureza fiscal, não pode ficar dependente de critérios subjectivos, aleatórios, discricionários e insindicáveis jurisdicionalmente pelos sujeitos passivos seus pagadores, pois que a actividade tributária do município está sujeita aos princípios da legalidade fiscal e da igualdade tributária;

20.ª — E todos os pressupostos e critérios de determinação do *quantum* compensatório devem estar prévia e claramente definidas por lei ou, ao menos, por regulamento.

21.ª — Ora, o artigo 30.° do Regulamento aqui em discussão não define com precisão, objectividade e rigor, os critérios de determinação do *quantum* indemnizatório exigido e cobrado ao sujeito passivo, que fica dependente, em exclusivo, dos critérios, bom senso ou bom gosto — para sermos benévolos — da dita Comissão de Avaliação e, depois, da Câmara Municipal de Amarante que valida o laudo daquela comissão.

22.ª — Por tudo o exposto, as normas dos artigos 28.° a 32.° do Regulamento são organicamente inconstitucionais, por violação do disposto nos artigos 103.°, n.° 2, e 165.°, n.° 1, alínea *i)*, da Constituição;

23.ª — E ilegais por violação do disposto nos n.os 2 e 3 do artigo 4.° da Lei Geral Tributária» (fls. 293 a 315).

3. A recorrida apresentou as seguintes conclusões nas contra-alegações:

«1. Não foi a ora recorrente, mas sim a sua antecessora Sociedade de Construções Ribeiro, Brás & Guedes, Lda. que, em 9 de Fevereiro de 2001 requereu ao Presidente da Câmara Municipal de Amarante o licenciamento de uma operação de loteamento a incidir sobre o seu prédio que identificou.

2. Só em 16 de Setembro de 2002 foi emitido em seu nome, da recorrente, o alvará de obras de loteamento n.° 9/2002 a que respeitava aquele requerimento.

3. E isto porque por escritura pública de 24 de Julho de 2002 a recorrente tinha comprado à referida antecessora o seu prédio sobre o que incidia a acima citada operação de loteamento.

4. Depois, por seu requerimento de 26 de Julho de 2002, solicitou ao Presidente da Câmara Municipal de Amarante que fosse averbado em seu nome o processo de loteamento em causa. O que foi deferido por despacho da Vereadora do Pelouro de 19 de Agosto de 2002.

5. Logo, e espontaneamente aquela Sociedade de Construções Ribeiro, Brás & Guedes, Lda., na memória descritiva e justificativa, que acompanhava o seu requerimento inicial, declarou expressamente pretender pagar a compensação devida e não ceder terreno para equipamentos, invocando para tal o disposto no artigo 16.° do Decreto-Lei n.° 448/91.

6. Assim assumiu a obrigação legal de pagar compensação em dinheiro pela não cedência de terreno para equipamentos públicos.

7. Como sua sucessora, transmitiu-se para a recorrente aquela assumida obrigação.

8. A recorrente solicitou ao Presidente da Câmara Municipal de Amarante o pagamento da mesma compensação em prestações mensais.

9. A recorrente pagou a liquidada quantia referente à compensação e não lavrou qualquer protesto; nem fez declarações em contrário.

10. A recorrente, ao não honrar a palavra dada e escrita, dando o dito por não dito, defraudou a confiança da Câmara Municipal de Amarante, o que configura um manifesto *venire contra factum proprium*.

11. Pelo artigo 16.° do Decreto-Lei n.° 448/91 o loteador é obrigado a ceder gratuitamente à Câmara Municipal parcelas de terreno para espaços verdes públicos e de utilização colectiva, infra-estruturas e equipamentos públicos.

12. Obrigação essa já exigida pela legislação pregressa e mantida pela actual, designadamente pela nova redacção dada ao artigo 45.° do Decreto-Lei n.° 555/99, pela Lei n.° 60/2007, de 4 de Setembro.

13. A não cedência de terreno para cada um daqueles fins implica a obrigação de o loteador pagar tantas compensações quantas as não cedências de terreno para cada um dos mesmos fins.

14. A recorrente, nem a antecessora, não cederam terreno para equipamento público, daí ser obrigada legalmente a pagar compensação.

15. Pela referida e licenciada operação de loteamento foram constituídos três lotes para construção de habitação colectiva.

15.1 E neles edificados três edifícios de 5 pisos, 7 pisos e 6 pisos, respectivamente no lote 1, no lote 2 e no lote 3.

15.2 E em cada um desses edifícios foram construídos 17 fogos, 18 fogos e 14 fogos, também respectivamente, num total de 49 fogos.

16. Quer pela douta sentença do Tribunal Administrativo e Fiscal de Penafiel, quer pelo douto acórdão do Tribunal Central Administrativo Norte foi julgado ter a natureza de taxa a compensação devida pela não cedência gratuita de terreno para equipamentos públicos.

17. Imposto é a participação dos cidadãos nos gastos gerais da comunidade em cumprimento de um dever fundamental da cidadania.

18. Sobre a recorrida impendia a obrigação legal de pagar compensação pela não cedência de terreno para equipamentos públicos, como dispõe o artigo 16.°, n.° 4, do Decreto-Lei n.° 448/91.

19. Tal compensação tem a natureza de taxa.

20. Constitucionalmente é reconhecido às autarquias locais o poder regulamentar de cobrar taxas.

21. A não cedência de terreno pela recorrente para equipamentos públicos traduziu-se para ela numa grande vantagem e num grande benefício.

22. Vantagem e benefício esses muito grandes se se atender à área que teria de ceder para aqueles fins, atento o disposto na rubrica "Parâmetros de dimensionamento" do Quadro I da Portaria n.° 1182/92, de 29 de Dezembro, título "Equipamentos de utilização colectiva (£)".

23. Vantagem e benefício tão grandes que a cedência de terreno para equipamentos públicos não permitia a construção dos três referidos edifícios e consequentemente a edificação dos 49 fogos.

24. Do exposto resulta existir uma proporcionalidade real e material entre o montante da compensação paga e o grande benefício colhido pela não cedência de terreno para equipamentos públicos.

25. Os artigos 28.° a 32.° do regulamento citado pela recorrente não são organicamente inconstitucionais e não violam o disposto nos n.os 2 e 4 do artigo 4.° da Lei Geral Tributária; e não é aleatória a avaliação a que se reporta aquele artigo 30.°» (fls. 320 a 331).

4. Na fase de elaboração de projecto de acórdão, a relatora verificou que algumas normas que constituíam objecto do presente recurso não foram objecto de aplicação efectiva pela decisão recorrida, pelo que, ao abrigo do artigo 704.°, n.° 1, do Código de Processo Civil, aplicável *ex vi* do artigo 69.° da Lei do Tribunal Constitucional, ordenou a notificação da recorrente para que, querendo, se pronunciasse sobre a possibilidade de não conhecimento do recurso, quanto a essa parte (fls. 333).

Notificada para o efeito, a recorrente deixou expirar o prazo sem que viesse aos autos oferecer qualquer requerimento.

Assim sendo, cumpre apreciar e decidir.

II — Fundamentação

A) *Delimitação do objecto do recurso*

5. A título prévio, importa delimitar o objecto do presente recurso. Isto porque, apesar de a recorrente ter fixado como objecto do recurso as normas constantes dos artigos 28.° a 32.° do Regulamento Municipal para Liquidação e Cobrança de Taxas pelo Licenciamento de Obras Particulares e Ocupação da Via Pública por Motivo de Obras, Loteamento, Licenças de Utilização de Edifícios, Propriedade Horizontal, Licenciamento Sanitário, Taxa Municipal de Urbanização e Regime de Compensação, do Município de Amarante [de ora em diante abreviado por RMLT], verifica-se que:

i) A recorrida não acordou com a recorrente a cedência de parcelas de terreno de áreas superiores às exigíveis, conforme permitido pelo n.° 3 do artigo 31.° do RMLT;

ii) A recorrente não beneficiou da isenção prevista pelo artigo 32.° do referido Regulamento Municipal.

Como tal, é incontestável que a decisão recorrida não aplicou efectivamente as normas extraídas do n.° 3 do artigo 31.° e do artigo 32.° do RMLT, pelo que, por força do artigo 79.°-C da Lei do Tribunal Constitucional, não é possível tomar conhecimento daquela parte do objecto do recurso.

Frise-se ainda que não se apreciará a constitucionalidade da norma extraída do n.° 4 do artigo 16.° do Decreto-Lei n.° 448/91, de 29 de Novembro, por aquela não ter sido requerida pela recorrente, limitando-se assim este Tribunal a conhecer da constitucionalidade das normas já *supra* mencionadas do RMLT do Município de Amarante, "com a interpretação com que foram aplicados no douto acórdão recorrido de que a compensação em disputa tem a natureza de taxa e não de imposto e, portanto, de tributo bilateral e sinalagmático e não de tributo unilateral" (fls. 2839).

B) *Apreciação do mérito*

6. As normas que a recorrente reputa de inconstitucionais constam de Regulamento Municipal aprovado pela Assembleia Municipal de Amarante, sob proposta da respectiva Câmara Municipal, e são as seguintes:

"Artigo 28.°
Âmbito

Haverá lugar ao regime de compensação sempre que se verifique o previsto no artigo 16.° do Decreto-Lei n.° 448/91, de 29 de Novembro, com a redacção dada pelo Decreto-Lei n.° 334/95, de 28 de Dezembro, alterado por ratificação pela Lei n.° 26/96, de 1 de Agosto.

Artigo 29.°
Cedências

A Câmara Municipal delibera em cada caso ponderado as condicionantes se no prédio a lotear há lugar a cedência prevista no n.° 1 do artigo 16.° do Decreto-Lei n.° 448/91, de 29 de Novembro, alterado pelo Decreto-Lei n.° 334/95, de 28 de Dezembro, alterado por ratificação pela Lei n.° 26/96, de 1 de Agosto, designadamente as relativas a infra-estruturas viárias, espaços verdes, outros espaços de utilização colectiva e áreas para equipamento público, nos termos da Portaria n.° 1182/92, de 22 de Dezembro.

Artigo 30.°
Cálculo de compensação

O valor da compensação é determinado pela Câmara de acordo com a avaliação elaborada pela comissão de avaliações, calculando-se o custo do metro quadrado de terreno segundo os critérios definidos no Código das Expropriações, multiplicando-se pela área de terreno objecto de compensação, quando o prédio a lotear já estiver servido pelas infra-estruturas ou quando não se justificar a localização de qualquer equipamento público no dito prédio.

Artigo 31.°
Pagamento

1 — A compensação será paga em numerário ou por cedência de parcelas de terreno.

2 — O promotor do loteamento pode sempre optar pelo pagamento da compensação em numerário. Porém, só pode efectuar o pagamento em espécie quando pretenda ceder um ou mais lotes com área igual ou inferior á da cedência, pagando neste caso a diferença em numerário.

4 — O pagamento da compensação em numerário poderá ser autorizado em regime de prestações, de acordo com o plano a apresentar pelo loteador."

Enunciados os textos normativos em questão, importa então qualificar a natureza jurídica da compensação prevista no RMLT do Município de Amarante. Tal compensação, a pagar pelos requerentes de licenças de obras particulares no território daquele município, pode ser qualificada como "tributo pela realização de infra-estruturas urbanísticas". Mais complexa será a sua qualificação como "taxa" ou "imposto", questão que, de ora em diante, passaremos a apreciar.

7. Recentemente, este Tribunal teve oportunidade de identificar a divergência doutrinária a propósito da qualificação dos tributos pela realização de infra-estruturas urbanísticas. No Acórdão n.° 258/08, proferido em 30 de Abril de 2008 (disponível in *www.tribunalconstitucional.pt*), disse-se:

"A natureza jurídica das chamadas "taxas pela realização de infra-estruturas urbanísticas" foi tratada amiúde na doutrina e na jurisprudência.

Diogo Leite de Campos considerou que a "taxa" prevista no Regime Jurídico do Licenciamento das Operações de Loteamento e das Obras de Urbanização (Decreto-Lei n.° 400/84, de 31 de Dezembro), sendo devida independentemente da necessidade e do valor das infra-estruturas a realizar, era um imposto (em "Fiscalidade do urbanismo", comunicação publicada em *Direito do urbanismo*, p. 460, edição do Instituto Nacional da Administração, de 1989).

Freitas do Amaral considerou-a um imposto quando é o próprio particular que realiza, por sua conta, as obras de infra-estruturas urbanísticas (em *Direito do urbanismo (sumários)*, p. 119, edição pol. de 1993). No mesmo sentido se pronunciaram Osvaldo Gomes, (em *Direito do urbanismo*, comunicação publicada em "Direito das empresas", pp. 201 e segs., edição do Instituto Nacional de Administração, de 1990) e Fernando Condesso (em *Direito do urbanismo. Noções fundamentais*, p. 522, edição da *Quid iuris*, 1999).

Sérgio Vasques pronunciou-se no sentido destas "taxas" representarem genuínas contribuições especiais, informando que assim são consideradas na Alemanha, Brasil e Espanha (na *ob. cit.*, pp. 117-118, da edição de 2008, da Almedina).

António Afonso Marcos, analisando concretamente a "taxa de urbanização", prevista no Regulamento Municipal de Obras, aprovado pela Assembleia Municipal do Porto, em 5 de Junho de 1989, qualificou-a como uma contribuição especial, por não se revelar uma contrapartida de qualquer prestação individual de serviço a particulares (em "As taxas municipais e o princípio da legalidade fiscal", em *Fisco*, n.° 74/75, pp. 21 e segs.).

Eduardo Paz Ferreira, analisando concretamente a "taxa pela realização de infra-estruturas urbanísticas" aprovada pela Assembleia Municipal de Lisboa em reunião de 11 de Julho de 1991, a qual está em causa neste recurso, considerou que a mesma tinha a natureza de taxa, por ser a contrapartida da realização actual ou futura daquelas infra-estruturas (em "Ainda a propósito da distinção entre impostos e taxas: o caso da taxa municipal devida pela realização de infra-estruturas urbanísticas", em *Ciência e Técnica Fiscal*, n.° 380, pp. 59 e segs.).

Aníbal de Almeida, analisando o mesmo regulamento, pronunciou-se em sentido idêntico (na *ob. cit.*, pp. 35 e segs.).

Nuno Sá Gomes discordou, contudo, da posição de Eduardo Paz Ferreira, considerando a referida "taxa" um imposto, por não ter uma contrapartida devidamente individualizada, além de considerar o seu regime jurídico opaco, por se encontrar em regulamento camarário confuso e dificilmente acessível aos contribuintes (em "Alguns aspectos jurídicos e económicos controversos da sobretributação imobiliária no sistema fiscal português", em *Ciência e Técnica Fiscal*, n.° 386, pp. 92 e segs.).

Benjamim Rodrigues sobre o mesmo tributo "propendeu para afastar a qualificação como taxa", por falta de exigência de demonstração pela edilidade da existência de custos programados com a realização de infra-estruturas e por permitir a cobrança de prestações futuras, cuja possibilidade de realização é aleatória. Qualificou também como um imposto a Taxa, criada pelo Regulamento Municipal sobre taxas e cedências relativas à administração urbanística do Município de Coimbra, publicado a coberto do edital n.° 34/99 (na *ob. cit.*, pp. 202 e segs.).

Casalta Nabais "inclina-se no sentido da natureza de taxa" de tal tributo, chamando a atenção que essa conclusão só pode, contudo, ser confirmada, tendo em conta o recorte de cada "taxa" em concreto, procedendo-se, em cada caso, à averiguação, de um lado, da existência da bilateralidade que caracteriza as taxas e, de outro, da existência de uma equivalência entre as prestações (em "Tributação e urbanismo no direito europeu", na Revista do Centro de Estudos de Direito do Ordenamento, do Urbanismo e do Ambiente, n.° 13, Ano VII, n.° 4, pp. 23-25, "Por um estado fiscal suportável. Estudos de direito fiscal", pp. 316-319 e 586-590, edição de 2005, da Almedina, e em "Fiscalidade do urbanismo", em *O sistema financeiro e fiscal do urbanismo. Ciclo de Colóquios: o direito do urbanismo do século XXI*, pp. 53-55)."

Não se verifica pois um consenso quanto à qualificação daquele tributo. Contudo, de todas as posições doutrinárias referidas extrai-se um acordo quanto ao elemento decisivo da natureza sinalagmática do tributo, para que tal possa ser qualificado como "taxa" (assim, ver, por exemplo, Casalta Nabais, "Tributação e Urbanismo no Direito Europeu", in *Estudos em Homenagem ao Prof. Doutor*

Joaquim Moreira da Silva Cunha, 2005, Faculdade de Direito da Universidade de Lisboa, pp. 486 e 487). Ou seja, caso seja possível demonstrar que a "compensação" visa efectivamente funcionar como contrapartida financeira da prestação por uma entidade pública com vista à disponibilização à comunidade de infra-estruturas urbanística estaremos perante uma taxa.

Daqui decorre que, caso seja possível demonstrar que a compensação prevista e densificada nos artigos 28.° a 31.°, n.° 1, do RMLT, assegura um mínimo de correspectividade entre o valor a suportar e o benefício retirado pelo recorrente, tal tributo deve ser qualificado como "taxa". Caso contrário, deverá ser qualificado como "imposto".

Ora, precisamente a propósito de tributos locais relativos à disponibilização de infra-estruturas urbanísticas, o Tribunal Constitucional tem sedimentado a sua jurisprudência no sentido de que a natureza de taxa dependerá da detecção de uma contrapartida específica a prestar pela autarquia local. Sobre o Regulamento Municipal de Amarante, ora em apreço — ainda que relativamente a normas distintas —, foi dito o seguinte (cfr. Acórdão n.° 357/99, publicado in *Diário da República*, II Série, de 2 de Março de 2000):

> "(...)
>
> Incidindo a taxa sobre obras de construção, reconstrução ou ampliação de edificações destinadas a habitação, indústria, comércio e profissões liberais (em terrenos não loteados) ou sobre operações de loteamento nos termos do artigo 1.° do Decreto-Lei n.° 400/84 e legislação complementar, relativamente aos lotes servidos por arruamentos públicos existentes (artigos 2.°, corpo e 3.°, corpo), desde logo se pode concluir que o "objectivo" referido no artigo 1.° não traduz uma mera afectação financeira das receitas provenientes da cobrança da taxa, mas a compensação das despesas efectuadas, ou a efectuar, pelo município, causadas, directa ou indirectamente, pelas obras sobre que a taxa incide.
>
> Determinando estas obras a necessidade, actual ou futura, de realização de infra-estruturas urbanísticas, tais como as enunciadas no corpo do artigo 1.°, elas constituem, afinal, a contraprestação da autarquia, o serviço prestado pela autarquia conexionado com o pagamento da taxa.
>
> Este nexo surge, aliás, mais nítido quando, nos termos do artigo 2.°, n.° 1, do Regulamento se dispõe que a "cobrança não será efectuada sempre que se realizem obras em terrenos já onerados anteriormente com semelhante encargo" e no n.° 2 do mesmo artigo se estabelece que a taxa não será cobrada nos casos de edificações de "pequena importância, sem actividade própria e/ou independente"; e, ainda, quando, em lotes servidos por algumas infra-estruturas a cargo do loteador, a cobrança se limita, por força do artigo 3.°, n.° 2, "em função da parte das infra-estruturas que não fiquem realizadas" ou quando, no artigo 4.°, se dispõe que a taxa não será cobrada nos casos de "obras de construção em loteamento cujas infra-estruturas tenham sido custeadas pelo promotor do loteamento e integradas no domínio público".

Esta delimitação negativa da incidência da taxa revela, claramente, que o tributo visa corresponder a serviços prestados, ou a prestar, pela autarquia numa conexão directa com as obras realizadas."

Noutra oportunidade, através do Acórdão n.º 410/00, do Plenário, o Tribunal Constitucional (com seis votos de vencido), a propósito de um Regulamento Municipal da Póvoa do Varzim, adoptou uma concepção de sinalagmaticidade meramente jurídica ou formal:

"Colhe-se deste enunciado que o serviço prestado pela autarquia está conexionado com o pagamento do tributo e encerra a ideia de contraprestação específica. Que assim é, corrobora o artigo 4.º do diploma — "regime especial dos loteamentos" — que não sujeita a essa taxa as obras de construção a realizar nos loteamentos urbanos com infra-estruturas a cargo do loteador, quando a licença tenha sido titulada por alvará de loteamento passado há menos de cinco anos e tramitado de acordo com o § único do artigo 5.º do mesmo texto (n.º 1 do preceito), ao passo que no caso de construção sita em lote onde tenha sido cobrada essa taxa e não se encontre esgotado aquele prazo, apenas haverá lugar a cobrança adicional se a construção exceder a área sobre a qual foi a taxa calculada (n.º 2).

Encontram-se, assim, por um lado, especificadas as situações susceptíveis de originarem a cobrança da taxa, individualizando-se, inclusivamente, as operações em que são percebidas pelos particulares as utilidades inerentes às infra-estruturas urbanísticas. São as mesmas expressão da iniciativa autárquica na realização daquelas infra-estruturas e na execução dos equipamentos públicos necessários à utilização colectiva dos munícipes.

(...)

A realização de infra-estruturas urbanísticas ocorre, por via de regra, na fase das operações de loteamento, nomeadamente quando os municípios assumem uma função de estímulo à iniciativa de urbanização e de construção (proporcionando a abertura de arruamentos, construindo infra-estruturas de abastecimento de água e de saneamento, por exemplo). O que se compreende: o loteamento urbano constitui um instrumento típico de transformação urbanística do solo, fazendo-se acompanhar, como tal, e normalmente, das operações materiais necessárias e implícitas à iniciativa.

No entanto, o apontado nexo de conexão justificativo da taxa não tem de funcionar sincronicamente — designadamente quando, como é o concreto caso, se está perante uma operação de reconstrução ou ampliação de edifícios, e, como parece suceder no concelho em causa, a ajuizar pelo pequeno exórdio do Regulamento, quando a pressão da iniciativa privada da construção se depara com as dificuldades financeiras municipais para custear as respectivas obras de urbanização.

Digamos que ainda aqui funciona a lógica de interacção em que a taxa se insere (e a que o Acórdão n.º 1108/96 alude), bastando-se com a sinalagmaticidade construída juridicamente, já anteriormente mencionada."

Ainda que com vários votos de vencido, considerou-se então que, em caso de dificuldades financeiras do município para custear as obras de construção de infra-estruturas urbanísticas, nem sequer seria exigível uma imediata realização dessas mesmas obras, para que se julgasse preenchido o requisito da sinalagmaticidade. Exigido era que o tributo a suportar pelo requerente do licenciamento se traduzisse numa contra-prestação (ainda que diferida no tempo) por parte da entidade licenciadora.

8. Impõe-se, então, determinar se a compensação exigida pela recorrida à recorrente se reveste da necessária sinalagmaticidade, de modo a que possa ser considerada como "taxa".

Com efeito, foi dado por provado — entre outros factos não relevantes para o âmbito do presente recurso — que:

1.°) Em 8 de Fevereiro de 2001, a sociedade comercial Construções Ribeiro, Brás & Guedes, Lda., a quem a recorrente comprou posteriormente o terreno alvo de licenciamento, em 26 de Julho de 2002, se comprometeu a executar ou custear todas as obras referentes a infra-estruturas, constantes da memória descritiva (cfr. §§ 2.° e 13.° da matéria provada rectificada, a fls. 268 e 270, respectivamente);

2.°) Nessa data, aquela sociedade — a quem sucedeu a recorrente — declarou não pretender fazer cedências de térreo para equipamentos públicos, preferindo pagar uma compensação fixada nos termos do artigo 16.°, n.° 4, do Decreto-Lei n.° 448/91 (cfr. § 2.° da matéria provada rectificada, a fls. 268);

3.°) A recorrente cedeu diversas parcelas de terreno, num total de 2 992,14 m^2, destinadas a área ajardinada, arruamentos, passeios e baia de estacionamento (cfr. § 18.° da matéria provada rectificada, a fls. 271).

Por sua vez, em primeira instância, entendeu-se que:

> "Em suma, a manter-se a cedência de terrenos e a compensação nos moldes atrás relatados, considera-se que tal situação acarreta uma dupla penalização para a impugnante que, no mínimo, é injusta e não pretendida pelo legislador (...)." (fls. 201 a 203)

No entanto, após recurso interposto pela ora recorrida, o Tribunal Central Administrativo do Norte viria a entender que:

> "Recapitulando, estando o proprietário de um loteamento obrigado, por princípio, por regra, a ceder, à câmara municipal, parcelas de terreno para espaços verdes públicos e de utilização colectiva, infra-estruturas e equipamentos públicos, pode ficar isento, dispensado, de tais cedências, destinadas às infra-estruturas e aos equipamentos públicos, se o prédio já estiver servido pelas primeiras ou não

se justificar a implantação dos segundos, sendo que, então, em substituição dessa obrigação principal, originária, de cedência, fica obrigado a pagar, em ordem a repartir o benefício económico derivado de não ter de entregar gratuitamente terreno, que, no futuro, poderá vir a alienar incorporado nas construções projectadas, à mesma entidade camarária, uma compensação em numerário ou espécie, não se vislumbrando obstáculo, impedimento legal ou lógico, a que se cumule a realização de cedência por um motivo com a obrigação do pagamento da compensação por outra razão; obviamente, se fizer cedências de terreno para infra-estruturas e equipamentos não pode ser compelido ao pagamento da compensação em apreço.

O estabelecimento desta óptica de entender o regime legal em análise implica, desde já, a impossibilidade de acolhermos a pronúncia, vertida na sentença apreciada, no sentido de que, tendo sido feitas cedências de parcelas de terreno para as obras de urbanização, não havia lugar à liquidação e pagamento da compensação impugnada. Efectivamente, como decorre da factualidade apurada, as cedências foram feitas para "arruamentos, baia de estacionamento, passeios e área ajardinada", ou seja, destinaram-se aos espaços verdes e de utilização colectiva e às infra-estruturas viárias previstas nos n.ºs 1 dos artigos 15.° e 16.° Decreto-Lei n.° 448/91, de 29 de Novembro, não tendo, inquestionavelmente, sido destinada, afecta, qualquer parcela de terreno a equipamentos públicos, ou seja, a "edificações destinadas à prestação de serviços à colectividade (saúde, educação, assistência social, segurança, protecção civil ...), à prestação de serviços de carácter económico (matadouros, feiras ...) e à prática, pela colectividade, de actividades culturais, de desporto e de recreio e lazer ... Ora, neste circunstancialismo, como vimos, o artigo 16.°, n.° 4, do Decreto-Lei n.° 448/91, de 29 de Novembro, não só, não impede, como, impõe, a par da cedência para infra-estruturas, o pagamento de compensação, designadamente, em dinheiro, pela não entrega gratuita de parcelas de terreno destinadas a equipamentos públicos.

Na decisão recorrida, além do fundamento vindo de avaliar, com relevo, expendeu-se que cabia à Câmara Municipal de Amarante, se pretendia, para lá da cedência de terrenos ocorrida, receber a compensação em litígio, "concretizar devidamente quais os equipamentos públicos já existentes e por si construídos, ou a existir ou a serem reforçados em função do novo empreendimento". Respeitosamente, apesar de se percepcionarem e entenderem os desígnios de clarificação, objectividade e legitimação ínsitos a esta proposição, não conseguimos (na ausência de apontamento explícito, por parte do seu autor) encontrar-lhe qualquer mínimo e inequívoco suporte justificativo, no conjunto dos normativos legais reguladores dos aspectos jurídicos da matéria em causa.

Ao invés, presente o conteúdo da Portaria n.° 1182/92, de 22 de Dezembro, *maxime*, a respectiva e introdutória exposição de motivos, que prevê terem de ser, os parâmetros fixados, no diploma, para dimensionamento das parcelas destinadas, além do mais, a equipamentos públicos, obrigatoriamente contemplados "em operações de loteamento a realizar em áreas não abrangidas por planos municipais de ordenamento do território e ainda naquelas em que o plano municipal de ordenamento do território em vigor não defina os respectivos valores", julgamos não

> ter sido querido, pelo legislador, impor, às câmaras municipais, a específica obrigação de concretizar, identificar, individualizar, equipamentos a implantar em todos e cada um dos loteamentos que licenciam, como condição para poderem receber a compensação prevista no artigo 16.°, n.° 4, do Decreto-Lei n.° 448/91, de 29 de Novembro; apenas se lhes exige que contemplem, em cada operação de loteamento, visando reduzir a arbitrariedade e delimitar a discricionariedade, valores mínimos de parcelas de terreno a envolver nas cedências prescritas e fixadas por lei. Ademais, tal eventual exigência de concretização brigaria, directa e obrigatoriamente, com a possibilidade, outorgada pelo coligido artigo 16.°, n.° 4, de não se justificar a localização de qualquer equipamento público no prédio a lotear, consubstanciando esta hipótese, precisamente, o elemento despoletador da obrigação, para o proprietário, de pagar uma compensação em dinheiro ou espécie.
>
> Na hipótese *sub judice*, constata-se que, perante a manifestada preferência, da sociedade requerente inicial do loteamento, de pagar uma compensação em vez de ceder terreno para equipamentos públicos, no seguimento de informação dos seus serviços técnicos — cfr. pontos 3.°, 8.° e 11.° dos factos provados, a Câmara Municipal de Amarante, atendendo à localização do prédio a lotear, considerou "aceitável" tal proposta, ou seja, implicitamente, reputou não justificada, teve por não exigível e previsível, a localização de qualquer equipamento público no perímetro do prédio objecto de loteamento, pelo que, constituiria absoluto contrasenso impor-lhe a concretização preconizada na sentença. Ora, não se justificando essa instalação de equipamentos, resultou, sem mais, preenchido o pressuposto, positivado no artigo 16.°, n.° 4, do Decreto-Lei n.° 448/91, de 29 de Novembro, para o nascimento da obrigação de lhe ser paga a compensação em disputa; aliás, livremente aceite e proposta cumprir pela sociedade que impetrou licença para o loteamento" (fls. 274 e 275).

A decisão recorrida operou pois uma cisão entre "infra-estruturas urbanísticas" e "equipamento públicos", considerando que, mesmo que tenham sido cedidas parcelas de terreno com vista à construção das primeiras, manter-se-ia como exigível o pagamento de uma compensação pela não utilização do terreno licenciado para a construção de "equipamentos públicos".

Ora, com efeito, o n.° 1 do artigo 16.° do Decreto-Lei n.° 448/91, acolhe precisamente esta distinção, determinando que "o proprietário e os demais titulares de direitos reais sobre o prédio a lotear cedem gratuitamente à câmara municipal parcelas de terreno para espaços verdes públicos e de utilização colectiva, infra-estruturas, designadamente arruamentos viários e pedonais, e equipamentos públicos, que, de acordo com a operação do loteamento, devam integrar o domínio público". Por sua vez, o n.° 4 do mesmo preceito legal dispõe que "se o prédio a lotear já estiver servido pelas infra-estruturas referidas na alínea *b*) do artigo 3.° ou não se justificar a localização de qualquer equipamento público no dito prédio, não há lugar a cedências para esses fins, ficando, no entanto, o proprietário obrigado a pagar à câmara municipal uma compensação em numerário ou espécie, nos termos definidos em regulamento aprovado pela assembleia municipal".

Reitera-se que o objecto do presente recurso não integra as normas extraídas dos preceitos *supra* citados, por exclusiva opção da recorrente. Contudo, na medida em que as próprias normas em apreciação remetem para aquele regime jurídico (cfr. artigos 28.° e 29.° do RMLT), importa sublinhar que a interpretação normativa ora em apreço consiste na consideração de que as normas extraídas dos artigos 28.° a 31.° do RMLT do Município de Amarante permitem a sujeição dos requerentes de licenciamento de obras particulares ao pagamento de uma compensação, sendo essa compensação considerada como "taxa" e não como "imposto". E é só isto que este Tribunal apreciará.

Apesar de não se ter dado por provado que a recorrida tivesse executado, ou sequer planeado a construção de quaisquer "equipamentos públicos", a decisão recorrida entendeu que o legislador não teria pretendido impor às câmaras municipais a especificação de quais os "equipamentos públicos" projectados para terrenos de construção particular a licenciar, tendo-lhe mesmo permitido afirmar a falta de interesse na construção de tais "equipamentos públicos", sem que tal afastasse o dever de pagamento da compensação referida nos artigos 28.° a 31.° do RMLT do Município de Amarante.

A questão que se coloca é a de saber se nesse caso ainda se pode dizer que estamos perante uma "taxa" ou se já estaremos perante um "imposto".

Ora, a "pedra de toque" da jurisprudência do Tribunal Constitucional, com vista à distinção entre "taxa" e "imposto" (entre muitos outros, citem-se os Acórdãos n.° 457/87, n.° 412/89, n.° 53/91, n.° 148/94 e n.° 357/99, todos disponíveis in *www.tribunalconstitucional.pt*) é a correspectividade sinalagmática do tributo.

No caso em apreço, a verdade é que, estejam ou não projectados no terreno a licenciar, os "equipamentos públicos", eles, mais cedo ou mais tarde, vão ser necessários ou então já existem. Não poderá ser de outro modo.

Como nem a jurisprudência deste Tribunal nem a doutrina exigem que a correspectividade equivalha a plena equivalência económica, admitindo-se uma ponderada divergência entre a vantagem auferida e o montante a suportar, no caso em apreço ainda se está perante uma "taxa" (assim, ver Benjamim Rodrigues, "Para uma Reforma do Sistema Financeiro e Fiscal do Urbanismo em Portugal", in *Actas do I.° Colóquio Internacional — O Sistema Financeiro e Fiscal do Urbanismo*, 2002, Coimbra; Maria José Castanheira Neves / Fernanda Paula Oliveira / Dulce Lopes, *Regime Jurídico da Urbanização e Edificação — Comentado*, 2006, Coimbra, p. 487).

Além disso, para o Tribunal Constitucional, a correspectividade jurídica entre taxa e prestação não exige uma absoluta contemporaneidade entre a cobrança do tributo e a fruição do benefício decorrente da actividade prestadora desenvolvida pela entidade pública. Veja-se, por exemplo, o Acórdão n.° 274/04:

"No entanto, o apontado nexo de conexão justificativo da taxa não tem de funcionar sincronicamente — designadamente quando, como é o concreto caso, se está perante uma operação de reconstrução ou ampliação de edifícios, e, como parece suceder no concelho em causa, a ajuizar pelo pequeno exórdio do regulamento, quando a pressão da iniciativa privada da construção se depara com dificuldades financeiras municipais para custear as respectivas obras de urbanização."

Desta linha jurisprudencial decorre não ser desconforme à Constituição que o pagamento de determinada taxa não dê lugar imediato à efectivação imediata e sincrónica da prestação, *in casu*, a construção de equipamentos públicos no terreno da ora recorrente.

Em suma, tratando-se de uma taxa não se verifica a sujeição a reserva de lei parlamentar do artigo 165.°, n.° 1, alínea *i)*, da Constituição, pelo que sempre poderia ser aprovada por regulamento municipal.

III — Decisão

Pelos fundamentos expostos, decide-se negar provimento ao recurso na parte em que dele se conhece.

Custas devidas pela recorrente, fixando-se a taxa de justiça em 25 unidades de conta, nos termos do artigo 7.° do Decreto-Lei n.° 303/98, de 7 de Outubro.

Lisboa, 8 de Julho de 2009. — *Ana Maria Guerra Martins — Maria Lúcia Amaral — Vítor Gomes — Carlos Fernandes Cadilha — Gil Galvão.*

Anotação:

1 — Acórdão publicado no *Diário da República*, II Série, de 18 de Agosto de 2009.

2 — Os Acórdãos n.os 412/89, 53/91, 148/94, 357/99, 410/00, 274/04 e 258/08 estão publicados em *Acórdãos*, 13.° Vol., Tomo II, 18.°, 27.°, 44.°, 48.°, 59.° e 71.° Vols., respectivamente.

ACÓRDÃO N.º 345/09

DE 8 DE JULHO DE 2009

Não julga inconstitucional a norma do n.º 4 do artigo 5.º do Código do Registo Predial, interpretada no sentido de que o adquirente de um imóvel em venda judicial efectuada em processo de execução não é "terceiro para efeitos de registo", relativamente a um adquirente a quem o executado o haja vendido, anteriormente ao registo da penhora, mas que não tenha registado a aquisição.

Processo: n.º 35/05.
Recorrentes: Manuel da Cunha Rodrigues e mulher.
Relator: Conselheiro Vítor Gomes.

SUMÁRIO:

I — O instituto do registo predial tem o fim primordial de assegurar a estabilidade e segurança do comércio jurídico imobiliário, servindo os interesses comunitários de segurança, fluidez e celeridade do tráfego jurídico, compensando os riscos de um sistema de constituição e transferência de direitos reais sobre imóveis fundado na causalidade e na consensualidade, como é o português.

II — Embora se reconheça que a estabilidade e segurança do comércio jurídico imobiliário seria mais proficuamente atingida se a oponibilidade, ao credor penhorante e ao subsequente adquirente de aquisição por via de negócio com o titular tabular, ficasse dependente do registo, ou seja, se terceiros para efeitos do artigo 5.º do Código do Registo Predial não fossem apenas aqueles que adquiriram do mesmo causante direitos incompatíveis por acto negocial, mas também aqueles cujos direitos tenham esse causante como sujeito passivo, ainda que por virtude de acto jurídico não identificável com um acto de vontade do titular, não pode qualificar-se a solução que resulta do conceito restrito de terceiro para efeitos de registo como arbitrária ou inteiramente desrazoável face ao sistema de registo predial vigente.

III — Não é possível retirar do artigo 2.° da Constituição, com os princípios e subprincípios que nele encontram arrimo, a imposição de um dado sistema de registo ou de regime de constituição e transferência dos direitos sobre imóveis, podendo o legislador optar por privilegiar a segurança do comércio jurídico, penalizando o adquirente anterior que tenha sido negligente quanto ao ónus de efectuar o registo ou, ao invés, dar prevalência à situação substantiva real.

IV — Entre o adquirente por via negocial que não procedeu ao registo e o adquirente na venda executiva de um bem que foi penhorado quando não integrava já o património do executado, o legislador optou por sobrepor a realidade substantiva àquilo que as tábuas do registo revelam, tendo optado pela solução que privilegia a justiça, sacrificando a segurança do comércio jurídico, o que é uma opção de política legislativa que cabe no balanceamento entre a justiça e a segurança cometido ao legislador democraticamente legitimado, que goza neste domínio de amplíssima liberdade de conformação.

V — Da consagração, como tarefa fundamental do Estado, do objectivo de garantir a efectivação dos direitos económicos e sociais mediante a transformação das estruturas económicas e sociais não pode retirar-se um *indirizzo* ao legislador no sentido de consagrar um determinado sistema de registo predial ou uma solução quanto à oponibilidade dos actos não registados que se tenha por mais compatível com o desenvolvimento do comércio imobiliário.

VI — A norma em causa não priva nem restringe o âmbito de nenhuma das componentes que é possível incluir no âmbito da tutela constitucional da propriedade privada, limitando-se a estabelecer o critério para resolver o conflito entre títulos de aquisição incompatíveis, conduzindo a que ao adquirente na venda executiva posterior a uma aquisição negocial não registada não seja reconhecido o direito de propriedade sobre determinado bem em confronto com o primeiro adquirente.

VII — A norma sob apreciação não restringe nem sequer condiciona a liberdade de iniciar e desenvolver qualquer actividade económica (liberdade de criação de empresa, liberdade de investimento, liberdade de estabelecimento), nem a liberdade de organização, gestão e actividade da empresa, matérias que são absolutamente estranhas ao seu conteúdo dispositivo.

Acordam na 3.ª Secção do Tribunal Constitucional:

I — Relatório

1. Manuel da Cunha Rodrigues e mulher Maria Alzira Vilaça Pinto (réus na acção, ora recorrentes), adquirentes de uma fracção autónoma de um prédio

constituído em propriedade horizontal, em venda judicial efectuada num processo de execução à ordem do qual estava penhorada, recorrem para o Tribunal Constitucional, ao abrigo da alínea *b*) do n.° 1 do artigo 70.° da Lei n.° 28/82, de 15 de Novembro (LTC), do acórdão do Supremo Tribunal de Justiça de fls. 500 e segs. que, negando a revista de acórdão do Tribunal da Relação de Guimarães, manteve a sua condenação a reconhecerem o direito de propriedade de Francisco Cardoso Guimarães e mulher Otília Silva Oliveira (autores na acção, ora recorridos), que haviam celebrado com o executado escritura de compra e venda da mesma fracção anteriormente à penhora, mas que só posteriormente à venda no processo de execução vieram a registar a sua anterior aquisição por via negocial.

2. Inicialmente, o relator proferiu decisão sumária de não conhecimento do objecto do recurso, nos termos do n.° 1 do artigo 78.°-A da Lei do Tribunal Constitucional. Tendo sido deferida reclamação dos recorrentes, foi ordenado o prosseguimento do recurso com vista à apreciação da constitucionalidade da norma do n.° 4 do artigo 5.° do Código do Registo Predial, interpretado no sentido de que o adquirente de um imóvel em venda judicial efectuada em processo de execução não é "terceiro para efeitos de registo" relativamente a um adquirente a quem o executado o haja vendido, anteriormente ao registo da penhora, mas que não tenha registado a aquisição.

3. Nas alegações que apresentaram, os recorrentes sustentaram as seguintes conclusões:

> "1.° — É inconstitucional a norma do artigo 5.°, n.° 4, do Código do Registo Predial quando interpretada no sentido de que o arrematante em venda executiva, como é o caso dos aqui recorrentes, não é terceiro para efeitos de registo. Na verdade,
>
> 2.° — Quem adquire em venda executiva adquire directamente do executado que, com ou sem vontade de vender, é o sujeito donde promana o direito ao bem vendido, gerando-se, assim, uma aquisição derivada em que o executado é o transmitente.
>
> 3.° — Ao adquirente em venda executiva não pode ser oposto qualquer outro negócio translativo da propriedade, ainda que anterior, que não haja sido registado aquando da inscrição no registo do título emitido subsequentemente a essa venda judicial.
>
> 4.° — Relativamente aos bens imóveis, a venda judicial tem, quer para efeitos de determinação da prioridade da realização dos negócios, quer para efeitos da prioridade da inscrição no registo predial desses negócios, pelo menos, a mesma eficácia que a venda por escritura pública.
>
> 5.° — A não ser assim, isto é, a considerar, como o fez o acórdão do Supremo Tribunal de Justiça, que o adquirente em venda executiva não é terceiro

par efeitos de registo, por não haver adquirido de um mesmo e comum transmitente, estar-se-á a violar o direito constitucional à propriedade privada, consagrado nos artigos 17.°, 18.° e 62.° da Lei Fundamental;

6.° — Estar-se-á a violar, além do mais, os princípios da estabilidade, da certeza e da confiança representados pelo instituto do registo predial, o que é manifestamente inconstitucional por violação dos próprios princípios básicos do Estado de direito consagrados nos artigos 2.°, 3.° e 9.°, alíneas *b*) e *d*), da Constituição;

7.° — Estar-se-á a violar a segurança e a confiança jurídicas da comunidade em geral garantidos pelo registo predial, na medida em que este concorre decisivamente para a segurança do tráfico jurídico imobiliário, essencial à plena eficácia do princípio constitucional da liberdade de iniciativa económica reconhecido no artigo 80.°, alínea *c*), da Constituição da República Portuguesa.

8.° — A decisão do acórdão do Supremo Tribunal de Justiça é, igualmente, ilegal, por desconsideração do disposto no artigo 824.° do Código Civil já que este, claramente, refere que o executado é o transmitente na venda executiva e de que com essa venda caducam todos os direitos reais que não tenham registo anterior à respectiva penhora.

9.° — Acresce que, se não se entender que o arrematante em hasta pública é terceiro para efeitos de registo, nos termos restritos consagrados pelo acórdão n.° 3/99 e pelo artigo 5.°, n.° 4, do Código do Registo Predial, então são este acórdão e este normativo — e não já a interpretação que dele fez o acórdão do Supremo — que se encontram feridos de inconstitucionalidade, por directa afronta dos princípios constitucionais vertidos nos artigos 17.°, 18.°, 62.° e 80.°, alínea *c*), da Lei Fundamental, pelos motivos expostos nas conclusões precedentes — inconstitucionalidade que vai, igualmente, invocada. Com efeito,

10.° — Se a lei vigente, isto é, o artigo 5.°, n.° 4, do Código do Registo Predial não considera que o adquirente em venda executiva é terceiro para efeitos de registo é, então, o próprio preceito e a acepção restrita que estão feridos de inconstitucionalidade, na medida em que a sua aplicação leva à preferência de uma aquisição anterior não registada a uma outra posterior, legítima e formal, primeiramente registada.

11.° — Tais normativos constitucionais [de entre outros, os artigos 2.°, 3.°, 9.°, alíneas *b*) e *d*), 17.°, 18.°, 62.°, 80.°, alínea *c*)], e os princípios da segurança, estabilidade e confiança no tráfico jurídico, que o registo predial consubstancia e representa, quedarão igualmente lesados e feridos, com a consequente inconsideração das regras registrais, se for admitida a interpretação que o Supremo Tribunal de Justiça fez dos artigos 1251.°, 1256.°, e 1268.° do Código Civil na medida em que se reconheceria aos recorridos o direito de juntar à sua posse a posse dos anteriores proprietários da fracção em causa, e opor essa posse, desse modo usucapiente, aos recorrentes.

12.° — Sendo, também ilegal, na medida em que desconsidera totalmente o estabelecido no artigo 1415.° do Código Civil, já que a fracção autónoma é um novo objecto de direitos, uma nova coisa, autónoma e independente do prédio onde foi erigido o edifício em que se integra.

13.° — De facto, se ao adquirente em venda executiva não é oponível o contrato de compra e venda anteriormente outorgado, mas posteriormente registado, também lhe não é oponível a posse dos ante-possuidores a que o primeiro adquirente acede em virtude desse contrato,

14.° — Já que a única posse que lhe poderá ser oposta é aquela que nasce *ex novo*, na sua mão, pois só em relação a essa se pode falar de inoperância ou desinteresse (susceptíveis de gerar usucapião) do segundo adquirente, *in casu*, os recorrentes."

Por seu turno, os recorridos concluíram do seguinte modo:

"1 — O registo predial tem carácter meramente declarativo e publicitário, não conferindo quaisquer direitos, ou seja, o registo predial não tem carácter constitutivo.

2 — Foi o entendimento restrito da concepção de terceiros para efeitos de registo que recebeu consagração no n.° 4 do artigo 5.° do Código do Registo Predial.

3 — Quer o Tribunal da Relação, quer o Supremo Tribunal de Justiça adoptaram um conceito restrito de terceiro e, nessa medida, concluíram que o comprador do imóvel na venda judicial, não se enquadra no conceito de terceiro para efeitos de registo, relativamente aos recorridos a quem anteriormente a executada (antes 1.ª ré no processo) o havia vendido, embora eles recorridos não tivessem registado a aquisição, prevalecendo, assim, a primeira venda feita aos recorridos.

4 — Ambas as instâncias entendem que o executado não deve ser visto como o verdadeiro vendedor e que o direito de propriedade derivado de venda judicial advém para o respectivo titular por força da lei e não por acto do executado, enquanto que o direito derivado de compra e venda advém para o respectivo titular por mero efeito do contrato, não se podendo falar da ocorrência de dois direitos adquiridos do mesmo transmitente.

5 — Tendo já o executado vendido o bem aos ora recorridos quando a penhora foi feita este, aquando a venda executiva, já não lhe pertencia, e como tal não estava sujeito à execução.

6 — Se é certo que a venda em execução transfere para o adquirente os direitos do executado nos termos do artigo 824.° do Código Civil, a verdade é que é nula a venda de coisa alheia.

7 — À execução estão sujeitos apenas os bens do devedor, nos termos do artigo 821.° do Código de Processo Civil.

8 — O Tribunal da Relação e o Supremo Tribunal de Justiça adoptaram uma posição, relativamente ao conceito de terceiro para efeitos de registo, e relativamente ao caso em apreço coincidente com a posição maioritária da jurisprudência prévia ao acórdão uniformizador n.° 15/97, de 20 de Maio de 1997 e com a posição tradicional de Manuel de Andrade, donde se conclui que não está ferida de inconstitucionalidade a interpretação que foi feita do artigo 5.°, n.° 4, do Código do Registo Predial e o próprio artigo 5.°, n.° 4.

9 — Esta é a posição mais consentânea com uma efectiva jurisprudência de interesses e com a circunstância de, entre nós, o registo dos prédios não ser obrigatório (nem existir um cadastro predial geométrico actualizado), nem obrigatória a imediata comunicação pelo notário ao conservador de registo predial, de que uma escritura pública foi celebrada.

10 — Não seria legítimo que os recorridos, após terem celebrado o negócio de compra e venda da fracção em causa, mediante escritura de compra e venda, terem ocupado o prédio desde a data da compra, terem pago as contribuições, a água, a luz, enfim, terem-se comportado como verdadeiros proprietários que, de resto são, verem arredado esse seu direito por mero efeito de um registo.

11 — Os efeitos da falta de registo, cuja importância a generalidade das pessoas não assimila bem, não conhecem ou conhecem vagamente, é contrariada pela insegurança e intranquilidade do reverso da situação, pois, após se comprar, pagar e cumprir a formalidade consubstanciada em escritura celebrada no notário, essa sim ritologia bem assimilada e integrada no acervo cultural das populações, depara-se, surpreendentemente com o objecto da compra a pertencer a outrém, por efeito de um registo.

12 — Haveria, sim, violação da propriedade privada se os recorrentes, que cumpriram todas as formalidades inerentes a um negócio de compra e venda, perdessem o seu direito de propriedade por mero efeito de um registo.

13 — O adquirente da posse, por título diverso da sucessão por morte, tem a faculdade de unir ou juntar à sua própria posse a do seu antecessor.

14 — À norma do artigo 1 256.° do Código Civil apenas exige uma ligação sequencial legítima entre posses, podendo relevar tal ligação para efeitos de usucapião ou para efeitos de melhor posse.

15 — As duas posses não têm de ser absolutamente homogéneas.

16 — O Tribunal da Relação e o Supremo Tribunal de Justiça adoptaram uma posição perfeitamente consentânea coma as regras dos artigos 1251.°, 1256.° e 1268.° da Constituição da República Portuguesa [lapso evidente; pretende-se dizer Código Civil], normas que prevêem expressamente o instituto da acessão da posse.

17 — Pelo que, não é inconstitucional o entendimento e a interpretação que o Tribunal da Relação e o Supremo Tribunal de Justiça fizeram dos artigos 1251.°, 1256.° e 1268.° do Código Civil, relativamente à acessão da posse."

II — Fundamentação

4. Os autores (ora recorridos) haviam adquirido a fracção autónoma sobre que versa o litígio por escritura pública de compra e venda celebrada em 18 de Junho de 1998. Mas só registaram essa aquisição em 31 de Janeiro de 2002. Entretanto, a mesma fracção foi objecto de penhora, registada em 23 de Maio de 2001, à ordem de um processo de execução movido contra o ven-

dedor. E os réus (ora recorrentes) adquiriam-na na venda judicial subsequente, em 6 de Dezembro de 2001. Esta aquisição foi registada em 30 de Janeiro de 2002.

O acórdão recorrido considerou que a aquisição por via negocial anterior à penhora embora não registada (a dos autores, ora recorridos) prevalecia sobre a aquisição em venda executiva posterior (a dos réus, ora recorrentes). Para tanto, após excurso sobre a controvérsia jurisprudencial e doutrinal acerca do conceito de "terceiro para efeitos de registo", consignou o seguinte:

> "Mas será que os réus recorrentes provaram a existência de um verdadeiro direito de propriedade a seu favor, no confronto com o direito dos autores recorridos?
>
> Sabido que à data em que a arrematação ocorreu ainda os autores, ora recorridos não haviam ainda feito registar a seu favor a aquisição do imóvel em apreço, tendo mesmo os réus recorrentes registado a aquisição do bem (por via de venda judicial), em momento prévio ao dos autores, poderá afirmar-se que a nova redacção do artigo 5.°, n.° 4, do Código do Registo Predial os abrange, constituindo-se autores, e réus, reciprocamente, na posição de "terceiros para efeitos de registo"?
>
> A tese maioritária dentro da tese conceptual que acabou por fazer vencimento entende que "na execução, o tribunal não vende no exercício de poder originariamente pertencente ao credor ou ao devedor, mas sim em virtude de um poder autónomo que se reconhece à própria essência da função judiciária; estaremos perante uma venda forçada, naturalmente alheia à vontade do executado.
>
> Dentro dessa lógica, representaria um mero artifício afirmar-se que na venda judicial é o executado que deve ser visto como verdadeiro vendedor. O direito de propriedade emergente da venda judicial (ao contrário do direito derivado da compra e venda, que se transfere para o património do comprador por mero efeito do contrato — artigos 879.°, alínea *a)*, e 408.° do Código Civil) advém para o respectivo titular por força da lei e não por acto do executado, pelo que não poderá sustentar-se que ocorra um conflito de dois direitos adquiridos do mesmo transmitente.
>
> Destarte, há que concluir — na esteira da posição tradicional de Manuel de Andrade — que o comprador/adquirente de imóvel na venda judicial não se enquadra no conceito de 'terceiro para efeitos de registo', relativamente aos adquirentes (como os ora recorridos) a quem anteriormente a executada (antes 1.ª ré no processo) o havia alienado, embora eles recorridos não houvessem registado a aquisição o que tudo conduz a que se deva considerar como prevalecente aquela primeira venda aos autores, ora recorridos.
>
> Nem se diga que a interpretação que assim foi feita dos textos legais supracitados , e desde logo das do artigo 5.° do Código do Registo Predial de 1984, violam os artigos 2.°, 17.°, 18.°, 62.° e 202.° da Constituição da República, violações essa que não vêm, de resto, minimamente substanciadas pelos recorrentes.

5. Dispõe o n.° 1 do artigo 5.° do Código do Registo Predial que "os factos sujeitos a registo só produzem efeitos contra terceiros depois da data do respectivo registo", sendo que, nos termos do n.° 4 do mesmo preceito "terceiros, para efeito de registo, são aqueles que tenham adquirido de um autor comum direitos incompatíveis entre si".

E o artigo 7.° estabelece que "O registo definitivo constitui presunção de que o direito existe e pertence ao titular inscrito, nos precisos termos em que o registo o define".

O conceito de terceiro não é unívoco e desde há muito que se arrasta, na doutrina e na jurisprudência nacionais, uma persistente controvérsia em torno do conceito de terceiros para efeitos de registo. Divergência de tal modo acentuada que deu azo a que se sucedessem dois acórdãos de uniformização de jurisprudência, uma intervenção legislativa confessadamente dirigida a pôr termo à divergência interpretativa e uma abundante produção doutrinária (cfr., sem pretensão de exaustão, Antunes Varela e Henrique Mesquita, in *Revista de Legislação e de Jurisprudência,* Ano 126.°, pp. 3837 e segs., em anotação a acórdão de 3 de Junho de 1992, do Supremo Tribunal de Justiça; Carvalho Fernandes, "Terceiros para efeitos de registo predial. Anotação do acórdão n.° 15/97 do Supremo Tribunal de Justiça", in *Revista da Ordem dos Advogados,* Ano 57.°, III; Miguel Teixeira de Sousa, "Sobre o conceito de terceiros para efeitos de registo (A propósito do acórdão do Supremo Tribunal de Justiça n.° 3/99, de 10 de Julho)", in *Revista da Ordem dos Advogados*, Ano 59.°, pp. 29 e segs.); António Quirino Duarte Soares, "O conceito de terceiros para efeitos de registo predial", in *Cadernos de Direito Privado,* n.° 9, pp. 3 e segs.; Ana Maria Taveira da Fonseca, "Publicidade espontânea e publicidade provocada de direitos reais sobre imóveis", in *Cadernos de Direito Privado*, n.° 20, pp. 14 e segs.; Luís M. Couto Gonçalves, in *Cadernos de Direito Privado,* n.° 11, pp. 26 e segs.; Mariana França Gouveia, in *Cadernos de Direito Privado,* n.° 4. pp. 26 e segs.; Paulo Videira Henriques, "Terceiros para efeitos do artigo 5.° do Código do Registo Predial", in *Boletim da Faculdade de Direito,* Volume Comemorativo, pp. 389 e segs.; Orlando de Carvalho, "Terceiros para efeitos de registo", in *Boletim da Faculdade de Direito,* pp. 97 e segs.; Isabel Pereira Mendes, *Estudos Sobre Registo Predial,* pp. 115 e segs., pp. 131 e segs., pp. 139 e segs., e pp. 157 e segs.; José Alberto Gonzalez, *A Realidade Registal para Terceiros, maxime* pp. 369 a 389, Mónica Jardim, "A segurança jurídica gerada pela publicidade registal em Portugal e os credores que obtêm o registo de uma penhora, de um arresto ou de uma hipoteca judicial", in *Boletim da Faculdade de Direito,* Vol. LXXXIII, pp. 382 e segs.).

Efectivamente, pelo acórdão n.° 15/97 (*Diário da República,* I Série-A, de 4 de Julho de 1997 e *Boletim do Ministério da Justiça*, n.° 467, p. 88) o Supremo Tribunal de Justiça perfilhou um sentido amplo do conceito de terceiro, fixando jurisprudência no sentido de que "terceiros, para efeitos de registo predial, são todos os que, tendo obtido registo de um direito sobre determinado prédio, veriam esse direito arredado por qualquer facto jurídico anterior não registado ou registado posteriormente". Esta jurisprudência foi revista pelo acórdão n.° 3/99 (*Diário da República,* I Série-A, de 10 de Julho de 1999 e *Boletim do Ministério da Justiça,* n.° 487, p. 209, mediante o qual o mesmo Supremo Tribunal retomou o chamado "conceito restrito" de terceiro, fixando jurisprudência no sentido de que "terceiros, para efeitos do artigo 5.° do Código do Registo Predial, são os adquirentes de boa fé, de um mesmo transmitente comum, de direitos incompatíveis sobre a mesma coisa".

No seguimento desta última decisão uniformizadora, o Decreto-Lei n.° 533/99, de 11 de Dezembro, veio aditar ao artigo 5.° do Código um n.° 4 que passou a dispor que "terceiros, para efeito de registo, são aqueles que tenham adquirido de um autor comum direitos incompatíveis entre si". No preâmbulo daquele diploma legal, explica-se que se aproveitou, "tomando partido pela clássica definição de Manuel de Andrade, para inserir no artigo 5.° do Código do Registo Predial o que deve entender-se por terceiros, para efeitos de registo, pondo-se cobro a divergências jurisprudenciais geradoras de insegurança sobre a titularidade dos bens".

Porém, esta intervenção legislativa não logrou solucionar todas as dúvidas, designadamente quanto a um dos mais controversos e socialmente mais relevantes aspectos do problema que é o de saber se cabem nesse conceito de terceiros para efeitos de registo, relativamente a um adquirente anterior que não tenha registado a aquisição, o credor penhorante e o subsequente adquirente de bens penhorados em acção executiva movida contra o titular inscrito. A casuística revela que é esta a fonte da maior parte dos litígios em que os tribunais se têm ocupado do conceito de terceiro para efeitos de registo e onde mais frequentemente se encontram decisões divergentes.

E foi este tipo de problema que mais uma vez se colocou na acção em que se suscitou a questão de constitucionalidade que agora ao Tribunal Constitucional é sujeita. O acórdão recorrido resolveu-o, adoptando um entendimento que se decompõe nos seguintes passos:

— a venda executiva é efectuada no exercício de um poder de direito público e não em representação do executado;
— o comprador na venda voluntária anterior e o comprador na venda executiva não são terceiros para efeitos de registo;
— o comprador na venda voluntária não registada pode opor ao comprador na venda executiva registada o direito de propriedade por si anteriormente adquirido.

6. Começa por salientar-se, tendo em vista as alegações apresentadas, que não cumpre ao Tribunal Constitucional apreciar a controvérsia de que as partes

se ocupam acerca da qualificação da venda executiva e os efeitos desta, designadamente face ao disposto no artigo 824.° do Código Civil, nem sobre a caracterização da posse dos recorridos para efeitos dos artigos 1251.°, 1256.° e 1268.° do Código Civil. Em primeiro lugar, porque o que aí está em causa é o acerto da interpretação e aplicação do direito ordinário pelos tribunais da causa, domínio que escapa ao poder cognitivo do Tribunal Constitucional. Em segundo lugar, porque tais normas não se incluem no objecto do recurso tal como ficou definido pelo requerimento de interposição do recurso em conjugação com o acórdão que deferiu a reclamação.

Assim, a questão validamente colocada ao Tribunal é, somente, a de saber se a norma do n.° 4 do artigo 5.° do Código do Registo Predial, na interpretação que já se referiu (o adquirente de um imóvel em venda judicial efectuada em processo executivo não é "terceiro para efeitos de registo" relativamente a um adquirente a quem o executado o haja vendido, anteriormente ao registo da penhora, mas que não tenha registado a aquisição) viola, como afirmam os recorrentes:

— os artigos 17.°, 18.° e 62.° da Constituição (garantia constitucional de propriedade);
— os artigos 2.°, 3.° e 9.°, alíneas *b*) e *d*), da Constituição (princípios da estabilidade, certeza e segurança jurídicas);
— os artigos 17.°, 18.°, 62.° e 80.°, alínea *c*), da Constituição (iniciativa económica privada).

7. Os problemas suscitados pelo conceito de terceiros para efeitos de registo não constituem inteira novidade na jurisprudência do Tribunal. Efectivamente, no Acórdão n.° 215/00 (*Diário da República*, II Série, de 13 de Outubro de 2000) o Tribunal foi confrontado com um pedido de apreciação de constitucionalidade de uma interpretação da norma do n.° 1 do artigo 5.° do Código do Registo Predial (a versão do Código aplicável ao caso aí apreciado era anterior ao Decreto-Lei n.° 533/99, não existindo o n.° 4 do artigo 5.°) que corresponde ao conceito amplo de terceiro para efeitos de registo. Nesse processo, em cujo cerne estava igualmente um conflito de pretensões incompatíveis entre o adquirente anterior que não registara o respectivo facto aquisitivo negocial e os adquirentes em venda executiva, havia-se adoptado o entendimento firmado pelo acórdão n.° 15/97 do Supremo Tribunal de Justiça, com a consequente prevalência do direito do arrematante. De modo simplificado, uma solução de sentido oposto àquele que prevaleceu no presente processo.

Posta em causa (pelo primitivo adquirente, naturalmente) a constitucionalidade dessa solução normativa, o Tribunal respondeu negativamente com a seguinte fundamentação decisiva:

"12. — Finalmente, alegam os recorrentes que a interpretação feita nos autos, na medida em nele se dá prevalência à penhora registada em detrimento de uma aquisição anterior não registada, apesar de aquela ser *a non domino*, corresponde, de forma indirecta, a uma verdadeira expropriação sem pagamento de justa indemnização, o que contende com o preceituado no artigo 62.° da Constituição.

Vejamos se assim é, de facto.

12.1. — De acordo com o preceituado no n.° 1 do artigo 62.° da Constituição, o direito de propriedade é garantido a todos e bem assim a sua transmissão em vida e por morte, "nos termos da Constituição".

Segundo Gomes Canotilho e Vital Moreira (*Constituição da República Portuguesa Anotada*, 3.ª edição, Coimbra Editora, 1993, p. 332), "o direito de propriedade abrange pelo menos quatro componentes: (*a*) o direito de adquirir bens; (*b*) o direito de usar e fruir dos bens de que se é proprietário; (*c*) o direito de os transmitir; (*d*) o direito de não ser privado deles.

O direito de propriedade, enquanto direito de não ser privado de bens próprios, tem natureza análoga aos "direitos, liberdades e garantias", beneficiando do respectivo regime específico; porém, não é um direito nem absoluto nem ilimitado, na medida em que apenas é garantido "nos termos da Constituição".

O que não obsta a que o direito de propriedade venha a sofrer restrições mais ou menos profundas, quer por virtude da concretização de limites imanentes quer por ter de se coordenar com outros imperativos constitucionais ou sempre que entre em colisão com outros direitos fundamentais. Neste aspecto, o titular do direito de propriedade apenas goza de forma absoluta da garantia constitucional de não ser arbitrariamente privado dela e, se o vier a ser, sem que para tal tenha contribuído, do direito de ser indemnizado.

Ora, no entender dos recorrentes, o que estaria em causa nos autos era o direito de não serem privados do bem que, no seu entender, lhes pertence, sem o pagamento de justa indemnização.

É certo que viram o prédio que tinham adquirido, mas cuja aquisição não registaram, ser penhorado como pertencendo ainda ao vendedor, e depois sucessivamente arrematado em execuções movidas, primeiro, contra aquele vendedor (que ainda constava no registo como proprietário) e depois contra o arrematante judicial, que logo registou a aquisição; subsequentemente, depois de nova penhora, o prédio veio a ser arrematado pelo Banco, ora recorrido, tendo o Banco registado também, de imediato, a aquisição judicial.

Na verdade, para além de procurarem ignorar a omissão do registo da aquisição, que é totalmente imputável aos próprios recorrentes, o que estes contestam é o aspecto negativo da eficácia do registo de imóveis em relação a terceiros. Este aspecto pode formular-se do seguinte modo: os factos sujeitos a registo e não registados não são oponíveis a terceiros. Tais factos só são invocáveis entre as próprias partes ou seus herdeiros ou representantes; assim, todos os outros seriam terceiros (artigo 4.° do Código do Registo Predial).

O sistema português de registo predial é um sistema de título, em que a produção do efeito real depende apenas da causa de atribuição e do acordo em que se estabelece a vontade de atribuir e de adquirir (artigo 408.°, n.° 1 do Código Civil), pelo que é indispensável um princípio de publicidade compensador da causalidade (cfr. Prof. Dr. Orlando de Carvalho, "Terceiros para efeito de registo", in *Boletim da Faculdade de Direito de Coimbra*, volume LXX, 1994, pp. 97-106). Sendo o registo predial português um registo de aquisições, declarativo e não constitutivo, mera condição de eficácia da aquisição, enquanto não houver qualquer registo, prevalece a primeira aquisição (artigo 408.° do Código Civil).

Mas, a partir do momento em que se proceda ao registo de uma das aquisições subsequentes, há que ter em conta o regime de efeitos do registo predial: quem seja parte num dado negócio de imóveis corre o risco de, com base numa situação registral anterior, que goza da presunção do artigo 7.° do Código do Registo Predial, ver constituída e registada em favor de outrem um direito incompatível com o que resulta do seu negócio e que prevalecerá sobre ele, por beneficiar de registo prioritário.

Assim, pode dizer-se que, se um prédio for comprado a certo vendedor e vier a ser penhorado em execução contra este vendedor, "a circunstância de a penhora não ser um acto de transmissão operada pelo executado, isso não obsta a que o penhorante obtenha um direito contra o executado, direito que pode considerar-se emanado deste, embora sem a sua intervenção" (Vaz Serra, in *Revista de Legislação e de Jurisprudência*, Ano 103.°, p. 165).

O registo destina-se a dar publicidade à situação jurídica das coisas imóveis por forma a conferir segurança ao comércio jurídico imobiliário, pelo que se *A*, inscrito no registo como proprietário de determinado prédio, o vende a *B* sem que este registe a aquisição, a lei protege aquele a quem *A*, sem dispor já de qualquer direito sobre o imóvel, de acordo com a lei substantiva, proceda a nova venda, se este comprador registar a aquisição em primeiro lugar (neste sentido, Antunes Varela e Henrique de Mesquita, in *Revista de Legislação e de Jurisprudência*, Ano 127.°, pp. 20/21). E prosseguem estes comentadores: "Com esta solução, não se pretende punir o transmitente, por ter feito duas transmissões da mesma coisa, mas sim proteger aquele que confiou na aparência criada pelo registo" (*ibidem*, p. 21).

Igual protecção deve ser assegurada a todos os que adquirem e registam determinados direitos sem a intervenção do titular inscrito, como no caso da penhora, por exemplo.

É certo que, de acordo com a Constituição, o direito de propriedade bem como a sua transmissão em vida ou por morte é garantido "nos termos da Constituição", o que significa que tem de se compaginar com outros imperativos constitucionais, sofrendo as limitações impostas por estas exigências.

No caso em apreço não ocorreu qualquer expropriação de bem imóvel ou uma qualquer situação que se possa assemelhar a um alegado «confisco».

Do que se trata, é da prevalência que a lei ordinária confere, por efeito do registo predial, à aquisição registada em contraposição à aquisição anterior não registada. Nesta prevalência se traduziria, para além da normal eficácia declarativa do registo predial — ou eficácia consolidativa, na terminologia do Prof. Carvalho Fernandes (*ob. cit.*, p. 1306) — a sua relevância aquisitiva.

Será constitucionalmente admissível esta "ablação" da propriedade por virtude do regime de efeitos do registo predial português?

O registo predial destina-se a dar publicidade à situação jurídica dos prédios, tendo em vista a segurança do comércio jurídico imobiliário (artigo 1.° do Código do Registo Predial), ou seja dar publicidade aos direitos inerentes àqueles prédios (ou objectos sujeitos a registo).

O perfeito conhecimento da situação jurídica dos objectos sujeitos a registo é absolutamente essencial à certeza e segurança do comércio jurídico de imóveis, segurança jurídica que actualmente subjaz a todo o ordenamento jurídico em que assenta um Estado de direito.

De facto, a segurança de que o homem necessita para planear e reger toda a sua vida de forma responsável e com respeito pelos fins comunitários é um dos elementos constitutivos do Estado de direito e que se deduz do artigo 2.° da Constituição.

No caso, esta segurança jurídica tem a ver com o interesse de ordem geral: o registo, na medida em que confere publicidade e segurança ao acto registado, está a realizar a certeza e a segurança do direito ou do facto sujeito a registo e, do mesmo passo, torna seguro o comércio jurídico que possa ter por objecto os factos ou direitos registados, assim se fomentando também o princípio constitucional da liberdade de iniciativa económica, reconhecida na Lei Fundamental após a revisão de 1997 [artigo 80.°, alínea *c)*, da Constituição].

O princípio geral da segurança jurídica ínsito no princípio do Estado de direito prevê que qualquer cidadão possa, de antemão, saber que aos actos que praticar ou negócios que realizar se ligam determinados efeitos, incidentes sobre os seus direitos, posições ou relações jurídicas decorrentes de normas jurídicas em vigor, por forma que cada um tenha plena consciência das consequências da sua actividade (ou da sua omissão) na comunidade.

Este princípio está intimamente relacionado com o princípio da confiança na medida em que o registo, enquanto constitui publicidade do seu conteúdo, torna este digno de crédito, isto é, as pessoas, em geral, têm de poder confiar nos factos constantes do registo.

Por um lado, a segurança registral, quando o registo é definitivo, faz presumir que o direito existe e pertence ao titular inscrito (admitindo prova em contrário).

Por outro lado, a segurança jurídica registral visa a protecção de terceiros que fizeram aquisições confiando na presunção registral resultante do registo anterior em favor do transmitente.

Assim, o princípio da segurança jurídica e o princípio da confiança que decorrem do princípio do Estado de direito democrático constante no artigo 2.° da Constituição da República Portuguesa credenciam a prevalência registral que pode favorecer um adquirente *a non domino*, na medida em que o princípio da publicidade que atribui essa prevalência determina a extinção do direito incompatível.

Não pode, em consequência, concluir-se pela inconstitucionalidade da interpretação do artigo 5.° do Código do Registo Predial, enquanto considera que terceiros, para efeitos de registo predial, são todos os que, tendo obtido registo de um direito sobre determinado prédio, veriam esse direito ser arredado por qualquer facto jurídico anterior não registado ou registado posteriormente. Não pode, por isso, proceder o presente recurso de constitucionalidade."

8. Será forçoso, a não ser que se enjeite esta fundamentação, considerar inconstitucional, designadamente por violação dos princípios constitucionais da confiança e da segurança jurídica, ínsitos no princípio do Estado de direito, a opção normativa inversa agora em apreciação, como os recorrentes parecem sustentar? Decorrerá da Constituição a proibição de que a lei proteja o adquirente negocial (registralmente) negligente em detrimento do credor penhorante posterior? E se o conflito for com o adquirente na venda executiva que confiou na situação tabular?

8.1. O registo predial, di-lo o próprio Código no seu artigo 1.°, destina-se essencialmente a dar publicidade à situação jurídica dos prédios, tendo em vista a segurança do comércio jurídico imobiliário. Constitui uma forma de publicidade racionalizada dos factos susceptíveis de operar mutações na situação jurídica dos prédios, em ordem a assegurar certeza e segurança no tráfego jurídico. Trata-se, seguramente, de um daqueles institutos que pode dizer-se postulado pela necessidade de segurança jurídica que o princípio do Estado de Direito acolhe.

Como diz Gomes Canotilho (*Direito Constitucional e Teoria da Constituição,* 5.ª edição, p. 257), "o homem necessita de segurança para conduzir, planificar e conformar autónoma e responsavelmente a sua vida". Por isso desde cedo se consideraram os princípios da segurança jurídica e da protecção da confiança como elementos constitutivos do Estado de direito". O princípio geral da segurança jurídica em sentido amplo (abrangendo a ideia de protecção de confiança) pode formular-se do seguinte modo: o indivíduo tem o direito de poder confiar em que aos seus actos ou às decisões públicas incidentes sobre os seus direitos, posições ou relações jurídicas alicerçadas em normas jurídicas vigentes e válidas se ligam os efeitos jurídicos previstos e prescritos no ordenamento jurídico.

Apontam-se como suas refracções mais importantes, seguindo o mesmo autor, as seguintes: (*1*) relativamente a actos normativos, a proibição de normas retroactivas restritivas de direitos e interesses juridicamente protegidos; (*2*) relativamente a actos jurisdicionais, a inalterabilidade do caso julgado; (*3*) em relação a actos da administração, a tendencial estabilidade dos casos decididos através de actos administrativos constitutivos de direitos.

O Tribunal Constitucional tem reiteradamente afirmado, em inúmeros Acórdãos, que o princípio do Estado de direito democrático (consagrado no artigo 2.° da Constituição) postula "uma ideia de protecção da confiança dos cidadãos e da comunidade na ordem jurídica e na actuação do Estado, o que implica um mínimo de certeza e de segurança no direito das pessoas e nas expectativas que a elas são juridicamente criadas", razão pela qual "a normação que, por sua natureza, obvie de forma intolerável, arbitrária ou demasiada opressiva àqueles mínimos de certeza e segurança que as pessoas, a comunidade e o direito têm de respeitar, como dimensões essenciais do Estado de direito democrático, terá de ser entendida como não consentida pela lei básica" (cfr., entre outros, o Acórdão n.° 303/90, in *Acórdãos do Tribunal Constitucional*, 17.° Volume, p. 65).

8.2. Há que reconhecer que o problema que agora se apresenta não corresponde a nenhuma daquelas situações típicas ou refracções em que mais frequentemente se perspectiva o confronto das normas infraconstitucionais com o princípio constitucional da segurança jurídica. Designadamente, não está em apreciação a calculabilidade e previsibilidade da situação jurídica do indivíduo perante modificações do ordenamento jurídico, mas a própria concepção de um sector do sistema jurídico — os meios jurídicos ordenados a alertar o público para as mutações do domínio sobre os bens imóveis — de modo a proporcionar a segurança do tráfego jurídico imobiliário, isto é, a reduzir o risco para aqueles que são parte em actos de que resultam mutações (*lato sensu,* aquisições ou onerações de imóveis) do domínio sobre imóveis. O que não inviabiliza absolutamente a consideração do princípio constitucional da segurança jurídica como parâmetro de tais normas, porque a necessidade de que a ordem jurídica proporcione aos cidadãos a possibilidade de confiar na estabilidade dos efeitos dos actos jurídicos que celebraram, ou com que conformaram a sua vida, não surge apenas quando haja mutações do ordenamento. Aliás, o Tribunal tem invalidado, com fundamento em violação neste princípio constitucional, normas em que se não colocam problemas de alterações do ordenamento (*v. g.* problemas de retroactividade ou retrospectividade), mas soluções normativas que considerou em si mesmas, numa perspectiva estática da ordem jurídica, lesivas do mínimo de certeza e confiança postuladas pelo princípio do Estado de direito (cfr., por último, Acórdão n.° 246/09, disponível em *www.tribunalconstitucional.pt*).

A expressão "segurança jurídica" é utilizada em vários sentidos para designar um dos fins ou valores do direito, dos quais podem destacar-se os seguintes (Mário Bigotte Chorão, *Polis — Enciclopédia Verbo da Sociedade e do Estado,* Vol. V, p. 646): *a)* a ordem emanente à existência e funcionamento do sistema jurídico (segurança pelo ou através do direito); *b)* situação de cognoscibilidade, estabilidade e previsibilidade do direito, de modo a poder cada um saber aquilo a que deve ater-se na ordem jurídica (segurança do direito ou certeza do direito); *c)* salvaguarda dos cidadãos perante o poder do Estado (segurança perante o direito).

Os registos públicos costumam ser apontados como um dos factores ou instrumentos destinados a prosseguir a segurança jurídica naquela segunda acepção, relativamente à qual importam, no dizer do mesmo autor, "de um modo geral, os factores que concorrem para a definição objectiva, precisa e estável do direito, quer *in abstracto* — no plano da normatividade universal — quer *in concreto* — ao nível das determinações particulares das situações jurídicas". Isto é, não só a certeza quanto ao preordenamento normativo, mas também a certeza quanto à situação individual e concreta.

Ora, qualquer destas acepções da "segurança jurídica" pode filiar-se no princípio do Estado de direito. Mas o seu efeito vinculativo para o legislador é muito mais ténue quando o que está em causa, a opção normativa que é acusada de ser lesiva ou de não prosseguir o valor da segurança ou de não tutelar o investimento na confiança, consista numa escolha entre "modos de ser" do ordenamento e não em alterações da ordem jurídica que lesem a confiança depositada na definição normativa anterior à luz da qual se tomaram decisões de vida. Como é igualmente mais intenso quando a normação versa sobre a actuação dos poderes públicos no confronto com os cidadãos do que quando a matéria respeita ao âmbito das relações patrimoniais privadas, que são domínio da autonomia da vontade e da auto-responsabilidade ou do risco que anda associada ao seu exercício. Neste âmbito, só as soluções incapazes de se credenciar normativamente nas condições actuais de vida, designadamente aquelas soluções em que não seja possível creditar ao legislador o objectivo de realizar o valor de justiça, com o qual a segurança e a certeza do direito estão em tensão permanente (ao menos nas perspectivas epistemológicas, metodológicas e filosóficas mais correntes), são susceptíveis de invalidação com recurso a este princípio constitucional.

8.3. Sendo o seu fim primordial assegurar a estabilidade e segurança do comércio jurídico imobiliário, o instituto do registo predial serve os interesses comunitários de segurança, fluidez e celeridade do tráfego jurídico, compensando os riscos de um sistema de constituição e transferência de direitos reais sobre imóveis fundado na causalidade e na consensualidade, como é o português. E tem de reconhecer-se que esse resultado seria mais proficuamente atingido se a oponibilidade, ao credor penhorante e ao subsequente adquirente, de aquisição por via de negócio com o titular tabular ficasse dependente do registo. Dito de outro modo, se terceiros para efeitos do artigo 5.° do Código do Registo Predial não fossem apenas aqueles que adquiriram do mesmo causante direitos incompatíveis por acto negocial, mas também aqueles cujos direitos tenham esse causante como sujeito passivo, ainda que por virtude de acto jurídico não identificável com um acto de vontade do titular inscrito (*v. g.* arresto, penhora, apreensão de bens na insolvência, hipoteca judicial). Foi o que se reconheceu no Acórdão n.° 215/00.

Todavia, não pode qualificar-se a solução que resulta do conceito restrito de terceiro para efeitos de registo como arbitrária ou inteiramente desrazoável face ao sistema de registo predial vigente.

Com efeito, no sistema jurídico português, em que a constituição ou transferência de direitos reais sobre coisa determinada se dá por mero efeito do contrato, nos termos do n.° 1 do artigo 408.° do Código Civil, o registo predial não é — com excepção da hipoteca (artigo 687.° do Código Civil e artigo 4.°, n.° 2, do Código do Registo Predial) — pressuposto da constituição ou transmissão do direito cujo facto aquisitivo mediante ele é publicitado. O registo limita-se a assegurar ao potencial interessado que qualquer transmissão ou oneração que o titular constante das tábuas do registo haja anteriormente efectuado não lhe será oponível desde que venha a obter o registo da sua aquisição em primeiro lugar. O registo constitui presunção de que o direito existe e pertence ao titular inscrito (artigo 7.° do Código), mas essa presunção cessa logo que sobrevenha decisão judicial a declarar que o titular inscrito não era o verdadeiro *dominus*. O conceito acomoda-se, usando as palavras de Orlando de Carvalho (*loc. cit.*, p. 100) "à parcimónia desta técnica de inscrições e dos desígnios do sistema declarativo: não a substituição da verdade material por uma verdade registal ou tabular que, como no sistema Torrens, praticamente a elimina — por modo que o prédio circula através de um certificado semelhante ao que entre nós se introduziu com o *timesharing* —, mas, ao invés, a manutenção das duas verdades, cada uma com o seu regime e a sua esfera específicos, pois o registo oferece-se como a imagem possível da situação jurídica do bem, imagem que nunca se pretende esgotante e nem sequer necessariamente aproximativa, posto constitua um repositório de dados sempre dignos de atenção pelos interessados na situação do prédio".

Este sacrifício da segurança — independentemente do acerto da interpretação em apreço, que o Tribunal toma como um dado em toda a sua extensão, e da bondade da opção legislativa em si mesmo — cabe na discricionariedade legislativa porque encontra justificação no referido princípio da consensualidade e na natureza declarativa do sistema de registo predial. Não é possível retirar do artigo 2.° da Constituição, com os princípios e subprincípios que nele encontram arrimo, a imposição de um dado sistema de registo ou de regime de constituição e transferência dos direitos sobre imóveis, podendo o legislador optar por privilegiar a segurança do comércio jurídico, penalizando o adquirente anterior que tenha sido negligente quanto ao ónus de efectuar o registo ou, ao invés, dar prevalência à situação substantiva real.

Quando a posição sacrificada é a do credor que vê a penhora, que fez registar, soçobrar perante a revelação tardia de uma aquisição anterior não registada, essa justificação é coerente com o facto de ser o património do devedor — e em princípio apenas esse — que os credores têm o poder de fazer executar. Respondem pelas dívidas apenas os bens (penhoráveis) que façam parte desse património no momento da execução, ficando libertos da garantia comum dos credores os bens entretanto saídos dessa esfera patrimonial. Os bens que façam parte do património de um terceiro, salvo nos casos especialmente previstos na lei substantiva (por exemplo no caso de ter sido constituída fiança ou garantia real, ou de procedência de impugnação pauliana), não podem ser afectos aos fins da execução. Como o que transfere a titularidade do bem é o negócio e não o registo (artigos 408.° do Código Civil e 879.°, alínea *a*), do Código Civil), não pode dizer-se que o exequente que fez penhorar determinado bem, aproveitando o facto de ainda se encontrar registado em nome do executado, sofra uma lesão da sua posição substantiva por lhe ser oponível a aquisição anterior não registada. Sofrerá, quando muito, a perda de oportunidade de nomear outros bens que porventura integrassem e possam, entretanto, ter deixado de integrar a esfera patrimonial (penhorável) do executado, mas não a frustração da garantia do crédito, porque o bem deixou de responder pela dívida a partir do momento em que saiu da esfera patrimonial do devedor.

A resposta negativa surge com menos evidência quando o confronto é feito com o adquirente na venda executiva, que é a hipótese normativa em apreciação no presente recurso. O adquirente em venda judicial, que confia na situação que o registo patenteava e na actuação do tribunal, não tem ao seu dispor, na generalidade dos casos, outro meio fiável para se informar sobre a situação jurídica do prédio. E vê frustrada uma aquisição em que investiu legitimamente, à luz da presunção de completude e exactidão em que se desdobra a fé pública registral. Aqui, é mais nítido o sacrifício do valor da segurança jurídica a que a interpretação em apreço conduz. E a dificuldade está patente na jurisprudência do próprio Supremo Tribunal de Justiça, em que, mesmo após ter perfilhado o conceito restrito de terceiros para efeitos de registo e excluído deste conceito o penhorante, é possível encontrar decisões que consideram terceiros entre si o adquirente do direito de propriedade por negócio não registado e o adquirente em processo de execução (por exemplo, acórdão de 16 de Outubro de 2008, Proc. 07B4396, disponível em *www.dgsi.pt/JSTJ*).

Porém, ainda aqui a opção do legislador (na interpretação que prevaleceu no acórdão recorrido, obviamente) não pode ser apodada de intoleravelmente violadora daquele mínimo de segurança necessária para que os sujeitos jurídicos possam conduzir, planificar e conformar a sua vida, nem pode dizer-se que seja uma solução legislativa arbitrária ou destituída de fundamento racional. A possibilidade de a venda ser inválida ou ficar sem efeito é, afinal, inerente ao sistema de registo predial instituído, que não garante contra a invalidade do título, e tem de ser assumida (e não apenas por força do conceito de terceiro adoptado) como um risco presente no acto de aquisição, sem prejuízo do direito a indemnização (cfr. artigos 908.° e 909.° do Código de Processo Civil). Aliás, a venda judicial é acto consequente da penhora, pelo que poderá afirmar-se que, a ser de outro modo na relação com o adquirente na venda judicial, sempre o credor exequente acabaria por beneficiar da execução de um bem que, substantivamente, já não responderia pela dívida.

Entre o adquirente por via negocial que não procedeu ao registo e o adquirente na venda executiva de um bem que foi penhorado quando não integrava já o património do executado, o legislador optou por sobrepor a realidade substantiva àquilo que as tábuas do registo revelam. Na gestão dos riscos, o legislador optou pela solução que privilegia a justiça, sacrificando a segurança do comércio jurídico. Entendeu contemporizar com situações de insensibilidade social ao registo, em vez de reforçar a sua relevância jurídica e económica prescrevendo que o adquirente que não faça coincidir a situação registral do prédio com a realidade substantiva sofre as consequências da inércia, como resultaria da solução oposta. Mas isso é uma opção de política legislativa que cabe no balanceamento entre a justiça e a segurança cometido ao legislador democraticamente legitimado, que goza neste domínio de amplíssima liberdade de conformação.

Em face do que antecede, não se considera violado pela norma em apreciação o princípio constitucional da segurança jurídica, ínsito no princípio do Estado de direito consagrado no artigo 2.° da Constituição.

E é manifesto que nenhum contributo podem os recorrentes encontrar para a posição que defendem nos demais preceitos constitucionais que a este propósito referem (artigo 3.° e artigo 9.° da Constituição). Designadamente, da consagração, como tarefa fundamental do Estado, do objectivo de garantir a efectivação dos direitos económicos e sociais mediante a transformação das estruturas económicas e sociais não pode retirar-se um *indirizzo* ao legislador no sentido de consagrar um determinado sistema de registo predial ou uma solução quanto à oponibilidade dos actos não registados que se tenha por mais compatível com o desenvolvimento do comércio imobiliário.

9. Alegam, ainda, os recorrentes que a norma em apreciação viola o artigo 62.° da Constituição. Mas esta é uma arguição manifestamente improcedente.

Com efeito, a norma em causa não priva nem restringe o âmbito de nenhuma das componentes que é possível incluir no âmbito da tutela constitucional da propriedade privada (Gomes Canotilho e Vital Moreira, *Constituição da República Portuguesa Anotada,* 4.ª edição, p. 802): (*a*) a liberdade de adquirir bens; (*b*) a liberdade de usar e fruir os bens de que se é proprietário; (*c*) a liberdade de os transmitir; (*d*) o direito de não ser privado deles.

Só nesta última faculdade poderia pensar-se, mas qualquer desenvolvimento argumentativo com base nela pressupõe uma actuação posterior que prive o sujeito de um direito que a ordem jurídica lhe tenha anteriormente reconhecido. Ora, a norma em causa limita-se a estabelecer o critério para determinação de quem é o titular do direito de propriedade sobre determinado bem, ou melhor, a estabelecer o critério para resolver o conflito entre títulos de aquisição incompatíveis. Conduz a que ao adquirente na venda executiva posterior a uma aquisição negocial não registada não seja reconhecido o direito de propriedade sobre determinado bem em confronto com o primeiro adquirente. Assim, o segundo adquirente não pode dizer-se privado do direito de propriedade porque não chega a adquiri-lo.

10. Por último, alegam os recorrentes que a norma em apreciação viola a segurança e a confiança que devem ser garantidos pelo registo predial à comunidade em geral quanto à situação jurídica dos bens imóveis, essencial à plena eficácia do princípio constitucional da liberdade de iniciativa económica.

O preceito constitucional invocado a este propósito pelos recorrentes [artigo 80.°, alínea *c*), da Constituição] garante a liberdade de iniciativa e de organização empresarial no quadro de uma economia mista, reiterando a liberdade de iniciativa económica estabelecida no artigo 61.° da Constituição. Ora, a norma sob apreciação em nada contenda, directa ou indirectamente, com o regime de qualquer destas "liberdades". Pode essa opção legislativa tornar os negócios imobiliários menos seguros e menos atractivos para o público destinatário da publicidade registral e, com isso, afectar o desenvolvimento da actividade empresarial que consista ou envolva a constituição ou transferência de direitos sobre imóveis ou, até, a actividade económica em geral na medida em que torna menos certo o juízo dos potenciais credores sobre a situação real do devedor e a consequente avaliação do risco creditício. Mas essa hipotética perda de eficiência económica em nada contende com o livre exercício de actividade económica nesse domínio. Juridicamente, a norma em causa não restringe nem sequer condiciona a liberdade de iniciar e desenvolver qualquer actividade económica (liberdade de criação de empresa, liberdade de investimento, liberdade de estabelecimento), nem a liberdade de organização, gestão e actividade da empresa, matérias que são absolutamente estranhas ao seu conteúdo dispositivo.

11. Por tudo o exposto, improcede o recurso, não se julgando inconstitucional a norma do n.° 4 do artigo 5.° do Código do Registo Predial, interpretado no sentido de que o adquirente de um imóvel em venda judicial efectuada em processo de execução não é "terceiro para efeitos de registo", relativamente a um adquirente a quem o executado o haja vendido, anteriormente ao registo da penhora, mas que não tenha registado a aquisição, que não viola qualquer das regras e princípios constitucionais invocados pelos recorrentes.

III— Decisão

Pelo exposto decide-se:

a) Negar provimento ao recurso;
b) Condenar os recorrentes nas custas, fixando a taxa de justiça em 25 unidades de conta.

Lisboa, 8 de Julho de 2009. — *Vítor Gomes* — *Ana Maria Guerra Martins* — *Maria Lúcia Amaral* — *Carlos Fernandes Cadilha* (vencido de acordo com a declaração de voto em anexo) — *Gil Galvão.*

DECLARAÇÃO DE VOTO

No Acórdão do Tribunal Constitucional n.° 215/00, concluiu-se pela não inconstitucionalidade da interpretação do artigo 5.° do Código do Registo Predial, enquanto considera que terceiros, para efeitos de registo predial, são todos os que, tendo obtido registo de um direito sobre determinado prédio, veriam esse direito ser arredado por qualquer facto jurídico anterior não registado ou registado posteriormente, assim se entendendo como não constitucionalmente desconforme uma solução normativa que dê prevalência, por efeito do registo predial, à aquisição registada em contraposição à aquisição anterior não registada ou registada posteriormente. No presente Acórdão, o Tribunal opta ainda pela não inconstitucionalidade da interpretação normativa inversa que, partindo de um conceito restrito de terceiro, para efeito de registo predial, permite fazer prevalecer a posição do adquirente que não registou a transmissão em relação àquele que adquiriu o imóvel posteriormente, em venda judicial, e efectuou o registo.

Neste último caso, o Tribunal baseou-se essencialmente na natureza não constitutiva do registo predial e na liberdade de conformação que haverá de atribuir-se ao legislador quanto à escolha dos interesses a que convirá dar preferência, no confronto entre a realidade substantiva e a publicidade do registo.

Pelos contornos do caso concreto, não pode deixar de reconhecer-se, no entanto, que estão aqui presentes dois relevantes aspectos do princípio da segurança jurídica: a estabilidade e previsibilidade do sistema jurídico; a protecção da confiança dos cidadãos relativamente à acção dos órgãos do Estado.

Embora não seja possível retirar directamente da Constituição, e especialmente do princípio da segurança jurídica ínsito no seu artigo 2.°, a imposição de um sistema de registo predial de eficácia constitutiva e que permita em todas as circunstâncias conferir protecção àquele que confiou na aparência do registo, o certo é que o legislador implementou um sistema de registo que se destina a dar publicidade à situação jurídica dos prédios, tendo em vista a segurança do comércio jurídico imobiliário (artigo 1.° do Código do Registo Predial), que é oponível a terceiros (entendidos como sendo aqueles que tenham adquirido de um autor comum direitos incompatíveis entre si — artigo 5.°, n.° 4), e que constitui presunção de que o direito existe e pertence ao titular inscrito (artigo 7.°).

Tal como o sistema foi positivado, é de esperar que os cidadãos possam confiar nos factos constantes do registo, sendo que, para além do mais — como se reconheceu no citado Acórdão n.° 215/00 — o perfeito conhecimento da situação jurídica dos factos sujeitos a registo é, em si mesmo, essencial à certeza e segurança do comércio jurídico de imóveis, e, como tal, um valor que deve ter-se como subjacente ao ordenamento jurídico em que assenta um Estado de direito.

É dificilmente aceitável, neste contexto, que em situações objectivamente equivalentes e que merecem idêntica tutela do direito, como sucede quando se constituam direitos incompatíveis sobre o mesmo prédio por alienação voluntária do titular inscrito ou por alienação coerciva em processo executivo, o legislador possa dispor de ampla discricionariedade na definição do regime de publicidade do registo, de modo a que possa optar, sem qualquer censura constitucional, por soluções jurídicas opostas entre si, em termos de ser permitido sobrepor, num caso, o interesse da verdade tabular e, noutro, o interesse da verdade material (com sacrifício da segurança jurídica).

E não pode perder-se de vista, na situação em apreço, que o acto aquisitivo através do qual o interessado obteve direitos conflituantes sobre o mesmo prédio foi realizado no âmbito de um processo jurisdicional, sob o controlo e a direcção de um juiz, em vista não apenas do interesse do credor exequente que tomou a iniciativa do impulso processual, mas também da realização da função estadual de administração da justiça.

Afigura-se, assim, que a interpretação normativa sindicada poderá pôr em causa o princípio da segurança jurídica na vertente material da confiança, no ponto em que afecta expectativas legítimas do interessado no tocante à previsibilidade do sistema jurídico de registo predial e à conformidade dos actos praticados sob a égide da autoridade pública, pelo que com esses fundamentos teria concedido provimento ao recurso. — Carlos Fernandes Cadilha.

Anotação:

1 — Acórdão publicado no *Diário da República*, II Série, de 18 de Agosto de 2009.
2 — O Acórdão n.° 215/00 está publicado em *Acórdãos*, 47.° Vol..

ACÓRDÃO N.º 346/09

DE 8 DE JULHO DE 2009

Julga inconstitucional a norma extraída do n.º 3 do artigo 3.º e da alínea *a)* do n.º 1 e do n.º 4 do artigo 712.º do Código de Processo Civil, quando interpretados no sentido de permitirem que a Relação proceda oficiosamente à alteração da matéria de facto, com fundamento em deficiência, obscuridade ou contradição da decisão da 1.ª instância nesse domínio e, consequentemente, modifique a decisão da causa, sem prévia audição das partes, e não julga inconstitucional a interpretação das normas dos artigos 712.º, n.º 1, alínea *a)*, e n.º 4, e 684.º, n.º 3, do Código de Processo Civil, no sentido de permitirem que a Relação proceda oficiosamente à alteração da matéria de facto, com fundamento em deficiência, obscuridade ou contradição, quando constem do processo todos os elementos de prova que serviram de base à decisão sobre os pontos da matéria de facto em causa, ainda que a decisão proferida com base neles não tenha sido impugnada nos termos do artigo 690.º-A do Código Processo Civil.

Processo: n.º 540/07.
Recorrentes: Licínio Mendes Ferreira e mulher.
Relator: Conselheiro Vítor Gomes.

SUMÁRIO:

I — Quanto à questão de saber se é ou não inconstitucional a interpretação das normas dos artigos 712.º, n.º 1, alínea *a)*, e n.º 4 e 684.º, n.º 3, do Código de Processo Civil, no sentido de permitirem que a Relação proceda oficiosamente à alteração da matéria de facto, com fundamento em deficiência, obscuridade ou contradição, quando constem do processo todos os elementos de prova que serviram de base à decisão sobre os pontos da matéria de facto em causa, ainda que a decisão proferida com base neles não tenha sido impugnada nos termos do artigo 690.°-A do Código Processo Civil, atente-se que com a interpretação normativa em causa o tribunal de recurso não se arroga poderes para proceder oficiosamente a uma geral e irrestrita alteração do julgamento da matéria de facto, pelo que não resulta dessa solução de suprimento oficioso pelo tribunal de recurso da obscuridade ou contradição das respostas quanto a pontos concretos da matéria de facto ofensa aos princípio do processo equitativo, designadamente, na vertente da igualdade de armas e do contraditório, aqui no sentido do direito de uma das partes se pronunciar sobre qualquer pretensão formulada pela parte contrária.

II — Quanto à questão da alegada inconstitucionalidade do n.° 3 do artigo 3.° e da alínea *a)* do n.° 1 e do n.° 4 do artigo 712.° do Código de Processo Civil, interpretados no sentido de permitirem que a Relação proceda oficiosamente à alteração da matéria de facto, com fundamento em deficiência, obscuridade ou contradição, sem prévia audição das partes, no caso, o que está em causa não é a garantia de defesa, no sentido negativo de oposição perante pretensão da outra parte, mas o direito de influenciar a formação da decisão do órgão judicial que lhe diz directamente respeito e que também tem de considerar-se incluído na exigência constitucional do processo equitativo.

III — Com efeito, a parte que é objectivamente desfavorecida pelo sentido da alteração da decisão de facto não vê garantida a sua participação efectiva num momento fulcral do desenvolvimento da lide perante o tribunal de recurso e que vem a ser decisivo para a solução que esse tribunal dá à questão sobre a qual incidiu a discussão das partes nessa fase processual.

IV — Deste modo, a referida norma, entendida como implicitamente o foi no sentido de o exercício dos referidos poderes da Relação não dever ser precedido de audição das partes, conduz a que a decisão da causa não seja, nessa fase processual, o resultado de um processo equitativo.

Acordam na 3.ª Secção do Tribunal Constitucional:

I — Relatório

1. Fernanda & Tubarão Lda. propôs uma acção contra Licínio Mendes Ferreira e Maria Adelaide Jesus Ferreira pedindo, além do mais, a anulação da compra e venda de um prédio urbano dotado de estabelecimentos de mercearia, pastelaria e padaria, em funcionamento à data do negócio, ou, em alternativa, a redução do preço.

Para tanto, alegou, em síntese, que o preço indicado na escritura incluía o valor dos estabelecimentos de mercearia, pastelaria e padaria a funcionar no prédio, que só houve interesse da autora na compra devido à incorporação dos ditos estabelecimentos, os quais apenas não foram mencionados na escritura para evitar custos e impostos, e que, posteriormente, os representantes da autora vieram a saber que o dito estabelecimento de mercearia tinha o alvará em nome de antigos donos do prédio, e que o de padaria não tinha qualquer alvará, sentindo-se, por isso, enganada, pois o valor do prédio sem o estabelecimento de padaria legalizado era de metade.

Por sentença de fls. 278 a 284, foi a acção julgada improcedente e os réus absolvidos dos pedidos.

Inconformada com o assim decidido, a autora interpôs recurso de apelação, sustentando a existência de erro da sua parte sobre o objecto do negócio, nos termos do artigo 251.° do Código Civil, gerado pela omissão ilícita de esclarecimento quanto a uma circunstância essencial por parte dos vendedores.

2. Pelo acórdão de fls. 354 a 370, o Tribunal da Relação de Coimbra concedeu provimento ao recurso, julgando parcialmente procedente a acção e anulando o contrato de compra e venda.

Além do mais que aqui não releva, a Relação começou por alterar a matéria de facto fixada em 1.ª instância, com os seguintes fundamentos:

> «(...)
>
> III — Fundamentação
>
> 1. Como é sabido, e flui do disposto nos artigos 684.°, n.° 3, e 690.°, n.° 1, do Código de Processo Civil (ao qual pertencem os demais preceitos a citar sem menção de origem), o âmbito do recurso é, em princípio, definido em função das conclusões das alegações da recorrente, circunscrevendo-se às questões aí equacionadas, excepção feita às de conhecimento oficioso.
>
> E entre as questões a respeito das quais esse imperativo conhecimento se impõe aos Tribunais da Relação, surgem, desde logo, as referentes à fixação da matéria de facto, dada a consabida natureza de tribunais de instância que aos mesmos assiste.
>
> Tendo pois em conta esse poder-dever que, em razão do exposto, se nos acha legalmente cometido, e que decorre patentemente do estipulado em todo o artigo 712.°, sucede que, muito embora a matéria factual acima transcrita não venha posta em causa no vertente recurso, e bem assim a douta decisão da qual emerge essa mesma matéria, sucede — dizíamos —, apresentar-se-nos em alguma medida essa decisão eivada de deficiência, a justificar de nossa parte intervenção no sentido da respectiva correcção e eliminação.
>
> Estamos a referir-nos, mais concretamente, à resposta rotundamente negativa conferida ao quesito 11.° da base instrutória, a qual, tendo em conta as respostas positivas outorgadas aos quesitos 5.°, 6.°, 7.° e 8.° — acima reproduzidas —, nos surge obscura e até mesmo contraditória com estas últimas respostas. Acresce ainda que, em nosso modesto ver, a prova produzida nos autos — seja de índole testemunhal, seja documental —, e que conduziu às ditas respostas positivas,

impunha por igual, sem quebra do muito respeito, também pronunciamento positivo em relação a esse quesito 11.°

Se não vejamos.

Depois de no quesito 10.° se perguntar se "No decurso de tais negociações [anteriores à celebração da escritura referida em A)], sempre foi referido pelos réus à autora que os estabelecimentos faziam parte integrante do prédio e que estavam ambos a funcionar em pleno e legalmente?", no enfocado quesito 11.°, por sua vez, perguntava-se:

"Na sequência do referido em 10.°, os representantes da autora ultimaram o negócio à aquisição do prédio urbano, pela escritura pública referida em *A*), através da qual os réus e a autora pretenderam vender e comprar, respectivamente, também os estabelecimentos, referidos em 2.° — padaria e mini-mercado?".

Como dissemos, a este quesito 11.° respondeu-se "não provado"

Todavia, no tocante àqueles quesitos 5.°, 6.°, 7.° e 8.° conferiu-se pronunciamento oposto, dando-se assim como demonstrado que:

— A autora só se interessou pela aquisição do prédio, em virtude dos dois estabelecimentos nele incorporados — quesito 5.°
— E porque pretendia empregar na laboração de tais estabelecimentos dois filhos seus, que estavam desempregados — quesito 6.°
— O que era do conhecimento dos réus — quesito 7.°
— Em virtude de tais estabelecimentos já estarem em plena laboração há vários anos e do teor da descrição matricial do prédio a autora estava convicta de que os estabelecimentos comerciais nele instalados estavam legalizados e licenciados — quesito 8.°

Ora, frente a esta materialidade — da qual decorre, pois, que apenas o intuito de empregar os respectivos filhos na laboração dos estabelecimentos nele instalados levou os sócios-gerentes da autora a adquirirem o prédio, desígnio esse outrossim do conhecimento dos réus, não vislumbramos como seja possível, sem resvalar para a incoerência, dar essa resposta negativa em relação ao dito quesito 11.°, ou seja, considerar não provado que através da escritura pública de aquisição do prédio, os nela intervenientes réus e sócios da autora não pretenderam vender e comprar, respectivamente, também os estabelecimentos no mesmo imóvel situados.

A incongruência afigura-se-nos, sempre com o muito respeito, manifesta, deficiência que no entanto transparece não só ao nível puramente lógico-formal ora considerado, confrontando o teor das respostas entre si, mas também, e como dissemos, ao nível mais profundo e substancial da prova produzida.

Com efeito, e auscultando, desde logo, a prova testemunhal ocorrida em audiência e devidamente objecto de gravação, concluímos que — ao invés do inserto nesse quesito 11.° —, tanto da parte dos réus como dos sócios da autora houve a intenção de, com a escritura reportada em *A*), para além do imóvel em si, transferir também para esta última ambos os estabelecimentos. Ou seja, com tal convénio, tiveram as partes em vista vender e comprar não só o edifício propriamente dito — como da escritura expressamente consta —, mas também os ditos estabelecimentos, padaria e mini-mercado.

Assim é que a testemunha António Gomes Teixeira refere, além do mais, ter assistido a conversa entre o réu e o Júlio Tubarão (sócio-gerente da autora) da qual resultava que "(...) era para passar aquilo para eles; era isso tudo, eles não tinham interesses se não fosse a mercearia e a padaria (...)" e a testemunha Maria da Conceição Cunha Mendes Laranjeiro, por seu turno, que em conversa com a Fernanda Tubarão esta lhe disse "(...) vou comprar a padaria para futuro dos meus filhos..", mais acrescentando a mesma testemunha "(...) sei que eles venderam tudo (...), depois que eles compraram não vi lá mais ninguém (da parte dos réus)".

Também a testemunha Constantino Ferreira Cardoso, trabalhador na padaria desde a sua instalação — por conversão de uma serração de madeiras —, afirma que o seu último patrão "(...) foi o Sr. Júlio Tubarão e ele e a mulher" "(...) compraram tudo aquilo, o prédio, a padaria, e tudo". Mais esclarece que antes do negócio dos autos, ele, Constantino Cardoso, quis alugar aos réus e então seus patrões, a padaria, mas que estes não aceitaram, dizendo-lhe que "isto está quase vendido". Refere ainda que pelo que se apercebeu o "(...) o Júlio Tubarão interessava-se não propriamente pelo prédio mas pelos estabelecimentos, por causa dos filhos (...)", sendo que o filho varão daquele foi trabalhar com a testemunha na padaria logo após a aquisição pelos pais, elucidando ainda que nos estabelecimentos, após o negócio, "(...) ficou tudo, o forno, o frigorifico, tudo!".

Outrossim de mencionar é ainda o depoimento da testemunha Rui de Abreu Maia, cliente da padaria, o qual, entre o mais, refere que o estabelecimento não obstante a sua passagem dos réus para a família Tubarão continuou normalmente a trabalhar, que "(...) o Sr. Tubarão comprou o prédio por causa dos filhos, para dar emprego ao filho, que a padaria foi passada com tudo, (...) estavam lá os mesmos objectos. Em idêntico pendor se pronunciou também, e por fim, a testemunha Amélia da Conceição Tubarão (malgrado este apelido sem qualquer ligação de parentesco com os sócios-gerentes da autora), também cliente habitual tanto da padaria como do mini-mercado.

Pese embora estas mencionadas testemunhas serem todas da autora, verdade é, no entanto, que os seus depoimentos em nada são infirmados pelos da parte contrária, sendo certo que todas estas concedem que ambos os estabelecimentos, efectuada a escritura nominalmente reportada apenas ao edifício, prosseguiram no seu normal funcionamento, agora sob a tutela da família Tubarão.

E idêntica ilação — no sentido da abrangência pelo firmado contrato dos estabelecimentos —, se extrai também, como dissemos, dos elementos documentais juntos aos autos.

Tal é o caso do documento de fls. 70-71, donde resulta que à frente dos destinos do estabelecimento de padaria passou a ficar apenas e só a autora. E o mesmo se verifica com os documentos de fls. 252 e segs., dos quais se infere idêntica ocorrência em relação à mercearia, particular saliência concitando o documento de fls. 261, constitutivo do pedido por parte do próprio réu — marido no sentido do averbamento do respectivo alvará a favor da autora, averbamento que efectivamente veio a ter lugar, conforme documento de fls. 266 e verso.

Ora, perante todo este eloquente e multifacetado conjunto de elementos, como recusar que, com a celebração da mencionada escritura, os réus tiveram a intenção de abrir (também) mão dos estabelecimentos, e a autora (família Tubarão), por seu turno, de adquirir outrossim os mesmos estabelecimentos? É certo que a tal respeito nada fizeram constar nesse instrumento, nem isso era sequer possível, dada a qualidade em que os réus ali intervieram e outorgaram. Mas este particularismo, sempre com a devida vénia, em nada invalida a realidade objectiva das coisas, e ela é, insofismavelmente, no sentido que vimos propugnando, seja, ter o contrato em foco envolvido, de conformidade com o óbvio intuito de ambos os intervenientes, também os estabelecimentos instalados no edifício (apenas) declaradamente transaccionado. Como alguém avisadamente já afirmou, "deve-se dar mais valor ao poder dos factos e à realidade da vida do que a construções jurídicas!"

Nesta decorrência, pensamos que o negativo pronunciamento deferido ao ventilado quesito 11.° não pode subsistir, antes se impondo substituí-lo, presente o disposto no segmento inicial da alínea *a)* do n.° 1 do artigo 712.° e n.° 4 do mesmo preceito —, por um outro de sentido inverso, ainda que com um pendor restritivo, a saber:

— "Provado apenas que os representantes da autora ultimaram o negócio à aquisição do prédio urbano, pela escritura pública referida em *A*), através da qual os réus e a autora pretenderam vender e comprar, respectivamente, também os estabelecimento, referidos em 2.° — padaria e mini-mercado."

Como assim, o quadro fáctico a considerar em vista da decisão da causa, além do material acima alinhado, extractado da douta sentença, integrará também este que, a título desse devido veredicto, se acaba de enunciar.

2. Definido, enfim, o contingente fáctico a subsumir juridicamente, cuidemos então das questões recursórias directamente suscitadas pela autora-apelante.

[Segue-se a análise jurídica das demais questões, designadamente do erro sobre o objecto do negócio].

3. Os réus interpuseram recurso revista, o qual tendo sido admitido no tribunal *a quo* veio a ser rejeitado no Supremo Tribunal de Justiça, considerando-se que o valor da causa não era superior à alçada da Relação.

Decidida a inadmissibilidade do recurso ordinário, os recorrentes Licínio Mendes Ferreira e mulher, Maria Adelaide Jesus Ferreira, interpuseram recurso para o Tribunal Constitucional, ao abrigo da alínea *b)* do n.° 1 do artigo 70.° da Lei n.° 28/82, de 15 de Novembro (LTC), do acórdão da Relação.

4. Admitido o recurso e ordenado o seu prosseguimento, os recorrentes apresentaram alegações, que remataram com as seguintes conclusões:

1. A matéria de facto apenas pode ser alterada pela Relação nas situações descritas nas alíneas *a), b)* e *c)* do n.° 1 do artigo 712.° do Código de Processo Civil. E não obstante ter ocorrido a gravação dos depoimentos prestados na audiência, não é possível tomar em consideração o depoimento das testemunhas se o recorrente não deu cumprimento ao disposto no n.° 2 do artigo 690.°-A do Código de Processo Civil, procedendo à transcrição mediante escrito dactilografado das passagens da gravação em que se funda.

2. Tal mecanismo processual radica na defesa do contraditório, no princípio da igualdade processual entre as partes, no direito a um processo justo e equitativo.

3. Para assegurar tais comandos básicos e nucleares do direito e da justiça, o n.° 3 do referido artigo 690.°-A do Código de Processo Civil estabelece que naquela hipótese:

"(...) incumbe à parte contrária proceder, na contra-alegação que apresenta, a indicação dos depoimentos gravados que infirmem as conclusões do recorrente (...)"

4. O tribunal não pode, sem ferir as garantias constitucionais, anular *ex ofício* a decisão recorrida, no caso a resposta ao quesito 11.°, e, simultaneamente dar uma resposta de sentido contrário, sem que a parte afectada, não tenha tido oportunidade de sobre isso de pronunciar.

5. A anulação da resposta ao quesito 11.°, seguida da resposta de sentido contrário, ainda que oficiosamente, vai contra o pensamento da lei, previsto no artigo 690.°-A do Código de Processo Civil, como também no n.° 2 do mesmo artigo 712.°, ao referir taxativamente que "no caso a que se refere a segunda parte da alínea a) do numero anterior, a Relação reaprecia as provas em que assentou aparte impugnada da decisão, tendo em atenção o conteúdo das alegações de recorrente e recorrido, sem prejuízo de oficiosamente atender a quaisquer outros elementos probatórios que hajam (...) de fundamento à decisão sobre os pontos da matéria de/acto impugnada".

6. A resposta ao quesito 11.° da matéria de facto não foi impugnada. E como o não o foi a recorrente não produziu alegações, não foi ouvida, não teve oportunidade de sobre isso se pronunciar.

7. O n.° 4 do artigo 712.° do Código de Processo Civil, não contempla, ao menos expressamente, a possibilidade de o tribunal de recurso anular a decisão, não impugnada por uma parte e produzir outra, de sentido absolutamente diferente e que atinge a outra parte. Tal possibilidade, implica necessariamente uma violação do princípio da igualdade e da independência dos tribunais e da justiça.

8. Ao julgar assim, a Relação fez uma interpretação do artigo 712.°, n.° 4, do Código de Processo Civil, quando conjugado com a norma ínsita no n.° 1 da alínea *a)* também do artigo 712.° do Código de Processo Civil que é inconstitucional, pois é como se na prática esteja a suprimir, ou pelo menos a limitar, injustificadamente, o direito da parte (vencida) poder contra alegar no recurso.

9. Tal dimensão normativa não é conforme à Constituição, pois sempre haverá que respeitar a dimensão da garantia de igualdade das partes e do acesso ao direito e aos tribunais, ao processo justo e equitativo, assegurando a possibilidade de reacção contra eventual pretensão de uma das partes.

10. Alterando a resposta ao quesito 11.°, nos termos em que o fez, tudo se passa como se a Relação houvesse criado, sem que para tanto tivesse competência, uma norma que não existia no ordenamento jurídico, a de que a Relação pode proceder arbitrariamente ao reexame das provas, fixar uma convicção própria, alterar o sentido das respostas, livremente, ainda que não haja impugnação ou recurso, e sem ouvir as partes.

11. Por isso, entendem igualmente os recorrentes que a Relação fez uma interpretação que é inconstitucional da norma do artigo 3.° do Código de Processo Civil, em conjugação com a norma do artigo 712.°, n.° 1, alínea *a*), do mesmo diploma, quando interpretado no sentido de admitir que o juiz possa decidir questões de facto ou de direito, ainda que a título oficioso, sem que as partes tenham tido a possibilidade de sobre elas se pronunciarem, por violação do direito a um processo justo e equitativo ao exercício de um contraditório pleno.

12. O uso da faculdade conferida pelo artigo 712.°, pressupõe a interposição de recurso pela parte a quem possa aproveitar a alteração das respostas ou a anulação da decisão. O mesmo é dizer que, o âmbito dos recursos é determinado nas conclusões da respectiva alegação, como resulta do n.° 3 do artigo 684.° do Código de Processo Civil.

13. Não tendo havido, recurso ou impugnação da matéria de facto — quesito 11.° — não podia o tribunal dele tomar conhecimento.

14. Não foi porém essa posição adoptada pelo acórdão recorrido, que apesar disso, apesar da parte não ter recorrido da alteração ou anulação da matéria de facto, a Relação oficiosamente "promoveu" e "conheceu", por assim dizer do recurso, como se ele houvesse sido interposto e não foi.

15. Assim mostra-se inconstitucional a norma do artigo 684.°, n.° 3, do Código Processo Civil, em conjugação com a norma do artigo 712.°, n.° 1, alínea *a*), do mesmo diploma, quando interpretada no sentido de admitir que as conclusões de recurso não limitem o seu objecto, podendo o tribunal alterar a matéria de facto aí não impugnada, por violação do direito a um processo justo e equitativo e ao exercício de um contraditório pleno.

16. Em consequência de tal interpretação inconstitucional resultam violados os princípios da protecção da confiança e da segurança jurídica, consideradas como elementos basilares, essenciais do Estado de direito, que se traduz na previsibilidade, ou seja, na certeza e calculabilidade, por parte dos cidadãos, em relação aos efeitos jurídicos das normas jurídicas, designadamente ao modo de funcionamento dos tribunais, consagrados nos artigos 2.°, 207.° e 212.° da Constituição.

A recorrida contra-alegou, concluindo do seguinte modo:

"A. O presente recurso foi interposto intempestivamente, já após ter expirado o prazo de 10 dias previsto no artigo 75.°, n.° 1, da Lei do Tribunal Constitucional.

B. O Meritíssimo Desembargador Relator do Tribunal da Relação de Coimbra pronunciou-se no sentido da intempestividade da interposição do recurso, tendo, no entanto, decidido admiti-lo, por entender que, não havendo aqui lugar ao pagamento de taxa de justiça inicial, não há também lugar à aplicação do disposto no artigo 145.°, n.os 5 e 6, do Código de Processo Civil.

C. O Tribunal Constitucional decidiu no Acórdão n.° 350/00, "Sendo assim, uma vez reconhecido que a apresentação do requerimento de recurso de constitucionalidade ocorreu para além do prazo fixado no artigo 75.° da Lei do Tribunal Constitucional, e uma vez confirmado que não houve pagamento da multa prevista no artigo 145.° do Código de Processo Civil — porque não houve solicitação do pagamento imediato da multa devida e porque a secretaria do tribunal *a quo* não deu execução ao disposto no n.° 6 do artigo 145.° (...) há que concluir pela extemporaneidade dessa apresentação (...)"

D. A não ser assim, passaria completamente incólume a interposição extemporânea do recurso, violando-se o disposto nos artigos 75.°, n.° 1, e 76.°, n.° 2, da Lei n.° 28/82, de 15 de Novembro, no que respeita ao prazo de interposição do recurso.

E. Pelo que, nos termos do disposto nos artigos 75.°, n.° 1, e 76.°, n.° 2, da Lei n.° 28/82, de 15 de Novembro, entende a recorrida, salvo o devido respeito, não dever este Venerando Tribunal conhecer do objecto do mesmo.

F. Os recorrentes interpuseram o presente recurso ao abrigo do disposto no artigo 70.°, n.° 1, alínea *b),* da Lei do Tribunal Constitucional.

G. Para que deva ser admitido um recurso interposto ao abrigo desta alínea *b*), é necessário que o recorrente tenha suscitado, durante o processo, a inconstitucionalidade da norma que pretende que este Tribunal aprecie.

H. Os recorrentes não suscitaram durante o processo a inconstitucionalidade da interpretação do artigo 712.°, n.° 1, alínea *a),* do Código de Processo Civil, só o tendo feito no requerimento de interposição de recurso para este Tribunal.

I. Aquando das alegações do recurso de revista, os recorrentes já tinham conhecimento da interpretação seguida pelo acórdão da Relação, tendo tido oportunidade de suscitar aí a questão da inconstitucionalidade.

J. Mas mais lógico seria que, tomando conhecimento do acórdão da Relação, última instância de recurso no processo, e entendendo que o mesmo fizera uma interpretação inconstitucional das normas aplicadas, os recorrentes tivessem logo nesse momento processual interposto recurso para o Tribunal Constitucional.

K. Os recorrentes tiveram assim oportunidade de suscitar anteriormente no processo a questão da inconstitucionalidade, mas optaram por não fazê-lo.

L. Pelo que não houve qualquer impossibilidade objectiva da suscitação atempada da questão da inconstitucionalidade, não se enquadrando a situação *sub iudice* nas excepções admitidas pelo Tribunal Constitucional.

M. Tendo havido suscitação extemporânea da questão da constitucionalidade, entende a recorrida, salvo o devido respeito, que não deve este Venerando Tribunal conhecer do objecto do presente recurso.

N. Todavia, independentemente da questão da inadmissibilidade, o douto acórdão da Relação de Coimbra entendeu que, tendo em conta as respostas positivas dadas aos quesitos 5.°, 6.°, 7.° e 8.°, dar o quesito 11.° como não provado configurava uma situação de obscuridade e até mesmo de contraditoriedade.

O. Razão pela qual, ao abrigo do disposto no artigo 712.°, n.° 1, alínea *a)*, 1.ª parte, e n.° 4, do Código de Processo Civil, relevou a deficiência e substituiu a resposta rotundamente negativa dada ao quesito 11.° da base instrutória, por outra de sentido inverso, ainda que com um pendor restritivo.

P. Quanto às suas competências em relação à matéria de facto, a Relação reaprecia as provas, podendo atender a quaisquer elementos probatórios que hajam servido de fundamento à decisão.

Q. Segundo jurisprudência do Supremo Tribunal de Justiça, acórdão de 21 de Junho de 2007, proferido no processo 07B1552, "A falta de reclamação, quer contra a base instrutória, quer contra o julgamento da matéria de facto, não impede a alteração da decisão de facto pela 2.ª instância, nos termos constantes do artigo 712.° do Código de Processo Civil;

R. O estipulado no artigo 712.° do Código de Processo Civil leva a que, quando o Tribunal da Relação entenda que a decisão recorrida está eivada de deficiência, terá de intervir no sentido da respectiva correcção e eliminação, sendo este um poder-dever que lhe assiste mesmo que o recorrente não ponha em causa aquela matéria de facto.

S. Este poder-dever decorre das disposições conjugadas do artigo 712.°, n.° 1, alínea *a*), 1.ª parte, e n.° 4, do mesmo artigo do Código de Processo Civil e do facto de a Relação não ser um tribunal de cassação.

T. A interpretação dada pela Relação às normas em causa em nada viola princípios constitucionais, nomeadamente o princípio fundamental a um processo justo e equitativo, mas conduz à efectivação do mesmo, na medida em que ao corrigirem-se decisões deficientes, obscuras e contraditórias, se concorre para a justa composição do litígio e para a realização da justiça, fins últimos de qualquer processo.

U. Ao aplicar as normas que aplicou e ao decidir como decidiu, o Tribunal da Relação não interpretou erradamente quaisquer normas, nem violou quaisquer preceitos constitucionais."

5. Por despacho do relator foram os recorrentes notificados para, querendo, se pronunciarem sobre as questões obstativas à admissibilidade e conhecimento do objecto do recurso (intempestividade e falta de suscitação oportuna da questão de constitucionalidade) suscitadas pela recorrida nas contra-alegações.

A questão da tempestividade do recurso foi decidida por despacho do relator, [ter o requerimento de interposição de recurso dado entrada um dia após o termo limite do respectivo prazo e ter sido admitido sem o pagamento da multa prevista nos n.os 5 e 6 do artigo 145.° do Código de Processo Civil], tendo-se regularizado o pagamento da multa devida.

II — Fundamentos

6. Nas suas contra-alegações a recorrida suscita duas questões prévias. A primeira, já foi decidida, como se referiu, pelo despacho de fls. 528 a 532. Resta apreciar a segunda.

Consiste esta em que os recorrentes só mencionaram a questão de constitucionalidade no requerimento de interposição de recurso para o Tribunal Constitucional, e que "[A]quando das alegações do recurso de revista, os recorrentes já tinham conhecimento da interpretação seguida pelo acórdão da Relação, tendo tido oportunidade de suscitar aí a questão da inconstitucionalidade". E, acrescentam: "[M]as mais lógico seria que, tomando conhecimento do acórdão da Relação, última instância de recurso no processo, e entendendo que o mesmo fizera uma interpretação inconstitucional das normas aplicadas, os recorrentes tivessem logo nesse momento processual interposto recurso para o Tribunal Constitucional."

Em resposta, contrapõem os recorrentes que a questão apenas surgiu com a decisão do Tribunal da Relação de Coimbra, e que, por isso, nunca tiveram oportunidade de suscitar qualquer questão de inconstitucionalidade, "pois de uma situação verdadeiramente excepcional e insólita se tratava, estando, portanto, dispensados de cumprir tal ónus", e não podendo ser considerado e levado em conta o requerimento de interposição de recurso para o Supremo Tribunal de Justiça, que visando uma revista de mérito, da acção, não foi admitido, em razão do valor da acção, tudo se passando, assim, como se nunca tivesse existido e os recorrentes nunca tivessem tido a oportunidade de se pronunciarem.

Efectivamente, tendo o recurso sido interposto ao abrigo da alínea *b*) do n.° 1 do artigo 70.° da Lei n.° 28/82, de 15 de Novembro, a sua admissibilidade depende da verificação cumulativa dos requisitos de a questão de inconstitucionalidade haver sido suscitada «durante o processo», «de modo processualmente adequado perante o tribunal que proferiu a decisão recorrida, em termos de este estar obrigado a dela conhecer» (n.° 2 do artigo 72.° da LTC), e de a decisão recorrida ter feito efectiva aplicação das normas arguidas de inconstitucionais pelo recorrente. Num entendimento funcional do referido ónus, o Tribunal tem exceptuado as situações, decerto excepcionais ou anómalas, em que o recorrente não tenha disposto de oportunidade processual para suscitar a questão antes de proferida a decisão recorrida ou em que, dispondo abstractamente dessa oportunidade, não era exigível, agindo com diligência processual normal, que suscitasse então a questão de constitucionalidade que quer ver apreciada.

Ora, o caso dos autos é daqueles em que a questão de constitucionalidade, em qualquer das vertentes em que o recorrente a apresenta, só se revela com a decisão recorrida. Efectivamente, o recurso de apelação não visava, ao menos directamente, a impugnação da matéria de facto, como facilmente se retira das conclusões das alegações da apelante (ora recorrida) e o próprio acórdão reconhece. Não seria razoável exigir que os então recorridos (ora recorrentes), para acautelar o recurso de constitucionalidade, tivesse que suscitar nas contra-alegações a questão da inconstitucionalidade, antevendo a hipótese de a Relação fazer uso dos poderes conferidos no artigo 712.° do Código de Processo Civil (CPC) e vir a proceder oficiosamente à alteração da matéria de facto sem a sua prévia audição.

E é irrelevante que os recorrentes não tenham invocado a questão de constitucionalidade no recurso que interpuseram da decisão da Relação para o Supremo Tribunal de Justiça. Esse recurso foi rejeitado e a decisão que aplicou as normas em causa e é objecto do presente recurso de constitucionalidade é o acórdão da Relação.

Deste modo, face à conformação concreta do litígio e à decisão proferida, conclui-se que os recorrentes não dispuseram, agindo com a diligência exigível, de oportunidade para suscitar a questão de constitucionalidade perante o tribunal que proferiu a decisão recorrida, pelo que improcede a questão obstativa suscitada pelos recorridos e se conhecerá do objecto do recurso.

7. Importa, porém, proceder à sua correcta delimitação, tendo em conta as questões colocadas pelos recorrentes e o teor da decisão recorrida.

No acórdão recorrido considerou-se que o objecto da apelação era definido em função das conclusões das alegações do recorrente, ao abrigo do disposto nos artigos 684.°, n.° 3, e 690.°, n.° 1, do Código de Processo Civil, com excepção das questões de conhecimento oficioso, e que «(...) entre as questões a respeito das quais esse imperativo conhecimento se impõe aos Tribunais da Relação, surgem, desde logo, as referentes à fixação da matéria de facto, dado a consolidada natureza de tribunais de instância que aos mesmos assiste».

Ora, tendo em conta este poder-dever, no caso decorrente do artigo 712.° do CPC, entendeu-se que, muito embora a fixação da matéria de facto não tivesse sido posta em causa no recurso, essa decisão estava «eivada de deficiências» a justificar a intervenção da Relação no sentido da respectiva correcção e eliminação.

Mais concretamente, entendeu-se que a resposta negativa dada ao quesito 11.° da base instrutória, era "obscura e até mesmo contraditória" com as respostas positivas dadas aos quesitos 5.°, 6.°, 7.° e 8.°, e que, «a prova produzida nos autos — seja de índole testemunhal, seja documental — e que conduziu às ditas respostas positivas, impunha por igual (...), também pronunciamento positivo em relação a esse quesito 11.°».

Para a Relação não era possível, sob pena de manifesta incoerência, responder negativamente ao quesito 11.°, face às respostas positivas dadas aos outros quesitos, e essa deficiência transparecia não só ao nível puramente lógico-formal, confrontando o teor das respostas em si, mas também ao nível substancial da prova produzida.

É assim que, depois de analisar o teor das respostas dadas aos quesitos e a prova testemunhal e documental pertinente, se concluiu no aresto recorrido que «o negativo pronunciamento deferido ao ventilado quesito 11.° não pode subsistir, antes se impondo substituí-lo — presente o disposto no segmento inicial da alínea *a*) do n.° 1 do artigo 712.° e n.° 4 do mesmo preceito —, por um outro de sentido inverso (...)».

Foi neste contexto que, sem audição das partes, a Relação alterou a resposta dada ao quesito 11.°

Deste modo, não há autonomia entre a 1.ª e a 2.ª questões enunciadas pelos recorrentes no requerimento de interposição, reduzindo-se o objecto do recurso à apreciação da inconstitucionalidade das seguintes normas:

A) A alínea *a*) do n.° 1 e do n.° 4 do artigo 712.° e o n.° 3 do artigo 684.° do Código de Processo Civil, interpretados no sentido de permitirem que a Relação proceda oficiosamente à alteração da matéria de facto, com fundamento em deficiência, obscuridade ou contradição, quando constem do processo todos os elementos de prova que serviram de base à decisão sobre os pontos da matéria de facto em causa;

B) O n.° 3 do artigo 3.° e a alínea *a*) do n.° 1 e o n.° 4 do artigo 712.° do Código de Processo Civil, interpretados no sentido de permitirem que a Relação proceda oficiosamente à alteração da matéria de facto, com fundamento em deficiência, obscuridade ou contradição, sem prévia audição das partes.

8. Quanto à primeira questão, o dispositivo essencial é o que emerge do artigo 712.° do Código de Processo Civil, invocado pela Relação como fundamento para o seu poder decisório, tendo os restantes uma aplicação indirecta ou consequencial desta norma, pois, é, efectivamente, da conjugação do n.° 4 com a parte inicial da alínea *a*) do n.° 1 desse preceito, que o tribunal recorrido extrai o poder-dever de alterar oficiosamente, a matéria de facto fixada, quanto a considere deficiente, obscura ou contraditória, se do processo constarem todos os elementos de prova que serviram de base à decisão sobre os pontos da matéria de facto em causa, mesmo no caso do recurso não versar sobre a matéria de facto.

8.1. O artigo 712.° do Código de Processo Civil, na versão aplicável aos autos [redacção do Decreto-Lei n.° 329-A/95, de 12 de Dezembro, e do Decreto-Lei n.° 180/96, de 25 de Setembro], e na parte relevante para a presente decisão, é do seguinte teor:

"Artigo 712.°
Modificabilidade da decisão de facto

1 — A decisão do tribunal de 1.ª instância sobre a matéria de facto pode ser alterada pela Relação:

a) Se do processo constarem todos os elementos de prova que serviram de base à decisão sobre os pontos da matéria de facto em causa ou se, tendo ocorrido gravação dos depoimentos prestados, tiver sido impugnada, nos termos do artigo 690.°-A, a decisão com base neles proferida;
b) (...)
c) (...)

2 — (...)
3 — (...)
4 — Se não constarem do processo todos os elementos probatórios que, nos termos da alínea *a)* do n.° 1, permitam a reapreciação da matéria de facto, pode a Relação anular, mesmo oficiosamente, a decisão proferida na 1.ª instância, quando repute deficiente, obscura ou contraditória a decisão sobre pontos determinados da matéria de facto ou quando considere indispensável a ampliação desta; a repetição do julgamento não abrange a parte da decisão que não esteja viciada, podendo, no entanto, o tribunal ampliar o julgamento de modo a apreciar outros pontos da matéria de facto, com o fim exclusivo de evitar contradições na decisão.
5 — (...)
6 — (...)

Em contraposição com o que sucedia com o Código de Processo Civil de 1939, que estabelecia como regra a inalterabilidade da decisão do tribunal colectivo sobre a matéria de facto constante do questionário, o Código de 1961 procurou ampliar os poderes da Relação no que toca, não só à apreciação das respostas à matéria de facto dadas pelo tribunal de 1.ª instância, mas também à imposição duma fundamentação mínima relativamente às decisões do colectivo, e determinado a possibilidade de anulação, ainda que oficiosa, quando as respostas à matéria de facto fossem deficientes, obscuras ou contraditórias (Lebre de Freitas e Armindo Ribeiro Mendes, *Código de Processo Civil Anotado, Artigos 676.° a 943.°*, Vol. 3.°, 2003, p. 95).

Contudo, na prática, apesar de se prever um segundo grau de jurisdição em matéria de facto, face à redacção anterior do artigo 712.° do Código de Processo Civil, só muito excepcionalmente tal garantia era exequível (Abrantes

Geraldes, *Temas da Reforma do Processo Civil*, II Vol., 3.ª edição, Janeiro de 2000, p. 186), pois, perante a anterior redacção da alínea *a*) do n.° 1 do citado artigo 712.°, a Relação só gozava do poder dever de alterar a decisão sobre a matéria de facto se do processo constassem todos os elementos de prova que serviram de base à decisão — o que apenas sucedia quando, havendo prova testemunhal, todas as testemunhas tivessem sido ouvidas por deprecada, estando os respectivos depoimentos reduzidos a escrito, ou se os elementos fornecidos pelo processo impusessem decisão diversa insusceptível de ser destruída por quaisquer outras provas.

Nos demais casos, que a experiência demonstrou constituírem a larga maioria, bastava que na fundamentação da decisão sobre a matéria de facto, o tribunal indicasse, ainda que em termos genéricos ou imprecisos, a interferência de prova testemunhal, declarações emitidas pelas partes, esclarecimentos prestados pelos peritos ou por quaisquer outras pessoas ouvidas na audiência de discussão e julgamento ou, ainda, o resultado da observação directa que o tribunal retirasse das inspecções judiciais, para que o tribunal superior ficasse impedido de sindicar a decisão proferida pelo tribunal *a quo* (Abrantes Geraldes, *obra e volume citados*, pp. 193/194).

Aqui se fundaram, embora em termos não exclusivos, as principais críticas apontadas ao sistema (da oralidade plena, implementado no Código de Processo Civil de 1939 e continuado no Código de Processo Civil de 1961) e que acabaram por levar o legislador a aprovar as medidas intercalares previstas no Decreto-Lei n.° 39/95, de 15 de Fevereiro, posteriormente mantidas na redacção final do Código de Processo Civil (Abrantes Geraldes, *ob. e volume cit.*, p. 186).

Efectivamente, o Decreto-Lei n.° 39/95 veio possibilitar um recurso amplo sobre a matéria de facto, ao prescrever a possibilidade de registo ou documentação da prova, solução que a revisão do Código de Processo Civil operada em 1995/1996 (pelo Decreto-Lei n.° 329-A/95, de 12 de Dezembro, e pelo Decreto-Lei n.° 180/96, de 25 de Setembro), sedimentou. Assim, a decisão do tribunal de 1.ª instância sobre a matéria de facto passou a poder ser alterada, não só nos casos previstos desde 1939, mas também quando, tendo ocorrido gravação dos depoimentos prestados, tenha sido impugnada, nos termos do artigo 690.°-A, a decisão com base neles proferida (Lebre de Freitas e Armindo Ribeiro Mendes, *Código de Processo Civil Anotado*, Artigos 676.° a 943.°, Vol. 3.°, p. 96).

Por virtude deste alargamento do conjunto de elementos probatórios à disposição da Relação e da ampliação dos seus poderes cognitivos criaram-se condições para que seja excepcional a anulação da decisão de facto proferida em 1.ª instância. Como diz Lopes do Rego (*Comentários ao Código de Processo Civil,* Vol. I, 2.° edição, p. 610) "constatada uma possível deficiência ou obscuridade quanto a certa parcela ou segmento da matéria de facto, se constarem do processo todos os elementos probatórios que lhe serviram de base, deverá a Relação, antes e em vez de anular a decisão, proceder à reapreciação do decidido, substituindo-se ao tribunal *a quo* e corrigido o erro de julgamento que considere ocorrido".

8.2. Os recorrentes alegam que a interpretação deste regime no sentido de que a Relação pode alterar oficiosamente a matéria de facto, quanto considere deficiente, obscura ou contraditória a decisão, se do processo constarem todos os elementos de prova que serviram de base à decisão sobre os pontos da matéria de facto em causa, apesar de o recurso não consistir em impugnação da matéria de facto, atenta contra o princípio da igualdade processual entre as partes e do contraditório e contra o direito a um processo justo e equitativo, "decorrentes do artigo 20.° da Constituição da República Portuguesa e do artigo 6.°, n.° 1, da Convenção Europeia dos Direitos do Homem, pedra angular de um Estado de direito democrático".

São, efectivamente, as normas contidas no artigo 20.°, n.os 1 e 4, da Constituição, no ponto em que elas asseguram o acesso ao direito e aos tribunais e, a todos os que intervenham numa causa, o direito a um processo equitativo, os parâmetros adequados para aferir da constitucionalidade das normas em causa no presente processo.

Sobre o alcance destas normas constitucionais pronunciou-se já, inúmeras vezes, o Tribunal Constitucional. Disse-se, entre muitos outros de idêntica doutrina, no Acórdão n.° 330/01, in *Acórdãos do Tribunal Constitucional*, 50.° Volume, pp. 771 e segs.:

> "4.1. Como este Tribunal tem repetidamente sublinhado [cfr., por último, o Acórdão n.° 259/00 (publicado no *Diário da República*, II Série, de 7 de Novembro de 2000)], o direito de acesso aos tribunais é, entre o mais, o direito a uma solução jurídica dos conflitos, a que se deve chegar em prazo razoável e com observância das garantias de imparcialidade e independência, mediante um correcto funcionamento das regras do contraditório [cfr. o Acórdão n.° 86/88 (publicado nos *Acórdãos do Tribunal Constitucional*, 11.° Volume, pp. 741 e segs.)].
>
> Tal como se sublinhou no Acórdão n.° 358/98 (publicado no *Diário da República*, II Série, de 17 de Julho de 1998), repetindo o que se tinha afirmado no Acórdão n.° 249/97 (publicado no *Diário da República*, II Série, de 17 de Maio de 1997), o processo de um Estado de direito (processo civil incluído) tem, assim, de ser um processo equitativo e leal. E, por isso, nele, cada uma das partes tem de poder fazer valer as suas razões (de facto e de direito) perante o tribunal, em regra, antes que este tome a sua decisão. É o direito de defesa, que as partes hão-de poder exercer em condições de igualdade. Nisso se analisa, essencialmente, o princípio do contraditório, que vai ínsito no direito de acesso aos tribunais, consagrado no artigo 20.°, n.° 1, da Constituição, que prescreve que "a todos é assegurado o acesso (...) aos tribunais para defesa dos seus direitos e interesses legalmente protegidos, não podendo a justiça ser denegada por insuficiência de meios económicos".

A ideia de que, no Estado de direito, a resolução judicial dos litígios tem que fazer-se sempre com observância de um *due process of law* já, de resto, o Tribunal a tinha posto em relevo no Acórdão n.° 404/87 (publicado nos *Acórdãos do Tribunal Constitucional*, 10.° Volume, pp. 391 e segs.). E, no Acórdão n.° 62/91 (publicado nos *Acórdãos do Tribunal Constitucional*, 18.° Volume, pp. 153 e segs.) sublinhou-se que o princípio da igualdade das partes e o princípio do contraditório "possuem dignidade constitucional, por derivarem, em última instância, do princípio do Estado de direito".

As partes num processo têm, pois, direito a que as causas em que intervêm sejam decididas "mediante um processo equitativo" (cfr. o n.° 4 do artigo 20.° da Constituição), o que — tal como se sublinhou no Acórdão n.° 1193/96 (publicado nos *Acórdãos do Tribunal Constitucional*, 35.° Volume, pp. 529 e segs.) — exige não apenas um juiz independente e imparcial (um juiz que, ao dizer o direito do caso, o faça mantendo-se alheio, e acima, de influências exteriores, a nada mais obedecendo do que à lei e aos ditames da sua consciência), como também que as partes sejam colocadas em perfeita paridade de condições, por forma a desfrutarem de idênticas possibilidades de obter justiça, pois, criando-se uma situação de indefesa, a sentença só por acaso será justa."

É à luz destes princípios que cumpre decidir a primeira questão que, repete-se, consiste em saber se é ou não inconstitucional a interpretação das normas dos artigos 712.°, n.° 1, alínea *a*), e n.° 4, e 684.°, n.° 3, do Código de Processo Civil, no sentido de permitirem que a Relação proceda oficiosamente à alteração da matéria de facto, com fundamento em deficiência, obscuridade ou contradição, quando constem do processo todos os elementos de prova que serviram de base à decisão sobre os pontos da matéria de facto em causa, ainda que a decisão proferida com base neles não tenha sido impugnada nos termos do artigo 690.°-A do Código de Processo Civil.

Atente-se que com a interpretação normativa em causa o tribunal de recurso não se arroga poderes para proceder oficiosamente a uma geral e irrestrita alteração do julgamento da matéria de facto. Fá-lo no âmbito da base de facto relevante para a questão de direito discutida na apelação e para harmonizar do ponto de vista lógico as respostas do tribunal de 1.ª instância, eliminando a obscuridade e contradição que reputou existir nesse julgamento quanto a um concreto ponto da matéria de facto. Efectivamente, sendo a decisão jurídica da causa uma decisão racional não pode assentar em factos que estejam entre si em contradição ou cuja equivocidade ou indeterminação de sentido impeça que se saiba que consequência jurídica se deve deles extrair. Impossibilitado, pela deficiência, obscuridade ou contradição da matéria de facto pertinente, de resolver as questões que lhe são submetidas e, portanto, de alcançar a decisão justa do litígio, ao tribunal de recurso coloca-se a alternativa de anular o julgamento de facto ou eliminar o vício, se dispuser de competência e de todos os elementos probatórios que serviram de base à decisão. A preferência normativa pela segunda opção em vez da pronúncia cassatória, mesmo que essa revisão do julgamento de facto não tenha sido pedida, justifica-se pelo interesse constitucionalmente relevante de obtenção da justiça em prazo razoável.

E não resulta dessa solução de suprimento oficioso pelo tribunal de recurso da obscuridade ou contradição das respostas quanto a pontos concretos da matéria de facto ofensa aos princípio do processo equitativo, designadamente, na vertente da igualdade de armas e do contraditório, aqui no sentido do direito de uma das partes se pronunciar sobre qualquer pretensão formulada pela parte contrária.

Com efeito, a alteração à matéria de facto faz-se no âmbito restrito das questões jurídicas em disputa, com recurso às provas produzidas nos autos, não convocando a Relação para este efeito meios de prova que não tivessem já sido submetidos à análise e ao contraditório das partes. Não há na situação em apreço qualquer violação do princípio da igualdade das partes no processo, porque o tribunal ao assim proceder não as trata diferenciadamente, dando a uma tratamento que tenha negado à outra, nem decide questão colocada por uma parte sem audição da outra. Perante a perplexidade em que se vê colocado pelo acervo factual sobre que as partes discutem e não podendo concluir pelo *non liquidet*, elimina oficiosamente o vício com base nos elementos que os autos fornecem e as partes conhecem. Não ouve só uma das partes, nem concede a uma a oportunidade de apresentar elementos de convicção que à outra nega. Assim, não se pode afirmar que, em função da alteração uma das partes tenha ficado numa situação desvantajosa em relação à outra no tocante ao pleno desfrute dos meios adjectivos postos à sua disposição.

E também não podem dizer-se violados os demais princípios e normas constitucionais invocados.

Desde logo, carece absolutamente de sentido a referência aos artigos 207.° e 212.° da Constituição (cfr. conclusão 16.ª), que versam, respectivamente, sobre o júri, participação popular e assessoria técnica nos tribunais e sobre os tribunais administrativos e fiscais.

E é manifestamente infundada a arguição de que a norma em causa viola o princípio da protecção da confiança e da segurança jurídica, ínsitos no artigo 2.° da Constituição, que a recorrente não fundamenta. A alteração oficiosa da matéria de facto ocorre no âmbito da base de facto relevante para decisão de questões jurídicas em disputa num processo pendente e para eliminar obscuridades ou contradições impeditivas da justa resolução dessas questões ainda controvertidas, pelo que se não vislumbra de que modo pode ser atingido o direito dos cidadãos a confiar na estabilidade das decisões judiciais.

9. Apurado que a alteração oficiosa da matéria de facto pelo tribunal de recurso, ao abrigo do n.° 4 e da alínea *a*) do n.° 1 do artigo 712.° do Código de

Processo Civil, em ordem a eliminar obscuridades ou contradições do julgamento da matéria de facto relevante para a decisão das questões jurídicas em disputa, não viola as garantias que decorrem do direito ao processo equitativo (artigo 20.°, n.° 4, da Constituição), importa averiguar se também passa incólume a essa censura o entendimento dessas mesmas normas em conjugação com o n.° 3 do artigo 3.° do mesmo Código, no sentido de que para assim proceder não é necessário ouvir previamente as partes, designadamente a parte em desfavor da qual é feita a alteração.

Este último preceito dispõe que o juiz "deve observar e fazer cumprir, ao longo de todo o processo, o princípio do contraditório, não lhe sendo lícito, salvo caso de manifesta desnecessidade, decidir questões de direito ou de facto, mesmo que de conhecimento oficioso, sem que as partes tenham tido a possibilidade de sobre elas se pronunciarem".

Como já se disse a propósito da questão anteriormente tratada, o artigo 20.° da Constituição não se limita a garantir o direito de acesso aos tribunais. Impõe que esse direito se efective — na conformação normativa e na concreta condução — através de um processo equitativo (n.° 4 do artigo 20.° da Constituição).

Levada expressamente ao texto constitucional pela revisão operada pela Lei Constitucional n.° 1/97, a exigência do processo equitativo, conceito em cuja densificação tem papel de relevo a jurisprudência dos órgãos da Convenção Europeia dos Direitos do Homem (CEDH) sobre o conceito homólogo consagrado no artigo 6.° da CEDH, já anteriormente se deduzia de outros lugares da Constituição e era reconhecido pela jurisprudência do Tribunal (cfr. por exemplo Acórdão n.° 1193/96).

Para o processo civil e para os modelos processuais a que aquele serve de paradigma (para o processo penal a Constituição fornece no artigo 32.° elementos de concretização suplementares), a jurisprudência e a doutrina têm desenvolvido o conceito através de outros princípios que o densificam: (*1*) direito à igualdade de armas ou igualdade de posição no processo, sendo proibidas todas as diferenças de tratamento arbitrárias; (*2*) proibição da indefesa e direito ao contraditório, traduzido fundamentalmente na possibilidade de cada uma das partes invocar as razões de facto e direito, oferecer provas, controlar a admissibilidade e a produção das provas da outra parte e pronunciar-se sobre o valor e resultado de umas e outras; (*3*) direito a prazos razoáveis de acção e de recurso, sendo proibidos os prazos de caducidade demasiados exíguos; (*4*) direito à fundamentação das decisões; (*5*) direito à decisão em prazo razoável; (*6*) direito de conhecimento dos dados do processo (*dossier*); (*7*) direito à prova; (*8*) direito a um processo orientado para a justiça material (cfr. Gomes Canotilho e Vital Moreira, *Constituição da República Portuguesa Anotada,* 4.ª edição, p. 415).

No caso, não está em consideração a violação do contraditório na sua formulação clássica *(audiatur et altera pars)*, enquanto exige que se dê a cada uma das partes a possibilidade de "deduzir as suas razões (de facto e de direito)", de "oferecer as suas provas", de "controlar as provas do adversário" e de "discretear sobre o valor e resultados de umas e outras". A questão que agora se aprecia respeita à proibição das chamadas decisões-surpresa, ou seja, à imposição ao tribunal do dever de ouvir as partes antes de tomar decisões com fundamento de conhecimento oficioso que não tenha sido por elas previamente considerado. O que está em causa não é a garantia de defesa, no sentido negativo de oposição perante pretensão da outra parte, mas o direito de influenciar a formação da decisão do órgão judicial que lhe diz directamente respeito e que também tem de considerar-se incluído na exigência constitucional do processo equitativo.

Mais precisamente, uma vez que a consideração do que é uma concepção justa e leal do processo não pode ser traçada abstractamente e que nos situamos num processo de fiscalização concreta de constitucionalidade, importa saber se a exigência do processo equitativo funda uma extensão do contraditório de tal modo que se considere que aquele princípio constitucional é infringido por uma norma que dispense (*i. e.*, interpretada no sentido de dispensar) o tribunal de recurso de ouvir previamente as partes quando venha a optar pela alteração oficiosa da matéria de facto, com base nos elementos probatórios em que se fundou a decisão da 1.ª instância, para eliminar obscuridades ou contradições.

E aqui a resposta é positiva.

A parte que é objectivamente desfavorecida pelo sentido da alteração da decisão de facto não vê garantida a sua participação efectiva num momento fulcral do desenvolvimento da lide perante o tribunal de recurso e que vem a ser decisivo para a solução que esse tribunal dá à questão sobre a qual incidiu a discussão das partes nessa fase processual. A base factual é crucial na aplicação do direito pelos tribunais. A discussão que as partes travaram nas alegações e contra-alegações, tomando por referente as respostas aos pontos da matéria de facto fixadas na decisão recorrida, pode ficar esvaziada de sentido se esse pressuposto desaparece. Não conceder às partes, perante a solução plausível de vir a alterar oficiosamente a base factual, a oportunidade de apresentar as razões pelas quais essa alteração não deve ser feita é privá-las da participação num momento constitutivo da decisão da causa. Mormente quando, como na aplicação normativa concreta sucedeu, a alteração não se reduz à eliminação de incongruências frontais imposta por exigências imperativas de lógica formal que só consintam um indiscutível sentido da proposição questionada, antes envolve a reapreciação da prova documentada no processo em ordem a suportar o sentido da alteração a que se chegou.

Deste modo, a referida norma, entendida como implicitamente o foi no sentido de o exercício dos referidos poderes da Relação não dever ser precedido de audição das partes, conduz a que a decisão da causa não seja, nessa fase processual, o resultado de um processo equitativo.

Aliás, o Tribunal Constitucional já afirmou entendimento semelhante deste princípio em casos de exercício de poderes oficiosos aparentados com a hipótese que agora se aprecia, designadamente no Acórdão n.° 440/94 (condenação por litigância de má fé, sem prévia audição dos interessados sobre tal matéria) e n.° 605/95 (condenação "*extra vel ultra petitum*" em processo laboral), publicados, respectivamente, no *Diário da República*, II Série, de 1 de Setembro de 1994 e 15 de Março de 1996 e disponíveis em *www.tribunalconstitucional.pt*. E no Acórdão n.° 205/03, publicado no *Diário da República*, II Série, de 2 de Julho de 2003, reconheceu-se expressamente que a norma contida no artigo 3.°, n.° 3, do Código de Processo Civil "resulta, assim, de uma imposição constitucional, conferindo às partes num processo o direito de se pronunciarem previamente sobre as questões — suscitadas pela parte contrária ou de conhecimento oficioso — que o tribunal vier a decidir", embora nesse caso se tenha concluído pela não violação do princípio constitucional.

Procede, pois, o recurso nesta parte, improcedendo no mais.

III — Decisão

Pelo exposto, concedendo parcial provimento ao recurso, decide-se:

A) Julgar inconstitucional, por violação do direito a um processo equitativo consagrado no n.° 4 do artigo 20.° da Constituição, a norma extraída do n.° 3 do artigo 3.° e da alínea *a)* do n.° 1 e do n.° 4 do artigo 712.° do Código de Processo Civil, quando interpretados no sentido de permitirem que a Relação proceda oficiosamente à alteração da matéria de facto, com fundamento em deficiência, obscuridade ou contradição da decisão da 1.ª instância nesse domínio e, consequentemente, modifique a decisão da causa, sem prévia audição das partes;

B) Determinar a reforma da decisão recorrida em conformidade com o agora decidido quanto à questão de constitucionalidade;

C) Julgar no mais improcedente o recurso.

Lisboa, 8 de Julho de 2009. — *Vítor Gomes* — *Carlos Fernandes Cadilha* — *Ana Maria Guerra Martins* — *Maria Lúcia Amaral* — *Gil Galvão.*

Anotação:

1 — Acórdão publicado no *Diário da República*, II Série, de 18 de Agosto de 2009.

2 — Os Acórdãos n.os 205/93, 440/94 e 1193/96 estão publicados em *Acórdãos*, 24.°, 28.° e 35.° Vols., respectivamente.

ACÓRDÃO N.° 347/09

DE 8 DE JULHO DE 2009

Não julga inconstitucional a norma do n.° 4 do artigo 33.°-A do Código das Custas Judiciais, quando aplicada a processos de execução e enquanto faz depender a admissibilidade da reclamação e do recurso da nota discriminativa e justificativa das custas de parte do depósito prévio do montante nela fixado.

Processo: n.° 1008/07.
Recorrente: Sousa & Sousa Lda.
Relatora: Conselheira Maria Lúcia Amaral.

SUMÁRIO:

I — A norma *sub iudicio*, por um lado, visa garantir que, em casos de deferimento da reclamação, o reclamante venha a reaver em prazo côngruo e em condições de justiça o montante anteriormente depositado e, por outro lado, para além de ser controlada pelas pertinentes normas processuais, tem, naquilo que para o caso importa, suficiente controlo, tanto bastando para que se conclua que, face às finalidades prosseguidas pelo n.° 4 do artigo 33.°-A do Código das Custas Judiciais, se não torna desproporcionada a exigência, que nele se faz, de depósito prévio da quantia fixada na nota de custas, como condição da admissão da reclamação ou recurso.

II — O legislador governamental ao dispor como dispôs, nem afectou direitos, liberdades e garantias, nem restringiu indevidamente o espaço da necessária "intervenção" do juiz, regulando sobre matérias de organização e competência dos tribunais, do Ministério Público e estatuto dos respectivos magistrados, tendo antes limitado-se a editar uma norma de processo que, visando uma finalidade bem precisa — a de evitar usos processuais dilatórios — fixa condições de admissibilidade de reclamações e recursos que, face aos parâmetros constitucionais aplicáveis, se não mostram excessivas.

Acordam na 3.ª Secção do Tribunal Constitucional:

I — Relatório

1. Sousa & Sousa Lda., reclamou, junto do Tribunal Judicial de Ovar, da nota discriminativa e justificativa das custas de parte que lhe havia sido apresentada em processo de execução, em que era executada ela própria, Sousa & Sousa, e exequente Sorgal — Sociedade de Óleos e Rações, S. A..

Foi a reclamação indeferida (fls. 49) com fundamento no disposto no n.° 4 do artigo 33.°-A do Código das Custas Judiciais (CCJ). A recorrente não efectuara o depósito prévio do montante constante da nota discriminativa e justificativa, conforme exigia, como condição de admissão da reclamação, o referido preceito.

Após vicissitudes processuais várias, e agora irrelevantes, interpôs Sousa & Sousa, Lda., para o Tribunal da Relação do Porto, recurso de agravo desta decisão. O recurso não foi admitido no Tribunal de Ovar, uma vez mais com fundamento no disposto no n.° 4 do artigo 33.°-A do Código das Custas Judiciais. Reclamou então Sousa & Sousa, Lda. para o Presidente do Tribunal da Relação do Porto que, mantendo a decisão, proferida pelo tribunal *a quo*, de não admissão do recurso, reiterou a sua fundamentação.

É desta última decisão do Presidente do Tribunal da Relação do Porto que se interpõe o presente recurso, ao abrigo da alínea *b)* do n.° 1 do artigo 70.° da Lei do Tribunal Constitucional (e, ainda, de acordo com os disposições conjuntas dos n.os 2 e 3 do mesmo preceito).

2. Tal como o já fizera antes perante a 1.ª instância, veio a recorrente, na reclamação dirigida ao Presidente da Relação, aduzir o seguinte: que a nota de despesas apresentada, a título de custas de parte, pela exequente Sorgal ascendia a um montante de € 62 000, o que ultrapassava em muito o montante da quantia exequenda inicial, de € 44 660,73; que fora daquela nota que a recorrente deduzira reclamação, por se mostrar exorbitante e não fundada a quantia que nela se fixara; e que, assim sendo, a norma contida no n.° 4 do artigo 33.°-A do Código das Custas Judiciais (que impõe, como condição de admissibilidade da reclamação, o depósito prévio da quantia fixada pela nota de que se pretende reclamar) se não deveria aplicar à execução, sob pena de violação do disposto no artigo 20.° da Constituição, por assim se impedir "o exercício do direito de recurso aos tribunais, para que a causa seja examinada por um juiz". Além disso, invocou ainda a recorrente a inconstitucionalidade orgânica do Decreto-Lei n.° 324/2003, de 27 de Dezembro, que introduziu a actual redacção do artigo 33.°-A do CCJ, na medida em que, vindo a afectar directamente direitos e garantias dos particulares, bem como a reduzir a intervenção e, consequente-

mente, a competência dos tribunais em matéria de custas de parte nos processos de execução, invadiria a esfera de reserva de competência legislativa da Assembleia da República consignada no artigo 165.°, n.° 1, alíneas *b)*, *p)* e *s)*, da Constituição.

3. Convidada, ao abrigo do disposto nos n.os 1, 5 e 6 do artigo 75.°-A da Lei do Tribunal Constitucional, a indicar com precisão qual a norma (ou dimensão normativa) cuja inconstitucionalidade pretendia que o Tribunal apreciasse, veio a recorrente responder:

> A norma cuja inconstitucionalidade se pretende ver apreciada é a do artigo 33.°-A, n.° 4, do Código das Custas Judiciais.
>
> Tal disposição foi aplicada pela douta decisão impugnada, tendo sido suscitada a inconstitucionalidade pela recorrente nas conclusões de reclamação sobre a conta de custas deduzida perante o juiz de 1.ª instância e, aquando da reclamação da não admissão do recurso, perante o Tribunal da Relação.
>
> A norma faz depender a admissão de reclamação sobre a conta de custas de parte apresentada pela parte vencedora ou pelo solicitador de execução do prévio depósito do respectivo montante pela parte que pretende exercer o direito à reclamação. (...)
>
> Porém, no caso em apreço, a nota discriminativa das despesas apresentadas pelo solicitador de execução ou pela exequente, que é objecto da reclamação da ora recorrente, atinge o montante de € 64 750,63, quando se reporta a uma execução em que a quantia exequenda inicial, incluindo as despesas, era de € 44 660,73, ou seja, as despesas de execução excedem em cerca de um terço a quantia que se pretendia cobrar coercivamente.
>
> A recorrente não compreende como tal pode ser possível e considera que a matéria deve ser discutida, de modo a comprovar-se que a despesa foi efectivamente realizada — tanto mais que se suporta em simples contas não demonstradas, sem comprovativos e sem qualquer plausibilidade (...).
>
> Acontece ainda que a recorrente não dispunha à data da apresentação da reclamação de qualquer meio que lhe permitisse efectuar o depósito prévio de garantia de tão elevado montante — veio a efectuar o depósito posteriormente, tendo a 1.ª instância declarado que o depósito fora intempestivo.
>
> Assim, a questão que se submete a este Alto Tribunal é se aquela norma [a contida no n.° 4 do artigo 33.°-A do Código de Custas Judiciais], ao pretender evitar expedientes dilatórios (...) não está a impedir o acesso à justiça, garantido pelo artigo 20.° da Constituição, naqueles casos, como o presente, em que os valores são exagerados e altíssimos, não demonstrados por quem, ao apresentar a conta, sabe que o depósito prévio é impossível por falta de meios económicos (...).

4. Nas suas alegações perante o Tribunal Constitucional, veio a recorrente dizer, essencialmente, que: (*i*) a norma contida no n.° 4 do artigo 33.°-A do

Código das Custas Judiciais, ao fazer depender a admissibilidade da reclamação [da nota de custas] do depósito prévio do montante constante da nota discriminativa e justificativa das custas de parte, visaria, em si mesma, evitar o uso dilatório dos meios processuais, funcionando como garantia de pagamento; (*ii*) no entanto, tal norma só mereceria tutela constitucional se a sua interpretação se mantivesse dentro dos parâmetros da razoabilidade, "estabelecidos com respeito aos princípios da justiça, da suficiência, da certeza, da proporcionalidade e do contraditório"; (*iii*) o que não sucederia naqueles casos em que — como o dos autos — as custas de parte, excedendo em muito a quantia exequenda inicial, se fundassem em despesas indemonstradas; (*iv*) pelo que, nessa dimensão, a norma sob juízo lesaria o disposto no artigo 20.° da Constituição, não apenas por obstaculizar o direito dos particulares de acesso ao direito, mas também por restringir indevidamente o espaço da necessária intervenção do juiz. Em consequência, alegou ainda a recorrente — tal como já o fizera antes, durante o processo — a inconstitucionalidade orgânica do Decreto-Lei n.° 324/2003, de 27 de Dezembro, que introduziu a actual redacção do artigo 33.°-A do Código das Custas Judiciais, por violação da reserva da Assembleia da República tanto em matéria de direitos, liberdades e garantias [alínea *b)* do n.° 1 do artigo 165.° da Constituição], como em matéria de organização e competência dos tribunais [alínea *p)*]. [Por lapso, ter-se-á referido ainda a reserva constituída pela alínea *s)* do mesmo preceito].

A recorrida não contra-alegou.

II — Fundamentação

5. Incide o presente recurso sobre o disposto no artigo 33.°-A do Código das Custas Judiciais, que determina, a propósito do pagamento de custas de parte:

> 1. Sem prejuízo da sua cobrança em execução de sentença, no prazo de 60 dias a contar do trânsito em julgado da mesma, a parte que tenha o direito a ser compensada das custas de parte remete à parte responsável a respectiva nota discriminativa e justificativa, para que esta proceda ao seu pagamento.
>
> (...)
>
> 4. A admissão da reclamação e do recurso dependem do depósito prévio do montante constante da nota discriminativa e justificativa, a efectuar nos termos do n.° 3 do artigo 124.°

Sustenta a recorrente que é inconstitucional a norma contida, especificamente, no n.° 4, quando aplicada às execuções em que a nota discriminativa e justificativa das custas de parte apresente um montante que exceda, acentuadamente, o montante da própria dívida exequenda inicial. É esta — e apenas esta

— a "dimensão interpretativa" da norma que, tendo sido efectivamente aplicada pela decisão recorrida, constitui o objecto do presente recurso.

São invocados, como fundamentos do juízo de inconstitucionalidade, quer a violação do disposto no artigo 20.° da Constituição, quer a invasão da reserva de competência legislativa da Assembleia da República [artigo 165.°, n.° 1, alíneas *b)* e *p)*].

6. Embora em perspectiva diversa da recortada no presente recurso, já foi a disciplina do pagamento de custas de parte, fixada pelo artigo 33.°-A do Código das Custas Judiciais, escrutinada pelo Tribunal Constitucional. No Acórdão n.° 643/06 (cuja fundamentação é retomada, entre outros, pelos Acórdãos n.os 375/08 e 513/08) sublinhou o Tribunal o facto de tal disciplina se inserir num sistema de regulação que, correspondendo a uma das inovações trazidas pelo Código das Custas Judiciais aprovado pelo Decreto-Lei n.° 324/2003, de 27 de Dezembro, visaria uma finalidade bem precisa. No que diz respeito à taxa de justiça — que era, diferentemente do que agora sucede, o que estava em causa nos casos daqueles Acórdãos — teria o legislador pretendido garantir o seu efectivo pagamento, transferindo para o vencedor o ónus de reaver do vencido o que aquele tinha adiantado através do mecanismo de custas de parte. [No modelo anterior, previa-se a restituição antecipada, independentemente de o vencido proceder ao pagamento das custas da sua responsabilidade, pelo Cofre Geral dos Tribunais, da taxa de justiça paga pelo vencedor no decurso da acção, o que, no dizer do preâmbulo do Decreto-Lei, potenciava o risco de o processo vir a ser efectivamente custeado pela comunidade e pelo Estado e não por quem lhe dera, em sentido amplo, causa.]

Neste contexto, sublinhou também o Tribunal o facto de o artigo 33.°-A, com a sua disciplina do pagamento de custas de parte, ser o elemento de um sistema mais vasto, desenhado em conjunto pelos artigos 31.°, n.° 1, 32.°, n.° 1 e 33.°, n.° 1, do Código das Custas Judiciais, e destinado portanto a garantir que a taxa de justiça viesse a ser efectivamente paga.

7. Não está em causa, no presente caso, o pagamento da taxa de justiça devido a título de "custas de parte". O que está em causa, antes, é o modo de pagamento daqueles encargos que vêm referidos na alínea *e)* do n.° 1 do artigo 33.° do Código e no seu n.° 3.

Como, *in casu,* decorreu processo de execução em que foi designado solicitador, as "custas" devidas — e constantes da nota discriminativa e justificativa que a parte que tem direito a ser compensada remete à parte responsável nos termos do n.° 1 do artigo 33.°-A do Código — são aquelas que vêm mencionadas na alínea *e)* do n.° 1 do artigo 33.°: "as remunerações pagas ao solicitador de execução, as despesas por ele efectuadas e os demais encargos da execução". São estes os encargos que a parte exequenda tem direito a reaver do executado, nos termos ainda do previsto no n.° 3 do artigo 33.° do Código e de acordo com o modo de pagamento previsto pelo seu artigo 33.°-A. Nesta medida, a finalidade da disciplina fixada por este último artigo, quando aplicado a este tipo de "custas", será, não apenas a de garantir que o custeamento do processo corra efectivamente por conta de quem lhe deu causa e não por conta do Estado e da comunidade, mas sobretudo a de adequar o regime das custas ao actual modelo do processo executivo, em que a figura do "solicitador de execução" aparece com um dado novo.

Isto mesmo foi, aliás, reconhecido pelo preâmbulo do Decreto-Lei n.° 324/2003, no seu ponto 9: "(...) a presente revisão do Código das Custas Judiciais insere-se estrategicamente no contexto de outras reformas em curso no sector da justiça, e implica também que se tenha presente de modo especial os novos regimes do processo executivo e do contencioso administrativo. No que se refere à reforma da acção executiva é considerada a nova figura do solicitador da execução e a desjudicialização de grande parte do processo (...)". Tudo isto num contexto em que, visando o novo regime de custas, em geral, "introduzir maior celeridade na obtenção de decisões judiciais, removendo obstáculos ao funcionamento racional e eficaz do sistema", se nortearia a revisão do CCJ por alguns objectivos fundamentais, sendo um de entre eles, precisamente, a compatibilização com a reforma da acção executiva (pontos 1 e 2 do preâmbulo do Decreto-Lei n.° 324/2003).

Nesta medida — e quando aplicada a processos de execução — a norma fixada no n.° 4 do artigo 33.°-A do Código, ao fazer depender a admissibilidade da reclamação e do recurso [da nota discriminativa e justificativa das custas de parte] do depósito prévio do montante nela fixado, explicar-se-á pela necessidade, especialmente reflectida pelo legislador ordinário, não só de garantir o pagamento das custas, mas ainda de moderar e razoabilizar, quanto a elas, o regime processual de reclamações e recursos, de forma a evitar o seu uso dilatório.

Sendo este o fim, constitucionalmente legítimo, que é prosseguido pela norma (como aliás o reconhece a recorrente), a partir dele se fará o juízo de proporcionalidade que a convocação, para o caso, do prescrito pelo artigo 20.° da Constituição inevitavelmente impõe.

8. O Tribunal tem dito, em jurisprudência constante, que a norma contida no artigo 20.° da Constituição (mormente, a resultante do disposto no seu n.° 1) não contém nenhum imperativo de gratuitidade da justiça. Sendo o direito, que aí se consagra, de acesso ao tribunal, um direito pluridimensional — pois que na sua estrutura se incluirá, não apenas uma posição subjectiva de natureza análoga à dos direitos, liberdades e garantias, mas ainda uma posição subjectiva de índole prestacional, com o correlativo dever do Estado de pôr à disposição das pessoas instituições e procedimentos que garantam a efectividade da tutela jurisdicional —, ampla será, também, a liberdade de conformação do legislador ordinário quanto à disciplina das custas que o exercício de tal direito, inevitavelmente, acarretará.

Certo é, no entanto, que essa liberdade terá limites, sempre que se demonstrar que os custos da utilização da máquina judiciária, fixados pelo legislador como correlativo da criação e afectação, por parte do Estado, de importantes meios ao fim de "realização da justiça", são, pela sua dimensão, de tal modo excessivos ou onerosos que acabam por inibir o acesso que o cidadão comum deve ter ao juiz e ao tribunal. Quanto a este ponto, tem também sempre dito o Tribunal que o teste da proporcionalidade se deve fazer tendo em conta a exigência de um "equilíbrio interno ao sistema" que todo o regime de custas, pela sua razão de ser, terá que perfazer. (Assim, vejam-se, entre outros, os Acórdãos n.os 552/91, 467/91 e 1182/96, todos disponíveis em *www.tribunalconstitucional.pt*).

9. Não se contesta o elo de adequação existente entre a medida contida no n.° 4 do artigo 33.°-A do Código de Custas Judiciais e a finalidade que, através dela, se pretende alcançar. Exigir que a admissão da reclamação quanto ao montante de custas de parte dependa do prévio depósito desse mesmo montante, tal com ele vem fixado na respectiva nota justificativa e discriminativa, afigura-se em termos abstractos como um meio idóneo ou apto para garantir que a referida reclamação não seja indevidamente usada com um instrumento processual dilatório. Contudo, e como bem se sabe, o juízo de proporcionalidade não se esgota na avaliação abstracta da existência, ou inexistência, de relações lógicas de adequação entre o meio utilizado pelo legislador e o fim por ele prosseguido. Numa análise mais fina, que exige a consideração do sistema em que se insere a medida sob escrutínio, a ideia de proporcionalidade impõe ainda que se determine o grau de esforço ou de onerosidade que a decisão legislativa traz ao particular. Como já se disse — e como sempre o tem reafirmado o Tribunal — um regime de custas que, pela sua dimensão, se mostre de tal ordem excessivo ou oneroso que acabe por inibir o acesso que o cidadão comum deve ter ao juiz e à protecção jurídica, é um regime contrário ao "equilíbrio interno ao sistema" que o disposto no n.° 1 do artigo 20.° indiscutivelmente reclama.

O n.° 4 do artigo 33.°-A do CCJ não se limita a exigir, como pressuposto da admissão da reclamação relativa às custas, o depósito prévio do montante constante da respectiva nota discriminativa e justificativa. Determina ainda a parte final do preceito que o depósito se efectue nos termos do n.° 3 do artigo 124.° do Código. A remissão para este regime (que prevê que o depósito, feito a favor do Instituto de Gestão Financeira e Patrimonial da Justiça, fique à ordem da secretaria do tribunal), garante que, em casos de deferimento da reclamação, o reclamante venha a reaver em prazo côngruo e em condições de justiça o montante anteriormente depositado. A finalidade de combate ao uso indevido de meios processuais dilatórios, prosseguida pela exigência do depósito prévio do montante reclamado, é assim também realizada pelo legislador através do regime por ele próprio desenhado quanto à garantia da devolução certa, atempada e justa do montante depositado.

A tudo isto, acresce ainda um outro argumento.

As alegações do recorrente, segundo as quais a norma impugnada rompe, pelo excesso, o equilíbrio interno ao sistema que, como vimos, todo o regime de custas deve ter, centram-se num ponto essencial. O ponto é o seguinte:

Tratando-se, no caso, de um processo de execução em que são custas de parte, nos termos da alínea *e)* do n.° 1 do artigo 33.° do Código, "[a]s remunerações pagas ao solicitador de execução, as despesas por ele efectuadas e os demais encargos de execução", pode o montante de tais custas — diz o recorrente — ascender a níveis excessivos pela ausência de controlo (mormente de controlo judicial) que terá o seu processo de elaboração. Assim sendo, conclui, não se pode exigir (como o faz o n.° 4 do artigo 33.°-A) que, para reclamar da nota que discrimina e justifica tais custas, se deposite previamente o montante por ela fixado. Não se pode porque a Constituição o proíbe: quer com fundamento no princípio da tutela jurisdicional efectiva quer com fundamento no princípio da reserva de juiz (que o recorrente faz sediar, também, no artigo 20.° da Constituição).

No entanto, para que tal argumentação colhesse, necessário seria que se demonstrasse o carácter não controlado do processo de elaboração da nota de custas a que se refere o n.° 1 do artigo 33.°-A. Sucede, porém, que a actuação do agente de execução — pois é ela que centralmente está em causa — para além de ser controlada, em aspectos que agora não relevam, pelas pertinentes normas processuais, tem, naquilo que para o caso importa, suficiente controlo. A Portaria n.° 708/2003, que veio regulamentar o regime fixado pela alínea *e)* do n.° 1 do artigo 33.°-A do CCJ, dispõe, no seu artigo 4.°, que "[o] juiz, a Câmara dos Solicitadores, o exequente e o executado e qualquer terceiro que tenha um interesse legítimo no processo têm direito a ser informados sobre a conta corrente discriminada da execução", e que "[o] solicitador da execução, no acto de citação, para além das informações impostas pelas normas processuais, deve informar o executado do montante provável dos seus honorários e despesas".

Não se tornando necessário sublinhar agora outros aspectos da regulação, tanto basta para se conclua que, face às finalidades prosseguidas pelo n.° 4 do artigo 33.°-A do CCJ, se não torna desproporcionada a exigência, que nele se faz, de depósito prévio da quantia fixada na nota de custas, como condição da admissão da reclamação ou recurso.

Cabendo ao Tribunal apenas, e desde logo nos termos do n.° 6 do artigo 280.° da Constituição, o juízo sobre a constitucionalidade ou inconstitucionalidade das normas, a solução a dar ao caso sob juízo é, pois também, apenas esta: a norma impugnada no presente recurso não lesa, por violação do princípio da proibição do excesso, o direito consagrado no artigo 20.° da Constituição.

10. Assim sendo, não aprece que possa proceder a alegação de inconstitucionalidade orgânica feita, ainda, pela recorrente, quanto ao prescrito no n.° 4 do artigo 33.°-A do CCJ. Ao dispor como dispôs, o legislador governamental nem afectou direitos, liberdades e garantias, nem restringiu indevidamente o espaço da necessária "intervenção" do juiz, regulando sobre matérias de organização e competência dos tribunais, do Ministério Público e estatuto dos respectivos magistrados. Limitou-se antes a editar uma norma de processo que, visando uma finalidade bem precisa — a de evitar usos processuais dilatórios — fixa condições de admissibilidade de reclamações e recursos que, face aos parâmetros constitucionais aplicáveis, se não mostram excessivas.

III — Decisão

Nestes termos, e pelos fundamentos, expostos, o Tribunal decide não conceder provimento ao recurso, confirmando-se a decisão recorrida quanto à questão de constitucionalidade.

Custas pela recorrente, fixadas em 20 unidades de conta de taxa de justiça.

Lisboa, 8 de Julho de 2009. — *Maria Lúcia Amaral* — *Vítor Gomes* — *Carlos Fernandes Cadilha* — *Ana Maria Guerra Martins* — *Gil Galvão.*

Anotação:

1 — Acórdão publicado no *Diário da República*, II Série, de 17 de Agosto de 2009.

2 — Os Acórdãos n.os 467/91, 1182/96, 643/06 e 375/08 estão publicados em *Acórdãos*, 20.°, 35.°, 66.° e 72.° Vols., respectivamente.

ACÓRDÃO N.º 353/09

DE 8 DE JULHO DE 2009

Não julga inconstitucionais as normas das alíneas *c)* e *d)* do artigo 38.º do Regulamento Disciplinar da Federação Portuguesa de Futebol.

Processo: n.º 849/08.
Recorrente: Associação Cultural e Desportiva de São Vicente.
Relator: Conselheiro Sousa Ribeiro.

SUMÁRIO:

I — A disciplina presente nas normas *sub iudicio*, ao estabelecer que os jogos com o infractor não contam para a classificação, tudo se passando como se a competição se processasse, *ab initio*, apenas com os clubes não abrangidos pela desclassificação, obedece plenamente à preocupação de que qualquer que seja o critério de solução adoptado, dele resulte, em abstracto, o tratamento igualitário dos clubes em prova.

II — Os efeitos que, necessariamente, tal tratamento nivelador gera sobre a classificação dos outros clubes, não podem ser vistos como uma sanção, aplicada como reacção a um facto ilícito e culposo praticado pelo clube atingido, mas correspondem, antes, a um efeito, dependente de uma variável fáctica aleatória, da aplicação de uma disciplina, igual para todos, que pretende regular o facto objectivo criado pela desclassificação de um clube, por forma a evitar distorções classificativas para além das necessariamente postuladas pela exigência da igualdade de tratamento entre os clubes não desclassificados.

III — Não estando na base de uma eventual perda de pontos qualquer conduta do clube que a sofre, perde inteiramente sentido a aplicação dos princípios da culpa e da jurisdicionalidade, e as garantias de defesa em procedimentos sancionatórios, os quais só cobram espaço operativo em face de penas ou sanções retributivas e preventivas assentes num juízo de censura sobre comportamentos imputáveis ao sujeito atingido, sendo um juízo desse tipo completamente alheio à regulação impugnada, a que não preside qualquer intenção sancionatória.

IV — Por outro lado, embora a reacção perante um comportamento censurável de um clube possa indirectamente vir a ter consequências desfavoráveis para um outro, não pode ver-se nisso algo de excessivo, pois a desclassificação é uma reacção imprescindível para sancionar as condutas dos clubes mais gravemente lesivas dos regulamentos que presidem às competições, não ofendendo o princípio da proporcionalidade.

Acordam na 2.ª Secção do Tribunal Constitucional:

I — Relatório

1. Nos presentes autos, vindos do Supremo Tribunal Administrativo, em que é recorrente a Associação Cultural e Desportiva de São Vicente e recorridos o Conselho de Justiça da Federação Portuguesa de Futebol e o Ministério Público, foi interposto recurso de constitucionalidade, do acórdão daquele Supremo Tribunal, de 10 de Setembro de 2008, nos seguintes termos:

«(...) — o recurso é interposto ao abrigo da alínea *b*) do n.º 1 do artigo 70.º da Lei n.º 28/82, de 15 de Novembro, na redacção da Lei n.º 85/89, de 7 de Setembro;

— pretende-se ver apreciada a inconstitucionalidade (material) da norma do artigo 38.º do Regulamento Disciplinar da Federação Portuguesa de Futebol;
— tal norma regulamentar viola as normas dos artigos 1.º, 2.º, 25.º, n.º 1, 30.º, n.º 4, 32.º, n.º 10, 15.º e 269.º, n.º 3, 34.º, n.º 3, 13.º, 79.º, n.º 2, da Constituição da República Portuguesa e os princípios nas mesmas consagrados.
— a questão da inconstitucionalidade foi suscitada nos autos, nomeadamente nos artigos 26.º a 110.º da petição de recurso, que nos autos está;
— o recurso tem efeito suspensivo e sobem nos próprios autos; (...)»

2. Por despacho de fls. 1061 foram as partes notificadas para alegar, com a advertência de que o objecto do recurso «não abrange o artigo 38.º do Regulamento Disciplinar da Federação Portuguesa de Futebol (RDFPF), na sua totalidade, mas apenas as normas das suas alíneas *c*) e *d*).»

A recorrente apresentou alegações onde conclui o seguinte:

«1.ª — A pena disciplinar de desclassificação do artigo 38.º do RDFPF, tem, por consequência directa, o impedimento do clube punido em prosseguir em prova e a perda de todos os pontos conquistados, sem que estes revertam a favor dos adversários.

2.ª — Tal consta dos factos considerados provados a fls. 359 a 361 — itens 2., 3. e 13. — o único clube punido com tal sanção disciplinar foi o Clube Desportivo 1.° de Maio, que não a recorrente.

3.ª — A aplicação da dita pena disciplinar de desclassificação teve, nos termos das normas cuja constitucionalidade é ora apreciada, por consequência a não consideração dos resultados obtidos por clubes terceiros nos jogos realizados com clube punido com aquela pena.

4.ª — Materialmente tal não consideração dos resultados dos corresponde a uma subtracção ou dedução dos pontos obtidos em tais jogos, em caso de empate (1 ponto) ou de vitória (3 pontos).

5.ª — À recorrente foram subtraídos três pontos que ganhou no jogo que disputou com o Clube Desportivo 1.° de Maio, no dia 18 de Maio de 2003.

6.ª — A desconsideração dos resultados [concretamente, subtracção dos pontos em empate ou de vitória] aos demais clubes participantes na competição não foi operada no âmbito de qualquer processo disciplinar instaurado contra esses outros clubes, nomeadamente a recorrente.

7.ª — O único processo disciplinar intentado pela recorrida Federação foi aquele que teve como arguido o Clube Desportivo 1.° de Maio e no qual foi aplicada a pena de desclassificação.

8.ª — O Estado de direito democrático e a sua organização postulam, por natureza, a observância dos princípios — nucleares e constitucionalmente consagrados — do respeito pela dignidade humana e do respeito e garantia dos direitos fundamentais, e em matéria sancionadora, o princípio da culpa — cfr. artigos 1.°, 2.° e 25.°, n.° 1, da Constituição.

9.ª — Tais princípios vedam a incriminação de condutas destituídas de qualquer ressonância ética, impede a responsabilização objectiva, obrigando ao estabelecimento de um nexo subjectivo entre o agente e o seu facto e obsta à punição sem culpa e à punição que exceda a medida da culpa.

10.ª — E a aplicação de penas ou medidas de segurança não pode "envolver como efeito necessário a perda de quaisquer direitos civis, profissionais ou políticos" — cfr. artigo 30.°, n.° 4, da Constituição.

11.ª — E tal proibição deste efeitos da penas criminais ou medidas de segurança não pode deixar de ser considerada, *mutatis mutandis*, na aplicação de quaisquer outras penas, concretamente disciplinares.

12.ª — Em todo e qualquer procedimento sancionador, entre os quais o disciplinar desportivo, é imposto a observância e o respeito dos direitos de audiência e de defesa dos aí arguidos — cfr. artigo 32.°, n.° 10, e 269.°, n.° 3, da Constituição.

13.ª — Neste quadro, a desconsideração dos resultados corresponde materialmente, nos caso de empate e de vitória, à subtracção/dedução de pontos obtidos.

14.ª — E esta subtracção corresponde no essencial à típica pena disciplinar de derrota, que tem lugar nas provas por pontos e que é profusamente prevista no RDFPF.

15.ª — As normas das alíneas *c*) e *d*) do artigo 38.° do RDFPF permitem, tal qual interpretadas foram, a aplicação de tal concreta pena disciplinar de derrota — subtracção de 3 pontos — sem precedência de processo disciplinar contra a recorrente e sem a prévia imputação, de concreta e circunstanciada infracção disciplinar.

16.ª — Nem o prévio exercício do direito fundamental de audiência e de defesa no âmbito de procedimento disciplinar, em clara infracção ao disposto nos artigo 32.°, n.° 10, 17.° e 267.°, n.° 3, da Constituição.

17.ª — Uma tal interpretação das normas das alíneas *c*) e *d*) do RDFPF contende com as normas constitucionais dos artigo 32.°, n.° 10, 17.° e 267.°, n.° 3, da Constituição, em face do qual padece a mesma e tal normativo regulamentar de inconstitucionalidade material.

18.ª — Do mesmo modo, as mesmas normas cuja constitucionalidade trata estes autos de recurso permitem a efectiva punição de clubes terceiros, por factos [os atinentes à desclassificação] imputáveis a outrem, que não aos punidos com tal pena disciplinar.

19.ª — Punição disciplinar sem que exista e se demonstre qualquer nexo de causalidade objectiva e/ou subjectiva entre os factos que determinaram a desclassificação de certo clube e a desconsideração/subtracção de pontos de outros que não o concretamente desclassificado, infringe o princípio da culpa e as normas que o corporizam (artigos 1.°, 25.°, n.° 1, e 17.° da Constituição).

20.ª — Assim, as normas regulamentares sob apreciação padecem, uma vez mais, de inconstitucionalidade material por violação das normas dos artigos 1.°, 25.°, n.° 1, e 17.° da Constituição.

21.ª — Se se entender que as normas das alíneas *c*) e *d*) do RDFPF não consubstanciam verdadeiras e próprias sanções/penas disciplinares, afigura-se, ainda assim, que, no mínimo, constituem penas acessórias ou efeito de uma pena disciplinar.

22.ª — Com efeito, os resultados e os pontos obtidos pelos demais participantes na competição são desconsiderados/subtraídos por factos exclusivamente imputáveis aos clube/participante desclassificado, quando só este — e não aqueles — podia ser sofrer as respectivas penas acessórias ou o(s) seu(s) efeito(s) necessário(s).

23.ª — Esta absoluta identidade — entre quem é punido numa pena disciplinar principal e quem o é numa pena acessória ou num efeito necessário — decorre, aliás, do nexo de acessoriedade e de dependência da pena acessória face à pena principal e do efeito de certa pena face a esta mesma, como impõe o artigo 30.°, n.° 4, da Constituição.

24.ª — Um terceiro — como a recorrente — que é punido com pena acessória ou com um efeito necessário da pena é objectivamente punido sem qualquer culpa, sob pena de violar, como na situação vertente viola, as normas constitucionais dos artigos 1.°, 25.°, n.° 1 e 30.°, n.° 4, da Constituição.

25.ª — As normas das alíneas *c*) e *d*) do artigo 38.° do RDFPF ao permitir um tal resultado padecem, em face da referida infracção, de inconstitucionalidade material.

26.ª — O Supremo Tribunal Administrativo na interpretação que sufraga trata de forma igual situações totalmente desiguais.

27.ª — Tanto os resultados negativos que não podem ser "desconsiderados", como os resultados positivos que desconsidera através da subtracção de tal pontuação, ainda que, ainda assim, sejam situações materialmente diversas.

28.ª — Como também são materialmente diversas as situações dos participantes que defrontaram o clube desclassificado e aqueles que não o fizeram ou que só o fizeram numa das voltas da competição.

29.ª — Na interpretação do Supremo Tribunal nenhum critério ou justificação ponderosa funda tal distorção ao princípio da igualdade, pois que, regra geral, situações desiguais carecem de tratamento desigual, violando a norma do artigo 13.º da Constituição.

30.ª — E nem os recorridos lograram demonstrar — nem invocaram, de resto — quaisquer factos conducentes à razoabilidade, proporcionalidade e logicidade na interpretação desconforme à Constituição, que realizam.

31.ª — Qualquer limitação a qualquer direito fundamental, como o é o princípio da igualdade, carece de ser proporcional e de não infringir o seu conteúdo essencial, o que na situação dos autos não ocorre, infringindo as normas dos artigos 17.º e 18.º da Constituição.

32.ª — A interpretação do Supremo Tribunal Administrativo na defesa da conformidade das normas das alíneas *c)* e *d)* do artigo 38.º RDFPF com a Constituição, está ela própria e bem assim o normativo regulamentar da Federação eivado de inconstitucionalidade material.

33.ª — Assim, em face das ora invocadas inconstitucionalidades, deve o Tribunal Constitucional declarar inconstitucionais as normas das alíneas *c)* e *d)* do artigo 38.º do Regulamento Disciplinar da Federação Portuguesa de Futebol, com as legais consequências.

Nestes termos, deve o presente recurso de fiscalização concreta da constitucionalidade ser julgado procedente e, em consequência, deve o Tribunal Constitucional declarar inconstitucionais as normas das alíneas *c)* e *d)* do artigo 38.º do Regulamento Disciplinar da Federação Portuguesa de Futebol e a interpretação que das mesmas é sufragada pelo Supremo Tribunal Administrativo, tudo com as legais consequências.» (...)

O Ministério Público contra-alegou, concluindo o seguinte:

«1.º

Nos recursos de fiscalização concreta, incumbe ao recorrente o ónus de questionar a precisa interpretação ou dimensão normativa dos preceitos legais a que o recurso vem reportado, não podendo pugnar pela inconstitucionalidade de uma interpretação normativa que o tribunal *a quo*, no exercício dos seus poderes de interpretar e aplicar o direito infraconstitucional, acolheu.

2.º

No caso dos autos, o Supremo Tribunal Administrativo, no acórdão recorrido, expressamente afastou o enquadramento ou qualificação do efeito "preclusivo" decorrente da participação em competição desportiva com outro clube, objecto de desclassificação disciplinar, como atinente a um qualquer direito sancionatório público, considerando explicitamente que o regime questionado não prossegue quaisquer fins preventivos ou retributivos para se poder apelidar de "sanção".

3.°

Pelo que não deverá conhecer-se do recurso, na medida em que a argumentação do recorrente, expressa nas conclusões da sua alegação, insiste num enquadramento normativo que foi expressamente afastado pelo acórdão recorrido — por traduzir a formulação de uma interpretação normativa que não foi efectivamente aplicada pelo tribunal *a quo.*»

O recorrido concluiu as suas alegações da forma que se segue:

«I. A ora recorrente apresentou requerimento de ampliação do objecto do recurso, requerimento este que nunca foi notificado à ora recorrida.

II. O Supremo Tribunal Administrativo deliberou não atender a pretensão da ora recorrente tendo ordenado a "baixa dos autos para conhecimento dos demais vícios imputados ao acto".

III. Quanto a uma parte da matéria dos autos, não existe uma decisão definitiva, pois que o Supremo Tribunal Administrativo ordenou a baixa dos autos para conhecimento dos demais vícios imputados ao acto.

IV. Um dos pressupostos processuais exigidos para se poder recorrer para o Tribunal Constitucional, com fundamento na alínea *b)* do artigo 70.° da Lei n.° 28/82, de 15 de Novembro, é, nos termos do n.° 2 do citado artigo, o esgotamento dos recursos ordinários.

V. Pressuposto este que não se encontra preenchido uma vez que o Supremo Tribunal Administrativo ordenou a baixa dos autos para conhecimento dos demais vícios invocados na petição de recurso.

VI. Deve o presente recurso ser julgado improcedente por falta de verificação de pressuposto processual: esgotamento dos recursos ordinários exigido no n.° 2 do artigo 70.° da Lei n.° 28/82, de 15 de Novembro.

VII. Outro requisito para o recurso ao Tribunal Constitucional, ao abrigo da alínea *b)* do n.° 1 do artigo 70.° da Lei n.° 28/82, de 15 de Novembro, é o de que a inconstitucionalidade da norma impugnada ter de ser suscitada no decurso do processo.

VIII. Esta invocação da inconstitucionalidade da norma terá de ser feita de forma clara e perceptível durante o processo, identificando a norma que considera inconstitucional, a norma constitucional que considera violada e a respectiva fundamentação da inconstitucionalidade.

IX. Na sua petição de recurso contencioso a ora recorrente não suscitou a questão da inconstitucionalidade de modo claro e preciso, de forma a configurar "uma *quaestio decidendi* de conhecimento imperativo para o tribunal *a quo*".

X. A ora recorrente não invocou, quer perante o Tribunal Administrativo e Fiscal do Funchal quer perante o Supremo Tribunal Administrativo, qualquer questão de inconstitucionalidade normativa em termos de vincular os tribunais ao seu conhecimento.

XI. Faltando o pressuposto essencial de a questão de inconstitucionalidade ter de ser suscitada durante o processo de forma clara e precisa, deve o presente recurso considerado improcedente.

XII. Outro dos requisitos para a interposição do recurso para o Tribunal Constitucional, com base na alínea *b)* do artigo 70.° da Lei n.° 28/82, de 15 de Novembro, reside no facto da dimensão normativa impugnada ter sido efectivamente aplicada pelo tribunal, na decisão recorrida, como verdadeira *ratio decidendi*.

XIII. A dimensão normativa suscitada pela ora recorrente parte do reconhecimento da necessidade da existência de procedimento disciplinar e da existência de culpa para se poder aplicar o artigo 38.°, alíneas *c)* e *d)*, do Regulamento Disciplinar da Federação Portuguesa de Futebol.

XIV. A questão que a ora recorrente invoca, de se estar perante uma sanção disciplinar, não foi reconhecida pelo Supremo Tribunal Administrativo, tendo este tribunal entendido que o regime questionado não prossegue quaisquer fins preventivos ou "retributivos" para se poder apelidar de sanção.

XV. A dimensão normativa que a ora recorrente invoca não foi *ratio decidendi* do acórdão recorrido.

XVI. A dimensão normativa impugnada não corresponde ao sentido com que a norma questionada foi aplicada na decisão recorrida, por isso, deve o presente recurso ser julgado improcedente.

XVII. O Conselho de Disciplina da Federação Portuguesa de Futebol, por acórdão de 4 de Julho de 2003, puniu o Clube Desportivo 1.° de Maio com a pena de desclassificação e multa de € 5 000, no âmbito do Processo Disciplinar n.° 6564.

XVIII. Tal acórdão do Conselho de Disciplina foi devidamente notificado por fax, à Associação Cultural e Desportiva de São Vicente, no dia 4 de Julho de 2003, para efeitos do competente recurso para o Conselho de Justiça.

XIX. A Associação Cultural e Desportiva São Vicente, sendo participante nas competições da Federação Portuguesa de Futebol, sabia e tinha a obrigação de conhecer os regulamentos que norteiam a competição na qual estava inserida, nomeadamente, o Regulamento Disciplinar aplicável à mesma competição.

XX. Ao tomar conhecimento da decisão do Conselho de Disciplina da Federação Portuguesa de Futebol, aplicada ao Clube Desportivo 1.° de Maio, ficou a Associação Cultural e Desportiva de São Vicente com perfeito conhecimento das implicações que tal decisão iria produzir na sua esfera jurídica, nomeadamente as previstas no artigo 38.° do Regulamento Disciplinar da Federação Portuguesa de Futebol.

XXI. Sabendo destas consequências, a Associação Cultural e Desportiva de São Vicente nada fez para ver anulada a decisão proferida no Processo Disciplinar, apesar de lhe ter sido reconhecido interesse nos autos, através da notificação da decisão do Conselho de Disciplina.

XXII. Conformando-se com a decisão que desclassificou o Clube Desportivo 1.° de Maio e aceitando os efeitos daí decorrentes.

XXIII. A Associação Cultural e Desportiva de São Vicente não é terceiro alheio à decisão do Processo Disciplinar n.° 6564, mas sim sujeito interessado no mesmo processo.

XXIV. A Associação Cultural e Desportiva de São Vicente tinha interesse directo e legítimo em recorrer contra a decisão do Processo Disciplinar n.° 6564 para evitar os efeitos da referida decisão, nos termos do disposto no artigo 23.° do Regimento do Conselho de Justiça.

XXV. O Clube Desportivo 1.° de Maio interpôs recurso do acórdão do Conselho de Disciplina no Processo Disciplinar n.° 6564, para o Conselho de Justiça da Federação Portuguesa de Futebol.

XXVI. O Conselho de Justiça da Federação Portuguesa de Futebol julgou improcedente o recurso apresentado pelo Clube Desportivo 1.° de Maio, através de acórdão datado de 25 de Julho de 2003, mantendo a decisão recorrida.

XXVII. Tal decisão já não admitia novo recurso, transitando imediatamente em julgado.

XXVIII. Nos termos dos Estatutos da Federação Portuguesa de Futebol, cabe à Direcção cumprir e fazer cumprir as decisões dos órgãos da federação.

XXIX. O acórdão do Conselho de Justiça foi também notificado à Direcção da Federação Portuguesa de Futebol, para efeitos de execução do mesmo.

XXX. A Direcção da Federação Portuguesa de Futebol procedeu à classificação final de Série E, do Campeonato Nacional da 3.ª Divisão, em função do acórdão do Conselho de Justiça.

XXXI. Através da execução do acórdão do Conselho de Justiça ficou a Associação Cultural e Desportiva de São Vicente classificada em 15.° lugar, com 36 pontos, na Série E, do Campeonato Nacional da 3.ª Divisão, na época desportiva 2002/2003.

XXXII. A tabela classificativa, publicada pela Direcção da Federação Portuguesa de Futebol resulta das classificações obtidas na competição desportiva.

XXXIII. Os efeitos da desclassificação previstos no Regulamento Disciplinar têm por objectivo salvaguardar a verdade desportiva da competição, colocando todos os participantes em pé de igualdade, motivo pelo qual não são considerados os pontos dos jogos disputados pelo clube infractor.

XXXIV. À Associação Cultural e Desportiva de São Vicente não foi aplicada nenhuma sanção disciplinar pois não praticou nenhuma infracção.

XXXV. Em função da prática de ilícito disciplinar, por parte de um clube concorrente, dando origem à sua desclassificação, ficam os resultados desportivos dos jogos em que o mesmo participou inquinados.

XXXVI. A única forma de "limpar" a participação do clube infractor é eliminar os resultados da sua participação, mantendo, para efeitos classificativos, os resultados obtidos entre os clubes que não cometeram qualquer infracção disciplinar que ponha em causa a veracidade dos mesmos resultados.

XXXVII. Ao atacar a publicação da tabela classificativa, procurou a Associação Cultural e Desportiva de São Vicente alterar, por via deste expediente, os efeitos que já se tinham consolidado na sua esfera jurídica, por efeito da decisão proferida no âmbito do Processo Disciplinar n.° 6564.

XXXVIII. O reordenamento da tabela classificativa, em função da verificação da aplicação da pena de desclassificação, não está dependente da instauração de novos processos disciplinares aos demais clubes participantes na competição, pois que tais efeitos decorrem directamente da aplicação da Lei.

XXXIX. As alíneas *c)* e *d)* do n.° 1 do artigo 38.° do Regulamento Disciplinar não revestem qualquer natureza punitiva ou disciplinar, limitam-se a regulamentar quais os efeitos que advêm da sanção de desclassificação aplicada a um determinado clube que integra uma competição, os quais recaem em todos os clubes participantes na mesma competição, de forma a equipará-los.

XL. Não estamos perante qualquer medida acessória da pena de desclassificação aplicada ao Clube Desportivo 1.° de Maio, mas sim perante um efeito justo e absolutamente necessário para o alcance da verdade desportiva.

XLI. Não foi a publicação da tabela classificativa que determinou a classificação dos clubes na competição, mas sim os resultados desportivos obtidos e as incidências disciplinares ocorridas no decurso do campeonato, sendo que, no caso dos autos, foi a decisão do Processo Disciplinar n.° 6564 que determinou a dita tabela.

XLII. A Associação Cultural e Desportiva de São Vicente quer, por um lado, a aplicação do artigo 38.° do Regulamento Disciplinar para efeitos da sua manutenção no Campeonato Nacional da 3.ª Divisão mas, por outro lado, não quer essa aplicação, para efeitos da sua descida de divisão.

XLIII. A Associação Cultural e Desportiva de São Vicente apenas quer que seja aplicado o artigo 38.° do Regulamento Disciplinar para obter a descida de divisão do Clube Desportivo 1.° de Maio, mas não para si.

XLIV. No fim do Campeonato Nacional da 3.ª Divisão, antes da decisão do Processo Disciplinar n.° 6564, a Associação Cultural e Desportiva de São Vicente encontrava-se posicionada em 15.° lugar.

XLV. Caso não existisse qualquer processo disciplinar que alterasse a tabela ou caso o artigo 38.° do Regulamento Disciplinar não fosse aplicado, quem desceria ao campeonato distrital seria a ora recorrente, pois, de acordo com o Regulamento de Provas Oficiais da Federação Portuguesa de Futebol, descem ao campeonato distrital os últimos 4 classificados.

XLVI. A Associação Cultural e Desportiva de São Vicente desceria sempre de divisão, pois no fim do campeonato ficou classificada em 15.° lugar com 39 pontos e, após a aplicação dos efeitos previstos no artigo 38.° para a desclassificação do Clube Desportivo 1.° de Maio, ficou igualmente classificada em 15.° lugar mas com 36 pontos.

XLVII. O que a Associação Cultural e Desportiva de São Vicente pretende é o desvirtuamento da verdade desportiva, pois pretende obter um benefício em detrimento dos restantes clubes seus adversários.

XLVIII. Só com o desvirtuamento da aplicação da norma, conseguiria a ora recorrida manter-se no Campeonato Nacional da 3.ª Divisão.

XLIX. Não resulta da aplicação das alíneas *c)* e *d)* do artigo 38.° do Regulamento Disciplinar qualquer punição para os clubes intervenientes na prova em causa, uma vez que os mesmos não se destinam a sancionar qualquer comportamento ilegítimo, mas sim regulamentar a situação que decorre para os demais intervenientes, da desclassificação de um clube, ao qual são retirados todos os pontos conquistados, sem que os mesmos revertam a favor dos adversários.

L. Se os pontos lhe são retirados e não revertem a favor dos seus adversários, não é lógico que os adversários beneficiassem dos pontos obtidos nos jogos disputados com o clube desclassificado.

LI. Não foi violado qualquer direito constitucionalmente consagrado, nem o artigo 38.° do Regulamento Disciplinar viola qualquer princípio constitucional.»

3. Notificada para se pronunciar sobre as questões prévias suscitadas nas contra-alegações, a recorrente disse o seguinte:

«1. — Vem o Ministério Público, bem como, o recorrido, alegar que o tribunal *a quo*, contrariamente ao entendimento do recorrente, não considera ser norma sanção o artigo 38.° do RDFPF aplicado ao caso *sub judice*, norma acerca da qual se suscitou a questão da inconstitucionalidade.

2. — Pelo que, consideram inútil o recurso, na medida em que, o recurso "não tem por objecto a precisa e exacta dimensão normativa que, no caso, o Supremo Tribunal Administrativo, de forma expressa acolheu como suporte dos acórdãos que proferiu".

3. — Sucede que a recorrente, como claramente expõe nas suas conclusões, entende que:

i) as alíneas *c)* e *d)* do artigo 38.° são inconstitucionais por configurarem sanções/penas ou, no mínimo, penas acessórias ou efeitos de uma pena disciplinar; e/ou,

ii) é inconstitucional a interpretação dada pelo tribunal *a quo* àquelas normas jurídicas, independentemente da qualificação atribuída às normas indicadas.

4. — Na verdade, no ponto 21. das conclusões apresentadas, concede-se, sem prejuízo do alegado anteriormente, que as normas das alíneas *c)* e *d)* do artigo 38.° do RDFPF não consubstanciam verdadeiras sanções/penas disciplinares, mas que, constituem, no mínimo, penas acessórias ou efeito de uma pena disciplinar.

5. — Ainda que assim seja, defende-se a inconstitucionalidade daquelas normas, nomeadamente, por violação do princípio constitucionalmente consagrado da culpa.

6. — Entendimento que o tribunal *a quo* em momento algum afastou, nem poderia afastar.

7. — No entanto, se assim não se entender, conforme o exposto nos *itens* 26. e seguintes das conclusões, a interpretação sufragada pelo Supremo Tribunal Administrativo é, com o devido respeito, inconstitucional por violar frontalmente o princípio da igualdade consagrado na Constituição.

8. — Com efeito, independentemente da qualificação atribuída às normas em apreço, e apesar do Supremo Tribunal Administrativo não considerar aquelas sanções/penas, sempre se terá de considerar a interpretação do tribunal *a quo* desconforme à Constituição.

9. — O recorrente de modo algum afasta a dimensão normativa subjacente à interpretação defendida pelo Supremo Tribunal Administrativo, aliás essa interpretação constitui o fundamento das inconstitucionalidades alegadas.

10. — Nessa medida, presente recurso é útil, porquanto o recorrente pretende que seja apreciada, designadamente, a constitucionalidade da interpretação defendida pelo tribunal *a quo* das alíneas *e)* e *d)* do artigo 38.° do RDFPF.

11. — Assim, deve ser julgada improcedente a questão prévia suscitada pelo recorrido, com as legais consequências.

12. — O motivo da baixa dos autos prendeu-se unicamente com a apreciação de vícios que em nada influem na apreciação da questão da inconstitucionalidade aqui em apreço.

13. — De facto, o Supremo Tribunal Administrativo apreciou de forma total, inequívoca e definitiva a inconstitucionalidade das alíneas *c)* e *d)* do artigo 38.° do RDFPF, conforme se depreende da decisão de que aqui se recorre.

14. — Esta matéria não é susceptível de recurso ordinário, estando esgotados todos os recursos que no caso cabiam e é, nessa medida, passível de recurso para o Tribunal Constitucional.

15. — Pelo que, deve ser julgada improcedente a questão prévia alegada, com os devidos efeitos legais.

16. — Invoca o recorrido que o recorrente na sua petição de recurso, apresentada no Tribunal Administrativo e Fiscal do Funchal, não fundamentou a inconstitucionalidade da norma.

17. — Com todo o respeito que o recorrido nos merece, nada podia estar mais em desacordo com a realidade.

18. — O recorrente não só enumerou as normas constitucionais violadas, como largamente explanou as razões de direito que permitiram, e permitem, concluir como se concluiu, e se conclui.

19. — Fê-lo de forma clara, perceptível e fundamentada.

20. — Contudo, ainda que assim se não entenda, o que só por mero dever de bom patrocínio se admite, sempre importa notar que, como notam Jorge Miranda e Rui Medeiros, no contencioso constitucional deve prevalecer a ideia de "*favor actionis*" [artigo 20.° da CRP], que "aponta, outrossim, para a atenuação da natureza rígida e absoluta das regras processuais (...). Ora, em rigor, o direito de acesso ao direito e aos tribunais em geral abrange igualmente o direito de recurso para o Tribunal Constitucional. Daí que, também neste domínio, se lhe aplique a exigência constitucional de arredar uma interpretação normativa assente em rigidez formal que, desrazoavelmente, imponha ónus de tal forma injustificados ou desproporcionados que acabem por afectar a garantia de acesso à justiça e aos tribunais mediante um processo equitativo (Acórdão n.° 87/03)." — cfr. *Constituição da República Portuguesa Anotada*, Tomo III, Coimbra Editora, 2007, p. 759.

21. — Em conformidade, deve ser julgada improcedente a questão prévia invocada, com as legais consequências.»

Tudo visto, cumpre apreciar e decidir.

II — Fundamentação

A) *Da delimitação e do conhecimento do objecto do recurso*

4. No seu requerimento de interposição de recurso, a recorrente indicou, como objecto do pedido de apreciação de inconstitucionalidade, a norma do artigo 38.° do Regulamento Disciplinar da Federação Portuguesa de Futebol. Em conformidade com a advertência constante do despacho de fls. 1061, nas conclusões das suas alegações a recorrente especificou como objecto do pedido as normas das alíneas *c)* e *d)* do referido artigo.

5. Do conjunto dos pressupostos de conhecimento do recurso, pode suscitar dúvidas legítimas a verificação, *in casu*, do que se prende com a efectiva aplicação, pelo tribunal recorrido, da dimensão normativa impugnada pelo recorrente.

Tanto o Representante do Ministério Público junto deste Tribunal, como o recorrido, contestam que tal tenha ocorrido.

O primeiro sustenta que a recorrente vem "pugnar pela tese da inconstitucionalidade de uma interpretação normativa diversa — e substancialmente divergente — da que foi acolhida na decisão recorrida", conduzindo à inutilidade do recurso, "já que este não tem por objecto a precisa e exacta dimensão normativa que, no caso, o Supremo Tribunal Administrativo, de forma expressa, acolheu como suporte dos acórdãos que proferiu".

O recorrido alinha pelo mesmo diapasão, afirmando, nas suas contra-alegações, que "a dimensão normativa impugnada perante o tribunal recorrido não foi aplicada pela decisão ora recorrida".

Não damos o nosso acordo a esta posição.

As normas cuja constitucionalidade está em causa regulam as consequências, para a classificação dos restantes clubes, da pena de desclassificação de um clube, com o qual aqueles estavam em competição, dispondo o seguinte:

«*c)* Se a desclassificação tiver lugar durante a primeira volta da competição, os resultados dos jogos disputados pelo clube desclassificado não são considerados para efeitos de classificação dos restantes clubes;

d) Se a desclassificação tiver lugar durante a segunda volta da competição não são considerados apenas os resultados dos jogos disputados pelo clube desclassificado durante a segunda volta».

A "não consideração" dos resultados dos jogos disputados pelo clube desclassificado pode traduzir-se, em caso de vitória do clube adversário, na subtracção a este dos três pontos alcançados. É exactamente esta dimensão normativa que foi aplicada pelo acórdão e é também ela a que suscita a questão de constitucionalidade que o recurso coloca à apreciação deste Tribunal. Há total correspondência de sentido entre uma e outra, sem que se detecte qualquer divergência interpretativa quanto à dimensão das normas relevante para a questão.

Divergência existe, sim, mas quanto à qualificação a dar a essa dimensão normativa, quanto à natureza do regime por ela instituído. Entende a recorrente que ele é enquadrável no âmbito de protecção dos artigos 30.°, n.° 4, e 32.°, n.° 10, da Constituição, pois a subtracção de três pontos corresponde a uma sanção. Nesse pressuposto, as proibições contidas naqueles preceitos são alegadamente violadas, pois estamos perante um efeito automático de uma pena disciplinar aplicada a outrem, infligido sem que tenham sido assegurados ao sujeito a quem ele é imposto os direitos de audiência e de defesa.

Para o acórdão recorrido, pelo contrário, a perda de três pontos não corresponde, contra as aparências, a uma pena, mas à consequência da irrelevância dos resultados dos jogos disputados pelo clube desclassificado, em salvaguarda da verdade desportiva. Nas palavras desse aresto:

> «Ora, só aparentemente podemos falar numa pena, ou seja, num constrangimento, imposta a alguém como consequência da sua conduta. Na verdade, nada há no consequente jurídico que faz a igualação dos clubes não desclassificados, que decorra de qualquer facto por estes praticado. Não há, portanto, a menor censurabilidade no facto de se refazer a classificação. O que decorre do preceito é que os clubes vão ser reclassificados de acordo com os pontos decorrentes dos jogos disputados entre si (sem o desclassificado) realizados. O consequente não tem assim por base qualquer comportamento destes clubes que se queira evitar com a ameaça de sanção (pena)».

Como se vê, não estamos perante distintas interpretações do direito infraconstitucional, mas perante distintas qualificações do regime nele contido e das consequências dele resultantes. As alegadas diferenças de sentido são, na verdade, diferenças de posições quanto à colisão da dimensão normativa aplicada e impugnada (exactamente a mesma) com parâmetros constitucionais. Do que se trata é de saber se a regulação questionada cai ou não dentro do âmbito de previsão dos preceitos constitucionais invocados, atentos os conceitos neles utilizados.

Mas essa é, precisamente, a questão de constitucionalidade que cumpre apreciar, no exercício da competência deste Tribunal.

6. O recorrido Conselho de Justiça invocou, ainda, duas outras razões obstativas do conhecimento do objecto do recurso: por um lado, o facto de a recorrente não ter suscitado qualquer questão de constitucionalidade normativa no decurso do processo e, por outro, o não estarem esgotados os recursos ordinários, nos termos exigidos no n.° 2 do artigo 70.° da Lei do Tribunal Constitucional.

Sem razão, em qualquer dos casos.

A recorrente suscitou, perante o tribunal recorrido, a questão de constitucionalidade aqui em causa, como resulta claro da leitura das conclusões das contra-alegações que apresentou junto do Supremo Tribunal Administrativo. Tanto assim que este Supremo Tribunal dedicou parte significativa do acórdão recorrido à apreciação e decisão dessa mesma questão.

No que respeita ao esgotamento dos recursos ordinários, alega o recorrido que tal pressuposto não se mostra verificado, na medida em que não existe uma decisão definitiva quanto a uma parte da matéria dos autos, uma vez que o Supremo Tribunal Administrativo ordenou a "baixa dos autos para conhecimento dos demais vícios imputados ao acto".

De facto, o acórdão recorrido, depois de fundamentar a impossibilidade de conhecer do pedido de ampliação do objecto do recurso (no qual se requeria que o Supremo julgasse os vícios do acto, não apreciados em primeira instância), ordenou a baixa dos autos para conhecimento "dos demais vícios imputados ao acto". O que significa que o Tribunal Administrativo e Fiscal do Funchal irá ainda pronunciar-se sobre os vícios de violação de lei invocados pela recorrente, nomeadamente, nos artigos 89.° e seguintes da petição de recurso.

Simplesmente, a questão de constitucionalidade que a recorrente pretende submeter a este Tribunal Constitucional não respeita aos referidos vícios de violação de lei que ainda não foram apreciados pela instância competente. Antes se refere à (in)validade do acto em confronto com as normas do artigo 38.°, alíneas *c*) e *d*), do Regulamento Disciplinar da Federação Portuguesa de Futebol, cuja conformidade constitucional se discute, questão que foi decidida — em última instância — pelo acórdão do Supremo Tribunal Administrativo aqui recorrido.

O que significa que a matéria dos autos que importa à presente questão de constitucionalidade encontra-se julgada e decidida, em definitivo, pelo tribunal recorrido. Pelo que, nos termos das disposições conjugadas dos artigos 70.°, n.° 2, e 75.°, n.° 1, da Lei do Tribunal Constitucional, este é o momento próprio para interpor o recurso de constitucionalidade.

B) *Do mérito do recurso*

7. Diga-se, desde já, que nos merece concordância a valoração do regime impugnado feita pelo tribunal recorrido.

Esse regime responde à necessidade de normação objectivamente colocada pela desclassificação de um clube participante numa competição, cuja tabela classificativa final é resultante da pontuação obtida por cada clube em jogos de todos contra todos, do somatório dos pontos alcançados por cada um no conjunto de todos os jogos.

A pena de desclassificação implica, para o clube que dela é objecto, o impedimento de prosseguir em prova e a perda de todos os pontos conquistados, que não revertem, porém, em favor dos adversários que defrontou [alínea *a)* do n.° 1 do artigo 38.° do Regulamento Disciplinar da Federação Portuguesa de Futebol].

Pela própria natureza da competição desportiva em causa, a irrelevância do resultado dos jogos já disputados em que participou o infractor, a título punitivo para este, vai "mexer", com fortíssima probabilidade, com a pontuação e a classificação dos restantes clubes, dada a interdependência das suas situações. Só não será assim se, por coincidência muito improvável, já se tiverem disputado todos os jogos em que o infractor era interveniente, com o mesmo resultado.

Esta projecção (quase) necessária da desclassificação sobre os demais clubes é bem destacada pelo acórdão recorrido:

> «Projecta-se, em primeiro lugar, porque o clube desclassificado pode ter jogado apenas com alguns. Projecta-se, em segundo lugar, porque a pena de desclassificação pode decorrer como no presente caso por força do artigo 52.°, n.° 1, alínea *a)*, do Regulamento Disciplinar — corrupção da equipa de arbitragem. Nestes casos seria inaceitável que o clube adversário, no jogo em que se verificou a infracção, ficasse prejudicado. Admitindo a hipótese do adversário do clube que corrompeu a arbitragem ter perdido o jogo devido à corrupção do árbitro, esse clube deve ter um tratamento rigorosamente igual a todos os demais clubes».

Qualquer que seja o critério de solução adoptado, dele deve resultar, em abstracto, o tratamento igualitário dos restantes clubes em prova.

A disciplina presente nas normas impugnadas obedece plenamente a essa preocupação, ao estabelecer que os jogos com o infractor não contam para a classificação, tudo se passando como se a competição se processasse, *ab initio*, apenas com os clubes não abrangidos pela desclassificação.

É claro que um tratamento nivelador (o adoptado ou o seu inverso, de atribuição dos mesmos pontos a todos), justificadamente fundado em razões de equidade, afecta desvantajosamente, nos seus efeitos práticos, aqueles que, já tendo jogado com o infractor, somaram pontos nesses encontros. A perda desses pontos pode reflectir-se negativamente sobre o lugar na ordenação final ou, até, contribuir, para a descida de divisão (no caso *sub judicio*, mais rigorosamente, essa perda impediu que o clube recorrente beneficiasse da desclassificação de um outro, para fugir à despromoção ditada pelos resultados alcançados).

Mas não pode ver-se nessa consequência uma sanção, aplicada como reacção a um facto ilícito e culposo praticado pelo clube atingido. Nem pelo seu fundamento, nem pela sua teleologia, à perda de pontos, eventualmente gerada com a não consideração dos resultados dos jogos celebrados com o clube punido, se pode, na verdade, atribuir natureza sancionatória.

Ela corresponde antes a um efeito, dependente de uma variável fáctica aleatória, da aplicação de uma disciplina, igual para todos, que pretende regular o facto objectivo criado pela desclassificação de um clube. Esta gera necessariamente efeitos sobre a classificação dos outros clubes, que cumpre regular por forma a evitar distorções classificativas para além das necessariamente postuladas pela exigência da igualdade de tratamento entre os clubes não desclassificados.

A sanção aplicável ao desclassificado é, no contexto da disciplina a que ficam sujeitos os não desclassificados, um dado objectivo (ainda que criado pela conduta de terceiro), constituindo apenas o facto gerador da situação que torna necessário o refazer da pontuação por eles obtida. É esta situação a directa e exclusivamente visada pelo comando normativo dirigido aos clubes classificados, não relevando, nem podendo relevar, na opção pelo regime aplicável, a valoração da conduta desses clubes, uma vez que esta em nada condiciona, nem na sua aplicação, nem na sua conformação, uma medida de recomposição da pontuação tornada inevitável.

Sendo assim, não estando na base de uma eventual perda de pontos qualquer conduta do clube que a sofre, perde inteiramente sentido a aplicação dos resguardos garantísticos consagrados nos artigos 30.°, n.° 4, e 32.°, n.° 10, da nossa Constituição. Os princípios da culpa e da jurisdicionalidade que sustentam o primeiro, e as garantias de defesa em procedimentos sancionatórios, estabelecidas no segundo, só cobram espaço operativo em face de penas ou sanções retributivas e preventivas assentes num juízo de censura sobre comportamentos imputáveis ao sujeito atingido.

Um juízo desse tipo é completamente alheio à regulação impugnada, a que não preside qualquer intenção sancionatória. Ela não é, pois, abarcada pelas proibições constitucionais invocadas.

8. Nem pode dizer-se, por outro lado, que estejamos perante uma solução irrazoável ou desproporcionada.

É certo que a reacção perante um comportamento censurável de um clube pode indirectamente vir a ter consequências desfavoráveis para um outro. Mas não pode ver-se nisso algo de excessivo, pois, como já se evidenciou no ponto anterior, esse efeito é praticamente ineliminável, repousando na lógica da competição e nos constrangimentos que ela gera.

A desclassificação — não contestada, aliás, pela recorrente — é uma reacção imprescindível para sancionar as condutas dos clubes mais gravemente lesivas dos regulamentos que presidem às competições, e muito em particular, das que põem em causa a verdade desportiva, com recurso a formas de corrupção.

Essa sanção, na medida em que implica que não sejam tidos em conta os resultados alcançados pelo faltoso nos jogos já disputados, e que o inibe de continuar em prova, vai também obrigar a refazer a pontuação dos restantes, dada a projecção bilateral do resultado, obtido ou a obter, em cada encontro em que o desclassificado foi, ou seria, interveniente. Uma coisa arrasta necessariamente a outra, não se detectando alternativas que, com igual eficácia sancionatória e preventiva e com observância do princípio de igual tratamento, deixem intocadas as posições dos não desclassificados.

Diga-se, até, que a solução consagrada na alínea *d)* do artigo em causa, ao evitar a modificação desnecessária dos resultados da primeira volta, traduz, de forma expressiva, a contenção, no limite do possível, da interferência "contra-fáctica" na pontuação.

O princípio da proporcionalidade não se mostra pois, ferido pelo regime impugnado.

9. Revelando-se os restantes parâmetros constitucionais invocados pela recorrente absolutamente falhos de pertinência para a apreciação da validade, à luz da Constituição, das normas das alíneas *c)* e *d)* do artigo 38.° do Regulamento Disciplinar da Federação Portuguesa de Futebol, há que concluir pela sua constitucionalidade.

III — Decisão

Pelo exposto, acordam em:

a) Não julgar inconstitucionais as normas das alíneas *c)* e *d)* do artigo 38.° do Regulamento Disciplinar da Federação Portuguesa de Futebol;
b) Negar provimento ao recurso, confirmando a decisão recorrida.

Custas pela recorrente, fixando-se a taxa de justiça em 25 unidades de conta.

Lisboa, 8 de Julho de 2009. — *Joaquim de Sousa Ribeiro — João Cura Mariano — Benjamim Rodrigues — Mário Torres — Rui Manuel Moura Ramos.*

Anotação:

Acórdão publicado no *Diário da República*, II Série, de 17 de Agosto de 2009.

ACÓRDÃO N.° 354/09

DE 8 DE JULHO DE 2009

Não julga inconstitucional a interpretação dos artigos 1.°, 4.° e 5.°, da Portaria n.° 114/2008, de 6 de Fevereiro, com o sentido dos actos dos mandatários judiciais em processo civil terem obrigatoriamente de ser praticados através do sistema informático CITIUS, sob pena da sua irrelevância processual.

Processo: n.° 223/09.
Recorrente: Ministério Público.
Relator: Conselheiro Cura Mariano.

SUMÁRIO:

I — A norma *sub iudicio*, impositiva da prática pelos mandatários judiciais dos actos em processo civil, por transmissão electrónica, através de um determinado sistema informático, embora se traduza num condicionamento à intervenção das partes, representadas por mandatários, no processo civil, apenas exige um acesso à *Internet* e o registo prévio do mandatário junto da entidade responsável pela gestão dos acessos ao sistema informático, não se podendo dizer que esse condicionamento se traduza numa afectação do direito de acesso aos tribunais, dado que essas exigências poderão ser facilmente cumpridas por qualquer profissional do foro.

II — Se a imposição de um único meio de apresentação pelos mandatários judiciais das peças processuais pode determinar, nalgumas situações, a impossibilidade de cumprimento dos prazos legais por deficiências do funcionamento prático da transmissão electrónica, essas situações poderão ser solucionadas através da invocação da figura do justo impedimento, prevista no Código de Processo Civil.

III — Relativamente à invocada violação do princípio da igualdade, por comparação com a liberdade de escolha do meio de apresentação de peças proces-

suais de que gozam as partes não representadas por advogados, é manifesto que a existência de patrocínio judiciário confere à parte representada por advogado uma maior facilidade de intervenção processual, resultante dos especiais conhecimentos e experiência do seu representante, que não permite equiparar as duas situações para efeitos de aplicação do princípio da igualdade.

Acordam na 2.ª Secção do Tribunal Constitucional:

I — Relatório

No processo n.° 4066/07.4TBCSC-C, do Tribunal de Família e Menores do Tribunal de Cascais, em 2 de Fevereiro de 2009, foi proferido o seguinte despacho:

"Já tivemos oportunidade de referir a nossa opinião acerca da utilização da aplicação informática Citius no que diz respeito aos Magistrados Judiciais seguindo, em anexo, essa nossa exposição, da qual se pode ler que entendemos que a tramitação dos processos através do Citius não pode ser imposta aos juízes, e porque consideramos que o Citius é ilegal e inseguro não o aplicaremos.

A questão que ora nos é suscitada tem a ver com a utilização do Citius pelos senhores advogados.

A Portaria n.° 114/2008, de 6 de Fevereiro, alterada pelas Portarias n.os 457/2008, de 20 de Junho, e 1538/2008, de 30 de Dezembro, impõe aos senhores advogados, tal como faz aos juízes, a utilização da aplicação informática Citius.

Em nosso modesto entendimento tal imposição é também inconstitucional uma vez que bule directamente com o disposto nos artigos 20.° e 13.° da Constituição da República Portuguesa (CRP).

Vejamos.

O artigo 20.° da CRP visa assegurar o acesso dos cidadãos à justiça e à resolução das suas causas por um órgão especificamente destinado a tal: os tribunais.

Esse acesso não pode ser, de forma alguma, limitado nem sequer por motivos económicos sendo que se trata de um direito fundamental que, por isso mesmo, beneficia de uma protecção constitucional directa — o que já não sucede com as normas constitucionais programáticas — e é exequível obrigando o Estado a assegurar esse acesso.

Ora, ao obrigar os senhores advogados a utilizarem unicamente uma aplicação informática da envergadura do Citius para o envio das peças processuais e todos os requerimentos — que, como já referimos não oferece qualquer segurança permitindo ao poder político um acesso directo ao que se passa em cada processo — sem lhes permitir o uso de outros meios, tais como o *fax*, o correio electrónico ou simplesmente os correios normais, está-se a coarctar, na verdade, a limitar o acesso à justiça uma vez que não se pode impor que cada advogado tenha um computador, acesso à *Internet* e que seja obrigado a ceder a sua assinatura para que a mesma passe a ser electrónica face aos graves perigos que tal cedência implica.

Aliás, sendo a assinatura pessoal e intransmissível, estando tutelada pelos direitos da personalidade, nomeadamente pelo artigo 72.° do Código Civil (CC), como se pode obrigar um cidadão, advogado ou não, a ceder contra a sua vontade ou com reserva a sua assinatura?

E perguntamos quando é que os *faxes* foram abolidos?

Qual a lei ou decreto que acabou com a actividade dos CTT's?

Não pode um advogado enviar uma peça manuscrita ao tribunal? Porquê?

E se a luz falha e o advogado não consegue aceder em tempo útil ao Citius correndo o risco de não poder cumprir com o prazo e ver precludida a possibilidade de praticar o acto?

Quem é que aí responde perante o respectivo cliente que mandatou esse advogado?

E quem é que paga a multa do artigo 145.° do Código de Processo Civil nas situações em que o advogado, por falta de possibilidade técnica porque o computador falhou, porque as linhas da *net* estão sobrelotadas ou porque perdeu o cartão que lhe dá acesso ao Citius ou porque este não é correctamente lido pelo sistema, não consegue cumprir um prazo legal enviando a peça ou requerimento já fora de tal prazo?

Não se pode, em nosso entender, impor um único meio de enviar peças ou requerimentos processuais, quando na prática existem tantos outros, sob pena de se limitar tremendamente o exercício de um direito fundamental cuja tutela não admite essa limitação.

E os cidadãos comuns que recorrem ao tribunal sem a necessidade de constituírem mandatários como acontece na grande maioria das acções que tramitamos neste Tribunal de Família e Menores, também eles, alguns dos quais analfabetos, são obrigados a possuir um computador?

E são obrigados a ter gastos com a *Internet* quando em tantas situações estamos a lidar com pessoas que estão abaixo do limiar da pobreza e os que não estão mal conseguem alimentar os filhos quanto mais pagar uma conta de *Internet*?

Mas se se admite que as portarias em apreço não abrangem o cidadão comum, como parece ser, então aí as mesmas infringem também o disposto no artigo 13.° da Constituição porquanto obrigam certos intervenientes a utilizar um sistema informático e outros não, violando, assim, o princípio constitucional da igualdade, sem existir um fundamento para esse tratamento diferenciado.

Ora, sendo, em nosso modesto entendimento[1], as referidas portarias inconstitucionais também em relação aos juízes por violação directa do disposto no artigo 203.° da Constituição, devendo estes recusar-se a aplicar qualquer instrumento normativo que viole os princípios constitucionais, conforme manda o artigo 204.° da Constituição, não pode a juiz signatária deste despacho impor aos senhores advogados algo que, no seu entender, é inconstitucional.

---

[1] Pelos motivos que constam do despacho que segue em anexo.

E não pode impor aquilo que a própria não pretende seja aplicável a si mesma.

Aliás, as referidas portarias, parecem esquecer o disposto no artigo 150.° do Código de Processo Civil, cuja redacção foi dada ao mesmo tempo que a criação do artigo 138.°-A do Código de Processo Civil (onde as portarias encontram a sua aparente legitimação) pelo Decreto-Lei n.° 303/2007, de 24 de Agosto.

Diz o artigo 150.° do Código de Processo Civil o seguinte:

"1. Os actos processuais que devam ser praticados por escrito pelas partes são apresentados a juízo preferencialmente por transmissão electrónica de dados, nos termos definidos na portaria prevista no n.° 1 do artigo 138.°-A, valendo como data da prática do acto processual a da respectiva expedição.

2. Os actos processuais referidos no número anterior também podem ser apresentados a juízo por uma das seguintes formas:

a) Entrega na secretaria judicial, valendo como data da prática do acto processual a da respectiva entrega;
b) Remessa pelo correio, sob registo, valendo como data da prática do acto processual a da efectivação do respectivo registo postal;
c) Envio através de telecópia, valendo como data da prática do acto processual a da expedição.

3. (...)
4. (...)
5. (...)
6. (...)
7. (...)
8. (...)
9. (...)

Ora, não pode uma portaria sobrepor-se a uma lei pelo que as mesmas também padecem de ilegalidade, podendo os senhores advogados entregar peças processuais e outros requerimentos pelas formas já previstas no citado artigo 150.°, n.° 2, do Código de Processo Civil, cabendo à secretaria, nos termos do n.° 9 do mesmo artigo 150.° do Código de Processo Civil, a digitalização das respectivas peças.

Em caso algum se vislumbra que a entrega por parte dos senhores advogados de peças processuais ou requerimentos fora do Citius e de acordo com o disposto no n.° 2 do artigo 150.° do Código de Processo Civil seja motivo de indeferimento ou não recebimento das mesmas peças.

Assim, em face de todo o acima exposto considero correctamente entregue o *fax* e original a que se reporta a presente conclusão avulsa, e determino a respectiva autuação por apenso como providência cautelar de arrolamento na qual se inclui esta conclusão avulsa e este despacho".

O Ministério Público interpôs recurso desta decisão, nos seguintes termos:

O Magistrado do Ministério Público, notificado da douta decisão proferida e respectivo documento anexo, que, invocando a inconstitucionalidade da Portaria n.° 114/2008, de 6 de Fevereiro, alterada pelas Portarias n.os 457/2008, de 20 de Junho e 1538/08, de 30 de Dezembro, recusou a sua aplicação e, em consequência, admitiu a autuação, por apenso, como providência cautelar de arrolamento, de um requerimento entregue via *fax*, vem, nos termos das disposições conjugadas dos artigo 70.°, n.° 1, alínea *a*), 72.°, n.° 1, alínea *a*), 75.°, 75.°-A, n.° 1, e 76.°, todos da Lei do Tribunal Constitucional, interpor recurso para o Tribunal Constitucional.

Apresentou alegações, com as seguintes conclusões:

"(...) A norma constante dos artigos 1.°, 4.° e 5.° da Portaria n.° 114/2008, interpretada em termos de terem de ser obrigatoriamente praticados por via informática, através do sistema CITIUS, os actos processuais das partes, no âmbito de acções cíveis, não constitui limitação ou restrição ao direito de acesso aos tribunais, mas mero condicionamento ou regulamentação de tal direito fundamental, no que respeita à forma dos actos.

Não afectando as normas regulamentares em questão os princípios fundamentais ou estruturantes do processo civil, tal como se mostram enunciados na lei, está assegurada a possibilidade de — através da utilização dos poderes do juiz na condução do processo, do princípio da cooperação e do direito à invocabilidade do "justo impedimento" — a remoção adequada de quaisquer obstáculos ou dificuldades, anormais ou excepcionais, no acesso à justiça, decorrentes da opção pelo processo electrónico.

Termos em que deverá proceder o presente recurso."

Não foram apresentadas contra-alegações.

II — Fundamentação

1. *Da delimitação do objecto do recurso*

O Ministério Público veio interpor recurso da recusa pela decisão recorrida de aplicação da Portaria n.° 114/2008, de 6 de Fevereiro, com as alterações introduzidas pelas Portarias n.° 457/2008, de 20 de Junho, e n.° 1538/2008, de 30 de Dezembro.

Nas alegações apresentadas restringiu o objecto do recurso à interpretação dos artigos 1.°, 4.° e 5.°, da referida Portaria, com o sentido dos actos dos mandatários judiciais em processo civil terem obrigatoriamente de ser praticados através do sistema informático CITIUS, sob pena de irrelevância processual, devendo ser esta a dimensão normativa cuja constitucionalidade cumpre verificar.

2 — *Do mérito do recurso*

O artigo 138.°-A, do Código de Processo Civil (CPC), introduzido neste diploma pelo artigo 2.° da Lei n.° 14/2006, com a redacção resultante do Decreto-lei n.° 303/2007, de 24 de Agosto, passou a dispor no seu n.° 1, que "a tramitação dos processos é efectuada electronicamente em termos a definir por portaria do Ministro da Justiça".

Este novo dispositivo consagrou uma importante mudança na forma de registo dos actos praticados em processo civil, preterindo-se o suporte em papel, em favor de um sistema informático, denominado CITIUS, no prosseguimento duma política visando uma progressiva desmaterialização dos processos judiciais.

Conforme se explicou no preâmbulo do Decreto-Lei n.° 303/2007, de 24 de Agosto, "(...) estabelece ainda o Programa do XVII Governo Constitucional, enquanto objectivo fundamental, a inovação tecnológica da justiça, para a qual é essencial a adopção decisiva dos novos meios tecnológicos. No âmbito da promoção desta «utilização intensiva das novas tecnologias nos serviços de justiça, como forma de assegurar serviços mais rápidos e eficazes», define-se como objectivo «a progressiva desmaterialização dos processos judiciais» e o desenvolvimento «do portal da justiça na Internet, permitindo-se o acesso ao processo judicial digital». Assim, as alterações acolhidas nesta matéria visam permitir a prática de actos processuais através de meios electrónicos, dispensando-se a sua reprodução em papel e promovendo a celeridade e eficácia dos processos."

No seguimento do disposto no artigo 138.°- A do CPC, veio a ser aprovada a Portaria n.° 114/2008, de 6 de Fevereiro — entretanto, já alterada pelas Portarias n.° 457/2008, de 20 de Junho, e n.° 1538/2008, de 30 de Dezembro —, a qual veio dispor sobre várias matérias atinentes à tramitação electrónica dos processos civis, nomeadamente: apresentação de peças processuais e documentos por transmissão electrónica de dados (artigos 3.° a 14.°-C); distribuição por meios electrónicos (artigos 15.° e 16.°); actos processuais de magistrados e funcionários em suporte informático (artigos 17.° a 21.°); notificações (artigos 21.°-A a 21.°-C); consulta electrónica de processos (artigo 22.°); organização do processo (artigo 23.°); e comunicações entre tribunais (artigos 24.° e 25.°).

A decisão recorrida recusou a aplicação desta Portaria, quando interpretada no sentido de impor aos mandatários judiciais a apresentação de peças processuais em processo civil por transmissão electrónica, através do sistema informático CITIUS.

Como fundamento desta recusa invocou a violação do direito ao acesso aos tribunais (artigo 20.° da Constituição), por criar dificuldades aos mandatários judiciais na defesa dos direitos dos seus constituintes, e do princípio da igualdade (artigo 13.° da Constituição), uma vez que os cidadãos não representados por advogado podem intervir nos processos sem estarem obrigados à utilização daquele sistema informático, segundo a interpretação da decisão recorrida.

Não competindo ao Tribunal Constitucional controlar a correcção da interpretação acolhida pela decisão recorrida, resta verificar se a mesma viola os parâmetros constitucionais indicados.

Estamos perante uma interpretação de normas regulamentares impositiva da prática pelos mandatários judiciais dos actos em processo civil, por transmissão electrónica, através de um determinado sistema informático.

Se é verdade que essa imposição se traduz num condicionamento à intervenção das partes, representadas por mandatários, no processo civil, uma vez que estes não terão possibilidade de escolha entre os diferentes meios possíveis de apresentação em juízo das peças processuais da sua autoria, considerando que o meio de comunicação imposto apenas exige um acesso à *Internet* e o registo prévio do mandatário junto da entidade responsável pela gestão dos acessos ao sistema informático (artigo 4.° da Portaria n.° 114/2008, de 6 de Fevereiro), não se pode dizer que esse condicionamento se traduz numa afectação do direito de acesso aos tribunais, dado que essas exigências poderão ser facilmente cumpridas por qualquer profissional do foro.

E se a imposição de um único meio de apresentação pelos mandatários judiciais das peças processuais pode determinar, nalgumas situações, a impossibilidade de cumprimento dos prazos legais por deficiências do funcionamento prático da transmissão electrónica, essas situações poderão ser solucionadas através da invocação da figura do justo impedimento, prevista no artigo 146.° do Código de Processo Civil, o que impedirá que as partes não possam defender os seus direitos em tribunal por causa da obrigatoriedade da utilização exclusiva daquele meio de intervenção processual.

Relativamente à invocada violação do princípio da igualdade, por comparação com a liberdade de escolha do meio de apresentação de peças processuais de que gozam as partes não representadas por advogados, é manifesto que a existência de patrocínio judiciário confere à parte representada por advogado uma maior facilidade de intervenção processual, resultante dos especiais conhecimentos e experiência do seu representante, que não permite equiparar as duas situações para efeitos de aplicação do princípio da igualdade.

Sendo diferente a situação em que se encontra a parte não representada por advogado, daquela que usufrui dessa representação, pela maior facilidade que esta tem em intervir no processo, justifica-se, atenta aquela distinção, que a imposição da utilização do CITIUS para a apresentação de peças processuais só abranja os actos praticados por mandatário judicial.

Não se constatando que a interpretação recusada viole qualquer parâmetro constitucional, deve o recurso ser julgado procedente.

III — Decisão

Pelo exposto, decide-se:

a) Não julgar inconstitucional a interpretação dos artigos 1.°, 4.° e 5.° da Portaria n.° 114/2008, de 6 de Fevereiro, com o sentido dos actos dos mandatários judiciais em processo civil terem obrigatoriamente de ser praticados através do sistema informático CITIUS, sob pena da sua irrelevância processual
e, em consequência,

b) Julgar procedente o recurso, determinando-se a reforma da decisão recorrida, em conformidade com o presente julgamento.

Sem custas.

Lisboa, 8 de Julho de 2009. — *João Cura Mariano* — *Benjamim Rodrigues* — *Mário Torres* — *Joaquim de Sousa Ribeiro* — *Rui Manuel Moura Ramos*.

Anotação:

Ver, neste Volume, os Acórdãos n.os 293/09 e 304/09.

ACÓRDÃO N.° 357/09

DE 8 DE JULHO DE 2009

Não conhece do recurso por não ter sido suscitada uma questão de inconstitucionalidade relativa a normas, mas à própria decisão recorrida.

Processo: n.° 969/08.
Recorrente: Filomena de Lurdes da Rocha Carvalho Ferreira.
Relator: Conselheiro Benjamim Rodrigues.

SUMÁRIO:

I — Sendo o objecto do recurso de fiscalização concreta de constitucionalidade constituído por 'normas jurídicas' que violem preceitos ou princípios constitucionais, não pode sindicar-se, no recurso de constitucionalidade, a decisão judicial 'em si própria', mesmo quando esta faça aplicação directa de preceitos ou princípios constitucionais, quer no que importa à correcção, no plano do direito infraconstitucional, da interpretação normativa a que a mesma chegou, quer no que tange à forma como o critério normativo previamente determinado foi aplicado às circunstâncias específicas do caso concreto (correcção do juízo subsuntivo).

II — A intervenção do Tribunal Constitucional não incide, assim, sobre a correcção jurídica do concreto julgamento, mas apenas sobre a conformidade constitucional das normas aplicadas pela decisão recorrida, cabendo ao recorrente, nos recursos interpostos ao abrigo da alínea *b)* do n.° 1 do artigo 70.°, o ónus de suscitar o problema de constitucionalidade 'normativa' num momento anterior ao da interposição de recurso para o Tribunal.

III — Ora, no caso em apreço, constata-se que a recorrente não definiu no seu requerimento de interposição do recurso de constitucionalidade, mesmo havendo sido convidada a fazê-lo, a norma/dimensão normativa de direito infraconstitucional reputada de inconstitucional e de cuja aplicação resultou o decidido; ao invés de definir a norma de direito infraconstitucional considerada *ratio decidendi* do julgado, cuja inconstitucionalidade pretendia ver apreciada, a recorrente limitou-se a apodar o acórdão recorrido de inconstitucionalidade, por violar directamente o artigo 24.° da Constituição.

IV — O seu discurso argumentativo é todo ele construído em torno da densificação do conteúdo normativo a conferir a tal disposição constitucional, e fá-lo com o sentido de subsumir directamente a ele a situação factual em apreço, ou seja, com o sentido da sua aplicação directa aos factos concretos e não como meio de determinar o conteúdo do parâmetro constitucional com o qual havia de ser contrastada a norma de direito infraconstitucional para aferir da sua validade jurídica.

Acordam na 2.ª Secção do Tribunal Constitucional:

I — Relatório

1 — Filomena de Lurdes da Rocha Carvalho Ferreira instaurou no Tribunal Judicial de Penafiel acção declarativa (processo n.° 1187/04.9 TBPNF) contra Aida Maria da Silva Vieira, Joaquim Batista Perdigão Neves e Fundo de Garantia Automóvel, pedindo a condenação solidária destes a pagarem-lhe uma indemnização de € 276 035, acrescida de juros de mora, por danos patrimoniais e não patrimoniais sofridos em consequência de acidente de viação imputável à ré Aida Maria e ao condutor não identificado de outro veículo.

Nos danos alegados estavam incluídos a perda da vida do seu filho intra-uterino e o sofrimento deste no período que antecedeu a sua morte.

Após realização de audiência de julgamento foi proferida sentença que julgou a acção improcedente, tendo absolvido os réus do pedido formulado.

Inconformada, a autora recorreu desta decisão para o Tribunal da Relação do Porto, que, por acórdão proferido em 18 de Junho de 2007, julgou o recurso parcialmente procedente, tendo condenado os réus Aida Maria da Silva Vieira e o Fundo de Garantia Automóvel a pagar à autora a quantia de € 161 972,56, acrescida de juros de mora, e absolvido o réu Joaquim Batista Perdigão Neves do pedido.

O recurso não logrou provimento, além do mais, quanto à parte da decisão recorrida relativa ao pedido de indemnização pelos danos imputados à perda da vida do filho intra-uterino da autora e do sofrimento deste no período que antecedeu a sua morte.

2 — Quer a autora quer o Fundo de Garantia Automóvel recorreram desta decisão para o Supremo Tribunal de Justiça (STJ), questionando a correcção jurídica da resposta dada a várias questões com influência no julgado.

3 — Na parte que concerne à autora e nas alegações de recurso apresentadas perante o Supremo Tribunal de Justiça, esta alegou, entre o mais que "o artigo 24.° da Constituição protege o direito à vida e integridade física e psíquica do ser humano" (*1*); a ofensa do direito à vida intra-uterina constitui um facto ilícito gerador de responsabilidade" (*2*); para reparar a perda do direito à vida do filho nascituro da autora é ajustada a quantia de € 50 000" (*3*); deve ser fixada no montante peticionado a indemnização para reparar o sofrimento do filho da autora entre a data do acidente e a morte" (*4*) e "a não se entender assim ou seja, que o artigo 66.° do Código Civil o não permite, será tal interpretação materialmente inconstitucional, porque ofensiva do disposto no artigo 24.° da Lei Fundamental" (*5*).

4 — Por acórdão proferido em 9 de Outubro de 2008, o STJ julgou improcedente o recurso da autora e parcialmente procedente o recurso do Fundo de Garantia Automóvel, revogando a decisão recorrida apenas no segmento em que condenou esta parte no pagamento de juros moratórios sobre a quantia de € 130 000 a partir da citação, determinando que tais juros se vencem a partir da sentença da 1.ª instância.

5 — Dizendo-se, mais uma vez inconformada, a autora interpôs recurso do acórdão do STJ para o Tribunal Constitucional, através de requerimento do seguinte teor:

> "(...) vem, nos termos das disposições conjugadas dos artigos 70.°, n.° 1, alínea *b*), e 75.°-A, n.ºs 1 e 2, da Lei n.° 28/82, de 15 de Novembro, interpor recurso para o Tribunal Constitucional, do douto acórdão recorrido no que tange à questão da inconstitucionalidade material suscitada nas alegações de recurso para este Tribunal, por violação do artigo 24.° da Constituição da República Portuguesa que protege a inviolabilidade da vida humana, inclusive a intra-uterina cuja violação ilícita é ressarcível civilmente".

6 — Convidada pelo primitivo relator a "explicitar de forma clara, precisa e concisa a interpretação normativa contida na decisão recorrida cuja inconstitucionalidade pretende ver apreciada, com a cominação prevista no artigo 75.°-A, n.° 7, da Lei do Tribunal Constitucional", a autora veio a apresentar um longo requerimento em que, além do mais, diz que «o objecto do recurso de inconstitucionalidade é o, salvo melhor opinião, errado entendimento sufragado pelo douto acórdão recorrido proferido pelo Colendo Supremo Tribunal de Justiça, na interpretação segundo a qual "o artigo 24.°, n.° 1, da Lei Fundamental ao considerar a vida humana inviolável está a impor a protecção genérica da gestão humana, sem considerar o nascituro como centro autónomo de direitos"».

7 — Tendo sido determinada a produção de alegações sobre o recurso de constitucionalidade, a recorrente concluiu-as do seguinte jeito:

"*A)* A nossa ordem jurídico-constitucional, *maxime*, no artigo 24.°, n.° 1, protege a vida humana desde a concepção e até à morte natural.

B) A vida humana que a nossa Lei Fundamental protege não é a abstracta mas sim a concreta de cada ser humano, como sujeito de direitos, *in casu*, do filho nascituro já concebido e completamente formado da autora e ora recorrente.

C) A vida humana existe desde a concepção ou pelo menos desde a nidificação ou seja da implantação do embrião no útero da mãe.

D) A partir da concepção passa a existir um "ser humano", sujeito de direitos, reconhecido pela ordem jurídica, com interesses próprios e diferentes dos da mãe e até com quem pode entrar em conflito e que são exercitáveis judicialmente, até pelo pai biológico.

E) Se a Lei Fundamental tutela o bem jurídico colectivo e objectivo da identidade e inalterabilidade do património do genoma humano, mais terá de tutelar a própria vida humana por esta ser um *prius* em relação aquele.

F) Que a vida intra-uterina é humana, *maxime*, a existente no embrião e feto não restam dúvidas, pois se nada impedir a sua evolução natural formar-se-á um ser humano, como aconteceu, *in casu*.

G) A nossa Lei Fundamental ao proteger os mais fracos e débeis, quis, seguramente, incluir o nascituro já concebido, ou seja, a vida humana desde o seu início e até à morte natural.

H) A vida humana só deve ceder em caso de conflito com outra vida humana e segundo o princípio do interesse preponderante.

I) Aquando da morte do filho da ora recorrente o feto estava já completamente formado, (de termo) tendo perfeita autonomia física e psíquica em relação à mãe biológica, estando em condições de poder sobreviver à luz do dia, não fosse a agressão letal sofrida, pelo que não pode deixar de qualificar-se, pelo menos neste caso, juridicamente como um ser humano sujeito de direitos e com direito à vida.

J) Na verdade se a agressão tivesse sido de menor gravidade e o feto tivesse sobrevivido a esta, este teria vindo ao mundo por cesariana ou espontaneamente, dado estar completamente formado e com total autonomia da mãe biológica, podendo, pois demandar judicialmente o agressor pelos danos materiais e morais sofridos, pelo que não faz qualquer sentido, que tendo a agressão sido letal, não possa exercitar o seu direito pela perda do seu bem mais precioso, a vida humana, o que seria juridicamente inaceitável, o que tudo bem demonstra que o feto é um ser humano cuja vida é tutelada jurídico-constitucionalmente.

K) Uma vez que o filho da autora à data da morte se encontrava completamente formado, com forma humana e sem deformidade e ou aleijão, como se vê dos autos, *maxime*, com um peso de 3 495 quilogramas, com 9 meses de gestação e com a altura de 0,515 metros, tendo falecido *in útero*, em consequência das lesões traumáticas meningeas, associadas à asfixia, provocadas pelo poli traumatismo sofrido pela mãe, em consequência do acidente dos autos, não pode deixar de qualificar-se o mesmo como "ser humano", sujeito de direitos, incluindo o direito à vida.

L) O artigo 24.°, n.° 1, da Lei Fundamental não distingue entre vida intra-uterina e extra-uterina, pois o que quis dizer foi que onde existir vida humana, *maxime*, pertença da espécie humana, dada a sua dignidade, a mesma é juridicamente tutelada como sujeito de direitos, só podendo ceder em caso de conflito com outra vida humana, sendo assim um valor absoluto, princípio e fim da sociedade humana.

M) Justifica-se, assim, uma interpretação abrangente do dito normativo constitucional, de modo a incluir toda a vida humana desde a concepção e até à morte, porque toda ela merecedora de igual protecção, em especial quando é mais débil, *maxime*, no princípio e fim.

N) Não faz assim sentido de um ponto de vista jurídico-constitucional não proteger a vida humana ou proteger menos na sua fase embrionária ou fetal, pois pelo contrário resulta do texto fundamental que este quis proteger, em particular, os mais débeis e indefesos, onde se incluem os nascituros já concebidos.

O) A nossa Constituição deve ser interpretada do ponto de vista espiritualista ou seja no sentido de que a mesma assimilou os valores culturais dominantes na nossa sociedade ocidental na qual a vida humana é sagrada e inviolável desde o seu início e até à morte natural.

P) O filho da ora recorrente como ser humano, com dignidade própria, é um sujeito de direitos, reconhecido pela ordem jurídica, tendo assim direito à vida, por cuja perda tem direito a ser ressarcido civilmente.

Q) Mal andou, pois, o douto acórdão recorrido ao não reconhecer o filho da autora como ser humano e com direito à vida, reconhecido pela ordem jurídica, pelo que a perda desta é ressarcível civilmente conforme foi peticionado.

R) O valor a ressarcir pela perda do direito à vida deve ser igual para qualquer ser humano não devendo ser graduado, pois trata-se de um valor absoluto e sem preço.

S) Violou o douto acórdão recorrido, por erro de subsunção, o disposto no artigo 24.°, n.° 1, da Constituição da República Portuguesa.

Termos em que deve julgar-se, materialmente inconstitucional, por ofensa directa do artigo 24.°, n.° 1, da nossa Lei Fundamental, a interpretação dada no douto acórdão recorrido segundo a qual o filho da ora recorrente não é, *in casu*, sujeito de direitos reconhecido pela ordem jurídica, tendo uma existência autónoma per se e em consequência um direito à vida, por cuja violação ilícita tem direito a ser ressarcido civilmente, ordenando-se, em conformidade, a reforma do douto acórdão recorrido, de acordo com o juízo de inconstitucionalidade que vier a ser proferido."

8 — O Fundo de Garantia Automóvel apresentou contra-alegações, sustentando a improcedência do recurso.

9 — Discutida em Secção "a eventualidade de não ser conhecido o recurso, por falta de identificação da norma ou interpretação normativa questionada", foi ordenada, pelo Acórdão n.° 245/09, a notificação das partes para se pronunciarem sobre esta questão, querendo, no prazo de 10 dias".

10 — Apenas a autora respondeu a tal convite, terminando a concluir que "mal andou, pois, o douto acórdão recorrido ao não reconhecer ao filho da autora/recorrente a sua dignidade de pessoa humana e consequentemente direito à vida, com o que violou por erro de subsunção o artigo 1.° e 24.°, n.° 1, da Lei Fundamental" e que "o artigo 24.°, n.° 1, da Lei Fundamental deve ser interpretado também na sua vertente subjectiva, *maxime*, como garante do direito à vida do ser com dignidade humana concreta, *in casu*, o filho nascituro da ora recorrente", pelo que "deve conhecer-se do recurso".

11 — Discutida a questão prévia e porque o primitivo relator ficou vencido, operou-se a mudança de relator.

Cumpre assim proferir acórdão de acordo com os fundamentos da maioria que fez vencimento.

II — Fundamentação

12 — O objecto do recurso de fiscalização concreta de constitucionalidade, previsto na alínea *b)* do n.° 1 do artigo 280.° da Constituição e na alínea *b)* do n.° 1 do artigo 70.° da Lei do Tribunal Constitucional (LTC), disposição esta que se limita a reproduzir o comando constitucional, apenas pode traduzir-se numa questão de (in)constitucionalidade de(s) norma(s) que a decisão recorrida haja aplicado como *ratio decidendi.*

Trata-se de um pressuposto específico do recurso de constitucionalidade cuja exigência resulta da natureza instrumental (e incidental) do recurso de constitucionalidade, tal como o mesmo se encontra recortado no nosso sistema constitucional, de controlo difuso da constitucionalidade de normas jurídicas pelos vários tribunais, bem como da natureza da própria função jurisdicional constitucional (cfr. José Manuel M. Cardoso da Costa, *A jurisdição constitucional em Portugal*, 3.ª edição, pp. 79 e segs. e, entre outros, os Acórdãos n.° 352/94, publicado no *Diário da República*, II Série, de 6 de Setembro de 1994, n.° 560/94, publicado no mesmo *jornal oficial*, de 10 de Janeiro de 1995 e, ainda na mesma linha de pensamento, o Acórdão n.° 155/95, publicado no *Diário da República*, II Série, de 20 de Junho de 1995, e, aceitando os termos dos arestos acabados de citar, o Acórdão n.° 192/00, publicado no mesmo *jornal oficial*, de 30 de Outubro de 2000).

Por outro lado, cumpre acentuar que, sendo o objecto do recurso de fiscalização concreta de constitucionalidade constituído por normas jurídicas que violem preceitos ou princípios constitucionais, não pode sindicar-se, no recurso de constitucionalidade, a decisão judicial em si própria, mesmo quando esta faça aplicação directa de preceitos ou princípios constitucionais, quer no que importa à correcção, no plano do direito infraconstitucional, da interpretação normativa a que a mesma chegou, quer no que tange à forma como o critério normativo previamente determinado foi aplicado às circunstâncias específicas do caso concreto (correcção do juízo subsuntivo).

Deste modo, é sempre forçoso que, no âmbito dos recursos interpostos para o Tribunal Constitucional, se questione a (in)constitucionalidade de normas, não sendo, assim, admissíveis os recursos que, ao jeito da *Verfassungsbeschwerde* alemã ou do recurso de amparo espanhol, sindiquem, *sub specie constitutionis*, a concreta aplicação do direito efectuada pelos demais tribunais, em termos de se assacar ao acto judicial de "aplicação" a violação (directa) dos parâmetros jurídico-constitucionais. Ou seja, não cabe a este Tribunal apurar e sindicar a bondade e o mérito do julgamento efectuado *in concreto* pelo tribunal *a quo*. A intervenção do Tribunal Constitucional não incide sobre a correcção jurídica do concreto julgamento, mas apenas sobre a conformidade constitucional das normas aplicadas pela decisão recorrida, cabendo ao recorrente, como se disse, nos recursos interpostos ao abrigo da alínea *b)* do n.° 1 do artigo 70.° da LTC, o ónus de suscitar o problema de constitucionalidade normativa num momento anterior ao da interposição de recurso para o Tribunal Constitucional [cfr. Acórdão n.° 199/88, publicado no *Diário da República*, II Série, de 28 de Março de 1989; Acórdão n.° 618/98, disponível em *www.tribunalconstitucional.pt*, remetendo para jurisprudência anterior (por exemplo, os Acórdãos n.os 178/95 — publicado no *Diário da República*, II Série, de 21 de Junho de 1995 —, 521/95 e 1026/96, inéditos, e o Acórdão n.° 269/94, publicado no *Diário da República*, II Série, de 18 de Junho de 1994)].

13 — Ora, no caso em apreço, constata-se que a recorrente não definiu no seu requerimento de interposição do recurso de constitucionalidade, mesmo havendo sido convidada a fazê-lo, a coberto do disposto no n.° 6 do artigo 75.°-A da LTC, a norma/dimensão normativa de direito infraconstitucional reputada de inconstitucional e de cuja aplicação resultou o decidido.

Cabia à recorrente esse ónus processual de definição do objecto do recurso, sob pena do seu não conhecimento.

Ao invés de definir a norma de direito infraconstitucional considerada *ratio decidendi* do julgado, cuja inconstitucionalidade pretendia ver apreciada, a recorrente limitou-se a apodar o acórdão recorrido de inconstitucionalidade, por violar directamente o artigo 24.° da Constituição. O seu discurso argumentativo é todo ele construído em torno da densificação do conteúdo normativo a conferir a tal disposição constitucional, incluindo até, nas conclusões das suas alegações, onde diz ter o acórdão recorrido violado "por erro de subsunção, o disposto no artigo 24.°, n.° 1, da Constituição da República Portuguesa".

E fá-lo com o sentido de subsumir directamente a ele a situação factual em apreço, ou seja com o sentido da sua aplicação directa aos factos concretos e não como meio de determinar o conteúdo do parâmetro constitucional com o qual havia de ser contrastada a norma de direito infraconstitucional para aferir da sua validade jurídica.

Como se disse, o erro de subsunção ocorrido na elaboração do raciocínio judicativo dos factos concretos ao direito pré-determinado, ainda que erroneamente, não pode ser sindicado pelo Tribunal Constitucional.

Anote-se, de resto, que, mesmo no recurso para o STJ, a recorrente acaba por rematar as conclusões do recurso com a afirmação de que "o acórdão recorrido violou o disposto nos artigos 66.° e 483.° do Código Civil e 24.° da Constituição", centrando, já aí, a questão no plano da violação directa das disposições citadas.

Por outro lado, embora dizendo, nas mesmas conclusões do recurso, que "a não se entender assim, ou seja, que o artigo 66.° do Código Civil o não permite, será tal interpretação materialmente inconstitucional, porque ofensiva do disposto no artigo 24.° da Lei Fundamental", o que é certo é que no seu discurso imediatamente anterior a recorrente se apresenta a defender apenas a existência da violação de um direito subjectivo à vida, com base no artigo 24.° da Constituição, e da obrigação de indemnizar resultante da sua violação em concreto, bem como o cômputo dessa indemnização no montante peticionado, não se vendo aí colocada, de forma adequada, qualquer questão de invalidade normativa imputada a qualquer acepção do artigo 66.° do Código Civil.

De tudo resulta que o Tribunal Constitucional não pode conhecer do objecto do recurso de constitucionalidade.

III — Decisão

14 — Destarte, atento tudo o exposto, o Tribunal Constitucional decide não tomar conhecimento do recurso.

Custas pela recorrente com taxa de justiça que se fixa em 10 unidades de conta.

Lisboa, 8 de Julho de 2009. — *Benjamim Rodrigues* — *Joaquim de Sousa Ribeiro* — *Mário Torres* (vencido, pelas razões constantes da declaração de voto do Ex.mo Conselheiro Cura Mariano) — *João Cura Mariano* (vencido, conforme declaração de voto que junto) — *Rui Manuel Moura Ramos.*

DECLARAÇÃO DE VOTO

Votei vencido por entender que podia e devia ter sido conhecido o mérito do recurso interposto, tendo o Tribunal Constitucional perdido uma excelente oportunidade para se pronunciar sobre um tema de especial importância como é o do alcance da protecção do direito à vida.

Na verdade, a recorrente nas alegações apresentadas perante o tribunal recorrido suscitou a questão da inconstitucionalidade da interpretação do artigo 66.° do Código Civil, no sentido "de que o nascituro não é titular de um direito à vida, cuja ofensa deva ser indemnizada".

No requerimento de interposição de recurso para o Tribunal Constitucional efectuou-se a indicação da norma cuja inconstitucionalidade se pretendia que fosse verificada por mera remissão para a questão que havia sido suscitada perante o tribunal recorrido.

Convidada a enunciar expressamente a interpretação cuja constitucionalidade pretendia ver apreciada, a recorrente optou por uma formulação indirecta, apontando qual a interpretação que o tribunal deveria ter seguido para respeitar o parâmetro constitucional que entendia violado pela interpretação perfilhada pelo acórdão recorrido — "a interpretação feita pelo tribunal recorrido é materialmente inconstitucional, por violar frontal e directamente o disposto no artigo 24.°, n.° 1, da Lei Fundamental, já que este normativo deve ser interpretado no sentido de proteger o direito à vida, mesmo a intra-uterina, *maxime*, a do filho da autora, como titular de direitos, inclusive o direito à vida, violação esta que é ressarcível civilmente".

Apesar deste não ser o método mais correcto e esclarecedor de apontar a interpretação normativa cuja fiscalização se pretende, face aos termos em que havia sido suscitada a questão perante o tribunal recorrido e para a qual a recorrente remeteu no requerimento de interposição de recurso, é perfeitamente possível verificar que foi vontade da recorrente arguir perante este Tribunal a inconstitucionalidade da interpretação do artigo 66.° do Código Civil, no sentido de que o nascituro concebido não é titular de um direito à vida, cuja ofensa deva ser indemnizada.

Essa vontade foi depois inequivocamente precisada pela recorrente nas alegações de recurso apresentadas.

Foi, pois, perceptível para todos os intervenientes processuais, incluindo o próprio Tribunal, qual a questão de constitucionalidade colocada pela recorrente, estando, pois, suficientemente definido o objecto do recurso, pelo que, no meu entendimento, nada impedia o seu conhecimento.

E, apreciando o mérito do recurso, pronunciar-me-ia pela sua procedência pelas razões que passo a expor.

O artigo 66.° do Código Civil, sob a epígrafe "Começo da personalidade", dispõe:

"1. A personalidade adquire-se no momento do nascimento completo e com vida.

2. Os direitos que a lei reconhece aos nascituros dependem do seu nascimento".

No direito civil a personalidade jurídica traduz a aptidão para se ser sujeito autónomo de relações jurídicas, com a inerente titularidade dos poderes e adstrição a vinculações que essa qualidade envolve.

Se o reconhecimento desta qualidade por uma determinada ordem jurídica obedece às opções valorativas e culturais que nela prevalecem, também não deixa de estar condicionado pelo papel do direito como instrumento de satisfação de interesses humanos. Daí que nem sempre a personalidade jurídica tenha sido reconhecida a todos os Homens (*v. g.* as sociedades esclavagistas), assim como actualmente não é uma condição exclusiva do Homem (*v. g.* as pessoas colectivas).

O acórdão recorrido sustentou que o artigo 66.° do Código Civil, ao recusar aos nascituros concebidos personalidade jurídica, não permite que estes possam ser considerados titulares de qualquer direito antes do seu nascimento, incluindo o próprio direito à vida.

A fixação do momento da aquisição da personalidade jurídica no acto de nascimento com a consequente exclusão dos nascituros da condição de pessoa jurídica, já remonta ao direito romano (vide, sobre a condição dos nascituros no direito romano, Max Kaser, em *Direito privado romano*, p. 101, da edição de 1999, da Fundação Calouste Gulbenkian, e Santos Justo, em *Direito privado romano I. Parte Geral* (Introdução. Relação jurídica. Defesa dos direitos), pp. 105-107, da edição de 2000, da Coimbra Editora), sendo essa também a solução da nossa tradição jurídica (vide, anteriormente ao Código de Seabra, Borges Carneiro, em *Direito civil de Portugal*, volume I, p. 65, da edição de 1826, e Coelho da Rocha, em *Instituições de direito civil português*, Tomo I, p. 35, § 56., da 6.ª edição, da Imprensa da Universidade), a qual veio a obter consagração no artigo 6.°, do Código Civil de 1867 (vide, sobre este preceito, Dias Ferreira, em *Código Civil Português anotado*, volume I, pp. 11-13, da 2.ª edição, da Imprensa da Universidade, Cunha Gonçalves, em *Tratado de direito civil, em comentário ao Código Civil Português*, volume I, pp. 176-182, da edição de 1929, da Coimbra Editora, e Luís Cabral de Moncada, em "Lições de direito civil", pp. 253-257, da 4.ª edição, da Almedina). E apesar de serem atribuídos alguns direitos aos nascituros, num sinal que eles não deixam de ter protecção jurídica, perfilhou-se o entendimento que a respectiva aquisição só se torna efectiva com o seu nascimento.

Como impressivamente disse Cabral de Moncada (*ob. cit.* p. 253), "o homem só existe para o direito como pessoa, depois de ter nascido".

O artigo 66.° do Código Civil, resultante de anteprojecto apresentado por Manuel de Andrade (vide Esboço de um anteprojecto de Código das Pessoas e da Família, no *Boletim do Ministério da Justiça* n.° 102, p. 153), manteve-se nesta linha de pensamento, enunciando que a personalidade se adquire no momento do nascimento (n.° 1) e frisando que os direitos que a lei reconheça aos nascituros (*v. g.* nos artigos 952.° e 2033.° do Código Civil) dependem sempre do seu nascimento (n.° 2). É esta também a solução dos sistemas jurídicos que nos são próximos (*v. g.* artigo 1 do Código Civil Italiano, artigo 311, n.° 4, do Código Civil Francês, artigo 30 do Código Civil Espanhol, § 1 do artigo 2.° do Código Civil Brasileiro).

A interpretação do artigo 66.° do Código Civil, perfilhada pelo acórdão recorrido, negando a qualidade de sujeito de direitos ao nascituro concebido, corresponde à leitura maioritária efectuada pela doutrina e a jurisprudência (Antunes Varela, em "A condição jurídica do embrião humano perante o direito civil", em *Estudos em homenagem ao Professor Doutor Pedro Soares Martínez*, volume I, pp. 631-633, edição de 2000, da Almedina, Castro Mendes, em *Teoria geral do direito civil*, volume I, pp. 103-109, da edição de 1978, da Associação Académica da Faculdade de Direito de Lisboa, Heinrich Hörster, em *A parte geral do Código Civil Português*, pp. 293-296, da edição de 1992, da Almedina, Carlos Mota Pinto, em *Teoria geral do direito civil*, pp. 199-202, Inocêncio Galvão Telles, em *Introdução ao estudo do direito*, volume II, pp. 165-167, da 10.ª edição, da Coimbra Editora, Carvalho Fernandes, em *Teoria geral do direito civil*, volume I, pp. 193-199, da 3.ª edição, da Universidade Católica, Rodrigues Bastos, em *Notas ao Código Civil*, volume I, pp. 107-108, edição de 1987, do autor, Rita Lobo Xavier, em *A protecção dos nascituros*, em Brotéria, volume 147, pp. 176-184, e Diogo Lorena Brito, em *A vida pré-natal na jurisprudência do Tribunal Constitucional*, pp. 121-122, da edição de 2007, da Universidade Católica), registando-se as opiniões dissonantes daqueles que, apesar do disposto no artigo 66.°, n.° 1, do Código Civil, entendem que o sistema jurídico acaba por reconhecer personalidade jurídica aos nascituros concebidos (Oliveira Ascensão, em *Direito civil. Teoria geral*, volume I, pp. 48-55, da 2.ª edição, da Coimbra Editora, Menezes Cordeiro, em *Tratado de direito civil português*, volume I, tomo III, pp. 293-306, da edição de 2004, da Almedina, Pedro Pais de Vasconcelos, em *Direito de personalidade*, pp. 104-118, da edição de 2006, da Almedina, Órfão Gonçalves, em "Da personalidade jurídica do nascituro", na *Revista da Faculdade de Direito da Universidade de Lisboa*, ano 2000, pp. 525-539, Leite de Campos, em *Lições de Direito da família e das sucessões*, pp. 511-514, da 2.ª edição, da Almedina, e Stela Barbas, em *Direito do Genoma Humano*, pp. 235-242, da edição de 2007, da Almedina), ou uma personalidade jurídica parcial ou fraccionária (Rabindranath Capelo de Sousa, em *Teoria geral do direito civil*, volume I, pp. 265-281, da edição de 2003, da Coimbra Editora, e Pereira Coelho, em *Direito das sucessões. Lições ao curso de 1973-1974*, pp. 192-193, da edição policopiado de 1992), ou ainda que retroagem a personalidade jurídica do nascituro concebido ao momento da constituição do direito em causa (Dias Marques, em *Código Civil anotado*, p. 23, da edição de 1968, da Petrony).

A opção pelo momento do nascimento, como marco certo, seguro, inequívoco e objectivamente determinável a partir do qual se inicia a personalidade jurídica da pessoa, foi justificada pela voz autorizada de Antunes Varela com três razões fundamentais:

"*a)* por virtude da notoriedade e do fácil reconhecimento do facto do nascimento, em contraste com o secretismo natural e social da concepção do embrião;

b) embora a vida do homem comece, de facto, com a sua concepção, a formação da pessoa, no fenómeno continuado e progressivo do desenvolvimento psico-somático do organismo humano, quanto às propriedades fundamentais do ser humano (a consciência, a vontade, a razão) está sempre mais próximo do nascimento do indivíduo do que da fecundação do óvulo no seio materno;

c) olhando ainda ao fenómeno psico-somático do desenvolvimento do ser humano, compreende-se perfeitamente que seja o nascimento, como momento culminante da autonomização fisiológica do filho perante o organismo da mãe, o marco cravado na lei para o reconhecimento da personalidade do filho." (na *ob. cit.* p. 633).

Rita Lobo Xavier (no *estudo citado*) acentuou a falta de autonomia biológica e social do nascituro concebido como razão preponderante para o Direito Civil, enquanto disciplina positiva da convivência humana elaborada numa perspectiva de autonomia da pessoa no desenvolvimento da sua personalidade, não sentir necessidade de lhe atribuir personalidade jurídica.

Será que nesta construção, em que não se reconhece personalidade jurídica ao nascituro concebido, a impossibilidade deste ser titular de um direito subjectivo à vida afronta o disposto no artigo 24.° da Constituição?

Conforme o Tribunal Constitucional já tem afirmado e aqui se reitera, apesar da vida em gestação ser um bem jurídico constitucionalmente protegido, compartilhando da tutela objectiva conferida em geral à vida humana, não é possível retirar daquele preceito um direito fundamental à vida do nascituro concebido, tendo este por sujeito (vide os Acórdãos n.os 85/85, 288/98 e 617/06, em *Acórdãos do Tribunal Constitucional*, 5.° Volume, p. 245, 40.° Volume, p. 7, e 66.° Volume, p. 7, respectivamente).

Esta posição pressupõe que o ente humano, apesar de já concebido, enquanto não nascer não se inclui no universo dos cidadãos que integram a comunidade político-juridica a quem é reconhecida a titularidade dos direitos subjectivos constitucionalmente consagrados, nos termos do artigo 12.°, n.° 1, da Constituição.

Mas o facto de se considerar que a vida intra-uterina é uma das etapas da vida humana abrangida pela exigência da sua inviolabilidade reclama da ordem jurídica infra-constitucional a adopção de medidas que a protejam e tutelem.

Está aqui em causa a dimensão mais importante da vida intra-uterina, que é a da sua própria existência, importando desde logo verificar se o não reconhecimento pelo Direito Civil de um direito subjectivo à vida do nascituro concebido implica um défice de tutela que ponha em causa a garantia de um nível mínimo de protecção daquele bem jurídico-constitucional.

Independentemente do juízo que se efectue sobre a necessidade da intervenção dos meios típicos de protecção dos bens jurídicos disponibilizados pelo Direito Civil para protecção da vida intra-uterina, verifica-se que a intervenção desses meios não está dependente de um reconhecimento de um direito à vida do nascituro concebido.

Como se tem constatado a melhor forma de proteger uma determinada entidade não passa necessariamente por se lhe reconhecer subjectividade jurídica, mas sim pela respectiva elevação à categoria de bem jurídico.

Na verdade, na tutela de um bem jurídico como é a vida intra-uterina, o Direito Civil disponibiliza não só a utilização de medidas preventivas, intimações de abstenção e o recurso a acções inibitórias, mas também faculta o instituto da responsabilidade civil, através do qual impõe, a quem ofenda bens tutelados pela ordem jurídica, a reconstituição da situação que existiria, caso não se tivesse verificado o evento que obriga à reparação ou a indemnização em dinheiro, quando aquela reconstituição não é possível.

Neste caso, é precisamente a possibilidade de aplicação deste instituto que está em causa.

Se a função ressarcitória assume fundamental importância na responsabilidade civil, não deixa também de estar presente neste instituto uma função preventiva, em articulação com a finalidade reparadora (vide, sobre esta articulação, com perspectivas nem sempre coincidentes, Pessoa Jorge, em *Ensaio sobre os pressupostos da responsabilidade civil*, pp. 47-52, de 1995, da Almedina, Carneiro da Frada, em *Direito civil. Responsabilidade civil. O método do caso*, pp. 64-65, da edição de 2006, da Almedina, Menezes Cordeiro, em *Direito das obrigações*, 2.° vol., p. 277, da edição de 1980, da Associação Académica da Faculdade de Direito de Lisboa, Júlio Gomes, em "Uma função punitiva para a responsabilidade civil e uma função reparatória para a responsabilidade penal", na *Revista de Direito e de Economia*, Ano XV (1989), pp. 105-144, Paula Meira Lourenço, em

"Os danos punitivos", na *Revista da Faculdade de Direito da Universidade de Lisboa*, volume XLIII (2002), n.° 2, pp. 1093-1107, e em *A função punitiva da responsabilidade civil*, pp. 380-385, da edição de 2006, da Coimbra Editora, e Mafalda Miranda Barbosa, em "Reflexões em torno da responsabilidade civil", no *Boletim da Faculdade de Direito da Universidade de Lisboa*, volume LXXXI (2005), pp. 511-600).

À constituição da obrigação de indemnização pela lesão de bens jurídicos também presidem fins de protecção, procurando-se dissuadir comportamentos ofensivos desses bens, através da cominação da obrigação de reparação dos prejuízos causados. Perante a ameaça de uma obrigação de indemnização tender-se-á, ao agir, a observarem-se determinados deveres de cuidado de forma a evitar a causação de danos na esfera jurídica alheia e nesse sentido esse desencorajamento funcionará como uma forma de prevenção de futuros comportamentos danosos.

Ora, não é absolutamente necessário o reconhecimento da titularidade pelo nascituro concebido de um direito à vida, para que o direito civil atribua um direito de indemnização pela morte do nascituro imputável a terceiro (vide, neste sentido, Rabindranath Capelo de Sousa, em *Teoria geral do direito civil*, volume I, pp. 271-272, nota 673, e Rita Lobo Xavier, na *ob. cit.*, p. 80, em que atribuem esse direito de indemnização, respectivamente, às pessoas referidas no artigo 496.°, n.° 2, do Código Civil, e apenas à mãe). A tutela de bens ou interesses jurídicos pelo instituto da responsabilidade civil pode processar-se por formas diferentes das do reconhecimento de direitos subjectivos, conforme resulta do próprio artigo 483.° do Código Civil, quando convoca a responsabilidade civil para intervir nos casos de violação de qualquer disposição legal destinada a proteger interesses alheios (vide, neste sentido, Rabindranath Capelo de Sousa, em *O direito geral de personalidade*, p. 192, nota 346, da edição de 1995, da Coimbra Editora).

Perante a lesão de bens jurídicos não titulados, nada impede que se atribua a determinados sujeitos jurídicos o direito a receberem uma indemnização pelo dano provocado por essa lesão. São casos em que, perante o sentimento duma atendível necessidade de perseguir, através do instituto da responsabilidade civil, finalidades preventivas e punitivas, que previnam e sancionem a lesão de um bem jurídico, face à inexistência de um sujeito jurídico lesado, se atribui o respectivo direito de indemnização a determinadas pessoas, tendo em conta, designadamente, a especial relação que têm com o bem lesado.

O Direito Civil tem a maleabilidade suficiente para permitir esta solução.

Apesar de alguma atipicidade dogmática, não é, aliás, inédita a consagração de atribuição de direitos de indemnização próprios a terceiros pela ofensa de bens jurídicos dos quais não são titulares, independentemente desta solução poder ser justificada como um caso de indemnização de danos reflexos (*v. g.* a indemnização pelo dano de morte atribuída aos familiares próximos da vítima, não respeitaria à perda da vida por esta, mas sim à perda do convívio com ela, que afectaria esses familiares).

Por exemplo, o artigo 71.°, n.° 2, ao remeter para o disposto no artigo 70.°, n.° 2, ambos do Código Civil, é visto como conferindo um direito de indemnização por ofensas aos direitos de personalidade de pessoas já falecidas, ao cônjuge sobrevivo, ou qualquer descendente, ascendente, irmão, sobrinho ou herdeiro do falecido (vide, neste sentido, Castro Mendes, na *ob. cit.*, p. 111, Rabindranath Capelo de Sousa, na última *ob. cit.*, pp. 195-196, Menezes Cordeiro, na *ob. cit.*, pp. 463-464, e Pedro Pais de Vasconcelos, na *ob. cit.*, p. 121).

Também na indemnização do dano de morte das pessoas nascidas, para superar o obstáculo do lesado ter deixado de existir com o facto lesivo, parte significativa da doutrina e da jurisprudência, interpreta o artigo 496.°, n.° 2, do Código Civil, como atribuindo um direito próprio de indemnização aos familiares da vítima aí mencionados, pela perda da vida (vide, neste sentido, Pires de Lima e Antunes Varela, em *Código Civil anotado*, volume I, p. 500, da 4.ª edição, da Coimbra Editora, Antunes Varela, em *Das obrigações em geral*, volume I, pp. 630-639, da 9.ª edição, da Almedina, e na *Revista de Lesgislação e Jurisprudência*, Ano 123, pp. 189 e segs., Pereira Coelho, em *Direito das Sucessões. Lições ao curso de 1973-1974*, pp. 167-180, da edição policopiada de 1992, Rabindranath Capelo de Sousa, em *Lições de direito das sucessões*, volume I, pp. 288-300, da 2.ª edição, da Coimbra Editora, Heinrich Hörster, na *ob. cit.*, pp. 303-304, Ribeiro de Faria, em *Direito das obrigações*, volume I, pp. 493-494, da edição de 1990, da Almedina, Delfim Maya de Lucena, em *Danos não patrimoniais*, pp. 57-72, da edição de 1985, da Almedina, Pedro Branquinho Ferreira Dias, em *O dano moral na doutrina e na jurisprudência*, pp. 53-54, da edição de 2001, da Almedina, e Eduardo dos Santos, em *Direito das Sucessões*, pp. 54-60, da edição da Associação Académica da Faculdade de Direito de Lisboa, de 2002. Interpretando este preceito no sentido de que este direito é adquirido por via sucessória pelos herdeiros da vítima, vide, Vaz Serra, na *Revista de Lesgislação e de Jurisprudência*, Ano 103, pp. 166 e segs., Ano 105, pp. 53 e segs., e Ano 107, pp. 137 e segs., Inocêncio Galvão Telles, em *Direito das sucessões. Noções fundamentais*, pp. 73-77, da 4.ª edição, da Coimbra Editora, Lopes Cardoso, em *Partilhas judiciais*, volume I, pp. 442-444, da 4.ª edição, da Almedina, Leite de Campos, em "A indemnização do dano de morte", no *Boletim da Faculdade de Direito da Universidade de Coimbra*, volume L, pp. 247 e segs., em "A vida, a morte e a sua indemnização", no *Boletim do Ministério da Justiça* n.° 365, pp. 5 e segs., Menezes Leitão, em *Direito das obrigações*, volume I, pp. 299-302, da edição de 2000, da Almedina, e Carvalho Fernandes, em *Lições de direito das sucessões*, pp. 63-64, da edição de 1999, da *Quid iuris*).

E tal como é possível atribuir um direito de indemnização pela morte de um nascituro concebido, de igual modo o Direito Civil permite que seja reconhecida, pelo menos à mãe, legitimidade para accionar os demais meios de tutela dos bens jurídicos que este ramo do direito disponibiliza, sem que se consagre um direito do nascituro à vida.

Não se revelando, pois, que o reconhecimento deste direito subjectivo ao nascituro concebido seja imprescindível para que possa ser assegurada a protecção conferida pelos meios civilísticos de intervenção, designadamente a responsabilidade civil, não se pode considerar que a interpretação civilista de que o nascituro concebido não é titular de um direito à vida viole o disposto no artigo 24.°, n.° 1, da Constituição.

Mas isso não significa que a recusa em atribuir um direito de indemnização pela morte de um nascituro já não infrinja este parâmetro constitucional por resultar num défice de protecção ao bem vida.

A decisão recorrida partindo da constatação de que os nascituros concebidos não eram titulares de um direito à vida, concluiu que a morte destes, em resultado de conduta de terceiro, não era indemnizável.

Esta posição seguiu na linha de anterior acórdão do mesmo tribunal proferido em 25 de Maio de 1985 (publicado no *Boletim do Ministério da Justiça* n.° 347, p. 398), e contrariou a posição defendida por Rabindranath Capelo de Sousa (*Teoria geral do direito civil*, volume I, pp. 271-272, nota 673), segundo o qual "as expressões "por morte da vítima" e "danos não patrimoniais sofridos pela vítima" dos n.os 2 e 3 do artigo 496.° incluem, na sua letra e no seu espírito, a morte do ser humano concebido", pelo que "por meras interpretações declarativa ou extensiva dos n.os 2 e 3 do artigo 496, parece-nos indemnizável o dano não patrimonial da supressão da vida do concebido", tendo concluído que "seria, aliás, estranho que fossem ressarcíveis os danos à integridade física do concebido, particularmente quando este venha a nascer com vida, e já não o dano da sua morte, pois então seria premiado o assassino mais eficaz que causasse a morte do concebido, face ao agressor que tão-só lhe produzisse danos corporais".

Será que o não reconhecimento de um direito de indemnização pelo dano da morte de um nascituro concebido é causa de um défice de tutela da vida intra-uterina, exigida pelo disposto no artigo 24.°, n.° 1, da Constituição?

Um suficiente cumprimento de um imperativo de tutela exige a adequação dos meios de protecção disponibilizados pela ordem jurídica ao tipo de bem jurídico a proteger. Não é necessário que sejam mobilizados todos os meios que a ordem jurídica possua susceptíveis de fornecer uma forma de tutela à vida intra-uterina, mas é exigível que estejam disponíveis os meios adequados a garantir uma tutela minimamente eficiente deste bem jurídico.

E este imperativo de tutela não tem como destinatário apenas o legislador ordinário, mas também o julgador na sua actividade de aplicação da lei.

Como escreveu Claus-Wilhelm Canaris:

> "(...) A proibição de insuficiência não é aplicável apenas no (explícito) controlo jurídico-constitucional de uma omissão legislativa, mas antes, igualmente, nos correspondentes problemas no quadro da aplicação e do desenvolvimento judiciais do direito. Pois, uma vez que a função de imperativo de tutela de direitos fundamentais não tem, de forma alguma, alcance mais amplo no caso de uma realização pela jurisprudência do que pelo legislador, o juiz apenas está autorizado a cumprir esta tarefa porque, e na medida em que, a não o fazer, se verificaria um inconstitucional défice de protecção, e, portanto, uma violação do princípio da proibição da insuficiência..." (*Direitos fundamentais e direito privado*, p. 124, da edição de 2003, da Almedina).

Daí que o juízo de inconstitucionalidade por insuficiência de tutela de bem reconhecido pela perspectiva objectiva dos direitos fundamentais possa recair sobre um critério normativo que fundamente decisão judicial.

O Direito Penal é, em regra, o ramo do direito infra-constitucional que, devido ao forte impacto dos meios repressivos que utiliza, revela maior eficácia na protecção dos bens jurídicos, devendo, contudo, apenas intervir como *ultima ratio*.

Apesar do Código Penal vigente dedicar um capítulo à criminalização dos actos contra a vida intra-uterina (capítulo II, do Título I, do Livro II), punindo a prática do crime de aborto (artigos 140.° e 141.° do Código Penal) e assegurando, assim, a melhor protecção jurídica àquele bem jurídico, exclui dessa punição os actos meramente negligentes (artigo 13.° do Código Penal), pelo que, relativamente a este tipo de acções, onde se insere precisamente a situação *sub iudice*, não é possível contar com este tipo de tutela.

Entendeu o legislador ordinário, por razões de política criminal, que nesta forma especial do acto violador da vida intra-uterina, atenta a natureza e a hierarquia do bem jurídico protegido, não se justificava a intervenção do direito penal.

Todavia, esta área penalmente desprotegida não deixa de reclamar uma tutela jurídica. Se o valor social deste bem jurídico possa não exigir que o direito penal o proteja de todo o tipo de ameaças, já a ordem jurídica, encarada globalmente, não pode permanecer indiferente a qualquer acto que atente contra à vida intra-uterina, nomeadamente aos que resultem de comportamentos negligentes.

Atento o âmbito restrito dos domínios de intervenção do direito disciplinar e a falta de eficácia das medidas civilísticas de pura prevenção face à imprevisibilidade dos actos negligentes, não poderá o instituto da responsabilidade civil deixar de ser recrutado para esta missão.

E mesmo que seja possível apontar a falta de eficácia preventiva da responsabilidade civil perante a forte intervenção da figura dos seguros no domínio da responsabilidade por actos negligentes, a existência de uma obrigação de indemnizar, mesmo que não afecte imediatamente o património do lesante, não deixará de sinalizar a reprovabilidade do acto.

Aliás, note-se que em dimensões menos exigentes deste bem jurídico, o instituto da responsabilidade civil não tem deixado de intervir, tutelando, por exemplo, a integridade física do feto, ao reconhecer um direito de indemnização por ofensas corporais. Fora das teias da construção dogmática que fixa o início da personalidade jurídica no acto de nascimento, uma vez que nestes casos o feto ofendido consegue nascer, atribui-se-lhe o direito de reclamar uma indemnização pelas ofensas sofridas antes do nascimento, tutelando-se, assim, a sua existência intra-uterina (vide, neste sentido, Antunes Varela, em "A condição jurídica do embrião humano perante o direito civil", em *Estudos em homenagem ao Professor Doutor Pedro Soares Martínez*, volume I, pp. 633-634, da edição de 2000, da Almedina, Carlos Mota Pinto, na *ob. cit.*, pp. 201-202, e Castro Mendes, na *ob. cit.*, pp. 108-109).

A não admissão do pagamento duma indemnização compensatória da morte do feto, nas áreas penalmente desprotegidas, como sucede relativamente aos actos negligentes, resulta, assim, num défice de protecção que viola o princípio da suficiência de tutela, pela ausência de oferta de meios jurídicos que defendam suficientemente o direito à vida intra-uterina.

Daí que se conclua que o critério normativo de que a morte de um nascituro concebido não é um dano indemnizável deva ser considerada inconstitucional, por violação do disposto no artigo 24.°, n.° 1, da Constituição.

Aliás, a reparação deste dano seria sempre obrigatoriamente indemnizável face ao princípio estruturante do Estado de direito democrático, consagrado no artigo 2.° da Constituição, do qual se colhe um direito geral à reparação dos danos, de que são expressão particular os direitos de indemnização previstos nos artigos 22.°, 37.°, n.° 4, 60.°, n.° 1, e 62.°, n.° 2, da Constituição (vide Gomes Canotilho e Vital Moreira, *ob. cit.*, p. 206).

Constituindo missão do Estado de direito democrático a protecção dos cidadãos contra a prepotência, o arbítrio e a injustiça, não poderá o legislador ordinário deixar de assegurar o direito à reparação dos danos injustificados que alguém sofra em consequência da conduta de outrem. A tutela jurídica dos bens e interesses dos cidadãos reconhecidos pela ordem jurídica e que foram injustamente lesionados pela acção ou omissão de outrem, necessariamente assegurada por um Estado de direito, exige, nestes casos, a reparação dos danos sofridos, não constituindo a ausência de um titular do bem ofendido obstáculo intransponível à intervenção do instituto da responsabilidade civil pelas razões acima explicadas.

Por estas razões julgaria procedente o recurso interposto, declarando inconstitucional, por violação do disposto nos artigos 2.° e 24.° da Constituição da República Portuguesa, a norma do artigo 66.° do Código Civil, quando interpretada no sentido de que a morte de um nascituro concebido não é um dano indemnizável. — *João Cura Mariano.*

Anotação:

1 — Acórdão publicado no *Diário da República,* II Série, de 17 de Agosto de 2009.

2 — Os Acórdãos n.os 199/88, 269/94 estão publicados em *Acórdãos*, 12.° e 27.° Vols., respectivamente.

3 — Os Acórdãos n.os 155/95 e 178/95 estão publicados em *Acórdãos*, 30.° Vol.

ACÓRDÃO N.º 359/09

DE 9 DE JULHO DE 2009

Não julga inconstitucional a norma constante do artigo 1577.º do Código Civil, interpretada com o sentido de que o casamento apenas pode ser celebrado entre pessoas de sexo diferente.

Processo: n.º 779/07.
Recorrentes: Teresa Maria Henriques Pires e Helena Maria Mestre Paixão.
Relator: Conselheiro Pamplona de Oliveira.

SUMÁRIO:

I — Não é possível ignorar que quando a Constituição de 1976 foi votada e começou a vigorar, entregando, por força do seu artigo 36.º, n.º 2, a disciplina dos "requisitos" e efeitos do casamento ao legislador ordinário, o Código Civil dispunha que o "casamento é o contrato celebrado entre duas pessoas de sexo diferente"; se o legislador constitucional pretendesse introduzir uma alteração da configuração legal do casamento, impondo ao legislador ordinário a obrigação de passar a permitir a sua celebração por pessoas do mesmo sexo, tê-lo-ia afirmado explicitamente, em vez de legitimar o conceito configurado pela lei civil.

II — A circunstância de a Constituição, no artigo 36.º, n.º 1, se referir expressamente ao casamento sem o definir, revela inequivocamente que não pretende pôr em causa o conceito comum, radicado na comunidade e recebido na lei civil, que o configura como um "contrato celebrado entre duas pessoas de sexo diferente".

III — Tendo o legislador constitucional incluído a orientação sexual na lista das circunstâncias por força das quais "ninguém pode ser privilegiado, beneficiado, prejudicado, privado de qualquer direito ou isento de qualquer dever", em homenagem ao princípio da igualdade, isso significa, tão-somente, que a ordem jurídica é alheia à orientação sexual dos indivíduos.

IV — Ainda que se aceite que o casamento objecto de tutela constitucional não implica a petrificação do conceito actualmente fixado da lei civil, sempre o provimento do presente recurso envolveria, necessariamente, uma redefinição do casamento por via judicial. Ora, o nosso sistema constitucional, assente no princípio da soberania popular e na consagração da regra de separação de poderes, vincula ao entendimento de que a reforma da ordem jurídica cabe essencialmente a órgãos de representação estrita da vontade popular investidos no poder de fazer opções de natureza político-legislativa, como é o parlamento, e não aos tribunais, a cujas decisões é reservado o universal acatamento por emanarem de órgãos imparciais, independentes e estritamente subordinados ao princípio da legalidade.

V — A conexão que é possível estabelecer entre casamento e procriação opera ao nível da consideração de que o casamento é a instituição à qual o Estado recorre para garantir um meio específico de envolver uma geração na criação da que se lhe segue, e permitir a uma criança o direito de conhecer e de ser educada pelos seus pais biológicos; em face da definição de casamento em vigor é possível encará-lo como uma união completa de vida entre um homem e uma mulher, orientada para a educação conjunta dos filhos que possam ter.

VI — A redefinição do casamento como união entre duas pessoas, independentemente do respectivo sexo, representa-o — diversamente — como uma relação privada entre duas pessoas adultas, assumida à luz do princípio da liberdade contratual, que visa essencialmente a satisfação de necessidades próprias dos cônjuges.

VII — Não pode falar-se, por isso, na violação do princípio da igualdade, fazendo antes todo o sentido reservar o casamento aos casais heterossexuais, uma vez que o legislador o definiu como uma instituição destinada à protecção conjugal com o significado de união tendencialmente estável entre homem e mulher, assente na função que lhe cabe na reprodução da sociedade.

Acordam no Tribunal Constitucional:

I — Relatório

1. Teresa Maria Henriques Pires e Helena Maria Mestre Paixão recorrem do acórdão proferido na Relação de Lisboa em 15 de Fevereiro de 2007 com invocação do disposto nas alíneas *b*), *c*) e *f*) do n.° 1 do artigo 70.° da Lei n.° 28/82 de 15 de Novembro — Lei de Organização, Funcionamento e Processo do Tribunal Constitucional (LTC).

Para o efeito, em suma, invocaram:

«(...) De facto,

28.° — e de acordo com o disposto nos n.os 1 e 2 do artigo 75.°-A da Lei do Tribunal Constitucional, desde já as recorrentes esclarecem que, com o presente recurso, pretendem que o Tribunal Constitucional aprecie a inconstitucionalidade e a desconformidade com os mais básicos princípios constitucionais,

29.° — atento o disposto nas alíneas *b), c)* e *f)* do n.° 1 do artigo 70.° da Lei do Tribunal Constitucional, ao abrigo das quais o presente recurso é interposto,

30.° — e ainda atento o disposto no artigo 67.° da Lei do Tribunal Constitucional (com os efeitos previstos no artigo 68.° e seguinte),

31.° — designadamente a inconstitucionalidade das normas constantes dos artigos 1577.° e da alínea *e)* do artigo 1628.°, ambos do Código Civil,

32.° — e também das normas que do todo coerente deste diploma legal lhes sejam directa ou indirectamente consequentes ou delas decorram.

33.° — Tudo isto por manifesta violação do disposto no artigo 13.° da Constituição e do "princípio da igualdade" que ali é estabelecido, muito principalmente no que toca à expressão "ou orientação sexual" contida na parte final do n.° 2 daquela disposição constitucional,

34.° — por manifesta violação do disposto no artigo 36.° da Constituição e do "princípio da liberdade de constituir família" e também do "princípio da liberdade de contrair casamento" que ali são estabelecidos, muito principalmente no que toca aos n.os 1 e 3 daquela disposição constitucional,

35.° — por manifesta violação do disposto no artigo 16.° da Constituição, e do "âmbito e sentido dos direitos fundamentais" que ali é estabelecido, muito principalmente no que toca ao n.° 2 daquela disposição

36.° — que obriga a que «os preceitos constitucionais e legais relativos aos direitos fundamentais devem ser interpretados e integrados de harmonia com a Declaração Universal dos Direitos do Homem»,

37.° — por manifesta violação do disposto no artigo 18.° da Constituição, e da previsão da "força jurídica" que ali é preconizada para os preceitos constitucionais, muito principalmente no que toca ao n.° 1 daquela disposição,

38.° — que estabelece que "os preceitos constitucionais respeitantes aos direitos, liberdades e garantias são directamente aplicáveis e vinculam as entidades públicas e privadas",

39.° — por manifesta violação do disposto no artigo 26.° da Constituição, que estabelece a garantia constitucional de "outros direitos pessoais", muito principalmente no que toca ao n.° 1 daquela disposição,

40.° — que estabelece que "a todos são reconhecidos os direitos à identidade pessoal (...) e à protecção legal contra quaisquer formas de discriminação",

41.° — e também por clara e manifesta violação do disposto no artigo 67.° da Constituição, que estabelece a garantia e a defesa constitucional da «família», muito principalmente no que toca ao n.° 1 daquela disposição,

42.° — que estabelece que "a família, como elemento fundamental da sociedade tem direito à protecção da sociedade e do Estado e à efectivação de todas as condições que permitam a realização pessoal do seus membros".

Na verdade,

43.° — todas estas questões de inconstitucionalidade material constituem a base fundamental do inconformismo das recorrentes com a decisão do Sr. Conservador da 7.ª Conservatória do Registo Civil e, depois, com as decisões jurisdicionais que se lhe seguiram,

44.° — e, por isso mesmo, foram desde logo suscitadas quer nas suas alegações do recurso interposto para o Tribunal de 1.ª instância (cfr. artigos 33.° e segs. das alegações) quer nas suas alegações do recurso interposto para o Tribunal da Relação de Lisboa (cfr. artigos 40.° e segs. das alegações).

Mas, e por outro lado,

45.° — também por violação do disposto nos artigos 280.° (n.os 1, 2 e 6) e 283.° da Constituição, este último que prevê a possibilidade da «inconstitucionalidade por omissão», decorre o absoluto inconformismo das recorrentes,

46.° — principalmente tendo em vista as determinações programáticas que, depois de observado o cumprimento do disposto na parte final do artigo 13.° da Constituição, deveriam inquestionavelmente ter sido levadas a cabo e obedecidas pelos órgãos com poder legislativo para tal competentes,

47.° — e que são as que constam no n.° 2 do artigo 18.°, no n.° 2 do artigo 26.°, no n.° 2 do artigo 36.° e n.° 2 do artigo 67.°, todos da Constituição.

De facto,

48.° — nunca poderiam as recorrentes conformar-se com a manifesta ilegalidade de qualquer decisão (jurisdicional ou administrativa) que, também por omissão, violasse as normas ou os princípios constitucionais vigentes,

49.° — nomeadamente, e para além das normas que acima se citaram, ao não tornar consequente e a não dar correspondência prática à inequívoca vontade do legislador constitucional de 2004 de não permitir qualquer forma de discriminação, qualquer que ela fosse,

50.° — e que, por isso mesmo, decidiu na Lei Constitucional n.° 1/2004 completar a formulação do "princípio da igualdade" acrescentando significativamente ao artigo 13.° da Constituição a expressão "ou orientação sexual".

Na verdade,

51.° — e para além das questões de inconstitucionalidade material que acima se deixaram explícitas, sempre constituíram também base fundamental do inconformismo das recorrentes as manifestas e inequívocas questões de ilegalidade fundamental e de inconstitucionalidade por omissão

52.° — e que, por isso mesmo e de igual modo, foram desde logo suscitadas quer nas suas alegações do recurso interposto para o Tribunal de 1.ª instância (cfr. artigos 91.° e segs.) quer nas suas alegações do recurso interposto para o Tribunal da Relação de Lisboa (cfr. artigos 102.° e segs.).

Termos em que observados que estão os formalismos legais para tal previstos, porque para tal as recorrentes têm legitimidade, estão em tempo e estão representadas por advogado [cfr. artigos 72.°, n.° 1, alínea *b)*, 75.° e 83.° da Lei do Tribunal Constitucional], requerem a V. Exa. que desde já considere validamente interposto recurso da decisão deste Tribunal da Relação de Lisboa para o

Tribunal Constitucional, seguindo-se os ulteriores termos, sendo certo que as respectivas alegações que o motivarão serão produzidas já no tribunal *ad quem*, de acordo com o disposto no artigo 79.° da Lei do Tribunal Constitucional e no prazo aí previsto.»

2. Admitido o recurso no tribunal recorrido e remetido o processo ao Tribunal Constitucional, onde foi distribuído, o relator solicitou às recorrentes, nos termos do n.° 5 do artigo 75.°-A da já referida LTC, os seguintes esclarecimentos:

a) quanto ao recurso interposto ao abrigo da alínea *b)* do n.° 1 do artigo 70.° da mesma Lei, a indicarem o exacto sentido das normas cuja conformidade constitucional pretendem questionar, com identificação precisa dos preceitos legais em que se inscrevem;
b) quanto ao recurso interposto ao abrigo da alínea *c)* do n.° 1 do aludido artigo 70.°, a indicarem qual a norma ou normas cuja aplicação foi recusada e qual a lei com valor reforçado que fundamentou essa recusa;
c) quanto ao recurso interposto ao abrigo da alínea *f)* do n.° 1 do mesmo artigo 70.°, a identificarem a norma ou norma legais aplicadas na decisão recorrida, especificando o fundamento dessa ilegalidade, nos termos previstos na referida alínea.

Em resposta, disseram as recorrentes:

«(...)

I — Quanto ao recurso interposto ao abrigo da alínea *b)* do n.° 1 do artigo 70.° da Lei n.° 28/82, de 15 de Novembro:

Neste particular, isto é, no que se refere ao recurso interposto da decisão que aplicou uma norma «cuja inconstitucionalidade haja sido suscitada durante o processo», pretendem as recorrentes reagir contra a decisão proferida pelo Tribunal da Relação de Lisboa, que indeferiu o recurso interposto pelas recorrentes da decisão proferida pelo Tribunal Cível de Lisboa o qual, por sua vez, havia também indeferido o recurso por si interposto da decisão tomada pelo Conservador da 7.ª Conservatória do Registo Civil de Lisboa.

De facto, no dia 1 de Fevereiro de 2006 ambas as recorrentes apresentaram-se na 7.ª Conservatória do Registo Civil de Lisboa, onde requereram que fosse dado início ao seu processo de casamento — o seu casamento uma com a outra.

Contudo, por despacho datado do dia seguinte o Sr. Conservador da 7.ª Conservatória do Registo Civil de Lisboa indeferiu liminarmente tal pretensão das requerentes explicando que «a concretizar-se o objectivo do mesmo — o casamento — levaria a uma clara e frontal violação do normativo do artigo 1577.° do Código Civil», já que é certo que as requerentes são ambas do sexo feminino.

Com efeito, reconhecendo-se embora que ambas as recorrentes são inequivocamente dotadas de personalidade e capacidade jurídica e judiciária e, por isso, de plena capacidade matrimonial, tal como esta vem exigida nos artigos 1596.° e 1600.° do Código Civil, ainda assim foi-lhes recusada a pretensão de concretizarem a celebração de um contrato de natureza meramente civil face ao teor da definição legal e do conceito de contrato de casamento contida no artigo 1577.° do Código Civil.

Tal norma define o "casamento" como "o contrato celebrado entre duas pessoas de sexo diferente que pretendem constituir família mediante uma plena comunhão de vida", sendo ainda certo que a alínea *e*) do artigo 1628.° do Código Civil fere de inexistência jurídica o casamento celebrado entre duas pessoas do mesmo sexo.

Ora, foi precisamente por não se conformarem com esta decisão que as recorrentes dela reagiram, sempre, desde logo e desde o primeiro momento, com o fundamento na inconstitucionalidade material de ambas as citadas normas do Código Civil (e também das demais normas que, ainda que indirectamente ou apenas de forma semântica lhes dessem correspondência).

Assim, é aqui precisamente, e correspondendo agora mais exactamente ao convite de aperfeiçoamento formulado por V. Exa., que se encontram as normas cuja conformidade constitucional pretendem questionar, assim, e simultaneamente, identificando com precisão os preceitos legais em que se inscrevem.

De facto, parece às recorrentes que é manifesta a desconformidade constitucional das citadas normas do Código Civil, na medida em que mereceu clara, inequívoca e expressa consagração constitucional não só a protecção à família (cfr. artigo 67.° da Constituição), como também o princípio fundamental (cfr. artigo 36.° da Constituição) de que "todos têm o direito de constituir família e de contrair casamento em condições de plena igualdade".

Ora, tratando-se no caso concreto dos presentes autos de duas cidadãs no uso de seus plenos direitos cívicos, e gozando ambas de plena personalidade e capacidade jurídica e judiciária, inequívoco será de que, também elas, têm direito a ter acesso a estas duas formulações constitucionais: de que "têm o direito de constituir família" e de que têm o direito "de contrair casamento em condições de plena igualdade".

Contudo, o que é facto é que sendo as recorrentes homossexuais, isto é, tendo uma determinada "orientação sexual", a sua noção de "família" e a forma como a pretendem "constituir" é precisamente uma com a outra, não obstante, e até, aliás, precisamente por serem do mesmo sexo, isto é, não obstante terem esta "orientação sexual" e precisamente porque a têm.

Do mesmo modo e pelos mesmos motivos e circunstâncias, querem as recorrentes exercer o seu direito constitucional a "contrair casamento em condições de plena igualdade", obviamente uma com a outra, apesar de serem do mesmo sexo, porque, como foi dito são homossexuais, isto é porque têm esta "orientação sexual".

Posto isto, clara se torna a inequívoca desconformidade constitucional das normas que as recorrentes pretendem nos presentes autos questionar e ver declarada por esse Tribunal Constitucional e que, tal como V. Exa. as convidou a fazer, desde já clarificam e esclarecem que isso sucede no exacto e preciso sentido em que, definindo o artigo 1577.° do Código Civil «casamento» como sendo "o contrato celebrado entre duas pessoas que pretendem constituir família mediante uma plena comunhão de vida", então, a mera inscrição da expressão "de sexo diferente" contida no corpo desse artigo (bem como a consequência, a prevista na alínea *e*) do artigo 1628.° do Código Civil que fere de inexistência jurídica o casamento celebrado entre duas pessoas do mesmo sexo), significa desde já e imediatamente que, desde logo, ela tem como efeito, ao contrário do que é constitucionalmente garantido à generalidade dos cidadãos portugueses, vedar às recorrentes o acesso a um determinado "bem jurídico" cujo acesso, também a elas, devia estar garantido.

Mas mais: como se não bastasse, ou como se dúvidas ainda houvesse, o artigo 13.° da Constituição na sua mais que completa formulação do "princípio da igualdade" e da manifesta "força constitucional" que pretende dar à proibição de todas e quaisquer formas de discriminação dos cidadãos, por muito que tantos achem que isso nem seria até necessário, o que é facto é que ele contém agora uma "interpretação reforçada e inequívoca" que lhe advém do aditamento feito por vontade do legislador constitucional de 2004 que decidiu (na Lei Constitucional n.° 1/2004) completar a formulação do "princípio da igualdade" acrescentando ao artigo 13.° da Constituição a expressão "ou orientação sexual".

Em suma, aqui está precisamente, pensam as recorrentes (que melhor ainda o explicarão se tal for porventura entendido e lhes for comandado), tal como resulta do convite de aperfeiçoamento que receberam, "o exacto sentido das normas cuja conformidade constitucional pretendem questionar, com a identificação precisa dos preceitos legais em que se inscrevem".

Porque é essa conformidade constitucional que as recorrentes pretendem que esse Tribunal Constitucional finalmente lhes reconheça.

E que, assim, se ponha termo à persistente e discriminatória afirmação de que, por serem homossexuais, as recorrentes têm uma capacidade jurídica inferior à dos demais cidadãos.

De facto, sendo a "capacidade jurídica» definida unanimemente pela doutrina como «a quantidade de direitos e obrigações de que cada um é susceptível de ser titular", o que é facto é que, por serem homossexuais, não tem sido garantido e reconhecido às recorrentes, tal como o é feito e formulado em função da "generalidade dos cidadãos", o acesso à mesma "quantidade de direitos", como se as recorrentes não fizessem também parte desse conceito de "generalidade dos cidadãos" ou como se não estivesse constitucionalmente vedado, em formulações constitucionais várias, de forma directa ou indirecta, mas nem por isso menos inequívoca, qualquer forma de discriminação entre os cidadãos, incluindo, agora expressamente, em função da sua "orientação sexual".

Assim, porque baseadas em normas inequivocamente desconformes com os princípios e as formulações constitucionais que ao caso respeitam, estão irremediavelmente feridas de ilegalidade, porquanto carecem de qualquer conformidade constitucional as decisões jurisdicionais anteriormente proferidas nos presentes autos e que decidiram manter a decisão do Sr. Conservador da 7.ª Conservatória do Registo Civil de Lisboa, que indeferiu a pretensão das requerentes.

Mas, e como se não bastasse a incompreensível decisão proferida pelo Tribunal da Relação de Lisboa, que decidiu julgar conformes com o texto constitucional as normas constantes dos artigos 1577.° e 1628.° do Código Civil, também, ineditamente, não mereceu — até agora — qualquer censura jurisdicional esta peregrina afirmação contida na fundamentação da decisão proferida pelo Sr. Conservador da 7.ª Conservatória do Registo Civil de Lisboa.

Pasme-se:

"Não compete ao Conservador do Registo Civil avaliar da constitucionalidade de normas, antes existe tribunal próprio para o efeito".

Ora, que "existe tribunal próprio para o efeito", é verdade. É aliás desse "tribunal próprio para o efeito", precisamente este Tribunal Constitucional, que as requerentes esperam a justiça de lhes verem ser reconhecidos os seus direitos de cidadania em termos e condições de igualdade com todos os demais cidadãos.

Mas, ao contrário do que pensa o Sr. Conservador da 7.ª Conservatória do Registo Civil de Lisboa, e por muito que, isso não tenha, por incrível que pareça, merecido ainda o mínimo reparo jurisdicional, o que é verdade é que, de facto "compete ao Conservador do Registo Civil avaliar da constitucionalidade de normas"!!!

E compete, porque assim o determina o artigo 18.° da Constituição na formulação que resulta dos três números que o compõem, mas de que se destaca agora o seu n.° 1 que determina inequivocamente que "os preceitos constitucionais respeitantes aos direitos, liberdades e garantias são directamente aplicáveis e vinculam as entidades públicas e privadas".

Em suma, e se, tal como o convite de aperfeiçoamento o demonstra, para um juízo do Tribunal Constitucional deve partir-se sempre da identificação das normas cuja constitucionalidade se contesta, é também facto que a análise do quadro constitucional deve partir do direito fundamental que tem, por lei, a respectiva titularidade restringida.

Esse direito é o direito de contrair casamento em condições de plena igualdade, previsto no n.° 1 do artigo 36.° da Constituição.

Aliás, é um facto que esse direito está sistemática e materialmente inserido na categoria dos "direitos, liberdades e garantias" e, por isso, é beneficiário do respectivo regime agravado de protecção.

Com efeito, trata-se de um direito das pessoas e não de uma qualquer prestação atribuída a uma instituição, como a família, que, noutra sede é, enquanto tal, beneficiária de prestações estaduais.

Por outras palavras, se sabemos que a lei reserva este direito para pessoas de sexo diferente, esse saber não pode orientar o percurso da análise do enquadramento jurídico da questão; isto é, a Lei Fundamental deve ser lida sem o óculo do direito vigente, sob pena de se inverter a hierarquia das fontes de direito. Interessa determinar o que, à data, independentemente do que prescreva o direito ordinário, a Constituição impõe e, daí, retirar as devidas consequências.

Depois, o n.° 2 do preceito citado remete para a lei a regulação dos requisitos e os efeitos do casamento e da sua dissolução, por morte ou divórcio, independentemente da forma de celebração. Está aqui, para muitos, a autorização constitucional dada ao legislador quanto à questão de consagrar, ou não, a possibilidade de celebração de casamentos entre pessoas do mesmo sexo. Onde se lê que a lei regula requisitos e efeitos, nessa óptica, deve ler-se que a lei decide, desde logo, se duas pessoas do mesmo sexo podem casar, o que será, portanto, imagina-se, domínio de requisito. Mais, para alguns, a Constituição recebe o conceito histórico de casamento entre pessoas de sexo diferente.

Mas, e salvo o devido respeito, a Constituição não recebe qualquer conceito de casamento!

De facto, defender o contrário é ler a Constituição a partir do direito civil em vez de se inverter a ordem do exercício, em obediência à supremacia normativa da Constituição. Porque o direito de contrair casamento é, em primeiro lugar, uma expressão normativa do princípio da dignidade da pessoa humana, consagrado no artigo 1.° da Constituição.

E já vimos que é inequívoco que este é um direito das pessoas como direito, liberdade e garantia, até por que a Constituição e a realidade social não são mundos separados.

Ou seja, os direitos fundamentais, enquanto expressão da dignidade da pessoa humana, garantem ao indivíduo um espaço de não intervenção alheia, querendo aqui chamar-se a esse espaço uma «moral colectiva maioritária», ditada ou votada, decidida ou eleita, que lhe não permitisse esse acontecimento único que é ser-se, em liberdade, o que se é.

Por isso mesmo, contra direitos fundamentais não valem, sem mais, maiorias, sob pena de se funcionalizarem os primeiros!

Assim, se a Constituição optou por consagrar uma das vias de realização de um plano pessoal de vida através do direito fundamental ao casamento, é óbvio que, a essa luz, o legislador ordinário não pode excluir, quanto ao casamento, uma parte significativa da população!

Por outras palavras, a partir do texto constitucional pode hoje dizer-se que a dignidade da pessoa humana (quer em sentido estático, quer em sentido dinâmico) aponta para o livre desenvolvimento da personalidade.

Ora, perante um quadro constitucional que, consagrando o direito fundamental de todos de contrair casamento, reflectiu positivamente, em dialéctica com a sociedade, a necessidade de se proteger grupos de pessoas silenciados pelas suas legítimas formas de vida, alterando os critérios históricos de proibição de discriminações para neles incluir a orientação sexual e consagrando o direito ao livre desenvolvimento da personalidade é forçoso que se releia o artigo 36.° da Constituição.

A lei continuará a poder definir como queira os requisitos do casamento? Naquele quadro descrito? A titularidade, do ponto de vista da orientação sexual, é requisito?

Abstraindo da lei vigente, a Constituição confere a todos o direito de contrair casamento.

A Lei Fundamental evoluiu no sentido específico de protecção dos direitos que possam ser afectados por força da orientação sexual do titular.

Fê-lo no artigo 13.° e no artigo 26.° A dignidade da pessoa humana concretiza-se num imperativo de igual tratamento das pessoas, estando expressamente proibida a discriminação com base na orientação sexual, e finalmente temos o direito de todos de contrair casamento, num sentido de universalidade.

Então, quais as razões fortes, excepcionais, constitucionalmente fundadas, para o legislador, perante um grupo significativo da sociedade que não beneficia de protecção equivalente, impedir o casamento a pessoas de sexo diferente?

De facto, nenhumas!!!

Finalmente, diga-se ainda que o legislador está obrigado a perseguir o comando constitucional da igualdade.

E deve fazê-lo com respeito pelo princípio da proporcionalidade.

Enquanto se não permite aos casais homossexuais acederem ao casamento, o legislador está em manifesta inconstitucionalidade por deixar a descoberto, sem fundamentação para tanto, uma categoria de pessoas. Se o legislador não confere o direito de contrair casamento aos homossexuais e, de forma avulsa, consagra algumas garantias que "compensem" aquela exclusão, nesse caso viola o princípio da adequação, já que ao criar, sem fundamentação plausível, uma categoria à parte da do casamento para os homossexuais está a prosseguir da pior forma o objectivo e comando constitucional da igualdade, por, na solução encontrada, mais uma vez traçar uma discriminação.

A forma mais adequada de promover a igualdade entre casais homossexuais e heterossexuais é, precisamente, enquadrá-los no mesmo instituto!

Mas, não obstante ainda tudo o que acima se disse, e bem cientes de que correrão o risco de se alongarem demasiado, e desnecessariamente, nesta peça processual que não é mais do que uma resposta a um convite a um aperfeiçoamento certo e bem determinado,

Ainda assim, e para não correrem o risco de não responderem de forma cabal ou de não corresponderem por inteiro e inequivocamente ao convite de aperfeiçoamento formulado e à intenção que lhe está subjacente, e para que fique inequívoco que, pelo menos agora, deixaram, sem margem para dúvidas, suficientemente indicado "o exacto sentido das normas cuja conformidade constitucional pretenderam questionar" não deixando, ainda assim, de identificar "de forma precisa e concreta os preceitos legais em que se inscrevem", dirão ainda as recorrentes o seguinte:

A lei e as entidades legalmente habilitadas não criam apenas direitos, deveres e poderes; conferem ainda outras qualidades, a que podemos chamar "simbólicas".

Trata-se de figuras que, para lá de direitos e deveres que possam ter associados, valem pelo seu reconhecimento social e pelas reacções sociais positivas, negativas ou de mera identificação que tipicamente desencadeiam. O Estado tem o poder, por vezes exclusivo, de atribuir estes "bens simbólicos".

O casamento civil, que só vale nos termos reconhecidos pela lei e pela Constituição, atribui um estatuto simbólico que ultrapassa em muito os deveres jurídicos indicados expressamente no Código Civil e noutros diplomas.

O estatuto simbólico do casamento identifica-se através de uma linguagem própria, que inclui os termos que designam o acto ou a relação ("casamento", "matrimónio", etc.), os que qualificam as pessoas em função disso ("casado", "solteiro", "viúvo", "divorciado", "marido", "mulher", "cunhado", "sogro", "primeira dama", etc.), a aplicabilidade aos casados de termos mais amplos com forte valor cultural ("família", "afinidade") e as formas negativas ou meramente «técnicas» próprias de relações exteriores ou contrárias ao casamento ("união de facto", "adultério", "bigamia", "amante", "concubino", "mancebia", etc.).

A linguagem positiva própria do casamento participa de actos de reconhecimento interpessoal.

Mas, o que é muito mais importante, esse estatuto simbólico e a sua linguagem própria estão intrinsecamente associados tanto na cultura popular, quanto na cultura erudita — a realidades sociais, psicológicas e afectivas de enorme relevância: o amor, o compromisso, a família e a constituição de família, a publicidade e oficialização, a coabitação e a economia comum são os mais notórios.

Sublinhe-se a importância do amor e a sua relação com o casamento na cultura dominante, visível não só em clichés como "casaram e viveram felizes para sempre" ou "casaram por amor" (por oposição a "casaram por conveniência"), mas também pela relação entre a duração possível do casamento (até à morte de um dos cônjuges) e o valor positivo atribuído ao "amor eterno".

Sublinhe-se igualmente a importância da legitimação social conferida pelo casamento ao amor erótico.

O estatuto simbólico do casamento está ainda associado à sua liberdade de celebração, embora dependente da presença de certos oficiais.

A essencialidade da liberdade dos nubentes para o casamento é reconhecida em muitos passos legais — desde logo pela sua qualificação como contrato.

Esta associação simbólica atribuída pelo Estado, com a sua linguagem própria, é um "bem jurídico". E tanto assim é que, dadas as características desta instituição — como de outras uma figura com os mesmos efeitos jurídicos do casamento e com forma de constituição e extinção idênticas, mas com nome diferente, por exemplo, seria uma figura jurídica distinta, atribuiria um bem jurídico diverso.

Se a lei concedesse aos casais de pessoas do mesmo sexo o acesso a tal figura jurídica, mas não ao casamento, ainda estaria a negar a esses casais um bem jurídico de grande relevância.

Um casal de pessoas do mesmo sexo pode pretender a constituição da relação simbólica de casamento, num exercício de liberdade idêntico ao de um casal de pessoas de sexo diferente.

Um casal que queira casar pretende a sua inclusão formal no âmbito de aplicação da linguagem própria do casamento e pretende, com isso, o acesso às representações sociais típicas do casamento, a saber, as representações de amor, compromisso, família e constituição de família, publicidade, oficialização, coabitação e economia comum.

O estatuto social global correspondente a estas representações não pode ser obtido senão pelo casamento.

Não se consegue divisar qualquer motivo constitucionalmente atendível para negar a um casal de pessoas do mesmo sexo o acesso a este "bem jurídico".

Não se imagina razão para privar os casais do mesmo sexo da linguagem positiva e das associações típicas do casamento. Não se vê justificação para recusar aos casais homossexuais este símbolo de grande relevância social.

Pelo contrário, a restrição do casamento a pessoas de sexo diferente, tal como decorre das normas do Código Civil, só é compreensível como discriminação explícita destinada a promover uma modalidade de exclusão.

Ou seja:

São, portanto, inconstitucionais as normas do Código Civil (que acima e de forma precisa se identificaram já) que impedem o casamento entre pessoas do mesmo sexo, por violação directa — e quase se diria intencional — do princípio da igualdade.

Esta é uma decorrência dos elementos nucleares do princípio da igualdade, só reforçada pela inclusão expressa da «orientação sexual» no artigo 13.° da Constituição, que impõe um ónus argumentativo acrescido à tese contrária: — um ónus, diga-se, impossível de satisfazer!

II — Quanto ao recurso interposto ao abrigo da alínea *c*) do n.° 1 do artigo 70.° da Lei n.° 28/82, de 15 de Novembro:

Como acima se referiu, e que em grande medida agora igualmente se aplica, também pretendem as recorrentes reagir contra o facto de lhes ter sido recusada a aplicação de uma norma precisa e concreta.

De facto, e como acima se referiu, as recorrentes têm sido postas perante sucessivas decisões, do Sr. Conservador do Registo Civil e, depois, do Tribunal de primeira instância e, finalmente, do Tribunal da Relação de Lisboa que a não puseram em causa, no sentido de que, segundo as próprias palavras do Sr. Conservador do Registo Civil,

"Não compete ao conservador do Registo Civil avaliar da constitucionalidade de normas, antes existe tribunal próprio para o efeito".

Ora, o que é verdade é que, de facto "compete ao Conservador do Registo Civil avaliar da constitucionalidade de normas"!!!

E compete, porque assim o determina o artigo 18.° da Constituição na formulação que resulta dos três números que o compõem, mas de que se destaca agora o seu n.° 1 que determina inequivocamente que "os preceitos constitucionais respeitantes aos direitos, liberdades e garantias são directamente aplicáveis e vinculam as entidades públicas e privadas".

Assim, o que é verdade é que as recorrentes viram ser-lhes recusada a aplicação da norma constitucional constante do n.° 1 do artigo 18.° da Constituição, o que foi feito, por incrível que isso pareça, porque quem recusou tal aplicação justificou essa atitude com a sua desconformidade com... o Código Civil!

O que, de facto, é absolutamente intolerável face à realidade tão clara e cristalina que é até já indiscutível e não carece aqui sequer de menção ou explicação especial, que é a hierarquia das normas que existe em qualquer Estado de direito, no topo da qual está, como é óbvio, a Constituição.

E é da Constituição, isto é, do topo dessa hierarquia de normas que, para além das determinações constitucionais que acima se referiram e que, no lugar próprio se identificou onde elas resultaram violadas, que se encontram ainda claras e não menos inequívocas violações com que as requerentes têm sido confrontadas.

Trata-se da manifesta violação do disposto no artigo 26.° da Constituição, que estabelece a garantia constitucional de "outros direitos pessoais", muito principalmente no que toca ao n.° 1 daquela disposição, que estabelece que "a todos são reconhecidos os direitos à identidade pessoal... e à protecção legal contra quaisquer formas de discriminação".

Mas também a clara e manifesta violação do disposto no artigo 67.° da Constituição, que estabelece a garantia e a defesa constitucional da "família", muito principalmente no que toca ao n.° 1 daquela disposição, que estabelece que "a família, como elemento fundamental da sociedade tem direito à protecção da sociedade e do Estado e à efectivação de todas as condições que permitam a realização pessoal do seus membros".

III — Quanto ao recurso interposto ao abrigo da alínea *f)* do n.° 1 do artigo 70.° da Lei n.° 28/82, de 15 de Novembro:

Como acima se referiu, e que em grande medida agora igualmente se aplica, e por isso aqui se dá por integralmente reproduzido, só não se repetindo palavra por palavra por meras razões de economia processual, também pretendem as recorrentes reagir contra o facto de serem repetida e permanentemente confrontadas com normas ilegais — que o são por ser manifesta a sua inconstitucionalidade — com que se pretendeu fundamentar as decisões recorridas e de que, desde sempre e logo no início da sua primeira reacção contra as mesmas, as recorrentes identificaram em concreto e justificaram, indicando e clarificando inequivocamente de onde resultava essa mesma inconstitucionalidade.

De facto, e como acima se referiu, as recorrentes têm sido postas perante sucessivas decisões, do Sr. Conservador do Registo Civil e, depois, do Tribunal de primeira instância e, finalmente, do Tribunal da Relação de Lisboa que são manifestamente inconstitucionais.

E desde a primeira hora foi com base nessa mesma inconstitucionalidade que as recorrentes reagiram.

Com efeito, tendo o seu recurso subido, em primeira instância, para o Tribunal Cível da comarca de Lisboa, desde logo e imediatamente as recorrentes o fundamentaram precisamente na inconstitucionalidade material das *supra* citadas normas do Código Civil (e das demais normas que lhe dessem correspondência — cfr. artigos 33.° e segs. das alegações).

E até, diga-se de passagem, e ao mesmo tempo, com o fundamento na manifesta inconstitucionalidade de qualquer decisão (jurisdicional ou administrativa) que, também por omissão, não tomasse em concreto e na prática consequente e que não correspondesse à inequívoca vontade do legislador constitucional de 2004 de não permitir qualquer forma de discriminação, qualquer que ela fosse (cfr. artigos 91.° e segs. das alegações de recurso) e que, por isso mesmo, decidiu na Lei Constitucional n.° 1/2004 completar a formulação do «princípio da igualdade» acrescentando ao artigo 13.° da Constituição a expressão "ou orientação sexual".

Depois, também no Tribunal da Relação de Lisboa, as recorrentes fundamentaram uma vez mais, e sempre, o seu recurso na inconstitucionalidade material das normas do Código Civil nas quais se baseava o indeferimento do processo de casamento das requerentes decidido pelo Sr. Conservador da 7.ª Conservatória do Registo Civil de Lisboa.

Mas ainda, e uma vez mais e sempre também, com o fundamento na inconstitucionalidade que, também por omissão, resulta da desconformidade da persistência da aplicação daquelas normas com a inequívoca intenção do legislador constitucional que se deduz do aditamento da expressão "ou orientação sexual" à formulação original do artigo 13.° da Constituição.

Ou seja, esgotados todos os meios ou recursos jurisdicionais ordinários, que lhes possibilitassem (de acordo com a previsão do artigo 280.° da Constituição) reagir contra a decisão da aplicação das *supra* citadas normas do Código Civil e de cuja inconstitucionalidade continuam inabalavelmente persuadidas, quer não só do ponto de vista material, mas também da que resulta da desconformidade com a intenção do legislador constitucional de 2004, decidiram então as recorrentes recorrer para este Tribunal Constitucional desde logo explicitando no seu requerimento de interposição desse mesmo recurso qual a fundamentação adjectiva da sua pretensão, identificando as normas ilegais aplicadas nas decisões recorridas e especificando o fundamento das ilegalidades invocadas.

Designadamente, a inconstitucionalidade das normas constantes dos artigos 1577.° e da alínea *e)* do artigo 1628.°, ambos do Código Civil (e também das normas que do todo coerente deste diploma legal lhes sejam directa ou indirectamente consequentes ou delas decorram), dada a manifesta violação do disposto no artigo 13.° da Constituição e do "princípio da igualdade" que ali é estabelecido, muito principalmente no que toca à expressão "ou orientação sexual" contida na parte final do n.° 2 daquela disposição constitucional.

Mas, também dada a manifesta violação do disposto no artigo 36.° da Constituição e do "princípio da liberdade de constituir família" e também do "princípio da liberdade de contrair casamento" que ali são estabelecidos, muito principalmente no que toca aos n.os 1 e 3 daquela disposição constitucional, dada a manifesta violação do disposto no artigo 16.° da Constituição, e do "âmbito e sentido dos direitos fundamentais" que ali é estabelecido, muito principalmente no que toca ao n.° 2 daquela disposição, dada a manifesta violação do disposto no artigo 18.° da Constituição, e da previsão da "força jurídica" que ali é preconizada para os preceitos constitucionais, muito principalmente no que toca ao n.° 1 daquela disposição, dada a manifesta violação do disposto no artigo 26.° da

Constituição, que estabelece a garantia constitucional de "outros direitos pessoais", muito principalmente no que toca ao n.° 1 daquela disposição e, finalmente, dada a manifesta violação do disposto no artigo 67.° da Constituição, que estabelece a garantia e a defesa constitucional da "família", muito principalmente no que toca ao n.° 1 daquela disposição.

Na verdade, e como foi explicado, todas estas questões de inconstitucionalidade material constituem a base fundamental do inconformismo das recorrentes com a decisão do Sr. Conservador da 7.ª Conservatória do Registo Civil e, depois, com as decisões jurisdicionais que se lhe seguiram.

Por isso mesmo, foram desde logo suscitadas quer nas suas alegações do recurso interposto para o Tribunal de 1.ª instância (cfr. artigos 33.° e segs. das alegações) quer nas suas alegações do recurso interposto para o Tribunal da Relação de Lisboa (cfr. artigos 40.° e segs. das alegações).»

3. Prosseguindo o recurso os seus trâmites, as recorrentes juntaram aos autos diversos pareceres e apresentaram a sua alegação, concluindo:

« — A Constituição da República Portuguesa distingue-se de algumas constituições estrangeiras por impedir explicitamente a desigualdade em função da orientação sexual e por consagrar, desde logo na sua letra, um direito fundamental ao casamento, sem distinções.

1.ª — Vem o presente recurso para este Tribunal Constitucional da decisão do Sr. Conservador da 7.ª Conservatória do Registo Civil de Lisboa e das decisões jurisdicionais que se lhe seguiram, que não admitiram o processo de casamento que foi requerido pelas recorrentes, com o fundamento de que as recorrentes são do mesmo sexo, com base nas normas dos artigos 1577.° e 1628.°, alínea *e*), do Código Civil.

2.ª — Inconformadas, as recorrentes logo interpuseram recurso para o Tribunal Cível de Lisboa e, depois, para o Tribunal da Relação de Lisboa, sempre com base na manifesta e inequívoca inconstitucionalidade das normas em que tais decisões se sustentavam.

3.ª — É inequívoca a intenção não só programática, mas também de estabelecimento de um princípio fundamental do n.° 2 do artigo 13.° da Constituição, nomeadamente do aditamento da expressão "ou orientação sexual" feita pelo legislador de 2004, por ser insatisfatória a redacção original.

4.ª — Não é admissível que se argumente que o legislador constitucional tomou decisões "redundantes" ou "inúteis"; teremos forçosamente de concluir que aquela expressão foi aditada para que da enumeração exemplificativa da norma resulte agora um especial destaque para vedar a discriminação dos cidadãos em razão de serem homossexuais!

5.ª — A definição do casamento de modo a exigir a heterossexualidade é apriorística, depende da noção de "núcleo essencial" do casamento não só em função de um modelo histórico legalmente desconforme, mas ainda desconsiderando o facto de que o nosso ordenamento jurídico é pleno e uno.

6.ª — O raciocínio de que a Constituição cometeria a regulação do casamento ao legislador sem o proibir necessariamente de proceder ao seu reconhecimento, ou à sua equiparação aos casamentos, este raciocínio enferma de uma inversão metodológica implícita da qual se deduz um "cheque em branco" ao legislador comum.

7.ª — Inversão que omite inclusive a necessidade de escrutínio prévio do artigo 13.°, n.° 2, da Constituição.

8.ª — O mesmo raciocínio esquece ainda que o casamento é um «elemento fundamental da orgânica social (artigo 67.°, n.° 1), definidor de um proeminente estado jurídico, com indubitáveis reflexos no estatuto pessoal.

9.ª — Ou seja, a solução correcta terá de ser encontrada num percurso metodológico inverso: aferir, primeiro, do conteúdo do instituto do casamento no Código Civil e discutir, depois, a sua conformação com a Lei Fundamental.

10.ª — O propósito de "constituir família" constante da redacção do artigo 1577.° poderia sugerir uma finalidade procriativa do casamento, o que está longe de corresponder ao regime legalmente estabelecido.

11.ª — Se não existe na lei civil qualquer limite máximo de idade para casar, se nada obsta ao casamento de pessoas inférteis, se a infertilidade não é fundamento de divórcio, se o casamento pode ser celebrado com urgência dado o perigo de morte dos cônjuges, etc. — então, nenhuma razão justifica que seja vedado o casamento a pessoas do mesmo sexo, nem mesmo de acordo com a própria lei ordinária, como o é o Código Civil.

12.ª — Não é lícito considerar-se a "união de facto" nem como situação marginalizada pela ordem jurídica, nem como alternativa ao casamento.

13.ª — Até porque a modelação sexual, nas suas mais diversas formas, matizes e acepções, é livremente feita por cada casal, no contexto e na privacidade da sua comunhão de vida.

14.ª — O casamento é gerador de um estado jurídico complexo e determinante de um estatuto social diferenciado do que é suscitado pela união de facto, a qual é juridicamente eficaz, porém de forma limitada e subalterna face à sua estrutural precariedade.

15.ª — O acesso de um casal de duas pessoas do mesmo sexo apenas à união de facto, ao contrário dos casais heterossexuais, que optam livremente entre a união de facto e o casamento, envolve uma distinção que carece de fundamento constitucional.

16.ª — O casamento é um instrumento do exercício do direito à afirmação da identidade pessoal e ao desenvolvimento, livre e coerente, da personalidade, no respeito pela reserva de intimidade da vida privada (artigo 26.°, n.° 1, da Constituição), direitos primacialmente salvaguardados num Estado de direito democrático (artigo 2.° da Constituição), assente no primado da dignidade humana (artigos 2.° e 26.°, n.° 1 da Constituição) e da liberdade (artigo 27.° da Constituição).

17.ª — É falaciosa a ideia de que a exclusão dos casais do mesmo sexo do acesso ao casamento radicaria no princípio da igualdade, por não se tratar de modo igual o que igual não é.

18.ª — Também numa perspectiva das ciências antropológicas, o casamento entre pessoas do mesmo sexo é uma consequência lógica da dinâmica das práticas do parentesco em sociedades e culturas como a nossa, decorrendo da aplicação — a identidades sociais diferentes — dos mesmos princípios aplicáveis ao casamento entre pessoas de sexo diferente.

19.ª — Ao contrário do que sucedia numa "economia do sexo e do género" o casamento entre pessoas do mesmo sexo é agora parte do fresco etnográfico da humanidade, sendo, portanto, um adquirido das ciências sociais.

20.ª — O reconhecimento do casamento entre pessoas do mesmo sexo significa o fim de uma forma de desigualdade simultaneamente material e simbólica, muito mais clara até quando tal caminho se iniciou com o reconhecimento cultural e legal da conjugalidade homossexual, por exemplo nas uniões de facto.

21.ª — As normas constitucionais são uma "força geradora de direito privado" inequivocamente vinculativas, como determina o n.° 1 do artigo 18.° da Constituição.

22.ª — A proibição do casamento entre pessoas do mesmo sexo não corresponde a nenhuma "filosofia de Estado" ou "sensibilidade moral e religiosa" admissíveis à luz da Constituição Portuguesa em vigor.

23.ª — São erradas, sem apoio constitucional e irrelevantes para a questão em apreço as afirmações de que seria "preferencialmente no seio do casamento que deveria ser feita a procriação" e de que "ao Estado incumbiria o objectivo de conservação da espécie".

24.ª — Com a progressiva hegemonia (histórica) do conceito de Amor Romântico, o casamento passou a ter como razão primeira o sentimento, sem prejuízo do surgimento de outras variáveis e do estilhaçar do binómio casamento/ /filhos.

25.ª — O casamento de hoje é uma relação tentada entre duas pessoas, dois afectos, duas liberdades, dois projectos de vida, muitas vezes ensaiada previamente numa experiência de coabitação. E não a moldura, ainda que emocional, para dois aparelhos reprodutores.

26.ª — A imperatividade das normas do direito ordinário matrimonial é irrelevante para a apreciação da respectiva constitucionalidade.

27.ª — Não pode sequer retirar-se do direito ordinário a qualificação das uniões homossexuais, daí resultante mais de uma vez, como não sendo "famílias". Proíbe-o a Constituição.

28.ª — Ainda que se admitisse que o artigo 13.° da Constituição estabelece uma proibição de discriminações sem impor simultaneamente «uma igualdade absoluta em todas as situações» (fora de uma formulação positiva, como mais adiante defenderemos), ainda assim continuaria a não ser lícita a consideração de que, logo um dos primeiros exemplos de uma dessas particulares situações de excepção, em que não seria exigível essa tal "igualdade absoluta", acabasse por constituir precisamente uma das situações mais precisas e concretas explicitamente previstas e expressamente proibidas no próprio texto Constitucional, como é exactamente o caso da proibição da discriminação em função da "orientação sexual".

29.ª — Também falha a tese de que seria igualmente da própria norma constante do artigo 36.° da Constituição que, logo no seu n.° 1, garante a todos os cidadãos o direito "de constituir família e de contrair casamento em condições de plena igualdade", de que se deduziria uma proibição do casamento entre pessoas do mesmo sexo, porquanto o seu n.° 2 remete para a lei civil "a regulação dos requisitos e dos efeitos do casamento e da sua dissolução por morte ou divórcio, independentemente da forma da sua celebração".

30.ª — O casamento entre pessoas do mesmo sexo não é uma nova "forma de celebração" ou um "novo tipo de casamento", mas sim o casamento referido como objecto de protecção no artigo 36.°, n.° 1, da Constituição.

31.ª — No comando que faz à lei civil, o artigo 36.°, n.° 2, da Constituição não exime o legislador ordinário do respeito dos restantes comandos constitucionais, como o princípio da igualdade, o princípio da proporcionalidade ou o princípio do livre desenvolvimento da personalidade.

32.ª — Não há na Constituição nada que impeça expressa ou implicitamente "as uniões homossexuais" de serem incluídas no "programa normativo directo" constante do artigo 36.°, n.° 1.

33.ª — Se assim não fosse, passaria a ser admissível defender-se outras formas de proibição de acesso à celebração de casamento a outros cidadãos, o que poderia conduzir perigosamente a uma revoltante tese de proibição de casamentos inter-raciais.

34.ª — Em Portugal, o direito já acompanhou (ou mesmo antecedeu) a mudança de atitudes e mentalidades necessária ao reconhecimento do casamento entre pessoas do mesmo sexo.

35.ª — Nenhum "interesse público atinente à organização da vida familiar" é invocável em defesa da proibição do casamento entre pessoas do mesmo sexo, nem se conhece nenhuma tentativa de identificar esse suposto "interesse público".

36.ª — Nem é visível que "interesse público" seria suficiente para afastar o disposto nos artigos 13.°, 36.°, 2.°, 26.°, etc., da Constituição.

37.ª — É certo que a liberdade contratual pode ser limitada pelo legislador ordinário, mas é preciso que esses limites tenham fundamento constitucional.

38.ª — Os limites que, de facto, existem ao condicionamento à liberdade contratual com que as recorrentes se têm vindo a deparar, não foram encontrados nas características de "imperatividade" ou de "inderrogabilidade" do Direito da Família, mas somente na sua diferença em relação à maioria dos cidadãos, a saber, na sua orientação sexual.

39.ª — O casamento é um contrato que tem um duplo efeito para aqueles que o celebram quando "pretendem constituir família mediante uma plena comunhão de vida", pois, para além das consequências patrimoniais, o casamento enquanto "fonte de relações jurídicas familiares" por imposição do artigo 1576.° do Código Civil, tem também consequências importantes de ordem não-patrimonial, correspondentes aos deveres conjugais (cfr. artigo 1672.° do Código Civil).

40.ª — A lei não estabelece apenas direitos, deveres e poderes, antes confere também qualidades simbólicas que valem pelo seu reconhecimento social e pelas reacções sociais positivas, negativas ou de mera identificação que tipicamente desencadeiam.

41.ª — A linguagem positiva própria do casamento participa de actos de reconhecimento pessoal, a que não é estranho um estatuto simbólico associado à sua liberdade de celebração, que se revê na sua qualificação como um contrato.

42.ª — Esta associação simbólica atribuída pelo Estado ao casamento, é um bem jurídico posto ao alcance de todos os que pretendem a sua inclusão formal nas suas representações e expectativas sociais típicas. Não é possível considerar que as normas da lei ordinária reservam o casamento unicamente a casais heterossexuais sem violação dos artigos 13.°, n.os 1 e 2, e 36.°, n.° 1, da Constituição.

43.ª — Não é lícito impedir que uma relação entre pessoas do mesmo sexo exista por si mesma e à vista de todos sob a alegação de que se deve tratar como "desigual o que é desigual", afirmação evidente de desigualdade que impõe a pergunta: desigual em quê?

44.ª — Numa perspectiva de "proporcionalidade", o direito ao casamento é um direito, liberdade e garantia, não pode ser restringido ou suprimido, senão na medida necessária para salvaguardar outros direitos ou interesses constitucionalmente protegidos (cfr. artigo 18.°, n.° 3, da Constituição).

45.ª — A supressão de qualquer bem constitucionalmente relevante impõe que haja um fundamento racional mínimo sob pena de constituir violação do princípio do Estado de direito democrático, na sua vertente de princípio da proporcionalidade (cfr. artigo 2.° da Constituição).

46.ª — A atribuição do casamento aos casais homossexuais não altera o valor simbólico nem os deveres e obrigações dos cônjuges heterossexuais; ao acederem-lhe, aqueles pretendem que eles sejam mantidos na íntegra.

47.ª — A proibição do casamento homossexual viola ainda o princípio da igualdade enquanto proclamação da idêntica «validade cívica» de todos os cidadãos e de imposição de regras de estatuto social dos cidadãos e de princípios de conformação social e de qualificação da posição de cada cidadão na colectividade. Enquanto proibição do arbítrio e da discriminação, tal princípio deixa ilegitimadas quaisquer diferenciações de tratamento baseadas em categorias meramente subjectivas ou em razão dessas categorias, incluindo, pois a orientação sexual dos cidadãos (cfr. artigo 13.°, n.° 2, da Constituição).

48.ª — O princípio da igualdade enquanto significante de uma "obrigação de diferenciação" como forma de compensar as desigualdades de oportunidades é admissível, mas unicamente quando essa diferenciação, ou discriminação, é feita num sentido ou numa formulação exclusivamente positiva.

49.ª — O aditamento da expressão «ou orientação sexual» feito pela Lei Constitucional n.° 1/2004 ao texto original do n.° 2 do artigo 13.° da Constituição, obsta às discriminações directas ou indirectas baseadas neste critério, quando deu acolhimento a reivindicações no sentido do direito à identidade sexual e quanto à proibição da privação de direitos por motivo de homossexualidade.

50.ª — Da formulação normativa constante do n.° 1 do artigo 36.° da Constituição resulta a inadmissibilidade da redução do conceito de família à união conjugal baseada no casamento, isto é, à família "matrimonializada"; naquela norma estão abrangidos, pois, todos os conceitos de família, isto é, "todas comunidades constitucionalmente protegidas", como as famílias monoparentais, as comunidades de filhos nascidos fora do casamento, as famílias formadas por irmãos ou irmãs, as uniões de facto e as uniões homossexuais.

51.ª — Do mesmo normativo constitucional do artigo 36.° resulta ainda o reconhecimento inequívoco do direito a todos os cidadãos a constituírem família em condições de plena igualdade e do direito a todos os cidadãos a contraírem casamento em condições de igualdade.

52.ª — Esses dois direitos são distintos, estão formulados separadamente e não se confundem um com o outro.

53.ª — Não é constitucionalmente admissível a consideração de que a concessão a um determinado conjunto de cidadãos do direito a contraírem casamento em condições de plena igualdade, aliás em obediência ao comando constitucional do artigo 36.°, n.° 1, significaria que o casamento resultaria suprimido ou desfigurado no seu núcleo essencial.

54.ª — Não é constitucionalmente lícito vedar o acesso ao casamento em condições de plena igualdade a um determinado grupo de cidadãos após terem sido previamente identificados e, por força de peculiares circunstâncias, distinguidos dos seus demais concidadãos, quando essa discriminação é feita em razão da sua orientação sexual, constitucionalmente proibida no n.° 2 do artigo 13.°

55.ª — Não é constitucionalmente lícito impedir o acesso ao casamento em condições de plena igualdade a um determinado grupo de cidadãos quando, após uma ponderação valorativa de normas em confronto, se opta pela caracterização meramente definidora da lei civil, em detrimento das formulações constitucionais de princípios fundamentais que as contradizem.

56.ª — O acesso dos cidadãos homossexuais ao direito constitucional de contraírem casamento em condições de plena igualdade, a exemplo do que sucedeu já nos países que nos estão próximos, é uma inevitabilidade histórica decorrente de uma normal evolução civilizacional, societária, cultural e democrática, e que se verificará mais cedo ou mais tarde, mas pela qual as recorrentes, na vivência concreta do seu projecto de comunhão de vida e também de consolidação jurídica — e até mesmo social e económica — da família que constituem, esperam e anseiam lhes seja concedido por decisão, já nestes próprios autos, deste Tribunal Constitucional.

57.ª — O reconhecimento da licitude constitucional do casamento entre cidadãos do mesmo sexo significará para estes um concreto enriquecimento da sua esfera jurídica, em contrapartida do qual nenhum prejuízo ocorrerá para quem quer que seja, e nenhumas consequências advirão para os casais heterossexuais, para quem aquele direito, que lhes é já reconhecido, resultará incólume.

58.ª — A ideia de que o casamento homossexual viria «suprimir» ou «desfigurar» o núcleo essencial do casamento não se desprende de uma tutela de sentimentos gerais de moralidade sexual e revela um juízo de desvalor da homossexualidade, incluindo a ideia de que a heterossexualidade representa a situação mais "normal", havendo algo de "anormal" na homossexualidade.

59.ª — Tal como sucedia com o anterior artigo 175.° do Código Penal.

60.ª — Ora, os parâmetros de normalidade/anormalidade, extraídos, aparentemente, de uma observação "estatística" da sociedade, são imprestáveis para justificar uma diferença de tratamento jurídico, face aos artigos 13.°, n.° 2, e 26.°, n.° 1, da Constituição.

61.ª — Independentemente da inconstitucionalidade, que já se deixou defendida, mas ainda que somente de um ponto de vista exclusivamente civilizacional, não existem já hoje razões para que a formulação do artigo 1577.° do Código Civil contenha a expressão «de sexo diferente» e a da alínea *e*) do artigo 1628.° continue a estatuir a inexistência jurídica dos casamentos celebrados entre duas pessoas do mesmo sexo e que, assim, as impede de — e na própria formulação da lei — exercer o direito de «constituir família mediante uma plena comunhão de vida».

62.ª — As normas que impedem o casamento entre pessoas do mesmo sexo não têm fundamento ou justificação material algum.

63.ª — Viola a regra constitucional da igualdade o preceito que dê relevância a um dos títulos constantes do artigo 13.°, n.° 2, da Constituição para, em função dele, beneficiar ou prejudicar um grupo de cidadãos perante os restantes.

64.ª — «Os direitos à identidade pessoal e ao desenvolvimento da personalidade (cfr. artigo 26.°, n.° 1, *in fine*, da Constituição), postulados pelo respeito da dignidade da pessoa humana, traduzem-se no direito dos cidadãos à sua autorealização como pessoas, onde se compreende o direito à autodeterminação sexual, nomeadamente enquanto direito a uma actividade sexual orientada segundo as opções de cada um dos seus titulares, o que é prejudicado pela proibição do casamento entre pessoas do mesmo sexo.

65.ª — É precisamente no tratamento de situações que se inserem em categorias socialmente minoritárias ou sociologicamente desfavorecidas que o princípio constitucional da igualdade cobra a sua principal força, tutelando, sempre ou de algum modo, um direito "à diferença" ou "de diferença".

66.ª — Neste sentido, o princípio da igualdade não comanda que se trate de forma diferente o que «é diferente», mas sim, justamente, que se trate de forma igual o que "é diferente".

67.ª — Quanto a estas "diferenças", só uma discriminação positiva não violaria o princípio da igualdade; qualquer restante distinção legal é inconstitucional.

68.ª — A reserva do casamento para casais de sexo diferente justificava-se no quadro da ideia normativa de "complementaridade" entre os cônjuges, no âmbito de uma "sociedade diferenciada", que veio a ser afastada pela Constituição de 1976 (cfr. artigo 36.°, n.° 3).

69.ª — Excluídas as regras e os princípios de "complementaridade" entre os cônjuges, a proibição do casamento entre pessoas do mesmo sexo fica destituída de fundamento constitucional.

70.ª — Existem muito mais diferenças entre as faces da instituição casamento separadas pelos últimos cento e vinte anos, do que entre os cidadãos heterossexuais, homossexuais e bissexuais.

71.ª — O n.º 2 do artigo 13.º da Constituição da República Portuguesa enumera uma série de factores que não justificam tratamento discriminatório e assim actuam como que presuntivamente — presunção de diferenciação normativa envolvendo violação do princípio da igualdade.

72.ª — O referencial que há-de servir para a comparação das situações fácticas e jurídicas em confronto, para aferir da sua igualdade juridicamente relevante, nunca poderá traduzir-se em qualquer um dos factores enumerados no artigo 13.º, n.º 2, da Constituição Portuguesa.

73.ª — Há que especialmente evidenciar, no artigo 13.º, o repúdio de diferenças baseadas em critérios de valor meramente subjectivos e a identificação da proibição do arbítrio com discriminações não devidamente justificadas nas especialidades fácticas de imediato significado valorativo compatível com os valores constitucionais.

74.ª — Em Portugal, os cidadãos homossexuais continuam a ser apontados a dedo, humilhados, insultados e ainda tão frequentemente discriminados, sendo este fenómeno homofóbico inaceitável à luz da Constituição.

75.ª — A negação do casamento a casais de pessoas do mesmo sexo nega-lhes a possibilidade de assegurarem mutuamente direitos sucessórios, de pensões de sobrevivência, de comunhão patrimonial, de valoração jurídica aos compromissos morais consubstanciados nos deveres conjugais, etc., etc.

76.ª — Há também benefícios intangíveis, de um ponto de vista jurídico, tão ou mais relevantes do que aqueles outros e que são negados aos casais de pessoas do mesmo sexo pelas normas do Código Civil.

77.ª — As normas expressas pelos artigos 1577.º e 1628.º, alínea *e)*, do Código Civil falham o teste da compatibilidade com princípios como os da garantia do desenvolvimento da personalidade e da reserva da intimidade da vida privada (artigo 26.º da Constituição), ou mesmo, pressupostos certos modelos de reconstrução dogmática do regime jurídico do casamento, o da garantia da liberdade de religião (artigo 41.º da Constituição).

78.ª — Há consequências prejudiciais da subtracção das crianças filhas de um membro de um casal homossexual à protecção a que, por força também do artigo 67.º da Constituição, deveriam ter direito.

79.ª — A recusa de casamentos entre pessoas que não sejam de "sexo diferente", uma vez que não cumpra (como não cumpre) um papel de concretização de algum interesse público fundamental (como o da protecção da família), tem de ser vista como expressão de alguma "concepção moral abrangente" que não cabe à Constituição proteger.

80.ª — No que respeita ao casamento, isso impõe a preservação da neutralidade do regime jurídico da lei civil perante concepções acerca de supostas "naturezas" do instituto.

81.ª — Uma definição propriamente jurídica do casamento, como é evidente, é compatível com qualquer extensão da «noção» de casamento que preserve a conformidade com os princípios da Constituição.

82.ª — O direito a contrair casamento é um direito das pessoas enquanto pessoas, e a sua concessão tem de ser — por força do comando constitucional de igualdade — independente de considerações acerca do facto de os cônjuges serem, ou não, de sexo diferente.

83.ª — A discriminação resultante das normas do Código Civil em observação opera não só em razão da orientação sexual, mas também do sexo: o género (masculino ou feminino) do cônjuge é condição necessária da discriminação, o que não sucede com a orientação sexual.

84.ª — O alcance da inconstitucionalidade das normas expressas pelos artigos 1577.° e 1628.°, alínea e), do Código Civil por violação do princípio de igualdade pode ser ainda mais aprofundado se se prestar alguma atenção aos casos das pessoas transexuais.

85.ª — Quer quando a identidade sexual destas pessoas não é reconhecida juridicamente, permitindo-lhes assim, apenas, casar com pessoas do mesmo género.

86.ª — Quer quando essa identidade é reconhecida e conduz à "inexistência superveniente" do casamento que já têm.

87.ª — O sexo ou o género não são constitutivos do conceito juridicamente relevante de pessoa, e o direito a contrair casamento configura-se constitucionalmente como um direito das pessoas.

88.ª — A discriminação decorrente da lei civil, violando o princípio de igualdade, viola também, por conseguinte, o princípio de respeito pela dignidade da pessoa humana e o artigo 1.° da Constituição.

89.ª — O preconceito anti-homossexual exprime uma sexualização (ou uma genitalização, no vocabulário dos *gender studies*) da comunhão de vida entre pessoas do mesmo sexo.

90.ª — Essa genitalização não é aceitável para a compreensão constitucional da comunhão de vida a que se refere o instituto do casamento.

91.ª — As disposições dos artigos 1577.° e 1628.°, alínea *e)*, do Código Civil exprimem juízos de inferioridade moral sobre o amor homossexual e sobre a qualidade das famílias constituídas por duas pessoas do mesmo sexo.

92.ª — Vedando o acesso ao casamento a pessoas que não sejam de "sexo diferente", infringem o direito fundamental a contrair casamento também na sua dimensão de direito de uma pessoa a escolher com quem quer casar.

93.ª — O casamento entre pessoas do mesmo sexo não retira quaisquer direitos, bens ou garantias a quaisquer outros cidadãos.

94.ª — A atribuição do casamento a pessoas do mesmo sexo não desfigura nem diminui a instituição do casamento nem o seu "núcleo essencial". Pelo contrário, preserva toda a sua natureza tangível e intangível.

95.ª — Tal como preserva a natureza da instituição da família, inclusive enquanto elemento natural e fundamental da sociedade e tem direito à protecção desta e do Estado, nos termos da Constituição e da Declaração Universal dos Direitos do Homem.

96.ª — A diversidade de sexo dos membros do casal é evidentemente alheia à prossecução do interesse público no reconhecimento do desejo de duas pessoas mutuamente assumirem um compromisso de amor, afecto, cuidado mútuo, e companheirismo.

97.ª — O artigo 36.° da Constituição especifica o artigo 13.° e proscreve quaisquer tentativas de associar o conceito de família, relevante para o artigo 67.°, a algum subconjunto dos cidadãos portugueses.

98.ª — Os casais de pessoas do mesmo sexo são famílias. Negar-lhes o casamento nega que as suas famílias tenham de pleno o estatuto de elementos fundamentais da sociedade.

99.ª — A tese da "garantia de instituto" é infundada por causar um círculo vicioso normativo, o privilégio arbitrário de um instituto, o privilégio arbitrário do passado, o conservadorismo alheio à Constituição, a desconsideração das posições subjectivas e a desconsideração dos fins últimos dos institutos, além de conduzir a uma vacuidade argumentativa.

100.ª — O círculo vicioso resulta de, de acordo com a tese impugnada, a Constituição receber um conjunto de regras ordinárias cuja validade deve ser aferida à luz da própria Constituição.

101.ª — A garantia de instituto, ao apoiar-se na tradição, na história desse instituto, conduz à protecção de um sistema passado com a única justificação de ser passado.

102.ª — A garantia de instituto vem preservar uma ordem económica e social pretérita em relação à qual a Constituição pode ser neutra ou mesmo adversa.

103.ª — A garantia de instituto, ao garantir o instituto objectivo, desconsidera as posições subjectivas que a letra e o sentido das disposições em causa visam proteger.

104.ª — A garantia de instituto promove imobilismos sociais quer de privilégios de minorias, quer, no caso do casamento, de discriminação de minorias, vedando-lhes o acesso a um bem.

105.ª — *A tese da garantia de instituto falha também por conduzir à omissão dos argumentos constitucionalmente relevantes para certa solução.*

106.ª — O uso da palavra «casamento» no artigo 36.° da Constituição incorpora nesta o conceito de casamento, mas não inclui nenhuma das concepções que esse conceito admite.

107.ª — O conceito de casamento admite várias concepções e, entre estas, a sua admissibilidade é verificada à luz dos valores e princípios constitucionais.

108.ª — Dada a diferença entre conceitos e concepções, não há nenhum argumento *ex definitione* contra o casamento homossexual.

109.ª — Pelo contrário, o conceito de casamento inclui naturalmente o casamento entre pessoas do mesmo sexo. Caso contrário, a discussão jurídica e política a este respeito, e o presente caso, seriam ininteligíveis.

110.ª — O casamento não tem, na lei, outra função que não seja a de pôr à disposição dos cônjuges um qualificativo de auto-identificação que traz associadas várias representações positivas, acrescido da atribuição por atacado de um conjunto de efeitos jurídicos comuns, a maior parte deles com uma natureza de «garantia» para os casos de cessação da vida em comum.

111.ª — O casamento não tem, designadamente, uma "função procriativa", como se vê de numerosos aspectos legais:

112.ª — Os subefeitos jurídicos do casamento, sejam eles sucessórios, de segurança social, no direito do arrendamento ou outros, não ficam prejudicados pela inexistência de filhos, mesmo que intencional;

113.ª — A Constituição de 1976 veda a distinção entre filhos legítimos e ilegítimos;

114.ª — A esterilidade de um ou ambos os cônjuges, ou mesmo de um cônjuge com o outro, não é impedimento matrimonial, dirimente ou impediente, nem mesmo quando declarada ou do conhecimento público;

115.ª — Não é motivo de anulação o erro quanto à esterilidade do outro cônjuge que seja indesculpável ou presumivelmente irrelevante para a formação da vontade de casar;

116.ª — A esterilidade superveniente não é fundamento de divórcio litigioso;

117.ª — A impotência sexual e as incompatibilidades por razões eugénicas são tão irrelevantes como as esterilidades;

118.ª — O uso de contraceptivos contra a vontade do cônjuge, por si, também não fundamenta o divórcio litigioso;

119.ª — O acordo entre os nubentes no sentido de não ter filhos não vale como *pactum simulationis*;

120.ª — Não há idade limite para casar;

121.ª — Reconhecem-se os casamentos urgentes por perigo de morte e *in articulo mortis*.

122.ª — Por outro lado, os casais homossexuais têm, muitas vezes, filhos:

123.ª — A maioria das lésbicas e muitos homens homossexuais têm filhos biológicos. O facto de estes filhos terem sido gerados numa relação heterossexual, num acto heterossexual isolado, numa fertilização *in vitro* ou serem adoptivos em nada releva para a sua dignidade de protecção.

124.ª — A ideia de uma função do casamento teria de ser um elemento operativo para a interpretação das leis e a boa decisão dos casos problemáticos que surjam à sua luz, revelando-se, de alguma maneira, nas próprias leis ordinárias ou noutros lugares do sistema.

125.ª — O direito fundamental de contrair casamento é expressão do princípio da dignidade da pessoa humana e está sistemática e materialmente inserido na categoria dos direitos, liberdades e garantias, sendo, por isso mesmo, beneficiário do respectivo regime agravado de protecção.

126.ª — Trata-se de um direito das pessoas e não de uma qualquer prestação atribuída a uma instituição, como a família, que, noutra sede é, enquanto tal, beneficiária de prestações estaduais.

127.ª — A Lei Fundamental não pode ser lida à luz do direito ordinário vigente, sob pena de se inverter a hierarquia das fontes de direito.

128.ª — O artigo 36.°, n.° 2, da Constituição não é uma autorização constitucional dada ao legislador quanto à questão de consagrar, ou não, a possibilidade de celebração de casamentos entre pessoas do mesmo sexo.

129.ª — A Lei Fundamental não recebe um "conceito" de casamento no sentido de que se deveria ler a Constituição a partir do direito civil, em vez de se inverter a ordem do exercício, em obediência à supremacia normativa da Constituição.

130.ª — Os direitos fundamentais têm uma vocação contramaioritária.

131.ª — Numa ordem constitucional, quando um direito expressa claramente uma liberdade ou uma competência que inscrevem o titular num universo de seres livres e iguais em dignidade, só por razões muito ponderosas, excepcionais e com claro apoio na Constituição pode o legislador afastar uma categoria de pessoas daquele direito.

132.ª — As liberdades e competências, fortemente ligadas à dignidade das pessoas, não têm de esperar pelo consenso social para terem plena efectividade.

133.ª — Onde se não encontrar um outro direito, interesse ou valor constitucionalmente fundado que justifique o sacrifício do direito, uma mera concepção social dominante não permite a sua restrição.

134.ª — O que resulta directamente do artigo 18.°, n.° 2, da Constituição.

135.ª — O princípio da dignidade da pessoa humana impõe a autonomia ética do indivíduo, com a consequência de que na sua assunção como sujeito, é ao indivíduo que cabe, primacialmente, a configuração e densificação do conteúdo preciso da sua dignidade.

136.ª — Os direitos fundamentais assim concebidos são particularmente úteis a indivíduos e grupos que não se inserem em concepções ou modos de vida conjunturalmente apoiadas por maiorias políticas, sociais ou religiosas.

137.ª — O direito ao livre desenvolvimento da personalidade, constante do artigo 26.° da Constituição, reforça todos os direitos pessoais activos, inclusive o direito à autonomia de orientação sexual, limitando ainda a intervenção do Estado e da sociedade na esfera individual.

138.ª — O direito ao livre desenvolvimento da personalidade é um novo direito, e não um princípio jusfundamental.

139.ª — O direito pessoal de contrair casamento, no plano constitucional, tem, do ponto de vista da excepcionalidade da negação da universalidade (artigo 12.° da Constituição), uma reinterpretação obrigatória à luz de um direito que comanda a inclusão constitucional dos planos de vida pessoais mais fragilizados pelas concepções dominantes contrárias.

140.ª — A revisão constitucional de 1997 teve sobretudo em vista a tutela da individualidade, e em particular das suas diferenças e autonomia.

141.ª — Ao Estado (e ao direito) cabe, por um lado, não interferir na esfera de autonomia de cada um, nomeadamente abstendo-se de emitir comandos, penalizadores de comportamentos, baseados em determinações morais e, por outro lado, identificar fenómenos sociais e institucionais como relevantes e merecedores de enquadramento jurídico, como é o caso das famílias homossexuais.

142.ª — O debate público em torno da alteração ao artigo 13.°, n.° 2, da Constituição mostrou bem como a mesma foi mais do que uma especificação.

143.ª — Os próprios opositores da alteração alertaram expressamente para o estatuto de igualdade que a nova formulação constitucional conferia aos homossexuais, com projecção, nomeadamente, em matérias historicamente reservadas aos heterossexuais.

144.ª — Não se tornam atendíveis, nem sequer mesmo compreensíveis, os argumentos de um legislador que, impávido e sereno perante um grupo significativo da sociedade portuguesa, persiste em impedir-lhes o acesso ao casamento.

145.ª — E, mesmo perante a protecção da uniões de facto saída da Lei n.º 7/2001, de 11 de Maio, persistiria óbvia a violação do princípio da igualdade na atribuição do direito de contrair casamento exclusivamente a pessoas de sexo diferente.

146.ª — Se alguma protecção jurídica existe, certo é que duas pessoas de sexo diferente têm dois regimes jurídicos à sua disposição — o da união de facto e o do casamento —, enquanto que duas pessoas do mesmo sexo que pretendam fazer uma vida comum só contam com o que do ponto de vista legal, na sua situação de facto, seja relevante.

147.ª — A protecção jurídica decorrente da união de facto é claramente deficitária, se comparada com a resultante do casamento.

148.ª — O que foi reconhecido pelo Tribunal Constitucional, por exemplo, a propósito do direito à pensão de sobrevivência no caso da união de facto.

149.ª — Aliás, como reverso da inexistência de um vínculo jurídico, com direitos e deveres e um processo especial de dissolução, entre as pessoas em situação de união de facto.

150.ª — A maior protecção jurídica do casamento vir associada a um acto de vontade pelo qual as pessoas se vinculam a um contrato, facto ao qual o direito não é indiferente.

151.ª — Na lei ordinária, porém, esta maior protecção só é reconhecida aos casais heterossexuais.

152.ª — A discriminação está tão enraizada que se começa por explicar que o regime legal de enquadramento das uniões de facto é independente do sexo das pessoas em causa para, depois, fundamentar a diferença da solução legal respeitante à pensão de alimentos na circunstância de as pessoas poderem escolher entre a união de facto e o casamento, o que só é concedido aos casais heterossexuais.

153.ª — O legislador está em manifesta inconstitucionalidade por deixar a descoberto, sem fundamentação para tanto, uma categoria de pessoas.

154.ª — O princípio da igualdade não tem mais uma natureza puramente negativa, como proibição de perturbações arbitrárias da igualdade jurídica, assumindo crescentemente uma dimensão positiva que se traduz na imposição de determinadas soluções legislativas.

155.ª — Da indiscutível separação constitucional entre os conceitos de família e de casamento resulta ainda uma nova e necessária consequência, que reside numa outra nova dissociação, quer civil quer constitucional, agora entre casamento e procriação.

156.ª — O legislador ordinário não está em mera inconstitucionalidade por omissão, mas sim em inconstitucionalidade por acção, e só esta é objecto do presente recurso.

157.ª — Mesmo que por mera hipótese admitíssemos — o que já acima se deixou claro que não é o caso — que o legislador seria livre para criar um novo contrato análogo ao do casamento, para pessoas do mesmo sexo, o facto é que, à data, não existe esse regime jurídico.

158.ª — A haver alguma omissão, ela seria relativa, porque há uma actuação positiva do legislador, essa plasmada nas normas civilísticas aqui apreciadas.

159.ª — Quanto às omissões relativas, estas só num plano figurativo são genuínas omissões. Na verdade, são lacunas axiológicas onde o conteúdo incompleto de um regime legal positivo afronta a Constituição pelo facto de o silêncio parcial de algumas das suas normas gerar uma depreciação indevida de garantias, ou uma situação intoleravelmente discriminatória, à luz do princípio da igualdade.

160.ª — As normas que nos ocupam são normas de exclusão explícita de uma categoria de pessoas, o que, por maioria de razão, não pode, em circunstância alguma, deixar de ser enquadrado no tipo «inconstitucionalidade por acção».

161.ª — O casamento é um bem jurídico simbólico.

162.ª — O problema jurídico do casamento entre pessoas do mesmo sexo é o problema de um dado tipo de reconhecimento e de legitimação.

163.ª — A ideia de negar o casamento aos homossexuais visa sobretudo negar-lhes uma palavra, um qualificativo, impor-lhes uma distinção.

164.ª — O casamento é um bem jurídico simbólico pela vasta linguagem positiva que faculta e pelas reacções emocionais, práticas e epistémicas que justifica. O casamento é o análogo simbólico a uma comunhão de vida.

165.ª — A pretensão de que a Constituição determinaria a preservação da heterossexualidade dada a natureza institucional do casamento (civil), «com a necessidade de criação de um regime jurídico *a se* para os "casamentos" homossexuais, omite inteiramente o significado normativo da evolução do instituto do casamento.

166.ª — A diferenciação daí resultante é insusceptível de justificação à luz da generalidade dos efeitos jurídicos do casamento.

167.ª — Não se descortina fundamento possível para a recusa de uma eficácia jurídico-sucessória própria da sucessão legal à união estável de duas pessoas do mesmo sexo que partilhem as suas vidas, ou na recusa de um modelo jurídico aderente à realidade da vida em comum, tal como o que se refere a toda a classe de efeitos patrimoniais do casamento e aos regimes de bens, ou ainda, no reconhecimento de um dever de assistência característico das relações jurídico-familiares mais estreitas.

168.ª — O fundamento para esta diferente tutela jurídica das uniões homo e heterossexuais é geral e genericamente imputado ou à tradição, ou à natureza institucional do casamento, a que o artigo 1577.° do Código Civil daria expressão, em obediência ao disposto no artigo 36.°, n.° 1, da Constituição.

169.ª — Ter-se-ia de concluir pela necessidade de criação de um novo instituto que permitisse estender às uniões homossexuais todos os efeitos jurídicos assinalados ao casamento que devessem considerar-se independentes da heterossexualidade da união.

170.ª — Mas sempre teria de ser demonstrado, a título de pressuposto necessário de uma tal solução dualista, que o instituto jurídico do casamento, enquanto contrato celebrado entre duas pessoas que pretendem constituir uma comunhão plena de vida corresponde àquilo que, de acordo com as representações culturais basilares, seria intrinsecamente característico de tal instituição.

171.ª — Mas a relação institucional assente no contrato definido no Código Civil refere-se a uniões entre indivíduos que, sendo sempre juridicamente cônjuges, podem, mas não são juridicamente obrigados, a viver sob o mesmo tecto, que podem ou não nutrir um profundo apego emocional um pelo outro, que podem ou não apreciar-se intensamente do ponto de vista sensual, que podem ou não estabelecer um com o outro uma conexão de intimidade psicológica essencial, que podem ou não procurar em conjunto a realização pessoal e as recompensas existenciais cuja protecção subjaz, pelo menos mediatamente, à garantia do artigo 36.°, n.° 1, da Constituição.

172.ª — Passado em revista o conteúdo da relação jurídica estabelecida do contrato de casamento, verificamos que a ordem jurídica se limita, nesse particular aspecto, a proporcionar um conjunto de efeitos jurídicos.

173.ª — O significado social de supremo compromisso existencial entre duas pessoas não se encontra alojado no direito.

174.ª — A ideia de contrato, assente na lei civil, surge-nos como um *topos* argumentativo favorável à autonomia e à preponderância do indivíduo, por oposição a instituição, que é um *topos* da argumentação tendente à afirmação da supremacia dos interesses (valores) supra-individuais.

175.ª — O casamento civil, ao fazer ingressar o instituto no âmbito do sistema normativo do Estado, foi muito justamente visto então como um ataque desferido à instituição do casamento, com a simétrica elevação da sua natureza contratual.

176.ª — A pretensão de que a constituição do vínculo do casamento seria doravante questão regulada pelo Estado envolvia a apropriação de algo originalmente criado pelos canonistas e que, nessa medida, seria compreensivelmente sentido como pertença da Igreja.

177.ª — O transporte para um novo *habitat* normativo determinaria uma progressiva alteração — desconfiguração — da estrutura normativa do instituto.

178.ª — Com isto, atingiram-se precocemente dois aspectos nucleares do instituto original: a dissolubilidade do vínculo e a irrelevância da *impotentia cuendi.*

179.ª — No fim da sua história, o casamento (civil) encontrou o seu fundamento e função unicamente no seio dos parâmetros jurídico-constitucionais positivos, não se descortinando nestes fundamento algum para a heterossexualidade do instituto.

180.ª — Os artefactos culturais como o casamento envolvem representações sobre o que é uma vida boa, aquela em que o indivíduo experimenta a possibilidade do seu florescimento identitário-social, aí residindo também a razão de ser da garantia constitucional do casamento, fundamentada na dimensão eudemonística da dignidade.

181.ª — A pretensão de que a Constituição determinaria a preservação da heterossexualidade omite inteiramente o significado normativo da evolução do instituto.

182.ª — Não há nenhum motivo racional para a proibição do casamento entre pessoas do mesmo sexo, de modo que esta proibição viola o princípio da proporcionalidade contido na ideia de Estado de direito democrático e no artigo 2.° da Constituição.

183.ª — À partida, as distinções normativas relativas aos homossexuais resultam, empiricamente falando, do fenómeno social da homofobia, que é um enviesamento decisório.

184.ª — Dada a causa social esperável, mas constitucionalmente proscrita, da proibição do casamento homossexual, o ónus argumentativo cabe à tese da não inconstitucionalidade da proibição. Na falta de uma argumentação segura no sentido de uma ou outra decisão, cabe decidir pela inconstitucionalidade.

185.ª — O artigo 13.°, n.° 2, da Constituição tem um efeito presuntivo, ao indicar os «casos flagrantes» ou «exemplos-padrão» de desigualdade ilícita.

186.ª — Dada a menção da orientação sexual no artigo 13.°, n.° 2, da Constituição, presume-se a inconstitucionalidade de todas as distinções legais formal ou substancialmente dependentes da orientação sexual. Por uma segunda razão, o ónus argumentativo cabe à tese da não inconstitucionalidade da proibição do casamento entre pessoas do mesmo sexo.

187.ª — Dada a letra igualitária e permissiva do artigo 36.°, n.° 1, da Constituição, há um terceiro fundamento jurídico para atribuir o ónus argumentativo à tese da não inconstitucionalidade do casamento homossexual.

188.ª — O surgimento do casamento homossexual é historicamente análogo à introdução do casamento civil. Em qualquer dos casos, a alteração dos pressupostos de facto do casamento não alterou o fenómeno jurídico e social.

189.ª — A proibição do casamento homossexual é um análogo perfeito da proibição do casamento entre pessoas de «raças» diferentes, quer nas suas circunstâncias sociais e históricas, quer nos argumentos irracionais usados, quer nos argumentos racionais disponíveis, quer nos efeitos jurídicos e de facto.

190.ª — A analogia absoluta entre a proibição do casamento inter-racial e a proibição do casamento homossexual justifica, só por si, a inconstitucionalidade da proibição do casamento homossexual.

191.ª — Os direitos fundamentais consagrados na Constituição não excluem quaisquer outros constantes das leis e das regras aplicáveis de direito internacional.

192.ª — Os preceitos constitucionais e legais relativos aos direitos fundamentais devem ser interpretados e integrados de harmonia com a Declaração Universal dos Direitos do Homem.

193.ª — A família é o elemento natural e fundamental da sociedade e tem direito à protecção desta e do Estado, designadamente através do casamento.

194.ª — A protecção da família inclui as famílias homossexuais.

195.ª — Se houvesse dúvidas quanto a alguns dos efeitos ou à falta de efeitos sociais do casamento entre pessoas do mesmo sexo, o juízo de inconstitucionalidade da proibição manter-se-ia, dados os ónus argumentativos impostos à tese da constitucionalidade.

196.ª — Se houvesse dúvidas quanto a alguns dos efeitos do casamento entre pessoas do mesmo sexo ou quanto à relevância dos princípios constitucionais invocados, o juízo de inconstitucionalidade da proibição manter-se-ia, dados os ónus argumentativos impostos à tese da constitucionalidade.

197.ª — As normas que proíbem o casamento entre pessoas do mesmo sexo violam:

- — O princípio da dignidade da pessoa humana (1.° da Constituição),
- — O princípio da proporcionalidade contido na ideia de estado de direito democrático (artigo 2.° da Constituição)
- — O princípio da igualdade (13.°, n.° 2, da Constituição),
- — O regime específico dos direitos, liberdades e garantias (18.° da Constituição), (...).»

O Representante do Ministério Público no Tribunal alegou:

«1. Apreciação da questão de constitucionalidade suscitada.

Importa, no âmbito desta contra-alegação, apresentada no recurso interposto pelas recorrentes Teresa Maria Henriques Pires e Helena Maria Mestre Paixão, do acórdão da Relação de Lisboa, proferido a pp. 153 e segs., realizar um esforço de síntese e condensação, que de algum modo sirva de contraponto à desmesurada extensão das peças processuais produzidas pelas recorrentes, bem expressa nas 198 (!) conclusões da respectiva alegação, em manifesta desconsideração pelo ónus da concisão que naturalmente subjaz a tal figura processual.

Assim, cumpre notar que:

- — o presente recurso apenas poderá ter sentido enquanto reportado à alínea *b*) do n.° 1 do artigo 70.° da Lei n.° 28/82, sendo verdadeiramente incompreensível a invocação, no requerimento de interposição de recurso para este Tribunal Constitucional, das alíneas *c*) e *f*) daquele artigo 70.°; na realidade, é evidente e incontroverso que, no caso dos autos, a Relação, no acórdão recorrido, não recusou aplicar qualquer norma legal com fundamento em violação da lei com valor reforçado (sustentando, ao que parece, as recorrentes, de forma manifestamente inadequada à fisionomia de tal recurso, que lhes teria sido "recusada a aplicação da norma constante do n.° 1 do artigo 18.° da Constituição"), tal como resulta perfeitamente incompreensível a invocação da alínea *f*) do n.° 1 do mesmo artigo 70.°, parecendo neste caso, que se pretenderá suscitar uma pretensa inconstitucionalidade de decisões judiciais ou administrativas, olvidando o carácter necessariamente normativo do controlo da constitucionalidade cometido ao Tribunal Constitucional;
- — a "norma" questionada é — apenas e tão-somente — a que resulta dos artigos 1577.° e 1628.°, alínea *e*), do Código Civil, enquanto consideram requisito absolutamente essencial à celebração do casamento a diversidade de sexo dos nubentes, considerando a lei acarretar o vício —

de máxima gravidade — de inexistência jurídica a preterição de tal requisito fundamental;

— parâmetro de aferição da constitucionalidade serão as normas constantes dos artigos 13.° — enquanto consagradora do princípio constitucional da igualdade — e 36.°, enquanto estabelece a garantia institucional de "contrair casamento em condições de plena igualdade" — não nos parecendo convocável a garantia de constituição e tutela de família, resultante deste preceito conjugado com o artigo 67.°, já que — como, aliás, nota a decisão recorrida, — nada obstou a que as recorrentes, mesmo sem a celebração "jurídica" do casamento civil, pudessem constituir "família";

— carece totalmente de sentido a invocação, feita a p. 194, do regime constante dos artigos 67.° e 68.° da Lei do Tribunal Constitucional — ou seja, da figura e dos efeitos da verificação da inconstitucionalidade por omissão, obviamente incompatível com o domínio da fiscalização concreta em que nos situamos. Tal implica obviamente que a decisão a proferir pelo Tribunal Constitucional não possa, neste processo, limitar-se, em nenhumas circunstâncias, à mera verificação de que a Constituição não estaria a ser "cumprida" ou "executada" pela omissão de medidas legislativas — devolvendo ao legislador, obrigado a editá-las, tal tarefa. Bem pelo contrário — e como adiante se fará notar — cabe-lhe apenas julgar, de pleno, a questão de constitucionalidade normativa suscitada, proferindo-se razão ou provimento aos argumentos das recorrentes — decisão "aditiva" ou "modificativa".

Como é sabido — e vem sendo reiteradamente afirmado pela jurisprudência constitucional — o princípio da igualdade comporta uma vertente de controlo negativo, destinando-se a sua aplicação, não a permitir ao juiz (mesmo ao constitucional) substituir-se ao legislador, democraticamente eleito, na realização das ponderações constitutivas para que está legitimado, mas tão-somente a banir do ordenamento jurídico soluções arbitrárias, discricionárias, absolutamente carecidas de qualquer suporte material razoável e adequado.

Ora, ao contrário do que pretendem as recorrentes, parece-nos insustentável pretender que os "limites" ou "restrições" à plena liberdade de celebração do casamento — e que não consubstanciam apenas na exigência, questionada nos autos, de que os nubentes sejam "duas pessoas de sexo diferente", mas também na previsão de um sistema normativo que comporta as figuras dos impedimentos matrimoniais, dirimentes ou meramente impedientes (artigos 1600.°/1609.° do Código Civil) — consubstanciam o estabelecimento de uma solução legislativa qualificável como "arbitrária ou discricionária".

Podendo naturalmente, de acordo com os entendimentos e sensibilidades pessoais, e da comunidade jurídica, em cada momento histórico, questionar-se a opção legislativa, plasmada no nosso Código Civil, não pode seguramente qualificar-se o regime jurídico em vigor como absolutamente carecido de qualquer suporte material — e, portanto, traduzindo a imposição de uma solução legislativa puramente "arbitrária".

Como é evidente, nada obriga o legislador infraconstitucional a acolher, em termos plenos e absolutamente igualitários, os vários conceitos sociológicos de "família", de modo a que — por directa imposição constitucional — a todos os tipos de família tenha de outorgar exactamente o mesmo grau de reconhecimento e de tutela legal.

Note-se que a argumentação das recorrentes implicaria que — a proceder o recurso, por se considerar, porventura, que a "discriminação" imputada pelas recorrentes à lei civil, traduziria violação do princípio da igualdade — devesse este Tribunal Constitucional proferir "decisão aditiva", ampliando jurisprudencialmente o próprio instituto legal do casamento, tal como decorre, na sua fisionomia essencial, das previsões normativas da lei civil.

Na verdade, tal tipo de decisão, sendo a forma tida por adequada para repor o princípio constitucional da igualdade, quando violado por determinado regime restritivo, limitativo ou "discriminatório" (cfr. Rui Medeiros, *A Decisão de Inconstitucionalidade*, Universidade Católica Editora, pp. 456 e segs.), carece de ser utilizado com particulares cautelas, podendo o seu uso, excessivo ou imoderado, ser dificilmente compatível com a proibição constitucional de exercício de funções materialmente legislativas pelo órgão jurisdicional, subjacente ao princípio estruturante da separação de poderes.

Desde logo, tal tipo de decisão está naturalmente proscrito nos domínios em que vigora o princípio da tipicidade ou da legalidade: assim, por exemplo, em matéria penal, estará, a nosso ver, absolutamente vedado ao juiz constitucional — mesmo que, porventura, entenda que a não inclusão em certo tipo criminal de determinados comportamentos ilícitos viola "arbitrariamente" o princípio da igualdade — emitir um juízo de inconstitucionalidade material que inovatoriamente fosse ampliar a própria norma incriminadora, "mandando" punir comportamentos que o legislador parlamentar não tivesse incluído efectivamente no tipo legal do crime.

Um segundo limite às decisões "modificativas" ou "aditivas" verifica-se nos casos em que a exacta definição do regime jurídico que irá decorrer da ampliação do sentido possível comportado pela norma em causa não decorre automaticamente de uma norma ou princípio constitucional, dependendo inelutavelmente do exercício de uma margem de "discricionariedade legislativa" — podendo o respeito pela Lei Fundamental ser plenamente assegurado através do estabelecimento de diferenciados regimes normativos.

É evidente que, neste tipo de situações, está excluída liminarmente a possibilidade de o Tribunal Constitucional — mesmo que verifique a violação de certa norma constitucional — tratar de a "suprir", criando ele próprio o regime normativo que tenha por adequado ao respeito pela Constituição: tal operação nunca poderá ser feita no âmbito de um processo de verificação da inconstitucionalidade por acção, já que — sendo plenamente compatíveis com os princípios constitucionais vários regimes legais — é naturalmente necessário que se devolva ao legislador, democraticamente legitimado, a tarefa de realizar as indispensáveis ponderações ou opções legislativas, naturalmente arredadas da competência decisória do órgão jurisdicional.

É este, aliás, o sentido e a justificação do mecanismo da verificação da inconstitucionalidade por omissão — cumprindo, neste âmbito apenas ao Tribunal Constitucional verificar que certa norma constitucional, impositiva de um dever específico de legislar, não está a ser adequadamente cumprida, por omissão das medidas legislativas necessárias para tornar exequível tal norma constitucional — não cabendo obviamente, neste caso, ao Tribunal Constitucional mais do que dar conhecimento da omissão ao órgão legislativo competente, a fim de que este — e não obviamente o Tribunal — "crie" o direito infraconstitucional adequado à execução da Lei Fundamental.

Ambos os limites à admissibilidade das decisões "modificativas" ou "aditivas" se verificam no caso ora em apreciação.

Desde logo, vigora em matéria de direito matrimonial um princípio de legalidade, que naturalmente obsta a que um órgão jurisdicional se pudesse, num processo de fiscalização concreta, substituir ao legislador, de modo a inovatoriamente "criar" uma figura análoga à prevista no artigo 1577.° do Código Civil, que abrangesse a celebração de "casamento" entre duas pessoas do mesmo sexo, adequando de seguida, ele próprio, todas as normas legais em vigor (disposições atinentes à deliberação ou ao registo de casamento, preceitos reguladores dos efeitos pessoais e patrimoniais entre os cônjuges, regime da dissolução do casamento...) à nova figura ou instituto jurídico que, através da ampliação realizada, "criara" em substituição do legislador!

Em segundo lugar — e mesmo que hipoteticamente se pudesse dar por verificada a violação do princípio da igualdade — parece-nos evidente que a "reposição" da igualdade violada não tem de passar necessariamente, por imposição da Constituição — pela total e absoluta extensão do regime jurídico do casamento, previsto actualmente no Código Civil, a todas as uniões entre pessoas do mesmo sexo.

Nada impede, como é óbvio, que — entre as figuras do "casamento", tal como está actualmente regulado no Código Civil, e da mera "união de facto", sujeita a uma tutela jurídica meramente "parcelar" ou "residual" — a opção legislativa, eventualmente ditada pelo princípio da igualdade, se pudesse legitimamente traduzir na criação de uma inovatória figura intermédia, detentora de um reconhecimento ou tutela jurídica, eventualmente acrescida relativamente às meras "uniões de facto", mas diferenciada, relativamente ao conjunto de efeitos jurídicos associados pelo Código Civil à celebração do casamento (...).»

4. O relator ouviu as recorrentes sobre as questões suscitadas pelo Ministério Público na sua alegação. Em resposta, disseram:

«1. O presente recurso tem como fundamento processual apenas a alínea *b)* do n.° 1 do artigo 70.° da Lei n.° 28/82.

2. A alusão a outras alíneas e artigos no requerimento de interposição do recurso para o Tribunal Constitucional limitou-se a dar sequência a argumentos e a decisões do acórdão recorrido e das respectivas alegações do Ministério Público, a que o dever de patrocínio impunha atender.

3. Deve, pois, o recurso ser conhecido na totalidade.

4. O Ministério Público parece entender que as disposições constitucionais relevantes para a decisão do recurso seriam apenas os artigos 13.°, 36.°, n.° 1, e 67.° da Constituição.

5. As recorrentes, porém, conforme ficou bem expresso no final das conclusões das suas alegações, invocaram:

— O princípio da dignidade da pessoa humana (artigo 1.° da Constituição),
— O princípio da proporcionalidade e do estado de direito democrático (artigo 2.° da Constituição)
— O princípio da igualdade (artigo 13.°, n.os 1 e 2, da Constituição),
— O regime específico dos direitos, liberdades e garantias (artigo 18.°, n.° 2, da Constituição)
— O direito ao livre desenvolvimento da personalidade (artigo 26.° da Constituição),
— O direito fundamental de contrair casamento (artigo 36.°, n.° 1, da Constituição),
— O reconhecimento da família como célula social fundamental (artigo 67.° da Constituição).

6. A extensão das alegações e respectivas conclusões, a que se refere o Ministério Público, não é relevante para a delimitação do tema e do objecto do recurso.

7. Não pode, pois, o Tribunal Constitucional deixar de aferir a constitucionalidade das normas do Código Civil em causa à luz de todas estas regras e princípios, atendendo aos múltiplos argumentos jurídicos em que se desdobram e que vão sintetizados nas conclusões das alegações de recurso.

8. Subjaz ao restante das alegações do Ministério Público, aparentemente dedicado a aspectos de direito substantivo, a mesma ideia de "não conhecimento do recurso".

9. Alega o Ministério Público que o presente recurso exigiria ao Tribunal Constitucional o exercício de "funções materialmente legislativas", em violação do princípio da separação de poderes.

10. O Ministério Público alega como que uma "incompetência substantiva", passe a expressão, do Tribunal Constitucional para a decisão do presente recurso, que deveria traduzir-se numa decisão de improcedência.

11. Todavia, as recorrentes pretendem apenas a declaração da inconstitucionalidade da norma contida nas palavras "de sexo diferente", no artigo 1577.° do Código Civil, e da norma expressa pela alínea *e)* do artigo 1628.° do Código Civil.

12. A supressão destas normas legais, por violarem a Constituição, é por excelência tarefa do Tribunal Constitucional.

13. Não se pede ao Tribunal Constitucional que elabore um regime jurídico destinado à protecção dos casais de pessoas do mesmo sexo, mas apenas que suprima uma restrição legal atentatória de princípios constitucionais.

14. A prova de que não se pede ao Tribunal a elaboração de um novo regime jurídico o que, isso sim, constituiria o exercício de funções materialmente legislativas — resulta de três aspectos que ficaram bem clarificados nas alegações das recorrentes e que aqui se sintetizam, para facilitar a apreciação das alegações do Ministério Público.

15. Conforme resulta das pp. 80 e segs. e 170 segs. das alegações das recorrentes, e que também poderia ler-se em pormenor nos pareceres juntos da autoria de Pedro Múrias e de Luís Duarte d'Almeida, só a atribuição do casamento aos casais do mesmo sexo cumpre os ditames constitucionais.

16. O casamento tem um valor próprio que não se reduz aos seus efeitos patrimoniais, valor esse evidente na menção específica que lhe faz o artigo 36.°, n.° 1, da Constituição, estabelecendo o acesso ao casamento como direito fundamental.

17. As normas cuja inconstitucionalidade se sustenta vedam o acesso a esse bem jurídico constitucionalmente protegido, e fazem-no sem qualquer fundamento constitucional inteligível.

18. Portanto, só a supressão simples de tais normas cumpre a Constituição.

19. Não havendo lugar, pois, à elaboração de nenhum regime jurídico específico, também não há lugar a nenhuma tarefa materialmente legislativa.

20. Razão por que cabe ao Tribunal Constitucional declarar a sua inconstitucionalidade, como único modo de prover à tutela dos casais do mesmo sexo, que é constitucionalmente imposta, como o Ministério Público, muito doutamente, sempre deixa implícito.

21. O Ministério Público dá alternativamente a entender que, admitindo-se a necessidade constitucional do casamento entre pessoas do mesmo sexo, ainda faltaria ao legislador estabelecer qual dos possíveis regimes jurídicos matrimoniais deveria aplicar-se aos casais do mesmo sexo, de modo que novamente se exigiria uma intervenção do legislador.

22. Contudo, os regimes matrimoniais vigentes são alheios ao sexo dos nubentes ou cônjuges, de modo que não é necessária ou porventura admissível qualquer reelaboração das leis.

23. De novo se observa, então, que o presente recurso não suscita nenhuma intervenção materialmente legislativa, antes cabendo a decisão de procedência na esfera do constitucional e legalmente conferido à competência do Tribunal Constitucional.

24. A "decisão aditiva" a tomar cabe de pleno no modo como o princípio da separação de poderes articula as funções legislativa e jurisdicional.

25. O mesmo caberia dizer ainda que se admitisse que o legislador tivesse liberdade para criar um meio de tutela dos casais do mesmo sexo distinto do casamento, visando essencialmente aspectos patrimoniais.

26. Ainda nesse caso, e sem conceder, a decisão aqui pretendida não exigiria ao Tribunal Constitucional uma intervenção materialmente legislativa, con-

forme pode ler-se com mais detenção logo no início das alegações das recorrentes, de novo nas suas pp. 220 segs., e nos pareceres de Carlos Pamplona Corte-Real e de Isabel Moreira, que citam, aliás, decisões deste Tribunal e vasta doutrina no mesmo sentido.

27. Ainda que o legislador tivesse a referida liberdade de criar um "meio alternativo" ao casamento — numa linha, diga-se, *separate but equal*... — a "decisão aditiva" que consiste em declarar a inconstitucionalidade das actuais regras do Código Civil que vedam o casamento a casais do mesmo sexo continuaria a ser a única via correcta para o Tribunal Constitucional.

28. Isto porque, de facto e actualmente, não existe esse regime alternativo.

29. Tal como as leis estão hoje de facto formuladas, o casamento é o único dispositivo legal capaz de dar aos casais do mesmo sexo que a desejem a protecção que o Ministério Público e bem! — reconhece ser constitucionalmente imposta.

30. Quando só há um regime jurídico que confere uma protecção constitucionalmente relevante e, aliás, exigida não pode o legislador restringi-lo a uma categoria de pessoas em violação da igualdade.

31. É isto que, em todos os casos, justifica as "decisões aditivas" pelos tribunais constitucionais, há muito reconhecidas como admissíveis.

32. E é isto que leva à declaração de inconstitucionalidade das específicas normas contidas nesse regime — ainda que a título de "definições legais" — que excluem da sua tutela certas categorias de pessoas.

33. O Tribunal Constitucional não tomará, pois, uma decisão materialmente legislativa.

34. Limitar-se-á a julgar inadmissível um regime jurídico que cria uma desigualdade constitucionalmente proibida, ainda que essa desigualdade pudesse porventura ser evitada pelo legislador através de um regime jurídico "alternativo".

35. A "decisão aditiva" é, evidentemente, a intervenção mínima possível do Tribunal Constitucional, o que bem se revela na metáfora de que o resultado da decisão pretendida é o simples riscar das palavras "de sexo diferente" no artigo 1577.° do Código Civil e da alínea *e)* do artigo 1628.° do Código Civil.

36. Sem metáfora, a intervenção mínima, que sempre cabe ao Tribunal Constitucional, é a declaração da inconstitucionalidade das normas — e da decisão subjacente — que vedam aos casais do mesmo sexo o acesso a certa protecção constitucionalmente exigida.

37. Ainda sem conceder, esta decisão sempre reservaria ao legislador a liberdade de repor posteriormente a exclusão dos homossexuais do casamento criando um regime jurídico alternativo.

38. Sistema que, como se disse atrás, também seria inconstitucional, mas cuja consideração expõe com mais crueza a inconstitucionalidade do sistema actual, em que o (único) regime existente de tutela patrimonial satisfatória dos casais que a queiram inclui duas normas que dela afastam uma parte desses casais.

39. Portanto, a supressão dessas normas, por invalidade, não afecta em si mesma a liberdade do legislador e torna evidente que, ainda no plano substantivo, o Tribunal Constitucional deve conhecer plenamente o recurso, numa decisão a todos os títulos jurisdicional e que não belisca as competências dos órgãos legislativos.

40. Salvo na estrita medida em que a Constituição da República Portuguesa é efectivamente normativa, introduzindo limites à actividade do legislador.

Termos em que deve o recurso ser conhecido e julgado procedente, declarando-se para o caso concreto a inconstitucionalidade das regras do Código Civil que proíbem o acesso ao casamento a casais do mesmo sexo.»

II — *Delimitação do âmbito do recurso*

5. Começaram as recorrentes por fazer subordinar o seu recurso às alíneas *b*), *c*) e *f*) do n.° 1 do artigo 70.° da Lei do Tribunal Constitucional (LTC), disposições que permitem o recurso para o Tribunal Constitucional, em secção, das decisões dos tribunais "*b*) Que apliquem norma cuja inconstitucionalidade haja sido suscitada durante o processo", "*c*) Que recusem a aplicação de norma constante de acto legislativo, com fundamento na sua ilegalidade por violação de lei com valor reforçado", e "*f*) Que apliquem norma cuja ilegalidade haja sido suscitada durante o processo com qualquer dos fundamentos referidos nas alíneas *c*), *d*) e *e*)". No entanto, através do requerimento que, por fim, apresentaram em resposta às questões suscitadas pelo Ministério Público, as recorrentes desistiram dos recursos interpostos ao abrigo das alíneas *c*) e *f*) do n.° 1 do artigo 70.° da LTC, reduzindo o âmbito da pretensão à já citada alínea *b*) do dito preceito legal, limitando-se a impugnar a norma alegadamente inconstitucional que a decisão recorrida, ou seja, o acórdão da Relação de Lisboa, aplicou como razão de decidir da sua decisão e que, em seu entender, é "apenas" a contida nos artigos 1577.° e 1628.°, alínea *e*), ambos do Código Civil.

Contudo, o carácter instrumental do recurso de fiscalização concreta de inconstitucionalidade conduz a que se aceite, como sempre fez o Tribunal, que o objecto do recurso se circunscreve, afinal, à norma que o tribunal recorrido efectivamente aplicou como fundamento jurídico da sua decisão, não se estendendo às normas que se incluem em ponderações meramente argumentativas do raciocínio jurisdicional contido no aresto em análise. E a verdade é que o acórdão aqui recorrido é bem claro quanto à identificação da norma que aplica ao caso, de forma definitiva, e que é a que consta do artigo 1577.° do Código Civil; a mobilização da norma da alínea *e*) do artigo 1628.° do mesmo Código traduz um argumento de reforço da solução adoptada e nunca poderia ser aplicada ao caso por não estar obviamente em causa um casamento contraído por duas pessoas do mesmo sexo.

Em conclusão, o presente recurso tem o seu âmbito definido pela alínea *b*) do n.° 1 do artigo 70.° da LTC e é seu objecto a norma do artigo 1577.° do Código Civil, com o sentido de que o casamento apenas pode ser celebrado entre pessoas de sexo diferente.

II — Fundamentos

6. É o seguinte o texto da norma impugnada:

Artigo 1577.°
(Noção de casamento)

Casamento é o contrato celebrado entre duas pessoas de sexo diferente que pretendem constituir família mediante uma plena comunhão de vida, nos termos das disposições deste Código.

Para a decisão recorrida, esta norma não atentaria contra o disposto no artigo 13.° da Constituição (CRP), antes de mais, porquanto o princípio aqui consagrado não impede que o legislador ordinário proceda a distinções, mas apenas impede as discriminações arbitrárias. Por outro lado, segundo a decisão recorrida, «as recorrentes invocam a violação do disposto no artigo 36.°, n.° 1, da Constituição, dado que, de forma resumida, ao não poderem celebrar casamento, lhes está a ser vedado o direito de constituir família». Ora, segundo a Relação, «aqui reside um fundamental equívoco: o n.° 1 do artigo 36.° da CRP consagra dois direitos (e não um só), os quais consistem: no direito a constituir família e no direito a contrair casamento (e esses dois direitos não se confundem)». Acresce que «nos vários números do artigo 36.° da CRP, e no que respeita ao casamento, apesar de não constituírem normas fechadas, se remete para o legislador ordinário a regulamentação dos requisitos e os efeitos do casamento e até a sua forma de celebração». Finalmente, ainda quanto ao artigo 36.°, salienta a decisão recorrida que «ao autonomizar o casamento (...) o legislador constitucional revelou implicitamente não ignorar as coordenadas estruturais delimitadoras do casamento na ordem jurídica portuguesa. E, reitera-se, entre o núcleo essencial figura a celebração do casamento por pessoas de sexo diferente». Finalmente, quanto à norma do artigo 67.° da Constituição sustentou a decisão recorrida que a mesma «releva mais no sentido da família em si, e não na sua constituição».

Por outro lado, para além de apreciar as normas impugnadas à luz das normas e princípios constitucionais citados, a decisão recorrida desenvolveu ainda uma outra linha de argumentação. Segundo se diz em tal decisão, «o legislador constitucional, ao relegar para o legislador ordinário — não obstante da delimitação da noção de casamento ínsita na ordem jurídica portuguesa — a regulamentação dos requisitos e dos efeitos, não fechou as portas às eventuais alterações que o legislador ordinário entendesse útil efectuar, em face das exigências decorrentes da própria transformação da sociedade portuguesa». Ora, segundo a Relação, «uma coisa é a violação do princípio — o que não se verificou —, coisa diversa é o legislador ordinário não lançar mão do caminho que lhe foi deixado aberto». É neste contexto que a decisão recorrida se reporta à «"Resolução sobre a igualdade de direitos dos homens e mulheres homossexuais na Comunidade Europeia" (A3-0028/94, de 8 de Fevereiro) do Parlamento Europeu». Também a este propósito «se reitera que a questão não é apenas perspectivada pelo ângulo da existência do casamento (que pode ser uma via), mas que existem outras perspectivas da problemática (ao contrário do que as recorrentes pretendem fazer crer)». Neste sentido, salienta o acórdão recorrido que, «ao contrário do que sustentam as recorrentes, as soluções adoptadas nos ordenamentos jurídicos europeus não passaram somente pela admissão da celebração de casamento por parte de pessoas do mesmo sexo, mas também (e essencialmente) pelas uniões registadas (que não casamentos)».

A argumentação das recorrentes em prol da inconstitucionalidade da norma impugnada é extensa, incorporando os principais passos argumentativos dos pareceres que juntaram aos autos. Procurando respigar aqui o que de mais importante nela se pode colher, dir-se-á serem as seguintes as ordens de razões avançadas pelas recorrentes para sustentar a inconstitucionalidade da norma impugnada.

Através do presente recurso, as recorrentes pretendem que «se ponha termo à persistente e discriminatória afirmação de que, por serem homossexuais, (...) têm uma capacidade jurídica inferior à dos demais cidadãos». Para o efeito, começam por sustentar que «se sabemos que a lei reserva este direito [a contrair casamento em condições de plena igualdade] para pessoas de sexo diferente, esse saber não pode orientar o percurso da análise do enquadramento jurídico da questão; isto é, a Lei Fundamental deve ser lida sem o óculo do direito vigente, sob pena de se inverter a hierarquia das fontes de direito. Interessa determinar o que, à data, independentemente do que prescreva o direito ordinário, a Constituição impõe e, daí, retirar as devidas consequências». Daí que se afigure infundado pretender afastar a inconstitucionalidade das normas impugnadas com base na figura da garantia de instituto. Esta causaria «um círculo vicioso normativo, o privilégio arbitrário do passado, alheio à Constituição, a desconsideração das posições subjectivas e a desconsideração dos fins últimos dos institutos, além de conduzir a uma vacuidade argumentativa». A «garantia de instituto promove imobilismos sociais quer de privilégios de minorias, quer, no caso do casamento, de discriminação de minorias, vedando-lhes o acesso a um bem».

Para as recorrentes, «a Lei Fundamental evoluiu num sentido específico de protecção dos direitos que possam ser afectados por força da orientação sexual do titular». Isso acontece no artigo 13.°, n.° 2, e no artigo 26.°: «a dignidade da pessoa humana concretiza-se num imperativo de igual tratamento das pessoas, estando expressamente proibida a discriminação com base na orientação sexual, e finalmente temos o direito de todos de contrair casamento, num sentido de universalidade».

O casamento civil, «que só vale nos termos reconhecidos pela lei e pela Constituição, atribui um estatuto simbólico que ultrapassa em muito os deveres jurídicos indicados expressamente no Código Civil e noutros diplomas». Ora, «não se consegue divisar qualquer motivo constitucionalmente atendível para negar a um casal de pessoas do mesmo sexo o acesso a este "bem jurídico"».

Desde logo, não se pode atribuir qualquer finalidade procriativa ao casamento, atendendo ao regime legalmente estabelecido. Assim, não existe um limite máximo de idade para casar, nada obsta ao casamento de pessoas inférteis, a infertilidade ou o uso de contraceptivos não são fundamento de divórcio, o casamento pode ser celebrado *in articulo mortis*. Pelo contrário, «com a progressiva hegemonia (histórica) do conceito de Amor Romântico, o casamento passou a ter como razão primeira o sentimento, sem prejuízo do surgimento de outras variáveis e do estilhaçar do binómino casamento/filhos»

Assim sendo, «o acesso de um casal de duas pessoas do mesmo sexo apenas à união de facto, ao contrário dos casais heterossexuais, que optam livremente entre a união de facto e o casamento, envolve uma distinção que carece de fundamento constitucional».

Do reconhecimento constitucional do casamento entre pessoas do mesmo sexo «nenhum prejuízo ocorrerá para quem quer que seja, e nenhumas consequências advirão para os casais heterossexuais, para quem aquele direito, que já lhes é reconhecido, resultará incólume».

A «ideia de que o casamento homossexual viria "suprimir" ou "desfigurar" o núcleo essencial do casamento não se desprende de uma tutela de sentimentos gerais de moralidade sexual e revela um juízo de desvalor da homossexualidade, incluindo a ideia de que a heterossexualidade representa a situação mais "normal"», à semelhança do que «sucedia com o anterior artigo 175.° do Código Penal».

A recusa do casamento entre pessoas do mesmo sexo releva de um «fenómeno homofóbico inaceitável à luz da Constituição», negando aos homossexuais «a possibilidade de assegurarem mutuamente direitos sucessórios, de pensões de sobrevivência, de comunhão patrimonial, de valoração jurídica aos compromissos consubstanciados nos deveres conjugais, etc., etc.».

Negar às pessoas do mesmo sexo o casamento significa negar que «as suas famílias tenham de pleno o estatuto de elementos fundamentais da sociedade».

Ao consagrar o casamento, a ordem jurídica limita-se a proporcionar um conjunto de efeitos jurídicos, não se encontrando alojado no Direito «o significado social de supremo compromisso existencial entre duas pessoas». Na visão do casamento, à ideia de contrato, «favorável à autonomia e à preponderância do indivíduo», opõe-se a instituição, «tendente à afirmação dos interesses (valores) supra-individuais».

Finalmente, «dada a menção da orientação sexual no artigo 13.°, n.° 2, da CRP, presume-se a inconstitucionalidade de todas as distinções legais formal ou substancialmente dependentes da orientação sexual», pelo que «o ónus argumentativo cabe à tese da não inconstitucionalidade do casamento homossexual».

Nas suas alegações de recurso, atrás reproduzidas, o Ministério Público veio pugnar pela não inconstitucionalidade das normas impugnadas. Antes de mais, sustentou que o «parâmetro de aferição da constitucionalidade serão as normas constantes dos artigos 13.° — enquanto consagradora do princípio constitucional da igualdade — e 36.°, enquanto estabelece a garantia institucional de "contrair casamento em condições de plena igualdade", — não nos parecendo convocável a garantia de constituição e tutela de família, resultante deste preceito conjugado com o artigo 67.°, já que — como, aliás, nota a decisão recorrida — nada obstou a que as recorrentes, mesmo sem a celebração "jurídica" do casamento civil, pudessem constituir "família"».

Quanto ao princípio da igualdade, sustenta o Ministério Público que «não pode seguramente qualificar-se o regime jurídico em vigor como absolutamente carecido de qualquer suporte material — e, portanto, traduzindo a imposição de uma solução legislativa puramente "arbitrária"». Mas ainda que assim não se entendesse, a procedência da argumentação das recorrentes implicaria que «devesse este Tribunal Constitucional proferir "decisão aditiva", ampliando jurisprudencialmente o próprio instituto legal do casamento, tal como decorre, na sua fisionomia essencial, das previsões normativas da lei civil».

Ora, este tipo de decisão encontrar-se-ia vedado, em primeiro lugar, «nos domínios em que vigora o princípio da tipicidade ou da legalidade». Em segundo lugar, o mesmo tipo de decisão aditiva não seria possível «nos casos em que a exacta definição do regime jurídico que irá decorrer da ampliação do sentido possível comportado pela norma em causa não decorre automaticamente de uma norma ou princípio constitucional, dependendo inelutavelmente do exercício de uma margem de "discricionariedade legislativa" — podendo o respeito pela Lei Fundamental ser plenamente assegurado através do estabelecimento de diferenciados regimes normativos». Ambos os limites se verificam, segundo o Ministério Público, no caso em apreciação.

7. A correcta compreensão da questão de inconstitucionalidade suscitada nos presentes autos impõe, antes de mais, a clara percepção de que tal matéria

tem sido objecto de apreciação, com resultados nem sempre coincidentes, em outras jurisdições. Cabe começar por mencionar de um modo especial as decisões jurisdicionais que sobre o assunto foram adoptadas no Canadá, na África do Sul e nos Estados Unidos da América.

7.1. Nos Estados Unidos da América, país em que são os estados, e não o governo federal, a definir os requisitos do casamento, o Supremo Tribunal do Hawaii, logo em 1993, considerou que a Constituição permitia a restrição do casamento aos casais heterossexuais apenas se o Estado pudesse demonstrar interesses relevantes justificando a exclusão dos homossexuais. Todavia, antes que o Supremo Tribunal tivesse oportunidade de se pronunciar novamente sobre o assunto, a constituição estadual foi revista, tendo em vista assegurar a definição do casamento com a união entre um homem e uma mulher (cfr. *Baehr v. Lewin*, 5 de Maio de 1993, disponível em diversos sítios da *Internet*, à semelhança de todas as demais decisões judiciais e actos legislativos adiante citados). Posteriormente, o Supremo Tribunal do Vermont, numa decisão de 1999 (cfr. *Baker v. State*, de 20 de Dezembro de 1999) considerou que o princípio da igualdade consagrado na constituição estadual proibia a exclusão de homossexuais dos benefícios e protecções associadas ao matrimónio, sustentando também que as disposições legais sobre o casamento se manteriam em vigor durante um período razoável de tempo, de modo a permitir que o poder legislativo adoptasse um regime adequado. Nesta sequência, foi adoptado um acto legislativo consagrando uma união civil que assegura aos homossexuais a mesma protecção que o casamento atribui aos heterossexuais. Nos termos do n.° 2 do § 1202 do *Act 91 of 2000, An Act Relating to Civil Unions*, constitui um dos requisitos de uma união civil válida que os seus membros «sejam do mesmo sexo e, por isso, excluídos das leis do casamento deste estado».

Num plano diferente coloca-se a decisão do Supremo Tribunal Judicial do Estado do Massachusetts de 2003, sustentando que as garantias da igualdade e da liberdade protegidas pela constituição estadual tornam inconstitucional o casamento apenas entre homem e mulher, porque não existe uma «base racional» para o manter. Na opinião da maioria, alcançada por quatro dos setes juízes que a votaram, afirma-se o seguinte: «O casamento é uma instituição social vital. O compromisso exclusivo de dois indivíduos entre si nutre o amor e o apoio mútuo; traz estabilidade à nossa sociedade. Para aqueles que escolhem casar, e para os seus filhos, o casamento propicia abundantes benefícios jurídicos, financeiros e sociais. Em troca, impõe pesadas obrigações jurídicas, financeiras e sociais. A questão que temos perante nós é a de saber se, em termos consistentes com a Constituição do Massachusetts, a Comunidade pode negar as protecções, benefícios e obrigações conferidos pelo casamento civil a dois indivíduos do mesmo sexo que pretendam casar. Concluímos que não pode. A Constituição do

Massachusetts afirma a dignidade e igualdade de todos os indivíduos. Proíbe a criação de cidadãos de segunda classe. Para chegar a esta conclusão tomámos em plena consideração os argumentos avançados pela Comunidade. Mas esta falhou quanto a identificar qualquer razão constitucionalmente adequada para negar o casamento civil aos casais homossexuais».

O Supremo Tribunal Judicial do Massachusetts analisa, e procura refutar, três possíveis argumentos legislativos para excluir os homossexuais do casamento: *a)* o casamento é o contexto ideal para a procriação; *b)* o casamento entre pessoas de sexo diferente é o contexto ideal para a criação dos filhos; *c)* o casamento entre pessoas de sexo diferente preserva os recursos financeiros escassos do Estado e dos privados. Quanto ao primeiro argumento, entendeu o Tribunal que os efeitos do casamento não pressupõem a procriação, uma vez que a fertilidade não é condição do casamento nem, em si mesma, um fundamento do divórcio. Deste modo, «é o compromisso exclusivo e permanente dos membros do casal um perante o outro, e não a criação dos filhos, que é o *sine qua non* do casamento civil». O argumento segundo o qual o casamento é procriação «destaca a única diferença insuperável entre casais homossexuais e casais heterossexuais e transforma essa diferença na essência do casamento jurídico». Isso equivaleria, na realidade, a «aceitar o estereotipo destrutivo segundo o qual as relações homossexuais são inerentemente instáveis e inferiores às relações heterossexuais e não são dignas de respeito». Quanto ao segundo argumento, não existe qualquer prova de que «proibir o casamento às pessoas do mesmo sexo irá aumentar o número de casais escolhendo a celebração do casamento heterossexual com o objectivo de ter e educar filhos». O terceiro argumento sustenta que as pessoas do mesmo sexo que pretendem casar são supostamente mais independentes de um ponto de vista financeiro e assim menos necessitadas do benefícios públicos conjugais. Simplesmente, este modo de ver ignoraria que muitas das pessoas do mesmo sexo que pretendem casar tem dependentes a seu cargo, nas mesmas condições que as pessoas actualmente casadas.

Em face da argumentação expendida, o Supremo Tribunal Judicial do Massachusetts afasta a possibilidade de invalidar as leis que regulam o matrimónio, pois isso seria «totalmente inconsistente com o profundo compromisso da Legislatura na promoção de famílias estáveis e desmantelaria um princípio organizativo vital da nossa sociedade». Em vez disso, o Tribunal invocando o exemplo do Tribunal de Recurso de Ontário (no caso *Halpern v. Toronto*, de 2003), o mais elevado tribunal desta província do Canadá, escolheu a via de clarificar o sentido do casamento no âmbito da *common law*. Nas palavras do Tribunal, trata-se de uma via «inteiramente conforme a princípios estabelecidos da jurisprudência que dão poder a um tribunal para clarificar um princípio da *common law* à luz de padrões constitucionais em evolução». Assim, o casamento civil é entendido como significando «a união voluntária de duas pessoas enquanto esposos, com a exclusão de todas as outras. Esta reformulação repara a ofensa constitucional dos queixosos e favorece o objectivo do casamento no sentido de promover relações exclusivas e estáveis. Faz ainda progredir os dois interesses legítimos do Estado que o departamento [de Saúde Pública] identificou: providenciar um contexto estável para a criação dos filhos e salvaguardar os recursos do Estado. Deixa intacta a ampla discricionariedade do Estado para regular o casamento».

Sustentando, em voto de vencido, a base racional das leis do casamento, o Juiz Cordy sustentou que «admitidamente, as relações heterossexuais, a procriação e os filhos não estão necessariamente ligados (particularmente na idade moderna de uma efectiva e difundida contracepção e de programas de bem-estar social que conferem apoio), mas uma sociedade ordenada exige um mecanismo para lidar com o facto de que as relações heterossexuais comummente resultam na gravidez e nascimento de uma criança. O casamento é esse mecanismo».

Pouco tempo depois, foi a vez de o Tribunal Superior do Estado de Nova Jersey se pronunciar sobre o assunto, no caso *Lewis v. Harris*, de 14 de Junho de 2005, uma decisão igualmente tangencial, tomada por dois votos contra um. Aí se afirmou que a premissa essencial da opinião da maioria no caso *Goodridge*, segundo a qual o casamento é o compromisso exclusivo de dois indivíduos um para com o outro, constitui um juízo normativo em conflito com a tradicional, e ainda prevalecente em termos religiosos e sociais, visão do casamento como a união entre um homem e uma mulher que desempenha um papel vital na propagação da espécie e constitui o contexto ideal para a criação dos filhos. Assim a decisão *Goodridge* «não estabelece um direito de acesso igual ao casamento, sem olhar à raça ou qualquer outro factor discriminatório odioso, mas em vez disso altera significativamente a natureza desta instituição. Na verdade, a opinião da maioria reconhece, ela própria, que "a nossa decisão de hoje marca uma mudança significativa na definição do casamento, tal como este tem sido recebido pela *common law*, e compreendido por muitas sociedades desde há séculos"». A conclusão do Tribunal é a de que só o legislador poderá autorizar o casamento entre pessoas do mesmo sexo. No mesmo sentido, e também através de maiorias tangenciais, haveria ainda que indicar, sem carácter exaustivo, a decisão de 20 de Janeiro de 2005 do Tribunal de Recurso do Estado de Indiana, no caso *Morrison v. Sadler*, e a decisão do Supremo Tribunal do Estado de Washington de Julho de 2006, no caso *Andersen v. King*.

Mais recentemente, o Supremo Tribunal da Califórnia, nos casos *in re Marriage*, decididos em 15 de Maio de 2008, uma vez mais por uma maioria tangencial, neste caso de quatro a três, veio consagrar, pela segunda vez nos Estados Unidos da América (depois da decisão no caso *Goodridge*), o direito constitucional dos homossexuais a casar. A questão que o Supremo Tribunal da Califórnia foi chamado a decidir, num Estado em que aos homossexuais são assegurados, através de um contrato de união entre pessoas do mesmo sexo designado «*domestic partnership*», essencialmente os mesmos direitos que o casamento proporciona aos heterossexuais, consiste em saber se «nestas circunstâncias, a não designação da relação oficial de um casal homossexual como casamento viola a Constituição da Califórnia». Para responder a esta questão o Tribunal apoia-se, por um lado, «na transformação fundamental e dramática na compreensão e tratamento jurídico dos indivíduos e casais homossexuais por parte deste Estado. A Califórnia repudiou as práticas e políticas do passado baseadas numa perspectiva comum que denegria o carácter geral e a moral dos indivíduos homossexuais e com base nas quais em dado momento se chegou a caracterizar a homossexualidade como uma doença, em vez de muito simplesmente uma das diversas variáveis da nossa comum e diversa humanidade». Actualmente, pelo contrário, reconhece-se que os indivíduos homossexuais têm «os mesmos direitos legais e o mesmo respeito e dignidade atribuídos a todos os outros indivíduos e são protegidos de discriminação na base da sua orientação sexual e, mais especificamente, reconhece[-se] que os indivíduos homossexuais são totalmente capazes de entrar numa relação comprometida e duradoura fundada no amor que pode servir como base de uma família e de tratar e educar responsavelmente crianças».

Por outro lado, seria errada, no entender do Tribunal, a conexão que por vezes se estabelece entre casamento e procriação. Muito embora «a instituição jurídica do casamento civil possa ter tido origem em larga medida para promover uma relação estável tendo em vista a procriação e a educação das crianças (...), e embora os direitos de casar e procriar sejam usualmente tratados como aspectos intimamente relacionados dos interesses da liberdade e da privacidade protegidos pelas Constituições federal e estadual (...), o direito constitucional de casar nunca foi visto como apanágio exclusivo dos indivíduos que são fisicamente capazes de ter filhos».

A conclusão do Tribunal é a de que o direito constitucional de casar deve ser atribuído, em igualdade de circunstâncias, aos casais homossexuais e aos casais heterossexuais. Esta redefinição do casamento não violaria a doutrina da separação de poderes na medida em que não seria determinada por uma questão de políticas públicas, ou pela questão de saber em que medida tal alteração seria mais apta a servir o interesse público, mas apenas de fazer respeitar as restrições impostas pela Constituição às medidas legislativas. Finalmente, estando em causa uma violação do princípio da igualdade, o Tribunal questiona-se sobre se o caminho a adoptar deve consistir na eliminação da violação da constituição, através da extensão do direito previsto no acto legislativo à categoria de pessoas que dele foi ilegitimamente excluída, ou, pelo contrário, na eliminação do direito para todos os seus possíveis destinatários. No caso, o Tribunal entendeu que ampliar a designação de «casamento» aos casais homossexuais é claramente mais consistente com a intenção provável do legislador, do que eliminar essa designação e substitui-la por uma outra, que se aplicaria uniformemente a todos os casais.

Os votos de vencido a esta decisão não põem em causa que a atribuição de diferentes direitos no âmbito das uniões oficiais de homossexuais, por um lado, e dos casamentos entre pessoas de sexo diferente, por outro, seria violadora do princípio constitucional da igualdade. Apenas sustentam que a simples atribuição de um nome diferente a ambas as realidades o seja também, atendendo à persistente definição do casamento como a união de pessoas de sexo diferente. O juiz Baxter coloca a questão nos seguintes termos: «Ainda que as leis progressistas da Califórnia, recentemente adoptadas através do processo democrático, tenham sido pioneiras na atribuição a parceiros do mesmo sexo do direito de entrar em uniões jurídicas com todos os benefícios substantivos das uniões jurídicas entre pessoas de sexo diferente, violam ainda assim essas leis a Constituição da Califórnia apenas porque, no presente, em deferência para com uma longa e universal tradição, com base num voto popular convincente, e de acordo com uma política nacional expressa, reservam a expressão "casamento" para uniões entre pessoas de sexo diferente?»

É de notar que através de consulta expressa por voto popular, realizada em 4 de Novembro de 2008, foi aprovada a *Proposition* 8, que introduziu uma *emenda* à Constituição do Estado da Califórnia no sentido de superar a acima referida decisão do Supremo Tribunal.

Importa ainda mencionar a decisão do Supremo Tribunal do Estado de Connecticut, de 10 de Outubro de 2008, que reconhece o direito a casar a duas pessoas do mesmo sexo, apesar de serem reconhecidas as uniões civis entre estas, com direitos substancialmente iguais aos do casamento civil, e existir um processo legislativo visando a consagração do casamento entre pessoas do mesmo sexo. No caso *Elizabeth Kerrigan et al. v. Commissioner of Public Health et al.* (disponível em vários sítios da *Internet*), em que o Tribunal decidiu por uma maioria de quatro juízes contra três, o juiz Palmer, escrevendo pela maioria, concluiu que «à luz da história da perniciosa discriminação a que são sujeitos os *gays* e as lésbicas, e porque a instituição do casamento implica um estatuto e um significado que a recentemente criada classificação de uniões civis não incorpora, a segregação de casais heterossexuais e homossexuais em instituições separadas constitui um dano atendível». Segundo a opinião da maioria, «a nossa compreensão convencional do casamento deve dar lugar a uma mais hodierna apreciação dos direitos merecedores de protecção constitucional. Interpretando as nossas disposições constitucionais estaduais de acordo com princípios de igual protecção firmemente estabelecidos conduz inevitavelmente à conclusão de que as pessoas *gays* têm o direito de casar com a pessoa do mesmo sexo da sua escolha que reúna os requisitos previstos na lei para o efeito. Decidir de outro modo conduziria a termos de aplicar um conjunto de princípios constitucionais às pessoas homossexuais e outro para todas as outras. A garantia da igual protecção da lei, e a nossa obrigação de tornarmos efectiva, proíbe-nos de o fazer. Em conformidade com estas exigências constitucionais, aos casais de pessoas do mesmo sexo não pode ser negada a liberdade de casar».

Em voto de vencido, o juiz Zarella afirmou que o entendimento da maioria segundo o qual os poderes públicos não conseguiram formular uma justificação suficiente para a limitação do casamento a pessoas de sexo diferente, «baseia-se sobretudo nas premissas não fundamentadas da maioria segundo as quais a essência do casamento é uma relação de compromisso e afecto entre dois adultos e que a única razão pela qual o casamento tem sido limitado a um homem e a uma mulher consiste na desaprovação moral das pessoas homossexuais, ou num ânimo irracional em relação a estas. Na verdade, a maioria não consegue, ao longo das 129 páginas da sua opinião, sequer identificar, e muito menos discutir, o verdadeiro propósito das leis do casamento, apesar de este constituir o primeiro, e crítico, passo em qualquer análise relativa à igual protecção». Ora, segundo o juiz Zarella, «a definição tradicional do casamento como a união entre um homem e uma mulher tem a sua base na biologia, não no fanatismo [*biology, not bigotry*]. Se o Estado deixou de ter interesse na regulação da procriação, essa é uma decisão que cabe à legislatura ou ao povo e não a este tribunal». Ainda segundo o mesmo juiz, «o Supremo Tribunal dos Estados Unidos e muitos outros tribunais estaduais reconheceram que o casamento tradicional exerce duas funções separadas, mas intimamente relacionadas, ambas decorrentes da capacidade de um casal composto por um homem e uma mulher para propagarem filhos. Em primeiro lugar, tendo a promoção do interesse da sociedade na sobrevivência da raça humana, a instituição do casamento honra e privilegia a única relação sexual — aquela que se estabelece entre um homem e uma mulher — que pode resultar no nascimento de uma criança. Em segundo lugar, tendo em vista proteger os frutos dessa relação e assegurar que a sociedade não é indevidamente onerada com procriação irresponsável, o casamento impõe obrigações de cuidado aos membros do casal entre si e destes para com os seus filhos». Assim sendo, surge como «óbvio que um casal que é incapaz de se empenhar no tipo de conduta sexual de que podem resultar crianças não se encontra situado do mesmo modo do que um casal que é capaz de tal conduta em relação à legislação que a visa privilegiar e regular». Deste modo, se a maioria entende que a única razão invocada para limitar o casamento aos heterossexuais consiste em afirmar "porque sim", seria também possível entender que «a maioria simplesmente pressupõe no início da sua análise a resposta à questão central do caso e depois declina sequer abordar o único argumento — segundo o qual o casamento foi pensado para privilegiar e regular a conduta sexual que pode resultar no nascimento de uma criança — que qualquer tribunal alguma vez considerou ser persuasiva em determinar que uma tal resposta é incorrecta». Por outro lado, em relação à alegada desigualdade entre a previsão do casamento para os heterossexuais e da união civil para os homossexuais, pode razoavelmente pensar-se que «limitar o casamento a um homem e a uma mulher realiza bens sociais vitais, enquanto a instituição da união civil promove os legítimos interesses daqueles que a ela acedem». É, de resto, neste contexto que se compreende que a exclusão dos casamentos homossexuais nada tem a ver com a proibição dos casamentos inter-raciais, pois esta «afecta o direito fundamental de procriar, e a proibição constitucional desta afectação reconhece e promove o estatuto especial da conduta procriativa. Redefinir o casamento para incluir casais de pessoas do mesmo sexo não tem esse propósito ou efeito».

Cumpre finalmente mencionar a decisão do Supremo Tribunal do Estado do Iowa, de 3 de Abril de 2009. Em tal decisão, o Tribunal decidiu, por unanimidade, ser inconstitucional, por violação do princípio da igualdade, a disposição legislativa que definia o casamento como união entre pessoas de sexo diferente. Para chegar a esta conclusão, o Tribunal recorreu a um teste intermédio de fiscalização da constitucionalidade de uma medida legislativa à luz do princípio da igualdade. Este teste, usualmente designado «*heightened scrutiny*» e aplicado à apreciação das disposições legislativas que estabelecem diferenças entre homens e mulheres, tem na sua base a ideia de que as classificações legislativas em causa não constituem fundamento suficiente para o tratamento diferenciado. Nesta medida, os poderes públicos devem demonstrar que as disposições legislativas relevantes se encontram substancialmente relacionadas com um interesse legítimo do Estado. A decisão do Supremo Tribunal do Iowa analisa os diversos interesses e objectivos invocados para excluir a extensão do casamento civil às pessoas do mesmo sexo — isto é, a manutenção do casamento tradicional, a promoção do ambiente ideal para a criação dos filhos, a promoção da procriação, a promoção da estabilidade das relações entre casais heterossexuais e a conservação de recursos, quer dizer, o aumento de encargos financeiros assumidos pelo Estado em resultado de se aumentar o número de pessoas que podem casar — e considera que a prossecução de nenhum deles envolve substancialmente essa exclusão.

No que em particular diz respeito à procriação, a decisão do Tribunal do Iowa, embora admitindo que o casamento heterossexual promova esse objectivo, sustenta que a verdadeira questão reside em saber se a exclusão dos indivíduos homossexuais da instituição do casamento civil tem como efeito uma maior procriação. Por outras palavras, se a procriação constitui o verdadeiro objectivo do casamento civil, então a diferenciação entre homossexuais e heterossexuais quanto ao casamento deve ser eficaz na prossecução do objectivo em causa. Considerando que as pessoas homossexuais são capazes de procriar, o único meio de a respectiva exclusão do casamento civil resultar num aumento da procriação consistiria em demonstrar que essa mesma exclusão poderia ter o efeito de «tornar» indivíduos homossexuais em heterossexuais tendo em vista a procriação no âmbito da actual instituição tradicional do casamento civil. Neste contexto, ainda que verdadeira, a ligação entre exclusão dos homossexuais do casamento e aumento da procriação é demasiado ténue para resistir ao teste do «*heightened scrutiny*».

Também no decurso de 2009, os estados do Vermont, New Hampshire e Maine aprovaram legislação que estende o casamento civil às uniões entre duas pessoas do mesmo sexo.

7.2 No Canadá, o *Civil Marriage Act*, de 20 Julho de 2005, reformulou a definição do casamento civil, que passou a ser «a união legítima de duas pessoas com a exclusão de quaisquer outras». Chegou assim ao seu termo um movimento de actividade judicial desenvolvido com base na Secção 15 da Carta de Direitos e Liberdades, adoptada em 1982, a que corresponde o seguinte texto: «Todo o indivíduo é igual perante e sob a lei e tem o direito à igual protecção e igual benefício da lei sem discriminação e, em particular, sem discriminação baseada na raça, origem nacional ou ética, cor, religião, sexo, idade e deficiência mental ou física». Logo em 1995, no caso *Egan v. Canadá*, o Supremo Tribunal do Canadá sustentou que a orientação sexual constituía um «fundamento análogo» àqueles que se encontram expressamente enunciados na Secção 15 da Carta.

Posteriormente, em 1 de Maio de 2003, o Tribunal de Recurso da Colúmbia Britânica concluiu, no caso *Barbeau v. British Columbia*, que a «redefinição do casamento de modo a incluir casais do mesmo sexo (...) é a única via para a igualdade dos casais do mesmo sexo. Qualquer outra forma de reconhecimento de relações do mesmo sexo, incluindo a instituição paralela de uniões civis não corresponde a uma verdadeira igualdade. A este Tribunal não deve ser pedida uma solução que faça os casais do mesmo sexo "quase iguais" ou que deixe ao Governo a escolha entre soluções menos do que iguais». Pouco tempo depois, em 10 de Junho de 2003, o Tribunal de Recurso de Ontário chegou à mesma conclusão no caso *Halpern v. Canadá*. Simplesmente, em vez de suspender a sua decisão por um determinado período de tempo, de forma a permitir a actuação do legislador no sentido de estender o casamento aos homossexuais, o Tribunal reformulou directamente a definição de casamento e ordenou aos oficiais administrativos competentes a emissão de licenças de casamento aos casais do mesmo sexo a quem as mesmas tinham sido negadas no âmbito do processo em causa.

Finalmente, o Governo solicitou ao Supremo Tribunal do Canadá a sua posição sobre a questão da extensão do casamento civil aos homossexuais, uma vez que em relação a essa questão já existiam decisões de tribunais provinciais, como as mencionadas, mas aquele Supremo Tribunal não se havia ainda pronunciado sobre a mesma. Através da decisão *Reference re Same-Sex Marriage*, de 9 de Dezembro de 2004, o Supremo Tribunal do Canadá considerou que a extensão do direito ao casamento civil às pessoas do mesmo sexo não só era consistente com a Secção 15 da Carta de Direitos e Liberdades, mas dela resultava directamente. Referindo-se ao caso *Hyde v. Hyde*, de 1866, segundo o qual o «casamento, como compreendido na Cristandade, pode para este efeito ser definido como a união voluntária para a vida de um homem e uma mulher, com a exclusão de todos os outros», o Tribunal afirmou: «A referência à "Cristandade" é reveladora. *Hyde* dirigia-se a uma sociedade de valores sociais partilhados em que se pensava que o casamento e a religião eram inseparáveis. Este já não é o caso. O Canadá é uma sociedade pluralista. O casamento, na perspectiva do Estado, é uma instituição civil. O raciocínio dos "conceitos petrificados" é contrário a um dos mais fundamentais princípios da interpretação constitucional canadiana: aquele segundo o qual a nossa Constituição é uma árvore viva que, através de uma interpretação progressiva, acomoda e se dirige às realidades da vida moderna».

7.3. Entre 1998 e 2003, o Tribunal Constitucional da África do Sul aplicou os princípios constitucionais da igualdade e da não discriminação, em que se contém uma referência expressa à orientação sexual, eliminando ou alterando diversas normas que considerou serem discriminatórias contra homossexuais e casais de pessoas do mesmo sexo. O mesmo Tribunal Constitucional, no caso *Minister of Home Affairs v. Fourie*, de 1 de Dezembro de 2005, pronunciou-se sobre a questão do casamento entre pessoas do mesmo sexo. Segundo o Tribunal, a exclusão das pessoas do mesmo sexo dos benefícios e responsabilidades do casamento não é «uma pequena e tangencial inconveniência decorrente de algumas relíquias de prejuízo social destinadas a evaporar como a neblina matinal. Representa uma afirmação severa, ainda que oblíqua, pelo direito de que os casais do mesmo sexo são estranhos, e de que a sua necessidade de afirmação e protecção das suas relações íntimas enquanto seres humanos é de algum modo inferior às dos casais heterossexuais. Reforça a noção lesiva de que devem ser tratados como pecularidades biológicas, como seres humanos falhados ou caídos que não se ajustam à sociedade normal e, como tal, não suscitam a preocupação moral e respeito que a nossa Constituição procura assegurar a todos. Significa que a sua capacidade para o amor, compromisso e responsabilidade é, por definição, menos merecedora de respeito do que a dos casais heterossexuais».

O Tribunal Constitucional sul-africano ocupa-se também da proposição segundo a qual, seja qual for o reconhecimento devido às pessoas do mesmo sexo que pretendem viver em comum, esse reconhecimento deve deixar intacto o casamento tradicional. Identifica, a este propósito, os seguintes argumentos: o argumento da procriação; a necessidade de respeitar as crenças religiosas de cada um; o reconhecimento dado pelo direito internacional ao casamento heterossexual; a necessidade de recorrer a diversos sistemas de direito da família contida na secção 15 da Constituição. O tribunal considerou, em relação ao argumento segundo o qual o potencial procriativo caracteriza o casamento, que o mesmo, ainda que possa ser persuasivo no contexto de uma visão religiosa particular, não é uma característica definitória das relações conjugais, de um ponto de vista jurídico e constitucional. Segundo o tribunal, «sustentar o contrário seria profundamente penalizador para os casais (casados ou não) que, por qualquer razão, são incapazes de procriar quando começam tal relação, ou se tornam incapazes em qualquer momento posterior. É igualmente penalizador para os casais que começam uma tal relação numa idade em que já não têm o desejo de relações sexuais ou a capacidade de conceber. É penalizador para os pais adoptivos sugerir que a sua família o é menos e menos merecedora de respeito e protecção do que uma família com filhos procriados. É até penalizador para um casal que voluntariamente decide não ter filhos ou relações sexuais, sendo esta uma decisão inteiramente contida na sua esfera protegida de liberdade e privacidade».

Um outro argumento consiste em sustentar que alterar radicalmente uma instituição com um significado velho de séculos para muitas religiões constituiria uma violação da liberdade religiosa. Simplesmente, no entender do Tribunal, uma coisa «é reconhecer o importante papel que a religião ocupa na nossa vida pública. Coisa bem diversa é usar doutrinas religiosas como fonte para interpretar a Constituição». O reconhecimento pelo Estado «do direito dos casais do mesmo sexo a gozarem do mesmo estatuto, direitos e responsabilidades que o direito matrimonial atribui aos casais heterossexuais não é, de modo algum, inconsistente com os direitos das organizações religiosas de continuarem a recusar celebrar casamentos entre pessoas do mesmo sexo».

Segundo uma outra linha de argumentação, o direito internacional reconhece e protege apenas o casamento heterossexual. Assim, o artigo 16.°, n.° 1, da Declaração Universal dos Direitos do Homem, de 1948, estabelece que «Os homens e as mulheres maiores de idade tem o direito de casar e constituir família, sem qualquer limitação com base na raça, nacionalidade ou religião». Segundo o tribunal, «a referência a "homens e mulheres" é descritiva de uma realidade assumida, mais do que prescritiva de uma estrutura normativa para todos os tempos». Do mesmo modo, «a afirmação no artigo 16.°, n.° 3, da Declaração Universal dos Direitos do Homem de que a família é a unidade natural e fundamental da sociedade, a que é devida protecção pelo Estado, não tem em si implicações inerentemente definitórias».

O reconhecimento da diversidade de sistemas de direito pessoal e da família «sob qualquer tradição», decorrente da secção 15 da Constituição sul-africana, implicaria que é o poder legislativo, e não o judicial, o responsável pela criação de um regime adequado às necessidades dos casais de pessoas do mesmo sexo e que o estabelecimento de tal regime não deveria contender com a instituição do casamento. O tribunal entendeu que a norma em causa, não sendo injuntiva, «certamente não se projecta como o único portal jurídico para o reconhecimento das uniões do mesmo sexo», para além da dificuldade de perspectivar a união entre pessoas do mesmo sexo à luz da categoria de sistema de direito da família «sob qualquer tradição».

O Tribunal Constitucional sul-africano apreciou depois a questão de saber se existe alguma justificação nos termos da secção 36 da Constituição sul-africana (que desempenha sensivelmente a mesma função que o artigo 18.° da Constituição portuguesa) para a afectação dos direitos de igualdade e dignidade dos casais de pessoas do mesmo sexo. A este propósito seria necessário considerar duas justificações: a inclusão dos casais do mesmo sexo minaria os fundamentos da instituição do casamento; uma tal inclusão seria intrusiva e ofensiva de fortes sensibilidades religiosas de certas secções do público. Em relação à primeira justificação, o tribunal retoma uma linha de argumentação já trilhada no caso *Goodridge*: «permitir o acesso a casais do mesmo sexo não atenuaria de modo algum a capacidade dos casais heterossexuais para casar do modo que quisessem e de acordo com os princípios da sua religião». Quanto à segunda, sustenta que as crenças religiosas «não podem ser impostas através do direito do Estado no todo da sociedade, através de um modo que nega os direitos fundamentais daqueles que são negativamente afectados». Assim, o Tribunal conclui que a exclusão dos casais do mesmo sexo do estatuto, direitos e responsabilidades atribuídos aos casais heterossexuais através do casamento constitui uma violação injustificada dos princípios da igualdade e da dignidade humana.

Tendo considerado que a definição de casamento da *common law* viola a Constituição sul-africana, o tribunal ocupou-se da questão de saber se deveria ele próprio desenvolver a *common law* de forma a superar tal violação. Contra esta hipótese considerou três argumentos: deve ser dado tempo para que o público se envolva num assunto de tão grande interesse público e importância; não é da competência do tribunal reestruturar a instituição do casamento de um modo tão radical; apenas o Parlamento tem a autoridade necessária para reformular o casamento. Admitindo a existência de diversas alternativas a considerar pelo legislador, desde a simples substituição das palavras «marido» e «mulher» pelas palavras «esposos» ou «pessoas» no texto da lei em vigor, até à previsão de diferentes actos matrimoniais, ao lado de um acto matrimonial de aplicação geral, para diferentes grupos como casais nos casamentos de direito costumeiro, casamentos islâmicos, casamentos hindus e também casamentos específicos para pessoas do mesmo sexo. De acordo com o tribunal «dado o grande significado público da matéria, as profundas sensibilidades envolvidas e a importância de estabelecer uma fundação firme para alcançar a igualdade nesta área, é apropriado que à legislatura seja dada uma oportunidade para traçar aquele que considere ser o melhor caminho em frente». O tribunal excluiu, no entanto, qualquer solução que «na aparência providenciasse igual protecção, mas apenas o fizesse de um modo que no seu contexto e aplicação fosse pensado para reproduzir novas formas de marginalização. Historicamente o conceito 'separados mas iguais' serviu como um disfarce muito usado para cobrir a aversão ou o repúdio daqueles que estavam no poder por aqueles que eram sujeitos à segregação». Neste contexto, o tribunal suspendeu durante um ano a declaração de invalidade da definição de casamento da *common law*, tendo em vista permitir ao Parlamento a correcção do defeito. Findo esse período, e em caso de inacção do Parlamento, o tribunal determinou que a lei respeitante ao casamento passaria a conter a expressão «esposo» na fórmula do casamento. Segundo o tribunal, uma tal solução «tem a vantagem de ser simples e directa. Envolve uma alteração textual mínima. Os valores da Constituição seriam mantidos. As implicações orçamentais seriam mínimas. A política constante do direito no sentido de proteger e promover a vida familiar seria sustentada e alargada. Os estereótipos negativos seriam debilitados. As instituições religiosas permaneceriam imperturbadas quanto à sua capacidade de levar a cabo cerimónias matrimoniais de acordo com os seus princípios e, se assim o entenderem, de apenas celebrar casamentos heterossexuais. O princípio da acomodação razoável poderia ser aplicado pelo Estado no sentido de assegurar que os oficiais do casamento civil com objecções religiosas sinceras em relação à celebração de casamentos entre pessoas do mesmo sexo não seriam obrigados a fazê-lo se isso implicasse uma violação da sua consciência. Se o Parlamento desejar redefinir ou substituir esta solução por qualquer outra que satisfaça as exigências constitucionais, poderá sempre ter a última palavra».

Em 2006 foi aprovada Lei relativa às Uniões Civis (*Civil Union Act*), passando a existir três regimes jurídicos respeitantes ao casamento: a Lei do Casamento, de 1961 (*Marriage Act*), a lei dos casamentos costumeiros, de 1998 (*Customary Marriage Act*), relativa ao reconhecimento dos casamentos celebrados segundo os ritos das tribos indígenas, e a mencionada lei das uniões civis. Os sul-africanos podem escolher casar segundo um qualquer destes regimes, mas apenas podem ser casados segundo um deles num mesmo momento. Duas pessoas do mesmo sexo podem apenas casar-se segundo a Lei das Uniões Civis, podendo escolher se a união entre elas se designa como uma união civil ou um casamento. Em qualquer caso as uniões terão as mesmas consequências que o casamento celebrado nos termos do *Marriage Act*, com as adaptações que se mostrem necessárias.

8. No continente europeu, foram muito diversos os caminhos trilhados na matéria que nos ocupa. Aqui, tem sido o legislador a intervir no reconhecimento das uniões entre pessoas do mesmo sexo. Em alguns países, tal interven-

ção consistiu na própria redefinição do casamento, de modo a abranger as uniões de pessoas do mesmo sexo, como sucedeu na Holanda, em 2001, na Bélgica, em 2003, na Espanha, em 2005 e, recentemente, na Noruega e na Suécia. Noutros casos, a intervenção do legislador passou pela consagração de uniões civis entre pessoas do mesmo sexo, ou parcerias de vida registada, envolvendo o reconhecimento de grande parte dos direitos e deveres do casamento. O primeiro país a consagrar uma união civil entre pessoas do mesmo sexo, com efeitos análogos aos do casamento, foi a Dinamarca, em 1989. Seguiram-se a Noruega (em 1993), a Suécia (em 1994), a Islândia (em 1996), a Alemanha (em 2001), a Finlândia (em 2001), e o Reino Unido (em 2004) (cfr. "Casamento e Outras Formas de Vida em Comum entre Pessoas do mesmo Sexo", in "Relatório elaborado pela Divisão de Informação Legislativa da Assembleia da República em Maio de 2007", in *Julgar*, n.° 4, 2008, pp. 223 e seguintes).

Nos termos do artigo 12.° da Convenção Europeia dos Direitos do Homem (CEDH), de 4 de Abril de 1950, «A partir da idade núbil, o homem e a mulher têm o direito de se casar e de constituir família, segundo as leis nacionais que regem o exercício deste direito». Em matéria de igualdade, estabelece o artigo 14.° da Convenção que «O gozo dos direitos e liberdades reconhecidos na presente Convenção deve ser assegurado sem quaisquer distinções, tais como as fundadas no sexo, raça, cor, língua, religião, opiniões políticas ou outras, a origem nacional ou social, a pertença a uma minoria nacional, a riqueza, o nascimento ou qualquer outra situação». Por seu turno, a Carta dos Direitos Fundamentais da União Europeia, de 7 de Dezembro de 2000, estabelece, no seu artigo 9.°, «O direito de contrair casamento e o direito de constituir família são garantidos pelas legislações nacionais que regem o respectivo exercício». Para além disso, o artigo 21.°, n.° 1, proíbe toda a «discriminação em razão, designadamente, do sexo, raça, cor ou origem étnica ou social, características genéticas, língua, religião ou convicções, opiniões políticas ou outras, pertença a uma minoria nacional, riqueza, nascimento, deficiência, idade ou orientação sexual».

O Tribunal Europeu dos Direitos do Homem teve oportunidade de se pronunciar, por diversas vezes, sobre o casamento. Assim, no caso *Rees c. Reino Unido*, de 10 de Outubro de 1986, o Tribunal afirmou que «ao garantir o direito de se casar, o artigo 12.° [da CEDH] tem em vista o casamento entre duas pessoas de sexo biológico diferente. O seu teor confirma-o: resulta deste artigo que o seu objectivo consiste essencialmente em proteger o casamento enquanto fundamento da família» (cfr. § 49). Este entendimento viria a ser confirmado nos casos *Cossey c. Reino Unido*, de 27 de Setembro de 1990 (cfr. § 43), e *Sheffield e Horsham c. Reino Unido*, de 30 de Julho de 1998 (cfr. § 60).

Esta jurisprudência conheceu posteriormente um *distinguo*, em matéria de transexualidade, sobre que se haviam debruçado os casos *Rees*, *Cossey* e *Sheffield e Horsham*, com o caso *Christine Goodwin c. Reino Unido*, de 11 de Julho de 2002. Nesta decisão, o Tribunal Europeu dos Direitos do Homem abandonou a referência à diferença de sexo biológico para definir o casamento, afirmando o seguinte: «Reexaminando a situação em 2002, o tribunal que pelo artigo 12.° se encontra garantido o direito fundamental, para um homem e uma mulher, de se casar de fundar uma família. Todavia, o segundo aspecto não é uma condição do primeiro, e a incapacidade de um casal conceber ou criar uma criança não seria em si suficiente para o privar do direito visado pela primeira parte da disposição em causa» (cfr. § 98). O tribunal afirmou ainda que «desde a adopção da Convenção, a instituição do casamento foi profundamente afectada pela evolução da sociedade, e os progressos da medicina e da ciência levaram a mudanças radicais no domínio da transexualidade. (...) Outros factores devem ser tidos em conta: o reconhecimento pela comunidade médica e as autoridades sanitárias nos Estados contratantes do estado médico de perturbação da identidade sexual, a disponibilização de tratamentos, incluindo intervenções cirúrgicas, destinadas a permitir à pessoa em causa de se aproximar tanto quanto possível do sexo a que tem o sentimento de pertencer, a adopção por esta do papel social do seu novo sexo. O tribunal nota igualmente que o texto do artigo 9.° da Carta dos Direitos Fundamentais da União Europeia adoptada recentemente se afasta — e isso não pode deixar de ter sido deliberado — do texto do artigo 12.° da Convenção, na medida em que exclui a referência ao homem e à mulher» (cfr. § 100).

Por outro lado, na decisão de rejeição de 10 de Maio de 2001, proferida no caso Mata Estevez c. Espanha, o tribunal afirmou que «de acordo com a jurisprudência constante dos órgãos da Convenção, as relações homossexuais duradouras entre dois homens não relevam do direito ao respeito da vida familiar protegida pelo artigo 8.° da Convenção (cfr., n.° 9369/81, dec. de Maio de 1983, in *Diário da República,* n.° 32, p. 220; n.° 11716/85, dec. 14 de Maio de 1986, in *Diário da República*, n.° 47, p. 274). O tribunal considera que apesar da evolução verificada em diversos Estados europeus tendendo ao reconhecimento legal e jurídico das uniões de facto estáveis entre homossexuais, trata-se de um domínio em que os Estados contratantes, na ausência de um denominador comum amplamente partilhado, gozam ainda de uma ampla margem de apreciação (cfr., *mutatis mutandis*, os casos *Cossey c. Reino Unido*, de 27 de Setembro de 1990, série n.° 184, p. 16, § 40 e, *a contrario, Smyth e Grady c. Reino Unido,* n.os 33985/96 e 33986/96, § 104, CEDH 1999-VI). Em consequência, a ligação do requerente com o seu parceiro, hoje falecido, não releva do artigo 8.° na medida em que esta disposição protege o direito ao respeito da vida familiar». No caso *Karner c. Austria*, de 24 de Julho de 2003, o tribunal entendeu «o objectivo consistente em proteger a família no sentido tradicional do termo é suficientemente abstracto e uma grande variedade de medidas concretas pode ser utilizada para o realizar. Quando a margem de apreciação deixada aos Estados é estreita, por exemplo no caso de uma diferença de tratamento fundada no sexo ou na orientação sexual, não só o princípio da proporcionalidade exige que a medida adoptada seja normalmente de natureza a permitir a realização do objectivo pretendido, mas obriga também a demonstrar que era necessário, para atingir tal fim, excluir certas pessoas — no caso os indivíduos vivendo uma relação homossexual — do campo de aplicação da medida em causa — o artigo 14.° da lei sobre os arrendamentos. O tribunal verifica que o Governo não apresentou argumentos que permitissem chegar a uma tal conclusão» (cfr. § 41).

Entendimento algo diverso foi o adoptado pela Comissão Europeia dos Direitos do Homem. Assim, no Relatório da Comissão, adoptado, em 1 de Março de 1979, no caso *Van Oosterwijck c. Bélgica* (Proc. n.° 7654/76), afirmou-se que «O Governo fez valer, é certo, que as operações a que o requerente [transexual] se submeteu o privaram da faculdade de procriar; este ter-se-ia assim colocado, ele mesmo, na impossibilidade de exercer o seu direito de fundar uma família, indissoluvelmente ligado pelo artigo 12.° [da Convenção] ao direito de se casar». Em relação a este argumento, a Comissão sustentou que «se o casamento e a família estão efectivamente associados na Convenção, como nos direitos nacionais, nada permite todavia daí deduzir que a capacidade de procriar seria uma condição fundamental do casamento, nem mesmo que a procriação seja um fim essencial do mesmo». Para além de que uma família «pode sempre ser fundada pela adopção de crianças, convém observar a este propósito que se a impotência é por vezes considerada como uma causa de nulidade do casamento, assim não acontece geralmente com a esterilidade» (cfr. § 59). Ao mesmo tempo, a Comissão, em alguns casos em que sustentou a possibilidade de um preso exercer o direito de se casar, mesmo em caso de prisão perpétua, dissociou esse direito não só da capacidade física de procriar, mas da própria possibilidade de ter relações sexuais (cfr. caso *Hamer c. Reino Unido*, relatório da Comissão de 13 de Outubro de 1977, Proc. n.° 7114/75; caso *Draper c. Reino Unido*, relatório da Comissão de 10 de Julho de 1980, Proc. n.° 81/86/78). Todavia, no caso *C. e L. M. c. Reino Unido* (Proc. n.° 14753/89), decidido em 9 de Outubro de 1989, a Comissão entendeu que «uma relação de lésbicas envolve a vida privada no sentido do artigo 8.° da Convenção. No entanto, muito embora a deportação tenha repercussões em tais relações, não pode, em princípio, ser encarada como uma interferência nesta disposição da Convenção, atendendo ao direito do Estado de impor limites e controlos de imigração». Nesta conformidade, «as regras de imigração em questão dão prioridade e melhores garantias às famílias estabelecidas tradicionais, mais do que a outras relações estabelecidas como uma união lésbica. A Comissão não encontra elementos de discriminação, contrários ao artigo 14.° da Convenção, numa tal política, atendendo à especial protecção atribuída à família tradicional». Finalmente, a Comissão, invocando o caso Rees, sustentou que uma relação lésbica não dá lugar, para as pessoas que a mantêm, a um direito de se casar e fundar uma família, no sentido do artigo 12.° da Convenção.

O Tribunal de Justiça das Comunidades Europeias, no acórdão de 17 de Fevereiro de 1998 (proferido no processo n.° C-249/96, *Lisa Jacqueline Grant contra South-West Trains Ltd.*), considerou que «a recusa de uma entidade patronal de conceder uma redução no preço dos transportes a favor da pessoa, do mesmo sexo, com a qual o trabalhador mantém uma relação estável, quando essa redução é concedida a favor do cônjuge do trabalhador ou à pessoa, do sexo oposto, com qual este mantém uma relação estável sem ser casado, não constitui uma discriminação proibida pelo artigo 119.° do Tratado nem pela Directiva 75/117». O tribunal considerou que «no seu estado actual, o direito comunitário não abrange uma discriminação baseada na orientação sexual, como a que constitui objecto do litígio no processo principal», mas admitiu que após a entrada em vigor do Tratado de Amesterdão será possível ao Conselho, nas condições previstas no artigo 6.°-A do Tratado da Comunidade Europeia, a adopção das medidas necessárias à eliminação de diferentes formas de discriminação, nomeadamente as baseadas na orientação sexual. Mais tarde, o Tribunal de Justiça, através do seu acórdão de 31 de Maio de 2001 (proferido nos processos apensos C-122/99 P e C-125/99 P; *Reino da Suécia e outros contra Conselho da União Europeia*), apreciou a questão de saber se a decisão privando um funcionário sueco de um abono a que tinham direito os seus colegas casados, com fundamento apenas na circunstância de o parceiro com quem vive ser do mesmo sexo, constitui uma discriminação em razão do sexo contrária ao artigo 119.° do Tratado. Segundo o tribunal, «o princípio da igualdade de tratamento só pode aplicar-se a pessoas que estejam em situações comparáveis, e importa, portanto, examinar se a situação de um funcionário que registou uma união de facto entre pessoas do mesmo sexo, como a união de facto de direito sueco contraída pelo recorrente, é comparável à de um funcionário casado». Para proceder a tal análise, o tribunal considerou que, enquanto «órgão jurisdicional comunitário», não podia abstrair «das concepções dominantes no conjunto da Comunidade». Considerando a grande heterogeneidade das legislações e a falta de equiparação geral do casamento às outras formas de união legal, o tribunal «considerou que o fundamento relativo à violação da igualdade de tratamento e a uma discriminação em razão do sexo não pode ser acolhido».

Merece ainda destaque a decisão do Tribunal Constitucional alemão de 17 de Julho de 2002, relativa à constitucionalidade da lei sobre as parcerias de vida, que entrou em vigor em 1 de Agosto de 2001. A diferença de perspectiva em relação às decisões judiciais adoptadas no Canadá, nos Estados do Massachusetts e Califórnia, e na África do Sul, reside desde logo na circunstância de se poder afirmar que a criação de um instituto autónomo em relação ao casamento se deve compreender num horizonte em que o legislador se considerou impedido pela Lei Fundamental alemã de estender o casamento às uniões entre pessoas do mesmo sexo [neste sentido, cfr. Dieter Schwab, "Eingetragene Lebenspartnerschaft — Ein Überblick", in *idem* (ed.), *Die eingetragene Lebenspartnerschaft*, Bielefeld, 2002, p. 148]. As razões de um tal impedimento prendem-se, segundo o Tribunal Constitucional alemão, com a especial protecção que a Lei Fundamental confere ao casamento. Segundo o tribunal, «a Lei Fundamental não contém em si mesma nenhuma definição do casamento, mas pressupõe-no enquanto forma especial de vida humana em comum. A realização da protecção jurídico-constitucional necessita, nessa medida, de um regime jurídico que conforme e delimite a comunhão de vida que goza da protecção da Constituição enquanto casamento. O legislador tem uma considerável margem de configuração quanto a determinar a forma e o conteúdo do casamento (...). A Lei Fundamental não garante o instituto do casamento em abstracto, mas na configuração que lhe corresponde na visão dominante que obteve expressão no regime legal (...). De todo o modo, deve o legislador ter em consideração, ao configurar o casamento, os princípios estruturais que resultam, a partir do artigo 6.°, n.° 1, da Lei Fundamental [de acordo com o qual «o casamento e a família encontram-se sob a especial protecção da ordem do Estado»], na forma de vida encontrada em conexão com o carácter de liberdade dos direitos fundamentais garantidos e outras normas constitucionais (...). Faz parte da substância do casamento, tal como este é protegido, independentemente da evolução social e das transformações daí advenientes, e foi cunhado na Lei Fundamental, a sua definição como a união entre um homem e uma mulher numa comunhão de vida duradoura, fundada numa livre decisão com a colaboração do Estado (...), em que ao homem e à mulher pertencem os mesmos direitos e em que podem decidir livremente sobre a conformação da sua vida em comum» (§ 87). Ao mesmo tempo, afirma-se na mesma decisão que da especial protecção atribuída ao casamento pela Constituição não se pode inferir que o casamento seja sempre de proteger em maior medida que outras formas de vida em comum (§ 99). Daí resultaria a admissibilidade do instituto da parceria de vida entre pessoas do mesmo sexo.

O Tribunal Constitucional alemão entendeu ainda não se verificar uma violação do princípio da igualdade pela circunstância de as pessoas homossexuais apenas poderem aceder às parcerias de vida, permanecendo o casamento destinado aos heterossexuais. Segundo o tribunal, a lei, ao prever uniões civis entre pessoas do mesmo sexo, «não associa direitos e obrigações ao sexo de uma pessoa, mas antes associa à combinação de sexos uma ligação pessoal que lhe concede o acesso à parceria de vida. É às pessoas assim unidas que a lei atribui direitos e deveres. Tal como o casamento, com a sua limitação a pessoas de sexo diferente, não discrimina os casais homossexuais em razão da sua orientação sexual, também as uniões homossexuais não discriminam os casais heterossexuais em razão da sua orientação. Mulheres e homens podem casar com uma pessoa de sexo diferente, mas não com uma pessoa do mesmo sexo; qualquer um pode entrar numa união civil com uma pessoa do mesmo sexo, mas não com uma pessoa de sexo diferente» (cfr. § 106). A diferença que permite distinguir deste modo as pessoas homossexuais e as heterossexuais, quanto aos vínculos jurídicos que queiram dar às comunhões de vida entre si, é a seguinte: «A diferença, consistente em de uma relação de um homem e de uma mulher unidos por muito tempo poderem resultar filhos em comum, o que não pode acontecer numa união de pessoas do mesmo sexo, justifica que os pares de pessoas de sexo diferente sejam remetidos para o casamento, quando queiram dar à sua comunhão de vida um vínculo jurídico duradouro» (cfr. § 109).

9. Já acima se afirmou que o objecto do presente do recurso consiste na norma do artigo 1577.° do Código Civil, que determina que o casamento deva ser celebrado "entre pessoas de sexo diferente"; para as recorrentes, a norma, na medida em que proíbe a celebração do casamento entre pessoas do mesmo sexo, é inconstitucional.

Este pedido merece atenção; na verdade, é bem certo que as recorrentes não acusam a norma que permite a celebração de casamento às pessoas de sexo diferente de ser contrária à Constituição; o que sustentam é que também deveria ser permitida a celebração de casamento às pessoas do mesmo sexo, retirando essa injunção directamente da Constituição. Ou seja, no entender das recorrentes, estar-se-ia perante a falta de uma norma necessária para dar execução a uma determinação constitucional. Simplesmente, a enunciação da questão nestes termos identifica imediatamente uma questão de inconstitucionalidade por omissão, para cuja suscitação a própria Constituição exige poderes que não confere aos particulares (artigo 283.°, n.° 1).

No entanto, é fora de dúvida que o Tribunal não pode negar às recorrentes a análise do seu recurso, pois a norma impugnada foi efectivamente aplicada na decisão recorrida com um sentido que têm por inconstitucional. Mas é útil sublinhar — para que se tornem bem perceptíveis os limites da pronúncia do Tribunal — que o pedido, que apresenta uma estrutura próxima da invocação de uma inconstitucionalidade por omissão, se mostra disciplinado, como já se viu, pela alínea *b)* do n.° 1 do artigo 280.° da Constituição e pela alínea *b)* do n.° 1 do artigo 70.° da LTC e que, por isso, se circunscreve necessariamente à norma efectivamente aplicada com um sentido alegadamente inconstitucional. Por esta razão, é absolutamente certo que se mostra vedado ao Tribunal, no âmbito do presente recurso, não só aditar normas necessárias à execução de um hipotético julgamento de procedência do pedido, mas também avaliar a conformidade legal de outras normas decorrentes da disciplina legal do casamento, como as relativas aos seus efeitos, que manifestamente não foram aplicadas na decisão recorrida.

10. Importa fazer notar, na sequência do que já se disse, que a questão que, no âmbito do presente recurso, se coloca ao Tribunal não reside em saber se a Constituição permite o estabelecimento de um regime de casamento homossexual. A questão é mais acutilante, pois consiste em saber se é constitucionalmente imposta, como pretendem as recorrentes, a configuração do casamento de forma a abranger uniões entre pessoas do mesmo sexo.

Diz o artigo 36.° da Constituição:

Artigo 36.°
(Família, casamento e filiação)

1. Todos têm o direito de constituir família e de contrair casamento em condições de plena igualdade.
2. A lei regula os requisitos e os efeitos do casamento e da sua dissolução, por morte ou divórcio, independentemente da forma de celebração.
3. Os cônjuges têm iguais direitos e deveres quanto à capacidade civil e política e à manutenção e educação dos filhos.
4. Os filhos nascidos fora do casamento não podem, por esse motivo, ser objecto de qualquer discriminação e a lei ou as repartições oficiais não podem usar designações discriminatórias relativas à filiação.
5. Os pais têm o direito e o dever de educação e manutenção dos filhos.
6. Os filhos não podem ser separados dos pais, salvo quando estes não cumpram os seus deveres fundamentais para com eles e sempre mediante decisão judicial.
7. A adopção é regulada e protegida nos termos da lei, a qual deve estabelecer formas céleres para a respectiva tramitação.

São especialmente relevantes, para o caso em presença, os n.ºs 1 e 2 do preceito, cuja redacção permanece inalterada desde o texto originário da Constituição de 1976. E é inevitável ter em linha de conta que, no momento histórico em que a Constituição foi escrita e começou a vigorar, entregando a disciplina dos "requisitos" e efeitos do casamento ao legislador ordinário, o Código Civil já dispunha, no seu artigo 1577.°, que o "casamento é o contrato celebrado entre duas pessoas de sexo diferente". Com ligeiras alterações, a actual redacção do aludido preceito foi introduzida pelo Decreto-Lei n.° 496/77, de 25 de Novembro, diploma que, aliás, foi aprovado com o declarado propósito de "compatibilizar" o Código Civil com a Constituição.

Não é possível deixar de extrair relevância interpretativa a esta circunstância.

Na verdade, se o legislador constitucional pretendesse introduzir uma alteração da configuração legal do casamento, impondo ao legislador ordinário a obrigação de legislar no sentido de passar a ser permitido a sua celebração por pessoas do mesmo sexo, certamente que o teria afirmado explicitamente, sem se limitar a legitimar o conceito configurado pela lei civil; e não lhe faltaram ocasiões para esse efeito, ao longo das revisões constitucionais subsequentes. Aliás, as recorrentes salientam com especial ênfase a alteração introduzida no n.° 2 do artigo 13.° da Constituição pela sexta revisão constitucional, que proibiu expressamente a discriminação em função da "orientação sexual", a par de outras razões, como ascendência, sexo, raça, língua, território de origem, religião, convicções políticas ou ideológicas, instrução, situação económica e condição social. Mas a verdade é que aditar a orientação sexual à lista das circunstâncias por força das quais "ninguém pode ser privilegiado, beneficiado, prejudicado, privado de qualquer direito ou isento de qualquer dever", em homenagem ao princípio da igualdade, significa, tão-somente, que a ordem jurídica é alheia à orientação sexual dos indivíduos.

De resto, o argumento invocado prova demais, na perspectiva da tese das recorrentes; com efeito, fica totalmente por explicar a razão pela qual o legislador constitucional não completou a suposta imposição do casamento homossexual, aditando ao artigo 36.° da Constituição uma determinação nesse sentido, pois não é legítimo pensar — precisamente por força da alteração ao n.° 2 do artigo 13.° — que tivesse admitido ser desnecessária uma referência normativa expressa com esse objectivo.

As recorrentes afirmam um entendimento segundo o qual a extensão do casamento às pessoas do mesmo sexo não envolveria uma redefinição da ordem jurídica, mas tão só a remoção da sua restrição, inadmissível à luz do princípios da igualdade e da dignidade da pessoa humana, a pessoas de sexo diferente, como resulta das normas impugnadas. Mas a circunstância de a Constituição, no já citado n.° 1 do seu artigo 36.°, se referir expressamente ao casamento sem o definir, revela que não pretende pôr em causa o conceito comum, radicado na comunidade e recebido na lei civil, configurado como um «contrato celebrado entre duas pessoas de sexo diferente». Neste sentido aponta, como se disse, o n.° 2 do mesmo artigo 36.°, ao estabelecer que «a lei regula os requisitos e os efeitos do casamento» (cfr. Gomes Canotilho e Vital Moreira, *Constituição da República Portuguesa Anotada*, volume I, 4.ª edição, Coimbra, 2007, p. 362). Com efeito, em anotação ao artigo 36.°, os citados autores afirmam:

> [...] Todavia, o alargamento do âmbito de protecção do preceito à realidade de comunidades familiares diversas e plurais não se transfere de plano para o casamento de pessoas do mesmo sexo. Seguramente que basta o princípio do Estado de direito democrático e o princípio da liberdade e autonomia pessoal, a proibição de discriminação em razão da orientação homossexual, o direito ao desenvolvimento da personalidade, que lhe vai naturalmente associado, para garantir o direito individual de cada pessoa a estabelecer vida em comum com qualquer parceiro da sua escolha (cfr. anotação ao artigo 13.°) (embora sempre com a limitação dos impedimentos impedientes do casamento em sentido res-

> trito, o que leva a proibir, como é óbvio, uniões homossexuais de irmãs, irmãos, mães-filhos, pais-filhos, etc. e de pessoas sem idade nupcial). Mas a recepção constitucional do conceito histórico de casamento como união entre duas pessoas de sexo diferente radicado intersubjectivamente na comunidade como instituição não permite retirar da Constituição um reconhecimento directo e obrigatório dos casamentos entre pessoas do mesmo sexo (como querem alguns a partir da nova redacção do artigo 13.°, n.° 2), sem todavia proibir necessariamente o legislador de proceder ao seu reconhecimento ou à sua equiparação aos casamentos (como querem outros).

Por sua vez, Jorge Miranda e Rui Medeiros, na *Constituição Portuguesa Anotada*, anotam ao aludido artigo 36.° o seguinte:

> [...] Por um lado, a Constituição não consagra um direito dos homossexuais a contraírem casamento. Pelo contrário, como foi assinalado mais atrás, a Constituição impõe que sejam respeitados pelo legislador os princípios estruturantes do casamento na ordem jurídica portuguesa e, entre estes princípios, dificilmente se pode deixar de encontrar a exigência da diferença de sexo entre os dois cônjuges. Da mesma forma, no que toca à adopção, e uma vez que a Constituição defere para a lei a sua regulação e protecção, nada obsta a que o legislador ordinário, com a sua legitimidade democrática, exclua a adopção por casais homossexuais, tanto mais que, no espaço de discussão pública, é controverso em que medida o interesse superior da criança se compadece com a admissibilidade da adopção nesses casos e, parafraseando o Acórdão n.° 105/90, a abertura da Constituição não pode deixar de valer "quando na comunidade jurídica tenham curso perspectivas diferenciadas e pontos de vista díspares e não coincidentes sobre as decorrências ou implicações que dum princípio «aberto» da Constituição devem retirar-se para determinado domínio ou para a solução de determinado problema jurídico. Nessa situação sobretudo — em que haja de reconhecer-se e admitir-se como legítimo, na comunidade jurídica, um «pluralismo» mundividencial ou de concepções — sem dúvida cumprirá ao legislador (ao legislador democrático) optar e decidir".

No tratamento da questão de saber se o direito de contrair casamento previsto na Constituição deve ser estendido ao casamento entre pessoas homossexuais devem, pois, ser excluídos quer o entendimento segundo o qual essa extensão não envolveria uma redefinição judicial do casamento, quer o entendimento segundo o qual o casamento objecto de tutela constitucional envolve uma petrificação do casamento tal como este é hoje definido na lei civil, excluindo o reconhecimento jurídico de outras comunhões de vida entre pessoas com efeitos análogos aos do casamento.

As considerações que antecedem não devem ser entendidas como envolvendo a aceitação de que o casamento reveste, no artigo 36.° da Constituição, o alcance de uma garantia, no sentido de que a norma constitucional apenas se teria limitado a receber no seu seio, definitivamente, o conceito de casamento vigente em dado momento na lei civil. Não é possível conceber as garantias institucionais deste modo, tomando como parâmetro de aferição da tutela constitucional não a Constituição, mas a lei ordinária. Com efeito, não se aceita o entendimento segundo o qual o casamento objecto de tutela constitucional envolve uma petrificação do casamento tal como este é hoje definido na lei civil, excluindo o reconhecimento jurídico de outras comunhões de vida entre pessoas.

11. Recorde-se o que, quanto ao princípio constitucional da dignidade da pessoa humana, o Tribunal afirmou no Acórdão n.° 105/90 (*www.tribunalconstitucional.pt*):

> «[...] se o conteúdo da ideia de dignidade da pessoa humana é algo que necessariamente tem de concretizar-se histórico-culturalmente, já se vê que no Estado moderno — e para além das projecções dessa ideia que encontrem logo tradução ao nível constitucional em princípios específicos da lei fundamental (*maxime*, os relativos ao reconhecimento e consagração dos direitos fundamentais) — há-de caber primacialmente ao legislador essa concretização: especialmente vocacionado, no quadro dos diferentes órgãos de soberania, para a "criação" e a "dinamização" da ordem jurídica, e democraticamente legitimado para tanto, é ao legislador que fica, por isso, confiada, em primeira linha, a tarefa ou o encargo de, em cada momento histórico, "ler", traduzir e verter no correspondente ordenamento aquilo que nesse momento são as decorrências, implicações ou exigências dos princípios "abertos" da Constituição (tal como, justamente, o princípio da "dignidade da pessoa humana"). E daí que — indo agora ao ponto — no controlo jurisdicional da constitucionalidade das soluções jurídico-normativas a que o legislador tenha, desse modo, chegado (no controlo, afinal, do modo como o legislador preencheu o espaço que a Constituição lhe deixou, precisamente a ele, para preencher) haja de operar-se com uma particular cautela e contenção. Decerto, assim, que só onde ocorrer uma real e inequívoca incompatibilidade de tais soluções com o princípio regulativo constitucional que esteja em causa — real e inequívoca, não segundo o critério subjectivo do juiz, mas segundo um critério objectivo, como o será, por exemplo (e para usar aqui uma fórmula doutrinária expressiva), o de «todos os que pensam recta e justamente» —, só então, quando for indiscutível que o legislador, afinal, não "concretizou", e antes "subverteu", a matriz axiológica constitucional por onde devia orientar-se, será lícito aos tribunais (e ao Tribunal Constitucional em particular) concluir pela inconstitucionalidade das mesmas soluções.
>
> E, se estas considerações são em geral pertinentes, mais o serão ainda quando na comunidade jurídica tenham curso perspectivas diferenciadas e pontos de vista díspares e não coincidentes sobre as decorrências ou implicações que dum princípio «aberto» da Constituição devem retirar-se para determinado domínio ou para a solução de determinado problema jurídico. Nessa situação sobretudo — em que haja de reconhecer-se e admitir-se como legítimo, na comunidade jurí-

dica, um "pluralismo" mundividencial ou de concepções — sem dúvida cumprirá ao legislador (ao legislador democrático) optar e decidir.»

O entendimento que o Acórdão citado exprime é inteiramente procedente no presente caso.

12. Cabe fazer notar que as ordens jurídicas onde se procedeu a uma redefinição judicial do casamento não continham nas respectivas Constituições normas equivalentes aos artigos 36.° e 67.° da Constituição portuguesa. Aliás, aquelas ordens jurídicas, todas elas de raiz anglo-saxónica, têm um carácter próprio que não é coincidente com a tradição radicada na *Declaração de Direitos* francesa de 1789; as constituições continentais visam essencialmente configurar a conduta do Estado face aos princípios democráticos e ao primado da lei, ao passo que as constituições que assumem a tradição do *Bill of Rights* britânico, ou, mais precisamente, da *Declaração de Direitos de Virgínia* de Junho de 1776, acentuam a necessidade de limitar o poder do governo, isto é, do poder legislativo, conferindo aos indivíduos o poder de intentar, junto de um tribunal independente, as acções necessárias à defesa dos seus direitos, sempre que sintam que estão a ser ameaçados ou restringidos. Em qualquer caso, a história do constitucionalismo é marcada pela progressiva constitucionalização dos direitos humanos e pode reconhecer-se a evolução do pensamento maioritariamente assumido pela comunidade pelo longo caminho já percorrido desde que um direito que hoje é tão radicalmente reivindicado como absoluto e essencial, como o direito de voto, estava reservado a cidadãos adultos, masculinos e proprietários. Mas, na sua essência, a incorporação constitucional desses direitos assenta na preocupação da sua catalogação e não na vontade do seu alargamento mediante uma evolução comandada por um tribunal. A consequência nuclear da inevitável aceitação da soberania popular, a par da consagração do sistema de separação de poderes, implica não só o acatamento das decisões proferidas por órgãos imparciais e independentes, como são os tribunais, mas também a aceitação de que a reforma da ordem jurídica cabe a órgãos de representação estrita da vontade popular, investidos no poder de fazer opções de natureza político-legislativa.

As decisões dos tribunais supremos do Canadá, do Massachusetts, da Califórnia e da África do Sul, atrás mencionadas, ao reconhecerem um direito constitucional das pessoas homossexuais a casar entre si, admitiram proceder a uma profunda alteração do sentido do casamento no direito vigente naqueles ordenamentos, embora hajam simultaneamente considerado não estarem a afectar o valor fundamental do casamento nas respectivas sociedades. Para o efeito, entenderam que o casamento não tem qualquer conexão necessária com a procriação e ainda que a extensão do casamento às pessoas homossexuais não afecta de modo algum a possibilidade de os casais heterossexuais, se assim o quiserem, continuarem a entender o casamento como um meio de promover a procriação. Dito de outro modo, uma definição mais ampla do casamento, de modo a abranger as pessoas homossexuais, continuaria a permitir, àqueles que subscrevem uma concepção tradicional do casamento, uma relação conjugal estruturada sobre esses mesmos valores. Mas este modo de ver, para além de significar, em si mesmo, a admissão da oposição entre uma concepção «tradicional» do casamento e uma concepção «abrangente» que se lhe opõe e só no âmbito da qual é possível a extensão do direito de contrair casamento aos homossexuais, significa também a negação que, mesmo no plano institucional, exista uma qualquer conexão entre casamento e a criação e educação dos filhos pelos seus pais biológicos.

Não está em causa, evidentemente, negar que os efeitos jurídicos do casamento não pressupõem a possibilidade, ou sequer a vontade, de procriar. Seria, com efeito, estranho, e certamente inaceitável à luz da Constituição, que o estabelecimento de uma qualquer conexão entre o casamento e a procriação passasse pela imposição desta última aos cônjuges. Simplesmente, não é forçoso reduzir o casamento aos seus efeitos, e a Constituição distingue claramente, no artigo 36.°, n.° 2, os requisitos e os efeitos do casamento. A conexão que é possível estabelecer, com sentido, entre casamento e procriação opera ao nível da consideração daquele como instituição social através da qual o Estado recorre ao potencial do direito para difundir determinados valores na sociedade, no caso os valores segundo os quais o casamento, por um lado, constitui um meio específico de envolver uma geração na criação da que se lhe segue e o único desses meios que assegura a uma criança o direito de conhecer e ser educada pelos seus pais biológicos. Ora, parece claro que a redefinição do casamento como união entre duas pessoas, independentemente do respectivo sexo, torna impossível este quadro de referências. Em face da definição de casamento em vigor é ainda possível encarar este último como uma união completa entre um homem e uma mulher orientada para a educação conjunta dos filhos que possam ter; a definição do casamento pretendida pelas recorrentes encara-a como uma relação privada entre duas pessoas adultas que visa essencialmente satisfazer as necessidades próprias. Só assim se explica, aliás, que as recorrentes tenham chegado a enquadrar a sua pretensão à luz do princípio da liberdade contratual, previsto no artigo 405.° do Código Civil. Ora, não parece que a opção entre uma das duas concepções do casamento seja matéria da competência deste Tribunal, ao qual cumprirá apenas averiguar em que medida o legislador, ao efectuar essa opção, cumpre o disposto na Constituição.

13. Se é necessário admitir que a pretensão das recorrentes envolve, segundo uma certa perspectiva das coisas, que não é possível arredar por completo, uma profunda revisão do conceito de casamento em vigor na lei civil, isso

não significa admitir também que esse conceito se impõe, sem mais, no próprio plano do direito constitucional. Como anteriormente se disse, uma tal admissão só poderia fazer-se nos quadros de um entendimento da categoria das garantias institucionais que deve ter-se por inadequado. De modo diferente, o sentido útil que poderia retirar-se da figura da garantia institucional seria o de obrigar o legislador a criar regras assegurando, para as uniões entre pessoas do mesmo sexo, um conteúdo funcional equivalente ao casamento. Simplesmente, nada impõe que essas regras envolvam uma extensão pura e simples do instituto do casamento às pessoas do mesmo sexo. A conclusão contrária pressuporia que previamente o legislador — e não, certamente, como se disse, este Tribunal — optasse claramente por uma concepção do casamento como simples relação privada. Só em tal contexto o princípio da igualdade tornaria constitucionalmente ilegítima uma restrição do casamento aos casais heterossexuais. Tal opção não é, no entanto, a subjacente ao actual quadro legislativo. Em suma, e como afirmam a este propósito Gomes Canotilho e Vital Moreira, «a recepção constitucional do conceito histórico de casamento como união entre duas pessoas de sexo diferente não permite retirar da Constituição um reconhecimento directo e obrigatório dos casamentos entre pessoas do mesmo sexo (como querem alguns a partir da nova redacção do artigo 13.°, n.° 2)» (autores e *ob. cit.*, p. 568).

14. Como se afirmou anteriormente, saber se as normas impugnadas violam o princípio da igualdade é uma questão cuja resposta se encontra na concepção do casamento adoptada. Se se entender o casamento como uma instituição social que é apresentada aos cônjuges com um significado relativamente estável, enquanto união entre homem e mulher, designadamente assente na função que lhe cabe na reprodução da sociedade, pode fazer sentido reservar o casamento aos casais heterossexuais. Pelo contrário, apenas se se adoptasse uma concepção do casamento como relação puramente privada entre duas pessoas adultas, sem qualquer projecção na reprodução da sociedade, a exclusão dos casais homossexuais surgiria necessariamente como discriminatória. Ora, como se disse, não foi essa a opção legislativa.

Em conjugação com estas considerações, existem ainda outras razões que afastam também a possibilidade de uma decisão de inconstitucionalidade das normas impugnadas. Tais razões são especialmente relevantes num caso, como o dos autos, em que está alegadamente em causa a concretização do princípio da igualdade. Na verdade, a decisão que julgasse inconstitucional as normas impugnadas teria claramente um carácter aditivo, de duvidosa legitimidade em face do princípio da separação de poderes. É certo que o Tribunal tem utilizado, por vezes, quer no âmbito da fiscalização abstracta, quer no da fiscalização concreta da constitucionalidade, este tipo de decisão para defender o princípio da igualdade contra discriminações de certas categorias de pessoas. Todavia, tal utilização restringe-se, por via de regra, aos casos em que está em causa a expansão de um regime geral, em virtude da eliminação de normas especiais ou excepcionais contrárias à Constituição, ou ainda a extensão de um regime mais favorável que seja de configurar como uma solução constitucionalmente obrigatória. Nenhuma destas hipóteses se verifica no caso em apreço, pelas razões apontadas.

15. Improcede, assim, a alegada violação do direito a contrair casamento e, ainda, a dos princípios da dignidade da pessoa humana e da igualdade, sendo certo que é manifestamente deslocada a invocada violação da garantia de constituição e tutela de família, resultante do artigo 36.°, n.° 1, conjugado com o artigo 67.° da Constituição, já que nada obsta a que as recorrentes, mesmo sem a celebração jurídica do casamento, pudessem ou possam constituir "família".

III — Decisão

16. Nestes termos, o Tribunal decide negar provimento ao recurso, confirmando a decisão recorrida no que toca à questão da inconstitucionalidade. Custas pelas recorrentes, fixando a taxa de justiça em 25 unidades de conta.

Lisboa, 9 de Julho de 2009. — *Carlos Pamplona de Oliveira* — *José Borges Soeiro* — *Gil Galvão* (vencido conforme declaração junta) — *Maria João Antunes* (vencida nos termos da declaração que se anexa) — *Rui Manuel Moura Ramos.*

DECLARAÇÃO DE VOTO

Embora não sem hesitações, votei vencido quanto à decisão. Na verdade, conquanto reconheça que "a reforma da ordem jurídica cabe a órgãos de representação estrita da vontade popular, investidos no poder de fazer opções de natureza político-legislativa", não se me afigura suficiente uma mera afirmação pretoriana de que não é permitido «retirar da Constituição um reconhecimento directo e obrigatório dos casamentos entre pessoas do mesmo sexo" para afastar os argumentos que, em claro sentido contrário, resultam, a meu ver necessariamente — e independentemente de qualquer outra reforma da ordem jurídica — , do teor do artigo 36.°, n.° 1, conjugado com a nova redacção do artigo 13.°, n.° 2, ambos da Constituição da República Portuguesa. Assim, considerando imprestáveis para esta discussão os argumentos tradicionais respeitantes "à procriação e educação da prole", que nem no Código Civil de 1966 tiveram acolhimento, bem como outros habitualmente invocados — e refutados, em termos que se me afiguram definitivos, em alguns dos pareceres juntos aos autos —, e não encontrando qualquer outra justificação para a solução que fez vencimento, que não a pretoriana afirmação já referida, votei no sentido da inconstitucionalidade da norma objecto do recurso. — *Gil Galvão.*

DECLARAÇÃO DE VOTO

Votei vencida por entender que o artigo 1577.° do Código Civil (CC), na parte em que determina que "casamento é o contrato celebrado entre duas pessoas de sexo diferente", é inconstitucional, por violação dos artigos 13.°, n.° 2, e 36.°, n.° 1, da Constituição da República Portuguesa (CRP).

Embora acompanhe o entendimento de que "saber se a norma impugnada viola o princípio da igualdade é uma questão cuja resposta se encontra na concepção do casamento adoptada", tenho para mim que o casamento não é "uma instituição social que é apresentada aos cônjuges com um significado relativamente estável, enquanto união entre homem e mulher, designadamente assente na função que lhe cabe na reprodução da sociedade", constituindo "um meio específico de envolver uma geração na criação da que se lhe segue e o único desses meios que assegura a uma criança o direito de conhecer e ser educada pelos seus pais biológicos". Uma tal concepção não decorre da CRP, apontando até em sentido contrário a consagração constitucional do direito de constituir família, enquanto direito distinto do direito de contrair casamento (artigo 36.°, n.° 1); o princípio constitucional da não discriminação dos filhos nascidos fora do casamento (artigo 36.°, n.° 1, primeira parte); a protecção constitucional da família (artigo 67.°); e a protecção constitucional da paternidade e da maternidade (artigo 68.°).

E tão-pouco decorre da lei. A lei configura o casamento como contrato celebrado entre duas pessoas que pretendam constituir família mediante uma plena comunhão de vida, nos termos das disposições do CC, à qual associa as notas da vinculação recíproca aos deveres de respeito, fidelidade, coabitação, cooperação e assistência (artigo 1672.° do CC), da comunhão de vida exclusiva [artigo 1601.°, alínea *c)*, do CC] e da perpetuidade tendencial (artigo 1773.° do CC). Notas essenciais do contrato de casamento, cuja conformidade constitucional não é questionável, que não permitem o estabelecimento de uma qualquer ligação à orientação sexual de quem o celebra.

A referência que é feita ao casamento no artigo 36.° da CRP supõe, obviamente, uma determinada configuração do mesmo por referência à lei civil, havendo até remissão expressa para a lei em matéria de requisitos e de efeitos do casamento. Mas tal só pode significar uma configuração legal constitucionalmente conforme, nomeadamente quanto à concepção de casamento e à regulação, em concreto, dos requisitos do contrato. É por isso dispensável que a norma constitucional afirme explicitamente que a celebração do casamento por pessoas do mesmo sexo é permitida.

De acordo com o artigo 36.°, n.° 1, segunda parte, da CRP, todos têm o direito de contrair casamento em condições de plena igualdade. Isto é, todos têm o direito de, sem qualquer diferenciação, aceder ao que significa do ponto de vista jurídico (e simbólico) a celebração de um contrato entre duas pessoas que pretendam constituir família mediante uma plena comunhão de vida, nos termos das disposições do CC.

O artigo 1577.° do CC na parte em que determina que "casamento é o contrato celebrado entre duas pessoas de sexo diferente", priva o titular do direito previsto no artigo 36.°, n.° 1, segunda parte, da CRP em razão da sua orientação homossexual, o que é constitucionalmente ilegítimo (artigo 13.°, n.° 2).

Na falta de fundamento material suficiente para a diferenciação, é esta a conclusão que se me impõe. — *Maria João Antunes.*

Anotação:

1 — Acórdão publicado no *Diário da República*, II Série, de 4 de Novembro de 2009.

2 — O Acórdão n.° 105/90 está publicado em *Acórdãos*, 15.° Vol.

ACÓRDÃO N.° 373/09

DE 23 DE JULHO DE 2009

Julga inconstitucional a norma do n.° 3 do artigo 5.° do Estatuto do Direito de Oposição, aprovado pela Lei n.° 24/98, de 26 de Maio, interpretada com o sentido de que apenas os partidos políticos representados na assembleia municipal e que não façam parte da câmara municipal, ou que nela não assumam pelouros, poderes delegados ou outras formas de responsabilidade directa e imediata pelo exercício de funções executivas, têm o direito de ser ouvidos sobre a proposta de orçamento e de plano de actividades.

Processo n.° 607/08.
Recorrente: Ministério Público.
Relator: Conselheiro Pamplona de Oliveira.

SUMÁRIO:

I — Os grupos de cidadãos eleitores distinguem-se dos partidos políticos por uma substancial diferença, o que justifica uma diferenciação no seu tratamento legal.

II — Todavia, tendo os grupos de cidadãos eleitores representados na assembleia municipal, que não façam parte da câmara municipal, o direito de acompanhar, fiscalizar e criticar as orientações políticas da câmara municipal, não há razão para não lhes conceder o específico direito de serem ouvidos sobre os documentos de gestão previsional anual, que é, sem dúvida, essencial para o exercício da oposição democrática.

III — Ao negar aos grupos de cidadãos eleitores o direito de consulta prévia, a norma impugnada restringe de forma intolerável o exercício do direito de oposição democrática.

Acordam na 1.ª Secção Tribunal Constitucional:

I — Relatório

1. Por acórdão de 28 de Maio de 2008, o Tribunal Central Administrativo Norte decidiu conceder provimento ao recurso jurisdicional interposto pelo Ministério Público da sentença do Tribunal Administrativo e Fiscal de Braga, de 12 de Junho de 2007, e julgou procedente a acção administrativa especial instaurada contra o Município de Vizela. Em consequência, o tribunal anulou as impugnadas deliberações da Câmara Municipal de Vizela, de 6 de Dezembro de 2004, que elaborou e remeteu à Assembleia Municipal as opções do plano e orçamento para 2005, e a da Assembleia Municipal de Vizela, de 22 de Dezembro de 2004, que aprovou as opções do plano e orçamento para 2005.

Pode ler-se no texto do acórdão, para o que agora releva, o seguinte:

> "(...)
>
> A Lei n.° 24/98, de 26 de Maio, que aprovou o Estatuto do Direito de Oposição, dispõe nos seus artigos 1.° a 5.°, do seguinte modo:
>
> (...)
>
> Para além disso, estabelece o artigo 53.°, n.° 2, alínea *b*), da Lei n.° 169/99, de 18 de Setembro, na redacção dada pela Lei n.° 5-A/2002, de 11 de Janeiro, o seguinte:
>
> (...)
>
> Tais disposições legais regulam os termos do exercício dos direitos de oposição, de informação e de consulta prévia, e respectiva titularidade, sendo que o direito de oposição, cujo conteúdo vem enunciado no artigo 2.°, é conferido quer aos partidos políticos quer aos grupos de cidadãos eleitores, nos termos dos n.ºs 1 a 3 do artigo 3.°; o direito à informação, cujo conteúdo e modo de ser prestado vem desenhado no artigo 4.°, é conferido a todos os titulares do direito de oposição, ou seja aos partidos políticos e aos grupos de cidadãos eleitores; o direito de consulta prévia, respeitante às matérias elencadas no artigo 5.°, designadamente orçamental, é atribuído unicamente aos partidos políticos; e, finalmente, a competência em matéria de aprovação das opções do plano e da proposta de orçamento, bem como as respectivas revisões.
>
> Perante tal enquadramento legal, a sentença recorrida foi do entendimento no sentido de considerar não ter sido atribuído aos grupos de cidadãos eleitores o direito de consulta prévia.
>
> Contra tal entendimento, argumenta o recorrente, por um lado, com a remissão constante do n.° 4 do artigo 5.° para o n.° 2 do artigo 4.°, daquele Lei, a qual visa claramente alargar aos demais titulares do direito de oposição o dever de consulta prévia; por outro lado, que compreendendo o direito de oposição, a

possibilidade de crítica das orientações políticas dos órgãos executivos das autarquias locais, fará todo o sentido que a todos os seus titulares seja garantido, de forma objectiva, o exercício daquela actividade, designadamente através da consulta prévia em aspectos essenciais para a vida de cada município, como o são as questões suscitadas em torno dos elementos previsionais mencionados no n.° 3 do artigo 5.° do diploma legal em análise, não podendo justificar-se que, numa situação hipotética, seja de conceder a consulta prévia a um partido que apenas elege um membro da Assembleia Municipal e negá-lo ao grupo de cidadãos que seja em número de mandatos a força mais importante da oposição nesse Município; da mesma forma, não se vê por que razão seria de negar a aplicação deste direito numa situação bipolarizada, em que o grupo de cidadãos eleitores fosse a única força titular do direito de oposição; e, finalmente, que podendo ambos discutir e aprovar o plano de actividades e orçamento no exercício, por parte da assembleia municipal, das competências a este órgão reconhecidas pelo artigo 53.°, n.° 2, alínea *b)*, da Lei n.° 169/99, de 18 de Setembro, não se descortina o motivo, com base no qual, se reconhece a titularidade do direito de consulta prévia aos partidos e não aos grupos de cidadãos.

Vejamos, então.

Com referência àquela remissão, atentos os termos enunciados pelo n.° 4 do artigo 5.°, somos de considerar que a mesma é feita tão-só quanto ao modo de ser facultado o exercício do direito de consulta prévia, que será o mesmo quanto às informações, no âmbito do direito de informação, sendo que num e noutro caso, tal será efectuado com relação aos titulares dos respectivos direitos, não fazendo sentido que com tal remissão se pretendesse atribuir o direito de consulta prévia aos titulares do direito de informação.

Relativamente à circunstância do direito de oposição compreender a possibilidade de crítica das orientações políticas dos órgãos executivos das autarquias locais, pelo que fará todo o sentido que a todos os seus titulares seja garantido o exercício daquela actividade, designadamente através da consulta prévia em aspectos essenciais para a vida de cada município, como o são as questões suscitadas em torno dos elementos previsionais mencionados no n.° 3 do artigo 5.° do diploma legal em análise, impõe-se referir que uma coisa é o direito de oposição, cujo conteúdo vem desenhado no artigo 2.° e que é conferido quer aos partidos políticos quer aos grupos de cidadãos eleitores, outra coisa é o direito de consulta prévia, sendo verdade também que o exercício daquele direito pode exercitar-se por outras formas sem necessidade do recurso à figura do direito de consulta prévia.

Acrescenta, porém, o recorrente que, não pode justificar-se que, numa situação hipotética, seja de conceder a consulta prévia a um partido que apenas elege um membro da Assembleia Municipal e negá-lo ao grupo de cidadãos que seja em número de mandatos a força mais importante da oposição nesse Município; da mesma forma, não se vê por que razão seria de negar a aplicação deste direito numa situação bipolarizada, em que o grupo de cidadãos eleitores fosse a única força titular do direito de oposição.

Com relação a tal argumentação pode colocar-se a questão de se saber se a denegação do direito de consulta prévia a grupos de cidadãos eleitores em confronto com os partidos políticos, efectuada pela Lei n.° 24/98, e perante a circunstância de a ambos a lei eleitoral facultar quer o direito de participação política, no que concerne às autarquias locais, quer o direito de oposição, configurará alguma inconstitucionalidade daquele diploma legal, *maxime* por violação do princípio democrático, do princípio da igualdade, do princípio da liberdade de associação, do princípio da participação na vida pública, consagrados nos artigos 10.°, 13.°, 46.°, 51.° e 48.° da Constituição.

Com efeito, dispõem estes normativos constitucionais, o seguinte:

(...)

Do enunciado nestes normativos constitucionais e dos princípios deles decorrentes parece poder inferir-se que os partidos políticos não constituem o monopólio da organização da expressão da vontade política; que a dimensão democrática exige a explícita proibição de discriminações na participação no exercício do poder político, designadamente quanto ao modo, âmbito e conteúdo, do exercício deste no que diz respeito às autarquias locais; e que constituem específicos direitos fundamentais de igualdade, entre outros, os direitos de participação política e de entre estes o direito de igualdade de participação na vida pública. (cfr. neste sentido Vital Moreira e Gomes Canotilho, in *Constituição da República Portuguesa Anotada*, Volume I, pp. 283 e segs.).

Ora, perante o enunciado de tais princípios constitucionais, pode legitimamente colocar-se a questão de se saber se a atribuição do direito de consulta prévia unicamente aos partidos políticos representados nos órgãos deliberativos das autarquias locais sem a concomitante atribuição desse direito aos grupos de cidadãos eleitores e sabido que quer a uns quer a outros é facultado o direito de se constituírem e de participarem na vida política autárquica e designadamente de se submeterem a escrutínio político e em consequência poderem ser eleitos e tomarem assento nos órgãos políticos autárquicos, não configurará violação daqueles princípios constitucionais, *maxime* do princípio da igualdade de participação na vida pública.

Com efeito, assistindo a ambas as associações o direito de participação política, nos termos referidos, em sede de Estatuto do Direito de Oposição, não se vislumbram razões válidas legitimadoras dum desenho legal divergente do seu direito de oposição, entendido este em sentido lato, de modo a abranger quer o direito de oposição *strito sensu* quer o direito de informação quer, ainda, o direito de consulta prévia, no que a elas concerne quanto à esfera de actuação política no domínio autárquico.

Doutra forma, e parafraseando a posição do recorrente não se entende como justificável que, numa situação hipotética, seja de conceder a consulta prévia a um partido que apenas elege um membro da Assembleia Municipal e negá-lo ao grupo de cidadãos que seja em número de mandatos a força mais importante da oposição nesse Município nem se vislumbra razão alguma para negar a aplicação deste direito numa situação bipolarizada, em que o grupo de cidadãos eleitores fosse a única força titular do direito de oposição.

Assim sendo, aceitando tal raciocínio, somos do entendimento de que a denegação do direito de consulta prévia conferida pela Lei n.° 24/98, de 26 de Maio, a grupos de cidadãos eleitores, em confronto com a atribuição de tal direito aos partidos políticos, se configura como inconstitucional, porque violadora do princípio da igualdade de participação na vida pública.

Perante tal entendimento, mostra-se prejudicada a apreciação do último fundamento invocado pelo recorrente nesta sede.

Em todo o caso, sempre se dirá que, quanto à discussão e aprovação o plano de actividades e orçamento no exercício, por parte da assembleia municipal, no âmbito das competências a este órgão reconhecidas pelo artigo 53.°, n.° 2, alínea *b*), da Lei n.° 169/99, de 18 de Setembro, não se descortina qualquer relação entre o exercício dessa competência por parte daquele órgão e pelos membros dele componentes e o direito de consulta prévia a atribuir a grupos de cidadãos eleitores, sendo certo que a discussão e aprovação daqueles documentos previsionais é efectuada pelos membros eleitos do órgão assembleia municipal e não pelos partidos políticos e/ou grupos de cidadãos eleitores.

Perante tudo quanto se deixa sumariamente explanado, somos, pois de concluir, ter sido denegado ao MIV o direito de consulta prévia.

Ora, a violação de tal direito configura, no âmbito da teoria geral do acto administrativo, um vício de forma, sancionável, em sede de consequências jurídicas, pela anulabilidade — cfr. artigo 135.° do Código do Procedimento Administrativo.

Assim, padecendo as deliberações impugnáveis do vício de forma que se deixa assinalado, as mesmas são anuláveis.

(...)"

2. Deste acórdão foi interposto pelo Ministério Público recurso obrigatório, nos termos do artigo 70.°, n.° 1, alínea *a*), da Lei de Organização, Funcionamento e Processo do Tribunal Constitucional (Lei n.° 28/82, de 15 de Novembro), por ter sido "recusada, por inconstitucionalidade, a aplicação da norma do artigo 3.°, n.° 3, da Lei n.° 24/98, de 26 de Maio", recurso que foi admitido no tribunal recorrido.

Oportunamente alegou o Ministério Público, concluindo:

"A norma constante do artigo 5.°, n.° 3, da Lei n.° 24/98, de 26 de Maio, interpretada em termos de nela se restringir aos partidos políticos a titularidade do direito de consulta prévia, nomeadamente em matéria de plano e orçamento, aos partidos políticos representados em órgãos meramente deliberativos das autarquias locais, excluindo-o quanto aos grupos de cidadãos eleitores, ainda que naqueles representados, é inconstitucional, por violação do princípio da igualdade de participação política, decorrente dos artigos 13.° e 48.° da Constituição da República Portuguesa."

Por seu turno, o recorrido Município de Vizela apresentou contra-alegação, que concluiu do seguinte modo:

"(...)

1) O legislador ao conferir expressamente a titularidade do direito de oposição aos grupos de cidadãos eleitores entendeu porém reservar o direito de consulta prévia previsto no artigo 5.°, n.° 3, apenas aos partidos políticos, excluindo por isso os grupos de cidadãos eleitores.

2) Só aos partidos políticos, porque concorrem para a livre formação e pluralismo da expressão da vontade popular e organização do poder político, contribuindo para o esclarecimento plural e exercício das liberdades políticas dos cidadãos, estudando e debatendo os problemas da vida política, económica e social e fazendo a crítica da actividade dos órgãos executivos das autarquias, conforme resulta da Lei dos Partidos Políticos e em concretização da mesma, é concedido o direito de audiência previsto no artigo 5.°, n.° 3, do Estatuto do Direito de Oposição.

3) A Lei n.° 24/98 não consagra um tratamento idêntico para os partidos e aos movimentos dos cidadãos, mas este tratamento não resulta da violação do princípio da igualdade — constitucionalmente consagrado — mas da diferente natureza e fins dos partidos e dos movimentos que justificam a concessão de um tratamento diferenciado.

4) Os partidos políticos gozam de um estatuto constitucional, reconhecendo-lhe um direito fundamental de participação política, enquanto pessoa jurídica (distinta dos seus membros) aglutinadora de interesses de certas classes e grupos sociais que contribuem para a formação da vontade popular;

5) Resulta da lei que, apesar de se consagrar uma tendencial "igualdade de direitos" entre os movimentos e os partidos, essa equiparação não é total nem lhes são reconhecidos os mesmos direitos e deveres dos partidos políticos.

6) Esta diferença de tratamento encontra-se plasmada no artigo 5.°, n.° 3, do Estatuto do Direito de Oposição porque aos movimentos de cidadãos falta a existência de um elemento organizatório com carácter de permanência, distinta dos seus membros e que não se esgota num acto eleitoral que caracteriza exactamente os partidos políticos;

7) A falta de órgãos internos, democraticamente eleitos, representativos do Movimento inviabiliza que lhe seja concedido o direito de audiência conforme o mesmo foi configurado legalmente (o direito de audiência é concedido ao Partido e não os membros que elegeu para a Assembleia Municipal);

8) O princípio da igualdade não impede a existência de tratamentos diferenciados na lei, impede apenas a existência de diferenciações sem fundamento material bastante ou sem qualquer justificação razoável;

9) A razão fundamental para admitir um tratamento diferenciado entre os partidos e os movimentos é porque os últimos, apesar de fomentadores da participação democrática dos cidadãos, não são em termos organizatórios e de direitos e deveres entidades equiparadas aos partidos políticos.

10) O legislador nas várias versões do projecto-lei do Estatuto do Direito de Oposição, apesar de ter alargado a titularidade do direito de oposição aos movimentos de cidadãos eleitores, entendeu sempre reservar o direito de consulta prévia aos partidos políticos;

11) Ou seja, não foi intenção do legislador equiparar totalmente os Movimentos dos Cidadãos aos Partidos Políticos;

(...)"

II — Objecto do recurso

3. Como decorre da conclusão da sua alegação, o recorrente visa a apreciação da norma do n.° 3 do artigo 5.° do Estatuto do Direito de Oposição, aprovado pela Lei n.° 24/98, de 26 de Maio ["Os partidos políticos representados nos órgãos deliberativos das autarquias locais e que não façam parte dos correspondentes órgãos executivos, ou que neles não assumam pelouros, poderes delegados ou outras formas de responsabilidade directa e imediata pelo exercício de funções executivas, têm o direito de ser ouvidos sobre as propostas dos respectivos orçamentos e planos de actividade"] interpretada "em termos de nela se restringir [aos partidos políticos] a titularidade do direito de consulta prévia, nomeadamente em matéria de plano e orçamento, aos partidos políticos representados em órgãos meramente deliberativos das autarquias locais, excluindo-o quanto aos grupos de cidadãos eleitores, ainda que naqueles representados". Com efeito, o Ministério Público rectificou, na sua alegação, o lapso material cometido no requerimento de interposição do recurso, "já que a norma desaplicada pela decisão recorrida é obviamente a que consta do artigo 5.°, n.° 3, da Lei n.° 24/98, enquanto restringe aos partidos políticos, representados em órgãos deliberativos das autarquias locais (sem funções executivas) a titularidade do direito de consulta prévia sobre as propostas orçamentais e planos de actividade — excluindo-o relativamente aos grupos de cidadãos eleitores representados nos mesmos órgãos deliberativos, os quais apenas beneficiariam dos direitos de oposição e informação, nos termos dos artigos 3.°, n.° 3, e 4.° do citado diploma legal". Ora, tendo o presente recurso sido interposto ao abrigo da alínea *a*) do n.° 1 do artigo 70.° da Lei do Tribunal Constitucional, constitui seu pressuposto a recusa, pelo tribunal recorrido, de aplicação de norma jurídica, com fundamento na sua inconstitucionalidade.

Cumpre, por isso, verificar previamente se o tribunal recorrido recusou a aplicação do n.° 3 do artigo 5.° do Estatuto do Direito de Oposição, aprovado pela Lei n.° 24/98, de 26 de Maio, com o sentido normativo que o recorrente submete à apreciação do Tribunal Constitucional.

A decisão recorrida depois de enunciar a questão de se saber se é inconstitucional "a atribuição do direito de consulta prévia unicamente aos partidos políticos representados nos órgãos deliberativos das autarquias locais sem a concomitante atribuição desse direito aos grupos de cidadãos eleitores" respondeu no sentido de que a "denegação do direito de consulta prévia conferida pela Lei n.° 24/98, de 26 de Maio, a grupos de cidadãos eleitores, em confronto com a atribuição de tal direito aos partidos políticos, se configura como inconstitucional, porque violadora do princípio da igualdade de participação na vida pública."

Esta decisão foi proferida no âmbito de uma acção administrativa especial que tem por objecto a impugnação da deliberação da Câmara Municipal de Vizela que elaborou e remeteu, à Assembleia Municipal, as opções do plano e orçamento para 2005, e a deliberação da Assembleia Municipal de Vizela que aprovou as opções do plano e orçamento para 2005. No caso em apreço, estava em causa saber se um grupo de cidadãos eleitores, representado na assembleia municipal, sem integrar a câmara municipal, deveria ser ouvido sobre a proposta de orçamento e de plano de actividades do município.

Atenta a natureza instrumental do recurso de constitucionalidade, deve apreciar-se a conformidade constitucional da norma do n.° 3 do artigo 5.° do Estatuto do Direito de Oposição, aprovado pela Lei n.° 24/98, de 26 de Maio, interpretada com o sentido de que não é obrigatório ouvir um grupo de cidadãos eleitores — unicamente representados na assembleia municipal — sobre a proposta de orçamento e de plano de actividades do município, por se haver considerado que apenas os partidos políticos representados na assembleia municipal e que não façam parte da câmara municipal ou que nela não assumam pelouros, poderes delegados ou outras formas de responsabilidade directa e imediata pelo exercício de funções executivas, têm o direito de ser ouvidos sobre a proposta de orçamento e de plano de actividades do município.

A questão que se coloca no presente recurso é, pois, a de saber se é inconstitucional, por violação princípio constitucional da igualdade de participação na vida pública, como considerou o tribunal recorrido, a norma do n.° 3 do artigo 5.° do Estatuto do Direito de Oposição, aprovado pela Lei n.° 24/98, de 26 de Maio, na interpretação sindicada, na medida em que não confere aos grupos de cidadãos eleitores representados na assembleia municipal e que não façam parte da câmara municipal, o direito de serem ouvidos, tal como os partidos políticos, sobre a proposta de orçamento e de plano de actividades do município.

III — Fundamentos

4. O artigo 48.° da Constituição, que tem como epígrafe "Participação na vida pública", e se insere no capítulo dedicado aos direitos, liberdades e garantias de participação política, estabelece no seu n.° 1 que "[t]odos os cidadãos têm o direito de tomar parte na vida política e na direcção dos assuntos públicos do país, directamente ou por intermédio de representantes livremente eleitos." A participação dos cidadãos na vida política a que se refere esta norma constitucional "exerce-se, desde logo, ao nível da constituição dos órgãos do poder político (órgãos do Estado, em sentido lato), constitucionalmente previstos, e da formação das suas decisões. Ela efectiva-se, quer directamente — a chamada «democracia directa» —, quer através de órgãos representativos, eleitos pelos cidadãos — a chamada «democracia representativa» (J. J. Gomes Canotilho e Vital Moreira, *Constituição da República Portuguesa Anotada*, 4.ª edição, Volume I, em anotação ao n.° 1 do artigo 48.°).

Nas autarquias locais, a participação dos cidadãos na vida política exerce-se designadamente através das assembleias (órgãos do poder político dotados de poderes deliberativos) eleitas por sufrágio universal, directo e secreto dos cidadãos recenseados na área da respectiva autarquia (n.° 2 do artigo 239.° da Constituição). Por determinação constitucional (n.° 4 do artigo 239.°), concretizada na Lei Orgânica n.° 1/2001, de 14 de Agosto, que regula a eleição de titulares para os órgãos das autarquias locais, as candidaturas para a eleição dos órgãos das autarquias locais podem ser apresentadas por partidos políticos (e coligações de partidos políticos constituídas para fins eleitorais) e por grupos de cidadãos eleitores.

Decorre, assim, do estabelecido nas normas constitucionais supra referidas, bem como do regime consagrado na lei orgânica que regula a eleição de titulares para os órgãos das autarquias locais, que os cidadãos recenseados na área do município têm o direito de tomar parte na vida política da autarquia por intermédio de representantes livremente eleitos para a assembleia municipal, órgão representativo do município dotado de poderes deliberativos (artigo 251.° da Constituição), em eleições para as quais podem ser apresentadas listas não só pelos partidos políticos (e coligações de partidos políticos constituídas para esse fim), mas também por grupos de cidadãos eleitores.

5. A participação no poder político nos moldes já referidos efectiva-se não só mediante o exercício das funções políticas em que ficaram investidos os cidadãos eleitos, mas também pelo exercício do chamado direito de oposição democrática. Como sublinham J. J. Gomes Canotilho e Vital Moreira (*Constituição da República Portuguesa Anotada,* 3.ª edição, p. 526), o direito de oposição democrática é uma concretização de outros princípios e direitos fundamentais da

Constituição: o princípio democrático [artigo 2.° e artigo 9.°, alínea *b)*] e direitos, liberdades e garantias de participação política, designadamente o direito de participação na vida pública (artigo 48.°). O direito de oposição democrática, genericamente consagrado no n.° 2 do artigo 114.° da Constituição, concretiza o direito de participação na vida pública das minorias assegurando-lhes o direito a exercer uma oposição democrática ao Governo e aos órgãos executivos das regiões autónomas e das autarquias locais de natureza representativa, nos termos da Constituição e da lei, traduzida na actividade de acompanhamento, fiscalização e crítica das orientações políticas (artigo 1.° e n.° 1 do artigo 2.° do Estatuto do Direito de Oposição, aprovado pela Lei n.° 24/98). Este direito de oposição das minorias integra os direitos, poderes e prerrogativas previstos na Constituição e na lei (n.° 2 do artigo 2.° do Estatuto do Direito de Oposição) sendo, no âmbito das autarquias locais, a sua titularidade reconhecida aos partidos políticos e aos grupos de cidadãos eleitores representados nos órgãos deliberativos das autarquias locais, que não estejam representados no correspondente órgão executivo, e aos partidos políticos e grupos de cidadãos eleitores que estejam representados nas câmaras municipais, desde que nenhum dos seus representantes assuma pelouros, poderes delegados ou outras formas de responsabilidade directa e imediata pelo exercício de funções executivas (n.ºs 1, 2 e 3 do artigo 3.° do Estatuto do Direito de Oposição).

Defendem Jorge Miranda e Rui Medeiros (*Constituição Portuguesa Anotada*, p. 294) que poderes idênticos aos atribuídos pela Constituição às minorias na Assembleia da República são de atribuir às minorias nas Assembleias Legislativas regionais e *mutatis mutandis* alguns também às minorias nas assembleias das autarquias locais "entendendo-se que abrangem também os grupos de cidadãos nelas representados". Um dos direitos de oposição (poderes específicos atribuídos às minorias, nas palavras destes autores na *Constituição Portuguesa Anotada*, p. 292), previstos no Estatuto do Direito de Oposição, aprovado pela Lei n.° 24/98, é o de consulta prévia (artigo 5.°) que consiste, no que se refere às autarquias locais, no direito de ser ouvido sobre a proposta de orçamento e de plano de actividades (n.° 3).

Porém, a titularidade deste direito, na interpretação normativa sindicada, só foi reconhecida aos partidos políticos representados na assembleia municipal e que não façam parte da câmara municipal, ou que nela não assumam pelouros, poderes delegados ou outras formas de responsabilidade directa e imediata pelo exercício de funções executivas. Com efeito, ao contrário do que se verifica quanto ao direito (geral) de oposição e ao direito à informação (artigo 4.° do Estatuto do Direito de Oposição), o legislador não reconheceu aos grupos de cidadãos eleitores representados na assembleia municipal e que não façam parte da câmara municipal, ou que nela não assumam pelouros, poderes delegados ou outras formas de responsabilidade directa e imediata pelo exercício de funções executivas, o direito de ser ouvidos sobre a proposta do orçamento e do plano de actividades do município; é esta opção legislativa que o tribunal recorrido entendeu que ofende a Constituição «porque violadora do princípio da igualdade de participação na vida pública».

6. O princípio da igualdade (de participação na vida política) não proíbe todas as distinções, mas apenas aquelas que se afiguram destituídas de fundamento razoável ou de qualquer justificação objectiva e racional. Dito de outro modo: o legislador tem margem de livre conformação legislativa, permitindolhe a Constituição efectuar diferenciações desde que estas não sejam material e racionalmente infundadas.

Mas há que reconhecer aos partidos políticos um papel especial na vida política do País. Conforme o Tribunal já afirmou (Acórdão n.° 304/03, publicado na I Série-A do *Diário da República*, de 19 de Julho de 2003), «os partidos são associações de natureza privada de interesse constitucional e uma peça fundamental do sistema político (é o próprio Estado a estimular a sua actividade, suportando parte do respectivo financiamento), pois se lhes atribui — por vezes em exclusivo — a tarefa de "concorrerem para a organização e para a expressão da vontade popular"». Daí que a própria Constituição (artigo 51.°) «prevê que as exigências que o princípio democrático traz ao sistema político se estendam às associações privadas de interesse constitucional, como são os partidos. A vigência prática do princípio democrático nos partidos apresenta uma dupla vertente: tem uma dimensão material, que concerne aos direitos fundamentais dos seus filiados e uma dimensão estrutural, organizativa ou procedimental». É o papel que a Constituição reserva aos partidos na organização política que impõe significativas exigências (por exemplo, quanto ao financiamento e fiscalização de contas, quanto a responsabilidade dos dirigentes, quanto a regras de organização interna e de funcionamento, para além da personalidade jurídica, da capacidade adequada à realização dos seus fins e de serem constituídos por tempo indeterminado) das quais dispensa os simples grupos de cidadãos eleitores.

Seguindo a fórmula sintética proposta por Jorge Miranda, "por partido entende-se uma associação de cidadãos, constituída a título permanente, para a realização de objectivos de modelação do Estado e da sociedade através do acesso aos órgãos de poder, seja este nacional, regional ou local" a qual se distingue dos grupos de cidadãos que apresentem candidaturas para os órgãos das autarquias locais "porque estes só subsistem durante os mandatos dos titulares que consigam fazer eleger" (*Manual de Direito Constitucional*, Tomo VII, Coimbra, 2007, pp. 160 e 161). Com efeito, os grupos de cidadãos eleitores que apresentem candidaturas a órgãos das autarquias locais são destinados a durar apenas por certo período — o da duração dos mandatos dos titulares eleitos — e embora dêem origem a uma "individualidade distinta", esta é destituída de personalidade jurídica por "faltarem todos os necessários elementos de substrato e por causa da existência muito contingente" (Jorge Miranda, *Manual de Direito Constitucional*, Tomo VII, Coimbra, 2007, pp. 197 e 198).

Ora, a substancial diferença que distingue os grupos de cidadãos eleitores dos partidos políticos justifica uma diferenciação no seu tratamento legal. Na realidade, é aceitável que a lei reserve a essas associações de natureza privada e de interesse constitucional, que são uma peça fundamental do sistema político, um estatuto próprio, distinto das demais organizações, no que respeita ao funcionamento dos órgãos politicamente eleitos.

Não é, por conseguinte, em razão da acutilância do princípio da igualdade, ainda que especialmente dirigida à igualdade de participação na vida pública, que pode verificar-se uma desconformidade constitucional da norma em análise.

Com efeito, como defendem J. J. Gomes Canotilho e Vital Moreira (*Constituição da República Portuguesa Anotada,* 4.ª edição, Volume I, p. 343) o artigo 48.° da Constituição ao garantir a igualdade de participação na vida pública reafirma o princípio geral de igualdade, consagrado no artigo 13.° da Constituição. Para estes autores (*Constituição da República Portuguesa Anotada,* 4.ª edição, Volume I, p. 337) o que o princípio da igualdade na sua "dimensão democrática" exige é a "explícita proibição de discriminações (positivas e negativas) na participação no exercício do poder político, seja no acesso a ele (sufrágio censitário, etc.), seja na relevância dele (desigualdade de voto), bem como no acesso a cargos públicos (cfr. artigos 10.°, n.° 1, 48.° e 50.°)".

7. Todavia, não se vislumbram razões que possam levar a não atribuir aos grupos de cidadãos eleitores, quando representados na assembleia municipal, mas que não façam parte da câmara municipal, o direito de ser ouvidos sobre a proposta de orçamento e plano de actividades do município (n.° 3 do artigo 5.° do Estatuto do Direito de Oposição).

Com efeito, as características próprias deste tipo de grupos, designadamente a falta de personalidade ou a duração por tempo determinado, não impediram o legislador de lhe atribuir o direito (geral) de oposição (n.° 3 do artigo 3.° do Estatuto do Direito de Oposição) e até o direito à informação, ou seja, o direito de ser informado regular e directamente pela câmara municipal sobre o andamento dos principais assuntos de interesse público relacionados com a sua actividade, informações estas que, nos termos do artigo 4.° do Estatuto do Direito de Oposição, "devem ser prestadas directamente e em prazo razoável às suas estruturas representativas". Tendo os grupos de cidadãos eleitores representados na assembleia municipal, que não façam parte da câmara municipal, o direito de acompanhar, fiscalizar e criticar as orientações políticas da câmara municipal, não há razão para não lhes conceder o específico direito de serem ouvidos sobre os documentos de gestão previsional anual, que é, sem dúvida, essencial para o exercício da oposição democrática. Na verdade, contendo o orçamento a previsão das receitas e das despesas e o plano de actividades (grandes opções do plano) o projecto de investimentos e das actividades a realizar pelo município em determinado ano, a audição sobre as respectivas propostas é o momento adequado a que a oposição se pronuncie sobre as orientações políticas do órgão executivo da autarquia. É, assim, este o momento para os ditos grupos, tal como os partidos que não integram a câmara, tentarem influenciar a elaboração do documento, ou seja, a elaboração da proposta a submeter a aprovação. Aliás, é a própria lei que reconhece ser esse o momento decisivo, quando concede aos partidos políticos, que não integram a câmara, aquele direito.

Pode, assim, concluir-se que negando aos grupos de cidadãos eleitores o direito de consulta prévia, nas circunstâncias já referidas, a norma aqui impugnada restringe de forma intolerável o exercício do direito de oposição democrática que, conforme se viu já, a Constituição confere a tais grupos, quando minoritários nos órgãos das autarquias locais, nos termos das conjugadas disposições do n.° 2 do artigo 114.° e n.° 4 do artigo 239.° da Constituição.

Em suma, a norma do n.° 3 do artigo 5.° do Estatuto do Direito de Oposição, aprovado pela Lei n.° 24/98 de 26 de Maio, interpretada com o sentido de que apenas os partidos políticos representados na assembleia municipal e que não façam parte da câmara municipal, ou que nela não assumam pelouros, poderes delegados ou outras formas de responsabilidade directa e imediata pelo exercício de funções executivas, têm o direito de ser ouvidos sobre a proposta de orçamento e de plano de actividades *é* inconstitucional, por restringir desrazoável e injustificadamente o direito de oposição democrática dos grupos de cidadãos eleitores quando minoritários nos órgãos das autarquias locais, direito esse que resulta das disposições conjugadas do n.° 2 do artigo 114.° e o n.° 4 do artigo 239.° da Constituição.

IV — Decisão

8. Nos termos e pelos fundamentos expostos, decide-se negar provimento ao recurso.

Sem custas.

Lisboa, 23 de Julho de 2009. — *Carlos Pamplona de Oliveira* — *Gil Galvão* — *José Borges Soeiro* — *Maria João Antunes* — *Rui Manuel Moura Ramos.*

Anotação:

1 — Acórdão publicado no *Diário da República*, II Série, de 21 de Setembro de 2009.

2 — O Acórdão n.° 304/03 está publicado em *Acórdãos*, 56.° Vol.

ACÓRDÃO N.º 374/09

DE 23 DE JULHO DE 2009

Fixa, para o conjunto normativo formado pelos artigos 6.º e 8.º da Lei n.º 47/2007, de 28 de Agosto, na interpretação segundo a qual a actual redacção do artigo 18.º, n.º 2, da Lei n.º 34/2004, de 29 de Julho, introduzida pela Lei n.º 47/2007, de 28 de Agosto, se aplica aos pedidos de protecção jurídica apresentados após a entrada em vigor desta — 1 de Janeiro de 2008 —, no âmbito de acções instauradas antes desta data, a interpretação segundo a qual a avaliação da insuficiência económica superveniente para efeito do requerimento de apoio judiciário inclui a tomada em consideração da ocorrência de um "encargo excepcional", em virtude do decurso do processo.

Processo: n.º 123/09.
Recorrente: Ministério Público.
Relator: Conselheiro Borges Soeiro.

SUMÁRIO:

I — No caso *sub iudicio*, e tendo em vista as alterações introduzidas pela Lei n.º 47/2007 na Lei n.º 34/2004, *maxime* no seu artigo 18.º, n.º 2, o "encargo anormal" teve na sua origem o relevante aumento do valor da causa, tendo assim que se apurar se tal circunstância teve na parte o efeito de — pelo facto de estar impedido de, nesse contexto, requerer o apoio judiciário, sendo que a acção atingiu um valor quase décuplo com as inerentes consequências nas custas a pagar — consubstanciar uma dificuldade inultrapassável e desproporcionada, isto é, um factor inibidor de que o autor da acção possa, efectivamente, aceder à justiça.

II — A circunstância de ter desaparecido a eventual ocorrência de "encargo excepcional" como norma que permitia requerer-se o pedido de apoio judiciário numa fase mais tardia do processo não obsta a que o requerente, fundando-se no artigo 8.º da Lei n.º 34/2004, na redacção que lhe foi conferida pela Lei n.° 47/2007, de 28 de Agosto, invoque a superveniência de uma insuficiência económica que lhe acarreta não ter as condições objectivas para suportar os custos de um processo.

III — Numa interpretação, que é conforme à Constituição, deve o intérprete (juiz incluído), preferir sempre o sentido que o texto constitucional suporta. Se o não fizer e desaplicar a norma legal com fundamento em inconstitucionalidade, no recurso que subir ao Tribunal Constitucional, nos termos do artigo 80.°, n.° 3, da Lei do Tribunal Constitucional, deve este fixar o sentido da norma que é compatível com a Constituição, e mandar aplicar esta no processo com tal interpretação.

Acordam na 1.ª Secção do Tribunal Constitucional:

I — Relatório

1. O Exm.° Magistrado do Ministério Público junto do Tribunal Judicial de Abrantes interpôs recurso para o Tribunal Constitucional, dizendo o seguinte:

"(...) nos autos de impugnação judicial de indeferimento de protecção jurídica à margem referenciados em que é requerente António Neves do Pereiro e requerido o Centro Distrital de Solidariedade e Segurança Social de Santarém, vem interpor recurso, para o Tribunal Constitucional, da douta sentença, nos termos do artigo 70.°, n.° 1, alínea *a)*, da Lei n.° 28/82, de 15 de Novembro, com as redacções das Leis n.os 143/85, de 26 de Novembro, 85/89, de 7 de Setembro, 88/95, de 1 de Setembro e 13-A/98, de 26 de Fevereiro, na parte em que recusou a aplicação das normas constantes dos artigos 6.° e 8.° da Lei n.° 47/2007, de 28 de Agosto, na interpretação segundo a qual a actual redacção do artigo 18.°, n.° 2, da Lei n.° 34/2004, de 29 de Julho, introduzida pela Lei n.° 47/2007, de 28 de Agosto se aplica aos pedidos de protecção jurídica apresentados após a entrada em vigor desta — 1 de Janeiro de 2008 — no âmbito das acções instauradas antes desta data, por materialmente inconstitucionais em decorrência da violação dos princípios contidos nos artigos 13.°, 20.° e 18.°, n.° 2, da Constituição da República Portuguesa."

2. A decisão recorrida apresenta, no que ora importa, o seguinte teor:

"1.2. O artigo 18.°, n.° 2, da Lei n.° 34/2004, de 29 de Julho, prevê a oportunidade da formulação do pedido de apoio judiciário pelo respectivo interessado e estatui a regra de que ele deve ser requerido antes da primeira intervenção processual.

No domínio da vigência da Lei n.° 30-E/2000, de 20 de Dezembro, o pedido de apoio judiciário podia ser formulado em qualquer estado da causa, independentemente de a insuficiência económica do requerente ser ou não superveniente.

No domínio da vigência da Lei n.° 34/2004, de 29 de Julho — antes das alterações introduzidas pela Lei n.° 47/2007, de 28 de Agosto —, o pedido de apoio judiciário deveria ser formulado antes da primeira intervenção no processo, salvo se a situação de insuficiência económica fosse superveniente ou se, em virtude do decurso do processo, ocorresse um encargo excepcional.

Actualmente, no domínio da vigência da Lei n.° 34/2004, de 29 de Julho — com as alterações introduzidas pela Lei n.° 47/2007, de 28 de Agosto — mantém-se a regra de o pedido de apoio judiciário dever ser formulado antes da primeira intervenção no processo e a situação de excepção consubstanciada na superveniência da insuficiência económica, mas desaparece a situação de excepção consubstanciada na ocorrência, em razão do decurso da acção, de um encargo excepcional.

1.3. No caso *sub judice*, o requerente não formulou o pedido de apoio judiciário antes da primeira intervenção processual, nem invocou qualquer situação de superveniência de insuficiência económica que justificasse a formulação tardia de tal pedido.

Na verdade, o requerente formulou o pedido de apoio judiciário na pendência do processo judicial — em 11 de Abril de 2008 —, tendo invocado, para tanto, a ocorrência de um encargo excepcional, consubstanciado no aumento do valor processual da acção.

Aquando da instauração do processo judicial — em 26 de Junho de 2006 —, vigorava o regime estabelecido pela Lei n.° 34/2004, de 29 de Julho, que admitia a formulação do pedido de apoio judiciário depois da primeira intervenção no processo, no caso de superveniência da situação de insuficiência económica ou de ocorrência, em virtude do decurso do processo, de um encargo excepcional.

Posteriormente, em 1 de Janeiro de 2008, entrou em vigor a Lei n.° 47/2007, de 28 de Agosto, que introduziu alterações à redacção de diversos artigos da Lei n.° 34/2004, de 29 de Julho, e passou a ser aplicável aos pedidos de protecção jurídica apresentados após a sua entrada em vigor (cfr. artigos 6.° e 8.° da Lei n.° 47/2007, de 28 de Agosto).

Ora, no âmbito da vigência da nova lei, a ocorrência de um encargo excepcional, em virtude do decurso do processo, não consubstancia uma excepção à regra de formulação do pedido de apoio judiciário antes da primeira intervenção processual.

Quid iuris?

A presente questão situa-se, em nosso entender, no âmbito da possível inconstitucionalidade, por violação dos artigos 13.°, 20.° e 18.°, n.° 2, da Constituição da República Portuguesa, dos artigos 6.° e 8.° da Lei n.° 47/2007, de 28 de Agosto, na interpretação segundo a qual a actual redacção do artigo 18.°, n.° 2, da Lei n.° 34/2004, de 29 de Julho, introduzida pela Lei n.° 47/2007, de 28 de Agosto, se aplica aos pedidos de protecção jurídica apresentados após a entrada em vigor desta lei — 1 de Janeiro de 2008 —, no âmbito de acções instauradas antes desta data.

Efectivamente, a aplicação da actual redacção do artigo 18.°, n.° 2, da Lei n.° 34/2004, de 29 de Julho, representaria, desde logo, a violação do princípio do acesso ao direito, consagrado no artigo 20.° da Constituição da República Portuguesa, na medida em que o requerente, não tendo meios económicos para custear os encargos processuais do pleito, sofreria consequências gravosas e ficaria penalizado nas suas expectativas, em virtude de uma alteração legislativa, que teve lugar na pendência da acção principal, e que veio a restringir a possibilidade de formulação do pedido de apoio judiciário.

Pelo exposto, ao abrigo do artigo 204.° da Constituição da República Portuguesa, recuso a aplicação dos artigos 6.° e 8.° da Lei n.° 47/2007, de 28 de Agosto, na interpretação segundo a qual a actual redacção do artigo 18.°, n.° 2, da Lei n.° 34/2004, de 29 de Julho, introduzida pela Lei n.° 47/2007, de 28 de Agosto, se aplica aos pedidos de protecção jurídica apresentados após a entrada em vigor desta — 1 de Janeiro de 2008 —, no âmbito de acções instauradas antes desta data.

Consequentemente, considero aplicável ao caso em apreço o artigo 18.°, n.° 2, da Lei n.° 34/2004, de 29 de Julho, na redacção pretérita."

3. Notificado para alegar, veio o Exmo. Procurador-Geral Adjunto junto do Tribunal Constitucional, concluir o seguinte:

"1.° A norma resultante da conjugação dos artigos 6.°, 8.° e 18.°, n.° 2, da Lei n.° 34/2004, na versão emergente da Lei n.° 47/2007, interpretada em termos de a restrição estabelecida quanto à formulação de pedido de apoio judiciário em momento ulterior à primeira intervenção processual (deixando de ser possível tal pedido, a partir de 1 de Janeiro de 2008, quando ocorra um encargo excepcional superveniente, a suportar pelo interessado) é aplicável imediatamente às causas pendentes, ofende os artigos 13.°, 20.°, 18.°, n.° 2, bem como o princípio da confiança, ínsito no artigo 2.° da Lei Fundamental.

2.° Na verdade, a imediata aplicação da lei restritiva, num ponto do regime do apoio judiciário que se prende com a fixação do momento em que o mesmo pode ser requerido, implica que fique precludida ao interessado a formulação do pedido na pendência da causa, ainda que, no momento liminar da acção, fosse possível antecipar a ocorrência de um encargo anormal e superveniente — confiando justificadamente a parte carenciada economicamente que, a consumar-se tal situação, ainda lhe seria possível requerer o dito benefício, face à redacção decorrente da versão originária da Lei n.° 34/2004.

3.° Termos em que deverá confirmar-se o juízo de inconstitucionalidade formulado pela decisão recorrida."

Cumpre apreciar e decidir.

II — Fundamentação

A) *Do objecto do recurso*

4.1. Vem interposto recurso obrigatório pelo Ministério Público, ao abrigo do artigo 70.°, n.° 1, alínea *a)*, da Lei do Tribunal Constitucional (LTC), da decisão do Tribunal Judicial de Abrantes proferida em 26 de Setembro de 2008, a qual deferiu o recurso que havia sido interposto por António Neves do Pereiro do despacho do Centro Distrital de Santarém do Instituto de Solidariedade e Segurança Social, I. P., que, por sua vez, indeferiu o pedido de apoio judiciário que aquele havia previamente deduzido.

Esse pedido assentou no facto de, posteriormente à proposição da acção e na sequência de reconvenção e posterior avaliação dos bens, se ter verificado um grande aumento do valor daquela o que redundou em alteração da situação económica do autor relativamente ao processo. A referida decisão recusou, com fundamento em inconstitucionalidade, a aplicação dos artigos 6.° e 8.° da Lei n.° 47/2007, de 28 de Agosto, na interpretação segundo a qual a actual redacção do artigo 18.°, n.° 2, da Lei n.° 34/2004, de 29 de Julho, introduzida pelo primeira diploma referido, se aplica aos pedidos de protecção jurídica apresentados após a entrada em vigor desta no âmbito de acções previamente instauradas. Entendeu-se, portanto, que o novo regime instituído por aquele primeiro diploma, se aplica aos pedidos de apoio judiciário deduzidos no âmbito das acções instauradas antes de 1 de Janeiro de 2008, de onde resultaria a desconformidade com a Lei Fundamental. Os parâmetros de constitucionalidade convocados por este juízo são os constantes dos artigos 13.°, 20.°, e 18.°, n.° 2, da Constituição.

4.2. O aludido novo regime impõe que o referido pedido seja deduzido antes da primeira intervenção do interessado no processo, a não ser que surja uma situação de "superveniente insuficiência económica", deixando de importar, no juízo da decisão *a quo*, a outra excepção à invocação do pedido antecipado e inicial do apoio judiciário, consubstanciado no surgimento de um "encargo excepcional" ocorrido na pendência da acção. Na situação dos autos, o mencionado "encargo anormal" teve na sua origem o relevante aumento do valor da causa, pois findos os articulados, o tribunal fixou-o em € 144 351,58, quando o valor constante da petição inicial montava a € 16 500.

Sendo certo que o objecto do recurso se circunscreve à norma desaplicada, na dimensão concretizada pelo tribunal recorrido, logo se verifica que o mesmo resulta da aplicação imediata da lei nova, sendo, assim, a nova redacção do artigo 18.°, n.° 2, interpretada no sentido de que o surgimento de um encargo excepcional durante os autos deixa de relevar para o efeito de dedução de pedido de apoio judiciário após a primeira intervenção processual, regime este aplicável às acções pendentes, relativas à data do requerimento de apoio judiciário, na decorrência do aumento do valor da lide.

4.3. Cumpre, pois, analisar se a referenciada dimensão normativa ofende a Constituição, no sentido de inibir o requerente de pleitear e de aceder à justiça, em virtude da ocorrência de um encargo excepcional e superveniente com onerosas consequências no desenvolvimento da acção, em contraponto com a realidade por si conhecida, quando instaurou a mesma acção, sendo que se tal viesse a ocorrer, sempre poderia, com esse fundamento, deduzir um pedido superveniente de apoio judiciário, situação que, agora, com a lei nova, na interpretação da decisão recorrida, se encontra impedido de formular. Deste modo, passemos à análise do objecto do processo, consubstanciado na "norma" resultante da conjugação dos artigos 6.°, 8.° e 18.°, n.° 2, da Lei n.° 34/2004, na versão resultante da Lei n.° 47/2007, interpretada em termos de a restrição estabelecida quanto à formulação de pedido de apoio judiciário em momento ulterior à primeira intervenção processual (deixando de ser possível tal pedido, a partir de 1 de Janeiro de 2008, quando ocorra um encargo excepcional superveniente, a suportar pelo interessado) é aplicável imediatamente às causas pendentes, face aos artigos 13.°, 20.°, e 18.°, n.° 2, e ao princípio da confiança, ínsito no artigo 2.°, todos da Lei Fundamental.

B) *Do mérito do recurso*

5. Com especial incidência no direito de acesso aos tribunais, na sua vertente de proibição de denegação de justiça por insuficiência de meios económicos, tem este Tribunal seguido, de uma forma reiterada, uma inequívoca jurisprudência segundo a qual, não obstante a Constituição não impor a gratuitidade daquele acesso, "o que será vedado ao legislador é o estabelecimento de regras de onde resulte que os encargos que hão-de ser suportados por quem acorre aos órgãos jurisdicionais possam, na prática, constituir um entrave inultrapassável ou um acentuadamente grave ou incomportável sacrifício para desfrutarem de tal direito" (Acórdão n.° 255/07, publicado no *Diário da República*, II Série, de 25 de Maio de 2007).

Partindo-se deste pressuposto, e, ainda, do facto de que as custas judiciais apresentam a veste de taxa e não de imposto, temos que se integrará na liberdade de conformação do legislador a fixação dos respectivos montantes.

A aludida liberdade conformativa, no entanto, "não implica que as normas definidoras dos critérios de cálculo sejam imunes a um controlo de constitucionalidade, quer no que toca à sua aferição segundo as regras da proporcionalidade, decorrentes do princípio do Estado de direito (artigo 2.° da Constituição), quer no que respeita à sua apreciação à luz da tutela constitucional do direito ao acesso à justiça (artigo 20.° da Constituição)." (Acórdão n.° 1182/96, publicado no *Diário da República*, II Série, de 11 de Fevereiro de 1997).

6. Como também o Tribunal vem referindo, não sendo constitucionalmente imposta a gratuidade de acesso aos tribunais, da mesma forma que é imposta a não denegação de justiça por insuficiência de meios económicos, o "apoio judiciário" não pode ser tido como um meio generalizado e massificado do acesso ao direito e aos tribunais.

Com efeito, o mesmo, ao invés, terá de ser visto, transcrevendo o já citado Acórdão n.° 255/07, como "um remédio, uma solução a utilizar, de forma excepcional, apenas pelos cidadãos economicamente carenciados ou desfavorecidos, e não de forma indiscriminada pela generalidade dos cidadãos, o que não deixa de implicar necessariamente, que também o sistema das custas judiciais tenha de ser um sistema proporcional e justo e não torne insuportável ou inacessível para a generalidade das pessoas o acesso aos tribunais".

7. Na situação dos autos, e tendo em vista as alterações introduzidas pela Lei n.° 47/2007 na Lei n.° 34/2004, *maxime* no seu artigo 18.°, n.° 2, o mencionado "encargo anormal" teve na sua origem o relevante aumento do valor da causa, pois que findos os articulados, o Tribunal fixou-o em € 144 351,58, quando o valor constante da petição inicial montava a € 16 500. Ter-se-á assim que apurar se tal circunstância teve na parte o efeito de — pelo facto de estar impedido de, nesse contexto, requerer o apoio judiciário, sendo que a acção atingiu um valor quase décuplo com as inerentes consequências nas custas a pagar — consubstanciar uma dificuldade inultrapassável e desproporcionada, isto é, um factor inibidor de que o autor da acção possa, efectivamente, aceder à justiça.

8. Com particular incidência na problemática do acesso ao direito e aos tribunais, refere o artigo 8.°, n.° 1, da Lei n.° 34/2004, na redacção que lhe foi conferida pela Lei n.° 47/2007, que "se encontra em situação de insuficiência económica aquele, que tendo em conta factores de natureza económica e a respectiva capacidade contributiva, não tem condições objectivas para suportar pontualmente os custos do processo".

Tem sido reconhecido que "o conceito de insuficiência económica é um conceito relativo, não podendo ser dissociado do valor das custas (...). A incapacidade económica que justifica a concessão de apoio judiciário deve, concretamente, ser aferida tendo em conta os custos concretos de cada acção e a disponibilidade da parte que o solicita, não estando excluído que seja concedido, em maior ou menor medida, se o valor da causa assim o justificar." (Jorge Miranda e Rui Medeiros, *Constituição Portuguesa Anotada*, Tomo I, 2005, p. 181, e Salvador da Costa, *Apoio Judiciário*, 6.ª edição, Almedina, Coimbra p. 56).

E, mais incisivamente para a economia do presente recurso, acrescentam os Ilustres Autores, que "a expectativa inicial do provável custo da utilização da via judiciária constitui um dos elementos que os interessados ponderam na decisão de aceder ou não aos tribunais para a defesa dos seus direitos e interesses legalmente protegidos" (Jorge Miranda e Rui Medeiros, *ob. cit.*, p. 185).

9. A circunstância de ter desaparecido a eventual ocorrência de "encargo excepcional" como norma que permitia requerer-se o pedido de apoio judiciário numa fase mais tardia do processo não obsta a que o requerente, fundando-se no artigo 8.° da Lei n.° 34/2004, na redacção que lhe foi conferida pela Lei n.° 47/2007, de 28 de Agosto, invoque a superveniência de uma insuficiência económica que lhe acarreta não ter as condições objectivas para suportar os custos de um processo.

Assim, a aludida "ocorrência de encargo excepcional" que se poderia traduzir num aumento manifesto dos custos de uma acção face ao valor que lhe foi atribuído na petição inicial, é consumida pela previsão referenciada como "insuficiência económica superveniente".

Com efeito, existe insuficiência económica superveniente quer nas situações de decréscimo dos rendimentos do requerente como nas situações de manifesto aumento da despesa, sendo que o aumento inusitado dos custos de uma acção se reporta a casos de aumento da despesa.

Ora numa interpretação, que é conforme à Constituição, deve o intérprete (juiz incluído), preferir sempre o sentido que o texto constitucional suporta. Se o não fizer e desaplicar a norma legal com fundamento em inconstitucionalidade, no recurso que subir ao Tribunal Constitucional, nos termos do artigo 80.°, n.° 3, da LTC, deve este fixar o sentido da norma que é compatível com a Constituição, e mandar aplicar esta no processo com tal interpretação (cfr. Acórdãos n.os 163/95 e 198/95, publicados, respectivamente, no *Diário da República*, II Série, de 8 de Junho e de 22 de Junho de 1995).

10. Assim, para o conjunto normativo formado pelos artigos 6.° e 8.° da Lei n.° 47/2007, de 28 de Agosto, na interpretação segundo a qual a actual redacção do artigo 18.°, n.° 2, da Lei n.° 34/2004, de 29 de Julho, introduzida pela Lei n.° 47/2007, de 28 de Agosto, se aplica aos pedidos de protecção jurídica apresentados após a entrada em vigor desta — 1 de Janeiro de 2008 —, no âmbito de acções instauradas antes desta data, fixa-se a interpretação a seguir enunciada.

III — Decisão

Nestes termos, concede-se provimento ao recurso, devendo a decisão recorrida ser reformada por forma a aplicar no julgamento do recurso o conjunto normativo com o sentido de que:

A avaliação da insuficiência económica superveniente para efeito do requerimento de apoio judiciário inclui a tomada em consideração da ocorrência de um "encargo excepcional", em virtude do decurso do processo.

Sem custas.

Lisboa, 23 de Julho de 2009. — *José Borges Soeiro* — *Maria João Antunes* — *Carlos Pamplona de Oliveira* — *Gil Galvão* — *Rui Manuel Moura Ramos.*

Anotação:

1 — Acórdão publicado no *Diário da República*, II Série, de 21 de Setembro de 2009.

2 — Os Acórdãos n.os 163/95, 1182/96 e 255/07 estão publicados em *Acórdãos*, 30.°, 35.° e 68.° Vols., respectivamente.

ACÓRDÃO N.º 383/09

DE 23 DE JULHO DE 2009

Não julga inconstitucionais a norma do artigo 732.º-A do Código de Processo Civil, na redacção anterior ao Decreto-Lei n.º 303/2007, de 24 de Agosto, quando interpretada no sentido de que o requerimento das partes a que se refere o seu n.º 2 apenas pode ser apresentado até à prolação do acórdão que julga a revista, e a norma do n.º 1 do artigo 11.º do Decreto-Lei n.º 303/2007, de 24 de Agosto, na interpretação de que o recurso extraordinário para uniformização de jurisprudência, previsto no artigo 763.º do Código de Processo Civil na redacção emergente do mesmo diploma legal, não é aplicável aos processos pendentes em 31 de Dezembro de 2007.

Processo: n.º 930/08.
Recorrente: Joanne Lesley Gatefield.
Relator: Conselheiro Vítor Gomes.

SUMÁRIO:

I — Quanto à questão da constitucionalidade da norma do artigo 732.º-A do Código de Processo Civil, na redacção anterior ao Decreto-Lei n.º 303/2007, de 24 de Agosto, quando interpretado no sentido de que o requerimento das partes a que se refere o seu n.º 2 apenas pode ser apresentado ate à prolação do acórdão que julga a revista, já o Tribunal se pronunciou no Acórdão n.º 261/02, em que se concluiu pela não inconstitucionalidade da norma assim interpretada, entendimento que se mantém, uma vez que a garantia de tutela jurisdicional efectiva não implica a garantia genérica de recurso das decisões jurisdicionais em matéria cível e, menos ainda, compreende o direito fundamental a um grau de jurisdição que envolva a intervenção de uma formação qualificada do Supremo Tribunal de Justiça para prevenir ou resolver conflitos de jurisprudência.

II — Quanto à constitucionalidade da norma do n.° 1 do artigo 11.° do Decreto-Lei n.° 303/2007, de 24 de Agosto, na interpretação de que o recurso extraordinário para uniformização de jurisprudência, previsto no artigo 763.° do Código de Processo Civil na redacção emergente do mesmo diploma legal, não é aplicável aos processos pendentes em 31 de Dezembro de 2007, ainda que se considere possível retirar da Constituição, designadamente dos princípios da segurança jurídica e da igualdade, a imposição ao legislador de um dever de consagrar medidas organizatórias e instrumentos processuais especificamente ordenados à prossecução do interesse da uniformização da jurisprudência, tratar-se-á sempre de uma exigência de protecção institucional objectiva da unidade da ordem jurídica, não de um direito subjectivo ou situação activa equiparada dos cidadãos (de cada cidadão litigante) a deduzir uma pretensão dirigida à manutenção (ou pelo menos à uniformização) da jurisprudência.

III — A ponderação legislativa que levou à norma de direito transitório que torna a lei nova inaplicável aos processos pendentes à data da sua entrada em vigor, mesmo na parte em que introduz a faculdade de recurso para o pleno das secções cíveis para uniformização de jurisprudência, pode ser solução de mérito duvidoso, mas não pode ser apodada de arbitrária.

Acordam na 3.ª Secção do Tribunal Constitucional:

I — Relatório

1. Joanne Lesley Gatefield propôs uma acção cível contra Maria de Fátima Pinelas Cotta da Silva Carvalho, pedindo a condenação desta em indemnização e restituição do sinal em dobro, com fundamento em incumprimento de um contrato promessa. A ré contestou e reconveio, alegando não ter sido ela, mas a promitente compradora, quem entrara em incumprimento e pedindo que lhe fosse reconhecido o direito de fazer seu o sinal recebido.

Na sentença de 1.ª instância entendeu-se não ter havido incumprimento por qualquer das partes, sendo cada uma delas absolvida do pedido que a outra formulara. Houve, recurso de ambas as partes, entendendo a Relação que ambas tinham incumprido o contrato, condenando a ré a restituir em singelo à autora o quantitativo que desta recebera a título de sinal. Por acórdão de 22 de Janeiro de 2008, o Supremo Tribunal de Justiça optou por uma terceira solução: considerou incumprido o contrato promessa exclusivamente pela autora e reconheceu à ré o direito a fazer sua a quantia recebida a título de sinal.

2. Face a este acórdão, a autora apresentou um requerimento para "julgamento ampliado da revista para uniformização de jurisprudência" com funda-

mento em contradição do decidido com acórdãos anteriores proferidos pelo mesmo Supremo Tribunal.

Por acórdão de 1 de Abril de 2008, o Supremo Tribunal de Justiça decidiu indeferir "o requerimento para uniformização de jurisprudência", considerando que o julgamento ampliado da revista, previsto no artigo 732.°-A, n.° 2, do Código de Processo Civil, tem de ser requerido antes de proferido o acórdão que julga a revista e que o recurso extraordinário para uniformização de jurisprudência previsto nos artigos 763.° e seguintes, não tem aplicação a processos instaurados antes de 1 de Janeiro de 2008. O Supremo Tribunal de Justiça desatendeu, ainda, a arguição de inconstitucionalidade do artigo 732.°-A do Código de Processo Civil e do artigo 11.° do Decreto-Lei n.° 303/2007, de 24 de Agosto, que a autora avançara no seu requerimento.

3. A autora interpôs recurso deste acórdão para o Tribunal Constitucional, ao abrigo da alínea *b*) do n.° 1 do artigo 70.° da Lei n.° 28/82, de 15 de Novembro (LTC), com vista à apreciação da constitucionalidade das normas:

— Do artigo 732.°-A do Código de Processo Civil, quando interpretado no sentido de que o requerimento das partes a que se refere o seu n.° 2 apenas pode ser apresentado ate à prolação do acórdão que julga a revista;
— Do artigo 11.°, n.° 1, do Decreto-Lei n.° 303/2007, de 24 de Agosto, enquanto reserva a possibilidade de recurso para uniformização de jurisprudência, com base na nova redacção do artigo 763.° do Código de Processo Civil, aos processos iniciados após 1 de Janeiro de 2008.

4. Prosseguindo o recurso, a recorrente alegou e conclui nos seguintes termos:

"III — Termos em que se formulam as seguintes conclusões:

1 — A norma contida no artigo 732.°-A do Código de Processo Civil, na redacção em vigor antes da vigência do Decreto-Lei n.° 303/2007, de 24 de Agosto, é inconstitucional quando interpretada no sentido de não permitir requerer o julgamento ampliado de revista após a prolação do acórdão, ainda que a decisão do Supremo Tribunal de Justiça tenha sido inovadora face às decisões das instâncias, nos casos em que não seja admitido o recurso previsto na redacção actual dos artigos 763.° e seguintes do Código de Processo Civil, derivando a inconstitucionalidade da violação dos artigos 13.° e 20.° da Constituição.

2 — Ainda que a Constituição não imponha a existência da possibilidade de recurso para toda e qualquer decisão, seria inconstitucional a abolição generalizada do sistema de recursos em Direito Civil, pois a consagração constitucional da existência da hierarquia dos tribunais implica a existência de um sistema de recursos, pelo que das decisões mais importantes (isto é, de valor superior à alçada da Relação) tem de poder recorrer-se.

3 — Este direito de recurso deve existir quanto a decisões do Supremo Tribunal de Justiça que sejam contrárias às decisões das instâncias e que contrariem jurisprudência do mesmo Supremo Tribunal de Justiça quanto à mesma questão fundamental de direito.

4 — É inconstitucional a norma do artigo 11.°, n.° 1, do Decreto-Lei n.° 303/2007, de 24 de Agosto, quando interpretada no sentido de não ser possível o recurso para uniformização de jurisprudência em relação aos processos pendentes a 1 de Janeiro de 2008, por violação dos artigos 13.° e 20.° da Constituição.

5 — A uniformidade da jurisprudência dos tribunais superiores é um valor necessariamente perseguido pelo sistema jurídico (cfr. artigo 8.° do Código Civil), pois é emanação dos princípios constitucionais da igualdade e do Estado de direito.

6 — Um sistema processual em que uma parte, confrontada com uma decisão inovadora de um tribunal relativa a uma causa de valor superior à alçada da Relação, não tenha ao seu dispor nenhum meio de a impugnar, não é conforme à Constituição, violando os artigos 2.°, 13.° e 20.°

Termos em que devem ser declaradas inconstitucionais as referidas interpretações dos artigos 732.°-A do Código de Processo Civil, na redacção em vigor antes da vigência do Decreto-Lei n.° 303/2007, de 24 de Agosto, e 11.°, n.° 1, do Decreto-Lei n.° 303/2007, de 24 de Agosto, e, em consequência, ser admitido o requerimento de julgamento pelo plenário para uniformização de jurisprudência ou, subsidiariamente, admitido o recurso nos termos do artigo 763.° do Código de Processo Civil."

Também a ré, ora recorrida, alegou no recurso de constitucionalidade, tendo concluído do seguinte modo:

"IV. Conclusões

1. O presente recurso vem interposto pela recorrente, Joanne Lesley Gatefield, do acórdão do Supremo Tribunal de Justiça, proferido no âmbito do processo n.° 4060/07, 1.ª Secção, que indeferiu o requerimento apresentado por esta em 1 de Abril de 2008.

2. Constitui objecto dos presentes autos a fiscalização concreta da (pretensa) (in)constitucionalidade do artigo 732.°-A do Código de Processo Civil, por alegada violação do princípio do acesso ao direito, consagrado no artigo 20.° da Constituição da República Portuguesa (CRP) e do artigo 11.°, n.° 1, do Decreto-Lei n.° 303/2007, de 24 de Agosto, quando referente à aplicação do artigo 763.° do Código de Processo Civil, por alegada violação do princípio da igualdade, consagrado no artigo 13.° da CRP.

3. A propósito do artigo 732.°-A do Código de Processo Civil, veio a ora recorrente defender a inconstitucionalidade da mesma, quando interpretada no sentido de não permitir requerer o julgamento ampliado de revista após a prola-

ção do acórdão, ainda que a decisão do Supremo Tribunal de Justiça tenha sido inovadora face às decisões das instâncias, derivando a inconstitucionalidade da violação do artigo 20.° da CRP.

4. A propósito do referido note-se, antes de mais, que só tem sentido requerer (e decidir) que o julgamento do recurso seja efectuado com a intervenção do plenário das secções cíveis até ao final desse mesmo julgamento, ou seja, até à prolação do acórdão, já que depois de haver acórdão, o julgamento terminou, sendo bem diferente querer que um julgamento seja efectuado com a intervenção do plenário e querer (como pretende a recorrente) que haja um novo recurso para o plenário das secções cíveis da anterior decisão do Supremo Tribunal de Justiça, ou seja, mais uma instância de recurso.

5. Com efeito, importa lembrar que os prazos processuais, e também assim o do artigo 732.°-A do Código de Processo Civil, não são arbitrariamente fixados, mas antes estabelecidos com vista a salvaguarda de interesses tão fundamentais quanto o acesso ao direito, como sejam a segurança e a protecção da confiança, a que acresce a indispensável estabilidade da ordem jurídica, devendo ser, nessa medida, igualmente tutelados, nada impedindo que a recorrente tivesse requerido o julgamento do recurso com intervenção do plenário em tempo, outra tivesse sido a sua cautela processual.

6. E contra essa inevitabilidade não aproveita sequer a abusiva e indevida alegada analogia com a figura das "decisões surpresa" porquanto dos argumentos invocados pela recorrente para justificar a sua "surpresa", *rectius*, o seu descontentamento com a decisão, resulta apenas que aquela ficou «subjectivamente surpreendida».

7. A este propósito, mais se refira que não se trata esta de uma discussão nova, uma vez que a questão da (in)constitucionalidade do artigo 732.°-A do Código de Processo Civil foi já extensamente discutida em sede do Tribunal Constitucional, nomeadamente no âmbito do Processo n.° 38/02, 3.ª Secção, Acórdão n.° 261/02, de 18 de Junho de 2002 (decisão que se mantém inteiramente válida, não obstante as alterações legislativas ao Código de Processo Civil que vieram a ter lugar no ano de 2007).

8. Esclarece tal decisão constitucional que, "fora do Direito Penal não resulta da Constituição, em geral, nenhuma garantia genérica de direito ao recurso de decisões judiciais; nem tal direito faz parte integrante e necessária do princípio constitucional do acesso ao direito e à justiça, expressamente consagrado no citado artigo 20.° da Constituição, não existindo igualmente na Lei Fundamental qualquer preceito ou princípio que imponha, dentro do processo civil, a existência de um recurso para uniformização de jurisprudência".

9. Nestes termos, situa-se ainda o prazo disposto no artigo 732.°-A do Código de Processo Civil dentro da margem de liberdade de conformação que a Constituição confere ao legislador ordinário.

10. Mais se refira, em tom complementar, que, ao contrário dos receios da recorrente, nunca e em caso algum sairá precludido o valor fundamental do acesso ao direito, mesmo na hipótese (académica) de o recurso alargado a que a recorrente

quis (fora de tempo) lançar mão constituir ainda parte integrante daquele valor constitucional.

11. Assim, mesmo na hipótese de inércia das partes, sempre sairá assegurada a segurança e a igualdade jurídicas por via da intervenção do Presidente do Supremo Tribunal de Justiça e do relator, por qualquer dos adjuntos, ou pelos presidentes das secções cíveis, todos eles sujeitos ao dever de requerer o julgamento ampliado quando exista a possibilidade de vencimento de solução jurídica que esteja em oposição com jurisprudência anteriormente firmada.

12. Por último, vem ainda a recorrente querer vislumbrar a inconstitucionalidade (por violação do princípio da igualdade) da disposição transitória disposta no artigo 11.°, n.° 1, do Decreto-Lei n.° 303/2007, que prevê que "as disposições do presente Decreto-Lei não se aplicam aos processos pendentes à data da sua entrada em vigor".

13. A este propósito, note-se desde logo que "o princípio da igualdade não proíbe, pois, que a lei estabeleça distinções. Proíbe, isso sim, o arbítrio, ou seja, proíbe as diferenciações de tratamento sem fundamento material bastante, que o mesmo é dizer sem qualquer justificação razoável, segundo critérios de valor objectivo constitucionalmente relevantes".

14. Mais assinala este Tribunal que só "poderá haver violação do princípio da igualdade quando da fixação do tempo de aplicação de uma norma decorrerem tratamentos desiguais para situações iguais e sincrónicas, ou seja, o princípio da igualdade não opera diacronicamente".

15. Ora, no caso concreto, estamos perante uma alteração do ordenamento jurídico, mais precisamente do Código de Processo Civil.

16. Assim, e conforme decorre da natureza das coisas, em todas as alterações legislativas existem «situações da vida» que convivem temporalmente com dois regimes jurídicos distintos (por vezes até mais), sendo necessário, nestes casos, optar pela aplicação imediata da nova lei ou pela manutenção das disposições em vigor à data da constituição do facto originário.

17. Nestes termos, sendo racionalmente justificável que o direito às novas formas de recurso seja atribuído tendo em conta o momento da propositura da acção e fixação definitiva do quadro legal deve, então, entender-se ser ainda esta uma opção que está dentro da margem de liberdade legislativa que se reconhece ao legislador, não resultando do exercício da mesma a violação de quaisquer princípios, designadamente do da igualdade.

18. Inexistem, pois, quaisquer inconstitucionalidades que devam ser julgadas pelo Tribunal Constitucional, quanto às normas constantes dos artigos 732.°-A do Código de Processo Civil e artigo 11.°, n.° 1, do Decreto-Lei n.° 303/2007."

II — Fundamentos

5. Impõe-se um breve recordatório da mais recente evolução do regime processual civil relativamente aos meios destinados a assegurar a uniformidade

de jurisprudência no que restritamente interessa às questões de constitucionalidade colocadas no presente recurso.

Tradicionalmente, o meio processual último para assegurar a uniformidade de jurisprudência era, entre nós, constituído pelo denominado recurso para o Pleno, regulado nos artigos 763.° e seguintes, do Código de Processo Civil, que culminava na emissão de um assento pelo Supremo Tribunal de Justiça, assento esse que o artigo 2.° do Código Civil enunciava entre as fontes de direito, dotando a respectiva doutrina de força obrigatória geral (cfr. sobre a evolução histórica, doutrinária e dogmática do instituto, Acórdão n.° 810/93, publicado no *Diário da República*, II Série, de 2 de Março de 1994).

Na sequência da jurisprudência do Tribunal Constitucional sobre o instituto dos assentos, mais proximamente da declaração de inconstitucionalidade, com força obrigatória geral do artigo 2.° do Código Civil, na parte em que conferia aos tribunais a possibilidade de fixar doutrina com força obrigatória geral, operada pelo Acórdão n.° 743/96 (publicado no *Diário da República*, I Série-A, de 18 de Julho de 1996), o legislador da reforma do processo civil de 1995-96 (Decreto-Lei n.° 329-A/95, de 12 de Dezembro, alterado pelo Decreto-Lei n.° 180/96, de 25 de Setembro) optou, não só por revogar totalmente o artigo 2.° do Código Civil (artigo 4.° do Decreto-Lei n.° 329-A/95), como por eliminar o recurso para o tribunal pleno, revogando os artigos 763.° a 770.° do Código de Processo Civil. A função específica de uniformização de jurisprudência, cometida ao Supremo Tribunal de Justiça, passou a efectuar-se mediante um mecanismo que é o "julgamento ampliado da revista" (aliás, também do agravo interposto em 2.ª instância, mas essa é hipótese que não vem ao caso considerar), instituído pelo artigo 732.°-A do Código e inspirado no "julgamento em secções reunidas" previsto no também revogado n.° 3 do artigo 728.° do Código de Processo Civil.

Na redacção vigente até 31 de Dezembro de 2007, que é aquela que está em causa no presente recurso de constitucionalidade por ser aquela que o acórdão recorrido considerou aplicável, dispunha o artigo 732.°-A do Código de Processo Civil o seguinte:

"Artigo 732.°-A
(Uniformização de Jurisprudência)

1. O Presidente do Supremo Tribunal de Justiça determina, até à prolação do acórdão, que o julgamento do recurso se faça com intervenção do plenário das secções cíveis, quando tal se revele necessário ou conveniente para assegurar a uniformidade da jurisprudência.

2. O julgamento alargado, previsto no número anterior, pode ser requerido por qualquer das partes ou pelo Ministério Público e deve ser sugerido pelo relator, por qualquer dos adjuntos, ou pelos presidentes das secções cíveis, designa-

damente quando verifiquem a possibilidade de vencimento de solução jurídica que esteja em oposição com jurisprudência anteriormente firmada, no domínio da mesma legislação e sobre a mesma questão fundamental de direito."

Na recente reforma operada pelo Decreto-Lei n.° 303/2007, de 24 de Agosto, do regime dos recursos em processo civil, embora mantendo-se a "revista ampliada", foi reintroduzido, no Código de Processo Civil, um recurso por oposição de acórdãos do Supremo Tribunal de Justiça, à semelhança do que já se concretizara no processo penal (artigo 437.°, n.° 1, do Código de Processo Penal) e no contencioso administrativo (artigo 152.°, n.° 1, do Código de Processo nos Tribunais Administrativos), nos termos do artigo 763.° do Código que passou a dispor:

"Artigo 763.°
(Fundamento do recurso)

1. As partes podem interpor recurso para o pleno das secções cíveis do Supremo Tribunal de Justiça quando o Supremo proferir acórdão que esteja em contradição com outro anteriormente proferido pelo mesmo tribunal, no domínio da mesma legislação e sobre a mesma questão fundamental de direito.

2. Como fundamento do recurso só pode invocar-se acórdão anterior com trânsito em julgado, presumindo-se o trânsito.

3. O recurso não é admitido se a orientação perfilhada no acórdão recorrido estiver de acordo com jurisprudência uniformizada do Supremo Tribunal de Justiça."

No preâmbulo do diploma, o legislador justifica a solução nos seguintes termos:

"Servem especificamente o propósito de uma maior uniformização da jurisprudência: *i)* a obrigação que passa a impender sobre o relator e os adjuntos de suscitar o julgamento ampliado da revista sempre que verifiquem a possibilidade de vencimento de uma solução jurídica que contrarie jurisprudência uniformizada do Supremo Tribunal de Justiça e, *ii)* a introdução de um recurso extraordinário de uniformização de jurisprudência para o pleno das secções cíveis do Supremo quando este tribunal, em secção, proferir acórdão que esteja em contradição com outro anteriormente proferido, no domínio da mesma legislação e sobre a mesma questão fundamental de direito."

Este recurso para uniformização de jurisprudência, que tem por objecto imediato um acórdão do próprio Supremo, é agora expressamente qualificado pela lei como tendo natureza de recurso extraordinário (artigo 677.°, n.° 2), sendo interposto no prazo de 30 dias após o trânsito em julgado do acórdão recorrido (artigo 764.°).

A reforma do regime de recursos em processo civil entrou em vigor em 1 de Janeiro de 2008 (artigo 12.°, n.° 1, do Decreto-Lei n.° 303/2007), mas não se aplica aos processos pendentes, nos termos do n.° 1 do artigo 11.° do Decreto-Lei n.° 303/2007, norma transitória que dispõe:

Artigo 11.°
(Aplicação no tempo)

1 — Sem prejuízo do disposto no número seguinte, as disposições do presente decreto-lei não se aplicam aos processos pendentes à data da sua entrada em vigor. (...).

Há doutrina que propugna uma interpretação restritiva desta norma transitória, considerando não haver razão para deixar de aplicar imediatamente aos processos pendentes as regras do recurso extraordinário para fixação de jurisprudência. Argumenta-se que "uma vez que tal instrumento visa dotar o sistema de uma malha de acórdãos uniformizadores capazes de dar segurança na tarefa de aplicação do direito, nenhum motivo racional explica que fiquem de fora as decisões proferidas no âmbito de processo pendentes em 31 de Dezembro de 2007, relativamente às quais se verifiquem os mesmos requisitos de que a lei nova faz depender a admissibilidade do recurso extraordinário" (cfr. Abrantes Geraldes, *Recursos em Processo Civil, Novo Regime,* p. 433; Armindo Ribeiro Mendes, "O Novo Regime Jurídico dos Recursos Cíveis", in *Lusíada, Direito*, Série II, n.° 6, pp. 83 e segs.).

Todavia, não foi esta a interpretação adoptada pelo acórdão recorrido que optou pela interpretação e aplicação da regra de direito transitório no seu sentido mais imediato. Assim, como a acção foi proposta antes de 31 de Dezembro de 2007, apesar de o acórdão que julgou a revista ter sido proferido já no âmbito de vigência da lei nova, considerou esta inaplicável ao processo. O recurso para uniformização de jurisprudência só tem lugar relativamente a acórdãos proferidos em processos instaurados no domínio da lei nova. É matéria, a da melhor interpretação do direito infraconstitucional, em que não compete ao Tribunal Constitucional interferir (salvo nas excepcionais circunstâncias que justifiquem a imposição de uma "interpretação conforme" nos termos do n.° 3 do artigo 80.° da Lei do Tribunal Constitucional, o que manifestamente não se verifica no caso).

6. Embora igualmente ordenados a assegurar a uniformidade da jurisprudência — directamente, da jurisprudência do Supremo Tribunal de Justiça e, indirectamente, da jurisprudência dos tribunais da respectiva ordem jurisdicional, mediante o efeito de precedente persuasivo qualificado e através do alargamento da recorribilidade das decisões proferidas contra jurisprudência uniformizada [cfr. n.° 6 do artigo 678.° do Código de Processo Civil, na redacção

anterior ao Decreto-Lei n.° 303/2007, e alínea *c*) do n.° 2 do artigo 678.° na redacção actualmente vigente] —, o julgamento ampliado da revista e o recurso extraordinário para uniformização de jurisprudência são instrumentos processuais diferentes.

Basicamente, a "revista ampliada", ou melhor o "julgamento ampliado da revista" é uma forma de composição da formação de julgamento do recurso que se traduz num modo mais solene ou mais participado de apreciação de determinado recurso ordinário. O Presidente do Supremo determina que o julgamento da revista se faça com intervenção do pleno das secções cíveis, de tal modo que, em vez da intervenção de três juízes-conselheiros (cfr. artigo 37.°, n.° 1, da Lei de Organização e Funcionamento dos Tribunais Judiciais, aprovada pela Lei n.° 3/99; actualmente, corresponde-lhe o artigo 45.°, n.° 1, da Lei de Organização e Funcionamento dos Tribunais Judiciais, aprovada pela Lei n.° 52/2008, de 28 de Agosto), todos os juízes em exercício nas secções cíveis passam a ter participação na apreciação do caso, sendo o *quorum* de julgamento de três quartos desses juízes (artigo 732.°-B do Código de Processo Civil). Embora com especialidades de julgamento e tramitação, é um recurso de revista que tem por objecto imediato um acórdão da Relação ou uma sentença de que se tenha interposto recurso *per saltum* (artigo 725.° do Código de Processo Civil), como é próprio desta espécie de recurso.

Diversamente, o recurso extraordinário para uniformização de jurisprudência constitui uma nova instância de recurso que tem por objecto imediato, já não uma decisão das instâncias, mas um acórdão proferido pelo próprio Supremo Tribunal, que assim é submetido a revisão perante uma formação mais alargada do mesmo tribunal.

Todavia, apesar da sua diversidade estrutural, aquela comum finalidade de assegurar a uniformização de jurisprudência e os valores que lhe vão co-envolvidos é prosseguida pelo mesmo expediente organizacional: em qualquer deles a formação de julgamento é integrada pela totalidade dos juízes em exercício de funções nas secções cíveis (as "secções reunidas" ou o "pleno das secções cíveis"), com o mencionado "quórum de funcionamento" (cfr. artigos 732.°-A e 732.°-B e artigo 770.° do Código de Processo Civil).

7. A recorrente apresentou, após o Supremo ter proferido o acórdão (de 22 de Janeiro de 2008) que julgou a causa em sentido que lhe foi desfavorável (em recursos de revista cruzados), um requerimento de "recurso para uniformização de jurisprudência" que o acórdão recorrido (de 1 de Abril de 2008) optou por analisar, em conformidade com a fundamentação para tanto apresentada pela requerente, na perspectiva de um e outro daqueles instrumentos processuais. Recusou a primeira via por uma razão de ordem funcional: o requerimento só é admissível até ao julgamento e a revista já fora julgada. E o segundo com um

argumento conjuntural: há norma expressa (direito material transitório) que não permite o recurso para uniformização de jurisprudência relativamente a decisões proferidas em processos já pendentes à data da entrada em vigor da nova lei que (re)introduziu o recurso por oposição de acórdãos.

Sendo a competência do Tribunal Constitucional no recurso de fiscalização concreta previsto na alínea *b*) do n.° 1 do artigo 70.° da Lei do Tribunal Constitucional restrita às questões de constitucionalidade das normas aplicadas pela decisão recorrida, não lhe cabendo interferir na interpretação e aplicação do direito ordinário e na concreta conformação da lide e tendo o tribunal *a quo* apreciado o requerimento da recorrente por referência às duas possibilidades de intervenção do pleno das secções cíveis com vista a assegurar a uniformidade da jurisprudência (revista ampliada e recurso extraordinário por oposição de acórdãos), cumpre apreciar as questões de constitucionalidade que a recorrente identifica e que correspondem, efectivamente, às normas que constituíram a *ratio decidendi* do acórdão recorrido, tal como interpretou a pretensão da recorrente e entendeu responder-lhe.

Aliás, pelo Acórdão n.° 484/08, que recaiu sobre a reclamação do despacho quem não admitira o recurso de constitucionalidade, este Tribunal deferiu totalmente a reclamação, o que constitui caso julgado quanto à admissibilidade do recurso quanto às duas questões que a recorrente pretende submeter a apreciação (n.° 4 do artigo 76.° da Lei do Tribunal Constitucional).

8. Cumpre, pois, começar por apreciar a constitucionalidade da norma do artigo 732.°-A, quando interpretado no sentido de que o requerimento das partes a que se refere o seu n.° 2 apenas pode ser apresentado ate à prolação do acórdão que julga a revista.

Sobre esta questão já o Tribunal se pronunciou no Acórdão n.° 261/02, publicado no *Diário da República,* II Série, 24 de Julho de 2002, em que se concluiu pela não inconstitucionalidade da norma assim interpretada com a seguinte fundamentação:

> "10. Julgamento do objecto do recurso.
>
> É o artigo 732.°-A do Código de Processo Civil inconstitucional, por violação do artigo 20.°, n.° 1, da Constituição, quando interpretado em termos de o requerimento das partes a que se refere o n.° 2 apenas poder ser apresentado até à prolação do acórdão que julga a revista?
>
> Manifestamente que não.
>
> Desde logo porque, como este Tribunal tem repetidamente afirmado, fora do Direito Penal não resulta da Constituição, em geral, nenhuma garantia genérica de direito ao recurso de decisões judiciais; nem tal direito faz parte integrante e necessária do princípio constitucional do acesso ao direito e à justiça, expressamente consagrado no citado artigo 20.° da Constituição.

Como se ponderou, mais recentemente, no Acórdão n.° 415/01 (*Diário da República,* II Série, de 30 de Novembro de 2001), reiterando anterior jurisprudência deste Tribunal, designadamente a constante do Acórdão n.° 202/99, aprovado em Plenário (*Diário da República*, II Série, de 6 de Fevereiro de 2001):

"(...)

O artigo 20.°, n.° 1, da Constituição assegura a todos 'o acesso ao direito e aos tribunais para defesa dos seus direitos e interesses legalmente protegidos, não podendo a justiça ser denegada por insuficiência de meios económicos'. Tal direito consiste no direito a ver solucionados os conflitos, segundo a lei aplicável, por um órgão que ofereça garantias de imparcialidade e independência, e face ao qual as partes se encontrem em condições de plena igualdade no que diz respeito à defesa dos respectivos pontos de vista (designadamente sem que a insuficiência de meios económicos possa prejudicar tal possibilidade). Ao fim e ao cabo, este direito é ele próprio uma garantia geral de todos os restantes direitos e interesses legalmente protegidos. Mas terá de ser assegurado em mais de um grau de jurisdição, incluindo-se nele também a garantia de recurso? Ou bastará um grau de jurisdição?

A Constituição não contém preceito expresso que consagre o direito ao recurso para um outro tribunal, nem em processo administrativo, nem em processo civil; e, em processo penal, só após a última revisão constitucional (constante da Lei Constitucional n.° 1/97, de 20 de Setembro), passou a incluir, no artigo 32.°, a menção expressa ao recurso, incluído nas garantias de defesa, assim consagrando, aliás, a jurisprudência constitucional anterior a esta revisão, e segundo a qual a Constituição consagra o duplo grau de jurisdição em matéria penal, na medida (mas só na medida) em que o direito ao recurso integra esse núcleo essencial das garantias de defesa previstas naquele artigo 32.° Para além disso, algumas vozes têm considerado como constitucionalmente incluído no princípio do Estado de direito democrático o direito ao recurso de decisões que afectem direitos, liberdades e garantias constitucionalmente garantidos, mesmo fora do âmbito penal (ver, a este respeito, as declarações de voto dos Conselheiros Vital Moreira e António Vitorino, respectivamente no Acórdão n.° 65/88, in *Acórdãos do Tribunal Constitucional*, 11.° Vol., p. 653, e no Acórdão n.° 202/90, in *idem*, 16.° Vol., p. 505).

Em relação aos restantes casos, todavia, o legislador apenas não poderá suprimir ou inviabilizar globalmente a faculdade de recorrer. Na verdade, este Tribunal tem entendido, e continua a entender, com A. Ribeiro Mendes (*Direito Processual Civil, III — Recursos*, Associação Académica da Faculdade de Direito de Lisboa, Lisboa, 1982, p. 126), que, impondo a Constituição uma hierarquia dos tribunais judiciais (com o Supremo Tribunal de Justiça no topo, sem prejuízo da competência própria do Tribunal Constitucional — artigo 210.°), terá de admitir-se que 'o legislador ordinário não poderá suprimir em bloco os tribunais de recurso e os próprios recursos' (cfr., a este propósito, Acórdãos n.° 31/87, in *Acórdãos do Tribunal Constitucional*, 9.° Vol., p. 463, e n.° 340/90, in *idem*, 17.° Vol., p. 349).

Como a Lei Fundamental prevê expressamente os tribunais de recurso, pode concluir-se que o legislador está impedido de eliminar pura e simplesmente a faculdade de recorrer em todo e qualquer caso, ou de a inviabilizar na prática. Já não está, porém, impedido de regular, com larga margem de liberdade, a existência dos recursos e a recorribilidade das decisões [cfr. os citados Acórdãos n.os 31/87, 65/88, e ainda 178/88 (*Acórdãos do Tribunal Constitucional*, 12.° Vol., p. 569); sobre o direito à tutela jurisdicional, ainda Acórdãos n.° 359/86, (*Acórdãos do Tribunal Constitucional*, 8.° Vol., p. 605), n.° 24/88, (*Acórdãos do Tribunal Constitucional*, 11.° Vol., p. 525), e n.° 450/89, (*Acórdãos do Tribunal Constitucional*, 13.° Vol., p. 1307].

(...)". (Itálicos nossos).

Assim, já no Acórdão n.° 574/98 (*Acórdãos*, 41.° Vol., pp. 149 a 171) se afirmou "que não existe na Lei Fundamental um preceito ou princípio que imponha, dentro do processo civil, a existência de um recurso para uniformização de jurisprudência".

O que vai dito, que mantém inteira validade, é suficiente para concluir pela improcedência da alegação do recorrente. Efectivamente, a exigência de que o requerimento a que se refere o n.° 2 do artigo 732.°-A do Código de Processo Civil seja apresentado até à prolação do acórdão final pelo Supremo Tribunal de Justiça, como condição de admissibilidade do julgamento ampliado de revista para efeitos de uniformização de jurisprudência, situa-se claramente dentro da margem de liberdade de conformação dos recursos que, como vimos, a Constituição confere ao legislador ordinário.

A concluir, apenas se acrescenta que também não procede a alegação de que na prática tal solução normativa inviabilizará a possibilidade de as partes requererem o julgamento ampliado de revista, por só poderem ter conhecimento da "possibilidade de vencimento da solução jurídica que esteja em oposição com jurisprudência anteriormente firmada, no domínio da mesma legislação e sobre a mesma questão de direito", que é pressuposto daquele julgamento ampliado de revista, já depois de proferida a decisão final.

Como, muito bem, se demonstra no acórdão recorrido — e tem também sido afirmado repetidamente por este Tribunal Constitucional a propósito da exigência de suscitação da questão de constitucionalidade antes de proferida a decisão recorrida — é efectivamente exigível às partes que analisem as diversas possibilidades interpretativas que previsivelmente possam vir a ser utilizadas pelo tribunal de forma a adoptarem as necessárias precauções, de modo a poderem, em conformidade com a orientação processual considerada mais adequada, salvaguardar a defesa dos seus direitos."

É este o entendimento que se mantém, uma vez que a argumentação da recorrente não logra abalar os seus fundamentos, designadamente aquele que constitui o seu ponto fulcral e que consiste em que a garantia de tutela jurisdicional efectiva (n.° 1 do artigo 20.° da Constituição) não implica a garantia genérica de recurso das decisões jurisdicionais em matéria cível e, menos ainda, compreende o direito fundamental a um grau de jurisdição que envolva a intervenção de uma formação qualificada do Supremo Tribunal de Justiça para prevenir ou resolver conflitos de jurisprudência.

É certo que a garantia de acesso aos tribunais pressupõe dimensões de natureza prestacional, designadamente a criação de órgãos judiciários e processos adequados a permitir uma decisão fundada no direito (quer seja favorável, quer desfavorável às prestações deduzidas em juízo). E, por outro lado, também não sofre dúvidas a afirmação de que, embora em tensão com a responsabilidade última de cada juiz pela decisão e sem prejuízo da função da jurisprudência na sua realização evolutiva, a aplicação uniforme do direito por parte dos tribunais é uma exigência de realização dos valores de segurança e certeza jurídicas ínsitos no princípio do Estado de direito. A circunstância de a Constituição não impor um determinado modelo processual, designadamente um meio ou uma configuração do recurso perante o Supremo Tribunal de Justiça que seja especificamente destinado a prevenir ou resolver conflitos de jurisprudência, não significa que o legislador seja inteiramente livre na conformação dos meios que crie com essa finalidade. Mesmo onde não concretize imposições constitucionais de legislar, tendo optado por estabelecer um certo procedimento — na hipótese sob exame um procedimento finalisticamente orientado para prevenir divergências na jurisprudência do Supremo Tribunal de Justiça, mediante a imposição de deveres (aos juízes da formação em que o conflito se preveja), a concessão de faculdades (às partes) e a atribuição de poderes (ao Presidente) para fazer intervir uma formação alargada de julgamento — o legislador não pode fixar pressupostos processuais desnecessários, não adequados ou desproporcionados. Essa exigência de racionalidade na conformação dos meios processuais, ainda que constitucionalmente facultativos, encontra suporte constitucional no direito a um processo equitativo (artigo 20.°, n.° 4, da Constituição).

Todavia, não pode dizer-se que, na regulação global da iniciativa conducente à decisão de submeter o recurso ao pleno das secções constante do artigo 732.°-A, a imposição de que o requerimento da parte seja formulado em momento anterior ao julgamento se apresente como desrazoável ou arbitrária. Aliás, no caso, nem sequer se disse que o requerimento tinha de estar contido nas alegações (ou contra-alegações), mas somente que não poderia ser posterior ao julgamento da revista. Efectivamente, esse é o mínimo de anterioridade para que o recurso se mantenha conforme ao modelo pelo qual o legislador optou, na liberdade constitutiva e conformadora que a Constituição lhe deixa em matéria de estruturação dos recursos e do acesso ao órgão máximo da jurisdição cível.

Na verdade, depois de proferida pelo Supremo a decisão alegadamente desconforme à sua jurisprudência anterior o recurso fica julgado. Pode dispor-se de um meio para resolver o conflito de jurisprudência, mas já não será o julgamento da revista (daquele recurso de revista interposto de uma decisão das instâncias), mas a revisão do decidido pelo próprio Supremo Tribunal de Justiça. Tendo o legislador optado por eliminar o recurso fundado em oposição de acórdãos, a norma do n.° 2 do artigo 732.°-A do Código de Processo Civil conferia a qualquer das partes, em plena igualdade de circunstâncias, a faculdade de desencadear a intervenção do pleno das secções cíveis, pelo que não viola o princípio da igualdade, nem o direito a um processo equitativo.

9. Argumenta em especial a recorrente que, num sistema processual que não comporte uma modalidade de recurso por oposição de julgados (como foi o vigente entre as reformas do processo civil de 1995-96 e de 2007), a exigência de que o julgamento em formação alargada seja requerido antes de proferida a decisão que julga a revista deve ser afastada quando a decisão tomada constitua uma surpresa para a parte, de tal modo que esta não tenha disposto de oportunidade efectiva de provocar a intervenção do pleno.

Esta argumentação sofre de um erro essencial que é supor uma leitura do artigo 20.° da Constituição que dele fizesse emergir um «direito ao recurso» que aqui seria um "direito ao recurso» para o Pleno das secções cíveis.

Ora, como já se deixou dito, no específico domínio do processo civil, tem este Tribunal um vasto e consolidado património decisório cujo sentido básico se expressa no entendimento de que o direito ao recurso (nas suas diversas manifestações) é "restringível pelo legislador ordinário", estando-lhe apenas "vedada a abolição completa ou afectação substancial (entendida como redução intolerável ou arbitrária)" deste, sendo que o texto constitucional "não garante, genericamente, o direito a um segundo grau de jurisdição e muito menos, a um terceiro grau" (citações extraídas do Acórdão n.° 287/90).

De todo o modo sempre se acrescentará que, mesmo no plano em que coloca o problema, a recorrente não tem razão. Com efeito, ou o sentido da decisão tomada no recurso de revista surge na sequência da discussão travada no processo e no contexto das questões aí tratadas e das alternativas decisórias em disputa e, nesse caso, a parte interessada poderia precaver-se contra a possibilidade de fazer vencimento um entendimento contrário à jurisprudência anterior do Supremo, requerendo oportunamente a intervenção da formação alargada, ou essa decisão resulta do tratamento inovador no acórdão que julga a revista de questões não versadas e, então, o vício residirá no proferimento de tal decisão em violação do dever de audição prévia (artigo 3.° do Código de Processo Civil: proibição da decisão-surpresa), não na exigência imposta pela norma em apreciação (cfr., neste sentido, sobre as vias de reacção da parte prejudicada pela inobservância das regras conducentes ao julgamento ampliado da revista, Isabel Alexandre, "Problemas Recentes da Uniformização da Jurisprudência em Processo Civil", in *Revista da Ordem dos Advogados*, *maxime* pp. 143 e 144).

10. Resta apreciar a constitucionalidade da norma do n.° 1 do artigo 11.° do Decreto-Lei n.° 303/2007, de 24 de Agosto, na interpretação de que o recurso extraordinário para uniformização de jurisprudência, previsto no artigo 763.° do Código de Processo Civil na redacção emergente do mesmo diploma legal, não é aplicável aos processos pendentes em 31 de Dezembro de 2007.

A recorrente censura esta solução normativa — aliás, com argumentação que não se distingue claramente daquela que mobiliza para atacar a norma do artigo 732.°-A do Código de Processo Civil —, alegando, no essencial, que a uniformidade da jurisprudência dos tribunais superiores é um valor necessariamente perseguido pelo sistema jurídico, sendo emanação dos princípios constitucionais da igualdade e do Estado de direito e que um sistema processual em que uma parte, confrontada com uma decisão inovadora de um tribunal relativa a uma causa de valor superior à alçada da relação, não tenha ao seu dispor nenhum meio de a impugnar viola os artigos 2.°, 13.° e 20.° da Constituição.

Vale a propósito desta questão o que anteriormente se deixou dito sobre a larga margem de discricionariedade do legislador ordinário na conformação dos meios de impugnação das decisões judiciais e da inexistência de um ilimitado direito ao recurso de todas as decisões. Importa apenas versar o que lhe pode ser mais directamente pertinente, que é a alegada desconformidade com o princípio da igualdade e com o princípio de Estado de direito.

É exacto que ao Supremo Tribunal de Justiça, como órgão superior da hierarquia dos tribunais judiciais, sem prejuízo da competência própria do Tribunal Constitucional (artigo 210.° da Constituição) compete, além da comum função de julgamento do caso individual que compartilha com todos os tribunais, a função específica dos supremos tribunais que consiste em procurar assegurar a unidade da ordem jurídica mediante a interpretação e aplicação uniformes do direito pelos tribunais. Princípio da uniformidade da jurisprudência que se entende sem prejuízo da independência decisória e da liberdade judicativa das instâncias jurisdicionais e da abertura a novas necessidades e a novos problemas da prática jurídica que exijam a assimilação de novos critérios jurídicos. Mas que merece tutela sob pena de os valores da segurança jurídica e da igualdade sofrerem intolerável erosão no momento da aplicação da lei pelos tribunais. O Supremo é chamado a desempenhar, dizendo-o como Castanheira Neves, *O Instituto dos "Assentos" e a Função Jurídica dos Supremos Tribunais,* p. 658, a tarefa de "conjugar a estabilidade com a continuidade na unidade e como unidade (prático-normativa), embora uma estabilidade que, como sabemos, não é nem deverá ser fixidez e uma continuidade que não é nem deverá ser imutabilidade". Para essa função específica do Supremo Tribunal de Justiça contribuem, no modo organizativo, a unicidade orgânica e a qualificação funcional dos seus juízes (inerente aos critérios de recrutamento e selecção) e, no plano processual, instrumentos como os referidos julgamento ampliado da revista e recurso por oposição de julgados.

Porém, a mais do que aquilo que resulta da consagração constitucional da hierarquia dos tribunais, trata-se de finalidade prosseguida pelo direito de organização judiciária e processual infraconstitucional. E, ainda que se considere possível retirar da Constituição, designadamente dos princípios da segurança jurídica e da igualdade, a imposição ao legislador de um dever de consagrar medidas organizatórias e instrumentos processuais especificamente ordenados à prossecução do interesse da uniformização da jurisprudência, tratar-se-á sempre de uma exigência de protecção institucional objectiva da unidade da ordem jurídica, não de um direito subjectivo ou situação activa equiparada dos cidadãos (de cada cidadão litigante) a deduzir uma pretensão dirigida à manutenção (ou pelo menos à uniformização) da jurisprudência. Como no Acórdão n.° 574/98 (*Acórdãos*, 41.° Vol., pp. 149 a 171) se afirmou "não existe na Lei Fundamental um preceito ou princípio que imponha, dentro do processo civil, a existência de um recurso para uniformização de jurisprudência", pelo que não pode considerar-se violados os preceitos constitucionais que a recorrente invoca por lhe não ser aberta tal via processual.

11. O que, com maior credibilidade argumentativa, poderia perspectivar-se por confronto com o princípio da igualdade seria o facto de, perante decisões do Supremo Tribunal de Justiça sobre a mesma questão fundamental de direito tomadas a partir do momento em que foi reintroduzido o recurso por oposição de acórdãos, a uns interessados ser possível interpor recurso extraordinário para uniformização de jurisprudência (obviamente, em ordem a obter que a divergência se resolvesse em sentido favorável à sua pretensão) e a outros não assistir tal faculdade, apenas em função do momento em que a acção foi instaurada. Abreviando o passo, saber se passa o teste da proibição do arbítrio a norma transitória que escolhe como factor determinante para negar este recurso — cuja (re)introdução pelo legislador significa o reconhecimento do seu contributo para a melhor aplicação do direito — o facto de o processo onde a decisão é proferida se encontrar já pendente à data da entrada em vigor da lei nova.

Como é de uso repetir-se, o princípio da igualdade consagrado no n.° 1 do artigo 13.° da Constituição, enquanto princípio vinculativo da lei, traduz-se na ideia geral de proibição de arbítrio. O que ele proíbe ao legislador não é que estabeleça distinções: proíbe-lhe, isso sim, que estabeleça distinções de tratamento materialmente infundadas, irrazoáveis ou sem justificação objectiva e razoável.

No caso, o factor de diferenciação escolhido, no que concerne ao recurso para o Pleno das secções cíveis, é o momento em que a acção foi proposta. O legislador pretendeu resolver os complexos problemas de aplicação da lei processual no tempo mediante uma norma de direito transitório que assegurasse que nas acções propostas antes da entrada em vigor da lei nova os interessados conservassem (positiva e negativamente) os meios de impugnação das decisões judiciais nela proferidas que lhes eram reconhecidos no domínio da lei antiga. Esta solução não se mostra irrazoável, sem justificação objectiva ou fundamento material, sendo inspirada por óbvias preocupações de certeza e segurança jurídicas e de protecção da confiança. Com efeito, há que ter presente, além de que a estratégia processual das partes pode ter-se orientado em função dos meios impugnatórios existentes, o facto de ao interesse de uma das partes em mais uma via de recurso se contrapôr o interesse da outra parte em dar a discussão por finda com a decisão que se lhe revela favorável. Assim, a ponderação legislativa que levou à referida norma de direito transitório que torna a lei nova inaplicável aos processos pendentes à data da sua entrada em vigor, mesmo na parte em que introduz a faculdade de recurso para o pleno das secções cíveis para uniformização de jurisprudência, pode ser solução de mérito duvidoso, mas não pode ser apodada de arbitrária.

Em conclusão, nenhuma das normas sujeitas a fiscalização concreta de constitucionalidade viola o disposto nos artigos 2.°, 13.° e 20.° da Constituição, pelo que tem de negar-se provimento ao recurso.

III — Decisão

Pelo exposto, nega-se provimento ao recurso e condena-se a recorrente nas custas, fixando a taxa de justiça em 25 unidades de conta.

Lisboa, 23 de Julho de 2009. — *Vítor Gomes* — *Carlos Fernandes Cadilha* — *Ana Maria Guerra Martins* — *Maria Lúcia Amaral* — *Gil Galvão*.

Anotação:

Os Acórdãos n.os 287/90, 810/93, 743/96, 574/98 e 261/02 estão publicados em *Acórdãos*, 17.°, 26.°, 34.°, 41.° e 53.° Vols., respectivamente.

OUTROS PROCESSOS

ACÓRDÃO N.° 250/09

DE 18 DE MAIO DE 2009

Nega provimento a recurso interposto do Acórdão n.° 231/09, que não admitiu a lista proposta pelo Partido Humanista às eleições para o Parlamento Europeu, com fundamento em inelegibilidade de candidato que exerce funções de juiz de paz.

Processo: n.° 389/09.
Recorrente: Partido Humanista.
Relator: Conselheiro Benjamim Rodrigues.

SUMÁRIO:

I — A possibilidade, dada aos cidadãos, pelo artigo 20.° da Constituição, de aceder à administração da justiça, através dos julgados de paz ou dos tribunais judiciais, em nada contende com a natureza de um e de outro desses órgãos constitucionais enquanto tribunais, tendo de se concluir que os juízes de paz são juízes que exercem uma função jurisdicional, administrando justiça em nome do povo; e precisamente porque a exercem é que o legislador ordinário rodeou esse exercício dos meios que garantem a completa independência e imparcialidade dos juízes, aplicando aos juízes de paz o regime dos impedimentos e suspeições estabelecido na lei do processo civil para os juízes.

II — A concretização legislativa da restrição constitucional tipificada no artigo 50.°, n.° 3, da Constituição, ao estabelecer a inelegibilidade dos juízes de paz em exercício de funções jurisdicionais, encontra-se materialmente autorizada nos termos que decorrem da Constituição.

III — A restrição constitucionalmente permitida ao direito fundamental de acesso aos cargos públicos, na sua dimensão de participação política, não demanda que as pessoas que a ela possam ser sujeitas, por se verificar a situação constitucionalmente prevista que a justifica, tenham de ter o mesmo estatuto jurídico.

Acordam no Plenário do Tribunal Constitucional:

I — Relatório

1 — O Partido Humanista (PH), dizendo-se inconformado com o Acórdão n.° 231/09, proferido pela 3.ª Secção, que indeferiu a reclamação deduzida pelo mesmo partido contra o Acórdão n.° 227/09, o qual, por sua vez, decidiu rejeitar, nos termos do artigo 28.°, n.° 2, da Lei n.° 14/79, de 16 de Maio, a lista de candidatura à eleição para deputados do Parlamento Europeu, a realizar no dia 7 de Junho próximo, por si apresentada, dele recorre para o Plenário, terminando a pedir a revogação da decisão recorrida "mediante a admissão do candidato rejeitado e, por tabela, da lista de candidatura do Partido Humanista" e, "sem prescindir, prevendo a hipótese de não ser dado provimento ao recurso, então [que o Tribunal considere que], o recorrente procede desde já, a título subsidiário, à substituição do seu cabeça de lista do seguinte modo, ao abrigo do disposto no artigo 37.°, n.os 1, alínea *a)* e 2, da citada Lei n.° 14/79: todos os demais candidatos integrantes da sua lista subirão uma posição na mesma, pelo que a actual candidata n.° 2 passará para n.° 1, substituindo aquele, e assim sucessivamente".

2 — Nas suas alegações de recurso, o recorrente refuta a correcção do decidido com base na argumentação que condensou nas seguintes conclusões:

> 1. A República Portuguesa assenta no respeito e na garantia da efectivação dos direitos fundamentais e no aprofundamento da democracia participativa.
>
> 2. O direito de concorrer a um cargo público electivo, como é o caso de deputado ao Parlamento Europeu, configura um direito e liberdade fundamental de participação política.
>
> 3. A restrição a esse direito só pode ser feita por lei expressa (nos termos e condições do artigo 18.°, n.os 2 e 3, da Constituição), insusceptível de interpretação extensiva ou aplicação analógica, sob pena de perversão dos princípios constitucionais estruturantes da República Portuguesa.
>
> 4. Apesar de caber na previsão normativa do artigo 50.°, n.° 3, da Constituição, o artigo 5.°, alínea *f)*, da Lei n.° 14/87, de 29 de Abril, não se refere expressamente aos juízes de paz, mas sim tão-só aos "juízes em exercício de funções", querendo com isso apenas limitar a inelegibilidade aos juízes de direito que estejam em efectividade de funções.
>
> 5. Assim, a aplicação desta norma aos juízes de paz é, no mínimo, duvidosa, devendo essa dúvida ser resolvida, em qualquer caso, a favor da prevalência dos direitos fundamentais do cidadão, isto é, da elegibilidade dos juízes de paz.
>
> 6. Na verdade, os julgados de paz, embora sejam classificados como uma categoria de tribunais, não podem ser havidos como órgãos de soberania e não partilham a função jurisdicional com os tribunais, sendo antes uma instância não

jurisdicional ou para-jurisdicional de resolução alternativa de conflitos, de criação facultativa.

7. E os juízes de paz não têm o estatuto dos juízes de direito. Estes, são titulares de um órgão de soberania e têm estatuto próprio. Aqueles, são equiparados a técnicos superiores da Administração Pública, não passando de funcionários públicos qualificados aos quais se aplicam os direitos e deveres do funcionalismo público.

8. Assim sendo, os juízes de paz não estão abrangidos pela norma do artigo 5.°, alínea *f*), da Lei n.° 14/87, de 29 de Abril, quer porque o referido preceito não os inclui, quer porque não se podem equiparar aos "juízes em exercício de funções", sob pena de violação do princípio da igualdade (cfr. artigo 13.° da Constituição), na sua dupla dimensão de "tratar igual o que é igual e diferente o que é diferente".

9. Deste modo, a decisão recorrida viola os artigos 48.°, n.° 1, e 50.°, n.os 1 e 2, da Constituição, devendo, pois, ser revogada mediante a admissão do candidato rejeitado e, por tabela, da lista de candidatura do Partido Humanista.

10. Aliás, a decisão recorrida enferma de nulidade, dado não se ter pronunciado sobre todas as questões suscitadas pelo recorrente, nomeadamente quanto à inserção dos julgados de paz na previsão normativa do artigo 202.°, n.° 4, da Constituição e à sua alternatividade em relação aos tribunais judiciais, bem como em relação à admissibilidade da sua lista de candidatura na hipótese de não apresentação ou improcedência do presente recurso.

II — Fundamentação

3 — Como decorre da última conclusão das alegações, e traduzindo afirmação anteriormente exarada, o recorrente apoda o acórdão recorrido de sofrer de nulidade, por este "não se ter pronunciado sobre todas as questões suscitadas pelo recorrente, nomeadamente quanto à inserção dos julgados de paz na previsão normativa do artigo 202.°, n.° 4, da Constituição da República Portuguesa (CRP) e à sua alternatividade em relação aos tribunais judiciais, bem como em relação à admissibilidade da sua lista de candidatura na hipótese de não apresentação ou improcedência do presente recurso".

Estando posta em causa a validade do acórdão recorrido, por aí urge começar, por razões de precedência lógico-jurídica, a apreciação do recurso.

Ao contrário, todavia, do defendido, o acórdão recorrido não padece de qualquer nulidade por omissão de pronúncia.

Senão vejamos. E começando pela última causa de nulidade assacada. A admissibilidade da lista de candidatura do recorrente, aquando da dedução da reclamação prevista no n.° 1 do artigo 30.° da Lei n.° 14/79, de 16 de Maio (aplicável por mor do disposto no artigo 1.° da Lei n.° 14/87, de 29 de Abril), era uma questão que só poderia ser colocada nos termos do artigo 37.°, n.° 1, alínea *a),* daquela Lei, ultrapassado que estava o momento previsto no artigo 28.°, n.° 2, do mesmo diploma. Na verdade, e dando execução a este preceito, o Tribunal, pelo seu Acórdão n.° 212/09, ordenara já a notificação do mandatário da lista para que procedesse à substituição do candidato tido por inelegível, no prazo de dois dias, sob pena de rejeição de toda a lista.

Sendo assim, a substituição de candidatos apenas poderia ocorrer ao abrigo do disposto no referido artigo 37.°, n.° 1, alínea *a),* da Lei n.° 14/79, que prevê que "apenas há lugar à substituição de candidatos até quinze dias antes das eleições em caso de eliminação em virtude de julgamento definitivo de recurso fundado na inelegibilidade".

Estando, todavia, o recorrente a reclamar da decisão de rejeição da lista e tendo anunciado que viria, ainda, recorrer da pronúncia que o tribunal fizesse sobre essa reclamação — caso não lhe fosse favorável — não podia o acórdão recorrido estar a antecipar a situação jurídica da existência de uma pronúncia definitiva sobre a questão da inelegibilidade do candidato — o que só ocorre com a prolação da decisão que conheça do recurso —, para o fim de fazer decorrer dela o efeito jurídico cuja produção a lei permite que o interessado ainda alcance nesse momento.

No momento da pronúncia do acórdão recorrido, a questão colocada apresentava-se como meramente académica ou hipotética, não lhe incumbindo resolvê-la, por a resolução de questões desse tipo não caber na função jurisdicional.

Quanto à alegada nulidade por omissão de pronúncia, por o acórdão recorrido não se haver pronunciado sobre a "inserção dos julgados de paz na previsão normativa do artigo 202.°, n.° 4, da CRP, e à sua alternatividade em relação aos tribunais judiciais", a sorte da alegação não é diferente.

O Tribunal, apenas, tem que resolver os concretos conflitos que lhe são colocados ou as questões concretas que lhe são postas. Ora, no caso, a questão concreta a resolver é a de saber se o candidato da lista de candidatura do partido recorrente — Luís Filipe Brito da Silva Guerra — à eleição para deputados do Parlamento Europeu, a realizar no dia 7 de Junho próximo, por ser juiz de paz, está ou não abrangido pela inelegibilidade prevista no artigo 5.°, alínea *f),* da Lei n.° 14/87.

A abordagem dessas matérias apenas poderá ter relevo como argumentos do discurso jurídico tendente a justificar, segundo a racionalidade jurídica, a correcção ou bondade da solução a alcançar sobre aquela questão. Elas não integram o concreto conflito a resolver. Elas têm a natureza de simples elementos discursivos demonstradores da justeza do efeito jurídico que a pronúncia do tribunal constitui na ordem jurídica.

A fundamentação de uma decisão, pela adição de razões de facto ou de direito, poderá ser mais ou menos extensa. Mas a sua maior ou menor extensão não é susceptível de afectar a validade da decisão judicial, mas apenas, quando muito, a sua convincência [cfr. Professor José Alberto dos Reis, *Código de Processo Civil Anotado* (reimpressão, 1984), volume V, p. 140].

Nesta óptica, tratando-se de meros argumentos, a sua não abordagem não afecta a validade do acórdão recorrido.

4 — A decisão recorrida estribou-se, pela reassumpção da bondade da decisão reclamada, no entendimento de que os juízes de paz em exercício de funções cabem no tipo legal de inelegibilidade recortado na referida alínea *f)* do artigo 5.° da Lei n.° 14/87 — "os juízes em exercício de funções, não abrangidos pela alínea *d)*" —, em virtude de exercerem, partilhadamente com outros tribunais, a função jurisdicional nos julgados de paz previstos expressamente no n.° 2 do artigo 209.°, valendo para eles as razões aduzidas no artigo 50.°, n.° 3, ambos os preceitos da Constituição, para estabelecer inelegibilidades, nomeadamente, as que se relacionam com a necessidade de garantir a "isenção e independência dos respectivos cargos" e de que a solução interpretativa alcançada "cabe expressamente no sentido da expressão utilizada pelo legislador", não estando em causa qualquer aplicação analógica daquele preceito, nem qualquer restrição constitucionalmente inadmissível de um direito fundamental.

Pode avançar-se, desde já, que se comunga do mesmo entendimento.

Ao enunciar as categorias de tribunais, o artigo 209.° da CRP, depois de referir, no seu n.° 1, as consubstanciadas pelo Supremo Tribunal de Justiça e os tribunais judiciais de primeira e segunda instância, o Supremo Tribunal Administrativo e os demais tribunais administrativos e fiscais e o Tribunal de Contas, dispõe, no n.° 2, que "podem existir [...] julgados de paz".

Expressamente, pois, a Constituição configura os julgados de paz como uma categoria de tribunais.

O facto de a sua efectiva existência ser facultativa, a circunstância de a Constituição remeter para o legislador constitucionalmente competente [cfr. artigos 164.°, alínea *m)*, e 165.°, n.° 1, alínea *p)*], a decisão concreta sobre a criação, de resto facultativa, dos tribunais que correspondam à categoria constitucionalmente prevista, em nada belisca a sua previsão constitucional como integrante de uma das diversas categorias de tribunais, pelos quais a função jurisdicional se encontra organizacionalmente repartida.

Ora, no seu artigo 202.°, n.ºs 1 e 2, ao caracterizar a função jurisdicional, através da explicitação dos "princípios gerais" (epígrafe do capítulo em que o preceito se insere), a Constituição define, em congruência com o estatuído no seu artigo 110.°, n.° 1, em que tipifica quais são os órgãos de soberania, os tribunais como "os órgãos de soberania com competência para administrar justiça em nome do povo", mais dizendo que "na administração da justiça incumbe aos tribunais assegurar a defesa dos direitos e interesses legalmente protegidos dos cidadãos, reprimir a violação da legalidade democrática e dirimir os conflitos de interesses públicos e privados".

Destes preceitos constitucionais, conjugadamente interpretados, resulta, pois, que os julgados de paz administram justiça em nome do povo e asseguram a defesa dos direitos e interesses legalmente protegidos dos cidadãos, cumprindo assim, em face da sua fisionomia e do correlativo desiderato constitucional, uma indubitável função jurisdicional, o que conduz a integrar esses tribunais no seio da ordem e da orgânica jurisdicional (*mutatis mutandis,* o mesmo se diz em Espanha dos *Jueces de Paz,* os quais, nos termos do disposto no artigo 298.°, n.° 2, da *Ley Orgânica del Poder Judicial* e artigo 1.° do *Reglamento n.° 3/1995 de los Jueces de Paz, "ejercen funciones jurisdiccionales sin pertencer a la Carrera Judicial"* e também em Itália a propósito do *Giudice di Pace* a quem cabe, como *"magistrato onorario"* integrante da ordem judiciária, exercer *"la giurisdizione in materia civile e penale",* como resulta do disposto no artigo 1.° da *Legge* n.° 374, de 21 de Novembro de 1991).

A circunstância de, segundo o disposto no artigo 2.° da Lei n.° 78/2001 — diploma que dispõe sobre a organização, competência e funcionamento dos julgados de paz — se indicar como "princípios gerais" de tal categoria de tribunais que "a actuação dos julgados de paz é vocacionada para permitir a participação cívica dos interessados e para estimular a justa composição dos litígios por acordo das partes" e que " os procedimentos nos julgados de paz estão concebidos e são orientados por princípios de simplicidade, adequação, informalidade, oralidade e absoluta economia processual", não tem outro sentido que não seja o de concretizar o que o legislador ordinário entende como correspondendo ao *quid specificum* que relevou na organização, competência e funcionamento desta categoria de tribunais, que, tal como os demais, administram justiça em nome do povo e "asseguram a defesa dos direitos e interesses legalmente protegidos dos cidadãos".

E assim é que os julgados de paz decidem os conflitos para cuja resolução têm competência (cf. artigo 9.° da Lei n.° 78/2001) com base na aplicação das mesmas normas que são também aplicadas por outras categorias de tribunais que tenham competência para conhecer das mesmas questões de direito, apenas não estando sujeitos a critérios de legalidade estrita, "se as partes assim o acordarem" e o "valor da acção não exceda metade do valor da alçada do tribunal de 1.ª instância", caso em que poderão decidir segundo juízos de equidade.

Por outro lado, "as decisões proferidas pelos julgados de paz têm o valor de sentença proferida por tribunal de 1.ª instância" (artigo 61.° da Lei n.° 78/2001).

Perde assim o relevo decisivo que se vê atribuir, por alguma doutrina e jurisprudência, à circunstância de o modo de funcionamento e de o processo aplicável nos julgados de paz estar imbuído dos princípios enunciados no referido artigo 2.° da Lei n.° 78/2001, mormente quando os julgados de paz lançam mão da mediação como forma institucionalizada de dirimição de conflitos e, por essa via de considerações, os pretendem reduzir a "instrumentos e formas de composição não jurisdicional de conflitos" cuja institucionalização o legislador ordinário pode prever, ao abrigo do artigo 202.°, n.° 4, da CRP.

Por um lado, não poderá esquecer-se que a economia processual, a simplificação do processo e a aspiração da obtenção de acordo sobre o objecto da causa constituem valores que são também prosseguidos pelo processo civil e nos tribunais judiciais, onde para além da existência de regimes processuais "mais elásticos", como são os da acção declarativa especial para cumprimento de obrigações pecuniárias (Decreto-Lei n.° 269/98, de 1 de Setembro) e do processo civil simplificado (Decreto-Lei n.° 211/91, de 14 de Junho), a lei de processo civil determina, por diversas vezes, que se proceda a tentativa de conciliação (cfr., por exemplo, o artigo 509.° do Código de Processo Civil).

Por outro lado, a inserção expressa como categorias de tribunais dos julgados de paz, levada a cabo pela revisão constitucional de 1997, no n.° 2 do artigo 209.° (na revisão anterior, 211.°), quando, então, já se encontrava consagrada a possibilidade de institucionalização de instrumentos e formas de composição não jurisdicional de conflitos no então n.° 5 do artigo 205.° (actual n.° 4 do artigo 202.°), só pode ser tida como manifestando uma clara intencionalidade constitucional de os considerar como verdadeiros tribunais, na linha da sua configuração inicial, na história pátria (para maior desenvolvimento, veja-se a súmula feita, a este propósito, no Acórdão n.° 11/07, do Supremo Tribunal de Justiça).

Anote-se que o Parecer da Procuradoria-Geral da República, de 21 de Abril de 2005, reconhece "que não obstante serem estruturalmente diversos dos tribunais de existência obrigatória, os julgados de paz são considerados verdadeiros e próprios tribunais e participam do exercício da função jurisdicional (...)".

Deste modo, mesmo quem aceite a doutrina da alternatividade de competência material dos julgados de paz, para apreciar e decidir as acções previstas no artigo 9.°, n.° 1, da Lei n.° 78/2001, relativamente aos tribunais judiciais de competência territorial concorrente, prolatada pelo Acórdão de Uniformização de Jurisprudência n.° 11/07, publicado no *Diário da República*, I Série, de 25 de Junho de 2007, não se vê forçado a concluir que os julgados de paz não são, em termos constitucionais, verdadeiros órgãos jurisdicionais.

A possibilidade, dada, pelo artigo 20.° da CRP, aos cidadãos de aceder à administração da justiça, através dos julgados de paz ou dos tribunais judiciais, em nada contende com a natureza de um e de outro desses órgãos constitucionais enquanto tribunais. Pode sustentar-se que tal mais não representa do que um modo mais alargado de bem cumprir a injunção constitucional do acesso aos tribunais, consagrado como direito fundamental dos cidadãos. Seria um modo de corresponder à expansividade decorrente do direito fundamental em causa.

Temos assim, de concluir que os juízes de paz são juízes que exercem uma função jurisdicional, administrando justiça em nome do povo.

E precisamente porque a exercem é que o legislador ordinário rodeou esse exercício dos meios que garantem a completa independência e imparcialidade dos juízes, aplicando aos juízes de paz o regime dos impedimentos e suspeições estabelecido na lei do processo civil para os juízes (artigo 21.° da Lei n.° 78/2001).

Em contrário não pode ser invocado o disposto no artigo 29.° da mesma Lei, face à ressalva estabelecida na sua parte final.

É certo que os juízes de paz não estão abrangidos pelo estatuto constitucional dos juízes previsto nos artigos 215.° e seguintes da Constituição, enformado segundo um "corpo único" e "regendo-se por um só estatuto", até porque são providos por um período de três anos e são nomeados pelo conselho de acompanhamento da criação e instalação dos juízes de paz, referido no artigo 65.° da Lei n.° 78/2001, que sobre os mesmos exerce o poder disciplinar (artigo 25.° da Lei n.° 78/2001).

Mas, exercendo eles funções jurisdicionais, não a título meramente ocasional ou esporádico, mas a título permanente pelo período de tempo que dura o seu provimento (sendo que, embora de três anos, nada impede a renovação do provimento), desvela-se aqui uma situação que justifica, nos termos do artigo 50.°, n.° 3, numa restrição, assim, expressamente autorizada ao direito de acesso aos cargos públicos (aqui, electivos), consagrado no n.° 1 do artigo 50.°, ambos os preceitos da CRP, o estabelecimento, pelo legislador ordinário, das inelegibilidades necessárias para garantir a liberdade de escolha dos eleitores e a "isenção e a independência do exercício dos respectivos cargos" e o exercício totalmente incondicionado do direito de voto.

E este aspecto, atento o núcleo funcional das funções exercidas e o respectivo enquadramento institucional nos termos em que a Constituição o recorta, autoriza — *recte,* impõe — ao legislador ordinário a adopção de critérios que permitam o exercício do poder jurisdicional nas condições exigidas pelo *genoma iuris* que materialmente o compõe, tendo-se definitivamente por certo que as necessárias "garantias de independência operam em todas as hipóteses do exercício do poder jurisdicional" (a expressão, referida à jurisprudência da *Corte Costituzionale,* é de Giuseppina Casella — *Principi in materia di ordinamento giudiziario,* em estudo disponível no sítio da *internet* do Conselho Superior da Magistratura italiano *www.csm.it/quaderni/quad_92/quad_92_48.pdf* —, concluindo a autora que "também para o juiz honorário devem encontrar-se predispostas todas as medidas necessárias e idóneas a tornar a sua função autónoma e independente em relação a todos os demais poderes").

Por esse motivo, independentemente da configuração estatutária que seja reservada aos "juízes de paz" — a qual assume, nas experiências legislativas comparadas, uma geometria variável (ao passo que na Espanha, por exemplo, existe uma quase integral sujeição ao regime estabelecido para os magistrados judiciais, já na Itália o estatuto do *"magistrato onorario"* é diferenciado relativamente ao da *"magistratura ordinaria"*) —, sempre será de exigir, como decorrência da configuração constitucional, a previsão de um corpo de medidas preordenadas à garantia de independência do exercício de tais funções, sendo essa a *"ratio* das normas que estabelecem causas de incompatibilidade ao exercício de determinadas funções, decorrente, em regra, da necessidade de prevenir possíveis conflitos de interesses para garantia da imparcialidade dos poderes públicos e, no domínio específico da função jurisdicional, na exigência de tutelar a imagem e a substância da independência dos juízes, independentemente da categoria a que pertençam" (*Corte Costituzionale, Sentenza* n.° 60, de 16 de Fevereiro de 2006), sendo que, para além da referida exigência, importa levar em conta que as inelegibilidades associadas aos titulares dos órgãos que exercem a função jurisdicional levam também pressuposto o reconhecimento de que o exercício desses cargos pode determinar um condicionamento eleitoral — *"captatio benevolentiae"* ou por *"metus publicae potestatis"* (no critério da *Corte Costituzionale, Sentenza* n.° 5, de 1978) — constrangedor do livre exercício do direito de voto.

Nessa linha de pensamento, não restam dúvidas de que a concretização legislativa da restrição constitucional tipificada no artigo 50.°, n.° 3, da CRP, ao estabelecer a inelegibilidade dos juízes de paz em exercício de funções jurisdicionais, encontra-se materialmente autorizada nos termos que decorrem da Constituição (sendo esse, também, o regime que vigora no país vizinho — artigo 395.°, n.° 2, da LOPJ —, e em Itália, artigo 8.° da citada Lei n.° 374).

Assim sendo, não se verifica a alegada restrição inconstitucional do direito fundamental de acesso aos cargos públicos, na sua dimensão de participação política.

5 — Sustenta, ainda, o recorrente que não se referindo expressamente aos juízes de paz, a alínea *f*) do artigo 5.° da Lei n.° 14/87, de 29 de Abril, quis, apenas, limitar a inelegibilidade aos juízes de direito e que, sendo, no mínimo duvidosa, a aplicação dessa norma àqueles juízes, a dúvida interpretativa deve ser resolvida em favor dos direitos fundamentais do cidadão e, finalmente, que a equiparação dos juízes de paz aos "juízes em exercício de funções" viola o princípio da igualdade.

Vejamos, pois.

Antes de mais importa notar que, entendida a norma nos termos em que o recorrente defende — como querendo referir-se aos juízes de direito que estejam em efectividade de funções — ela seria de todo tautológica, em face do disposto na segunda parte do preceito, de juízes "não abrangidos pela alínea *d*)".

Na verdade, da aplicação da alínea *d*) do mesmo artigo, pela remissão que faz para "qualquer das inelegibilidades gerais previstas na legislação aplicável à eleição dos Deputados à Assembleia da República" e, decorrentemente, para o disposto no artigo 5.°, n.° 1, alínea *a*), da Lei n.° 14/79, que estabelece que são inelegíveis os "magistrados judiciais ou do Ministério Público em efectividade de serviço" já resultava a restrição que a alínea *f*) do artigo 5.° da Lei n.° 14/87 veio estabelecer.

E não vale dizer que "exercício de funções" não se equivale a "efectividade de serviço", pois quem está em exercício de funções como magistrado não pode deixar de estar na situação de juiz em "efectividade de serviço", ainda que em comissão ordinária ou eventual de serviço, quando os respectivos estatutos o permitam (cf. artigos 53.° e segs. do Estatuto dos Magistrados Judiciais e 139.° e segs. do Estatuto do Ministério Público).

De resto, seria incongruente a posição de o legislador assumir o regime das inelegibilidades para os Deputados da Assembleia da República no recorte do âmbito das inelegibilidades dos deputados para o Parlamento Europeu e depois vir definir em termos algo diversos o campo dessa inelegibilidade relativa aos magistrados judiciais apenas na eleição de deputado para o Parlamento Europeu.

Note-se, aliás, relativamente a esta problemática, que o leque das inelegibilidades dos magistrados judiciais e do Ministério Público, definido na versão originária do artigo 5.° da Lei n.° 14/87 se sobrepunha exactamente ao decorrente do artigo 5.° da Lei n.° 14/79.

A alteração introduzida no artigo 5.° da Lei n.° 14/87, através da Lei n.° 4/94, de 9 de Março, mediante, entre o mais, a inserção no recorte do universo das inelegibilidades "dos juízes em exercício de funções, não abrangidos na alínea *d*)", pretendeu fazer abarcar nesse campo as situações de juízes em exercício de funções cuja inelegibilidade não resultasse já da Lei n.° n.° 14/79.

Passíveis, pelo menos, ao tempo, de inclusão nesse tipo de inelegibilidades eram as situações relativas aos juízes dos tribunais militares, que não fossem juízes de carreira, já então expressamente previstos na Constituição, nas versões existentes anteriormente à revisão de 1997 que passou, como se disse, a incluir também os julgados de paz.

A circunstância de, por virtude desta revisão constitucional, se ter alargado o âmbito do conceito de "juízes em exercício de funções", por força da previsão constitucional desta nova categoria de tribunais, e, decorrentemente, de uma nova categoria de juízes não atenta contra quaisquer princípios de hermenêutica jurídica, já que o conceito assumido é um conceito funcional que está teleologicamente orientado para a salvaguarda de valores constitucionais como são os que estão contemplados no n.° 3 do artigo 50.° da CRP. Nada mais, do que um simples alargamento do âmbito factual do conceito normativo por virtude da expansão da realidade demandante da mesma tutela constitucional.

Não se prefigura, assim, qualquer dúvida interpretativa que demande a operacionalidade, para a resolução da questão, do princípio da máxima efectividade dos direitos fundamentais.

Atentemos, agora, na questão relativa ao princípio da igualdade. O recorrente não a precisa com rigor, parecendo, no entanto, estar subjacente à sua argumentação o entendimento de que, sendo os juízes de paz juízes diferentes dos juízes de direito em efectividade de funções, diferente terá de ser o âmbito das restrições ao direito fundamental de acesso aos cargos públicos, na sua dimensão de participação política.

A questão colocada parece ser, deste modo, um problema de igualdade na definição do âmbito das restrições ao direito fundamental.

Todavia, como já se viu, a restrição constitucionalmente permitida ao direito fundamental de acesso aos cargos públicos, na sua dimensão de participação política, não demanda que as pessoas que a ela possam ser sujeitas, por se verificar a situação constitucionalmente prevista que a justifica, tenham de ter o mesmo estatuto jurídico.

A circunstância de os juízes em exercício ou efectividade de funções estarem enquadrados por diferentes estatutos não obsta a que possam estar sujeitos a idênticas restrições ao referido direito fundamental, desde que, em qualquer das situações, se verifiquem as razões que constitucionalmente justificam a restrição e que se colhem, como se disse, no artigo 50.°, n.° 3, da CRP, com o qual "o legislador constituinte pretendeu estabelecer, precisamente, um critério delimitador de futuras novas causas de inelegibilidade que o legislador pretenda vir a criar", acautelando outros valores constitucionalmente tutelados como a liberdade de escolha dos eleitores e a garantia de isenção e independência no exercício dos respectivos cargos (cf. Acórdãos n.os 364/91 e 532/89).

De tudo resulta que o recurso não procede.

6 — Quanto à substituição do candidato. Julgada definitivamente a inelegibilidade do candidato do partido recorrente e tendo já sido declarada a intenção de proceder à sua substituição, caberá à formação que rejeitou a lista considerar o pedido de substituição efectuado.

III — Decisão

7 — Destarte, atento tudo o exposto, o Tribunal Constitucional decide negar provimento ao recurso.

Lisboa, 18 de Maio de 2009. — *Benjamim Rodrigues* — *Carlos Fernandes Cadilha* — *Carlos Pamplona de Oliveira* — *Gil Galvão* — *Joaquim de Sousa Ribeiro* — *Maria Lúcia Amaral* — *Vítor Gomes* — *Maria João Antunes* — *Ana Maria*

Guerra Martins (Apesar de no Acórdão n.° 212/09 ter manifestado algumas dúvidas quanto à solução a que nele se chegou, após melhor ponderação e estudo subscrevo inteiramente o presente Acórdão) — *Mário José de Araújo Torres* (vencido, nos termos da declaração de voto junta) — *José Borges Soeiro* (vencido de harmonia com a declaração de voto que junto) — *João Cura Mariano* (vencido pelas razões constantes da declaração de voto apresentada pelo Conselheiro Mário Torres) — *Rui Manuel Moura Ramos.*

DECLARAÇÃO DE VOTO

Votei vencido, por entender que o candidato Luís Filipe Brito da Silva Guerra, pelo facto de desempenhar funções de juiz de paz, não incorre em qualquer inelegibilidade, designadamente a prevista na alínea *f)* do artigo 5.° da Lei n.° 14/87, de 29 de Abril (Lei Eleitoral para o Parlamento Europeu), que declara "inelegíveis para o Parlamento Europeu (...) os juízes em exercício de funções, não abrangidos pela alínea *d)*".

Estando em causa, na previsão das inelegibilidades, uma restrição ao direito fundamental de participação dos cidadãos na vida política, de relevantíssima importância para a própria genuinidade do sistema democrático, não só é intolerável o recurso à interpretação extensiva ou à analogia no preenchimento das categorias de inelegíveis, como, em caso de dúvida, deve prevalecer o reconhecimento da elegibilidade: *in dubio pro libertate.*

O apertado prazo de decisão do presente recurso e, acrescidamente, de elaboração da presente declaração de voto inviabiliza o tratamento aprofundado das complexas questões relativas à caracterização dos julgados de paz como tribunais e à inserção da actividade por eles desenvolvida no exercício da função jurisdicional. Entendo, porém, que da eventual resposta positiva a essas duas questões não deriva necessariamente o reconhecimento da inelegibilidade em causa. Se é certo que esta inelegibilidade teria naturalmente de ser negada se se concluísse que os julgados de paz não eram tribunais nem exerciam função jurisdicional, já a situação inversa não surge como imposição lógica: há membros integrados em verdadeiros tribunais e que exercem funções jurisdicionais aos quais não se adequa a qualificação de "juízes em exercício de funções", geradora de inelegibilidade (por exemplo, os jurados que integram o tribunal de júri, os juízes sociais em tribunais de menores ou de trabalho, os árbitros dos tribunais arbitrais, quer permanentes, quer instituídos *ad hoc*, e quer facultativos ou necessários).

No entanto, não se pode negar que o reconhecimento, pelo acórdão de uniformização de jurisprudência n.° 11/2007, da natureza alternativa da competência dos julgados de paz, tornando a sua intervenção dependente da vontade das partes (cf. a anotação de Miguel Teixeira de Sousa, *Cadernos de Direito*

Privado, n.° 22, Abril/Junho 2008, pp. 54-58), não pode deixar de abalar, pelo menos, os fundamentos da inelegibilidade que apelam ao afastamento dos riscos de *captatio benevolentiae* ou do *metus publicae potestatis*.

No entanto, decisivo no sentido da inexistência da inelegibilidade em causa é a consideração do disposto no artigo 29.° da Lei n.° 78/2001, de 13 de Julho, que manda aplicar subsidiariamente aos juízes de paz o regime de incompatibilidades da função pública, e não o regime de incompatibilidades dos magistrados judiciais. Daqui segue-se que não é aplicável aos juízes de paz a proibição da prática de actividades político-partidárias de carácter público (artigo 11.°, n.° 1, do Estatuto dos Magistrados Judiciais). Inexistindo paralela proibição no regime de incompatibilidades da função pública, designadamente dos funcionários dos quadros superiores (a remuneração dos juízes de paz é a correspondente ao escalão mais elevado da categoria de assessor principal da carreira técnica superior do regime geral da Administração Pública — artigo 28.° da Lei n.° 78/2001), não vejo como seja sustentável, pois tal representaria uma restrição não legalmente prevista do exercício de direitos fundamentais, negar aos juízes de paz o exercício de funções político-partidárias de carácter público, designadamente em órgãos de direcção de partidos políticos. Ora, seria de todo incongruente reconhecer que um juiz de paz pode exercer publicamente funções de presidente de um partido político, mas já não pode apresentar-se como candidato desse partido a quaisquer eleições. — *Mário José de Araújo Torres.*

DECLARAÇÃO DE VOTO

Os julgados de paz, na sua vertente hodierna, ou seja, na sua definição posterior à Constituição da República de 1976, tiveram como primeiro instrumento normativo o Decreto-Lei n.° 539/79, de 31 de Dezembro.

No respectivo preâmbulo, no que concerne à sua competência material, acentuou-se o carácter da experimentalidade do passo legislativo que se estava a encetar e a não obrigatoriedade de acesso, explicitando-se, nomeadamente, referir-se "a questões susceptíveis de provocar conflitos e de empenhar os cidadãos em torno de problemas que afectam o seu quotidiano no quadro da mais pequena comunidade institucional — a freguesia — e, consequentemente, por pôr à prova e estimular pedagogicamente a capacidade de intervenção, diálogo e reconciliação".

Os juízes de paz não estavam sujeitos a critérios de legalidade estrita, julgando segundo critérios de equidade, decidindo de harmonia com a solução que antevissem mais justa e adequada com vista a ser conseguida a harmonia social.

O processo era informal, o juiz de paz podia livremente investigar os factos, determinar a realização dos actos e diligências que julgasse convenientes, só sendo admissível a constituição de advogado na fase de recurso, para o tribunal de comarca.

No entanto, o referido regime legal não chegou a entrar em vigor, porque a Assembleia da República recusou a ratificação do diploma que o consagrava (Resolução n.° 177/80, de 31 de Maio).

Por sua vez, na revisão constitucional ocorrida em 1989, o texto constitucional passou a prever que a lei podia institucionalizar instrumentos e formas de composição de conflitos (artigo 202.°, n.° 4).

Neste seguimento, a revisão constitucional que teve lugar em 1997 passou a preconizar poderem existir, para além dos tribunais arbitrais, os julgados de paz (artigo 209.°, n.° 2).

Aí se considerou serem órgãos de existência eventual, não integrados em qualquer das ordens de tribunais previstas no mencionado artigo 209.°, n.° 1, da Constituição, incluindo a dos tribunais judiciais, ou seja, não se inseriam na categoria propriamente dita dos tribunais de primeira instância.

Por isso, a lei traça-lhe a vocação para a participação cívica dos interessados e de estímulo à justa composição dos litígios em quadro de acordo, de harmonia com a ideia que envolveu a sua criação de constituírem uma via alternativa de resolução de conflitos, com activa intervenção de mediadores, em termos de propiciarem o descongestionamento dos tribunais da ordem judicial. Mas nem da lei, nem na ideia que presidiu à sua criação, ou seja, a de propiciarem o referido descongestionamento, se pode extrair algum argumento relevante no sentido da sua competência material inicial ser exclusiva para as acções a que se reporta o artigo 9.° da Lei dos Julgados de Paz (acórdão do Supremo Tribunal de Justiça n.° 11/07, de 24 de Maio).

Verifica-se, assim, que os julgados de paz actuais só na sua vertente de mediação se assemelham aos julgados de paz do passado, isto é, quando integravam uma determinada circunscrição judicial.

A evolução dos trabalhos preparatórios da Lei dos Julgados de Paz revela a intenção de instituir um meio alternativo à via judicial para a resolução dos pequenos conflitos da vida quotidiana, com procedimentos simplificados e informais, em quadro de justiça de proximidade, economicamente acessível e de disponibilização de instrumentos de mediação.

Assim, é inequívoco que os julgados de paz não se apresentam como tribunais judiciais, posicionando-se fora do patamar da organização judiciária portuguesa tal como ela resulta da Constituição e da Lei de Organização e Funcionamento dos Tribunais Judiciais.

Entre os julgados de paz e os tribunais da ordem judicial da primeira instância não há qualquer relação de limitação de competência, porque o nexo é de paralelismo e de concorrência e não, consequentemente de exclusividade.

Os julgados de paz são, deste modo, órgãos de resolução alternativa de litígios e, pelo que fica dito, não sucederam na competência dos tribunais da ordem judicial, nem são seus substitutos, integrando-se, antes, na categoria de tribunais de resolução de conflitos de existência facultativa.

Apresentam-se, pois, como um meio alternativo à "justiça judicial".

Nesse sentido, não é, na minha perspectiva, adequado assimilar os juízes de paz aos juízes de direito, nomeadamente para efeitos do disposto no artigo 5.°, alínea *f*), da Lei n.° 14/87, de 29 de Abril.

Na verdade, os juízes de paz exercem um cargo não jurisdicional, pelo que não lhes é aplicável, naturalmente, o Estatuto dos Magistrados Judiciais.

Com efeito, no artigo 21.° da Lei n.° 78/2001, de 13 de Julho, os juízes de paz apenas se equiparam aos juízes, para efeito do regime de impedimentos e suspeições estabelecidos na Lei de Processo Civil, isto é, aplicáveis aos processos em concreto.

Já no que concerne aos deveres, incompatibilidades e direitos (artigo 29.°), é-lhes aplicável, subsidiariamente, o regime da função pública, como é, ainda, no que se refere à remuneração, remetido para os vencimentos da função pública (artigo 28.°).

Não lhes sendo, em consequência, dirigidos os direitos e deveres aí constantes, donde que qualquer incompatibilidade direccionada aos magistrados judiciais é, em regra, estranha aos juízes de paz, por a veste apresentada por uns e outros ser manifestamente diversa.

Assim, sendo-lhe estranha essa incompatibilidade, com o devido respeito, não rejeitava a candidatura mencionada, pelo que daria procedência ao recurso. — *José Borges Soeiro.*

Anotação:

1 — Acórdão publicado no *Diário da República*, II Série, de 10 de Novembro de 2009.

2 — Os Acórdãos n.ºs 532/89 e 364/91 estão publicados em *Acórdãos*, 14.° e 19.° Vols., respectivamente.

ACÓRDÃO N.º 369/09

DE 13 DE JULHO DE 2009

Indefere o pedido de inscrição, no registo próprio deste Tribunal, do partido político com a denominação "Partido da Liberdade", a sigla "PL" e o símbolo que consta dos autos.

Processo: n.º 566/09.
Recorrente: Susana Augusta de Almeida Barbosa.
Relator: Conselheiro Sousa Ribeiro.

SUMÁRIO:

I — Embora o ordenamento jurídico-constitucional não exerça qualquer controlo sobre a ideologia ou o programa do partido, com excepção do disposto no artigo 46.º, n.º 4, da Constituição, quanto à sua organização interna, a Constituição passou a exigir a observância, além do mais, de um princípio de democraticidade interna, devendo os partidos políticos reger-se pelos princípios da transparência, da organização e da gestão democráticas e da participação de todos os seus membros.

II — Ora, quanto à legalidade do projecto de Estatutos do Partido da Liberdade, constata-se que não estão em conformidade com o quadro constitucional e legal aplicável nas seguintes disposições estatutárias:

a) a composição e definição de competências do "Conselho de Jurisdição", constantes do artigo 15.º do projecto de Estatutos;
b) omissão de um catálogo das sanções disciplinares susceptíveis de ser aplicadas aos filiados e não enumeração, em termos mínimos, das infracções susceptíveis de conduzir à aplicação das sanções (omissas);
c) indefinição da sanção disciplinar que pode dar origem à extinção automática de mandato (artigo 21.º, n.º 1, 2.ª frase, do projecto de Estatutos);
d) falta de autonomia e de democraticidade ao nível das denominadas "Estruturas Locais";

e) existência de vícios quanto à idade mínima para militância e falta de autonomia da norma do artigo 19.° do projecto de Estatutos, relativa à "Estrutura Juvenil";

f) inadequação da fórmula, constante do artigo 7.°, n.° 8, do projecto de Estatutos, quanto ao dever de "guardar sigilo sobre todas as actividades do Partido";

g) a constituição da Mesa do Congresso Nacional, tal como prevista no artigo 13.°, n.° 2, do projecto de Estatutos, não obedece aos ditames do princípio da democraticidade;

h) algumas normas do projecto dos Estatutos não obedecem às exigências de determinabilidade, segurança e certeza jurídicas.

Acordam na 2.ª Secção do Tribunal Constitucional:

1. Susana Augusta de Almeida Barbosa, melhor identificada nos autos, veio requerer, na qualidade de primeira signatária, a inscrição, no registo próprio do Tribunal Constitucional, do partido político denominado Partido da Liberdade, com a sigla PL, ao abrigo do disposto nos artigos 14.° e 15.° da Lei dos Partidos Políticos (Lei Orgânica n.° 2/2003, de 22 de Agosto, alterada pela Lei Orgânica n.° 2/2008, de 14 de Maio).

2. O requerimento vem instruído com (*i*) projecto de Estatutos do Partido da Liberdade; (*ii*) Programa político; (*iii*) sigla e símbolo; (*iv*) nome completo e assinatura dos subscritores, com indicação do respectivo número de bilhete de identidade e número de cartão de eleitor.

3. O Secretário de Justiça lavrou cota nos autos (fls. 63), informando que se procedeu a exame de toda a documentação apresentada juntamente com o pedido de inscrição do partido político denominado Partido da Liberdade, tendo-se verificado que a inscrição foi requerida por 7 647 cidadãos eleitores.

4. O representante do Ministério Público junto deste Tribunal Constitucional pronunciou-se nos seguintes termos:

«2. Nos termos do artigo 51.°, n.° 1, da Constituição da República Portuguesa, o direito de constituir ou participar em associações e partidos políticos inscreve-se no âmbito da liberdade de associação, a que se reporta igualmente o artigo 46.° da Lei Fundamental.

Nessa medida, o artigo 4.°, n.° 1, da Lei Orgânica n.° 2/2003, de 22 de Agosto, entretanto alterada pela Lei Orgânica n.° 2/2008, de 14 de Maio, veio prever que "é livre e sem dependência de autorização a constituição de um partido político".

No entanto, o n.º 2 do mesmo artigo 4.º veio acrescentar que "os partidos políticos prosseguem livremente os seus fins sem interferência das autoridades públicas, salvo os controlos jurisdicionais previstos na Constituição e na lei".

3. Por esse motivo, os artigos 14.º a 16.º da Lei Orgânica n.º 2/2003 (entende-se, aqui, a referida lei na sua actual versão) regulamentam o processo de constituição dos partidos políticos.

A este propósito, o artigo 14.º do mesmo diploma veio determinar que "o reconhecimento, com atribuição de personalidade jurídica, e o início das actividades dos partidos políticos dependem de inscrição no registo existente no Tribunal Constitucional".

4. Ora, a inscrição no registo deste Tribunal pressupõe, desde logo, o pedido nesse sentido formulado por, pelo menos, 7 500 eleitores (cfr. artigo 15.º, n.º 1, do diploma citado).

No caso do Partido da Liberdade, em apreciação, o pedido foi formulado por 7 647 cidadãos eleitores, pelo que foi respeitado o requisito atrás indicado.

Em seguida, os requerentes da constituição de novo partido carecem de apresentar o seu pedido por escrito, e fazê-lo acompanhar do projecto de estatutos, da declaração de princípios ou programa político e da denominação, sigla e símbolo do partido (cfr. n.º 2 do artigo 15.º do mesmo diploma).

Tal aconteceu, também, no presente caso.

5. Nessa medida, em termos formais, poder-se-á dizer que os requerentes cumpriram os requisitos atrás indicados, previstos na lei para a constituição de um novo partido político, no presente caso, o Partido da Liberdade.

Será, no entanto, isso suficiente para se proceder, sem mais, à inscrição do novo partido no registo do Tribunal Constitucional?

Julga-se que não!

6. Desde logo, o projecto de Estatutos do novo partido carece de apreciação por parte deste Tribunal.

Estamos, com efeito, no âmbito, como se disse, da liberdade de associação, prevendo, em geral, a lei (cfr. a este propósito o artigo 168.º, n.º 2, do Código Civil), que os estatutos das associações sejam sujeitos a um controlo de legalidade por parte do Ministério Público.

Ora, a Lei Orgânica n.º 2/2003 tem uma disposição equivalente no seu artigo 16.º, n.º 3, que prevê que "a requerimento do Ministério Público, o Tribunal Constitucional pode, a todo o tempo, apreciar e declarar a ilegalidade de qualquer norma dos estatutos dos partidos políticos".

Se assim é, justifica-se, pois, que a apreciação das eventuais ilegalidades seja primacialmente feita, desde logo, em sede de apreciação do projecto de Estatutos de novos partidos políticos.

7. Por outro lado, e também nesta matéria, os n.ºs 1 e 2 do artigo 16.º da Lei Orgânica n.º 2/2003 referem:

"1. Aceite a inscrição, o Tribunal Constitucional envia extracto da sua decisão, juntamente com os estatutos do partido político, para publicação no *Diário da República*.

2. Da decisão prevista no número anterior consta a verificação da legalidade por parte do Tribunal Constitucional".

O Tribunal Constitucional carece, pois, de proceder a uma apreciação de legalidade relativamente a qualquer novo partido político que se pretenda constituir, designadamente em termos de apreciação do conteúdo dos respectivos Estatutos.

8. Mas não é só a apreciação da legalidade dos Estatutos de novos partidos que carece de ser feita pelo Tribunal Constitucional.

Importa, com efeito, determinar igualmente, em relação a um novo partido, se:

— o integram cidadãos titulares de direitos políticos (cfr. artigo 7.° da Lei Orgânica n.° 2/2003);
— se o novo partido não é armado, nem de tipo militar, militarizado ou paramilitar, nem um partido racista ou que perfilhe a ideologia fascista (cfr. artigo 8.° da Lei Orgânica n.° 2/2003);
— se o novo partido não tem, pela sua designação ou pelos seus objectivos programáticos, índole ou âmbito regional (cfr. artigo 51.°, n.° 4, da Constituição e artigo 9.° da Lei Orgânica n.° 2/2003).

9. No caso do Partido da Liberdade, de acordo com a informação prestada pela secção (cfr. fls. 63 do processo), os requerentes apresentaram número de cartão de eleitor, pelo que, em princípio, são cidadãos titulares de direitos políticos.

O novo partido também não aparenta ter, nem pela sua designação, nem pelos seus objectivos programáticos, índole ou âmbito regional (cfr. artigos 2.°, 8.° e segs. e 18.° dos Estatutos), embora se afirme como municipalista (cfr. "3.2. Municipalismo" do Programa político — fls. 21 e 22 do mesmo Programa).

Por outro lado, da leitura do projecto dos seus Estatutos (cfr. designadamente artigo 2.°), bem como do seu Programa político (cfr. Nota introdutória, bem como o n.° 1 — Nacionalismo — fls. 3 a 9 do mesmo Programa e o n.° 2 — A Constituição — fls. 12 a 18 do referido Programa), não decorre que o novo partido seja um partido armado, nem de tipo militar, militarizado ou paramilitar, ou que perfilhe, necessariamente, a ideologia fascista.

10. Já relativamente, porém, à apreciação do facto de o Partido da Liberdade poder ser, ou não, considerado um "partido racista", se crê de usar de maior prudência, em face do disposto no n.° 1.1.2. do Programa político (cfr. fls. 4 do mesmo Programa):

"1.1.2. Etnia

Consideramos como etnicamente identificativo do Povo Português a Ascendência Portuguesa, o nascimento em Território Português, a utilização do Idioma Português como Língua Mãe, o culto da História Pátria, e a afinidade com a Cultura e as Tradições, nomeadamente as Religiosas.

O PL proporá:

A adopção, a interiorização e a divulgação do conceito de etnia, por conveniente no vínculo com a Pátria;

Considerar muito relevante o presente conceito de etnia na atribuição da nacionalidade."

11. Sobretudo se se atentar no que, mais adiante, se escreve, por exemplo, em matéria de "2.5. Nacionalidade" (cfr. fls. 17 e 18 do Programa):

"Consideramos Português todo aquele que nasceu em território português, filho de pais portugueses.

O PL proporá:

O *jus sanguinis* como principal critério da nacionalidade;

(...)

A regulamentação, muitíssimo criteriosa, da aquisição da nacionalidade, enfatizando eventuais serviços relevantes prestados a Portugal;

A rejeição da aquisição da nacionalidade pelo casamento ou união de facto, e por simples permanência".

12. Ou o que se escreve, igualmente, em matéria de "4.14. Migrações" (fls. 36 e 37 do Programa):

"O PL proporá, entre outras, as seguintes medidas:

(...)

Regulamentar, reduzindo-o, o reagrupamento familiar e estabelecer um regime de contratos de trabalho para imigrantes trabalhadores não especializados, que tipifique o regresso;

Expulsar efectivamente os estrangeiros em situação ilegal ou que, mesmo legais, tenham sido condenados por actos criminosos;

Estabelecer, como condição para o exercício de qualquer actividade de estrangeiros, a aceitação dos nossos usos e costumes e o respeito pelas nossas tradições e religião."

13. Face às citações, atrás feitas, do Programa do Partido da Liberdade, julga-se que o novo partido estará numa zona de perigosa proximidade com os partidos que abertamente advogam a supremacia de uma raça sobre outra.

O que implica, nessa medida, particular ponderação na apreciação do requisito de se não tratar de um "partido (potencialmente) racista", condição essencial para a sua inscrição no registo do Tribunal Constitucional (cfr. a este propósito o artigo 8.° da Lei Orgânica n.° 2/2003, bem como a cominação prevista no artigo 18.°, n.° 1, alínea *a*), do mesmo diploma).

14. Para além dos requisitos atrás enunciados, importa, todavia, igualmente acautelar, quanto ao Partido da Liberdade, que:

— o novo partido não tenha uma denominação, uma sigla e um símbolo idênticos ou semelhantes ao de outro já constituído (cfr. artigo 12.°, n.° 1, da Lei Orgânica n.° 2/2003);
— a sua denominação se não baseie no nome de uma pessoa, nem contenha expressões directamente relacionadas com qualquer religião ou com qualquer instituição nacional (cfr. artigo 51.°, n.° 3, da Consituição e artigo 12.°, n.° 2, da Lei Orgânica n.° 2/2003);

— o seu símbolo não possa confundir-se ou ter relação gráfica ou fonética com símbolos e emblemas nacionais, nem com imagens e símbolos religiosos (cfr. artigo 51.°, n.° 3, da Constituição e artigo 12.°, n.° 3, da Lei Orgânica n.° 2/2003).

Ora, julga-se que quer a denominação, quer a sigla, quer o símbolo do novo Partido da Liberdade se não encontram nas situações atrás descritas, pelo que poderiam ser, eventualmente, aceites.

15. Crê-se, no entanto, de ponderar se a designação "Partido da Liberdade" deverá ser autorizada qua tale, ou se deverá propor-se a sua alteração.

Com efeito, as características essenciais da democracia (liberdade ou liberdades, estado de direito, etc.) são património comum e a essência da própria organização e vida democráticas.

Não devem, por isso, ser propriedade de nenhum partido específico, uma vez que estes, como se verá em seguida, apenas concorrem para a organização e para a expressão da vontade popular, no respeito pelo princípio da democracia política.

Ora, a autorizar-se a designação "Partido da Liberdade", a expressão "liberdade" ficará indelevelmente ligada a este partido, sem poder ser utilizado por qualquer outro.

O que se crê, de todo, de evitar, uma vez que a liberdade respeita a todos, partidos e pessoas que residam em território português.

16. Apreciemos, agora, os Estatutos do Partido da Liberdade que suscitam, igualmente, algumas legítimas e ponderosas preocupações.

Nesta matéria, terá de se atender, desde logo, ao disposto no artigo 10.°, n.° 2, da Constituição (cfr., igualmente, no mesmo sentido, o artigo 1.° — Função político-constitucional, da Lei Orgânica n.° 2/2003):

"2. Os partidos políticos concorrem para a organização e para a expressão da vontade popular, no respeito pelos princípios da independência nacional, da unidade do Estado e da democracia política".

Bem como atender-se ao disposto no artigo 51.°, n.° 5, da Lei Fundamental, que determina (cfr. no mesmo sentido o artigo 5.° — Princípio democrático, da Lei Orgânica n.° 2/2003):

"5. Os partidos políticos devem reger-se pelos princípios da transparência, da organização e da gestão democráticas e da participação de todos os seus membros".

17. Ora, algumas das principais questões suscitadas pelos Estatutos do Partido da Liberdade têm, justamente, a ver com a composição e a forma de escolha dos seus órgãos.

Começar-se-á, contudo, pela análise do conceito de membro do Partido da Liberdade, a que se reporta o artigo 5.° dos Estatutos.

Nos termos deste artigo, "podem ser membros do PL todos os portugueses, maiores de 18 anos, devidamente recenseados, no pleno uso dos seus direitos civis e políticos, e que, havendo assumido sob compromisso de honra, a defesa dos

Princípios, Bases Programáticas e Programa do PL, tenham sido admitidos nos termos definidos em Regulamento Interno".

E a questão que se suscita é, desde logo, o facto de apenas poderem ser admitidos, como membros, cidadãos portugueses.

Ora, a este propósito, o artigo 19.° da Lei Orgânica n.° 2/2003 refere, designadamente:

"2. A ninguém pode ser negada a filiação em qualquer partido político, ou determinada a expulsão, em razão de ascendência, sexo, raça, língua, território de origem, religião, instrução, situação económica ou condição social.

4. Os estrangeiros e os apátridas legalmente residentes em Portugal e que se filiem em partidos políticos gozam dos direitos de participação compatíveis com o estatuto de direitos políticos que lhe estiver reconhecido".

Por outras palavras, o artigo 5.° dos Estatutos do Partido da Liberdade parece violar o referido artigo 19.° da Lei Orgânica n.° 2/2003, ao restringir a cidadãos nacionais o acesso à condição de membro do mesmo partido.

18. Analisemos, agora, os problemas relativos aos diversos órgãos do Partido da Liberdade.

Desde logo, o Congresso Nacional não parece ser o órgão máximo do Partido da Liberdade (cfr. artigo 13.° dos Estatutos), mas sim a sua Direcção Nacional.

Ora, em termos de organização e gestão democrática de um partido, o órgão máximo é, normalmente, o Congresso Nacional, em que participa e vota uma representação alargada de militantes.

A este propósito, o artigo 24.° da Lei Orgânica n.° 2/2003 prevê que "nos partidos políticos devem existir, com âmbito nacional e com as competências e a composição definidas nos estatutos:

a) uma assembleia representativa dos filiados;

b) um órgão de direcção política;

c) um órgão de jurisdição."

E o artigo 25.°, n.° 1, veio acrescentar que "A assembleia representativa é integrada por membros democraticamente eleitos pelos filiados".

19. No entanto, no caso do Partido da Liberdade, apenas o Presidente da Mesa do Congresso Nacional é eleito (cfr. artigo 13.°, n.° 2, § 1, dos Estatutos).

A nomeação do Secretário da Mesa do Congresso Nacional é da responsabilidade do Presidente da Mesa e está sujeita a "sancionamento" da Direcção Nacional. E os "Vogais são indicados pelos militantes reunidos, optando-se pelos filiados mais antigos".

Esta última indicação, porém, também parece suscitar legítimas dúvidas sobre a sua compatibilidade com o artigo 5.°, n.° 2, da Lei Orgânica n.° 2/2003, que determina que "Todos os filiados num partido político têm iguais direitos perante os estatutos", ou seja, desde logo, independentemente da respectiva antiguidade.

20. A Direcção Nacional (cfr. artigo 9.° dos Estatutos) — que é, afinal, o órgão de direcção política do partido — é eleita por períodos de 4 anos, o que respeita o disposto no artigo 26.° da Lei Orgânica 2/2003.

Cabe-lhe, designadamente, "nomear e demitir o Secretário-geral e sancionar a nomeação dos restantes membros da Secretaria-Geral" (cfr. artigo 9.°, n.° 3, § 3, dos Estatutos).

Admite-se que assim possa acontecer, no caso do Partido da Liberdade, pelo facto de o Secretário-Geral ver o "seu nome incluído nas listas das Direcções candidatas às eleições quadrienais" (cfr. artigo 11.°, n.° 2, § 1, dos Estatutos). De alguma forma, por isso, o Secretário-Geral terá de trabalhar em estreita articulação com a Direcção Nacional.

No entanto, na pureza dos princípios, o Secretário-Geral e os restantes membros da Secretaria-Geral deveriam, enquanto órgão autónomo da Direcção Nacional, ser eleitos em lista própria e não se encontrar sujeitos a "sancionamento" deste último órgão (cfr. artigo 11.°, n.° 2, § 2, dos Estatutos).

21. A Direcção Nacional tem, também, nos termos do artigo 9.°, n.° 3, § 4, dos Estatutos, o dever de "nomear e demitir os Presidentes do Conselho de Estratégia Nacional, do Conselho de Jurisdição e do Conselho Fiscal e sancionar a nomeação dos respectivos Secretários e ainda do Secretário do Congresso ...".

Ora, o Conselho de Estratégia Nacional é, nos termos do artigo 12.° dos Estatutos, "um órgão consultivo e proponente de estratégias. Não tem poderes decisórios e as suas recomendações e propostas serão sempre objecto de apreciação por parte da Direcção Nacional".

Trata-se, por isso, tudo o indica, de um órgão consultivo afecto à Direcção Nacional, pelo que se compreende que o seu Presidente seja "um Vice-Presidente da Direcção Nacional e, por esta nomeado", e que "o Secretário e os Vogais serão indicados pelo Presidente, sob sancionamento da Direcção Nacional" (cfr. artigo 12.°, n.° 2, §§ 1 e 2, dos Estatutos).

22. O que se afigura aceitável, relativamente ao Presidente do Conselho de Estratégia Nacional, já não o é, porém, relativamente ao Conselho de Jurisdição, nem ao Conselho Fiscal.

Refere, em matéria de "Órgão de jurisdição", o artigo 27.° da Lei Orgânica n.° 2/2003:

"Os membros do órgão de jurisdição democraticamente eleito gozam de garantia de independência e dever de imparcialidade, não podendo, durante o período do seu mandato, ser titulares de órgãos de direcção política ou mesa de assembleia."

Ora, o Conselho de Jurisdição do Partido da Liberdade tem, designadamente, como deveres (cfr. artigo 15.°, n.° 3, dos Estatutos):

"Fiscalizar toda a actividade política do Partido.

Julgar e decidir sobre todos os diferendos de que tenha conhecimento por comunicação escrita, recomendando, à Direcção Nacional as sanções que entender convenientes, nos termos do Regulamento Interno. Das suas decisões caberá recurso, para o primeiro Conselho Nacional que se realizar;

Emitir pareceres sobre a interpretação dos Estatutos e Regulamentos, bem como dirimir as suas possíveis lacunas.

Representar o Partido na área jurídica."

23. Ora, pergunta-se, desde logo, se o Conselho de Jurisdição do Partido da Liberdade deverá "fiscalizar a actividade política" deste partido.

Cabe-lhe, no entanto, isso seguramente, como único organismo jurídico do mesmo partido, "julgar e decidir diferendos", bem como aplicar as correspondentes sanções, para garantir a inteira isenção e independência do processo sancionatório.

Bem como emitir pareceres, embora estes devam apresentar carácter vinculativo, sobre a interpretação dos Estatutos e dos Regulamentos.

O Conselho de Jurisdição, dadas as funções que desempenha, carece, com efeito, de ser independente de qualquer outro órgão do partido e observar, na sua actividade, critérios exclusivamente jurídicos.

Os seus membros devem, em consequência, ser eleitos pelo Congresso Nacional e não pela Direcção Nacional, e, muito menos, encontrarem-se sujeitos a "sancionamento" deste último órgão.

24. Não se crê, por outro lado, como se referiu atrás, que faça qualquer sentido o Conselho de Jurisdição recomendar à Direcção Nacional a aplicação de sanções. Deve ser o próprio Conselho de Jurisdição a aplicar tais sanções, depois de levar a cabo, com respeito de todas as garantias de defesa, todo o processo que deverá anteceder a respectiva aplicação.

A este propósito, o artigo 22.°, n.° 2, da Lei Orgânica n.° 2/2003 refere que "compete aos órgãos próprios de cada partido a aplicação das sanções disciplinares, sempre com garantias de audiência e defesa e possibilidade de reclamação ou recurso".

25. Tal como não faz sentido que se preveja a possibilidade de recurso das decisões do Conselho de Jurisdição para o Conselho Nacional, órgão de cariz eminentemente político, não jurídico (cfr. artigo 14.° dos Estatutos), tanto mais que o Conselho Nacional é, apenas, um "órgão consultivo do partido, encaminhando para a Direcção Nacional as recomendações aprovadas".

A este propósito, o artigo 30.° da Lei Orgânica n.° 2/2003, determina:

> "1. As deliberações de qualquer órgão partidário são impugnáveis com fundamento em infracção de normas estatutárias ou de normas legais, perante o órgão de jurisdição competente.
>
> 2. Da decisão do órgão de jurisdição pode o filiado lesado e qualquer outro órgão do partido recorrer judicialmente, nos termos da lei de organização, funcionamento e processo do Tribunal Constitucional".

O artigo 15.° dos Estatutos do Partido da Liberdade não parece, assim, respeitar as normas legais aplicáveis ao Conselho de Jurisdição de um partido político.

26. Observações idênticas, quanto ao processo de escolha dos seus membros e às suas garantias de independência, se deverão aduzir, da mesma forma, relativamente ao Conselho Fiscal (cfr. artigo 16.° dos Estatutos), dada a natureza das suas funções, de "fiscalizar toda a actividade financeira e patrimonial do Partido", bem como "verificar as Contas Anuais e emitir Parecer em tempo útil, nos termos da lei".

Um tal órgão deve ser eleito em Congresso Nacional, e não ver os seus membros nomeados ou sujeitos a "sancionamento" pela Direcção Nacional.

27. Da mesma forma, se crê que não deva caber à Direcção Nacional do Partido da Liberdade "nomear e demitir os Presidentes Distritais e sancionar as nomeações dos Presidentes e demais membros das restantes Estruturas (...)" (cfr. artigos 9.°, n.° 3, § 6, e 18.°, n.° 2, dos Estatutos).

Compreende-se que as Estruturas Locais (Distritais, Concelhias, de Freguesia, de Bairro, etc.) sejam criadas "em função da evolução do número de militantes". No entanto, uma vez decidida a sua criação, julga-se que, em respeito pelo artigo 5.° da Lei Orgânica n.° 2/2003 — organização e gestão democráticas e participação de todos os filiados —, os seus membros devam resultar de eleição, não de designação pela Direcção Nacional.

28. Vejamos, agora, os problemas suscitados pela Estrutura Juvenil do Partido da Liberdade (cfr. artigo 19.° dos Estatutos).

Desde logo, há que ter em conta que se aplica — à referida Estrutura Juvenil — o disposto na Lei n.° 23/2006, de 23 de Junho, que veio estabelecer o regime jurídico do associativismo jovem.

Com efeito, nos ternos do artigo 3.°, n.° 2, do referido diploma, "são equiparadas a associações juvenis as organizações de juventude partidárias ou sindicais, desde que preencham os requisitos mencionados na alínea *a*) do número anterior e salvaguardadas as disposições legais que regulam os partidos políticos e as associações sindicais."

29. Por outro lado, nos termos do artigo 6.° do mesmo diploma — relativo aos "Princípios de organização e funcionamento" — "as associações de jovens gozam de autonomia na elaboração dos respectivos estatutos e demais normas internas, na eleição dos seus órgãos dirigentes, na gestão e administração do respectivo património e na elaboração dos planos de actividade, no respeito pela lei e pelos princípios da liberdade, da democraticidade e da representatividade".

Ora, tal disposição parece incompatível com o artigo 19.°, n.° 2, dos Estatutos do Partido da Liberdade, que prevê que o "Presidente da Estrutura Juvenil é nomeado pela Direcção Nacional" e que "os Vogais são nomeados pelo Presidente da Estrutura, sob sancionamento da Direcção Nacional".

De acordo com a lei acabada de referir, bem como da Lei Orgânica n.° 2/2003 (cfr. artigo 5.°), o órgão dirigente da Estrutura Juvenil carece de ser eleito, de forma autónoma, relativamente a outros órgãos do partido.

30. Ainda relativamente ao artigo 19.°, n.° 2, dos Estatutos do Partido da Liberdade, não se crê de aceitar a redacção proposta, segundo a qual "poderão ser aceites militantes a partir dos 12 anos de idade, que, obrigatoriamente se inscreverão no Partido quando cumprirem as condições expressas no n.° 1 do artigo 5.°", ou seja, quando atingirem 18 anos de idade.

Desde logo, quanto à idade, nos termos do artigo 2.°, n.° 1, da Lei n.° 124/99, de 20 de Agosto, que veio garantir aos jovens menores o livre exercício do direito de associação e simplificar o processo de constituição das associações juvenis, "os menores com idade inferior a 14 anos têm o direito de aderir a associações, desde que previamente autorizados, por escrito, por quem detém o poder paternal".

Por outro lado, relativamente à inscrição obrigatória, resultante do facto de os jovens atingirem, entretanto, os 18 anos de idade, inscrevendo-se a participação na actividade de partidos políticos no âmbito da liberdade de associação, a regra deverá ser justamente a inversa, ou seja, como referido no artigo 19.°, n.° 1, da Lei Orgânica n.° 2/2003, "ninguém pode ser obrigado a filiar-se ou a deixar de se filiar em algum partido político, nem por qualquer meio ser coagido a nele permanecer".

31. Por último, de acordo com o artigo 6.° da Lei n.° 23/2006, atrás referida, as associações de jovens gozam de autonomia "na gestão e administração do respectivo património", o que parece contrariar o disposto no artigo 19.°, n.° 2, § 5, dos Estatutos do Partido da Liberdade, que refere que "a Estrutura Juvenil não terá autonomia financeira".

32. Por todas as razões aduzidas ao longo do presente parecer, crê-se que o projecto de Estatutos do Partido da Liberdade — bem como alguns aspectos do Programa Político do mesmo partido -, não estão em condições, na sua actual versão, de respeitar as disposições constitucionais e legais aplicáveis em matéria de constituição de partidos políticos.

Nessa medida, crê-se que o Tribunal Constitucional deverá recusar a inscrição, no seu registo, do mesmo Partido, com as consequências legais daí decorrentes, designadamente em termos de não reconhecimento e consequente não atribuição de personalidade jurídica ao Partido da Liberdade.»

5. Nos termos do disposto no artigo 223.°, n.° 2, alínea *e*), da Constituição, nos artigos 9.°, alíneas *a*) e *b*), e 103.°, n.° 2, da Lei n.° 28/82, de 15 de Novembro, e nos artigos 14.° e 16.°, n.° 2, da Lei dos Partidos Políticos (LPP), compete ao Tribunal Constitucional aceitar a inscrição de partidos políticos em registo próprio existente no Tribunal, após verificação da legalidade da sua constituição, bem como das suas denominações, siglas e símbolos.

Para além do controlo *a posteriori* previsto nos artigos 16.°, n.° 3, e 18.° da LPP, ao Tribunal Constitucional cabe, pois, um controlo preventivo de legalidade, condicionante do reconhecimento constitutivo da personalidade jurídica dos partidos políticos referido no artigo 14.° do citado diploma.

6. Do exame da documentação apresentada, conforme consta da cota acima referida, resulta que o pedido de inscrição do partido político Partido da Liberdade é subscrito por um número de cidadãos eleitores superior ao legalmente exigível (cfr. o artigo 15.°, n.° 1, da LPP), com observância das formalidades exigidas no n.° 2 do mesmo artigo.

Efectuada consulta, por amostragem, aos "cadernos de recenseamento" (disponíveis em *www.recenseamento.mai.gov.pt*), nada resultou que ponha em causa a veracidade desses elementos.

7. No que respeita à denominação, à sigla e ao símbolo que o Partido da Liberdade (PL) se propõe usar, verifica-se que não são confundíveis com os dos partidos já inscritos, pelo que foi dado cumprimento ao disposto no artigo 12.°, n.° 1, da LPP.

Também não se detecta que a referida denominação e símbolo desrespeitem o disposto no artigo 51.°, n.° 3, da Constituição, e nos n.os 2 e 3 do artigo 12.° da LPP, bem como, quanto à primeira, a proibição constante do artigo 51.°, n.° 4, da Constituição, e do artigo 9.° da LPP.

As dúvidas suscitadas pelo Ministério Público, no que respeita à denominação do partido como "da Liberdade" (ponto 15. da respectiva pronúncia), embora legítimas, não se enquadram nas proibições acima referidas, não sendo, por isso, susceptíveis de fundamentar a não aceitação daquela denominação.

É certo que, no Acórdão n.° 151/06, foi decidido indeferir o pedido de inscrição de uma denominação partidária igualmente caracterizada pela sua generalidade ("Partido Nacional"). Mas aí pesaram razões específicas ligadas a essa qualificativo, que não se verificam neste caso (designadamente o contrariar "a razão de ser das denominações que contenham expressões directamente relacionadas com qualquer instituição nacional", constante da parte final do n.° 2 do artigo 12.° da LPP).

8. No que concerne ao conteúdo do programa apresentado, mostra-se igualmente respeitada a proibição acabada de referir, não se revelando, por outro lado, presente qualquer princípio inspirador ou qualquer objectivo ofensivo da proibição de "partidos políticos armados, de tipo militar, militarizados ou paramilitares, partidos racistas ou que perfilhem a ideologia fascista" (artigo 8.° da Lei dos Partidos Políticos, em concretização do disposto no artigo 46.°, n.° 4, da Constituição da República).

Não obstante as compreensíveis reticências que o Ministério Público formulou a respeito de afirmações programáticas contidas na rubrica com a epígrafe "etnia", o certo é que elas não são suficientes para qualificar o Partido da Liberdade como um "partido racista".

Com efeito, e ainda que os conceitos de "raça" e de "etnia" mostrem alguma proximidade, eles são predominantemente distinguidos pelo facto de o primeiro conotar uma delimitação de um grupo de pertença com base em características fenotípicas, ao passo que o segundo serve de critério à diferenciação de grupos apoiando-se mais em características culturais.

E é precisamente nesse sentido que o conceito é utilizado, visando a definição daquilo que é "etnicamente identificativo do Povo português". Para esse efeito, os factores apontados são sobretudo de ordem cultural, em momento algum se fazendo apelo a características físicas, muito menos se lhe atribuindo um significado justificativo da concessão ou exclusão de direitos, como é timbre de posições de índole racista.

É certo que, sendo o conceito de "etnia" relevante para o estabelecimento do "vínculo com a Pátria", ele acaba por conduzir a uma proposta de condições de aquisição da nacionalidade portuguesa algo restritivas. Mas essa proposta, pelo menos nos termos em que foi declarada, não pode ser confundida com a defesa de discriminação ou opressão raciais.

9. Mas o controlo de legalidade deve estender-se à dimensão organizatória da estrutura e da actividade partidárias, tal como ela se espelha nos Estatutos.

Na verdade, os partidos são "associações de Direito Constitucional" (na expressão de Jorge Miranda *in* Jorge Miranda/ Rui Medeiros, *Constituição Portuguesa Anotada*, I, Coimbra, 2005, p. 491) ou "associações de natureza privada de interesse constitucional" (nas palavras do Acórdão n.° 304/03).

Nessa qualidade específica, as organizações partidárias regem-se pelo princípio da liberdade de associação (artigo 46.°, reafirmado no n.° 1 do artigo 51.°, ambos da Constituição). O ordenamento jurídico-constitucional não exerce qualquer controlo sobre a ideologia ou o programa do partido, com excepção do disposto no artigo 46.°, n.° 4 (cfr. Gomes Canotilho/ Vital Moreira, *Constituição da República Portuguesa Anotada*, I, 4.ª edição, Coimbra, 2007, p. 682).

Mas, quanto à sua organização interna, a Constituição passou a exigir (depois da revisão constitucional de 1997) a observância, além do mais, de um princípio de democraticidade interna. Assim, de acordo com o artigo 51.°, n.° 5, da Constituição, e o artigo 5.° da Lei dos Partidos Políticos, os partidos políticos devem reger-se pelos princípios da transparência, da organização e da gestão democráticas e da participação de todos os seus membros.

Estes são verdadeiros princípios, ou seja, normas abertas, susceptíveis de variáveis conformações concretizadoras, respeitadoras, em termos gradativamente caracterizáveis (em maior ou menor medida), dos seus ditames. A Constituição não impõe uma "unicidade organizatório-partidária", mas apenas um "conteúdo mínimo à organização democrática interno-partidária" (cfr. Gomes Canotilho/ Vital Moreira, *ob. cit.*, pp. 686 e segs.).

Assim é em consequência do papel que os partidos desempenham no funcionamento do regime democrático. A ideia fundamental é a de que a democracia *de* partidos pressupõe a democracia nos partidos (Blanco Valdés, citado por Carla Amado Gomes, "Quem tem medo do Tribunal Constitucional? A propósito dos artigos 103.°-C, 103.°-D e 103.°-E da LOTC", in *Estudos em Homenagem ao Conselheiro José Manuel Cardoso da Costa*, Coimbra, 2003, pp. 585-587).

10. Ora, quanto à legalidade do projecto de Estatutos apresentado, constata-se que as disposições estatutárias a seguir apreciadas não estão em conformidade com o quadro constitucional e legal aplicável.

10.1. Vejamos, em primeiro lugar, o artigo 15.°, que estabelece o seguinte:

Artigo Décimo Quinto
Conselho de Jurisdição

1. Composição:
Presidente do Conselho de Jurisdição
Secretário
Vogal
2. Nomeação:
O Presidente do Conselho de Jurisdição é nomeado, nos termos do número 3.° do Artigo 9.°, pela Direcção Nacional;
O Secretário e o Vogal serão nomeados pelo Presidente do Conselho de Jurisdição, sob sancionamento da Direcção Nacional.
3. Deveres:
Fiscalizar toda a actividade política do Partido;
Julgar e decidir sobre todos os diferendos de que tenha conhecimento por comunicação escrita, recomendando à Direcção Nacional as sanções que entender convenientes, nos termos do Regulamento Interno. Das suas decisões caberá recurso, para o primeiro Conselho Nacional que se realizar;
Emitir pareceres sobre a interpretação dos Estatutos e Regulamentos, bem como dirimir as suas possíveis lacunas.
Representar o Partido na área jurídica
Reunir, quando necessário e, pelo menos, uma vez por ano.

Em concretização dos princípios da organização e da gestão democráticas, impostos pela Constituição (artigo 51.°, n.° 5), a Lei dos Partidos Políticos estabelece, de entre os órgãos estatutários obrigatórios, a existência de um "órgão de jurisdição", "democraticamente eleito", devendo os seus membros gozar de "garantia de independência e dever de imparcialidade" (artigos 24.° e 27.° da LPP).

A composição do "Conselho de Jurisdição" do PL, tal como se encontra regulada no citado artigo 15.°, n.ºs 1 e 2, dos Estatutos, não respeita estas normas legais, uma vez que prevê que o presidente do referido Conselho de Jurisdição seja nomeado pela Direcção Nacional do Partido e que o Secretário e o Vogal sejam nomeados pelo Presidente do Conselho de Jurisdição, sob o "sancionamento" da Direcção Nacional.

Por outro lado, a definição de competências do Conselho de Jurisdição, constante, sob a veste de "deveres", do n.° 3 do citado artigo 15.°, não satisfaz o disposto no artigo 30.° da LPP. Neste prevê-se a impugnabilidade das deliberações de qualquer órgão partidário perante o órgão de jurisdição (n.° 1); e a impugnabilidade judicial das decisões do órgão de jurisdição, perante o Tribunal Constitucional, nos termos da respectiva lei de processo (n.° 2).

No caso em apreço, não só o Conselho de Jurisdição não se apresenta, em geral, como instância de recurso das deliberações dos demais órgãos partidários (essa competência genérica não se retira inequivocamente dos "deveres" que lhe estão atribuídos), como também não poderá funcionar como instância de recurso, com garantias de isenção e imparcialidade, nos casos, aí previstos, em que previamente tenha apresentado "recomendações" à Direcção Nacional sobre "as sanções que entende convenientes". Na verdade, partindo do Conselho de Jurisdição a "recomendação" quanto à sanção a aplicar e cabendo a decisão sobre essa sanção à Direcção Nacional, o Conselho de Jurisdição não poderia, depois, desempenhar com imparcialidade a função de apreciar a deliberação sancionatória.

Fica, ainda, por saber qual o órgão com competência disciplinar no Partido, uma vez que, por um lado, essa competência parece estar cometida ao Conselho de Jurisdição (cfr. artigo 21.°, n.° 1, 3.ª frase, dos Estatutos) — e nesse caso, caberá perguntar: como poderá funcionar como instância de recurso das suas próprias decisões? — mas, por outro, este órgão parece ter apenas poder para "recomendar" as sanções a aplicar, sendo essas decisões da competência da Direcção Nacional (artigo 15.°, n.° 3, dos Estatutos).

Para além do já referido, esta indefinição também não se mostra conforme ao disposto no artigo 22.°, n.° 2, da LPP, que tem implícita a exigência de enunciação dos órgãos próprios do partido competentes para a aplicação de sanções disciplinares.

Termos em que se conclui pela desconformidade constitucional e legal do disposto no artigo 15.° do projecto de Estatutos.

10.2. Ainda em matéria disciplinar, encontramos outras omissões e disposições igualmente merecedoras de reparo.

As deliberações partidárias, nomeadamente, em sede disciplinar, são directamente impugnáveis junto do Tribunal Constitucional, nos termos do disposto nos artigos 103.°-C, 103.°-D e 103.°-E da Lei do Tribunal Constitucional (na redacção resultante da Lei n.° 13-A/98, de 26 de Fevereiro). Como salienta Carla Amado Gomes, a atribuição destas competências ao Tribunal Constitucional é uma consequência directa da introdução, pela revisão constitucional de 1997, do n.° 5 do artigo 51.° da Lei Fundamental, que constitucionalizou a democracia interna dos partidos como um valor jurídico autónomo, «incumbindo o Tribunal Constitucional de garante último da validade das suas duas manifestações fundamentais: a eleição de órgãos dos partidos e as deliberações destes, recorríveis nos termos da lei» ("Quem tem medo do Tribunal Constitucional? A propósito dos artigos 103.°-C, 103.°-D e 103.°-E da LOTC", *ob. cit.*, pp. 585 e 586).

Concretamente no que respeita à disciplina partidária, cumpre destacar o disposto no n.° 2 do artigo 22.° da LPP, que impõe que a aplicação de sanções disciplinares se faça «sempre com garantias de audiência e defesa e possibilidade de reclamação ou recurso». Trata-se da concretização legal dos princípios constitucionalmente exigidos em sede de processos sancionatórios (artigo 32.°, n.° 10, da Constituição), enquanto garantias inerentes ao próprio princípio do Estado de direito democrático (artigo 2.° da Constituição).

Os Estatutos sob apreciação — para além dos problemas, acima identificados, atinentes à competência disciplinar e à impugnação das decisões sancionatórias — revelam ser totalmente omissos no que respeita ao tipo de sanções susceptíveis de serem aplicadas aos filiados no Partido.

Também esta omissão contraria os princípios constitucionais e legais já referidos.

No âmbito do direito penal, Figueiredo Dias, *Direito Penal, Parte Geral*, I, 2.ª edição, Coimbra, 2007, p. 177, sintetiza assim o conteúdo essencial do princípio da legalidade: «não pode haver crime, nem pena que não resultem de uma lei prévia, escrita, estrita e certa (*nullum crimen, nulla poena sine lege*).

Como este Tribunal já salientou, embora as exigências de tipicidade, enquanto corolários do princípio da legalidade (artigo 29.°, n.° 1, da Constituição), só valham *qua tale* no domínio do direito penal, não deixam de se fazer sentir em menor grau nos demais ramos do direito sancionatório. O que significa que as normas sancionatórias têm de conter um mínimo de determinabilidade, em termos de não haver um encurtamento de direitos fundamentais, sob pena de, não se cumprindo esta exigência, os cidadãos ficarem à mercê de puros actos de poder (cfr. Acórdãos n.os 666/94 e 730/95).

Na situação vertente, nem sequer há uma enunciação genérica dos comportamentos que podem constituir infracções à disciplina do partido (nem se pode retirar tal enunciação da listagem de deveres dos filiados, que também se apresenta vaga e genérica — cfr. artigo 7.° do projecto de Estatutos). Mas tais infracções, não enunciadas, podem dar origem a sanções, que de todo se desconhecem quais possam ser.

A disciplina partidária — ainda que não possa considerar-se direito sancionatório público, atenta a natureza especial que assumem os partidos, enquanto associações de Direito Constitucional — não pode oferecer garantias substancialmente menores do que aquelas que constitucionalmente se exigem ao direito sancionatório público. Desde logo porque envolve, ou pode envolver, direitos, liberdades e garantias de participação política.

Só, assim, aliás, se justifica que o controlo judicial das deliberações partidárias, nomeadamente das deliberações sancionatórias, esteja cometido ao Tribunal Constitucional, nos termos acima referidos.

A este respeito, e embora versando sobre um ilícito de mera ordenação social (financeiro), mostra-se pertinente convocar a conclusão, consolidada na jurisprudência constitucional, assim enunciada no Acórdão n.° 41/04: «o direito sancionatório público, enquanto restrição relevante de direitos fundamentais, participa do essencial das garantias consagradas explicitamente para o direito penal, isto é, do núcleo de garantias relativas à segurança, certeza, confiança e previsibilidade dos cidadãos.»

Não podem, assim, os estatutos de um partido ser totalmente omissos quanto à tipificação (ainda que em termos mínimos) dos ilícitos disciplinares e respectivas sanções, especialmente dos casos que possam dar lugar à aplicação da pena de expulsão. Neste último caso, mas não só, é indiscutível que está em causa a restrição de um direito fundamental, pelo que não podem deixar de se lhe aplicar as regras constitucionais, ainda que em termos de um mínimo de determinabilidade, de tipificação das infracções e previsão das penas (cfr. em sentido idêntico, embora para caso diverso, o Acórdão n.° 282/86).

Na medida em que não prevê um catálogo das sanções disciplinares susceptíveis de ser aplicadas aos filiados, nem enuncia, em termos mínimos, as infracções susceptíveis de conduzir à aplicação das sanções (omissas), nomeadamente, para os casos de aplicação da sanção máxima de expulsão, o projecto de Estatutos do Partido da Liberdade desrespeita as garantias constitucional e legalmente impostas em sede de procedimentos sancionatórios.

10.3. No artigo 21.°, n.° 1, 2.ª frase, do projecto de Estatutos prevê-se, além do mais, que, «em caso de sanção disciplinar», o mandato (nos órgãos do Partido) «extingue-se automaticamente».

A indefinição reinante nesta matéria repercute-se na norma em análise, ficando por saber qual a sanção disciplinar que pode dar origem à extinção automática do mandato. Aparentemente, toda e qualquer sanção conduz a esse resultado, dada a omissão de qualquer indicação especificadora.

Mas, independentemente do excesso que tal solução configuraria, certo é que a previsão de "extinção" do mandato, como sanção acessória automática — traduzida na imediata cessação do mandato como titular de órgão partidário, sem qualquer ponderação da gravidade da infracção disciplinar, no caso concreto — não se compadece com o disposto no artigo 30.°, n.° 4, da Constituição.

Esta norma prevê que «nenhuma pena envolve como efeito necessário a perda de quaisquer direitos civis, profissionais ou políticos». Como se salientou no já citado Acórdão n.° 282/86, «o facto de não se tratar aqui do terreno criminal não impede a aplicação do princípio constitucional do artigo 30.°, n.° 4. Se às penas criminais não pode acrescentar-se, a título de efeito de pena, a perda de direitos profissionais, por maioria de razão isso está vedado quando se trate de penas sem carácter criminal.» Estas considerações tecidas a propósito de "direitos profissionais" são inteiramente aplicáveis ao caso presente em que estão em causa direitos políticos relacionados com a titularidade de cargos nos órgãos partidários.

10.4. A falta de autonomia e de democraticidade repete-se ao nível das denominadas "Estruturas Locais".

O artigo 18.° do projecto de Estatutos prevê que tais estruturas, de carácter facultativo, caso venham a ser criadas, sê-lo-ão por decisão ou "sancionamento" da Direcção Nacional, a quem cabe nomear e demitir o Presidente Distrital e "sancionar" a designação de todos os restantes presidentes e membros (com excepção dos "Representantes") de todas as estruturas. Nos termos do n.° 2, 2.ª frase, "os Presidentes das restantes Estruturas são nomeados pelo Presidente da Estrutura hierarquicamente superior (...)".

Como se vê, todo o processo de criação e composição das estruturas passa, directa ou indirectamente, pela Direcção Nacional. Estamos perante uma estrutura piramidal fortemente hierarquizada, sendo notória a falta de "democraticidade interna" na constituição de tais órgãos locais, com a agravante de que eles formam as chamadas "estruturas de base", que melhor permitiriam a participação dos filiados do partido.

Por isso, o artigo 18.° do projecto de Estatutos não subsiste ao confronto com o princípio democrático, vertido no artigo 5.° da LPP, e com o artigo 13.° da mesma lei, que sujeita as "organizações internas" constituídas no interior de um partido, aos "princípios e limites estabelecidos na Constituição e na lei".

10.5. Também no que se refere à "Estrutura Juvenil", a regulação estatutária não está isenta de vícios.

O artigo 19.° do projecto de Estatutos estabelece o seguinte:

> Artigo Décimo Nono
> Estrutura Juvenil
>
> 1. Composição:
> Presidente
> Vogais (máximo de 4)
> 2. Nomeação:
> Presidente da Estrutura Juvenil é nomeado pela Direcção Nacional;
> Os Vogais são nomeados pelo Presidente da Estrutura, sob sancionamento da Direcção Nacional;
> A militância na estrutura juvenil é opcional e nunca poderá manter-se para além do 25.° aniversário do militante.
> Poderão ser aceites militantes a partir dos 12 anos de idade, que, obrigatoriamente se inscreverão no partido quando cumprirem as condições expressas no número 1 do artigo 5.°
> A Estrutura Juvenil não terá autonomia financeira.

As organizações de juventude partidárias não são partidos políticos e, como tal, não estão sujeitas ao controlo do Tribunal Constitucional, nem comungam dos direitos e deveres que a Constituição e a Lei atribuem aos partidos políticos.

Ou seja, são necessariamente entidades distintas do partido político.

São equiparadas a "associações juvenis" (têm mais de 75% de associados com idade igual ou inferior a 30 anos) sendo-lhes aplicável o regime jurídico do associativismo jovem, estabelecido na Lei n.° 23/2006, de 23 de Junho, em conformidade com o disposto no seu artigo 3.°, n.° 2, e salvaguardadas as disposições legais que regulam os partidos políticos.

De acordo com o artigo 2.° da Lei n.° 124/99, de 20 de Agosto (que «garante aos jovens menores o livre exercício do direito de associação e simplifica o processo de constituição das associações juvenis»), os menores com idade inferior a 14 anos têm o direito de aderir a associações, desde que previamente autorizados, por escrito, por quem detém o poder paternal (n.° 1). A referida autorização deixa de ser necessária a partir dos 14 anos, idade a partir da qual os menores podem também constituir novas associações e ser titulares dos respectivos órgãos (n.° 2 do artigo 14.°).

Por isso, a generalidade das organizações de juventude partidárias, ligadas aos partidos actualmente registados, exigem, nos respectivos estatutos, que os seus militantes tenham a idade mínima de 14 anos.

O projecto de Estatutos aqui em causa prevê uma "Estrutura Juvenil", destinada a militantes entre os 12 anos de idade e os 25 anos.

Entende o Ministério Público que esta norma estatutária infringe o disposto no citado artigo 2.° da Lei n.° 124/99, uma vez que admite a militância na "Estrutura Juvenil" a partir dos 12 anos de idade, sem prever qualquer autorização por quem detém o poder paternal. Na medida em que os estatutos regulam um ponto imperativamente previsto na lei, em termos desviantes desta, pois omitem um requisito, nela fixado, de participação em associações juvenis, pode concluir-se que contrariam o legalmente imposto, pelo que é de sufragar aquele entendimento.

Além disso, resulta do artigo 19.°, acima transcrito, que esta estrutura terá escassa ou nula autonomia relativamente ao Partido, uma vez que não terá autonomia financeira (artigo 19.°, n.° 2, 5.ª frase) e os seus dirigentes são nomeados (presidente) ou "sancionados" (vogais) pela Direcção Nacional do Partido.

Como também faz notar o Ministério Público, esta norma estatutária infringe directamente o disposto no artigo 6.° da citada Lei n.° 23/2006, que, concretizando princípios de organização e funcionamento, prevê que as associações de jovens gozem de autonomia (*i*) na elaboração dos respectivos estatutos e demais normas internas; (*ii*) na eleição dos seus órgãos dirigentes; (*iii*) na gestão e administração do respectivo património; e (*iv*) na elaboração dos planos de actividade, no respeito pela lei e pelos princípios da liberdade, da democraticidade e da representatividade.

Neste contexto de falta de autonomia — o que, como vimos, é fundamento bastante para julgar a disposição ilegal — torna-se, ainda, problemática a militância dos menores (a partir dos 12 anos de idade) em tal estrutura.

Na verdade, não tendo a Estrutura Juvenil autonomia, ela acaba por assumir a natureza de uma estrutura componente do próprio partido (não de uma associação, distinta deste), inserida na sua orgânica própria. Isso mesmo se retira da enumeração dos órgãos partidários constante do artigo 8.°, onde é referida a Estrutura Juvenil. Sendo assim, não é forçado concluir-se que a possibilidade de inscrição de menores de idade, a partir de 12 anos, abre a porta à militância de menores de idade no próprio Partido, o que briga como o disposto no artigo 7.° da LPP, em conjugação com o artigo 49.° da Constituição.

Pelas razões apontadas, também a norma do artigo 19.° do projecto de Estatutos infringe a Constituição e a lei.

10. 6. Entre o elenco de "deveres dos membros do Partido" estabelece-se, no artigo 7.°, n.° 8, do projecto de Estatutos o dever de «guardar sigilo sobre todas as actividades do Partido».

O "sigilo sobre todas as actividades" significaria, se lido em toda a sua extensão, fazer equivaler o partido a uma sociedade de índole secreta, o que, manifestamente, estaria vedado.

Mas ainda que não seja essa a ideia subjacente a uma tal declaração, a verdade é que a ausência de qualquer elemento delimitador das actividades objecto do dever de reserva (*v. g.*, a sua restrição às questões da "vida interna" do partido com "carácter reservado", à semelhança do que estabelecem os estatutos de outros partidos políticos) não permite outra leitura.

Assim, a fórmula utilizada, pela sua amplitude, contende com o princípio da transparência, vertido no artigo 6.° da LPP. Neste se estabelece, designadamente, que os partidos políticos prosseguem publicamente os seus fins (n.° 1), prevendo-se a obrigatoriedade de divulgação pública das suas actividades enumeradas nas alíneas do n.° 2 deste preceito legal.

Acresce que, do ponto de vista dos filiados, o referido dever, porque enunciado sem qualquer restrição (e susceptível de consequências em sede disciplinar, como as acima referidas), é susceptível de contender com o exercício dos seus direitos, constitucionalmente garantidos, maxime de liberdade de expressão e participação na vida política.

10.7. A constituição da Mesa do Congresso Nacional, tal como prevista no artigo 13.°, n.° 2, do projecto de Estatutos, não obedece aos ditames do princípio da democraticidade.

Nos termos desta disposição, só a designação do Presidente da Mesa resulta de eleição directa e incondicionada pelos militantes reunidos em Congresso. A nomeação do secretário é da responsabilidade do presidente, sob "sancionamento" da Direcção Nacional. Os «Vogais são indicados pelos militantes reunidos, optando-se pelos mais antigos».

Este regime consagra uma restrição (no que respeita ao secretário, uma vez que este não é escolhido directamente) e um condicionamento (no que respeita aos vogais) da capacidade eleitoral activa dos membros do Congresso incompatível com aquele princípio. O que é tanto mais grave quanto é certo que o Congresso Nacional é o órgão que, por natureza, melhor se ajusta a enquadrar a participação democrática dos militantes na vida de um partido, quer através de mecanismos de representação alargada, quer através de participação directa (como parece estar previsto neste caso, já que se dispõe que integram o Congresso Nacional "todos os militantes com direito a voto" — artigo 13.°, n.° 1, 2.ª frase).

11. A legalidade de certos preceitos estatutários pode ainda ser posta em causa por inobservância de normas legais de alcance geral. Com efeito, algumas normas do projecto dos Estatutos não obedecem às exigências de determinabilidade, segurança e certeza jurídicas, que se impõem a quaisquer disposições estatutárias, independentemente da natureza da pessoa colectiva que pretendam reger.

Esse vício é sobremodo patente nas normas de composição de alguns órgãos: da Direcção Nacional (artigo 9.°, n.° 1), da Comissão Política Permanente (artigo 10.°, n.° 1), da Secretaria-Geral (artigo 11.°, n.° 1), do Conselho de Estratégia Nacional (artigo 12.°, n.° 1), da mesa do Congresso Nacional (artigo 13.°, n.° 1), e do Conselho Nacional (artigo 14.°, n.° 1). Estabelece-se aí uma elasticidade quantitativa, dada pela simples indicação de um número máximo de membros, ou pela fixação de um intervalo (por vezes muito largo) entre um mínimo e um máximo, em grau muito elevado, gerador de fortes incertezas. Um caso à parte, que serve de exemplo extremo disso mesmo, é o disposto no artigo 12.°, n.° 1, do projecto de Estatutos, onde se prevê que a composição do órgão "Conselho de Estratégia Nacional" integre vogais em "número considerado necessário".

No caso da Direcção Nacional, tudo indica que este processo de normação estatutária, ao deixar em aberto a composição definitiva desse órgão, colide, mesmo, com o regime legal específico das associações partidárias.

Na verdade, trata-se de um órgão de presença obrigatória, nos termos da alínea *b*) do artigo 24.° da LPP. Em relação a esse e aos restantes órgãos com essa natureza, tal norma determina que as suas competências e composição são "definidas" nos estatutos. É por demais duvidoso que o artigo 9.° cumpra satisfatoriamente essa exigência, uma vez que remete implicitamente para outra instância partidária (o Congresso Nacional?) a concreta fixação do número de vogais da Direcção Nacional. Com isso, a composição do órgão de direcção política não pode colher-se directamente, de forma acabada, nos próprios estatutos, como a lei parece exigir.

12. Uma referência final para outras questões levantadas pelo Ministério Público, que entendemos deverem ser resolvidas no sentido da validade, nos pontos sobre que incidem, da disciplina estatutária.

12.1. É o caso da questão respeitante à nomeação (e demissão) do Secretário-Geral pela Direcção Nacional, a quem compete, ainda, "sancionar" a nomeação dos restantes membros da Secretaria-Geral, nos termos do previsto nos artigos 9.°, n.° 3, e 11.°, n.° 2, do projecto de Estatutos.

Ainda que se possa considerar não ser essa a "melhor" solução, sob o ponto de vista da democraticidade, o certo é que estamos perante uma questão do foro da organização interna do partido, sobre qual a lei não estabelece regras imperativas. Não nos podemos esquecer que o princípio da democraticidade convive e "dialoga" com o princípio da autonomia e liberdade de organização interna dos partidos, corolário da liberdade de associação, pelo que deve ser deixada uma ampla margem de auto-organização e auto-regulação às associações partidárias.

12.2. Também não são de acolher as observações avançadas pelo Ministério Público, quanto ao processo de escolha dos membros do Conselho Fiscal. As considerações tecidas a propósito da designação dos membros do Conselho de Jurisdição (ponto 10.1) não são extensíveis ao Conselho Fiscal.

Na verdade, o conselho fiscal encontra-se fora do "conteúdo mínimo organizatório", especificamente enunciado, para as associações com a natureza de partidos políticos, pelo artigo 24.° da LPP. É em relação a esses órgãos que cobra todo o sentido a regra imperativa de eleição, por exigências do princípio da democraticidade interna. Essas exigências só se colocam, em termos estritos, em relação aos órgãos de formação e expressão da vontade política do partido (a assembleia representativa e o órgão de direcção política), bem como ao órgão encarregado de controlar a regularidade da actuação destes (o órgão de jurisdição). As "garantias de independência" dos membros de um órgão como o conselho fiscal, com competência exclusiva em matéria financeira e fiscal, não serão muito diferentes das que se impõem, em geral, aos órgãos equivalentes, obrigatoriamente existentes em todos os tipos de pessoas colectivas (artigo 162.° do Código Civil) — garantias, essas, que a previsão do artigo 16.° do projecto de Estatutos, por si só, não parece afrontar.

12.3. Já oferece alguma dúvida a questão de a militância no Partido da Liberdade estar limitada aos "Portugueses" (artigo 5.°, n.° 1, do projecto de Estatutos).

É, na verdade, duvidosa a compatibilidade de uma tal restrição com o disposto nos artigos 7.° e 19.°, n.° 2, da LPP, quando conjugados com a previsão legal de direitos de voto dos estrangeiros residentes em Portugal, em determinadas condições — cfr. a Lei n.° 13/99, de 22 de Março (recenseamento eleitoral), a Lei Orgânica n.° 1/2001, de 14 de Agosto (eleição dos titulares dos órgãos das autarquias locais) e a Declaração n.° 10/2001, publicada no *Diário da República*, I Série, de 13 de Setembro de 2001 (torna públicos os países a cujos cidadãos é reconhecida capacidade eleitoral activa e passiva em Portugal nas eleições dos órgãos das autarquias locais).

Mas, tudo ponderado, cremos que uma tal solução está ainda dentro dos limites da licitude. A nacionalidade não está incluída entre os factores de exclusão proibidos, no artigo 19.°, n.° 2, da LPP (como conceito jurídico, ela não se identifica com o "território de origem", mero elemento de facto). Por outro lado, se a capacidade de gozo de direitos políticos é condição necessária da inscrição num partido, não dá um direito de exercício de militância partidária, em concreto, num determinado partido. Nem a impossibilidade de inscrição em algum ou alguns dos partidos integrantes do universo eleitoral prejudica, de forma significativa, o exercício da capacidade eleitoral, activa e passiva, dos cidadãos estrangeiros que dela disponham, nos termos legais.

III — Decisão

Pelos fundamentos expostos, decide-se indeferir o pedido de inscrição, no registo próprio deste Tribunal, do partido político com a denominação "Partido da Liberdade", a sigla PL e o símbolo que consta de fls. 23/24.

Sem custas.

Lisboa, 13 de Julho de 2009. — *Joaquim de Sousa Ribeiro* — *João Cura Mariano* — *Benjamim Rodrigues* — *Mário Torres* — *Rui Manuel Moura Ramos.*

Anotação:

1 — Acórdão publicado no *Diário da República*, II Série, de 13 de Agosto de 2009.

2 — Os Acórdãos n.os 282/86, 666/94, 730/95, 304/03, 41/04 e 151/06 estão publicados em *Acórdãos*, 8.°, 29.°, 32.°, 56.°, 58.° e 64.° Vols., respectivamente.

ACÓRDÃOS ASSINADOS ENTRE MAIO E AGOSTO DE 2009 NÃO PUBLICADOS NO PRESENTE VOLUME

Acórdão n.º 212/09, de 4 de Maio de 2009 (3.ª Secção): Rejeita, nos termos do artigo 28.º, n.º 1, da Lei n.º 14/79, de 16 de Maio, um candidato apresentado pelo Partido Humanista; manda notificar, nos termos do n.º 2 do mesmo artigo, o mandatário do Partido Humanista para que proceda, no prazo de dois dias, à substituição do candidato inelegível, sob pena de rejeição de toda a lista; admite todas as demais listas de candidatos apresentadas pelos partidos e coligações referidos no Acórdão deste Tribunal n.º 191/09, de acordo com as rectificações e modificações efectuadas.

Acórdão n.º 213/09, de 5 de Maio de 2009 (3.ª Secção): Confirma decisão sumária que não conheceu do recurso, por a decisão recorrida não ter aplicado, como *ratio decidendi*, as normas que o recorrente pretende ver apreciadas; indefere arguição de nulidade da decisão sumária.

Acórdão n.º 214/09, de 5 de Maio de 2009 (3.ª Secção): Confirma decisão sumária que não conheceu do recurso, quer por não se considerar a questão de inconstitucionalidade suscitada de modo processualmente adequado, quer por não consistir numa questão de constitucionalidade normativa.

Acórdão n.º 215/09, de 5 de Maio de 2009 (3.ª Secção): Defere reclamação de despacho do relator, em parte, determinando o prosseguimento dos autos com nova delimitação do objecto do recurso.

Acórdão n.º 216/09, de 5 de Maio de 2009 (3.ª Secção): Confirma decisão sumária que não conheceu do recurso por não ter sido suscitada durante o processo e de modo adequado uma questão de inconstitucionalidade de norma que tenha sido aplicada pela decisão recorrida.

Acórdão n.º 217/09, de 5 de Maio de 2009 (Plenário): Prestação de contas relativas à eleição autárquica intercalar para a Câmara Municipal de Lisboa realizada em 15 de Julho de 2007.

(Publicado no *Diário da República*, II Série, de 14 de Agosto de 2009.)

Acórdão n.º 218/09, de 5 de Maio de 2009 (3.ª Secção): Indefere reclamação contra não admissão do recurso por não ter sido suscitada a inconstitucionalidade de norma, mas da própria decisão.

Acórdão n.° 219/09, de 5 de Maio de 2009 (3.ª Secção): Confirma decisão sumária que não julgou inconstitucional a norma constante da alínea *c)* do n.° 1 do artigo 400.° do Código de Processo Penal, na interpretação que considera que nela estão incluídos os acórdãos do Tribunal da Relação que decidam não conhecer dos recursos interlocutórios.

Acórdão n.° 220/09, de 5 de Maio de 2009 (3.ª Secção): Confirma decisão sumária que não conheceu do recurso por a questão de inconstitucionalidade não ter sido suscitada durante o processo, de modo processualmente adequado.

Acórdão n.° 222/09, de 5 de Maio de 2009 (2.ª Secção): Indefere reclamação para a conferência de decisão sumária que não conheceu do recurso por a decisão recorrida não ter feito aplicação das normas cuja inconstitucionalidade foi suscitada.

Acórdão n.° 223/09, de 6 de Maio de 2009 (1.ª Secção): Indefere pedido de reforma do Acórdão n.° 149/09.

Acórdão n.° 224/09, de 6 de Maio de 2009 (1.ª Secção): Confirma decisão sumária que não conheceu do recurso por a questão de inconstitucionalidade não ter sido suscitada durante o processo, de modo processualmente adequado.

Acórdão n.° 225/09, de 6 de Maio de 2009 (1.ª Secção): Confirma decisão sumária que não conheceu do recurso por não ter sido suscitada uma questão de inconstitucionalidade de norma, mas da própria decisão recorrida.

Acórdão n.° 226/09, de 6 de Maio de 2009 (1.ª Secção): Indefere reclamação contra não admissão do recurso por não verificação dos pressupostos dos recursos de constitucionalidade interpostos ao abrigo das alíneas *b)* e *c)* do n.° 1 do artigo 70.° da Lei do Tribunal Constitucional.

Acórdão n.° 227/09, de 6 de Maio de 2009 (Plenário): Decide-se rejeitar, nos termos do artigo 28.°, n.° 2, da Lei n.° 14/79, de 16 de Maio, a lista apresentada pelo Partido Humanista; e mandar afixar, nos termos do artigo 29.° da mesma Lei, o edital com a indicação das listas admitidas nos termos do Acórdão n.° 212/09 e da lista agora rejeitada.

Acórdão n.° 228/09, de 12 de Maio de 2009 (1.ª Secção): Não conhece do recurso, interposto ao abrigo da alínea *a)* do n.° 1 do artigo 70.° da Lei do Tribunal Constitucional, por a decisão recorrida assentar numa pluralidade de fundamentos, um ou vários dos quais estranhos ao objecto do recurso de constitucionalidade e por si só suficientes para assegurar o sentido da mesma.

Acórdão n.° 229/09, de 12 de Maio de 2009 (1.ª Secção): Confirma decisão sumária que não conheceu dos recursos, por as decisões recorridas não terem aplicado, como *ratio decidendi*, as normas que o recorrente pretende ver apreciadas e por inutilidade no seu conhecimento — pelo menos quanto a um dos recursos —, uma vez que existia na decisão recorrida um fundamento alternativo que sempre conduziria à mesma solução.

Acórdão n.° 230/09, de 12 de Maio de 2009 (1.ª Secção): Confirma decisão sumária que não conheceu do recurso, por o recorrente, mesmo após convite, não ter identificado a dimensão ou interpretação normativa cuja inconstitucionalidade pretendia ver apreciada.

Acórdão n.° 231/09, de 12 de Maio de 2009 (Plenário): Decide indeferir reclamação do Acórdão n.° 227/09; ordenar a afixação do edital contendo todas as listas já admitidas pelo Acórdão n.° 212/09; ordenar o envio das listas aos Governadores Civis e aos Representantes da República; notificar o Partido Humanista.

Acórdão n.° 232/09, de 12 de Maio de 2009 (3.ª Secção): Não conhece do recurso por não ter sido suscitada durante o processo e perante o tribunal recorrido, de modo processualmente adequado, uma questão de inconstitucionalidade normativa.

Acórdão n.° 233/09, de 12 de Maio de 2009 (3.ª Secção): Indefere pedido de aclaração e reforma do Acórdão n.° 126/09.

Acórdão n.° 234/09, de 12 de Maio de 2009 (3.ª Secção): Não julga inconstitucional a norma do artigo 7.°-A do Regime Jurídico das Infracções Fiscais Não Aduaneiras, aprovado pelo Decreto-Lei n.° 20-A/90, de 15 de Janeiro, na parte em que se refere à responsabilidade civil subsidiária dos administradores e gerentes pelos montantes correspondentes às coimas aplicadas a pessoas colectivas em processo de contra-ordenação fiscal.

Acórdão n.° 235/09, de 12 de Maio de 2009 (3.ª Secção): Aplica declaração de inconstitucionalidade, com força obrigatória geral, constante do Acórdão n.° 173/09, quanto à norma do artigo 189.°, n.° 2, alínea *b)*, do Código da Insolvência e da Recuperação de Empresas, aprovado pelo Decreto-Lei n.° 53/2004, de 18 de Março, na medida em que impõe que o juiz, na sentença que qualifique a insolvência como culposa, decrete a inabilitação do administrador da sociedade comercial declarada insolvente.

Acórdão n.° 236/09, de 12 de Maio de 2009 (3.ª Secção): Confirma decisão sumária que não conheceu do recurso por falta de idoneidade do seu objecto.

Acórdão n.° 237/09, de 12 de Maio de 2009 (3.ª Secção): Indefere arguição de nulidade do Acórdão n.° 140/09.

Acórdão n.° 238/09, de 12 de Maio de 2009 (3.ª Secção): Confirma decisão sumária que não conheceu do recurso por não ter sido suscitada durante o processo e de modo processualmente adequado qualquer questão de inconstitucionalidade normativa.

Acórdão n.° 239/09, de 12 de Maio de 2009 (2.ª Secção): Indefere reclamação contra não admissão do recurso por a decisão recorrida não ter aplicado a norma impugnada.

Acórdão n.° 240/09, de 12 de Maio de 2009 (2.ª Secção): Indefere arguição de nulidade dos Acórdãos n.os 82/09 e 136/09.

Acórdão n.° 241/09, de 12 de Maio de 2009 (2.ª Secção): Indefere "arguição de irregularidade" do Acórdão n.° 194/09.

Acórdão n.° 243/09, de 12 de Maio de 2009 (2.ª Secção): Confirma decisão sumária que não conheceu do recurso por as decisões recorridas não terem feito aplicação, como *ratio decidendi*, de normas cuja inconstitucionalidade tivesse sido suscitada durante o processo, de modo adequado e perante o tribunal recorrido.

Acórdão n.° 244/09, de 12 de Maio de 2009 (2.ª Secção): Confirma decisão sumária que não conheceu do recurso por a questão de inconstitucionalidade não ter sido suscitada durante o processo, perante o tribunal recorrido e de modo adequado.

Acórdão n.° 245/09, de 12 de Maio de 2009 (2.ª Secção): Determina notificação das partes para se pronunciarem sobre a eventualidade de não se conhecer do recurso.

Acórdão n.° 246/09, de 12 de Maio de 2009 (2.ª Secção): Confirma decisão sumária que julgou inconstitucional a norma constante do artigo 7.°, alínea *b)*, do Decreto-Lei n.° 437/78, de 28 de Dezembro, interpretada no sentido de que o privilégio imobiliário geral nela conferido prefere à hipoteca, nos termos do artigo 751.° do Código Civil.

Acórdão n.° 249/09, de 12 de Maio de 2009 (2.ª Secção): Não conhece do recurso por a decisão recorrida não ter feito aplicação, como *ratio decidendi*, da interpretação normativa arguida de inconstitucionalidade.

Acórdão n.° 251/09, de 18 de Maio de 2009 (3.ª Secção): Decide determinar a reordenação da lista apresentada pelo Partido Humanista à eleição de deputados ao Parlamento Europeu, a realizar no dia 7 de Junho próximo.

Acórdão n.° 252/09, de 19 de Maio de 2009 (1.ª Secção): Confirma decisão sumária que não conheceu do recurso por a questão de inconstitucionalidade não ter sido suscitada, durante o processo, perante o tribunal recorrido.

Acórdão n.° 253/09, de 19 de Maio de 2009 (1.ª Secção): Confirma decisão sumária que não conheceu do recurso por não ter sido suscitada, durante o processo e de modo processualmente adequado, a questão de inconstitucionalidade de norma aplicada pela decisão recorrida; indefere arguição de nulidade da decisão sumária e reclamação da condenação em custas.

Acórdão n.° 254/09, de 20 de Maio de 2009 (3.ª Secção): Confirma decisão sumária que não conheceu do recurso por não terem sido suscitadas, durante o processo e de modo processualmente adequado, questões de constitucionalidade relativas a normas aplicadas na decisão recorrida.

Acórdão n.° 255/09, de 20 de Maio de 2009 (1.ª Secção): Decide nada haver que obste a que a coligação formada pelo Partido Comunista Português (PCP) e Partido Ecologista "Os Verdes" (PEV), com o objectivo de concorrer às eleições para a Assembleia da República em 2009, use a denominação "CDU — Coligação Democrática Unitária", a sigla "PCP — PEV" e o símbolo que consta do anexo ao presente Acórdão. Ordena a anotação da referida coligação.

(Publicado no *Diário de República*, II Série, de 1 de Junho de 2009.)

Acórdão n.° 256/09, de 20 de Maio de 2009 (2.ª Secção): Confirma decisão sumária que não julgou inconstitucional a interpretação dos artigos 113.°, n.° 9, 425.°, n.° 6, e 411.°, n.° 1, do Código de Processo Penal e 41.°, n.° 1, do Decreto-Lei n.° 433/82, de 27 de Outubro, no sentido de que a notificação do acórdão do Tribunal da Relação, proferido em recurso interposto da decisão judicial que julgou a impugnação da decisão administrativa sancionadora de contra-ordenação, deve ser efectuada ao mandatário judicial do recorrente, não sendo exigida a sua notificação pessoal ao arguido.

Acórdão n.° 257/09, de 20 de Maio de 2009 (2.ª Secção): Ordena a imediata baixa dos autos ao Tribunal da Relação de Lisboa; que o processo seja concluso ao relator apenas depois de pagas as custas contadas no Tribunal Constitucional; que o incidente de aclaração seja processado em separado, ficando a constar do processo incidental o acórdão da Relação de Lisboa, pretendido recorrer, a decisão sumária, a decisão da reclamação, o pedido agora formulado e esta decisão.

Acórdão n.° 258/09, de 20 de Maio de 2009 (2.ª Secção): Confirma decisão sumária de não conhecimento do recurso por a decisão recorrida não ter aplicado a norma arguida de inconstitucionalidade.

Acórdão n.° 259/09, de 26 de Maio de 2009 (2.ª Secção): Determina que seja extraído traslado, integrado por cópia de todo o processado tramitado neste Tribunal e, contado o processo, se remetam de imediato os autos ao Supremo Tribunal de Justiça; só seja dado seguimento no traslado ao incidente suscitado pelo requerimento do recorrente e de outros requerimentos que o mesmo venha a apresentar, depois de pagas as custas da sua responsabilidade.

Acórdão n.° 261/09, de 26 de Maio de 2009 (1.ª Secção): Não julga inconstitucionais as normas extraídas dos artigos 3.°, n.° 3, alínea *a)*, e 4.° do Anexo I que consagra o Regime de Taxas da ERC — Entidade Reguladora para a Comunicação Social, aprovado Decreto-Lei n.° 103/2006, de 7 de Junho.

Acórdão n.° 262/09, de 26 de Maio de 2009 (1.ª Secção): Não conhece do recurso por a decisão recorrida não ter feito aplicação, como *ratio decidendi*, da interpretação normativa arguida de inconstitucionalidade.

Acórdão n.° 264/09, de 26 de Maio de 2009 (1.ª Secção): Aplica declaração de inconstitucionalidade, com força obrigatória geral, das normas constantes dos artigos 1.°, n.° 6, e 2.° da Lei n.° 1/2004, de 15 de Janeiro, quando interpretados no sentido de que aos subscritores da Caixa Geral de Aposentações que, antes de 31 de Dezembro de 2003, hajam reunido os pressupostos para a aplicação do regime fixado pelo Decreto-Lei n.° 116/85, de 19 de Abril, e hajam requerido essa aplicação, deixa de ser reconhecido o direito a esse regime de aposentação pela circunstância de o respectivo processo ter sido enviado à Caixa, pelo serviço onde o interessado exercia funções, após a data da entrada em vigor da Lei n.° 1/2004.

Acórdão n.° 265/09, de 26 de Maio de 2009 (1.ª Secção): Confirma decisão sumária que não conheceu do recurso por não ter sido suscitada, durante o processo e de modo processualmente adequado, uma questão de inconstitucionalidade normativa.

Acórdão n.° 266/09, de 26 de Maio de 2009 (1.ª Secção): Indefere reclamação contra não admissão do recurso por a decisão recorrida não ter aplicado a norma arguida de inconstitucionalidade.

Acórdão n.° 267/09, de 26 de Maio de 2009 (1.ª Secção): Confirma decisão sumária que não conheceu do recurso por não ter sido suscitada durante o processo e de modo adequado uma questão de inconstitucionalidade relativa a normas.

Acórdão n.° 268/09, de 27 de Maio de 2009 (3.ª Secção): Aplica declaração de inconstitucionalidade com força obrigatória geral, constante do Acórdão n.° 135/09, quanto à norma do artigo 175.°, n.° 4, do Código da Estrada, aprovado pelo Decreto-Lei n.° 114/94, de 3 de Maio, na redacção dada pelo Decreto-Lei n.° 44/2005, de 23 de Fevereiro, interpretada no sentido de que, paga voluntariamente a coima, ao arguido não é consentido, na fase de impugnação judicial da decisão administrativa que aplicou a sanção acessória de inibição de conduzir, discutir a existência da infracção (constante do Acórdão do Tribunal Constitucional n.° 135/09), e conceder provimento aos recursos e determinar a reformulação da decisão recorrida de acordo com aquela declaração.

Acórdão n.° 269/09, de 27 de Maio de 2009 (3.ª Secção): Indefere arguição de nulidade do Acórdão n.° 128/09.

Acórdão n.° 272/09, de 27 de Maio de 2009 (3.ª Secção): Confirma decisão sumária que julgou manifestamente infundada a questão de inconstitucionalidade relativa à norma do artigo 17.°, n.° 3, do Decreto-Lei n.° 269/98, de 1 de Setembro, com a redacção dada pelo Decreto-Lei n.° 107/2005, de 1 de Julho, com a interpretação segundo a qual é possível que sejam as partes a tomar a iniciativa de proceder ao suprimento de alegação (aperfeiçoamento das peças processuais) através da junção de documentos, sendo bastante a notificação à outra parte destes.

Acórdão n.° 273/09, de 27 de Maio de 2009 (3.ª Secção): Confirma decisão sumária que não conheceu do recurso por o tribunal recorrido não ter aplicado, como *ratio decidendi*, as normas arguidas de inconstitucionalidade.

Acórdão n.° 274/09, de 27 de Maio de 2009 (Plenário): Não toma conhecimento do documento quer por falta de identificação do acto de administração eleitoral pretendido impugnar, quer por falta de apresentação do mesmo na entidade recorrida, quer por falta de indicação de qualquer pedido ou alegação.

Acórdão n.° 276/09, de 27 de Maio de 2009 (2.ª Secção): Indefere arguição de nulidade do Acórdão n.° 119/09.

Acórdão n.° 277/09, de 27 de Maio de 2009 (2.ª Secção): Indefere pedido de reforma quanto a custas do Acórdão n.° 244/09.

Acórdão n.° 278/09, de 27 de Maio de 2009 (2.ª Secção): Não conhece do recurso por não ter por objecto uma decisão definitiva.

Acórdão n.° 280/09, de 1 de Junho de 2009 (3.ª Secção): Indefere reclamação contra decisão de não admissão de recurso por intempestividade.

Acórdão n.° 281/09, de 2 de Junho de 2009 (Plenário): Não julga inconstitucional a norma do n.° 3 do artigo 2.° do Decreto-Lei n.° 198/95, de 29 de Julho, na redacção dada pelo artigo único do Decreto-Lei n.° 52/2000, de 7 de Abril, quando interpretada no sentido de obrigar ao pagamento dos serviços prestados apenas pelo facto de o utente não ter cumprido o ónus de demonstração de titularidade do cartão de utente no prazo de dez dias subsequentes à interpelação para pagamento dos encargos com os cuidados de saúde.

Acórdão n.° 282/09, de 2 de Junho de 2009 (Plenário): Indefere pedido de aclaração do Acórdão n.° 217/09.

Acórdão n.° 283/09, de 2 de Junho de 2009 (Plenário): Não conhece do objecto do recurso por não verificação dos requisitos do requerimento de interposição de recurso de acto de administração eleitoral.

Acórdão n.° 284/09, de 2 de Junho de 2009 (2.ª Secção): Decide que após extracção de traslado integrado por cópia de diversas folhas do processo e do presente Acórdão e contado o processo, se remetam de imediato os autos ao Supremo Tribunal Administrativo; só seja dado seguimento no traslado ao incidente suscitado pelo requerimento do recorrente e de outros requerimentos que o mesmo venha a apresentar, depois de pagas as custas da sua responsabilidade.

Acórdão n.° 285/09, de 2 de Junho de 2009 (2.ª Secção): Confirma decisão sumária que não conheceu de parte do recurso, por a questão de inconstitucionalidade não ter sido suscitada de modo adequado e durante o processo, e que julgou manifestamente improcedente a questão de inconstitucionalidade do artigo 145.°, n.° 7, do Código de Processo Civil, na interpretação segundo a qual "o apoio judiciário não cobre actuação negligente ou dolosa tendente à dilatação indevida dos prazos legais, em detrimento do tratamento de igualdade em que os restantes utentes processuais não isentos estariam colocados".

Acórdão n.° 286/09, de 2 de Junho de 2009 (3.ª Secção): Indefere reclamação contra não admissão do recurso por não exaustão dos recursos ordinários que no caso cabiam.

Acórdão n.° 287/09, de 3 de Junho de 2009 (1.ª Secção): Confirma decisão sumária que não conheceu do recurso de fiscalização concreta da constitucionalidade, por não preenchimento dos requisitos do requerimento respectivo.

Acórdão n.° 288/09, de 8 de Junho de 2009 (2.ª Secção): Determina que após extracção de traslado integrado por cópia de diversas folhas do processo e do presente Acórdão e contado o processo, se remetam de imediato os autos ao Tribunal da Relação de Lisboa; só seja dado seguimento no traslado ao incidente suscitado pelo requerimento do recorrente e de outros requerimentos que o mesmo venha a apresentar, depois de pagas as custas da sua responsabilidade.

Acórdãos n.os 289/09 e 290/09, de 8 de Junho de 2009 (3.ª Secção): Confirmam decisões sumárias que não conheceram dos recursos interpostos ao abrigo da alínea *c)* do n.° 1 do artigo 70.° da Lei do Tribunal Constitucional, por falta dos respectivos pressupostos.

Acórdão n.° 291/09, de 16 de Junho de 2009 (2.ª Secção): Indefere reclamação contra não admissão de recurso por a decisão recorrida não ter aplicado as normas arguidas de inconstitucionalidade.

Acórdão n.° 292/09, de 17 de Junho de 2009 (1.ª Secção): Indefere reclamação contra não admissão de recurso por a decisão recorrida não ter aplicado as normas arguidas de inconstitucionalidade.

Acórdão n.° 294/09, de 17 de Junho de 2009 (Plenário): Decide considerar prestadas as contas anuais relativas ao ano de 2007 por todos os Partidos Políticos sobre os quais impende tal obrigação legal, e que desta obrigação não foram expressamente desonerados por força de decisão nesse sentido deste Tribunal.

Acórdão n.° 295/09, de 17 de Junho de 2009 (2.ª Secção): Indefere reclamação contra decisão de não admissão do recurso por inutilidade.

Acórdão n.° 296/09, de 17 de Junho de 2009 (2.ª Secção): Indefere pedido de reforma quanto a custas do Acórdão n.° 210/09, assim como o de reenvio prejudicial para o Tribunal de Justiça da União Europeia.

Acórdão n.° 297/09, de 17 de Junho de 2009 (2.ª Secção): Confirma decisão sumária que não tomou conhecimento do recurso, quer por a decisão recorrida não ter aplicado as normas na interpretação impugnada, quer por o julgamento da questão de inconstitucionalidade não poder influir na decisão da questão de mérito.

Acórdão n.° 298/09, de 18 de Junho de 2009 (3.ª Secção): Confirma decisão sumária que não conheceu do recurso por a questão de inconstitucionalidade não ter sido suscitada, de modo adequado, durante o processo.

Acórdão n.° 299/09, de 22 de Junho de 2009 (2.ª Secção): Não conhece da reclamação remetida pelo Supremo Tribunal de Justiça, por se tratar de uma reclamação para a conferência do tribunal onde o despacho reclamado foi proferido.

Acórdão n.° 300/09, de 22 de Junho de 2009 (2.ª Secção): Não julga inconstitucional a norma do artigo 284.°, n.° 5, do Código de Procedimento e de Processo Tributário, interpretado no sentido de que cumpre ao relator do tribunal recorrido verificar a existência de oposição de julgados em recurso interposto com este fundamento.

Acórdão n.° 305/09, de 22 de Junho de 2009 (2.ª Secção): Não julga inconstitucional a norma constante do artigo 138.°- A, do Código de Processo Civil, com a redacção resultante do Decreto-Lei n.° 303/2007, de 24 de Agosto, na parte em que remete para portaria a regulação das disposições processuais relativas a actos dos magistrados; não julga inconstitucional a norma constante do artigo 17.°, n.° 1, da Portaria n.° 114/2008, de 6 de Fevereiro.

Acórdão n.° 306/09, de 22 de Junho de 2009 (3.ª Secção): Convida o requerente a reformular os "estatutos provisórios", de modo a satisfazer as exigências que decorrem do artigo 30.° da Lei dos Partidos Políticos, no prazo de 15 dias.

Acórdão n.° 308/09, de 22 de Junho de 2009 (3.ª Secção): Não julga inconstitucional a norma constante do n.° 3 do artigo 7.° da Lei n.° 34/2004, de 29 de Julho, com a redacção introduzida pela Lei n.° 47/2007, de 28 de Agosto, no segmento em que nega protecção jurídica às pessoas colectivas com fins lucrativos.

Acórdão n.° 311/09, de 22 de Junho de 2009 (3.ª Secção): Indefere o pedido de reforma do Acórdão n.° 219/09 quanto a custas.

Acórdão n.° 312/09, de 22 de Junho de 2009 (3.ª Secção): Confirma decisão sumária que não conheceu do recurso por a questão de inconstitucionalidade não ter sido suscitada, de modo adequado, durante o processo.

Acórdão n.° 313/09, de 24 de Junho de 2009 (1.ª Secção): Julga inconstitucional o Anexo à Lei n.° 34/2004, de 29 de Julho, conjugado com os artigos 6.° a 10.° da Portaria n.° 1085-A/2004, de 31 de Agosto, na parte em que impõe que o rendimento relevante para efeitos de concessão do benefício do apoio judiciário seja necessariamente determinado a partir do rendimento do agregado familiar, independentemente de o requerente de protecção jurídica fruir tal rendimento.

Acórdão n.° 314/09, de 24 de Junho de 2009 (1.ª Secção): Não conhece do recurso por não ter sido suscitada uma questão de inconstitucionalidade relativa a normas, mas à própria decisão recorrida.

Acórdão n.° 315/09, de 24 de Junho de 2009 (1.ª Secção): Não julga inconstitucionais as normas extraídas dos artigos 3.°, n.° 3, alínea *a)*, e 4.° do Anexo I, que consagra o Regime de Taxas da ERC — Entidade Reguladora para a Comunicação Social, aprovado Decreto-Lei n.° 103/2006, de 7 de Junho.

Acórdão n.° 316/09, de 24 de Junho de 2009 (1.ª Secção): Não conhece do recurso por a decisão recorrida não ter aplicado, como sua *ratio decidendi*, a única norma cuja inconstitucionalidade foi suscitada.

Acórdão n.° 317/09, de 24 de Junho de 2009 (1.ª Secção): Desatende pedidos de aclaração do Acórdão n.° 205/09.

Acórdão n.° 318/09, de 24 de Junho de 2009 (1.ª Secção): Confirma decisão sumária que não conheceu do recurso por a decisão recorrida não ter aplicado as normas cuja inconstitucionalidade foi suscitada.

Acórdão n.° 319/09, de 24 de Junho de 2009 (1.ª Secção): Indefere reclamação para a conferência de despacho que julgou deserto o recurso, nos termos do artigo 75.°-A, n.° 7, da Lei do Tribunal Constitucional.

Acórdão n.° 320/09, de 24 de Junho de 2009 (1.ª Secção): Indefere reclamação contra não admissão do recurso por não exaustão dos recursos ordinários que no caso cabiam.

Acórdão n.° 321/09, de 24 de Junho de 2009 (1.ª Secção): Confirma decisão sumária que não conheceu do recurso, quer por a norma impugnada não ter sido aplicada pela decisão recorrida, quer por se imputar a inconstitucionalidade à decisão judicial.

Acórdão n.° 322/09, de 24 de Junho de 2009 (3.ª Secção): Indefere reclamação contra não admissão do recurso interposto ao abrigo das alíneas *b)* e *c)* do n.° 1 do artigo 70.° da Lei do Tribunal Constitucional, por não verificação dos respectivos pressupostos.

Acórdão n.° 323/09, de 29 de Junho de 2009 (3.ª Secção): Confirma decisão sumária que não conheceu do recurso por não ter sido suscitada, durante o processo e de modo adequado, uma questão de inconstitucionalidade de norma, que tenha sido aplicada pela decisão recorrida com a interpretação impugnada.

Acórdão n.° 324/09, de 1 de Julho de 2009 (Plenário): Prestação de contas de campanhas eleitorais para eleições autárquicas intercalares realizadas no ano de 2008.

(Publicado no *Diário de República*, II Série, de 12 de Agosto de 2009.)

Acórdão n.° 325/09, de 1 de Julho de 2009 (Plenário): Decide esclarecer que os directores dos centros distritais do Instituto da Segurança Social, I. P., não se encontram vinculados ao dever de apresentação da declaração de património e rendimentos, previsto na Lei n.° 4/83, de 2 de Abril, na versão aprovada pela Lei n.° 25/95, de 18 de Agosto.

Acórdão n.° 326/09, de 1 de Julho de 2009 (3.ª Secção): Defere pedido de inscrição, no registo próprio do Tribunal Constitucional, do Partido Político com a denominação "Partido Trabalhista Português", a sigla "PTP" e o símbolo, que se publica em anexo.

(Publicado no *Diário de República*, II Série, de 30 de Julho de 2009.)

Acórdão n.° 327/09, de 1 de Julho de 2009 (3.ª Secção): Defere o pedido de inscrição, no registo próprio do Tribunal Constitucional, do partido político com a denominação "Portugal pro Vida", a sigla "PPV" e o símbolo, que se publica em anexo.

(Publicado no *Diário de República*, II Série, de 30 de Julho de 2009.)

Acórdão n.º 328/09, de 1 de Julho de 2009 (3.ª Secção): Indefere reclamação contra não admissão do recurso por não ter sido suscitada, de modo processualmente adequado, uma questão de inconstitucionalidade normativa.

Acórdão n.º 329/09, de 1 de Julho de 2009 (3.ª Secção): Confirma decisão sumária que não conheceu do recurso por não ter sido suscitada, durante o processo e de modo processualmente adequado, uma questão de inconstitucionalidade normativa.

Acórdão n.º 330/09, de 1 de Julho de 2009 (3.ª Secção): Confirma decisão sumária que não conheceu do recurso por a questão de inconstitucionalidade não ter sido suscitada, de modo adequado, durante o processo.

Acórdão n.º 331/09, de 1 de Julho de 2009 (3.ª Secção): Confirma decisão sumária que não conheceu do recurso quer por irrecorribilidade da decisão recorrida, quer por não terem sido suscitadas, durante o processo e de modo processualmente adequado, questões de constitucionalidade relativas a normas aplicadas na decisão recorrida.

Acórdão n.º 332/09, de 1 de Julho de 2009 (2.ª Secção): Indefere reclamação contra não admissão do recurso por não ter sido suscitada a inconstitucionalidade de norma, mas da própria decisão.

Acórdão n.º 333/09, de 1 de Julho de 2009 (2.ª Secção): Confirma decisão sumária que não conheceu do recurso por não ter sido suscitada uma questão de inconstitucionalidade de norma, mas da própria decisão recorrida.

Acórdãos n.os 334/09 e 335/09, de 1 de Julho de 2009 (2.ª Secção): Fixam aos recursos interpostos para o Tribunal Constitucional efeito meramente devolutivo, nos termos do n.º 5 do artigo 78.º da Lei do Tribunal Constitucional.

Acórdão n.º 336/09, de 7 de Julho de 2009 (1.ª Secção): Indefere reclamação contra não admissão do recurso por a decisão recorrida não ter aplicado, como sua *ratio decidendi*, as normas cuja inconstitucionalidade foi suscitada.

Acórdão n.º 337/09, de 7 de Julho de 2009 (1.ª Secção): Confirma decisão sumária que não conheceu do recurso por a decisão recorrida não ter aplicado, como *ratio decidendi*, as normas na interpretação questionada.

Acórdão n.º 339/09, de 8 de Julho de 2009 (3.ª Secção): Não conhece do recurso por a questão de inconstitucionalidade não ter sido suscitada durante o processo.

Acórdão n.° 340/09, de 8 de Julho de 2009 (3.ª Secção): Não julga inconstitucional a norma constante do artigo 138.°-A, do Código de Processo Civil, com a redacção resultante do Decreto-Lei n.° 303/2007, de 24 de Agosto, na parte em que remete para Portaria a regulação das disposições processuais relativas a actos dos magistrados; não julga inconstitucional a norma constante do artigo 17.°, n.° 1, da Portaria n.° 114/2008, de 6 de Fevereiro.

Acórdão n.° 341/09, de 8 de Julho de 2009 (3.ª Secção): Não julga inconstitucional a norma do n.° 2 da Base XXII da Lei n.° 2127, de 3 de Agosto de 1965, que só permite o requerimento de revisão das prestações devidas por acidente de trabalho nos dez anos posteriores à data da fixação da pensão.

Acórdão n.° 343/09, de 8 de Julho de 2009 (1.ª Secção): Decide deferir o registo das alterações, referentes ao símbolo e à denominação do Partido Político, que passa a constar como sendo "CDS — Partido Popular", em vez de "Partido Popular — CDS-PP", determinando-se a publicação em anexo do mencionado símbolo.

(Publicado no *Diário de República*, II Série, de 18 de Agosto de 2009.)

Acórdão n.° 348/09, de 8 de Julho de 2009 (3.ª Secção): Indefere reclamação contra não admissão do recurso por a decisão recorrida não ter aplicado as interpretações normativas que o recorrente pretende que o Tribunal Constitucional aprecie.

Acórdão n.° 349/09, de 8 de Julho de 2009 (3.ª Secção): Confirma decisão sumária que não conheceu do recurso por não ter sido suscitada durante o processo e de modo adequado qualquer questão de inconstitucionalidade normativa.

Acórdão n.° 350/09, de 8 de Julho de 2009 (2.ª Secção): Confirma decisão sumária que não conheceu do recurso por não ter sido suscitada, durante o processo e de modo processualmente adequado, uma questão de inconstitucionalidade normativa.

Acórdão n.° 351/09, de 8 de Julho de 2009 (2.ª Secção): Confirma decisão sumária que não conheceu do recurso quer por não ter sido suscitada durante o processo e de modo adequado uma questão de inconstitucionalidade normativa, quer por inutilidade do conhecimento do mesmo recurso.

Acórdão n.° 352/09, de 8 de Julho de 2009 (2.ª Secção): Confirma decisão sumária que não conheceu do recurso por não ter sido suscitada, durante o processo e de modo processualmente adequado, uma questão de inconstitucionalidade normativa.

Acórdão n.° 355/09, de 8 de Julho de 2009 (2.ª Secção): Não julga inconstitucional a interpretação dos artigos 1.°, 4.° e 5.°, da Portaria n.° 114/2008, de 6 de Fevereiro, com o sentido dos actos dos mandatários judiciais em processo civil terem obrigatoriamente de ser praticados através do sistema informático CITIUS, sob pena da sua irrelevância processual.

(Publicado no *Diário de República*, II Série, de 17 de Agosto de 2009.)

Acórdão n.° 356/09, de 8 de Julho de 2009 (2.ª Secção): Não conhece do recurso por a decisão recorrida — despacho de admissão de recurso em que se desaplica com fundamento em inconstitucionalidade certas normas jurídicas — ter natureza provisória.

(Publicado no *Diário de República*, II Série, de 17 de Agosto de 2009.)

Acórdão n.° 358/09, de 8 de Julho de 2009 (2.ª Secção): Não julga inconstitucional a norma constante do artigo 138.°-A, do Código de Processo Civil, com a redacção resultante do Decreto-Lei n.° 303/2007, de 24 de Agosto, na parte em que remete para portaria a regulação das disposições processuais relativas a actos dos magistrados; não julga inconstitucional a norma constante do artigo 17.°, n.° 1, da Portaria n.° 114/2008, de 6 de Fevereiro.

Acórdão n.° 360/09, de 9 de Julho de 2009 (1.ª Secção): Não julga inconstitucional a norma constante do artigo 138.°-A, do Código de Processo Civil, com a redacção resultante do Decreto-Lei n.° 303/2007, de 24 de Agosto, na parte em que remete para Portaria a regulação das disposições processuais relativas a actos dos magistrados; não julga inconstitucional a norma constante do artigo 17.°, n.° 1, da Portaria n.° 114/2008, de 6 de Fevereiro.

Acórdão n.° 361/09, de 9 de Julho de 2009 (1.ª Secção): Não julga inconstitucionais as normas extraídas dos artigos 3.°, n.° 3, alínea *a)*, e 4.° do Anexo I que consagra o Regime de Taxas da ERC — Entidade Reguladora para a Comunicação Social, aprovado pelo Decreto-Lei n.° 103/2006, de 7 de Junho.

Acórdão n.° 362/09, de 9 de Julho de 2009 (1.ª Secção): Indefere pedido de reforma do Acórdão n.° 265/09.

Acórdão n.° 363/09, de 9 de Julho de 2009 (1.ª Secção): Confirma decisão sumária que não conheceu do recurso por não ter sido suscitada durante o processo e de modo adequado uma questão de inconstitucionalidade normativa.

Acórdão n.° 364/09, de 9 de Julho de 2009 (1.ª Secção): Indefere reclamação de decisão de não conhecimento do recurso interposto ao abrigo da alínea *c)* do n.° 1 do artigo 70.° da Lei do Tribunal Constitucional, por falta dos respectivos pressupostos.

Acórdão n.° 365/09, de 13 de Julho de 2009 (2.ª Secção): Indefere reclamação contra não admissão do recurso, por não ter sido suscitada durante o processo e de modo processualmente adequado uma questão de inconstitucionalidade normativa.

Acórdão n.° 366/09, de 13 de Julho de 2009 (2.ª Secção): Indefere reclamação de decisão de não admissão do recurso, quer por não exaustão dos recursos ordinários que no caso cabiam, quer por não ter sido suscitada uma questão de inconstitucionalidade normativa.

Acórdão n.° 367/09, de 13 de Julho de 2009 (2.ª Secção): Indefere reclamação contra não admissão do recurso por não exaustão dos recursos ordinários que no caso cabiam.

Acórdão n.° 368/09, de 13 de Julho de 2009 (2.ª Secção): Confirma decisão sumária que não conheceu do recurso, quer por a questão de inconstitucionalidade não ter sido suscitada durante o processo de modo adequado, quer por a decisão recorrida não ter aplicado como sua *ratio decidendi* as normas arguidas de inconstitucionalidade.

Acórdão n.° 370/09, de 13 de Julho de 2009 (2.ª Secção): Não conhece do recurso por a decisão recorrida não ter feito aplicação, como *ratio decidendi*, das dimensões normativas arguidas de inconstitucionalidade.

Acórdão n.° 371/09, de 22 de Julho de 2009 (Plenário): Defere ao que vem requerido e proíbe a divulgação, em quaisquer circunstâncias e sem limite de prazo, dos dados constantes da declaração apresentada pelo requerente em aditamento àquela que originariamente foi entregue.

Acórdão n.° 372/09, de 22 de Julho de 2009 (2.ª Secção): Indefere reclamação contra não admissão do recurso, por não ter sido suscitada durante o processo e de modo processualmente adequado uma questão de inconstitucionalidade normativa.

Acórdão n.° 375/09, de 23 de Julho de 2009 (1.ª Secção): Não conhece do recurso por ter sido interposto de um mero despacho de recebimento de recurso 'provisório', atento o disposto no artigo 405.° do Código de Processo Penal, em que se desaplica uma norma jurídica com fundamento em inconstitucionalidade.

Acórdão n.° 376/09, de 23 de Julho de 2009 (1.ª Secção): Não julga inconstitucional a norma ínsita no n.° 5 do artigo 86.°, conjugado com o artigo 91.°, ambos da Lei Geral Tributária (aprovada pelo Decreto-Lei n.° 398/98, de 17 de Dezembro), que determina que, em caso de erro na quantificação ou nos pressupostos da determinação indirecta da matéria tributável, a impugnação judicial da liquidação depende da prévia reclamação que segue os termos do procedimento de revisão da matéria colectável.

(Publicado no *Diário de República*, II Série, de 21 de Setembro de 2009.)

Acórdão n.° 377/09, de 23 de Julho de 2009 (1.ª Secção): Ordena extracção de traslado e a remessa dos autos ao tribunal recorrido.

Acórdão n.° 378/09, de 23 de Julho de 2009 (1.ª Secção): Confirma decisão sumária que não conheceu do recurso por não ter sido suscitada, durante o processo e de modo processualmente adequado, uma questão de inconstitucionalidade normativa.

Acórdão n.° 379/09, de 23 de Julho de 2009 (1.ª Secção): Indefere reclamação contra não admissão do recurso por não ter sido suscitada durante o processo uma questão de inconstitucionalidade normativa.

Acórdão n.° 380/09, de 23 de Julho de 2009 (1.ª Secção): Indefere pedido de reforma quanto a custas do Acórdão n.° 147/09.

Acórdão n.° 381/09, de 23 de Julho de 2009 (1.ª Secção): Indefere reclamação contra não admissão do recurso por inverificação do requisito da suscitação prévia da questão de inconstitucionalidade.

Acórdão n.° 382/09, de 23 de Julho de 2009 (3.ª Secção): Rectifica erro material do Acórdão n.° 310/09.

Acórdão n.° 384/09, de 23 de Julho de 2009 (3.ª Secção): Não julga inconstitucional a norma extraída do artigo 109.° da Lei n.° 17/2000, de 8 de Agosto, que prevê a vigência de regimes especiais de segurança social.

Acórdão n.° 385/09, de 23 de Julho de 2009 (3.ª Secção): Confirma decisão sumária que não conheceu do recurso por a questão de inconstitucionalidade não ter sido suscitada durante o processo, perante o tribunal recorrido.

Acórdão n.° 386/09, de 23 de Julho de 2009 (3.ª Secção): Confirma decisão sumária que não julgou inconstitucional a norma dos n.os 3 e 4 do artigo 412.° do Código de Processo Penal interpretada no sentido de que "a simples referência, por mera remissão para a respectiva alínea ou número da matéria de facto (provada e não provada), os factos que considera incorrectamente julgados sem indicar as razões da sua discordância e os elementos de prova em que se funda tem como efeito o não conhecimento da impugnação da matéria de facto e a improcedência do recurso nessa parte, sem que ao mesmo [arguido] seja dada a oportunidade de suprir tal deficiência."; que não julgou inconstitucional a norma dos artigos 410.°, n.° 2, 411.°, n.° 1, 412.°, n.° 1 *ex vi* do artigo 434.° do Código de Processo Penal, na interpretação de que decorre da Constituição a necessária existência de um terceiro grau de recurso em matéria criminal; e que, noutra parte, não conheceu do recurso, por a questão de inconstitucionalidade não ter sido suscitada de modo processualmente adequado.

Acórdão n.° 387/09, de 23 de Julho de 2009 (3.ª Secção): Confirma decisão sumária que não conheceu do recurso por não ter sido suscitada durante o processo e de modo adequado uma questão de inconstitucionalidade relativa a normas.

Acórdãos n.os 388/09 e 389/09, de 23 de Julho de 2009 (3.ª Secção): Confirmam decisões sumárias que não conheceram dos recursos por não terem sido suscitadas durante os processos e de modo adequado questões de inconstitucionalidade normativa.

Acórdão n.° 390/09, de 23 de Julho de 2009 (3.ª Secção): Confirma decisão sumária que não conheceu do recurso, quer por não ter sido suscitada durante o processo e de modo adequado uma questão de inconstitucionalidade relativa a normas, quer por a decisão recorrida não ter aplicado as normas arguidas de inconstitucionalidade.

Acórdão n.° 391/09, de 23 de Julho de 2009 (3.ª Secção): Indefere reclamação contra não admissão do recurso por não ter sido suscitada a inconstitucionalidade de norma, mas da própria decisão.

Acórdão n.° 392/09, de 23 de Julho de 2009 (3.ª Secção): Indefere pedido de aclaração do Acórdão n.° 322/09.

Acórdão n.º 393/09, de 27 de Julho de 2009 (1.ª Secção): Manda anotar coligação formada pelo Partido da Terra (MPT) e pelo Partido Humanista (PH), com o objectivo de concorrer às eleições para a Assembleia da República em 2009.

(Publicado no *Diário da República*, II Série, de 17 de Agosto de 2009.)

Acórdão n.º 394/09, de 29 de Julho de 2009 (1.ª Secção): Confirma decisão sumária que não conheceu do recurso por as questões de inconstitucionalidade não terem sido suscitadas durante o processo, de modo processualmente adequado.

Acórdão n.º 395/09, de 29 de Julho de 2009 (3.ª Secção): Confirma decisão sumária que não conheceu do recurso, por ter sido interposto de uma decisão proferida no âmbito de uma providência cautelar e destinar-se à apreciação da constitucionalidade de normas em que, simultaneamente, se fundam a providência requerida e a acção correspondente.

Acórdão n.º 396/09, de 29 de Julho de 2009 (3.ª Secção): Confirma decisão sumária que não conheceu do recurso por a questão de inconstitucionalidade não ter sido suscitada, de modo adequado, durante o processo.

Acórdão n.º 397/09, de 29 de Julho de 2009 (3.ª Secção): Indefere reclamação contra não admissão do recurso interposto para o Tribunal Constitucional por a decisão reclamada não ter aplicado a norma arguida de inconstitucionalidade.

Acórdão n.º 398/09, de 29 de Julho de 2009 (3.ª Secção): Indefere reclamação contra não admissão do recurso, por não ter sido suscitada durante o processo e de modo processualmente adequado uma questão de inconstitucionalidade normativa.

Acórdão n.º 399/09, de 30 de Julho de 2009 (1.ª Secção): Indefere reclamação de decisão de não admissão do recurso, por intempestividade.

Acórdão n.º 400/09, de 30 de Julho de 2009 (1.ª Secção): Confirma decisão sumária que não conheceu do recurso por a questão de inconstitucionalidade não ter sido suscitada, de modo adequado, durante o processo.

Acórdão n.º 401/09, de 30 de Julho de 2009 (3.ª Secção): Confirma decisão sumária de não conhecimento do recurso, por não se verificar a alegada nulidade, e não julga inconstitucional a interpretação conjugada do artigo 78.º, n.° 3, da Lei do Tribunal Constitucional, e dos artigos 2.°, n.° 1, 265.°, n.° 1, e 266.°, n.° 1, todos do Código de Processo Civil, aplicáveis *ex vi* do artigo 69.° da Lei do Tribunal Constitucional, no sentido de que é admissível proceder-se à convolação de um requerimento de arguição de nulidade de decisão sumária dirigido ao relator que a proferiu numa reclamação para a conferência.

Acórdão n.° 402/09, de 30 de Julho de 2009 (3.ª Secção): Confirma decisão sumária que não conheceu do recurso, e indefere reclamação de despacho da relatora que considerou que a decisão sumária reclamada não padece de qualquer nulidade, por pretensa preterição de dever de denúncia por parte da relatora.

Acórdão n.° 405/09, de 30 de Julho de 2009 (Plenário): Condena em coimas vários mandatários financeiros de candidaturas de Partidos Políticos pela prática de contra-ordenação prevista no artigo 31.°, n.° 1, da Lei n.° 19/2003, de 20 de Junho.

(Publicado no *Diário de República*, II Série, de 23 de Outubro de 2009.)

Acórdão n.° 406/09, de 30 de Julho de 2009 (3.ª Secção): Confirma decisão sumária que não conheceu do recurso, quer por as normas impugnadas não terem sido aplicadas pela decisão recorrida, quer por as cláusulas compromissórias não poderem ser consideradas normas para efeito de recurso de fiscalização concreta de constitucionalidade.

Acórdão n.° 407/09, de 30 de Julho de 2009 (3.ª Secção): Rectifica erro material dos Acórdãos n.os 322/09 e 392/09.

Acórdão n.° 408/09, de 30 de Julho de 2009 (2.ª Secção): Manda anotar coligações entre o Partido Social Democrata — PPD/PSD e o CDS — Partido Popular, CDS-PP, constituídas com a finalidade de concorrerem às próximas eleições autárquicas.

(Publicado no *Diário de República*, II Série, de 11 de Agosto de 2009.)

Acórdão n.° 409/09, de 30 de Julho de 2009 (3.ª Secção): Manda anotar coligações formadas pelo Partido Social Democrata /(PPD-PSD), o CDS — Partido Popular (CDS-PP), o Partido Popular Monárquico (PPM) e o Partido da Terra (MPT), constituídas com a finalidade de concorrerem às próximas eleições autárquicas.

(Publicado no *Diário de República*, II Série, de 11 de Agosto de 2009.)

Acórdão n.° 410/09, de 30 de Julho de 2009 (1.ª Secção): Manda anotar coligações formadas pelo Partido Social Democrata PPD/PSD, CDS — Partido Popular CDS-PP e Partido Popular Monárquico PPM, com o objectivo de concorrer às eleições autárquicas de 11 de Outubro de 2009.

(Publicado no *Diário de República*, II Série, de 11 de Agosto de 2009.)

Acórdão n.° 411/09, de 30 de Julho de 2009 (1.ª Secção): Manda anotar coligações formadas pelo Partido Social Democrata — PPD/PSD, o CDS-Partido Popular — CDS-PP, o Partido da Terra — MPT e o Partido Popular Monárquico — PPM, constituídas com a finalidade de concorrerem às próximas eleições autárquicas.

(Publicado no *Diário de República*, II Série, de 13 de Agosto de 2009.)

Acórdão n.° 412/09, de 30 de Julho de 2009 (2.ª Secção): Manda anotar coligações formadas pelo Partido Social Democrata — PPD/PSD, o CDS — Partido Popular, CDS-PP e o Partido da Terra — MPT, constituídas com a finalidade de concorrerem às próximas eleições autárquicas.

(Publicado no *Diário de República*, II Série, de 11 de Agosto de 2009.)

Acórdão n.° 413/09, de 30 de Julho de 2009 (3.ª Secção): Confirma decisão sumária de não conhecimento do recurso, quer por a decisão recorrida não ter aplicado norma anteriormente julgada inconstitucional, quer por não ter sido suscitada de modo adequado uma questão de inconstitucionalidade normativa.

Acórdão n.° 414/09, de 30 de Julho de 2009 (2.ª Secção): Confirma decisão sumária que não conheceu do recurso interposto ao abrigo das alíneas *b)* e *f)*, reportada à alínea *c)* do n.° 1 do artigo 70.° da Lei do Tribunal Constitucional, por falta de verificação dos respectivos pressupostos.

Acórdão n.° 415/09, de 29 de Julho de 2009 (1.ª Secção): Indefere arguição de nulidade do Acórdão n.° 205/09.

Acórdão n.° 416/09, de 6 de Agosto de 2009 (2.ª Secção): Manda anotar coligações formadas pelo CDS-Partido Popular — CDS-PP e o Partido Popular Monárquico — PPM, constituídas com a finalidade de concorrerem às próximas eleições autárquicas.

(Publicado no *Diário de República*, II Série, de 24 de Agosto de 2009.)

Acórdão n.° 417/09, de 6 de Agosto de 2009 (1.ª Secção): Manda anotar coligações formadas pelo CDS-Partido Popular — CDS-PP e o Partido da Terra — MPT, constituídas com a finalidade de concorrerem às próximas eleições autárquicas.

(Publicado no *Diário de República*, II Série, de 24 de Agosto de 2009.)

Acórdão n.° 418/09, de 6 de Agosto de 2009 (3.ª Secção): Confirma decisão sumária que não conheceu do recurso por não ter sido suscitada, durante o processo e de modo processualmente adequado, uma questão de inconstitucionalidade normativa.

Acórdão n.° 419/09, de 7 de Agosto de 2009 (3.ª Secção): Decide recusar a anotação das coligações entre o Partido Social Democrata — PPD/PSD, o CDS-Partido Popular — CDS-PP, o Partido da Terra — MPT e o Partido Popular Monárquico — PPM, constituídas com a finalidade de concorrerem às próximas eleições autárquicas nos concelhos de Faro e Odivelas.

Acórdão n.° 420/09, de 12 de Agosto de 2009 (Plenário): Manda anotar coligações formadas pelo Partido Social Democrata PPD/PSD, o CDS — Partido Popular CDS-PP, o Partido da Terra (MPT) e o Partido Popular Monárquico (PPM), constituídas com a finalidade de concorrerem às próximas eleições autárquicas.

(Publicado no *Diário de República*, II Série, de 24 de Agosto de 2009.)

Acórdão n.° 422/09, de 14 de Agosto de 2009 (3.ª Secção): Não toma conhecimento, por intempestividade, de acção de impugnação de deliberação do Conselho de Jurisdição Nacional de um partido político.

(Publicado no *Diário de República*, II Série, de 16 de Fevereiro de 2010.)

Acórdão n.° 423/09, de 14 de Agosto de 2009 (3.ª Secção): Indefere o pedido de reforma do Acórdão n.° 339/09.

Acórdão n.° 424/09, de 14 de Agosto de 2009 (3.ª Secção): Confirma decisão sumária que não julgou inconstitucional a norma do artigo 400.°, alíneas *e)* e *f)*, conjugada com a norma do artigo 432.°, n.° 1, alínea *c),* do Código de Processo Penal, na redacção emergente da Lei n.° 48/2007, de 29 de Agosto, quando interpretada no sentido de que não é admissível recurso para o Supremo Tribunal de Justiça de acórdão da Relação que, revogando a suspensão da execução da pena decidida em 1.ª instância, aplica ao arguido pena não superior a 5 anos de prisão efectiva.

Acórdão n.º 425/09, de 24 de Agosto de 2009 (Plenário): Nega provimento ao recurso, confirmando a decisão judicial de rejeição, por extemporânea, da lista de candidaturas do PPV — Portugal Pro Vida ao Círculo Eleitoral de Coimbra.

Acórdão n.º 426/09, de 28 de Agosto de 2009 (Plenário): Não conhece, por falta de reclamação prévia, do recurso de decisão que rejeitou a lista de candidaturas do PPV — Portugal Pro Vida às eleições legislativas no círculo eleitoral de Évora, por extemporaneidade.

(Publicado no *Diário da República*, II Série, de 4 de Setembro de 2009.)

Acórdão n.º 428/09, de 28 de Agosto de 2009 (1.ª Secção): Não conhece do pedido de suspensão de eficácia de deliberação de órgão partidário por não terem sido esgotados todos os meios internos de impugnação previstos nos estatutos.

Acórdão n.º 429/09, de 28 de Agosto de 2009 (3.ª Secção): Indefere pedido de reforma quanto a custas da decisão sumária que não conheceu do recurso por não ter sido suscitada, de modo processualmente adequado, uma questão de inconstitucionalidade.

Acórdão n.º 430/09, de 28 de Agosto de 2009 (3.ª Secção): Confirma decisão sumária que não conheceu do recurso por não ter sido suscitada durante o processo e de modo adequado uma questão de inconstitucionalidade de norma que tenha sido aplicada pela decisão recorrida com a interpretação impugnada.

ÍNDICE DE PRECEITOS NORMATIVOS

1 — Constituição da República

Ac. 301/09;
Ac. 307/09;
Ac. 342/09;
Ac. 346/09;
Ac. 347/09;
Ac. 354/09;
Ac. 374/09;
Ac. 383/09.

Artigo 23.°:

Ac. 403/09.

Artigo 26.°:

Ac. 309/09;
Ac. 338/09.

Artigo 27.°:

Ac. 427/09.

Artigo 29.°:

Ac. 247/09;
Ac. 263/09;
Ac. 369/09.

Artigo 30.°:

Ac. 353/09;
Ac. 369/09.

Artigo 31.°:

Ac. 242/09.

Artigo 32.°:

Ac. 242/09;
Ac. 247/09;
Ac. 248/09;
Ac. 263/09;
Ac. 353/09.

Artigo 36.°:

Ac. 309/09;
Ac. 359/09.

Artigo 46.°:

Ac. 369/09.

Artigo 48.°:

Ac. 373/09.

Artigo 49.°:

Ac. 369/09.

Artigo 50.°:

Ac. 250/09.

Artigo 51.°:

Ac. 369/09.

Artigo 53.°:

Ac. 302/09.

Artigo 59.°:

Ac. 271/09.

Artigo 60.°:

Ac. 345/09.

Artigo 61.°:

Ac. 345/09.

Artigo 62.°:

Ac. 421/09.

Artigo 64.°:

Ac. 221/09.

Artigo 67.°:

Ac. 359/09.

Artigo 69.°:

Ac. 309/09.

Artigo 103.°:

Ac. 338/09;
Ac. 342/09.

Artigo 110.°:

Ac. 403/09.

Artigo 239.º:

Ac. 373/09.

Artigo 268.º:

Ac. 221/09;
Ac. 338/09.

Artigo 281.º:

Ac. 404/09.

Artigo 283.º:

Ac. 359/09.

2 — **Lei n.° 28/82, de 15 de Novembro**

(Organização, funcionamento e processo do Tribunal Constitucional)

3 – Preceitos de diplomas relativos a partidos políticos

Lei dos Partidos Políticos (Lei Orgânica n.° 2/2003, de 22 de Agosto, alterada pela Lei Orgânica n.° 2/2008, de 14 de Maio):

Artigo 14.°:

Ac. 369/09.

Artigo 15.°:

Ac. 369/09.

Artigo 16.°:

Ac. 369/09.

4 — Diplomas e preceitos legais e regulamentares submetidos a juízo de constitucionalidade (*)

Código Civil:

Artigo 66.º:

Ac. 357/09.

Artigo 1577.º:

Ac. 359/09.

Artigo 1628.º:

Ac. 359/09.

Código da Estrada (aprovado pelo Decreto-Lei n.º 114/97, de 3 de Maio):

Artigo 152.º (na redacção do Decreto-Lei n.º 44/2005, de 23 de Fevereiro):

Ac. 275/09.

Artigo 153.º (na redacção do Decreto-Lei n.º 44/2005, de 23 de Fevereiro):

Ac. 275/09.

Código das Custas Judiciais (aprovado pelo Decreto-Lei n.º 224-A/96, de 26 de Novembro):

Artigo 13.º:

Ac. 301/09.

Artigo 15.º:

Ac. 301/09.

Artigo 18.º:

Ac. 301/09.

Artigo 33.º-A (aditado pelo Decreto-Lei n.º 324/2003, de 27 de Dezembro):

Ac. 347/09.

Tabela anexa:

Ac. 301/09.

Código de Procedimento e de Processo Tributário (aprovado pelo Decreto-Lei n.º 433/99, de 26 de Outubro):

Artigo 278.º:

Ac. 338/09.

Código de Processo Civil:

Artigo 3.º:

Ac. 346/09.

Artigo 111.º:

Ac. 260/09.

(*) Indicam-se a negro os Acórdãos em que o Tribunal conheceu a questão de constitucionalidade.

aprovar o regime jurídico da reabilitação urbana e a proceder à primeira alteração ao Decreto-Lei n.° 157/ /2006, de 8 de Agosto, que aprova o regime jurídico das obras em prédios arrendados):

Artigo 2.°:

Ac. 421/09.

Decreto n.° 366/X da Assembleia da República (Código da Execução das Penas e das Medidas Preventivas da Liberdade):

Artigo 14.°:

Ac. 427/09.

Decreto-Lei n.° 278/82, de 20 de Julho (Estabelece normas quanto à integração de pessoal da segurança social no regime jurídico da função pública):

Artigo 1.°:

Ac. 303/09.

Artigo 6.°:

Ac. 303/09.

Decreto-Lei n.° 522/85, de 31 de Dezembro (Revê o seguro obrigatório de responsabilidade civil automóvel):

Artigo 1.°:

Ac. 270/09.

Decreto-Lei n.° 198/95, de 29 de Julho (Cria o cartão de identificação do utente do Serviço Nacional de Saúde):

Artigo 2.° (na redacção do Decreto-Lei n.° 52/2000, de 7 de Abril):

Ac. 221/09.

Decreto-Lei n.° 86/98, de 3 de Abril (Aprova o regime jurídico do ensino da condução):

Artigo 39.°:

Ac. 310/09.

Decreto-Lei n.° 231/2005, de 29 de Dezembro [Extingue a Agência de Controlo das Ajudas Comunitárias ao Sector do Azeite (ACACSA)]:

Artigo 3.°:

Ac. 302/09.

Decreto-Lei n.° 303/2007, de 24 de Agosto (No uso de autorização legislativa concedida pela Lei n.° 6/2007 de 2 de Fevereiro, altera o Código de Processo Civil, procedendo à revisão do regime de recursos e de conflitos em processo civil e adaptando-o à prática de actos processuais por via electrónica; introduz ainda alterações à Lei de Organização e Funcionamento dos Tribunais Judiciais, e aos Decretos-Leis n.os 269/98, de 1 de Setembro, e 423/91, de 30 de Outubro:

Artigo 11.°:

Ac. 383/09.

Decreto Regulamentar n.° 1-A/2009, de 5 de Janeiro (Estabelece um regime transitório de avaliação de desempenho do pessoal a que se refere o Estatuto da Carreira dos Educadores de Infância e dos Professores dos Ensinos Básico e Secundário, aprovado pelo Decreto-Lei n.° 139-A/90, de 28 de Abril):

Artigo 3.°:

Ac. 404/09.

Lei n.º 34/2004, de 29 de Julho (Lei do apoio judiciário):

Artigo 7.º (na redacção da Lei n.º 47/2007, de 28 de Agosto):

Ac. 279/09;
Ac. 307/09.

Lei n.º 47/2007, de 28 de Agosto (Primeira alteração à Lei n.º 34/2004, de 29 de Julho, que altera o regime de acesso ao direito e aos tribunais):

Artigo 6.º:

Ac. 374/09.

Artigo 8.º:

Ac. 374/09.

Portaria n.º 114/2008, de 6 de Fevereiro (Regula vários aspectos da tramitação electrónica dos processos judiciais):

Artigo 1.º:

Ac. 354/09.

Artigo 4.º:

Ac. 354/09.

Artigo 5.º:

Ac. 354/09.

Artigo 17.º:

Ac. 293/09.

Artigo 23.º:

Ac. 304/09.

Regime Geral das Infracções Tributárias (aprovado pela Lei n.º 15/2001, de 5 de Junho):

Artigo 14.º:

Ac. 242/09.

Artigo 105.º (na redacção da Lei n.º 53-A/2006, de 29 de Dezembro):

Ac. 242/09.

Regulamento Disciplinar da Federação Portuguesa de Futebol (aprovado na assembleia geral extraordinária de 18 de Agosto de 1984):

Artigo 38.º:

Ac. 353/09.

Regime Jurídico das Empreitadas de Obras Públicas (aprovado pelo Decreto-Lei n.º 59/99, de 2 de Março):

Artigo 48.º:

Ac. 271/09.

Regulamento Municipal para Liquidação e Cobrança de Taxas pelo Licenciamento de Obras Particulares e Ocupação da Via Pública por Motivo de Obras, Loteamento, Licenças de Utilização de Edifícios, Propriedade Horizontal, Licenciamento Sanitário, Taxa Municipal de Urbanização e Regime de Compensação, do Município de Amarante, publicado no *Diário da República*, II Série, n.º 69, apêndice n.º 34, de 23 de Março de 1999:

Artigos 28.º a 31.º:

Ac. 344/09.

ÍNDICE IDEOGRÁFICO

A

B

C

D

E

F

G

H

P

Q

R

S

T

U

V

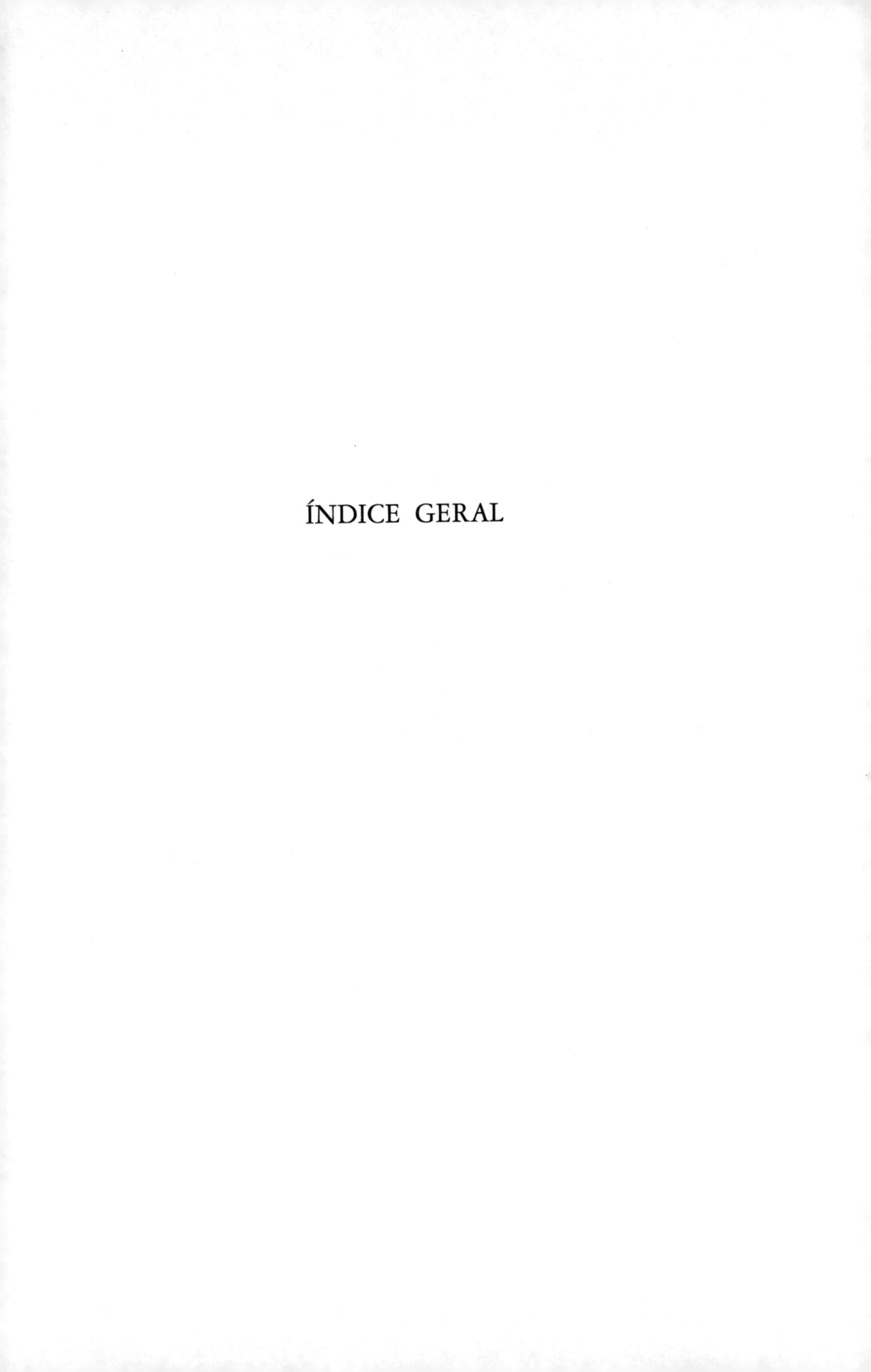

ÍNDICE GERAL

Págs.